资治通鉴全本新注

（全十四册）

第九册

卷一六三至卷一八八（梁纪十九至唐纪四）

［宋］司马光　编著
张大可　注释

華中科技大學出版社
http://press.hust.edu.cn
中国 · 武汉

第九册目录

卷一六三　梁纪十九

梁简文帝大宝元年（550年）

【上章敦牂（庚午，550年），凡一年】

【大事提要】

本卷载述公元550年南北朝史事，凡一年，时当梁朝简文帝大宝元年，西魏文帝大统十六年，北齐文宣帝天保元年。东魏禅位高氏，北齐建立。西魏蚕食梁朝西境。梁朝仍然全境混乱。侯景残虏，以杀人为戏，所统区域，民众反抗，日渐高涨。

太祖简文皇帝上

大宝元年（庚午，550年）

春，正月，辛亥朔[1]，大赦，改元。

陈霸先发始兴，至大庾岭，蔡路养将二万人军于南野[2]以拒之。路养妻侄兰陵萧摩诃[3]，年十三，单骑出战，无敢当者。杜僧明马被伤，陈霸先救之，授以所乘马；僧明上马复战，众军因而乘之，路养大败，脱身走。霸先进军南康，湘东王绎承制授霸先明威将军[4]、交州刺史。

戊辰[5]，东魏进太原公高洋位丞相、都督中外诸军、录尚书事、大行台、齐郡王。

庚午[6]，邵陵王纶至江夏，郢州刺史南康王[7]恪郊迎，以州让之，纶不受；乃推纶为假黄钺，都督中外诸军事，承制置百官。

魏杨忠围安陆，柳仲礼驰归救之。诸将恐仲礼至则安陆难下，请急攻之，忠曰："攻守势殊，未可猝拔；若引日劳师，表里受敌，非计也。南人多习水军，不闲野战，仲礼师在近路，吾出其不意，以奇兵袭之，彼怠我奋，一举可克。克仲礼，则安陆不攻自拔，诸城可传檄定也。"乃选骑二千，衔枚夜进，败仲礼于漴头[8]，获仲礼及其弟子礼，尽俘其众。

马岫以安陆，别将王叔孙以竟陵，皆降于忠。于是汉东之地尽入于魏。

广陵人来嶷[9]说前广陵太守祖皓[10]曰："董绍先轻而无谋，人情不附，袭而杀之，此壮士之任也。今欲纠帅义勇，奉戴府君。若其克捷，可立桓、文之勋，必天未悔祸，犹足为梁室忠臣。"皓曰："此仆所愿也。"乃相与纠合勇士，得百余人。癸酉[11]，袭广陵，斩南兖州刺史董绍先；据城，驰檄远近，推前太子舍人萧勔[12]为刺史，仍结东魏为援。皓，暅之子[13]；勔，勃之兄也。乙亥[14]，景遣郭元建帅众奄至，皓婴城固守。

二月，魏杨忠乘胜至石城[15]，欲进逼江陵，湘东王绎遣舍人庾恪说忠曰："詧来伐叔，而魏助之，何以使天下归心！"忠遂停湕北。绎遣舍人王孝祀等送子方略[16]为质以求和，魏人许之。绎与忠盟曰："魏以石城为封[17]，梁以安陆为界，请同附庸，并送质子，贸迁有无[18]，永敦邻睦。"忠乃还。

宕昌[19]王梁弥定[20]为其宗人獠甘[21]所袭，弥定奔魏，獠甘自立。羌酋傍乞铁匆[22]据渠株川[23]，与渭州[24]民郑五丑合诸羌以叛魏。丞相泰使大将军宇文贵、凉州刺史史宁讨之，擒斩铁匆、五丑。宁别击獠甘，破之，獠甘将百骑奔生羌[25]巩廉玉。宁复纳弥定于宕昌，置岷州[26]于渠株川，进击巩廉玉，斩獠甘，虏廉玉送长安。

侯景遣任约、于庆[27]等帅众二万攻诸藩。

邵陵王纶欲救河东王誉而兵粮不足，乃致书于湘东王绎曰："天时、地利，不及人和，况于手足肱支，岂可相害！今社稷危耻，创巨痛深，唯应剖心尝胆，泣血枕戈，其余小忿，或宜容贳[28]。若外难未除，家祸仍构，料今访古，未或不亡。夫征战之理，唯求克胜；至于骨肉之战，愈胜愈酷，捷则非功，败则有丧，劳兵损义，亏失多矣。侯景之军所以未窥江外[29]者，良为藩屏盘固，宗镇强密。弟若陷洞庭[30]，不戢兵刃，雍州[31]疑迫，何以自安，必引进魏军以求形援。弟若不安，家国去矣。必希解湘州之围，存社稷之计。"绎复书，陈誉过恶[32]不赦，且曰："詧引杨忠来相侵逼，颇遵谈笑，用却秦军[33]，曲直有在，不复自陈。临湘[34]旦平，暮便即路[35]。"纶得书，投之于案，慷慨流涕曰："天下之事，一至于斯，湘州若败，吾亡无日矣！"

侯景遣侯子鉴帅舟师八千，自帅徒兵[36]一万，攻广陵，三日，克之，执祖皓，缚而射之，箭遍体，然后车裂以徇；城中无少长皆埋之于地，驰马射而杀之。以子鉴为南兖州刺史，镇广陵。景还建康。

丙戌[37]，以安陆王大春为东扬州刺史。省吴州。

乙巳[38]，以尚书仆射王克为左仆射。

庚寅[39]，东魏以尚书令高隆之为太保。

宣城内史杨白华进据安吴[40]，侯景遣于子悦帅众攻之，不克。

东魏行台辛术将兵入寇，围阳平[41]，不克。侯景纳上女溧阳公主[42]，甚爱之。三月，甲申[43]，景请上禊宴[44]于乐游苑[45]，帐饮[46]三日。上还宫，景与公主共据御床，南面并坐，群臣文武列坐侍宴。

庚申[47]，东魏进丞相洋爵为齐王。

临川内史始兴王毅[48]等击庄铁，鄱阳王范遣其将巴西侯瑱[49]救之，毅等败死。

鄱阳世子嗣与任约战于三章[50]，约败走；嗣因徙镇三章，谓之安乐栅[51]。

夏，四月，庚辰朔[52]，湘东王绎以上甲侯韶为长沙王[53]。

丙午[54]，侯景请上幸西州，上御素辇[55]，侍卫四百余人，景浴铁[56]数千，翼卫左右。上闻丝竹，凄然泣下，命景起舞；景亦请上起舞。酒阑坐散[57]，上抱景于床曰："我念丞相。"景曰："陛下如不念臣，臣何得至此！"逮夜乃罢。

时江南连年旱蝗，江、扬[58]尤甚，百姓流亡，相与入山谷、江湖，采草根、木叶、菱芡[59]而食之，所在皆尽，死者蔽野。富室无食，皆鸟面鹄形[60]，衣罗绮，怀珠玉，俯伏床帷，待命听终。千里绝烟，人迹罕见，白骨成聚，如丘陇焉。

景性残酷，于石头[61]立大碓，有犯法者捣杀之。常戒诸将曰："破栅平城，当净杀之，使天下知吾威名。"故诸将每战胜，专以焚掠为事，斩刈人如草芥，以资戏笑。由是百姓虽死，终不附之。又禁人偶语[62]，犯者刑及外族[63]。为其将帅者，悉称行台，来降附者，悉称开府，其亲寄隆重者曰左右厢公，勇力兼人者曰库直都督。

魏封皇子儒[64]为燕王，公[65]为吴王。

侯景召宋子仙还京口。

邵陵王纶在郢州，以听事为正阳殿，内外斋阁，悉加题署。其部下陵暴军府[66]，郢州将佐莫不怨之。咨议参军江仲举[67]，南平王恪之谋主也，说恪图纶，恪惊曰："若我杀邵陵，宁静一镇，荆、益兄弟[68]必皆内喜，海内若平，则以大义责我矣。且巨逆未枭，骨肉相残，自亡之道也。卿且息之。"仲举不从，部分诸将，刻日将发，谋泄，纶压杀之。恪狼狈往谢，纶曰："群小所作，非由兄也。凶党已毙，兄勿深忧！"

王僧辩急攻长沙，辛巳[69]，克之。执河东王誉，斩之，传首江陵，湘东王绎反其首而葬之[70]。初，世子方等之死，临蒸周铁虎[71]功最多，誉委遇[72]甚重。僧辩得铁虎，命烹之，呼曰："侯景未灭，奈何杀壮士！"僧辩奇其言而释之，还其麾下[73]。绎以僧辩为左卫将军，加侍中、镇西[74]长史。

绎自去岁闻高祖之丧，以长沙未下，故匿之。壬寅[75]，始发丧，刻檀[76]为高祖像，置于百福殿[77]，事之甚谨，动静必咨焉。绎以为天子制于贼臣，不肯从大宝之号，犹称太清四年。丙午[78]，绎下令大举讨侯景，移檄远近。

鄱阳王范至湓城，以晋熙为晋州[79]，遣其世子嗣为刺史，江州郡县多辄改易[80]。寻阳王大心，政令所行，不出一郡[81]。大心遣兵击庄铁，嗣与铁素善，请发兵救之，范遣侯瑱帅精甲五千助铁。由是二镇互相猜忌，无复讨贼之志。大心使徐嗣徽帅众二千，筑垒稽亭[82]以备范，市籴[83]不通，范数万之众，无所得食，多饿死。范愤恚，疽发于背，五月，乙卯[84]，卒。范众秘不发丧，奉范弟安南侯恬[85]为主，有众数千人。

丙辰[86]，侯景以元思虔为东道大行台，镇钱唐。丁巳[87]，以侯子鉴为南兖州刺史。

（以上为第一段，写侯景倒行逆施，残虐百姓，所控长江下游三吴地区，人心不附。梁室诸王同室操戈，长江上游湘东王萧绎血战取胜，中游江州还在残杀。）

【注释】

[1]辛亥朔：正月一日。[2]南野：县名。县治在今江西赣州市南康区。[3]萧摩诃（534—604）：字元胤，兰陵（今江苏常州市）人。骁勇善战，随吴明彻北伐，大败北齐军，以功封谯州刺史。又多次遏制北周军南袭，平定始兴王叛乱，助陈后主即位。官至骠骑大将军，封绥建郡公。隋灭陈，被俘。后随同汉王陈谅赴并州，企图南逃，被杀。传见《陈书》卷三十一、《南史》卷六十七。[4]明威将军：官名。位在五德将军下。[5]戊辰：正月十八日。[6]庚午：正月二十日。[7]南康王：胡三省以为是"南平王"之误，甚是。[8]�头：地名。在今湖北安陆市西北。[9]来嶷（？—550）：字德山，与祖皓起兵反侯景，被萧纶任命为步兵校尉、秦郡太守，封永宁县侯。后与祖皓一并遇害。传见《南史》卷七十二。[10]祖皓（？—550）：历任梁江都令、广陵太守。传见《南史》卷七十二。[11]癸酉：正月二十三日。[12]萧勔（？—550）：字文祇，封东乡侯。传见《南史》卷五十一。又本传任职作"太子洗马"。《资治通鉴》从《南史·祖皓传》。[13]暅（gèng）之子：胡三省说各本均作"暅之之子"，衍一个"之"字。按《南史》卷七十二作"暅之"，是祖冲之之子。字景烁。梁天监初年，重修祖冲之所改何承天的历法。后位至太舟卿，主持船航和堤渠等事。祖皓是他的儿子。可见各本并非衍"之"字，而是今本《资治通鉴》脱一"之"字。[14]乙亥：正月二十五日。[15]石城：郡名。梁作长寿县，在今湖北钟祥市。北周改置石城郡。[16]方略：萧方略（？—555），梁元帝第十子，封始安王。传见《南史》卷五十四。[17]封：疆界。[18]贸迁有无：互通有无，开展贸易。[19]宕昌：国名。地处甘肃宕昌，是西羌人所建，后北周改置宕昌郡。[20]梁弥定：大统七年（541），被西魏立为宕昌王。保定四年（564）进犯洮州，又与吐谷浑联合进攻石门戍，因此被北周宇文邕派兵讨灭。传见《周书》卷四十九。[21]獠甘：人名。[22]傍乞铁匆：人名。[23]渠株川：在今甘肃岷县一带。《周书》卷四十九作"渠林川"。《资治通鉴》同《周书》卷十九。[24]渭州：州名。西魏置，治所襄武，在今甘肃陇西县。[25]生羌：塞外未曾降服于西魏的羌人。[26]岷州：州名。治所溢乐，在今甘肃岷县。[27]于庆：侯景部将，拜仪同三司，后任太子太师。[28]容贳（shì）：容忍和解除敌意。[29]江外：指荆州，时人将江北地区称作江外。[30]洞庭：指湘州，辖地如带环绕洞庭。[31]雍州：指萧詧，时镇雍州。[32]过恶：罪大恶极。[33]颇遵谈笑，用却秦军：萧绎借用鲁仲连谈笑间说服赵平原君不尊秦昭王为帝，迫退秦军，来吹嘘自己说动杨忠，瓦解西魏与萧詧联盟的举动。[34]临湘：县名。县治在今湖南长沙市。是长沙郡和湘州的治所。[35]即路：即上路，指出兵讨伐侯景。[36]徒兵：步兵。[37]丙戌：二月六日。[38]乙巳：二月二十五日。[39]庚寅：二月十日。[40]安吴：县名。县治在今安徽泾县。[41]阳平：郡名。梁置，治所安宜，在今江苏宝应县西南。[42]溧阳公主：梁简文帝女儿的封号。[43]甲申：三月庚戌朔，无甲申日。既然是祓禊的日子，按礼俗只能是该月上旬的巳日，即"丁巳"，三月八日。[44]禊宴：古代民俗，每年三月上旬巳日，要到小河边洗濯，以驱逐不祥。常带饮食在野外聚餐。[45]乐游苑：园苑名。在玄武湖南岸。[46]帐饮：在搭起的帐篷中宴

饮。［47］庚申：三月十一日。［48］王毅：始兴（今广东韶关市）人。《陈书》卷十三、《南史》卷六十七作“梁始兴藩王萧毅”，然而梁始兴王中并无萧毅，当以《资治通鉴》为是。［49］侯瑱（509—561）：字伯玉，巴西充国（今四川南部县西北）人。初从萧范，范死，袭杀庄铁，据有豫章。先后依附侯景、梁元帝。最后称臣于陈霸先，位至太尉。传见《陈书》卷九、《南史》卷六十六。［50］三章：地名。在龙亢县，即今安徽含山县东南。［51］安乐栅：沿用驻屯濡须时军营旧名。［52］庚辰朔：四月一日。［53］长沙王：当时建康城中，还有一位长沙王萧眘（shèn），受侯景辖制。［54］丙午：四月二十七日。［55］素辇：白色的车。［56］浴铁：铁甲卫士。［57］酒阑坐散：酒宴接近尾声，宾客半在半散。［58］江、扬：此指以南京为中心的扬州刺史部长江一带。［59］菱芡：菱角和芡米（又称鸡头米）。［60］鸟面鹄形：形容人因饥饿变得十分消瘦。［61］石头：石头城，在南京城西。［62］偶语：二人以上相聚交谈。［63］外族：指男方的舅家和女方的娘家。［64］儒：元儒，西魏文帝元宝炬的儿子。［65］公：元公，西魏文帝元宝炬的儿子。［66］军府：郢州刺史南平王萧恪府。［67］江仲举：人名。别号“江千万”。［68］荆、益兄弟：指在荆州的萧绎和在益州的萧纪。［69］辛巳：四月二日。［70］反其首而葬之：验明确系萧誉首级后，送回长沙与尸身一起埋葬。［71］周铁虎（？—558）：随王僧辩征侯景，屡有战功，拜潼州刺史，封沌阳县侯。后转投陈霸先，与王琳战于沌口，失败被杀。传见《陈书》卷十、《南史》卷六十七。据《陈书》本传，不知铁虎籍贯。史称铁虎曾任萧誉的临蒸（今湖南衡阳）县令。《资治通鉴》作临蒸人，恐非。胡三省以为“临蒸”下脱“令”字。［72］委遇：委任和相待。［73］麾下：部下。［74］镇西：镇西将军。萧绎以此衔都督荆、雍等九州军事。［75］壬寅：四月二十三日。［76］檀：檀香木。［77］百福殿：江陵城中湘东王府内的一座宫殿名。［78］丙午：四月二十七日。［79］晋州：州名。萧范所新置，州治在今安徽潜山市。［80］郡县多辄改易：指大量更换郡太守和县令长。［81］不出一郡：政令不出寻阳郡。［82］稽亭：即稽亭渚，在湓城以东的长江中。［83］市籴：指从市场购买粮食。［84］乙卯：五月七日。［85］恬：萧恬，封安南侯。［86］丙辰：五月八日。［87］丁巳：五月九日。

东魏齐王洋之为开府[1]也，勃海高德政为管记[2]，由是亲昵，言无不尽。金紫光禄大夫丹杨徐之才[3]、北平太守广宗宋景业[4]，皆善图谶，以为太岁在午[5]，当有革命，因德政以白洋，劝之受禅。洋以告娄太妃，太妃曰：“汝父如龙，兄如虎，犹以天位不可妄据，终身北面，汝独何人，欲行舜、禹之事乎！”洋以告之才，之才曰：“正为不及父兄，故宜早升尊位耳。”洋铸像卜之而成，乃使开府仪同三司段韶问肆州刺史斛律金，金来见洋，固言不可，以宋景业首陈符命，请杀之。洋与诸贵议于太妃前，太妃曰：“吾儿懦直，必无此心，高德政乐祸，教之耳。”洋以人心不壹，遣高德政如邺察公卿之意，未还；洋拥兵而东，至平都城[6]，召诸勋贵议之，莫敢对。长史杜弼曰：“关西，国之勍敌，若受魏禅，恐彼挟天子，自称义兵而东向，王何以待之！”徐之才曰：“今与王争天下者，彼亦欲为王所为，纵其屈强，不过随我称帝耳。”弼无以应。高德政至邺，讽公卿，莫有应者。司马子如逆洋于辽阳[7]，固言未可。洋欲还，仓丞[8]李集曰：“王来为何事，而今欲还？”洋伪使于东门杀之，而别令赐绢十匹，遂还晋阳。自是居常不悦。徐之才、宋景业等日陈阴阳杂占[9]，云宜早受命。高德政亦敦劝不已。洋使术士李密卜之，遇大横[10]，曰：“汉文之卦[11]也。”又使宋景业筮之，遇乾之鼎[12]，曰：“乾，君也。鼎，五月卦也。宜以仲夏受禅。”或曰：“五月不可入官[13]，犯之，终于其位。”景业曰：“王为天子，无复下期，岂得不终于其位乎！”洋大悦，乃发晋阳。

高德政录在邺诸事，条进于洋，洋令左右[14]陈山提驰驿赍事条，并密书与杨愔。是月，山提至邺，杨愔即召太常卿邢邵[15]议造仪注[16]，秘书监魏收草九锡、禅让、劝进诸文；引魏宗室诸王入北宫，留于东斋。甲寅[17]，东魏进洋位相国，总百揆，备九锡。洋行至前亭[18]，所乘马忽倒，意甚恶之，至平都城，不复肯进。高德政、徐之才苦请曰：“山提先去，恐其漏泄。”即命司马子如、杜弼驰驿续入，观察物情。子如等至邺，众人以事势已决，无敢异言。洋至邺，召夫[19]赍筑具[20]集城南。高隆之请曰：“用此何为？”洋作色曰：“我自有事，君何问为！欲族灭邪！”隆之谢而退。于是作圜丘，备法物。

丙辰[21]，司空潘乐、侍中张亮、黄门郎赵彦深等求入启事，东魏孝静帝在昭阳殿见之。亮曰：“五行递运[22]，有始有终，齐王圣德钦明，万方归仰，愿陛下远法尧、舜。”帝敛容曰：“此事推挹[23]已久，谨当逊避。”又曰：“若尔，须作制书。”中书郎[24]崔劼[25]、裴让之曰：“制已作讫。”使侍中杨愔进之。东魏主既署，曰：“居朕何所？”愔对曰：“北城别有馆宇[26]。”乃下御坐，步就东廊，咏范蔚宗[27]《后汉书》赞[28]曰：“献生不辰[29]，身播[30]国屯[31]，终我四百[32]，永作虞宾[33]。”所司请发[34]，帝曰：“古人念遗簪弊履，朕欲与六宫别，可乎？”高隆之曰：

“今日天下犹陛下之天下，况在六宫。”帝步入，与妃嫔已下别，举宫皆哭。赵国李嫔[35]诵陈思王[36]诗云：“王其爱玉体，俱享黄发期[37]。”直长[38]赵道德[39]以车一乘候于东阁，帝登车，道德超上[40]抱之，帝叱之曰：“朕自畏天顺人，何物奴敢逼人如此！”道德犹不下。出云龙门，王公百僚拜辞，高隆之洒泣。遂入北城，居司马子如南宅[41]，遣太尉彭城王韶等奉玺绶，禅位于齐。

戊午[42]，齐王即皇帝位于南郊，大赦，改元天保。自魏敬宗以来，百官绝禄，至是始复给之。己未[43]，封东魏主为中山王，待以不臣之礼。追尊齐献武王为献武皇帝，庙号太祖，后改为高祖[44]；文襄王为文襄皇帝，庙号世宗。辛酉[45]，尊王太后娄氏为皇太后。乙丑[46]，降魏朝封爵有差，其宣力霸朝[47]及西、南投化者[48]，不在降限。

文成侯宁起兵于吴，有众万人，己巳[49]，进攻吴郡；行吴郡事侯子荣逆击，杀之。宁，范之弟也。子荣因纵兵大掠郡境。

自晋氏[50]渡江，三吴最为富庶，贡赋商旅，皆出其地。及侯景之乱，掠金帛既尽，乃掠人而食之，或卖于北境，遗民殆尽矣。

是时，唯荆、益所部尚完实，太尉、益州刺史武陵王纪移告征、镇[51]；使世子圆照帅兵三万受湘东王节度。圆照[52]军至巴水[53]，绎授以信州刺史，令屯白帝[54]，未许东下。

六月，辛巳[55]，以南郡王大连行扬州事。

江夏王大款、山阳王大成、宜都王大封自信安[56]间道奔江陵。

齐主封宗室高岳等十人[57]、功臣库狄干等七人[58]皆为王。癸未[59]，封弟浚[60]为永安王，淹[61]为平阳王，浟[62]为彭城王，演[63]为常山王，涣[64]为上党王，淯[65]为襄城王，湛[66]为长广王，湝[67]为任城王，湜[68]为高阳王，济[69]为博陵王，凝[70]为新平王，润[71]为冯翊王，洽[72]为汉阳王。

（以上为第二段，写东魏禅位高洋，北齐建立。）

【注释】

[1]洋之为开府：事在东魏天平二年（535），详见《资治通鉴》卷一百五十七。[2]管记：官

名。即记室参军的别称。［3］徐之才：丹阳（今安徽宣城市）人。随南齐豫章王萧综投北魏，封昌安县侯。入齐官至尚书令，封西阳郡王。传见《魏书》卷九十一、《北齐书》卷三十三、《北史》卷九十。［4］宋景业：广宗（今河北威县）人。北齐初，位散骑侍郎。传见《北齐书》卷四十九、《北史》卷八十九。［5］太岁在午：太岁，旧历纪年所用值岁干支的别称。时值庚午年，庚午即太岁，所以说太岁在午。［6］平都城：城名。在今山西和顺县西。［7］辽阳：城名。在今山西左权县。［8］仓丞：官名。按东魏司农所辖，有太仓、梁州水次仓、石济水次仓，都设有丞，不详李集任何仓丞。又《北史》卷七作"尚食丞"，则是中侍中省的中尚食局丞，疑《资治通鉴》误"尚食丞"为"仓丞"。［9］阴阳杂占：占卜术。［10］大横：卦兆名。［11］汉文之卦：汉时周勃等功臣平定诸吕，推举代王刘恒为帝。刘恒疑大臣有诈，以卜筮决吉凶。结果卜兆得大横，文作："大横庚庚，余为天王，夏启以光。"卜人解释"王"为"天子"。于是代王决然进京，继承帝位。李密之卦，与汉文卦同。［12］遇乾之鼎：得到乾卦"初九"的"潜龙勿用"和"九五"的"飞龙在天，利见大人"爻辞，经变化而到鼎卦，有去旧更新、相反相成的意思。［13］五月不可入官：按阴阳家的说法，上等官吏忌讳正月、五月、九月。［14］左右：近侍。［15］邢邵：字子才，河间鄚（今河北任丘市北）人。东魏时曾任著作佐郎、中书侍郎，颇有文才。入北齐，以太常卿兼中书监和国子祭酒。传见《魏书》卷六十五、《北齐书》卷三十六、《北史》卷四十三。［16］仪注：有关禅让的礼仪制度。［17］甲寅：五月六日。［18］前亭：地名，在今太原市西南偏东一带。［19］召夫：召集民夫。［20］赍筑具：携带杵等版筑工具。［21］丙辰：五月八日。［22］五行递运：以木、火、水、土、金五种物质相生相克的道理，代表五德，来附会政权的兴替。［23］推挹：推让。［24］中书郎：官名。即中书侍郎，是中书省中协助令、监处理朝政、诏命的官员。［25］崔劼：字彦玄，出身清河崔氏，贝丘（今山东临清市）人。东魏末，以秘书丞修撰起居注。北齐初，以黄门侍郎值内省，典掌机密。后官至中书令。传见《魏书》卷六十七、《北齐书》卷四十二、《北史》卷四十四。［26］别有馆宇：即下文所说司马子如在邺都的住宅。［27］范蔚宗：即范晔（398—445），字蔚宗，顺阳（今河南淅川县）人。南朝宋著名的史学家，撰《后汉书》。传见《宋书》卷六十九、《南史》卷三十三。［28］《后汉书》赞：指《后汉书·献帝纪赞》。［29］生不辰：生不逢时。［30］身播：被董卓逼迫，从洛阳播迁到长安。［31］国屯：国家处于艰难之中。［32］四百：两汉沿续了四百多年历史。［33］虞宾：尧不能传位给子丹朱，而推举虞舜为君，让丹朱据于宾位。孝静帝以此说明国家让给他姓，自己成为新朝的宾臣。［34］所司请发：执掌有关禅代事宜的杨愔等官员，请孝静帝出宫，前往别馆。［35］李嫔：孝静帝的妃子，赵郡（今河北赵县）人。［36］陈思王：即曹植（192—232），曹操之子。封陈王，谥号思。传见《三国志》卷十九。［37］黄发期：古人以黄发比喻高寿。此指同享高年。诗出自《赠白马王彪诗》，见《三国志》本传注及《文选》卷二十四。［38］直长：宦官。胡三省认为是尚乘直长，执掌宫中车舆。［39］赵道德：人名。原高欢的苍头奴，后成为高氏安插在宫中的耳目。传见《北史》卷九十二。［40］超上：超越身份上车，防止孝静帝作出不良举动。［41］南宅：司马子如在北方的晋阳有宅，所以称邺都的住宅为南宅。［42］戊午：五月十日。［43］己未：五月十一日。［44］后改为高祖：天统元年（565），高湛让位于后主高纬，自称太上皇，下诏改高欢谥号为神武皇帝，庙号高祖。［45］辛酉：五月十三日。［46］乙丑：五月十七日。［47］宣力霸朝：指追随高欢征战的所有勋贵。霸朝，指高欢执政时期。［48］西、南投化者：指过去从南朝和西魏前来投奔的受封者。［49］己巳：五月二十一日。［50］晋氏：指晋朝皇族司马氏。［51］征、镇：征指征东、征西、征南、征北等四征将军；镇指镇东、镇西、镇南、镇北、镇左、镇右、镇前、镇后等八镇将军。这里指上述诸将中仍忠于梁朝，抗击侯景的将领。［52］圆照：萧圆照，字明周，萧纪世子。萧纪称帝，立圆照为皇太子。后被萧绎派兵俘获，饿死于狱中。传见《南史》卷五十三。［53］巴水：河名。时在巴郡巴县，即今重庆市巴南区。［54］白帝：城名。是信州州治，在今重庆市奉节县。［55］辛巳：六月三日。［56］信安：县名。县治在今湖北麻城市。［57］封宗室高岳等十人：即封宗室高岳为清河王，高隆之为平原王，高归彦为平秦王，高思宗为上洛王，高长弼为广武王，高普为武兴王，高子瑗为平昌王，高显国为襄乐王，高睿为赵郡王，高孝绪为修城王。［58］功臣库狄干等七人：即封库狄干为章武王，斛律金为咸阳王，贺拔仁为安定王，韩轨为安德王，可朱浑道元为扶风王，彭乐为陈留王，潘相乐为河东王。［59］癸未：六月五日。［60］浚：高浚（？—558），字定乐，高欢第三子。高洋晚年贪酒好色，浚多次劝谏，激怒高洋，被置于铁笼中活活烧死。传见《北齐书》卷十、《北史》卷五十一。［61］淹：高淹（？—564），字子邃，高欢第四子。初封平阳郡公，任尚书左仆射。入北齐，历任尚书令、太尉、太宰。传见《北齐书》卷十、《北史》卷五十一。［62］潋：高潋（533—564），字子深，高欢第五子。初封长乐郡公，曾任沧州刺史。入北齐，历任尚书令、太保。传见《北齐书》卷十、《北史》卷五十一。［63］演：高演（535—561），字延安，高欢第六子。北齐孝昭帝，公元560年至公元561年在位。事详《北齐书》卷六、《北史》卷七。［64］涣：高涣（533—558），字敬寿，高欢第七子，才武超群。入北齐，任中书令、尚书左仆射。被高洋所畏忌，与高浚一同被烧死。传见《北齐书》卷十、《北史》卷五十一。［65］淯：高淯（？—551），高欢第八子。初封章武郡公。传见《北齐书》卷十、《北史》卷五十一。［66］湛：高湛（537—568），高欢第九子。北齐武成帝，公元561年至公元565年在位。晚年让位于后主高纬，称太上皇。事详《北齐书》卷七、《北史》卷八。［67］湝：高湝（？—578），高欢第十子。入北齐，历任司徒、太尉、录尚书事。北齐后主时，任大丞相。北周灭北齐，命他随后主到长安，后赐死。传见《北齐书》卷十、《北史》卷五十一。［68］湜：高湜（？—559），高欢第十一子。入北齐，官至尚书令。在高洋丧礼期间行为不检，被太后杖责而死。传见《北齐书》卷十、《北史》卷五十一。［69］济：高济（？—569），高欢第十二子。入北齐，历任太尉、定州刺史。后主立，口出怨言，被杀。传见《北齐书》卷十、《北史》卷五十一。［70］凝：高凝，高欢第十三子。入北齐，后改封安定王、华山王，位至中书令。传见《北齐书》卷十、《北史》卷五十一。［71］润：高润，字子泽，高欢第十四子。曾任太尉、太保，死于定州刺史任。传见《北齐书》卷十、《北史》卷五十一。［72］洽：高洽（542—554），字敬延，高欢第十五子。传见

《北齐书》卷十、《北史》卷五十。

鄱阳王范既卒，侯瑱往依庄铁，铁忌之。瑱不自安，丙戌[1]，诈引铁谋事，因杀之，自据豫章。

寻阳王大心遣徐嗣徽夜袭湓城，安南侯恬、裴之横等击走之。

齐主娶赵郡李希宗[2]之女，生子殷[3]及绍德[4]；又纳段韶之妹。及将建中宫，高隆之、高德政欲结勋贵之援，乃言“汉妇人不可为天下母，宜更择美配。”帝不从。丁亥[5]，立李氏为皇后，以段氏为昭仪[6]，子殷为皇太子。庚寅[7]，以库狄干为太宰，彭乐为太尉，潘相乐为司徒，司马子如为司空。辛卯[8]，以清河王岳为司州牧。

侯景以羊鸦仁为五兵尚书。庚子[9]，鸦仁出奔江西[10]，将赴江陵，至东莞[11]，盗疑其怀金，邀杀之。

魏人欲令岳阳王詧发哀嗣位，詧辞，不受。丞相泰使荣权册命詧为梁王，始建台[12]，置百官。

陈霸先修崎头[13]古城，徙居之。

初，燕昭成帝[14]奔高丽，使其族人冯业[15]以三百人浮海奔宋，因留新会[16]。自业至孙融，世为罗州刺史，融子宝[17]为高凉太守。高凉[18]冼氏，世为蛮酋，部落十余万家，有女[19]，多筹略，善用兵，诸洞皆服其信义；融聘以为宝妇。融虽累世为方伯[20]，非其土人，号令不行；冼氏约束本宗，使从民礼，每与宝参决辞讼，首领有犯，虽亲戚无所纵舍，由是冯氏始得行其政。

高州[21]刺史李迁仕据大皋口[22]，遣使召宝，宝欲往，冼氏止之曰：“刺史无故不应召太守，必欲诈君共反耳。”宝曰：“何以知之？”冼氏曰：“刺史被召援台，乃称有疾，铸兵聚众而后召君；此必欲质君[23]以发君之兵也，愿且无往以观其变。”数日，迁仕果反，遣主帅杜平虏将兵入赣石[24]，城鱼梁[25]以逼南康[26]，霸先使周文育击之。冼氏谓宝曰：“平虏，骁将也，今入赣石与官军相拒，势未得还，迁仕在州，无能为也。君若自往，必有战斗，宜遣使卑辞厚礼告之曰：‘身未敢出，欲遣妇参。’彼闻之，必喜而无备。我将千余人，步担杂物，唱言[27]输赕[28]，得至栅下，破之必矣。”宝从之。迁仕果不设备，冼氏袭击，大破之，迁仕走保宁都[29]。文育亦击走平虏，据其城。冼氏与霸先会于赣石，还，谓宝曰：“陈都督非常人也，甚得众心，必能平贼，君宜厚资之。”湘东王绎以霸先为豫州刺史，领豫章内史。

辛丑[30]，裴之横攻稽亭，徐嗣徽击走之。

秋，七月，辛亥[31]，齐立世宗[32]妃元氏为文襄皇后，宫曰静德。又封世宗子孝琬为河间王，孝瑜为河南王。乙卯[33]，以尚书令封隆之录尚书事，尚书左仆射平阳王淹为尚书令。

辛酉[34]，梁王詧入朝于魏。

初，东魏遣仪同武威牒云洛[35]等迎鄱阳世子嗣，使镇皖城。嗣未及行，任约军至，洛等引去；嗣遂失援，出战，败死。约遂略地至湓城，寻阳王大心遣司马韦质出战而败，帐下犹有战士千余人，咸劝大心走保建州[36]；大心不能用，戊辰[37]，以江州降约。先是，大心使太子洗马韦臧[38]镇建昌[39]，有甲士五千，闻寻阳不守，欲帅众奔江陵，未发，为麾下所杀。臧，粲之子也。

于庆略地至豫章，侯瑱力屈，降之，庆送瑱于建康。景以瑱同姓，待之甚厚，留其妻子及弟为质，遣瑱随庆徇蠡南[40]诸郡，以瑱为湘州刺史。

初，巴山[41]人黄法𣰋[42]，有勇力，侯景之乱，合徒众保乡里。太守贺诩[43]下江州，命法𣰋监郡事。法𣰋屯新淦[44]，于庆自豫章分兵袭新淦，法𣰋败之。陈霸先使周文育进军击庆，法𣰋引兵会之。

邵陵王纶闻任约将至，使司马蒋思安[45]将精兵五千袭之，约众溃；思安不设备，约收兵袭之，思安败走。

湘东王绎改宜都为宜州[46]，以王琳为刺史。

是月，以南郡王大连为江州刺史。

魏丞相泰以齐主称帝，帅诸军讨之。以齐王廓[47]镇陇右，征秦州刺史宇文导为大将军、都督二十三州诸军事，屯咸阳，镇关中。

益州[48]沙门[49]孙天英帅徒数千人夜攻州城，武陵王纪与战，斩之。

邵陵王纶大修铠仗，将讨侯景。湘东王绎恶之，八月，甲午[50]，遣左卫将军王僧辩、信州刺史鲍泉等帅舟师一万东趣江、郢。声言拒任约，且云迎邵陵王还江陵，授以湘州。

齐主初立，励精为治。赵道德以事属[51]黎阳太守清河房超[52]，超不发书[53]，棓杀[54]其使；齐主善之，命守宰各设棓以诛属请之使。久之，都官中郎[55]宋轨奏曰："若受使请赇，犹致大戮，身为枉法，何以加罪！"乃罢之。

司都功曹[56]张老上书请定齐律，诏右仆射薛琡[57]等取魏《麟趾格》，更讨论损益之。

齐主简练六坊之人[58]，每一人必当百人，任其临陈必死[59]，然后取之，谓之"百保鲜卑[60]"。又简华人之勇力绝伦者，谓之"勇士"，以备边要[61]。

始立九等之户[62]，富者税其钱，贫者役其力。

九月，丁巳[63]，魏军发长安[64]。

王僧辩军至鹦鹉洲[65]，郢州司马刘龙虎[66]等潜送质于僧辩，邵陵王纶闻之，遣其子威正侯礩[67]将兵击之，龙虎败，奔于僧辩。

纶以书责僧辩曰："将军前年杀人之侄[68]，今岁伐人之兄[69]，以此求荣，恐天下不许！"僧辩送书于湘东王绎，绎命进军。辛酉[70]，纶集其麾下于西园[71]，涕泣言曰："我本无他，志在灭贼，湘东常谓与之争帝，遂尔见伐。今日欲守则交[72]绝粮储，欲战则取笑千载[73]，不容无事受缚，当于下流避之。"麾下壮士争请出战，纶不从，与礩自仓门[74]登舟北出。僧辩入据郢州。绎以南平王恪为尚书令、开府仪同三司，世子方诸为郢州刺史，王僧辩为领军将军[75]。

纶遇镇东将军裴之高于道，之高之子畿[76]掠其军器，纶与左右轻舟奔武昌涧饮寺，僧法馨[77]匿纶于岩穴之下。纶长史韦质、司马姜律[78]等闻纶尚存，驰往迎之，说七栅流民[79]以求粮仗。纶出营巴水，流民八九千人附之，稍收散卒，屯于齐昌[80]。遣使请和[81]于齐，齐以纶为梁王。

湘东王绎改封皇子大款为临川王，大成为桂阳王，大封为汝南王。

癸亥[82]，魏军至潼关。

庚午[83]，齐主如晋阳，命太子殷居凉风堂[84]监国。

南郡王[85]中兵参军张彪[86]等起兵于若邪山[87]，攻破浙东诸县，有众数万。吴郡人陆令公等说太守南海王大临往依之，大临曰："彪若成功，不资[88]我力；如其桡败，以我自解[89]，不可往也。"

任约进寇西阳、武昌。初，宁州刺史彭城徐文盛募兵数万人讨侯景，湘东王绎以为秦州刺史，使将兵东下，与约遇于武昌。绎以庐陵王应[90]为江州刺史，以文盛为长史行府州事[91]，督诸将拒之。应，续之子也。邵陵王纶引齐兵未至，移营马栅[92]，距西阳八十里，任约闻之，遣仪同叱罗子通等将铁骑二百袭之，纶不为备，策马亡走。时湘东王绎亦与齐连和，故齐人观望，不助纶。定州刺史田祖龙[93]迎纶，纶以祖龙为绎所厚，惧为所执，复归齐昌。行至汝南[94]，魏所署汝南城主李素[95]，纶之故吏也，开城纳之，任约遂据西阳、武昌。

裴之高帅子弟部曲千余人至夏首[96]，湘东王绎召之，以为新兴[97]、永宁[98]二郡太守。又以南平王恪为武州刺史，镇武陵[99]。

初，邵陵王纶以衡阳王献为齐州刺史，镇齐昌，任约击擒之，送建康，杀之。献，畅[100]之孙也。

乙亥[101]，进侯景位相国，封二十郡，为汉王，加殊礼。

岳阳王詧还襄阳。

黎州[102]民攻刺史张贲，贲弃城走。州民引氐酋[103]北益州[104]刺史杨法琛[105]据黎州，命王、贾二姓诣武陵王纪请法琛为刺史。纪深责之，囚法琛质子崇颙、崇虎。冬，十月，丁丑朔[106]，法琛遣使附魏。

己卯[107]，齐主至晋阳宫[108]。广武王长弼[109]与并州刺史段韶不协，齐主将如晋阳，长弼言于帝曰："韶拥强兵在彼，恐不如人意，岂可径往投之！"帝不听。既至，以长弼语告之，曰："如君忠诚，人犹有谗，况其余乎！"长弼，永乐之弟也。乙酉[110]，以特进元韶为尚书左仆射，段韶为右仆射。

乙未[111]，侯景自加宇宙大将军[112]、都督六合诸军事，以诏文呈上。上惊曰："将军乃有宇宙之号乎！"

立皇子大钧为西阳王，大威为武宁王，大球为建安王，大昕为义安王，大挚为绥建王，大圜为乐梁王。

齐东徐州刺史行台辛术镇下邳。十一月，侯景征租入建康，术帅众渡淮断之，烧其谷百万石，遂围阳平，景行台郭元建引兵救之。壬戌[113]，术略三千余家，还下邳。

武陵王纪帅诸军发成都，湘东王绎遣使以书止之曰："蜀人勇悍，易动难安，弟可镇之，吾自当灭贼。"又别纸曰："地拟孙、刘[114]，各安境界；情深鲁、卫[115]，书信恒通。"

甲子[116]，南平王恪帅文武拜笺[117]推湘东王绎为相国，总百揆；绎不许。

魏丞相泰自弘农为桥，济河，至建州。丙寅[118]，齐主自将出顿东城[119]。泰闻其军容严盛，叹曰："高欢不死矣！"会久雨，自秋及冬，魏军畜产多死，乃自蒲阪还。于是河南自洛阳，河北自平阳已东，皆入于齐。

丁卯[120]，徐文盛军贝矶，任约帅水军逆战，文盛大破之，斩叱罗子通、赵威方，仍进军大举口[121]。侯景遣宋子仙等将兵二万助约，以约守西阳，久不能进，自出屯晋熙。

南康王会理以建康空虚，与太子左卫将军柳敬礼、西乡侯劝[122]、东乡侯勔[123]谋起兵诛王伟。安乐侯乂理[124]出奔长芦[125]，集众得千余人。建安侯贲[126]、中宿世子子邕[127]知其谋，以告伟。伟收会理、敬礼、劝、勔及会理弟祁阳侯通理，俱杀之。乂理为左右所杀。钱塘褚冕[128]，以会理故旧，捶掠千计，终无异言。会理隔壁谓之曰："褚郎，卿岂不为我致此？卿虽忍死明我，我心实欲杀贼！"冕竟不服，景乃宥之。劝，昺之子；贲，正德之弟[129]子；子邕，憺之孙也。

帝自即位以来，景防卫甚严，外人莫得进见，唯武林侯咨及仆射王克、舍人殷不害，并以文弱得出入卧内，帝与之讲论而已。及会理死，克、不害惧祸，稍自疏。咨独不离帝，朝请无绝；景恶之，使其仇人刁戍刺杀咨于广莫门外。

帝之即位也，景与帝登重云殿[130]，礼佛为誓云："自今君臣两无猜贰，臣固不负陛下，陛下亦不得负臣。”及会理谋泄，景疑帝知之，故杀咨。帝自知不久，指所居殿谓殷不害曰：“庞涓[131]当死此下。”

景自帅众讨杨白华于宣城，白华力屈而降，景以其北人[132]，全之，以为左民尚书[133]，诛其兄子彬以报来亮之怨。

十二月，丙子朔[134]，景封建安侯贲为竟陵王，中宿世子子邕为随王，仍赐姓侯氏。

辛丑[135]，齐主还邺。

邵陵王纶在汝南，修城池，集士卒，将图安陆。魏安州刺史马祐以告丞相泰，泰遣杨忠将万人救安陆。

武陵王纪遣潼州刺史杨乾运[136]、南梁州刺史谯淹合兵二万讨杨法琛，法琛发兵据剑阁[137]以据之。

侯景还建康。

初，魏敬宗以尔朱荣为柱国大将军，位在丞相上；荣败，此官遂废。大统三年[138]，文帝复以丞相泰为之。其后功参佐命，望实俱重者，亦居此官，凡八人，曰安定公宇文泰，广陵王欣，赵郡公李弼，陇西公李虎，河内公独孤信，南阳公赵贵，常山公于谨，彭城公侯莫陈崇，谓之八柱国。泰始籍[139]民之才力者为府兵[140]，身租庸调[141]，一切蠲之，以农隙讲阅战陈，马畜粮备，六家供之；合为百府，每府一郎将主之，分属二十四军。泰任总百揆，督中外诸军；欣以宗室宿望，从容禁闼[142]而已。余六人[143]各督二大将军，凡十二大将军[144]，每大将军各统开府二人，开府各领一军。是后功臣位至柱国大将军、开府仪同三司、仪同三司者甚众，率为散官[145]，无所统御，虽有继掌其事者，闻望皆出诸公之下云。

齐主命散骑侍郎宋景业造《天保历》[146]，行之。

（以上为第三段，写南朝萧梁全境各方继续混战，湘东王萧绎在军阀混战中逐步取得优势；侯景辖区，反抗声浪日渐增高。北朝，西魏宇文泰发动大军声讨高洋称帝，结果兵败地削，北齐稳固。宇文泰创设府兵制。）

【注释】

［1］丙戌：六月八日。［2］李希宗：字景玄。北魏时任金紫光禄大夫，后卒于上党太守任。传见《魏书》卷三十六、《北史》卷三十三。［3］殷：高殷（545—561），字正道，北齐废帝；公元560年在位不足一年，被贬为济南王。转年被高演密令杀于晋阳宫。事详《北齐书》卷五、《北史》卷七。［4］绍德：高绍德，天保末，曾任开府仪同三司，封太原王。后被武成帝高湛所杀。传见《北齐书》卷十二、《北史》卷五十二。［5］丁亥：六月九日。［6］昭仪：宫中女官之一。汉魏时较贵显，晋以后地位渐低下。［7］庚寅：六月十二日。［8］辛卯：六月十三日。［9］庚子：六月二十二日。［10］江西：指南京西边长江以西的地区。［11］东莞：县名，属南徐州东莞郡，县治在今江苏常州市武进区。然而该县地属江东，与文意不符。胡三省认为是东关之误。东关在今安徽巢湖市东南，是江西之地。［12］始建台：开始设置台省等首脑机构。［13］崎头：古城名。在今江西大余县。［14］燕昭成帝：即北燕王冯弘，传见《魏书》卷九十七、《北史》卷九十三。北魏太武帝拓跋焘在太延二年（436），以冯弘屡次诈称送侍子求和，而实际不施行，于是大举伐燕。冯弘大败，随高丽援将葛卢光撤往高丽。［15］冯业：人名。［16］新会：郡名，治所盆允，在今广东江门市新会区。［17］宝：冯宝，隋时追封谯国公。［18］高凉：郡名。治所高凉，在今广东阳江市西。［19］有女：即谯国夫人冼氏，俗称冼夫人。南越族的女首领。冯宝死后，协助陈朝统一岭南。后归顺隋朝，封谯国夫人。传见《北史》卷九十一。［20］方伯：古代诸侯的别称。此指掌一州军政的刺史。［21］高州：州名。梁置，原治所在高凉，此时移治巴山，在今江西崇仁县。［22］大皋口：即大皋城，在大皋渡口附近，即今江西吉安市南。［23］质君：指扣押冯宝为人质。［24］赣石：赣江十八滩所在，在今江西万安县附近。［25］鱼梁：城名。在今江西万安县南。［26］南康：郡名。治所赣县，在今江西赣州市。［27］唱言：扬言。［28］输赕（dǎn）：出财物以赎罪。是当时东南及岭南百越人的一种请罪方式。［29］宁都：县名。县治在今江西宁都县。［30］辛丑：六月二十三日。［31］辛亥：七月三日。［32］世宗：高澄的庙号。［33］乙卯：七月七日。［34］辛酉：七月十三日。［35］牒云洛：人名。武威人，复姓牒云。［36］建州：州名。治所殷城，在今河南商城县。时已归北齐，萧大心部下都想投靠北齐。［37］戊辰：七月二十日。［38］韦臧：字君理，韦粲之子。侯景初围建康时，臧奉命守卫西华门。传见《梁书》卷四十三。［39］建昌：县名。县治在今江西永修县。［40］蠡南：指彭蠡湖以南，即今鄱阳湖以南。［41］巴山：郡名。治所新建，在今江西崇仁县。［42］黄法氍（518—576）：字仲昭，巴山新建人。梁元帝封他为巴山县子，敬帝时进爵为新建县侯。连败萧勃、王琳、熊昙朗，屡立战功。入陈，历任南徐州、江州、郢州、南豫州、合州、豫州刺史，封义阳郡公。传见《陈书》卷十一、《南史》卷六十六。［43］贺诩：贺琛之子，死于巴山太守任。传见《梁书》卷三十八、《南史》卷六十二。又《南史》作“贺翊”。［44］新淦：县名。县治在今江西樟树市。［45］蒋思安：人名。［46］宜州：州名。治所宜都，在今湖北宜都市。［47］廓：元廓，又称拓跋廓，西魏恭帝。大统十四年（548）封齐王。废帝三年（554）即帝位，在位三年。后

逊位于周闵帝宇文觉。事详《北史》卷五。［48］益州：州名。梁置，治所蜀郡，在今四川成都市。［49］沙门：依照戒律出家的佛教徒。［50］甲午：八月十七日。［51］以事属：有私事托付。［52］房超：字伯颖，清河（今山东临清市东北）人。东魏时曾任司徒录事参军、济州大中正。传见《魏书》卷七十二。［53］不发书：不打开请托信。［54］棓（bàng）杀：用木棒打死。［55］都官中郎：官名。北齐时掌京畿之内的违法事的处理。胡三省以为依齐制此官名当作"都官郎中"。张校同，《资治通鉴》误。［56］司都功曹：官名。即司州的功曹，因州府在邺都，所以称司都功曹。［57］薛琡：字昙珍，河南（治今河南洛阳市）人。祖先出自于代地，本姓叱干氏。琡外示方正，内实轻浮。官至尚书右仆射。传见《魏书》卷四十四、《北齐书》卷二十六、《北史》卷二十五。［58］简练：精选并训练。六坊：自北魏以来，北军的六军宿卫军士，分为六坊，驻守京师。［59］必死：敢死，即敢死队。［60］百保鲜卑：因这批勇士可以以一当百，又都是鲜卑族人而得名。［61］边要：边疆要塞。［62］九等之户：把民户分为上、中、下三大等，每一大等又各分上、中、下三等，合为九等。用来区别贫富，并相应征赋税和徭役。［63］丁巳：九月十日。［64］发长安：从长安出发，讨伐北齐。［65］鹦鹉洲：长江上的一个江心洲，在今湖北武汉市。［66］刘龙虎：人名。《梁书》和《南史》均作"刘龙武"，《资治通鉴》恐误。［67］硕：萧硕，封威正侯。《梁书》卷三十五、《南史》卷四十二均作"萧确"，不当与在建康谋刺侯景的永安侯萧确同名，恐当以《资治通鉴》为是。［68］杀人之侄：指攻杀河东王萧誉。誉是萧绎的侄子。［69］伐人之兄：萧纶是萧绎的哥哥。［70］辛酉：九月十四日。［71］西园：在郢州城西的名园，与东湖的东园相对。都在今湖北武汉市的武昌区。［72］交：碰到，赶上。［73］取笑千载：因兄弟相争，自相残杀，容易被后人传为笑柄。［74］仓门：地名。是武昌北门之一，面临长江。［75］领军将军：官名。梁时是禁军六军的首要将领。［76］畿：裴畿（？—554），曾任隽州刺史，西魏攻陷江陵时战死。传见《梁书》卷二十八、《南史》卷五十八。［77］法馨：僧人的法名。［78］姜律：人名。《南史》卷五十三作"姜伟"。［79］七栅流民：当时不少百姓为逃避赋税、徭役和战争，流亡到北江州。该州州治鹿城关，在今湖北麻城市，辖义阳、齐昌、新昌、梁安、齐兴、光城等六郡。流民在此自动建立七个营地。［80］齐昌：郡名。治所齐昌县，在今湖北蕲春县。［81］请和：据章校，十二行本、乙十一行本、孔本均作"请降"。［82］癸亥：九月十六日。［83］庚午：九月二十三日。［84］凉风堂：在邺都宫中的玄都苑。［85］南郡王：即萧大连，封南郡王。张彪是他的部下。［86］张彪：自称襄阳（今湖北襄阳市）人，一说是兰钦的表弟。初在若邪山为盗，后投奔萧大连，深受重用。后转投梁元帝，梁末与陈霸先父子对抗，兵败被杀。传见《南史》卷六十四。［87］若邪山：山名。在今浙江绍兴市南。［88］不资：不依靠，不凭借。［89］以我自解：恐张彪会归罪于萧大临，而向侯景求得解脱。［90］庐陵王应：萧应，封庐陵王。［91］行府州事：代理庐陵王府和江州的军政事务。［92］马栅：地名。在今湖北黄冈市北。［93］田祖龙：人名。按《梁书》卷二十九、《南史》卷五十三均作"田龙祖"，《资治通鉴》下卷同，疑此误倒。［94］汝南：郡名。梁置，郡治在今河南息县东。［95］李素：人名。《南史》卷五十三作“李素孝”。［96］夏首：地名。今址不详。［97］新兴：郡名。治所江陵，在今湖北江陵县。［98］永宁：郡名。治所南漳，在今湖北南漳县。［99］武陵：郡名。治所武陵，在今湖南常德市。［100］畅：萧畅，梁武帝弟弟。传见《梁书》卷二十三、《南史》卷五十一。［101］乙亥：九月二十八日。［102］黎州：州名。梁置，治所兴安，在今四川广元市。［103］氐酋：氐族人的首领。从殷周到南北朝，氐人生活在陕、甘、川等地，以畜牧业为主，兼事农业。在两晋时，建立过仇池、前秦、后凉等割据政权。［104］北益州：州名。梁置，治所白水，在今四川广元市西北。［105］杨法琛：起兵后投奔西魏。传见《周书》卷四十九、《北史》卷九十六。又《周书》《梁书》《南史》均作“杨法深”，唯《北史》与《资治通鉴》同。［106］丁丑朔：十月一日。［107］己卯：十月三日。［108］晋阳宫：原齐献武王高欢的王宫。［109］广武王长弼：高长弼，小名阿伽，以宗室封广武王，凶残好斗。后从南营州叛亡到突厥。传见《魏书》卷三十二、《北齐书》卷十四、《北史》卷五十一。［110］乙酉：十月九日。［111］乙未：十月十九日。［112］宇宙大将军：官名。侯景自创。［113］壬戌：十一月十六日。［114］地拟孙、刘：萧绎控制荆襄，萧纪控制蜀地，与原孙权、刘备辖地相仿，所以有此比拟。［115］情深鲁、卫：周初封周公旦于鲁国，封旦弟康叔于卫国，各为一方诸侯，又是兄弟之国。所以绎用来比喻他和萧纪的兄弟之情。［116］甲子：十一月十八日。［117］拜笺：上奏表章。［118］丙寅：十一月二十日。［119］东城：晋阳的东城。［120］丁卯：十一月二十一日。［121］大举口：举水入江之口，在今湖北黄冈市。［122］西乡侯劝：萧劝，字文肃，封西乡侯，曾任太舟卿。传见《南史》卷五十一。［123］东乡侯勔：萧勔，字文祇，封东乡侯。见《南史》卷五十一。［124］安乐侯乂理：萧乂理（530—550），字季英，封安乐侯。传见《梁书》卷二十九、《南史》卷五十三。［125］长芦：镇名。在今江苏南京市高淳区。［126］建安侯贲：萧贲（？—550），字世文，以向侯景告密功封竟陵王，并改姓侯。后被侯景部下所杀。传见《南史》卷五十一。［127］子邕：萧子邕，中宿侯的法定继承人。他是始兴王萧憺的孙子，萧亮的侄子，但中宿侯的名字已无考。［128］褚冕：钱塘（今浙江杭州市西南）人。传见《南史》卷五十三。［129］正德之弟：萧正立，初封罗平侯，改封建安侯。传见《南史》卷五十一。［130］重云殿：宫殿名。在华林园中。［131］庞涓：战国时魏国的将军，被齐将孙膑所败，死于马陵道。梁简帝以此喻指侯景必死于非命。［132］北人：杨白华是北魏名将杨大眼的儿子，因与魏胡太后私通，怕事泄被诛而逃奔梁朝。［133］左民尚书：官名。梁尚书省属官，掌天下户籍赋税。［134］丙子朔：十二月一日。［135］辛丑：十二月二十六日。［136］杨乾运：人名。大宝二年（551），降于西魏将尉迟迥。［137］剑阁：在安南县境，是蜀地的北部门户，在今四川剑阁县。［138］大统三年：公元537年。时元宝炬任西魏主。［139］籍：登记。［140］府兵：宇文泰首创的兵制。后虽有改革，但一直沿用到唐玄宗天宝年间，是维护中央集权的重要军事制度。［141］租庸调：租，田赋。庸，徭役。每年二十天，闰年加二天；不愿出役可以按每天出绢三尺来代替。调，户调。养蚕之地出绢帛，不养蚕之地出麻布，或以银代帛。［142］从容禁闼：在宫中主事，不参与府兵事。［143］余六人：

指李弼等其他六柱国。［144］十二大将军：即广平王元赞、淮王元育、齐王元廓、章武郡公宇文导，平原郡公侯莫陈顺、高阳郡公达奚武、阳平公李远、范阳公豆卢宁、化政公宇文贵、博陵公贺兰祥、陈留公杨忠、武威公王雄。［145］散官：只表示级别，不一定有实际职务相对应。如果是高阶任低职，叫“行某官”；如果是低阶任高职，叫“守某官”。［146］《天保历》：以天保年号命名的北齐新历法。从天保二年（551）开始使用，到幼主承光元年（577），共施行了27年。

【点评】

西魏宇文氏崛起。梁朝萧氏诸王互相残杀，形成军阀混战，侯景得以苟延。北朝东魏高洋凭借父兄长期经营之资，顺利受禅，北齐建立。西魏宇文泰创设府兵制，增强国力，影响深远。

卷一六四　梁纪二十

梁简文帝大宝二年至梁元帝承圣元年（551—552 年）

【起重光协洽（辛未，551 年），尽玄黓涒滩（壬申，552 年），凡二年】

【大事提要】

本卷载述公元 551 年至公元 552 年南北朝史事，凡二年，时当梁简文帝大宝二年，后梁元帝承圣元年，西魏文帝大统十七年、废帝元年，北齐文宣帝天保二年、三年。本卷重点详述侯景覆灭。

太宗简文皇帝下

大宝二年（辛未，551 年）

春，正月，新吴余孝顷[1]举兵拒侯景，景遣于庆攻之，不克。

庚戌[2]，湘东王绎遣护军将军尹悦、安东将军杜幼安、巴州刺史王珣将兵二万自江夏趣武昌，受徐文盛节度。

杨乾运攻拔剑阁，杨法昌[3]退保石门[4]，乾运据南阴平[5]。

辛亥[6]，齐主祀圜丘。

张彪遣其将赵棱围钱塘，孙凤围富春，侯景遣仪同三司田迁、赵伯超救之，棱、凤败走。棱，伯超之兄子也。

癸亥[7]，齐主耕藉田。乙丑[8]，享太庙。

魏杨忠围汝南，李素战死。二月，乙亥[9]，城陷，执邵陵携王纶，杀之，投尸江岸；岳阳王詧取而葬之。

或告齐太尉彭乐谋反；壬辰[10]，乐坐诛。

齐遣散骑常侍曹文皎使于江陵，湘东王绎使兼散骑常侍王子敏报之。

侯景以王克为太师，宋子仙为太保，元罗为太傅，郭元建为太尉，张化仁为司徒，任约为司空，王伟为尚书左仆射，索超世为右仆射。景置三公官，动以十数，仪同尤多。以子仙、元建、化仁为佐命元功，伟、超世为谋主，于子悦、彭儁[11]主击断，陈庆、吕季略、卢晖略、丁和等为爪牙。梁人为景用者，则故将军赵伯超，前制局监周石珍，内监[12]严亶，邵陵王记室伏知命。自余王克、元罗及侍中殷不害、太常周弘正等，景从人望，加以尊位，非腹心之任也。

北兖州刺史萧邕谋降魏，侯景杀之。

杨乾运进据平兴，平兴[13]者，杨法琛所治也。法琛退保鱼石洞[14]，乾运焚平兴而归。

李迁仕收众还击南康，陈霸先遣其将杜僧明等拒之，生擒迁仕，斩之。湘东王绎使霸先进兵取江州，以为江州刺史。

三月，丙午[15]，齐襄城王淯卒。

庚戌[16]，魏文帝殂，太子钦立。

乙卯[17]，徐文盛等克武昌，进军芦洲[18]。

己未[19]，齐以湘东王绎为梁相国，建梁台，总百揆，承制。

齐司空司马子如自求封王，齐主怒，庚子[20]，免子如官。

任约告急，侯景自帅众西上，携太子大器从军以为质，留王伟居守。闰月，景发建康，自石头至新林[21]，舳舻相接。约分兵袭破定州刺史田龙祖于齐安[22]。壬寅[23]，景军至西阳，与徐文盛夹江筑垒。癸卯[24]，文盛击破之，射其右丞库狄式和[25]，坠水死，景遁走还营。

夏，四月，甲辰[26]，魏葬文帝于永陵。

郢州刺史萧方诸，年十五，以行事鲍泉和弱，常侮易之，或使伏床，骑背为马；恃徐文盛军在近，不复设备，日以蒱酒为乐。侯景闻江夏空虚，乙巳[27]，使宋子仙、任约帅精骑四百，由淮内袭郢州[28]。丙午[29]，大风疾雨，天色晦冥，有登陴望见贼者，告泉曰："虏骑至矣！"泉曰："徐文盛大军在下，贼何由得至！当是王珣军人还耳。"既而走告者稍众，始命闭门，子仙等已入城。方诸方踞泉腹，以五色彩[30]辫其髯；见子仙至，方诸迎拜，泉匿于床下；子仙俯窥见泉素髯间彩，惊愕，遂擒之，及司马虞豫，送于景所。景因便风，中江举帆，遂越文盛等军，丁未[31]，入江夏。文盛众惧而溃，与长沙王韶[32]等逃归江陵。王珣、杜幼安以家在江夏，遂降于景。

湘东王绎以王僧辩为大都督，帅巴州刺史丹杨淳于量[33]、定州刺史杜龛、宜州刺史王琳、郴州[34]刺史裴之横东击景，徐文盛以下并受节度。戊申[35]，僧辩等军至巴陵，闻郢州已陷，因留戍之。绎遗僧辩书曰："贼既乘胜，必将西下[36]，不劳远击；但守巴丘[37]，以逸待劳，无虑不克。"又谓将佐曰："贼若水步两道，直指江陵，此上策也。据夏首，积兵粮，中策也。悉力攻巴陵，下策也。巴陵城小而固，僧辩足可委任。景攻城不拔，野无所掠，暑疫时起，食尽兵疲，破之必矣。"乃命罗州刺史徐嗣徽自岳阳，武州刺史杜崱自武陵引兵会僧辩。

景使丁和将兵五千守夏首，宋子仙将兵一万为前驱，趣巴陵，分遣任约直指江陵，景帅大兵水步继进。于是缘江戍逻[38]，望风请服，景拓逻[39]至于隐矶[40]。僧辩乘城固守，偃旗卧鼓，安若无人。壬戌[41]，景众济江，遣轻骑至城下，问："城内为谁？"答曰："王领军。"骑曰："何不早降？"僧辩曰："大军但向荆州，此城自当非碍。"骑去。顷之，执王珣等至城下，使说其弟琳。琳曰："兄受命讨贼，不能死难，曾不内惭，翻[42]欲赐诱[43]！"取弓射之，珣惭而退。景肉薄[44]百道攻城，城中鼓噪，矢石雨下，景士卒死者甚众，乃退。僧辩遣轻兵出战，凡十余返，皆捷。景被甲在城下督战，僧辩著绶[45]、乘舆、奏鼓吹巡城，景望之，服其胆勇。

岳阳王詧闻侯景克郢州，遣蔡大宝将兵一万进据武宁[46]，遣使至江陵，诈称赴援。众议欲答以侯景已破，令其退军。湘东王绎曰："今语以退军，是趣之令进也。"乃使谓大宝曰："岳阳累启连和，不相侵犯，卿那忽据武宁？今当遣天门太守胡僧祐[47]精甲二万、铁马五千顿湕水，待时进军。"詧闻之，召其军还。僧祐，南阳人也。

五月，魏陇西襄公李虎卒。

侯景昼夜攻巴陵，不克，军中食尽，疾疫死伤太半。湘东王绎遣晋州刺史萧惠正[48]将兵援巴陵，惠正辞不堪，举胡僧祐自代。僧祐时坐谋议忤旨系狱[49]，绎即出之，拜武猛将军，令赴援，戒之曰："贼若水战，但以大舰临之，必克。若欲步战，自可鼓棹直就巴丘，不须交锋也。"僧祐至湘浦[50]，景遣任约帅锐卒五千据白墒[51]以待之。僧祐由他路西上，约谓其畏己，急追之，及于芊口[52]，呼僧祐曰："吴儿，何不早降，走何所之！"僧祐不应，潜引兵至赤沙亭[53]；会信州刺史陆法和[54]至，与之合军。法和有异术，隐于江陵百里洲[55]，衣食居处，一如苦行沙门，或豫言吉凶，多中[56]，人莫能测。侯景之围台城也，或问之曰："事将何如？"法和曰："凡人取果，宜待熟时，不撩自落。"固问之，法和曰："亦克亦不克。"及任约向江陵，法和自请击之，绎许之。

壬寅[57]，约至赤亭[58]。六月，甲辰[59]，僧祐、法和纵兵击之，约兵大溃，杀溺死者甚众，擒约送江陵。景闻之，乙巳[60]，焚营宵遁。以丁和为郢州刺史，留宋子仙等，众号二万，戍郢城；别将支化仁镇鲁山[61]，范希荣行江州事，仪同三司任延和、晋州刺史夏侯威生守晋州。景与麾下兵数千，顺流而下。丁和以大石磕杀鲍泉及虞预[62]，沈于黄鹤矶[63]。任约至江陵，绎赦之。徐文盛坐怨望，下狱死。巴州刺史余孝顷遣兄子僧重将兵救鄱阳，于庆退走。

绎以王僧辩为征东将军、尚书令，胡僧祐等皆进位号，使引兵东下。陆法和请还，既至，谓绎曰："侯景自然平矣，蜀贼[64]将至，请守险以待之。"乃引兵屯峡口[65]。庚申[66]，王僧辩至汉口[67]，先攻鲁山，擒支化仁送江陵。辛酉[68]，攻郢州，克其罗城，斩首千级。宋子仙退据金城[69]，僧辩四面起土山，攻之。

豫州刺史荀朗[70]自巢湖出濡须邀景，破其后军，景奔归，船前后相失。太子船入枞阳浦，船中腹心[71]皆劝太子因此入北[72]，太子曰："自国家丧败，志不图生，主上蒙尘，宁忍违离左右！吾今若去，是乃叛父，非避贼也。"因涕泗呜咽，即命前进。

甲子[73]，宋子仙等困蹙，乞输郢城，身还就景；王僧辩伪许之，命给船百艘以安其意。子仙谓为信然，浮舟将发，僧辩命杜龛帅精勇千人攀堞而上，鼓噪奄进，水军主[74]宋遥帅楼船，暗江云合[75]。子仙且战且走，至白杨浦[76]，大破之，周铁虎生擒子仙及丁和，送江陵，杀之。

庚午[77]，齐主以司马子如，高祖之旧，复以为太尉。

江安侯圆正[78]为西阳太守，宽和好施，归附者众，有兵一万。

湘东王绎欲图之，署为平南将军。及至，弗见，使南平王恪与之饮。醉，因囚之内省，分其部曲，使人告其罪。荆、益之衅自此起矣。

陈霸先引兵发南康，赣石[79]旧有二十四滩，会水暴涨数丈，三百里间，巨石皆没，霸先进顿西昌[80]。

铁勒将伐柔然，突厥酋长土门邀击，破之，尽降其众五万余落[81]。土门恃其强盛，求婚于柔然，柔然头兵可汗大怒，使人詈辱之曰："尔，我之锻奴也，何敢发是言！"土门亦怒，杀其使者，遂与之绝，而求婚于魏；魏丞相泰以长乐公主[82]妻之。

秋，七月，乙亥[83]，湘东王绎以长沙王韶监郢州事。丁亥[84]，侯景还至建康。于庆自鄱阳还豫章，侯瑱闭门拒之，庆走江州，据郭默城[85]。绎以瑱为兖州[86]刺史。景悉杀瑱子弟[87]。

辛丑[88]，王僧辩乘胜下湓城，陈霸先帅所部三万人将会之，屯于巴丘[89]。西军[90]乏食，霸先有粮五十万石，分三十万石以资之。八月，壬寅朔[91]，王僧辩前军袭于庆，庆弃郭默城走，范希荣亦弃寻阳城走。晋熙王僧振[92]等起兵围郡城[93]，僧辩遣沙州刺史丁道贵[94]助之，任延和等弃城走。湘东王绎命僧辩且顿寻阳以待诸军之集。

初，景既克建康，常言吴儿怯弱，易以掩取，当须拓定中原，然后为帝。景尚帝女溧阳公主，嬖之，妨于政事[95]，王伟屡谏景，景以告主，主有恶言，伟恐为所谗，因说景除帝。及景自巴陵败归，猛将[96]多死，自恐不能久存，欲早登大位。王伟曰："自古移鼎[97]，必须废立，既示我威权，且绝彼民望。"景从之。使前寿光殿学士[98]谢旲为诏书，以为"弟侄争立[99]，星辰失次，皆由朕非正绪[100]，召乱致灾。宜禅位于豫章王栋[101]。"使吕季略赍入，逼帝书之。栋，欢[102]之子也。

戊午[103]，景遣卫尉卿彭隽等帅兵入殿，废帝为晋安王，幽于永福省，悉撤内外侍卫，使突骑左右守之，墙垣悉布枳棘。庚申[104]，下诏迎豫章王栋。栋时幽拘，廪饩甚薄，仰蔬茹为食。方与妃张氏锄葵[105]，法驾[106]奄至，栋惊，不知所为，泣而升辇。

景杀哀太子大器、寻阳王大心、西阳王大钧、建平王大球、义安王大昕及王侯在建康者[107]二十余人。太子神明端嶷[108]，于景党未尝屈意，所亲窃问之，太子曰："贼若于事义[109]，未须见杀，吾虽陵慢呵叱，终不敢言。若见杀时至，虽一日百拜，亦无所益。"又曰："殿下今居困厄，而神貌怡然，不贬[110]平日，何也？"太子曰："吾自度死日必在贼前，若诸叔能灭贼，贼必先见杀，然后就死。若其不然，贼亦杀我以取富贵，安能以必死之命为无益之愁乎！"及难，太子颜色不变。徐曰："久知此事，嗟其晚耳！"刑者将以衣带绞之，太子曰："此不能见杀，"命取帐绳绞之而绝。

壬戌[111]，栋即帝位。大赦，改元天正。太尉郭元建闻之，自秦郡驰还，谓景曰："主上先帝太子，既无愆失，何得废之！"景曰："王伟劝吾，云'早除民望'。吾故从之以安天下。"元建曰："吾挟天子，令诸侯，犹惧不济，无故废之，乃所以自危，何安之有！"景欲迎帝复位，以栋为太孙[112]。王伟曰："废立大事，岂可数改邪！"乃止。

乙丑[113]，景又使杀南海王大临于吴郡，南郡王大连于姑孰，安陆王大春于会稽，高唐王大壮[114]于京口。以太子妃赐郭元建，元建曰："岂有皇太子妃乃为人妾乎！"竟不与相见，听使入道[115]。

丙寅[116]，追尊昭明太子为昭明皇帝，豫章安王[117]为安皇帝，金华敬妃[118]为敬太皇太后，豫章太妃王氏[119]为皇太后，妃张氏为皇后。以刘神茂为司空。

九月，癸巳[120]，齐主如赵、定[121]二州，遂如晋阳。

己亥[122]，湘东王绎以尚书令王僧辩为江州刺史，江州刺史陈霸先为东扬州刺史。

王伟说侯景弑太宗[123]以绝众心，景从之。冬，十月，壬寅[124]夜，伟与左卫将军彭隽、王修纂进酒于太宗曰："丞相以陛下幽忧既久，使臣等来上寿。"太宗笑曰："已禅帝位，何得言陛下！此寿酒，将不尽此乎！"于是隽等赍曲项琵琶[125]，与太宗极饮。太宗知将见杀，因尽醉，曰："不图为乐之至于斯也！"既醉而寝。伟乃出，隽进土囊，修纂坐其上而殂。伟撤门扉为棺，迁殡于城北酒库中。太宗自幽絷之后，无复侍者及纸，乃书壁及板障[126]，为诗及文数百篇，辞甚凄怆。景谥曰明皇帝，庙号高宗。

侯景之逼江陵也，湘东王绎求援于魏，命梁、秦二州刺史宜丰侯循[127]以南郑[128]与魏，召循还江陵。循以无故输城，非忠臣之节，报曰："请待改命。"魏太师泰遣大将军达奚武将兵三万取汉中，又遣大将军王雄出子午谷[129]，攻上津[130]。循遣记室参军沛人刘璠[131]求援于武陵王纪，纪遣潼州刺史杨乾运救之。循，恢之子也。

王僧辩等闻太宗殂，丙辰[132]，启湘东王绎，请上尊号；绎弗许。

司空、东道行台刘神茂闻侯景自巴丘败还，阴谋叛景，吴中士大夫咸劝之；乃与仪同三司尹思合、刘归义、王晔、云麾将军元頵[133]等据东阳以应江陵，遣頵及别将李占下据建德江口[134]。张彪攻永嘉[135]，克之。新安[136]民程灵洗[137]起兵据郡以应神茂。于是浙江以东皆附江陵。湘东王绎以灵洗为谯州刺史，领新安太守。

十一月，乙亥[138]，王僧辩等复上表劝进，湘东王绎不许。戊寅[139]，绎以湘州刺史安南侯方矩[140]为中卫将军以自副。方矩，方诸之弟也。以南平王恪为湘州刺史。侯景以赵伯超为东道行台，据钱塘；以田迁为军司，据富春；以李庆绪[141]为中军都督，谢答仁为右厢都督，李遵为左厢都督，以讨刘神茂。

己卯[142]，加侯景九锡，汉国[143]置丞相以下官。己丑[144]，豫章王栋禅位于景，景即皇帝位于南郊。还，登太极殿，其党数万，皆吹唇呼噪而上。大赦，改元太始。封栋为淮阴王，并其二弟桥、樛[145]同锁于密室。

王伟请立七庙，景曰："何谓七庙？"伟曰："天子祭七世祖考。"并请七世讳[146]，景曰："前世吾不复记，唯记我父名标；且彼在朔州，那得来啖此！"众咸笑之。景党有知景祖名乙羽周者；自外皆王伟制其名位，追尊父标为元皇帝。

景之作相也，以西州为府，文武无尊卑皆引接；及居禁中，非故旧不得见，由是诸将多怨望。景好独乘小马，弹射飞鸟，王伟每禁止之，不许轻出。景郁郁不乐，更成[147]失志，曰："吾无事为帝，与受摈不殊[148]。"壬辰[149]，湘东王以长沙王韶为郢州刺史。

益州长史刘孝胜[150]等劝武陵王纪称帝，纪虽未许，而大造乘舆车服。

十二月，丁未[151]，谢答仁、李庆绪攻建德[152]，擒元頵、李占送建康，景截其手足以徇，经日乃死。

齐主每出入，常以中山王自随，王妃太原公主[153]恒为之饮食，护视之。是月，齐主饮公主酒，使人鸩中山王，杀之，并其三子，谥王曰魏孝静皇帝，葬于邺西漳北[154]。其后齐主忽掘其陵，投梓宫于漳水。齐主初受禅，魏神主悉寄[155]于七帝寺[156]，至是，亦取焚之。

彭城公元韶以高氏婿，宠遇异于诸元。开府仪同三司美阳公元晖业以位望隆重，又志气不伦，尤为齐主所忌，从齐主在晋阳。晖业于宫门外骂韶曰："尔不及一老妪，负玺与人。何不击碎之！我出此言，知即死，尔亦讵得几时！"齐主闻而杀之，及临淮公元孝友[157]，皆凿汾水冰，沈其尸。孝友，彧[158]之弟也。齐主尝剃元韶鬓须，加之粉黛以自随，曰："吾以彭城为嫔御。"言其懦弱如妇人也。

（以上为第一段，写侯景兵败，废帝自立，垂死挣扎的心态暴露无遗。北齐国主高洋，弑杀东魏孝静帝，凌辱北魏宗庙神主，残暴猜忌之主的品性，初露端倪。）

【注释】

[1]余孝顷（？—567）：新吴（今江西奉新县）人。初投萧勃，转靠王琳，后降于陈霸先。陈废帝时以谋反罪被杀。[2]庚戌：正月五日。[3]杨法昌：杨法琛之误。[4]石门：石门关，在今四川广元市西南。[5]南阴平：县名。县治在今四川梓潼县。[6]辛亥：正月六日。[7]癸亥：正月十八日。[8]乙丑：正月二十日。[9]乙亥：二月一日。[10]壬辰：二月十八日。[11]彭隽：即彭俊，曾任卫尉，与王修纂一起杀死梁简文帝。[12]内监：宦官，掌宫中器械仪仗。[13]平兴：郡名，北益州州治。治所平兴，在今四川广元市西北。[14]鱼石洞：地名。在今四川广元市西北。[15]丙午：三月二日。[16]庚戌：三月六日。[17]乙卯：三月十一日。[18]芦洲：地名。隔江与江北汉邾县故城（今湖北黄冈市）相对。在今湖北鄂州市西。[19]己未：三月十五日。[20]庚子：闰三月二十七日。[21]新林：即新林浦，因南齐建新林苑而得名。故址在今江苏南京市江宁区西南。[22]齐安：即南安，县名。县治在今湖北黄冈市。南齐曾置齐安郡。[23]壬寅：闰三月二十九日。[24]癸卯：闰三月三十日。[25]库狄式和：人名。复姓库狄。[26]甲辰：四月一日。[27]乙巳：四月二日。[28]由淮内袭郢州：淮内指江西与湖北交界一带的淮河南、长江北地区，西阳郡即在该地区。胡三省认为从西阳出发袭击郢州州治所在的江夏，渡江点当在芦洲上游。[29]丙午：四月三日。[30]五色

彩：五色绸带。［31］丁未：四月四日。［32］长沙王韶：即原上甲侯萧韶，大宝元年刚被萧绎改封长沙王。［33］淳于量（511—582）：字思明，丹杨人。祖先本居济北（今山东济南市长清区西南）。梁元帝时，以平侯景功，封谢沐县侯，出任桂州刺史。元帝败亡，改投陈霸先，累迁侍中，历任南徐州、郢州、南兖州刺史，封始安郡公。传见《陈书》卷十一、《南史》卷六十六。［34］郴州：州名。梁置，治所桂阳，在今湖南郴州市。［35］戊申：四月五日。［36］西下：顺长江西南行，便到巴陵，与萧绎水军决战，所以称“西下”。［37］巴丘：即巴陵，因境内有巴丘山，所以也称巴丘。［38］缘江戍逻：沿江的原属梁元帝的戍所和巡逻部队。［39］拓逻：派出巡逻队扩大搜索区域。［40］隐矶：地名。在今湖南临湘市境。［41］壬戌：四月十九日。［42］翻：反过来。［43］赐诱：诱降。［44］肉薄：即肉搏。［45］著绶：佩带印绶。［46］武宁：郡名。治所乐乡，在今湖北荆门市北。［47］胡僧祐（491—553）：字愿果，南阳冠军（今河南邓州市西北）人。累官至车骑将军、开府仪同三司。后死于江陵之役。传见《梁书》卷四十六、《南史》卷六十四。［48］萧惠正：人名。《梁书》作“萧慧正”。［49］坐谋议忤旨系狱：此前西沮蛮族叛乱，梁元帝命僧祐斩尽蛮人首领。僧祐再三陈述不同意见，触怒元帝而被关入狱中。［50］湘浦：湘江进入洞庭湖的江口，今属湖南湘阴县。［51］白堉：地名。在巴陵境内。［52］芊口：地名。在湖南华容县境内。［53］赤沙亭：地名。在今湖南华容县南赤沙湖地区。［54］陆法和：梁元帝时任至司徒。敬帝即位，法和降于北齐。号荆山居士，虽任太尉，一心礼佛。传见《北齐书》卷三十二、《北史》卷八十九。［55］百里洲：长江的江心洲，在今湖北枝江市。［56］多中：大多应验。［57］壬寅：五月三十日。［58］赤亭：即赤沙亭。［59］甲辰：六月二日。［60］乙巳：六月三日。［61］鲁山：城名。在今湖北武汉市汉阳区。［62］虞预：即上文所言郢州司马“虞豫”。［63］黄鹤矶：地名。在今武汉黄鹤楼一带。［64］蜀贼：指武陵王萧纪。［65］峡口：巫峡峡口，在今湖北巴东县官渡口。［66］庚申：六月十八日。［67］汉口：汉水入长江口，在今湖北武汉市。［68］辛酉：六月十九日。［69］金城：即金城山，在江夏县，即今湖北武汉市武昌区东南。［70］荀朗（518—565）：字深明，颍川颍阴（今河南许昌市）人。侯景平定后，随陈霸先入都，大破北齐军，以功封兴宁县侯。传见《陈书》卷十三、《南史》卷六十七。［71］腹心：亲信。［72］入北：投奔北齐。［73］甲子：六月二十二日。［74］水军主：官名。即水军主帅。［75］暗江云合：高大的楼船如云一般从四面包围上来，使江面变得十分昏暗。［76］白杨浦：地名。在武昌城东。［77］庚午：六月二十八日。［78］圆正：萧圆正，字明允，萧纪第二子，封江安侯。传见《南史》卷五十三。［79］赣石：地名。在今江西赣江上的十八滩。赣，即赣水。［80］西昌：县名。县治在今江西泰和县。［81］落：家。［82］长乐公主：西魏宗室之女。［83］乙亥：七月四日。［84］丁亥：七月十六日。［85］郭默城：城名。东晋咸和四年（329），郭默谋反，为对抗陶侃的讨伐，用布袋盛米筑此城。城在今江西九江市东北。［86］兖州：当作南兖州（今江苏扬州市西北）。［87］杀瑱子弟：留在侯景处做人质的侯瑱子弟。［88］辛丑：六月三十日。［89］巴丘：县名。梁置，属庐陵郡，县治在今江西峡江县。与前又称巴丘的巴陵异。［90］西军：指由西而东的王僧辩军。［91］壬寅朔：八月一日。［92］王僧振：人名，晋熙人。［93］郡城：即晋熙郡治，在今安徽潜山市。［94］丁道贵：人名。后任衡州刺史。［95］妨于政事：影响对政事的处理。［96］猛将：指宋子仙、丁和等人。［97］移鼎：周武王克商，移商鼎到洛邑。以后凡夺取他人天下，都可被称作移鼎。［98］寿光殿学士：官名。梁置，掌典礼、撰述等事宜，值勤于寿光殿。［99］弟侄争立：弟指简文帝的弟弟萧绎、萧纪；侄指萧誉、萧督。为争夺帝位，他们之间互相攻伐。［100］正绪：嫡传的继承人。简文帝不是原太子萧统的后代。［101］豫章王栋：萧栋（？—551），字元吉，封豫章王。被逼即位后不久，即禅位给侯景，改封淮阴王。侯景败亡，栋与二位弟弟一起被梁元帝密令沉入长江而死。传见《南史》卷五十三。［102］欢：萧欢，字孟孙，昭明太子萧统的长子。原封华容公，任南徐州刺史。梁武帝怕他将来年少嗣位，对梁朝不利，改立太子，封他为豫章王。传见《南史》卷五十三。［103］戊午：八月十七日。［104］庚申：八月十九日。［105］葵：古代一种最常见的蔬菜。今只见于福建、江西、湖南、四川等南方省份。［106］法驾：皇帝的乘舆仪仗。［107］王侯在建康者：留在建康的与简文帝一支血缘亲近的萧氏皇族中封为王侯的人。［108］端嶷：庄重。［109］事义：事宜。指侯景为平息各地反抗，表面上还要维护君臣名分。［110］不贬：不损，不减。［111］壬戌：八月二十一日。［112］太孙：即皇太孙，为未来帝位的合法继承人。［113］乙丑：八月二十四日。［114］大壮：萧大壮（534—551），字仁礼，初封高唐县公。大宝元年改封始兴郡公。《资治通鉴》作“高唐王”，胡三省注作“高唐郡公”，均误。后死于南徐州刺史任。传见《梁书》卷四十四、《南史》卷五十四。又二史均作“大庄”，也与《资治通鉴》异。［115］入道：削发为尼。［116］丙寅：八月二十五日。［117］豫章安王：即豫章王萧欢，“安”是谥号。［118］金华敬妃：即昭明太子萧统的正妃蔡氏。昭明太子死了以后，别立金华宫，供她居住，所以称金华妃。敬是谥号。胡三省以为，敬妃已去世，按礼法应追谥皇后，以与昭明皇帝相应，不当称太皇太后。［119］王氏：萧栋的母亲。［120］癸巳：九月二十三日。［121］赵、定：两地名。赵，赵州。北齐置，治所广阿，在今河北隆尧县。东魏时称殷州。定，定州。北齐置，治所中山，在今河北定州市。［122］己亥：九月二十九日。［123］太宗：梁元帝追上简文帝的庙号。［124］壬寅：十月二日。［125］曲项琵琶：五弦，与四弦的琵琶不同，是传自于北方少数民族的一种弹拨乐器。［126］板障：间隔房子的木墙板，一般涂红漆。［127］循：萧循（505—556），字世和，萧范的弟弟。封宜丰侯，守南郑。曾降于西魏，后南返，敬帝时袭封鄱阳王。传见《南史》卷五十二。又《南史》《北史》均作“萧修”。《资治通鉴》与《梁书》《陈书》同。［128］南郑：北梁州治，在今陕西汉中市。［129］子午谷：在今陕西西安市长安区南，汉时开辟有子午道。顺谷南下，可抵今陕西洋县。［130］上津：郡名。梁置，治所上津，在今湖北郧西县。［131］刘璠（510—568）：字宝义，沛国沛（今江苏沛县）人。萧纪称制，璠为随郡王萧循府长史，加蜀郡太守。后降于达奚武，仕西魏至黄门侍郎。［132］丙辰：十月十六日。［133］元頵（jūn）（？—555）：封桑干王，后被侯景处死。［134］建德江口：即东阳江、新安江交汇口，在今浙江金华市。［135］永嘉：郡名。梁置，治所永宁，在今浙江温州市。［136］新安：郡名。治所始新，在今浙江淳安县西北。［137］程灵洗（514—568）：字玄涤，新安海宁（今安徽休宁县）人。后降于陈霸先，封遂安县侯，后改封重安县公。传见《陈书》卷十、《南史》卷六十七。［138］乙亥：十一月五日。［139］戊寅：十一月八日。［140］方矩：萧方矩（？—554），字德规，初封南安县侯。梁元帝即位，立为皇太子。西魏攻破江陵时遇害。传见《梁书》卷八、《南史》卷五十四。［141］李庆绪：按《梁书》卷五十六、《南史》卷八十均作“李庆”，侯景将中无有作李庆绪者。李庆绪唯见《南史·孝义传》，字孝绪，广汉郪（qī）（今四川三台县）人。父被人所杀，庆绪手刃仇人，因此闻名，历任东莞、巴郡太守，官至卫尉，封安陆县侯。死于侯景之乱前，与此李庆绪无涉。疑《资治通鉴》误衍一“绪”字。［142］己卯：十一月九日。［143］汉国：侯景于大宝元年自封为汉王，所以称汉国。［144］己丑：十一月十九日。［145］桥、椤：萧桥、萧椤，后被侯景下令杀害。［146］七世讳：上七代先辈的名字。［147］更成：更加变得。［148］与受摈不殊：此指侯景不能随便与部下来往，如同被人抛弃一样。受摈，遭抛弃。［149］壬辰：十一月二十二日。［150］刘孝胜：曾任尚书右丞、兼散骑常侍。萧纪称帝后，任尚书仆射。与元帝战，兵败被俘，又起用为司徒右长史。传见《梁书》卷四十一、《南史》卷三十九。［151］丁未：十二月八日。［152］建德：县名。县治在今浙江建德市。［153］太原公主：即孝静皇后，高欢之女。禅位后，依例降为公主。又据章校，十二行本、乙十一行本、孔本“饮”上均有“尝”字，即尝食物的意思，怕高洋下毒。疑《资治通鉴》误脱。［154］邺西漳北：邺城以西，漳水以北。［155］寄：暂存。［156］七帝寺：因存有北魏七庙神主而得名，原寺名失传。［157］元孝友（？—551）：袭兄元彧爵为临淮王，曾任沧州刺史。传见《魏书》卷十八、《北齐书》卷二十八、《北史》卷十六。［158］彧：元彧，字文若，封临淮王。尔朱荣入洛，杀害元氏，彧投奔梁朝。魏庄帝时返国，历任尚书令、大司马、司徒。死于尔朱兆之乱。传见《魏书》卷十八、《北史》卷十六。

世祖孝元皇帝上

承圣元年（壬申，552年）

春，正月，湘东王以南平内史王褒[1]为吏部尚书。褒，骞[2]之孙也。

齐人屡侵侯景边地，甲戌[3]，景遣郭元建帅步军趣小岘[4]，侯子鉴帅舟师向濡须，己卯[5]，至合肥；齐人闭门不出，乃引还。

丙申[6]，齐主伐库莫奚[7]，大破之，俘获四千人，杂畜十余万。

齐主连年出塞，给事中兼中书舍人唐邕练习军书[8]，自督将以降劳效本末[9]及四方军士强弱多少，番代[10]往还，器械精粗，粮储虚实，靡不谙悉。或于帝前简阅，虽数千人，不执文簿，唱其姓名，未尝谬误。帝常曰："唐邕强干，一人当千。"又曰："邕每有军事，手作文书，口且处分，耳又听受，实异人也！"宠待赏赐，群臣莫及。

魏将王雄取上津、魏兴[11]，东梁州刺史安康李迁哲[12]军败，降之。

突厥土门袭击柔然，大破之。柔然头兵可汗自杀，其太子庵罗辰[13]及阿那瑰从弟登注俟利、登注子库提并帅众奔齐，余众复立登注次子铁伐[14]为主。土门自号伊利可汗，号其妻为可贺敦，子弟谓之特勒[15]，别将兵者皆谓之设[16]。

湘东王命王僧辩等东击侯景，二月，庚子[17]，诸军发寻阳，舳舻[18]数百里。陈霸先帅甲士三万，舟舰二千，自南江[19]出湓口[20]，会僧辩于白茅湾[21]，筑坛歃血，共读盟文，流涕慷慨。癸卯[22]，僧辩使侯瑱袭南陵[23]、鹊头[24]二戍，克之。戊申[25]，僧辩等军于大雷[26]；丙辰[27]，发鹊头。戊午[28]，侯子鉴还至战鸟[29]，西军奄至，子鉴惊惧，奔还淮南。

侯景仪同三司谢答仁攻刘神茂于东阳，程灵洗、张彪皆勒兵将救之，神茂欲专其功，不许，营于下淮[30]。或谓神茂曰："贼长于野战，下淮地平，四面受敌，不如据七里濑[31]。贼必不能进。"不从。神茂偏裨多北人，不与神茂同心，别将王晔、郦通并据外营，降于答仁，刘归义、尹思合等弃城走。神茂孤危，辛未[32]，亦降于答仁，答仁送之建康。

癸酉[33]，王僧辩等至芜湖，侯景守将张黑弃城走。景闻之，甚惧，下诏赦湘东王绎、王僧辩之罪，众咸笑之。侯子鉴据姑孰南洲以拒西师，景遣其党史安和等将兵二千助之。三月，己巳朔[34]，景下诏欲自至姑孰，又遣人戒子鉴曰："西人善水战，勿与争锋；往年任约之败，良为此也。若得步骑一交，必当可破，汝但结营岸上，引船入浦以待之。"子鉴乃舍舟登岸，闭营不出。僧辩等停军芜湖十余日，景党大喜，告景曰："西师畏吾之强，势将遁矣，不击，且失之。"景乃复命子鉴为水战之备。

丁丑[35]，僧辩至姑孰，子鉴帅步骑万余人渡洲，于岸挑战，又以鸼䑼[36]千艘载战士。僧辩麾细船[37]皆令退缩，留大舰夹泊两岸。子鉴之众谓水军欲退，争出趋之；大舰断其归路，鼓噪大呼，合战中江，子鉴大败，士卒赴水死者数千人。子鉴仅以身免，收散卒走还建康，据东府。僧辩留虎臣将军[38]庄丘慧达镇姑孰，引军而前，历阳戍迎降。景闻子鉴败，大惧，涕下覆面，引衾而卧，良久方起，叹曰：“误杀乃公！”

庚辰[39]，僧辩督诸军至张公洲，辛巳[40]，乘潮入淮，进至禅灵寺前。景召石头津主张宾，使引淮中舣艕[41]及海艟[42]，以石缒之，塞淮口；缘淮作城，自石头至于朱雀街，十余里中，楼堞相接。僧辩问计于陈霸先，霸先曰：“前柳仲礼数十万兵隔水而坐，韦粲在青溪，竟不渡岸，贼登高望之，表里俱尽，故能覆我师徒。今围石头，须渡北岸。诸将若不能当锋，霸先请先往立栅。”壬午[43]，霸先于石头西落星山[44]筑栅，众军次连八城，直出石头西北。景恐西州[45]路绝，自帅侯子鉴等亦于石头东北筑五城以遏大路。景使王伟守台城。乙酉[46]，景杀湘东王世子方诸、前平东将军杜幼安。

刘神茂至建康，丙戌[47]，景命为大剉碓[48]，先进其足，寸寸斩之，以至于头。留异外同神茂而潜通于景，故得免祸。

丁亥[49]，王僧辩进军招提寺[50]北，侯景帅众万余人、铁骑八百余匹陈于西州之西。陈霸先曰：“我众贼寡，应分其兵势，以强制弱；何故聚其锋锐，令致死于我！”乃命诸将分处置兵。景冲将军王僧志陈，僧志小缩，霸先遣将军安陆徐度[51]将弩手二千横截其后，景兵乃却。霸先与王琳、杜龛等以铁骑乘之，僧辩以大兵继进，景兵败退，据其栅。龛，岸之兄[52]子也。景仪同三司卢晖略守石头城，开北门降，僧辩入据之。景与霸先殊死战，景帅百余骑，弃矟执刀，左右冲陈；陈不动，众遂大溃，诸军逐北至西明门[53]。

景至阙下，不敢入台，召王伟责之曰：“尔令我为帝，今日误我！”伟不能对，绕阙而藏。景欲走，伟执鞚[54]谏曰：“自古岂有叛天子邪！宫中卫士，犹足一战，弃此，将欲安之！”景曰：“我昔败贺拔胜，破葛荣，扬名河、朔，渡江平台城，降柳仲礼如反掌；今日天亡我也！”因仰观石阙，叹息久之。以皮囊盛其江东[55]所生二子，挂之鞍后，与房世贵等百余骑东走，欲就谢答仁于吴。侯子鉴、王伟、陈庆奔朱方。

僧辩命裴之横、杜龛屯杜姥宅，杜崱入据台城。僧辩不戢[56]军士，剽掠居民。男女裸露，自石头至于东城，号泣满道。是夜，军士遗火，焚太极殿及东西堂，宝器、羽仪、辇辂无遗。

戊子[57]，僧辩命侯瑱等帅精甲五千追景。王克、元罗等帅台内旧臣迎僧辩于道，僧辩劳克曰："甚苦，事夷狄之君。"克不能对。又问："玺绂[58]何在？"克良久曰："赵平原[59]持去。"僧辩曰："王氏百世卿族[60]，一朝而坠。"僧辩迎太宗梓宫升朝堂，帅百官哭踊如礼。

己丑[61]，僧辩等上表劝进，且迎都建业。湘东王答曰："淮海[62]长鲸[63]，虽云授首；襄阳短狐[64]，未全革面。太平玉烛[65]，尔乃议之。"

庚寅[66]，南兖州刺史郭元建、秦郡戍主郭正买、阳平戍主鲁伯和、行南徐州事郭子仲并据城降。

僧辩之发江陵也，启湘东王曰："平贼之后，嗣君[67]万福，未审何以为礼[68]？"王曰："六门[69]之内，自极兵威[70]"。僧辩曰："讨贼之谋，臣为己任，成济[71]之事，请别举人。"王乃密谕宣猛将军[72]朱买臣[73]，使为之所。及景败，太宗已殂，豫章王栋及二弟桥、樛相扶出于密室，逢杜崱于道，为去其锁。二弟曰："今日始免横死矣！"栋曰："倚伏[74]难知，吾犹有惧！"辛卯[75]，遇朱买臣，呼之就船共饮，未竟，并沈于水。

僧辩遣陈霸先将兵向广陵受郭元建等降，又遣使者往安慰之。诸将多私使别索[76]马仗，会侯子鉴渡江至广陵，谓元建等曰："我曹，梁之深仇，何颜复见其主！不若投北，可得还乡。"遂皆降齐。霸先至欧阳，齐行台辛术已据广陵。

王伟与侯子鉴相失，直渎[77]戍主黄公喜获之，送建康。王僧辩问曰："卿为贼相，不能死节，而求活草间[78]邪？"伟曰："废兴，命也。使汉帝早从伟言[79]，明公岂有今日！"尚书左丞虞骘尝为伟所辱，乃唾其面。伟曰："君不读书，不足与语。"骘惭而退。僧辩命罗州刺史徐嗣徽镇朱方。

壬辰[80]，侯景至晋陵，得田迁余兵，因驱掠居民，东趋吴郡。

夏，四月，齐主使大都督潘乐与郭元建将兵五万攻阳平，拔之。

王僧辩启陈霸先镇京口。

益州刺史、太尉武陵王纪，颇有武略，在蜀十七年，南开宁州[81]、越巂[82]，西通资陵[83]、吐谷浑，内修耕桑盐铁之政，外通商贾远方之利，故能殖其财用，器甲殷积，有马八千匹。闻侯景陷台城，湘东王将讨之，谓僚佐曰："七官[84]文士，岂能匡济！"内寝柏殿柱绕节生花，纪以为己瑞。乙巳[85]，即皇帝位，改元天正，立子圆照为皇太子，圆正为西阳王，圆满[86]为竟陵王，圆普[87]为谯王，圆肃[88]为宜都王。以巴西、梓潼二郡太守永丰侯㧑为征西大将军[89]、益州刺史，封秦郡王。司马王僧略、直兵参军[90]徐怦[91]固谏，不从。僧略，僧辩之弟；怦，勉之从子也。

初，台城之围，怦劝纪速入援，纪意不欲行，内衔之。会蜀人费合告怦反，怦有与将帅书云："事事往人口具[92]。"纪即以为反征，谓怦曰："以卿旧情，当使诸子无恙。"对曰："生儿悉如殿下，留之何益！"纪乃尽诛之，枭首于市，亦杀王僧略。永丰侯㧑叹曰："王事不成矣！善人，国之基也，今先杀之，不亡何待！"

纪征宜丰侯咨议参军刘璠为中书侍郎，使者八反[93]，乃至。纪令刘孝胜深布[94]腹心，璠苦求还。中记室韦登私谓璠曰："殿下忍而蓄憾，足下不留，将致大祸，孰若共构大夏[95]，使身名俱美哉！"璠正色曰："卿欲缓颊[96]于我邪？我与府侯[97]分义[98]已定，岂以夷险[99]易其心乎！殿下方布大义于天下，终不逞志于一夫。"纪知必不为己用，乃厚礼遣之。以宜丰侯循为益州刺史，封随郡王，以璠为循府长史、蜀郡太守。

谢答仁讨刘神茂还，至富阳，闻侯景败走，帅万人欲北出候之，赵伯超据钱塘拒之。侯景进至嘉兴[100]，闻伯超叛之，乃退据吴。己酉[101]，侯瑱追及景于松江[102]，景犹有船二百艘，众数千人，瑱进击，败之，擒彭隽、田迁、房世贵、蔡寿乐、王伯丑。瑱生剖隽腹，抽其肠，隽犹不死，手自收之，乃斩之。

景与腹心数十人单舸走，推堕二子于水，将入海，瑱遣副将焦僧度[103]追之。景纳羊侃之女为小妻，以其兄鹍为库直都督，待之甚厚；鹍随景东走，与景所亲王元礼、谢葳蕤密图之。葳蕤，答仁之弟也。景下海，欲向蒙山[104]，己卯[105]，景昼寝；鹍语海师[106]："此中何处有蒙山，汝但听我处分。”遂直向京口。至胡豆洲[107]，景觉，大惊；问岸上人，云“郭元建犹在广陵”，景大喜，将依之。鹍拔刀，叱海师向京口，因谓景曰：“吾等为王效力多矣，今至于此，终无所成，欲就乞头以取富贵。”景未及答，白刃交下。景欲投水，鹍以刀斫之。景走入船中，以佩刀抉船底，鹍以矟刺杀之。尚书右仆射索超世在别船，葳蕤以景命召而执之。南徐州刺史徐嗣徽斩超世，以盐内景腹中，送其尸于建康。僧辩传首江陵，截其手，使谢葳蕤送于齐；暴景尸于市，士民争取食之，并骨皆尽；溧阳公主亦预食[108]焉。初，景之五子在北齐，世宗[109]剥其长子面而烹之，幼者皆下蚕室[110]。齐显祖[111]即位，梦猕猴坐其御床，乃尽烹之。赵伯超、谢答仁皆降于侯瑱，瑱并田迁等送建康。王僧辩斩房世贵于市，送王伟、吕季略、周石珍、严亶、赵伯超、伏知命于江陵。

丁巳[112]，湘东王下令解严。

乙丑[113]，葬简文帝于庄陵[114]，庙号太宗。

侯景之败也，以传国玺自随，使其侍中兼平原太守赵思贤掌之，曰：“若我死，宜沈于江，勿令吴儿复得之。”思贤自京口济江，遇盗，从者弃之草间，至广陵，以告郭元建。元建取之，以与辛术，壬申[115]，术送之至邺。

甲申[116]，齐以吏部尚书杨愔为右仆射，以太原公主妻之。公主，即魏孝静帝之后也。

杨乾运至剑北[117]，魏达奚武逆击之，大破乾运于白马[118]，陈其俘馘[119]于南郑城下，且遣人辱宜丰侯循。循怒，出兵与战，都督杨绍伏兵击之，杀伤殆尽。刘璠还至白马西，为武所获，送长安。太师泰素闻其名，待之如旧交。时南郑久不下，武请屠之，泰将许之。璠请之于朝，泰怒，不许；璠泣请不已，泰曰：“事人当如是。”乃从其请。

五月，庚午[120]，司空南平王恪等复劝进，湘东王犹不受，遣侍中丰城侯泰[121]谒山陵[122]，修复庙社。

戊寅[123]，侯景首至江陵，枭之于市三日，煮而漆之，以付武库。庚辰[124]，以南平王恪为扬州刺史。甲申[125]，以王僧辩为司徒、镇卫将军[126]，封长宁公。陈霸先为征虏将军[127]、开府仪同三司，封长城县侯。

乙酉[128]，诛侯景所署尚书仆射王伟、左民尚书吕季略、少府周石珍、舍人严亶于市。赵伯超、伏知命饿死于狱。以谢答仁不失礼于太宗，特宥之。王伟于狱中上五百言诗，湘东王爱其才，欲宥之；有嫉之者，言于王曰："前日[129]伟作檄文甚佳。"王求而视之，檄云："项羽[130]重瞳[131]，尚有乌江之败；湘东一目[132]，宁为赤县[133]所归！"王大怒，钉其舌于柱，剜腹、脔肉而杀之。

丙戌[134]，齐合州刺史斛斯昭攻历阳，拔之。

丁亥[135]，下令，以"王伟等既死，自余衣冠旧贵，被逼偷生，猛士勋豪，和光[136]苟免者，皆不问。"

扶风[137]民鲁悉达[138]，纠合乡人以保新蔡[139]，力田蓄谷。时江东饥乱，饿死者什八九，遗民携老幼归之。悉达分给粮廪，全济甚众，招集晋熙等五郡，尽有其地。使其弟广达[140]将兵从王僧辩讨侯景，景平，以悉达为北江州刺史。

（以上为第二段，详载湘东王萧绎平定祸乱，惩治国贼侯景及其党羽的经过。在讨贼征战中，陈霸先异军突起。）

【注释】

[1]王褒：字子渊，琅邪临沂（今山东临沂市）人。博览文史，是当时著名文学家。在梁，袭封南昌侯。元帝时位至尚书右仆射。江陵沦陷，臣于北周，任车骑大将军、仪同三司。此后北周主要诏册，都由他起草。传见《梁书》卷四十一、《南史》卷二十二、《周书》卷四十一、《北史》卷八十三。 [2]骞：王骞，位金紫光禄大夫，封南昌侯。传见《梁书》卷四十一、《南史》卷二十二。 [3]甲戌：正月五日。 [4]小岘：山名。在今安徽含山县北。 [5]己卯：正月十日。 [6]丙申：正月二十七日。 [7]库莫奚：即奚族，南北朝时称库莫奚，主要生活在内蒙古西拉木伦河流域。 [8]练习军书：熟悉军事文书。 [9]劳效本末：功劳的原委。 [10]番代：轮流戍守京师或重要驻地。 [11]魏兴：郡名。梁置，治所西城，在今陕西安康市。 [12]李迁哲（511—574）：字孝彦，安康（今陕西石泉县东南）人。降西魏后，任车骑大将军，散骑常侍，封沌阳县伯。恭帝时，夺取梁朝信州。天和三年（568），进位大将军。因于江陵大败陈军，进爵安康郡公。传见《周书》卷四十四、《北史》卷六十六。 [13]庵罗辰：人名。以及下文登注俟利、库提，三人之传均见《北史》卷九十八。 [14]铁伐：人名。传见《北史》卷九十八。 [15]特勒：有关南北朝诸正史均作"特勤"。出土的《唐契苾明碑》和《阙特勤碑》也作"特勤"。《资治通鉴》从《新唐书》作

“特勒”，误。［16］设：类似将军。［17］庚子：二月二日。［18］舳（zhú）舻：舳是船后掌舵处，舻是船前摇棹处。用来形容船只头尾相连，数量很多。［19］南江：即赣水。［20］湓口：赣水进入长江处，在今江西九江市。［21］白茅湾：在湓口江心桑落洲的西南。［22］癸卯：二月五日。［23］南陵：县名。县治在今安徽芜湖市繁昌区。［24］鹊头：在今安徽铜陵市西北长江上的鹊尾洲。均有戍所。［25］戊申：二月十日。［26］大雷：即大雷戍，在今安徽望江县。［27］丙辰：二月十八日。［28］戊午：二月二十日。［29］战鸟：山名。在今安徽芜湖市繁昌区西北。本名孤圻山，东晋桓温举兵东下，屯兵于山下，晚上群鸟齐鸣，引起惊扰。事后，此山便被称作战鸟山。［30］下淮：戍所名。在今浙江桐庐县东北。［31］七里濑：地名。在今浙江桐庐县西南。［32］辛未：二月己亥朔，无辛未日。当是三月三日。［33］癸酉：当是三月五日。［34］己巳朔：三月一日。［35］丁丑：三月九日。［36］鵃（zhōu）䑠（liǎo）：一种快船，两边共八十把棹，棹手都是越地的水手，划起来快如风电。［37］细船：小船。［38］虎臣将军：官名。［39］庚辰：三月十二日。［40］辛巳：三月十三日。［41］舣艕：船身短而船舱特深的战船。［42］海艟（chōng）：大型战船。［43］壬午：三月十四日。［44］落星山：山名。在南京石头城西沿江处。［45］西州：即西州城，在石头城与都城之间。［46］乙酉：三月十七日。［47］丙戌：三月十八日。［48］大剉碓：大铡刀。［49］丁亥：三月十九日。［50］招提寺：在石头城北。［51］徐度（509—568）：字孝节，安陆（今湖北安陆市）人。以平侯景功封广德县侯，迁散骑常侍。江陵失陷，转依陈霸先。退齐兵，讨王琳，屡立战功，封湘东郡公，进位司空。又讨平华皎叛乱。传见《陈书》卷十二、《南史》卷六十七。［52］岸之兄：指杜岑。杜龛是杜岑的儿子。［53］西明门：都城外城西面的中门。［54］执鞚：捉住有嚼口的马络头。［55］江东：指在建康。［56］不戢：不约束。［57］戊子：三月二十日。［58］绂（fú）：系印的丝带。这里与玺连用，专指皇帝的玉玺。［59］赵平原：即赵思贤，侯景的侍中，兼任平原太守，所以称赵平原。［60］百世卿族：琅邪王氏是兴起于东汉末年、鼎盛于两晋的高等门阀，世代公卿。而王克却丧失臣节，所以王僧辩下此评语。［61］己丑：三月二十一日。［62］淮海：《尚书·禹贡》说“淮海惟扬州”。建康正在扬州刺史部。［63］长鲸：指侯景。［64］短狐：古代称含沙射影的蜮为短狐，此喻指萧督。岳阳王萧督时据守襄阳。［65］玉烛：四时和顺的太平之世，被称作玉烛。［66］庚寅：三月二十二日。［67］嗣君：指豫章王萧栋。［68］何以为礼：请示如何处理萧栋，是奉为国君，还是除掉。［69］六门：台城有大司马门、万春门、东华门、西华门、太阳门、承明门等六门。此指整个台城。［70］自极兵威：暗示除掉萧栋。［71］成济：人名。三国时魏人。司马昭时，奉命杀死国君魏高贵乡公，事后又被司马昭下令族诛。僧辩不想落个弑君之名，所以推脱此事。［72］宣猛将军：官名。梁杂号将军之一。［73］朱买臣：宦官出身，元帝亲信。后任武昌太守，劝说元帝从江陵迁都建康，未果。西魏围攻江陵，买臣战败，下落不明。［74］倚伏：典出《老子》，文作“祸兮福之所倚，福兮祸之所伏”。萧栋以此说明权力斗争前途难料，恐怕凶多吉少。［75］辛卯：三月二十三日。［76］私使别索：私下派出使者另外索要。［77］直渎：戍所名。在今南京燕子矶一带。［78］草间：民间。［79］汉帝早从伟言：侯景破台城，王僧辩投降。当时王伟力劝及早除掉，侯景不听，派僧辩驻守竟陵。此语含僧辩也曾为贼将，不死乃万幸之意。汉帝指侯景，建国为汉，所以称汉帝。［80］壬辰：三月二十四日。［81］宁州：州名。治所建宁，在今云南曲靖市。［82］越嶲：郡名，治所邛都，在今四川西昌市。［83］资陵：不详。按太清年间，萧纪于蚕陵县（今四川茂县西北）置铁州，不久罢除，转属渑州。该县与吐谷浑接壤，疑此即“资陵”。［84］七官：萧绎在兄弟中排行老七，所以萧纪称他为“七官”。［85］乙巳：四月八日。［86］圆满：萧圆满（？—553），萧纪第五子，于西陵峡战败被杀。［87］圆普：萧圆普，封南谯王，《通鉴》脱“南”字。［88］圆肃：萧圆肃（539—584），字明恭。后降西魏，封安化县公。入周，改封棘城郡公。隋时，任贝州刺史。传见《周书》卷四十二、《北史》卷二十九。［89］征西大将军：官名。原称征西将军，梁四征将军之一，位仅次于镇、卫、骠骑、车骑将军。萧纪加“大”字以示重用。［90］直兵参军：即中直兵参军，官名。是萧纪王府卫队的将官。［91］徐怦：人名。梁初名相徐勉的侄子。［92］口具：口头陈述。［93］八反：走了八趟。［94］深布：深刻表达。［95］大夏：据章校，十二行本、乙十一行本、孔本均作“大厦”。夏、厦古通用，均作大殿解，此喻指新的国家。［96］缓颊：婉转劝说。［97］府侯：指宜丰侯萧循。［98］分义：上下名分。［99］夷险：身处险境。［100］嘉兴：县名。县治在今浙江嘉兴市。［101］己酉：四月十二日。［102］松江：河名。在今江苏苏州市。［103］焦僧度：人名。入陈，仕至合州刺史，封南固县侯。［104］蒙山：山名。在南青州东安郡新泰县，即今山东蒙阴县。［105］己卯：四月戊戌朔，无己卯日。下有丁巳日，此前有乙卯，即四月十八日。疑己、乙形近而讹。［106］海师：熟悉海上航路的人。［107］胡豆洲：长江口上的一个沙洲。在今江苏南通市附近，现已成陆地。［108］预食：参与食用。一说城中士民把溧阳公主也杀了烹食，以发泄对侯景的仇恨。［109］世宗：即高澄。［110］蚕室：受腐刑的地方。侯景幼子都被割去生殖器，成为宫奴。［111］齐显祖：即高洋。显祖是庙号。［112］丁巳：四月二十日。［113］乙丑：四月二十八日。［114］庄陵：在今江苏镇江市丹徒区。［115］壬申：四月戊戌朔，无壬申，疑有误。［116］甲申：四月无甲申日。疑误。［117］剑北：剑阁以北。［118］白马：城名。有戍所，在沔阳，即今陕西勉县西。［119］俘馘（guò）：俘虏和被杀敌人的左耳。此处偏义在馘（左耳）上，指首级。一个首级以一只左耳代。［120］庚午：五月三日。［121］丰城侯泰：萧泰，封丰城侯。曾任谯州刺史。传见《南史》卷五十二。［122］山陵：在建康的梁武帝等人的陵墓。《梁书·元帝纪》作四月事。［123］戊寅：五月十一日。［124］庚辰：五月十三日。［125］甲申：五月十七日。［126］镇卫将军：官名。梁制中最高级别将军是镇将军和卫将军。元帝为表彰王僧辩平定侯景的功劳，特合为镇卫将军。［127］征虏将军：官名。仅低于镇、卫、骠骑、车骑四将军。［128］乙酉：五月十八日。［129］前日：过去，先前。［130］项羽（前232—前202）：西楚霸王。名籍，字羽，以字行。下相（今江苏宿迁市西南）人。灭秦之后，与刘邦争夺天下，于垓下大败，自刎于乌江。传见《史记》卷七。［131］重瞳：眼中有两个瞳子。古人认为是帝王之相。［132］湘东一目：

萧绎瞎了一只眼。［133］赤县：神州。［134］丙戌：五月十九日。［135］丁亥：五月二十日。［136］和光：隐匿才华，不露锋芒。［137］扶风：郡名。据《陈书》，鲁悉达是扶风郿县（今陕西眉县）人。［138］鲁悉达：字志通。敬帝时，摇摆于梁朝与王琳之间，拥地自保。后投靠陈霸先，历任江州、吴州刺史，封彭泽县侯。传见《陈书》卷十三、《南史》卷六十七。［139］新蔡：郡名。南朝侨置于江州。梁时称南新蔡郡，治所苞信，在今湖北黄梅县。［140］广达：鲁广达（531—589），字遍览。入陈，历任吴州、南豫州、巴州、北徐州、北兖州、晋州、合州刺史，屡建功勋。陈后主时，封绥越郡公。隋灭陈，忧愤而死。传见《陈书》卷三十一、《南史》卷六十七。

齐主使其散骑常侍曹文皎等来聘，湘东王使散骑常侍柳晖等报之，且告平侯景；亦遣舍人魏彦告于魏。

齐主使潘乐、郭元建将兵围秦郡，行台尚书辛术谏曰："朝廷与湘东王信使不绝。阳平，侯景之土，取之可也；今王僧辩已遣严超达[1]守秦郡，于义何得复争之！且水潦方降，不如班师。"弗从。陈霸先命别将徐度[2]引兵助秦郡固守。齐众七万，攻之甚急。王僧辩使左卫将军杜崱救之，霸先亦自欧阳来会；与元建大战于士林[3]，大破之，斩首万余级，生擒千余人。元建收余众北遁；犹以通好，不穷追也。

辛术迁吏部尚书。自魏迁邺以后，大选[4]之职，知名者数人，互有得失：齐世宗[5]少年高朗，所弊者疏；袁叔德[6]沈密谨厚，所伤者细；杨愔[7]风流辩给，取士失于浮华。唯术性尚贞明[8]，取士必以才器，循名责实，新旧参举，管库[9]必擢，门阀不遗，考之前后，最为折衷。

魏达奚武遣尚书左丞柳带韦[10]入南郑，说宜丰侯循曰："足下所固者险，所恃者援，所保者民。今王旅深入，所凭之险不足固也；白马破走，酋豪[11]不进，所望之援不可恃也；长围四合，所部之民不可保也。且足下本朝丧乱，社稷无主，欲谁为为忠乎？岂若转祸为福，使庆流子孙邪！"循乃请降。带韦，庆之子也。开府仪同三司贺兰德愿闻城中食尽，请攻之，大都督赫连达曰："不战而获城，策之上者，岂可利其子女，贪其货财，而不爱民命乎！且观其士马犹强，城池尚固，攻之纵克，则彼此俱伤；如困兽犹斗，则成败未可知也。"武曰："公言是也。"乃受循降，获男女二万口而还，于是剑北皆入于魏。

六月，丁未[12]，齐主还邺；乙卯[13]，复如晋阳。

庚寅[14]，立安南侯方矩为王太子。

齐遣散骑常侍谢季卿来贺平侯景。

衡州刺史王怀明[15]作乱，广州刺史萧勃讨平之。

齐政烦赋重，江北之民不乐属齐，其豪杰数请兵于王僧辩，僧辩以与齐通好，皆不许。秋，七月，广陵侨人[16]朱盛等潜聚党数千人，谋袭杀齐刺史温仲邕，遣使求援于陈霸先，云已克其外城，霸先使告僧辩，僧辩曰："人之情伪，未易可测，若审[17]克外城，亟须应援，如其不尔，无烦进军。"使未报，霸先已济江，僧辩乃命武州刺史杜崱等助之。会盛等谋泄，霸先因进军围广陵。

八月，魏安康[18]人黄众宝反，攻魏兴，执太守柳桧[19]，进围东梁州[20]。令桧诱说城中，桧不从而死。桧，虬之弟也。太师泰遣王雄与骠骑大将军武川宇文虬[21]讨之。

武陵王纪举兵由外水[22]东下，以永丰侯㧑为益州刺史，守成都，使其子宜都王圆肃副之。

九月，甲戌[23]，司空南平王恪卒。甲申[24]，以王僧辩为扬州刺史。

齐主使告王僧辩、陈霸先曰："请释广陵之围，必归广陵、历阳两城。"霸先引兵还京口，江北之民从霸先济江者万余口。湘东王以霸先为征北大将军、开府仪同三司、南徐州刺史，征霸先世子昌[25]及兄子顼[26]诣江陵，以昌为散骑常侍[27]，顼为领直[28]。

宜丰侯循之降魏也，丞相泰许其南还，久而未遣，从容问刘璠曰："我于古谁比？"对曰："璠常以公为汤、武，今日所见，曾桓、文之不如！"泰曰："我安敢比汤、武，庶几望伊、周，何至不如桓、文！"对曰："齐桓存三亡国[29]，晋文公不失信于伐原[30]。"语未竟，泰抚掌曰："我解尔意，欲激我耳。"乃谓循曰："王欲之荆，为之益？"循请还江陵，泰厚礼遣之。循以文武千家自随，湘东王疑之，遣使觇察[31]，相望于道[32]；始至之夕，命劫窃其财，及旦，循启输马仗，王乃安之，引入，对泣，以循为侍中、骠骑将军、开府仪同三司。

冬，十月，齐主自晋阳如离石[33]，自黄栌岭[34]起长城[35]，北至社平戍[36]，四百余里，置三十六戍。

戊申[37]，湘东王执湘州刺史王琳于殿中，杀其副将殷晏。

琳本会稽兵家，其姊妹皆入王宫，故琳少在王左右。琳好勇，王以为将帅。琳倾身下士，所得赏赐，不以入家。麾下万人，多江、淮群盗，从王僧辩平侯景，与杜龛功居第一。在建康，恃宠纵暴，僧辩不能禁。僧辩以宫殿之烧[38]，恐得罪，欲以琳塞责，乃密启王，请诛琳。王以琳为湘州，琳自疑及祸，使长史陆纳帅部曲赴湘州，身诣江陵陈谢，谓纳等曰："吾若不返，子将安之？"咸曰："请死之。"相泣而别。至江陵，王下琳吏。

辛酉[39]，以王子方略为湘州刺史，又以廷尉黄罗汉[40]为长史，使与太舟卿张载至巴陵，先据琳军。载有宠于王，而御下峻刻，荆州人疾之如仇。罗汉等至琳军，陆纳及士卒并哭，不肯受命，执罗汉及载。王遣宦者陈旻往谕之，纳对旻刳载腹，抽肠以系马足，使绕而走，肠尽气绝。又脔割，出其心，向之抃舞[41]，焚其余骨。以黄罗汉清谨而免之。纳与诸将引兵袭湘州，时州中无主，纳遂据之。

公卿藩镇数劝进于湘东王，十一月，丙子[42]，世祖即皇帝位于江陵，改元[43]，大赦。是日，帝不升正殿，公卿陪列而已。

丁丑[44]，以宜丰侯循为湘州刺史。

己卯[45]，立王太子方矩为皇太子，更名元良。皇子方智为晋安王，方略为始安王，方等之子庄[46]为永嘉王。追尊母阮修容[47]为文宣皇后。

侯景之乱，州郡太半入魏，自巴陵以下至建康，以长江为限，荆州界北尽武宁[48]，西拒硖口[49]，岭南复为萧勃所据，诏令所行，千里而近，民户著籍[50]，不盈三万而已。

陆纳袭击衡州刺史丁道贵于渌口[51]，破之。道贵奔零陵[52]，其众悉降于纳。上闻之，遣使征司徒王僧辩、右卫将军杜崱、平北将军裴之横与宜丰侯循共讨纳，循军巴陵以待之。侯景之乱，零陵人李洪雅据其郡，上即以为营州刺史。洪雅请讨陆纳，上许之。丁道贵收余众与之俱。纳遣其将吴藏袭击，破之，洪雅等退保空云城[53]，藏引兵围之。顷之，纳请降，求送妻子[54]，上遣陈旻至纳所，纳众皆泣，曰："王郎[55]被囚，故我曹逃罪于湘州，非有他志也。"乃出妻子付旻。旻至巴陵，循曰："此诈也，必将袭我。"乃密为之备。纳果夜以轻兵继旻后，约至城下鼓噪。十二月，壬午[56]晨，去巴陵十里，众谓已至，即鼓噪，军中皆惊。循坐胡床，于垒门望之，纳乘水来攻，矢下如雨，循方食甘蔗，略无惧色，徐部分将士击之，获其一舰；纳退保长沙。

壬午[57]，齐主还邺；戊午[58]，复如晋阳。

（以上为第三段，写北齐国主高洋经略北方，南面与梁修好。湘东王萧绎在战乱初平后即皇帝位，刚愎自用，外失汉中地于西魏，内激陆纳反叛于湘州。）

【注释】

[1]严超达：人名。一作"严超远"。 [2]徐度（509—568）：字孝节，安陆人。梁元帝时任合州刺史，封广德县侯，迁散骑常侍。入陈，以平王琳功，封湘东郡公。废帝时，进位司空。传见《陈书》卷十二、《南史》卷六十七。 [3]士林：地名。在今江苏南京市六合区。 [4]大选：凡由吏部选拔官吏，称作大选。 [5]齐世宗：高澄，兴和二年（540），摄吏部尚书。 [6]袁叔德：即袁聿修（511—582），字叔德，陈郡阳夏（今河南太康县）人。武平初年，兼吏部尚书十年，在任清廉，号称"清郎"。传见《魏书》卷八十五、《北齐书》卷四十二、《北史》卷四十七。 [7]杨愔：武定末年，任吏部尚书，典选举二十余年。 [8]贞明：正直贤明。 [9]管库：管理库藏的小官。这里说如果有才，即便是小官或出身寒微的人，也同样选拔。 [10]柳带韦（523—577）：字孝孙，柳庆之子。北周时官至上开府仪同大将军，封唐城县公。传见《周书》卷二十二、《北史》卷六十四。 [11]酋豪：指杨乾运。 [12]丁未：六月十一日。 [13]乙卯：六月十九日。[14]庚寅：六月丁酉朔，无庚寅。疑有误。 [15]王怀明：人名。此前曾任成州刺史，随陈霸先讨平侯景。 [16]侨人：侨居于异乡的人。 [17]审：确定。 [18]安康：郡名（郡治在今陕西汉阴县），梁置，时已属西魏。 [19]柳桧（？—552）：字季华，曾守鄯州，屡败吐谷浑。后随王雄夺取上津、魏兴二郡，于是留守于此。传见《周书》卷四十六、《北史》卷六十四。 [20]东梁州：州名。西魏置，治所西城，在今陕西安康市西北。梁原置南梁州。 [21]宇文虬：字乐仁，武川（今内蒙古武川县西北）人。魏时封南安县侯，一度随独孤信投奔梁朝。大统三年（537），归西魏，进爵为公。传见《周书》卷二十九、《北史》卷六十六。 [22]外水：指岷江。 [23]甲戌：九月九日。 [24]甲申：九月十九日。 [25]世子昌：陈昌（537—560），字敬业，陈霸先第六子，长城县侯世子，并任吴兴太守。西魏攻陷江陵，被带往关中。王琳被平定后，北周放回陈昌，渡江时翻船而死。传见《陈书》卷十四、《南史》卷六十五。 [26]顼（xū）：陈顼（530—582），字绍世，小字师利。即陈宣帝，公元569年至公元582年在位。事详《陈书》卷五、《南史》卷十。 [27]散

骑常侍：据章校，十二行本、乙十一行本、孔本“散”上有“员外”二字。［28］领直：官名。梁置，宫中有六厢领直，掌领值班宿卫军士，即此官。［29］三亡国：春秋初一度灭亡的鲁、卫、邢三国，都在齐桓公的帮助下复国。［30］不失信于伐原：晋文公攻打原国，命令带三日口粮，三日之内，原国不投降就撤回。期限到了之后，原国已准备投降，晋军将领也请求再等几天，但文公仍下令撤军，于是原国心悦诚服地归降，事详《左传》僖公二十五年。［31］觇（chān）察：窥探。［32］相望于道：一个接一个地奔走于路上。［33］离石：县名。县治在今山西吕梁市离石区。［34］黄栌岭：山名。在今山西汾阳市西北，和吕梁接壤，岭西是乌突戍。［35］长城：北齐长城，防御西魏用。［36］社平戍：戍所名。在今山西五寨县北。［37］戊申：十月十四日。［38］宫殿之烧：指夺回建康后，军士因抢劫焚烧太极殿和东、西堂事。［39］辛酉：十月二十七日。［40］黄罗汉：人名。曾兼任中书舍人。［41］抃舞：拍手跳舞。［42］丙子：十一月十二日。［43］改元：改年号太清为承圣。［44］丁丑：十一月十三日。［45］己卯：十一月十五日。［46］庄：萧庄（548—577），江陵失陷，入北齐为人质。陈朝建立，被北齐立为梁主，称帝于郢州。北齐灭，忧愤而死。传见《南史》卷五十四。［47］阮修容：即阮令嬴（474—540），本姓石，会稽余姚人。初为南齐始安王萧遥光妃，后没入宫中。梁朝初，为彩女。生元帝后，拜为修容，是九大嫔妃之一。传见《梁书》卷七、《南史》卷十二。［48］北尽武宁：武宁以北梁地为萧督所统辖。［49］西拒硖口：西梁地由萧纪所控制。“硖”当作“峡”。［50］著籍：登记入户籍。［51］渌口：戍所名。在今湖南醴陵市西。［52］零陵：郡名。治所泉陵，在今湖南永州市。［53］空云城：城名。在今湖南湘潭市北。胡三省认为是“空灵城”之误。因该城靠近湘江的空灵滩。［54］求送妻子：请求允许送妻和子为人质，表示归降的诚意。［55］王郎：指王琳。［56］壬午：十二月甲午朔，无壬午。《梁书·元帝纪》作“壬子”，是十二月十九日。［57］壬午：也是“壬子”之误。《北齐书·文宣纪》作“壬子”。［58］戊午：十二月二十五日。

【点评】

萧梁失地过半。侯景叛乱，残忍暴虐，天怒人怨，一旅之众，即可平息。由于萧梁诸王各怀异心，内讧不已，才使得平叛如是之难。湘东王萧绎，借兵西魏，意在防蜀，引狼入汉中，丧失大片国土。侯景灭，萧绎遂，而梁朝近半国土——长江以北、三峡以西尽没于敌国。梁元帝光复之功与失地之过，孰大孰小，供千秋评说。

卷一六五　梁纪二十一

梁元帝承圣二年至三年（553—554年）

【起昭阳作噩（癸酉，553年），尽阏逢阉茂（甲戌，554年），凡二年】

【大事提要】

本卷载述公元553年至公元554年南北朝史事，凡二年，时当梁元帝承圣二年、三年，西魏废帝二年、三年，北齐文宣帝天保四年、五年。本卷三方穿插记事。北朝西魏扩张，吞巴蜀，破江陵，至是其疆域与北齐等。北齐国主高洋，为政苛酷，庶民多怨，而经略北方，身冒矢石；一个高洋，身兼两重性，既为残虐之主，而又有雄主之风。梁元帝萧绎，系本卷重点所在，却无一长可称；所述为兄弟相残，覆败亡国，骤兴骤亡之始末。

世祖孝元皇帝下

承圣二年（癸酉，553年）

春，正月，王僧辩发建康，承制使陈霸先代镇扬州。

丙子[1]，山胡围齐离石。戊寅[2]，齐主讨之，未至，胡已走，因巡三堆[3]，大猎而归。

以吏部尚书王褒为左仆射。

己丑[4]，齐改铸钱[5]，文曰“常平五铢”。

二月，庚子[6]，李洪雅力屈，以空云城降陆纳。纳囚洪雅，杀丁道贵。纳以沙门宝志[7]诗谶[8]有“十八子”，以为李氏当王，甲辰[9]，推洪雅为主，号大将军，使乘平肩舆，列鼓吹，纳帅众数千，左右翼从。

魏太师泰去丞相、大行台，为都督中外诸军事。

王雄至东梁州，黄众宝帅众降。太师泰赦之，迁其豪帅于雍州。

齐主送柔然可汗铁伐之父登注及兄库提还其国。铁伐寻为契丹[10]所杀，国人立登注为可汗。登注复为其大人阿富提所杀，国人立库提。

突厥伊利可汗卒，子科罗[11]立，号乙息记可汗；三月，遣使献马五万于魏。柔然别部又立阿那瑰叔父邓叔子为可汗；乙息记击破邓叔子于沃野[12]北木赖山[13]。乙息记卒，舍其子摄图而立其弟俟斤[14]，号木杆可汗。木杆状貌奇异，性刚勇，多智略，善用兵，邻国畏之。

上闻武陵王纪东下，使方士画版为纪像，亲钉支体以厌之，又执侯景之俘以报纪。初，纪之举兵，皆太子圆照之谋也。圆照时镇巴东，执留使者，启纪云："侯景未平，宜急进讨；已闻荆镇为景所破。"纪信之，趣兵东下。

上甚惧，与魏书曰："子纠，亲也，请君讨之[15]。"太师泰曰："取蜀制梁，在兹一举。"诸将咸难之。大将军代人尉迟迥[16]，泰之甥[17]也，独以为可克。泰问以方略，迥曰："蜀与中国隔绝百有余年，恃其险，不虞我至，若以铁骑兼行袭之，无不克矣。"泰乃遣迥督开府仪同三司原珍[18]等六军，甲士万二千，骑万匹，自散关[19]伐蜀。

陆纳遣其将吴藏、潘乌黑、李贤明等下据车轮[20]。王僧辩至巴陵，宜丰侯循让都督于僧辩，僧辩弗受。上乃以僧辩、循为东、西都督。夏，四月，丙申[21]，僧辩军于车轮。

吐谷浑可汗夸吕，虽通使于魏而寇抄不息，宇文泰将骑三万逾陇，至姑臧[22]，讨之。夸吕惧，请服；既而复通使于齐。凉州刺史史宁觇知其还，袭之于赤泉[23]，获其仆射乞伏触状[24]。

陆纳夹岸为城，以拒王僧辩。纳士卒皆百战之余，僧辩惮之，不敢轻进，稍作连城以逼之。纳以僧辩为怯，不设备；五月，甲子[25]，僧辩命诸军水陆齐进，急攻之，僧辩亲执旗鼓，宜丰侯循亲受矢石，拔其二城；纳众大败，步走，保长沙。乙丑[26]，僧辩进围之。僧辩坐垄[27]上视筑围垒，吴藏、李贤明帅锐卒千人开门突出，蒙楯直进，趋僧辩。时杜崱、杜龛并侍左右，甲士卫者止百余人，力战拒之。僧辩据胡床不动，裴之横从旁击藏等，藏等败退，贤明死，藏脱走入城。

武陵王纪至巴郡，闻有魏兵，遣前梁州刺史巴西谯淹还军救蜀。初，杨乾运求为梁州刺史，纪以为潼州刺史[28]；杨法琛求为黎州刺史，以为沙州：二人皆不悦。乾运兄子略[29]说乾运曰："今侯景初平，宜同心戮力，保国宁民，而兄弟寻戈，此自亡之道也。夫木朽不雕，世衰难佐，不如送款关中，可以功名两全。”乾运然之，令略将二千人镇剑阁，又遣其婿乐广[30]镇安州[31]，与法琛皆潜通于魏。魏太师泰密赐乾运铁券，授骠骑大将军、开府仪同三司、梁州刺史。尉迟迥以开府仪同三司侯吕陵始[32]为前军，至剑阁，略退就乐广，翻城应始，始入据安州。甲戌[33]，迥至涪水，乾运以州降。迥分军守之，进袭成都。时成都见兵不满万人，仓库空竭，永丰侯㧑婴城自守，迥围之。谯淹遣江州[34]刺史景欣、幽州[35]刺史赵拔扈[36]援成都，迥使原珍等击走之。

武陵王纪至巴东，闻侯景已平，乃自悔，召太子圆照责之，对曰：“侯景虽平，江陵未服。”纪亦以既称尊号，不可复为人下，欲遂东进。将卒日夜思归，其江州刺史王开业以为宜还救根本，更思后图；诸将皆以为然。圆照及刘孝胜固言不可，纪从之，宣言于众曰：“敢谏者死！”己丑[37]，纪至西陵，军势甚盛，舳舻翳川[38]。护军陆法和筑二城于峡口两岸，运石填江，铁锁断之。

帝拔[39]任约于狱，以为晋安王[40]司马，使助法和拒纪，谓之曰：“汝罪不容诛，我不杀，本为今日！”因撤禁兵以配之，仍许妻以庐陵王续之女，使宣猛将军刘棻[41]与之俱。

庚辰[42]，巴州刺史余孝顷将兵万人会王僧辩于长沙。

豫章太守观宁侯永[43]，昏而少断[44]，左右武蛮奴[45]用事，军主文重疾之。永将兵讨陆纳，至宫亭湖[46]，重杀蛮奴，永军溃，奔江陵。重将其众奔廾建侯蕃[47]，蕃杀之而有其众。

六月，壬辰[48]，武陵王纪筑连城，攻绝铁锁，陆法和告急相继。上复拔谢答仁于狱，以为步兵校尉[49]，配兵使助法和；又遣使送王琳，令说谕陆纳。乙未[50]，琳至长沙，僧辩使送示之，纳众悉拜且泣，使谓僧辩曰：“朝廷若赦王郎，乞听入城[51]。”僧辩不许，复送江陵。陆法和求救不已，上欲召长沙兵，恐失陆纳，乃复遣琳许其入城。琳既入，纳遂降，湘州平。上复琳官爵，使将兵西援峡口。

甲辰[52]，齐章武景王厍狄干卒。

武陵王纪遣将军侯叡将众七千筑垒与陆法和相拒。上遣使与纪书，许其还蜀，专制一方；纪不从，报书如家人礼[53]。陆纳既平，湘州诸军相继西上，上复与纪书曰："吾年为一日之长，属[54]有平乱之功，膺此乐推，事归当璧[55]。傥遣使乎，良所迟也。如曰不然，于此投笔。友于兄弟，分形共气，兄肥弟瘦，无复相见之期，让枣推梨[56]，永罢欢愉之日。心乎爱矣[57]，书不尽言。"纪顿兵日久，频战不利，又闻魏寇深入，成都孤危，忧懑不知所为。乃遣其度支尚书乐奉业[58]诣江陵求和，请依前旨还蜀。奉业知纪必败，启上曰："蜀军乏粮，士卒多死，危亡可待。"上遂不许其和。

纪以黄金一斤为饼，饼百为篋，至有百篋，银五倍于金，锦罽、缯彩称是[59]，每战，悬示将士，不以为赏。宁州刺史陈智祖请散之以募勇士，弗听，智祖哭而死。有请事者，纪称疾不见，由是将卒解体。

秋，七月，辛未[60]，巴东民苻升等斩峡口城主公孙晃，降于王琳。谢答仁、任约进攻侯叡，破之，拔其三垒。于是两岸十四城俱降。纪不获退[61]，顺流东下，游击将军[62]樊猛[63]追击之，纪众大溃，赴水死者八千余人，猛围而守之。上密敕猛曰："生还，不成功也。"猛引兵至纪所，纪在舟中绕床而走，以金囊掷猛曰："以此雇卿，送我一见七官。"猛曰："天子何由可见！杀足下，金将安之！"遂斩纪及其幼子圆满。陆法和收太子圆照兄弟三人送江陵。上绝纪属籍，赐姓饕餮氏[64]。下刘孝胜狱，已而释之。上使谓江安侯圆正曰："西军已败，汝父不知存亡。"意欲使其自裁。圆正闻之号哭，称世子不绝声[65]。上频使觇之，知不能死，移送廷尉狱，见圆照，曰："兄何乃乱人骨肉，使痛酷如此！"圆照唯云"计误"。上并命绝食于狱，至啮臂啖之，十三日而死，远近闻而悲之。

乙未[66]，王僧辩还江陵。诏诸军各还所镇。

（以上为第一段，详载梁朝荆益兄弟相残始末，武陵王萧纪，自矜勇武，狂愚而贪，违时而动，导致阖门遭屠。）

【注释】

[1]丙子：正月十三日。 [2]戊寅：正月十五日。 [3]三堆：戍所名。在今山西静乐县。[4]己丑：正月二十六日。 [5]改铸钱：原用"永安五铢"。现改铸较旧钱贵重又精制的新钱。[6]庚子：二月七日。 [7]宝志：和尚法名。 [8]诗谶：用诗的形式宣布的预言。全诗说："太

岁龙，将无理。萧经霜，草应死。余人散，十八子。”说的是：萧氏当灭，李氏当兴。［9］甲辰：二月十一日。［10］契丹：古族名。东胡的一支，当时生活在辽河流域。［11］科罗：一作乙息计可汗。传见《周书》卷五十、《北史》卷九十九。［12］沃野：沃野镇，在今内蒙古杭锦后旗南。［13］木赖山：山名。即今狼山。［14］俟斤：又名燕都。《周书》作“木汗可汗”；《北史》作“木杆可汗”，与《资治通鉴》同；而《隋书》则作“木扞可汗”。他西破口厌哒，东败契丹，北并契骨。所控制的疆域，东起辽河，西至西海，凡沙漠以北地区，全都被他吞并。他得到宇文泰同意，把逃到北周的邓叔子及其部下，全带回杀死。又袭击吐谷浑，还多次协助北周，讨伐北齐。并嫁女给北周，结为盟好。传见《周书》卷五十、《北史》卷九十九。［15］君讨之：语出《左传》庄公九年。当时齐人杀死谋害齐襄公的公孙无知，逃亡于莒的公子小白回到齐国，立为齐桓公。鲁国支持公子纠，但被齐人打败。齐国鲍叔牙率军压境，写信告诫鲁庄公除掉公子纠，与齐通好。鲁国于是照办。元帝引此语，也希望西魏能在消灭萧纪一事上，助一臂之力。［16］尉迟迥（？—580）：字薄居罗，原鲜卑尉迟部，所以用尉迟为姓。讨伐萧纪，夺取蜀地，任益州刺史，封宁蜀公。北周静帝立，杨坚辅政，迥谋反，兵败自杀。传见《周书》卷二十一、《北史》卷六十二。［17］泰之甥也：尉迟迥的母亲是宇文泰的姐姐昌乐大长公主。［18］原珍：人名。《周书》《北史》均作“元珍”，与此异。其余五将军是乙弗亚、俟吕陵始、叱奴兴、綦连雄、宇文升。［19］散关：大散关，在今陕西宝鸡市西南。［20］车轮：沙洲名。在今湖南湘阴县北的湘江中，是通往长沙的水上要隘。［21］丙申：四月四日。［22］姑臧：县名。县治在今甘肃武威市。［23］赤泉：地名。在今甘肃张掖市东南。［24］乞伏触状：人名。《周书》卷五十作“乞伏触板”。严校作“乞伏触拔”，与《周书》宋本同。未知孰是。［25］甲子：五月三日。［26］乙丑：五月四日。［27］垄：田埂。［28］潼州刺史：据章校，十二行本、乙十一行本均无“刺史”二字。张校同。按下文“以为沙州”例，此恐误衍二字。［29］略：杨略，投西魏后，官至开府仪同大将军，封上庸县伯。传见《周书》卷四十四、《北史》卷六十六。［30］乐广：投西魏后，官至车骑大将军，封安康县公。传见《周书》卷四十四、《北史》卷六十六。［31］安州：州名。萧纪所置，治所南安，在今四川剑阁县西北。［32］侯吕陵始：人名。复姓侯吕陵。［33］甲戌：五月十三日。［34］江州：州名。梁置，治所犍为，在今四川犍为县。［35］幽州：梁无此州。按萧纪曾于新城郡设新州，疑此“幽州”或系“新州”之误。［36］赵拔扈：新城（今四川三台县）人。为兄赵震动报仇，杀死新城太守樊文茂，后归降。传见《南史》卷七十四。［37］己丑：五月二十八日。［38］翳（yì）川：遮蔽江面。［39］拔：放出。［40］晋安王：即萧方智。［41］刘棻：人名。《陈书》卷三十四作“刘恭”。［42］庚辰：五月十九日。［43］观宁侯永：萧永，爵观宁侯。［44］昏而少断：昏庸而又缺乏决断。［45］武蛮奴：人名。宦官。［46］宫亭湖：在今鄱阳湖中。一说通南昌，一说通九江。［47］开建侯蕃：萧蕃，爵开建侯。［48］壬辰：六月一日。［49］步兵校尉：官名。东宫三校尉之一。［50］乙未：六月一日。［51］乞听入城：请求允许王琳进城。［52］甲辰：六月十三日。［53］如家人礼：即以兄弟之礼回信，不接受君臣名分。［54］属：官属、部下。此为谦词，萧绎自谓。［55］事归当璧：典出《左传》昭公十三年。楚共王没有嫡嗣，有庶子五人，于是遍祭名山大川，把一块玉璧秘密埋在祖庙的院里，让五子依次下拜，谁拜在璧上谁就是神所选择的继承人。结果康王下拜，璧在他的两腿之间，灵王的一只臂肘压在璧上，而平王最小，两次下拜都压在璧纽上。他们先后成为楚国的国君。萧绎引此典故，是为说明他继承帝位，上顺天意，下顺民心。［56］让枣推梨：汉末孔融兄弟七人，融排行第六。有一次一起吃枣和梨，融专挑小的，把大的让给哥哥。有人问他为什么这样做，他说："我是小孩，当然应该吃小的。"大家十分惊奇。萧绎引此是说，如果萧纪继续争夺帝位，那么以往的兄弟友情将化为乌有。［57］心乎爱矣：兄弟之爱全在心中。［58］乐奉业：人名。萧纪使者。［59］锦罽、缯彩称是：各种精美丝织品和毛织品的数量和价值，与五倍于金的银器大致相当。罽（jì），毛织的地毯。［60］辛未：七月十一日。［61］不获退：后路已断，无法撤退。［62］游击将军：官名。属杂号将军，是武散官。［63］樊猛：字智武，南阳湖阳（今河南唐河县湖阳镇）人。以平蜀功封安山县侯。后投王琳，琳败，转归陈朝，改封富川县侯，任荆州刺史。隋灭陈，又为隋臣。传见《周书》卷三十一、《南史》卷六十七。又据章校，十二行本、乙十一行本、孔本"樊猛"上均有"南阳"二字。退斋校同。［64］饕餮氏：传说中三苗缙云氏的儿子，既贪财，又贪吃，被称作饕餮。梁元帝改萧纪姓，有羞辱、惩罚的意思。［65］称世子不绝声：不停地叫圆照的名字。因此次惨祸均由圆照而起，所以圆正忿恨不已，连呼其名。［66］乙未：七月辛酉朔，无乙未。或系八月事。

魏尉迟迥围成都五旬，永丰侯㧑屡出战，皆败，乃请降。诸将欲不许，迥曰："降之则将士全，远人悦；攻之则将士伤，远人惧。"遂受之。八月，戊戌[1]，㧑与宜都王圆肃帅文武诣军门降，迥以礼接之，与盟于益州城北。吏民皆复其业，唯收奴婢及储积以赏将士，军无私焉。魏以㧑及圆肃并为开府仪同三司，以迥为大都督益、潼等十二州诸军事、益州刺史。

庚子[2]，下诏将还建康，领军将军胡僧祐、太府卿黄罗汉、吏部尚书宗懔、御史中丞刘瑴[3]谏曰："建业王气已尽，与虏正隔一江[4]，若有不虞，悔无及也！且古老相承云：'荆州洲数满百，当出天子。'今枝江生洲，百数已满，陛下龙飞，是其应也。"上令朝臣议之。黄门侍郎周弘正、尚书右仆射王褒曰："今百姓未见舆驾入建康，谓是列国诸王；愿陛下从四海之望。"时群臣多荆州人，皆曰："弘正等东人[5]也，志愿东下，恐非良计。"弘正面折之曰："东人劝东，谓非良计；西人[6]欲西，岂成长策？”上笑。又议于后堂，会者五百人，上问之曰：“吾欲还建康，诸卿以为如何？”众莫敢先对。上曰：“劝吾去者左袒[7]。”左袒者过半。武昌太守朱买臣言于上曰：“建康旧都，山陵所在；荆镇边疆，非王者之宅。愿陛下勿疑，以致后悔。臣家在荆州，岂不愿陛下居此，但恐是臣富贵，非陛下富贵耳！”上使术士杜景豪卜之，不吉，对上曰：“未去。”退而言曰：“此兆为鬼贼所留也。”上以建康凋残，江陵全盛，意亦安之，卒从僧祐等议。

以湘州刺史王琳为衡州刺史。

九月，庚午[8]，诏王僧辩还镇建康，陈霸先复还京口。丙子[9]，以护军将军陆法和为郢州刺史。法和为政，不用刑狱，专以沙门法[10]及西域幻术[11]教化，部曲数千人，通谓之弟子。

契丹寇齐边。壬午[12]，齐主北巡冀、定、幽、安[13]，遂伐契丹。

齐主使郭元建治水军二万余人于合肥，将袭建康，纳湘潭侯退[14]，又遣将军邢景远[15]、步大汗萨[16]帅众继之。陈霸先在建康闻之，白上；上诏王僧辩镇姑孰以御之。

冬，十月，丁酉[17]，齐主至平州[18]，从西道趣长堑[19]，使司徒潘相乐帅精骑五千自东道趣青山[20]。辛丑[21]，至白狼城[22]；壬寅[23]，至昌黎城[24]，使安德王韩轨帅精骑四千东断契丹走路；癸卯[25]，至阳师水[26]，倍道兼行，掩袭契丹。齐主露髻肉袒，昼夜不息，行千余里，逾越山岭，为士卒先，唯食肉饮水，壮气弥厉。甲辰[27]，与契丹遇，奋击，大破之，虏获十余万口，杂畜数百万头。潘相乐又于青山破契丹别部。丁未[28]，齐主还至营州。

己酉[29]，王僧辩至姑孰，遣婺州刺史侯瑱、吴郡太守张彪、吴兴太守裴之横筑垒东关，以待齐师。

丁巳[30]，齐主登碣石山[31]，临沧海，遂如晋阳。以肆州刺史斛律金为太师，乃[32]还晋阳，拜其子丰乐[33]为武卫大将军，命其孙武都[34]尚义宁公主[35]，宠待之厚，群臣莫及。

闰月，丁丑[36]，南豫州刺史侯瑱与郭元建战于东关，齐师大败，溺死者万计。湘潭侯退复归于邺，王僧辩还建康。

吴州刺史开建侯蕃，恃其兵强，贡献不入，上密令其将徐佛受图之。佛受使其徒诈为讼者，诣蕃，遂执之。上以佛受为建安太守，以侍中王质为吴州刺史。质至鄱阳，佛受置之金城[37]，自据罗城，掌门管[38]，缮治舟舰甲兵，质不敢与争。故开建侯部曲[39]数千人攻佛受，佛受奔南豫州，侯瑱杀之，质始得行州事。

十一月，戊戌[40]，以尚书右仆射王褒为左仆射，湘东太守张绾为右仆射。

己未[41]，突厥复攻柔然，柔然举国奔齐。

癸亥[42]，齐主自晋阳北击突厥，迎纳柔然，废其可汗库提，立阿那瓌子庵罗辰为可汗，置之马邑川[43]，给其廪饩缯帛；亲追突厥于朔州[44]，突厥请降，许之而还。自是贡献相继。

魏尚书元烈谋杀宇文泰，事泄，泰杀之。

丙寅[45]，上使侍中王琛[46]使于魏。太师泰阴有图江陵之志，梁王詧闻之，益重其贡献。

十二月，齐宿预[47]民东方白额以城降，江西[48]州郡皆起兵应之。

（以上为第二段，写梁朝巴蜀地陷西魏，梁元帝建都江陵，北齐国主高洋威服北方柔然、突厥之民。）

【注释】

[1]戊戌：八月八日。 [2]庚子：八月十日。 [3]刘瑴（jué）：字仲宝，任萧绎中记室，书檄多由他起草。后历任吏部尚书、国子祭酒。江陵失陷，入西魏为臣。传见《梁书》卷四十一、《南史》卷五十。 [4]正隔一江：按《周书·王褒传》作“止隔一江”，胡三省注同。此本误。 [5]东人：周弘正是周颐之后，王褒是王导之后，都是东晋时自北方南渡的高等士族，世代住在建康。对荆州而言，建康在东方，所以称作东人。 [6]西人：据章校，十二行本、乙十一行本“西”上均有“君等”二字。 [7]左袒：露出左胳膊。 [8]庚午：九月十一日。 [9]丙子：九月十七日。 [10]沙门法：佛规。 [11]西域幻术：从中亚传来的带有魔术性的法术。 [12]壬午：九月二十三日。 [13]冀、定、幽、安：四州州名。 [14]纳湘潭侯退：送湘潭侯萧退到建康称帝。[15]邢景远：人名。《梁书》《南史》作“邢杲远”，《陈书》则作“邢杲”，未知孰是。 [16]步大汗萨：复姓步大汗，太安狄那（今山西寿阳县）人，曾追随尔朱荣父子，后降于高欢，任车骑大将军。入齐，封义阳郡公。传见《北齐书》卷二十、《北史》卷五十三。 [17]丁酉：十月八日。[18]平州：州名。治所肥如，在今河北卢龙县北。 [19]长堑：山谷名。在卢龙塞外。 [20]青

山：地名。在今辽宁义县东。［21］辛丑：十月十二日。［22］白狼城：城名。在今辽宁建昌县。［23］壬寅：十月十三日。［24］昌黎城：即龙城，是昌黎郡郡治和营州州治所在，在今辽宁朝阳市。［25］癸卯：十月十四日。［26］阳师水：河名。今址不详。一说在今北京市房山区境，恐非。［27］甲辰：十月十五日。［28］丁未：十月十八日。［29］己酉：十月二十日。［30］丁巳：十月二十八日。［31］碣石山：山名。在今河北昌黎县境。［32］乃：据章校，十二行本、乙十一行本、孔本作“召”。［33］丰乐：斛律羡（？—572），字丰乐，任幽州刺史时，于东西二千余里内建戍所五十余处，突厥不敢犯边，封高城县侯。齐后主时，进爵荆山郡王，不久被杀。传见《北齐书》卷十七、《北史》卷五十四。［34］武都：斛律武都（？—572），斛律光长子，位太子太保、开府仪同三司、梁兖二州刺史。后与父一起被下诏处死。传见《北齐书》卷十七、《北史》卷五十四。［35］义宁公主：本名及所出不详。［36］丁丑：闰十一月十九日。［37］金城：城内的牙城。［38］掌门管：掌握城门钥匙。［39］故开建侯部曲：原开建侯萧蕃的部下。［40］戊戌：十一月十日。［41］己未：十一月一日。［42］癸亥：十一月五日。［43］马邑川：河名。发源于山西宁武县天池附近，向北流经马邑城，即今山西朔州市。柔然所居当在此段河两岸。河再向东北行，称桑干河。［44］朔州：州名。此指原北魏所置朔州，治所盛乐，在今内蒙古和林格尔县。［45］丙寅：十一月八日。［46］王琛：人名。疑即《南史》所说出自琅邪郡的善于书法的王琛。《梁书》卷三十三作“王深”。［47］宿预：县名。县治在今江苏宿迁市。［48］江西：长江南京以西、淮河以南原梁朝的州郡。

三年（甲戌，544年）

春，正月，癸巳[1]，齐主自离石道讨山胡，遣斛律金从显州[2]道，常山王演从晋州道夹攻，大破之，男子十三以上皆斩，女子及幼弱以赏军，遂平石楼[3]。石楼绝险，自魏世所不能至，于是远近山胡莫不慑服。有都督战伤，其什长[4]路晖礼不能救，帝命刳其五藏，令九人食之，肉及秽恶皆尽。自是始为威虐。

陈霸先自丹徒济江，围齐广陵，秦州刺史严超达自秦郡进围泾州[5]，南豫州刺史侯瑱、吴郡太守张彪皆出石梁，为之声援。辛丑[6]，使晋陵太守杜僧明帅三千人助东方白额。

魏太师泰始作九命[7]之典，以叙内外官爵，改流外品[8]为九秩[9]。

魏主自元烈之死，有怨言，密谋诛太师泰；临淮王育、广平王赞垂涕切谏，不听。泰诸子皆幼，兄子章武公导、中山公护皆出镇[10]，唯以诸婿为心膂，大都督清河公李基[11]、义城公李晖[12]、常山公于翼[13]俱为武卫将军[14]，分掌禁兵。基，远之子；晖，弼之子；翼，谨之子也。由是魏主谋泄，泰废魏主，置之雍州，立其弟齐王廓[15]，去年号[16]，称元年，复姓拓跋氏，九十九姓改为单者[17]，皆复其旧。魏初统国三十六，大姓九十九，后多灭绝。泰乃以诸将功高者为三十六姓，次者为九十九姓，所将士卒亦改从其姓[18]。

三月，丁亥[19]，长沙王韶取巴郡。

甲辰[20]，以王僧辩为太尉、车骑大将军。

丁未[21]，齐将王球攻宿预，杜僧明出击，大破之，球归彭城。

郢州刺史陆法和上启自称司徒，上怪之。王褒曰："法和既有道术，容或先知。"戊申[22]，上就拜法和为司徒。

己酉[23]，魏侍中宇文仁恕来聘。会齐使者亦至江陵，帝接仁恕不及齐使，仁恕归，以告太师泰。帝又请据旧图定疆境，辞颇不逊，泰曰："古人有言，'天之所弃，谁能兴之[24]'，其萧绎之谓乎！"荆州刺史长孙俭[25]屡陈攻取之策，泰征俭入朝，问以经略，复命还镇，密为之备。马伯符[26]密使告帝，帝弗之信。

柔然可汗庵罗辰叛齐，齐主自将出击，大破之，庵罗辰父子北走。

太保安定王贺拔仁献马不甚骏，齐主[27]拔其发，免为庶人，输晋阳负炭[28]。

齐中书令魏收撰《魏书》，颇用爱憎为褒贬，每谓人曰："何物[29]小子，敢与魏收作色[30]！举之则使升天，按之则使入地！"既成，中书舍人卢潜奏"收诬罔一代，罪当诛。"尚书左丞卢斐[31]、顿丘李庶[32]皆言《魏史》不直[33]。收启齐主云："臣既结怨强宗[34]，将为刺客所杀。"帝怒，于是斐、庶及尚书郎中王松年[35]皆坐谤史，鞭二百，配甲坊[36]。斐、庶死于狱中，潜亦坐系狱。然时人终不服，谓之"秽史"。潜，度世[37]之曾孙；斐，同[38]之子；松年，遵业[39]之子也。

夏，四月，柔然寇齐肆州，齐主自晋阳讨之，至恒州，柔然散走。帝以二千余骑为殿，宿黄瓜堆[40]。柔然别部数万骑奄至，帝安卧，平明乃起，神色自若，指画形势，纵兵奋击；柔然披靡，因溃围而出。柔然走，追击之，伏尸二十余里，获庵罗辰妻子，虏三万余口，令都督善无高阿那肱[41]帅骑数千塞其走路。时柔然军犹盛，阿那肱以兵少，请益，帝更减其半。阿那肱奋击，大破之。庵罗辰超越岩谷，仅以身免。

丙寅[42]，上使散骑常侍庾信等聘于魏。

癸酉[43]，以陈霸先为司空。

丁未[44]，齐主复自击柔然，大破之。

庚戌[45]，魏太师泰鸩杀废帝。

五月，魏直州[46]人乐炽、洋州[47]人黄国等作乱，开府仪同三司高平田弘[48]、河南贺若敦[49]讨之，不克。太师泰命车骑大将军李迁哲与敦共讨炽等，平之。仍与敦南出，徇地至巴州[50]，巴州刺史牟安民降之，巴[51]、濮[52]之民皆附于魏。蛮酋向五子王[53]陷白帝，迁哲击之，五子王遁去，迁哲追击，破之。泰以迁哲为信州刺史，镇白帝。信州先无储蓄，迁哲与军士共采葛根为粮，时有异味，辄分尝之，军士感悦。屡击叛蛮，破之，群蛮慑服，皆送粮饩，遣子弟入质。由是州境安息，军储亦赡。

柔然乙旃达官[54]寇魏广武[55]，柱国李弼遣击[56]，破之。

广州刺史曲江侯勃，自以非上所授，内不自安；上亦疑之。勃启求入朝；五月，乙巳[57]，上以王琳为广州刺史，勃为晋州刺史。上以琳部众强盛，又得众心，故欲远之。琳与主书广汉李膺[58]厚善，私谓膺曰："琳，小人也，蒙官[59]拔擢至此。今天下未定，迁琳岭南，如有不虞，安得琳力！窃揆官意不过疑琳，琳分望[60]有限，岂与官争为帝乎！何不以琳为雍州刺史，镇武宁，琳自放兵[61]作田，为国御捍。"膺然其言而弗敢启。

散骑郎新野庾季才[62]言于上曰："去年八月丙申[63]，月犯心中星[64]，今月丙戌[65]，赤气干[66]北斗。心为天王[67]，丙主楚分[68]，臣恐建子之月[69]有大兵入江陵，陛下宜留重臣镇江陵，整旆还都以避其患。假令魏虏侵蹙，止失荆、湘，在于社稷，犹得无虑。"上亦晓天文，知楚有灾，叹曰："祸福在天，避之何益！"

六月，壬午[70]，齐步大汗萨将兵四万趣泾州，王僧辩使侯瑱、张彪自石梁引兵助严超达拒之，瑱、彪迟留不进。将军尹令思将万余人谋袭盱眙。齐冀州刺史段韶将兵讨东方白额于宿预，广陵、泾州皆来告急，诸将患之。韶曰："梁氏丧乱，国无定主，人怀去就，强者从之[71]。霸先等外托同德，内有离心，诸君不足忧，吾揣之熟矣！"乃留仪同三司敬显携[72]等围宿预，自引兵倍道趣泾州，途出盱眙。令思不意齐师猝至，望风退走。韶进击超达，破之，回趣广陵，陈霸先解围走。杜僧明还丹徒，侯瑱、张彪还秦郡。吴明彻围海西[73]，镇将中山郎基[74]固守，削木为箭，翦纸为羽，围之十旬，卒不能克而还。

柔然帅余众东徙，且欲南寇，齐主帅轻骑邀之于金川[75]。柔然闻之，远遁，营州刺史灵丘王峻[76]设伏击之，获其名王数十人。

邓至[77]羌檐桁[78]失国，奔魏，太师泰使秦州刺史宇文导将兵纳之。

齐段韶还至宿预，使辩士说东方白额，白额开门请盟，因执而斩之。

秋，七月，庚戌[79]，齐主还邺。

魏太师泰西巡，至原州。

八月，壬辰[80]，齐以司州牧清河王岳为太保，司空尉粲为司徒，太子太师侯莫陈相为司空，尚书令平阳王淹录尚书事，常山王演为尚书令，中书令上党王涣为左仆射。

乙亥[81]，齐仪同三司元旭坐事赐死。丁丑[82]，齐主如晋阳。齐主之未为魏相也，太保、录尚书事平原王高隆之常侮之，及将受禅，隆之复以为不可，齐主由是衔之。崔季舒谮"隆之每见诉讼者辄加哀矜之意，以示非己能裁。"帝禁之尚书省[83]。隆之尝与元旭饮，谓旭曰："与王交，当生死不相负。"人有密言之者，帝由是发怒，令壮士筑百余拳而舍之，辛巳[84]，卒于路。久之，帝追忿隆之，执其子慧登[85]等二十人于前，帝以鞭叩鞍，一时头绝，并投尸漳水；又发隆之冢，出其尸，斩截骸骨焚之，弃于漳水。

齐主使常山王演、上党王涣、清河王岳、平原王段韶帅众于洛阳西南筑伐恶城、新城、严城、河南城。九月，齐主巡四城，欲以致魏师，魏师不出，乃如晋阳。

魏宇文泰命侍中崔猷开回车路[86]以通汉中。

（以上为第三段，写南北朝三国政务。梁元帝志大才疏，残刻猜忌，内外政务皆误：内忌良将王琳疏之于边，外交密于北齐而疏于西魏，既结怨近邻又错失收复江北失地的良机。西魏宇文泰西巡安定后方，而备战向南。北齐高洋有雄主之风，身临战阵，威服北疆，破柔然，降山胡，而内政酷烈，屠功臣，剥黎民，故而梁朝虽衰乱，而齐境江北之民仍心系梁朝。）

【注释】

[1]癸巳：正月六日。[2]显州：州名。治所六壁城，在今山西孝义市。[3]石楼：山名。在今山西石楼县。[4]什长：十名士兵中指定的小头目。[5]泾州：州名。原梁置，治所石梁，在今安徽天长市。[6]辛丑：正月十四日。[7]九命：西周将官爵分为九等，叫九命。宇文泰命尚书令卢辩，根据西周的规定，重新将内外官职各分为九等，数字越高者等级越高。[8]流外品：即不入品、无等级的小吏。[9]九秩：对无等的小吏规定相应的薪俸等级，共有九等。最高的九秩是一百二十石，最低的一秩和二秩是四十石。颁发薪俸不论入品不入品，一律看年成好坏，上好的年成按规定足额颁发；中等年成发一半，下等年成发十分之一。颗粒无收，就不颁发。[10]出镇：当时宇文导任秦州刺史，驻守上邽（今甘肃天水市）。宇文护以大将军衔，出守河东郡（今山西永济市）。[11]李基（531—561）：字仲和，妻宇文泰女义归公主。时封清河郡公。西魏末官至侍中、骠骑大将军、开府仪同三司，爵敦煌郡公。入周，任江州刺史。传见《周书》卷二十五、《北史》卷五十九。[12]李晖：妻宇文泰女义安公主。时封义城郡公。西魏末官至骠骑大将军、仪同三司、岐州刺史。入周，转任荆州刺史，爵魏国公。后进位柱国。传见《周书》卷十五、《北史》卷六十。又《周书》作“李辉”，《资治通鉴》从《北史》。[13]于翼（？—583）：字文若，妻宇文泰女平原公主。时封安平郡公。入周，改封常山郡公。（《资治通鉴》前二公从魏封，翼从周封，有违体例。）杨坚执政时，进位上柱国，封任国公。隋初，拜太尉。传见《周书》卷三十、《北史》卷二十三。[14]武卫将军：官名。时主管朱华阁以外的宿卫，为左、右卫将军的副手。[15]齐王廓：元廓，元宝矩第四子，封齐王。至此即位，即西魏恭帝，公元554年至公元556年在位。后禅位于北周闵帝宇文觉。事详《北史》卷五。[16]去年号：弃用年号。[17]改为单者：指北魏孝文帝改革下令鲜卑贵族复姓改为汉姓，如达奚氏改姓奚氏，步六孤氏改姓陆氏，独孤氏改姓刘氏等。事详《魏书·官氏志》和《资治通鉴》卷一百四十。现宇文泰又命改单姓的恢复原姓。[18]所将士卒亦改从其姓：当时中原人士也赐给鲜卑姓，如李弼为徒河氏，赵贵为乙弗氏，杨忠为普六茹氏，李虎为大野氏，李穆为擒拔氏，等等。[19]丁亥：三月一日。[20]甲辰：三月十八日。[21]丁未：三月二十一日。[22]戊申：三月二十二日。[23]己酉：三月二十三日。[24]天之所弃，谁能兴之：典出《左传》襄公二十三年，晋国胥午回答栾盈的话。首句“弃”作“废”，文略异而义同。[25]长孙俭（？—556）：本名庆明。先祖姓拓跋氏，孝文帝时改姓长孙氏。河南洛阳（今河南洛阳市东）人。以建议平定江陵，进爵昌宁公，迁大将

军。传见《周书》卷二十六、《北史》卷二十二。［26］马伯符：人名。太清三年以下溠城降于西魏将领杨忠。［27］齐主：据章校，十二行本、乙十一行本、孔本“主”下均有“怒”字。疑此脱。［28］负炭：背炭。［29］何物：哪一个。［30］作色：生气，不满。［31］卢斐：字子章，范阳涿（今河北涿州市）人。曾任相府刑狱参军。后任尚书左丞，别掌京畿诏狱，用法苛酷。传见《魏书》卷七十六、《北齐书》卷四十七、《北史》卷三十。［32］李庶：顿丘（今河南清丰县西南）人。时任临漳令。传见《魏书》卷六十五、《北齐书》卷三十五、《北史》卷四十三。［33］不直：不正直，不实。［34］强宗：卢、李二姓是北方望族，世代为宦，权势煊赫，所以称强宗。［35］王松年：出狱后，先任临漳令，后官侍中，加散骑常侍，兼御史中丞。传见《魏书》卷三十八、《北齐书》卷三十五、《北史》卷三十五。［36］甲坊：官办制造甲胄的作坊。［37］度世：卢度世，字子迁。崔浩被诛，度世亡命多年。太武帝时逢赦出，袭爵惠侯，任太常卿、济州刺史。传见《魏书》卷四十七、《北史》卷三十。［38］同：卢同，字叔伦。任尚书左丞时，清查出冒功窃位的官员三百多人。后封章武县伯，官至侍中。传见《魏书》卷七十六、《北史》卷三十。［39］遵业：王遵业，初任著作佐郎，预撰魏起居注。后转司徒左长史，监掌仪注。与袁翻、王诵并号“三哲”。传见《魏书》卷三十八、《北史》卷三十五。［40］黄瓜堆：地名。在今山西应县西。［41］高阿那肱：姓高，名阿那肱，又作阿那瑰。善无（今山西右玉县南）人。北齐后主时，封淮阴王，录尚书事，总掌内省机密。后降于北周，授大将军，出任隆州刺史，被诛死。传见《北齐书》卷五十、《北史》卷九十二。［42］丙寅：四月十一日。［43］癸酉：四月十八日。［44］丁未：四月丙辰朔，无丁未，疑是五月事，丁未是二十二日。《北齐书·文宣纪》即作“（五月）丁未，北讨茹茹（即柔然），大破之”。［45］庚戌：疑为五月二十五日。［46］直州：州名。治所安康，在今陕西石泉县。［47］洋州：州名。治所西乡，在今陕西西乡县。［48］田弘（？—574）：高平（今陕西旬邑县东）人。与东魏战，屡立功，封鹑阴县公，赐姓纥干氏，任原州刺史。入周，进爵雁门郡公，位柱国大将军。传见《周书》卷二十七、《北史》卷六十五。［49］贺若敦：《周书》卷二十八作“代人”。《北史》作“河南洛阳人”。前者是叙祖籍，后者是进入中原后的定居地。《资治通鉴》从后者。［50］巴州：州名。梁置，治所归化，在今四川巴中市。［51］巴：春秋时巴国在此，包括东起今重庆市奉节县（巴东郡），西到今四川阆中市（巴西郡），中有今重庆市巴南区到忠县（巴郡）的“三巴”之地。［52］濮：春秋时期的百濮之地，在今陕西安康市（西城郡）到湖北竹山县（上庸郡）之间。［53］向五子王：当地蛮族的首领，多次在白帝城一带起兵反抗西魏和北周。传见《周书》卷四十九、《北史》卷九十五。［54］乙旃达官：人名。［55］广武：县名。县治在今陕西延安市东北。［56］遣击：胡三省以为是“追击”之误。据章校，十二行本、乙十一行本、孔本正作“追击”。［57］乙巳：五月二十日。［58］李膺：人名。广汉（今四川广汉市）人。［59］官：指梁元帝。［60］分望：名分与声望。［61］放兵：安排士兵。［62］庾季才（？—603）：字叔奕，新野（今河南新野县）人。梁时封宜昌县伯。入周，参掌太史，封临颍县伯，官至骠骑大将军、开府仪同三司。入隋，授通直散骑常侍。撰有《垂象志》和《地形志》。传见《梁书》卷五十一、《南史》卷七十六、《北史》卷八十九。[63]丙申：八月六日。[64]心中星：即心宿，二十八宿之一，有星三颗。[65]丙戌：五月一日。[66]干：侵犯。[67]天王：天的正星。[68]楚分：楚地，指荆州。[69]建子之月：阴历十一月。[70]壬午：六月二十七日。[71]强者从之：唯强者是从。[72]敬显携：字孝英，平阳（今山西临汾市西南）人。历任北齐都官尚书，兖州刺史。传见《北齐书》卷二十六、《北史》卷五十五。又胡三省以为“携”当作“儁”，甚是。二史均作“儁”。[73]海西：县名。县治在今江苏东海县。[74]郎基：字世业，中山（今河北定州市）人。后领颍川郡守。传见《北齐书》卷四十六、《北史》卷五十五。[75]金川：地名。约在今内蒙古呼和浩特市附近。[76]王峻（？—580）：字峦嵩，灵丘（今山西灵丘县）人。以击败柔然功，升秘书监，后历任都官尚书，骠骑大将军、侍中。传见《北齐书》卷二十五、《北史》卷五十五。[77]邓至：城名。在今四川九寨沟县，是羌人的聚居区之一。[78]檐桁：人名。邓至羌人的首领，传见《周书》卷四十九。[79]庚戌：七月二十六日。[80]壬辰：八月乙卯朔，无壬辰。《北史》作“庚午”，是八月十六日。《资治通鉴》误。《北齐书》作“庚子”，也误。[81]乙亥：八月二十一日。[82]丁丑：八月二十三日。[83]禁之尚书省：禁止高隆之到尚书省去。[84]辛巳：八月二十七日。[85]慧登：高慧登。时任司徒中兵参军。[86]开回车路：将汉代修建而梁朝又重修的子午道，加以扩建。北起长安，南抵汉中，以加强对巴蜀的控制。胡三省认为“回”本作“通”，误作“迴”，又省作“回”。

帝好玄谈，辛卯[1]，于龙光殿讲《老子》。

曲江侯勃迁居始兴，王琳使副将孙玚[2]先行据番禺。

乙巳[3]，魏遣柱国常山公于谨、中山公宇文护、大将军杨忠将兵五万入寇，冬，十月，壬戌[4]，发长安。长孙俭问谨曰：“为萧绎之计，将如之何？”谨曰：“耀兵汉、沔，席卷渡江，直据丹杨[5]，上策也；移郭内居民退保子城[6]，峻其陴堞，以待援军，中策也；若难于移动，据守罗郭[7]，下策也。”俭曰：“揣绎定出何策？”谨曰：“下策。”俭曰：“何故？”谨曰：“萧氏保据江南，绵历数纪[8]，属中原多故，未遑外略；又以我有齐氏[9]之患，必谓力不能分。且绎懦而无谋，多疑少断，愚民难与虑始，皆恋邑居，所以知其用下策也！”

癸亥[10]，武宁太守宗均告魏兵且至，帝召公卿议之。领军胡僧祐、太府卿黄罗汉曰：“二国通好，未有嫌隙，必应不尔。”侍中王琛曰：“臣揣宇文容色[11]，必无此理。”乃复使琛使魏。丙寅[12]，于谨至樊、邓[13]，梁王詧帅众会之。辛卯[14]，帝停讲[15]，内外戒严。王琛至石梵[16]，未见魏军，驰书报黄罗汉曰："吾至石梵，境上帖然，前言皆儿戏耳。"帝闻而疑之。庚午[17]，复讲，百官戎服以听[18]。

辛未[19]，帝使主书李膺至建康，征王僧辩为大都督、荆州刺史，命陈霸先徙镇扬州。僧辩遣豫州刺史侯瑱帅程灵洗等为前军，兖州刺史杜僧明帅吴明彻等为后军。甲戌[20]，帝夜登凤皇阁，徙倚[21]叹息曰："客星入翼、轸[22]，今必败矣！"嫔御皆泣。

陆法和闻魏师至，自郢州入汉口，将赴江陵。帝使逆之曰："此自能破贼，但镇郢州，不须动也！"法和还州，垩其城门[23]，著衰绖[24]，坐苇席，终日，乃脱之。

十一月，帝大阅于津阳门[25]外，遇北风暴雨，轻辇还宫。癸未[26]，魏军济汉[27]，于谨令宇文护、杨忠帅精骑先据江津[28]，断东路。甲申[29]，护克武宁，执宗均。是日，帝乘马出城行栅[30]，插木为之，周围六十余里。以领军将军胡僧祐都督城东诸军事，尚书右仆射张绾为之副，左仆射王褒都督城西诸军事，四厢领直[31]元景亮为之副；王公已下各有所守。丙戌[32]，命太子巡行城楼，令居人助运木石。夜，魏军至黄华[33]，去江陵四十里，丁亥[34]，至栅下。戊子[35]，巂州刺史裴畿[36]、畿弟新兴太守机、武昌太守朱买臣、衡阳太守谢答仁开枇杷门[37]出战，裴机杀魏仪同三司胡文伐。畿，之高之子也。

帝征广州刺史王琳为湘东刺史[38]，使引兵入援。丁酉[39]，栅内火，焚数千家及城楼二十五，帝临所焚楼，望魏军济江，四顾叹息。是夜，遂止宫外，宿民家，己亥[40]，移居祇洹寺。于谨令筑长围，中外信命[41]始绝。

庚子[42]，信州刺史徐世谱[43]、晋安王司马任约等筑垒于马头[44]，遥为声援。是夜，帝巡城，犹口占为诗，群臣亦有和者。帝裂帛为书，趣王僧辩曰："吾忍死[45]待公，可以至矣！"壬寅[46]，还宫；癸卯[47]，出长沙寺。戊申[48]，王褒、胡僧祐、朱买臣、谢答仁等开门出战，皆败还。己酉[49]，帝移居天居寺；癸丑[50]，移居长沙寺。朱买臣按剑进曰："唯斩宗懔、黄罗汉[51]，可以谢天下！"帝曰："曩实吾意，宗、黄何罪！”二人退入众中。

王琳军至长沙，镇南府[52]长史裴政[53]请间道先报江陵，至百里洲，为魏人所获。梁王詧谓政曰：“我，武皇帝之孙也，不可为尔君乎？若从我计，贵及子孙；如或不然，腰领分矣。”政诡对曰：“唯命。”詧锁之至城下，使言曰：“王僧辩闻台城[54]被围，已自为帝。王琳孤弱，不能复来。”政告城中曰：“援兵大至，各思自勉。吾以间使[55]被擒，当碎身报国。”监者击其口，詧怒，使速杀之。西中郎参军[56]蔡大业[57]谏曰：“此民望也，杀之，则荆州不可下矣。”乃释之。政，之礼[58]之子；大业，大宝之弟也。

时征兵四方，皆未至。甲寅[59]，魏人百道攻城，城中负户[60]蒙楯，胡僧祐亲当矢石，昼夜督战，奖励将士，明行赏罚，众咸致死，所向摧殄，魏不得前。俄而僧祐中流矢死，内外大骇。魏悉众攻栅，反者开西门纳魏师，帝与太子、王褒、谢答仁、朱买臣退保金城，令汝南王大封、晋熙王大圆质于于谨以请和。魏军之初至也，众以王僧辩子侍中顗[61]可为都督，帝不用，更夺其兵，使与左右十人入守殿中；及胡僧祐死，乃用为都督城中诸军事。裴畿、裴机、历阳侯峻皆出降。于谨以机手杀胡文伐，并畿杀之。峻[62]，渊猷[63]之子也。时城南虽破，而城北诸将犹苦战，日暝，闻城陷，乃散。

帝入东阁竹殿，命舍人高善宝焚古今图书十四万卷，将自赴火，宫人左右共止之。又以宝剑斫柱令折，叹曰：“文武之道，今夜尽矣！”乃使御史中丞王孝祀[64]作降文。谢答仁、朱买臣谏曰：“城中兵众犹强，乘暗突围而出，贼必惊，因而薄之，可渡江就任约。”帝素不便走马，曰：“事必无成，只增辱耳！”答仁求自扶，帝以问王褒，褒曰：“答仁，侯景之党，岂足可信！成彼之勋，不如降也。”答仁又请守子城，收兵可得五千人，帝然之，即授城中大都督，配以公主。既而召王褒谋之，以为不可。答仁请入不得，欧血而去。于谨征太子为质，帝使王褒送之。谨子以褒善书，给之纸笔，乃书曰：“柱国常山公[65]家奴王褒。”有顷，黄门郎裴政犯门而出。帝遂去羽仪文物，白马素衣出东门，抽剑击阖[66]曰：“萧世诚[67]一至此乎！”魏军士度堑牵其辔，至白马寺北，夺其所乘骏马，以驽马代之，遣长壮胡人手扼其背以行，逢于谨，胡人牵帝使拜。梁王詧使铁骑拥帝入营，囚于乌幔[68]之下，甚为詧所诘辱。乙卯[69]，于谨令开府仪同三司长孙俭入据金城。帝给俭云："城中埋金千斤，欲以相赠。"俭乃将帝入城。帝因述詧见辱之状，谓俭曰："向聊相绐，欲言此耳，岂有天子自埋金乎！"俭乃留帝于主衣库[70]。

帝性残忍，且惩高祖宽纵之弊，故为政尚严。及魏师围城，狱中死囚且数千人，有司请释之以充战士；帝不许，悉令棓杀之，事未成而城陷。

中书郎殷不害先于别所督战，城陷，失其母，时冰雪交积，冻死者填满沟堑，不害行哭于道，求其母尸，无所不至，见沟中死人，辄投下[71]捧视，举体冻湿，水浆不入口，号哭不辍声，如是七日，乃得之。

十二月，丙辰[72]，徐世谱、任约退戍巴陵。于谨逼帝使为书召王僧辩，帝不可。使者曰："王今岂得自由？"帝曰："我既不自由，僧辩亦不由我。"又从长孙俭求宫人[73]王氏、荀氏[74]及幼子犀首，俭并还之。或问："何意焚书？"帝曰："读书万卷，犹有今日，故焚之！"

庚申[75]，齐主北巡，至达速岭[76]，行视山川险要，将起长城。

辛未[77]，帝为魏人所杀。梁王詧遣尚书傅准[78]监刑，以土囊陨之。詧使以布帕[79]缠尸，敛以蒲席，束以白茅，葬于津阳门外。并杀愍怀太子[80]元良、始安王方略、桂阳王大成等。世祖[81]性好书，常令左右读书，昼夜不绝，虽熟睡，卷犹不释，或差误及欺之[82]，帝辄惊寤[83]。作文章，援笔立就。常言："我韬[84]于文士，愧于武夫。"论者以为得言[85]。

魏立梁王詧为梁主，资以荆州之地，延袤三百里，仍取其雍州之地[86]。詧居江陵东城，魏置防主，将兵居西城，名曰助防，外示助詧备御，内实防之。以前仪同三司王悦留镇江陵。于谨收府库珍宝及宋浑天仪[87]、梁铜晷表、大玉径四尺及诸法物；尽俘王公以下及选百姓男女数万口为奴婢，分赏三军，驱归长安，小弱者皆杀之。得免者三百余家，而人马所践及冻死者什二三。

魏师之在江陵也，梁王詧将尹德毅[88]说詧曰："魏虏贪婪，肆其残忍，杀掠士民，不可胜纪。江东之人涂炭至此，咸谓殿下为之。殿下既杀人父兄，孤人子弟，人尽仇也，谁与为国！今魏之精锐尽萃于此，若殿下为设享会，请于谨等为欢，预伏武士，因而毙之，分命诸将，掩其营垒，大歼群丑，俾无遗类。收江陵百姓，抚而安之，文武群寮，随材铨授。魏人慑息，未敢送死，王僧辩之徒，折简[89]可致。然后朝服济江，入践皇极[90]，晷刻之间，大功可立。古人云：'天与不取，反受其咎[91]。'愿殿下恢弘远略，勿怀匹夫之行[92]。"詧曰："卿此策非不善也，然魏人待我厚，未可背德。若遽为卿计，人将不食吾余[93]。"既而阖城长幼被虏，又失襄阳，詧乃叹曰："恨不用尹德毅之言！"王僧辩、陈霸先等共奉江州刺史晋安王方智为太宰，承制。

王褒、王克、刘瑴、宗懔、殷不害及尚书右丞吴兴沈炯[94]至长安，太师泰皆厚礼之。泰亲至于谨第，宴劳极欢，赏谨奴婢千口及梁之宝物并雅乐一部，别封新野公；谨固辞，不许。谨自以久居重任，功名既立，欲保优闲，乃上先所乘骏马及所著铠甲等。泰识其意，曰："今巨猾[95]未平，公岂得遽尔独善[96]！"遂不受。

是岁，魏秦州刺史章武孝公宇文导卒。

魏加益州刺史尉迟迥督六州，通前十八州，自剑阁以南，得承制封拜及黜陟。迥明赏罚，布威恩，绥辑新民，经略未附，华、夷怀之。

（以上为第四段，详载西魏覆灭梁朝江陵政权，掳获梁元帝事件始末。）

【注释】

[1]辛卯：九月八日。 [2]孙玚（yáng）（516—587）：字德琏，吴郡吴人。敬帝时，任巴州刺史。陈霸先称帝，王琳拥立永嘉王萧庄。玚到建康，任太府卿，出为郢州刺史，对抗王琳及周军，以功封定襄县侯。后曾平定留异的叛乱。传见《陈书》卷二十五、《南史》卷五十七。 [3]乙巳：九月二十二日。 [4]壬戌：十月九日。 [5]直据丹杨：东返旧都建康。 [6]子城：内城。[7]罗郭：罗城和郭城，都是外城。全面防守，力量必分散。 [8]纪：十二年为一纪。从梁朝初建至此年，已有五十二年。 [9]齐氏：指北齐。 [10]癸亥：十月十日。 [11]容色：容貌脸色。此作心态解。去年王琛刚出使过西魏，见过宇文泰。 [12]丙寅：十月十三日。 [13]樊、邓：皆县名。樊城，县治在今湖北襄阳市北。邓县，县治在今湖北襄阳市北。 [14]辛卯：十月甲寅朔，无辛卯。据章校，十二行本、乙十一行本、孔本均作"丁卯"，是十月十四日。疑此误。[15]停讲：停止讲解《老子》。 [16]石梵（fàn）：沔水河口。一说在今湖北汉川市，一说在今湖

北潜江市，恐当以后者为是。［17］庚午：十月十七日。［18］戎服以听：身穿战袍来听讲，以防意外。［19］辛未：十月十八日。［20］甲戌：十月二十一日。［21］徙倚：不断变换位置地靠在栏杆上，反复地观察天象，以测吉凶。［22］客星入翼、轸：客星侵犯翼宿、轸宿星空。翼，翼宿，星名。［23］垩（è）其城门：用白色土涂在城门上。陆法和是术士，史称能知未来吉凶，此举是说他已知将有国丧。［24］著衰绖：穿丧服，戴孝。［25］津阳门：江陵城东第二门。此时江陵城门全仿照建康命名。［26］癸未：十一月一日。［27］汉：汉水。［28］江津：城名。在今湖北江陵县南。［29］甲申：十一月二日。［30］行栅：巡查军栅。［31］四厢领直：官名。梁置，禁军主要将领之一。［32］丙戌：十一月四日。［33］黄华：地名。今址不详。［34］丁亥：十一月五日。［35］戊子：十一月六日。［36］裴畿：传见《梁书》卷二十八、《南史》卷五十八。［37］枇杷门：江陵城门之一。［38］湘东刺史：按《北齐书》卷三十二作“湘州刺史”。又据章校，十二行本、乙十一行本也作“湘州”。此本误。［39］丁酉：十一月十五日。［40］己亥：十一月十七日。［41］信命：使者所传来的信息和传出的命令。［42］庚子：十一月十八日。［43］徐世谱（509—563）：字兴宗，巴东鱼复（今重庆市奉节县）人。曾擒任约，降宋子仙，以功封鱼复县侯，拜信州刺史。江陵失陷后，投奔陈霸先。入陈，任宣城太守。传见《陈书》卷十三、《南史》卷六十七。［44］马头：在江陵城南的长江边，又称马头岸。［45］忍死：面临死亡，犹一再期待。［46］壬寅：十一月二十日。［47］癸卯：十一月二十一日。［48］戊申：十一月二十六日。［49］己酉：十一月二十七日。［50］癸丑：十二月一日。［51］斩宗懔、黄罗汉：朱买臣认为因二人坚决反对迁都建康，才导致今日的困境，罪不容诛。［52］镇南府：即镇南将军王琳府。［53］裴政：字德表，河东闻喜（今山西闻喜县）人。江陵沦陷后，入西魏。宇文泰命他和卢辩一起依《周礼》确定六官建制，建立礼仪制度。隋时任襄州总管。传见《梁书》卷二十八、《南史》卷五十八、《北史》卷七十七。［54］台城：帝所居之城。此指江陵。［55］间使：暗中出使。［56］西中郎参军：官名，即西中郎将府参军。［57］蔡大业（？—569）：字敬道。萧詧称帝，蔡大业官至散骑常侍、卫尉卿。萧岿嗣位，改任太常卿。传见《周书》卷四十八、《北史》卷九十三。［58］之礼：裴之礼，字子义，历任散骑常侍、西豫州刺史、北徐州刺史、少府。传见《梁书》卷二十八、《南史》卷五十八。［59］甲寅：十二月二日。［60］负户：背门板以防箭。［61］颙：王颙，江陵失陷后，随王琳投奔北齐，任竟陵太守。王琳战死，颙悲愤而亡。传见《梁书》卷四十五、《南史》卷六十三。［62］峻：萧峻，封历阳侯。［63］渊猷：萧渊猷，《南史》避唐高祖讳作“萧猷”。曾任益州刺史、侍中、中护军。传见《南史》卷五十一。［64］王孝祀：人名。《北齐书》卷四十五作“王孝纪”。［65］柱国常山公：时于谨任柱国大将军，封常山公。［66］击阖（hé）：击打城门门扇。［67］萧世诚：萧绎字世诚。［68］乌幔：黑色帐帷。［69］乙卯：十二月十三日。［70］主衣库：原宫中的御用服装库。［71］投下：跳下去。［72］丙辰：十二月十四日。［73］宫人：管理宫中皇帝起居生活的女官。［74］荀氏：据章校，十二行本、乙十一行本、孔本均作“苟氏”。熊校同。［75］庚申：十二月十八日。［76］达速岭：山名。在今山西五寨县东北卧羊场一带。［77］辛未：十二月二十九日。［78］傅准：官至度支尚书。传见《周书》卷四十八、《北史》卷九十三。又《北史》作“傅淮”。［79］布帕：布手巾。［80］愍怀太子：萧方矩的谥号。元良是他任王太子后改的名字。［81］世祖：梁元帝的庙号。［82］或差误及欺之：读书的侍者有时读错，或者有意跳读。［83］惊寤：惊醒过来。［84］韬：谋略。［85］得言：所说与实际相符。［86］取其雍州之地：萧督原镇守襄樊，位居水陆要冲。现被西魏以荆州残破之地换走。［87］宋浑天仪：南朝宋元嘉十三年（436），由钱乐之所铸的天象仪器。［88］尹德毅：随父尹正辅佐萧督，多谋略，位至大将军，遭猜忌而死。传见《周书》卷四十八、《北史》卷九十三。［89］折简：写书信。［90］入践皇极：到旧都建康即位。［91］天与不取，反受其咎：蒯通劝韩信摆脱刘邦，自立于齐时说的话。语见《史记》卷九十二。［92］匹夫之行：谨小慎微，鼠目寸光。［93］人将不食吾余：典出《左传》庄公六年。楚文王攻打申国，他是邓祁侯的姨侄，所以在他路过邓国时，祁侯设宴招待他。当时外甥们劝邓侯杀掉楚王，说将来灭掉邓国的人一定是他。邓侯却说：“如果这样做了，人们会不吃我剩下的东西，轻蔑地抛弃我。”事隔一年，楚王竟灭掉了邓国。萧督虽熟知此典，却与邓侯一样，自食其果。［94］沈炯：字礼明，吴兴武康（今浙江德清县西）人。绍泰二年（556），返回建康。陈霸先登基，任御史中丞，加散骑常侍。后以明威将军返回家乡，对付王琳及留异。不久病死。传见《陈书》卷十九、《南史》卷六十九。［95］巨猾：指北齐高洋。［96］独善：独善其身，不求进取。

【点评】

梁元帝兄弟相残。梁元帝萧绎，克平侯景之乱，惩其恶而收降其将为己用，至于与其弟武陵王萧纪骨肉相残，得胜而灭其满门，盖两国相争尚可妥协，而内部相斗必分胜负，一山不能容二虎故也。自古以来，内讧残杀，其为祸也酷于敌国相争，唯此为最。

卷一六六　梁纪二十二

梁敬帝绍泰元年至太平元年（555—556年）

【起旃蒙大渊献（乙亥，555年），尽柔兆困敦（丙子，556年），凡二年】

【大事提要】

本卷载述公元555年至公元556年南北朝史事，凡二年，时当梁朝建安公绍泰元年、太平元年，西魏恭帝二年、三年，北齐文宣帝天保六年、七年。梁朝再度发生政变，江南又一次全境陷入军阀混战，陈霸先在建康两次挫败北齐入侵，重建萧梁政权，大权独揽。西魏宇文氏受禅建立北周。北齐国势鼎盛，因国主高洋荒淫残暴，国势开始衰落。

敬皇帝

绍泰元年（乙亥，555年）

春，正月，壬午朔[1]，邵陵太守刘棻将兵援江陵，至三百里滩，部曲宋文彻杀之，帅其众还据邵陵[2]。

梁王詧即皇帝位于江陵，改元大定；追尊昭明太子为昭明皇帝，庙号高宗，妃蔡氏[3]为昭德皇后；尊其母龚氏[4]为皇太后，立妻王氏[5]为皇后，子岿为皇太子。赏刑制度并同王者，唯上疏于魏则称臣，奉其正朔[6]。至于官爵其下，亦依梁氏之旧，其勋级[7]则兼用柱国等名。以咨议参军蔡大宝为侍中、尚书令，参掌选事；外兵参军[8]太原王操[9]为五兵尚书。大宝严整有智谋，雅达[10]政事，文辞赡速[11]，后梁主推心任之，以为谋主，比之诸葛孔明；操亦亚之。追赠邵陵王纶太宰[12]，谥曰壮武；河东王誉丞相，谥曰武桓。以莫勇为武州[13]刺史，魏永寿为巴州[14]刺史。

湘州刺史王琳将兵自小桂[15]北下，至蒸城[16]，闻江陵已陷，为世祖发哀，三军缟素，遣别将侯平帅舟师攻后梁[17]。琳屯兵长沙，传檄州郡，为进取之计。长沙王韶及上游诸将皆推琳为盟主。

齐主使清河王岳将兵攻魏安州[18]，以救江陵。岳至义阳[19]，江陵陷，因进军临江，郢州刺史陆法和及仪同三司宋莅[20]举州降之；长史江夏太守王珉不从，杀之。甲午[21]，齐召岳还，使仪同三司清都慕容俨[22]戍郢州。王僧辩遣江州刺史侯瑱攻郢州，任约、徐世谱、宜丰侯循皆引兵会之。

辛丑[23]，齐立贞阳侯渊明为梁主，使其上党王涣将兵送之，徐陵、湛海珍等皆听从渊明归。

二月，癸丑[24]，晋安王至自寻阳，入居朝堂，即梁王位，时年十三。以太尉王僧辩为中书监、录尚书、骠骑大将军、都督中外诸军事，加陈霸先征西大将军，以南豫州刺史侯瑱为江州刺史，湘州刺史萧循为太尉，广州刺史萧勃为司徒，镇东将军张彪为郢州刺史。

齐主先使殿中尚书邢子才驰传诣建康，与王僧辩书，以为："嗣主冲藐[25]，未堪负荷。彼贞阳侯，梁武犹子[26]，长沙之胤，以年以望，堪保金陵，故置为梁主，纳于彼国。卿宜部分舟舰，迎接今主，并心一力，善建良图。"乙卯[27]，贞阳侯渊明亦与僧辩书求迎。僧辩复书曰："嗣主体自宸极，受于乂祖[28]。明公倘能入朝，同奖王室，伊、吕之任，佥曰仰归[29]；意在主盟，不敢闻命。"甲子[30]，齐以陆法和为都督荆、雍等十州诸军事、太尉、大都督、西南道大行台，又以宋莅为郢州刺史，莅弟簉为湘州刺史。甲戌[31]，上党王涣克谯郡。己卯[32]，渊明又与僧辩书，僧辩不从。

魏以右仆射申徽为襄州刺史。

侯平攻后梁巴、武二州，故刘棻主帅赵朗杀宋文彻，以邵陵归于王琳。

三月，贞阳侯渊明至东关，散骑常侍裴之横御之。齐军司尉瑾、仪同三司萧轨南侵皖城，晋州刺史萧惠以州降之。齐改晋熙为江州[33]，以尉瑾为刺史。丙戌[34]，齐克东关，斩裴之横，俘数千人；王僧辩大惧，出屯姑孰，谋纳渊明。

丙申[35]，齐主还邺，封世宗二子孝珩[36]为广宁王，延宗[37]为安德王。

孙玚闻江陵陷，弃广州还，曲江侯勃复据有之。

魏太师泰遣王克、沈炯等还江南。泰得庾季才，厚遇之，令参掌太史。季才散私财，购亲旧之为奴婢者[38]，泰问："何能如是？"对曰："仆闻克国礼贤[39]，古之道也。今郢都[40]覆没，其君信有罪矣，搢绅何咎，皆为皂隶！鄙人羁旅[41]，不敢献言，诚窃哀之，故私购之耳。"泰乃悟曰："吾之过也！微君[42]，遂失天下之望！"因出令，免梁俘为奴婢者数千口。

夏，四月，庚申[43]，齐主如晋阳。

五月，庚辰[44]，侯平等擒莫勇、魏永寿。江陵之陷也，永嘉王庄[45]生七年矣，尼法慕[46]匿之，王琳迎庄，送之建康。

庚寅[47]，齐主还邺。

王僧辩遣使奉启于贞阳侯渊明，定君臣之礼，又遣别使奉表于齐，以子显[48]及显母刘氏、弟子世珍为质于渊明，遣左民尚书周弘正至历阳奉迎，因求以晋安王为皇太子；渊明许之。渊明求度卫士三千[49]，僧辩虑其为变，止受[50]散卒[51]千人。庚子[52]，遣龙舟法驾迎之。渊明与齐上党王涣盟于江北，辛丑[53]，自采石济江。于是梁舆南渡，齐师北返。僧辩疑齐，拥楫中流[54]，不敢就西岸。齐侍中裴英起[55]卫送渊明，与僧辩会于江宁。癸卯[56]，渊明入建康，望朱雀门而哭，逆者以哭对。丙午[57]，即皇帝位，改元天成，以晋安王为皇太子，王僧辩为大司马，陈霸先为侍中。

六月，庚戌朔[58]，齐发民一百八十万筑长城，自幽州夏口[59]西至恒州九百余里，命定州刺史赵郡王叡将兵监之。叡，琛之子也。

齐慕容俨始入郢州而侯瑱等奄至城下，俨随方备御，瑱等不能克；乘间出击瑱等军，大破之。城中食尽，煮草木根叶及靴皮带角食之，与士卒分甘共苦，坚守半岁，人无异志。贞阳侯渊明立，乃命瑱等解围，瑱还镇豫章。齐人以城在江外[60]难守，因割以还梁。俨归，望齐主，悲不自胜。齐主呼前，执其手，脱帽看发[61]，叹息久之。

吴兴太守杜龛，王僧辩之婿也。僧辩以吴兴为震州[62]，用龛为刺史，又以其弟侍中僧愔[63]为豫章太守。

壬子[64]，齐主以梁国称藩，诏凡梁民悉遣南还。

丁卯[65]，齐主如晋阳；壬申[66]，自将击柔然。秋，七月，己卯[67]，至白道[68]，留辎重，帅轻骑五千追柔然，壬午[69]，及之于怀朔镇。齐主亲犯矢石，频战，大破之，至于沃野，获其酋长及生口二万余，牛羊数十万。壬申[70]，还晋阳。

八月，辛巳[71]，王琳自蒸城还长沙。

齐主还邺，以佛、道二教不同，欲去其一，集二家[72]论难于前，遂敕道士皆剃发为沙门；有不从者，杀四人，乃奉命。于是齐境皆无道士。

初，王僧辩与陈霸先共灭侯景，情好甚笃，僧辩为子𬱖[73]娶霸先女，会僧辩有母丧，未成婚。僧辩居石头城，霸先在京口，僧辩推心待之，𬱖兄𫖮屡谏，不听。及僧辩纳贞阳侯渊明，霸先遣使苦争之，往返数四，僧辩不从。霸先窃叹，谓所亲曰："武帝子孙甚多，唯孝元能复仇雪耻[74]，其子何罪，而忽废之！吾与王公并处托孤之地，而王公一旦改图，外依戎狄，援立非次，其志欲何所为乎[75]！"乃密具袍数千领及锦彩金银为赏赐之具。

会有告齐师大举至寿春将入寇者，僧辩遣记室江旰[76]告霸先，使为之备。霸先因是留旰于京口，举兵袭僧辩。九月，壬寅[77]，召部将侯安都、周文育及安陆徐度、钱塘杜稜[78]谋之。稜以为难，霸先惧其谋泄，以手巾绞稜，闷绝于地，因闭于别室。部分将士，分赐金帛，以弟子著作郎昙朗[79]镇京口，知留府事，使徐度、侯安都帅水军趋石头，霸先帅马步自江乘罗落[80]会之，是夜，皆发，召杜稜与同行。知其谋者，唯安都等四将，外人皆以为江旰征兵御齐，不之怪也。

甲辰[81]，安都引舟舰将趣石头，霸先控马未进，安都大惧，追霸先骂曰："今日作贼，事势已成，生死须决，在后欲何所望！若败，俱死，后期得免斫头邪？"霸先曰："安都嗔我！"乃进。安都至石头城北，弃舟登岸。石头城北接冈阜，不甚危峻，安都被甲带长刀，军人捧之[82]，投于女垣[83]内，众随而入，进及僧辩卧室；霸先兵亦自南门入。僧辩方视事，外白有兵，俄而兵自内出。僧辩遽走，遇子頠，与俱出閤，帅左右数十人苦战于听事前，力不敌，走登南门楼，拜请求哀。霸先欲纵火焚之，僧辩与頠俱下就执。霸先曰："我有何辜，公欲与齐师赐讨？"且曰："何意全无备？"僧辩曰："委公北门[84]，何谓无备？"是夜，霸先缢杀僧辩父子。既而竟无齐兵，亦非霸先之谲也。前青州刺史新安程灵洗帅所领救僧辩，力战于石头西门，军败；霸先遣使招谕，久之乃降。霸先深义之，以为兰陵太守，使助防京口。乙巳[85]，霸先为檄布告中外，列僧辩罪状，且曰："资斧[86]所指，唯王僧辩父子兄弟，其余亲党，一无所问。"

丙午[87]，贞阳侯渊明逊位，出就邸，百僚上晋安王表，劝进。冬，十月，己酉[88]，晋安王即皇帝位，大赦，改元[89]，中外文武赐位一等。以贞阳侯渊明为司徒，封建安公。告齐云："僧辩阴图篡逆，故诛之。"仍请称臣于齐，永为藩国。齐遣行台司马恭与梁人盟于历阳。

辛亥[90]，齐主如晋阳。

（以上为第一段，写梁朝陈霸先借口王僧辩接纳萧渊明发动兵变，诛杀了梁朝中兴功臣王僧辩，更立梁朝皇帝，控制了梁朝政权，替自己篡位受禅奠定基石。）

【注释】

[1]壬午朔：正月一日。 [2]邵陵：郡名。治所邵陵，在今湖南邵阳市。 [3]蔡氏：又称金华敬妃、敬皇后。 [4]龚氏：又称元太后。 [5]王氏：又称宣静皇后。 [6]奉其正朔：使用西魏的纪年。 [7]勋级：表示功勋大小等级的官位。如柱国是西魏勋级的最高级官。此外还有开府仪同三司、仪同三司等。后梁兼用西魏上述任勋法。 [8]外兵参军：官名。出镇地方的亲王和持节的将军、刺史等府中的官员，参议军事。 [9]王操（？—576）：字子高，太原晋阳（今山西太原市南）人。后梁柱国，封新康县侯。萧岿嗣位，任尚书仆射。以击败陈将吴明彻功，迁任尚书令、开府仪同三司、荆州刺史，参与选官。传见《周书》卷四十八、《北史》卷九十三。 [10]雅达：一向通达。 [11]赡速：渊博敏捷。 [12]太宰：宇文泰仿《周礼》制官，有太冢宰卿，为天官之首，辅佐君主治理国政。萧詧依例追赠给萧纶此官。 [13]武州：州名。萧詧置，治所在长江南岸，与江陵相对，不久即遭废弃。 [14]巴州：州名。萧詧置，也在长江南岸，与武州相邻。 [15]小桂：山名。在今广东连州市境内。 [16]蒸城：即临蒸，县名。县治在今湖南衡阳市。 [17]后梁：萧詧所建的梁国。 [18]安州：州名。治所安陆，在今湖北安陆市。 [19]义阳：郡名。治所江顺，在今河南信阳市。 [20]宋莅：人名。投北齐，任郢州刺史，封安湘郡公。

按《北齐书》卷四和卷二十作“宋茝（chǎi）”，《北史》同。胡三省说《北齐书》作“宋莅”，或所见本与今本不同。［21］甲午：正月十三日。［22］慕容俨：字恃德，清都成安（今河北成安县）人。历任谯州、胶州、赵州刺史，进爵义安王。传见《北齐书》卷二十、《北史》卷五十三。［23］辛丑：正月二十日。［24］癸丑：二月二日。［25］冲藐：年幼。［26］梁武犹子：萧渊明父亲萧懿是武帝的哥哥，他是武帝的亲侄，如同儿子一样，所以高洋说“犹子”。［27］乙卯：二月四日。［28］乂祖：胡三省以为当作“文祖”。又章校，乙十一行本作“文祖”，孔本同；而十二行本作“父祖”。［29］仰归：敬仰归服。［30］甲子：二月十三日。［31］甲戌：二月二十三日。［32］己卯：二月二十八日。［33］改晋熙为江州：北齐有晋州，治平阳（今山西临汾市），所以把梁朝的晋州改为江州，治所晋熙（今安徽潜山市）不变。［34］丙戌：三月六日。［35］丙申：三月十六日。［36］孝珩：高孝珩，高澄第二子。历位司州牧、尚书令、司空、司徒、录尚书、大将军、大司马，颇受器重。后主时，遭高阿那肱排挤，出为沧州刺史。周灭北齐，被俘忧愤而死。传见《北齐书》卷十一、《北史》卷五十二。［37］延宗：高延宗，高澄第五子。历位司徒、太尉。北齐灭，被俘，周武帝下诏赐死。传见《北齐书》卷十一、《北史》卷五十二。［38］购亲旧之为奴婢者：赎回原梁朝的亲朋和同僚中已被西魏掠为奴婢的人。［39］克国礼贤：灭亡他国但礼遇该国贤人。如周灭商，武王释放了被囚的商朝贤臣箕子，探视微子的家，修建比干的墓，以争取民心，消弭反抗。［40］郢都：指江陵，原楚国的郢都，梁元帝建都于此。［41］羁旅：作客他乡。［42］微君：如果不是先生的提醒。［43］庚申：四月十日。［44］庚辰：五月一日。［45］永嘉王庄：萧庄，封永嘉王。是萧方等之子。［46］法慕：尼姑的法名。［47］庚寅：五月十一日。［48］显：王显，王僧辩第七子。［49］求度卫士三千：请求南下时随身带领卫士三千人。［50］止受：只同意接受。［51］散卒：非正式编制而在军中服役的人。［52］庚子：五月二十一日。［53］辛丑：五月二十二日。［54］拥楫中流：船停在江心等候。［55］裴英起（？—556）：河东（今山西永济市西）人。官至都官尚书。传见《魏书》卷七十一、《北齐书》卷二十一、《北史》卷四十五。［56］癸卯：五月二十四日。［57］丙午：五月二十七日。［58］庚戌朔：六月一日。［59］夏口：地名。在今北京市西北居庸关。［60］江外：江南。［61］脱帽看发：因慕容俨辛劳过度，容颜大变。高洋脱下他的帽子，看着他稀疏的头发，表示慰问和赞叹。［62］震州：州名。治所吴兴，在今浙江湖州市。原东扬州所辖，现因地处震泽（太湖）而得名。［63］僧愔：王僧愔。南征萧勃时，王僧辩被陈霸先所杀，于是转道投奔北齐。传见《南史》卷六十三。［64］壬子：六月三日。［65］丁卯：六月十八日。［66］壬申：六月二十三日。［67］己卯：七月一日。［68］白道：地名。在今内蒙古呼和浩特市北。［69］壬午：七月四日。［70］壬申：七月己卯朔，无壬申。疑为“壬辰”之误，即七月十四日。又据章校，十二行本、乙十一行本、孔本正作“壬辰”，张校、退斋校同。胡刻本误。［71］辛巳：八月己酉朔，无辛巳，疑《资治通鉴》误。［72］集二家：据章校，十二行本、乙十一行本、孔本“二家”下均有“学者”二字。［73］頠：王頠。后被陈霸先所杀。［74］复仇雪耻：指元帝平定侯景之乱，有功社稷。[75]其志欲何所为乎：他心中到底想干什么？言外之意，指责王僧辩有篡位的非分之想。[76]江旰：人名。[77]壬寅：九月二十五日。[78]杜稜：字雄盛，吴郡钱塘人。梁元帝时，任石州刺史，封上陌县侯。陈朝建立，以中领军独掌禁军。后迎立文帝，改封永城县侯。传见《陈书》卷十二、《南史》卷六十七。[79]昙朗：陈昙朗，霸先弟弟陈休先的儿子。后到北齐做人质。两国再度交锋，被害于晋阳。传见《陈书》卷十四、《南史》卷六十五。[80]罗落：桥名。在江乘县，即今南京市东北。[81]甲辰：九月二十七日。[82]捧之：举起侯安都。[83]女垣：城堞。[84]北门：京口是建康的北门户。[85]乙巳：九月二十八日。[86]资斧：征伐。[87]丙午：九月二十九日。[88]己酉：十月二日。[89]改元：改年号为绍泰。[90]辛亥：十月四日。

壬子[1]，加陈霸先尚书令、都督中外诸军事、车骑将军、扬、南徐二州刺史。癸丑[2]，以宜丰侯循为太保，建安公渊明为太傅，曲江侯勃为太尉，王琳为车骑将军、开府仪同三司。

戊午[3]，尊帝所生夏贵妃[4]为皇太后，立妃王氏[5]为皇后。

杜龛恃王僧辩之势，素不礼于陈霸先，在吴兴，每以法绳其宗族[6]，霸先深怨之。及将图僧辩，密使兄子蒨还长城，立栅以备龛。僧辩死，龛据吴兴拒霸先，义兴太守韦载[7]以郡应之。吴郡太守王僧智[8]，僧辩之弟也，亦据城拒守。陈蒨至长城，收兵才数百人，杜龛遣其将杜泰将精兵五千奄至，将士相视失色。蒨言笑自若，部分益明，众心乃定。泰昼夜苦攻，数旬，不克而退。霸先使周文育攻义兴，义兴属县卒皆霸先旧兵，善用弩，韦载收得数十人，系以长锁，命所亲监之，使射文育军，约曰："十射不两中者死。"故每发辄毙一人，文育军稍却。载因于城外据水立栅，相持数旬。杜龛遣其从弟北叟[9]将兵拒战，北叟败，归于义兴。霸先闻文育军不利，辛未[10]，自表东讨，留高州刺史侯安都、石州刺史杜稜宿卫台省。甲戌[11]，军至义兴，丙子[12]，拔其水栅。

谯、秦二州刺史徐嗣徽从弟嗣先，僧辩之甥也。僧辩死，嗣先亡就嗣徽，嗣徽以州入于齐。及陈霸先东讨义兴，嗣徽密结南豫州刺史任约，将精兵五千乘虚袭建康，是日，袭据石头，游骑至阙下。侯安都闭门藏旗帜，示之以弱，令城中曰："登陴窥贼者斩！"及夕，嗣徽等收兵还石头。安都夜为战备，将旦，嗣徽等又至，安都帅甲士三百开东、西掖门[13]出战，大破之，嗣徽等奔还石头，不敢复逼台城。

陈霸先遣韦载族弟翙[14]赍书谕载，丁丑[15]，载及杜北叟皆降，霸先厚抚之，以翙监义兴郡，引载置左右，与之谋议。霸先卷甲还建康，使周文育讨杜龛，救长城。

将军黄他攻王僧智于吴郡，不克，霸先使宁远将军裴忌[16]助之。忌选所部精兵轻行倍道，自钱塘直趣吴郡，夜，至城下，鼓噪薄之。僧智以为大军至，轻舟奔吴兴。忌入据吴郡，因以忌为太守。

十一月，己卯[17]，齐遣兵五千渡江据姑孰，以应徐嗣徽、任约。陈霸先使合州刺史徐度立栅于冶城[18]。庚寅[19]，齐又遣安州刺史翟子崇、楚州刺史刘士荣[20]、淮州刺史柳达摩[21]将兵万人于胡墅[22]度米三万石、马千匹入石头。霸先问计于韦载，载曰："齐师若分兵先据三吴之路，略地东境，则时事去矣。今可急于淮南因侯景故垒筑城，以通东道转输，分兵绝彼之粮运，则[23]齐将之首旬日可致。"霸先从之。癸未[24]，使侯安都夜袭胡墅，烧齐船千余艘；仁威将军周铁虎断齐运输，擒其北徐州刺史张领州；仍遣韦载于大航[25]筑侯景故垒，使杜稜守之。齐人于仓门[26]、水南[27]立二栅，与梁兵相拒。壬辰[28]，齐大都督萧轨将兵屯江北。

初，齐平秦王归彦[29]幼孤，高祖[30]令清河昭武王岳养之，岳情礼甚薄，归彦心衔之。及显祖即位，归彦为领军大将军[31]，大被宠遇；岳谓其德己，更倚赖之。岳屡将兵立功，有威名，而性豪侈，好酒色，起第于城南，听事后开巷[32]。归彦谮之于帝曰："清河僭拟宫禁，制为永巷[33]，但无阙[34]耳。"帝由是恶之。帝纳倡妇薛氏于后宫，岳先尝因其姊迎之至第。帝夜游于薛氏家，其姊为其父乞司徒。帝大怒，悬其姊，锯杀之。让[35]岳以奸，岳不服，帝益怒，乙亥[36]，使归彦鸩岳。岳自诉无罪，归彦曰，"饮之则家全。"饮之而卒，葬赠如礼。

薛嫔[37]有宠于帝，久之，帝忽思其与岳通[38]，无故斩首，藏之于怀，出东山宴饮。劝酬始合，忽探出其首，投于柈[39]上，支解其尸，弄其髀为琵琶，一座大惊。帝方收取，对之流涕曰："佳人难再得！"载尸以出，被发步哭而随之。

甲辰[40]，徐嗣徽等攻冶城栅，陈霸先将精甲自西明门出击之，嗣徽等大败，留柳达摩等守城，自往采石迎齐援。

以郢州刺史宜丰侯循为太保，广州刺史曲江侯勃为司空，并征入侍。循受太保而辞不入。勃方谋举兵，遂不受命。

镇南将军王琳侵魏，魏大将军豆卢宁[41]御之。

十二月，癸丑[42]，侯安都袭秦郡，破徐嗣徽栅，俘数百人。收其家，得其琵琶及鹰，遣使送之曰："昨至弟处得此，今以相还。"嗣徽大惧。丙辰[43]，陈霸先对冶城立航[44]，悉渡众军，攻其水南二栅。柳达摩等渡淮置陈，霸先督兵疾战，纵火烧栅，齐兵大败，争舟相挤，溺水者以千数，呼声震天地，尽收其船舰。是日，嗣徽与任约引齐兵水步万余人还据石头，霸先遣兵诣江宁，据要险。嗣徽等水步不敢进，顿江宁浦口[45]，霸先遣侯安都将水军袭破之，嗣徽等单舸脱走，尽收其军资器械。

己未[46]，霸先四面攻石头，城中无水，升水[47]直[48]绢一匹。庚申[49]，达摩遣使请和于霸先，且求质子[50]。时建康虚弱，粮运不继，朝臣皆欲与齐和，请以霸先从子昙朗为质。霸先曰："今在位诸贤欲息肩[51]于齐，若违众议，谓孤爱昙朗，不恤国家，今决遣昙朗，弃之寇庭。齐人无信，谓我微弱，必当背盟。齐寇若来，诸君须为孤力斗也！"乃与[52]昙朗及永嘉王庄、丹杨尹王冲之子珉为质，与齐人盟于城外，将士恣其南北[53]。辛酉[54]，霸先陈兵石头南门，送齐人归北，徐嗣徽、任约皆奔齐。收齐马仗船米，不可胜计。齐主诛柳达摩。壬戌[55]，齐和州长史乌丸远[56]自南州奔还历阳。

江宁令陈嗣、黄门侍郎曹朗据姑孰反，霸先命侯安都等讨平之。霸先恐陈昙朗亡窜[57]，自帅步骑至京口迎之。

交州刺史刘元偃帅其属数千人归王琳。

魏以侍中李远为尚书左仆射。

魏益州刺史宇文贵使谯淹从子子嗣诱说淹，以为大将军，淹不从，斩子嗣。贵怒，攻之，淹自东遂宁[58]徙屯垫江[59]。

初，晋安[60]民陈羽，世为闽中豪姓，其子宝应[61]多权诈，郡中畏服。侯景之乱，晋安太守宾化侯云[62]以郡让羽，羽老，但治郡事，令宝应典兵。时东境荒馑，而晋安独丰衍，宝应数自海道出，寇抄临安[63]、永嘉、会稽，或载米粟与之贸易，由是能致富强。侯景平，世祖因以羽为晋安太守。及陈霸先辅政，羽求传位于宝应，霸先许之。

是岁，魏宇文泰讽淮安王育上表请如古制[64]降爵为公，于是宗室诸王皆降为公。

突厥木杆可汗击柔然邓叔子，灭之，叔子收其余烬奔魏。木杆西破嚈哒，东走契丹，北并契骨[65]，威服塞外诸国。其地东自辽海[66]，西至西海[67]，长万里，南自沙漠以北五六千里皆属焉。木杆恃其强，请尽诛邓叔子等于魏，使者相继于道；太师泰收叔子以下三千余人付其使者，尽杀之于青门[68]外。

初，魏太师泰以汉、魏官繁，命苏绰及尚书令卢辩依《周礼》更定六官。

（以上为第二段，写陈霸先清剿王僧辩余党，梁朝东部全境陷入军阀大混战。北齐国主高洋威服北疆后，治政残暴，行止荒淫，对外亦不武。高洋未能抓住一鼓作气下江南的机会，北齐兵败建康，陈霸先站稳于江南。）

【注释】

[1]壬子：十月五日。[2]癸丑：十月六日。[3]戊午：十月十一日。[4]夏贵妃：敬夏太后，会稽人。敬帝之母，绍泰二年降为江阴国太妃。传见《南史》卷十二。[5]王氏：敬王皇后，琅邪临沂人。绍泰二年降为江阴王妃。传见《南史》卷十二。[6]绳其宗族：陈霸先是长城县（今浙江长兴县）人，属吴兴郡（今浙江湖州市）管辖，所以他的宗族遭杜龛依法惩治。[7]韦载：字德基，京兆杜陵（今属陕西西安市长安区）人。初助杜龛，后遵敬帝敕令，归服陈霸先。入陈，官至散骑常侍。传见《陈书》卷十八、《南史》卷五十八。[8]王僧智：随任约对抗陈霸先，兵败被杀。传见《南史》卷六十三。[9]北叟：杜北叟，人名。[10]辛未：十月二十四日。[11]甲戌：十月二十七日。[12]丙子：十月二十九日。[13]东、西掖门：台城正南端门的东、西侧门。[14]翙（huì）：韦翙，字子羽，任骁骑将军，领朱衣直阁，掌宫中宿卫。以平定王琳功，封清源县侯。传见《陈书》卷十八。[15]丁丑：十一月三十日。[16]裴忌（519—591）：字无畏，河东闻喜人。入陈，历官卫尉卿、都官尚书，封乐安县侯。随吴明彻北伐，平淮南，出任豫州刺史。后被北周所俘，任上开府。传见《陈书》卷二十五、《南史》卷五十八。[17]己卯：十一月二日。[18]冶城：城名。在今江苏南京市江宁区西。《陈书》卷一作“冶城寺”。[19]庚寅：十一月十三日。据章校，乙十一行本作“庚辰”，是十一月三日。按下文有癸未，是十一月五

日，则齐军南进当在此日前，所以应以“庚辰”为是。［20］刘士荣：人名。《梁书》卷六作“刘仕荣”。［21］柳达摩：传见《魏书》卷四十五。［22］胡墅：地名。在南京市浦口区，与石头城隔江相对。［23］则：据章校，十二行本、乙十一行本、孔本下有“使进无所资”五字。张校同。［24］癸未：十一月五日。［25］大航：在秦淮河南岸。即侯景所建大浮桥处。［26］仓门：石头城的仓城门。［27］水南：秦淮河南岸。［28］壬辰：十一月十四日。［29］归彦：高归彦，字仁英，高欢族弟，封平秦王。以讨侯景功，别封长乐郡公，任领军大将军。武成帝即位后，以谋反罪处死。传见《北齐书》卷十四、《北史》卷五十一。［30］高祖：高欢的庙号。［31］领军大将军：官名。原为领军将军，掌宫中禁卫。领军称大将军，自高归彦开始，表示优宠。［32］开巷：建立长巷，与后面的寝室相通。［33］永巷：帝王嫔妃的住所，在一条长巷之中。筑巷为的是隔绝内外。高归彦有意把高岳建巷与永巷相比，陷高岳犯僭越罪。［34］阙：宫观，这里指帝王住所。［35］让：责备。［36］乙亥：十一月戊寅朔，无乙亥，疑是“己亥”之误，为十一月二十二日。《北齐书》卷四作“己亥”。［37］薛嫔：即前所言倡妇薛氏。传见《北齐书》卷十四。［38］通：指薛嫔与高岳通奸。［39］柈（bàn）：盘子。［40］甲辰：十一月十六日。［41］豆卢宁（500—565）：字永安，昌黎徒河（今辽宁锦州市西北）人。本姓慕容氏。高祖慕容胜于北魏拓跋珪时降魏，赐姓豆卢，即归义的意思。宁善骑射，初从尔朱天光、侯莫陈悦，后归附宇文泰，官至尚书右仆射，封武阳郡公。入周，授柱国大将军，封楚国公。传见《周书》卷十九、《北史》卷六十八。又《文苑英华·慕容公碑》作“春秋六十有二”，与本传作“年六十六”不同。［42］癸丑：十二月七日。［43］丙辰：十二月十日。［44］立航：用舟船建起浮桥。［45］浦口：地名。在今南京市浦口区，在江北，与南岸下关相对。［46］己未：十二月十三日。［47］升水：一升水。［48］直：价值。［49］庚申：十二月十四日。［50］且求质子：而且请求梁朝提供人质，退兵后好向高洋交代。［51］息肩：卸去负担。［52］乃与：据章校，乙十一行本作“乃以”。胡三省以为作“乃以”为是。［53］恣其南北：被围齐军将士，不论是北齐军还是原南梁军，听凭他们选择北返或留下。［54］辛酉：十二月十五日。［55］壬戌：十二月十六日。［56］乌丸远：人名。可能是乌丸族人，以族为姓。［57］亡窜：从齐军中逃回。［58］东遂宁：郡名。治所巴兴，在今四川蓬溪县。［59］垫江：县名。县治在今重庆市垫江县。［60］晋安：郡名。治所候官，在今福建福州市。［61］宝应：陈宝应（？—564），为人反复无常。陈霸先辅政时，受封候官县侯。陈初，任闽州刺史，领会稽太守。文帝即位，先协助平定留异，又协助周迪叛乱。后被陈军袭破晋安，将他处死。传见《陈书》卷三十五、《南史》卷八十。［62］宾化侯云：萧云，封宾化侯。［63］临安：县名。县治在今浙江杭州市临安区。洪颐煊以为是“临海”之误。临海，郡名，治所章安，在今浙江台州市，地处台州湾，为沿海大郡。陈宝应既是从海路抄掠，不可能登陆深入到浙西的临安。所以当以洪说为是。［64］淮安王育：元育，封淮安王。古制：西周制度。［65］契骨：古族名。原名坚昆（今译吉尔吉斯），或作居勿，或作结骨。生活在剑水（今俄罗斯境内的叶尼塞河）和阿辅河（今俄罗斯境内的阿巴坎河）一带。［66］辽海：指大兴安岭地区，东南延伸到渤海。

[67]西海：即咸海，指今乌兹别克斯坦的撒马尔罕和布哈拉一带。 [68]青门：长安城东的青城门。旧作霸城门，以门色青而改，简称青门。在今陕西西安市北青西村。

太平元年（丙子，556年）

春，正月，丁丑[1]，魏初建六官[2]，以宇文泰为太师、大冢宰[3]，柱国李弼为太傅、大司徒，赵贵为太保、大宗伯，独孤信为大司马，于谨为大司寇，侯莫陈崇为大司空。自余百官，皆仿《周礼》。

戊寅[4]，大赦，其与任约、徐嗣徽同谋者，一无所问。癸未[5]，陈霸先使从事中郎江旰说徐嗣徽使南归，嗣徽执旰送齐。

陈蒨、周文育合军攻杜龛于吴兴。龛勇而无谋，嗜酒常醉，其将杜泰阴与蒨等通。龛与蒨等战败，泰因说龛使降，龛然之。其妻王氏[6]曰："霸先仇隙如此，何可求和！"因出私财赏募，复击蒨等，大破之。既而杜泰降于蒨，龛尚醉未觉，蒨遣人负出，于项王寺[7]前斩之。王僧智与其弟豫章太守僧愔俱奔齐[8]。

东扬州刺史张彪素为王僧辩所厚，不附霸先，二月，庚戌[9]，陈蒨、周文育轻兵袭会稽，彪兵败，走入若邪山中，蒨遣其将吴兴章昭达[10]追斩之。东阳太守留异馈蒨粮食，霸先以异为缙州[11]刺史。

江州刺史侯瑱本事王僧辩，亦拥兵据豫章及江州，不附霸先。霸先以周文育为南豫州刺史，使将兵击湓城，庚申[12]，又遣侯安都、周铁虎将舟师立栅于梁山，以备江州。

癸亥[13]，徐嗣徽、任约袭采石，执戍主明州[14]刺史张怀钧[15]送于齐。

后梁主击侯平于公安[16]，平与长沙王韶引兵还长沙。王琳遣平镇巴州。

三月，壬午[17]，诏杂用古今钱。

戊戌[18]，齐遣仪同三司萧轨、库狄伏连[19]、尧难宗[20]、东方老[21]等与任约、徐嗣徽合兵十万入寇，出栅口[22]，向梁山。陈霸先帐内荡主[23]黄丛逆击，破之，齐师退保芜湖。霸先遣定州刺史沈泰等就侯安都，共据梁山以御之。周文育攻湓城，未克，召之还。夏，四月，丁巳[24]，霸先如梁山巡抚诸军。

乙丑[25]，齐仪同三司娄叡讨鲁阳蛮，破之。

侯安都轻兵袭齐行台司马恭于历阳，大破之，俘获万计。

魏太师泰尚孝武妹冯翊公主，生略阳公觉；姚夫人生宁都公毓[26]。毓于诸子最长，娶大司马独孤信女。泰将立嗣，谓公卿曰："孤欲立子以嫡[27]，恐大司马有疑，如何？"众默然，未有言者。尚书左仆射李远曰："夫立子以嫡不以长，略阳公为世子，公何所疑！若以信为嫌，请先斩之。"遂拔刀而起。泰亦起，曰："何至于是！"信又自陈解[28]，远乃止。于是群公并从远议。远出外，拜谢信曰："临大事不得不尔！"信亦谢远曰："今日赖公决此大议。"遂立觉为世子。

太师泰北巡。

五月，齐人召建安公渊明，诈许退师，陈霸先具舟送之。癸未[29]，渊明疽发背卒。甲申[30]，齐兵发芜湖，庚寅[31]，入丹杨县[32]，丙申[33]，至秣稜故治[34]。陈霸先遣周文育屯方山[35]，徐度顿马牧，杜稜顿大航南以御之。

齐汉阳敬怀王洽[36]卒。

辛丑[37]，齐人跨淮立桥栅渡兵，夜至方山，徐嗣徽等列舰于青墩[38]，至于七矶[39]，以断周文育归路。文育鼓噪而发，嗣徽等不能制；至旦，反攻嗣徽。嗣徽骁将鲍砰独以小舰殿军[40]，文育乘单舴艋[41]与战，跳入舰中，斩砰，仍牵其舰而还。嗣徽众大骇，因留船芜湖，自丹杨步上。陈霸先追[42]侯安都、徐度皆还。

癸卯[43]，齐兵自方山进及倪塘[44]，游骑至台，建康震骇，帝总禁兵出顿长乐寺[45]，内外纂严[46]。霸先拒嗣徽等于白城[47]，适与周文育会。将战，风急，霸先曰："兵不逆风。"文育曰："事急矣，何用古法！"抽槊上马先进[48]，风亦寻转，杀伤数百人。侯安都与嗣徽等战于耕坛[49]南，安都帅十二骑突其陈，破之，生擒齐仪同三司乞伏无劳[50]。霸先潜撤精卒三千配沈泰渡江，袭齐行台赵彦深于瓜步，获舰百余艘，粟万斛。

六月，甲辰[51]，齐兵潜至钟山，侯安都与齐将王敬宝战于龙尾[52]，军主张纂战死。丁未[53]，齐师至幕府山[54]，霸先遣别将钱明[55]将水军出江乘，邀击齐人粮运，尽获其船米。齐军乏食，杀马驴食之。庚戌[56]，齐军逾钟山，霸先与众军分顿乐游苑[57]东及覆舟山[58]北，断其冲要。壬子[59]，齐军至玄武湖西北，将据北郊坛，众军自覆舟东移顿坛北，与齐人相对。

会连日大雨，平地水丈余，齐军昼夜坐立泥中，足指皆烂，悬鬲[60]以爨，而台中及潮沟[61]北路燥，梁军每得番易[62]。时四方壅隔，粮运不至，建康户口流散，征求无所。甲寅[63]，少霁[64]，霸先将战，调市人[65]得麦饭，分给军士，士皆饥疲。会陈蒨馈米三千斛、鸭千头，霸先命炊米煮鸭，人人以荷叶裹饭，娓[66]以鸭肉数脔[67]，乙卯[68]，未明，蓐食，比晓，霸先帅麾下出莫府山。侯安都谓其部将萧摩诃曰："卿骁勇有名，千闻不如一见。"摩诃对曰："今日令公见之。"及战，安都坠马，齐人围之，摩诃单骑大呼，直冲齐军，齐军披靡，安都乃免。霸先与吴明彻、沈泰等众军首尾齐举，纵兵大战，安都自白下引兵横出其后，齐师大溃，斩获数千人，相蹂践而死者不可胜计，生擒徐嗣徽及弟嗣宗[69]，斩之以徇，追奔至于临沂。其江乘、摄山[70]、钟山等诸军相次克捷，虏萧轨、东方老、王敬宝等将帅凡四十六人。其军士得窜至江者，缚荻筏[71]以济，中江而溺，流尸至京口，翳水弥岸；唯任约、王僧愔得免。丁巳[72]，众军出南州，烧齐舟舰。

戊午[73]，大赦。己未[74]，解严。军士以赏俘贸酒[75]，一人裁得一醉。庚申[76]，斩齐将萧轨等，齐人闻之，亦杀陈昙朗。霸先启解南徐州以授侯安都。

侯平频破后梁军，以王琳兵威不接[77]，更不受指麾；琳遣将讨之。平杀巴州助防吕旬，收其众，奔江州，侯瑱与之结为兄弟。琳军势益衰，乙丑[78]，遣使奉表诣齐，并献驯象[79]。江陵之陷也，琳妻蔡氏、世子毅皆没于魏，琳又献款于魏以求妻子；亦称臣于梁。

（以上为第三段，写陈霸先征讨王僧辩残余势力，鏖战三吴，北齐趁机发兵十万南下侵犯梁朝，救援王氏残余。建康一度告急，陈霸先全军奋力死战，北齐大军全军覆没，梁朝政权始得稳固。）

【注释】

[1]丁丑：正月一日。[2]六官：指六卿，即大冢宰、大司徒、大宗伯、大司马、大司寇、大司空。六官是仿《周礼》所建。六官之上有三公：太师、太傅、太保。[3]太师、大冢宰：宇文泰、李弼、赵贵三人都以三公兼六卿之职。独孤信以下三人，则是六卿官。[4]戊寅：正月二日。[5]癸未：正月七日。[6]王氏：王僧辩之女。[7]项王寺：吴兴城中为纪念项羽而建的寺院。[8]俱奔齐：据《梁书》和《南史》，王僧智初投奔任约。任约战败，王僧智因人胖行动迟缓，被霸先军士追杀而死。[9]庚戌：二月五日。[10]章昭达（518—571）：字伯通，吴兴武康（今浙江德清县）人。陈末，南讨岭南，北平萧岿，战功卓著。传见《陈书》卷十一、《南史》卷六十六。[11]缙州：州名。梁末临时设置，因境有缙云山而得名。山在今浙江缙云县，但治所仍在东阳（今浙江金华市）。[12]庚申：二月十五日。[13]癸亥：二月十八日。[14]明州：州名。梁置，治所交谷，约在今越南中部顺化一带。[15]张怀钧：人名。当时以明州刺史衔镇守采石矶，为戍所主将。[16]公安：县名。县治在今湖北公安县东北。当时称江安，陈朝建立后才改名为公安。[17]壬午：三月七日。[18]戊戌：三月二十三日。[19]库狄伏连：字仲山，代人。库狄，复姓。入齐，任郑州刺史，封宜都郡王。性严酷贪婪，因杀和士开而被诛。传见《北齐书》卷二十、《北史》卷五十三。[20]尧难宗：东魏末曾任征西将军，南岐州刺史，封征羌县开国伯。传见《魏书》卷四十二。[21]东方老：安德鬲（今山东德州市南）人。东魏末曾任南益州刺史，屡有战功。入齐，迁南兖州刺史，封阳平县伯。传见《北齐书》卷二十一、《北史》卷三十一。[22]栅口：即濡须口，在今安徽和县西南，栅水入长江处。[23]荡主：敢死队主将。[24]丁巳：四月十三日。[25]乙丑：四月二十一日。[26]宁都公毓：宇文毓，小名统万空，宇文泰长子，即周明帝（534—560）。公元557年至公元560年在位。武成元年（559）亲政，称皇帝。转年，被晋公宇文护毒杀。事详《周书》卷四、《北史》卷九。[27]嫡：正妻所生的长子。[28]自陈解：独孤信表明无意为女婿宇文毓争世子位。[29]癸未：五月九日。[30]甲申：五月十日。[31]庚寅：五月十六日。[32]丹杨县：汉朝县名。梁称于湖县，县治在今安徽当涂县南。[33]丙申：五月二十二日。[34]秣稜故治：秣稜县所属故治村。秣稜，即秣陵，县名。县治在今南京市江宁区。故治，故治村。原秣陵县治所，晋安帝时移治京邑，于是将原县治所改称故治村。[35]方山：山名。在故治村东北。[36]洽：高洽（542—554），字敬延，高欢第十五子。北齐初，封汉阳王，谥号敬怀。传见《北齐书》卷十、《北史》卷五十一。[37]辛丑：五月二十七日。[38]青墩：地名。在今安徽当涂县西南。[39]七矶：地名。在青墩附近。[40]殿军：押后掩护。[41]单舴（zé）艋（měng）：小船。也称蚱蜢，取其轻捷。[42]追：收回前令，催侯、徐二将从梁山和马牧回到建康，以御齐师。[43]癸卯：五月二十九日。[44]倪塘：地名。在台城东南。[45]长乐寺：寺名。在台城城外。[46]纂严：戒严。[47]白城：地名。当在湖熟县，即今江苏南京市江宁区湖熟街道一带。[48]先进：据章校，十二行本、乙十一行本、孔本“先进”下均有“众军从之”四字。张校同，退斋校同。

[49]耕坛：古时帝王开春亲耕藉田，祭祀农神的地方。 [50]乞伏无劳：人名。复姓乞伏。《南史》卷六十六作“乞伏无劳”。《资治通鉴》从《陈书》。 [51]甲辰：六月一日。 [52]龙尾：钟山山脚，是登山的重要道口。 [53]丁未：六月四日。 [54]幕府山：山名。在台城北，长江边。 [55]钱明：人名。传见《陈书》卷二十。 [56]庚戌：六月七日。 [57]乐游苑：王宫的园林，在钟山西南。 [58]覆舟山：山名。在钟山西山脚，形如翻过来的船，也叫玄武山。乐游苑即在此山旁。 [59]壬子：六月九日。 [60]鬲：鼎的一种，可用来煮饭。 [61]潮沟：原吴国孙权下令开挖的水渠，引潮水入秦淮河。 [62]番易：轮流到干燥地区休整。 [63]甲寅：六月十一日。 [64]少霁：天气稍微放晴。 [65]调市人：向市场商人征调。 [66]焜（hùn）：覆盖。指把鸭肉盖在米饭上。 [67]数脔（luán）：几块肉。 [68]乙卯：六月十二日。 [69]嗣宗：徐嗣宗，传见《南史》卷六十三。 [70]摄山：山名。即栖霞山，在今南京市东北。 [71]荻筏：用芦苇扎成的筏子。 [72]丁巳：六月十四日。 [73]戊午：六月十五日。 [74]己未：六月十六日。 [75]以赏俘贸酒：用赏赐的战俘换酒喝。 [76]庚申：六月十七日。 [77]兵威不接：不给予军事援助。 [78]乙丑：六月二十二日。 [79]驯象：受到训练的大象，得自于越南。

齐发丁匠三十余万修广三台[1]宫殿。

齐显祖之初立也，留心政术，务存简靖[2]，坦于任使[3]，人得尽力。又能以法驭下，或有违犯，不容勋戚，内外莫不肃然。至于军国机策，独决怀抱；每临行陈，亲当矢石，所向有功。数年之后，渐以功业自矜，遂嗜酒淫泆，肆行狂暴；或身自歌舞，尽日通宵；或散发胡服，杂衣锦彩；或袒露形体，涂傅粉黛；或乘驴、牛、橐驼、白象，不施鞍勒；或令崔季舒、刘桃枝负之而行，担胡鼓[4]拍之；勋戚之第，朝夕临幸，游行市里，街坐巷宿；或盛夏日中暴身，或隆冬去衣驰走；从者不堪，帝居之自若。三台构木高二十七丈，两栋[5]相距二百余尺，工匠危怯，皆系绳自防，帝登脊疾走，殊无怖畏；时复雅儛[6]，折旋中节[7]，傍人见者莫不寒心。尝于道上问妇人曰：“天子何如？”曰：“颠颠痴痴，何成天子！”帝杀之。

娄太后以帝酒狂，举杖击之曰：“如此父生如此儿！”帝曰：“即当嫁此老母与胡。”太后大怒，遂不言笑。帝欲太后笑，自匍匐以身举床，坠太后于地，颇有所伤。既醒，大惭恨，使积柴炽火，欲入其中。太后惊惧，亲自持挽，强为之笑，曰：“向汝醉耳！”帝乃设地席，命平秦王归彦执杖，口自责数[8]，脱背就罚，谓归彦曰："杖不出血，当斩汝。"太后前自抱之，帝流涕苦请，乃笞脚五十，然后衣冠拜射，悲不自胜。因是戒酒，一旬，又复如初。

帝幸李后家，以鸣镝射后母崔氏[9]，骂曰："吾醉时尚不识太后，老婢何事！"马鞭乱击一百有余。虽以杨愔为相，使进厕筹[10]，以马鞭鞭其背，流血浃袍。尝欲以小刀剺[11]其腹，崔季舒托俳言[12]曰："老小公子恶戏[13]。"因掣刀去之。又置愔于棺中，载以輀车[14]。又尝持槊走马，以拟左丞相斛律金之胸者三，金立不动，乃赐帛千段。

高氏妇女，不问亲疏，多与之乱，或以赐左右，又多方苦辱之。彭城王浟太妃尔朱氏，魏敬宗之后也，帝欲蒸之[15]，不从；手刃杀之。故魏乐安王元昂，李后之姊婿也，其妻有色，帝数幸之[16]，欲纳为昭仪。召昂，令伏，以鸣镝射之百余下，凝血垂将一石，竟至于死。后啼不食，乞让位于姊，太后又以为言，帝乃止。

又尝于众中召都督韩哲[17]，无罪，斩之。作大镬[18]、长锯、剉、碓之属，陈之于庭，每醉，辄手杀人，以为戏乐。所杀者多令支解，或焚之于火，或投之于水。杨愔乃简[19]邺下死囚，置之仗内[20]，谓之供御囚，帝欲杀人，辄执以应命，三月不杀，则宥之。

开府参军裴谓之[21]上书极谏，帝谓杨愔曰："此愚人，何敢如是！"对曰："彼欲陛下杀之，以成名于后世耳。"帝曰："小人，我且不杀，尔焉得名！"帝与左右饮酒，曰："乐哉！"都督王纮曰："有大乐，亦有大苦。"帝曰："何谓也？"对曰："长夜之饮，不寤国亡身陨，所谓大苦！"帝缚纮，欲斩之，思其有救世宗之功，乃舍之。

帝游宴东山，以关、陇未平，投杯震怒，召魏收于前，立为诏书，宣示远近，将事西行。魏人震恐，常为度陇[22]之计。然实未行。一日，泣谓群臣曰："黑獭不受我命，奈何？"都督刘桃枝曰："臣得三千骑，请就长安擒之以来。"帝壮之，赐帛千匹。赵道德进曰："东西两国，强弱力均，彼可擒之以来，此亦可擒之以往。桃枝妄言应诛，陛下奈何滥赏！"帝曰："道德言是。"回绢赐之。帝乘马欲下峻岸入于漳，道德揽辔回之；帝怒，将斩之。道德曰："臣死不恨，当于地下启先帝，论此儿酣酗颠狂，不可教训。”帝默然而止。他日，帝谓道德曰：“我饮酒过，须痛杖我。”道德抶之[23]，帝走。道德逐之曰：“何物人，为此举止！”

典御丞[24]李集面谏，比帝于桀、纣。帝令缚置流中[25]，沈没久之，复令引出，谓曰：“吾何如桀、纣？”集曰：“向来弥不及矣！”帝又令沈之，引出，更问，如此数四，集对如初。帝大笑曰：“天下有如此痴人，方知龙逢、比干未是俊物！”遂释之。顷之，又被引入见，似有所谏，帝令将出要斩[26]。其或斩或赦，莫能测焉。内外憯憯[27]，各怀怨毒；而素能默识强记，加以严断，群下战栗，不敢为非。又能委政杨愔，愔总摄机衡，百度修敕[28]，故时人皆言主昏于上，政清于下。

愔风表[29]鉴裁[30]，为朝野所重，少历屯厄[31]，及得志，有一餐之惠者必重报之，虽先尝欲杀己者亦不问；典选二十余年，以奖拔贤才为己任。性复强记，一见皆不忘其姓名，选人[32]鲁漫汉自言猥贱独不见识，愔曰：“卿前在元子思坊[33]，乘短尾牝驴，见我不下，以方麹[34]障面，我何为不识卿！”漫汉惊服。

（以上为第四段，写北齐国主高洋，酗酒残暴，荒淫无度，甚于桀纣，而任属贤相杨愔，天下称治。北齐主昏臣明，是以不亡。）

【注释】

[1]三台：在邺城，原曹操所建的铜爵台、金虎台、冰井台。 [2]简靖：简要谦恭。[3]坦于任使：对被任用和派遣的下属，坦诚相待。 [4]胡鼓：用手击打的一种传自少数民族的鼓乐器。 [5]栋：房屋的正梁。 [6]雅儛：即雅舞，郊庙祭祀时所跳的舞蹈。 [7]折旋中节：舞姿完全符合节拍。 [8]口自责数：自己责怪自己所犯的罪行。 [9]崔氏：李希宗的妻子。[10]筹：议事。 [11]剺（lí）：划开。 [12]俳言：杂戏中诙谐的话。 [13]恶戏：怎么开这种恶作剧玩笑。 [14]辆（ér）车：丧车。 [15]蒸之：与母辈女子通奸。 [16]幸之：私通。[17]韩哲：人名。《北齐书》卷四作“韩悊”。悊、哲可通用。 [18]大镬：无足的大鼎，类似于现在的锅。古代是用来把人煮死的刑具。 [19]简：挑选。 [20]置之仗内：编入殿庭左右的仪仗队中。 [21]裴谓之：《北史》卷三十八作“裴谒之”，疑《资治通鉴》误。 [22]度陇：将国都迁到陇西去。 [23]抶（chì）之：鞭打他。 [24]典御丞：官名。掌尚食、尚药，是门下省属官。[25]流中：流水中。 [26]要斩：腰斩。 [27]憯憯：惨痛。 [28]百度修敕：千方百计加以整顿治理。 [29]风表：风度仪表。 [30]鉴裁：鉴别与判断。 [31]少历屯厄：年轻时处境艰难。早年遭遇尔朱天光诛杀弘农杨氏，杨愔侥幸逃脱。投靠高欢，又被郭秀陷害，被迫逃亡嵩山，化名

刘士安。后又入海到田横岛隐居。等高欢弄清真相，才重新出仕。［32］选人：被推举的人才。［33］元子思坊：邺都一个街坊名称。因原北魏侍中元子思曾住此坊而得名。［34］方䕸：竹编的扇子。

秋，七月，甲戌[1]，前天门太守樊毅袭武陵[2]，杀武州刺史衡阳王护[3]，王琳使司马潘忠击之，执毅以归。护，畅[4]之孙也。

丙子[5]，以陈霸先为中书监、司徒、扬州刺史，进爵长城公，余如故。

初，余孝顷为豫章太守，侯瑱镇豫章，孝顷于新吴县[6]别立城栅，与瑱相拒。瑱使其从弟奫[7]守豫章，悉众攻孝顷，久不克，筑长围守之。癸酉[8]，侯平发兵攻奫，大掠豫章，焚之，奔于建康。瑱众溃，奔湓城，依其将焦僧度。僧度劝之奔齐，会霸先使记室济阳蔡景历南上[9]，说瑱令降，瑱乃诣阙归罪，霸先为之诛侯平。丁亥[10]，以瑱为司空。

南昌民熊昙朗，世为郡著姓。昙朗有勇力，侯景之乱，聚众据丰城[11]为栅，世祖[12]以为巴山太守。江陵陷，昙朗兵力浸强，侵掠邻县。侯瑱在豫章，昙朗外示服从而阴图之，及瑱败走，昙朗获其马仗。

己亥[13]，齐大赦。

魏太师泰遣安州长史钳耳康买[14]使于王琳，琳遣长史席豁[15]报之，且请归世祖及愍怀太子之柩；泰许之。

八月，己酉[16]，鄱阳王循卒于江夏，弟丰城侯泰[17]监郢州事。王琳使兖州刺史[18]吴藏攻江夏，不克而死。

魏太师泰北渡河[19]。

魏以王琳为大将军、长沙郡公。

魏江州刺史陆腾[20]讨陵州[21]叛獠，獠因山为城，攻之难拔，腾乃陈伎乐于城下一面，獠弃兵，携妻子临城观之，腾潜师三面俱上，斩首万五千级，遂平之。腾，俟[22]之玄孙也。

庚申[23]，齐主将西巡，百官辞于紫陌，帝使矟骑围之，曰："我举鞭，即杀之。"日晏，帝醉不能起。黄门郎是连子畅[24]曰："陛下如此，群臣不胜恐怖。"帝曰："大怖邪！若然，勿杀。"遂如晋阳。

九月，壬寅[25]，改元，大赦。以陈霸先为丞相、录尚书事、镇卫大将军、扬州牧、义兴公。以吏部尚书王通为右仆射。

突厥木杆可汗假道于凉州以袭吐谷浑，魏太师泰使凉州刺史史宁帅骑随之，至番禾[26]，吐谷浑觉之，奔南山[27]。木杆将分兵追之，宁曰："树敦[28]、贺真[29]二城，吐谷浑之巢穴也，拔其本根，余众自散。"木杆从之。木杆从北道趣贺真，宁从南道趣树敦。吐谷浑可汗[30]在贺真，使其征南王将数千人守树敦。木杆破贺真，获夸吕妻子；宁破树敦，虏征南王；还，与木杆会于青海[31]，木杆叹宁勇决，赠遗甚厚。

甲子[32]，王琳以舟师袭江夏；冬，十月，壬申[33]，丰城侯泰以州降之。

齐发山东寡妇二千六百人以配军，有夫而滥夺者什二三。

魏安定文公宇文泰还至牵屯山[34]而病，驿召中山公护。护至泾州，见泰，泰谓护曰："吾诸子皆幼，外寇方强，天下之事，属之于汝，宜努力以成吾志。"乙亥[35]，卒于云阳[36]。护还长安，发丧。泰能驾御英豪，得其力用，性好质素，不尚虚饰，明达政事，崇儒好古，凡所施设，皆依仿三代而为之。丙子[37]，世子觉嗣位，为太师、柱国、大冢宰，出镇同州[38]，时年十五。

中山公护，名位素卑，虽为泰所属，而群公各图执政，莫肯服从。护问计于大司寇于谨，谨曰："谨早蒙先公非常之知，恩深骨肉，今日之事，必以死争之。若对众定策，公必不得让。"明日，群公会议，谨曰："昔帝室倾危，非安定公[39]无复今日。今公一旦违世，嗣子虽幼，中山公亲其兄子，兼受顾托，军国之事，理须归之。"辞色抗厉[40]，众皆悚动。护曰："此乃家事，护虽庸昧，何敢有辞。"谨素与泰等夷[41]，护常拜之，至是，谨起而言曰："公若统理军国，谨等皆有所依。"遂再拜。群公迫于谨，亦再拜，于是众议始定。护纲纪内外，抚循文武，人心遂安。

十一月，辛丑[42]，丰城侯泰奔齐，齐以为永州刺史[43]。诏征王琳为司空，琳辞不至，留其将潘纯陀[44]监郢州，身还长沙。魏人归其妻子。

壬子[45]，齐主诏以"魏末豪杰纠合乡部，因缘请托，各立州郡，离大合小，公私烦费，丁口减于畴日[46]，守令倍于昔时。且要荒[47]向化[48]，旧多浮伪，百室之邑，遽立州名，三户之民，空张郡目，循名责实，事归焉有。”于是并省三州，一百五十三郡[49]。

诏分江州四郡[50]置高州[51]。以明威将军[52]黄法氍为刺史，镇巴山。

十二月，壬申[53]，以曲江侯勃为太保。

甲申[54]，魏葬安定文[55]公。丁亥[56]，以岐阳之地[57]封世子觉为周公。

初，侯景之乱，临川民周续起兵郡中，始兴王毅以郡让之而去。续部将皆郡中豪族，多骄横，续裁制之，诸将皆怨，相与杀之。续宗人迪[58]，勇冠军中，众推为主。迪素寒微，恐郡人不服，以同郡周敷[59]族望高显，折节交之，敷亦事迪甚谨。迪据上塘[60]，敷据故郡[61]，朝廷以迪为衡州刺史，领临川内史。时民遭侯景之乱，皆弃农业，群聚为盗，唯迪所部独务农桑，各有赢储，政教严明，征敛必至，余郡乏绝者皆仰以取给。迪性质朴，不事威仪，居常徒跣，虽外列兵卫，内有女伎，挼绳破篾[62]，傍若无人，讷于言语而襟怀信实，临川人皆附之。

齐自西河总秦戍筑长城[63]，东至于海，前后所筑东西凡三千余里，率十里一戍，其要害置州镇，凡二十五所。

魏宇文护以周公幼弱，欲早使正位以定人心，庚子[64]，以魏恭帝诏禅位于周，使大宗伯赵贵持节奉册，济北公迪[65]致皇帝玺绂；恭帝出居大司马府。

（以上为第五段，写西魏太师宇文泰去世，政权平稳过渡，宇文泰之子宇文觉受魏恭帝禅位，北周建立。梁朝境内渐平，陈霸先改年号，任丞相，大权独揽。）

【注释】

[1]甲戌：七月一日。［2］武陵：郡名。治所临沅，在今湖南常德市。［3］护：萧护，封衡阳王。［4］畅：萧畅，梁武帝的四弟。南齐时任太常，封江陵县侯。梁朝初建，追封衡阳郡王。传见《梁书》卷二十三、《南史》卷五十一。［5］丙子：七月三日。［6］新吴：县名。县治在今江西奉新县西。［7］斎（yūn）：侯斎，人名。［8］癸酉：七月甲戌朔，无癸酉，疑为“癸未”之误，即七月十日。［9］南上：从建康顺江到湓城（今江西九江市），由南送水而上。［10］丁

亥：七月十四日。［11］丰城：县名。县治在今江西丰城市西南。［12］世祖：梁元帝庙号。［13］己亥：七月二十六日。［14］钳耳康买：人名。复姓钳耳，西羌人。［15］席豁：人名。《周书》卷二十八、《北史》卷六十一作“席壑”。［16］己酉：八月七日。［17］丰城侯泰：萧泰，字世怡，爵丰城侯。传见《南史》卷五十二。［18］兖州刺史：为虚领，不拥有实地。［19］北渡河：北渡黄河，巡视西魏北部边境。《周书》作“七月”事。［20］陆腾（？—578）：字显圣，代人。北魏时以平定葛荣功，封清河县伯，尚安平公主。入西魏后官至大司空、泾州总管。传见《周书》卷二十八、《北史》卷二十八。［21］陵州：州名。治所隆山，在今四川眉山市彭山区。［22］俟：陆俟，代人。初事北魏太武帝，任冀州刺史，封建邺公。先后出任怀荒镇、长安镇大将，果决有谋略。晚年进爵东平王。传见《魏书》卷四十、《北史》卷二十八。［23］庚申：八月十八日。［24］是连子畅：人名。复姓是连。又《北齐书》卷四十七作“兰子畅”，《北史》卷三十九作“是兰子畅”，疑是一人。［25］壬寅：九月一日。［26］番禾：即番和，郡名。治所番和，在今甘肃永昌县。由此南渡大通河，再向西可抵吐谷浑都城。［27］南山：山名。在青海湖南岸。［28］树敦：城名。在今青海共和县东南黄河岸边。［29］贺真：城名。在今青海都兰县。又称吐谷浑城。［30］吐谷浑可汗：据章校，十二行本、乙十一行本、孔本“可汗”下均有“夸吕”二字。张校同。疑此脱。［31］青海：即青海湖。［32］甲子：九月二十三日。［33］壬申：十月一日。［34］牵屯山：山名。在宁夏固原市境。又名笄头山。［35］乙亥：十月四日。［36］云阳：县名。县治在今陕西泾阳县西北。［37］丙子：十月五日。［38］同州：州名。治所武乡，在今陕西大荔县。［39］安定公：宇文泰的封爵号。［40］辞色抗厉：声音高亢，面色严厉。［41］等夷：同辈。［42］辛丑：十一月一日。［43］永州刺史：永州在湖南零陵，此是遥领。［44］潘纯陀：人名。《南史》一作“潘纯”，一作“潘纯陀”。《陈书》或作“潘纯随”。［45］壬子：十一月十二日。［46］畴日：过去的日子。［47］要荒：要服、荒服。要，要服。三代指离王城一千五百里到二千里的地区。荒，荒服。三代指离王畿二千五百里以外的远僻地区。这里指北齐周边的敌对政权和少数民族。［48］向化：归顺，服从教化。［49］一百五十三郡：据章校，十二行本、乙十一行本、孔本下还有“五百八十九县、三镇、二十六戍”十二字。退斋校同。［50］分江州四郡：从江州中分出四个郡，新置高州。四郡为：临川郡，治所南城，在今江西南城县东南；安成郡，治所平都，在今江西安福县；豫宁郡，治所豫宁，在今江西武宁县西；以及巴山郡。［51］高州：州名。治所巴山，在今江西崇仁县西南。［52］以明威将军：原文“军”上无“以明威将”四字，据章校补。［53］壬申：十二月二日。［54］甲申：十二月十四日。［55］文：宇文泰谥号。［56］丁亥：十二月十七日。［57］岐阳之地：岐山之南，即周原，在今陕西岐山县和扶风县一带。［58］迪：周迪（？—565），临川南城（今江西南城县）人。梁元帝任他为高州刺史，封临汝县侯。后助周文育平定萧勃叛乱。陈初，曾大败王琳军，以功加平南将军，开府仪同三司。天嘉三年（562），起兵叛乱，不久败死。传见《陈书》卷三十五、《南史》卷八十。［59］周敷（531—565）：字仲远，临川（治今江西抚州市临川区）人。梁元帝时，任宁州刺史，封西丰县侯。入陈，参与平定熊昙朗、王琳，以功进位安西将军。后被周迪诱骗杀害。传见《陈书》卷十三、《南史》卷六十七。［60］上塘：地名。在今江西南城县南上塘镇。西临盱江，南与南丰县接壤。《资治通鉴》卷一百六十七和《陈书》作“工塘”。［61］故郡：原临川郡治南城县（今江西南丰县）。［62］挼（ruó）绳破篾：揉搓线绳，破开竹篾，指编竹席。［63］自西河总秦戍筑长城：从黄河河曲开始，把原秦代戍所沿线的长城修复起来。［64］庚子：十二月三十日。［65］迪：元迪，爵济北公。

【点评】

北齐主高洋借父兄之势骤兴。当南朝萧梁政权四分五裂，全境军阀混战之际，北齐兵送萧渊明南还争帝位，北齐正处于鼎盛，高洋若以征讨柔然、突厥之余勇，大举南伐，本可一举下江南。这时西魏宇文泰已年事迟暮，畏齐如虎，故频繁巡视疆土以虚张其势，不久病逝。而此时高洋，恰似小人得志，统一大业未就而自矜功伐，酗酒成癖，整日疯癫，不成君统，荒淫残暴，群臣惊恐，所以北齐大军南下无功，更不敢西进一步，是北齐国主高洋自己葬送了将成之功，于是鼎足而立的局面得以继续。

卷一六七　陈纪一

陈武帝永定元年至三年（557—559年）

【起强圉赤奋若（丁丑，557年），尽屠维单阏（己卯，559年），凡三年】

【大事提要】

本卷载述公元557年至公元559年南北朝史事，凡三年，时当陈高祖永定元年、二年、三年，北周孝闵帝元年，明帝元年、二年、三年，北齐文宣帝天保八年、九年、十年。南朝政权更迭，陈朝建立，境内粗安而陈武帝谢世。北朝西魏禅让宇文氏，北周建立。本卷重点记载北齐国主高洋酗酒乱性，荒淫无耻，登峰造极，滥杀朝臣，暴虐无比。

高祖武皇帝

永定元年（丁丑，557年）

春，正月，辛丑[1]，周公即天王[2]位，柴燎告天，朝百官于露门[3]；追尊王考[4]文公为文王，妣[5]为文后；大赦。封魏恭帝为宋公。以木德承魏水[6]，行夏之时[7]，服色尚黑[8]。以李弼为太师，赵贵为太傅、大冢宰，独孤信为太保、大宗伯，中山公护为大司马。

诏以王琳为司空、骠骑大将军，以尚书右仆射王通为左仆射。

周王祀圜丘，自谓先世出于神农[9]，以神农配二丘[10]，始祖献侯[11]配南北郊，文王配明堂，庙号太祖。癸卯[12]，祀方丘。甲辰[13]，祭大社[14]。除市门税[15]。乙巳[16]，享太庙，仍用郑玄[17]义，立太祖与二昭、二穆为五庙[18]，其有德者别为祧庙[19]，不毁[20]。辛亥[21]，祀南郊。壬子[22]，立王后元氏[23]。后，魏文帝之女晋安公主也。

齐南安[24]城主冯显请降于周，周柱国宇文贵使丰州[25]刺史太原郭彦[26]将兵迎之，遂据南安。

吐谷浑为寇于周，攻凉、鄯、河三州。秦州都督[27]遣渭州刺史于翼赴援，翼不从。僚属咸以为言，翼曰："攻取之术，非夷俗所长。此寇之来，不过抄掠边牧，掠而无获，势将自走。劳师而往，必无所及。翼揣之已了[28]，幸勿复言。"数日，问至，果如翼所策。

初，梁世祖以始兴郡为东衡州，以欧阳頠为刺史。久之，徙頠为郢州刺史，萧勃留頠不遣。世祖以王琳代勃为广州刺史，勃遣其将孙蕩监广州，尽帅所部屯始兴以避之。頠别据一城，不往谒，闭门自守。勃怒，遣兵袭之，尽收其货财马仗；寻赦之，使复其所，与之结盟。江陵陷，頠遂事勃[29]。二月，庚午[30]，勃起兵于广州，遣頠及其将傅泰、萧孜为前军。孜，勃之从子[31]也。南江州刺史余孝顷以兵会之。诏平西将军周文育帅诸军讨之。

癸酉[32]，周王朝日[33]于东郊；戊寅[34]，祭太社。

周楚公赵贵、卫公独孤信故皆与太祖等夷，及晋公[35]护专政，皆怏怏不服。贵谋杀护，信止之；开府仪同三司宇文盛告之。丁亥[36]，贵入朝，护执而杀之，免信官。

领军将军徐度出东关侵齐，戊子[37]，至合肥，烧齐船三千艘。

欧阳頠等出南康。頠屯豫章之苦竹滩[38]，傅泰据蹠口城[39]，余孝顷遣其弟孝劢[40]守郡城，自出豫章据石头[41]。巴山太守熊昙朗诱頠共袭高州刺史黄法氍；又语法氍；约共破頠，且曰："事捷，与我马仗。"遂出军，与頠俱进。至法氍城下，昙朗阳败走，法氍乘之，頠失援而走，昙朗取其马仗，归于巴山。

周文育军少船，余孝顷有船在上牢[42]，文育遣军主焦僧度袭之，尽取以归，仍于豫章立栅。军中食尽，诸将欲退，文育不许，使人间行遗周迪书，约为兄弟。迪得书甚喜，许馈以粮。于是文育分遣老弱乘故船沿流俱下，烧豫章栅，伪若遁去者。孝顷望之，大喜，不复设备。文育由间道兼行，据芊韶[43]，芊韶上流则欧阳頠、萧孜，下流则傅泰、余孝顷营，文育据其中间，筑城飨士，頠等大骇。頠退入泥溪[44]，文育遣严威将军[45]周铁虎等袭頠，癸巳[46]，擒之。文育盛陈兵甲，与頠乘舟而宴，巡蹠口城下，使其将丁法洪攻泰，擒之。孜、孝顷退走。

甲午[47]，周以于谨为太傅，大宗伯侯莫陈崇为太保，晋公护为大冢宰，柱国武川贺兰祥[48]为大司马，高阳公达奚武为大司寇。

周人杀魏恭帝。

三月，庚子[49]，周文育送欧阳頠、傅泰于建康。丞相霸先与頠有旧，释而厚待之。

周晋公护以赵景公[50]独孤信名重，不欲显诛之，己酉[51]，逼令自杀。

甲辰[52]，以司空王琳为湘、郢二州刺史。

曲江侯勃在南康，闻欧阳頠等败，军中恟惧。甲寅[53]，德州刺史陈法武、前衡州刺史谭世远攻勃，杀之。

夏，四月，己卯[54]，铸四柱钱[55]，一当二十[56]。

齐遣使请和。

壬午[57]，周王谒成陵[58]；乙酉[59]，还宫。

齐以太师斛律金为右丞相[60]，前大将军可朱浑道元为太傅[61]，开府仪同三司贺拔仁为太保，尚书令常山王演为司空，录尚书事长广王湛为尚书令，右仆射杨愔为左仆射，仍加开府仪同三司。并省[62]尚书右仆射崔暹为左仆射，上党王涣录尚书事。

丁亥[63]，周王享太庙。

壬辰[64]，改四柱钱一当十；丙申[65]，复闭细钱[66]。

故曲江侯勃主帅兰敱袭杀谭世远，军主夏侯明彻杀敱，持勃首降。勃故记室李宝藏奉怀安侯任据广州。萧孜、余孝顷犹据石头，为两城，各据其一，多设船舰，夹水而陈。丞相霸先遣平南将军侯安都助周文育击之。戊戌[67]，安都潜师夜烧其船舰，文育帅水军、安都帅步军进攻之；萧孜出降，孝顷逃归新吴，文育等引兵还。丞相霸先以欧阳頠声著南土，复以頠为衡州[68]刺史，使讨岭南，未至，其子纥[69]已克始兴，頠至岭南，诸郡皆降，遂克广州，岭南悉平。

周仪同三司齐轨谓御正中大夫[70]薛善曰："军国之政，当归天子，何得犹在权门！"善以告晋公护，护杀之，以善为中外府司马[71]。

五月，戊辰[72]，余孝顷遣使诣丞相府乞降。

王琳既不就征，大治舟舰，将攻陈霸先；六月，戊寅[73]，霸先以开府仪同三司侯安都为西道都督，周文育为南道都督，将舟师二万会武昌以击之。

秋，七月，辛亥[74]，周王享太庙。

河南、北[75]大蝗。齐主问魏郡丞崔叔瓒[76]曰："何故致蝗？"对曰："《五行志》[77]：'土功不时[78]，蝗虫为灾'。今外筑长城，内兴三台，殆以此乎！"齐主怒，使左右殴之，擢其发，以溷[79]沃其头，曳足以出。叔瓒，季舒之兄也。

八月，丁卯[80]，周人归梁世祖之柩及诸将家属千余人于王琳。

戊辰[81]，周王祭太社。

甲午[82]，进丞相霸先位太傅，加黄钺、殊礼，赞拜不名。九月，辛丑[83]，进丞相为相国，总百揆，封陈公，备九锡，陈国置百司。

周孝愍帝性刚果[84]，恶晋公护之专权。司会[85]李植[86]自太祖时为相府司录[87]，参掌朝政，军司马孙恒亦久居权要，及护执政，植、恒恐不见容，乃与宫伯[88]乙弗凤[89]、贺拔提等共谮之于周王。植、恒曰："护自诛赵贵以来，威权日盛，谋臣宿将，争往附之，大小之政，皆决于护。以臣观之，将不守臣节，愿陛下早图之！"王以为然。凤、提曰："以先王之明，犹委植、恒以朝政，今以事付二人，何患不成！且护常自比周公，臣闻周公摄政七年，陛下安能七年邑邑[90]如此乎！"王愈信之，数引武士于后园讲习，为执缚之势。植等又引宫伯张光洛同谋，光洛以告护。护乃出植为梁州刺史，恒为潼州刺史，欲散其谋。后王思植等，每欲召之，护泣谏曰："天下至亲，无过兄弟，若兄弟尚相疑，他人谁可信者！太祖以陛下富于春秋，属臣后事，臣情兼家国[91]，实愿竭其股肱[92]。若陛下亲览万机，威加四海，臣死之日，犹生之年。但恐除臣之后，奸回[93]得志，非唯不利陛下，亦将倾覆社稷，使臣无面目见太祖于九泉。且臣既为天子之兄，位至宰相，尚复何求！愿陛下勿信谗臣之言，疏弃骨肉。"王乃止不召，而心犹疑之。

凤等益惧，密谋滋甚，刻日[94]召群公入宴，因执护诛之；张光洛又以告护。护乃召柱国贺兰祥、领军尉迟纲[95]等谋之，祥等劝护废立。时纲总领禁兵，护遣纲入宫召凤等议事，及至，以次执送护第，因罢散宿卫兵。王方悟，独在内殿，令宫人执兵自守。护遣贺兰祥逼王逊位，幽于旧第[96]。悉召公卿会议，废王为略阳公，迎立岐州刺史宁都公毓。公卿皆曰："此公之家事，敢不唯命是听！"乃斩凤等于门外，孙恒亦伏诛。

时李植父柱国大将军远镇弘农，护召远及植还朝，远疑有变，沈吟久之，乃曰："大丈夫宁为忠鬼，安可作叛臣邪！"遂就征。既至长安，护以远功名素重，犹欲全之，引与相见，谓之曰："公儿遂有异谋，非止屠戮护身，乃是倾危宗社。叛臣贼子，理宜同疾，公可早为之所。"乃以植付远。远素爱植，植又口辩，自陈初无此谋。远谓植信然，诘朝[97]，将植谒护。护谓植已死，左右白植亦在门。护大怒曰："阳平公[98]不信我！"乃召入，仍命远同坐，令略阳公与植相质[99]于远前。植辞穷，谓略阳[100]曰："本为此谋，欲安社稷，利至尊耳！今日至此，何事云云！"远闻之，自投于床曰："若尔，诚合万死！"于是护乃害植，并逼远令自杀。植弟叔诣[101]、叔谦、叔让亦死，余子以幼得免。初，远弟开府仪同三司穆知植非保家之主，每劝远除之，远不能用。及远临刑，泣谓穆曰："吾不用汝言以至此！"穆当从坐，以前言获免，除名为民，及其子弟亦免官。植弟淅州刺史基，尚义归公主[102]，当从坐，穆请以二子代基命，护两释之。

后月余，护弑略阳公，黜王后元氏为尼。

癸亥[103]，宁都公自岐州至长安，甲子[104]，即天王位，大赦。

冬，十月，戊辰[105]，进陈公爵为王。辛未[106]，梁敬帝禅位于陈。

癸酉[107]，周魏武公李弼卒。

陈王使中书舍人[108]刘师知[109]引宣猛将军沈恪勒兵入宫，卫送梁主如别宫，恪排闼[110]见王，叩头谢曰："恪身经事萧氏[111]，今日不忍见此。分[112]受死耳，决不奉命！"王嘉其意，不复逼，更以荡主王僧志代之。乙亥[113]，王即皇帝位于南郊，还宫，大赦，改元[114]。奉梁敬帝为江阴王，梁太后为太妃，皇后为妃。

以给事黄门侍郎蔡景历为秘书监、兼中书通事舍人。是时政事皆由中书省，置二十一局，各当尚书诸曹，总国机要，尚书唯听受而已。

丙子[115]，上幸钟山，祠蒋帝庙[116]。庚辰[117]，上出佛牙于杜姥宅，设无遮大会，帝亲出阙前膜拜。

辛巳[118]，追尊皇考文赞[119]为景皇帝，庙号太祖，皇妣董氏[120]曰安皇后，追立前夫人钱氏[121]为昭皇后，世子克[122]为孝怀太子，立夫人章氏[123]为皇后。章后，乌程人也。

置删定郎[124]，治律令。

乙酉[125]，周王祀圜丘；丙戌[126]，祀方丘；甲午[127]，祭太社。

戊子[128]，太祖神主祔[129]太庙，七庙始共用一太牢[130]，始祖荐首[131]，余皆骨体。

侯安都至武昌，王琳将樊猛弃城走，周文育自豫章会之。安都闻上受禅，叹曰："吾今兹必败，战无名矣[132]！"时两将俱行，不相统摄，部下交争，稍不相平。军至郢州，琳将潘纯陀于城中遥射官军，安都怒，进军围之；未克，而王琳至弇口[133]，安都乃释郢州，悉众诣沌口[134]，留沈泰一军守汉曲[135]。安都遇风不得进，琳据东岸，安都据西岸，相持数日，乃合战，安都等大败。安都、文育及裨将徐敬成[136]、周铁虎、程灵洗皆为琳所擒，沈泰引军奔归。琳引见诸将与语，周铁虎辞气不屈，琳杀铁虎而囚安都等，总以一长锁系之，置琳所坐艑[137]下，令所亲宦者王子晋掌视之。琳乃移湘州军府就郢城，又遣其将樊猛袭据江州。

十一月，丙申[138]，上立兄子蒨为临川王，顼[139]为始兴王；弟子昙朗已死而上未知，遥立为南康王。

庚子[140]，周王享太庙；丁未[141]，祀圜丘；十二月，庚午[142]，谒成陵；癸酉[143]，还宫。

谯淹帅水军七千、老弱三万自蜀江东下[144]，欲就王琳，周使开府仪同三司贺若敦、叱罗晖[145]等击之，斩淹，悉俘其众。

是岁，诏给事黄门侍郎萧乾[146]招谕闽中。时熊昙朗在豫章，周迪在临川，留异在东阳，陈宝应在晋安，共相连结，闽中豪帅往往立砦以自保。上患之，使乾谕以祸福，豪帅皆帅众请降，即以乾为建安太守。乾，子范[147]之子也。

初，梁兴州刺史席固[148]以州降魏，周太祖以固为丰州刺史。久之，固犹习梁法，不遵北方制度，周人密欲代之，而难其人[149]，乃以司宪中大夫[150]令狐整权镇丰州，委以代固之略。整广布威恩，倾身抚接，数月之间，化洽州府。于是除整丰州刺史，以固为湖州刺史。整迁丰州于武当，旬日之间，城府周备，迁者如归。固之去也，其部曲多愿留为整左右，整谕以朝制[151]，弗许，莫不流涕而去。

齐人于长城内筑重城，自库洛枝[152]东至坞纥戍[153]，凡四百余里。

初，齐有术士言“亡高者黑衣”，故高祖每出，不欲见沙门[154]。显祖在晋阳，问左右：“何物最黑？”对曰：“无过于漆。”帝以上党王涣于兄弟第七，使库直都督破六韩伯升[155]之邺征涣。涣至紫陌桥，杀伯升而逃，浮河南渡；至济州，为人所执，送邺。

帝之为太原公也，与永安王浚皆见世宗，帝有时洟[156]出，浚责帝左右曰：“何不为二兄拭鼻！”帝深衔之。及即位，浚为青州刺史，聪明矜恕，吏民悦之。浚以帝嗜酒，私谓亲近曰：“二兄[157]因酒败德，朝臣无敢谏者，大敌[158]未灭，吾甚以为忧。欲乘驿至邺面谏，不知用吾不。”或密以白帝，帝益衔之。浚入朝，从幸东山，帝裸裎[159]为乐。浚进谏曰：“此非人主所宜！”帝不悦。浚又于屏处[160]召杨愔，讥其不谏。帝时不欲大臣与诸王交通，愔惧，奏之。帝大怒曰：“小人由来难忍[161]！”遂罢酒，还宫。浚寻还州，又上书切谏，诏征浚。浚惧祸，谢疾不至，帝遣驰驿收浚，老幼泣送者数千人。至邺，与上党王涣皆盛以铁笼，置于北城地牢，饮食溲秽[162]，共在一所。

（以上为第一段，交叉写公元557年南北朝史事。是年，南北朝均发生政权更迭。南朝萧梁禅位，陈朝建立；北朝西魏禅位，北周建立。北齐国主高洋暴虐不仁，祸及兄弟。）

【注释】

[1]辛丑：正月一日。 [2]天王：原指周天子，后泛指帝王。宇文泰执政，沿用周制，所以宇文觉建立北周，不称皇帝，而先称天王。 [3]露门：即路门。按周制，天子有三朝。宫中最里面的正门称路门，门内称燕朝，是天子在内廷举行朝会仪式的地方，由太仆予以管理。此外，天子在那里与宗人议事，或退朝后接待大夫。路门之外称治朝，由司士管理，是天子视朝的地方，每天在那里接见诸侯。以上两朝均是内朝。皋门之里，库门之外，称外朝，由朝士管理，是百官议政的

地方。［4］考：亡父。［5］妣：亡母。［6］以木德承魏水：西魏被认为是以水德为王，按五行相生相克的五德终始理论推断，北周是以木德继承西魏的水德。［7］行夏之时：沿用夏朝的历法。即以北斗星斗柄指向正东偏北的寅位为一年的开始，也就是以农历正月为岁首。［8］服色尚黑：五行中水以黑色为上色，周得水行，故尚黑。［9］神农：即炎帝，传说中的古代部落联盟首领。鲜卑人认为炎帝被黄帝击败后，其中一支逃到了漠北，成为鲜卑人的祖先。到了葛乌兔为首领时，鲜卑强大起来。传到玄孙普回，在打猎中得到三枚玉玺，其中一枚刻有"皇帝玺"三字，以为是上天的赐予。鲜卑人俗称天子为宇文，于是宇文成为姓氏和国号。［10］二丘：祭天的圜丘和祭地的方丘。［11］献侯：普回的儿子莫那最早率领族人，从阴山向南迁徙到辽西地区，被北周尊为始祖，称献侯。［12］癸卯：正月三日。［13］甲辰：正月四日。［14］大社：即社稷坛，是祭祀土地神和谷神的地方。［15］市门税：北魏末年，起义和叛乱频繁爆发，政府财政匮乏，于是凡进入市场大门的人，每人收税一钱，称作市门税。至此废除。［16］乙巳：正月五日。［17］郑玄（127—200）：东汉末年著名的经学家。字康成，北海高密（今山东高密市西）人。以古文经说为主，兼采今文经说，遍注群经，成为汉代经学的集大成者。传见《后汉书》卷三十五。他认为《周礼》是真正的周代官制，被宇文泰接受，改革了西魏的官制。现在宇文觉又采用他对丧制的解说，来确定北周的宗庙祭祀制度。［18］五庙：《礼记·王制》认为周天子有七庙，太祖庙外，有三昭、三穆。太祖位是坐西朝东；昭是二、四、六代继承者的神主位，在太祖位的左方，南向；穆是三、五、七代继承者的神主位，在太祖位的右方，北向。郑玄认为所谓七庙是说有太祖庙、文王和武王二个祧（tiāo）庙，以及二昭、二穆四个亲庙。祧庙别立。所以北周设五庙。［19］祧庙：远祖庙。［20］不毁：凡高祖以上远祖，一般不立庙，藏神主于太庙中，称毁。但有德行的可以不毁，立祧庙供祭祀。［21］辛亥：正月十一日。［22］壬子：正月十二日。［23］元氏（？—616）：周孝闵帝元皇后，名胡摩，西魏文帝元宝炬第五个女儿，初封晋安公主。孝闵帝被废，出家为尼。建德初年（572），周武帝将她尊为孝闵皇后，居住在崇义宫。隋时沦为平民。传见《周书》卷九、《北史》卷十四。［24］南安：县名，在今湖北黄冈市。［25］丰州：《周书》卷三十七、《北史》卷七十均作"澧州"。［26］郭彦（？—569）：太原阳曲（今山西阳曲县西南）人。西魏时官至骠骑大将军、开府仪同三司，封龙门县伯。入周，以袭取南安，进爵怀德县公。传见《周书》卷三十七、《北史》卷七十。［27］秦州都督：以秦州刺史身份都督河、渭、凉、鄯四州诸军事。姓名不详。［28］揣之已了：分析此事，已经明明白白。［29］事勃：像臣对君一样对待萧勃。［30］庚午：二月一日。［31］从子：《陈书》卷八、《南史》卷六十六均作"子"。《资治通鉴》从《梁书》卷六。［32］癸酉：二月四日。［33］朝日：古代帝王祭日的礼名。［34］戊寅：二月九日。［35］晋公：原封中山公。此为宇文护的新封爵。［36］丁亥：二月十八日。［37］戊子：二月十九日。［38］苦竹滩：地名。在今江西丰城市西南，也叫苦竹洲。［39］跖口城：城名。在今江西南昌市西南。又作墒口城。［40］孝劢（mài）：余孝劢，人名。［41］石头：石头渚，在今江西南昌市新建区西北。［42］上牢：地名。今址不详。［43］芊韶：地名。在今江西丰城市东北。［44］泥溪：地名。在今江西峡江县以东。［45］严威将军：官名。属杂号将军。［46］癸巳：二月二十四日。［47］甲午：二月二十五日。［48］贺兰祥（515—562）：字盛乐，一作盛洛。西魏时官至大将军、尚书左仆射，爵博陵郡公。入周，协助宇文护诛赵贵，废孝闵帝。后大破吐谷浑，建洮州，以功封凉国公。传见《周书》卷二十、《北史》卷六十一。［49］庚子：三月一日。［50］赵景公：独孤信时封卫国公，隋文帝登基，始追封赵国公，谥号景。［51］己酉：三月十日。［52］甲辰：三月五日。［53］甲寅：三月十五日。［54］己卯：四月十一日。［55］四柱钱：文作“五铢”。因正面上下各有二星，所以叫做四柱钱。有的是正面上下各一星，背面左右各一星。［56］一当二十：一个四柱钱可以顶二十个小钱用。［57］壬午：四月十四日。［58］成陵：太祖宇文泰陵园。［59］乙酉：四月十七日。［60］右丞相：官名。齐置，又有左丞相。《隋志》以为乾明（560—561）中初置丞相，河清（562—565）中分为左右。据此则北齐文宣帝天保八年已置右丞相，天保十年又升斛律金为左丞相。至乾明元年二月，才以高演为大丞相。则置左右丞相先于置丞相。［61］太傅：北齐官制与北周不同，以太师、太傅、太保为三师，仿周制上公，由功勋卓著、德行高尚的大臣来担任。其下有“二大”，即大司马、大将军，专门负责军事。再次为三公，即太尉、司徒、司空。以上都是一品官。太傅地位与丞相相当，但权力不如丞相大。［62］并省：高欢居晋阳，在并州特设行台尚书令及左、右仆射。高洋建北齐，改称并省，设官依旧，但地位低于邺都中央政府的尚书省。［63］丁亥：四月十九日。［64］壬辰：四月二十四日。［65］丙申：四月二十八日。［66］复闭细钱：再度禁止民间私铸的小钱流行。［67］戊戌：四月三十日。［68］衡州：胡三省以为此衡州，治所在含洭，即今广东英德市西。不是治所在始兴（今广东韶关市）的东衡州。［69］纥：欧阳纥（537—569），字奉圣，陈文帝时任衡州刺史，袭封阳山郡公。宣帝初即位，调他入京，纥疑心对他不利而反叛，不久兵败被杀。传见《陈书》卷九、《南史》卷六十六。［70］御正中大夫：官名。掌记王言行。［71］中外府司马：官名。即都督中外诸军事府司马。［72］戊辰：六月戊辰朔，即六月一日。《资治通鉴》作“五月”，误。［73］戊寅：六月十一日。［74］辛亥：七月四日。［75］河南、北：洛阳以东的黄河南北地区。［76］崔叔瓒：好直言。妻子是齐昭信皇后的妹妹。后卒于阳平太守任。传见《魏书》卷四十九、《北史》卷三十二。［77］《五行志》：《汉书·五行志》。原文作：“是时民患上力役，懈于公田”，所以“蝗始生”。［78］土功不时：大兴土木，劳民伤财，影响农业生产。［79］溷（hùn）：或取之于厕所，或取之于猪圈的脏水。［80］丁卯：八月一日。［81］戊辰：八月二日。［82］甲午：八月二十八日。［83］辛丑：九月五日。［84］刚果：刚强果敢。［85］司会：官名。大冢宰属官，主持财政。［86］李植：柱国大将军李远之子，曾任梁州刺史。传见《周书》卷二十五、《北史》卷五十九。［87］相府司录：官名。掌丞相府机要。［88］宫伯：官名。是大冢宰属官，掌官宦子弟的名籍和选拔任用。［89］乙弗凤：复姓乙弗，乙弗朗之子。传见《北史》卷四十九。［90］邑邑：同“悒悒”。不得志的样子。［91］情兼家国：以家论有兄弟之亲，以国论有君臣之义。［92］竭其股肱：身居辅弼要职，如人之臂骨和大腿骨，当竭尽全力，支撑国家。［93］奸回：邪恶。［94］刻日：确定日期。［95］尉迟纲（517—569）：字婆罗，蜀国公尉迟迥的弟弟。西魏末封昌平郡公，拜大将军。入周，进位柱国大将军，封吴国公。传见《周书》卷二十、《北史》卷六十二。［96］旧第：封略阳公时的旧宅。［97］诘朝：第二天早上。［98］阳平公：李远封爵。［99］相质：一同对质。［100］略阳：据章校，十二行本、乙十一行本下有“公”字。［101］叔诣：李叔诣，人名。《周书》卷二十五作“叔谐”，《资治通鉴》恐误。［102］义归公主：宇文泰之女，嫁给李基为妻。［103］癸亥：九月二十七日。［104］甲子：九月二十八日。［105］戊辰：十月三日。［106］辛未：十月六日。［107］癸酉：十月八日。［108］中书舍人：官名。陈受禅，国家大事归中书省执掌，设中书舍人五人，分管二十一局，相当尚书省各曹，处理机要。尚书有职无权。［109］刘师知（？—567）：沛国相（今安徽淮北市西北）人。有文才，熟悉典章制度。陈受禅和陈霸先丧葬礼仪都由他而定。后因密谋排挤任尚书令的陈顼（宣帝）而被赐死。传见《陈书》卷十六、《南史》卷六十八。［110］排闼：推开陈霸先住房的门。［111］经事萧氏：曾在武帝朝称臣，因抵御侯景侵犯台城有功，被封东兴县侯。［112］分（fèn）：名分。［113］乙亥：十月十日。［114］改元：改年号为永定。［115］丙子：十月十一日。［116］蒋帝庙：即蒋子文庙。据说汉末秣稜尉蒋子文追赶贼人到钟山下，受伤而死。吴孙权时，屡有神异事发生。于是孙权封他为蒋侯，并在山上修筑庙宇。因此钟山也被称作蒋山。［117］庚辰：十月十五日。［118］辛巳：十月十六日。［119］文赞：陈文赞，张校以为当作“文瓒”。［120］董氏：名不详。［121］钱氏：吴兴钱仲方之女，早卒。［122］克：陈克，时已死，谥“孝怀”。［123］章氏：即高祖宣皇后，名要儿，吴兴乌程（今浙江湖州市）人。本姓钮，父钮景明被章氏收养，因而改姓。章后曾被侯景所囚禁。霸先死，章后与蔡景历共同定计，秘不发丧，召文帝即位，被尊为皇太后。废帝即位，又尊为太皇太后。光大二年（568）黜废帝为临海王，命宣帝嗣位，复尊为皇太后。事详《陈书》卷七、《南史》卷十二。［124］删定郎：官名。掌法律条令的拟定和修订。［125］乙酉：十月二十日。［126］丙戌：十月二十一日。［127］甲午：十月二十九日。［128］戊子：十月二十三日。［129］祔（fù）：祭名。本指新死者与祖先合享的祭祀。止哭的第二天，奉死者的神主祭于祖庙。祭毕，仍奉神主还家。满二周年后，正式迁入庙中。陈霸先父已死多年，所以直接迁到太庙中。［130］一太牢：祭祀的牺牲用牛、羊、猪各一具。［131］荐首：把牛、羊、猪的头献给始祖。［132］战无名矣：本来拥立梁敬帝、挟天子以令诸侯、征讨不应王命的王琳，名正言顺。现在陈霸先取梁而代之，建立陈朝，连王琳都不如，所以师出自然无名。［133］弇（yǎn）口：弇水入长江口，即今金水河入长江口，在湖北武汉市江夏区。［134］沌口：沌水入长江处，在今武汉市汉阳区。［135］汉曲：汉水曲折转弯处，在汉阳区内。［136］徐敬成（540—575）：徐度之子。初任著作郎。自王琳处放归，迁太子舍人。于平定陈宝应、华皎叛乱和北伐中，屡立战功。终于安州刺史任。传见《陈书》卷十二、《南史》卷六十七。［137］舶（tà）：大船。［138］丙申：十一月一日。［139］顼：时陈顼为人质，滞留在北周都城长安，所以始兴王爵是遥封。［140］庚子：十一月五日。［141］丁未：十一月十二日。［142］庚午：十二月六日。［143］癸酉：

十二月九日。［144］自蜀江东下：谯淹从垫江（在今重庆市）顺长江东下，为躲避北周的威胁。［145］叱罗晖：人名。复姓叱罗。［146］萧乾（？—567）：字思惕，兰陵人。仕至五兵尚书。传见《陈书》卷二十一、《南史》卷四十二。［147］子范：萧子范，字景则，封祁阳县侯。传见《梁书》卷三十五、《南史》卷四十二。［148］席固：人名。［149］而难其人：指替代的人难以选出。［150］司宪中大夫：官名。大司寇属官，掌监督执政。［151］朝制：北周的法制。［152］库洛枝：地名。今址不详。《北齐书》卷四、《北史》卷七均作“库洛拔”。［153］坞纥戍：地名。“坞”，原文作“鸡”，据章校改。又，《北齐书》卷四、《北史》均作“坞纥戍”。章校是。［154］不欲见沙门：当时沙门都穿黑衣，高欢怕应了术士的话，所以不见沙门。［155］破六韩伯升：人名。复姓破六韩。［156］洟：鼻涕。［157］二兄：高洋排行老二，所以高浚称他为二兄。［158］大敌：指北周。［159］裸裎（chéng）：赤身露体。［160］屏处：隐蔽的地方。［161］由来难忍：从来叫人难以忍受。［162］饮食溲秽：吃饭便溺。

二年（戊寅，558年）

春，正月，王琳引兵下，至湓城，屯于白水浦[1]，带甲十万。琳以北江州刺史鲁悉达为镇北将军，上[2]亦以悉达为征西将军，各送鼓吹女乐。悉达两受之，迁延顾望，皆不就；上遣安西将军沈泰袭之，不克。琳欲引军东下，而悉达制其中流，琳遣使说诱，终不从。己亥[3]，琳遣记室宗虩[4]求援于齐，且请纳梁永嘉王庄以主梁祀。衡州刺史周迪欲自据南川[5]，乃总召所部八郡[6]守宰结盟，齐言[7]入赴；上恐其为变，厚慰抚之。

新吴洞主余孝顷遣沙门道林[8]说琳曰：“周迪、黄法氍皆依附金陵，阴窥间隙，大军若下，必为后患；不如先定南川，然后东下，孝顷请席卷所部以从下吏。”琳乃遣轻车将军樊猛、平南将军李孝钦、平东将军刘广德[9]将兵八千赴之，使孝顷总督三将，屯于临川故郡，征兵粮于迪，以观其所为。

以开府仪同三司侯瑱为司空，衡州刺史欧阳頠为都督交、广等十九州诸军事、广州刺史。

周以晋公护为太师。

辛丑[10]，上祀南郊，大赦；乙巳[11]，祀北郊。

辛亥[12]，周王耕藉田。

癸丑，周立王后独孤氏[13]。

戊午[14]，上祀明堂。

二月，壬申[15]，南豫州刺史沈泰奔齐。

齐北豫州刺史司马消难，以齐主昏虐滋甚，阴为自全之计，曲意抚循所部。消难尚高祖女，情好不睦，公主诉之。上党王涣之亡也，邺中大扰，疑其赴成皋。消难从弟子瑞[16]为尚书左丞，与御史中丞毕义云有隙，义云遣御史张子阶诣北豫州采风闻[17]，先禁消难典签家客等。消难惧，密令所亲中兵参军裴藻[18]托以私假[19]，间行入关，请降于周。

三月，甲午[20]，周遣柱国达奚武、大将军杨忠帅骑士五千迎消难，从间道驰入齐境五百里，前后三遣使报消难，皆不报[21]。去虎牢三十里，武疑有变，欲还，忠曰："有进死，无退生！"独以千骑夜趣城下。城四面峭绝，但闻击柝声。武亲来，麾数百骑西去，忠勒余骑不动，俟门开而入，驰遣召武。齐镇城[22]伏敬远勒甲士二千人据东城，举烽严警。武惮之，不欲保城，乃多取财物，以消难及其属先归，忠以三千骑为殿。至洛南，皆解鞍而卧。齐众来追，至洛北，忠谓将士曰："但饱食，今在死地，贼必不敢渡水！"已而果然，乃徐引还。武叹曰："达奚武自谓天下健儿，今日服矣！"周以消难为小司徒[23]。

丁酉[24]，齐主自晋阳还邺。

齐发兵援送梁永嘉王庄于江南，册拜王琳为梁丞相、都督中外诸军、录尚书事。琳遣兄子叔宝[25]帅所部十州刺史子弟赴邺。琳奉庄即皇帝位，改元天启。追谥建安公渊明曰闵皇帝。庄以琳为侍中、大将军、中书监，余依齐朝之命。

夏，四月，甲子[26]，上享太庙。

乙丑[27]，上使人害梁敬帝，立梁武林侯咨之子季卿[28]为江阴王。

己巳[29]，周以太师护为雍州牧。

甲戌[30]，周王后独孤氏殂。

辛巳[31]，齐大赦。

齐主以旱祈雨于西门豹祠[32]，不应，毁之，并掘其冢。

五月，癸巳[33]，余孝顷等屯二万军于工塘，连八城以逼周迪。迪惧，请和，并送兵粮。樊猛等欲受盟而还；孝顷贪其利，不许，树栅围之。由是猛等与孝顷不协。

周以大司空侯莫陈崇为大宗伯。

癸丑[34]，齐广陵南城主张显和、长史张僧那[35]各帅所部来降。

辛丑[36]，齐以尚书令长广王湛录尚书事，骠骑大将军平秦王归彦为尚书左仆射。甲辰[37]，以前左仆射杨愔为尚书令。

辛酉[38]，上幸大庄严寺舍身；壬戌[39]，群臣表请还宫。

六月，乙丑[40]，齐主北巡，以太子殷监国，因立大都督府与尚书省分理众务，仍开府置佐。齐主特崇其选，以赵郡王叡为侍中、摄大都督府长史。

己巳[41]，诏司空侯瑱与领军将军徐度帅舟师为前军以讨王琳。

齐主至祁连池[42]；戊寅[43]，还晋阳。

秋[44]，戊戌[45]，上幸石头，送侯瑱等。

高州刺史黄法氍、吴兴太守沈恪、宁州刺史周敷合兵救周迪。敷自临川故郡断江口，分兵攻余孝顷别城。樊猛等不救而没；刘广德乘流先下，故获全。孝顷等皆弃舟引兵步走，迪追击，尽擒之，送孝顷及李孝钦于建康，归樊猛于王琳。

甲辰[46]，上遣吏部尚书谢哲[47]往谕王琳。哲，朏[48]之孙也。

八月，甲子[49]，周大赦。

乙丑[50]，齐主还邺。

辛未[51]，诏临川王蒨西讨，以舟师五万发建康，上幸冶城寺送之。

甲戌[52]，齐主如晋阳。

王琳在白水浦，周文育、侯安都、徐敬成许王子晋以厚赂，子晋乃伪以小船依艑而钓，夜，载之上岸，入深草中，步投陈军，还建康自劾；上引见，并宥之，戊寅[53]，复其本官。

谢哲返命，王琳请还湘州，诏追众军还。癸未[54]，众军至自大雷。

九月，甲申[55]，周封少师元罗为韩国公以绍魏后。

丁未[56]，周王如同州；冬，十月，辛酉[57]，还长安。

余孝顷之弟孝励及子公飏[58]犹据旧栅不下；庚午[59]，诏开府仪同三司周文育都督众军出豫章讨之。

（以上为第二段，重点写南朝王琳兵败，与陈朝订盟还湘州，陈朝大局已定，全境粗安。）

【注释】

［1］白水浦：湖名。通长江，在今江西九江市东。［2］上：此指陈霸先。［3］己亥：正月五日。［4］宗虩（xì）：人名。［5］南川：指南昌到赣州间的赣水两岸地区。［6］八郡：即南康、宜春、安成、庐陵、临川、巴山、豫章、豫宁八郡。［7］齐言：异口同声，一致宣言。［8］道林：僧人法名。［9］刘广德：人名。［10］辛丑：正月七日。［11］乙巳：正月十一日。［12］辛亥：正月十七日。［13］癸丑：正月十九日。独孤氏：周明帝敬皇后，卫国公独孤信的长女。传见《周书》卷九、《北史》卷十四。［14］戊午：正月二十四日。［15］壬申：二月九日。［16］子瑞：司马子瑞，官至御史中丞，以平直著称。传见《北齐书》卷十八、《北史》卷五十四。［17］采风闻：了解有关吏治的民谣民风。［18］裴藻：字文芳。入周后，封闻喜县男，任晋州刺史。传见《北史》卷五十四。［19］私假：休假。［20］甲午：三月一日。［21］皆不报：都没有回信。［22］镇城：官名。即防城大都督。［23］小司徒：官名。大司徒的副手。［24］丁酉：三月四日。［25］叔宝：王叔宝，人名。［26］甲子：四月二日。［27］乙丑：四月三日。［28］季卿：萧季卿，后因私卖梁朝陵园树木给征北大将军淳于量，被免去爵位。［29］己巳：四月七日。［30］甲戌：四月十二日。［31］辛巳：四月十九日。［32］西门豹祠：战国魏文侯时，西门豹任邺令，开十二道水渠，发展生产，受到百姓敬仰，后人立祠世代祭祀。［33］癸巳：五月一日。［34］癸丑：五月二十一日。［35］张显和：人名。张僧那：人名。［36］辛丑：五月九日。［37］甲辰：五月十二日。［38］辛酉：五月二十九日。［39］壬戌：五月三十日。［40］乙丑：六月三日。［41］己巳：六月七日。［42］祁连池：湖名。在山西宁武县西南，又称天池。鲜卑人称“天”为祁连，所以叫祁连池。［43］戊寅：六月十六日。［44］秋：下当脱“七月”二字。据章校，十二行本、乙十一行本、孔本均有“七月”二字。［45］戊戌：七月七日。［46］甲辰：七月十三日。［47］谢哲（509—567）：字颖豫，陈郡阳夏（今河南太康县）人。梁末任广陵太守。入陈，历任都官尚书、吏部尚书、中书令。传见《陈书》卷二十一、《南史》卷二十。［48］朏：谢朏（441—506），字敬冲。宋末，以侍中领秘书监。齐受禅，以不交出玉玺被免官禁锢五年。后出任义兴、吴兴太守。梁代齐，委任侍中，常不理事。传见《梁书》卷十五、《南史》卷二十。［49］甲子：八月三日。［50］乙丑：八月四日。［51］辛未：八月十日。［52］甲戌：八月十三日。［53］戊寅：八月十七日。［54］癸未：八月二十二日。［55］甲申：九月辛卯朔，无甲申。严校以为是“甲辰”之误，即九月十四日。［56］丁未：九月十七日。［57］辛酉：十月一日。［58］公飏：余公飏，人名。［59］庚午：十月十日。

齐三台成，更名铜爵曰金凤，金虎曰圣应，冰井曰崇光。十一月，甲午[1]，齐主至邺，大赦。齐主游三台，戏以槊刺都督尉子辉[2]，应手而毙。

常山王演以帝沈湎[3]，忧愤形于颜色。帝觉之，曰："但令汝在，我何为不纵乐！"演唯涕泣拜伏，竟无所言。帝亦大悲，抵杯于地曰："汝似嫌我如是，自今敢进酒者斩之！"因取所御杯尽坏弃。未几，沈湎益甚，或于诸贵戚家角力批拉[4]，不限贵贱，唯演至，则内外肃然。演又密撰事条，将谏，其友[5]王晞[6]以为不可；演不从，因间极言，遂逢大怒。演性颇严，尚书郎中剖断有失，辄加捶楚，令史奸慝即考竟[7]。帝乃立演于前，以刀镮拟胁，召被演罚者，临以白刃，求演之短；咸无所陈，乃释之。晞，昕[8]之弟也。帝疑演假辞于晞[9]以谏，欲杀之。王[10]私谓晞曰："王博士，明日当作一条事，为欲相活，亦图自全，宜深体勿怪。"乃于众中杖晞二十。帝寻发怒，闻晞得杖，以故不杀，髡鞭[11]配甲坊。居三年，演又因谏争，大被殴挞，闭口不食。太后日夜涕泣，帝不知所为，曰："傥小儿死，奈我老母何！"于是数往问演疾，谓曰："努力强食，当以王晞还汝。"乃释晞，令诣演。演抱晞曰："吾气息惙然[12]，恐不复相见！"晞流涕曰："天道神明，岂令殿下遂毙此舍！至尊亲为人兄，尊为人主，安可与计[13]！殿下不食，太后亦不食，殿下纵不自惜，独不念太后乎！"言未卒，演强坐而饭。晞由是免徒，还为王友。及演录尚书事，除官者皆诣演谢，去必辞。晞言于演曰："受爵天朝，拜恩私第，自古以为不可，宜一切约绝。"演从之。久之，演从容谓晞曰："主上起居不恒[14]，卿宜耳目所具，吾岂可以前逢一怒，遂尔结舌[15]。卿宜为撰谏草，吾当伺便极谏。"晞遂条十余事以呈，因谓演曰："今朝廷所恃者惟殿下，乃欲学匹夫耿介，轻一朝之命！狂药[16]令人不自觉，刀箭岂复识亲疏，一旦祸出理外，将奈殿下家业何，奈皇太后何！"演欷歔不自胜，曰："乃至是乎！"明日，见晞曰："吾长夜久思，今遂息意。"即命火，对晞焚之。后复承间苦谏，帝使力士反接[17]，拔白刃注颈，骂曰："小子何知，是谁教汝？"演曰："天下噤口，非臣谁敢有言！"帝趣杖，乱捶之数十；会醉卧，得解。帝亵黩之游，遍于宗戚，所往留连；唯至常山第，多无适[18]而去。尚书左仆射崔暹屡谏，演谓暹曰："今太后不敢言，吾兄弟杜口，仆射独能犯颜，内外深相感愧。"

太子殷，自幼温裕开朗，礼士好学，关览时政，甚有美名。帝尝嫌太子"得汉家性质，不似我"，欲废之。帝登金凤台召太子，使手刃囚，太子恻然有难色，再三，不断其首。帝大怒，亲以马鞭撞之[19]，太子由是气悸[20]语吃，精神昏扰。帝因酣宴，屡云："太子性懦，社稷事重，终当传位常山。"太子少傅魏收谓杨愔曰："太子，国之根本，不可动摇。至尊三爵之后，每言传位常山，令臣下疑贰。若其实也，当决行之。此言非所以为戏，恐徒使国家不安。"愔以收言白帝，帝乃止。

帝既残忍，有司讯囚，莫不严酷，或烧犁耳，使立其上，或烧车釭，使以臂贯之，既不胜苦，皆至诬伏[21]。唯三公郎中[22]武强苏琼[23]，历职中外，所至皆以宽平为治。时赵州及清河屡有人告谋反者，前后皆付琼推检，事多申雪。尚书崔昂谓琼曰："若欲立功名，当更思余理；数雪反逆，身命何轻！"琼正色曰："所雪者冤枉耳，不纵反逆也。"昂大惭。

帝怒临漳令稽晔[24]、舍人李文思[25]，以赐臣下为奴。中书侍郎彭城郑颐[26]私诱祠部尚书王昕曰："自古无朝士为奴者。"昕曰："箕子为之奴。"颐以白帝曰："王元景比陛下于纣。"帝衔之。顷之，帝与朝臣酣饮，昕称疾不至，帝遣骑执之，见方摇膝吟咏，遂斩于殿前，投尸漳水。

齐主北筑长城，南助萧庄，士马死者以数十万计。重以修筑台殿，赐与无节，府藏之积，不足以供，乃减百官之禄，撤军人常廪[27]，并省州郡县镇戍之职，以节费用焉。

十二月，庚寅[28]，齐以可朱浑道元为太师，尉粲为太尉，冀州刺史段韶为司空，常山王演为大司马，长广王湛为司徒。

壬午[29]，周大赦。

齐主如北城，因视永安简平[30]王浚、上党刚肃[31]王涣于地牢。帝临穴讴歌，令浚等和之，浚等惶怖且悲，不觉声颤；帝怆然，为之下泣，将赦之。长广王湛素与浚不睦，进曰："猛虎安可出穴！"帝默然。浚等闻之，呼湛小字曰："步落稽[32]，皇天见汝！"帝亦以浚与涣皆有雄略，恐为后害，乃自刺涣，又使壮士刘桃枝就笼乱刺。槊每下，浚、涣辄以手拉折之，号哭呼天，于是薪火乱投，烧杀之，填以土石。后出之，皮发皆尽，尸色如炭，远近为之痛愤。帝以仪同三司刘郁捷[33]杀浚，以浚妃陆氏赐之；冯文洛杀涣，以涣妃李氏赐之，二人皆帝家旧奴也。陆氏寻以无宠于浚，得免。

高凉太守冯宝卒，海隅扰乱。宝妻冼氏怀集部落，数州晏然。其子仆[34]，生九年，是岁，遣仆帅诸酋长入朝，诏以仆为阳春太守。

后梁主遣其大将军王操将兵略取王琳之长沙、武陵、南平等郡。

（以上为第三段，重点写北齐文宣帝高洋残虐、拒谏，滥杀大臣，祸及骨肉兄弟。）

【注释】

［1］甲午：十一月五日。［2］尉子辉：人名。《北齐书》卷四、《北史》卷七作“尉子耀”，并认为是发生在晋阳的事，均与《资治通鉴》异。［3］沈湎：沉溺于饮酒。［4］角力批拉：比武，用手击打。［5］友：诸封王王宫中的僚属。［6］王晞（511—581）：字叔明，小名沙弥，王昕的弟弟。高欢选拔官宦子弟中忠实可靠的人，辅助诸子。于是晞以中外府功曹参军的身份，成为高演的密友。高洋死，力主高演清君侧。高演登基，任太子太傅。高湛时，任大鸿胪。齐亡，仕周为仪同大将军。传见《北齐书》卷三十一、《北史》卷二十四。［7］即考竟：立即下到狱中拷问至死。时高演任尚书令，尚书郎中、令史都是他的属官。［8］昕：王昕（？—559），字元景，北海剧人。前秦丞相王猛的后代。曾任秘书监。有名士放达之风，得罪高洋，被斩首弃尸于漳水。传见《北齐书》卷三十一、《北史》卷二十四。［9］假辞于晞：条奏的话出自于王晞。［10］王：当作“演”。《资治通鉴》转抄《北齐书》，语气没有完全改顺。［11］髡鞭：刑名。髡，指剃去头发的刑。鞭，体刑的一种，用竹制鞭抽打犯人。［12］惙（chuò）然：疲乏无力。［13］安可与计：怎么可以同他计较是非。［14］不恒：无常，没有规律。［15］结舌：闭口不再谏诤。［16］狂药：令人发狂的药。这里指酒。高洋一饮酒，便形同疯子。［17］反接：把双手扭到背后。［18］无适：不尽兴。［19］撞之：击打太子。［20］气悸：惊惧，心跳过速。［21］诬伏：违心认罪。［22］三公郎中：官名。即殿中尚书所辖三公曹的郎中，负责在春、夏、秋、冬季节变化时读时令；管理各曹的囚犯登记簿和断罪；在皇帝下达大赦令时，设金鸡于竿子上，表示吉辰到来等事务。［23］苏琼：字珍之，长乐武强（今河北武强县西南）人。曾任廷尉正、大理卿，有“断狱无疑苏珍之”的美誉。传见《北齐书》卷四十六、《北史》卷八十六。［24］稽晔：人名。《北齐书》卷三十、《北史》卷二十四均作“嵇晔”。［25］李文思：李义深之子，曾任中书舍人、齐郡太守。传见《北齐书》卷二十二、《北史》卷三十三。又二史均作“李文师”，疑《资治通鉴》误。［26］郑颐：字子默，彭城（今江苏徐州市）人。拜散骑常侍，权重一时。传见《北齐书》卷三十四、《北

史》卷四十一。［27］常廪：正常供给的粮食。［28］庚寅：十二月庚申朔，无庚寅。严校以为是"戊寅"之误，即十二月十九日。按《北齐书》卷四正作"戊寅"。［29］壬午：十二月二十三日。［30］简平：永安王高浚的谥号。［31］刚肃：上党王高涣的谥号。［32］步落稽：高湛的小名。［33］刘郁捷：人名。《北史》卷九十二作"刘郁斤"。［34］仆：冯仆，后封信都侯，平原郡公。

三年（己卯，559年）

春，正月，己酉[1]，周太师护上表归政，周王始亲万机；军旅之事，护犹总之。初改都督州军事为总管。

王琳召桂州刺史淳于量。量虽与琳合而潜通于陈；二月，辛酉[2]，以量为开府仪同三司。

壬午[3]，侯瑱引兵焚齐舟舰于合肥。

丙戌[4]，齐主于甘露寺[5]禅居深观[6]，唯军国大事乃以闻。尚书左仆射崔暹卒，齐主幸其第哭之，谓其妻李氏曰："颇思暹乎？"对曰："思之。"帝曰："然则自往省之。"因手斩其妻[7]，掷首墙外。

齐斛律光将骑一万击周开府仪同三司曹回公[8]，斩之，柏谷[9]城主薛禹生[10]弃城走，遂取文侯镇[11]，立戍置栅而还。

三月，戊戌[12]，齐以[13]高德政为尚书右仆射。

吐谷浑寇周边；庚戌[14]，周遣大司马贺兰祥击之。

丙辰[15]，齐主至邺。

梁永嘉王庄至郢州，遣使入贡于齐。王琳遣其将雷文策[16]袭后梁监利太守蔡大有，杀之。

齐主之为魏相也，胶州刺史定阳文肃侯[17]杜弼为长史，帝将受禅，弼谏止之。帝问："治国当用何人？"对曰："鲜卑车马客，会须用中国人。"帝以为讥己，衔之。高德政用事，弼不为之下，尝于众前面折德政；德政数言其短于帝，弼恃旧，不自疑。夏，帝因饮酒，积其愆失，遣使就州斩之；既而悔之，驿追不及。

闰四月，戊子[18]，周命有司更定新历。

丁酉[19]，遣镇北将军徐度将兵城南皖口[20]。

齐高德政与杨愔同为相，愔常忌之。齐主酣饮，德政数强谏，齐主不悦，谓左右曰："高德政恒以精神凌逼人。"德政惧，称疾，欲自退。帝谓杨愔曰："我大忧德政病。"对曰："陛下若用为冀州刺史，病当自差[21]。"帝从之。德政见除书[22]，即起。帝大怒，召德政谓曰："闻尔病，我为尔针。"亲以小刀刺之，血流霑地。又使曳下斩去其足，刘桃枝执刀不敢下，帝责桃枝曰："尔头即堕地！"桃枝乃斩其足之三指。帝怒不解，囚德政于门下，其夜，以毡舆送还家。明旦，德政妻出珍宝满四床，欲以寄人[23]，帝奄至其宅，见之，怒曰："我御府犹无是物！"诘其所从得，皆诸元赂之，遂曳出，斩之。妻出拜，又斩之，并其子伯坚。以司州牧彭城王浟为司徒，侍中高阳王湜为尚书右仆射；乙巳[24]，以浟兼太尉。

齐主封子绍廉[25]为长安王。

辛亥[26]，周以侯莫陈崇为大司徒，达奚武为大宗伯，武阳公豆卢宁为大司寇，柱国辅城公邕[27]为大司空。

乙卯[28]，周诏："有司无得纠赦前事；唯厩库仓廪与海内所共，若有侵盗，虽经赦宥免其罪，征备如法[29]。"周贺兰祥与吐谷浑战，破之，拔其洮阳、洪和[30]二城，以其地为洮州。

五月，丙辰朔[31]，日有食之。

齐太史奏，今年当除旧布新。齐主问于特进彭城公元韶曰："汉光武何故中兴？"对曰："为诛诸刘不尽。"于是齐主悉杀诸元以厌之[32]。癸未[33]，诛始平公元世哲[34]等二十五家，囚韶等十九家。韶幽于地牢，绝食，啖衣袖而死。

周文育、周迪、黄法氍共讨余公飏，豫章太守熊昙朗引兵会之，众且万人。文育军于金口[35]，公飏诈降，谋执文育，文育觉之，囚送建康。文育进屯三陂[36]。王琳遣其将曹庆[37]帅二千人救余孝劢，庆分遣主帅常众爱与文育相拒，自帅其众攻周迪及安南将军吴明彻，迪等败，文育退据金口。熊昙朗因其失利，谋杀文育以应众爱，监军孙白象闻其谋，劝文育先之，文育不从。时周迪弃船走，不知所在，乙酉[38]，文育得迪书，自赍以示昙朗，昙朗杀之于坐而并其众，因据新淦城[39]。昙朗将兵万人袭周敷，敷击破之，昙朗单骑奔巴山。

鲁悉达部将梅天养[40]等引齐军入城[41]。悉达帅麾下数千人济江自归，拜平南将军、北江州刺史。

六月，戊子[42]，周以霖雨[43]，诏群臣上封事极谏。左光禄大夫[44]猗氏乐逊[45]上言四事：其一，以为“比来守令代期既促，责其成效，专务威猛；今关东之民沦陷涂炭，若不布政优优，闻诸境外，何以使彼劳民，归就乐土！”其二，以为“顷者魏都洛阳，一时殷盛，贵势之家，竞为侈靡，终使祸乱交兴，天下丧败；比来朝贵器服稍华，百工造作务尽奇巧，臣诚恐物逐好移，有损政俗。”其三，以为“选曹补拟[46]，宜与众共之；今州郡选置，犹集乡闾，况天下铨衡，不取物望，既非机事，何足可密！其选置之日，宜令众心明白，然后呈奏。”其四，以为“高洋据有山东，未易猝制，譬犹棋劫相持，争行先后，若一行不当，或成彼利，诚应舍小营大，先保封域，不宜贪利边陲，轻为举动。”

周处士[47]韦夐[48]，孝宽之兄也，志尚夷简，魏、周之际，十征不屈。周太祖甚重之，不夺其志，世宗礼敬尤厚，号曰“逍遥公”。晋公护延之至第，访以政事；护盛修第舍，夐仰视堂，叹曰：“酣酒嗜音，峻宇彫墙，有一于此，未或不亡[49]。”护不悦。

骠骑大将军、开府仪同三司寇俊[50]，赞[51]之孙也，少有学行。家人常[52]卖物，多得绢五匹，俊于后知之，曰：“得财失行，吾所不取。”访主还之。敦睦宗族，与同丰约[53]，教训子孙，必先礼义。自大统中，称老疾，不朝谒；世宗虚心欲见之，俊不得已入见。王引之同席而坐，问以魏朝旧事；载以御舆，令于王前乘之以出，顾谓左右曰：“如此之事，唯积善者可以致之。”

周文育之讨余孝劢也，帝令南豫州刺史侯安都继之。文育死，安都还，遇王琳将周炅、周协南归[54]，与战，擒之。孝劢弟孝猷帅所部四千家诣安都降。安都进军至左里[55]，击曹庆、常众爱，破之。众爱奔庐山[56]，庚寅[57]，庐山民斩之，传首。

诏临川王蒨于南皖口置城，使东徐州刺史吴兴钱道戢[58]守之。

丁酉[59]，上不豫，丙午[60]，殂。上临戎制胜，英谋独运，而为政务崇宽简，非军旅急务，不轻调发。性俭素，常膳不过数品，私宴用瓦器、蚌盘[61]，瓮核[62]充事而已；后宫无金翠之饰，不设女乐。

时皇子昌[63]在长安，内无嫡嗣，外有强敌，宿将皆将兵在外，朝无重臣，唯中领军杜棱典宿卫兵在建康。章皇后召棱及中书侍郎蔡景历入禁中定议，秘不发丧，急召临川王蒨于南皖。景历亲与宦者、宫人密营敛具。时天暑，须治梓宫，恐斤斧之声闻于外，乃以蜡[64]为秘器[65]，文书诏敕，依旧宣行。

侯安都军还，适至南皖，与临川王俱还朝。甲寅[66]，王至建康，入居中书省，安都与群臣定议，奉王嗣位，王谦让不敢当。皇后以昌故，未肯下令，群臣犹豫不能决。安都曰："今四方未定，何暇及远！临川王有大功[67]于天下，须共立之。今日之事，后应者斩！"即按剑上殿，白皇后出玺，又手解蒨发，推就丧次，迁殡大行于太极[68]西阶。皇后乃下令，以蒨纂承大统。是日，即皇帝位，大赦。秋，七月，丙辰[69]，尊皇后为皇太后。辛酉[70]，以侯瑱为太尉，侯安都为司空。

齐显祖将如晋阳，乃尽诛诸元，或祖父为王，或身尝贵显，皆斩于东市，其婴儿投于空中，承之以矟。前后死者凡七百二十一人，悉弃尸漳水，剖鱼者往往得人爪甲，邺下为之久不食鱼。使元黄头[71]与诸囚自金凤台各乘纸鸱[72]以飞，黄头独能至紫陌乃堕，仍付御史中丞毕义云饿杀之。唯开府仪同三司元蛮、祠部郎中元文遥[73]等数家获免。蛮[74]，继[75]之子，常山王演之妃父；文遥，遵之五世孙也。定襄令元景安[76]，虔[77]之玄孙也，欲请改姓高氏，其从兄景皓[78]曰："安有弃其本宗而从人之姓者乎！丈夫宁可玉碎，何能瓦全！"景安以其言白帝，帝收景皓，诛之；赐景安姓高氏。

八月，甲申[79]，葬武皇帝于万安陵，庙号高祖。

戊戌[80]，齐封皇子绍义[81]为广阳王；以尚书右仆射河间王孝琬为左仆射，都官尚书崔昂为右仆射。

周御正中大夫崔猷建议，以为："圣人沿革，因时制宜。今天子称王，不足以威天下，请遵秦、汉旧制称皇帝，建年号。"

乙亥[82]，周王始称皇帝，追尊文王曰文皇帝，改元武成。

癸卯[83]，齐诏："民间或有父祖冒姓元氏，或假托携养者，不问世数远近，悉听改复本姓！”初，高祖追谥兄道谭[84]为始兴昭烈王，以其次子顼袭封。及世祖即位，顼在长安未还，上以本宗乏飨[85]，戊戌[86]，诏徙封顼为安成王，皇子伯茂[87]为始兴王。

初，周太祖平蜀，以其形胜之地，不欲使宿将居之，问诸子：“谁可往者？”皆不对。少子安成公宪[88]请行，太祖以其幼，不许。壬子[89]，周人以宪为益州总管，时年十六，善于抚绥，留心政术，蜀人悦之。九月，乙卯[90]，以大将军天水公广[91]为梁州总管。广，导之子也。

辛酉[92]，立皇子伯宗为太子。

己巳[93]，齐主如晋阳。

辛未[94]，周主封其弟辅城公邕[95]为鲁公，安成公宪为齐公，纯[96]为陈公，盛[97]为越公，达[98]为代公，通[99]为冀公，逌[100]为滕公。

乙亥[101]，立太子母吴兴沈妃[102]为皇后。

周少保怀宁庄[103]公蔡祐卒。

齐显祖嗜酒成疾，不复能食，自知不能久，谓李后曰：“人生必有死，何足致惜！但怜正道[104]尚幼，人将夺之耳！”又谓常山王演曰：“夺则任汝，慎勿杀也！”尚书令开封王杨愔、领军大将军平秦王归彦、侍中广汉燕子献[105]、黄门侍郎郑颐皆受遗诏辅政。冬，十月，甲午[106]，殂。癸卯[107]，发丧，群臣号哭，无下泣者，唯杨愔涕泗呜咽。太子殷即位，大赦。庚戌[108]，尊皇太后为太皇太后，皇后为皇太后；诏诸土木金铁杂作一切停罢。

王琳闻高祖殂，乃以少府卿吴郡孙玚为郢州刺史，总留任[109]，奉梁永嘉王庄出屯濡须口，齐扬州道行台慕容俨帅众临江，为之声援。十一月，乙卯[110]，琳寇大雷[111]，诏侯瑱、侯安都及仪同徐度将兵御之。安州刺史吴明彻夜袭湓城，琳遣巴陵太守任忠击明彻，大破之，明彻仅以身免。琳因引兵东下。

齐以右丞相斛律金为左丞相，常山王演为太傅，长广王湛为太尉，段韶为司徒，平原王淹为司空，高阳王湜为尚书左仆射，河间王孝琬为司州牧，侍中燕子献为右仆射。

辛未[112]，齐显祖之丧至邺。

十二月，戊戌[113]，齐徙上党王绍仁为渔阳王，广阳王绍义为范阳王，长乐王绍广为陇西王。

（以上为第四段，写陈朝武帝削平诸侯而谢世，故能平稳交接政权。北齐国主高洋因酗酒乱性而酷虐，晚年尤甚，竟因酗酒致疾而亡身。北周天王宇文毓亲政，礼贤下士，重用贤良，周境政清。）

【注释】

［1］己酉：正月二十一日。［2］辛酉：二月三日。［3］壬午：二月二十四日。［4］丙戌：二月二十八日。［5］甘露寺：寺院名。在辽阳城，即今山西左权县。［6］深观：深思佛理。［7］手斩其妻：《北齐书》卷三十说，李氏的真正死因是崔暹子崔达拏妻子乐安公主向高洋诉说婆婆对待她态度不好所致，与《资治通鉴》异。［8］曹回公：人名。《北齐书》卷十七作"曹迥公"。［9］柏谷：在今河南洛阳市偃师区内。［10］薛禹生：人名。《周书》卷十九、《北史》卷六十五均作"薛羽生"，《资治通鉴》与《北齐书》同。恐当以"羽生"为是。［11］文侯镇：地名。当在今河南偃师区。［12］戊戌：三月十一日。［13］齐以：据章校，"以"字下有"侍中"二字。［14］庚戌：三月二十三日。［15］丙辰：三月二十九日。［16］雷文策：人名。《周书》作"雷又柔"，《北史》作"雷文柔"。三载各异。［17］文肃侯：文肃是定远侯杜弼的谥号。［18］戊子：闰四月二日。［19］丁酉：闰四月十一日。［20］南皖口：皖水入长江口，在今安徽怀宁县东。又叫皖口镇，或山口镇。［21］自差：不治自愈。［22］除书：任命书。［23］寄人：寄放他人处。［24］乙巳：闰四月十九日。［25］绍廉：高绍廉，高洋第五子。初封长乐王，后改封陇西王。因饮酒过度而死。传见《北齐书》卷十二、《北史》卷五十二。《资治通鉴》作"长安王"，误。［26］辛亥：闰四月二十五日。［27］邕：宇文邕，封辅城公。［28］乙卯：闰四月二十九日。［29］征备如法：按法律赔偿损失。［30］洮阳、洪和：城名。洮阳在今甘肃临潭县。后于洪和设美相县，为洮州州治，也在今甘肃临潭县。［31］丙辰朔：五月一日。［32］厌之：即厌当，用迷信的方法来压制未来可能出现的灾祸。［33］癸未：五月二十八日。［34］元世哲：东魏末任吏部郎。入齐，封始平公。传见《魏书》卷十九中。［35］金口：即金溪口，在今江西南昌市新建区西南。［36］三陂：地名。今址不详。［37］曹庆：萧庄所任左卫将军。王琳失败后，降陈。后随华皎叛乱，被诛。传见《陈书》卷二十。［38］乙酉：五月三十日。［39］新淦城：新淦县县治，在今江西樟树市。［40］梅天养：人名。［41］入城：入新蔡城，在今安徽霍山县东。［42］戊子：六月二日。［43］霖雨：连阴雨。［44］左光禄大夫：官名。无固定职守，以论议为主。［45］乐逊（500—581）：字遵贤，河东猗氏（今山西临猗县南）人。初教宇文泰诸子习经学。入周，任太学博士，转开府仪同大将军，封崇业郡公。传见《周书》卷四十五、《北史》卷八十二。［46］补拟：安排人事。当时都是由吏部秘密上奏皇帝裁定。［47］处士：在野不出仕的士人。［48］韦夐（503—579）：字敬远，连举不仕。周明帝时，愿以处士身份随时谒见，号

称逍遥公。主张儒道佛三教同归于善，著《三教序》。传见《周书》卷三十一、《北史》卷六十四。［49］未或不亡：以上四句出自《尚书·夏书·五子之歌》。说的是沉湎于酒乐，房屋修得高大，又装饰华丽，有其中一个毛病，就没有不败亡的。［50］寇俊（484—563）：字祖俊，上谷昌平人。西魏末官至车骑大将军、仪同三司，加散骑常侍，赐姓若口引氏。入周，进位骠骑大将军，封西安县子。居家常教授子孙经学。传见《周书》卷三十七、《北史》卷二十七。［51］赞：寇赞，北魏南雍州刺史，封河南公。传见《魏书》卷四十二、《北史》卷二十七。［52］常：尝。［53］与同丰约：和宗族同甘共苦。［54］周炅、周协：人名。两人受王琳派遣协助曹庆攻打周迪，取胜后南返。［55］左里：城名。在今江西都昌县西北、彭蠡湖东岸。［56］庐山：山名。在今江西九江市。［57］庚寅：六月五日。［58］钱道戢（511—573）：字子韬，吴兴长城人。妻为陈霸先从妹。梁末，以平定张彪功，拜东徐州刺史，封永安县侯。入陈，参与平定留异、欧阳頠叛乱，征讨过萧岿，屡立战功。于北伐途中病死于历阳。传见《陈书》卷二十二、《南史》卷六十七。［59］丁酉：六月十二日。［60］丙午：六月二十一日。［61］蚌盘：用蚌壳作为装饰的漆器。又称螺钿。［62］殽（yáo）核：菜肴和果品。［63］皇子昌：陈霸先第六子陈昌。梁元帝承圣元年征昌为领直，实为人质。江陵失陷，被虏到长安。［64］蜡：动物或植物分泌的脂状物，可融化，再经冷却成型。［65］秘器：棺材。［66］甲寅：六月二十九日。［67］大功：指平定杜龛、张彪，使陈朝得以巩固。［68］太极：太极殿。［69］丙辰：七月一日。［70］辛酉：七月六日。［71］元黄头：北魏废帝元朗之子。原封安定王，后改封安平王。传见《魏书》卷十九下。［72］纸鸱（chī）：纸鹰。实际上是用竹席作翅膀的类似滑翔机的小型飞行器，因制作粗糙，极易发生事故，所以高洋叫死囚乘它从高台上飞下，如能安全着陆，可以免杀，以此取乐。［73］元文遥：字德远，河南洛阳人。东魏末隐居林虑山。入齐，历事高洋、高演、高湛三帝，赐姓高氏，任尚书左仆射，封宁都郡公。传见《北齐书》卷三十八、《北史》卷五十五。［74］蛮：元蛮，曾任光禄卿。因是高演妃子元氏的父亲，赐姓步六孤氏。传见《魏书》卷十六、《北齐书》卷四十八、《北史》卷十六。［75］继：元继（？—528），字世仁，北魏京兆王，任侍中、太师、大将军、大都督、录尚书事，权倾一时。传见《魏书》卷十六、《北史》卷十六。［76］元景安：东魏代郡公。入齐，官至领军大将军，封历阳郡王。后降周。传见《北齐书》卷四十一、《北史》卷五十三。［77］虔：元虔，北魏陈留王。传见《魏书》卷十五、《北史》卷十五。［78］景皓：元景皓，东魏末，袭爵陈留王。传见《北齐书》卷四十一、《北史》卷五十三。［79］甲申：八月乙酉朔，无甲申。据《陈书》和《南史》，八月甲午定谥号为武皇帝，丙申葬于万安陵。则此"甲申"当是"丙申"之误。应是八月十二日。［80］戊戌：八月十四日。［81］绍义：高绍义，高洋第三子。后封范阳王。北周灭齐，奔入突厥，自称皇帝，招揽北齐余部。但不久即被突厥交付周军，流放于蜀地而死。传见《北齐书》卷十二、《北史》卷五十二。［82］乙亥：八月乙酉朔，无乙亥。据章校，十二行本、乙十一行本、孔本均作"己亥"，是八月十五日。《周书》卷四正作"己亥"。［83］癸卯：八月十九日。［84］道谭：陈道谭，初追封长城县公，后改封始兴王，谥号昭烈。一作"陈道谈"，未详孰是。［85］上以本宗乏飨：陈文帝陈蒨是陈道谭的长子，弟陈顼在长安。他继承陈霸先为帝，不能再成为本宗的主祭人，所以才有以下之举。［86］戊戌：八月十四日。［87］伯茂：陈伯茂（？—568），字郁之，陈蒨第二子。封始兴王，奉陈道谭祀。因与陈顼有矛盾，在陈顼即位后，即被贬为温麻侯，不久遭暗杀。传见《陈书》卷二十八、《南史》卷六十五。［88］安成公宪：宇文宪（545—579），字毗贺突，宇文泰第五子。西魏时，封安城郡公。入周，拜骠骑大将军，出督益州，封齐国公。周武帝时，代宇文护为冢宰，进爵齐王。率军东征，灭北齐。又平定稽胡刘没铎的叛乱。宣帝即位，遭忌被缢死。传见《周书》卷十二、《北史》卷五十八。［89］壬子：八月二十八日。［90］乙卯：九月一日。［91］天水公广：宇文广，字乾归。初封永昌郡公。入周，改封天水郡公。官至大将军、柱国、豳国公。传见《周书》卷十、《北史》卷五十七。［92］辛酉：九月七日。［93］己巳：九月十五日。［94］辛未：九月十七日。［95］邕：宇文邕（543—578），即周武帝，宇文泰第四子，字弥罗突。公元561年至公元578年在位。灭北齐，统一北方，奠定了隋统一全国的基础。事详《周书》卷五、《北史》卷十。［96］纯：宇文纯（？—580），字堙智突。位至柱国。夺取北齐并州后，进位上柱国，拜并州总管。因不满杨坚擅政，被杀。［97］盛：宇文盛（？—580），字立久突。历任上柱国、相州总管、大冢宰。后与五子一起被杨坚处死。传见《周书》卷十三、《北史》卷五十八。［98］达：宇文达（？—580），字度斤突。官至上柱国。也被杨坚所杀。传同宇文纯。［99］通：宇文通（？—571），字屈率突。传同宇文纯。［100］逌（yōu）：宇文逌（？—580），字尔固突。进位上柱国，伐陈元帅，后被杨坚所杀。传同宇文纯。［101］乙亥：九月二十一日。［102］沈妃：即世祖沈皇后，名妙容，吴兴武康（今浙江德清县武康镇）人。隋灭陈，返回故乡而死。传见《陈书》卷七、《南史》卷十二。［103］庄：怀宁公蔡祐谥号。［104］正道：太子高殷的字。［105］燕子献：字季则，广汉下洛（今四川广汉市）人。传见《北齐书》卷三十四、《北史》卷四十一。［106］甲午：十月十日。［107］癸卯：十月十九日。［108］庚戌：十月二十六日。［109］总留任：负责留守郢州，处理一切后方事务。［110］乙卯：十一月二日。［111］大雷：郡名。陈置，治所望江，在今安徽望江县西。［112］辛未：十一月十八日。［113］戊戌：十二月十五日。

【点评】

北齐主昏于上，政清于下。北齐文宣帝高洋，残虐之行，甚于殷纣，荒淫秽行，与禽兽无异。又处于四面强敌包围之中，却可偏安一隅，而没有覆国亡身，何其幸也！盖高洋雄略，一时之杰，身临战阵，立功树威，人臣慑服。又其为虐，乃酗酒使性，并非奸佞所使，故为祸仅限于朝臣宗亲，未及黎庶；况高洋拒谏，昏于嗜酒，而酒醒尚清，故能重用良臣，杨愔、高演等励精图治，缓解了各方社会矛盾。所谓北齐之政，主昏于上，政清于下，是以终高洋之世，南北三分，北齐仍能称雄，盛强为最。

卷一六八　陈纪二

陈文帝天嘉元年至三年（560—562 年）

【起上章执徐（庚辰，560 年），尽玄黓敦群（壬午，562 年），凡三年】

【大事提要】

本卷载述公元 560 年至公元 562 年南北朝史事，凡三年，时当陈文帝天嘉元年、二年、三年，北周明帝武成二年，武帝保定元年、二年，北齐废帝乾明元年，孝昭帝皇建元年、二年，武成帝太宁元年、二年。这一时期南北朝三方北周、北齐、陈朝三国内政动荡不已，同时宫廷政变迭起，以北齐为最。高演废帝自立，中断北齐帝位父子相继，变成兄终弟及，以力相夺。三国之间无大战，而边境摩擦不断，最终陈文帝通好北周、北齐，南北鼎足三分，暂趋平静。

世祖文皇帝上

天嘉元年（庚辰，560 年）

春，正月，癸丑朔[1]，大赦，改元[2]。

齐大赦，改元乾明。

辛酉[3]，上祀南郊。

齐高阳王湜[4]以滑稽[5]便辟[6]有宠于显祖，常在左右，执杖以挞诸王，太皇太后深衔之。及显祖殂，湜有罪[7]，太皇太后杖之百余；癸亥[8]，卒。

辛未[9]，上祀北郊。

齐主自晋阳还至邺。

二月，乙未[10]，高州刺史纪机[11]自军所[12]逃还宣城，据郡应王琳，泾令贺当迁[13]讨平之。

王琳至栅口，侯瑱督诸军出屯芜湖，相持百余日。东关春水稍长，舟舰得通，琳引合肥巢湖[14]之众，舳舻相次而下，军势甚盛。瑱进军虎槛洲[15]，琳亦出船列于江西，隔洲而泊。明日，合战，琳军少却，退保西岸。及夕，东北风大起，吹其舟舰并坏，没于沙中，浪大，不得还浦。及旦，风静，琳入浦治船，瑱等亦引军退入芜湖。

周人闻琳东下，遣都督荆、襄等五十二州诸军事、荆州刺史史宁将兵数万乘虚袭郢州，孙玚婴城自守。琳闻之，恐其众溃，乃帅舟师东下，去芜湖十里而泊，击柝闻于陈军。齐仪同三司刘伯球将兵万余人助琳水战，行台慕容恃德之子子会[16]将铁骑二千屯芜湖西岸，为之声势。

丙申[17]，瑱令军中晨炊蓐食以待之。时西南风急，琳自谓得天助，引兵直趣建康。瑱等徐出芜湖蹑其后，西南风翻为瑱用。琳掷火炬以烧陈船，皆反烧其船。瑱发拍[18]以击琳舰，又以牛皮冒蒙冲小船[19]以触其舰，并镕铁洒之。琳军大败，军士溺死者什二三，余皆弃船登岸，为陈军所杀殆尽。齐步军在西岸者，自相蹂践，并陷于芦荻泥淖中；骑皆弃马脱走，得免者什二三。擒刘伯球、慕容子会，斩获万计，尽收梁、齐军资器械。琳乘舴艋冒陈走[20]，至湓城，欲收合离散，众无附者，乃与妻妾左右十余人奔齐。

先是，琳使侍中袁泌[21]、御史中丞刘仲威[22]侍卫永嘉王庄；及败，左右皆散，泌以轻舟送庄达于齐境，拜辞而还，遂来降；仲威奉庄奔齐。泌，昂之子也。樊猛及其兄毅帅部曲来降。

（以上为第一段，写南朝王琳军败没，陈文帝讨灭了萧梁残余势力，陈朝拥有江南全境。）

【注释】

[1]癸丑朔：正月一日。[2]改元：改年号永定为天嘉。[3]辛酉：正月九日。[4]湜：高湜（?—560），高欢第十一子，封高阳王，任尚书令。传见《北齐书》卷十、《北史》卷五十一。[5]滑稽：言行举止令人发笑。[6]便辟：逢迎献媚的样子。[7]湜有罪：高洋出丧，湜以司徒导引梓宫，边走边吹笛，还说："至尊很了解臣。"又在治丧期，击鼓取乐。于是激怒太皇太后。[8]癸亥：正月十一日。[9]辛未：正月十九日。[10]乙未：二月十三日。[11]纪机：人名。[12]军所：大雷前线侯瑱军营。[13]贺当迁：人名。[14]巢湖：安徽境内最大的淡水湖。[15]虎槛洲：江心洲，在今安徽芜湖市繁昌区东北长江中，前距芜湖不远。[16]子会：慕容子会，北齐末任郢州刺史，后降于北周。传见《北史》卷五十三。[17]丙申：二月十四日。[18]发拍：战舰的前后各装有拍竿，可以在较远距离内拍击敌船。[19]蒙冲小船：一种

小型战船。用生牛皮蒙住船身，在前后左右开有射弩的窗口和可以刺出长矛的小孔，以及伸进桨柄的洞口。既有利于躲避敌人射出的箭和掷出的石块，又可以有效地进攻敌人，是水战中必不可少的战船。［20］冒陈走：冒着生命危险突阵而逃。［21］袁泌（510—567）：字文洋，初从萧范，后降于侯景。王僧辩诛侯景，泌兼任丹阳尹。入陈官至御史中丞。传见《陈书》卷十八、《南史》卷二十六。［22］刘仲威（527—569）：南阳涅阳（今河南邓州市东北）人。初随梁元帝，任中书侍郎，后送萧庄入北齐。传见《陈书》卷十八、《南史》卷五十。

齐葬文宣皇帝于武宁陵[1]，庙号高祖，后改曰显祖。

戊戌[2]，诏："衣冠士族、将帅战兵陷在王琳党中者，皆赦之，随材铨叙。"

己亥[3]，齐以常山王演为太师、录尚书事，以长广王湛为大司马、并省录尚书事，以尚书左仆射平秦王归彦为司空，赵郡王叡为尚书左仆射。

诏："诸元良口[4]配没入官及赐人者并纵遣。"

乙巳[5]，以太尉侯瑱都督湘、巴等五州诸军事，镇湓城。

齐显祖之丧，常山王演居禁中护丧事，娄太后欲立之而不果；太子即位，乃就朝列。以天子谅阴，诏演居东馆[6]，欲奏之事，皆先咨决。杨愔等以演与长广王湛位地亲逼[7]，恐不利于嗣主，心忌之。居顷之，演出归第，自是诏敕多不关预。

或谓演曰："鸷鸟离巢，必有探卵之患。今日王何宜屡出？"中山太守阳休之诣演，演不见。休之谓王友王晞曰："昔周公朝读百篇书，夕见七十士，犹恐不足。录王[8]何所嫌疑，乃尔拒绝宾客！"

先是，显祖之世，群臣人不自保。及济南王[9]立，演谓王晞曰："一人垂拱，吾曹亦保优闲。"因言："朝廷宽仁，真守文良主。"晞曰："先帝时，东宫委一胡人傅之。今春秋尚富[10]，骤览万机，殿下宜朝夕先后[11]，亲承音旨。而使他姓出纳诏命，大权必有所归，殿下虽欲守藩，其可得邪！借令得遂冲退[12]，自审家祚[13]得保灵长乎？"演默然久之，曰："何以处我？"晞曰："周公抱成王摄政七年，然后复子明辟[14]，惟殿下虑之！"演曰："我何敢自比周公！"晞曰："殿下今日地望[15]，欲不为周公，得邪？"演不应。显祖常遣胡人康虎儿[16]保护太子，故晞言及之。

齐主将发晋阳，时议谓常山王必当留守根本之地[17]；执政[18]欲使常山王从帝之邺，留长广王镇晋阳；既而又疑之，乃敕二王俱从至邺。外朝闻之，莫不骇愕。又敕以王晞为并州长史。演既行，晞出郊送之。演恐有觇察，命晞还城，执晞手曰："努力自慎！"跃马而去。

平秦王归彦总知禁卫，杨愔宣敕留从驾五千兵于西中[19]，阴备非常；至邺数日，归彦乃知之，由是怨愔。

领军大将军可朱浑天和[20]，道元之子[21]也，尚帝姑东平公主[22]，每曰："若不诛二王，少主无自安之理。"燕子献谋处太皇太后于北宫，使归政皇太后。

又自天保八年已来，爵赏多滥，杨愔欲加澄汰[23]，乃先自表解开府及开封王，诸叨窃[24]恩荣者皆从黜免。由是嬖宠失职之徒，尽归心二叔。平秦王归彦初与杨、燕同心，既而中变，尽以疏忌之迹[25]告二王。

侍中宋钦道，弁[26]之孙也，显祖使在东宫，教太子以吏事。钦道面奏帝，称"二叔威权既重，宜速去之。"帝不许，曰："可与令公[27]共详其事。"

愔等议出二王为刺史，以帝慈仁，恐不可所奏，乃通启皇太后，具述安危。宫人李昌仪[28]，高仲密之妻也，李太后以其同姓，甚相昵爱，以启示之；昌仪密启太皇太后。

愔等又议不可令二王俱出，乃奏以长广王湛镇晋阳，以常山王演录尚书事。二王既拜职，乙巳[29]，于尚书省大会百僚。愔等将赴之，散骑常侍兼中书侍郎郑颐止之，曰："事未可量，不宜轻脱。"愔曰："吾等至诚体国，岂常山拜职有不赴之理！"

长广王湛，旦伏家僮数十人于录尚书后室[30]，仍与席上勋贵贺拔仁、斛律金等数人相知约[31]曰："行酒至愔等，我各劝双杯，彼必致辞。我一曰'执酒'，二曰'执酒'，三曰'何不执'，尔辈即执之！"及宴，如之。愔大言曰："诸王反逆，欲杀忠良邪！尊天子，削诸侯，赤心奉国，何罪之有！"常山王演欲缓之。湛曰："不可。"于是拳杖乱殴，愔及天和、钦道皆头面血流，各十人持之。燕子献多力，头又少发，狼狈排众走出门，斛律光逐而擒之。子献叹曰："丈夫为计迟，遂至于此！"使太子太保薛孤延[32]等执颐于尚药局[33]。颐曰："不用智者言至此，岂非命也！"

二王与平秦王归彦、贺拔仁、斛律金拥愔等唐突[34]入云龙门，见都督叱利骚[35]，招之，不进，使骑杀之。开府仪同三司成休宁抽刃呵演，演使归彦谕之，休宁厉声不从。归彦久为领军，素为军士所服，皆弛仗，休宁方叹息而罢。

演入，至昭阳殿，湛及归彦在朱华门[36]外。帝与太皇太后并出[37]，太皇太后坐殿上，皇太后及帝侧立。演以砖叩头，进言曰："臣与陛下骨肉至亲，杨遵彦等欲独擅朝权，威福自己，自王公已下皆重足屏气；共相唇齿，以成乱阶，若不早图，必为宗社之害。臣与湛为国事重，贺拔仁、斛律金惜献武皇帝之业[38]，共执遵彦等入宫，未敢刑戮。专辄之罪，诚当万死。"时庭中及两庑卫士二千余人，皆被甲待诏。武卫[39]娥永乐，武力绝伦，素为显祖所厚，叩刀仰视[40]，帝不睨之。帝素吃讷，仓猝不知所言。太皇太后令却仗[41]，不退；又厉声曰："奴辈即今头落！"乃退。永乐内刀而泣。

太皇太后因问："杨郎何在？"贺拔仁曰："一眼已出。"太皇太后怆然曰："杨郎何所能为，留使岂不佳邪！"乃让帝曰："此等怀逆，欲杀我二子，次将及我，尔何为纵之？"帝犹不能言。太皇太后怒且悲，曰："岂可使我母子受汉老妪[42]斟酌[43]！"太后拜谢。太皇太后又为太后誓言："演无异志，但欲去逼[44]而已。"演叩头不止。太后谓帝："何不安慰尔叔！"帝乃曰："天子亦不敢为叔惜，况此汉辈[45]！但丐[46]儿命，儿自下殿去，此属任叔父处分。"遂皆斩之。

长广王湛以郑颐昔尝谗己，先拔其舌，截其手而杀之。演令平秦王归彦引侍卫之士向华林园，以京畿军士[47]入守门阁，斩娥永乐于园。

太皇太后临愔丧，哭曰："杨郎忠而获罪。"以御金为之一眼[48]，亲内之，曰："以表我意。"演亦悔杀之。于是下诏罪状愔等，且曰："罪止一身，家属不问。"顷之，复簿录五家[49]；王晞固谏，乃各没一房，孩幼尽死，兄弟皆除名[50]。

以中书令赵彦深代杨愔总机务。鸿胪少卿阳休之私谓人曰："将涉千里，杀骐驎而策蹇驴[51]，可悲之甚也！"

戊申[52]，演为大丞相、都督中外诸军、录尚书事，湛为太傅、京畿大都督，段韶为大将军，平阳王淹为太尉，平秦王归彦为司徒，彭城王浟为尚书令。

江陵之陷也，长城世子昌及中书侍郎顼皆没于长安。高祖即位，屡请之于周，周人许而不遣。高祖殂，周人乃遣昌还，以王琳之难，居于安陆。琳败，昌发安陆；将济江，致书于上，辞甚不逊。上不怿，召侯安都从容谓曰："太子将至，须别求一藩为归老之地。"安都曰："自古岂有被代天子！臣愚，不敢奉诏。"因请自迎昌。于是群臣上表，请加昌爵命。庚戌[53]，以昌为骠骑将军、湘州牧，封衡阳王。

齐大丞相演如晋阳，既至，谓王晞曰："不用卿言，几至倾覆。今君侧虽清，终当何以处我？"晞曰："殿下往时位地，犹可以名教出处[54]；今日事势，遂关天时，非复人理所及。"演奏赵郡王叡为长史，王晞为司马。三月，甲寅[55]，诏："军国之政，皆申[56]晋阳，禀大丞相规算[57]。"

（以上为第二段，写北齐显祖高洋死后，常山王高演、长广王高湛联合发动宫廷政变。高演控制了政权，镇守晋阳。）

【注释】

[1]武宁陵：在今河北临漳县。[2]戊戌：二月十六日。[3]己亥：二月十七日。[4]良口：平民。指高洋诛杀元氏时抄没的家属，现恢复平民身份。[5]乙巳：二月二十三日。[6]东馆：在邺宫昭阳殿东。[7]位地亲逼：无论是官位还是宗族地位，都极有威势。[8]录王：高演以常山王录尚书事，所以称录王。[9]济南王：高殷被废后，封济南王。[10]春秋尚富：年龄尚小。因以后还有较长的人生，并图吉利，所以称春秋尚富。[11]朝夕先后：从早到晚在少帝的身前身后辅政。[12]冲退：激流勇退，明哲保身。[13]家祚：以少帝叔父的地位谈家祚，实际上指的是国祚，即国家的命运。[14]复子明辟：让少主亲政，自己辞去摄政的一切权力。[15]地望：地位人望。[16]康虎儿：人名。[17]根本之地：指晋阳（今山西太原市南）。原高欢大丞相府建于此，高洋也在此接受禅让，北齐的精兵强将大多驻守于该地，是高氏发迹和立命之地。[18]执政：指杨愔等决策人物。[19]西中：晋阳在邺都的西边，与中央政府一样，建

有尚书省（即并省），处理国家重大事务，所以称“西中”。杨愔留禁军在晋阳，有防止高演等利用晋阳力量夺权的意思。［20］可朱浑天和：高洋时为驸马都尉，封成皋郡公。少主即位，加特进，改封博陵郡公。传见《北史》卷五十三、《北齐书》卷三十四。［21］道元之子：按《北齐书》和《北史》均作道元弟。但《资治通鉴》同旧本《北齐书》，与今本异。［22］东平公主：高欢长女，废帝的姑姑。［23］澄汰：澄清泥潭沙石，比喻淘汰那些滥竽充数的官爵获得者。［24］叨窃：才不胜任而妄据高位的人。此辞也常为自谦之辞。［25］疏忌之迹：疏远和猜忌二王的行为。［26］弁：宋弁，字义和，广平列人县（今河北曲周县西南）人。以才学博赡，出任北魏孝文帝时的著作佐郎，后历任中书侍郎、吏部尚书。传见《魏书》卷六十三、《北史》卷二十六。［27］令公：杨愔时任尚书令，所以被称作令公。［28］李昌仪：高仲密叛降西魏，李氏被高澄强娶，留在宫中为昌仪。［29］乙巳：二月二十三日。［30］录尚书后室：录尚书正堂后边的休息场所。［31］知约：通知约定。［32］薛孤延：代人，骁勇有力，以功进封永周县公。讨平山胡，又封平秦郡公。出任过沧州、肆州刺史。传见《北齐书》卷十九、《北史》卷五十三。［33］尚药局：属门下省，存放御用药品，既采购，又炮制。［34］唐突：强行闯入，不拘礼仪。［35］叱利骚：人名。复姓叱利。［36］朱华门：朱华阁之门。朱华阁是北齐中书省办公处，是禁省要地。［37］与太皇太后并出：胡三省疑“太皇太后”下脱“皇太后”三字。按下文，皇太后也侧立于太皇太后身旁，胡说是。［38］惜献武皇帝之业：贺拔仁、斛律金都是高欢旧臣，共创北齐基业。［39］武卫：即武卫将军，禁军主将之一。［40］叩刀仰视：将刀拉出鞘一寸多叫叩刀。仰视皇帝，等待下令捉拿高演等人。［41］却仗：收起武器退走。［42］汉老妪：李太后是汉族人。［43］斟酌：酌情处理，摆布。［44］去逼：消除杨愔等人的威逼排挤。［45］汉辈：杨愔、宋钦道、郑颐等都是汉族人。［46］丐（gài）：请求给予。［47］京畿军士：负责守卫京师的京畿大都督的部下，时听从高演的指挥，所以用来代替原宫中卫士。［48］以御金为之一眼：杨愔是太皇太后的女婿，现一只眼被打瞎，眼球掉出，所以用金子做一个眼球补上。［49］复簿录五家：又重新登记杨愔、可朱浑天和、燕子献、宋钦道、郑颐五家宗族名单予以追究。［50］除名：解除官职。［51］杀骐骥而策蹇驴：骐骥，骏马。蹇驴，瘸驴。喻二人才干有天渊之别。［52］戊申：二月二十六日。［53］庚戌：二月二十八日。［54］以名教出处：按正常名教观念居于臣位。［55］甲寅：三月三日。［56］申：上报。［57］规算：决策筹划。

周军初至，郢州助防张世贵举外城以应之，所失军民三千余口。周人起土山、长梯，昼夜攻之，因风纵火，烧其内城南面五十余楼。孙玚兵不满千人，身自抚循，行酒赋食，士卒皆为之死战。周人不能克，乃授玚柱国、郢州刺史，封万户郡公；玚伪许以缓之，而潜修战守之备，一朝而具，乃复拒守。既而周人闻王琳败，陈兵将至，乃解围去。玚集将佐谓之曰:“吾与王公[1]同奖梁室，勤[2]亦至矣；今时事如此，岂非天乎！”遂遣使奉表，举中流之地[3]来降。

王琳之东下也，帝征南川兵，江州刺史周迪、高州刺史黄法𣰰帅舟师将赴之。熊昙朗据城列舰，塞其中路，迪等与周敷共围之。琳败，昙朗部众离心，迪攻拔其城，虏男女万余口。昙朗走入村中，村民斩之；丁巳[4]，传首建康，尽灭其族。

齐军先守鲁山，戊午[5]，弃城走，诏南豫州刺史程灵洗守之。

甲子[6]，置沅州[7]、武州[8]，以右卫将军吴明彻为武州刺史，以孙玚为湘州[9]刺史。玚怀不自安，固请入朝，征为中领军；未拜，除吴郡太守。

壬申[10]，齐封世宗之子孝珩为广宁王，长恭为兰陵王。

甲戌[11]，衡阳献王昌入境，诏主书、舍人缘道迎候；丙子[12]，济江，中流，殒之，使以溺告。侯安都以功[13]进爵清远公。

初，高祖遣荥阳毛喜[14]从安成王顼诣江陵，梁世祖以喜为侍郎，没于长安，与昌俱还，因进和亲之策。上乃使侍中周弘正通好于周。

夏，四月，丁亥[15]，立皇子伯信[16]为衡阳王，奉献王[17]祀。

周世宗[18]明敏有识量，晋公护惮之，使膳部中大夫[19]李安置毒于糖䭔[20]而进之。帝颇觉之。庚子[21]，大渐[22]，口授遗诏五百余言，且曰:“朕子年幼，未堪当国。鲁公，朕之介弟[23]，宽仁大度，海内共闻；能弘我周家，必此子也。”辛丑[24]，殂。

鲁公幼有器质，特为世宗所亲爱，朝廷大事，多与之参议；性深沈，有远识，非因顾问，终不辄言。世宗每叹曰:“夫人不言，言必有中[25]。”壬寅[26]，鲁公即皇帝位。大赦。

五月，壬子[27]，齐以开府仪同三司刘洪徽为尚书右仆射。

侯安都父文捍[28]为始兴内史，卒官。上迎其母还建康，母固求停乡里。乙卯[29]，为置东衡州[30]，以安都从弟晓[31]为刺史；安都子秘[32]，才九岁，上以为始兴内史，并令在乡侍养。

六月，壬辰[33]，诏葬梁元帝[34]于江宁，车旗礼章，悉用梁典。

齐人收永安、上党二王遗骨，葬之。敕上党王妃李氏还第。冯文洛尚以故意[35]，修饰诣之。妃盛列左右，立文洛于阶下，数之曰："遭难流离，以至大辱，志操寡薄，不能自尽。幸蒙恩诏，得反藩闱[36]，汝何物奴，犹欲见侮！"杖之一百，血流洒地。

秋，七月，丙辰[37]，封皇子伯山[38]为鄱阳王。

齐丞相演以王晞儒缓[39]，恐不允武将之意，每夜载入，昼则不与语。尝进晞密室，谓曰："比[40]王侯诸贵，每见敦迫[41]，言我违天不祥，恐当或有变起；吾欲以法绳之，何如？"晞曰："朝廷比者[42]疏远亲戚，殿下仓猝所行，非复人臣之事。芒刺在背，上下相疑，何由可久！殿下[43]谦退，粃糠神器[44]，实恐违上玄之意，坠先帝之基。"演曰："卿何敢发此言，须致卿于法！"晞曰："天时人事，皆无异谋，是以敢冒犯斧钺，抑亦神明所赞耳。"演曰："拯难匡时，方俟圣哲，吾何敢私议！幸勿多言！"丞相从事中郎陆杳[45]将出使，握晞手，使之劝进。晞以杳言告演，演曰："若内外咸有此意，赵彦深朝夕左右，何故初无一言？"晞乃以事隙[46]密问彦深，彦深曰："我比亦惊此声论[47]，每欲陈闻，则口噤心悸。弟既发端，吾亦当昧死一披肝胆。"因共劝演。

演遂言于太皇太后。赵道德曰："相王[48]不效周公辅成王，而欲骨肉相夺，不畏后世谓之篡邪！"太皇太后曰："道德之言是也。"未几，演又启云："天下人心未定，恐奄忽[49]变生，须早定名位。"太皇太后乃从之。

八月，壬午[50]，太皇太后下令，废齐主为济南王，出居别宫。以常山王演入纂大统，且戒之曰："勿令济南有他也！"

肃宗[51]即皇帝位于晋阳，大赦，改元皇建。太皇太后还称皇太后；皇太后称文宣皇后，宫曰昭信。

乙酉[52]，诏绍封功臣，礼赐耆老，延访直言，褒赏死事，追赠名德。

帝谓王晞曰："卿何为自同外客，略[53]不可见？自今假非局司[54]，但有所怀，随宜作一牒[55]，候少隙，即径进也。"因敕与尚书阳休之、鸿胪卿崔劼等三人，每日职务罢，并入东廊，共举录历代礼乐、职官及田市、征税，或不便于时而相承施用，或自古为利而于今废坠，或道德高俊，久在沈沦[56]，或巧言眩俗，妖邪害政者，悉令详思，以渐条奏。朝晡[57]给御食，毕景[58]听还。

帝识度沈敏，少居台阁，明习吏事，即位尤自勤励，大革显祖之弊，时人服其明而讥其细。尝问舍人裴泽[59]，在外议论得失。泽率尔[60]对曰："陛下聪明至公，自可远侔古昔；而有识之士，咸言伤细，帝王之度，颇为未弘。"帝笑曰："诚如卿言。朕初临万机，虑不周悉，故致尔耳。此事安可久行，恐后又嫌疏漏。"泽由是被宠遇。

库狄显安[61]侍坐，帝曰："显安，我姑[62]之子；今序家人之礼，除君臣之敬，可言我之不逮。"显安曰："陛下多妄言。"帝曰："何故？"对曰："陛下昔见文宣以马鞭挞人，常以为非；今自行之，非妄言邪？"帝握其手谢之。又使直言，对曰："陛下太细，天子乃更似吏。"帝曰："朕甚知之。然无法日久，将整之以至无为耳。"又问王晞，晞曰："显安言是也。"显安，干之子也。群臣进言，帝皆从容受纳。

性至孝，太后不豫，帝行不能正履，容色贬悴[63]，衣不解带，殆将四旬。太后疾小增，即寝伏阁外，食饮药物，皆手亲之。太后尝心痛不自堪，帝立侍帷前，以爪掐掌代痛，血流出袖。友爱诸弟，无君臣之隔。

戊子[64]，以长广王湛为右丞相，平阳王淹为太傅，彭城王浟为大司马。

周军司马贺若敦，帅众一万，奄至武陵；武州刺史吴明彻不能拒，引军还巴陵。

江陵之陷也，巴、湘之地皆入于周，周使梁人守之。太尉侯瑱等将兵逼湘州。贺若敦将步骑救之，乘胜深入，军于湘川[65]。

九月，乙卯[66]，周将独孤盛将水军与敦俱进。辛酉[67]，遣仪同三司徐度将兵会侯瑱于巴丘。会秋水泛溢，盛、敦粮援断绝，分军抄掠，以供资费。敦恐瑱知其粮少，乃于营内多为土聚[68]，覆之以米，召旁村人，阳有访问，随即遣之。瑱闻之，良以为实。敦又增修营垒，造庐舍为久留之计，湘、罗之间[69]遂废农业。瑱等无如之何。

先是土人亟[70]乘轻船，载米粟鸡鸭以饷瑱军。敦患之，乃伪为土人装船，伏甲士于中。瑱军人望见，谓饷船之至，逆来争取，敦甲士出而擒之。又敦军数有叛人乘马投瑱者。敦乃别取一马，牵以趣船，令船中逆以鞭鞭之。如是者再三，马畏船不上。然后伏兵于江岸，使人乘畏船马以招瑱军，诈云投附。瑱遣兵迎接，竞来牵马，马既畏船不上，伏兵发，尽杀之。此后实有馈饷及亡降者，瑱犹谓之诈，并拒击之。

冬，十月，癸巳[71]，瑱袭破独孤盛于杨叶洲[72]，盛收兵登岸，筑城自保。丁酉[73]，诏司空侯安都帅众会瑱南讨。

十一月，辛亥[74]，齐主立妃元氏为皇后，世子百年[75]为太子。百年时才五岁。

齐主征前开府长史卢叔虎[76]为中庶子[77]。叔虎，柔之从叔也。帝问时务于叔虎。叔虎请伐周，曰："我强彼弱，我富彼贫，其势相悬。然干戈不息，未能并吞者，此失于不用强富也。轻兵野战，胜负难必，是胡骑之法，非万全之术也。宜立重镇于平阳，与彼蒲州相对，深沟高垒，运粮积甲。彼闭关不出，则稍蚕食其河东之地，日使穷蹙。若彼出兵，非十万以上，不足为我敌。所损粮食[78]咸出关中。我军士年别一代[79]，谷食丰饶。彼来求战，我则不应；彼若退去，我乘其弊。自长安以西，民疏城远，敌兵来往，实自艰难，与我相持，农业且废，不过三年，彼自破矣。"帝深善之。

齐主自将击库莫奚，至天池，库莫奚出长城北遁。齐主分兵追击，获牛羊七万而还。

十二月，乙未[80]，诏："自今孟春[81]讫于夏首[82]，大辟事已款者，宜且申停[83]。"己亥[84]，周巴陵城主尉迟宪降，遣巴州刺史侯安鼎守之。庚子[85]，独孤盛将余众自杨叶洲潜遁。

丙午[86]，齐主还晋阳。

齐主斩人于前，问王晞曰："是人应死不？"晞曰："应死，但恨死不得其地耳。臣闻'刑人于市，与众弃之[87]。'殿庭非行戮之所。"帝改容谢曰："自今当为王公改之。"

帝欲以晞为侍郎[88]，苦辞不受。或劝晞勿自疏。晞曰："我少年以来，阅要人多矣，得志少时[89]，鲜不颠覆。且吾性实疏缓，不堪时务，人主恩私，何由可保！万一披猖[90]，求退无地。非不好作要官，但思之烂熟耳。”

初，齐显祖之末，谷籴踊贵。济南王即位，尚书左丞苏珍芝[91]建议，修石鳖[92]等屯[93]，自是淮南军防足食。肃宗即位，平州刺史嵇晔建议，开督亢陂[94]，置屯田，岁收稻粟数十万石，北境周赡。又于河内[95]置怀义[96]等屯，以给河南之费。由是稍止转输[97]之劳。

（以上为第三段，写战乱之世，政权更迭频繁，充满血腥。公元560年，南北朝三方接连发生宫廷政变，骨肉相残。北周晋国公宇文护弑主周世宗宇文毓。北齐常山王高演废帝自立，诛杀大臣。陈朝文帝杀灭陈武帝太子，即堂弟陈昌于江中。）

【注释】

[1]王公：王琳。[2]勤：出力，尽力。[3]中流之地：以今武汉为中心的长江中游地区。[4]丁巳：三月六日。[5]戊午：三月七日。[6]甲子：三月十三日。[7]沅州：州名。治所沅陵，在今湖南沅陵县。[8]武州：州名。治所武陵，在今湖南常德市。[9]湘州：退斋校以为当作“沅州”。[10]壬申：三月二十一日。[11]甲戌：三月二十三日。[12]丙子：三月二十五日。[13]以功：以暗杀陈昌功。[14]毛喜（516—587）：字伯武，荥阳阳武（今河南原阳县东南）人。初护送陈顼到梁元帝处为人质。江陵失陷，随陈顼至长安。后建议北周与陈朝通好，获准护送陈顼返国。文帝去世，又拥立陈顼为帝。以黄门侍郎，兼中书舍人，典掌机密，封东昌县侯。太建年间，号称全盛，毛喜功不可没。传见《陈书》卷二十九、《南史》卷六十八。[15]丁亥：四月六日。[16]伯信：陈伯信（？—589），字孚之，陈蒨第七子。曾任中护军。后隋军南下，被王勇所杀。传见《陈书》卷二十八、《南史》卷六十五。[17]献王：陈昌封衡阳王，谥号献。[18]世宗：明帝宇文毓的庙号。[19]膳部中大夫：官名。大冢宰属官，掌御膳。[20]糖饋（duī）：糖薄饼。[21]庚子：四月十九日。[22]大渐：病危。[23]介弟：大弟弟。[24]辛丑：四月二十日。[25]“夫人”二句：出自《论语》。夫人，此人。[26]壬寅：四月二十一日。[27]壬子：五月二日。[28]文捍：侯文捍，人名。《南史》卷六十六作“侯捍”。[29]乙卯：五月五日。[30]东衡州：州名。原梁置，中废，至此重新恢复。[31]晓：侯晓（522—562），封怀化县侯。传见《陈书》卷八。[32]秘：侯秘。人名。[33]壬辰：六月十二日。[34]葬梁元帝：原灵柩周人交给王琳。王琳战败后，才落入陈军之手，于是正式加以安葬。[35]尚以故意：按原齐文宣帝赐李氏为文洛妻的意向，想纳李氏为妻。[36]得反藩闱：得以返回原藩王的闺阁。[37]丙辰：七月七日。[38]伯山：陈伯山（550—589），字静之，陈蒨第三子。深受宠爱，亲临轩策封为鄱阳王，命王公以下一并到府祝贺。后位至镇卫大将军、开府仪同三司。传见《陈书》卷二十八、《南史》卷六十五。[39]儒缓：迂腐迟钝。[40]比：近来。[41]敦迫：敦促催迫。指废帝夺位。[42]比者：不久以前。[43]殿下：据章校，十二行本、

乙十一行本、孔本下都有“虽欲”二字。张校同。［44］粃糠神器：视帝位如同粃糠。［45］陆杳（？—573）：字云仪，历任中书舍人，黄门侍郎。出任秦州刺史，遭陈将吴明彻围困，病死城中。传见《北史》卷二十八、《魏书》卷四十。［46］事隙：处理公事中的休息时间。［47］声论：舆论。［48］相王：时高演为丞相，又有王爵，所以称相王。［49］奄忽：突然。［50］壬午：八月三日。［51］肃宗：高演的庙号。［52］乙酉：八月六日。［53］略：简慢、疏远。［54］局司：分内的公事。［55］牒：文书。［56］久在沈沦：长期无人举荐，沉埋于民间。［57］朝晡：早饭。［58］毕景：日落以后。［59］裴泽：性刚直，但又散漫，常得罪皇帝与权臣，屡升屡贬，最后因是祖珽的亲信而被杀。传见《北史》卷三十八。［60］率尔：不加思索，信口。［61］库狄显安：人名。［62］姑：高欢妹妹乐陵长公主，嫁库狄干为妻。［63］贬悴：憔悴。［64］戊子：八月九日。［65］湘川：即湘江。［66］乙卯：九月七日。［67］辛酉：九月十三日。［68］土聚：聚土成堆。［69］湘罗之间：湘州、罗州之间。［70］亟：多次。［71］癸巳：十月十五日。［72］杨叶洲：旧说在今湖北鄂州市东，又名白田洲。据《陈书》，此洲当在湘江口，约在今湖南湘阴洞庭湖中。［73］丁酉：十月十九日。［74］辛亥：十一月四日。［75］百年：高百年（556—564），高演第二子。曾被立为太子。演死，遗诏传位高湛。高湛初封百年乐陵王，但心中对这个故太子总感不安，于是借故将他杀害。传见《北齐书》卷十二、《北史》卷五十二。［76］卢叔虎：范阳涿人。曾草就平北周策略。高湛时，拜都官尚书，出为合州刺史，又迁太子詹事。北齐灭，回范阳老家，不久冻饿而死。传见《北齐书》卷四十二、《北史》卷三十。《北齐书》作“叔武”，《北史》作“叔彪”，都是唐人避李虎讳而改。［77］中庶子：官名。即太子中庶子，是东宫门下坊主吏，为太子顾问。［78］所损粮食：胡三省以“损”是“资”之误。《北齐书》作“供”。［79］年别一代：一年一换防。［80］乙未：十二月十八日。［81］孟春：农历正月。［82］夏首：农历四月。［83］宜且申停：应暂停行刑，到秋后再处决。［84］己亥：十二月二十二日。［85］庚子：十二月二十三日。［86］丙午：十二月二十九日。［87］刑人于市，与众弃之：出自《礼记·王制》。［88］侍郎：胡三省以为是“侍中”之误。《北齐书·王晞传》作“侍中”。［89］少时：没有多久。［90］披猖：决裂。［91］苏珍芝：即苏琼，字珍芝。但《北齐书》和《北史》均作“珍之”。［92］石鳖：城名。在今江苏宝应县。［93］屯：屯田区。［94］督亢陂：湖池名。在今河北高碑店市一带。战国时，今河北易县以东，固安县以西，涿州市以南，定兴县以北地区，称督亢之地，是燕国最为富饶的地区之一。［95］河内：郡名。治所野王，在今河南沁阳市。［96］怀义：屯田区名，约在沁阳市西南。［97］转输：军饷的运输。

二年（辛巳，561年）

春，正月，戊申[1]，周改元保定。以大冢宰护为都督中外诸军事；令五府[2]总于天官[3]，事无巨细，皆先断后闻。

庚戌[4]，大赦。

周主祀圜丘。

辛亥[5]，齐主祀圜丘；壬子[6]，禘于太庙。

周主祀方丘；甲寅[7]，祀感生帝[8]于南郊；乙卯[9]，祭太社。

齐主使王琳出合肥，召募伧楚[10]，更图进取。合州刺史裴景徽[11]，琳兄珉之婿也，请以私属[12]为向导。齐主使琳与行台左丞卢潜将兵赴之，琳沈吟不决。景徽恐事泄，挺身奔齐。齐主以琳为骠骑大将军、开府仪同三司、扬州刺史，镇寿阳。

己巳[13]，周主享太庙，班[14]太祖所述六官之法。

辛未[15]，周湘州城主殷亮降，湘州平。

侯瑱与贺若敦相持日久，瑱不能制，乃借船送敦等渡江；敦虑其诈，不许，报云："湘州我地，为尔侵逼；必须我归，可去我百里之外。"瑱留船江岸，引兵去之。敦乃自拔北归，军士病死者什五六。武陵、天门、南平、义阳、河东、宜都郡悉平。晋公护以敦失地无功，除名为民。

二月，甲午[16]，周主朝日于东郊。

周人以小司徒[17]韦孝宽尝立勋于玉壁，乃置勋州[18]于玉壁，以孝宽为刺史。

孝宽有恩信，善用间谍，或齐人受孝宽金货，遥通书疏，故齐之动静，周人皆先知之。有主帅许盆，以所戍城降齐，孝宽遣谍取之，俄斩首而还。

离石以南，生胡[19]数为抄掠，而居于齐境，不可诛讨。孝宽欲筑城于险要以制之，乃发河西[20]役徒十万，甲士百人，遣开府仪同三司姚岳监筑之。岳以兵少，惧不敢前。孝宽曰："计此城十日可毕。城距晋州四百余里，吾一日创手，二日敌境始知。设使晋州征兵，三日方集，谋议之间，自稽[21]二日，计其军行，二日不到，我之城隍，足得办矣。"乃令筑之。齐人果至境上，疑有大军，停留不进。其夜，孝宽使汾水以南傍介山、稷山[22]诸村纵火，齐人以为军营，收兵自固。岳卒城而还。

三月，乙卯[23]，太尉零陵壮肃公侯瑱卒。

丙寅[24]，周改八丁兵[25]为十二丁兵[26]，率岁一月而役。

夏，四月，丙子朔[27]，日有食之。

周以少傅尉迟纲为大司空。

丙午[28]，周封愍帝[29]子康[30]为纪国公，皇子赟为鲁公。赟[31]，李后之子也。

六月，乙酉[32]，周使御正殷不害来聘。

秋，七月，周更铸钱，文曰“布泉”，一当五，与五铢并行。

己酉[33]，周追封皇伯父颢[34]为邵国公，以晋公护之子会[35]为嗣；颢弟连[36]为杞国公，以章武公导之子亮[37]为嗣；连弟洛生[38]为莒国公，以护之子至[39]为嗣；追封太祖之子武邑公震[40]为宋公，以世宗之子实[41]为嗣。

齐主之诛杨、燕也，许以长广王湛为太弟[42]；既而立太子百年，湛心不平。帝在晋阳，湛居守于邺。散骑常侍高元海[43]，高祖之从孙也，留典机密。帝以领军代人库狄伏连为幽州刺史，斛律光之弟羡为领军，以分湛权。湛留伏连，不听羡视事[44]。

先是，济南闵悼[45]王常在邺，望气者言：邺中有天子气。平秦王归彦恐济南复立，为己不利，劝帝除之。帝乃使归彦至邺，征济南王如晋阳。

湛内不自安，问计于高元海。元海曰：“皇太后万福，至尊孝友异常，殿下不须异虑。”湛曰：“此岂我推诚之意邪！”元海乞还省一夜思之，湛即留元海于后堂。元海达旦不眠，唯绕床徐步。夜漏未尽，湛遽出，曰：“神算如何？”元海曰：“有三策，恐不堪用耳。请殿下如梁孝王故事[46]，从数骑入晋阳，先见太后求哀，后见主上，请去兵权，以死为限，不干朝政，必保太山之安[47]。此上策也。不然，当具表云，威权太盛，恐取谤众口，请青、齐二州刺史，沈靖自居，必不招物议。此中策也。”更问下策。曰：“发言即恐族诛。”固逼之。元海曰：“济南世嫡，主上假太后令而夺之。今集文武，示以征济南之敕，执斛律丰乐[48]，斩高归彦，尊立济南，号令天下，以顺讨逆，此万世一时也。”湛大悦。然性怯，狐疑未能用，使术士郑道谦等卜之，皆曰：“不利举事，静则吉。”有林虑令潘子密，晓占候，潜谓湛曰：“宫车当晏驾，殿下为天下主。”湛拘之于内以候之。又令巫觋卜之，多云“不须举兵，自有大庆。”

湛乃奉诏，令数百骑送济南王至晋阳。九月，帝使人鸩之，济南王不从，乃扼杀之。帝寻亦悔之。

冬，十月，甲戌朔[49]，日有食之。

丙子[50]，齐以彭城王浟为太保，长乐王尉粲为太尉。

齐肃宗出畋[51]，有兔惊马，坠地绝肋。娄太后视疾，问济南所在者三，齐主不对。太后怒曰：“杀之邪？不用吾言，死其宜矣！”遂去，不顾。

十一月，甲辰[52]，诏以嗣子冲眇[53]，可遣尚书右仆射赵郡王叡谕旨，征长广王湛统兹大宝[54]。又与湛书曰：“百年无罪，汝可以乐处置之，勿效前人也。”是日，殂于晋阳宫。临终，言恨不见太后山陵。

颜之推论曰：“孝昭天性至孝，而不知忌讳，乃至于此，良由不学之所为也。”

赵郡王叡先使黄门侍郎王松年驰至邺，宣肃宗遗命。湛犹疑其诈，使所亲先诣殡所，发而视之。使者复命，湛喜，驰赴晋阳，使河南王孝瑜先入宫，改易禁卫。癸丑[55]，世祖即皇帝位于南宫[56]，大赦，改元太宁。

周人许归安成王顼，使司会上士[57]杜杲[58]来聘。上悦，即遣使报之，并赂以黔中[59]地及鲁山郡。

齐以彭城王浟为太师、录尚书事，平秦王归彦为太傅，尉粲为太保，平阳王淹为太宰，博陵王济为太尉，段韶为大司马，丰州刺史娄叡为司空，赵郡王叡为尚书令，任城王湝为尚书左仆射，并州刺史斛律光为右仆射。娄叡，昭之兄子也。立太子百年为乐陵王。

丁巳[60]，周主畋于岐阳；十二月，壬午[61]，还长安。

太子中庶子余姚虞荔[62]、御史中丞孔奂[63]，以国用不足，奏立煮海盐赋及榷酤[64]之科，诏从之。

初，高祖以帝女丰安公主妻留异之子贞臣[65]，征异为南徐州刺史，异迁延不就。帝即位，复以异为缙州刺史，领东阳太守。异屡遣其长史王澌[66]入朝，澌每言朝廷虚弱。异信之，虽外示臣节，恒怀两端，与王琳自鄱阳信安岭[67]潜通使往来。琳败，上遣左卫将军沈恪代异，实以兵袭之。异出军下淮以拒恪。恪与战而败，退还钱塘。异复上表逊谢。时众军方事湘、郢，乃降诏书慰谕，且羁縻之。异知朝廷终将讨己，乃以兵戍下淮[68]及建德以备江路[69]。丙午[70]，诏司空、南徐州刺史侯安都讨之。

（以上为第四段，写陈文帝从北周手中夺回原王琳所控制的湘州、郢州，两国通好，陈朝中兴了南方政权，全境平静。北齐肃宗高演上演谋杀废帝高殷的悲剧，结果为齐世祖高湛的登祚扫清了道路。）

【注释】

[1]戊申：正月一日。 [2]五府：地官府，以大司徒为首；春官府，以大宗伯为首；夏官府，以大司马为首；秋官府，以大司寇为首；冬官府，以大司空为首。 [3]天官：即大冢宰府。也就是说，西周的中央军政要务均归天官府统一处理。再进一步说，均归宇文护一人处理。 [4]庚戌：正月三日。 [5]辛亥：正月四日。 [6]壬子：正月五日。 [7]甲寅：正月七日。 [8]感生帝：即灵威仰，五方帝之一。又称东方青帝。祭祀他以求谷物丰登。 [9]乙卯：六月八日。 [10]伧楚：对楚地人的蔑称，相当于今湖北一带人。 [11]裴景徽：人名。《南史》与《北齐书》作“裴景晖”。 [12]私属：家丁。 [13]己巳：正月二十二日。 [14]班：颁布。 [15]辛未：正月二十四日。 [16]甲午：二月十八日。 [17]小司徒：官名。大司徒的副手，位上大夫。[18]勋州：州名。原称南汾州。 [19]生胡：稽胡中不顺从北周的人。 [20]河西：龙门一带的黄河西岸。 [21]自稽：自己停留。 [22]介山、稷山：两座山名。介山，在今山西万荣县。稷山，在今山西稷山、闻喜、万荣三县交界区。汾水从今新绛县向西曲折前行，经稷山县，直达河津市，再向西南流入黄河。介山、稷山均在汾水南边。 [23]乙卯：三月九日。 [24]丙寅：三月二十日。 [25]八丁兵：北周兵役制度。凡国内男丁分成八部分，轮流服兵役。 [26]十二丁兵：即分男丁为十二部分，每月一轮换，周而复始。 [27]丙子朔：四月一日。 [28]丙午：五月一日，疑文上脱“五月”二字。 [29]愍帝：宇文觉的谥号。 [30]康：宇文康（？—565），字乾定，后进爵纪王，任利州刺史。因企图谋反，被赐死。传见《周书》卷十三、《北史》卷五十八。[31]赟：宇文赟（560—580），即周宣帝。字乾伯，宇文邕长子。公元577年至公元580年在位。事详《周书》卷七、《北史》卷十。 [32]乙酉：六月十一日。 [33]己酉：七月五日。 [34]颢：宇文颢，宇文泰长兄。北魏孝明帝正光末年，其父宇文肱与卫可孤战于武川，颢为救父被敌追兵包围，不幸战死。至此追封邵国公。传见《周书》卷十、《北史》卷五十七。 [35]会：宇文会（？—572），字乾仁，初封江陵县公。因是宇文颢孙子，所以特立为嗣。后颢嫡孙宇文胄从北齐逃回，继封邵国公，会改封谭国公，进位柱国。建德初，与宇文护同时被诛。传同颢。 [36]连：宇文连，

宇文泰二兄，与父宇文肱一起战死于唐河。传同题。［37］亮：宇文亮（？—580），字乾德，位柱国。灭北齐，迁大司徒。后于伐陈途中谋反，被韦孝宽追斩。传同题。［38］洛生：宇文洛生，宇文泰三兄。葛荣封他为渔阳王，后被尔朱荣所杀。传同题。［39］至：宇文至（？—572），字乾附，与宇文护同时被杀。传同题。［40］震：宇文震（？—550），字弥俄突，尚魏文帝女，不久病死。传见《周书》卷十二、《北史》卷五十八。［41］实：宇文实，字乾辩，曾任大前疑，后被杨坚所杀。传见《周书》卷十二。［42］太弟：在皇帝诸弟中被指定为继承皇位的人。［43］高元海（？—579）：高思宗的儿子。高澄时，入林虑山隐居，研习佛经。因耐不住清静，复出任散骑常侍，但才器不足而野心较大，力劝武成帝高湛夺位，后却又企图谋逆，被杀。传见《北齐书》卷十四、《北史》卷五十一。［44］留伏连，不听羡视事：留住库狄伏连，不让他赴幽州任刺史。同时也不让斛律羡代替库狄伏连处理领军府事务，以保住对邺都的控制。［45］闵悼：济南王的谥号。［46］梁孝王故事：梁孝王刘武，汉景帝的弟弟，深得太后宠爱。景帝废栗太子，太后想让梁孝王当继承人，但遭大臣袁盎等人反对而作罢。梁孝王怀恨在心，暗地派人刺死袁盎等大臣多人。景帝下令追查，梁孝王先派韩安国向太后谢罪，再背斧钺到宫中请罪，才得以免罪，保住了性命。事详《资治通鉴》卷十六。元海劝高湛仿效，以保身家安全。［47］太山之安：如同泰山一样稳固安全。［48］斛律丰乐：即斛律羡，字丰乐。［49］甲戌朔：十月一日。［50］丙子：十月三日。［51］畋（tián）：打猎。［52］甲辰：十一月二日。［53］冲眇：幼小。［54］大宝：帝位。［55］癸丑：十一月十一日。［56］南宫：晋阳南宫。［57］司会上士：官名。大冢宰下属，与司会中大夫、中士分管财政、户籍、地方版图。［58］杜杲：据章校，他本“殿下”二字后有“京兆”二字。［59］黔中：地区名。包括今湖南西部和贵州东北部。于是周人完全拥有了巴蜀之地。陈又让出鲁山郡，也使周人完全拥有汉水和沔水流域。［60］丁巳：十一月十五日。［61］壬午：十二月十一日。［62］虞荔（503—561）：字山披，会稽余姚人。梁、陈二朝均领大著作，以清白著称，深受器重。传见《陈书》卷十九、《南史》卷六十九。［63］孔奂（514—583）：字休文，会稽山阴（今浙江绍兴市）人。性耿直，侯景之乱时，解脱很多被俘的梁朝官吏和百姓。梁元帝时，国家文书多出自他的手。入陈，官至吏部尚书。传见《陈书》卷二十一、《南史》卷二十七。［64］榷酤：酒类由官府专营。［65］贞臣：留贞臣，人名。［66］王澌：人名。［67］信安岭：山名。在今浙江衢州市境。有一条山路向西直通鄱阳郡。［68］下淮：戍所名。在今浙江桐庐县东与杭州市富阳区交界处。［69］江路：富春江的水路。［70］丙午：十二月壬申朔，无丙午日。《陈书》与《南史》均作“丙戌”，是十二月十五日。《资治通鉴》误。

三年（壬午，562年）

春，正月，乙亥[1]，齐主至邺；辛巳[2]，祀南郊；壬午[3]，享太庙；丙戌[4]，立妃胡氏[5]为皇后，子纬为皇太子。后，魏兖州刺史安定胡延之之女也。戊子[6]，齐大赦。己亥，以冯翊王润为尚书左仆射。

周凉景公[7]贺兰祥卒。

壬寅[8]，周人凿河渠于蒲州，龙首渠于同州。

丁未[9]，周以安成王顼为柱国大将军，遣杜杲送之南归。

辛亥[10]，上祀南郊，以胡公[11]配天；二月，辛酉[12]，祀北郊。

闰月，丁未[13]，齐以太宰、平阳王淹为青州刺史，太傅、平秦王归彦为太宰、冀州刺史。

归彦为肃宗所厚，恃势骄盈，陵侮贵戚。世祖即位，侍中、开府仪同三司高元海、御史中丞毕义云、黄门郎高乾和数言其短，且云："归彦威权震主，必为祸乱。"帝亦寻其反覆之迹[14]，渐忌之，伺归彦还家，召魏收于帝前作诏草，除归彦冀州，使乾和缮写；昼日，仍敕门司不听归彦辄[15]入宫。时归彦纵酒为乐，经宿不知。至明，欲参[16]，至门知之，大惊而退。及通名谢，敕令早发，别赐钱帛等物甚厚，又敕督将悉送至清阳宫[17]。拜辞而退，莫敢与语，唯赵郡王叡与之久语，时无闻者。

帝之为长广王也，清都和士开以善握槊、弹琵琶有宠，辟为开府行参军，及即位，累迁给事黄门侍郎。高元海、毕义云、高乾和皆疾之，将言其事。士开乃奏元海等交结朋党，欲擅威福，乾和由是被疏。义云纳赂于士开，得为兖州刺史。

帝征江州刺史周迪出镇湓城[18]，又征其子入朝。迪趑且[19]顾望，并不至。其余南江酋帅[20]，私署令长，多不受召，朝廷未暇致讨，但羁縻之。豫章太守周敷独先入朝，进号安西将军，给鼓吹一部，赐以女妓、金帛，令还豫章。迪以敷素出己下，深不平之，乃阴与留异相结，遣其弟方兴[21]袭敷；敷与战，破之。又遣其兄子伏甲船中，诈为贾人，欲袭湓城。未发，事觉，寻阳太守监江州事晋陵华皎遣兵逆击之，尽获其船仗。

上以闽州刺史陈宝应之父为光禄大夫，子女皆受封爵，命宗正编入属籍[22]。而宝应以留异女为妻，阴与异合。

虞荔弟寄[23]，流寓闽中，荔思之成疾，上为荔征之，宝应留不遣。

寄尝从容讽以逆顺，宝应辄引他语以乱之。宝应尝使人读《汉书》，卧而听之，至蒯通说韩信曰："相君之背，贵不可言。"蹶然[24]起坐，曰："可谓智士！"寄曰："通一说杀三士[25]，何足称智！岂若班彪[26]《王命》[27]，识所归乎！"

寄知宝应不可谏，恐祸及己，乃著居士[28]服，居东山寺，阳称足疾。宝应使人烧其屋，寄安卧不动。亲近将扶之出，寄曰："吾命有所悬[29]，避将安往！"纵火者自救之。

乙卯[30]，齐以任城王湝为司徒。

齐扬州刺史行台王琳数欲南侵，尚书卢潜以为时事未可。上遣移书寿阳，欲与齐和亲。潜以其书奏齐朝，仍上启请且息兵。齐主许之，遣散骑常侍崔瞻[31]来聘，且归南康愍王昙朗[32]之丧。琳于是与潜有隙，更相表列[33]。齐主征琳赴邺，以潜为扬州刺史，领行台尚书。瞻，㥄之子也。

梁末丧乱，铁钱不行，民间私用鹅眼钱[34]。甲子[35]，改铸五铢钱，一当鹅眼之十。

后梁主安于俭素，不好酒色，虽多猜忌，而抚将士有恩。以封疆褊隘[36]，邑居残毁，干戈日用，郁郁不得志，疽发背而殂；葬平陵[37]，谥曰宣皇帝，庙号中宗。太子岿即皇帝位，改元天保；尊龚太后为太皇太后，王后曰皇太后，母曹贵嫔[38]为皇太妃。

二月[39]，丙子[40]，安成王顼至建康，诏以为中书监、中卫将军。

上谓杜杲曰："家弟今蒙礼遣，实周朝之惠；然鲁山不返，亦恐未能及此。"杲对曰："安成，长安一布衣耳，而陈之介弟也，其价岂止一城而已哉！本朝敦睦九族，恕己及物，上遵太祖遗旨，下思继好之义，是以遣之南归。今乃云以寻常之土易骨肉之亲，非使臣之所敢闻也。"上甚惭，曰："前言戏之耳。"待杲之礼有加焉。

顼妃柳氏[41]及子叔宝犹在穰城，上复遣毛喜如周请之，周人皆归之。

丁丑[42]，以安右将军吴明彻为江州刺史，督高州刺史黄法氍、豫章太守周敷共讨周迪。

甲申[43]，大赦。

留异始谓台军必自钱塘上，既而侯安都步由诸暨[44]出永康，异大惊，奔桃枝岭，于岩口竖栅以拒之。安都为流矢所中，血流至踝，乘舆[45]指麾，容止不变。因其山势，迮[46]而为堰，会潦水[47]涨满，安都引船入堰，起楼舰与异城等[48]，发拍碎其楼堞。异与其子忠臣[49]脱身奔晋安，依陈宝应。安都虏其妻及余子，尽收铠仗而还。

异党向文政据新安，上以贞毅将军[50]程文季[51]为新安太守，帅精甲三百轻往攻之。文政战败，遂降。文季，灵洗之子也。

夏，四月，辛丑[52]，齐武明娄太后殂。齐主不改服，绯袍[53]如故。未几，登三台，置酒作乐，宫女进白袍，帝投诸台下。散骑常侍和士开请止乐，帝怒，挞[54]之。

乙巳[55]，齐遣使来聘。

齐青州上言河水清，齐主遣使祭之，改元河清。

先是，周之君臣[56]受封爵者皆未给租赋。癸亥[57]，始诏柱国等贵臣邑户，听寄食[58]他县。

五月，庚午[59]，周大赦。

己丑[60]，齐以右仆射斛律光为尚书令。

壬辰[61]，周以柱国杨忠为大司空。六月，己亥[62]，以柱国蜀国公尉迟迥为大司马。

秋，七月，己丑[63]，纳太子妃王氏[64]，金紫光禄大夫固[65]之女也。

齐平秦王归彦至冀州，内不自安，欲待齐主如晋阳，乘虚入邺。其郎中令[66]吕思礼告之。诏大司马段韶、司空娄叡讨之。归彦于南境置私驿[67]，闻大军将至，即闭城拒守。长史宇文仲鸾[68]等不从，皆杀之。归彦自称大丞相，有众四万。齐主以都官尚书封子绘，冀州人，祖父世为本州刺史[69]，得人心，使乘传至信都，巡城，谕以祸福。吏民降者相继，城中动静，小大皆知之。

归彦登城大呼云："孝昭皇帝初崩，六军百万，悉在臣手，投身向邺，奉迎陛下。当时不反，今日岂反邪！正恨高元海、毕义云、高乾和诳惑圣上，疾忌忠良，但为杀此三人，即临城自刎。”既而城破，单骑北走，至交津[70]，获之，锁送邺。乙未[71]，载以露车，衔木面缚[72]。刘桃枝临之以刃，击鼓随之，并其子孙十五人皆弃市。命封子绘行冀州事。

齐主知归彦前谮清河王岳，以归彦家良贱百口赐岳家，赠岳太师。

丁酉[73]，以段韶为太傅，娄叡为司徒，平阳王淹为太宰，斛律光为司空，赵郡王叡为尚书令，河间王孝琬为左仆射。

癸亥[74]，齐主如晋阳。

上遣使聘齐。

九月，戊辰朔[75]，日有食之。

以侍中、都官尚书到仲举[76]为尚书右仆射、丹杨尹。仲举，溉[77]之弟子也。

吴明彻至临川攻周迪，不能克。丁亥[78]，诏安成王顼代之。

冬，十月，戊戌[79]，诏以军旅费广，百姓空虚，凡供乘舆饮食衣服及宫中调度，悉从减削；至于百司，宜亦思省约。

十一月，丁卯[80]，周以赵国公招[81]为益州总管。

丁丑[82]，齐遣兼散骑常侍封孝琰[83]来聘。

十二月，丙辰[84]，齐主还邺。

齐主逼通昭信李后，曰：“若不从我，我杀尔儿。”后惧，从之。既而有娠。太原王绍德至阁，不得见，愠曰：“儿岂不知邪！姊腹大，故不见儿。”后大惭，由是生女不举。帝横刀诟曰：“杀我女，我何得不杀尔儿！”对后以刀环筑杀绍德。后大哭。帝愈怒，裸后，乱挝之。后号天不已，帝命盛以绢囊，流血淋漉，投诸渠水，良久乃苏，犊车载送妙胜寺为尼。

（以上为第五段，写陈文帝通好北周、北齐，继续用兵讨伐地方势力，安定国境。北齐高湛以弟继位，初为政即荒淫暴虐，大类乃兄高洋。）

【注释】

[1]乙亥：正月五日。[2]辛巳：正月十一日。[3]壬午：正月十二日。[4]丙戌：正月十六日。[5]胡氏：齐武成皇后，好淫乱，死于隋初。传见《北齐书》卷九、《北史》卷十四。

[6]戊子：正月十八日。［7］凉景公：贺兰祥封凉国公，谥号“景”。［8］壬寅：正月一日。［9］丁未：正月六日。［10］辛亥：正月十日。［11］胡公：周武王的大臣。武王把长女大姬嫁给胡公为妻，并封在陈国为诸侯，是陈国的始祖。陈蒨自以为是胡公的后代，所以在祭祀时用胡公配天。［12］辛酉：二月辛未朔，无辛酉。《陈书》作正月事，即正月二十日。疑《资治通鉴》误。［13］丁未：闰二月七日。［14］寻其反覆之迹：高归彦在高洋在时，与杨愔亲近；后又依附高演，杀杨愔，废帝为济南王。高演死，又迎立武成帝，反复无常。［15］辄：即时。［16］欲参：想朝见武成帝。［17］清阳宫：北齐别宫，在今河北清河县。［18］出镇湓城：让周迪离开他的根据地临川，到江州州治赴任，以便强化中央的控制。［19］趑（zī）且（jū）：徘徊不前的样子。［20］南江酋帅：江州南部各郡的将领。［21］方兴：周方兴，人名。又章校，十二行本、乙十一行本下有“将兵”二字。张校同。［22］属籍：入陈氏皇族名册。［23］寄：虞寄（510—579），字次安，性恬静，有文才，不求仕进。被扣留在陈宝应处，自号东山居士。后文帝、宣帝屡次征召，均不应命，只备顾问而已。传见《陈书》卷十九、《南史》卷六十九。［24］蹶然：迅速挺身。［25］一说杀三士：蒯通劝韩信袭击已同意归顺的齐国，使刘邦的使者郦食其被烹死，齐相田横战败逃入海岛，后被迫自杀。又使韩信居功自傲，以后遭到刘邦疑忌，落了个谋反被杀的下场。［26］班彪（3—54）：字叔皮，扶风安陵（今陕西咸阳市东）人。两汉之际著名的史学家。所撰《史记后传》成为其子班固撰作《汉书》的主要依据之一。传见《后汉书》卷四十上。［27］《王命》：即《王命论》，是班彪避乱陇西时写给隗嚣的一篇文章。主要内容是劝说隗嚣归顺刘秀，辅佐汉室，不要有非分之想。虞寄借用来说服陈宝应不要再与留异暗中往来，筹划谋反，以免铸成大错。《资治通鉴》卷四十一引有《王命论》部分内容。［28］居士：静心奉佛修道的俗家人士。［29］命有所悬：生命控制在他人之手。暗指陈宝应。［30］乙卯：闰二月十五日。［31］崔瞻（519—572）：出身高门，富有文才。任中书侍郎，又任给事黄门侍郎，身居中书、门下二省。曾草定婚礼仪注。传见《北齐书》卷二十三、《北史》卷二十四。［32］昙朗：陈昙朗。前作人质，被北齐所杀。［33］更相表列：互相上表揭发对方过失。［34］鹅眼钱：一种劣质钱，仿刘宋沈庆之所铸的五铢小钱，所以也被称作沈郎钱。［35］甲子：闰二月二十四日。［36］封疆褊隘：领土狭小，只有荆州，辖南郡（治所江陵，在今湖北江陵县）一郡；平州，辖漳川（治所漳川，在今湖北当阳市）一郡；基州，辖章山（治所在今湖北钟祥市南）一郡；都州，辖武宁（治所乐乡，在今湖北荆门市北）一郡。即名为四州，实为四郡之地。［37］平陵：后梁主陵园，在今湖北江陵县。［38］曹贵嫔：名不详，九月即病死。［39］二月：据章校，十二行本、乙十一行本作“三月”。张校同。按《陈书》《南史》均作“三月”，《资治通鉴》恐误。［40］丙子：三月七日。［41］柳氏：即高宗柳皇后（533—615），名敬言，河东解人。陈后主初即位，因病不能听政。时值始兴王陈叔陵等叛乱，政事一决于柳太后。陈亡，居长安。隋末死于洛阳。传见《陈书》卷七、《南史》卷十二。［42］丁丑：三月八日。［43］甲申：三月十五日。［44］诸暨：县名。县治在今浙江诸暨市。［45］舆（yú）：一种便车。［46］迮（zé）：顺山势筑堤遏水。［47］潦水：积水。

指堰中因天雨或其他原因积存了大量的水。［48］等：等高，指筑堤与城墙一样高，以逼水灌城。［49］忠臣：留忠臣，人名。后与父留异一起在建康被处决。［50］贞毅将军：官名。属杂号将军。［51］程文季（？—579）：字少卿，在平定陈宝应、华皎叛乱中，屡立战功，袭封重安县公。随吴明彻北伐，于吕梁被俘，南逃时被周兵所杀。传见《陈书》卷十、《南史》卷六十七。［52］辛丑：四月二日。［53］绯袍：不穿丧服，仍穿红袍。［54］挝（zhuā）：打。［55］乙巳：四月六日。［56］君臣：据章校，十二行本、乙十一行本均作“群臣”，当是。［57］癸亥：四月十四日。［58］寄食：靠依赖他人而生活。［59］庚午：五月一日。［60］己丑：五月二十日。［61］壬辰：五月二十三日。［62］己亥：六月一日。［63］己丑：七月二十一日。［64］王氏：即废帝王皇后，后贬为临海王妃。陈后主至德年间病死。传见《陈书》卷七、《南史》卷十二。［65］周：王周，人名。《陈书》卷七作“固”。恐当作王固为是。［66］郎中令：此是王国郎中令，官名。掌王府内事务。［67］私驿：私人驿站和驿骑。［68］宇文仲鸾：东魏末曾任齐王丞相府长流参军。传见《魏书》卷四十四。［69］祖父世为本州刺史：封子绘的祖父封回、父封隆之都担任过冀州刺史。［70］交津：漳河和白马河交汇的地方，在今河北武强县南。［71］乙未：七月二十七日。［72］衔木面缚：嘴上勒上一根木条，防止喊叫。又把手反绑到背后。［73］丁酉：七月二十九日。［74］癸亥：八月六日。［75］戊辰朔：九月一日。［76］到仲举（517—567）：字德言，彭城武原（今江苏邳州市北）人。陈文帝时，封建昌县侯。宣帝辅政时被杀。传见《陈书》卷二十、《南史》卷二十五。［77］溉：到溉，字茂灌，有才学，廉洁清白。梁时官至散骑常侍、侍中。传见《梁书》卷四十、《南史》卷二十五。溉弟名洽，梁时任侍中。［78］丁亥：九月二十日。［79］戊戌：十月二日。［80］丁卯：十一月一日。［81］招：宇文招（？—580），字豆卢突，灭北齐后，进位上柱国，拜太师。杨坚辅政时，将代北周。招密谋诛坚，事泄被杀。传见《周书》卷十三、《北史》卷五十八。［82］丁丑：十一月十一日。［83］封孝琰（530—580）：字士光。北齐末官至通直散骑常侍、尚书左丞，奏门下省事。曾预撰《修文殿御览》。因谏后主被杀。传见《北齐书》卷二十一、《北史》卷二十四。［84］丙辰：十二月二十一日。

【点评】

北齐主高演背约猜忌，英年早逝。北齐高演号称贤王，继帝位后欲展英才，励精图治，观其与卢叔虎之君臣问答，未尝没有混一天下之意。惜其不学无术，既背与长广王高湛相约兄终弟及之誓言，又杀无辜仁爱之废帝高殷，于是心愧而坠马，为母后娄氏深责而气短，心疾既重，外疾不治，英年早逝，北齐中兴的一线曙光转瞬消失，惜哉！

卷一六九　陈纪三

陈文帝天嘉四年至天康元年（563—566 年）

【起昭阳协洽（癸未，563 年），尽柔兆阉茂（丙戌，566 年），凡四年】

【大事提要】

本卷载述公元 563 年至公元 566 年南北朝史事，凡四年，时当陈文帝天嘉四年至六年、天康元年，北周武帝保定三年至五年、天和元年至二年，北齐武成帝太宁三年、四年和后主天统元年、二年。陈文帝讨灭江南群雄反叛，通好北周，励精图治，数年之间，重新恢复了江南的社会秩序，陈朝获得了稳定。北周君臣协同，最为称治。北齐接连发生宫廷政变，内讧减杀国力。高湛即位，步高洋后尘，酗酒信谗，残虐骨肉，招致北周两次大规模征讨，差点断送了国祚。

世祖文皇帝下

天嘉四年（癸未，563 年）

春，正月，齐以太子少傅魏收兼尚书右仆射。时齐主终日酣饮，朝事专委侍中[1]高元海。元海庸俗，帝亦轻之；以收才名素盛，故用之。而收畏懦避事，寻坐阿纵，除名[2]。

兖州[3]刺史毕义云作书与高元海，论叙时事，元海入宫，不觉遗之。给事中[4]李孝贞得而奏之，帝由是疏元海，以孝贞兼中书舍人[5]，征义云还朝。和士开[6]复谮[7]元海，帝以马鞭箠元海六十，责曰："汝昔教我反，以弟反兄，几许[8]不义！以邺城兵抗并州，几许无智！"出为兖州刺史。

甲申[9]，周迪众溃，脱身逾岭，奔晋安[10]，依陈宝应。官军克临川[11]，获迪妻子。宝应以兵资迪，留异又遣子忠臣随之。

虞寄[12]与宝应书，以十事谏之曰："自天厌梁德[13]，英雄互起，人人自以为得之，然夷凶翦乱，四海乐推者，陈氏也；岂非历数有在，惟天所授乎！一也。以王琳之强，侯瑱之力，进足以摇荡中原，争衡天下，退足以屈强江外，雄张偏隅；然或命一旅之师，或资一士之说，琳则瓦解冰泮[14]，投身异域，瑱则厥角稽颡[15]，委命阙庭，斯又天假其威而除其患。二也。今将军以藩戚[16]之重，东南之众，尽忠奉上，戮力勤王，岂不勋高窦融[17]，宠过吴芮[18]，析珪判野[19]，南面称孤[20]乎！三也。圣朝弃瑕忘过，宽厚得人，至于余孝顷、潘纯陀、李孝钦、欧阳頠等，悉委以心腹，任以爪牙，胸中豁然，曾无纤芥[21]。况将军衅[22]非张绣[23]，罪异毕谌[24]，当何虑于危亡，何失于富贵！四也。方今周、齐邻睦，境外无虞，并兵一向，匪朝伊夕[25]，非刘、项竞逐[26]之机，楚、赵连从[27]之势；何得雍容[28]高拱[29]，坐论西伯[30]哉！五也。且留将军狼顾一隅[31]，亟经摧衄[32]，声实亏丧[33]，胆气衰沮。其将帅首鼠两端，唯利是视，孰能被坚执锐，长驱深入，系马埋轮[34]，奋不顾命，以先士卒者乎！六也。将军之强，孰如侯景？将军之众，孰如王琳？武皇灭侯景于前，今上摧王琳于后，此乃天时，非复人力。且兵革[35]已后，民皆厌乱，其孰能弃坟墓，捐[36]妻子，出万死不顾之计，从将军于白刃[37]之间乎！七也。历观前古，子阳、季孟[38]，颠覆相寻；余善、右渠[39]，危亡继及。天命可畏，山川难恃。况将军欲以数郡之地当天下之兵，以诸侯之资拒天子之命，强弱逆顺，可得侔[40]乎！八也。且非我族类，其心必异；不爱其亲，岂能及物！留将军身縻[41]国爵，子尚王姬[42]，犹且弃天属[43]而不顾，背明君而孤立，危急之日，岂能同忧共患，不背将军者乎！至于师老力屈，惧诛利赏，必有韩、智晋阳之谋[44]，张、陈井陉之势[45]。九也。北军[46]万里远斗，锋不可当[47]。将军自战其地，人多顾后；众寡不敌，将帅不侔。师以无名而出，事以无机而动，以此称兵[48]，未知其利。十也。为将军计，莫若绝亲留氏，释[49]甲偃兵，一遵诏旨。方今藩维[50]尚少，皇子幼冲[51]，凡豫[52]宗族，皆蒙宠树。况以将军之地，将军之才，将军之名，将军之势，而克修藩服，北面称臣，宁与刘泽[53]同年[54]而语其功业哉！寄感恩怀德，不觉狂言，斧钺之诛，其甘如荠[55]。”宝应览书大怒。或谓宝应曰：“虞公病势稍笃[56]，言多错谬。”宝应意乃小释，亦以寄民望，故优容之。

（以上为第一段，写陈朝虞寄致书陈宝应，劝其弃割据，就臣职。虞寄陈祸福顺逆，喻之以理，动之以情，剖判透澈。无奈乱世军阀，自矜功伐，心存侥幸，不以民众生息为意，务求一逞，不到灭宗亡族而不止，悲夫！）

【注释】

［1］侍中：官名。门下省长官。实为宰相。［2］除名：罢官。［3］兖州：州名。治所瑕丘，在今山东济宁市兖州区北。［4］给事中：官名。侍从皇帝，以备顾问。［5］中书舍人：官名。主管起草制书诏令。［6］和士开（？—571）：仕北齐。官至侍中。传见《北齐书》卷五十、《北史》卷九十二。［7］谮（zèn）：诬陷。［8］几许：多少。［9］甲申：正月十九日。［10］晋安：郡名。治所侯官县，在今福建福州市。［11］临川：郡名。治所临汝县，在今江西抚州市临川区西。［12］虞寄（？—579）：传见《陈书》卷十九、《南史》卷六十九。［13］天厌梁德：指梁灭亡。［14］泮（pàn）：散。［15］厥角稽（qǐ）颡（sǎng）：叩头归服。厥角，若崩厥角。《尚书·泰誓中》："百姓懔懔，若崩厥角"。孔传："若崩摧其角。"稽颡，叩头以额触地。此为顺服之意。［16］藩戚：藩屏皇室的亲属。［17］窦融：东汉人，曾以河西五郡之地归刘秀。传见《后汉书》卷二十三。［18］吴芮（ruì）：秦末率越人起兵，赞助刘邦。传见《汉书》卷三十四。［19］析珪判野：析、判作"分"字解。珪指瑞玉，上圆下方，封诸侯之物。判野，划疆分野。指得到封赏。［20］南面称孤：古代君主见群臣时坐北朝南，故称人君为南面。孤，侯王的自称。［21］纤芥：细微。［22］衅：嫌隙。［23］张绣：东汉末人。曾杀曹操之子，后归曹操，曹操不计前怨。［24］毕谌（chén）：曾为曹操别驾。张邈据兖州叛曹，劫持谌母弟妻子，曹操让谌前去探视，他临走时说无二心，但离开曹操后遂逃亡而去。后被曹操捉住，被任为鲁相。［25］匪朝伊夕：匪同"非"。非止一日。［26］刘、项竞逐：楚汉相争。刘，指刘邦。项，指项羽。［27］楚、赵连从：连从，合从，又作合纵。此指苏秦劝说楚、赵两国联合抗秦。［28］雍容：体态温文。［29］高拱：高拱两手，安坐。［30］西伯：西方诸侯之长，指周文王。坐论西伯事见《后汉书·隗嚣传论》。［31］狼顾：狼行常回顾。比喻有后顾之忧。［32］亟经摧衄（nǜ）：屡受挫折。衄，挫折之意。［33］声实亏丧：名誉和实力受损。［34］系马埋轮：拴住马，把车轮埋起来，喻坚守不退之意。［35］兵革：指战争。［36］捐：抛弃。［37］白刃：利刀。［38］子阳、季孟：两人均西汉末割据军阀。子阳，公孙述字，割据巴蜀。季孟，隗嚣字，割据陇右。二人皆为光武帝所灭。传见《后汉书》卷十三。［39］余善：西汉东越王名。右渠：西汉朝鲜王名。二人皆叛汉，为其属下所杀。［40］侔：相等。［41］身縻（mí）国爵：身有国家爵位。縻，系住。［42］子尚王姬：留异之子贞臣尚公主。［43］天属：有血缘关系的直系亲属。［44］韩、智晋阳之谋：公元前403年，智伯联合韩、魏攻赵于晋阳，韩、魏、赵三家反联合灭智伯。［45］张、陈井陉之势：张耳、陈余原为刎颈之交，后闹翻结怨。公元前207年，张耳同韩信于井陉口攻杀陈余。［46］北军：陈朝军队从建康来，在晋安北，故称北军。［47］万里远斗，锋不可当：因远征，抱有必死的决心，

作战勇猛，来势不可抵挡。［48］称兵：举兵。［49］释：据章校，“释”上应补“遣子入质”四字。［50］藩维：屏藩皇室，指文帝诸子。［51］幼冲：幼小，指太子伯宗。［52］豫：通“与”。［53］刘泽：汉高祖疏远的亲属，事见《资治通鉴》卷十三《汉纪五》高后七年。［54］同年：相等。［55］荠（jì）：荠菜，其味甘甜。［56］笃（dǔ）：病势沉重。

周梁躁公侯莫陈崇从周主如原州。帝夜还长安，人窃怪其故，崇谓所亲曰：“吾比闻术者言，晋公今年不利，车驾今忽夜还，不过晋公死耳。”或发其事。乙酉［1］，帝召诸公于大德殿，面责崇，崇惶恐谢罪。其夜，冢宰［2］护遣使将兵就崇第，逼令自杀，葬如常仪。

壬辰［3］，以高州刺史黄法𣰋为南徐州刺史，临川太守周敷为南豫州刺史。

周主命司宪大夫［4］拓跋迪造《大律》十五篇［5］。其制罪：一曰杖刑，自十至五十；二曰鞭刑，自六十至百；三曰徒刑，自一年至五年；四曰流刑，自二千五百里至四千五百里；五曰死刑，磬、绞、斩、枭、裂［6］；凡二十五等。

庚戌［7］，以司空南徐州刺史侯安都为江州刺史。

辛酉［8］，周诏：“大冢宰晋国公，亲则懿昆［9］，任当元辅，自今诏诰及百司文书，并不得称公名。”护抗表［10］固让。

三月，乙丑朔［11］，日有食［12］之。

齐诏司空斛律光督步骑二万，筑勋掌城于轵关［13］；仍筑长城二百里，置十二戍。

丙戌［14］，齐以兼尚书右仆射赵彦深［15］为左仆射。

夏，四月，乙未［16］，周以柱国达奚武为太保。

周主将视学［17］，以太傅燕国公于谨［18］为三老［19］。谨上表固辞，不许，仍赐以延年杖。戊午［20］，帝幸太学［21］。谨入门，帝迎拜于门屏之间，谨答拜。有司设三老席于中楹，南向。太师［22］护升阶，设几，谨升席，南面凭几而坐。大司马豆卢宁升阶，正舄［23］。帝升阶，立于斧［24］扆之前，西面。有司进馔，帝跪设酱豆［25］，亲为之袒割［26］。谨食毕，帝亲跪授爵以酳［27］。有司撤讫，帝北面立而访道。谨起，立于席后，对曰："木受绳则正，后[28]从谏则圣。明王虚心纳谏以知得失，天下乃安。"又曰："去食去兵，信不可去；愿陛下守信勿失。"又曰："有功必赏，有罪必罚，则为善者日进，为恶者日止。"又曰："言行者，立身之基，愿陛下三思而言，九虑而行，勿使有过。天子之过，如日月之食，人莫不知，愿陛下慎之。"帝再拜受言，谨答拜。礼成而出。

（以上为第二段，写北周国主宇文邕重教化，敬三老，行古礼，兴太学。）

【注释】

[1]乙酉：正月二十日。 [2]冢宰：官名。为六卿之首。 [3]壬辰：正月二十七日。[4]司宪大夫：官名。秩同御史中丞，主管刑罚。 [5]造《大律》十五篇：据章校，"篇"下应补"二月庚子颁行之"七字。 [6]磬、绞、斩、枭、裂：五种死刑。磬，悬体缢杀。绞，用绳勒死。斩，杀头。枭，杀头后挂其首于木上示众。裂，车裂而死，或五马分尸。 [7]庚戌：二月十五日。前文脱去"二月"二字。 [8]辛酉：二月二十六日。 [9]昆：兄。 [10]抗表：上表。[11]乙丑朔：三月一日。 [12]食：通"蚀"。 [13]轵（zhǐ）关：关名。故址在今河南济源市。[14]丙戌：三月二十二日。 [15]赵彦深（507—576）：北齐人。本名隐，避齐讳，以字行。传见《北齐书》卷三十八、《北史》卷五十五。 [16]乙未：四月二日。 [17]视学：周制，天子亲临国学行春秋祭奠及养老之礼，称为视学。 [18]于谨（495—568）：字思敬，河南洛阳（今河南洛阳市）人。周武帝时官至司空。北周元老重臣之一。传见《周书》卷十五、《北史》卷二十三。[19]三老：古代设三老五更，以尊养老人。 [20]戊午：四月二十五日。 [21]太学：古学校名，即国学。 [22]太师：北周三公之一。勋德崇重者任此官，不置府僚。 [23]舄（xì）：鞋。古代单底称履，复底而着木者为舄。 [24]斧扆（yǐ）：画有斧形的屏风。扆，屏风。 [25]豆：器皿，高脚盘。 [26]袒割：天子袒衣，亲自切割牲肉，此为古代敬老、养老之礼。 [27]酳（yìn）：用酒漱口。 [28]后：古代天子及列国诸侯皆称后。

司空侯安都恃功骄横，数[1]聚文武之士骑射赋诗，斋[2]中宾客，动至千人。部下将帅，多不遵法度，检问收摄[3]，辄奔归安都。上性严整，内衔之，安都弗之觉。每有表[4]启，封讫，有事未尽，开封自书之云："又启某事。"及侍宴，酒酣，或箕踞[5]倾倚。常陪乐游园禊饮[6]，谓上曰："何如作临川王时？"上不应。安都再三言之。上曰："此虽天命，抑亦明公之力。"宴讫，启借供帐[7]水饰，欲载妻妾于御堂宴饮。上虽许之，意甚不怿[8]。明日，安都坐于御座，宾客居群臣位，称觞上寿[9]。会重云殿灾，安都帅将士带甲入殿，上甚恶之，阴为之备。及周迪反，朝议谓当使安都讨之，而上更使吴明彻。又数遣台使按问[10]安都部下，检括[11]亡叛。安都遣其别驾[12]周弘实自托于舍人蔡景历[13]，并问省中事。景历录其状，具奏之，因希旨[14]称安都谋反。上虑其不受召，故用为江州。

五月，安都自京口还建康，部伍入于石头。六月，帝引安都宴于嘉德殿，又集其部下将帅会于尚书朝堂，于坐收安都，囚于嘉德西省，又收其将帅，尽夺马仗而释之。因出蔡景历表，以示于朝，乃下诏暴[15]其罪恶，明日，赐死，宥[16]其妻子，资给其丧。

初，高祖在京口，尝与诸将宴，杜僧明、周文育、侯安都为寿，各称功伐[17]。高祖曰："卿等悉良将也，而并有所短。杜公志大而识暗[18]，狎[19]于下而骄于上；周侯交不择人，而推心过差；侯郎慠诞[20]而无厌，轻佻而肆志[21]；并非全身[22]之道。"卒皆如其言。

（以上为第三段，写陈朝侯安都居功自傲，纵下凌上，身犯大不敬之罪而不自知，赳赳武夫，不学之过也。陈霸先识人、知人，而能驾驭狂夫为己用，代萧氏而有天下，良有以也。）

【注释】

[1]数（shùo）：屡次，多次。[2]斋：屋舍。多指书房、学舍。[3]收摄：拘捕。[4]表：古代下级向上级陈述事情的一种文书形式。[5]箕踞：古时坐于席上，伸两足，手据膝，若箕踞状，为傲慢不敬之姿态。[6]禊（xì）饮：携带食品在野外宴饮，称为禊饮。[7]供帐：供设帷帐。[8]怿（yì）：欢喜，快乐。[9]称觞（shāng）上寿：举杯祝寿。觞，古代酒杯。[10]台使按问：由御史台派出的官员，进行审查讯问。[11]检括：考查、调查。[12]别驾：官名。州刺史的佐吏，总理政务。[13]蔡景历（641—573）：字茂世，陈朝大臣，官至御史中丞，守度支尚书。传见《陈书》卷十六、《南史》卷六十八。[14]希旨：迎合皇帝意旨。[15]暴：显露，宣布。[16]宥（yòu）：赦免。[17]功伐：功绩。积功曰伐。[18]暗：昏暗。[19]狎：亲近而态度不庄重。[20]慠诞：傲慢放纵。慠，同"傲"。[21]肆志：纵情，快意。[22]全身：保全生命。

乙卯[1]，齐主使兼散骑常侍崔子武来聘。

齐侍中、开府仪同三司和士开有宠于齐主，齐主外朝视事[2]，或在内宴赏，须臾之间，不得不与士开相见，或累日不归，一日数入；或放还之后，俄顷即追，未至之间，连骑督趣[3]。奸谄百端，宠爱日隆，前后赏赐，不可胜纪。每侍左右，言辞容止，极诸鄙亵[4]；以夜继昼，无复君臣之礼。常谓帝曰："自古帝王，尽为灰土，尧舜[5]、桀纣[6]，竟复何异！陛下宜及少壮，极意为乐，纵横[7]行之。一日取快，可敌千年。国事尽付大臣，何虑不办，无为自勤约[8]也！"帝大悦。于是委赵彦深掌官爵，元文遥[9]掌财用，唐邕[10]掌外、骑兵[11]，信都冯子琮[12]、胡长粲[13]掌东宫。帝三四日一视朝，书数字而已，略无所言，须臾罢入。长粲，僧敬之子也。

帝使士开与胡后[14]握槊。河南康献王孝瑜[15]谏曰："皇后天下之母，岂可与臣下接手！"孝瑜又言："赵郡王叡[16]，其父死于非命[17]，不可亲近。"由是叡及士开共谮之。士开言孝瑜奢僭，叡言"山东[18]唯闻河南王，不闻有陛下。"帝由是忌之。孝瑜窃与尔朱御女言[19]，帝闻之，大怒。庚申[20]，顿饮[21]孝瑜酒三十七杯。孝瑜体肥大，腰带十围[22]，帝使左右娄子彦载以出，鸩[23]之于车，至西华门，烦躁投水而绝。赠太尉、录尚书事[24]。诸侯在宫中者，莫敢举声，唯河间王孝琬[25]大哭而出。

秋，七月，戊辰[26]，周主幸原州。

八月，辛丑[27]，齐以三台宫为大兴圣寺。

九月，壬戌[28]，广州刺史阳山穆公欧阳頠卒，诏子纥袭父爵位。

甲子[29]，周主自原州登陇[30]。

周迪复越东兴岭[31]为寇，辛未[32]，诏护军章昭达[33]将兵讨之。

丙戌[34]，周主如同州[35]。

初，周人欲与突厥木杆可汗[36]连兵伐齐，许纳其女为后，遣御伯大夫[37]杨荐[38]及左武伯[39]太原王庆[40]往结之。齐人闻之惧，亦遣使求婚于突厥，赂遗甚厚。木杆贪齐币重，欲执荐等送齐。荐知之，责木杆曰："太祖昔与可汗共敦邻好，蠕蠕[41]部落数千来降，太祖悉以付可汗使者，以快可汗之意，如何今日遽欲背恩忘义，独不愧鬼神乎？"木杆惨然良久曰："君言是也。吾意决矣，当相与共平东贼，然后遣女。"荐等复命。

公卿请发十万人击齐，柱国[42]杨忠[43]独以为得万骑足矣。戊子[44]，遣忠将步骑一万，与突厥自北道伐齐，又遣大将军达奚武帅步骑三万，自南道出平阳[45]，期会于晋阳。

冬，十一月，辛酉[46]，章昭达大破周迪。迪脱身潜窜山谷，民相与匿之，虽加诛戮，无肯言者。

十二月，辛卯[47]，周主还长安。

丙申[48]，大赦。

章昭达进军，度岭，趣建安[49]，讨陈宝应，诏益州[50]刺史余孝顷督会稽[51]、东阳[52]、临海[53]、永嘉[54]诸军自东道会之。

是岁，初祭始兴昭烈王[55]于建康，用天子礼[56]。

周杨忠拔齐二十余城。齐人守陉岭之隘[57]，忠击破之。突厥木杆、地头、步离[58]三可汗以十万骑会之。己酉[59]，自恒州[60]三道俱入。时大雪数旬，南北千余里，平地数尺。齐主自邺倍道赴之，戊午[61]，至晋阳。斛律光将步兵[62]三万屯平阳。己未[63]，周师及突厥逼晋阳。齐主畏其强，戎服帅宫人欲东走避之。赵郡王叡、河间王孝琬叩马[64]谏。孝琬请委叡部分，必得严整。帝从之，命六军进止皆取叡节度[65]，而使并州刺史段韶[66]总之。

（以上为第四段，写北齐国主高湛荒怠政事，招致北周大规模征讨。）

【注释】

[1]乙卯：六月二十三日。[2]视事：处理政事，办公。[3]督趣：督促。[4]鄙亵（xiè）：鄙陋轻慢。[5]尧舜：传说中的上古圣王，古代部落首领，被誉为圣贤。[6]桀纣：指夏桀王、商纣王，古代著名的暴君。[7]纵横：放纵而无约束。[8]勤约：劳苦而简朴。[9]元文遥（？—571）：字德远，北齐河南洛阳人，历官给事黄门侍郎、散骑常侍、侍中、中书监。传见《北齐书》卷三十八、《北史》卷五十五。[10]唐邕：字道和。北齐太原晋阳人，历仕北齐终始，典职兵机，长期执掌丞相府外兵曹、骑兵曹。入周授仪同大将军，卒于凤州刺史。传见《北齐书》卷四十、《北史》卷五十五。[11]外、骑兵：外兵与骑兵。时北齐有外兵省与骑兵省。[12]冯子琮（？—571）：北齐信都人，官至吏部尚书。传见《北齐书》卷四十、《北史》卷五十五。[13]胡长粲：北齐安定临泾人。官至黄门侍郎，出入禁中，北齐后主时权臣之一。事附《北齐书·胡长仁传》。[14]胡后：北齐后主皇后，姓斛律。传见《北齐书》卷九、《北史》卷

十四。［15］孝瑜（？—563）：东魏执政高澄之长子，北齐时封为河南王，卒谥康献。传见《北齐书》卷十一、《北史》卷五十二。［16］赵郡王叡（529—565）：东魏赵郡王高琛之子，袭爵。传附《北齐书·赵郡王琛传》《北史·赵郡王琛传》。［17］其父死于非命：高叡之父高琛为勃海王高欢之弟，因淫乱后庭，受杖而死。［18］山东：此指太行山以东之地。［19］孝瑜窃与尔朱御女言：齐制设八十一御女，古之御妻。《孝瑜传》云：尔朱事太后，高孝瑜先与她私通。［20］庚申：六月二十八日。［21］顿饮：一次给他饮酒。［22］十围：形容极其粗大。按，一围长度说法不一，有一围等于三寸、五寸、八尺等说。［23］鸩（zhèn）：用毒物害人。［24］录尚书事：官名。总领尚书事，独揽大权。［25］孝琬：高孝瑜之弟，封河间王。传见《北齐书》卷十一、《北史》卷五十二。［26］戊辰：七月六日。［27］辛丑：八月十日。［28］壬戌：九月一日。［29］甲子：九月六日。［30］陇：指陇坂。地名。在今陕西宝鸡市与甘肃清水县、张家川回族自治县之间。［31］东兴岭：岭名。在今江西黎川县、福建光泽县之间。［32］辛未：九月十三日。［33］章昭达（518—571）：字伯通，吴兴武康（今浙江德清县）人。官至侍中。传见《陈书》卷十一、《南史》卷六十六。［34］丙戌：九月二十五日。［35］如同州：如，往。同州，州名。治所武乡县，在今陕西大荔县。［36］木杆可汗：突厥伊利可汗之弟。名俟斤。在位二十年。事见《周书》卷五十。可汗，我国古代突厥、回纥等族最高统治者的称呼。［37］御伯大夫：官名。北周新置。侍从皇帝，同侍中之职。［38］杨荐（？—568）：北周秦郡宁夷县（县治在今陕西礼泉县东北）人。官至总管、梁州刺史。传见《周书》卷三十三、《北史》卷六十九。［39］左武伯：官名。侍卫之官。［40］王庆（？—581）：字兴庆，北周太原郡祁县人。官至延州总管。传见《周书》卷三十三、《北史》卷六十九。［41］蠕蠕：民族名。古代的北方民族，即柔然。南朝译为芮芮，北朝译为蠕蠕。［42］柱国：官名。职位较高的武官。［43］杨忠（507—568）：隋文帝之父。仕北周，官至大司空，封随国公。传见《周书》卷十九。［44］戊子：九月二十七日。［45］平阳：县名。晋州治所，在今山西临汾市。［46］辛酉：十一月一日。［47］辛卯：十二月一日。［48］丙申：十二月六日。［49］建安：郡名。治所建安县，在今福建建瓯市。［50］益州：州名。治所成都县，在今四川成都市。按时益州已入于周，不属陈，应说是遥领。［51］会稽：郡名。治所山阴县，在今浙江绍兴市。［52］东阳：郡名。治所长山县，在今浙江金华市。［53］临海：郡名。治所章安县，在今浙江临海市东南。［54］永嘉：郡名。治所永宁县，在今浙江温州市。［55］始兴昭烈王：陈高祖兄道谭，封始兴王，谥昭烈。［56］用天子礼：文帝嗣高祖，以子伯茂奉始兴昭烈王之祀。今初以天子之礼祀之，不合旧礼。［57］陉岭之隘：代州雁门县（今山西代县）有东陉关、西陉关。［58］地头、步离：人名。木杆可汗分国为三部：木杆牙帐居都斤山，地头可汗统东方，步离可汗统西方。［59］己酉：十二月十九日。［60］恒州：州名。治所平城，在今山西大同市东北。［61］戊午：十二月二十八日。［62］步兵：据章校，“兵”应改作“骑”字。［63］己未：十二月二十九日。［64］叩马：勒住马。［65］节度：节制调度，即指挥。［66］段韶（？—571）：北齐人。官至太师。传见《北齐书》卷十六、《北史》卷五十四。

五年（甲申，564 年）

春，正月，庚申朔[1]，齐主登北城[2]，军容甚整。突厥咎周人曰："尔言齐乱，故来伐之。今齐人眼中亦有铁，何可当邪！"

周人以步卒为前锋，从西山下去城二里许。诸将咸欲逆击[3]之，段韶曰："步卒力势，自当有限。今积雪既厚，逆战非便，不如陈以待之[4]。彼劳我逸，破之必矣。"既至，齐悉其锐师鼓噪而出。突厥震骇，引上西山，不肯战，周师大败而还。突厥引兵出塞[5]，纵兵大掠，自晋阳以往[6]七百余里，人畜无遗。段韶追之，不敢逼。突厥还至陉岭，冻滑，乃铺毡以度，胡马寒瘦，膝已下皆无毛；比至长城[7]，马死且尽，截稍杖之[8]以归。

达奚武至平阳，未知忠退。斛律光与书曰："鸿鹄[9]已翔于寥廓[10]，罗者犹视于沮泽[11]。"武得书，亦还。光逐之，入周境，获二千余口而还。

光见帝于晋阳，帝以新遭大寇，抱光头而哭。任城王湝[12]进曰："何至于此！"乃止。

初，齐显祖之世，周人常惧齐兵西渡，每至冬月，守河椎冰[13]。及世祖即位，嬖幸用事，朝政渐紊，齐人椎冰以备周兵之逼。斛律光忧之，曰："国家常有吞关、陇[14]之志，今日至此，而唯玩声色[15]乎！"

辛巳[16]，上[17]祀南郊[18]。

二月，庚寅朔[19]，日有食之。

初，齐显祖命群官刊定魏《麟趾格》[20]为《齐律》，久而不成。时军国[21]多事，决狱罕依律文，相承谓之"变法从事[22]"。世祖即位，思革其弊，乃督修律令者，至是而成，《律》十二篇[23]，《令》四十卷。其刑名有五：一曰死，重者轘[24]之，次枭首，次斩，次绞；二曰流，投边裔[25]为兵；三曰刑，自五岁至一岁；四曰鞭，自百至四十；五曰杖，自三十至十；凡十五等[26]。其流外[27]官及老、小、阉、痴[28]并过失应赎者，皆以绢代金。三月，辛酉[29]，班行之，因大赦[30]。是后为吏者始守法令。又敕仕门[31]子弟常讲习之，故齐人多晓法。

又令民十八受田输租调[32]；二十充兵，六十免力役[33]，六十六还田，免租调。一夫受露田[34]八十亩，妇人四十亩，奴婢依良人[35]，牛受六十亩。大率一夫一妇调绢一匹[36]，绵八两，垦租[37]二石，义租[38]五斗；奴婢准良人之半[39]；牛调二尺，垦租一斗，义租五升。垦租送台[40]，义租纳郡以备水旱。

己巳[41]，齐群盗田子礼等数十人，共劫太师彭城景思王浟[42]为主，诈称使者，径向浟第[43]，至内室，称敕，牵浟上马，临以白刃[44]，欲引向南殿。浟大呼不从，盗杀之。

庚辰[45]，周初令百官执笏[46]。

齐以斛律光为司徒[47]，武兴王普[48]为尚书左仆射。普，归彦之兄子也。甲申[49]，以冯翊王润[50]为司空。

夏，四月，辛卯[51]，齐主使兼散骑常侍皇甫亮[52]来聘[53]。

庚子[54]，周主遣使来聘。

癸卯[55]，周以邓公河南窦炽[56]为大宗伯[57]。五月，壬戌[58]，封世宗之子贤[59]为毕公。

甲子[60]，齐主还邺。

壬午[61]，齐以赵郡王叡为录尚书事，前司徒娄叡[62]为太尉。甲申[63]，以段韶为太师。丁亥[64]，以任城王湝为大将军[65]。

壬辰[66]，齐主如晋阳。

周以太保达奚武为同州刺史。

六月，齐主杀乐陵王百年[67]。时白虹晕日两重；又横贯而不达，赤星见[68]，齐主欲以百年厌之[69]。会博陵人贾德胄教百年书，百年尝作数敕字，德胄封以奏之[70]。帝发怒，使召百年。百年自知不免，割带玦[71]留与其妃斛律氏，见帝于凉风堂。使百年书敕字，验与德胄所奏相似，遣左右乱捶之，又令曳[72]之绕[73]堂行且捶，所过血皆遍地，气息将尽，乃斩之，弃诸池，池水尽赤。妃把玦哀号不食，月余亦卒，玦犹在手，拳不可开；其父光自擘之，乃开。

庚寅[74]，周改御伯为纳言[75]。

初，周太祖之从贺拔岳在关中也，遣人迎晋公护于晋阳。护母阎氏及周主之姑[76]皆留晋阳，齐人以配中山宫[77]。及护用事，遣间使[78]入齐求之，莫知音息。齐遣使者至玉壁，求通互市。护欲访求母、姑，使司马下大夫[79]尹公正至玉壁[80]，与之言，使者甚悦。勋州刺史韦孝宽获关东[81]人，复纵之，因致书为言西朝[82]欲通好之意。是时，周人以前攻晋阳不得志，谋与突厥再伐齐。齐主闻之，大惧，许遣护母西归，且求通好，先遣其姑归。

秋，八月，丁亥朔[83]，日有食之。

周遣柱国杨忠[84]会突厥伐齐，至北河[85]而还。

戊子[86]，周以齐公宪为雍州牧[87]，宇文贵[88]为大司徒。九月，丁巳[89]，以卫公直[90]为大司空。追录佐命[91]元功，封开府仪同三司陇西公李昞为唐公，太驭中大夫[92]长乐公若干凤[93]为徐公。昞，虎之子；凤，惠之子也。

乙丑[94]，齐主封其子绰[95]为南阳王，俨为东平王。俨[96]，太子之母弟也。

突厥寇齐幽州，众十余万，入长城，大掠而还。

周皇姑之归也，齐主遣人为晋公护母作书，言护幼时数事，又寄其所著锦袍，以为信验[97]。且曰："吾属千载之运[98]，蒙大齐之德，矜老开恩，许得相见。禽兽草木，母子相依。吾有何罪，与汝分离！今复何福，还望见汝！言此悲喜，死而更苏。世间所有，求皆可得，母子异国[99]，何处可求！假汝贵极王公，富过山海，有一老母，八十之年，飘然千里，死亡旦夕，不得一朝蹔见[100]，不得一日同处，寒不得汝衣，饥不得汝食，汝虽穷荣极盛，光耀世间，于吾何益！吾今日之前，汝既不得申其供养，事往何论，今日以后，吾之残命，唯系于汝尔[101]。戴天履地[102]，中有鬼神，勿云冥昧[103]，而可欺负[104]！"

护得书，悲不自胜。复书[105]曰："区宇分崩[106]，遭遇灾祸，违离膝下[107]，三十五年。受生禀气[108]，皆知母子，谁同萨保[109]，如此不孝！子为公侯，母为俘隶[110]，暑不见母暑，寒不见母寒，衣不知有无，食不知饥饱，泯如天地之外[111]，无由暂闻。分怀冤酷[112]，终此一生，死若有知，冀[113]奉见于泉下耳！不谓齐朝解网[114]，惠以德音[115]，磨敦、四姑[116]，并许矜放[117]。初闻此旨，魂爽飞越[118]，号天叩地，不能自胜。齐朝霈然之恩[119]，既已霑洽[120]，有家有国，信义为本，伏度来期[121]，已应有日。一得奉见慈颜[122]，永毕生愿。生死肉骨[123]，岂过今恩；负山戴岳[124]，未足胜荷。"

齐人留护母，使更与护书，邀[125]护重报，往返再三。时段韶拒突厥军于塞下，齐主使黄门徐世荣乘传[126]赍[127]周书问韶。韶以"周人反复，本无信义，比[128]晋阳之役，其事可知。护外托为相，其实主也[129]。既为母请和，不遣一介之使[130]。若据移书[131]，即送其母，恐示之以弱。不如且外许[132]之，待和亲坚定，然后遣之未晚。"齐主不听，即遣之。

阎氏至周，举朝称庆[133]，周主为之大赦。凡所资奉[134]，穷极华盛。每四时伏腊[135]，周主帅诸亲戚行家人之礼[136]，称觞上寿。

突厥自幽州[137]还，留屯塞北[138]，更集诸部兵[139]，遣使告周，欲与共击齐如前约。闰月[140]，乙巳[141]，突厥寇齐幽州。

晋公护新得其母，未欲伐齐；恐负突厥约，更生边患[142]，不得已，征二十四军[143]及左右厢[144]散隶秦、陇、巴、蜀之兵并羌、胡内附者，凡二十万人。冬，十月，甲子[145]，周主授护斧钺于庙庭[146]；丁卯[147]，亲劳军[148]于沙苑；癸酉[149]，还宫。

护军至潼关，遣柱国尉迟迥帅精兵十万为前锋，趣洛阳，大将军权景宣[150]帅山南[151]之兵趣悬瓠[152]，少师杨檦出轵关。

周迪复出东兴，宣城太守钱肃镇东兴，以城降迪。吴州[153]刺史陈详[154]将兵击之，详兵大败，迪众复振。

南豫州刺史西丰脱侯周敷帅所部击之，至定川[155]，与迪对垒。迪绐[156]敷曰："吾昔与弟戮力同心，岂规相害[157]！今愿伏罪[158]还朝，因弟披露心腑，先乞挺身共盟。"敷许之，方[159]登坛，为迪所杀。

陈宝应据晋安、建安二郡，水陆为栅[160]，以拒章昭达。昭达与战，不利，因据上流，命军士伐木为筏，施拍其上。会大雨江涨，昭达放筏冲宝应水栅，尽坏之，又出兵攻其步军。方合战[161]，上遣将军余孝顷自海道适至[162]，并力乘之[163]。十一月，己丑[164]，宝应大败，逃至莆口[165]，谓其子曰："早从虞公[166]计，不至今日。"昭达追擒之，并擒留异及其族党[167]，送建康，斩之。异子贞臣以尚主得免；宝应宾客皆死。

上闻虞寄尝谏宝应，命昭达礼遣诣建康[168]。既见，劳之曰："管宁[169]无恙[170]。"以为衡阳王[171]掌书记[172]。

周晋公护进屯弘农[173]。尉[174]迟迥围洛阳，雍州牧齐公宪、同州刺史达奚武、泾州总管王雄[175]军于邙山[176]。

戊戌[177]，齐主遣兼散骑常侍刘逖[178]来聘。

初，周杨檦为邵州[179]刺史，镇捍东境[180]二十余年，数与齐战，未尝不捷，由是轻之。既出轵关，独引兵深入，又不设备。甲辰[181]，齐太尉娄叡将兵奄至[182]，大破檦军，檦遂降齐。

权景宣围悬瓠，十二月，齐豫州[183]道行台[184]、豫州刺史太原王士良[185]、永州刺史萧世怡[186]并以城降之。景宣使开府郭彦守豫州，谢彻守永州[187]，送士良、世怡及降卒千人于长安。

周人为土山、地道以攻洛阳，三旬不克。晋公护命诸将堑断[188]河阳[189]路，遏齐救兵，然后同攻洛阳；诸将以为齐兵必不敢出，唯张斥候[190]而已。

齐遣兰陵王长恭[191]、大将军斛律光[192]救洛阳，畏周兵之强，未敢进。齐主召并州刺史段韶，谓曰："洛阳危急，今欲遣王救之。突厥在北，复须镇御，如何？"对曰："北虏侵边，事等疥癣。今西邻窥逼[193]，乃腹心之病[194]，请奉诏南行。"齐主曰："朕意亦尔。"乃令韶督精骑一千发晋阳。丁巳[195]，齐主亦自晋阳赴洛阳。

己未[196]，齐太宰平原靖翼王淹[197]卒。

段韶自晋阳行，五日济河[198]，会连日阴雾，壬戌[199]，韶至洛阳，帅帐下三百骑，与诸将登邙阪[200]，观周军形势。至太和谷，与周军遇，韶即驰告诸营，追集骑士[201]，结陈以待之。韶为左军，兰陵王长恭为中军，斛律光为右军。周人不意其至，皆恟惧[202]。韶遥谓周人曰："汝宇文护才得其母，遽[203]来为寇，何也？"周人曰："天遣我来，有何可问！"韶曰："天道赏善罚恶，当遣汝送死来耳！"周人以步兵在前，上山逆战[204]。韶且战且却以诱之；待其力弊，然后下马击之。周师大败，一时瓦解，投坠[205]溪谷死者甚众。

兰陵王长恭以五百骑突入周军，遂至金墉城下。城上人弗识，长恭免胄示之面[206]，乃下弩手救之。周师在城下者亦解围遁去，委弃营幕，自邙山至谷水[207]，三十里中，军资器械，弥满川泽。唯齐公宪、达奚武及庸忠公王雄在后，勒兵[208]拒战。

王雄驰马冲斛律光陈，光退走，雄追之。光左右皆散，唯余一奴一矢。雄按矟不及光者丈余，谓光曰："吾惜尔不杀，当生将尔见天子。"光射雄中额，雄抱马走，至营而卒。军中益惧。

齐公宪拊循[209]督励，众心小安[210]。至夜，收军，宪欲待明更战。达奚武曰："洛阳军散，人情震骇，若不因夜[211]速还，明日欲归不得。武在军久，备[212]见形势；公少年未经事[213]，岂可以数营士卒委之虎口乎！"乃还。权景宣亦弃豫州走。

丁卯[214]，齐主至洛阳。己巳[215]，以段韶为太宰[216]，斛律光为太尉，兰陵王长恭为尚书令[217]。壬申[218]，齐主如虎牢[219]，遂自滑台[220]如黎阳[221]，丙子[222]，至邺。

杨忠引兵出沃野[223]，应接突厥，军粮不给[224]，诸军忧之，计无所出。忠乃招诱稽胡[225]酋长咸在坐，诈使河州刺史王杰勒兵鸣鼓而至，曰："大冢宰[226]已平洛阳，欲与突厥共讨稽胡之不服者。"坐者皆惧，忠慰谕而遣之。于是诸胡相帅馈输[227]，军粮填积[228]。属[229]周师罢归，忠亦还。

晋公护本无将略，是行[230]也，又非本心，故无功，与诸将稽首谢罪[231]。周主慰劳罢之。

是岁，齐山东[232]大水，饥死者不可胜计。

宕昌王梁弥定[233]屡寇周边，周大将军田弘[234]讨灭之，以其地置宕州[235]。

（以上为第五段，写北齐高湛当政引来北周两次大规模征讨，北周与突厥合兵三十余万，由于北周大冢宰宇文护将略为短，而师出不仅无名，而且不义，且又准备不足，遭受北周建国以来最沉重的惨败。）

【注释】

［1］庚申朔：正月一日。［2］北城：晋阳北城。［3］逆击：迎击，迎战。［4］陈以待之：布阵而等待。陈，同“阵”。［5］塞：边界，险要之处。［6］以往：以北。［7］长城：指北齐文宣帝时所筑长城。［8］截矟杖之：截矟为杖。矟（shuò），同“槊”。［9］鸿鹄（hú）：天鹅。［10］寥廓：高远空旷。［11］沮（jù）泽：水草丛生的沼泽地带。［12］任城王湝（？—578）：即高湝，高欢第十子，官至大丞相，封任城王。传见《北齐书》卷十、《北史》卷五十一。［13］椎冰：捣碎黄河表面冰层，不让封冻。［14］关、陇：古泛指函谷关以西、陇山以东一带地区。［15］唯玩声色：只喜欢音乐和女色。［16］辛巳：正月二十二日。［17］上：皇上，此指陈文帝。［18］南郊：封建帝王每年冬至日，在都城南郊圜丘祭天。北齐每三年一祭，以正月上辛日祭祀。［19］庚寅朔：二月一日。［20］《麟趾格》：东魏孝静帝在位时，于兴和三年（541）令群臣于麟趾阁议定法制，故称《麟趾格》。事见《资治通鉴》卷一百五十八、《梁纪》十四武成帝大同七年。格，律令的一种。［21］军国：军务与国政。［22］变法从事：改变法律解释，违背事实，即断狱时随意定案，不以法行事。［23］《律》十二篇：包括一名列，二禁卫，三婚户，四擅兴，五违制，六诈伪，七斗讼，八贼盗，九捕断，十毁损，十一厩牧，十二杂律。详见《隋书》卷二十五《刑法志》。［24］轘（huàn）：车裂人的酷刑。［25］边裔（yì）：边远的地方。［26］凡十五等：死四等、流一等、刑五等、鞭五等、杖三等，通计十八等。《资治通鉴》依《隋书·刑法志》“大凡十五等”之文。［27］流外：据章校，“外”应改作“内”字。［28］阉（yān）、痴：阉，经过手术无生育能力的人。痴，患痴呆症的人。［29］辛酉：三月三日。［30］因大赦：赦其旧罪，此后犯法者，皆以法令处置。［31］仕门：指入仕之家。［32］输租调：谓向国家交纳地租与户调（户税）。［33］力役：徭役。［34］露田：不栽树的土地称为露田，即耕作地。［35］奴婢依良人：奴婢受田亩数同良人。奴婢，奴隶。良人，平民百姓。［36］一匹：长四丈为一匹。匹也作“疋”。［37］垦租：田租，交官府。［38］义租：于田租之外交纳的租粮，送交郡中的义仓，以备灾荒。［39］奴婢准良人之半：奴婢交纳租粮为百姓的一半。［40］送台：送交台省。指中央户部。［41］己巳：二月十一日。［42］彭城景思王浟（yóu）：即高浟（？—564），高欢第五子，官至太师、录尚书事。封彭城王。传见《北齐书》卷十、《北史》卷五十一。［43］径向浟第：直接走进高浟住宅。［44］临以白刃：举着锋利的刀，以示威胁。［45］庚辰：二月二十七日。［46］笏（hù）：古代朝会时臣子所执的手板，有事则写在上面，以备遗忘。高品用象牙制作的笏，低品则用竹木。［47］司徒：北齐以司徒、司空、太尉，并称三公，勋德崇重者才任此职。［48］武兴王普：即高普。北齐宗室。传见《北齐书》卷十四、《北史》卷五十一。［49］甲申：二月二十六日。［50］冯翊（yì）王润：即高润，高欢第十四子。传见《北齐书》卷十、《北史》卷五十一。［51］辛卯：四月三日。［52］皇甫亮：仕北齐，官至任城太守。传附《北史·黄甫和传》。［53］聘：古代各国之间通问修好称聘。［54］庚子：四月十二日。［55］癸卯：四月十五日。［56］窦炽（507—584）：字光成，扶风平陵（今陕西咸阳市西北）人。历仕西魏、北周与隋三代，官至太傅，

封邓国公。传见《周书》卷三十、《北史》卷六十一。［57］大宗伯：古代六卿之一，掌邦国祭祀典礼，同礼部尚书。［58］壬戌：五月五日。［59］世宗之子贤：即宇文贤（？—580），北周明帝之子，封毕国公。传见《周书》卷十三、《北史》卷五十八。［60］甲子：五月七日。［61］壬午：五月二十五日。［62］娄叡（？—567）：仕北齐，官至太尉。传附《北齐书·娄昭传》《北史·娄昭传》。［63］甲申：五月二十七日。［64］丁亥：五月三十日。［65］大将军：武官名。位同三公，为执政者所加官号。［66］壬辰：五月戊午朔，无壬辰。疑为六月。即六月五日。［67］乐陵王百年：即高百年（？—564），北齐孝昭帝第二子。传见《北齐书》卷十二、《北史》卷五十二。［68］见（xiàn）：通“现”。［69］厌（yà）之：古人以白虹贯日为预示君王遇害的天象异兆，齐主杀高百年以抵制压服将来可能出现的灾殃。［70］封以奏之：加封而奏进。［71］玦：玉佩。［72］曳：拖，牵引。［73］绕：围绕。［74］庚寅：六月三日。［75］纳言：官名。侍中之职，主出宣帝命。［76］周主之姑：宇文泰之妹。［77］配中山宫：在中山宫里供役使。［78］间使：负有伺隙行事使命的使者。［79］司马下大夫：即军司马之职，主管军事。［80］玉壁：城名。北魏王思政所筑。在稷山县（今山西稷山县）南。［81］关东：古泛称函谷关以东之地。［82］西朝：北周。因在关西，故称西朝。［83］丁亥朔：八月一日。［84］杨忠：据章校，“忠”下应补“将兵”二字。［85］北河：古称黄河上游窳浑县故城（在今内蒙古杭锦后旗）东的一段为北河。［86］戊子：八月二日。［87］雍州牧：官名。雍州的最高长官。［88］宇文贵（543—569）：宇文宪长子。传附《周书·齐炀王宪传》《北史·齐炀王宪传》。［89］丁巳：九月二日。［90］卫公直：即宇文直（？—574），宇文泰之子。封卫国公。传见《周书》卷十三、《北史》卷五十八。［91］追录：追记。佐命：古代帝王建立王朝，自谓承受天命，故称辅佐之臣为佐命。［92］太驭中大夫：官名。执掌不详。［93］若干凤：西魏司空若干惠之子。传附《周书·若干惠传》《北史·若干惠传》。［94］乙丑：八月十日。［95］绰：即北齐武成帝长子高绰。传见《北齐书》卷十二、《北史》卷五十二。［96］俨：即武成帝第三子高俨（558—571）。传见《北齐书》卷十二、《北史》卷五十二。［97］信验：凭证。［98］千载之运：千年之命运。［99］母子异国：指母子不同在一个国家。［100］一朝蹔见：一时相见。“蹔”同“暂”。［101］唯系于汝尔：只关联在你身上了。［102］戴天履地：上有天，下有地。［103］勿云冥昧：不要说昏暗。冥，夜晚。昧，昏暗。［104］欺负：欺诈负义。［105］复书：回信。［106］区宇分崩：天下分裂。区，指疆域。宇，指上下四方。［107］膝下：旧时人子上禀父母称膝下。意为依依父母之前，如未成年，以示亲爱。［108］受生禀气：得到生命和精气的人。禀，受。［109］萨保：宇文护字萨保。［110］俘隶：俘虏，奴隶。［111］泯（mǐn）如天地之外：如天地以外那样不存在。泯，消灭，丧失。［112］分怀冤酷：心中分外冤痛。分，过分。［113］冀：希望。［114］不谓齐朝解网：没想到齐朝宽宥。解网，宽宥，仁德。［115］德音：佳音。［116］磨敦、四姑：宇文护兄弟称其母为“阿磨敦”。四姑即周主之姑，排行第四。［117］矜放：因怜悯而释放。［118］魂爽飞越：语出《左传》，谓十分兴高采烈。［119］霈然之恩：受恩情很大。霈（pèi）然，下大雨的样子。［120］霑（zhān）洽：润泽，沾濡。［121］伏度来期：我估计归来日期。伏，身体前倾，面向下，示恭敬。度（duó），揣测，考虑。［122］慈颜：指母亲慈祥而和蔼的容颜，代指母亲。［123］生死肉骨：谓恩惠极大。生死，使死者复生。肉骨，使枯骨再长肉。［124］负山戴岳：背负山，头顶岳，比喻恩惠之重。［125］邀：求。［126］乘传：古代驿站用四匹马拉的车。乘，车辆。传，驿站。［127］赍（jī）：把东西送人。［128］比：近，近来。［129］外托为相，其实主也：表面上假托为辅相，实际上主持国政。［130］一介之使：一个使者。一介，一个。［131］移书：移送书信。［132］外许之：表面上应允他。［133］举朝称庆：全朝皆道贺。称庆，犹言道贺。［134］资奉：奉送给阎氏的财物。［135］伏腊：古时夏天的伏日，冬天的腊日，都是节日，合称伏腊。［136］行家人之礼：按家里人长幼尊卑之礼行事。［137］幽州：州名。治所蓟城，在今北京市。［138］留屯塞北：驻扎在长城北。［139］更集诸部兵：又集合各部兵马。［140］闰月：此指周历闰九月。［141］乙巳：周历闰九月二十日。［142］更生边患：再次发生边境祸患。指突厥进犯。［143］二十四军：指六柱国及十二大将军所统关中诸府兵。宇文泰相西魏时，定左右各十二军，并属相府。［144］左右厢：禁卫之兵。兼有秦、陇、巴蜀之兵，散隶于左右厢。［145］甲子：十月十日。［146］庙庭：庙堂。［147］丁卯：十月十三日。［148］亲劳军：亲自犒劳军队。［149］癸酉：十月十九日。［150］权景宣（？—567）：字晖远，北周天水郡显亲县（今甘肃天水市西）人。官至荆州总管。传见《周书》卷二十八、《北史》卷六十一。［151］山南：指荆、襄一带。［152］悬瓠（hù）：地名。在今河南汝南县。［153］吴州：州名。治所鄱阳县，在今江西鄱阳县。［154］陈详（523—564）：字文几。陈朝人，官至吴州刺史。传见《陈书》卷十五、《南史》卷六十五。［155］定川：县名。县治在今江西抚州市临川区北。［156］绐（dài）：欺诈。［157］岂规相害：岂能想着加害。规，谋划。［158］伏罪：服罪。［159］方：刚，才。［160］水陆为栅：驻军所在水、陆地上筑造栅寨以加强防御能力。［161］合战：交战。［162］自海道适至：从海路正好赶到。［163］并力乘之：合力乘机攻杀。乘，趁机。［164］己丑：十一月五日。［165］莆口：地名。在今福建莆田市东。［166］虞公：虞寄。［167］族党：聚居的同族亲属。［168］礼遣诣建康：以礼相待，送往建康。［169］管宁：字幼安，东汉末北海郡朱虚县人。曾客居辽东，不受公孙度爵命，后来归还乡里。此以虞寄比作管宁。［170］无恙：无疾无忧。问候用语。［171］衡阳王：即陈世祖第七子陈伯言（？—589），封衡阳王。传见《陈书》卷二十八、《南史》卷六十五。［172］掌书记：官名。掌治府内文书。［173］弘农：郡名。治所弘农县，在今河南灵宝市。［174］尉：据章校，"尉"上应补"甲午"二字。［175］王雄（507—564）：仕北周，官至柱国大将军。传见《周书》卷十九、《北史》卷六十。［176］邙（máng）山：山名。在今河南洛阳市北。［177］戊戌：十一月十四日。［178］刘逖（525—573）：仕北齐，官至仪同三司。传见《北齐书》卷四十五、《北史》卷四十二。［179］邵州：州名。治所亳城县，在今山西垣曲县东南。［180］镇捍东境：镇守、捍卫周东部边境。［181］甲辰：十一月二十日。［182］奄（yǎn）至：突然来到。奄，忽然，突然。［183］豫州：州名。治所上蔡县，在今河南汝南县。［184］行台：东汉以后政权所寄称台省，台省设在外地的机构称为行台。［185］王士良（500—581）：先仕北齐，后归北周，官至并州刺史。

传见《周书》卷三十六、《北史》卷六十七。［186］萧世怡：即梁武帝弟鄱阳王恢之子萧泰，以名犯周太祖讳，故称字。传见《周书》卷四十二、《南史》卷五十二、《北史》卷二十九。［187］永州：州名。治所楚城，在今河南信阳市北。［188］堑断：挖掘深沟，阻断交通。［189］河阳：县名。县治在今河南孟州市西北。［190］唯张斥候：只设置哨兵放哨。斥候，指侦察放哨。［191］兰陵王长恭：即高孝瓘（？—573），齐世祖第四子。传见《北齐书》卷十一、《北史》卷五十二。［192］斛律光（515—572）：字明月，仕北齐，官至大将军、太尉。传附《北齐书·斛律金传》《北史·斛律金传》。［193］窥（kuī）逼：窥伺逼迫。［194］腹心之病：比喻深患。［195］丁巳：十二月三日。［196］己未：十二月五日。［197］平原靖翼王淹：即高欢第四子高淹（？—564），传见《北齐书》卷十、《北史》卷五十一。按《北齐书》之《文宣帝纪》《废帝纪》《武成帝纪》、本传及《北史》本传“原”俱作“阳”，疑此有误。［198］济河：渡过黄河。河，指黄河。［199］壬戌：十二月八日。［200］邙阪（bǎn）：即北邙之阪。阪，山坡，斜坡。［201］追集骑士：迅速集合骑兵。［202］恟惧：震动恐惧。［203］遽（jù）：疾，速。［204］上山逆战：上北邙山迎战齐兵。［205］投坠：跳进，坠落。［206］免胄示之面：脱下头盔，让对方看面孔。胄（zhòu），头盔。［207］谷水：河名。洛水支流。发源于弘农渑池县（今河南渑池县），东流至洛阳，入洛水。［208］勒兵：统率军队。［209］拊循：安抚，抚慰。拊（fǔ），通“抚”。［210］小安：稍安。小，稍微。［211］因夜：趁着夜间。因，依靠。［212］备：尽。［213］少年未经事：年少没有经历过战事。［214］丁卯：十二月十三日。［215］己巳：十二月十五日。［216］太宰：官名。又称大冢宰。辅佐皇帝治理国家。［217］尚书令：官名。尚书省长官。辅佐帝王，执掌朝政。实为宰相。［218］壬申：十二月十八日。［219］虎牢：即虎牢关。在今河南荥阳市西北。［220］滑台：地名。在今河南滑县南。［221］黎阳：县名。县治在今河南浚县东北。［222］丙子：十二月二十二日。［223］沃野：镇名。故址在今内蒙古乌拉特前旗内。［224］不给：供应不足。［225］稽胡：族名。是生活在银州、夏州一带（今陕西北部、山西西北部）的少数民族。［226］大冢宰：指宇文护。［227］馈输：赠送，献纳。馈，赠物。［228］填积：堆积。［229］属：正巧，适值。［230］是行：这次军事行动。是，这。［231］稽首谢罪：叩头认罪。［232］齐山东：指太行山以东的齐国之地。［233］梁弥定（？—564）：宕昌王。事见《周书》卷四十九。［234］田弘（？—574）：仕北周，官至大司空。传见《周书》卷二十七、《北史》卷六十五。［235］宕（dàng）州：州名。治所阳宕县，在今甘肃宕昌县东。

六年（乙酉，565年）

春，正月，癸卯[1]，齐以任城王湝为大司马[2]。

齐主如晋阳。

二月，辛丑[3]，周遣陈公纯[4]、许公贵[5]、神武公窦毅[6]、南阳公[7]杨荐等备皇后仪卫行殿[8]，并六宫[9]百二十人，诣突厥可汗牙帐[10]逆女。毅，炽之兄子也。

丙寅[11]，周以柱国安武公李穆[12]为大司空，绥德公陆通[13]为大司寇[14]。

壬申[15]，周主如岐州[16]。

夏，四月，甲寅[17]，以安成王顼[18]为司空。

顼以帝弟之重，势倾朝野[19]。直兵[20]鲍僧叡，恃顼势为不法，御史中丞[21]徐陵[22]为奏弹之，从南台[23]官属引奏案而入。上见陵章服[24]严肃，为敛容[25]正坐。陵进读奏版[26]，时顼在殿上侍立，仰视上，流汗失色[27]。陵遣殿中御史[28]引顼下殿。上为之免顼侍中、中书监[29]。朝廷肃然。

丙午[30]，齐大将军东安王娄叡坐事[31]免。

齐著作郎祖珽[32]，有文学，多技艺，而疏率[33]无行。尝为高祖中外府功曹[34]，因宴失金叵罗[35]，于珽髻上得之；又坐诈盗官粟三千石，鞭二百，配[36]甲坊[37]。显祖[38]时，珽为秘书丞[39]，盗《华林遍略》[40]，及有他赃，当绞，除名为民。显祖虽憎其数犯法，而爱其才伎[41]，令直中书省[42]。

世祖为长广王，珽为胡桃油[43]献之，因言"殿下有非常骨法[44]。孝徵梦殿下乘龙上天。"王曰："若然，当使兄大富贵。"及即位，擢拜中书侍郎[45]，迁散骑常侍[46]。与和士开共为奸谄。

珽私说士开曰："君之宠幸，振古[47]无比。宫车一日晚驾[48]，欲何以克终[49]？"士开因从问计。珽曰："宜说主上云：'文襄[50]、文宣[51]、孝昭[52]之子，俱不得立，今宜令皇太子早践大位[53]，以定君臣之分[54]。'若事成，中宫[55]、少主必皆德君，此万全计也。请君微说[56]主上令粗解[57]，珽当自外上表论之。"士开许诺。

会有彗星[58]见。太史[59]奏云："彗，除旧布新之象，当有易主[60]。"珽于是上书言："陛下虽为天子，未为极贵，宜传位东宫[61]，且以上应天道。"并上魏显祖禅子故事[62]。齐主从之。

丙子[63]，使太宰段韶持节[64]奉皇帝玺绶[65]，传位于太子纬[66]。

太子即皇帝位于晋阳宫，大赦，改元[67]天统。又诏以太子妃斛律氏为皇后。于是群公上世祖尊号为太上皇帝[68]，军国大事咸以闻。使黄门侍郎冯子琮[69]、尚书左丞胡长粲辅导少主，出入禁中，专典敷奏。子琮，胡后之妹夫也。

祖珽拜秘书监[70]，加仪同三司，大被亲宠，见重二宫[71]。

丁丑[72]，齐以贺拔仁[73]为太师，侯莫陈相[74]为太保，冯翊王润为司徒，赵郡王叡为司空，河南王孝琬为尚书令。戊寅[75]，以瀛州刺史尉粲[76]为太尉，斛律光为大将军，东安王娄叡为太尉，尚书仆射赵彦深为左仆射。

五月，突厥遣使至齐，始与齐通。

六月，己巳[77]，齐主使兼散骑常侍王季高来聘。

秋，七月，辛巳朔[78]，日有食之。

上遣都督程灵洗[79]自鄱阳[80]别道击周迪，破之。迪与麾下[81]十余人窜于山穴中，日月浸[82]久，从者亦稍苦之。后遣人潜出临川[83]市鱼鲑[84]，临川太守骆牙[85]执之，令取迪自效[86]，因使腹心勇士随之入山。其人诱迪出猎，勇士伏于道傍，出斩之。丙戌[87]，传首[88]至建康。

庚寅[89]，周主如秦州[90]；八月，丙子[91]，还长安。

己卯[92]，立皇子伯固为新安王，伯恭为晋安王，伯仁为庐陵王，伯义为江夏王[93]。

冬，十月，辛亥[94]，周以函谷关[95]城为通洛防，以金州[96]刺史贺若敦[97]为中州[98]刺史，镇函谷。

敦恃才负气[99]，顾其流辈[100]皆为大将军，敦独未得，兼以湘州之役[101]，全军而返，谓宜受赏，翻得除名，对台使[102]出怨言。晋公护怒，征还，逼令自杀。临死，谓其子弼曰："吾志平江南，今而不果[103]，汝必成吾志。吾以舌死，汝不可不思。"因引锥刺弼舌出血以诫之。

十一月，癸未[104]，齐太上皇至邺。

齐世祖之为长广王也，数为显祖所捶，心常衔[105]之。显祖每见祖珽，常呼为贼，故珽亦怨之；且欲求媚于世祖，乃说世祖曰："文宣狂暴，何得称'文[106]'？既非创业，何得称'祖'？若文宣为祖，陛下万岁后[107]当何所称？”帝从之。己丑[108]，改谥太祖献武皇帝[109]庙号[110]高祖，献明皇后为武明皇后[111]。令有司更议文宣谥号[112]。

十二月，乙卯[113]，封皇子伯礼[114]为武陵王。

壬戌[115]，齐上皇如晋阳。

庚午[116]，齐改谥文宣皇帝为景烈皇帝[117]，庙号威宗[118]。

（以上为第六段，写北齐国主高湛信谗退位为太上皇，仍总领国之军政。祖珽与和士开为高湛宠信的两个奸佞臣，祖珽有文才，以文缘饰其奸，更为阴险。）

【注释】

[1]癸卯：正月二十日。[2]大司马：官名。掌管军事，参与朝政。[3]辛丑：二月甲寅朔，无辛丑。疑为“辛酉”之误。辛酉：二月八日。[4]陈公纯：即宇文泰之子宇文纯（？—580），封陈国公。传见《周书》卷十三、《北史》卷五十八。[5]许公贵：即宇文贵（？—567），仕北周，官至大司徒，封许国公。传见《周书》卷十九、《北史》卷六十一。[6]窦毅（519—582）：历仕西魏、北周、隋三代，官至定州总管。传见《周书》卷三十、《北史》卷六十一。[7]南阳公：《周书》之《武帝纪》《杨荐传》《突厥传》皆作南安公，《北史》本传、《突厥传》并同。疑此有误。[8]行殿：皇后出行时居住的宫殿。[9]六宫：指皇后侍从。[10]牙帐：可汗所居军帐。因帐外树立牙旗，故名。[11]丙寅：二月十三日。[12]李穆（510—586）：历仕西魏、北周、隋三代，官至上柱国，封申国公。传见《周书》卷三十、《隋书》卷三十七、《北史》卷五十九。[13]陆通（？—572）：仕北周，官至大司寇，封绥德公。传见《周书》卷三十二、《北史》卷六十九。[14]大司寇：官名。掌管刑狱、纠察等事。[15]壬申：二月十九日。[16]岐州：州名。治所扶风，在今陕西宝鸡市凤翔区。[17]甲寅：四月二日。[18]安成王顼（xū）：陈武帝兄道谭之第二子，后即位为宣帝。[19]势倾朝野：威势超过朝野其他人。倾，超越，排挤。[20]直兵：陈时王府官有中直兵曹参军一人。[21]御史中丞：官名。掌管监察。[22]徐陵（507—583）：字孝穆，东海郯（今江苏宿迁市东南）人。历仕梁、陈，官至左光禄大夫、太子少傅。传见《陈书》卷二十六，《南史》卷六十二。[23]南台：御史台。[24]章服：以图文为等级标志的礼服。[25]敛容：面容严肃。[26]奏版：即奏本。[27]失色：惊慌变色。[28]殿中御史：官名。居殿中，掌监察。[29]中书监：官名。掌赞诏命，主典文书。[30]丙午：四月癸丑朔，无丙午。严衍《通鉴补》改丙为“戊”。戊午，四月六日。[31]坐事：因事得罪。[32]祖珽（？—573）：字孝徵，范阳遒（今河北定州市南）人。仕北齐，官至尚书左仆射。传见《北齐书》卷三十九、《北史》卷四十七。[33]疏率：谓疏于礼法，不拘小节。[34]中外府功曹：官名。高欢都督中外诸军事，祖珽任功曹，掌人事，参与政事。[35]金叵（pǒ）罗：古代的酒杯。[36]配：徙置罪人于某地曰配。[37]甲坊：制造兵甲的作坊。[38]显祖：北齐文宣帝高洋，高欢第二子，北齐开国皇帝，公元551至公元559年在位。[39]秘书丞：官名。典

尚书奏事。［40］《华林遍略》：书名。梁武帝敕诸学士于华林园所撰，凡六百二十卷。［41］才伎：才能。伎，通“技”。［42］直中书省：留在中书省当值。［43］胡桃油：绘画着色的一种油。［44］骨法：旧时相士称人的骨相特征为骨法。［45］中书侍郎：官名。掌侍从、制敕、册命，通判省事。［46］散骑常侍：官名。掌规谏。［47］振古：犹云自古。［48］晚驾：与“晏驾”意同，古代称帝王死亡的讳辞。［49］克终：能够善终。［50］文襄：即高欢长子高澄，封为勃海王，追谥为文襄皇帝。［51］文宣：高欢次子高洋，谥为文宣帝。［52］孝昭：即高欢第六子高演，北齐第三代皇帝，公元560至公元561年在位。［53］大位：皇位。［54］分（fèn）：名分。［55］中宫：皇后所居之处，故为皇后的代称。［56］微说：委婉地劝说。微，隐蔽。［57］粗解：粗略地知晓。解，晓、了解。［58］彗星：星名。通常在背着太阳的一面拖着一条扫帚状的尾巴。［59］太史：官名。掌天文历法。［60］当有易主：当要发生更换国君事。［61］东宫：太子所居之处。此指太子。［62］魏显祖禅子故事：指北魏献文帝禅位于少子孝文帝。事见《资治通鉴》之《宋纪十四》宋明帝泰始六年。［63］丙子：四月二十四日。［64］持节：古代使臣出使，必持节以作凭证。节，符节。［65］玺绶：古代印玺上系有彩色组绶，称玺绶。用指印玺。［66］纬：即后主高纬。武成帝长子，北齐第五代皇帝。公元565至公元576年在位。［67］改元：更换年号。［68］太上皇帝：为皇帝父亲生时的尊号。［69］冯子琮（？—571）：仕北齐，官至尚书右仆射。传见《北齐书》卷四十、《北史》卷五十五。［70］秘书监：官名。掌图书著作等事。［71］二宫：指东宫、中宫。此指北齐后主与皇太后。［72］丁丑：四月二十五日。［73］贺拔仁（？—570）：传附《北史·张保洛传》。［74］侯莫陈相（489—571）：仕北齐，官至太傅。传见《北齐书》卷十九、《北史》卷五十三。［75］戊寅：四月二十六日。［76］尉粲：仕北齐。传附《北齐书·尉景传》《北史·尉景传》。按尉粲、娄叡并为太尉，乃承《齐纪》之误，《尉粲传》称粲为太傅，当从之。［77］己巳：六月十八日。［78］辛巳朔：七月一日。［79］程灵洗（514—568）：仕陈，官至郢州刺史。传见《陈书》卷十、《南史》卷六十七。［80］鄱阳：郡名。治所鄱阳县，在今江西鄱阳县。［81］麾下：部下。麾（huī），用作指挥的旗帜。［82］浸：渐渐。［83］临川：郡名。治所临汝县，在今江西抚州市临川区西。［84］鱼鲑（xié）：吴人对鱼菜的总称。［85］骆牙（528—571）：仕陈。传见《陈书》卷二十二、《南史》卷六十七。［86］自效：自己立功。效，功。［87］丙戌：七月六日。［88］传首：将首级传送。［89］庚寅：七月十日。［90］秦州：州名。治所上邽县，在今甘肃天水市。［91］丙子：八月二十六日。［92］己卯：八月二十九日。［93］“立皇子”等四句：陈文帝封立四个儿子伯固、伯恭、伯仁、伯义为王。伯固，陈文帝第五子；伯恭，陈文帝第六子；伯仁，陈文帝第八子；伯义，陈文帝第九子。传俱见《陈书》卷二十八、《南史》卷六十五。［94］辛亥：十月二日。［95］函谷关：关名。是进入关中的要塞。故址在今河南新安县境。［96］金州：州名。治所西城，在今陕西安康市。［97］贺若敦（？—565）：仕北周，官至中州刺史。传见《周书》卷二十八、《北史》卷六十八。［98］中州：州名。治所中州城，在今河南新安县。［99］负气：谓恃其意气，不肯屈于人下。［100］流辈：同辈。［101］湘州之役：贺若敦军士病死过半，又失湘州。事见《陈纪二》文帝天嘉二年。［102］台使：朝廷使臣。［103］不果：未能实现。［104］癸未：十一月九日。［105］衔：憾。心怀怨恨而未发。［106］文：《史记正义·谥法解》云："慈惠爱民曰文。"［107］万岁后：皇帝死后。［108］己丑：十一月十五日。［109］太祖献武皇帝：据章校，"帝"下应补"为神武皇帝"五字。［110］庙号：皇帝死后升祔太庙时特立的名号，如某祖某宗即是。［111］武明皇后：即勃海王高欢妃娄氏。事见《北齐书》卷九、《北史》卷十四。［112］谥号：帝王后妃或有地位的人死后，据其生平事迹给予的一种称号，以示褒贬。［113］乙卯：十二月七日。［114］伯礼：陈文帝第十子陈伯礼。传见《陈书》卷二十八、《南史》卷六十五。［115］壬戌：十二月十四日。［116］庚午：十二月二十二日。［117］景烈皇帝：《谥法》云，布义行刚曰景，有功安民曰烈。［118］威宗：《谥法》云，猛以强果、有威可畏、以刑服远均曰威。

天康元年（丙戌，566年）

春，正月，己卯[1]，日有食之。

癸未[2]，周大赦，改元天和[3]。

辛卯[4]，齐主祀圜丘[5]；癸巳[6]，祫[7]太庙。

丙申[8]，齐以吏部尚书尉瑾[9]为右仆射。

己亥[10]，周主耕藉田。

庚子[11]，齐主如晋阳。

周遣小载师[12]杜杲[13]来聘。

二月，庚戌[14]，齐上皇还邺。

丙子[15]，大赦，改元[16]。

三月，己卯[17]，以安成王顼为尚书令。

丙午[18]，周主祀南郊[19]。夏，四月，辛亥[20]，大雩[21]。

上不豫[22]，台阁[23]众事，并令尚书仆射到仲举[24]、五兵尚书[25]孔奂[26]共决之。奂，琇之之曾孙也。疾笃，奂、仲举与司空·尚书令·扬州刺史安成王顼、吏部尚书袁枢[27]、中书舍人刘师知[28]入侍医药。枢，君正之子也。太子伯宗[29]柔弱，上忧其不能守位[30]，谓顼曰："吾欲遵太伯之事[31]。"顼拜伏泣涕，固辞。上又谓仲举、奂等曰："今三方鼎峙[32]，四海事重，宜须长君。朕欲近则晋成[33]，远隆殷法[34]，卿等宜遵此意。"孔奂流涕对曰："陛下御膳违和[35]，痊复非久[36]。皇太子春秋鼎盛[37]，圣德日跻[38]。安成介弟[39]之尊，足为周旦[40]。若有废立[41]之心，臣等愚诚，不敢闻诏[42]。”上曰：“古之遗直[43]，复见于卿。”乃以奂为太子詹事[44]。

臣光曰：夫人臣之事君，宜将顺其美，正救其恶[45]。孔奂在陈，处腹心[46]之重任，决社稷[47]之大计，苟以世祖之言为不诚，则当如窦婴面辩[48]，袁盎廷争[49]，防微杜渐以绝觊觎[50]之心。以为诚邪，则当请明下诏书，宣告中外，使世祖有宋宣[51]之美，高宗无楚灵[52]之恶。不然，谓太子嫡嗣[53]，不可动摇，欲保辅而安全之，则当尽忠竭节[54]，如晋之荀息[55]，赵之肥义[56]。奈何[57]于君之存，则逆[58]探其情而求合焉；及其既没[59]，则权臣移国[60]而不能救，嗣主失位而不能死[61]！斯乃奸谀之尤[62]者，而世祖谓之遗直，以托六尺之孤[63]，岂不悖[64]哉！

癸酉[65]，上殂[66]。

上起自艰难，知民疾苦。性明察俭约，每夜刺闺[67]取外事分判者，前后相续。敕传更签[68]于殿中者，必投签于阶石之上，令铃然[69]有声，曰：“吾虽眠，亦令惊觉。”

太子即位，大赦。五月，己卯[70]，尊皇太后曰太皇太后[71]，皇后曰皇太后。

乙酉[72]，齐以兼尚书左仆射武兴王普为尚书令。

吐谷浑[73]龙涸王莫昌帅部落附于周，以其地为扶州[74]。

庚寅[75]，以安成王顼为骠骑大将军[76]、司徒、录尚书、都督中外诸军事。丁酉[77]，以中军大将军[78]、开府仪同三司徐度[79]为司空，以吏部尚书袁枢为左仆射，吴兴太守沈钦[80]为右仆射，御史中丞徐陵为吏部尚书。

陵以梁末以来，选授[81]多滥，乃为书示众曰：“梁元帝[82]承侯景之凶荒，王太尉[83]接荆州之祸败，故使官方[84]，穷此纷杂[85]。永安[86]之时，圣朝草创[87]，白银难得，黄札[88]易营，权[89]以官阶，代于钱绢。致令员外[90]、常侍[91]，路上比肩[92]，咨议[93]、参军[94]，市中无数，岂是朝章[95]固应如此！今衣冠[96]礼乐，日富年华[97]，何可犹作旧意非理望也！”众咸服之。

己亥[98]，齐立上皇子弘为齐安王，仁固为北平王，仁英为高平王，仁光为淮南王[99]。

六月，齐遣兼散骑常侍韦道儒来聘。

丙寅[100]，葬文皇帝于永宁陵，庙号世祖。

秋，七月，戊寅[101]，周筑武功[102]等诸城以置军士。

丁酉[103]，立妃王氏为皇后。

八月，齐上皇如晋阳。

周信州蛮[104]冉令贤、向五子王等据巴峡[105]反，攻陷白帝[106]，党与[107]连结二千余里。周遣开府仪同三司元契、赵刚[108]等前后讨之，终不克。九月，诏开府仪同三司陆腾[109]督开府仪同三司王亮、司马裔[110]讨之。

腾军于汤口[111]，令贤于江南据险要，置十城，远结涔阳蛮[112]为声援，自帅精卒固守水逻城[113]。腾召诸将问计，皆欲先取水逻，后攻江南。腾曰："令贤内恃水逻金汤[114]之固，外托涔阳辅车[115]之援，资粮充实，器械精新。以我悬军[116]，攻其严垒，脱[117]一战不克，更成其气[118]。不如顿军[119]汤口，先取江南，翦其羽毛，然后进军水逻，此制胜之术也。"乃还[120]王亮帅众渡江，旬日，拔其八城，捕虏及纳降各千计。遂间募[121]骁勇，数道进攻水逻。蛮帅冉伯犁、冉安西素与令贤有仇，腾说诱[122]，赂以金帛，使为乡导[123]。水逻之旁有石胜城，令贤使其兄子龙真据之。腾密诱龙真，龙真遂以城降。水逻众溃，斩首万余级，捕虏万余口。令贤走，追获，斩之。腾积骸于水逻城侧为京观[124]。是后群蛮望之，辄大哭，不敢复叛。

向五子王据石墨城[125]，使其子宝胜据双城。水逻既平，腾频遣谕之[126]，犹不下。进击，皆擒之，尽斩诸向酋长，捕虏万余口。

信州旧治白帝，腾徙之于八陈滩[127]北，以司马裔为信州刺史。

小吏部陇西辛昂[128]，奉使梁、益；且为腾督军粮。时临、信、楚、合[129]等州，民多从乱，昂谕以祸福，赴者如归。乃令老弱负粮，壮夫拒战，咸乐为用。使还，会巴州万荣郡[130]民反，攻围郡城，遏绝[131]

山路。昂谓其徒曰："凶狡猖狂，若待上闻[132]，孤城必陷。苟利百姓，专之[133]可也。"遂募通、开[134]二州，得三千人。倍道兼行，出其不意，直趣贼垒。贼以为大军至，望风瓦解，一郡获全。周朝嘉[135]之，以为渠州[136]刺史。

冬，十月，齐以侯莫陈相为太傅，任城王湝为太保，娄叡为大司马，冯翊王润为太尉，开府仪同三司韩祖念为司徒。

庚申[137]，帝享太庙[138]。

十一月，乙亥[139]，周遣使来吊[140]。

丙戌[141]，周主行视武功等新城；十二月，庚申[142]，还长安。

齐河间王孝琬怨执政，为草人而射之。和士开、祖珽谮之于上皇曰："草人以拟圣躬[143]也。又，前突厥至并州，孝琬脱兜鍪[144]抵地，云：'我岂老妪[145]，须著[146]此物！'此言属大家[147]也。又，魏世[148]谣言：'河南种谷河北生，白杨树上金鸡鸣。'河南、北者，河间也。孝琬将建金鸡大赦[149]耳。"上皇颇惑[150]之。

会孝琬得佛牙，置第内，夜有光。上皇闻之，使搜之，得填[151]库矟幡[152]数百，上皇以为反具[153]，收讯[154]。诸姬有陈氏者，无宠，诬孝琬云："孝琬常画陛下像而哭之"，其实世宗像也。上皇怒，使武卫赫连辅玄倒鞭挝之[155]。孝琬呼叔。上皇曰："何敢呼我为叔！"孝琬曰："臣神武皇帝嫡孙，文襄皇帝嫡子，魏孝静皇帝之甥，何为不得呼叔！"上皇愈怒，折其两胫[156]而死。

安德王延宗[157]哭之，泪赤[158]。又为草人，鞭而讯之曰："何故杀我兄？"奴告之，上皇覆延宗于地，马鞭鞭之二百，几死[159]。

是岁，齐赐侍中、中书监元文遥姓高氏，顷之，迁尚书左仆射。

魏末以来，县令多用厮役[160]，由是士流耻为之。文遥以为县令治民之本，遂请革选[161]，密择贵游[162]子弟，发敕用之[163]；犹恐其披诉[164]，悉召之集神武门，令赵郡王叡宣旨[165]唱名[166]，厚加慰谕而遣之。齐之士人为县[167]自此始。

（以上为第七段，写陈文帝托孤，所委非人。北周扫平边乱。北齐太上皇高湛信谗而残灭骨肉。）

【注释】

[1]己卯：正月二日。［2］癸未：正月五日。［3］改元天和：周保定六年二月改年号为天和元年。［4］辛卯：正月十四日。［5］圜丘：古时祭天地之坛。齐制：圜丘方泽，并三年一祭，谓之柿祀。圜丘则以苍璧束帛。正月上辛，祀昊天上帝。［6］癸巳：正月十六日。［7］祫（xiá）：古时天子合祭祖先神主于太庙之礼。五年一祫。［8］丙申：正月十九日。［9］尉瑾：仕北齐，官至尚书右仆射。传见《北齐书》卷四十、《北史》卷二十。［10］己亥：正月二十一日。［11］庚子：正月二十三日。［12］载师：官名。掌任土之法，如土地、赋敛、牧产等。［13］杜杲（？—582）：历仕周、隋，官至工部尚书，传见《周书》卷三十九、《北史》卷七十。［14］庚戌：二月三日。［15］丙子：二月二十九日。［16］改元：改元天康。［17］己卯：三月三日。［18］丙午：三月二十九日。［19］祀南郊：皇帝在都城南郊圜丘祭天。每年一次。［20］辛亥：四月五日。［21］大雩（yú）：古代因天旱而求雨之祭称大雩。［22］不豫：天子有病的讳称。［23］台阁：尚书的别称。［24］到仲举（517—567）：仕陈，官至尚书仆射，掌朝政。传见《陈书》卷二十、《南史》卷二十五。［25］五兵尚书：官名。掌管中兵、外兵、骑兵、别兵、都兵。［26］孔奂（514—583）：仕陈，官至中书令。传见《陈书》卷二十一、《南史》卷二十七。［27］袁枢（517—567）：仕陈，官至尚书左仆射。传附《陈书·袁敬传》《南史·袁敬传》。［28］刘师知（？—567）：仕陈，官至中书舍人。传见《陈书》卷十六、《南史》卷六十八。［29］伯宗：陈废帝，陈文帝嫡长子。公元567年至公元568年在位。［30］守位：守住皇位。［31］太伯之事：太伯为周先祖太王长子。相传太王欲传位给季历（周文王父），他和弟仲雍避居江南。此言陈文帝欲让位于安成王陈顼。［32］三方鼎峙：谓陈与北周、北齐三国鼎立。［33］则晋成：效法晋成帝。晋成帝立母弟为嗣，事见《资治通鉴》卷八十八《晋纪十》成帝咸康八年。［34］隆殷法：尊崇殷法，殷代兄死弟及。［35］违和：因失调而致病。［36］痊复非久：不久即可痊愈如初。［37］春秋鼎盛：年富力强。［38］日跻（jī）：日益增进。跻，上升。［39］介弟：称别人兄弟的敬辞。［40］周旦：周武王弟周公。武王死，周公辅佐兄子成王。［41］废立：谓废太子，立安成王。［42］不敢闻诏：不敢奉命。［43］遗直：谓直道而行，有古之遗风。［44］太子詹事：官名。掌皇后太子家事。［45］正救其恶：纠正其过失。［46］腹心：喻亲信。［47］社稷：土神与谷神。社稷为国家政权的标志。［48］窦婴面辩：汉景帝未立太子，欲传位于弟梁王，詹事窦婴劝景帝应父子相传。事见《资治通鉴》卷十六《汉纪八》景帝前三年。［49］袁盎（àng）廷争：窦太后欲以梁王为嗣，大臣袁盎力谏，以为不可。事见《汉纪八》景帝中二年。［50］觊（jì）觎（yú）：非分之想。［51］宋宣：指春秋时宋宣公。宋宣公舍其子与夷，立其弟穆公。穆公死时，又舍其子而立与夷。［52］楚灵：指春秋时楚灵王。楚国国君郏敖患病，其叔父围借问候之机，缢杀郏敖，又杀其二子莫及平夏，自立为王，史称灵王。［53］嫡嗣：嫡长子。［54］竭节：据章校，“节”下应补“以死继之”四字。［55］荀息：春秋时，晋献公有病，将其子奚齐托付于荀息。荀息表示竭力辅佐。献公死，里克杀奚齐，荀息将自杀，有人劝他不如立卓子而辅之，荀息

立卓子以葬献公。里克又杀卓子，荀息遂自杀而死。［56］肥义：战国时，肥义受赵武灵王顾命，辅佐新君。赵武灵王长子安阳君骄奢，不服其弟为王。李兑劝肥义装病让政，以避祸。肥义恪守诺言。后被杀。事见《资治通鉴》卷四《周纪四》赧王二十年。［57］奈何：亦作"奈若何"，如何。［58］逆：预先猜度。［59］既没：死后。［60］移国：篡国，夺取政权。［61］不能死：不能以死相报。［62］尤：甚。［63］六尺之孤：年少之君。［64］悖（bèi）：谬误。［65］癸酉：四月二十七日。［66］殂（cú）：死。［67］刺闺：就闺中探听外事。闺，宫中小门。［68］更签：古代夜间报更的牌。［69］铊（qiāng）然：金属响声。铊，同"锵"。［70］己卯：五月三日。［71］太皇太后：皇帝之祖母。［72］乙酉：五月九日。［73］吐谷（yù）浑：鲜卑族所建立的王国。故址在今青海北部和新疆东南部。［74］扶州：州名。治所甘松县，在今四川松潘县。［75］庚寅：五月十四日。［76］骠骑大将军：官名。掌军事，位同三公。［77］丁酉：五月二十一日。［78］中军大将军：官名。掌军事，位从三公。［79］徐度（509—568）：仕陈，官至司空。传见《陈书》卷十二、《南史》卷六十七。［80］沈钦（506—569）：传附《陈书·世祖沈皇后传》。［81］选授：选官授职。［82］梁元帝：梁武帝第七子萧绎，梁朝第五代皇帝。公元552年至公元554年在位。［83］王太尉：即王僧辩。梁朝人，官至太尉。［84］官方：选官方法。［85］穷此纷杂：极为杂乱无章。［86］永安：《南史》徐陵传作"永定"。永定，陈武帝即位时年号，当从之。［87］草创：初建。［88］黄札：任命官吏的诏旨。［89］权：暂且。［90］员外：官名。指正员以外的官员，无职事。［91］常侍：官名。侍从皇帝，掌管文书、诏令。［92］比肩：并肩。［93］咨议：官名。咨询谋议。［94］参军：官名。参议军事。［95］朝章：朝廷的典章。［96］衣冠：指士大夫辈。［97］日富年华：谓一天富于一天，一年华于一年。［98］己亥：五月二十三日。［99］"齐立上皇子弘为齐安王"等四句：北齐册立太上皇高湛的四个儿子为王。皇子弘：即高廓，字仁弘，武成帝第四子。仁固：武成帝第五子。仁英：武成帝第六子。仁光：武成帝第七子。传皆见《北齐书》卷十二、《北史》卷五十二。［100］丙寅：六月二十一日。［101］戊寅：七月三日。［102］武功：城名。在今陕西武功县西北。［103］丁酉：七月二十二日。［104］信州蛮：南蛮中的一支，生活在江淮流域。信州，州名。治所白帝城，在今重庆市奉节县。［105］巴峡：即今重庆市奉节县长江瞿塘峡和巫山县长江巫峡。［106］白帝：城名。在今重庆市奉节县东瞿塘峡口。［107］党与：同伙。［108］赵刚：仕周，官至利州总管。传见《周书》卷三十三、《北史》卷六十九。［109］陆腾（？—578）：历仕西魏、北周，官至大司空。传见《周书》卷二十八、《北史》卷二十八。［110］司马裔（？—571）：历仕西魏、北周，官至大将军。传见《周书》卷三十六、《北史》卷二十九。［111］汤口：地名。在今重庆市云阳县东，即汤溪河入长江处。［112］涔（cén）阳蛮：南蛮族中的一支，生活在涔阳（今湖北公安县南）。［113］水逻城：地名。在今重庆市奉节县东。［114］金汤：金城汤池。金以喻坚，汤喻沸热不可近。［115］辅车：颊辅与牙床。喻相依之物。［116］悬军：深入敌境的孤军。［117］脱：倘若，或许。［118］更成其气：更助长其气焰。［119］顿军：军队停留。［120］还：据章校，"还"

应改作“遣”。［121］间募：选拔、召募。间，当作“简”。［122］说诱：劝说引诱。［123］乡导：带路者。乡，通“向”。［124］京观：古代战争，胜者为炫耀武功，收集敌人尸体，封土成高冢，称为京观。［125］石墨城：城名。在今湖北巴东县境。［126］频遣谕之：屡次派人去晓谕他。［127］八陈滩：城名。在今重庆市奉节县境。相传诸葛亮曾于此布八阵图。“陈”，通“阵”。［128］辛昂（？—572）：仕北周，官至骠骑大将军、开府仪同三司。传附《周书·辛庆之传》《北史·辛庆之传》。［129］临、信、楚、合：皆州名。临州，治所临江县，在今重庆市忠县。信州，治所鱼腹县，在今重庆市奉节县东北。楚州，治所巴县，在今重庆市。合州，治所石镜县，在今重庆市合川区。［130］万荣郡：郡名。治所永康县，在今四川达州市西北。［131］遏绝：阻断。［132］上闻：奏知朝廷。［133］专之：不待朝命，自己决断。［134］通、开：皆州名。通州，治所石城县，在今四川达州市。开州，治所万川县，在今重庆市万州区东。［135］嘉：夸奖，赞许。［136］渠州：州名。治所安汉县，在今四川南充市北。［137］庚申：十月十七日。［138］享太庙：于太庙祭祖。［139］乙亥：十一月二日。［140］来吊：来陈朝吊唁陈文帝。［141］丙戌：十一月十三日。［142］庚申：十二月十八日。［143］以拟圣躬：以（草人）比作上皇的身体。躬，身。［144］兜鍪（móu）：古代战士的头盔。［145］老妪（yù）：年老的女人。［146］须著：需要戴。须，通“需”。［147］大家：时称天子为大家。［148］魏世：指北魏时。［149］金鸡大赦：古代颁赦诏日，设金鸡于竿，以示吉辰。鸡以黄金饰首，故名金鸡。［150］惑：蛊惑。［151］填：通“镇”。［152］幡：旗帜。［153］反具：谋反的器具。［154］收讯：拘捕审讯。［155］倒鞭挝（zhuā）之：手持鞭小头，以大头击打。挝，击打。［156］胫：小腿。［157］安德王延宗：即高延宗（？—577），文襄帝第五子。传见《北齐书》卷十一、《北史》卷五十二。［158］泪赤：泪尽而出血。［159］几死：几乎死去。［160］厮役：泛指为人驱使的奴仆。［161］革选：废除旧有的选官制度。［162］贵游：无官职的王公贵族。［163］发敕用之：发布敕书，正式任用。［164］披诉：公开申诉，表示不同意。［165］宣旨：宣布皇帝诏书。［166］唱名：高声呼名。［167］为县：指做县官。

【点评】

北齐在南北鼎立之形中最强而最先灭。北齐在南北三国鼎立之中，占地最广，人口最多，国势最强盛。由于执政高氏不学无术，宗族子弟大多生性凶残，未脱游牧习气，故其国主昏暴相继。高洋借父兄之余威，尚能称雄一时，至高湛国势渐衰，特别是招致北周两次大规模讨伐，北齐虽然侥幸取胜然而胆气已丧，加之国主仍执迷不悟，信谗养奸，国势衰亡之局于是不可逆转。最强国却最先亡，祸起高洋，势成高湛，北齐不可再兴矣。

卷一七〇　陈纪四

陈临海王光大元年至陈宣帝太建三年（567—571 年）

【起强圉大渊献（丁亥，567 年），尽重光单阏（辛卯，571 年），凡五年】

【大事提要】

本卷载述公元 567 年至公元 571 年南北朝史事，凡五年，时当陈废帝光大元年至二年，陈宣帝太建元年至三年，北周武帝天和二年至六年，北齐后主天统三年至武平二年。陈朝发生宫廷政变，引发陈朝西境动乱。陈霸先次子安成王陈顼，废帝自立，夺了侄儿陈伯宗的帝位，是为陈宣帝。北周政清、北齐政昏，两国为争夺宜阳与汾北地区发生大战，北齐兵强，宿将老臣尚在，取得军事胜利。北齐后主执政，继承乃父北齐武成帝高湛的昏庸信谗，权奸当国，宫廷政变接连不断。

临海王[1]

光大元年（丁亥，567 年）

春，正月，癸酉朔[2]，日有食之。

尚书左仆射袁枢卒。

乙亥[3]，大赦，改元[4]。

辛卯[5]，帝祀南郊[6]。

壬辰[7]，齐上皇还邺。

己亥[8]，周主耕藉田。

二月，壬寅朔[9]，齐主加元服[10]，大赦。

初，高祖为梁相[11]，用刘师知[12]为中书舍人[13]。师知涉学工文[14]，练习仪体[15]，历世祖朝，虽位宦不迁[16]，而委任[17]甚重，与扬州刺史安成王顼、尚书仆射到仲举同受遗诏[18]辅政。师知、仲举恒居禁中，参决众事，顼与左右三百人入居尚书省[19]。师知见顼地望权势为朝野所属[20]，心忌之，与尚书左丞[21]王暹[22]等谋出顼于外[23]。众犹豫，未敢先发[24]。东宫通事舍人[25]殷不佞[26]，素以名节[27]自任，又受委东宫[28]，乃驰诣相府[29]，矫敕谓顼曰："今四方无事，王可还东府[30]经理州务。"

顼将出，中记室[31]毛喜[32]驰入见顼曰："陈有天下日浅，国祸继臻[33]，中外[34]危惧。太后深惟[35]至计，令王入省共康庶绩[36]，今日之言，必非太后之意。宗社[37]之重，愿王三思，须更闻奏，无使奸人得肆其谋[38]。今出外即受制于人，譬如曹爽，愿作富家翁，其可得邪[39]！"顼遣喜与领军将军吴明彻筹之[40]，明彻曰："嗣君[41]谅暗[42]，万机多阙[43]。殿下[44]亲实周、邵[45]，当辅安[46]社稷，愿留中[47]勿疑。"

顼乃称疾，召刘师知，留之与语，使毛喜先入言于太后。太后曰："今伯宗幼弱，政事并委二郎[48]。此非我意。"喜又言于帝。帝曰："此自师知等所为，朕不知也。"喜出，以报顼。顼因囚师知，自入见太后及帝，极陈[49]师知之罪，仍自草敕请画[50]，以师知付廷尉[51]，其夜，于狱中赐死[52]。以到仲举为金紫光禄大夫[53]。王暹、殷不佞并付治[54]。不佞，不害之弟也，少有孝行[55]，顼雅重之，故独得不死，免官而已。王暹伏诛。自是国政尽归于顼。

右卫将军会稽韩子高[56]，镇领军府，在建康诸将中士马最盛，与仲举通谋。事未发。毛喜请简[57]士马配子高，并赐铁炭，使修器甲[58]。顼惊曰："子高谋反，方欲收执，何为更如是邪？"喜曰："山陵[59]始毕，边寇尚多，而子高受委前朝，名为杖顺。若收之，恐不即授首[60]，或能为人患。宜推心安诱，使不自疑，伺间图之，一壮士之力耳。"顼深然之。

仲举既废[61]归私第，心不自安。子郁，尚世祖妹信义长公主，除南康[62]内史[63]，未之官。子高亦自危，求出为衡、广[64]诸镇；郁每乘小舆[65]，蒙妇人衣，与子高谋。会前上虞[66]令陆昉及子高军主[67]告其谋反。顼在尚书省，因召文武在位议立皇太子。平旦，仲举、子高入省，皆执之，并郁送廷尉，下诏，于狱赐死，余党一无所问[68]。

辛亥[69]，南豫州[70]刺史余孝顷坐谋反诛。

癸丑[71]，以东扬州[72]刺史始兴王伯茂[73]为中卫大将军[74]、开府仪同三司。伯茂，帝之母弟也，刘师知、韩子高之谋，伯茂皆预之；司徒顼恐扇动内外，故以为中卫，专使之居禁中，与帝游处。

三月，甲午[75]，以尚书右仆射沈钦[76]为侍中、左仆射。

夏，四月，癸丑[77]，齐遣散骑常侍司马幼之[78]来聘。

湘州刺史华皎[79]闻韩子高死，内不自安，缮甲[80]聚徒，抚循[81]所部，启求广州[82]，以卜[83]朝廷之意。司徒顼伪许之，而诏书未出。皎遣使潜引[84]周兵，又自归于梁[85]，以其子玄响为质[86]。

五月，癸巳[87]，顼以丹杨尹吴明彻为湘州刺史。

甲午[88]，齐以东平王俨[89]为尚书令。

司徒顼遣吴明彻帅舟师三万趣郢州[90]，丙申[91]，遣征南大将军淳于量[92]帅舟师五万继之，又遣冠武将军杨文通从安成[93]步道出茶陵[94]，巴山太守黄法慧从宜阳[95]出澧陵[96]，共袭华皎，并与江州刺史章昭达[97]、郢州刺史程灵洗[98]合谋进讨。六月，壬寅[99]，以司空徐度[100]为车骑将军，总督建康诸军，步道趣湘州。

辛亥[101]，周主尊其母叱奴氏[102]为皇太后。

己未[103]，齐封皇弟仁机为西河王，仁约为乐浪王，仁俭为颍川王，仁雅为安乐王，仁直为丹杨王，仁谦[104]为东海王。

华皎使者至长安；梁王亦上书言状[105]，且乞师；周人议出师应之。司会[106]崔猷曰："前岁东征[107]，死伤过半。比[108]虽循抚，疮痍未复[109]。今陈氏保境息民[110]，共敦邻好[111]，岂可利[112]其土地，纳[113]其叛臣，违盟约之信[114]，兴无名[115]之师乎！"晋公护不从。闰六月，戊寅[116]，遣襄州总管卫公直[117]督柱国陆通[118]、大将军田弘[119]、权景宣[120]、元定[121]等将兵助之。

辛巳[122]，齐左丞相[123]咸阳武王斛律金卒，年八十。长子光[124]为大将军，次子羡及孙武都并开府仪同三司，出镇方岳[125]，其余子孙封侯显贵[126]者甚众。门中一皇后，二太子妃[127]，三公主[128]，事齐贵宠，三世无比。自肃宗[129]以来，礼敬尤重，每朝见，常听乘步挽车[130]

至阶，或以羊车[131]迎之。然金不以为喜，尝谓光曰：“我虽不读书，闻古来外戚[132]鲜有能保其族者。女若有宠，为诸贵所嫉；无宠，为天子所憎。我家直以勋劳致富贵，何必藉[133]女宠也！”

壬午[134]，齐以东平王俨录尚书事[135]，以左仆射赵彦深为尚书令，并省[136]尚书左仆射娄定远[137]为左仆射，中书监徐之才[138]为右仆射。定远，昭之子也。

秋，七月，戊申[139]，立皇子至泽为太子。

八月，齐以任城王湝为太师，冯翊王润为大司马，段韶为左丞相，贺拔仁[140]为右丞相[141]，侯莫陈相为太宰[142]，娄叡为太傅，斛律光为太保，韩祖念为大将军，赵郡王叡为太尉，东平王俨为司徒。

俨有宠于上皇及胡后，时兼京畿[143]大都督、领[144]军大将军，领御史中丞。魏朝故事[145]：中丞出，与皇太子分路[146]，王公皆遥驻车[147]，去牛，顿轭[148]于地，以待其过；其或迟违[149]，则前驱以赤棒[150]棒之。自迁邺[151]以后，此仪废绝，上皇欲尊宠俨，命一遵旧制。俨初从北宫出，将上[152]中丞，凡京畿步骑、领军官属、中丞威仪[153]、司徒卤簿[154]，莫不毕从。上皇与胡后张幕于华林园东门外而观之，遣中使[155]骤马趣仗。不得入，自言奉敕[156]，赤棒卒[157]应声碎其鞍，马惊，人坠。上皇大笑，以为善，更敕[158]驻车，劳问良久。观者倾邺城。

俨恒[159]在宫中，坐含光殿视事[160]，诸父[161]皆拜之。上皇或时[162]如并州[163]。俨恒居守[164]。每送行，或半路，或至晋阳乃还。器玩服饰，皆与齐主同，所须悉官给[165]。尝于南宫[166]见新冰早李，还，怒曰：“尊兄[167]已有，我何意无！”自是齐主或先得新奇，属官及工人必获罪。俨性刚决，尝言于上皇曰：“尊兄懦，何能帅[168]左右！”上皇每称[169]其才，有废立[170]意，胡后亦劝之，既而中止[171]。

华皎遣使诱章昭达，昭达执送建康。又诱程灵洗，灵洗斩之。皎以武州[172]居其心腹[173]，遣使诱都督陆子隆[174]，子隆不从；遣兵攻之，不克。巴州[175]刺史戴僧朔[176]等并隶于皎，长沙太守曹庆等，本隶皎下，遂为之用。司徒顼恐上流守宰皆附之，乃曲赦[177]湘、巴二州。九月，乙巳[178]，悉诛皎家属。

梁以皎为司空，遣其柱国王操[179]将兵二万助之。周权景宣将水军，元定将陆军，卫公直总之，与皎俱下。淳于量[180]军夏口[181]，直军鲁山[182]，使元定以步骑数千围郢州。皎军于白螺，与吴明彻等相持。徐度、杨文通由岭路袭湘州，尽获其所留军士家属。

皎自巴陵[183]与周、梁水军顺流乘风而下，军势甚盛，战于沌口。量、明彻募军中小舰，多赏金银，令先出当西军大舰受其拍[184]；西军诸舰发拍皆尽，然后量等以大舰拍之，西军舰皆碎，没于中流。西军又以舰载薪，因风纵火，俄而风转，自焚，西军大败。皎与戴僧朔单舸[185]走，过巴陵，不敢发岸[186]，径奔江陵；卫公直亦奔江陵。

元定孤军，进退无路，斫竹开径，且战且引[187]，欲趣巴陵。巴陵已为徐度等所据，度等遣使伪与结盟，许纵之还国；定信之，解仗[188]就度，度执之，尽俘其众，并擒梁大将军李广[189]。定愤恚而卒。

皎党曹庆等四十余人并伏诛。唯以岳阳太守章昭裕[190]，昭达之弟，桂阳太守曹宣[191]，高祖旧臣，衡阳内史汝阴任忠[192]，尝有密启[193]，皆宥之。

吴明彻乘胜攻梁河东[194]，拔之。

周卫公直归罪于梁柱国殷亮；梁主知非其罪，然不敢违，遂诛之。

周与陈既交恶[195]，周沔州刺史裴宽[196]白襄州[197]总管[198]，请益戍兵，并迁城于羊蹄山[199]以避水。总管兵未至，程灵洗舟师奄至[200]城下。会[201]大雨，水暴涨，灵洗引大舰临城发拍[202]，击楼堞[203]皆碎，矢石昼夜攻之三十余日；陈人登城，宽犹帅众执短兵拒战；又二日，乃擒之。

丁巳[204]，齐上皇如晋阳。山东[205]水，饥，僵尸满道。

冬，十月，甲申[206]，帝享太庙[207]。

十一月，戊戌朔[208]，日有食之。

丙午[209]，齐大赦。

癸丑[210]，周许穆公宇文贵自突厥还，卒于张掖[211]。

齐上皇还邺。

十二月，周晋公护母卒，诏起[212]，令视事。

齐秘书监祖珽，与黄门侍郎刘逖[213]友善。珽欲求宰相，乃疏[214]赵彦深、元文遥、和士开罪状，令逖奏之，逖不敢通；彦深等闻之，先诣上皇自陈。上皇大怒，执珽，诘之，珽因陈士开、文遥、彦深等朋党[215]、弄权、卖官、鬻狱[216]事。上皇曰："尔乃诽谤我！"珽曰："臣不敢诽谤，陛下取人女。"上皇曰："我以其饥馑，收养之耳。"珽曰："何不开仓振给，乃买入后宫乎？"上皇益怒，以刀环筑[217]其口，鞭杖乱下，将扑杀之。珽呼曰："陛下勿杀臣，臣为陛下合金丹[218]。"遂得少宽。珽曰："陛下有一范增[219]不能用。"上皇又怒曰："尔自比范增，以我为项羽邪？"珽曰："项羽布衣[220]，帅乌合之众[221]，五年而成霸业。陛下借父兄之资，才得至此，臣以为项羽未易可轻[222]。"上皇愈怒，令以土塞其口。珽且吐且言，乃鞭二百，配[223]甲坊[224]，寻[225]徙光州[226]，敕令牢掌[227]。别驾张奉福曰："牢者，地牢也。"乃置地牢中，桎梏[228]不离身；夜，以芜菁[229]子为烛，眼为所熏，由是失明。

齐七兵尚书[230]毕义云[231]，为治酷忍[232]，非人理所及，于家尤甚。夜，为盗所杀，遗其刀，验[233]之，其子善昭所佩刀也。有司[234]执善昭，诛之。

（以上为第一段，写陈朝发生宫廷政变，司徒陈顼诛杀辅佐大臣，大权独揽，逼反湘州刺史华皎，引发北周与陈朝的一次大战。陈军获胜，既稳固了陈朝政权，也加强了陈顼权倾臣僚的地位。）

【注释】

[1]临海王：陈朝第三代皇帝陈伯宗，史称废帝，文帝嫡长子，字奉业，小字药王。公元567年至公元568年在位。后被宣太后废为临海王，故此称临海王。 [2]癸酉朔：正月一日。 [3]乙亥：正月三日。 [4]改元：年号由天康二年改为光大元年。 [5]辛卯：正月十九日。 [6]祀南郊：封建帝王每年在圜丘祭天，因地在都城南郊，故称祀南郊。 [7]壬辰：正月二十日。 [8]己亥：正月二十七日。 [9]壬寅朔：二月一日。 [10]元服：帽子。元，指首；服，指冠。头上所戴，故称元服。 [11]高祖为梁相：梁末，陈霸先杀王僧辩，立梁敬帝，遂为辅相，后受禅。高祖是武帝陈霸先庙号。 [12]刘师知（？—567）：历仕梁、陈，官至中书舍人。传见《陈书》卷十六、《南史》卷六十八。 [13]中书舍人：官名。掌起草诏制。 [14]涉学工文：学识广泛，擅写文章。 [15]练习仪体：熟谙朝仪国体。练习，熟习。 [16]位宦不迁：官位不升。 [17]委任：任用。 [18]遗诏：皇帝临死前留下的诏令。 [19]尚书省：官署名。下设各曹，为

中央执行政务的总机构。［20］属：专注，归心。［21］尚书左丞：官名。掌尚书省禁令、宗庙、朝仪礼制和选官置吏。［22］王暹（xiān）（？—567）：历仕梁、陈，官至尚书左丞。事附《陈书》与《南史》中《到仲举传》。［23］于外：出任外官（地方官）。［24］发：行动。［25］通事舍人：官名。掌管文记。［26］殷不佞（518—573）：传附《陈书·殷不害传》。［27］名节：名誉节操。［28］受委东宫：言在东宫时，受废帝亲任。［29］相府：此时以尚书省为相府。［30］东府：扬州刺史的治所。［31］中记室：官名。掌章表文书。［32］毛喜（516—587）：仕陈，官至侍中。传见《陈书》卷二十九、《南史》卷六十八。［33］国祸继臻：谓八年之内，国家接连有大丧。［34］中外：内外。［35］深惟：深思熟虑。惟，思。［36］庶绩：各种事功。［37］宗壮：据章校，"壮"应改作"社"。宗社，宗庙和社稷。古代作为国家的代称。［38］得肆其谋：使其阴谋得逞。肆，纵恣。［39］譬如曹爽，愿作富家翁，其可得邪：三国时，司马懿乘曹爽奉魏帝参拜明陵之机发动政变，曹爽愿免官作富家翁，终被杀。事见《资治通鉴》卷七十五《魏纪七》邵陵厉公嘉平元年。［40］筹之：商议此事。［41］嗣君：继位的国君。此指临海王。［42］谅暗：天子居丧之时。谅暗，也作"凉阴"。［43］多阙：多所过失。［44］殿下：臣下对太子及诸王的敬称。［45］周、邵：即周公姬旦、邵公姬奭。周武王死，二公辅佐年幼的成王。［46］辅安：辅佐皇室，安定国家。［47］中：内。指尚书省。［48］二郎：文帝为陈道谭长子，安成王陈顼为第二子，故称二郎。［49］极陈：极力陈述。［50］自草敕请画：自己起草敕令，请废帝签署。［51］廷尉：官名。掌刑狱。［52］赐死：皇帝命令师知自杀。［53］金紫光禄大夫：官名。光禄大夫加金章紫绶者称此。为加官，无职掌。［54］付治：交付有关部门治罪。［55］孝行：殷不佞小时居父丧，以至孝著称。其母死于江陵，遇兵乱，殷不佞在吴，久不得奔丧，四年之中，昼夜哭泣，居住饮食，常为居丧之礼。［56］韩子高（538—567）：仕陈，官至右卫将军。传见《陈书》卷二十、《南史》卷六十八。［57］简：挑选。［58］器甲：器械盔甲。［59］山陵：谓安葬文帝事。［60］授首：被杀。［61］既废：被免官以后。［62］南康：郡名。治所赣县，在今江西赣州市西南。［63］内史：官名。掌民政。［64］衡、广：俱州名。指衡州与广州。时衡州分为二：东衡州治所曲江县，在今广东韶关市南；西衡州治所含洭县，在今广东英德市西北。广州治所番禺县，在今广东广州市。［65］小舆：小车。［66］上虞：县名。县治在今浙江绍兴市上虞区。［67］军主：一军之主将。［68］问：追究。［69］辛亥：二月十日。［70］南豫州：侨州名。治所姑熟，在今安徽当涂县。［71］癸丑：二月十二日。［72］东扬州：侨州名。治所山阴县，在今浙江绍兴市。［73］始兴王伯茂（551—568）：陈文帝第二子。传见《陈书》卷二十八、《南史》卷六十五。［74］中卫大将军：武官名。掌禁卫。［75］甲午：三月二十三日。［76］沈钦（503—569）：仕陈，官至尚书左仆射。传附《陈书·世祖沈皇后传》。［77］癸丑：四月十三日。［78］司马幼之：历仕北齐、隋二朝，传附《北齐书·司马子如传》《北史·司马子如传》。［79］华皎（？—567）：仕陈，官至湘州刺史。传见《陈书》卷二十、《南史》卷六十八。［80］缮甲：整治盔甲。［81］抚循：安抚。［82］启求广州：奏请皇帝以求出任广州职务。［83］卜：

预测。［84］潜引：暗中勾结。［85］梁：即后梁。公元554年梁岳阳王萧詧降西魏，次年被西魏立为梁帝，建后梁，都江陵（在今湖北江陵县）。［86］质：人质。［87］癸巳：五月二十三日。［88］甲午：五月二十五日。［89］东平王俨（558—571）：北齐武成帝第三子高俨，初封东平王，后改封琅邪王。传见《北齐书》卷十二、《北史》卷五十二。［90］郢州：州名。治所夏口，在今湖北武汉市。［91］丙申：五月二十七日。［92］淳于量（511—582）：历仕梁、陈，官至侍中、中军大将军。传见《陈书》卷十一、《南史》卷六十六。［93］安成：郡名。治所平都县，在今江西安福县东南。［94］茶陵：县名。县治在今湖南茶陵县东北。［95］宜阳：县名。县治在今江西宜春市。［96］澧陵：县名。县治在今湖南醴陵市。［97］章昭达（518—571）：仕陈，官至侍中，进号车骑大将军。传见《陈书》卷十一、《南史》卷六十六。［98］程灵洗（514—568）：仕陈，官至郢州刺史。传见《陈书》卷十、《南史》卷六十七。［99］壬寅：六月三日。［100］徐度（509—568）：仕陈，官至司空。传见《陈书》卷十二、《南史》卷六十七。［101］辛亥：六月十一日。［102］叱奴氏：拓跋兴于代北，兼并他部，以本部中别族为内姓，其他诸部随方分之，北方有叱奴氏。［103］己未：六月二十日。［104］仁机、仁约、仁俭、仁雅、仁直、仁谦：分别为北齐武成帝第八、第九、第十、第十一、第十二、第十三子。传见《北齐书》卷十二、《北史》卷五十二。按：仁约，本传作"仁邕"；仁机，本传作"仁几"。《后主本纪》同。［105］梁王：即后梁明帝萧岿，为第二代皇帝，字仁远。公元562年至公元585年在位。言状：说明情状。［106］司会：官名。主管财政经济。［107］前岁东征：谓前年进攻北齐洛阳事。［108］比：近。［109］疮痍（yí）未复：创伤尚未完复。比喻战后破坏情况尚未恢复。［110］息民：谓使人民休养生息。［111］共敦邻好：睦邻友好。［112］利：贪得。［113］纳：接纳。［114］信：信守。［115］无名：无名义，无正当理由。［116］戊寅：闰六月九日。［117］卫公直：即宇文直（？—574），宇文泰之子，封卫国公。传见《周书》卷十二、《北史》卷五十八。［118］陆通（？—572）：仕周，官至大司寇。传见《周书》卷三十三、《北史》卷六十九。［119］田弘（？—574）：仕北周，官至大司空。传见《周书》卷二十七、《北史》卷六十五。［120］权景宣（？—567）：仕周，官至侍中。传见《周书》卷二十八、《北史》卷六十一。［121］元定（？—567）：仕周，官至大将军。传见《周书》卷三十四、《北史》卷六十九。［122］辛巳：闰六月十二日。［123］左丞相：官名。朝廷的最高行政长官之一，协助皇帝处理国家政务。［124］光（515—572）：指斛律光，仕齐，历任太傅、左丞相等职。传见《北齐书》卷十七、《北史》卷五十四。［125］方岳：四方之岳。称地方长官，如刺史、太守等。［126］显贵：犹言达官、高官。［127］一皇后，二太子妃：斛律光长女，孝昭帝纳为太子妃；次女，武成帝纳为太子妃。后主受内禅，立为皇后。［128］三公主：斛律光有三个儿子均尚公主。［129］肃宗：即孝昭帝，北齐第二代皇帝，名高演。公元560年在位。［130］步挽车：不用牛马，用人力步行挽车。［131］羊车：古代宫内所乘小车。羊，通"祥"。吉祥之义。［132］外戚：帝王的母族、妻族。［133］藉：同"借"。［134］壬午：闰六月十三日。［135］录尚书事：官名。总录尚书事，独揽朝政。［136］并省：北齐于并州（治晋阳)亦置省，立别宫。［137］娄定远(？—574)：仕北齐，官至司空。传见《北齐书》卷十五、《北史》卷五十四。［138］徐之才：历仕东魏、北齐，官至尚书左仆射。传见《魏书》卷九十一、《北齐书》卷三十三、《北史》卷九十。［139］戊申：七月十日。［140］贺拔仁（？—570)：历仕东魏、北齐，官至录尚书事。传见《北史》卷五十三。［141］右丞相：官名。朝廷最高行政长官之一，辅佐皇帝处理全国政务。［142］太宰：官名。又名大冢宰。协助皇帝治理邦国。［143］京畿：国都及其附近地区。［144］领：兼任较低的职务称领。［145］故事：先例，指旧日的典章制度。［146］分路：分路而行，不引车避道。［147］驻车：停车。［148］顿轭（è）于地：立即将轭放在地上。轭，牛马拉车时放在脖子上的挽具。［149］迟违：不立即停车卸轭为迟，迟则违法。［150］赤棒：执法的红色木棒。［151］迁邺：公元534年，魏孝武帝由洛阳逃到关中依宇文泰，高欢另立清河王亶之子元善见为帝，遂迁都邺城。［152］将上：即谓领职视事为礼上。［153］威仪：仪仗、随从。［154］卤簿：大臣外出时扈从的仪仗队。［155］中使：帝王宫廷中派出的使者，多由宦官充任。［156］奉敕：执行皇帝的命令。［157］赤棒卒：手持红棒的执法卒。［158］更敕：再次下敕令。［159］恒：平常，经常。［160］视事：处理政事。［161］诸父：对同宗族伯叔辈的通称。［162］或时：有时。［163］并州：州名。治所晋阳县，在今山西太原市西南。晋阳宫在并州。［164］居守：留守。［165］悉官给：全由官府供给。［166］南宫：齐主所居之宫。高俨从上皇、胡后居北宫。［167］尊兄：指齐主。齐主为武成帝长子，高俨为第三子，常谓齐主为尊兄。［168］帅：带领。同"率"。［169］称：赞许，夸奖。［170］废立：指废齐主而立高俨。［171］中止：中途停止。［172］武州：州名。治所武陵县，在今湖南常德市。［173］心腹：喻要害之处。［174］陆子隆(540—581)：仕陈，官至荆州刺史。传见《陈书》卷二十二、《南史》卷六十七。［175］巴州：州名。治所巴陵县，在今湖南岳阳市。［176］戴僧朔(？—567)：仕陈，官至巴州刺史。传附《陈书·华皎传》。［177］曲赦：因特殊情况而赦免。［178］乙巳：九月七日。［179］王操（？—575)：仕后梁，官至尚书令。传见《周书》卷四十八、《北史》卷九十三。［180］淳于量（511—582)：仕陈，官至侍中。传见《陈书》卷十一、《南史》卷六十六。［181］夏口：城名。在今湖北武汉市。［182］鲁山：城名。故址在今湖北武汉市西南。［183］巴陵：郡名。治所巴陵县，在今湖南岳阳市。［184］拍：战船上设置的拍竿，用以拍击敌船。［185］单舸：一只船。舸，系在大船之后的小船。［186］发岸：据严衍《通鉴补略》，"发"应改为"登"。因发岸不可解，"登岸"则通。［187］引：领军撤退。［188］解仗：解下兵仗。［189］李广（？—567)：仕后梁，官至大将军。传附《周书·萧詧传》。［190］章昭裕：传附《陈书·华皎传》。［191］曹宣：仕陈，官至桂阳太守。传附《陈书·华皎传》。［192］任忠(513—589)：历仕梁、陈、隋三代，官至开府仪同三司。传见《陈书》卷三十、《南史》卷六十七。［193］密启：秘密书函。［194］河东：侨郡名。治所松滋县，在今湖北松滋市西北。［195］交恶：互相怀恨在心。［196］裴宽：仕周，官至车骑大将军。传见《周书》卷三十四、《北史》卷三十八。［197］襄州：州名。治所襄阳县，在今湖北襄阳市。［198］总管：官名。州级或重镇的督军之官。［199］羊蹄山：山名。即阳台山。在今湖北仙桃市境内。［200］奄（yǎn）至：忽然来到。［201］会：恰巧遇到。［202］发拍：挥动大船上的拍竿。［203］楼堞（dié）：城楼上如齿状的矮墙。［204］丁巳：九月二十日。［205］山东：此指太行山以东的地区。［206］甲申：十月十七日。［207］享太庙：天子祭祀祖庙。［208］戊戌朔：十一月一日。［209］丙午：十一月九日。［210］癸丑：十一月十六日。［211］张掖：郡名。治所永平县，在今甘肃张掖市西北。［212］诏起：晋公宇文护守丧未满而起用，命他处理政事。［213］刘逖（525—573）：仕北齐，官至中书侍郎。传见《北齐书》卷四十五、《北史》卷四十二。［214］疏：陈述。［215］朋党：为私利目的而勾结同类。［216］鬻狱：谓因讼得贿。［217］筑：击打。［218］金丹：古代炼金石为药，谓服用可长生，是谓金丹。［219］范增：秦末项羽的谋士，但得不到重用。［220］布衣：布制的衣服。作平民的代称。［221］乌合之众：仓猝集合之众，如乌鸦一样忽聚忽散。［222］未易可轻：不宜轻视。［223］配：罚作苦役。［224］甲坊：制作兵器的作坊。［225］寻：不久。［226］光州：州名。治所掖县，在今山东莱州市。［227］牢掌：在地牢中监押。［228］桎梏：脚镣和手铐。［229］芜菁：二年生草本植物，用其籽作烛，烟熏眼可失明。［230］七兵尚书：官名。掌管左中兵、右中兵、左外兵、右外兵、别兵、都兵、骑兵。［231］毕义云（？—567）：仕北齐，官至七兵尚书。传见《北齐书》卷四十七、《北史》卷三十九。［232］酷忍：残酷。［233］验：检验。［234］有司：官吏。古代设官分职，事务有专司，故称有司。

二年（戊子，568年）

春，正月，己亥[1]，安成王顼进位太傅，领司徒，加殊礼[2]。

辛丑[3]，周主祀南郊。

癸亥[4]，齐主使兼散骑常侍郑大护来聘。

湘东忠肃公徐度卒。

二月，丁卯[5]，周主如武功。

突厥木杆可汗贰[6]于周，更许齐人以婚，留陈公纯等数年不返[7]。会大雷风，坏其穹庐[8]，旬日[9]不止。木杆惧，以为天谴[10]，即备礼送其女于周，纯等奉之以归。三月，癸卯[11]，至长安，周主行亲迎之礼[12]。甲辰[13]，周大赦。

乙巳[14]，齐以东平王俨为大将军，南阳王绰为司徒，开府仪同三司徐显秀为司空，广宁王孝珩为尚书令。

戊午[15]，周燕文公于谨卒。谨勋高位重，而事上[16]益恭，每朝参[17]，所从不过二三骑。朝廷有大事，多与谨谋之。谨尽忠补益，于功臣中特被亲信[18]，礼遇隆重，始终无间[19]；教训诸子，务存静退[20]，而子孙蕃衍[21]，率[22]皆显达。

吴明彻乘胜进攻江陵，引水灌之。梁主出顿[23]纪南[24]以避之。周总管田弘从梁主，副总管高琳与梁仆射王操守江陵三城，昼夜拒战十旬。梁将马武、吉彻击明彻，败之。明彻退保公安[25]，梁主乃得还。

夏，四月，辛巳[26]，周以达奚武为太傅，尉迟迥为太保，齐公宪为大司马。

齐上皇如[27]晋阳。

齐尚书左仆射徐之才善医，上皇有疾，之才疗之，既愈；中书监和士开欲得次迁[28]，乃出之才为兖州[29]刺史。五月，癸卯[30]，以尚书右仆射胡长仁[31]为左仆射，士开为右仆射。长仁，太上皇后之兄也。

庚戌[32]，周主享太庙；庚申[33]，如醴泉宫[34]。

壬戌[35]，齐上皇还邺。

秋，七月，壬寅[36]，周随桓公杨忠卒，子坚[37]袭爵。坚为开府仪同三司、小宫伯[38]，晋公护欲引以为腹心。坚以白忠，忠曰："两姑之间难为妇[39]，汝其勿往[40]！"坚乃辞之。

丙午[41]，帝享太庙。

戊午[42]，周主还长安。

壬戌[43]，封皇弟伯智为永阳王，伯谋为桂阳王[44]。

八月，齐请和于周，周遣军司马陆程聘[45]于齐；九月，丙申[46]，齐使侍中斛斯文略报之[47]。

冬，十月，癸亥[48]，周主享太庙。

庚午[49]，帝享太庙。

辛巳[50]，齐以广宁王孝珩录尚书事，左仆射胡长仁为尚书令，右仆射和士开为左仆射，中书监唐邕[51]为右仆射。

十一月，壬辰朔[52]，日有食之。

齐遣兼散骑常侍李谐来聘。

甲辰[53]，周主如岐阳[54]。

周遣开府仪同三司崔彦等聘于齐。

始兴王伯茂以安成王顼专政，意甚不平，屡肆恶言[55]。甲寅[56]，以太皇太后令诬帝[57]，云与刘师知、华皎等通谋。且曰："文皇知子之鉴，事等帝尧[58]，传弟之怀，又符太伯[59]。今可还申曩志[60]，崇立贤君。"遂废帝为临海王，以安成王入纂[61]。又下令，黜伯茂为温麻侯，置诸[62]别馆，安成王使盗邀[63]之于道，杀之车中。

齐上皇疾作，驿追[64]徐之才，未至。辛未[65]，疾亟[66]，以后事属[67]和士开，握其手曰："勿负我也！"遂殂[68]于士开之手。明日，之才至，复遣[69]还州。

士开秘丧[70]三日不发[71]。黄门侍郎冯子琮问其故，士开曰："神武、文襄之丧，皆秘不发。今至尊[72]年少，恐王公有贰心者，意欲尽追集于凉风堂，然后与公议之。"士开素忌太尉录尚书事赵郡王叡及领军娄定远，子琮恐其矫遗诏出叡于外，夺定远禁兵，乃说之曰："大行[73]先已传位于今上[74]，群臣富贵者，皆至尊父子之恩，但令在内贵臣一无改易，王公必无异志[75]。世异事殊[76]，岂得与霸朝[77]相比！且公不出宫门已数日，升遐[78]之事，行路皆传，久而不举[79]，恐有他变。"士开乃发丧。

丙子[80]，大赦。戊寅[81]，尊太上皇后为皇太后。

侍中尚书左仆射元文遥，以冯子琮，胡太后之妹夫，恐其赞[82]太后干预朝政，与赵郡王叡、和士开谋，出子琮为郑州[83]刺史。

世祖[84]骄奢淫泆，役繁赋重，吏民苦之[85]。甲申[86]，诏："所在[87]百工细作[88]，悉罢之。邺下、晋阳、中山宫人、官口[89]之老病者，悉简放[90]。诸家缘坐[91]在流所者，听[92]还。"

周梁州恒稜獠[93]叛，总管长史[94]南郑赵文表[95]讨之。诸将欲四面进攻，文表曰："四面攻之，獠无生路，必尽死[96]以拒我，未易可克。今吾示以威恩[97]，为恶者诛之，从善者抚之。善恶既分，破之易矣。"遂以此意遍令军中。时有从军熟獠[98]，多与恒稜亲识，即以实报之[99]。恒稜犹豫未决，文表军已至其境。獠中先有二路，一平一险，有獠帅数人来见，请为乡导。文表曰："此路宽平，不须为导。卿但先行慰谕子弟，使来降也。”乃遣之。文表谓诸将曰：“獠帅谓吾从宽路而进，必设伏以邀我，当更出其不意。”乃引兵自险路入。乘高而望，果有伏兵。獠既失计，争帅众来降。文表皆慰抚之，仍征其租税，无敢违者。周人以文表为蓬州[100]长史。

（以上为第二段，写北周最终与突厥完成和亲。陈朝发生政权更迭，安成王陈顼废了侄儿的帝位。北齐太上皇高湛病死，新君北齐后主高纬废去一些暴政。）

【注释】

［1］己亥：正月二日。［2］殊礼：特殊的礼遇。［3］辛丑：正月五日。［4］癸亥：正月二十七日。［5］丁卯：二月二日。［6］贰：有二心。［7］不返：未能返回。［8］穹（qióng）庐：毡帐。［9］旬日：十天。［10］天谴：上天谴责。古时迷信“天人感应”说，常以大雷风、洪水等现象作为上天的谴告。［11］癸卯：三月八日。［12］亲迎之礼：古时结婚六礼之一。此指周主亲自迎木杆可汗之女入室，行交拜等礼节。［13］甲辰：三月九日。［14］乙巳：三月十日。［15］戊午：三月二十三日。［16］事上：服事周帝。［17］朝参：官吏上朝参见皇帝。［18］亲信：亲近信用。［19］间：间隙。［20］静退：不生事，遇事谦让。［21］蕃衍：繁盛众多。［22］率：大概，一般。［23］出顿：此指后梁帝走出江陵，停留在纪南。［24］纪南：城名。故址在今湖北江陵县北。［25］公安：县名。县治在今湖北公安县西北。［26］辛巳：四月十六日。［27］如：往，到。［28］次迁：按顺序迁升。［29］兖州：州名。治所瑕丘县，在今山东济宁市兖州区北。［30］癸卯：五月九日。［31］胡长仁（？—569）：仕北齐，官至齐州刺史。传见《北齐书》卷四十八、《北史》卷八十。［32］庚戌：五月十六日。［33］庚申：五月二十六日。［34］醴泉宫：宫名。在今陕西礼泉县境内。［35］壬戌：五月二十八日。［36］壬寅：七月九日。［37］坚：即杨坚（541—604）：隋朝开国皇帝，史称文帝。公元581年至公元604年在位。传见《隋书》卷一、二，《北史》卷十一。［38］小宫伯：官名。掌王宫宿卫之官及其政令等。［39］两姑之间难为妇：在互相矛盾的两姑（婆婆）之间，做媳妇的感到左右为难。两姑，此指周武帝和晋公宇文护。［40］汝其勿往：你还是不去。［41］丙午：七月十三日。［42］戊午：七月二十五日。［43］壬戌：七月二十九日。［44］伯智、伯谋（？—583）：分别为陈文帝第十二子、第十三子。传见《陈书》卷二十八、《南史》卷六十五。［45］聘：古代诸侯之间通问修好。［46］丙申：九月四日。［47］报之：指回聘。［48］癸亥：十月二日。［49］庚午：十月九日。［50］辛巳：十月二十日。［51］唐邕：仕北齐，官至录尚书事。传见《北齐书》卷四十、《北史》卷五十五。［52］壬辰朔：十一月一日。［53］甲辰：十一月十三日。［54］岐阳：宫名。故址在今山西太原市南。［55］屡肆恶言：屡次大肆说恶言恶语。肆，纵恣。［56］甲寅：十一月二十三日。［57］以太皇太后令诬帝：此指安成王奉太皇太后令以诬陷陈废帝。［58］事等帝

尧：指陈文帝对儿子的了解如同古代的帝尧。帝尧，传说中的上古圣王，他认为自己的儿子丹朱不贤，不可用。［59］太伯：周古公亶父（太王）长子，太王欲传位太伯弟，太伯离家出走以避让。［60］还申曩（nǎng）志：实现过去的愿望。曩志，过去的意向、愿望。［61］入纂：继承皇位。［62］置诸：安置在。［63］邀：阻截。［64］驿追：驿传追回。［65］辛未：十一月壬辰朔，无辛未。按《北齐书·后主纪》作"十二月，辛未"，据此，辛未前脱漏"十二月"三字。辛未当是十二月十日。［66］疾亟：病情急速恶化。［67］属：通"嘱"，托付。［68］殂(cú)：死。［69］复遣：再次发遣。［70］秘丧：隐秘丧事。［71］不发：不举办丧事。［72］至尊：极其尊贵。此指皇帝。［73］大行：一去不返。臣下因讳言皇帝死亡，故用大行作比喻。［74］今上：现在的皇帝。［75］异志：有叛变的意图。［76］世异事殊：时代相异，事情不同。［77］霸朝：高欢、高澄执掌东魏政权，未即篡位，北齐君臣皆称之为霸朝。［78］升遐：升到高远的地方。一般称谓帝王之死。［79］不举：谓不举哀发丧。［80］丙子：十二月十五日。［81］戊寅：十二月十七日。［82］赞：赞助。［83］郑州：州名。治所颍阴县，在今河南许昌市。［84］世祖：即上皇。武成帝高湛。［85］苦之：为其所苦。［86］甲申：十二月二十三日。［87］所在：处所。一般习指帝王住所。［88］细作：此指做精巧工艺品的人。［89］官口：指罪人家口没官为奴婢的人。［90］简放：挑选放出。此指挑选出年老有病的人。［91］缘坐：谓罪人不是正犯，因亲属犯罪而连坐的人。［92］听：允许。［93］恒稜獠：少数民族名。因生活在稜（在今四川仪陇县）一带而得名。［94］总管长史：官名。谓总管府长史，佐总管以掌兵马。［95］赵文表（？—579）：仕周，官至吴州总管。传见《周书》卷三十三、《北史》卷六十九。［96］尽死：竭尽死力。［97］威恩：威严和恩惠。此指惩恶抚善。［98］熟獠：时称原先已内附的獠人为熟獠。［99］以实报之：据实情以报。［100］蓬州：州名。治所安固县，在今四川营山县东北。

高宗宣皇帝[1]上之上

太建元年（己丑，569年）

春，正月，辛卯朔[2]，周主以齐世祖之丧罢朝会[3]，遣司会李纶吊赙[4]，且会葬。

甲午[5]，安成王即皇帝位，改元[6]，大赦。复太皇太后[7]为皇太后，皇太后为文皇后；立妃柳氏为皇后，世子[8]叔宝为太子；封皇子叔陵[9]为始兴王，奉昭烈王祀[10]。乙未[11]，上谒太庙。丁酉[12]，以尚书仆射[13]沈钦为左仆射，度支尚书[14]王劢[15]为右仆射。劢，份之孙也。

辛丑[16]，上祀南郊。壬寅[17]，封皇子叔英为豫章王，叔坚为长沙王[18]。

戊午[19]，上享太庙。

齐博陵文简王济[20]，世祖之母弟也，为定州[21]刺史，语人曰："次叙当至我矣[22]。"齐主闻之，阴[23]使人就州杀之，葬赠如礼。

二月，乙亥[24]，上耕藉田。

甲申[25]，齐葬武成帝于永平陵，庙号[26]世祖。

乙丑[27]，齐徙东平王俨为琅邪王。

齐遣侍中叱列长叉[28]聘于周。

齐以司空徐显秀为太尉，并省尚书令娄定远为司空。

初，侍中、尚书右仆射和士开，为世祖所亲狎[29]，出入卧内，无复期度[30]，遂得幸[31]于胡后。及世祖殂，齐主以士开受顾托，深委任之，威权益盛；与娄定远及录尚书事赵彦深、侍中·尚书左仆射元文遥、开府仪同三司唐邕、领军綦连猛[32]、高阿那肱[33]、度支尚书胡长粲俱用事，时号"八贵"。太尉赵郡王叡、大司马冯翊王润、安德王延宗与娄定远、元文遥皆言于齐主，请出士开为外任。会胡太后觞[34]朝贵于前殿，叡面陈士开罪失云："士开先帝弄臣[35]，城狐社鼠[36]，受纳货赂，秽乱宫掖[37]。臣等义无杜口[38]，冒死陈之。"太后曰："先帝在时，王等何不言？今日欲欺孤寡[39]邪？且饮酒，勿多言！"叡等辞色愈厉。仪同三司安吐根[40]曰："臣本商胡[41]，得在诸贵行末[42]，既受厚恩，岂敢惜死！不出士开，朝野不定。"太后曰："异日论之，王等且散！"叡等或投冠于地，或拂衣[43]而起。明日，叡等复诣云龙门，令文遥入奏之，三返，太后不听。左丞相段韶使胡长粲传太后言曰："梓宫[44]在殡，事太匆匆，欲王等更思之！"叡等遂皆拜谢。长粲复命，太后曰："成妹[45]母子家者，兄之力也。"厚赐叡等，罢之。

太后及齐主召问士开，对曰："先帝于群臣之中，待臣最厚。陛下谅暗始尔，大臣皆有觊觎[46]。今若出臣，正是翦[47]陛下羽翼。宜谓叡云：'文遥与臣，俱受先帝任用，岂可一去一留！并可用为州，且出纳如旧[48]。待过山陵[49]，然后遣之。'叡等谓臣真出，心必喜之。"帝及太后然之，告叡等如其言。乃以士开为兖州刺史，文遥为西兖州[50]刺史。葬毕，叡等促士开就路[51]。太后欲留士开过百日[52]，叡不许；数日之内，太后数以为言[53]。有中人知太后密旨者，谓叡曰："太后意既如此，殿下何宜苦违！"叡曰："吾受委不轻。今嗣主幼冲[54]，岂可使邪臣在侧！不守之以死[55]，何面戴天[56]！"遂更见太后，苦言之。太后令酌酒[57]赐叡，叡正色[58]曰："今论国家大事，非为卮酒[59]！"言讫，遽出。

士开载美女珠帘诣娄定远，谢曰："诸贵欲杀士开，蒙王力[60]，特全其命，用为方伯[61]。今当奉别，谨上二女子，一珠帘。"定远喜，谓士开曰："欲还入不[62]？"士开曰："在内久不自安，今得出，实遂本志，不愿更入。但乞王保护，长为大州刺史足矣。"定远信之。送至门，士开曰："今当远出，愿得一辞觐二宫[63]。"定远许之。士开由是得见太后及帝，进说曰："先帝一旦登遐[64]，臣愧不能自死。观朝贵意势，欲以陛下为乾明[65]。臣出之后，必有大变，臣何面目见先帝于地下！"因恸哭。帝、太后皆泣，问："计安出？"士开曰："臣已得入，复何所虑，正须数行诏书耳[66]。"于是诏出定远为青州[67]刺史，责赵郡王叡以不臣[68]之罪。

旦日，叡将复入谏，妻子咸止之，叡曰："社稷事重，吾宁死事先皇，不忍见朝廷颠沛[69]。"至殿门，又有人谓曰："殿下勿入，恐有变。"叡曰："吾上不负天，死亦无恨[70]。"入，见太后，太后复以为言，叡执之弥固[71]。出，至永巷，遇兵，执送华林园雀离佛院[72]，令刘桃枝[73]拉杀之。叡久典朝政[74]，清正自守，朝野冤惜之。复以士开为侍中、尚书左仆射。定远归士开所遗，加以余珍赂之。

三月，齐主如晋阳。夏，四月，甲子[75]，以并州尚书省为大基圣寺，晋祠[76]为大崇皇寺。乙丑[77]，齐主还邺。

齐主年少，多嬖宠[78]。武卫将军高阿那肱，素以谄佞[79]为世祖及和士开所厚，世祖多令在东宫侍齐主，由是有宠；累迁并省尚书令，封淮阴王。

世祖简都督二十人[80]，使侍卫东宫，昌黎韩长鸾[81]预焉，齐主独亲爱长鸾。长鸾，名凤，以字行，累迁侍中、领军，总知内省[82]机密。

宫婢陆令萱[83]者，其夫汉阳骆超，坐谋叛诛，令萱配掖庭，子提婆，亦没为奴。齐主之在襁褓，令萱保养之。令萱巧黠，善取媚，有宠于胡太后，宫掖之中，独擅威福，封为郡君[84]，和士开、高阿那肱皆为之养子。齐主以令萱为女侍中[85]。令萱引提婆[86]入侍齐主，朝夕戏狎，累迁至开府仪同三司、武卫大将军[87]。宫人穆舍利者，斛律后之从婢也，有宠于齐主；令萱欲附之，乃为之养母，荐为弘德夫人[88]，因令提婆冒姓穆氏。然和士开用事最久，诸幸臣[89]皆依附之以固其宠。

齐主思祖珽[90]，就流囚[91]中除海州[92]刺史。珽乃遗陆媪[93]弟仪同三司悉达书曰："赵彦深心腹深沈[94]，欲行伊、霍事[95]，仪同姊弟[96]岂得平安，何不早用智士邪！"和士开亦以珽有胆略，欲引为谋主，乃弃旧怨，虚心待之，与陆媪言于帝曰："襄、宣、昭三帝[97]之子，皆不得立。今至尊独在帝位者，祖孝徵之力也。人有功，不可不报。孝徵心行[98]虽薄，奇略出人，缓急[99]可使。且其人已盲，必无反心，请呼取，问以筹策[100]。"齐主从之，召入，为秘书监，加开府仪同三司。

士开谮尚书令陇东王胡长仁骄恣[101]，出为齐州[102]刺史。长仁怨愤，谋遣刺客杀士开。事觉，士开与珽谋之，珽引汉文帝诛薄昭故事[103]，遂遣使就州赐死。

五月，庚戌[104]，周主如醴泉宫。

丁巳[105]，以吏部尚书徐陵为左仆射。

秋，七月，辛卯[106]，皇太子纳妃沈氏，吏部尚书君理[107]之女也。

辛亥[108]，周主还长安。

八月，庚辰[109]，盗杀周孔城[110]防主，以其地入齐。

九月，辛卯[111]，周遣齐公宪与柱国李穆[112]将兵趣宜阳[113]，筑崇德等五城。

欧阳纥[114]在广州十余年，威惠著于百越[115]。自华皎之叛，帝心疑之，征为左卫将军[116]。纥恐惧，其下多劝之反，遂举兵攻衡州[117]刺史钱道戢[118]。

帝遣中书侍郎徐俭[119]持节谕旨。纥初见俭，盛仗卫，言辞不恭。俭曰："吕嘉[120]之事，诚当已远，将军独不见周迪、陈宝应乎！转祸为福，未为晚也。”纥默然不应，置俭于孤园寺，累旬不得还。纥尝出见俭，俭谓之曰：“将军业已举事，俭须还报天子。俭之性命，虽在将军，将军成败，不在于俭，幸不见留。”纥乃遣俭还。俭，陵之子也。

冬，十月，辛未[121]，诏车骑将军章昭达[122]讨纥。

壬午[123]，上享太庙。

十一月，辛亥[124]，周鄗文公长孙俭[125]卒。

辛丑[126]，齐以斛律光为太傅，冯翊王润为太保，琅邪王俨为大司马。十二月，庚午[127]，以兰陵王长恭[128]为尚书令。庚辰[129]，以中书监魏收为左仆射。

周齐公宪等围齐宜阳，绝其粮道。

自华皎之乱，与周人绝，至是周遣御正大夫[130]杜杲来聘，请复修旧好。上许之，遣使如周。

（以上为第三段，写北齐国主高纬当国，受制于胡太后，政事仍由奸佞把持。陈朝与北周复修旧好。）

【注释】

[1]高宗宣皇帝：陈朝第四代皇帝陈顼，陈高祖兄陈道谭第二子，公元569年至公元582年在位。[2]辛卯朔：正月一日。[3]朝会：诸侯或臣属朝见君主。[4]吊赙（fù）：吊丧并带财物以助丧事。赙，以财物助丧事。[5]甲午：正月四日。[6]改元：改年号，即由光大三年改为太建元年。[7]太皇太后：即武帝皇后章氏，废帝尊为太皇太后，宣帝复为皇太后。事见《陈书》卷七、《南史》卷十二。[8]世子：帝王或诸侯正妻所生的长子称世子。[9]叔陵：即陈宣帝第二子陈叔陵，封始兴王。传见《陈书》卷三十六、《南史》卷六十五。[10]奉昭烈王祀：文帝以子伯茂奉始兴昭烈王祀，宣帝杀伯茂后，以叔陵奉祀。[11]乙未：正月五日。[12]丁酉：正月七日。[13]尚书仆射：据《陈书·沈皇后传》当作“尚书右仆射”，疑此处脱漏“右”字。[14]度支尚书：官名。掌管全国财赋的统计和支调。[15]王劢（mài）(506—572)：字公济，琅邪临沂（今山东临沂市）人。历仕梁、陈，官至中书令。传见《陈书》卷十七、《南史》卷二十三。[16]辛丑：正月十一日。[17]壬寅：正月十二日。[18]叔英、叔坚：即陈宣帝第三子陈叔英、第四子陈叔坚。传见《陈书》卷二十八、《南史》卷六十五。[19]戊午：正月二十八日。[20]博陵文简王济：即高欢第十二子高济（？—569）。传见《北齐书》卷十、《北史》卷五十一。[21]定州：州名。治所卢奴县，在今河北定州市。[22]次叙当至我矣：言以兄弟之次，也当做天子。[23]阴：暗中。[24]乙亥：二月十五日。[25]甲申：二月二十四日。

[26]庙号：帝王死后，在太庙立室奉祀，并追以某祖某宗的名号，称为庙号。[27]乙丑：据章校，“乙”应改作“己”。己丑，二月二十九日。[28]叱列长叉：传附《北史·叱列平传》。叱列，复姓，出自拓跋氏西部。[29]亲狎（xiá）：亲近而不严肃。[30]期度：限度。[31]得幸：得上之宠信，多指受帝王后妃的恩幸。[32]綦连猛（？—577）：仕北齐，官至尚书令、领军大将军。传见《北齐书》卷四十一、《北史》卷五十三。綦连，其祖先为姬姓，六国末，避乱出塞，保祁连山，因以山为姓，北人语讹，故曰綦连。[33]高阿那肱（？—577）：仕北齐，官至右丞相。传见《北齐书》卷五十、《北史》卷九十二。[34]觞：此指宴饮。[35]弄臣：为帝王所亲近狎玩之臣。[36]城狐社鼠：城墙上的狐狸，土地庙里的老鼠，比喻仗势作恶的人。[37]宫掖：掖，掖庭，宫内的旁舍，是妃嫔居住的地方，因称皇宫为宫掖。[38]杜口：闭口不言。[39]孤寡：孤儿寡妇。此指北齐后主与太后。[40]安吐根（？—577）：仕北齐，官至凉州刺史。传见《北史》卷九十二。[41]商胡：安吐根本安息胡人，后归高欢。[42]行（háng）末：序列最末。[43]拂衣：提衣，振衣。表示某种感情。此表示高叡等王的愤慨。[44]梓（zǐ）宫：帝后所用以梓木制的棺材。[45]成妹：成全妹妹事。胡长粲乃太后之兄。[46]觊（jì）觎（yú）：非分的冀望和希图。[47]翦：同“剪”。[48]出纳如旧：尚书出纳帝命，令暂且如过去那样兼领此职。[49]山陵：帝王的坟墓。此指安葬上皇事。[50]西兖州：州名。治所滑台，在今河南卫辉市东北。[51]就路：上道。此指让和士开往西兖州赴任。[52]百日：古代安葬后，每日仍要拜祭，至一百日方停。[53]数以为言：屡次给他说解此事。[54]嗣主幼冲：初即位的君主年幼。幼冲，幼小。[55]守之以死：即以死守之。此指恪守诺言，保护嗣主。[56]何面戴天：何面目生活在世间。戴天，顶天。[57]酌酒：斟酒。[58]正色：表情端庄严肃。[59]卮（zhī）酒：一杯酒。卮，酒杯之类的器皿。[60]王力：武成帝封娄定远为临淮郡王，故以此称定远。[61]方伯：指刺史、太守一类的地方官。[62]不：同“否”。[63]辞觐（jìn）二宫：指临别时的进见，向太后、齐主辞行。觐，古代诸侯朝见天子称觐。二宫，此指太后与齐主。[64]登遐：又称“升遐”，升到高远的地方。古时皇帝死的讳称。[65]乾明：乾明乃北齐废帝（济南王）年号。废帝即位，尚书令杨愔等辅政，常山王高演等发动政变诛杀杨愔等，总揽朝政。事见《资治通鉴》卷一百七十《陈纪四》文帝天嘉元年。[66]正须数行诏书耳：只需要几行字的诏书罢了。正，仅。须，同“需”。[67]青州：州名。治所临菑县，在今山东淄博市。[68]不臣：不忠于君主或背叛君主。[69]颠沛：倾覆，仆倒。[70]恨：后悔，遗憾。[71]弥固：更加固执己见。弥，更加。[72]雀离佛院：龟兹国（在今新疆库车市一带）北山上有寺，名叫雀离，很清静，因仿此建佛院。[73]刘桃枝：仕北齐，传附《北齐书·韩宝业传》《北史·恩幸传》。[74]叡久典朝政：文宣帝时，济南王以太子监国，立大都督府，与尚书省分理庶务，以高叡代理大都督府长史。至武成帝时拜尚书令，又进摄录尚书事，后进为太尉。[75]甲子：四月五日。[76]晋祠：祠名。故址在今山西太原市西南。[77]乙丑：四月六日。[78]嬖（bì）宠：宠爱的人。[79]谄佞：献媚讨好。[80]都督二十人：齐左、右卫府领左、右府，其御仗

属官，各有正、副都督。［81］韩长鸾：名凤。历仕齐、隋，官至陇州刺史。传见《北齐书》卷五十、《北史》卷九十二。［82］内省：即内侍省。官署名。掌宫廷内事务。［83］陆令萱（？—577）：齐主高纬保姆，善权术，成为齐宫中女嬖权奸，外结大臣，干预齐政。传附《北齐书·穆提婆传》《北史·穆提婆传》。［84］郡君：妇女的封号。［85］女侍中：官名。北魏孝文帝改定内官，左右昭仪、三夫人、九嫔、世妇、御女之外，又置内职，典内司，同尚书令、仆；作司、大监、女侍中三官，视同二品监。［86］提婆：即穆提婆。仕北齐，官至录尚书事，封城阳王，著名权奸。传见《北齐书》卷五十、《北史》卷九十二。［87］武卫大将军：武官名。掌禁卫军，位比三公。［88］弘德夫人：女官名。北齐《河清新令》规定，弘德、崇德、正德三夫人，位比三公。［89］幸臣：为君主所宠幸的臣子。［90］齐主思祖珽：齐主受内禅，祖珽有赞助之功，故思念此人。［91］流囚：流放的囚徒。［92］海州：州名。治所朐县，在今江苏连云港市西南。［93］陆媪（ǎo）：即陆令萱。［94］深沈：深刻沉着。沈，也作“沉”。［95］行伊、霍事：伊，指伊尹，商初辅政大臣，曾将商王太甲放逐，太甲改过，伊尹迎之复位，商朝中兴。霍，指霍光，受汉武帝遗诏辅佐汉昭帝，秉政二十年。此指赵彦深欲专擅朝政。［96］仪同姊弟：指仪同三司悉达与其姊陆令萱。［97］襄、宣、昭三帝：即齐文襄、文宣、孝昭三帝。［98］心行：道德品行。［99］缓急：危急之事。缓字无实意。［100］筹策：谋划。［101］骄恣：骄傲放纵。［102］齐州：州名。治所历城县，在今山东济南市。［103］汉文帝诛薄昭故事：将军薄昭杀汉使者，文帝不忍诛杀，让公卿随从饮酒，欲令他自杀，薄昭不肯；文帝又使群臣穿丧服去哭他，他才自杀。事见《资治通鉴·汉纪六》文帝前十年。［104］庚戌：五月二十二日。［105］丁巳：五月二十九日。［106］辛卯：七月四日。［107］君理：即沈君理（525—573），仕陈，官至尚书右仆射。传见《陈书》卷二十三、《南史》卷六十八。［108］辛亥：七月二十四日。［109］庚辰：八月二十三日。［110］孔城：城防名。故址在今河南伊川县西南。［111］辛卯：九月四日。［112］李穆（510—586）：历仕周、隋，官至太师。传见《周书》卷三十、《隋书》卷三十七、《北史》卷五十九。［113］宜阳：郡名。治所宜阳县，在今河南宜阳县西。［114］欧阳纥（537—569）：仕陈，官至广州刺史。传附《陈书·欧阳𬱟传》《南史·欧阳𬱟传》。［115］百越：泛指生活在今福建、广东、广西一带的诸越族。［116］左卫将军：武官名。掌禁卫军。［117］衡州：州名。治所含洭县，在今广东英德市西。［118］钱道戢（508—570）：仕陈，官至郢州刺史。传见《陈书》卷二十二、《南史》卷六十七。［119］徐俭（？—588）：仕陈，官至御史中丞。传附《陈书·徐陵传》《南史·徐陵传》。［120］吕嘉：西汉时南越相，叛汉，被汉兵擒杀。［121］辛未：十月十五日。［122］章昭达（518—571）：仕陈，官至侍中。传见《陈书》卷十一、《南史》卷六十六。［123］壬午：十月二十六日。［124］辛亥：十一月二十五日。［125］鄫（zēng）文公长孙俭（？—569）：仕周，官至大将军，赠鄫公。传见《周书》卷二十六、《北史》卷二十二。按《周书》本传鄫作“郐”，长孙俭碑同。疑此有误。［126］辛丑：十一月十六日。按辛丑当在“辛亥”前，疑此处干支错乱。［127］庚午：十二月十五日。［128］兰陵王长恭（？—573）：即高长恭，一名孝瓘，北齐文襄帝第四子。传见《北齐书》卷十一、《北史》卷五十二。［129］庚辰：十二月二十五日。［130］御正大夫：官名。掌记录王言，在皇帝左右，位上大夫。

二年（庚寅，570 年）

春，正月，乙酉朔[1]，齐改元武平[2]。

齐东安王娄叡[3]卒。

丙午[4]，上享太庙。

戊申[5]，齐使兼散骑常侍裴谳之[6]来聘。

齐太傅斛律光，将步骑三万救宜阳，屡破周军，筑统关、丰化[7]二城而还。周军追之，光纵击，又破之，获其开府仪同三司宇文英、梁景兴。二月，己巳[8]，齐以斛律光为右丞相、并州刺史，又以任城王湝[9]为太师，贺拔仁录尚书事。

欧阳纥召阳春[10]太守冯仆至南海[11]，诱与同反。仆遣使告其母洗夫人[12]。夫人曰："我为忠贞，经今两世[13]，不能惜汝负国。"遂发兵拒境，帅诸酋长迎章昭达。

昭达倍道兼行，至始兴[14]。纥闻昭达奄至，恇扰[15]不知所为，出顿洭口[16]，多聚沙石，盛以竹笼，置于水栅之外，用遏舟舰。昭达居上流，装舰造拍[17]，令军人衔刀潜行[18]水中，以斫笼，篾皆解，因纵大舰随流突之。纥众大败，生擒[19]纥，送之；癸未[20]，斩于建康市。

纥之反也，士人流寓[21]在岭南者皆惶骇。前著作佐郎萧引[22]独恬然[23]，曰："管幼安[24]、袁曜卿[25]，亦但安坐耳。君子直己以行义，何忧惧乎！"纥平，上征为金部侍郎[26]。引，允之弟也。

冯仆以其母功，封信都侯，迁石龙[27]太守，遣使持节册命[28]洗氏为石龙太夫人，赐绣幰[29]油络驷马安车一乘，给鼓吹[30]一部，并麾幢[31]旌节，其卤簿一如刺史之仪。

三月，丙申[32]，皇太后章氏[33]殂。

戊戌[34]，齐安定武王贺拔仁卒。

丁未[35]，大赦。

夏，四月，甲寅[36]，周以柱国宇文盛为大宗伯[37]。

周主如醴泉宫。

辛酉[38]，齐以开府仪同三司徐之才为尚书左仆射。

戊寅[39]，葬武宣皇后[40]于万安陵。

闰月，戊申[41]，上谒太庙。

五月，壬午[42]，齐遣使来吊。

六月，乙酉[43]，齐以广宁王孝珩为司空。

甲辰[44]，齐穆夫人[45]生子恒[46]。齐主时未有男，为之大赦。陆令萱欲以恒为太子，恐斛律后恨怒，乃白齐主，使斛律后母养之。

己丑[47]，齐以开府仪同三司唐邕为尚书右仆射。

秋，七月[48]，齐立肃宗子彦基为城阳王，彦忠为梁郡王[49]。甲寅[50]，以尚书令兰陵王长恭为录尚书事，中领军和士开为尚书令，赐爵淮阳王。

士开威权日盛，朝士不知廉耻者，或为之假子[51]，与富商大贾同在伯仲之列[52]。尝有一人士参士开疾，值医云："王伤寒极重[53]，应服黄龙汤[54]。"士开有难色。人士曰："此物甚易服，王不须疑，请为王先尝之。"一举而尽。士开感其意，为之强服，遂得愈。

乙卯[55]，周主还长安。

癸酉[56]，齐以华山王凝[57]为太傅。

司空章昭达攻梁，梁主与周总管陆腾[58]拒之。周人于峡口[59]南岸筑安蜀城[60]，横引大索于江上，编苇为桥，以度军粮。昭达命军士为长戟，施于楼船上，仰割其索。索断，粮绝，因纵兵攻安蜀城，下之。

梁主告急于周襄州总管卫公直，直遣大将军李迁哲[61]将兵救之。迁哲以其所部守江陵外城，自帅骑兵出南门，使步[62]出北门，首尾邀击陈兵，陈兵多死。夜，陈兵窃于城西以梯登城，登者已数百人，迁哲与陆腾力战拒之，乃退。

昭达又决龙川宁朔堤，引水灌江陵。腾出战于西堤，昭达兵不利，乃引还。

八月，辛卯[63]，齐主如晋阳。

九月，乙巳[64]，齐立皇子恒为太子。

冬，十月，辛巳朔[65]，日有食之。

齐以广宁王孝珩为司徒，上洛王思宗[66]为司空。复以梁永嘉王庄[67]为开府仪同三司、梁王，许以兴复，竟不果。及齐亡，庄愤邑，卒于邺。

乙酉[68]，上享太庙。

己丑[69]，齐复威宗谥曰文宣皇帝，庙号显祖[70]。

丁酉[71]，周郑桓公[72]达奚武卒。

十二月，丁亥[73]，齐主还邺。

周大将军郑恪将兵平越巂[74]，置西宁州[75]。

周、齐争宜阳，久而不决。勋州[76]刺史韦孝宽谓其下曰："宜阳一城之地，不足损益[77]，两国争之，劳师弥年[78]。彼岂无智谋之士，若弃崤东[79]，来图汾北[80]，我必失地。今宜速于华谷及长秋[81]筑城以杜其意。脱其先我[82]，图之实难。"乃画地形，具陈其状。晋公护谓使者曰："韦公[83]子孙虽多，数不满百，汾北筑城，遣谁守之！"事遂不行。

齐斛律光果出晋州[84]道，于汾北筑华谷、龙门[85]二城。光至汾东，与孝宽相见，光曰："宜阳一城，久劳争战。今已舍彼，欲于汾北取偿，幸勿怪也。"孝宽曰："宜阳，彼之要冲，汾北，我之所弃。我弃彼取，其偿安在！君辅翼幼主，位望隆重，不抚循百姓而极武穷兵，苟贪寻常之地，涂炭疲弊之民，窃为君不取也！"

光进围定阳[86]，筑南汾城以逼之。周人释[87]宜阳之围以救汾北。晋公护问计于齐公宪，宪曰："兄宜暂出同州[88]以为声势[89]，宪请以精兵居前，随机攻取。"护从之。

（以上为第四段，写陈朝平定广州欧阳纥之乱，全境恢复平静。北周、北齐争夺宜阳与汾北之战，北周晋国公宇文护不纳韦孝宽之策，陷入被动。）

【注释】

[1]乙酉朔：正月一日。[2]改元武平：北齐年号由天统六年改为武平元年。[3]娄叡（？—569）：仕北齐，官至太尉，封东安王。传附《北齐书·娄昭传》《北史·娄昭传》。[4]丙午：正月二十二日。[5]戊申：正月二十四日。[6]裴谳之：仕北齐，传附《北齐书·裴让之传》《北史·裴让之传》。[7]统关、丰化：城名。在今河南宜阳县西。二城，据章校，"城"下应

补“以通宜阳粮道”六字。［8］己巳：二月十五日。［9］任城王湝（jiē）：即高湝（？—577），高欢第十子，封任城王。传见《北齐书》卷十、《北史》卷五十一。［10］阳春：郡名。治所阳春县，在今广东阳春市。［11］南海：郡名。治所番禺县，在今广东广州市。［12］冼夫人：高凉（今广东阳江市西）人。南朝陈与隋初岭南少数民族女领袖，封谯国夫人。传见《隋书》卷八十、《北史》卷十一。［13］两世：指冯仆及其父冯融两世。［14］始兴：郡名。治所曲江县，在今广东韶关市南。［15］恇（kuāng）扰：恐惧慌张。［16］洭（kuāng）口：地名。即今广东英德市连江口。［17］拍：即拍竿，用杠杆原理装置于船上的打击武器。［18］潜行：谓人潜隐水底而行。［19］生擒：活捉。［20］癸未：二月二十九日。［21］流寓：寄居他乡。［22］萧引（527—584）：仕陈，官至建康令。传附《陈书·萧允传》《南史·萧允传》。［23］恬（tián）然：安闲的样子。［24］管幼安：管宁字幼安。三国时人。曾依附公孙度，魏文帝初，归还乡里。［25］袁曜卿：袁涣字曜卿。东汉末，被吕布拘留但不受胁迫。吕布失败后，归附曹操。［26］金部侍郎：官名。掌管财帛、赋税。［27］石龙：郡名。治所石龙县，在今广东化州市。［28］册命：古代帝王封立太子、后妃、夫人时的命令。［29］绣幰（xiǎn）：加于安车盖上的刺绣帷幔。幰，车前的帷幔。安车，坐乘的小车。多用一马，礼尊者用四马。［30］鼓吹：乐名。古时有地位的人举行活动时行用的音乐。［31］麾幢：古代作仪仗用的以羽毛为饰的一种旗帜。［32］丙申：三月十三日。［33］皇太后章氏（506—570）：陈武帝皇后。传见《陈书》卷七。［34］戊戌：三月十五日。［35］丁未：三月二十四日。［36］甲寅：四月一日。［37］大宗伯：官名。六卿之一，掌邦国祭祀典礼。［38］辛酉：四月八日。［39］戊寅：四月二十五日。［40］武宣皇后：即陈武帝章皇后，谥曰武宣。［41］戊申：闰四月二十五日。［42］壬午：五月三十日。［43］乙酉：六月三日。［44］甲辰：六月二十二日。［45］穆夫人：即北齐后主穆皇后。传见《北齐书》卷九。［46］恒：即北齐幼主高恒，后主之子，公元577年在位。传见《北齐书》卷八、《北史》卷八。［47］己丑：六月癸未朔，己丑当在“甲辰”之前。按《北齐书·后主纪》云：武平元年六月“己酉，诏以开府仪同三司唐邕为尚书右仆射”。据此，己丑当为“己酉”之误。己酉，六月二十七日。［48］七月：据章校，“月”下应补“癸丑”二字。癸丑，七月二日。［49］彦基、彦忠：二人俱为北齐孝昭帝之子。传见《北齐书》卷十二、《北史》卷五十二。［50］甲寅：七月三日。［51］假子：即养子。［52］伯仲之列：兄弟之列。古代以伯、仲、叔、季表示兄弟之间的顺序。［53］极重：据章校，“重”下应补“他药无效”四字。［54］黄龙汤：粪便之汁。古代佛寺中和尚将粪便久储空罐中，分解出黑色粪汁，称黄龙汤，用以治瘟病。骗人赚钱。［55］乙卯：七月四日。［56］癸酉：七月二十二日。［57］华山王凝：即高欢第十三子高凝。传见《北齐书》卷十、《北史》卷五十一。［58］陆腾（？—578）：仕北周，官至大司空。传见《周书》卷二十八、《北史》卷二十八。［59］峡口：地名。即西陵峡口，在今湖北宜昌市西。［60］安蜀城：城名。故址在今湖北宜昌市西北。［61］李迁哲（511—574）：仕西魏。传见《周书》卷四十四、《北史》卷六十六。［62］使步：据胡注，“步”下应补“兵”字，文意乃明。［63］辛卯：八月十日。

［64］乙巳：九月十九日。［65］辛巳朔：十月一日。［66］上洛王思宗：即高欢从子高思宗。传见《魏书》卷三十二、《北齐书》卷十四、《北史》卷五十一。［67］永嘉王庄：即梁元帝之孙、武烈世子萧方等之子。传见《南史》卷五十四。［68］乙酉：十月五日。［69］己丑：十月九日。［70］庙号显祖：公元565年，齐改谥文宣皇帝为景烈皇帝，庙号威宗，今又回改。［71］丁酉：十月十七日。［72］桓公：《谥法》，辟土服远曰桓。［73］丁亥：十二月八日。［74］越嶲：郡名。治所邛都县，在今四川西昌市东南。［75］西宁州：州名。治所与越嶲郡治同为一地。［76］勋州：州名。治所玉壁，在今山西临汾市西南。［77］损益：增减。此指利害关系。［78］弥年：经年。［79］崤东：宜阳在三崤之东。此指宜阳一带。［80］汾北：地区名。汾水自临汾西向，汾北指临汾以西、汾水以北一带。［81］华谷及长秋：地名。华谷在今山西稷山县西北，长秋在今山西新绛县西北。［82］脱其先我：倘若他们赶在我们前面。脱，倘或。［83］韦公：此指韦孝宽。［84］晋州：州名。治所白马城，在今山西临汾市。［85］龙门：地名。故址在今山西河津市西北黄河两岸。［86］定阳：郡名。治所定阳，在今山西吉县。［87］释：解除，放弃。［88］同州：州名。治所武乡县，在今陕西大荔县。［89］声势：声威和气势。

三年（辛卯，571年）

春，正月，乙丑[1]，以尚书右仆射徐陵为左仆射。

丁巳[2]，齐使兼散骑常侍刘环俊来聘。

辛酉[3]，上祀南郊；辛未[4]，祀北郊[5]。

齐斛律光筑十三城于西境[6]，马上以鞭指画而成[7]，拓地[8]五百里，而未尝伐功[9]。又与周韦孝宽战于汾北，破之。齐公宪督诸将东拒齐师。

二月，辛巳[10]，上祀明堂[11]。丁酉[12]，耕藉田。

壬寅[13]，齐以兰陵王长恭为太尉，赵彦深为司空，和士开录尚书事，徐之才为尚书令，唐邕为左仆射，吏部尚书冯子琮为右仆射，仍摄选[14]。

子琮素谄附士开，至是，自以太后亲属，且典选[15]，颇擅引用人，不复启禀，由是与士开有隙。

三月，丁丑[16]，大赦。

周齐公宪自龙门渡河[17]，斛律光退保华谷，宪攻拔其新筑五城。齐太宰段韶、兰陵王长恭将兵御周师，攻柏谷城[18]，拔之而还。

夏，四月，戊寅朔[19]，日有食之。

壬午[20]，齐以琅邪王俨为太保。

壬辰[21]，齐遣使来聘。

周陈公纯[22]取齐宜阳等九城，齐斛律光将步骑五万赴之[23]。

五月，癸亥[24]，周使纳言[25]郑诩[26]来聘。

周晋公护使中外府[27]参军郭荣[28]城于姚襄城[29]南、定阳城西，齐段韶引兵袭周师，破之。六月，韶围定阳城，周汾州[30]刺史杨敷固守不下。韶急攻之，屠其外城[31]。时韶卧病，谓兰陵王长恭曰："此城三面重涧[32]，皆无走路；唯虑东南一道耳，贼必从此出。宜简精兵专守之，此必成擒[33]。"长恭乃令壮士千余人伏于东南涧口。城中粮尽，齐公宪总兵[34]救之，惮韶，不敢进。敷帅见兵突围夜走，伏兵击擒之，尽俘其众。乙巳[35]，齐取周汾州及姚襄城，唯郭荣所筑城独存。敷，愔之族子也。

敷子素[36]，少多才艺，有大志，不拘小节，以其父守节陷齐，未蒙赠谥[37]，上表申理。周主不许，至于再三，帝大怒，命左右斩之。素大言曰："臣事无道[38]天子，死其分[39]也！"帝壮其言[40]，赠敷大将军，谥曰忠壮[41]，以素为仪同三司，渐见礼遇。帝命素为诏书，下笔立成[42]，词义兼美，帝曰："勉之[43]，勿忧不富贵。"素曰："但恐富贵来逼臣，臣无心图富贵也。"

齐斛律光与周师战于宜阳城下，取周建安等四戍[44]，捕虏千余人而还。军未至邺，齐主敕使散兵[45]，光以军士多有功者，未得慰劳，乃密通表，请遣使宣旨[46]，军仍且进，齐朝发使迟留。军还，将至紫陌[47]，光乃驻营待使。帝闻光军已逼[48]，心甚恶之，亟令舍人召光入见，然后宣劳散兵。

（以上为第五段，写北周与北齐汾北争夺战，以北齐获胜而告终。）

【注释】

[1]乙丑：据章校，"乙"应改作"癸"。按《陈书·宣帝纪》也作"癸"。癸丑，正月五日。[2]丁巳：正月九日。[3]辛酉：正月十三日。[4]辛未：正月二十三日。[5]祀北郊：每

年正月，皇帝于都城北郊设方坛，祀后土之神于其上。北郊常与南郊隔年相祀。［6］西境：指汾北之地。汾北与邺城相比为西。［7］马上以鞭指画而成：斛律光在马上用马鞭比画城的建筑样式，即照此造成。［8］拓地：扩张领土。［9］伐功：夸耀自己的功劳。［10］辛巳：二月三日。［11］明堂：古代帝王宣明政教的地方。凡朝会、祭祀、庆赏、选士、养老、教学等大典，均在此举行。［12］丁酉：二月十九日。［13］壬寅：二月二十四日。［14］摄选：兼任吏部选举事。［15］典选：掌管选举。［16］丁丑：三月三十日。［17］河：指黄河。［18］柏谷城：城名。故址在今河南宜阳县南。［19］戊寅朔：四月一日。［20］壬午：四月五日。［21］壬辰：四月十五日。［22］陈公纯：即宇文泰之子宇文纯（？—580），传见《周书》卷十三、《北史》卷五十八。［23］赴之：奔赴宜阳救援。［24］癸亥：五月十六日。［25］纳言：官名。职掌同侍中，天子出入则侍从左右。［26］郑诩：仕北周，官至邵州刺史。传附《周书·郑孝穆传》《北史·郑孝穆传》。［27］中外府：周晋公宇文护府邸。因其都督中外诸军事，故有此名。［28］郭荣（547—614）：历仕周、隋，官至右候卫大将军。传见《隋书》卷五十、《北史》卷七十五。据胡注，"郭荣"下应补"筑"字。［29］姚襄城：城名。故址在今山西吉县西北黄河东岸。［30］汾州：州名。治所定阳城，在今山西吉县。［31］屠其外城：攻陷了定阳外城，屠杀其军民。［32］重（chóng）涧：山涧重叠。［33］成擒：一定能捉住。成，定，必。［34］总兵：统领军队。［35］乙巳：五月二十九日。［36］敷子素：即杨敷之子杨素（？—606），字道虚，弘农华阴（今陕西华阴市）人。历仕周、隋，官至尚书令。传见《隋书》卷四十八、《北史》卷四十一。［37］赠谥（shì）：古代对有功或有地位的人死后所追加的官号和谥号。［38］无道：暴虐，无德政。［39］死其分：谓死是其本分，应该的。［40］壮其言：谓所言正大。壮，大。［41］忠壮：《谥法解》，危身奉上曰忠，武而不遂曰壮。［42］立成：即刻成稿。［43］勉之：努力，尽力。［44］戍：古代边防区域的营垒、城堡。［45］散兵：将原来因战争征调的兵士遣还原地。［46］宣旨：宣布慰劳之旨。［47］紫陌（mò）：地名。故址在今河北临漳县西南，故邺县城西北。［48］逼：逼近。

齐琅邪王俨以和士开、穆提婆等专横奢纵，意甚不平。二人相谓曰："琅邪王眼光奕奕［1］，数步射人［2］，向者暂对［3］，不觉汗出；吾辈见天子奏事尚不然。"由是忌之，乃出俨居北宫［4］，五日一朝，不得无时见太后。

俨之除太保也，余官悉解，犹带中丞及京畿［5］。士开等以北城有武库，欲移俨于外，然后夺其兵权。治书侍御史［6］王子宜，与俨所亲开府仪同三司高舍洛［7］、中常侍［8］刘辟强说俨曰："殿下被疏，正由士开间构[9]，何可出北宫入民间[10]也！”俨谓侍中冯子琮曰：“士开罪重，儿[11]欲杀之，何如？”子琮心欲废帝而立俨，因劝成之。

俨令子宜表弹士开罪，请禁推[12]。子琮杂[13]他文书奏之，帝主[14]不审省而可之[15]。俨诳领军库狄伏连[16]曰：“奉敕，令领军收士开。”伏连以告子琮，且请复奏[17]，子琮曰：“琅邪[18]受敕，何必更奏。”伏连信之，发京畿军士，伏于神虎门[19]外，并戒门者不听[20]士开入。秋，七月，庚午旦[21]，士开依常早参[22]，伏连前执士开手曰：“今有一大好事。”王子宜授以一函[23]，云：“有敕，令王向台[24]。”因遣军士护送。俨遣都督冯永洛就台斩之。

俨本意唯杀士开，其党因逼俨曰：“事既然，不可中止。”俨遂帅京畿军士三千余人屯千秋门。帝使刘桃枝将禁兵八十人召俨，桃枝遥拜，俨命反缚[25]，将斩之，禁兵散走。帝又使冯子琮召俨，俨辞曰：“士开昔来实合[26]万死，谋废至尊，剃家家[27]发为尼，臣为是矫诏[28]诛之。尊兄若欲杀臣，不敢逃罪。若赦臣，愿遣姊姊[29]来迎，臣即入见。”姊姊，谓陆令萱也，俨欲诱出杀之。令萱执刀在帝后，闻之，战栗[30]。

帝又使韩长鸾召俨，俨将入，刘辟强牵衣谏曰：“若不斩穆提婆母子，殿下无由得入。”广宁王孝珩、安德王延宗自西来，曰：“何不入？”辟强曰：“兵少。”延宗顾众而言曰：“孝昭帝杀杨遵彦[31]，止[32]八十人。今有数千，何谓少？”

帝泣启太后曰：“有缘，复见家家；无缘，永别！”乃急召斛律光，俨亦召之。

光闻俨杀士开，抚掌[33]大笑曰：“龙子[34]所为，固[35]自不似凡人！”入，见帝于永巷。帝帅宿卫者步骑四百，授甲，将出战，光曰：“小儿辈弄兵，与交手即乱。鄙谚[36]云：‘奴见大家[37]心死。’至尊宜自至千秋门，琅邪必不敢动。”帝从之。

光步道[38]，使人走出，曰：“大家来。”俨徒骇散[39]。帝驻马[40]桥上遥呼之，俨犹立不进，光就谓曰：“天子弟杀一夫，何所苦！”执其手，强引以前[41]，请于帝曰：“琅邪王年少，肠肥脑满[42]，轻为举措[43]，稍长自不复然[44]，愿宽其罪。”帝拔俨所带刀环，乱筑辫头[45]，良久，乃释之。

收库狄伏连、高舍洛、王子宜、刘辟强、都督翟显贵，于后园支解[46]，暴之都街[47]。帝欲尽杀俨府文武职吏，光曰："此皆勋贵子弟，诛之，恐人心不安。"赵彦深亦曰："《春秋》责帅[48]。"于是罪之各有差[49]。

太后责问俨，俨曰："冯子琮教儿。"太后怒，遣使就内省以弓弦绞[50]杀子琮，使内参[51]以库车载尸归其家。自是太后常置俨于宫中，每食必自尝之。

（以上为第六段，写北齐琅邪王高俨诛杀奸邪权佞之臣和士开，引发一场未遂政变，一批忠良之臣遭杀害。）

【注释】

[1]奕奕：神采焕发。[2]数步射人：指眼光逼人，令人畏惧。[3]暂对：短时间的面谈。[4]北宫：在邺都的北城。[5]京畿：指高俨兼任京畿大都督，总京畿兵。[6]治书侍御史：官名。掌管监察，对禁内朝会失时、章服违错等事进行弹劾。[7]高舍洛：仕北齐。传见《北史》卷九十二。[8]中常侍：官名。内侍之职，掌在内侍奉，出入宫掖，宣传制令。[9]间构：离间中伤之意。[10]入民间：被罢官为民。[11]儿：冯子琮为胡太后之妹夫，高俨之姨父，故俨自称儿。[12]禁推：收禁而加以审问。[13]杂：掺杂，夹杂。[14]帝主：据章校，"帝主"应改作"齐主"。[15]不审省而可之：没有仔细审查而批准了王子宜的上表。[16]库狄伏连：仕北齐，传附《北齐书·慕容俨传》《北史·慕容俨传》。[17]复奏：详审事情，重行上奏。[18]琅邪：指琅邪王高俨。[19]神虎门：即神武门。南、北朝四史成于唐人之手，避唐讳，凡"虎"字皆改为"武"字，此独存旧。[20]不听：不允许。[21]庚午旦：七月二十五日天亮。[22]依常早参：遵照平日惯例，早晨入宫中朝参。[23]一函：一封信。[24]台：御史台。[25]反缚：反绑起来。[26]实合：应该。[27]家家：北齐时，诸王对嫡母皆称为家家。[28]矫诏：假称诏命。[29]姊姊：北齐诸王皆称其乳母（奶妈）为姊姊。[30]战栗：吓得发抖。[31]杨遵彦：杨愔字遵彦。孝昭帝杀杨愔事见《资治通鉴》卷一百六十八《陈纪二》文帝天嘉元年。[32]止：只，仅。[33]抚掌：拍手。表示高兴。[34]龙子：指高俨。因高俨为皇帝之子，故称其为龙子。[35]固：本来。[36]鄙谚：谚语。[37]大家：君主。一般臣妾称天子为大家。[38]步道（dǎo）：谓斛律光步行，做齐后主前导。道，同"导"。[39]骇散：惊骇而走散。[40]驻马：停马。[41]强引以前：指斛律光勉强把高俨拉到齐后主面前。[42]肠肥脑满：生活优裕而不用心，不明事理。[43]轻为举措：举止轻率。[44]稍长自不复然：年长以后自然就不这样了。稍，渐渐。[45]筑辫头：筑，击打。辫头，辫发。此举表示将要斩首。[46]支

解：分解四肢。古时酷刑之一。［47］暴之都街：把库狄伏连等人的尸体显露在邺城的街道上。［48］《春秋》责帅：春秋时，韩献子对中行桓子说："你为元帅，士兵不听令，谁的罪过呢？"此指应惩治主要当事人，胁从者不问。［49］罪之各有差：分轻重加以治罪。［50］绞杀：勒死。［51］内参：指宦官。

八月，己亥[1]，齐主如晋阳。

九月，辛亥[2]，齐以任城王湝为太宰，冯翊王润为太师。

己未[3]，齐平原忠武王段韶卒。韶有谋略，得将士死力，出总军旅[4]，入参帏幄[5]，功高望重，而雅性[6]温慎，得宰相体[7]。事后母孝，闺门[8]雍肃[9]，齐勋贵之家，无能及者。

齐祖珽说陆令萱，出赵彦深为兖州刺史。齐主以珽为侍中。

陆令萱说帝曰："人称琅邪王聪明雄勇，当今无敌；观其相表，殆非人臣。自专杀以来，常怀恐惧，宜早为之计。"幸臣何洪珍等亦请杀之。帝未决，以食舆[10]密迎珽，问之。珽称"周公诛管叔[11]，季友鸩庆父[12]。"帝乃携俨之晋阳，使右卫大将军赵元侃诱俨执之，元侃曰："臣昔事先帝，见先帝爱王。今宁就死，不忍行此。"帝出元侃为豫州[13]刺史。

庚午[14]，帝启太后曰："明旦欲与仁威[15]早出猎。"夜四鼓[16]，帝召俨，俨疑之。陆令萱曰："兄呼，儿何为不去！"俨出，至永巷，刘桃枝反接其手。俨呼曰："乞见家家、尊兄。"桃枝以袖塞其口，反袍蒙头负出，至大明宫，鼻血满面，拉杀之，时年十四，裹之以席，埋于室内。帝使启太后，太后临哭，十余声，即拥入殿。遗腹[17]四男，皆幽死[18]。

冬，十月，罢京畿府[19]，入领军。

壬午[20]，周冀公通[21]卒。

甲申[22]，上享太庙。

乙未[23]，周遣右武伯[24]谷会琨[25]等聘于齐。

齐胡太后出入不节[26]，与沙门统昙献通，诸僧至有戏呼昙献为太上皇者。齐主闻太后不谨而未之信，后朝太后，见二尼，悦而召之，乃男子也。于是昙献事亦发，皆伏诛。

己亥[27]，帝自晋阳奉太后还邺，至紫陌，遇大风。舍人魏僧伽习风角[28]，奏言："即时当有暴逆[29]事。"帝诈云"邺中有变"，弯弓缠弰[30]，驰入南城[31]，遣宦者邓长颙幽[32]太后于北宫，仍敕内外诸亲皆不得与胡太后相见。太后或为帝设食[33]，帝亦不敢尝。

庚戌[34]，齐遣侍中赫连子悦聘于周。

十一月，丁巳[35]，周主如散关[36]。丙寅[37]，齐以徐州行台[38]广宁王孝珩录尚书事；庚午[39]，又以为司徒。癸酉[40]，以斛律光为左丞相。

十二月，己丑[41]，周主还长安。

壬辰[42]，邵陵公章昭达卒。

是岁，梁华皎将如周，过襄阳[43]，说卫公直曰："梁主既失江南诸郡，民少国贫；朝廷兴亡继绝[44]，理宜资赡[45]，望借数州以资梁国。"直然之[46]，遣使言状，周主诏以基、平、鄀[47]三州与之。

（以上为第七段，写北齐国主高纬杀害弟弟琅邪王高俨，幽闭太后。）

【注释】

[1]己亥：八月二十四日。[2]辛亥：九月六日。[3]己未：九月十四日。[4]出总军旅：出外则统率军队打仗。[5]入参帏幄：回朝则参与军国大事。帏幄，设于内室的帷幕。[6]雅性：美好的秉性。[7]得宰相体：谓处事得体，符合宰相章法。[8]闺门：内室之门。多指妇女住所。[9]雍肃：和谐而严肃。[10]食舆：专给大官运送粱肉的车。[11]周公诛管叔：周武王灭商，仍封纣王子武庚于商都，统治商旧地，并以管叔等人监视。武王死，子成王即位，周公辅政。管叔同武庚叛乱，周公东征，杀管叔。[12]季友鸩庆父：春秋时鲁庄公有病，安排后事。问叔牙，叔牙说庆父有才干。又问季友，季友说以死拥戴世子般。庄公于是鸩杀叔牙而立般。庆父使人杀般，季友立闵公，庆父又使人杀闵公而逃到莒国。季友从邾国迎立僖公，并贿赂莒国，遣送庆父。庆父到了密地，季友让公子奚斯去杀他。左右让庆父自杀，他不肯。奚斯哭着去见庆父，庆父听到奚斯哭声，才自缢而死。后常以庆父比喻祸根。[13]豫州：州名。治所上蔡县，在今河南汝南县。[14]庚午：九月二十五日。[15]仁威：高俨字仁威。[16]四鼓：四更，黎明前。古代以鼓声报时。[17]遗腹：妇孕夫死，儿称为遗腹。[18]幽死：囚禁而死。[19]罢京畿府，入领军：指撤销京畿大都督府，将其军并入领军。[20]壬午：十月八日。[21]冀公通：即宇文泰之子宇文通（？—571），封冀公，传见《周书》卷十三、《北史》卷五十八。[22]甲申：十月十日。[23]乙未：十月二十一日。[24]右武伯：官名。掌内、外之禁令，兼六率

之士。［25］谷会琨：人名。谷会，代北人复姓。［26］不节：不守贞节。［27］己亥：十月二十五日。［28］风角：古占候之术。谓候四方四隅之风，以占吉凶。［29］暴逆：凶恶的叛逆。［30］弰（shāo）：弓的末端称弰。［31］南城：邺都的南城。邺都有南、北二城。［32］幽：禁闭。［33］设食：陈设食品，请人食用。［34］庚戌：十月乙亥朔，无庚戌。按《北齐书·后主纪》云：武平"二年十一月，庚戌"。据此，庚戌日在十一月，下行"十一月"三字应移至"庚戌"二字前。庚戌，十一月六日。［35］丁巳：十一月十三日。［36］散关：关名。故址在今陕西宝鸡市西南。［37］丙寅：十一月二十二日。［38］行台：设在地方而代表朝廷行尚书省事的机构称行台。［39］庚午：十一月二十六日。［40］癸酉：十一月二十九日。［41］己丑：十二月十六日。［42］壬辰：十二月十九日。［43］襄阳：郡名。治所襄阳，在今湖北襄阳市。［44］兴亡继绝：古代指复兴衰败灭亡的诸侯国。［45］资赡（shàn）：资助，供给。［46］然之：表示肯定的意思。［47］基、平、鄀：三州名。基州，治所丰乡县，在今湖北钟祥市南。平州，基州，治所当阳市，在今湖北当阳市。鄀（ruò）州，治所乐乡县，在今湖北宜城市。

【点评】

北周在鼎立格局中日益强盛。陈朝、北周、北齐三国，唯北周君臣一心，政治最清。北周、北齐对抗，周弱齐强，又因大冢宰宇文护不懂军事，使周军常常处于劣势。北齐政治在三国中最为昏暗，因开国元宿斛律金、斛律光、段韶等尚存，虽然在疆场争逐中处于优势，却因内政不稳而不能扩大战果，反而处于守势。北周及其继任者最终一统天下，北齐最先灭亡，良有以也。

卷一七一　陈纪五

陈宣帝太建四年至六年（572—574年）

【起玄黓执徐（壬辰，572年），尽阏逢敦牂（甲午，574年），凡三年】

【大事提要】

本卷载述公元572年至公元574年南北朝史事，凡三年，时当陈宣帝太建四年至六年，北周武帝建德元年至三年，北齐后主武平三年至五年。陈宣帝内清叛逆，外伐北齐，恢复江北淮南之地，使南朝一度出现中兴之象，陈朝达于鼎盛。北周武帝亲政，灭佛。北齐后主亲小人，远贤臣，国势日衰。

高宗宣皇帝上之下

太建四年（壬辰，572年）

春，正月，丙午[1]，以尚书仆射[2]徐陵为左仆射，中书监王劢为右仆射。

己巳[3]，齐主祀南郊[4]。

庚午[5]，上享太庙。

辛未[6]，齐主赠[7]琅邪王俨为楚恭哀帝以慰太后心，又以俨妃李氏为楚帝后。

二月，癸酉[8]，周遣大将军昌城公深[9]聘于突厥，司宾李除、小宾部贺遂礼聘于齐。深，护之子也。

己卯[10]，齐以卫菩萨为太尉。辛巳[11]，以并省[12]吏部尚书高元海为尚书左仆射。

乙酉[13]，封皇子叔卿为建安王。

庚寅[14]，齐以尚书左仆射唐邕为尚书令，侍中祖珽为左仆射。初，胡太后既幽于北宫，珽欲以陆令萱为太后，为令萱言魏保太后故事[15]。

且谓人曰："陆虽妇人，然实雄杰，自女娲[16]以来，未之有也。"令萱亦谓珽为"国师[17]"、"国宝[18]"，由是得仆射。

三月，癸卯朔[19]，日有食之。

初，周太祖为魏相，立左右十二军[20]，总属相府；太祖殂，皆受晋公护处分，凡所征发，非护书[21]不行。护第屯兵侍卫，盛于宫阙[22]。诸子、僚属皆贪残恣横，士民患之。周主深自晦匿[23]，无所关预，人不测其浅深。

护问稍伯大夫庾季才[24]曰："比日天道何如？"季才对曰："荷恩[25]深厚，敢不尽言。顷上台[26]有变，公宜归政天子，请老私门[27]。此则享期颐[28]之寿，受旦、奭之美[29]，子孙常为藩屏。不然，非复所知。"护沈吟[30]久之，曰："吾本志如此，但辞未获免耳。公既为王官，可依朝例，无烦别参[31]寡人也。"自是疏之。

卫公直，帝之母弟[32]也，深昵于护；及沌口之败，坐免官，由是怨护，劝帝诛之，冀得其位。帝乃密与直及右宫伯中大夫宇文神举[33]、内史下大夫太原王轨[34]、右侍上士宇文孝伯[35]谋之。神举，显和之子；孝伯，安化公深[36]之子也。

帝每于禁中见护，常行家人礼[37]，太后赐护坐，帝立侍于旁。丙辰[38]，护自同州还长安，帝御文安殿见之。因引护入含仁殿谒太后，且谓之曰："太后春秋高，颇好饮酒，虽屡谏，未蒙垂纳[39]。兄今入朝，愿更启请。"因出怀中《酒诰》[40]授之，曰："以此谏太后。"护既入，如帝所戒读《酒诰》；未毕，帝以玉珽[41]自后击之，护踣[42]于地。帝令宦者何泉以御刀斫之，泉惶惧，斫不能伤。卫公直匿于户内，跃出，斩之。时神举等皆在外，更无知者。

帝召宫伯长孙览[43]等，告以护已诛，令收护子柱国谭公会、大将军莒公至[44]、崇业公静、正平公乾嘉及其弟乾基、乾光、乾蔚、乾祖、乾威并柱国北地侯龙恩、龙恩弟大将军万寿、大将军刘勇、中外府司录尹公正、袁杰、膳部下大夫李安等，于殿中杀之。览，稚之孙也。

初，护既杀赵贵等[45]，侯龙恩为护所亲，其从弟开府仪同三司植谓龙恩曰："主上春秋既富，安危系于数公。若多所诛戮以自立威权，岂唯社稷有累卵[46]之危，恐吾宗[47]亦缘此而败，兄安得知而不言！”龙恩不能从。植又承间[48]言于护曰：“公以骨肉之亲[49]，当社稷之寄[50]，愿推诚王室，拟迹伊、周[51]，则率土幸甚！”护曰：“我誓以身报国，卿岂谓吾有他志邪！”又闻其先与龙恩言，阴忌之，植以忧卒。及护败，龙恩兄弟皆死，高祖以植为忠，特免其子孙。

大司马兼小冢宰、雍州牧齐公宪，素为护所亲任，赏罚之际，皆得参预，权势颇盛。护欲有所陈[52]，多令宪闻奏，其间或有可不[53]，宪虑主相嫌隙[54]，每曲而畅之，帝亦察其心。及护死，召宪入，宪免冠拜谢；帝慰勉之，使诣护第收兵符及诸文籍。卫公直素忌宪，固请诛之，帝不许。

护世子训为蒲州[55]刺史，是夜，帝遣柱国越公盛[56]乘传征训，至同州，赐死。昌城公深使突厥未还，遣开府仪同三司宇文德赍[57]玺书就杀之。护长史代郡叱罗协[58]、司录弘农冯迁[59]及所亲任者，皆除名。

丁巳[60]，大赦，改元[61]。

以宇文孝伯为车骑大将军，与王轨并加开府仪同三司。初，孝伯与帝同日生，太祖爱之，养于第中，幼与帝同学。及即位，欲引致左右，托言欲与孝伯讲习旧经，故护弗[62]之疑也，以为右侍上士[63]，出入卧内，预闻机务。孝伯为人，沈正忠谅[64]，朝政得失，外间细事，无不使帝闻之。

帝阅护书记[65]，有假托符命[66]妄造异谋者，皆坐诛；唯得庾季才书两纸，盛言纬候[67]灾祥，宜返政归权，帝赐季才粟三百石，帛二百段[68]，迁太中大夫[69]。

癸亥[70]，以尉迟迥为太师，柱国窦炽为太傅，李穆为太保，齐公宪为大冢宰，卫公直为大司徒，陆通为大司马，柱国辛威为大司寇[71]，赵公招为大司空。

时帝始亲览朝政，颇事威刑，虽骨肉无所宽借[72]。齐公宪虽迁冢宰，实夺之权。又谓宪侍读裴文举[73]曰：“昔魏末不纲[74]，太祖辅政；及周室受命，晋公复执大权；积习生常，愚者谓法应如是。岂有年三十天子[75]而可为人所制乎！诗云：‘夙夜[76]匪懈，以事一人。’一人，谓天子耳。卿虽陪侍齐公，不得遽同为臣，欲死于所事。宜辅以正道，劝以义方[77]，辑睦[78]我君臣，协和我兄弟，勿令自致嫌疑。”文举咸以白宪，宪指心抚几[79]曰：“吾之夙心，公宁[80]不知！但当尽忠竭节耳，知复何言。”

卫公直，性浮诡[81]贪狠，意望大冢宰；既不得，殊怏怏[82]；更请为大司马，欲据兵权。帝揣知[83]其意，曰：“汝兄弟长幼有序，岂可返居下列！”由是用为大司徒。

夏，四月，周遣工部成公建、小礼部辛彦之[84]聘于齐。

庚寅[85]，周追尊略阳公为孝闵皇帝[86]。

癸巳[87]，周立皇子鲁公赟[88]为太子，大赦。

（以上为第一段，写北周权臣晋国公宇文护被杀，周武帝宇文邕亲政。）

【注释】

[1]丙午：正月三日。[2]尚书仆射：尚书省置二仆射，分为左、右；若省一仆射，则只称仆射。[3]己巳：正月二十六日。[4]祀南郊：北齐制，南、北郊每年一祀，皆以正月上辛日。今出己巳，当以致斋之日为始。南郊，设坛于国都之南祀天。[5]庚午：正月二十七日。[6]辛未：正月二十八日。[7]赠：旧时帝王对已死者所追封的官爵称为赠。[8]癸酉：二月一日。[9]昌城公深：即宇文深（？—572），宇文护之子，封昌城公，事附《周书·宇文护传》《北史·宇文护传》。[10]己卯：二月七日。[11]辛巳：二月九日。[12]并省：并州尚书省之简称。自北魏置诸道行台，各置令、仆、尚书等官。北齐高欢破尔朱兆，占据晋阳，于此建大丞相府居之。文宣帝受禅，遂在并州治所晋阳置尚书省。[13]乙酉：二月十三日。[14]庚寅：二月十八日。[15]魏保太后故事：北魏太武帝母后死，保母窦后尽心抚育，为感谢其养育之恩，太武帝特给予保太后的尊号。事见《资治通鉴》卷一百二十《宋纪二》文帝元嘉二年。[16]女娲：神话中的古帝名。传说古时出现天崩地裂，女娲乃炼五彩石以补天，断鳌足以支撑四极。[17]国师：辅佐皇帝的官职，王莽所置，与太师、太傅、国将并称为四辅。[18]国宝：国家的宝器，此指杰出的人才。[19]癸卯朔：三月一日。[20]立左右十二军：西魏丞相宇文泰改革军制，设八柱国、十二大将军、二十四开府，组成府兵系统。事见《资治通鉴》卷一百六十三《梁纪十九》简文帝大宝元年。[21]护书：指宇文护签发的文书。[22]宫阙：古时帝王所居宫门双阙，故称宫殿为宫阙。[23]晦匿（nì）：韬光养晦。[24]庾季才（？—603）：原为南朝梁人，后历仕后梁、北周、隋，官至太史中大夫。传见《梁书》卷五十一、《隋书》卷七十八、《北史》卷八十九。[25]荷恩：承受恩惠。[26]上台：天上星座名。按《隋书·天文志》：三台六星，两两而居，起文昌，列招摇。西近文昌二星称上台，意为三公之位。[27]请老私门：请告老还家。

[28]期颐：百年称期颐。期，百岁。颐，养护。［29]旦、奭之美：指周公旦、召公奭辅佐周成王的美名。［30]沈吟：深深体味其言，轻微发声而犹豫不决的样子。［31]别参：特别参见，言非朝例参见。［32]母弟：同母之弟。［33]宇文神举（531—578）：仕北周，官至并州总管，封东平公。传见《周书》卷四十、《北史》卷五十七。［34]王轨（？—579）：仕北周，官至柱国、徐州总管，封郯国公。传见《周书》卷四十、《北史》卷七十三。［35]宇文孝伯（544—579）：仕北周，官至小冢宰。传见《周书》卷四十、《北史》卷五十七。［36]安化公深：即宇文深（？—568），字奴干。仕北周，官至吏部中大夫，封安化公。传见《周书》卷二十七、《北史》卷五十七。［37]行家人礼：按家里兄弟长幼之礼行事。［38]丙辰：三月十四日。［39]垂纳：垂意听取。用于上对下。［40]《酒诰》：《尚书·周书》中的一篇。康叔封于殷之故都，周公以成王之命作戒酒令，是为《酒诰》。［41]玉珽：玉笏。或指大圭，长三尺。隋制：珽长一尺二寸，方而不折，以球玉制成。［42]踣（bó）：僵仆。［43]长孙览：历仕北周、隋，官至大司徒，封薛国公。传见《隋书》卷五十一、《北史》卷二十二。［44]谭公会、莒公至：即宇文护子宇文会（？—572）、宇文至（？—572），事附《周书·邵惠公颢传》《周书·莒庄公洛生传》与《北史·邵惠公颢传》《北史·莒庄公洛生传》。［45]杀赵贵等：据章校，"等"下应补"诸将多不自安"六字。杀赵贵等事见《资治通鉴》卷一百六十七《陈纪一》武帝永定元年。［46]累卵：堆叠起来的蛋，极易倾倒打碎，比喻非常危险。［47]宗：宗族。［48]间（jiàn）：空隙。［49]骨肉之亲：比喻至亲。［50]社稷之寄：指受国家重托。社稷，指国家。［51]拟迹伊、周：仿效伊尹、周公行事。伊，伊尹；周，周公旦。二人为商、周著名辅弼大臣。［52]陈：述事。［53]不：同"否"。［54]主相嫌隙：君臣相疑。主相，指君主与辅相。嫌隙，由猜疑而形成的仇怨。［55]蒲州：州名。治所蒲坂县，在今山西永济市西。［56]越公盛：即宇文盛（？—580），宇文泰之子。封越国公。传见《周书》卷十三《文闵明武宣诸子传》《北史》卷五十八《周室诸王传》。［57]赍（jī）：拿着。［58]叱罗协（498—573）：历仕西魏、北周，官至柱国，封南阳郡公。叱罗，复姓。传附《周书·晋荡公护传》《北史·周宗室传》。［59]冯迁：历仕西魏、北周，官至骠骑大将军、开府仪同三司。传附《周书·晋荡公护传》《北史·周宗室传》。［60]丁巳：三月十五日。［61]改元：北周由天和七年改为建德元年。［62]弗：不。［63]右侍上士：官名。主侍从左右。［64]沈正：沉静正直。忠谅：忠诚。［65]书记：指记事之文。［66]符命：古代谓天赐祥瑞与人君，以为受命的凭证。［67]纬候：纬指七纬日月五行之行，失行则灾。候指月令七十二候，失节则为灾。纬，行星的古称，对经星而言。恒星称经星。［68]段：古时布帛等之一截称段。［69]太中大夫：官名。掌论议。［70]癸亥：三月二十一日。［71]大司寇：官名。主管刑狱。［72]宽借：宽容。［73]裴文举（？—578）：历仕西魏、北周，官至司宪中大夫。传见《周书》卷三十七、《北史》卷三十八。［74]不纲：谓人君不能操持大纲，致朝政紊乱。［75]年三十天子：谓三十岁的天子。［76]夙夜：早晚，朝夕。［77]义方：做人的正道。［78]辑睦：和睦。［79]指心抚几：指着心，抚摸着几，此在表白心迹。几，古时小桌。［80]宁：岂，难道。［81]浮

诡：轻浮狡诈。［82］怏怏：不乐意，不服气。［83］揣知：由忖度、料想而知道。［84］辛彦之（？—591）：陇西狄道（今甘肃临洮县）人，历仕北周与隋，官至太常少卿。著有《坟典》《礼要》等书。传见《隋书》卷七十五、《北史》卷八十二。［85］庚寅：四月十八日。［86］孝闵皇帝：北周第一代皇帝宇文觉，宇文泰第三子。因忌宇文护专权，被废为略阳公。事见《资治通鉴》卷一百六十七《陈纪一》武帝永定元年。［87］癸巳：四月二十一日。［88］鲁公赟（yūn）：即宇文赟，周武帝长子，时封鲁国公，即后来的周宣帝。

五月，癸卯[1]，王励卒。

齐尚书右仆射祖珽，势倾朝野，左丞相咸阳王斛律光恶之，遥见，辄骂曰："多事乞索[2]小人，欲行何计！"又尝谓诸将曰："兵[3]马处分，赵令[4]恒与吾辈参论。盲人[5]掌机密以来，全不与吾辈[6]语，正恐误国家事耳。"光尝在朝堂垂帘坐，珽不知，乘马过其前，光怒曰："小人乃敢尔！"后珽在内省[7]，言声高慢，光适过，闻之，又怒。珽觉之，私赂光从奴问之，奴曰："自公用事，相王[8]每夜抱膝叹曰：'盲人入，国必破矣。'"

穆提婆求娶光庶女[9]，不许。齐王赐提婆晋阳田，光言于朝曰："此田，神武帝以来常种禾，饲马数千匹，以拟寇敌[10]。今赐提婆，无乃阙[11]军务也！"由是祖、穆皆怨之。

斛律后无宠，珽因而间之。光弟羡[12]，为都督、幽州刺史、行台尚书令，亦善治兵，士马精强，鄣候[13]严整，突厥畏之，谓之"南可汗"。光长子武都[14]，为开府仪同三司、梁[15]·兖二州刺史。

光虽贵极人臣，性节俭，不好声色，罕接宾客，杜绝馈饷[16]，不贪权势。每朝廷会议[17]，常独后言，言辄合理。或有表疏，令人执笔，口占[18]之，务从省实[19]。行兵仿其父金之法，营舍未定，终不入幕；或竟日不坐，身不脱介胄[20]，常为士卒先。士卒有罪，唯大杖挝[21]背，未尝妄杀，众皆争为之死。自结发[22]从军，未尝败北[23]，深为邻敌所惮[24]。周勋州[25]刺史韦孝宽密为谣言曰："百升飞上天，明月照长安。"又曰："高山不推自崩，槲木[26]不扶自举。"令谍人传之于邺，邺中小儿歌之于路。珽因续之曰："盲老公背受大斧，饶舌[27]老母不得语。"使其妻兄郑道盖奏之。帝以问珽，珽与陆令萱皆曰："实闻有之。"珽因解之曰:“百升者，斛也。盲老公，谓臣也，与国同忧。饶舌老母，似谓女侍中陆氏也。且斛律累世大将，明月声震关西[28]，丰乐[29]威行突厥，女为皇后，男尚公主，谣言甚可畏也。”帝以问韩长鸾，长鸾以为不可，事遂寝[30]。

珽又见帝，请间，唯何洪珍[31]在侧，帝曰:“前得公启[32]，即欲施行，长鸾以为无此理。”珽未对，洪珍进曰:“若本无意则可；既有此意而不决行，万一泄露，如何？”帝曰:“洪珍言是也。”然犹未决。会丞相府佐封士让密启云:“光前西讨还，敕令散兵，光引兵逼帝城[33]，将行不轨[34]，事不果而止。家藏弩甲，僮奴千数[35]，每遣使往丰乐、武都所，阴谋往来。若不早图，恐事不可测。”帝遂信之，谓何洪珍曰:“人心亦大灵，我前疑其欲反，果然。”帝性怯，恐即有变，令洪珍驰召祖珽告之:“欲召光，恐其不从命。”珽请:“遣使赐以骏马，语云:‘明日将游东山，王可乘此同行。’光必入谢，因而执之。”帝如其言。

六月，戊辰[36]，光入，至凉风堂，刘桃枝自后扑之，不仆。顾曰:“桃枝常为如此事。我不负国家。”桃枝与三力士以弓弦罥[37]其颈，拉而杀之，血流于地，刬[38]之，迹终不灭。于是下诏称其欲反，并杀其子开府仪同三司世雄、仪同三司恒伽。

祖珽使二千石郎[39]邢祖信簿录[40]光家。珽于都省[41]问所得物，祖信曰:“得弓十五，宴射[42]箭百，刀七，赐矟[43]二。”珽厉声[44]曰:“更得何物？”曰:“得枣杖[45]二十束，拟奴仆与人斗者，不问曲直，即杖之一百。”珽大惭，乃下声[46]曰:“朝廷已加重刑，郎中[47]何宜为雪！”及出，人尤其抗直[48]，祖信慨然曰:“贤宰相尚死，我何惜余生！”

齐主遣使就州斩斛律武都，又遣中领军贺拔伏恩乘驿捕斛律羡，仍以洛州行台仆射中山独孤永业[49]代羡，与大将军鲜于桃枝发定州[50]骑卒续进。伏恩等至幽州，门者白:“使人衷甲[51]，马有汗，宜闭城门。”羡曰:“敕使岂可疑拒！”出见之。伏恩执而杀之。初，羡常以盛满为惧，表解所职，不许。临刑，叹曰:“富贵如此，女为皇后，公主满家，常使三百兵[52]，何得不败！”及其五子伏护、世达、世迁、世辨、世酋皆死。

周主闻光死，为之大赦[53]。

祖珽与侍中高元海共执齐政。元海妻，陆令萱之甥也，元海数以令萱密语告珽。珽求为领军[54]，齐主许之，元海密言于帝曰："孝徵[55]汉人，两目又盲，岂可为领军！"因言珽与广宁王孝珩交结[56]，由是中止。珽求见，自辨，且言："臣与元海素嫌，必元海谮臣。"帝弱颜[57]，不能讳，以实告之，珽因言元海与司农卿尹子华等结为朋党[58]。又以元海所泄密语告令萱，令萱怒，出元海为郑州[59]刺史。子华等皆被黜。

珽自是专主机衡[60]，总知骑兵、外兵[61]事，内外亲戚，皆得显位。帝常令中要人[62]扶侍出入，直至永巷，每同御榻论决政事，委任之重，群臣莫比。

（以上为第二段，写北齐奸佞祖珽得势，权倾中外，谗害忠良，国主高纬杀死功臣斛律光满门，自毁长城。）

【注释】

[1]癸卯：五月二日。[2]乞索：求取。[3]兵：据章校，"兵"上应补"边境消息"四字。[4]赵令：指赵彦深，时为中书令，以其官称之。[5]盲人：祖珽双目失明，故诋称盲人。[6]吾辈：我们。[7]内省：北齐称门下省为内省。[8]相王：时斛律光为左丞相，又封咸阳王，故以相王称之。[9]庶女：庶出之女。[10]拟寇敌：打算抵御敌人。[11]阙：损伤。[12]羡：指斛律羡（？—572），北齐人，官至幽州刺史、行台尚书令。传附《北齐书·斛律金传》《北史·斛律金传》。[13]鄣候：边境伺望侦察的设置。鄣，障的本字。障蔽。候，土堡。[14]武都：即斛律武都（？—572），斛律光长子。官至开府仪同三司。传附《北齐书·斛律金传》《北史·斛律金传》。[15]梁：州名。治所浚义县，在今河南开封市西北。[16]馈饷：赠送。[17]朝廷会议：集公卿百官议事。[18]口占：口授。[19]省实：语言省而事皆实。[20]介胄：盔甲。[21]挝（zhuā）：击打。[22]结发：古代男子自成童开始束发，因谓童年或年轻时为结发。[23]败北：战败而逃。[24]惮（dàn）：畏惧。[25]勋州：高欢与宇文泰相争，泰使韦孝宽守玉壁（在今山西稷山县西南），高欢力攻不克，归而遂死。泰于此立勋州，以旌其功。[26]槲（hú）木：树木名。意指斛律光。[27]饶舌：多口多舌。[28]明月：斛律光，字明月。关西：地区名。指函谷关以西之地。[29]丰乐：斛律羡，字丰乐。[30]寝：本意为睡，引申为停息。[31]何洪珍：仕北齐，受恩幸，封王。传见《北齐书》卷五十《恩幸传》《北史》卷九十二《恩幸传》。[32]启：书函。[33]帝城：指北齐国都邺城（在今河北临漳县西南）。[34]不

轨：越出常轨，不合法度。［35］僮奴：奴仆。千数：以千计。言其众多。［36］戊辰：六月壬申朔，无戊辰。按《北齐书·后主纪》："武平三年，七月，戊辰，诛左丞相、咸阳王斛律光"。《北史·后主纪》同。《资治通鉴》作六月，误。［37］罥（juàn）：挂，缠绕。［38］刬（chǎn）：削。［39］二千石郎：官名，掌畿外得失等事。［40］簿录：指没收斛律光家财，登记造册。［41］都省：即尚书都省。《隋书·百官志》载：北齐制，录、令、仆射总理六尚书事，谓之都省。［42］宴射：聚宴习射。古代射礼之一。［43］矟：同槊。矛之类的兵器。［44］厉声：声色严厉。［45］枣杖：枣木杖。枣木坚而细密，可以做杖。［46］下声：低声。［47］郎中：指两千石郎邢祖信。［48］尤：责怪。抗直：坦率耿直。［49］独孤永业（？—580）：本姓刘。仕北齐，官至洛州道行台仆射、洛州刺史，封临川王。传见《北齐书》卷四十一、《北史》卷五十三。［50］定州：州名。治所安喜县，在今河北定州市。［51］衷甲：加衣于甲上。［52］使三百兵：指准许其私人役使三百名兵士。［53］为之大赦：周主庆幸斛律光父子之死，故大赦天下。［54］领军：官名。主管禁卫军，设有领军府。［55］孝徵：祖珽字孝徵。［56］交结：互相勾结。［57］弱颜：见人则羞怯，脸上有忸怩的表情。［58］朋党：为私利而勾结同类、排除异己的宗派集团。［59］郑州：州名。治所颍阴县，在今河南许昌市。［60］机衡：比喻政权的枢要机关。一般特指机密事务与铨选。［61］外兵：北齐制，尚书郎有中兵、外兵，各分左、右。左外兵掌河南及潼关以东诸州，右外兵掌河北及潼关以西诸州丁帐及发召征兵等事。［62］中要人：指宦官中的亲要者。

秋，七月，遣使如周。

八月，庚午[1]，齐废皇后斛律氏为庶人[2]。以任城王湝为右丞相，冯翊王润为太尉，兰陵王长恭为大司马，广宁王孝珩为大将军，安德王延宗为大司徒。

齐使领军封辅相[3]聘于周。

辛未[4]，周使司城中大夫杜杲来聘。上谓之曰："若欲合从[5]图齐，宜以樊、邓[6]见与。"对曰："合从图齐，岂弊邑[7]之利！必须城镇，宜待得之于齐，先索汉南[8]，使臣不敢闻命。"

初，齐胡太后自愧失德，欲求悦[9]于齐主，乃饰其兄长仁之女置宫中，令帝见之，帝果悦，纳为昭仪[10]。及斛律后废，陆令萱欲立穆夫人[11]；太后欲立胡昭仪，力不能遂，乃卑辞厚礼以求令萱，结为姊妹。令萱亦以胡昭仪宠幸方隆，不得已，与祖珽白帝立之。戊子[12]，立皇后胡氏。

己丑[13]，齐以北平王仁坚[14]为尚书令，特进许季良为左仆时，彭城王宝德[15]为右仆射。

癸巳[16]，齐主如晋阳。

九月，庚子朔[17]，日有食之。

辛亥[18]，大赦。

冬，十月，庚午[19]，周诏："江陵所虏充官口[20]者，悉免为民。"

辛未[21]，周遣小匠师杨勰等来聘。

周绥德公陆通[22]卒。

乙酉[23]，上享太庙[24]。

齐陆令萱欲立穆昭仪为皇后，私谓齐主曰："岂有男为皇太子而身为婢妾者！"胡后有宠于帝，不可离间，令萱乃使人行厌蛊[25]之术，旬朔[26]之间，胡后精神恍惚[27]，言笑无恒[28]，帝渐畏而恶之。令萱一旦忽以皇后服御衣被[29]昭仪，又别造宝帐[30]，爰[31]及枕席器玩，莫非珍奇。坐昭仪于帐中，谓帝曰："有一圣女[32]出，将大家[33]看之。"及见昭仪，令萱乃曰："如此人不作皇后，遣何物人作！"帝纳其言。

甲午[34]，立穆氏为右皇后[35]，以胡氏为左皇后。

十一月，庚戌[36]，周主行如羌桥[37]，集长安以东诸军都督以上，颁赐有差。乙卯[38]，还宫。以赵公招[39]为大司马。壬申[40]，周主如斜谷，集长安已西都[41]督已上，颁赐有差。丙戌[42]，还宫。

庚寅[43]，周主游道会苑，以上善殿壮丽，焚之。

十二月，辛巳[44]，周主祀南郊。

齐胡后之立，非陆令萱意，令萱一旦于太后前作色[45]而言曰："何物[46]亲侄，作如此语！"太后问其故，令萱曰："不可道。"固问之，乃曰："语大家云：'太后行多非法，不可以训。'"太后大怒，呼后出，立剃其发，送还家。辛丑[47]，废胡后为庶人。然齐主犹思之，每[48]致物以通意。

自是令萱与其子侍中穆提婆势倾内外，卖官鬻狱，聚敛[49]无厌。每一赐与，动倾府藏[50]。令萱则自太后以下，皆受其指麾[51]；提婆则唐邕之徒，皆重足[52]屏气[53]；杀生予夺[54]，唯意所欲。

乙巳[55]，周以柱国田弘[56]为大司空。

乙卯[57]，周主享太庙。

是岁，突厥木杆可汗卒，复舍其子大逻便而立其弟，是为佗钵可汗[58]。佗钵以摄图[59]为尔伏可汗，统其东面；又以其弟褥但可汗之子为步离可汗，居西面。周人与之和亲，岁给缯[60]絮锦彩[61]十万段。突厥在长安者，衣锦食肉，常以千数。齐人亦畏其为寇，争厚赂之。佗钵益骄，谓其下曰："但使我在南两儿[62]常孝，何忧于贫！"

阿史那后[63]无宠于周主，神武公窦毅[64]尚襄阳公主，生女尚幼，密言于帝曰："今齐、陈鼎峙[65]，突厥方强，愿舅抑情慰抚，以生民[66]为念！"帝深纳之。

（以上为第三段，写北周武帝宇文邕，对内循抚军人，对外联络陈国和突厥，志在吞齐；而北齐国主高纬仍内惑于女宠，荒怠政事。）

【注释】

[1]庚午：八月一日。[2]庶人：指无官爵的平民、百姓。[3]封辅相：历仕北齐、北周，官至朔州总管。传附《北齐书·张保洛传》《北史·张保洛传》。[4]辛未：八月二日。[5]合从：指北周与陈朝南北联合攻齐。[6]樊、邓：皆地名。樊指樊城，今湖北襄阳市；邓指邓城，在今襄阳市西北。[7]弊邑：指北周，杜杲谦称。[8]汉南：泛指今汉水以南地区。樊、邓二地大致在汉水以南。[9]求悦：取得欢心。[10]昭仪：宫中女官名。地位仅次于皇后。[11]穆夫人：名邪利。北齐后主先立为夫人，后立为皇后。传见《北齐书》卷九、《北史》卷十四。[12]戊子：八月十九日。[13]己丑：八月二十日。[14]北平王仁坚：即北平王高贞，字仁坚，武成帝第七子，官至尚书令、录尚书事。封北平王。传见《北齐书》卷十二、《北史》卷五十二下。[15]彭城王宝德：北齐彭城景思王高浟之子，嗣爵。官至尚书左仆射。传附《北史·彭城景思王浟传》。[16]癸巳：八月二十四日。[17]庚子朔：九月一日。[18]辛亥：九月十二日。[19]庚午：十月一日。[20]官口：奴婢。[21]辛未：十月二日。[22]陆通（？—572）：历仕北魏、北周，官至大司寇。封绥德郡公。传见《周书》卷三十二、《北史》卷六十九。[23]乙酉：十月十七日。[24]享太庙：《隋书·礼仪志二》载，陈立七庙，每年五祀，谓春、夏、秋、冬、腊。每祭，共以一太牢，始祖以三牲首，余唯骨体而已。[25]厌蛊（gǔ）之术：古代用咒诅等邪术加害他人的方法。[26]旬朔：十天或一月。[27]恍惚：神志不清。[28]无恒：无常。[29]被：同"披"。[30]宝帐：华美的帐子。[31]爰（yuán）：语首助词，无实意。[32]圣女：贤德女子。[33]大家：宫中近臣或后妃对皇帝的称呼。[34]甲午：十月二十六日。[35]右皇后：北齐后主同时立皇后二人，分为左、右。[36]庚戌：十一月十二日。[37]羌桥：

地名。在今陕西西安市西北汉长安城东。以苻氏、姚氏诸羌而得名。［38］乙卯：十一月十七日。［39］赵公招：即宇文招（？—580），宇文泰之子，官至太师。封赵国公，后进爵为王。事见《周书》卷十三、《北史》卷五十八。［40］壬申：十一月己亥朔，无壬申。按《周书·武帝纪》，“壬申”在十二月，《北史》同。《资治通鉴》误将十二月事记入十一月。壬申，十二月四日。“壬申”前应补“十二月”三字。［41］都：据章校，“都”上应补“诸军”二字。［42］丙戌：十二月十八日。［43］庚寅：十二月二十二日。［44］十二月，辛巳：按《周书·武帝纪》作“正月，辛丑，周主祀南郊”。《北史》同。“辛巳”应作“辛丑”。辛丑，陈历闰十二月四日。“十二月”前应加“闰”字。陈朝闰十二月，恰为周一月，二者相符。［45］作色：改变脸色，指生气。［46］何物：什么东西。［47］辛丑：十二月己巳朔，无辛丑，按《北齐书·后主纪》作“十二月辛丑”，《北史》同。此辛丑亦为闰十二月四日。［48］每：常常。［49］聚敛：搜刮财物。［50］府藏：官府储存货物之所。［51］指麾（huī）：本指手的动作，引申为发令调遣。麾，旌旗之类，作指挥用。［52］重（chóng）足：叠足而立，甚为惧怕，不敢稍有移动。［53］屏（bǐng）气：抑制呼吸，不敢出声，形容恭谨畏惧的神态。［54］杀生：或杀或生。予夺：或予或夺。［55］乙巳：闰十二月八日。［56］田弘（？—574）：历仕西魏、北周，官至大司空。传见《周书》卷二十七、《北史》卷六十五。［57］乙卯：闰十二月十八日。［58］佗钵可汗：佗通“他”，或作他钵可汗。突厥人，木杆可汗弟，公元572年继木杆可汗立为突厥可汗。事见《周书》卷五十《突厥传》《隋书》卷八十四《突厥传》《北史》卷九十九《突厥传》。［59］摄图：突厥乙息记可汗之子，佗钵立为尔伏可汗。又号沙钵略。事见《隋书》卷八十四《突厥传》《北史》卷九十九《突厥传》。［60］缯：丝织物的总称，古谓之帛。［61］彩：彩色丝织物。［62］在南两儿：戏指周、齐二主。［63］阿史那后：来自突厥，周武帝皇后。［64］窦毅（519—582）：字天武，历仕西魏、北周与隋，官至大司马，封神武郡公。传见《周书》卷三十、《北史》卷六十一。［65］鼎峙：时北齐、北周与陈三国鼎足而立。［66］生民：人民。

五年（癸巳，573年）

春，正月，癸酉[1]，以吏部尚书沈君理[2]为右仆射。

戊寅[3]，齐以并省尚书令高阿那肱[4]录尚书事，总知外兵及内省机密，与侍中城阳王穆提婆、领军大将军昌黎王韩长鸾共处衡轴[5]，号曰“三贵”，蠹国[6]害民，日月滋甚[7]。

长鸾弟万岁，子宝行、宝信，并开府仪同三司，万岁仍兼侍中，宝行、宝信皆尚公主。每群臣旦参[8]，帝常先引长鸾顾访[9]，出后，方引奏事官[10]。若不视事，内省有急奏事，皆附长鸾奏闻，军国要密，无不经手。尤疾士人，朝夕宴私，唯事谮诉[11]。常带刀走马，未尝安行，瞋目[12]张拳，有啖人之势。朝士咨事[13]，莫敢仰视，动致呵叱。每骂云："汉狗[14]大不可耐[15]，唯须杀之！"

庚辰[16]，齐遣崔象来聘。

辛巳[17]，上祀南郊；甲午[18]，享太庙；二月，辛丑[19]，祀明堂[20]。

乙巳[21]，齐立右皇后穆氏为皇后。穆后母名轻霄，本穆氏之婢也，面有黥字[22]。后既以陆令萱为母，穆提婆为外家[23]，号令萱曰"太姬"。太姬者，齐皇后母号也，视一品，班在长公主上[24]。由是不复问轻霄。轻霄自疗面，欲求见后，太姬使禁掌之，竟不得见。

齐主颇好文学。丙午[25]，祖珽奏置文林馆[26]，多引文学之士以充之，谓之待诏[27]；以中书侍郎博陵李德林[28]、黄门侍郎琅邪颜之推[29]同判馆事，又命共撰《修文殿御览》[30]。

甲寅[31]，周太子赟巡省西土。

乙卯[32]，齐以北平王坚[33]录尚书事。丁巳[34]，齐主如晋阳。

壬戌[35]，周遣司会[36]侯莫陈凯[37]等聘于齐。

庚辰[38]，齐主还邺。

三月，己卯[39]，周太子于岐州[40]获二白鹿以献，周主诏曰："在德不在瑞。"

帝谋伐齐，公卿各有异同，唯镇前将军[41]吴明彻决策请行。帝谓公卿曰："朕意已决，卿可共举元帅。"众议以中权将军[42]淳于量[43]位重，共署推之。尚书左仆射徐陵独曰："吴明彻家在淮左[44]，悉彼风俗；将略人才，当今亦无过者。"都官尚书[45]河东裴忌[46]曰："臣同徐仆射。"陵应声曰："非但明彻良将，裴忌即良副也。"壬午[47]，分命众军，以明彻都督征讨诸军事，忌监军事，统众十万伐齐。明彻出秦郡[48]，都督黄法𣰋出历阳[49]。

夏，四月，己亥[50]，周主享太庙。

癸卯[51]，前巴州[52]刺史鲁广达[53]与齐师战于大岘[54]，破之。

戊申[55]，齐以兰陵王长恭为太保，南阳王绰为大司马，安德王延宗为太尉，武兴王普为司徒，开府仪同三司宜阳王赵彦深为司空。

齐人于秦郡置秦州，州前江浦通涂水[56]，齐人以大木为栅于水中。辛亥[57]，吴明彻遣豫章[58]内史程文季[59]将骁勇拔其栅，克之。文季，灵洗之子也。

齐人议御陈师，开府仪同三司王纮[60]曰："官军比屡失利，人情骚动。若复出顿江、淮，恐北狄[61]、西寇[62]，乘弊而来[63]。莫若薄赋省徭，息民养士，使朝廷辑睦，遐迩[64]归心。天下皆当肃清[65]，岂直陈氏而已。"不从。遣军救历阳，庚申[66]，黄法𣰰击破之。又遣开府仪同三司尉破胡、长孙洪略救秦州。

赵彦深私问计于秘书监[67]源文宗[68]曰："吴贼[69]侏张[70]，遂至于此。弟往为秦、泾[71]刺史，悉江、淮间情事，今何术以御之？"文宗曰："朝廷精兵，必不肯多付诸将；数千已下，适足为吴人之饵。尉破胡人品，王[72]之所知，败绩[73]之事，匪朝伊夕[74]。国家待遇淮南[75]，失之同于蒿箭[76]。如文宗计者，不过专委王琳，招募淮南三四万人，风俗相通，能得死力；兼令旧将将兵屯于淮北[77]。且琳之于项[78]，必不肯北面事之，明矣。窃谓[79]此计之上者。若不推赤心[80]于琳，更遣余人掣肘[81]，复成速祸，弥[82]不可为。"彦深叹曰："弟此策诚足制胜千里，但口舌争之十日，已不见从[83]。时事至此，安可尽言！"因相顾流涕。文宗名彪，以字行，子恭之子也。

文宗子师[84]为左外兵郎中[85]，摄祠部[86]，尝白高阿那肱："龙见当雩[87]。"阿那肱惊曰："何处龙见？其色如何？"师曰："龙星[88]初见，礼当雩祭，非真龙也。"阿那肱怒曰："汉儿多事，强知星宿[89]！"遂不祭。师出，窃叹曰："礼既废矣，齐能久乎！"

齐师选长大有膂力者为前队，又有苍头、犀角、大力[90]，其锋甚锐，又有西域胡[91]，善射，弦无虚发[92]，众军尤惮之。辛酉[93]，战于吕梁[94]。将战，吴明彻谓巴山太守萧摩诃曰："若殪[95]此胡，则彼军夺气[96]，君才不减关羽矣。"摩诃曰："愿示其状，当为公取之。"明彻乃召降人有识胡者，使指示之，自酌酒以饮摩诃。摩诃饮毕，驰马冲齐军。胡挺身出陈[97]前十余步，彀弓未发[98]，摩诃遥掷铣鋧[99]，正中其额，应手而仆。齐军大力十余人出战，摩诃又斩之。于是齐军大败，尉破胡走，长孙洪略战死。

破胡之出师也，齐人使侍中王琳与之俱[100]。谓破胡曰："吴兵甚锐，宜以长策[101]之，慎勿轻斗！"破胡不从而败。琳单骑仅免，还，至彭城[102]，齐人即使之赴寿阳[103]召募以拒陈师，复以卢潜[104]为扬州道[105]行台尚书。

甲子[106]，南谯[107]太守徐槾克石梁城。五月，己巳[108]，瓦梁城[109]降。癸酉[110]，阳平郡[111]降。甲戌[112]，徐槾克庐江城[113]。历阳窘蹙[114]乞降，黄法𣰰缓之，则又拒守。法𣰰怒，帅卒急攻，丙子[115]，克之，尽杀戍卒。进军合肥[116]，合肥望旗请降，法𣰰禁侵掠，抚劳[117]戍卒，与之盟而纵之。

丁丑[118]，周以柱国侯莫陈琼[119]为大宗伯，荥阳公司马消难为大司寇，江陵总管[120]陆腾为大司空。琼，崇之弟也。

己卯[121]，齐北高唐郡[122]降。辛巳[123]，诏南豫州[124]刺史黄法𣰰徙镇历阳。乙酉[125]，南齐昌太守黄詠克齐昌[126]外城。丙戌[127]，庐陵[128]内史任忠[129]军于东关[130]，克其东、西二城，进克蕲城[131]；戊子[132]，又克谯郡城[133]。秦州城降。癸巳[134]，瓜步、胡墅[135]二城降。帝以秦郡，吴明彻之乡里，诏具太牢[136]，令拜祠上冢[137]，文武羽仪[138]甚盛，乡人荣之。

（以上为第四段，写陈宣帝大举北伐北齐，初战告捷。）

【注释】

[1]癸酉：正月六日。 [2]沈君理（525—573）：字仲伦，吴兴（今浙江湖州市）人。仕陈，官至尚书右仆射。传见《陈书》卷二十三、《南史》卷六十八。 [3]戊寅：正月十一日。 [4]高阿那肱：仕北齐，官至并省尚书令、录尚书事，封淮阴王。齐亡，降北周。传见《北齐书》卷五十、《北史》卷九十二。 [5]衡轴：喻国家枢纽要害。衡，车辕前架在牛、马颈上的横木。轴，车轴。 [6]蠹（dù）国：损耗国家。 [7]滋甚：更加严重。 [8]参：朝参。 [9]顾访：犹垂访，问讯。 [10]奏事官：官名。主管向皇上进奏章事宜。 [11]谮（zèn）诉：讲别人的坏话。 [12]瞋（chēn）目：怒目。瞋，张大眼睛，发怒的样子。 [13]咨事：商量事情。 [14]汉狗：对汉人的贱称。 [15]耐：忍受。 [16]庚辰：正月十三日。 [17]辛巳：正月十四日。 [18]甲午：正月二十七日。 [19]辛丑：二月五日。 [20]明堂：古代帝王宣明政教的地方。凡朝会、祭祀、

庆赏、养老、教学等大典，均在此举行。［21］乙巳：二月九日。［22］面有黥字：轻霄原本是穆子伦婢女，转入宋钦道家，宋钦道与轻霄通奸而生穆后，宋钦道之妇嫉妒轻霄，就在轻霄的脸上黥了一个“宋”字。［23］外家：陆令萱为穆提婆母，故称穆提婆为外家。［24］班在长公主上：指太姬陆令萱的品位在长公主之上。班，官位等级。长公主，皇帝的姊姊称长公主。［25］丙午：二月十日。［26］文林馆：官署名。掌著作及校理典籍，兼训生徒，置学士。［27］待诏：官名。汉代征士，待诏金马门以备顾问，至此，以文林馆学士为待诏。［28］李德林（540—590）：字公辅，博陵安平（今河北安平县）人。历仕北齐、北周与隋朝，历官中书侍郎、怀州刺史等职。有文集五十卷。传见《隋书》卷四十二、《北史》卷七十二。［29］颜之推（531—？）：字介，琅邪临沂（今山东临沂市北）人，历仕北齐、北周与隋朝，官至黄门侍郎。有文集三十卷，《家训》二十篇，并行于世。传见《梁书》卷五十、《北齐书》卷四十五、《北史》卷八十三。［30］《修文殿御览》：书名。因在修文殿所修，故名。已佚。［31］甲寅：二月十八日。［32］乙卯：二月十九日。［33］北平王坚：齐北平王高贞，字仁坚。“坚”字上逸一“仁”字。事见《北齐书》卷十二《武成十二王传》。［34］丁巳：二月二十一日。［35］壬戌：二月二十六日。［36］司会：官名。属天官（吏部），主选举。［37］侯莫陈凯：历仕西魏、北周，官至礼部中大夫。传附《周书·侯莫陈崇传》《北史·侯莫陈崇传》。［38］庚辰：三月十四日。二月丁酉朔，无庚辰。疑庚辰上脱“三月”两字。［39］己卯：三月十三日。［40］岐州：州名。治所雍县，在今陕西宝鸡市凤翔区东。［41］镇前将军：梁武帝置八镇将军，东、西、南、北在外，左、右、前、后在内。陈沿梁制。［42］中权将军：梁置四中将军，班在八镇将军之上。［43］淳于量（511—582）：字思明，世居京师（今江苏南京市），历仕梁、陈，官至中军大将军、侍中，封始安郡公。传见《陈书》卷十一、《南史》卷六十六。［44］淮左：淮南。［45］都官尚书：官名。领都官诸曹，主军事刑狱。［46］裴忌（522—594）：字无畏，河东闻喜（今山西闻喜县）人。历仕梁、陈、隋三朝，官至谯州刺史。传见《陈书》卷二十五、《南史》卷五十八。［47］壬午：三月十六日。［48］秦郡：郡名。治所堂邑县，在今江苏南京市六合区北。［49］历阳：郡名，治所历阳县，在今安徽和县。［50］己亥：四月四日。［51］癸卯：四月八日。［52］巴州：州名。治巴陵县，在今湖南岳阳市。［53］鲁广达（531—589）：历仕梁、陈，官至侍中、中领军。封绥越郡公。传见《陈书》卷三十一、《南史》卷六十七。［54］大岘：地名。在今安徽和县北。［55］戊申：四月十三日。［56］涂水：即滁水。流经今安徽滁州市。［57］辛亥：四月十六日。［58］豫章：郡名。治所南昌县，在今江西南昌市。［59］程文季（？—579）：字少卿，仕陈，官至安远将军、谯州刺史。传附《陈书·程灵洗传》《南史·程灵洗传》。［60］王纮（？—573）：字师罗，仕北齐，官至侍中。传见《北齐书》卷二十五、《北史》卷五十五。［61］北狄：指突厥。［62］西寇：指北周。［63］而来：据章校，“来”下应补“则世事去矣”五字。［64］遐迩：远近。［65］肃清：清平。［66］庚申：四月二十五日。［67］秘书监：官名。秘书省长官，掌禁中图书秘记。［68］源文宗（521—586）：名彪，字文宗，历仕东魏、北齐、北周与隋，官至秘书监。传见《魏书》卷四十一、《北齐书》卷四十三、《北史》卷二十八。［69］吴贼：指陈人。古时称江、浙一带为吴。［70］侏（zhū）张：嚣张，放肆。［71］秦、泾：州名。北齐置秦州于秦郡，在今江苏南京市六合区北；置泾州于石梁城，在今安徽天长市西北。［72］王：赵彦深封宜阳王，故称之。［73］败绩：军队溃败。［74］匪朝伊夕：不经早晚，言为时甚快。匪同“非”。伊，语助词。［75］淮南：泛指淮河以南长江以北地区。［76］蒿箭：用蓬蒿做的箭。此喻丢弃淮南不值得可惜。［77］淮北：泛指淮河以北，黄河以南地区。据章校，“北”下应补“足以固守”四字。［78］顼：指陈宣帝。宣帝名顼。［79］窃谓：私自认为。［80］推赤心：即推心置腹，喻以至诚相待。［81］掣肘：比喻使人做事而故意牵制。掣，拉牵。［82］弥：益，更加。［83］见从：被采纳、听从。见，助动词，表被动。［84］师：即源师（？—605），字践言，历仕北齐、北周与隋，官至大理少卿。传见《隋书》卷六十六、《北史》卷二十八，传附《北齐书·源彪传》。［85］左外兵郎中：官名。隶郎中令，在左外兵中做侍卫。［86］祠部：官署名。祠部郎中主祠祀、享祭。［87］雩（yú）：古祈雨之祭祀。［88］龙星：星名。指二十八宿之东方苍龙中角、亢、房、心、尾诸宿。［89］星宿：泛指列星。古人相信“天人相应”说，认为某些星座位置的移动，是人事变化的征兆。［90］苍头、犀角、大力：皆骁勇善战之士。［91］西域胡：古代称西域一带的人为胡人。［92］弦无虚发：同“箭无虚发”，拉弦即箭出射中。［93］辛酉：四月二十六日。［94］吕梁：吕梁在彭城（今江苏徐州市），而战事发生在秦、泾州，即石梁城（今江苏南京市六和区西）一带，疑“吕梁”当作“石梁”为是。［95］殪（yì）：死。矢一发而死为殪。［96］夺气：慑于声威，丧失胆气。［97］陈：同“阵”。［98］彀（gòu）弓未发：张满弓弩而未射。［99］铣铁（xiàn）：小铁槊或铜。［100］与之俱：与破胡同往。［101］长策：犹言良策。［102］彭城：地名。在今江苏徐州市。［103］寿阳：地名。在今安徽寿县。［104］卢潜（518—574）：范阳涿（今河北涿州市）人，仕北齐，官至五兵尚书。传见《北齐书》卷四十二、《北史》卷三十。［105］扬州道：政区名。行台治所寿阳，在今安徽寿县。［106］甲子：四月二十九日。［107］南谯：侨郡名。治所涡阳县，在今安徽蒙城县。［108］己巳：五月四日。［109］瓦梁城：地名。在今江苏南京市六合区。［110］癸酉：五月八日。［111］阳平郡：郡名。治所阳平城，在今江苏淮安市淮阴区西。［112］甲戌：五月九日。［113］庐江城：地名。在今安徽庐江县西南。［114］窘（jiǒng）蹙（cù）：窘迫困厄。［115］丙子：五月十一日。［116］合肥：地名。即汝阴郡城。［117］抚劳：安抚。［118］丁丑：五月十二日。［119］侯莫陈琼：历仕西魏、北周，官至大宗伯，加上柱国，封武威郡公。传附《周书·侯莫陈崇传》《北史·侯莫陈崇传》。［120］总管：武官名。北周由都督所改，都督军事。［121］己卯：五月十四日。［122］北高唐郡：侨郡名。治所宿松县，在今安徽宿松县。［123］辛巳：五月十六日。［124］南豫州，侨州名。治所宛陵县，在今安徽宣城市。［125］乙酉：五月二十日。［126］齐昌：郡名。治所蕲春县，在今湖北蕲春县。［127］丙戌：五月二十一日。［128］庐陵：郡名。治所石阳县，在今江西吉水县东北。［129］任忠（513—589）：仕陈，官至领军将军。传见《陈书》卷三十一、《南史》卷六十七。［130］东关：地名。在今安徽无为市东北。［131］蕲

（qí）城：地名，在今安徽无为市西南。［132］戊子：五月二十三日。［133］谯郡城：地名。即南谯郡城，在今安徽蒙城县。［134］癸巳：五月二十八日。［135］瓜步、胡墅：地名。皆在今江苏南京市六合区，临近长江。［136］太牢：在祭祀时，通常把有牛、羊、猪三牲的供品称为太牢。［137］上冢：祖坟。［138］羽仪：仪仗中以羽毛装饰的旌旗之类。

齐自和士开用事以来，政体隳紊[1]。及祖珽执政，颇收举才望，内外称美。珽复欲增损政务，沙汰人物，官号服章，并依故事[2]。又欲黜诸阉竖[3]及群小辈，为致治之方，陆令萱、穆提婆议颇同异。珽乃讽御史中丞[4]丽伯律，令劾主书[5]王子冲纳赂。知其事连提婆，欲使赃罪相及，望因此并坐及令萱。犹恐齐主溺[6]于近习[7]，欲引后党为援，乃请以胡后兄君瑜为侍中、中领军[8]；又征君瑜兄梁州刺史君璧，欲以为御史中丞。令萱闻而怀怒，百方排毁，出[9]君瑜为金紫光禄大夫[10]，解中领军，君璧还镇梁州。胡后之废，颇亦由此。释王子冲不问。

珽日以益疏，诸宦者更共谮之。帝以问陆令萱，令萱悯默不对，三问，乃下床拜曰："老婢应死。老婢始闻和士开言孝徵多才博学，意谓善人，故举之。比来观之，大是奸臣。人寔难知，老婢应死。"帝令韩长鸾检按[11]。长鸾素恶珽，得其诈出敕[12]受赐等十余事。帝以尝与之重誓，故不杀，解珽侍中、仆射，出为北徐州[13]刺史。珽求见帝，长鸾不许，遣人推出柏阁，珽坐，不肯行，长鸾令牵曳而出。

癸巳[14]，齐以领军穆提婆为尚书左仆射，侍中、中书监段孝言[15]为右仆射。孝言，韶之弟也。初，祖珽执政，引孝言为助，除吏部尚书。孝言凡所进擢，非贿则旧[16]，求仕[17]者或于广会[18]膝行跪伏，公自陈请[19]，孝言颜色扬扬[20]，以为己任，随事酬许。将作丞[21]崔成忽于众中抗言[22]曰："尚书[23]，天下尚书，岂独段家尚书也！"孝言无辞以应，唯厉色遣下而已。既而与韩长鸾共构[24]祖珽，逐而代之。

齐兰陵武王长恭，貌美而勇，以邙山之捷[25]，威名大盛，武士歌之，为《兰陵王入陈曲》[26]，齐主忌之。及代段韶督诸军攻定阳，颇务聚敛，其所亲尉相愿[27]问之曰："王受朝寄[28]，何得如此？"长恭未应。相愿曰："岂非以邙山之捷，欲自秽[29]乎？"长恭曰："然。"相愿曰："朝廷若忌王，即当用此为罪，无乃[30]避祸而更速之乎！"长恭涕泣前膝[31]问计，相愿曰："王前既有功，今复告捷，威声太重。宜属疾[32]在家，勿预时事。"长恭然其言[33]，未能退。及江、淮用兵，恐复为将，叹曰："我去年面肿，今何不发！"自是有疾不疗。齐主遣使鸩杀之。

六月[34]，郢州[35]刺史李综克滠口城[36]。乙巳[37]，任忠克合州[38]外城。庚戌[39]，淮阳[40]、沭阳[41]郡皆弃城走。

（以上为第五段，写北齐祖珽乃一奸佞臣，见国势日非，尚思改革以苟延国运，而国主高纬昏然不悟，祖珽专务政事竟不能容。时值陈朝犯境，大敌当前齐主再次自毁长城，继斛律光之后又杀高长恭。淮南战事，无可挽回。）

【注释】

[1]隳紊：毁坏、紊乱。 [2]故事：旧日的制度。 [3]阉竖：太监的贱称。男子去势曰阉，供奔走役使的人称竖。[4]御史中丞：官名。掌督司百官。[5]主书：官名。在中书省主管文书。[6]溺（nì）：沉迷。 [7]近习：指君主亲近的人。 [8]中领军：官名。主管禁卫官。 [9]出：自内省出就朝列。 [10]金紫光禄大夫：散官名，有品秩而无职事，位在中领军上。 [11]检按：检查。检，察看。按，考验。 [12]诈出敕：假称皇帝之命而发出敕书。 [13]北徐州：侨州名。治所即丘县，在今山东临沂市。 [14]癸巳：五月十八日。 [15]段孝言：历仕北齐、北周，官至尚书右仆射。传附《北齐书·段荣传》《北史·段荣传》。[16]非贿则旧：不是接受贿赂，便是故人。 [17]求仕：求官。 [18]会：众人聚会。 [19]公自陈请：公然自己述说请求做官。[20]扬扬：得意的样子。 [21]将作丞：官名。辅佐将作监，掌修造宗庙、宫室等土木之工。 [22]抗言：高声而言。 [23]尚书：官名。此指吏部尚书，主管选举。 [24]构：设计编织（罪名）。 [25]邙山之捷：指公元564年周伐齐，两军在邙山交战，北齐获胜。 [26]《兰陵王入陈曲》：北齐兰陵王高长恭，才武而貌美，作战时常戴假面具。在金墉城出击周军时，勇冠三军。齐人赞叹，作此舞曲，仿其指挥击杀之状，称《兰陵王入陈曲》。陈，同"阵"。 [27]尉相愿：仕北齐，官至领军大将军。传附《北齐书·张保洛传》《北史·张保洛传》。 [28]朝寄：朝廷的委托。 [29]自秽：俗言自己往自己脸上抹黑。 [30]无乃：莫非，岂不是。 [31]前膝：俯身而问，膝前于坐席，故称前膝。 [32]属疾：托病。 [33]然其言：同意尉相愿说的话。 [34]六月：据章校，"月"下应补"庚子"二字。庚子，六月六日。 [35]郢州：州名。治所夏口城，在今湖北武汉市武昌区。 [36]滠（shè）口城：地名。在今湖北武汉市东北长江北岸滠口。 [37]乙巳：六月十一日。 [38]合州：州名。治所合肥县，在今安徽合肥市西。 [39]庚戌：六月十六日。 [40]淮阳：郡名。治所淮阳县，在今江苏清江市西。[41]沭（shù）阳：郡名。治所怀文

县，在今江苏沭阳县。

壬子[1]，周皇孙衍[2]生。

齐主游南苑，从官暍死[3]者六十人。以高阿那肱为司徒。

癸丑[4]，程文季攻齐泾州，拔之。乙卯[5]，宣毅司马[6]湛陀克新蔡城[7]。

丙辰[8]，齐使开府仪同三司王纮聘于周。

癸亥[9]，黄法氍克合州[10]。吴明彻进攻仁州[11]，甲子[12]，克之。

治[13]明堂[14]。

秋，七月，戊辰[15]，齐遣尚书左丞[16]陆骞将兵二万救齐昌，出自巴、蕲[17]，遇西阳太守[18]汝南周炅[19]。炅留羸弱，设疑兵以当之，身帅精锐，由间道邀其后，大破之。己巳[20]，征北大将军吴明彻军至峡口，克其北岸城；南岸守者弃城走。周炅克巴州[21]。淮北、绛城[22]及谷阳士民，并杀其戍主，以城降。

齐巴陵王王琳与扬州刺史王贵显保寿阳外郭，吴明彻以琳初入，众心未固，丙戌[23]，乘夜攻之，城溃。齐兵退据相国城及金城[24]。

八月，乙未[25]，山阳城[26]降。壬寅[27]，盱眙城[28]降。壬子[29]，戎昭将军[30]徐敬辩克海安城[31]。青州东海城[32]降。戊午[33]，平固侯敬泰等克晋州[34]。九月，甲子[35]，阳平城[36]降。壬申[37]，高阳太守沈善庆克马头城[38]。甲戌[39]，齐安城[40]降。丙子[41]，左卫将军[42]樊毅[43]克广陵[44]楚子城[45]。

壬午[46]，周太子赟纳妃杨氏。妃，大将军随公坚[47]之女也。

太子好昵近小人，左宫正[48]宇文孝伯言于周主曰："皇太子四海所属，而德声未闻，臣忝[49]宫官，实当其责。且春秋尚少，志业未成，请妙选正人，为其师友，调护圣质[50]，犹望日就月将[51]。如或不然，悔无及矣。"帝敛容曰："卿世载鲠直[52]，竭诚所事。观卿此言，有家风矣。"孝伯拜谢曰："非言之难，受之难也。"帝曰："正人[53]岂复过卿！"于是以尉迟运[54]为右宫正[55]。运，迥之弟子也。

帝尝问万年县[56]丞[57]南阳乐运[58]曰："卿言太子何如人？"对

曰："中人。"帝顾谓齐公宪曰："百官佞[59]我，皆称太子聪明睿[60]智。唯运所言忠直耳。"因问运中人之状。对曰："如齐桓公[61]是也：管仲[62]相之则霸，竖貂[63]辅之则乱，可与为善，可与为恶。"帝曰："我知之矣。"乃妙选宫官以辅之，仍擢运为京兆丞。太子闻之，意甚不悦。

癸未[64]，沈君理卒。

壬辰晦[65]，前鄱阳[66]内史[67]鲁天念克黄城[68]。甲午[69]，郭默城[70]降。

己亥[71]，以特进[72]领国子祭酒[73]周弘正[74]为尚书右仆射。

齐国子祭酒张雕[75]，以经授齐主为侍读[76]，帝甚重之。雕与宠胡何洪珍[77]相结，穆提婆、韩长鸾等恶之。洪珍荐雕为侍中，加开府仪同三司，奏度支事[78]，大为帝所委信[79]，常呼"博士"。雕自以出于微贱，致位大臣，欲立效以报恩，论议抑扬[80]，无所回避，省宫掖[81]不急之费，禁约左右骄纵之臣，数讥切[82]宠要，献替[83]帷幄[84]，帝亦深倚仗之。雕遂以澄清为己任，意气甚高，贵倖皆侧目[85]。

尚书左丞封孝琰[86]，隆之之弟子，与侍中崔季舒[87]，皆为祖珽所厚。孝琰尝谓珽曰："公是衣冠[88]宰相，异于余人。"近习闻之，大以为恨。

会齐主将如晋阳，季舒与张雕议，以为："寿阳被围，大军出拒之，信使[89]往还，须禀节度[90]。且道路小人，或相惊恐，以为大驾[91]向并州，畏避南寇[92]。若不启谏，恐人情骇动。"遂与从驾文官连名进谏。时贵臣赵彦深、唐邕、段孝言等，意有异同，季舒与争，未决。长鸾遽言于帝曰："诸汉官连名总署，声云谏幸并州，其实未必不反，宜加诛戮。"辛丑[93]，齐主悉召已署名者集含章殿，斩季舒、雕、孝琰及散骑常侍刘逖[94]、黄门侍郎裴泽[95]、郭遵[96]于殿庭，家属皆徙北边，妇女配奚官[97]，幼男下蚕室[98]，没入资产。癸卯[99]，遂如晋阳。

（以上为第六段，写北齐前线败报频传，而朝内仍内讧不已，国主高纬仍然沉迷不醒，是非不辨，善恶不分，昏聩之极，凶暴之极，亡国之主，心理扭曲，大体如是。）

【注释】

［1］壬子：六月十八日。［2］周皇孙衍：周武帝孙宇文衍，后即位，是为周静帝。［3］赐死：《北齐书·后主纪》“赐”作“暍”；北史同。《资治通鉴》因形近致误。应改。暍（hè）死，中暑而死。［4］癸丑：六月十九日。［5］乙卯：六月二十一日。［6］宣毅司马：武官名。辅佐宣毅将军以治军事。［7］新蔡城：地名。新蔡郡治所，在今河南固始县。［8］丙辰：六月二十二日。［9］癸亥：六月二十九日。［10］克合州：前言攻克合州外城，今才攻克合州城。［11］仁州：州名。治所赤坎城，在今安徽泗县西南。［12］甲子：六月三十日。［13］治：办理。此作建造讲。［14］明堂：陈制，明堂殿屋十二间，中央六间，安六座，四方帝各依其方位，黄帝居坤维（西南方）。［15］戊辰：七月四日。［16］尚书左丞：官名。辅佐尚书仆射，掌辖吏部、户部、礼部十二司事。［17］巴、蕲：指巴水、蕲水，均在今湖北英山县一带。［18］西阳太守：按《陈书·周炅传》，炅伐齐时已为安州刺史，非西阳太守。［19］周炅（513—576）：陈朝人，字文昭，官至平北将军、定州刺史。传见《陈书》卷十三、《南史》卷六十七。［20］己巳：七月五日。［21］巴州：州名。北齐置，治所黄冈，在今湖北黄冈市。［22］淮北、绛城：按《陈书·周炅传》云，炅“进攻巴州，克之，于是江北诸城及谷阳士民并诛渠帅，以城降。”此为《资治通鉴》所本，“淮北绛城”当是“江北诸城”之误。钱大昕《通鉴注辨正》已指出其误，“淮北绛城”明是讹字。［23］丙戌：七月二十二日。［24］相国城及金城：二城皆在寿阳城中。相国城，刘裕伐长安时所筑，故名。金城，寿阳中城。［25］乙未：八月二日。［26］山阳城：即山阳郡城，在今江苏淮安市。［27］壬寅：八月九日。［28］盱眙城：即盱眙郡城，在今江苏盱眙县东北。［29］壬子：八月十九日。［30］戎昭将军：将军号。无职掌。［31］海安城：地名。即海安郡城，在今江苏涟水县。［32］东海城：地名。即东海郡城，在今江苏连云港市东南。［33］戊午：八月二十五日。［34］晋州：州名。治所怀宁县，在今安徽潜山市。［35］甲子：九月一日。［36］阳平城：地名。即阳平郡城，在今江苏宝应县。［37］壬申：九月九日。［38］马头城：地名。在今安徽寿县西北。［39］甲戌：九月十一日。［40］齐安城：地名。在今湖北武汉市新洲区。［41］丙子：九月十三日。［42］左卫将军：武官名。掌禁卫。［43］樊毅（？—589）：字智烈，历仕梁、陈，官至侍中。传见《陈书》卷三十一、《南史》卷六十七。［44］广陵：此广陵乃北魏东豫州治所，在今河南息县。［45］楚子城：地名。即楚城，楚州治所，在今河南信阳市北。［46］壬午：九月十九日。［47］随公坚：即随国公杨坚，后来建隋称帝，是为文帝。［48］左宫正：官名。掌皇后、太子宫事。［49］忝：惭愧。［50］圣质：好的秉性。［51］日就月将：日有所得，月有所进。［52］世载：世代。鲠直：刚直。鲠，鱼骨。［53］正人：品行端正之人。［54］尉迟运（539—579）：北周人，官至上柱国，封卢国公。传见《周书》卷四十、《北史》卷六十二。［55］右宫正：官名。与左宫正同掌皇后、太子宫事。［56］万年县：县名。县治在长安城中（今陕西西安市西北）。［57］丞：官名。县丞主管刑狱、囚徒。［58］乐运：字承业，南阳淯阳（今河南鲁山县）人。仕周、隋，官至京兆郡丞。著《谏苑》四十一卷。传见《周书》卷四十、《北史》

卷六十二。［59］佞（nìng）：奸巧谄谀。［60］睿（ruì）：通达，明智。［61］齐桓公：春秋时齐君，五霸之一。名小白。传见《史记》卷三十二。［62］管仲：名夷吾。春秋时著名政治家，辅佐齐桓公首先称霸中原。［63］竖貂：即竖刁。齐桓公末年用竖刁，桓公死而作乱。［64］癸未：九月二十日。［65］壬辰晦：九月二十九日。每月最后一日称晦。［66］鄱阳：郡名。治所鄱阳县，在今江西鄱阳县。［67］内史：官名。主管一郡政务。［68］黄城：地名。在今湖北武汉市黄陂区北。［69］甲午：据章校，"甲"上应补"冬十月"三字。甲午，十月二日。［70］郭默城：地名。在今安徽寿县西。［71］己亥：十月七日。［72］特进：官名。无职掌，为加官。［73］国子祭酒：官名。掌领太学、国子监所属各学。［74］周弘正（496—574）：字思行，汝南安城（今河南原阳县西南）人。历仕梁、陈，官至尚书右仆射。著《周易讲疏》等，有文集二十卷。传见《陈书》卷二十四、《南史》卷三十四。［75］张雕（？—573）：又作张彫武。历仕东魏、北齐，官至侍中，加开府。传见《北齐书》卷四十四、《北史》卷八十一。［76］侍读：官名。主管给帝王讲经学。［77］何洪珍：胡人，齐后主宠臣。封王。传见《北齐书》卷五十、《北史》卷九十二。［78］奏度支事：度支为北齐六尚书之一，统度支、仓部、左户、右户、金部、库部六曹。凡度支事张雕得以奏闻。［79］委信：托付、信任。［80］抑扬：褒贬。［81］宫掖：皇宫。掖，掖廷，宫内的旁舍，妃嫔所居。［82］讥切：谴责，责备。［83］献替："献可替否"的略语，此为诤言进谏之意。［84］帷幄：宫中的帷幕。［85］侧目：不敢正视的样子。据章校，十二行本"目"下应补"阴谋陷之"四字。［86］封孝琰（？—573）：北齐人，官至尚书左丞。传附《北齐书·封隆之传》《北史·封隆之传》。［87］崔季舒（？—573）：历仕东魏、北齐，官至侍中，监国史。传见《北齐书》卷三十九、《北史》卷三十二。［88］衣冠：指士大夫的穿戴，谓搢绅之家。［89］信使：使者。古代称使者为信。［90］节度：部署、节制调度。［91］大驾：指皇帝车驾。［92］南寇：指南方陈兵。［93］辛丑：十月九日。［94］刘逖（525—573）：字子长，彭城丛亭里（今江苏徐州市）人，仕北齐，官至仪同三司。传见《北齐书》卷四十五、《北史》卷四十二。［95］裴泽（？—573）：仕北齐，官至中书侍郎。传附《北史·裴延儁传》。［96］郭遵（？—573）：北齐人。官至黄门侍郎。传见《北史》卷八十一。［97］奚官：官署名。掌管守宫人疾病、罪罚、丧葬等事。［98］蚕室：古代受宫刑者所居之室。［99］癸卯：十月十一日。

吴明彻攻寿阳，堰肥水[1]以灌城，城中多病肿泄，死者什六七[2]。齐行台[3]右仆射琅邪皮景和[4]等救寿阳，以尉破胡新败，怯懦不敢前，屯于淮口[5]，敕使屡促之。然始渡淮，众数十万，去寿阳三十里，顿军不进。诸将皆惧，曰："坚城未拔，大援在近，将若之何？"明彻曰："兵贵神速，而彼结营不进，自挫其锋，吾知其不敢战，明矣。"乙巳[6]，躬擐[7]甲胄，四面疾攻，一鼓拔之，生擒王琳、王贵显、卢潜及扶风王可朱浑道裕[8]、尚书左丞李騊駼[9]送建康。景和北遁，尽收其驼马辎重。

琳体貌闲雅，喜怒不形于色；强记内敏，军府佐吏[10]千数，皆能识[11]其姓名；刑罚不滥，轻财爱士，得将卒心；虽失地流寓在邺，齐人皆重其忠义。及被擒，故麾下将卒多在明彻军中，见者皆歔欷，不能仰视，争为之请命及致资给。明彻恐其为变，遣使追斩之于寿阳东二十里，哭者声如雷。有一叟以酒脯[12]来祭，哭尽哀，收其血而去。田夫野老[13]，知与不知，闻者莫不流涕。

齐穆提婆、韩长鸾闻寿阳陷，握槊不辍[14]，曰："本是彼物[15]，从[16]其取去。"齐主闻之，颇以为忧，提婆等曰："假使国家尽失黄河以南，犹可作一龟兹国[17]。更可怜人生如寄[18]，唯当行乐，何用愁为！"左右嬖臣[19]因共赞和之，帝即大喜，酣饮鼓舞[20]，仍使于黎阳[21]临河筑城戍[22]。

丁未[23]，齐遣兵万人至颍口[24]，樊毅击走之。辛亥[25]，遣兵援苍陵[26]，又破之。齐主以皮景和全军而还，赏之，除尚书令。

丙辰[27]，诏以寿阳复为豫州，以黄城为司州。以明彻为都督豫·合等六州诸军事、车骑大将军、豫州刺史，遣谒者萧淳风就寿阳册命[28]，于城南设坛，士卒二十万，陈旗鼓戈甲。明彻登坛拜受，成礼而退，将卒荣之。上置酒，举杯属徐陵曰："赏卿知人。"陵避席[29]曰："定策圣衷[30]，非臣力也。"以黄法氍为征西大将军[31]、合州刺史。

戊午[32]，湛陀克齐昌城。十一月，甲戌[33]，淮阴城[34]降。庚辰[35]，威虏将军刘桃枝[36]克朐山城[37]。辛巳[38]，樊毅克济阴城[39]。己丑[40]，鲁广达攻济南徐州[41]，克之；以广达为北徐州[42]刺史，镇其地。

齐北徐州[43]民多起兵以应陈，逼其州城，祖珽命不闭城门，禁人不得出衢路，城中寂然。反者不测其故，疑人走城空，不设备。珽忽令鼓噪震天，反者皆惊走。既而复结陈向城，珽令录事参军[44]王君植将兵拒之，自乘马临陈[45]左右射。反者先闻其盲，谓其必不能出，忽见之，大惊。穆提婆欲令城陷，不遣援兵，珽且战且守，十余日，反者竟散走。

诏悬王琳首于建康市。故吏梁骠骑仓曹参军[46]朱玚致书徐陵求其首，曰："窃以典午[47]将灭，徐广[48]为晋家遗老；当涂[49]已谢，马孚[50]称魏室忠臣。梁故建宁公琳，当离乱之辰[51]，总方伯[52]之任，天厌梁德[53]，尚思匡继[54]，徒蕴包胥之志[55]，终遘[56]苌弘之眚[57]，至使身没九泉，头行千里。伏惟圣恩博厚，明诏爰[58]发，赦王经之哭[59]，许田横之葬[60]。不使寿春城下，唯传报葛之人[61]；沧洲岛上，独有悲田之客[62]。"陵为之启上。十二月，壬辰朔[63]，并熊昙朗[64]等首皆还其亲属。玚瘗[65]琳于八公山[66]侧，义故[67]会葬者数千人。玚间道奔齐，别议迎葬，寻[68]有寿阳人茅智胜等五人，密送其柩[69]于邺。齐赠琳开府仪同三司、录尚书事，谥[70]曰忠武王，给辒辌车[71]以葬之。

癸巳[72]，周主集群臣及沙门[73]、道士，帝自升高坐，辨三教先后[74]，以儒为先，道为次，释[75]为后。

乙未[76]，谯城[77]降。

乙巳[78]，立皇子叔明为宜都王，叔献为河东王[79]。

壬午[80]，任忠克霍州[81]。

诏征安州[82]刺史周炅入朝。初，梁定州[83]刺史田龙升以城降，诏仍旧任。及炅入朝，龙升以江北六州、七镇叛入于齐，齐遣历阳王景安[84]将兵应之。诏以炅为江北道大都督，总众军以讨龙升，斩之。景安退走，尽复江北之地。

是岁，突厥求婚于齐。

（以上为第七段，写陈朝大败北齐，全部收复梁朝末年丢失的淮水以南长江北岸的淮南地方，国势此时达于鼎盛。）

【注释】

[1]肥水：河名。在今安徽寿县东。 [2]什六七：十之六七。 [3]行台：指河南行台，治洛州（今河南洛阳市）。 [4]皮景和（521—575）：北齐人，官至尚书令，封西河郡开国公。传见《北齐书》卷四十一、《北史》卷五十三。 [5]淮口：地名。在今安徽寿县西。 [6]乙巳：十月十三日。 [7]躬擐（huàn）：身上穿着。擐，穿。 [8]可朱浑道裕：可朱浑，三字姓；道裕，名。 [9]李騊（táo）駼（tú）：历仕北齐与隋，官至永安太守。传附《北齐书·李义深传》《北史·李义深传》。 [10]佐吏：军府中参谋议、备顾问的官员。 [11]识：通"志"，记住。 [12]脯：

干肉。［13］野老：农夫，乡下人。［14］辍：停，中止。［15］本是彼物：寿阳本属南朝领土。彼，指南朝。［16］从（zòng）：任其。［17］龟（qiū）兹国：古代西域城邦名，在今新疆西北部库车市一带。此言虽尽失去黄河以南国土，仍可如龟兹国一样，偏安一隅。［18］人生如寄：人的生命短促，犹如暂时寄居人间。［19］嬖（bì）臣：宠爱的臣子。［20］鼓舞：合乐以舞。［21］黎阳：郡名。治所黎阳县，在今河南浚县东北。［22］城戍：城堡。此为北齐惧陈兵北上，欲划河自保。［23］丁未：十月十五日。［24］颍口：颍水入淮河之口。在今安徽颍上县东南。［25］辛亥：十月十九日。［26］苍陵：在今安徽寿县西南淮河南岸。［27］丙辰：十月二十四日。［28］谒（yè）者：陈依梁制，谒者仆射由宦官充任，掌传达诏命。册命：古代帝王封立诸王、将帅的命令。［29］避席：古时席地而坐，有所敬则离座而起，称为避席。［30］圣衷：皇帝的心意。［31］征西大将军：加封的将军号，无职掌。下文“威虏将军”同此。［32］戊午：十月二十六日。［33］甲戌：十一月十二日。［34］淮阴城：地名。即淮阴郡城，在今江苏淮安市。［35］庚辰：十一月十八日。［36］刘桃枝：赵绍祖《通鉴注商》云，“按陈书帝纪本作刘桃根，撰写《资治通鉴》者误作桃枝”。［37］朐（qú）山城：地名。即朐山郡城，在今江苏连云港市西南。［38］辛巳：十一月十九日。［39］济阴城：地名。即济阴郡，在今安徽明光市东北。［40］己丑：十一月二十七日。［41］济南徐州：济，当作“齐”。书“齐南徐州”以与京口之南徐州相区别。南徐州，州名。治所宿预县，在今江苏宿迁市东南。［42］北徐州：州名。当是北齐之南徐州，陈人书之如此。［43］齐北徐州：州名。治所即丘，在今山东临沂市西。［44］录事参军：官名。掌总录众官署文簿，举弹善恶。［45］临陈：亲自到军阵上。［46］仓曹参军：官名。骠骑将军府参军之一，掌仓谷事务。梁制，将军府有功曹、仓曹、中兵、外兵、骑兵、长流、城局等参军。［47］典午：典，司之意；午，属马；故称司马为典午。此指东晋朝。［48］徐广：东晋秘书监。晋恭帝禅位，宋武帝即皇帝位，他以晋朝遗老，悲感流涕。事见《资治通鉴》卷一百一十九《宋纪一》武帝永初元年。［49］当涂：当涂高的省称。《后汉书·袁术传》：“少见谶书，言代汉者当涂高，自云名字应之。”袁术因名术，字公路，自认为“术”即“路”皆是“涂”，乃妄自尊大，以为名应图谶。按，“当涂高”，是指宫外阙门，两间阙而当道高，故称当涂（途）高，隐喻曹魏。所以《后汉书》注云：“当涂高者，魏也。”［50］马孚：即司马孚，魏国太傅。魏帝禅位于晋，他握魏帝手说：“臣死之日，固大魏之纯臣也。”详见《资治通鉴》卷七十九《晋纪一》武帝泰始元年。［51］辰：时。［52］方伯：一方诸侯之长，后泛指地方长官。［53］天厌梁德：指梁亡。［54］匡继：匡复梁室，以继绝世。［55］包胥之志：申包胥救楚之志。包胥，即申包胥，楚国人。吴国灭楚，他赴秦请救，以秦军破吴复楚。［56］遘（gòu）：遭遇。［57］苌（cháng）弘之眚：春秋时周大夫苌弘，周灵王即位，诸侯不朝，他以鬼神之术招致诸侯，诸侯竟不朝。至周敬王时，晋人杀苌弘。眚，过错。［58］爰（yuán）：乃。［59］赦王经之哭：魏元帝景元元年，司马昭弑高贵乡公，并捕王经。其吏向雄，抱王经哭于东市，司马昭赦向雄。［60］许田横之葬：汉高祖灭齐，齐王田横入居海岛，高祖征入朝，行至洛阳自杀，高祖仍以王者之礼安葬。事见《资治通鉴》卷十一《汉纪三》高帝五年。［61］报葛之人：葛指诸葛诞。司马昭破寿春，诸葛诞麾下不降而死。事见《资治通鉴》卷七十九《魏纪九》高贵乡公甘露三年。［62］悲田之客：田指田横。田横死，其客五百人，闻之皆自杀于海岛之上。［63］壬辰朔：十二月一日。［64］熊昙朗：诛熊昙朗事见《资治通鉴》卷一百六十八《陈纪二》文帝天嘉元年。［65］瘗（yì）：埋葬。［66］八公山：山名。在今安徽寿县东。［67］义故：义士及旧友。［68］寻：不久。［69］柩（jiù）：已装尸体的棺材。［70］谥（shì）：帝王、大臣、士大夫死后，依其生前事迹给予的称号叫谥。［71］辒辌车：丧车。自秦汉以来，天子葬用辒辌车。［72］癸巳：周历十二月癸巳朔，当陈历十二月二日。［73］沙门：僧徒。［74］三教先后：三教的地位高低。三教，时称儒、佛、道为三教。先后，指政治地位的高低。［75］释：即佛教。因印度人释迦牟尼创始，故名。［76］乙未：十二月四日。［77］谯城：地名。即谯州城，在今安徽蒙城县北。［78］乙巳：十二月十四日。［79］叔明、叔献：叔明，陈宣帝第六子，封宜都王。叔献，宣帝第九子，封河东王。传均见《陈书》卷二十八、《南史》卷六十五。［80］壬午：十二月壬辰朔，无壬午，疑为“壬子”之误。壬子，十二月二十一日。［81］霍州：州名。治所庐江郡霍山县，在今安徽霍山县。［82］安州：州名。治所安陆县，在今湖北安陆市。［83］定州：州名。治所信安县，在今湖北麻城市东北。［84］景安：即元景安，北魏宗室后裔。历仕北齐、北周，官至行台尚书令，封历阳郡王。传见《北齐书》卷四十一、《北史》卷五十三。

六年（甲午，574年）

春，正月，壬戌朔[1]，周齐公宪等七人进爵为王。

己巳[2]，周主享太庙；乙亥[3]，耕藉田。

壬子[4]，上享太庙。

甲申[5]，广陵[6]金城[7]降。

二月，壬午[8]朔，日有食之。

乙未[9]，齐主还邺。

丁酉[10]，周纪国公贤[11]等六人进爵为王。

辛亥[12]，上耕藉田[13]。

齐朔州[14]行台南安王思好[15]，本高氏养子，骁勇，得边镇人心。齐主使嬖臣斫骨光弁[16]至州，光弁不礼于思好，思好怒，遂反，云“欲入除君侧之恶”。进军至阳曲[17]，自号大丞相。武卫将军[18]赵海在晋阳，苍猝不暇奏，矫诏发兵拒之。帝闻变，使尚书令唐邕等驰之晋阳，辛丑[19]，帝勒兵继进。未至，思好军败，投水死。其麾下二千人，刘桃枝围之，且杀且招[20]，终不降，以至于尽。

先是有人告思好谋反，韩长鸾女适[21]思好子，奏言："是人[22]诬告贵臣，不杀无以息后[23]。"乃斩之。思好既诛，告者弟伏阙[24]下求赠官，长鸾不为通。

丁未[25]，齐主还邺。甲寅[26]，以唐邕为录尚书事[27]。

乙卯[28]，周主如云阳宫。

丙辰[29]，周大赦。

庚申[30]，周叱奴太后[31]有疾。三月，辛酉[32]，周主还长安。癸酉[33]，太后殂。帝居倚庐[34]，朝夕进一溢[35]米。群臣表请，累旬[36]乃止。命太子总厘[37]庶政。

卫王直谮齐王宪于帝曰："宪饮酒食肉，无异平日。"帝曰："吾与齐王异生[38]，俱非正嫡[39]，特以吾故，同袒[40]括发[41]。汝当愧之，何论得失！汝，亲太后之子，特承慈爱；但当自勉，无论他人。"

夏，四月，乙卯[42]，齐遣侍中薛孤康买[43]吊于周，且会葬。

初，齐世祖为胡后造珠裙袴[44]，所费不可胜计；为火所焚。至是，齐主复为穆后营之[45]。使商胡赍锦彩三万，与吊使[46]偕往市珠[47]。周人不与，齐主竟自造之。及穆后爱衰，其侍婢冯小怜大幸，拜为淑妃[48]；与齐主坐则同席，出则并马，誓同生死。

五月，庚申[49]，周葬文宣皇后于永固陵，周主跣行[50]至陵所。辛酉[51]，诏曰："三年之丧，达于天子。但军国务重，须自听朝。衰麻[52]之节，苫庐[53]之礼，率[54]遵前典[55]，以申罔极[56]。百僚宜依遗令[57]，既葬而除[58]。"公卿固请依权制，帝不许，卒申三年之制。五服[59]之内，亦令依礼。

庚午[60]，齐大赦。

齐人恐陈师渡淮，使皮景和屯西兖州[61]以备之。

丙子[62]，周禁佛、道二教，经、像[63]悉毁，罢沙门、道士，并令还俗。并禁诸淫祀[64]，非祀典[65]所载者尽除之。

六月，壬辰[66]，周弘正卒。

壬子[67]，周更铸五行大布钱，一当十，与布泉[68]并行[69]。

戊午[70]，周立通道观以壹[71]圣贤之教。

秋，七月，庚申[72]，周主如云阳，以右宫正尉迟运兼司武[73]，与薛公长孙览辅太子守长安。

初，帝取卫王直第为东宫[74]，使直自择所居。直历观府署[75]，无如意者；末取[76]废陟屺寺[77]，欲居之。齐王宪谓直曰："弟子孙多，此无乃褊小[78]？"直曰："一身尚不自容，何论子孙！"直尝从帝校猎而乱行[79]，帝对众挞之，直积怨愤，因帝在外，遂作乱。乙酉[80]，帅其党袭肃章门[81]。长孙览惧，奔诣帝所。尉迟运偶在门中，直兵奄至，手自阖[82]门。直党与运争门，斫伤运指，仅而得闭。直不得入，纵火焚门。运恐火尽，直党得进，取宫中材木及床榻[83]以益火，膏[84]油灌之，火转炽[85]。久之，直不得进，乃退。运帅留守兵，因其退而击之，直大败，帅百余骑奔荆州[86]。戊子[87]，帝还长安。八月，辛卯[88]，擒直，废为庶人，囚于别宫，寻杀之。以尉迟运为大将军[89]，赐赉[90]甚厚。

丙申[91]，周主复如云阳。

癸丑[92]，齐主如晋阳。甲辰[93]，齐以高劢为尚书右仆射。

九月，庚申[94]，周主如同州。

冬，十月，丙申[95]，周遣御正[96]弘农杨尚希[97]、礼部[98]卢恺[99]来聘。恺，柔之子也。

甲寅[100]，周主如蒲州；丙辰[101]，如同州；十一月，甲戌[102]，还长安。

十二月，戊戌[103]，以吏部尚书王玚[104]为右仆射，度支尚书[105]孔奂[106]为吏部尚书。玚，冲之子也。

时新复淮、泗[107]，攻战、降附，功赏纷纭。奂识鉴[108]精敏，不受请托[109]，事无凝滞[110]，人皆悦服[111]。湘州[112]刺史始兴王叔陵[113]，屡讽[114]有司，求为三公[115]。奂曰："衮章之职[116]，本以德举，未必皇枝[117]。"因以白帝。帝曰："始兴那忽望公！且朕儿为公，须在鄱阳王[118]后。"奂曰："臣之所见，亦如圣旨。"

齐定州[119]刺史南阳王绰[120]，喜为残虐，尝出行，见妇人抱儿，夺以饲狗。妇人号哭，绰怒，以儿血涂妇人，纵狗使食之。常云："我学文宣伯[121]之为人。"齐主闻之，锁诣行在，至而宥之。问："在州何事最乐？"对曰："多聚蝎于器，置狙[122]其中，观之极乐。"帝即命夜索蝎一斗，比晓[123]，得三二升，置浴斛[124]，使人裸卧斛中，号叫宛转。帝与绰临观，喜噱[125]不已。因让[126]绰曰："如此乐事，何不驰驿[127]奏闻！"由是有宠，拜大将军，朝夕同戏。韩长鸾疾之，是岁，出为齐州[128]刺史。将发，使人诬告其反，奏云："此犯国法，不可赦！"帝不忍明诛[129]，使宠胡何猥萨与之手搏[130]，搤[131]而杀之。

（以上为第八段，写陈朝收复江北淮南之地，庆功封赏。北周武帝亲政、灭佛。北齐国主高纬残虐无道，变本加厉，国势日衰。）

【注释】

[1]壬戌朔：正月一日。[2]己巳：正月八日。[3]乙亥：正月十四日。[4]壬子：《陈书·宣帝纪》作壬午。章校亦作壬午。壬午，正月二十一日。[5]甲申：正月二十三日。[6]广陵：州名，东魏分东豫州置，治所宋安县，在今河南息县。[7]金城：广陵城之中城。[8]壬午：据章校，"午"应作"辰"，《陈书·宣帝纪》正作"壬辰朔"，即二月一日。[9]乙未：二月四日。[10]丁酉：二月六日。[11]纪国公贤：按《周书·武帝纪》及《文闵明武宣诸子传》均作"纪国公康、毕国公贤"，《北史》同。"贤"当为"康"字之误。[12]辛亥：二月二十一日。疑《资治通鉴》纪日有误，"辛亥"当下移至"丁未"后。[13]上耕藉田：梁初，依宋、齐制，正月耕藉田。梁武帝改为二月，陈因而不改。[14]朔州：州名。治所新城县，在今山西朔州市西南。[15]思好：即高思好（？—574），仕北齐，官至朔州刺史，封南安王。传附《北齐书·思宗传》《北史·思宗传》。[16]斫骨光弁：斫骨乃复姓，光弁为名。钱大昕《通鉴注辩止》引《广韵》云："汉复姓有斫胥氏"，"骨"为"胥"字之讹。[17]阳曲：地名。旧称太原郡汾阳县为阳曲，在今山西阳曲县东北。[18]武卫将军：武官名。左右卫将军之副将，掌宿卫营兵。[19]辛丑：二月十一日。辛丑当在"辛亥"之前，此《资治通鉴》排比干支时有误。[20]招：劝降。[21]适：女子出嫁。[22]是人：这人。指告谋反者。[23]息后：使后来效法者止息。[24]伏阙：拜伏于宫门下。[25]丁未：二月十六日。[26]甲寅：二月二十三日。[27]录尚书事：官名。位在尚书令上，掌与令同。即任总机衡。[28]乙卯：二月二十四日。[29]丙辰：二月二十六日。[30]庚申：二月二十九日。[31]叱奴太后（？—574）：宇文泰姬，后尊为后。传见《周书》卷九。[32]辛酉：三月一日。[33]癸酉：三月十三日。[34]倚庐：庐舍依东墙而建，故称"倚庐"。[35]一溢：一升二十四分之一为一溢。[36]累旬：连续十来天。

旬，十日。［37］厘：治理。［38］异生：谓同父异母。［39］正嫡：嫡子。［40］袒：肉袒，即脱去上衣，裸露肢体。［41］括发：用麻束发。此是居丧时的装束。［42］乙卯：四月二十五日。［43］薛孤康买：薛孤，复姓；康买，名。［44］袴（kù）：即裤子。［45］营之：制作珠裙裤。［46］吊使：吊丧的使者。［47］偕（xié）往市珠：一同前往买珍珠。市，买。［48］淑妃：宫中女官名。位在贵妃之下。［49］庚申：五月一日。［50］跣（xiǎn）行：光着脚走。古代孝行之一。［51］辛酉：五月二日。［52］衰（cuī）麻：身着丧服，头发用麻束起。［53］苫（shān）庐：睡在苫上，住在小房内。苫，古人居丧时睡的草垫。［54］率：一律。［55］前典：过去的典制。［56］以申罔极：以表示对父母大恩的报答。罔极，无穷尽。［57］遗令：太后临死时留下的教令。［58］除：脱下丧服。［59］五服：旧时丧服制度，以亲疏为差等，有斩衰、齐衰、大功、小功、缌麻五种名称，统称五服。［60］庚午：五月十一日。［61］西兖州：州名。治所定陶，在今山东菏泽市定陶区。［62］丙子：五月十七日。［63］经、像：经，指佛、道二教之经书。像，谓佛像、天尊像。［64］淫祀：指不合礼制的祭祀。［65］祀典：记载祭祀的礼仪和制度的典籍。［66］壬辰：六月三日。［67］壬子：六月二十三日。［68］布泉：钱名。［69］并行：一起通用。［70］戊午：六月二十九日。［71］壹：一致，统一。壹同“一”。［72］庚申：七月六日。［73］司武：官名。司马之别称。隶大司马，专掌军事。［74］为东宫：建德元年，立太子，始建东宫。［75］府署：官署或贵族住宅。［76］末取：最后选定。［77］陟（zhì）屺（qǐ）寺：寺名。取望母为名。宇文直取该寺欲以同母感动周武帝。［78］褊（biǎn）小：狭小，狭隘。［79］乱行：乱了行列，亦作胡作非为解。［80］乙酉：七月二十七日。［81］肃章门：宫门名。唐长安太极宫，太极殿后，两仪殿前，中为朱明门，东则虔化门，西则肃章门，大概是用周遗制。［82］阖（hé）：关闭。［83］床榻（tà）：坐卧用具。［84］膏：油脂。［85］炽（chì）：猛烈。［86］荆州：州名。治所江陵县，在今湖北江陵县。江陵时为后梁都城。［87］戊子：七月三十日。［88］辛卯：八月三日。［89］大将军：武官名。周十二大将军，每一大将军领二开府。［90］赐赉（lài）：赐予。［91］丙申：八月八日。［92］癸丑：八月十五日。［93］甲辰：八月十六日。［94］庚申：九月三日。［95］丙申：十月九日。［96］御正：北周官名。北周依《周礼》改官制，武成元年，增置御正四人，掌王言，在皇帝左右。［97］杨尚希（524—580）：仕北周与隋，历官计部上大夫、礼部尚书。传见《隋书》卷四十六、《北史》卷七十五。［98］礼部：北周官名。保定四年，改礼部为司宗，大司礼为礼部。掌礼部诸事。［99］卢恺：仕北周与隋，官至礼部尚书，摄吏部尚书事。传见《隋书》卷五十六、《北史》卷三十、《周书》卷三十二。［100］甲寅：十月二十七日。［101］丙辰：十月二十九日。［102］甲戌：十一月十七日。［103］戊戌：十二月十二日。［104］王玚（523—576）：陈朝人。官至中书令。传见《陈书》卷二十三、《南史》卷二十一。［105］度支尚书：官名。领度支、金部、仓部、起部四曹。类似后世户部尚书。［106］孔奂（514—583）：历仕梁、陈，官至中书令。传见《陈书》卷二十一、《南史》卷二十七。［107］淮、泗：当指淮水、泗水一带地区，在今江苏、安徽境内。［108］识鉴：能赏识人才，辨别优劣。［109］请托：私相嘱托。［110］凝滞：停止流动。此指事情拖延不畅。［111］悦服：心悦诚服。［112］湘州：州名。治所临湘县，在今湖南长沙市。［113］始兴王叔陵：即陈叔陵（？—582），陈宣帝第二子，字子嵩，封始兴郡王，官至扬州刺史。传见《陈书》卷三十六、《南史》卷六十五。［114］讽：不用正言，托辞婉言劝说。［115］三公：辅佐国君掌握军政权的最高官员。三公历代所指不同。陈以太宰、太傅、太保为三公。［116］衮章之职：指三公职。衮（gǔn）章，指衮服的文采。［117］皇枝：皇帝宗室。［118］鄱阳王：即陈伯山。陈文帝第三子，封鄱阳王。传见《陈书》卷二十八、《南史》卷六十五。［119］定州：州名。治所安喜县，在今河北定州市。［120］南阳王绰：即高绰（？—574），武成帝长子，封南阳王。传见《北齐书》卷十二、《北史》卷五十二。［121］文宣伯：即文宣帝高洋。［122］狙（jū）：猿猴之类的动物。［123］比晓：等到天亮。［124］浴斛：洗澡盆之类的浴器。［125］噱（jué）：大笑。［126］让：责备。［127］驰驿：古时官员因急事入奏或外出，由沿途驿站供给夫马粮食，兼程而行，称驰驿。［128］齐州：州名。治所历城县，在今山东济南市。［129］明诛：公开处死。［130］手搏：徒手搏击。［131］搤：通“扼”。掐住。

【点评】

北周武帝功过参半。北周武帝宇文邕，殚精治国，察纳雅言，有贤君之气象。然其亲政，虐杀晋国公宇文护；又忌胞弟卫王宇文直之武略，夺其府第，逼其反叛，而后诛之，又何其忍也！得人心者得天下也。北周武帝以血腥维护政权，而政权亦不久存，岂非始料所及欤？

卷一七二　陈纪六

陈宣帝太建七年至八年（575—576 年）

【起旃蒙协洽（乙未，575 年），尽柔兆涒滩（丙申，576 年），凡二年】

【大事提要】

本卷记述公元 575 年至公元 576 年南北朝史事，凡两年，时当陈朝宣帝太建七年、八年，北周武帝建德四年、五年，北齐后主高纬武平六年、隆化元年。重点记述北周武帝连年用兵讨伐北齐的事件。北周武帝第一次伐北齐，出兵指向北齐重点防御的洛阳，无功而返；及时总结教训，再次伐北齐，直指并州，一举端掉高氏起家的晋阳，奠定了灭亡北齐的基础。

高宗宣皇帝中之上

太建七年（乙未，575 年）

春，正月，辛未[1]，上祀南郊。

癸酉[2]，周主如同州。

乙亥[3]，左卫将军樊毅克潼州[4]。

齐主还邺。

辛巳[5]，上祀北郊[6]。

二月，丙戌朔[7]，日有食之。

戊申[8]，樊毅克下邳[9]、高栅[10]等六城。

齐主言语涩呐[11]，不喜见朝士，自非宠私昵狎[12]，未尝交语[13]。性懦，不堪人视[14]，虽三公、令、录[15]奏事，莫得仰视，皆略陈大指[16]，惊走而出。承世祖[17]奢泰[18]之余，以为帝王当然，后宫皆宝衣玉食[19]，一裙之费，至直[20]万匹，竞为新巧，朝衣夕弊[21]。盛修宫苑，穷极壮丽；所好不常，数毁又复。百工[22]土木，无时休息，夜则然火照作，寒则以汤[23]为泥。凿晋阳西山为大像，一夜然油万盆，光照宫中。每有灾异寇盗，不自贬损[24]，唯多设斋[25]，以为修德。好自弹琵琶，为《无愁》[26]之曲，近侍和之者以百数，民间谓之“无愁天子”。于华林园立贫儿村，帝自衣蓝缕[27]之服，行乞其间以为乐。又写筑西鄙诸城[28]，使人衣黑衣[29]攻之，帝自帅内参[30]拒斗。

宠任陆令萱、穆提婆、高阿那肱、韩长鸾等宰制[31]朝政，宦官邓长颙[32]、陈德信[33]、胡儿何洪珍等并参预机权[34]，各引亲党，超居显位[35]。官由财进，狱以贿成[36]，竞为奸谄[37]，蠹政害民。旧苍头[38]刘桃枝等皆开府封王，其余宦官、胡儿、歌舞人、见鬼人[39]、官奴婢等滥得富贵者，殆将万数，庶姓封王者以百数，开府[40]千余人，仪同[41]无数，领军一时至二十人，侍中[42]、中常侍[43]数十人，乃至狗、马及鹰亦有仪同、郡君[44]之号，有斗鸡，号开府，皆食其干禄[45]。诸嬖幸朝夕娱侍左右，一戏之费，动逾巨万。既而府藏[46]空竭，乃赐二三郡或六七县，使之卖官取直[47]。由是为守令[48]者，率[49]皆富商大贾[50]，竞为贪纵[51]，民不聊生。

周高祖谋伐齐，命边镇益储偫[52]，加戍卒；齐人闻之，亦增修守御[53]。柱国[54]于翼[55]谏曰：“疆埸相侵，互有胜负，徒损兵储，无益大计。不如解严继好，使彼懈而无备，然后乘间，出其不意，一举可取也。”周主从之。

韦孝宽上疏陈三策：

其一曰：“臣在边积年[56]，颇见间隙[57]，不因际会[58]，难以成功。是以往岁出军[59]，徒有劳费，功绩不立，由失机会。何者？长淮[60]之南，旧为沃土，陈氏以破亡余烬[61]，犹能一举平之[62]；齐人历年赴救，丧败而返。内离外叛，计尽力穷，仇敌有衅[63]，不可失也。今大军若出轵关，方轨而进[64]，兼与陈氏共为掎角[65]，并令广州[66]义旅出自三鸦[67]，又募山南[68]骁锐，沿河[69]而下，复遣北山稽胡[70]，绝[71]其并、晋[72]之路。凡此诸军，仍令各募关、河之外[73]劲勇之士，厚其爵赏，使为前驱。岳动川移，雷骇电激，百道俱进，并趋虏庭。必当望旗奔溃，所向摧殄[74]，一戎大定[75]，寔在此机。”

其二曰：“若国家更为后图[76]，未即大举，宜与陈人分其兵势。三鸦以北，万春[77]以南，广事[78]屯田[79]，预为贮积，募其骁悍[80]，立为部伍[81]。彼既东南有敌[82]，戎马相持[83]，我出奇兵，破其疆埸[84]。彼若兴师赴援，我则坚壁清野[85]，待其去远，还复出师。常以边外之军，引其腹心之众。我无宿舂[86]之费，彼有奔命之劳[87]，一二年中，必自离叛。且齐氏昏暴，政出多门[88]，鬻狱[89]卖官，唯利是视，荒淫酒色，忌害忠良，阖境嗷然[90]，不胜其弊。以此而观，覆亡可待。然后乘间电扫[91]，事等摧枯[92]。"

其三曰："昔勾践[93]亡吴，尚期十载；武王取纣[94]，犹烦再举[95]。今若更存遵养[96]，且复相时，臣谓宜还崇邻好[97]，申其盟约，安民和众，通商惠工[98]，蓄锐养威，观衅[99]而动。斯乃长策远驭[100]，坐自兼并[101]也。"

书奏，周主引开府仪同三司伊娄谦[102]入内殿，从容谓曰："朕欲用兵，何者为先？"对曰："齐氏沈溺倡优[103]，耽昏[104]曲蘖[105]。其折冲[106]之将斛律明月，已毙于谗口[107]。上下离心，道路以目[108]。此易取也。"帝大笑。三月，丙辰[109]，使谦与小司寇元卫[110]聘于齐以观衅。

丙寅[111]，周主还长安。

夏，四月，甲午[112]，上享太庙。

监豫州[113]陈桃根得青牛，献之，诏遣还民。又表上织成罗文锦被各二百首[114]，诏于云龙门外焚之。

庚子[115]，齐以中书监[116]阳休之[117]为尚书右仆射。

六月，壬辰[118]，以尚书右仆射王玚[119]为左仆射。

甲戌[120]，齐主如晋阳。

秋，七月，丙戌[121]，周主如云阳宫。

大将军杨坚姿相奇伟[122]。畿伯下大夫[123]长安来和[124]尝谓坚曰："公眼如曙星[125]，无所不照，当王有天下，愿忍诛杀。"

周主待坚素厚，齐王宪言于帝曰："普六茹坚[126]，相貌非常，臣每见之，不觉自失[127]；恐非人下，请早除之！"帝亦疑之，以问来和。和诡对[128]曰："随公[129]止是守节[130]人，可镇一方；若为将领，陈无不破[131]。"

丁卯[132]，周主还长安。

先是周主独与齐王宪及内史[133]王谊[134]谋伐齐，又遣纳言[135]卢韫乘驲三诣安州[136]总管于翼问策，余人皆莫之知。丙子[137]，始召大将军以上于大德殿告之。

丁丑[138]，下诏伐齐，以柱国陈王纯、荥阳公司马消难[139]、郑公达奚震[140]为前三军总管，越王盛、周昌公[141]侯莫陈崇[142]、赵王招为后三军总管。齐王宪帅众二万趋黎阳，随公杨坚、广宁公薛迥将舟师三万自渭入河[143]，梁公侯莫陈芮[144]帅众二万守太行道[145]，申公李穆帅众三万守河阳道[146]，常山公于翼帅众二万出陈、汝[147]。谊，盟之兄孙；震，武之子也。

周主将出河阳[148]，内史上士[149]宇文弢[150]曰："齐氏建国，于今累世[151]；虽曰无道，藩镇之任，尚有其人。今之出师，要须择地。河阳冲要[152]，精兵所聚，尽力攻围，恐难得志。如臣所见，出于汾曲[153]，戍小山平，攻之易拔。用武之地，莫过于此。"民部中大夫[154]天水赵煚[155]曰："河南、洛阳，四面受敌，纵得之，不可以守。请从河北[156]直指太原，倾其巢穴，可一举而定。"遂伯下大夫[157]鲍宏[158]曰："我强齐弱，我治齐乱，何忧不克！但先帝[159]往日屡出洛阳，彼既有备，每有不捷。如臣计者，进兵汾、潞[160]，直掩晋阳，出其不虞，似为上策。"周主皆不从。宏，泉之弟也。

壬午[161]，周主帅众六万，直指河阴[162]。杨素请帅其父麾下先驱，周主许之。

八月，癸卯[163]，周遣使来聘。

周师入齐境，禁伐树践稼[164]，犯者皆斩。丁未[165]，周主攻河阴大城，拔之。齐王宪拔武济[166]；进围洛口[167]，拔东、西二城，纵火焚浮桥，桥绝。齐永桥[168]大都督太安傅伏[169]，自永桥夜入中潬城[170]。周人既克南城，围中潬，二旬不下。洛州[171]刺史独孤永业[172]守金墉[173]，周主自攻之，不克。永业通夜办马槽二千，周人闻之，以为大军且至而惮之。

九月，齐右丞[174]高阿那肱自晋阳将兵拒周师。至河阳，会周主有疾，辛酉[175]夜，引兵还。水军焚其舟舰。傅伏谓行台乞伏贵和[176]曰："周师疲弊，愿得精骑二千追击之，可破也。"贵和不许。

齐王宪、于翼、李穆，所向克捷，降拔[177]三十余城，皆弃而不守。唯以王药城[178]要害，令仪同三司韩正守之，正寻以城降齐。

戊寅[179]，周主还长安。

庚辰[180]，齐以赵彦深为司徒，斛阿列罗[181]为司空。

闰月[182]，车骑大将军吴明彻将兵击齐彭城；壬辰[183]，败齐兵数万于吕梁[184]。

甲午[185]，周主如[186]同州。

冬，十月，己巳[187]，立皇子叔齐为新蔡王，叔文为晋熙王[188]。

十二月，辛亥朔[189]，日有食之。

壬戌[190]，以王玚为尚书左仆射，太子詹事[191]吴郡陆缮[192]为右仆射。

庚午[193]，周主还长安。

（以上为第一段，写公元575年史事，北周武帝宇文邕大规模伐齐，周武帝未采纳臣下正确建议，出兵洛阳而败还。但北齐腐朽之形已现，陈朝趁机北伐，取得大胜。）

【注释】

[1]辛未：正月十六日。[2]癸酉：正月十七日。[3]乙亥：正月二十日。[4]潼州：州名。治所取虑城，在今安徽灵璧县东北潼郡村。[5]辛巳：正月二十六日。[6]祀北郊：陈制，以间岁正月上辛日，用特牛一，祀天、地于都城南、北二郊。间岁，即一年祀南郊，一年祀北郊。[7]丙戌朔：二月一日。[8]戊申：二月二十三日。[9]下邳：郡名。治所宿豫，在今江苏宿迁市东南。[10]高栅：地名。在今江苏宿迁市境。[11]涩呐（nè）：说话迟钝不流利。呐，同"讷"。[12]昵狎（xiá）：亲近、亲密。[13]交语：交谈，说话。[14]不堪人视：见人很羞怯，脸红。[15]令、录：令，指谓尚书令。录，指录尚书事官。[16]略陈大指：简要地说说大意。指，通"旨"。[17]世祖：北齐武成帝，后主之父。[18]奢泰：挥霍无度。泰同"汰"。[19]宝衣玉食：穿珠宝之衣，吃珍美的食品。[20]直：同"值"。[21]朝（zhāo）衣夕弊：早晨穿的衣服，到晚上则视若破衣，不再穿用。[22]百工：各种工匠。[23]汤：热开水。[24]贬损：损减，抑制。古代迷信天人相应，认为天灾是上帝对帝王的某种谴告，帝王常以损减衣食住行，承认过错。[25]设斋：施给道士僧尼以财物饭食称为设斋。[26]《无

愁》：曲名。［27］蓝缕：衣服破烂。［28］写筑西鄙诸城：画下北周边城的形状，仿图形以筑。［29］黑衣：北周的军服。［30］内参：指宦官。［31］宰制：主宰。［32］邓长颙：北齐宦官，备受后主恩幸，得以任参宰相，干预朝政。传附《北齐书·韩宝业传》《北史·韩宝业传》。［33］陈德信：北齐宦官。受后主恩幸，官至开府。传附《北齐书·韩宝业传》《北史·韩宝业传》。［34］机权：指政权的枢要机关。［35］显位：很高的官位。［36］狱以贿成：指狱讼的结果以受贿而定。［37］奸谄：邪诈谄媚。［38］苍头：奴仆。汉代奴仆常以深青色巾包头。故称奴仆为苍头。［39］见鬼人：指巫觋之类的人。［40］开府：官名。一般能开建府署，辟置僚属。［41］仪同：官名。即仪同三司，谓仪制同于三公。［42］侍中：官名。门下省长官。掌献纳谏正等。［43］中常侍：官名。出入宫廷，侍从皇帝。［44］郡君：妇女的封号。［45］干禄：俸禄。北齐官分九品，俸禄各以品秩为差。官一品每年禄八百匹。［46］府藏：官府储藏财物之所。［47］卖官取直：谓卖官取其钱。直，通“值”。［48］守令：指地方官。守，郡守；令，县令。［49］率（shuài）：大概，一般。［50］大贾（gǔ）：居货待售的坐商。［51］贪纵：据章校，“纵”下应补“赋繁役重”四字。［52］储偫（zhì）：存备。［53］守御：防守，戒备。［54］柱国：武官名。周有八柱国，掌管府兵。［55］于翼（？—683）：字文若。燕公于谨之子，历仕西魏、北周与隋，官至太尉。传见《周书》卷三十、《北史》卷二十三。［56］积年：谓时间长久。［57］间隙：空隙。此指可乘之机。［58］际会：时机。［59］往岁出军：指北周攻洛阳、出轵关和争宜阳、汾北之战。事分见《资治通鉴》卷一百六十九《陈纪三》文帝天嘉四年、五年，卷一百七十《陈纪四》宣帝太建元年至三年。［60］长淮：长长的淮河。［61］破亡余烬（jìn）：指陈氏承梁元帝江陵破亡之后，收合余烬，再于江南建立陈朝。［62］一举平之：指陈攻占淮南诸城。［63］有衅（xìn）：有空隙可乘。［64］方轨而进：谓大规模向前推进。方轨，即两车并行。［65］犄（jī）角：谓北周与陈夹击北齐。［66］广州：侨州名。治所山北县，在今河南鲁山县东。［67］三鸦：地名。在今河南鲁山县东。［68］山南：地区名。周以褒、汉、荆、襄为山南。［69］河：指黄河。［70］北山稽胡：指生活在北山一带的南匈奴余部。北山，山名。在今山西岚县一带。［71］绝：断绝。［72］并、晋：皆州名。并，指并州，治所太原，在今山西太原市西南。晋，指晋州，治所白马城，在今山西临汾市。［73］关、河之外：指齐境。［74］摧殄（tiǎn）：摧毁消灭。［75］一戎大定：如周武王伐纣，一戎衣而天下大定。［76］后图：后来的计划，打算。［77］万春：地名。在今山西河津市东北。［78］广事：大力推行。［79］屯田：利用军队或农民垦种土地，征收地租以为军饷，称屯田。［80］骁悍：骁勇凶悍。［81］部伍：部曲行伍。［82］东南有敌：谓齐与东南的陈国为敌。［83］戎马相持：谓军事对立。［84］疆埸（yì）：国界。［85］坚壁清野：加固壁垒不易被敌人攻破，转移人口、物资，使敌人无所获取。［86］宿舂：谓外出作战所需吃住之费。［87］奔命之劳：指来回奔波，疲惫不堪。［88］政出多门：政令不统一。［89］鬻（yù）狱：谓因讼得贿。［90］阖（hé）境嗷然：全国喧闹不平。阖，全。［91］电扫：迅速清除。［92］摧枯：摧折枯枝。［93］勾践：春秋时越王。为吴国所败后发愤图强，十年生聚，十年教训，终于灭掉吴国。详见《史记·越王勾践世家》。［94］武王取纣：指周武王灭商纣王事。［95］再举：武王三年曾集兵孟津，欲伐纣王，认为时机不成熟而止。过了三年，见纣王更加残暴，才再次兴兵灭纣。［96］遵养：《诗·周颂·酌》："于铄王师，遵养时晦"。朱熹《诗集传》："于，叹辞；铄，盛；遵，循。此亦颂武王之诗，言其初有于铄之师而不用，退自循养，与时皆晦。"后用为暂时隐居以待时机之意。［97］还崇邻好：恢复过去邻邦友好。［98］通商惠工：使商品流通，让手工业者得到实惠。［99］观衅：瞅准时机。［100］远驭：远远地驾驭形势。［101］坐自兼并：谓不费举步之劳，则轻易兼并北齐。［102］伊娄谦：鲜卑人。历仕周、隋，官至左武候大将军。传见《隋书》卷五十四、《北史》卷七十五。伊娄，复姓。［103］沈溺：陷入不良的境地而不能自拔。沈亦作"沉"。倡优：歌舞杂技艺人。［104］耽昏：沉醉。［105］曲（qū）蘖（niè）：酒。［106］折冲：阻折敌人的战车，意谓抵御敌人。冲，车。［107］谗口：指谗言。［108］道路以目：言路人以目示意而不敢言。［109］丙辰：三月二日。［110］元卫：元卫使齐事，《资治通鉴》据《周书·武帝纪》，但《隋书·伊娄谦传》称"谦与小司寇拓跋伟聘齐"。拓跋伟即元伟，《周书》有元伟传而无元卫传，疑卫为"伟"之误。［111］丙寅：三月十一日。［112］甲午：四月十日。［113］监豫州：即豫州监军。［114］首：纺织品的量词。［115］庚子：四月十六日。［116］中书监：官名。中书省长官，或称中书令，掌赞诏命。［117］阳休之（509—582）：字子烈。历仕北齐、北周与隋，官至中书监，封燕郡王。传见《北齐书》卷四十二、《北史》卷四十七。［118］壬辰：六月九日。［119］王玚（523—576）：历仕梁、陈，官至尚书左仆射，传见《陈书》卷二十三、《南史》卷二十一。［120］甲戌：六月甲申朔，无甲戌。按《北齐书·后主纪》作"秋，七月，甲戌，行幸晋阳"。《北史》同。《资治通鉴》误作"六月"。［121］丙戌：周历七月甲寅朔，无丙戌。按《周书·武帝纪》作"丙辰"，疑《资治通鉴》有误。丙辰，七月三日。［122］姿相奇伟：史载杨坚龙颜，额有五柱入顶，目光外射，手上有字曰"王"。身体上长下短，深沉严肃。［123］畿（jī）伯下大夫：官名。周地官之属，隶大司徒，掌邦教。［124］来和：历仕周、隋，官至开府。好相术，著《相经》四十卷。传见《隋书》卷七十八、《北史》卷八十九。［125］曙星：向晓之星，其光闪烁。［126］普六茹坚：即杨坚。坚父杨忠，从周太祖屡有战功，赐姓普六茹氏。［127］自失：茫然无所措。［128］诡对：不以实话回答。［129］随公：即杨坚。杨坚袭父爵为随国公。［130］守节：信守名分，保持节操。［131］陈无不破：犹战无不胜。陈，通"阵"。［132］丁卯：七月十五日。［133］内史：官名。即中书令。［134］王谊（540—585）：字宜君。仕北周与隋，官至大司徒，封郢国公。传见《隋书》卷四十、《周书》卷二十、《北史》卷六十一。［135］纳言：官名。即侍中，门下省长官，宰相之一。［136］安州：州名。北周置安州于安陆，在今湖北安陆市。［137］丙子：七月二十四日。［138］丁丑：七月二十五日。［139］司马消难（？—589）：原北齐人，后降北周与陈，官至郧州总管。传见《北齐书》卷十八、《周书》卷二十一、《北史》卷五十四。［140］达奚震：历仕西魏、北周，官至上柱国。传附《周书·达奚武传》《北史·达奚武传》。［141］周昌公：按《隋书·地理志》西魏北周有同昌县，而无周昌郡，疑周作“同”是。严衍《通鉴补》改周为同。［142］侯莫陈崇：按侯莫陈崇已死于保定三年，崇乃“琼”字之误。事见《周书》卷十六、《北史》卷六十。［143］自渭入河：即自渭水进入黄河。渭水，河名。即今陕西西安市以北的渭河。［144］侯莫陈芮：侯莫陈崇之子。袭爵梁国公。传附《周书·侯莫陈崇传》《北史·侯莫陈崇传》。［145］太行道：道路名。在今河南洛阳市孟津区以北。［146］河阳道：道路名。在今河南洛阳市孟津区西南。［147］陈、汝：陈，指陈郡，治所陈县，在今河南周口市淮阳区。汝，指汝南郡，治所悬瓠城，在今河南汝南县。［148］河阳：县名。县治河阳邑，在今河南洛阳市孟津区西北。古军事要冲。［149］内史上士：官名。秩位在内史大夫下，掌起草诏制。［150］宇文弼（bì）（546—607）：字公辅，历仕周、隋，官至刑部尚书。传见《隋书》卷五十六、《北史》卷七十五。［151］累世：连续几代。［152］冲要：在军事或交通等方面有重要作用的地方。［153］汾曲：地名。即汾水之曲，在今山西临汾市西南。［154］民部中大夫：官名。盖属大司徒，掌邦教。［155］赵煚（jiǒng）（534—599）：字贤通，仕周、隋，官至大宗伯。传见《隋书》卷四十六、《北史》卷七十五。［156］河北：郡名。治所河北县，在今山西永济市西南。［157］遂伯下大夫：官名。周代地官之属，每乡一人，掌管政令。［158］鲍宏：字润身，东海郯（今江苏连云港市）人。历仕梁、周、隋，官至均州刺史。修《皇室谱》一部。传见《隋书》卷六十六、《北史》卷七十七。［159］先帝：谓宇文泰。［160］汾、潞：地名。汾，指汾水；潞，指潞水。在今山西南部。［161］壬午：七月三十日。［162］河阴：郡名。治所河阴县，在今河南洛阳市东北。［163］癸卯：八月二十一日。［164］践稼：践踏庄稼。［165］丁未：八月二十五日。［166］武济：城名。周武王伐纣，由此济河，故以名城。在今河南洛阳市东北。［167］洛口：城名。洛水入黄河之口，于此置城。在今河南巩义市东北。［168］永桥：城名。地近河阳。在今河南武陟县西。［169］傅伏：北齐人，官至上大将军。传见《北齐书》卷四十一、《北史》卷五十三。［170］中潬（dàn）城：城名。河阳三城之一。在今河南孟州市西南。［171］洛州：州名。治所洛阳，在今河南洛阳市。［172］独孤永业（？—580）：本姓刘，随母改嫁独孤氏而改。历仕北齐、北周，官至襄州总管。传见《北齐书》卷四十一、《北史》卷五十三。［173］金墉：城名。在今河南洛阳市东北。［174］右丞：据章校，“丞”下应补“相”字。［175］辛酉：九月九日。［176］乞伏贵和：人名。历仕北齐、北周与隋。传附《北齐书·张保洛传》。［177］降拔：降，迎降；拔，以兵攻克。［178］王药城：地名。在今河南洛阳市附近。［179］戊寅：九月二十六日。［180］庚辰：九月二十八日。［181］斛阿列罗：斛阿列为三字姓，罗为名。［182］闰月：指闰九月。［183］壬辰：闰九月十一日。［184］吕梁：地名。在今江苏徐州市东南。［185］甲午：闰九月十三日。［186］如：往。［187］己巳：十月十八日。［188］叔齐、叔文：叔齐，陈宣帝第十一子，封新蔡王，陈亡降隋。叔文，陈宣帝第十二子，封为晋熙王，陈亡降隋。两人之传均见《陈书》卷二十八、《南史》卷六十五。［189］辛亥朔：十二月一日。［190］壬戌：十二月十二日。［191］太子詹事：官名。掌皇后太子家事。［192］陆缮（518—580）：历仕梁、陈，官至尚书左仆射。传见《陈书》卷二十三、《南史》卷四十八。［193］庚午：十二月二十日。

八年（丙申，576年）

春，正月，癸未[1]，周主如同州；辛卯[2]，如河东涑川[3]；甲午[4]，复还同州。

甲寅[5]，齐大赦。

乙卯[6]，齐主还邺。

二月，辛酉[7]，周主命太子巡抚西土[8]，因伐吐谷浑[9]，上开府仪同大将军[10]王轨、宫正宇文孝伯从行。军中节度，皆委[11]二人，太子仰成[12]而已。

齐括杂户[13]未嫁者悉集，有隐匿者，家长坐死[14]。

壬申[15]，以开府仪同三司吴明彻为司空[16]。

三月，壬寅[17]，周主还长安；夏，四月，乙卯[18]，复如同州。

己未[19]，上享太庙。

尚书左仆射王玚卒。

五月，壬辰[20]，周主还长安。

六月，戊申朔[21]，日有食之。

辛亥[22]，周主享太庙。

初，太子叔宝欲以左户部[23]尚书江总[24]为詹事[25]，令管记[26]陆瑜[27]言于吏部尚书孔奂。奂谓瑜曰："江有潘、陆[28]之华而无园、绮[29]之实，辅弼储宫[30]，窃有所难。"太子深以为恨，自言于帝。帝将许之，奂奏曰："江总，文华之士。今皇太子文华不少，岂藉[31]于总！如臣所见，愿选敦重[32]之才，以居辅导之职。"帝曰："即如卿言，谁当居此？"奂曰："都官尚书[33]王廓，世有懿德[34]，识性敦敏，可以居之。"太子时在侧，乃曰："廓，王泰之子，不宜为太子詹事。"奂曰："宋朝范晔[35]，即范泰之子，亦为太子詹事，前代不疑。"太子固争之，帝卒以总为詹事。总，敩[36]之曾孙也。

甲寅[37]，以尚书右仆射陆缮为左仆射。帝欲以孔奂代缮，诏已出，太子沮之[38]而止；更以晋陵[39]太守王克[40]为右仆射。

顷之[41]，总与太子为长夜之饮，养良娣[42]陈氏为女；太子亟[43]

微行[44]，游总家。上怒，免总官。

周利州[45]刺史纪王康[46]，骄矜无度，缮修戎器[47]，阴有异谋[48]。司录[49]裴融谏止之，康杀融。丙辰[50]，赐康死。

丁巳[51]，周主如云阳。

庚申[52]，齐宜阳王赵彦深卒。彦深历事累朝[53]，常参机近[54]，以温谨著称。既卒，朝贵典机密者，唯侍中、开府仪同三司斛律孝卿[55]一人而已，其余皆嬖幸也。孝卿，羌举之子，比于余人，差[56]不贪秽。

秋，八月，乙卯[57]，周主还长安。

周太子伐吐谷浑，至伏俟城[58]而还。

宫尹[59]郑译[60]、王端等皆有宠于太子。太子在军中多失德，译等皆预焉。军还，王轨等言之于周主。周主怒，杖太子及译等，仍除译等名，宫臣[61]亲幸者咸被谴。太子复召译，戏狎[62]如初。译因曰："殿下何时可得据天下？"太子悦，益昵之[63]。译，俨之兄孙也。

周主遇[64]太子甚严，每朝见，进止[65]与群臣无异，虽隆寒[66]盛暑[67]，不得休息；以其耆酒[68]，禁酒不得至东宫；有过，辄加捶挞。尝谓之曰："古来太子被废者几人？余儿岂不堪立邪！"乃敕东宫官属录太子言语动作，每月奏闻。太子畏帝威严，矫情[69]修饰[70]，由是过恶不上闻。

王轨尝与小内史[71]贺若弼[72]言："太子必不克负荷[73]。"弼深以为然，劝轨陈之。轨后因侍坐，言于帝曰："皇太子仁孝无闻，恐不了[74]陛下家事。愚臣短暗[75]，不足可信。陛下恒以贺若弼有文武奇才，亦常以此为忧。"帝以问弼，对曰："皇太子养德春宫[76]，未闻有过。"既退，轨让弼曰："平生言论，无所不道，今者对扬[77]，何得乃尔[78]反覆？"弼曰："此公之过也。太子，国之储副[79]，岂易发言[80]！事有蹉跌[81]，便至灭族。本谓公密陈臧否[82]，何得遂至昌言[83]！"轨默然久之，乃曰："吾专心国家，遂不存私计[84]。向者对众，良实[85]非宜。"

后轨因内宴[86]上寿，捋[87]帝须曰："可爱好老公，但恨后嗣[88]弱耳。"先是，帝问右宫伯宇文孝伯曰："吾儿比来[89]何如？"对曰："太子比惧天威[90]，更无过失。"罢酒，帝责孝伯曰："公常语我[91]云：'太子无过。’今轨有此言，公为诳矣。”孝伯再拜曰：“父[92]子之际，人所难言。臣知陛下不能割慈忍爱[93]，遂尔结舌[94]。”帝知其意，默然久之，乃曰：“朕已委公矣，公其勉之[95]！”

王轨骤言[96]于帝曰：“皇太子非社稷主[97]。普六茹坚貌有反相。”帝不悦，曰：“必天命[98]有在，将若之何[99]！”杨坚闻之，甚惧，深自晦匿[100]。

帝深以轨等言为然，但汉王赞[101]次长，又不才，余子皆幼，故得不废。

丁卯[102]，以司空吴明彻为南兖州[103]刺史。

齐主如晋阳。营邯郸宫[104]。

九月，戊戌[105]，以皇子叔彪[106]为淮南王。

（以上为第二段，重点载述北周武帝太子宇文赟和陈朝宣帝太子陈叔宝，均是不才储君。王轨谏周武帝暗示太子不才，为后来遭杀身之祸埋下伏笔。）

【注释】

[1]癸未：正月四日。[2]辛卯：正月十二日。[3]涑（sù）川：河名。涑水流经今山西闻喜县、临猗县、永济市，入黄河。[4]甲午：正月十五日。[5]甲寅：正月庚辰朔，无甲寅。二月五日为甲寅，疑甲寅在二月。《资治通鉴》记载干支有误。[6]乙卯：正月庚辰朔，亦无乙卯，二月六日为乙卯，疑乙卯在二月。[7]辛酉：二月十二日。[8]巡抚：巡视，安抚。西土：即北周西部地区。[9]吐谷（yù）浑：古代鲜卑族所建立的王朝名。生活在今青海北部、新疆东南部地区。[10]上开府仪同大将军：官名。周武帝建德四年，改骠骑大将军开府仪同三司为开府仪同大将军，仍增上开府仪同大将军。[11]委：托付。[12]仰成：仰首等待成功。比喻坐享其成。[13]杂户：指俘虏后供役使的奴隶户口。据章校，“户”下应补“女”字。[14]坐死：处死刑。[15]壬申：二月二十三日。[16]司空：官名。三公之一。辅佐天子，治理邦国。[17]壬寅：三月二十三日。[18]乙卯：四月七日。[19]己未：四月十一日。[20]壬辰：五月十四日。[21]戊申朔：六月一日。[22]辛亥：六月四日。[23]左户部：按《隋书·百官志上》：梁尚书省置吏部、祠部、度支、左户、都官、五兵等六尚书；陈因梁制。此盖左户，“部”字衍。[24]江总（519—594）：字总持，济阳考城（在今河南民权县东）人。历仕梁、陈与隋，官至尚书令。传见《陈书》卷二十七、《南史》卷三十六。[25]詹事：官名。总东宫内外庶务。[26]管记：官名。管理文牍之职。[27]陆瑜：陈朝人，传附《陈书，陆琰传》《南史·陆琰传》。[28]潘、陆：指晋代潘岳、陆机，晋惠帝为太子时，皆为东宫官。[29]园、绮：指汉代

园公、绮里季，曾羽翼汉太子盈，高祖遂不更易太子。［30］储宫：储君所居之宫，即太子东宫。［31］藉：借。［32］敦重：敦厚持重。［33］都官尚书：官名。尚书省六尚书之一，掌都官诸曹，主军事刑狱。［34］懿（yì）德：美德。［35］范晔（398—445）：南朝刘宋人，著名史学家，曾著有《后汉书》行于世。［36］敩（xiào）：即江敩，南朝齐朝人，以风流冠冕一时。［37］甲寅：六月七日。［38］沮（jǔ）之：指太子阻止宣帝欲以孔奂代陆缮事。［39］晋陵：郡名。治所晋陵县，在今江苏常州市。［40］王克：历仕梁、陈，官至尚书右仆射。传附《南史·王或传》。［41］顷之：不久。［42］良娣：女官名。太子之妾。［43］亟（qì）：屡次，一再地。［44］微行：隐蔽自己的高贵身份，便装出行。［45］利州：州名。治所兴安县，在今四川广元市。［46］纪王康：即宇文康（？—581），孝闵帝长子，封纪王。传见《周书·文闵明武宣诸子传》。［47］戎器：兵器。［48］异谋：指反叛的图谋。［49］司录：官名。掌总录诸曹文簿，举弹善恶。［50］丙辰：六月九日。［51］丁巳：六月十日。［52］庚申：六月十三日。［53］历事累朝：赵彦深事高欢，至后主，已事六主。［54］机近：谓处于机密近要的地位。［55］斛律孝卿：仕北齐、北周与隋，官至尚书令，封义宁王。传见《北齐书》卷二十、《北史》卷五十三。［56］差：比较，略微。［57］乙卯：八月九日。［58］伏俟城：城名。吐谷浑国都，在今青海共和县西北黑马镇东北。［59］宫尹：官名。周官。其职掌如太子詹事。［60］郑译（539—591）：字正义，荥阳开封（今河南开封市南）人。历仕周、隋，官至内史上大夫。传见《隋书》卷三十八、《周书》卷三十五、《北史》卷三十五。［61］宫臣：指在太子宫任职的臣子。［62］戏狎：轻浮嬉戏。［63］益昵之：更加亲近他。［64］遇：待遇，对待。［65］进止：进退举止。［66］隆寒：严寒。［67］盛暑：炎热的夏天。［68］耆酒：耆通“嗜”，爱好饮酒。［69］矫情：掩饰真情。［70］修饰：搞形式，装门面。［71］小内史：周官名。同中书侍郎之职。佐中书令，凡邦国之庶务，朝廷大政，皆得参议。［72］贺若弼（544—607）：字辅伯，河南洛阳（今河南洛阳市）人。历仕周、隋，官至右武候大将军，封宋国公。传见《隋书》卷五十二、《周书》卷二十八、《北史》卷六十八。［73］不克负荷：此指不能担负起治国大任。负荷，背负肩担。［74］不了：做不好。［75］短暗：短浅昏暗。［76］春宫：即东宫。因太子居东宫，东方主春，故亦称春宫。［77］对扬：以对面奏陈为对扬。对，回答；扬，称，举。［78］乃尔：如此。［79］储副：指太子，君主之副，被确认为君位的继承者。［80］发言：议论。［81］蹉（cuō）跌：失足。比喻失误。［82］密陈臧否：谓秘密述说其善恶得失。臧，善；否，恶。［83］昌言：公开谈论。昌，明显。［84］私计：个人打算。［85］良实：确实。良，副词，甚，很。［86］内宴：在宫中宴会称内宴。［87］捋（luō）：顺手抚摩。［88］后嗣：后世，后代。指太子。［89］比来：近来。［90］天威：上天的威严。此指帝王的威严。［91］语我：告诉我。［92］父：据章校，“父”上应补“臣闻”二字。［93］割慈忍爱：舍弃慈爱。［94］遂尔结舌：就这样不敢说话。［95］公其勉之：您还是努力做吧！［96］骤言：屡次说。［97］社稷主：关系国家安危兴衰的君主。［98］天命：古代把天当作神，称天神的意旨为天命。［99］若之何：怎么办。［100］晦匿（nì）：隐匿声迹，表面上给人以昏暗的印象。［101］汉王赞：即宇文赞（？—580），周武帝第二子，封汉王。传见《周书》卷十三、《北史》卷五十八。［102］丁卯：八月二十一日。［103］南兖州：梁于江都郡置南兖州，北齐改为东广州，陈回改。治所广陵，在今江苏扬州市西北。［104］邯郸宫：于赵故都营造邯郸宫，在今河北邯郸市永年区。［105］戊戌：九月二十三日。［106］叔彪：即陈叔彪，陈宣帝第十三子，封淮南王。传见《陈书》卷二十八、《南史》卷六十五。

周主谓群臣曰："朕去岁属有疾疢[1]，遂不得克平逋寇[2]。前入齐境，备见其情，彼之行师，殆同儿戏。况其朝廷昏乱，政由群小，百姓嗷然，朝不谋夕[3]。天与不取，恐贻[4]后悔。前出河外，直为拊背[5]，未扼其喉[6]。晋州本高欢所起之地，镇摄[7]要重，今往攻之，彼必来援；吾严军以待，击之必克。然后乘破竹之势[8]，鼓行而东，足以穷其巢穴，混同文轨[9]。"诸将多不愿行。帝曰："机不可失。有沮吾军者，当以军法裁之[10]！"

冬，十月，己酉[11]，周主自将伐齐，以越王盛[12]、杞公亮[13]、随公杨坚为右三军，谯王俭[14]、大将军窦泰、广化公丘崇为左三军，齐王宪、陈王纯为前军。亮，导之子也。

丙辰[15]，齐主猎于祁连池[16]；癸亥[17]，还晋阳。先是，晋州行台左丞张延隽公直勤敏，储偫有备，百姓安业，疆埸无虞。诸嬖幸恶而代之，由是公私烦扰。

周主至晋州，军[18]于汾曲，遣齐王宪将兵[19]二万守雀鼠谷[20]，陈王纯步骑二万守千里径[21]，郑公达奚震[22]步骑一万守统军川[23]，大将军韩明[24]步骑五千守齐子岭[25]，焉氏公尹升步骑五千守鼓钟镇[26]，凉城公辛韶[27]步骑五千守蒲津关，赵王招步骑一万自华谷[28]攻齐汾州[29]诸城，柱国宇文盛[30]步骑一万守汾水关[31]。

遣内史王谊监诸军攻平阳城[32]。齐行台仆射海昌王尉相贵[33]婴城[34]拒守[35]。甲子[36]，齐集兵晋祠。庚午[37]，齐主自晋阳帅诸军趣晋州。周主日自汾曲至城下督战，城中窘急。庚午[38]，行台左丞侯子钦出降于周。壬申[39]，晋州刺史崔景嵩守北城，夜，遣使请降于周，王轨帅众应之。未明，周将北海段文振，杖[40]槊与数十人先登，与景嵩同至尉相贵所，拔佩刀劫之。城上鼓噪，齐兵大溃，遂克晋州，虏相贵及甲士八千人。

齐主方与冯淑妃[41]猎于天池[42]，晋州告急者，自旦至午，驿马三至。右丞相高阿那肱曰："大家正为乐，边鄙[43]小小交兵，乃是常事，何急奏闻！"至暮，使更至，云"平阳已陷"，乃奏之。齐主将还，淑妃请更杀一围[44]，齐主从之。

周齐王宪攻拔[45]洪洞[46]、永安[47]二城，更图进取。齐人焚桥守险，军不得进，乃屯永安。使永昌公椿[48]屯鸡栖原[49]，伐柏为庵[50]以立营。椿，广之弟也。

癸酉[51]，齐主分军万人向千里径，又分军出汾水关，自帅大军上鸡栖原。宇文盛遣人告急，齐王宪自救之。齐师退，盛追击，破之。俄而椿告齐师稍逼[52]，宪复还救之。与齐对陈，至夜不战。会周主召宪还，宪引兵夜去。齐人见柏庵在，不之觉，明日，始知之。齐主使高阿那肱将前军先进，仍节度诸军。

甲戌[53]，周以上开府仪同大将军[54]安定梁士彦[55]为晋州刺史，留精兵一万镇之。

十一月，己卯[56]，齐主至平阳。周主以齐兵新集，声势甚盛，且欲西还以避其锋。开府仪同大将军宇文忻[57]谏曰："以陛下之圣武[58]，乘敌人之荒纵[59]，何患不克！若使齐得令主[60]，君臣协力，虽汤、武之势[61]，未易平也。今主暗臣愚[62]，士无斗志，虽有百万之众，实为陛下奉[63]耳。"军正[64]京兆王纮[65]曰："齐失纪纲[66]，于兹累世。天奖周室，一战而扼其喉。取乱侮亡[67]，正在今日。释[68]之而去，臣所未谕[69]。"周主虽善其言，竟引军还。忻，贵之子也。

周主留齐王宪为后拒，齐师追之，宪与宇文忻各将百骑与战，斩其骁将贺兰豹子等，齐师乃退。宪引军渡汾[70]，追及周主于玉壁[71]。

齐师遂围平阳，昼夜攻之。城中危急，楼堞[72]皆尽，所存之城，寻仞[73]而已。或短兵相接，或交马出入，外援不至，众皆震惧。梁士彦慷慨[74]自若[75]，谓将士曰："死在今日，吾为尔先。"于是勇烈齐奋，呼声动地，无不一当百。齐师少却，乃令妻妾、军民、妇女，昼夜修城，三日而就。周主使齐王宪将兵六万屯涑川[76]，遥为平阳声援。齐人作地道攻平阳，城陷十余步，将士乘势欲入。齐主敕且止，召冯淑妃观之。淑妃妆点[77]，不时[78]至，周人以木拒塞之，城遂不下。旧俗相传，晋州城西石上有圣人迹，淑妃欲往观之。齐主恐弩矢及桥，乃抽攻城木造远桥。齐主与淑妃度桥，桥坏，至夜乃还。

癸巳[79]，周主还长安。甲午[80]，复下诏，以齐人围晋州，更帅诸军击之。丙申[81]，纵[82]齐降人使还。丁酉[83]，周主发长安；壬寅[84]，济河，与诸军合。十二月，丁未[85]，周主至高显[86]，遣齐王[87]帅所部先向平阳。戊申[88]，周主至平阳。庚戌[89]，诸军总集，凡八万人，稍进，逼城置陈，东西二十余里。

先是，齐人恐周师猝至[90]，于城南穿堑[91]，自乔山[92]属于汾水；齐主大出兵，陈于堑北，周主命齐王宪驰往观之。宪复命[93]曰："易与耳，请破之而后食。"周主悦，曰："如汝言，吾无忧矣！"周主乘常御马，从数人巡陈，所至辄呼主帅姓名慰勉之。将士喜于见知[94]，咸思自奋[95]。将战，有司请换马。周主曰："朕独乘良马，欲何之！"周主欲薄[96]齐师，碍堑而止，自旦至申[97]，相持不决。

齐主谓高阿那肱曰："战是邪？不战是邪？"阿那肱曰："吾兵虽多，堪战不过十万，病伤及绕城樵爨[98]者复三分居一。昔攻玉壁[99]，援军来即退。今日将士，岂胜神武[100]时邪！不如勿战，却守[101]高梁桥[102]。"安吐根[103]曰："一撮许[104]贼，马上刺取，掷著[105]汾水中耳！"齐主意未决。诸内参曰："彼亦天子，我亦天子。彼尚能远来，我何为守堑示弱！"齐主曰："此言是也。"于是填堑南引[106]。周主大喜，勒[107]诸军击之。

兵才合[108]，齐主与冯淑妃并骑观战。东偏[109]少却，淑妃怖曰："军败矣！"录尚书事城阳王穆提婆曰："大家去！大家去！"齐主即以淑妃奔高梁桥。开府仪同三司奚长谏曰："半进半退，战之常体[110]。今兵众全整，未有亏伤，陛下舍此安之！马足一动，人情骇乱，不可复振。愿速还安慰之！"武卫[111]张常山自后至，亦曰："军寻收讫[112]，甚完整。围城兵亦不动。至尊[113]宜回。不信臣言，乞将[114]内参往视。"齐主将从之。穆提婆引齐主肘曰："此言难信。"齐主遂以淑妃北走。齐师大溃，死者万余人，军资器械，数百里间，委弃山积[115]。安德王延宗[116]独全军[117]而还。

齐主至洪洞，淑妃方以粉镜自玩[118]，后声乱，唱[119]贼至，于是复走。先是齐主以淑妃为有功勋，将立为左皇后[120]，遣内参诣晋阳取皇后服御袆翟[121]等。至是，遇于中涂[122]，齐主为按辔[123]，命淑妃著[124]之，然后去。

辛亥[125]，周主入平阳。梁士彦见周主，持周主须而泣曰："臣几[126]不见陛下！"周主亦为之流涕。

周主以将士疲弊，欲引还[127]。士彦叩马[128]谏曰："今齐师遁散[129]，众心皆动[130]，因其惧而攻之，其势必举[131]。"周主从之，执其手曰："余得晋州，为平齐之基[132]，若不固守，则大事不成。朕无前忧，唯虑后变，汝善为我守之！"遂帅诸将追齐师。诸将固请西还，周主曰："纵敌患生[133]。卿等若疑，朕将独往。"诸将乃不敢言。癸丑[134]，至汾水关。

齐主入晋阳，忧惧不知所之[135]。甲寅[136]，齐大赦。齐主问计于朝臣，皆曰："宜省赋息役[137]，以慰民心；收遗兵[138]，背城死战[139]，以安社稷。"齐主欲留安德王延宗、广宁王孝珩守晋阳，自向北朔州[140]。若晋阳不守，则奔[141]突厥，群臣皆以为不可，帝不从。

开府仪同三司贺拔伏恩等宿卫近臣三十余人西奔周军，周主封赏各有差[142]。

高阿那肱所部兵尚一万，守高壁[143]，余众保洛女砦[144]。周主引军向高壁，阿那肱望风退走。齐王宪攻洛女砦，拔之。有军士告阿那肱招引西军[145]，齐主令侍中斛律孝卿[146]检校[147]，孝卿以为妄。还，至晋阳，阿那肱腹心复告阿那肱谋反，又以为妄，斩之。

乙卯[148]，齐主诏安德王延宗、广宁王孝珩募兵。延宗入见，齐主告以欲向北朔州，延宗泣谏[149]，不从，密遣左右先送皇太后、太子于北朔州。

丙辰[150]，周主与齐王宪会于介休[151]。齐开府仪同三司韩建业[152]

举城降，以为上柱国[153]，封郇[154]公。

是夜[155]，齐主欲遁去，诸将不从。丁巳[156]，周师至晋阳。齐主复大赦，改元隆化[157]。以安德王延宗为相国[158]、并州刺史，总山西[159]兵，谓曰："并州兄自取之[160]，儿[161]今去矣！"延宗曰："陛下为社稷勿动。臣为陛下出死力战，必能破之。"穆提婆曰："至尊计已成，王不得辄[162]沮！"齐主乃夜斩五龙门而出，欲奔突厥，从官多散。领军梅胜郎[163]叩马谏，乃回向邺。时唯高阿那肱等十余骑从，广宁王孝珩、襄城王彦道继至，得数十人与俱。

穆提婆西奔周军，陆令萱自杀，家属皆诛没[164]。周主以提婆为柱国、宜州[165]刺史。下诏谕齐群臣曰："若妙尽人谋[166]，深达[167]天命，官荣爵赏，各有加隆。或我之将卒，逃逸彼朝[168]，无问贵贱，皆从荡涤[169]。"自是齐臣降者相继。

初，齐高祖[170]为魏丞相，以唐邕典外兵曹[171]，太原白建[172]典骑兵曹，皆以善书计[173]、工[174]簿帐受委任。及齐受禅[175]，诸司咸归尚书；唯二曹不废，更名二省。邕官至录尚书事，建官至中书令，常典二省，世称"唐、白"。邕兼领度支，与高阿那肱有隙，阿那肱谮之，齐主敕侍中斛律孝卿总知骑兵、度支。孝卿事多专决，不复询禀[176]。邕自以宿习[177]旧事，为孝卿所轻，意甚郁郁[178]。及齐主还邺，邕遂留晋阳。并州将帅请于安德王延宗曰："王不为天子，诸人实不能为王出死力。"延宗不得已，戊午[179]，即皇帝位。下诏曰："武平孱弱[180]，政由宫[181]竖，斩关夜遁，莫知所之。王公卿士，猥见推逼[182]，今祗承宝位[183]。"大赦，改元德昌[184]。以晋昌王唐邕为宰相，齐昌王莫多娄敬显[185]、沭阳王[186]、右卫大将军段畅、开府仪同三司韩骨胡等为将帅。敬显，贷文之子也。众闻之，不召而至者，前后相属[187]。延宗发[188]府藏及后宫美女以赐将士，籍没[189]内参十余家。齐主闻之，谓近臣曰："我宁使周得并州，不欲安德[190]得之。"左右曰："理然[191]。"延宗见士卒，皆亲执手称名，流涕呜咽[192]，众争为死；童儿女子，亦乘[193]屋攘袂[194]，投砖石以御敌。

己未[195]，周主至晋阳。庚申[196]，齐主入邺。周师围晋阳，四合如黑云[197]。安德王延宗命莫多娄敬显、韩骨胡拒城南，和阿干子、段畅拒城东，自帅众拒齐王宪于城北。延宗素肥，前如偃，后如伏[198]，人常笑之。至是，奋大矟往来督战，劲捷若飞，所向无前[199]。和阿干子、段畅以千骑奔周军。周主攻东门，际昏[200]，遂入之，进焚佛寺。延宗、敬显自门入，夹击之，周师大乱，争门，相填压[201]，塞路不得进。齐人从后斫[202]刺，死者二千余人。周主左右略尽，自拔[203]无路。承御上士[204]张寿牵马首，贺拔伏恩以鞭拂其后，崎岖得出[205]。齐人奋击，几中之。城东道阨曲[206]，伏恩及降者皮子信[207]导之，仅得免，时已四更[208]。延宗谓[209]周主为乱兵所杀，使于积尸中求长鬣[210]者，不得。时齐人既捷，入坊[211]饮酒，尽醉卧，延宗不复能整。

周主出城，饥甚，欲遁去，诸将亦多劝之还。宇文忻勃然[212]进曰："陛下自克晋州，乘胜至此。今伪主[213]奔波，关东[214]响震，自古行兵，未有若斯之盛。昨日破城，将士轻敌，微有不利，何足为怀！丈夫当死中求生，败中取胜。今破竹之势已成，奈何弃之而去！"齐王宪、柱国王谊亦以为去必不免[215]，段畅等又盛言[216]城内空虚。周主乃驻马，鸣角收兵，俄顷[217]复振[218]。辛酉[219]，旦，还攻东门，克之。延宗战力屈，走至城北，周人擒之。周主下马执其手，延宗辞曰："死人手[220]，何敢迫[221]至尊！"周主曰："两国天子，非有怨恶，直为百姓来耳。终不相害，勿怖也。"使复衣帽而礼之[222]。唐邕等皆降于周。独莫多娄敬显奔邺，齐主以为司徒。

延宗初称尊号[223]，遣使修启[224]于瀛州[225]刺史任城王湝，曰："至尊出奔，宗庙[226]事重，群公劝迫，权主[227]号令。事宁，终归叔父。"湝曰："我人臣，何容受此启！"执使者送邺。

壬戌[228]，周主大赦，削除齐制。收礼文武之士[229]。

邺[230]伊娄谦聘于齐，其参军[231]高遵以情输于齐[232]，齐人拘之于晋阳。周主既克晋阳，召谦，劳之。执遵付谦，任其报复。谦顿首[233]，请赦之，周主曰："卿可聚众唾面，使其知愧。"谦曰："以遵之罪，又非唾面可责。"帝善其言而止。谦待遵如初。

臣光曰：赏有功，诛有罪，此人君之任也。高遵奉使异国，漏泄大谋，斯叛臣也；周高祖不自行戮[234]，乃以赐谦，使之复怨，失政刑[235]矣！孔子谓以德报怨[236]者何以报德。为谦者，宜辞而不受，归诸有司[237]，以正典刑[238]。乃请而赦之以成其私名，美则美矣，亦非公义也。

齐主命立重赏以募战士，而竟不出物。广宁王孝珩请"使任城王湝将幽州道[239]兵入土门[240]，扬声[241]趣并州，独孤永业将洛州道[242]兵入潼关[243]，扬声趣长安，臣请将京畿[244]兵出滏口[245]，鼓行逆战。敌闻南北有兵，自然逃溃。"又请出宫人珍宝赏将士。齐主不悦。斛律孝卿请齐主亲劳将士，为之撰辞[246]，且曰："宜慷慨流涕，以感激人心。"齐主既出，临众[247]，将令之，不复记所受言，遂大笑，左右亦笑。将士怒曰："身尚如此，吾辈何急！"皆无战心，于是自大丞相[248]已下，太宰、三师[249]、大司马、大将军、三公[250]等官，并增员而授，或三或四，不可胜数[251]。

朔州[252]行台仆射高劢将兵侍卫太后、太子，自土门道还邺。时宦官仪同三司苟子溢[253]犹恃宠纵暴[254]，民间鸡彘，纵鹰犬搏噬[255]取之；劢执以徇[256]，将斩之；太后救之，得免。或谓劢曰："子溢之徒，言成祸福[257]，独不虑后患邪？"劢攘袂曰："今西寇[258]已据并州，达官[259]率皆委叛[260]，正坐此辈浊乱[261]朝廷。若得今日斩之，明日受诛，亦无所恨[262]！"劢，岳之子也。甲子[263]，齐太后至邺。

丙寅[264]，周主出齐宫中珍宝服玩及宫女二千人，班赐[265]将士，加立功者官爵各有差。周主问高延宗以取邺之策，辞曰："此非亡国之臣所及。"强问之，乃曰："若任城王据邺，臣不能知。若今主自守，陛下兵不血刃[266]。"癸酉[267]，周师趣邺，命齐王宪先驱，以上柱国陈王纯为并州总管。

齐主引诸贵臣入朱雀门[268]，赐酒食，问以御周之策，人人异议，齐主不知所从。是时人情恟惧[269]，莫有斗心，朝士[270]出降，昼夜相属[271]。高劢曰："今之叛者，多是贵人，至于卒伍[272]，犹未离心。请追五品已上[273]家属，置之三台[274]，因胁之[275]以战，若不捷，则焚台[276]。此曹顾惜[277]妻子，必当死战。且王师频北[278]，贼徒轻我，今背城一决，理必破之。”齐主不能用。望气[279]者言，当有革易[280]。齐主引尚书令高元海等议，依天统故事[281]，禅位皇太子。

（以上为第三段，写公元576年北周武帝第二次大举讨伐北齐，夺取晋州平阳和晋阳的决定性胜利。）

【注释】

[1]疢（chèn）：热病。[2]逋（bū）寇：逃亡的贼寇。此指北齐。[3]朝不谋夕：又作“朝不虑夕”。指时间紧迫，情况危急。[4]贻（yí）：遗留。[5]拊（fǔ）背：轻拍脊背。拊，拍、轻击。[6]未扼其喉：未能控制其要害之地。[7]摄：总持。[8]破竹之势：比喻节节胜利，毫无阻挡。[9]混同文轨：指一统天下。文，文字；轨，车道。[10]裁之：裁定，制裁。[11]己酉：十月四日。[12]越王盛（？—580）：宇文泰之子，传见《周书》卷十三、《北史》卷五十八。[13]杞公亮：即宇文亮（？—580），传附《周书·邵惠公颢传》《北史·周宗室传》。[14]谯王俭：即宇文俭（？—581），宇文泰之子，传见《周书》卷十三、《北史》卷五十八。[15]丙辰：十月十一日。[16]祁连池：地名。一名天池（北方少数民族称天为祁连）。在今山西宁武县西南管涔山上。[17]癸亥：十月十八日。[18]军：驻扎。[19]将兵：据章校，“兵”作“精骑”，《周书·齐炀王宪传》正作“精骑”。[20]雀鼠谷：地名。汾水南过冠爵津，在介休县西南，俗谓之雀鼠谷，在今山西介休市东南。[21]千里径：要路之一。在今山西临汾市北。[22]达奚震：字猛略。历仕西魏、北周，官至上柱国。传附《周书·达奚武传》《北史·达奚武传》。[23]统军川：河名。一名统军水。即今山西洪洞县南汾水东岸支流。[24]韩明（？—580）：传附《周书·韩果传》《北史·韩果传》。[25]齐子岭：地名。一名秦岭。在今河南济源市西北。[26]鼓钟镇：地名。在今甘肃永昌县西。[27]辛韶：传附《隋书·田仁恭传》《北史·田仁恭传》。[28]华谷：地名。涑水出河东闻喜县东山黍葭谷，俗谓之华谷，在今山西闻喜县东。[29]汾州：州名。治所蒲子城，在今山西汾阳市。[30]宇文盛（？—580）：字保兴，代（今山西代县）人。历仕西魏、北周，官至上柱国。传见《周书》卷二十九。[31]汾水关：关名。一名阴地关。在今山西灵石县西南汾河东岸。[32]平阳城：地名。平阳郡治所，在今山西临汾市。[33]尉相贵（？—576）：仕北齐，传附《北齐书·张保洛传》《北史·张保洛传》。[34]婴城：环城固守。婴，环绕。[35]拒守：据章校，“守”下应补“相贵，相愿之兄也”七字。[36]甲子：十月十九日。[37]庚午：十月二十五日。[38]庚午：前庚午事抄录《北齐书》，后庚午事抄录《周书》，故重复。[39]壬申：十月二十七日。[40]杖：手持。通“仗”。[41]冯淑妃：传见《北史》卷十四。[42]天池：地名。在今山西静乐县境。按天池在晋阳北一百七十余里，晋州在晋阳南五百余里，时齐主已率军往晋州，不再北往。疑天池即祁连池，因北方人谓天为祁连。[43]边鄙：近边界的地方。[44]一围：古代围猎人把兽类围在圈内射杀，杀尽为止。一次称为一围。[45]攻拔：攻克。[46]洪洞：城名。取城北洪洞岭为名。

在今山西洪洞县北。［47］永安：城名。永安郡治所，在今山西霍州市。［48］永昌公椿：即宇文椿（？—581），传附《周书·邵惠公颢传》《北史·周宗室传》。［49］鸡栖原：地名。在今山西霍州市北。［50］庵（ān）：圆形草屋。［51］癸酉：十月二十八日。［52］稍逼：渐渐逼近。［53］甲戌：十月二十九日。［54］上开府仪同大将军：文散官名号，无职掌。［55］梁士彦（515—586）：历仕西魏、北周与隋，官至上柱国，封郕国公。传见《周书》卷三十一、《隋书》卷四十、《北史》卷七十三。［56］己卯：十一月四日。［57］宇文忻（523—586）：字仲药，京兆（今陕西西安市）人，历仕北周、隋，官至右领军大将军，封杞国公。传见《周书》卷十九、《隋书》卷四十、《北史》卷六十。［58］圣武：圣明英武。［59］荒纵：迷乱放纵。［60］令主：贤明的君主。［61］汤、武之势：谓商汤灭夏桀、周武王伐商纣王之优势。［62］主暗臣愚：君主昏暗，臣下愚昧。［63］奉：奉送。［64］军正：官名。军中执法之官。［65］王纮：据章校，"纮"应改作"韶"字。按《隋书》卷六十二、《北史》卷七十五皆作"韶"。［66］纪纲：法度，法纪。［67］取乱侮亡：乱则取之，有亡形则侮之。侮，欺凌。［68］释：放弃。［69］谕：明白，理解。又同"喻"。［70］汾：汾水，即今汾河。黄河支流。源出于今山西宁武县，南流经今河津市入黄河。［71］玉壁：城名。勋州治所，在今山西稷山县西南。［72］楼堞（dié）：楼，城上敌楼。堞，城上矮墙。［73］寻仞（rèn）：古代六尺为寻，七尺为仞。［74］慷慨：意气风发。［75］自若：和往常一样。［76］涑川：河名。即今山西西南部黄河支流涑水河。［77］妆点：化妆。［78］不时：没按时，不及时。［79］癸巳：十一月十八日。［80］甲午：十一月十九日。［81］丙申：十一月二十日。［82］纵：释放。［83］丁酉：十一月二十二日。［84］壬寅：十一月二十七日。［85］丁未：十二月三日。［86］高显：地名。在今山西曲沃县西北高显镇。［87］齐王：据章校，"王"下应补"宪"字。［88］戊申：十二月四日。［89］庚戌：十二月六日。［90］猝（cù）至：突然而至。猝，也写作"卒"。［91］穿堑（qiàn）：挖壕沟。［92］乔山：地名。一作桥山，在今山西襄汾县东南。［93］复命：谓完成使命后回报。［94］见知：为人所知。［95］自奋：自我发奋。［96］薄：逼近。［97］自旦至申：从早晨到傍晚。旦，天明，早晨。申，申时，指每天下午三时至五时。［98］樵爨（cuàn）：打柴做饭。爨，烧火做饭。［99］攻玉壁：事见《资治通鉴》第一百五十九卷《梁纪十三》武帝大同元年。［100］神武：指高欢。高欢谥神武皇帝。［101］郤（què）守：退守。郤，同"却"。［102］高梁桥：地名。晋州平阳县有高梁城，故址在今山西临汾市东北。［103］安吐根（？—577）：安西胡人。官至仪同三司。传见《北史》卷九十二。［104］一撮许：一小撮。言其少。许，约计的数量，大约之意。［105］掷著：投到。［106］南引：率兵而南下。［107］勒：统率。［108］才合：刚开始交战。［109］东偏：谓作战的北齐东翼军队。［110］常体：普通的状态，正常的情况。［111］武卫：官名。属左、右武卫将军。［112］收讫：整齐完毕。收，谓收敛整齐之意。［113］至尊：极其尊贵。对帝王的称呼。［114］乞将：乞请带领。将，领善，偕同。［115］委弃山积：扔掉的军器物资堆积如山。［116］安德王延宗：即高延宗（？—577），文襄帝第五子，封安德王。传见《北齐书》卷

十一、《北史》卷五十二。［117］全军：谓全军完整无损。［118］粉镜自玩：施粉添妆，临镜自赏。［119］唱：长声高呼。［120］左皇后：齐后主立有皇后与左皇后二后，时有穆皇后，故欲立冯淑妃为左皇后。［121］皇后服御袆（huī）翟：服御，指衣服车马之类。袆翟，北齐皇后助祭、朝会时所穿礼服。［122］中涂：半道。涂，通“途”。［123］按辔：扣紧马缰，使马缓步而行。［124］著（zhuó）：穿着。［125］辛亥：十二月七日。［126］几：几乎。［127］引还：率军回归。［128］叩马：勒住马。［129］遁散：逃散。遁，逃亡。［130］众心皆动：大家心里都惧怕不安。［131］举：攻克，拔取。［132］基：基地。［133］纵敌患生：放跑敌人，就要产生祸患。［134］癸丑：十二月九日。［135］所之：往哪里去。［136］甲寅：十二月十日。［137］省赋息役：谓减少赋税，停止徭役。［138］遗兵：逃散的士兵。［139］背城死战：在自己的城池下与敌决一死战。［140］北朔州：州名。治所古马邑城，在今山西朔州市。［141］奔：前往投降。［142］各有差：多少不等。［143］高壁：岭名。即高壁岭，又名韩壁岭。在今山西灵石县南。［144］洛女砦：寨栅名。即洛水寨，在今山西灵石县境。［145］招引西军：勾结敌军。招引，招致，勾搭。西军，指北周军。［146］斛律孝卿：北齐人，后降北周，官至侍中，封义宁王。传附《北齐书·斛律羌举传》《北史·斛律羌举传》。［147］检校：查劾。［148］乙卯：十二月十一日。［149］泣谏：哭泣着劝说。［150］丙辰：十二月十二日。［151］介休：县名。在今山西介休市东南。［152］韩建业：历仕北齐、北周与隋，官至上柱国，封郇公。传附《周书·张保洛传》《北史·张保洛传》。［153］上柱国：官名。北周武官勋级中的最高级。无职掌。［154］郇（xún）：古国名，西周封置。在今山西临猗县西南。［155］是夜：这一夜，即十二日夜。是，此。［156］丁巳：十二月十三日。［157］改元隆化：将武平七年改为隆化元年。［158］相国：官名。即宰相，全国最高行政长官。辅助天子处理军国大政。［159］山西：邺都称并州之地为山西。［160］并州兄自取之：指权衡形势，自为并州之主。兄（kuàng），古“况”字，况且，权且，指权衡形势。［161］儿：齐后主自称。［162］辄：每，总是。［163］梅胜郎：人名。领军将军。传见《北史·恩幸传》。［164］诛没：诛杀或没为官府奴婢。［165］宜州：州名。治所华原县，在今陕西铜川市耀州区。［166］妙尽人谋：（你们能）给出最好的计谋。［167］深达：十分通达。［168］彼朝：指北齐朝。［169］荡涤：消除净尽。［170］齐高祖：齐尊高欢庙号为高祖。［171］曹：古代分职治事的官署或部门。［172］白建（？—576）：仕北齐，官至中书令。传见《北齐书》卷四十、《北史》卷五十五。［173］书计：文字与筹算。［174］工：擅长。［175］受禅：王朝更替，新皇帝接受旧皇帝让给的帝位。［176］询禀：询问和禀告。［177］宿习：平素熟练。［178］郁郁：因受抑制而气不得舒展。［179］戊午：十二月十四日。［180］武平：齐后主年号，此指后主。孱（chán）弱：懦弱。［181］宫竖：据章校，“宫”应改作“宦”字。［182］猥（wěi）见推逼：被众人推举逼迫。［183］宝位：皇帝之位。［184］改元德昌：即由隆化元年改为德昌元年。［185］莫多娄敬显（？—577）：仕北齐，官至司徒。传附《北齐书·莫多娄贷文传》《北史·莫多娄贷文传》。莫多娄，三字姓。［186］沭（shù）阳王：据章校，“王”下应补“和阿干子”

四字。［187］属：跟随。［188］发：打开。［189］籍没：没收财物入官。［190］安德：指安德王高延宗。［191］理然：理所当然。［192］呜咽：悲泣声。［193］乘：登。［194］攘袂（mèi）：挽袖捋臂，奋起之状。［195］己未：十二月十五日。［196］庚申：十二月十六日。［197］如黑云：周戎装及旗帜皆黑色，故如黑云。［198］前如偃，后如伏：因高延宗过于肥大，从前面看他，如仰倒；从后看，又如伏倒之状。偃，仰倒为偃。［199］无前：莫能居其前，无敌。［200］际昏：接近黄昏时。［201］填压：一个又一个地堆压在一起。填，加入。［202］斫：用刀斧砍。［203］自拔：脱身。［204］承御上士：官名。侍卫左右之官。［205］崎岖得出：比喻历尽困难艰险，才得以出城。［206］阨（ài）曲：狭窄曲折。阨，通"隘"。［207］皮子信：即皮信，皮景和之子。降北周，官至上开府、军正大夫。传附《周书·皮景和传》《北史·皮景和传》。"子"为衍字，当删。［208］四更：古时每夜分为五更。四更当在凌晨3—4时。［209］谓：以为。［210］长鬣（liè）：长胡须。鬣，胡须。［211］坊：街市里巷。［212］勃然：发怒变色。［213］伪主：指齐主。周将以北周为正统，以北齐为伪。［214］关东：古代泛指函谷关以东地区。［215］不免：指将被齐军捉住，不免于死。［216］盛言：极言。盛，极点。［217］俄顷：不一会儿。［218］复振：散兵复聚，士气重又振作起来。［219］辛酉：十二月十七日。［220］死人手：谓死罪之人的手。［221］迫：接近。［222］礼之：谓以礼相待高延宗。［223］尊号：谓皇帝的称号。［224］修启：写书信。启，书函。［225］瀛州：州名。治所赵都军城，在今河北河间市。［226］宗庙：谓国家。封建帝王把天下据为一家所有，世代相传，故以宗庙作为王室、国家的代称。［227］权主：暂且主持。［228］壬戌：十二月十八日。［229］收礼文武之士：招集文武之士，并以礼相待。［230］邺：胡注以为"邺"字为"初"字之误。章校"邺"正作"初"。［231］参军：官名。掌参议军事。［232］以情输于齐：指把周将伐齐，使伊娄谦前来观察情况事泄漏给北齐。［233］顿首：头叩地而拜。［234］不自行戮：不自行杀戮。［235］失政刑：有失于政教与刑法。［236］以德报怨：用恩德来回报怨恨。［237］有司：主管官吏。古代设官分职，事各有专司，故称有司。［238］典刑：常刑。［239］幽州道：指从幽州（治所在今北京市）出发的进军路线。道，行军路线。［240］土门：关口名。是当时由幽州道进入太行山的关口之一。故址在今河北井陉县西南。［241］扬声：犹扬言。［242］洛州道：指从洛州（治所在今河南洛阳市）出发的进军路线。［243］潼关：关名。是军事上的要冲之地。故址在今陕西潼关县吴村东北黄河南岸。［244］京畿：北齐国都邺城。［245］滏（fú）口：地名。古"太行八陉"之一，在今河北磁县西北鼓山。［246］撰辞：撰写慰劳将士时应讲的话。［247］临众：到了众将士面前。［248］大丞相：官名。北齐承北魏官制，位望最崇重者任此官。［249］三师：官名。包括太师、太傅、太保。位尊而无实权。［250］三公：官名。包括太尉、司徒、司空。辅助国君掌握军政大权。［251］胜数：尽数。胜（shēng），尽。［252］朔州：州名。治所招远县，在今山西朔州市。［253］荀子溢：传见《北史·恩幸传》。［254］纵暴：放纵暴虐。［255］噬（shì）：咬。［256］徇（xùn）：向众宣示。［257］言成祸福：谓权势之大，说一句话就能成为别人的祸或福。

［258］西寇：指北周军队。周在齐之西，故称西寇。［259］达官：有职任而显耀于当时的高官。［260］委叛：言弃官而叛去。委，弃。［261］坐：因为。浊乱：混乱。［262］恨：后悔，遗憾。［263］甲子：十二月二十日。［264］丙寅：十二月二十二日。［265］班赐：颁赐。班，分发。［266］兵不血刃：不经过激战就能取得胜利。［267］癸酉：十二月二十九日。［268］朱雀门：邺宫城正南门。［269］恟惧：震动恐惧。［270］朝士：泛指中央的官吏。［271］相属：接连不断。属，相连接。［272］卒伍：泛指军队。［273］五品已上：齐制，五品以上官谓自尚书郎、中书侍郎、谏议大夫、九寺少卿、给事黄门侍郎、通直散骑常侍、尚书左右丞、三公府长史、咨议参军、太子三卿、直阁将军、东宫正都督以上。［274］三台：曹操修筑的三座台榭的合称。在今河北临漳县，南为金雀台，北为冰井台，中为铜雀台。［275］胁之：胁迫五品以上官将。［276］焚台：焚烧三台，将置于三台内五品以上官将家属烧死。［277］顾惜：眷念。［278］频北：频频败北，接连失败。［279］望气：古代迷信占卜法，望云气附会人事，预言凶吉。［280］革易：指朝代更替。［281］天统故事：指北齐天统元年武成帝禅位太子（后主）之事。

【点评】

周齐两主一明一暗。北周武帝伐北齐，两国实力相当，北齐军队数量还多于周军。北齐惨败，周军大胜。北齐败，不是北齐将士不善战，而是政治腐败。司马光着重在叙事之中突出了两国政治的一清一浊，两国君主的一明一暗。北周武帝宇文邕察纳忠言，任用贤能，政清赋平，君臣同心，志在灭齐。第一次周师出兵无功，北周武帝及时听取臣下善策，调整方案，改变用兵方向，由北面进军，直捣高氏兴起的老巢并州晋阳，一举成功。北齐后主高纬，整日花天酒地，听信奸佞，国事日非。当大军压境，还与宠妃围猎取乐，直把双方交战视为儿戏，带着宠姬冯淑妃观战，随后又惊慌逃跑，导致军心动摇而大败。周齐两国君主的圣明与昏暗的对比，十分鲜明，留下了深刻的历史教训。本卷还写了北周武帝太子宇文赟，陈宣帝太子陈叔宝，均不成器，为两国的覆亡留下伏笔。

卷一七三　陈纪七

陈宣帝太建九年至十一年（577—579 年）

【起强围作噩（丁酉，577 年），尽屠维大渊献（己亥，579 年），凡三年】

【大事提要】

本卷记述公元 577 年至公元 579 年南北朝史事，凡三年，时当陈朝宣帝太建九年至十一年，北周武帝建德六年至周宣帝大成元年，北齐后主隆化元年，二年国灭。重点载述北周灭北齐，北周武帝在凯歌声中不幸早逝，宣帝继位，骄恣放纵，政治急剧衰落，已露败亡之征。陈朝宣帝昏庸，政治腐败，是一个衰世之君。

高宗宣皇帝中之下

太建九年（丁酉，577 年）

春，正月，乙亥朔[1]，齐太子恒即皇帝位[2]，生八年矣；改元承光[3]，大赦。尊齐主为太上皇帝，皇太后为太皇太后，皇后为太上皇后。以广宁王孝珩为太宰。

司徒莫多娄敬显、领军大将军尉相愿[4]谋伏兵千秋门[5]，斩高阿那肱，立广宁王孝珩，会阿那肱自他路入朝，不果。孝珩求拒周师，谓阿那肱等曰："朝廷不赐遣击贼，岂不畏孝珩反邪？孝珩若破宇文邕[6]，遂至长安，反亦何预国家事！以今日之急，犹如此猜忌邪！"高、韩[7]恐其为变，出孝珩为沧州[8]刺史。相愿拔佩刀斫柱，叹曰："大事去矣，知复何言！"

齐主使长乐王尉世辩[9]帅千余骑觇[10]周师，出滏口，登高阜[11]西望，遥见群乌飞起，谓是西军旗帜，即驰还；比至紫陌桥[12]，不敢回顾[13]。世辩，粲之子也。于是黄门侍郎颜之推、中书侍郎薛道衡、侍中陈德信[14]等劝上皇[15]往河外[16]募兵，更为经略[17]；若不济[18]，南投陈国。从之。道衡，孝通之子也。丁丑[19]，太皇太后、太上皇后自邺先趣济州[20]；癸未[21]，幼主亦自邺东行。己丑[22]，周师至紫陌桥。

辛卯[23]，上祭北郊。

壬辰[24]，周师至邺城下；癸巳[25]，围之，烧城西门。齐人出战，周师奋击，大破之。

齐上皇从百骑东走，使武卫大将军[26]慕容三藏[27]守邺宫。周师入邺，齐王、公以下皆降。三藏犹拒战，周主引见，礼之，拜仪同大将军。三藏，绍宗之子也。领军大将军渔阳鲜于世荣[28]，齐高祖旧将也。周主先以马脑[29]酒钟遗之，世荣得即碎之。周师入邺，世荣在三台前鸣鼓不辍，周人执之；世荣不屈，乃杀之。

周主执莫多娄敬显，数之[30]曰："汝有死罪三：前自晋阳走邺，携妾弃母，不孝也；外为伪朝[31]戮力[32]，内实通启[33]于朕，不忠也；送款[34]之后，犹持两端，不信[35]也。用心如此，不死何待！"遂斩之。

使将军尉迟勤[36]追齐主。

甲午[37]，周主入邺。齐国子博士[38]长乐熊安生[39]，博通《五经》，闻周主入邺，遽[40]令扫门。家人怪而问之，安生曰："周帝重道尊儒，必将见我。"俄而周主幸其家，不听拜，亲执其手，引与同坐；赏赐甚厚，给安车驷马[41]以自随。又遣小司马唐道和就中书侍郎李德林宅宣旨慰谕，曰："平齐之利，唯在于尔。"引入宫，使内史宇文昂访问齐朝风俗政教，人物善恶。即留内省[42]，三宿乃归。

乙未[43]，齐上皇渡河入济州。是日，幼主禅位于大丞相任城王湝。又为湝诏：尊上皇为无上皇，幼主为宋国[44]天王。令侍中斛律孝卿送禅文[45]及玺绂[46]于瀛州，孝卿即诣邺[47]。

周主诏："去年大赦所未及之处[48]，皆从赦例。"

齐洛州刺史独孤永业，有甲士三万，闻晋州陷，请出兵击周，奏寝不报[49]；永业愤慨。又闻并州陷，乃遣子须达请降于周，周以永业为上柱国，封应公。

丙申[50]，周以越王盛为相州[51]总管。

齐上皇留胡太后于济州，使高阿那肱守济州关[52]，觇候[53]周师，自与穆后、冯淑妃、幼主、韩长鸾、邓长颙等数十人奔青州[54]。使内参田鹏鸾西出，参伺[55]动静，周师获之，问齐主何在，绐[56]云："已去，计当出境[57]。"周人疑其不信[58]，捶之。每折一支[59]，辞色[60]愈厉，竟折四支而死。

上皇至青州，即欲入陈。而高阿那肱密召周师，约[61]生致[62]齐主，屡启云："周师尚远，已令烧断桥路。"上皇由是淹留[63]自宽。周师至关，阿那肱即降之。周师奄至青州，上皇囊金[64]，系于鞍，与后、妃、幼主等十余骑南走，己亥[65]，至南邓村[66]，尉迟勤追及，尽擒之，并胡太后送邺[67]。

庚子[68]，周主诏："故斛律光、崔季舒等，宜追加赠谥[69]，并为改葬，子孙各随荫叙录[70]，家口[71]田宅没官者[72]，并还之。"周主指斛律光名曰："此人在，朕安得至邺！"辛丑[73]，诏："齐之东山、南园、三台[74]，并可毁撤。瓦木诸物，可用者悉以赐民。山园之田，各还其主。"

二月，壬午[75]，上耕藉田。

丙午[76]，周主宴从官将士于齐太极殿，颁赏有差。

丁未[77]，高纬[78]至邺，周主降阶[79]，以宾礼[80]见之。

齐广宁王孝珩至沧州，以五千人会任城王湝于信都[81]，共谋匡复[82]，召募得四万余人。周主使齐王宪、柱国杨坚击之。令高纬为手书招湝，湝不从。宪军至赵州[83]，湝遣二谍觇之，候骑[84]执以白宪。宪集齐旧将，遍示之，谓曰："吾所争者大，不在汝曹[85]。今纵汝还，仍充吾使。"乃与湝书曰："足下谍者为候骑所拘，军中情实[86]，具诸[87]执事[88]。战非上计，无待卜疑；守乃下策，或未相许。已勒诸军分道并进，相望非远，凭轼有期[89]。'不俟终日'[90]，所望知机[91]也！"

宪至信都，湝陈于城南以拒之。湝所署领军尉相愿诈出略陈[92]，遂以众降。相愿，湝心腹也，众皆骇惧。湝杀相愿妻子。明日，复战，宪击破之，俘斩三万人，执湝及广宁王孝珩。宪谓湝曰："任城王何苦至此！”湝曰：“下官神武皇帝[93]之子，兄弟十五人，幸而独存。逢宗社[94]颠覆[95]，无愧坟陵[96]。”宪壮之，命归其妻子。又亲为孝珩洗疮傅药，礼遇甚厚。孝珩叹曰：“自神武皇帝以外，吾诸父兄弟，无一人至四十者[97]，命也。嗣君无独见[98]之明，宰相非柱石[99]之寄，恨不得握兵符[100]，受斧钺[101]，展[102]我心力耳！”

齐王宪善用兵，多谋略，得将士心。齐人惮其威声，多望风沮溃[103]。刍牧[104]不扰，军无私焉。

周主以齐降将封辅相为北朔州总管。北朔州，齐之重镇[105]，士卒骁勇。前长史赵穆等谋执辅相迎任城王湝于瀛州，不果[106]，乃迎定州刺史范阳王绍义[107]。绍义至马邑[108]，自肆州[109]以北二百八十余城皆应之。绍义与灵州[110]刺史袁洪猛引兵南出，欲取并州。至新兴[111]，而肆州已为周守，前队二仪同[112]以所部降周。周兵击显州[113]，执刺史陆琼，复攻拔诸城。绍义还保北朔州。周东平公神举[114]将兵逼马邑，绍义战败，北奔突厥，犹有众三千人。绍义令曰：“欲还者从其意。”于是辞去者太半[115]。突厥佗钵可汗常谓齐显祖[116]为英雄天子，以绍义重踝[117]，似之，甚见爱重；凡齐人在北者，悉以隶之[118]。

于是齐之行台、州、镇[119]，唯东雍州[120]行台傅伏[121]、营州[122]刺史高宝宁[123]不下，其余皆入于周。凡得州五十，郡一百六十二，县三百八十，户三百三万二千五百。高宝宁者，齐之疏属，有勇略，久镇和龙，甚得夷[124]、夏之心。周主于河阳、幽、青、南兖[125]、豫[126]、徐[127]、北朔、定置总管府[128]，相、并二州各置宫及六府官[129]。

（以上为第一段，写北周灭北齐的战斗过程。）

【注释】

[1]乙亥朔：正月一日。[2]齐太子恒即皇帝位：北齐第六代皇帝，史称幼主，后主长子。在位仅二十一天。[3]改元承光：即由隆化二年改为承光元年。[4]尉相愿：北齐人，后降北周，官至领军大将军。传附《北齐书·张保洛传》《北史·张保洛传》。[5]千秋门：邺宫西门。[6]宇文邕：周武帝名。[7]高、韩：高，指高阿那肱；韩，指韩长鸾。[8]沧州：州名。治所饶安县，在今河北盐山县西南。[9]尉世辩：历仕北齐、北周与隋，官至浙州刺史，袭爵长乐王。传附《北史·尉景传》。[10]觇（chān）：窥视，侦察。[11]阜：土山、丘陵。[12]紫

陌桥：地名。在齐都邺城西郊外。［13］回顾：回头看。［14］陈德信：北齐人，官至侍中。传附《北齐书·韩宝业传》《北史·韩宝业传》。［15］上皇：指原齐后主高纬。［16］河外：古地区名，指黄河南岸洛阳开封一带。［17］经略：筹划，治理。［18］不济：不能成事。［19］丁丑：正月三日。［20］济州：州名。治所碻磝城，在今山东聊城市茌平区西南。［21］癸未：正月九日。［22］己丑：正月十五日。［23］辛卯：正月十七日。［24］壬辰：正月十八日。［25］癸巳：正月十九日。［26］武卫大将军：武官名。本武卫将军，掌禁卫，加"大"者，更进一等。［27］慕容三藏（？—611）：历仕北齐、北周与隋，官至和州刺史，封河内县男。传见《隋书》卷六十五、《北史》卷五十三。［28］鲜于世荣（？—577）：北齐人，官至领军大将军。传见《北齐书》卷四十一、《北史》卷五十三。［29］马脑：即玛瑙石，似玉。［30］数之：责备莫多娄敬显。［31］伪朝：指北齐朝。周以自己为正统，故称北齐为伪朝。［32］戮（lù）力：勉力，尽力。［33］通启：通书函。［34］送款：表示忠诚。款，真诚，诚挚。［35］不信：不守信用。［36］尉迟勤：北周人，传附《周书·尉迟纲传》《北史·尉迟纲传》。［37］甲午：正月二十日。［38］国子博士：官名。掌通古今，以《五经》教授子弟。［39］熊安生（？—578）：字植之，长乐阜城（今河北阜城县）人。北齐儒学之宗，降北周，官至露门学博士、下大夫。撰有《周礼义疏》《礼记义疏》等多卷。传见《周书》卷四十五、《北史》卷八十二。［40］遽（jù）：速。［41］驷马：四马驾的车。高官所乘。［42］内省：即北齐之门下省。［43］乙未：正月二十一日。［44］宋国：按《北齐书·幼主纪》"宋"作"守"。《北史》同。据此，《资治通鉴》作"宋"误，当改。［45］禅文：禅让帝位的文书。［46］玺（xǐ）绂（fú）：天子印绶。天子六玺，受命玺在六玺之外。绂，系玺的丝带。［47］孝卿即诣邺：斛律孝卿未遵幼主之命，反往邺城将玺绂送于周。［48］去年大赦所未及之处：去年，指周克晋阳之年，发布大赦令。当时北齐的山东、河北、河南等地尚未被周师攻克，故赦令未及。［49］奏寝不报：将奏章搁置起来而未作答复。［50］丙申：正月二十二日。［51］相州：州名。治所邺县。北魏置相州于邺，东魏、北齐以邺为都城，仿汉、晋之制而置司州。周既平齐，复为相州。故址在今河北临漳县西南邺镇。［52］济州关：关名。在济州城（今山东聊城市茌平区）北。［53］觇候：侦伺，侦察。［54］青州：州名。治所益都县，在今山东青州市。［55］参伺：等候并观察周军动向。［56］绐（dài）：欺骗。［57］出境：谓出北齐国境。［58］不信：不实。［59］支：通"肢"，四肢之一。［60］辞色：言语和神态。［61］约：约定。［62］生致：生擒齐主而献与北周。［63］淹留：滞留，停留。［64］囊金：把金宝装在口袋里。［65］己亥：正月二十五日。［66］南邓村：地名。因周兵突然而至，上皇及幼主等仓皇而逃，距青州城不远。［67］并胡太后送邺：先已擒胡太后于济州，今并齐主送邺。［68］庚子：正月二十六日。［69］赠谥：赠官与谥号。［70］随荫叙录：按照门荫制度的规定分别录用任官。荫，荫官。自汉以来，将相公卿之子，以及兄弟，或孙子均可受恩荫叙录为官，称为门荫。［71］家口：家中人口。［72］没官者：没入官府为奴婢者。［73］辛丑：正月二十七日。［74］东山、南园、三台：皆齐主游宴之地。［75］壬午：二月甲辰朔，无壬午。按《南史·宣帝纪》作“壬子”，是。《资治通鉴》盖承《陈书》之误。壬子，二月九日。又“壬子”当在“丙午”、“丁未”之后，此处干支记录错乱。［76］丙午：二月三日。［77］丁未：二月四日。［78］高纬：即原齐后主，今已为俘囚，故不复书其主。［79］降阶：走下台阶。［80］宾礼：接待宾客之礼。［81］信都：地名。冀州治所，在今河北衡水市冀州区。［82］匡复：挽救将亡之国，使转危为安。［83］赵州：州名。治所广阿县，在今河北隆尧县东。［84］候骑：巡逻侦察的骑兵。［85］汝曹：你们。曹，辈。［86］情实：实情，真相。［87］具诸：谓牒者当能尽言之。［88］执事：各部门的专职官员。［89］凭轼有期：《左传》载，城濮之战时，楚子玉遣使请战于晋文公说：“请与君之士戏，君凭轼而望之。”谓迅即交战。轼（shì），战车前的横木，站立时扶着。［90］不俟终日：见机而作，不终日等待。俟（sì），等待。［91］知机：善于把握时机。［92］略陈：攻击敌阵。陈，同“阵”。［93］神武皇帝：高欢死后谥号为神武皇帝。高湝为高欢第十子。［94］宗社：宗庙和社稷。古代作为国家的代称。［95］颠覆：据章校，“覆”下应补“今日得死”四字。［96］坟陵：祖坟。此指祖宗。［97］至四十者：活到四十岁的。［98］独见：非同一般的见地。［99］柱石：承担国家重任的人。谓其如柱支梁，如石承柱。［100］握兵符：掌兵权。兵符，调遣军队的符节凭证。［101］受斧钺：受刑罚与杀戮之权。斧钺，本指两种兵器。［102］展：施展。［103］沮（jǔ）溃：崩溃。［104］刍牧：放牧牛羊。［105］齐之重镇：北朔州控御突厥，齐以为重镇。［106］不果：据严衍《通鉴补略》应改为“既而闻湝败”五字。［107］范阳王绍义：即高绍义，文宣帝第三子。传见《北齐书》卷十二、《北史》卷五十二。［108］马邑：城名。北朔州治所，在今山西朔州市。［109］肆州：州名。治所九原县，在今山西忻州市。［110］灵州：州名。此为北灵州，治所繁峙县，在今山西繁峙县西。［111］新兴：郡名。治所九原县，在今山西忻州市。［112］二仪同：前队之将二人，官皆仪同。［113］显州：州名。治所石城县，在今山西原平市北崞阳镇。［114］神举：即宇文神举。［115］太半：过半数，大多数。［116］齐显祖：即文宣帝高洋，其庙号为显祖。［117］重踝：大踝骨。重，厚。踝，小腿与脚相连接而突起的部分。［118］悉以隶之：全都隶属于他。［119］镇：军事据点，大的称军，稍小的称镇。［120］东雍州：州名。治所正平县，在今山西新绛县。［121］傅伏：历仕北齐与北周，官至岷州刺史。传见《北齐书》卷四十一、《北史》卷五十三。［122］营州：州名。治所龙城县，在今辽宁朝阳市。［123］高保宁：仕北齐，官至营州刺史。传见《北齐书》卷四十一、《北史》卷五十三。［124］夷：指营州周边少数民族。［125］南兖：即南兖州，州名。治所谯县，在今安徽亳州市。［126］豫：即豫州，州名。治所上蔡县，在今河南汝南县。［127］徐：即徐州，治所彭城县，在今江苏徐州市。［128］总管府：军事官署。主都督军事。［129］六府官：盖仿长安六官之府。六官，为天、地、春、夏、秋、冬等六官。

周师之克晋阳也，齐使开府仪同三司纥奚永安[1]求救于突厥，比至[2]，齐已亡。佗钵可汗处永安于吐谷浑使者之下，永安言于佗钵曰：

"今齐国已亡，永安何用余生！欲闭气自绝，恐天下谓大齐无死节[3]之臣；乞赐一刀，以显示远近。"佗钵嘉之，赠马七十匹而归之。

梁主入朝于邺[4]。自秦兼[5]天下，无朝觐[6]之礼，至是始命有司草具[7]其事：致积[8]，致饩[9]，设九傧[10]、九介[11]，受享[12]于庙，三公、三孤[13]、六卿[14]致食，劳宾，还贽[15]，致享，皆如古礼。

周主与梁主宴，酒酣，周主自弹琵琶。梁主起舞，曰："陛下既亲抚五弦，臣何敢不同百兽[16]！"周主大悦，赐赉甚厚。

乙卯[17]，周主自邺西还。

三月，壬午[18]，周诏："山东诸军[19]，各举明经干治[20]者二人；若奇才异术，卓尔不群[21]者，不拘此数。"

周主之擒尉相贵也，招齐东雍州刺史傅伏，伏不从。齐人以伏为行台右仆射。周主既克并州，复遣韦孝宽招之[22]，令其子以上大将军、武乡公告身[23]及金、马脑二酒钟赐伏为信[24]。伏不受，谓孝宽曰："事君有死无贰[25]。此儿为臣不能竭忠，为子不能尽孝，人所仇疾[26]，愿速斩之以令天下！"周主自邺还，至晋州，遣高阿那肱等百余人临汾水召伏。伏出军，隔水[27]见之，问："至尊今何在？"阿那肱曰："已被擒矣。"伏仰天大哭，帅众入城，于听事[28]前北面哀号，良久，然后降。周主见之曰："何不早下？"伏流涕对曰："臣三世为齐臣，食齐禄，不能自死[29]，羞见天地！"周主执其手曰："为臣当如此。"乃以所食羊肋骨[30]赐伏曰："骨亲[31]肉疏，所以相付。"遂引使宿卫，授上仪同大将军[32]。敕之曰："若亟与公高官，恐归附者心动。努力事朕，勿忧富贵。"他日，又问："前救河阴得何赏？"对曰："蒙一转[33]，授特进[34]、永昌郡公。"周主谓高纬曰："朕三年教战，决取河阴。正为傅伏善守，城不可动，遂敛军[35]而退。公当时赏功，何其薄也！"

夏，四月，乙巳[36]，周主至长安，置高纬于前，列其王公于后，车舆、旗帜、器物[37]，以次陈之。备大驾[38]，布六军[39]，奏凯乐[40]，献俘于太庙。观者皆称万岁。戊申[41]，封高纬为温公，齐之诸王三十余人，皆受封爵。周主与齐君臣饮酒，令温公起舞。高延宗悲不自持[42]，屡欲仰药[43]，其傅婢禁止之。

周主以李德林为内史上士，自是诏诰[44]格式[45]及用山东人物，并以委之。帝从容谓群臣曰："我常日唯闻李德林名，复见其为齐朝作诏书[46]移檄，正谓是天上人；岂言今日得其驱使。"神武公纥豆陵[47]毅对曰："臣闻麒麟凤皇，为王者瑞[48]，可以德感[49]，不可力致。麒麟凤皇，得之无用，岂如德林，为瑞且有用哉！"帝大笑曰："诚如公言。"

己巳[50]，周主享太庙。

五月，丁丑[51]，周以谯王俭为大冢宰。庚辰[52]，以杞公亮为大司徒，郑公达奚震为大宗伯，梁公侯莫陈芮[53]为大司马，应公独孤永业为大司寇，郧公韦孝宽为大司空。

己丑[54]，周主祭方丘[55]。诏以："路寝[56]会义、崇信、含仁、云和、思齐诸殿，皆晋公护专政时所为，事穷壮丽，有逾清庙[57]，悉可毁撤。雕斫[58]之物，并赐贫民。缮造之宜，务从卑朴[59]。"又[60]诏："并、邺诸堂殿壮丽者准此。"

臣光曰：周高祖可谓善处胜[61]矣！他人胜则益奢，高祖胜而愈俭。

六月，丁卯[62]，周主东巡。秋，七月，丙戌[63]，幸洛州。八月，壬寅[64]，议定权衡[65]度量[66]，颁之于四方。

初，魏虏西凉[67]之人，没为隶户[68]，齐氏因之，仍供厮役[69]。周主灭齐，欲施宽惠，诏曰："罪不及嗣[70]，古有定科[71]。杂役之徒，独异常宪[72]，一从罪配，百代不免，罚既无穷，刑何以措[73]！凡诸杂户，悉放为民。"自是无复杂户。

甲子[74]，郑州[75]获九尾狐[76]，已死，献其骨。周主曰："瑞应之来，必彰有德。若五品[77]时叙[78]，四海和平，乃能致此。今无其时，恐非实录[79]。"命焚之。

九月，戊寅[80]，周制："庶人已上，唯听衣[81]绸、绵绸、丝布、圆绫[82]、纱、绢、绡[83]、葛[84]、布等九种，余悉禁之。朝祭之服[85]，不拘此制。"

冬，十月，戊申[86]，周主如邺。

上[87]闻周人灭齐，欲争徐、兖[88]，诏南兖州[89]刺史、司空吴明衎督诸军伐之，以其世子戎昭、将军惠觉[90]摄行[91]州事。明衎军至吕梁，周徐州总管梁士彦帅众拒战，戊午[92]，明衎击破之。士彦婴城自守，明衎围之。

帝锐意以为河南指麾可定。中书通事舍人[93]蔡景历[94]谏曰："师老将骄，不宜过穷远略。"帝怒，以为沮众[95]，出为豫章[96]内史。未行，有飞章[97]劾景历在省赃污狼籍[98]，坐免官，削爵土[99]。

周改葬德皇帝[100]于冀州，周主服缞[101]，哭于太极殿；百官素服。

周人诬温公高纬与宜州[102]刺史穆提婆谋反，并其宗族皆赐死。众人多自陈无之，高延宗独攘袂泣而不言，以椒[103]塞口而死。唯纬弟仁英以清狂[104]，仁雅以喑疾[105]得免，徙于蜀。其馀亲属，不杀者散配西土[106]，皆死于边裔[107]。

周主以高湝妻卢氏赐其将斛斯徵[108]。卢氏蓬首垢面[109]，长斋[110]，不言笑。徵放之，乃为尼。齐后、妃贫者，至以卖烛为业。

十一月，壬申[111]，周立皇子衍为道王[112]，兑为蔡王。

癸酉[113]，周遣上大将军[114]王轨将兵救徐州。

初，周人败齐师于晋州，乘胜逐北[115]，齐人所弃甲仗[116]，未暇收敛；稽胡[117]乘间窃出，并盗而有之。仍立刘蠡升[118]之孙没铎[119]为主，号圣武皇帝，改元石平。

周人既克关东[120]，将讨稽胡，议欲穷其巢穴，齐王宪曰："步落稽[121]种类既多，又山谷险绝，王师一举，未可尽除。且当翦其魁首，余加慰抚。"周主从之，以宪为行军元帅[122]，督诸军讨之。至马邑，分道俱进。没铎分遣其党天柱守河东[123]，穆支守河西[124]，据险以拒之。宪命谯王俭击天柱，滕王逌击穆支，并破之，斩首万余级。赵王招击没铎，禽之[125]，余众皆降。

周诏："自永熙三年[126]以来，东土[127]之民掠为奴婢，及克江陵之日，良人没为奴婢者，并放为良。"又诏："后宫唯置妃二人，世妇[128]三人，御妻[129]三人，此外皆减之。"

周主性节俭，常服布袍，寝布被，后宫不过十余人；每行兵，亲在行陈[130]，步涉山谷，人所不堪；抚将士有恩，而明察果断，用法严峻。

由是将士畏威而乐为之死。

己亥[131]晦，日有食之。

周初行《刑书要制》[132]，群盗赃一匹，及正、长[133]隐五丁、若地顷[134]以上，皆死。

十二月，戊申[135]，新作东宫成，太子徙居之。

庚申[136]，周主如并州，徙并州军民四万户于关中。戊辰[137]，废并州宫及六府。

高宝宁自黄龙[138]上表劝进于高绍义，绍义遂称皇帝，改元武平[139]，以宝宁为丞相。突厥佗钵可汗举兵助之。

（以上为第二段，写周武帝灭北齐后胜不骄，更加崇尚节俭，妥善安置降臣，录用北齐人才，而对北齐皇族大加杀戮，毫不手软。）

【注释】

［1］纥奚永安：仕北齐，官至开府仪同三司。传附《北齐书·傅伏传》《北史·傅伏传》。纥奚，北方少数民族的复姓。［2］比至：及到了突厥。［3］死节：谓守节义而死。［4］梁主入朝于邺：后梁臣于北周，今北周灭北齐，故来朝贺。［5］兼：并吞，兼并。［6］朝觐：古代诸侯定期朝见天子，并述职。［7］草具：起草拟定朝觐之礼的条文。［8］积：指诸侯朝觐时所用的米禾刍薪等物。［9］饩（xì）：牲畜。［10］傧（bīn）：引导。即引导君主行礼之人。［11］介：引导诸侯行礼之人。［12］享：供献。指把祭品献给祖先。［13］三孤：官名。周制：少师、少傅、少保称为三孤，其位卑于公，尊于卿。［14］六卿：周代六卿，指冢宰、司徒、宗伯、司马、司寇、司空。［15］还贽：朝聘时回赠接待大臣的礼物。［16］陛下既亲抚五弦，臣何敢不同百兽：典出《尚书·舜典》。舜弹五弦琴，夔说："于予击石拊石，百兽率舞。"梁主以舜比况周主。［17］乙卯：二月十二日。［18］壬午：三月九日。［19］诸军：时周分置诸州总管以抚镇山东，治军政，故称诸军。［20］干治：济世治事。［21］卓尔不群：超出众人。［22］韦孝宽招之：时韦孝宽镇勋州，与东雍州接境，故使他招降。［23］告身：古代凡授官爵，皆给以符，谓之告身。［24］为信：作为信物。信，凭据。［25］贰：变节，背叛。［26］仇疾：仇恨。［27］隔水：汾水流经晋、绛二州之间，东雍州在绛州界，故隔汾水。［28］听事：即厅事。官府办事处。［29］自死：指为齐而捐身。［30］肋骨：动物胸膛两侧的长形骨。［31］骨亲：肋骨相连接。亲，近、接近。［32］上仪同大将军：官名。北周最高文散官，无职掌。［33］一转：迁一级。转，品官级别。［34］特进：勋官名。原以朝廷所敬异者，赐位特进，北齐以旧德就闲者居任此官。［35］敛（liǎn）军：收军。［36］乙巳：四月三日。［37］器物：古代标志名位、爵号的器具。［38］大驾：帝王出行时的车驾。隋开皇中，大驾属车十二乘，盖北周与此相当。

[39]六军：周制，天子有六军。［40］奏凯乐：周制，王师向祖庙献捷，则令奏凯乐。凯乐，献功之乐。［41］戊申：四月六日。［42］悲不自持：因悲愤失去自我控制。［43］仰药：服毒药自杀。［44］诏诰：皇帝颁下的诏书和诰命。［45］格式：法律中的两种形式。格指官吏处事的规则，式指则例。［46］诏书：皇帝发布的命令文告。［47］纥豆陵：三字姓，本姓窦，东汉窦融之后，因窦武之难，亡入鲜卑拓跋部，号没鹿回部，世为部落大人。北魏穆帝命其为纥豆陵氏。后孝文帝改制，复为窦氏。北周又改为纥豆陵氏。［48］王者瑞：帝王的吉祥物。［49］德感：谓修德感动上帝而降吉祥之物。［50］己巳：四月二十七日。［51］丁丑：五月五日。［52］庚辰：五月八日。［53］侯莫陈芮：传附《周书·侯莫陈崇传》《北史·侯莫陈崇传》。［54］己丑：五月十七日。［55］方丘：周制，方丘在都城北六里之郊，以其祖先炎帝神农氏配享。［56］路寝：天子、诸侯的正室。［57］清庙：宗庙的通称。清，肃穆清静。［58］雕斫（zhuó）：雕饰。［59］卑朴：低矮而朴素。［60］又：据章校，“又”上应补“戊戌”二字。戊戌，五月二十六日。［61］善处胜：善于处理大战胜利后的善后工作。［62］丁卯：六月二十六日。［63］丙戌：七月十五日。［64］壬寅：八月一日。［65］权衡：称量物体轻重的器具。权，秤锤；衡，秤杆。［66］度量：测量长短多少的器具。［67］西凉：渭河西。沮渠氏占据河西，称凉王；宋文帝元嘉十六年（439），为魏太武帝所俘虏。［68］隶户：奴隶。［69］厮役：役使。［70］罪不及嗣：对后嗣者不治罪，即父子罪不相及。［71］定科：定法。科，法令，条律。［72］常宪：常法。宪，法。［73］措：安放。［74］甲子：八月二十四日。［75］郑州：州名。治所颍阴县，在今河南许昌市。［76］九尾狐：传说中的兽名。古代多以九尾狐为瑞兽。［77］五品：谓五常。指父义、母慈、兄友、弟恭、子孝五伦之德。［78］时叙：时间的先后，季节的次序。叙，同“序”。［79］实录：谓瑞应之来，与事实相符。［80］戊寅：九月九日。［81］唯听：只允许。衣：穿戴，服用。［82］圆绫：丝织品名。即土绫，也称之为花绫。［83］绡（xiāo）：丝织品名。谓生丝织成的薄纱、薄绢。［84］葛：指用葛的纤维织成的布，宜做夏服。［85］朝祭之服：指朝会与祭祀时所用的服装。［86］戊申：十月八日。［87］上：指陈宣帝。［88］徐、兖：此言徐、兖二州之地，大致包括江苏淮河以北、安徽东北部及山东大部。［89］南兖州：侨州名。治所广陵县，在今江苏扬州市西北蜀冈上。［90］惠觉：陈将吴明彻之子，官至丰州刺史。传附《陈书·吴明彻传》。［91］摄行：代理。［92］戊午：十月十九日。［93］中书通事舍人：官名。南朝令舍人通事谓之通事舍人。陈朝称中书舍人。掌呈奏案，又掌诏命。［94］蔡景历（519—578）：字茂世，历仕梁、陈，官至员外散骑常侍，并御史中丞。传见《陈书》卷十六、《南史》卷六十八。［95］沮众：败坏了士众的斗志。［96］豫章：郡名。治所南昌县，在今江西南昌市。［97］飞章：不知其何所而来的奏章。［98］赃污狼籍：大肆贪污。狼籍，散乱不整的样子。后常比喻行为或名声不检。［99］爵土：爵位和封地。［100］德皇帝：即宇文肱，宇文泰之父，战死于唐河。武成初，追谥为德皇帝。其地在齐，未能改葬，平齐之后，乃得改葬。［101］服缞：穿丧服。缞，披于胸前的麻布条。［102］宜州：州名。治所华原县，在今陕西铜川市耀州区。［103］椒：树木名。

[104]清狂：犹白痴。[105]喑（yīn）疾：哑病。[106]西土：谓长安西边州郡。[107]边裔（yì）：边远的地方。[108]斛斯徵：字士亮，河南洛阳（今河南洛阳市）人。历仕西魏、北周与隋，官至上大将军、大宗伯。传见《周书》卷二十六、《北史》卷四十九。[109]蓬首垢（gòu）面：谓不事修饰。蓬，乱草。垢，污秽。[110]长斋：依佛教吃蔬素，不食荤肉。[111]壬申：十一月三日。[112]皇子衍为道王：按《周书·武帝纪》作"封皇子充为道王"。《北史》同。据此，作"衍"误，当改作"充"。[113]癸酉：十一月四日。[114]上大将军：武官名。受非常之任，大将军僚属有长史、司马、中郎掾属、诸曹参军等。[115]逐北：追逐败走之敌兵。[116]甲仗：兵器。[117]稽胡：少数民族名。又称步落稽，匈奴族中的一支，南北朝时生活在今山西吕梁市离石区以西。[118]刘蠡升：稽胡首领，曾自称天子，为高欢所杀。传见《周书·异域传上》《北史·稽胡传》。[119]没铎：传见《周书·异域传上》《北史·稽胡传》。[120]克关东：谓克北齐，因北齐在函谷关以东。[121]步落稽：稽胡的别称。[122]行军元帅：出征作战的最高统帅。[123]河东：此指西河离石（今山西吕梁市离石区）附近黄河以东。[124]河西：此指西河离石附近黄河以西。[125]禽之：捉住没铎。禽，通"擒"。[126]永熙三年：即公元534年。这年，魏孝武帝西入关中，自是宇文泰与高欢各拥其主，连年交战，得其人口，变为奴婢。永熙，魏孝武帝年号。[127]东土：指北齐。北齐在北周东，故称其为东土。[128]世妇：宫中女官，相当于妃嫔之类。[129]御妻：宫中女官，位在世妇以下。[130]行陈：军队行列。陈，同"阵"。[131]己亥：十一月三十日。[132]《刑书要制》：刑法名。北周武帝于建德六年（577）制定。[133]正、长：北周基层设五家为保，保设长；五保为闾，四闾为族，皆设正。正谓闾正、族正，长谓保长。[134]隐五丁、若地顷：按《周书·武帝纪》作"隐五户及十丁以上，隐地三顷"，《北史》及《隋书·刑法志》皆同，此处当脱"户及十"及"三"四字。[135]戊申：十二月十日。[136]庚申：十二月二十二日。[137]戊辰：十二月三十日。[138]黄龙：地名。一名和龙。在今辽宁朝阳市。[139]改元武平：齐幼主曾改元为承光，今高绍义又由承光改为武平。恢复了齐后主年号。

十年（戊戌，578年）

春，正月，壬午[1]，周主幸邺；辛卯[2]，幸怀州[3]；癸巳[4]，幸洛州。置怀州宫。

二月，甲辰[5]，周谯孝王俭卒。

丁巳[6]，周主还长安。

吴明彻围周彭城，环列舟舰于城下，攻之甚急。王轨引兵轻行[7]，据淮口[8]，结长围，以铁锁贯车轮数百，沈之清水[9]，以遏[10]陈船归路；军中恟惧[11]。谯州[12]刺史萧摩诃[13]言于明彻曰："闻王轨始锁下流，其两端筑城，今尚未立，公若见遣击之，彼必不敢相拒。水路未断，贼势不坚；彼城若立，则吾属[14]必为虏矣。"明彻奋髯[15]曰："搴旗陷陈[16]，将军事也；长算远略，老夫事也。"摩诃失色[17]而退。一旬之间，水路遂断。

周兵益至[18]，诸将议破堰拔军[19]，以舫[20]载马而去，马主[21]裴子烈[22]曰："若破堰下船，船必倾倒，不如先遣马出。"时明彻苦背疾甚笃[23]，萧摩诃复请曰："今求战不得，进退无路。若潜军突围，未足为耻。愿公帅步卒、乘马舆[24]徐行，摩诃领铁骑数千驱驰前后，必当使公安达京邑[25]。"明彻曰："弟之此策，乃良图也。然步军既多，吾为总督，必须身居其后，相帅兼行。弟马军宜速，在前，不可迟缓。"摩诃因帅马军夜发。甲子[26]，明彻决堰，乘水势退军，冀以入淮。至清口[27]，水势渐微，舟舰并碍车轮，不复得过。王轨引兵围而蹙[28]之，众溃。明彻为周人所执，将士三万并器械辎重皆没于周。萧摩诃以精骑八十居前突围，众骑继之，比旦[29]，达淮南[30]，与将军任忠、周罗睺[31]独全军得还。

初，帝谋取彭、汴[32]，以问五兵尚书[33]毛喜[34]，对曰："淮左[35]新平，边民未辑。周氏始吞齐国，难与争锋。且弃舟檝之工[36]，践车骑之地，去长就短，非吴人所便。臣愚以为不若安民保境，寝兵[37]结好，斯久长之术也。"及明彻败，帝谓喜曰："卿言验于今矣。"即日，召蔡景历，复以为征南咨议参军[38]。

周主封吴明彻为怀德公，位大将军[39]。明彻忧愤而卒。

（以上为第三段，写陈朝与北周争彭城，陈军主将不明而遭惨败。）

【注释】

[1]壬午：正月十四日。[2]辛卯：正月二十三日。[3]怀州：州名。治野王县，在今河南沁阳市。[4]癸巳：正月二十五日。[5]甲辰：二月七日。[6]丁巳：二月二十日。[7]轻行：轻装而行。[8]淮口：地名。即泗水入淮河之口，在今江苏淮安市淮阴区西南。[9]清水：河名。即泗水之别名。发源于今山东泗水县，南流经江苏徐州市，至淮安市淮阴区西南入淮河。[10]遏（è）：阻止。[11]恟（xiōng）惧：震动恐惧。[12]谯州：州名。此指南谯州，

治所全椒县，在今安徽滁州市西南。［13］萧摩诃（532—604）：字元胤，兰陵（今山东枣庄市）人。陈朝著名大将，官至车骑将军、南徐州刺史。入周授开府仪同三司，追随汉王杨谅叛乱，伏诛。传见《陈书》卷三十一、《南史》卷六十七。［14］吾属：我们。［15］奋髯：扬起胡须。［16］搴（qiān）旗陷陈：拔取敌旗，攻陷敌阵。搴，拔取。［17］失色：变色。［18］益至：来得越来越多。［19］拔军：谓起军而还。［20］舫：两船相并称舫。［21］马主：谓马军之主。［22］裴子烈（？—586）：陈朝人，官至北谯州太守。传附《陈书·吴明彻传》《南史·吴明彻传》。［23］笃：病势沉重。［24］马舆：马车。舆，车。［25］京邑：指陈都建康（今江苏南京市）。［26］甲子：二月二十七日。［27］清口：地名。即淮口，在今江苏淮安市淮阴区西南。［28］蹙（cù）：紧缩。［29］比旦：及天亮。［30］淮南：淮水南岸。［31］周罗睺：（541—604）：字公布，九江寻阳（今江西九江市西南）人。历仕陈、隋，官至右武候大将军。传见《隋书》卷六十五、《南史》卷七十六。［32］彭、汴：彭，指彭城；汴，指汴水，泛指淮北与河南。［33］五兵尚书：官名。以掌中兵、外兵、别兵、都兵、骑兵而名官。［34］毛喜（516—587）：字伯武，荥阳阳武（今河南荥阳市）人。历仕梁、陈，官至吏部尚书。传见《陈书》卷二十九、《南史》卷六十八。［35］淮左：指淮南之地。［36］舟艥之工：陈兵擅长乘舟舰水战。艥，与楫同。工，擅长。［37］寝兵：休兵。［38］咨议参军：官名。备询问商议。［39］位大将军：会时列座于大将军位，无职事。

乙丑[1]，周以越王盛为大冢宰。

三月，戊辰[2]，周于蒲州置宫，废同州[3]及长春[4]二宫。

甲戌[5]，周主初服常冠，以皂纱全幅向后幞发[6]，仍裁为四脚[7]。

丙子[8]，命中军大将军[9]、开府仪同三司淳于量为大都督，总水陆诸军事，镇西将军[10]孙玚[11]都督荆、郢[12]诸军，平北将军[13]樊毅都督清口上至荆山[14]缘淮诸军，宁远将军[15]任忠都督寿阳、新蔡[16]、霍州[17]诸军，以备周。

乙酉[18]，大赦。

壬辰[19]，周改元宣政[20]。

夏，四月，庚申[21]，突厥寇周幽州，杀掠吏民。

戊午[22]，樊毅遣军渡淮北，对清口筑城。壬戌[23]，清口城[24]不守。

五月，己丑[25]，周高祖帅诸军伐突厥，遣柱国原公姬愿、东平公神举等将兵五道俱入。

癸巳[26]，帝不豫[27]，留止云阳宫[28]；丙申[29]，诏停诸军。驿召宗师[30]宇文孝伯赴行在所[31]，帝执其手曰："吾自量必无济理[32]，以后事付君。"是夜，授孝伯司卫上大夫[33]，总宿卫兵。又令驰驿入京镇守，以备非常。六月，丁酉朔[34]，帝疾甚，还长安；是夕殂[35]，年三十六。

戊戌[36]，太子即位。尊皇后阿史那氏[37]为皇太后。宣帝初立[38]，即逞奢欲。大行在殡，曾无戚容[39]，扪[40]其杖痕[41]，大骂曰："死晚矣！"阅视高祖[42]宫人，逼为淫欲。超拜吏部下大夫[43]郑译为开府仪同大将军、内史中大夫[44]，委以朝政。

己未[45]，葬武皇帝于孝陵，庙号高祖。既葬，诏内外公除[46]，帝及六宫皆议即吉[47]。京兆郡丞[48]乐运上疏，以为"葬期既促，事讫即除，太为汲汲[49]。"帝不从。

帝以齐炀王宪属尊[50]望重[51]，忌之。谓宇文孝伯曰："公能为朕图[52]齐王，当以其官相授。"孝伯叩头曰："先帝遗诏，不许滥诛[53]骨肉。齐王，陛下之叔父，功高德茂[54]，社稷重臣。陛下若无故害之[55]，则臣为不忠之臣，陛下为不孝之子矣。"帝不怿[56]，由是疏之。乃与开府仪同大将军于智[57]、郑译等密谋之，使智就宅候宪，因告宪有异谋。

甲子[58]，帝遣宇文孝伯语[59]宪，欲以宪为太师，宪辞让。又使孝伯召宪，曰："晚与诸王俱入。"既至殿门，宪独被引进。帝先伏壮士于别室，至，即执之。宪自辩理，帝使于智证宪，宪目光如炬，与智相质[60]。或谓宪曰："以王今日事势[61]，何用多言！"宪曰："死生有命，宁复图存！但老母在堂，恐留兹恨耳！"因掷笏[62]于地。遂缢[63]之。

帝召宪僚属，使证成宪罪。参军[64]勃海李纲，誓之以死，终无桡辞[65]。有司以露车[66]载宪尸而出，故吏皆散，唯李纲抚棺号恸，躬自瘗之，哭拜而去。

又杀上大将军王兴，上开府仪同大将军独孤熊，开府仪同大将军豆卢绍[67]，皆素与宪亲善者也。帝既诛宪而无名[68]，乃云与兴等谋反，时人谓之"伴死"。

以于智为柱国，封齐公，以赏之。

闰月[69]，乙亥[70]，周主立妃杨氏[71]为皇后。

辛巳[72]，周以赵王招为太师，陈王纯为太傅。

齐范阳王绍义闻周高祖殂，以为得天助。幽州人卢昌期，起兵据范阳[73]，迎绍义，绍义引突厥兵赴之。周遣柱国东平公神举将兵讨昌期。绍义闻幽州总管出兵在外，欲乘虚袭蓟[74]，神举遣大将军宇文恩将四千人救之，半为绍义所杀。会神举克范阳，擒昌期，绍义闻之，素衣举哀，还入突厥。高宝宁帅夷、夏数万骑救范阳，至潞水[75]，闻昌期死，还，据和龙。

秋，七月，周主享[76]太庙；丙午[77]，祀圜丘。

庚戌[78]，周以小宗伯[79]斛斯徵为大宗伯[80]。壬戌[81]，以亳州[82]总管杨坚为上柱国、大司马[83]。

癸亥[84]，周主尊所生母李氏为帝太后[85]。

八月，丙寅[86]，周主祀西郊[87]；壬申[88]，如同州。以大司徒杞公亮为安州总管，上柱国长孙览为大司徒，杨公王谊为大司空。

丙戌[89]，以永[90]昌公椿为大司寇[91]。

九月，乙巳[92]，立方明坛[93]于娄湖[94]。戊申[95]，以扬州刺史始兴王叔陵为王官伯[96]，临盟百官。

庚戌[97]，周主封其弟元[98]为荆王。

周主诏："诸应拜者，皆以三拜成礼。"

甲寅[99]，上幸娄湖誓众。乙卯[100]，分遣大使以盟誓班[101]下四方，上下相警戒。

冬，周主[102]还长安。以大司空王谊为襄州[103]总管。

戊子[104]，以尚书左仆射陆缮为尚书仆射。

十一月，突厥寇周边，围酒泉[105]，杀掠吏民。

十二月，甲子[106]，周以毕王贤为大司空。

己丑[107]，周以河阳总管滕王逌为行军元帅，帅众入寇[108]。

（以上为第四段，写周武帝劳于国事，英年早逝。周宣帝在北周强盛时继位，上任伊始就猜忌忠臣，大开杀戒，又骄恣荒淫，为北周速亡伏笔。）

【注释】

[1]乙丑：二月二十八日。 [2]戊辰：三月一日。 [3]同州：宫名。宇文泰辅政时多居同州（治今陕西大荔县），遂在同州置别宫。 [4]长春：宫名。在朝邑县，即今陕西大荔县东南朝邑镇。 [5]甲戌：三月七日。 [6]襆（fú）发：用幅巾从前往后把头发包起。襆，同"幞"。[7]四脚：幞头的别名。又称头巾。周武帝把幅巾裁为四脚，两脚结在脑后，两脚结在颔下，使之牢固不脱掉。 [8]丙子：三月九日。 [9]中军大将军：武官名。官品第二。 [10]镇西将军：将军号，无职事。 [11]孙玚（516—587）：字德琏，吴郡吴县（今江苏苏州市）人。历仕梁、陈，官至侍中、五兵尚书。传见《陈书》卷二十五、《南史》卷六十七。 [12]郢：郢州。州名。治所夏口城，在今湖北武汉市。 [13]平北将军：将军号，无职事。 [14]荆山：郡名。治所马头县，在今安徽怀远县南。 [15]宁远将军：将军号。无职事。 [16]新蔡：郡名。治所固始县，在今河南固始县东。 [17]霍州：州名，治所霍山县，在今安徽霍山县。 [18]乙酉：三月十八日。[19]壬辰：三月二十五日。 [20]改元宣政：即由建德七年改为宣政元年。 [21]庚申：四月二十三日。 [22]戊午：四月二十一日。按"戊午"当在"庚申"前，《周书》《北史》本无误，《资治通鉴》抄录时致误。 [23]壬戌：四月二十五日。 [24]清口城：即樊毅新在淮河北岸清口所筑之城，故址在今江苏淮安市淮阴区西南。[25]己丑：五月二十三日。[26]癸巳：五月二十七日。[27]不豫：天子有病的讳称。 [28]云阳宫：行宫名。在京兆郡云阳县，故址在今陕西淳化县西甘泉山上。 [29]丙申：五月三十日。 [30]宗师：周官名。掌宗室事宜。 [31]行在所：天子所在的地方。 [32]济理：成活之理。济，成。 [33]司卫上大夫：官名。《周礼》官职，掌宿卫。[34]丁酉朔：六月一日。[35]殂（cú）：帝王之死曰崩，亦曰殂。[36]戊戌：六月二日。[37]阿史那氏：周武帝皇后，天和三年（568）娶于突厥。 [38]宣帝初立：太子宇文赟新即位。[39]戚容：悲哀难过的面容。[40]扪（mén）：用手抚摸。[41]杖痕：做太子时受杖打的伤痕。[42]高祖：即周武帝，庙号高祖。 [43]吏部下大夫：周官名。吏部副长官，掌选举。 [44]内史中大夫：周官名。协助天子管理爵、禄、废、置等。 [45]己未：六月二十三日。 [46]公除：除服。帝王葬后百官除去丧服，称为公除。 [47]即吉：除丧服，改吉服。 [48]京兆郡丞：官名。郡丞辅佐郡守，治理郡之政事。 [49]汲汲（jí）：急切的样子。 [50]属尊：行辈高。齐炀王乃周宣帝叔父，故属尊。 [51]望重：齐炀王出将入相，屡建大功，故望重。 [52]图：谋害。[53]滥诛：不守法律而随意杀人称滥诛。 [54]德茂：道德美好。茂，美好。 [55]害之：据章校，"之"下应补"臣又顺旨曲从"六字。 [56]怿（yì）：欢喜，快乐。 [57]于智：仕北周，官至大司空。传附《周书·于谨传》《北史·于谨传》。[58]甲子：六月二十八日。[59]语：告诉，转告。 [60]相质：互相对证。质，验证。 [61]事势：事情的趋势。 [62]笏（hù）：古代朝会时官员所执的手板，有事则书于上，以备遗忘。按官位的高下有玉与竹木之分。 [63]缢：勒颈绝气而死。 [64]参军：官名。齐王府僚属，参议军事。 [65]桡（ráo）辞：隐讳或屈从的言辞。桡，弯曲，屈从。[66]露车：车无帷盖者称露车。[67]豆卢绍：本姓慕容，燕北地王精之后裔，

中山败，归北魏。北人谓归义为豆卢，遂因以为姓。［68］无名：无罪以加之为无名。即无正当的理由。［69］闰月：此指北周闰六月。［70］乙亥：周闰六月十日。［71］杨氏：即杨坚之女。［72］辛巳：六月十六日。［73］范阳：郡名。治所涿县，在今河北涿州市。［74］蓟：即蓟城，幽州治所，在今北京市西南。［75］潞水：河名。一作潞河。大榆河流经潞县的一段称潞水，在今北京市通州区东南。［76］享：祭祀。［77］丙午：七月十一日。［78］庚戌：七月十五日。［79］小宗伯：官名。《周礼》春官之属，为大宗伯的副职，掌宗庙祭祀等礼仪。［80］大宗伯：官名。古代六卿之一，《周礼》春官，掌邦国祭祀典礼。［81］壬戌：七月二十七日。［82］亳（bó）州：州名。治所小黄县，在今安徽亳州市。［83］大司马：官名。《周礼》夏官有大司马，掌国政。［84］癸亥：七月二十八日。［85］帝太后：与皇太后同义。因嫡母阿史那氏既尊为皇太后，故尊生母为帝太后，以示区别。［86］丙寅：八月二日。［87］祀西郊：古代帝祀五郊之一。立秋之日，迎秋于西郊。［88］壬申：八月七日。［89］丙戌：八月二十二日。［90］以永：据章校，“永”上应补“柱国”二字。［91］大司寇：官名。《周礼·秋官》大司寇主管刑狱。为六卿之一。［92］乙巳：九月十一日。［93］方明坛：古代诸侯朝见天子，会盟或天子祭祀时所置祭祀坛。方明指上下四方神明之像。《仪礼·观礼》云：“诸侯觐于天子，为宫方三百步，四门，坛十有二寻，深四尺，加方明于其上。方明者，木也，方四尺，设六色；东方青，南方赤，西方白，北方黑，上玄，下黄。”［94］娄湖：湖名。在今江苏南京市东南。［95］戊申：九月十四日。［96］王官伯：王官指天子之官，与诸侯之官相对。伯是最大的。王官伯是朝官中官位最显要的。［97］庚戌：九月十六日。［98］元（？—580）：宇文元，周武帝之子。传见《周书·文闵明武宣诸子传》《北史·周室诸王传》。［99］甲寅：九月二十日。［100］乙卯：九月二十一日。［101］班：颁布。［102］周主：据章校，“周”上应补“十月癸酉”四字。癸酉，十月九日。［103］襄州：州名。治所襄阳县，在今湖北襄阳市。［104］戊子：九月乙未朔，无“戊子”。按章校，上文脱“十月癸酉”，戊子当在十月，即十月二十五日。［105］酒泉：郡名。治所禄福县，在今甘肃酒泉市。［106］甲子：十二月二日。［107］己丑：十二月二十七日。［108］入寇：进攻陈朝。

十一年（己亥，579年）

春，正月，癸巳[1]，周主受朝于露门[2]，始与群臣服汉、魏衣冠[3]；大赦，改元大成[4]。置四辅[5]官：以大冢宰越王盛为大前疑，相州总管蜀公尉迟迥为大右弼，申公李穆为大左辅，大司马随公杨坚为大后承。

周主之初立也，以高祖《刑书要制》为太重而除之，又数行赦宥[6]。京兆郡[7]丞乐运上疏，以为：“《虞书》[8]所称‘眚灾[9]肆赦’[10]，谓过误为害，当缓赦之；《吕刑》[11]云：‘五刑[12]之疑有赦，’谓刑疑从罚，罚疑从免也。谨寻经典，未有罪无轻重，溥[13]天大赦之文。大尊[14]岂可数施非常之惠，以肆奸宄[15]之恶乎！”帝不纳。既而民轻犯法[16]，又自以奢淫多过失，恶人规谏，欲为威虐，慑服[17]群下。乃更为《刑经圣制》[18]，用法益深，大醮[19]于正武殿，告天而行之。密令左右伺察群臣，小有过失，辄行诛谴。

又，居丧才逾年，辄恣声乐，鱼龙百戏[20]，常陈殿前，累日继夜，不知休息；多聚美女以实后宫，增置位号[21]，不可详录；游宴沈湎[22]，或旬日不出，群臣请事者，皆因宦者奏之。于是乐运舆榇[23]诣朝堂，陈帝八失[24]：其一，以为“大尊比来事多独断，不参诸宰辅，与众共之。”其二，“搜美女以实后宫，仪同以上女不许辄嫁[25]，贵贱同怨。”其三，“大尊一入后宫，数日不出，所须闻奏，多附宦官。”其四，“下诏宽刑，未及半年，更严前制。”其五，“高祖斫雕为朴[26]，崩未逾年[27]，而遽穷奢丽。”其六，“徭赋下民，以奉俳优[28]角抵[29]。”其七，“上书字误者，即治其罪，杜献书之路。”其八，“玄象[30]垂诫，不能咨诹[31]善道，修布[32]德政。”“若不革兹八事，臣见周庙不血食[33]矣。”帝大怒，将杀之。朝臣恐惧，莫有救者。内史中大夫洛阳元岩[34]叹曰：“臧洪同死[35]，人犹愿之，况比干[36]乎！若乐运不免，吾将与之俱毙。”乃诣阁请见，曰：“乐运不顾其死，欲以求名。陛下不如劳而遣之，以广圣度[37]。”帝颇感悟[38]。明日，召运，谓曰：“朕昨夜思卿所奏，实为忠臣。”赐御食而罢之。

癸卯[39]，周立皇子阐[40]为鲁王。

甲辰[41]，周主东巡[42]；以许公宇文善[43]为大宗伯。戊午[44]，周主至洛阳；立鲁王阐为皇太子。

二月，癸亥[45]，上耕藉田。

周下诏，以洛阳为东京；发山东诸州兵治洛阳宫，常役四万人。徙相州六府于洛阳。

周徐州总管王轨，闻郑译用事，自知及祸，谓所亲曰：“吾昔在先朝，实申[46]社稷至计[47]。今日之事，断可知矣。此州控带[48]淮南，邻近强寇，欲为身计[49]，易如反掌。但忠义之节，不可亏违，况荷[50]先帝厚恩，岂可以获罪嗣主，遽忘之邪！正可于此待死，冀千载之后，知吾此心耳！”

周主从容问译曰：“我脚杖痕，谁所为也？”对曰：“事由乌丸轨[51]、宇文孝伯。”因言轨捋须事。帝使内史杜庆信就州杀轨，元岩不肯署诏[52]。御正中大夫[53]颜之仪[54]切谏，帝不听，岩进继之，脱巾顿颡[55]，三拜三进。帝曰：“汝欲党[56]乌丸轨邪？”岩曰：“臣非党轨，正恐滥诛失天下之望。”帝怒，使阉竖[57]搏其面。轨遂死，岩亦废于家[58]。远近知与不知，皆为轨流涕。之仪，之推之弟也。

周主之为太子也，上柱国尉迟运为宫正[59]，数进谏，不用；又与王轨、宇文孝伯、宇文神举皆为高祖所亲待，太子疑其同毁己。及轨死，运惧，私谓孝伯曰：“吾徒[60]必不免祸，为之奈何？”孝伯曰：“今堂上有老母，地下有武帝[61]，为臣为子，知欲何之[62]！且委质[63]事人，本徇[64]名义；谏而不入，死焉可逃！足下若为身计，宜且远之。”于是运求出为秦州[65]总管。

他日，帝托以齐王宪事让[66]孝伯曰：“公知齐王谋反，何以不言？”对曰：“臣知齐王忠于社稷，为群小所谮，言必不用，所以不言。且先帝付嘱[67]微臣，唯令辅导陛下。今谏而不从，实负顾托[68]。以此为罪，是所甘心。”帝大惭，俯首[69]不语，命将[70]出，赐死于家。

时宇文神举为并州刺史，帝遣使[71]就州鸩杀[72]之。尉迟运至秦州，亦以忧死[73]。

周罢南伐诸军。

突厥佗钵可汗请和于周，周主以赵王招女为千金公主，妻之[74]，且命执送高绍义；佗钵不从。

辛巳[75]，周宣帝传位于太子阐，大赦，改元大象[76]，自称天元皇帝，所居称“天台”，冕二十四旒[77]，车服旂[78]鼓皆倍于前王之数。皇帝称正阳宫，置纳言[79]、御正、诸卫等官[80]，皆准天台[81]。尊皇太后为天元皇太后。

天元既传位，骄侈弥[82]甚，务自尊大，无所顾惮[83]，国之仪典[84]，率情[85]变更。每对臣下自称为天，用樽、彝、珪、瓒以饮食[86]。令群臣朝天台者，致斋[87]三日，清身一日。既自比上帝，不欲群臣同己，常自带绶[88]，冠通天冠[89]，加金附蝉[90]，顾见侍臣弁上有金蝉及王公有绶者，并令去之。不听人有“天”、“高”、“上”、“大”之称，官名有犯，皆改之。改姓高者为“姜”，九族称高祖者为“长祖”。又令天下车皆以浑木[91]为轮。禁天下妇人不得施粉黛[92]，自非宫人，皆黄眉墨妆[93]。

每召侍臣论议，唯欲兴造[94]变革，未尝言及政事。游戏无常，出入不节[95]，羽仪仗卫[96]，晨出夜还，陪侍之官，皆不堪命。自公卿以下，常被楚挞[97]。每捶人，皆以百二十为度[98]，谓之“天杖”，其后又加至二百四十。宫人内职[99]亦如之，后、妃、嫔、御[100]，虽被宠幸，亦多杖背。于是内外恐怖，人不自安，皆求苟免，莫有固志，重足累息[101]，以逮[102]于终。

戊子[103]，周以越王盛为太保，尉迟迥为大前疑，代王达为大右弼。

辛卯[104]，徙邺城石经[105]于洛阳。诏：“河阳、幽、相、豫、亳、青、徐七总管，并受东京六府[106]处分。”

三月，庚申[107]，天元还长安，大陈军伍，亲擐[108]甲胄，入自青门[109]，静帝备法驾[110]以从。

夏，四月，壬戌朔[111]，立妃朱氏为天元帝后[112]。后，吴人，本出寒微[113]，生静帝，长于天元十余岁。疏贱无宠，以静帝故，特尊之。

乙巳[114]，周主祠太庙。壬午[115]，大醮于正武殿。

五月[116]，以襄国郡[117]为赵国，济南郡为陈国，武当、安富[118]二郡为越国，上党郡[119]为代国，新野郡[120]为滕国，邑各万户；令赵王招、陈王纯、越王盛、代王达、滕王逌并之国。

随公杨坚私谓大将军汝南公庆[121]曰：“天元实无积德；视其相貌，寿亦不长。又，诸藩微弱，各令就国，曾无深根固本[122]之计。羽翮[123]既翦，何能及远哉！”庆，神举之弟也。

突厥寇周并州。六月，周发山东诸民修长城[124]。

秋，七月，庚寅[125]，周以杨坚为大前疑，柱国司马消难为大后承。

辛卯[126]，初用大货[127]六铢钱[128]。

丙申[129]，周纳司马消难女为正阳宫皇后[130]。

己酉[131]，周尊天元帝太后李氏为天皇太后。壬子[132]，改天元皇后朱氏为天皇后，立妃元氏[133]为天右皇后，陈氏[134]为天左皇后，凡四后云。元氏，开府仪同大将军晟之女；陈氏，大将军山提[135]之女也。

八月，庚申[136]，天元如同州。

丁卯[137]，上阅武[138]于大壮观。命都督任忠帅步骑十万陈于玄武湖，都督陈景帅楼舰[139]五百出瓜步江[140]，振旅[141]而还。

壬申[142]，周天元还长安。甲戌[143]，以陈山提、元晟并为上柱国。

戊寅[144]，上还宫。

豫章内史南康王方泰[145]，在郡秩满[146]，纵火延烧邑居，因行暴掠，驱录[147]富人，征求财贿。上阅武，方泰当从，启称母疾不行，而微服往民间淫人妻，为州所录。又帅人仗[148]抗拒，伤禁司[149]，为有司所奏。上大怒，下方泰狱，免官，削爵土[150]，寻而复旧。

壬午[151]，周以上柱国毕王贤为太师，郇公韩业为大左辅。九月，乙卯[152]，以酆[153]王贞为大冢宰。以郧公孝[154]宽为行军元帅，帅行军总管杞公亮、郕[155]公梁士彦寇淮南。仍遣御正杜杲、礼部薛舒[156]来聘。

冬，十月，壬戌[157]，周天元幸道会苑，大醮，以高祖配醮[158]。初复佛像及天尊[159]像，天元与二像俱南面坐[160]，大陈杂戏，令长安士民纵观[161]。

甲戌[162]，以尚书仆射陆缮为尚书左仆射。

十一月，辛卯[163]，大赦。

周韦孝宽分遣杞公亮自安陆攻黄城[164]，梁士彦攻广陵[165]。甲午[166]，士彦至肥口[167]。

乙未[168]，周天元如温汤[169]。

戊戌[170]，周军进围寿阳。

周天元如同州。

诏开府仪同三司、南兖州刺史淳于量为上流[171]水军都督，中领军[172]樊毅都督北讨诸军事，左卫将军[173]任忠都督北讨前军事，前丰州[174]刺史皋文奏帅步骑三千趣阳平郡[175]。

壬寅[176]，周天元还长安。

癸卯[177]，任忠帅步骑七千趣秦郡；丙午[178]，仁威将军[179]鲁广达帅众入淮；是日，樊毅将水军二万自东关[180]入焦湖[181]，武毅将军[182]萧摩诃帅步骑趣历阳[183]。戊申[184]，韦孝宽拔寿阳，杞公亮拔黄城，梁士彦拔广陵；辛亥[185]，又取霍州[186]。癸丑[187]，以扬州刺史始兴王叔陵为大都督，总水步众军。

丁巳[188]，周铸永通万国钱[189]，一当千，与五行大布并行。

十二月，戊午[190]，周天元以灾异屡见，舍仗卫，如天兴宫。百官上表，劝复寝膳。甲子[191]，还宫，御正武殿，集百官及宫人、外命妇[192]，大列伎乐，初作乞寒[193]胡戏。

乙丑[194]，南·北兖[195]、晋[196]三州及盱眙[197]、山阳[198]、阳平[199]、马头[200]、秦、历阳、沛[201]、北谯[202]、南梁[203]等九郡民并自拔还江南。周又取谯[204]、北徐州[205]。自是江北之地尽没于周。

周天元如洛阳，亲御驿马[206]，日行三百里，四皇后及文武侍卫数百人并乘驲[207]以从。仍令四后方驾[208]齐驱，或有先后，辄加谴责，人马顿仆[209]，相及于道。

癸酉[210]，遣平北将军[211]沈恪[212]、电威将军[213]裴子烈镇南徐州，开远将军徐道奴镇栅口[214]，前信州[215]刺史杨宝安镇白下[216]。戊寅[217]，以中领军樊毅都督荆、郢、巴、武[218]四州水陆诸军事。

己卯[219]，周天元还长安。

贞毅将军[220]汝南周法尚[221]，与长沙王叔坚不相能[222]，叔坚谮之于上，云其欲反。上执其兄定州[223]刺史法僧，发兵将击法尚。法尚奔周，周天元以为[224]仪同大将军、顺州[225]刺史，上遣将军樊猛[226]济江击之。法尚遣部曲督[227]韩朗[228]诈降于猛，曰："法尚部兵不愿降北，人皆窃议，欲叛还。若得军来，自当倒戈。"猛以为然，引兵急趋之。法尚阳[229]为畏惧，自保江曲[230]，战而伪走，伏兵邀之，猛仅以身免，没者几八千人。

（以上为第五段，写北周宣帝，治国如同儿戏，行事反复无常，又异想天开称天元皇帝，禅位太子，更加放肆纵欲。即使如此，北周兵一出，仍尽陷陈朝江北之地，是因陈宣帝政治腐败，既姑息权贵，又用人不明，也是一个衰世之君。）

【注释】

[1]癸巳：正月一日。 [2]露门：当作“路门”。路，大的意思。大概是北周外朝。 [3]汉、魏衣冠：即汉服，此前周主与群臣盖服“胡服”（鲜卑族服装）。 [4]改元大成：即由宣政二年改为大成元年。 [5]四辅：官名。《尚书·大传》四辅为疑、承、辅、弼；贾谊《新书》以道、弼、辅、承为四辅。辅佐天子。 [6]赦宥：有罪而赦免。 [7]京兆郡：郡名。治所长安县，在今陕西西安市西北。 [8]《虞书》：《尚书》的一部分，包括《尧典》《皋陶谟》等篇。 [9]眚（shěng）灾：因过失而造成灾害。眚通“省”。 [10]肆赦：宽赦罪人。 [11]《吕刑》：《尚书》中的一篇，是周穆王采纳其臣吕侯（一作甫侯）的言论作《刑》，布告四方，即《吕刑》篇。 [12]五刑：古代的五种刑罚，以墨、劓、剕、宫、大辟为五刑。唐以笞、杖、徒、流、死为五刑。 [13]溥（pǔ）：普遍。 [14]大尊：犹至尊。 [15]奸宄（guǐ）：窃盗或作乱的坏人。 [16]轻犯法：看轻犯法。 [17]慑服：畏惧威势而屈服。 [18]《刑经圣制》：刑法名。 [19]醮（jiào）：祭祀的一种形式。夜间于星辰之下，陈设酒脯等物，历祀天皇、太一，祀五星、列宿。作书，烧香陈读，云奏上天曹，名之为醮。 [20]百戏：北齐后主时，有鱼龙烂漫，俳优朱儒，山车、巨象、拔井、种瓜、杀马、剥驴等奇怪异端一百多种，名为百戏。 [21]位号：官位和名号。 [22]沈湎（miǎn）：沉迷于饮酒。 [23]舆榇（chèn）：载棺以随，表示誓死。榇，空棺。 [24]陈帝八失：陈述了周宣帝的八条过失。 [25]辄嫁：及时出嫁。辄，即时。 [26]斫（zhuó）雕为朴：去浮华，崇质朴。 [27]逾年：超过一年。逾，超越，跳过。 [28]俳优：古代以乐舞作谐戏的艺人。 [29]角抵：古代的一种技艺表演，类似今日摔跤。 [30]玄象：天象。日月星辰，在天成象。 [31]咨诹（zōu）：咨询，访问。 [32]布：颁行。 [33]血食：古时杀牲取血，用以祭祀，故称血食。 [34]元岩（？—593）：历仕北周、隋，官至兵部尚书，封平昌郡公。传见《隋书》卷六十二、《北史》卷七十五。 [35]臧洪同死：臧洪为袁绍所杀，陈容激于义愤，愿与臧洪同死，亦被杀。事见《资治通鉴》卷六十一《汉纪五十三》献帝兴平三年。 [36]比干：商末大臣，因忠谏为纣王所杀。 [37]圣度：皇帝的宽弘大度。 [38]感悟：有所感而觉悟。 [39]癸卯：正月十一日。 [40]皇子阐：即宇文阐，宣帝长子，先名衍，后改为阐，即位后史称静帝。传见《周书》卷八、《北史》卷十。 [41]甲辰：正月十二日。 [42]东巡：据章校，“巡”下应补“丙午”二字。丙午，正月十四日。 [43]宇文善（？—586）：历仕北周、隋，官至上柱国、大宗伯，封许国公。传附《周书·宇文忻传》《隋书·宇文忻传》《北史·宇文忻传》。 [44]戊午：正月二十六日。 [45]癸亥：二月二日。 [46]申：申述，表明。 [47]社稷至计：事关国家存亡的大计，指向周武帝进言太子过失，非社稷之主一事。 [48]控带：控制。 [49]身计：自身安全之计。 [50]荷：承

受。［51］乌丸轨：即王轨，因王轨曾受赐姓乌丸氏。［52］署诏：在诏书上签名。因元岩时为内史中大夫，参与机密，当在诏书上签名后发出。［53］御正中大夫：官名。北周武成元年，置御正四人，掌王言，在皇帝左右。［54］颜之仪（523—591）：字子升，历仕后梁、北周与隋，官至集州刺史，封新野郡公。传见《周书》卷四十、《北史》卷八十三。［55］顿颡：屈膝下拜，以额触地。颡（sǎng），额。［56］党：偏私，袒护。［57］阉竖：太监，宦者。［58］废于家：指罢官并遣还于家。［59］宫正：官名。此指太子宫正，掌皇后及太子家事。［60］吾徒：我们。徒，同类之人。［61］武帝：即周武帝，庙号高祖。［62］之：往。［63］委质：古者开始做事，必先书其名于策，委死之质于君，然后为臣，表示必为君主以尽死节。质，身体。［64］徇：舍身。［65］秦州：州名。治所上邽县，在今甘肃天水市西南。［66］让：责备。［67］付嘱：托付。嘱，托。［68］顾托：指武帝临终前的托付。［69］俯首：低头。［70］将：引，领。［71］遣使：派遣使者。［72］鸩（zhèn）杀：以毒酒毒死。［73］忧死：忧惧而死。［74］妻之：以千金公主做佗钵可汗的妻子。［75］辛巳：二月二十日。［76］改元大象：即由大成元年改为大象元年。［77］冕（miǎn）：皇冠。旒（liú）：冕冠前后悬垂的玉串。一般天子为十二旒。［78］旂（qí）：上画龙形，竿头系铃的旗。后作为旗帜的总称。［79］纳言：官名。由侍中所改。掌出纳王言。［80］诸卫等官：指左右宫伯、小宫伯、左右中侍、左右侍、左右前侍、左右后侍、左右骑侍、左右宗侍、左右庶侍、左右勋侍、左右武伯、小武伯、左右武贲、左右旅贲、左右射声、左右骁骑、左右羽林、左右游击。［81］准天台：其官员设置以天台为准则。［82］弥：更加。［83］顾惮：顾虑和惧怕。［84］仪典：仪礼法典。［85］率情：随意，任意。［86］用樽、彝、珪、瓒以饮食：指周宣帝荒淫，把樽、彝、珪、瓒等祭祀用的礼器作为饮食器具。［87］致斋：即吃素而不吃荤。［88］绶（shòu）：古代常用不同颜色的丝带，标识官吏的身份和等级。周制：皇帝组绶，以苍、青、朱、黄、白、玄、纁、红、紫、緅、碧、绿，十二色。［89］通天冠：皇帝之冠。凡郊祀、朝贺、宴会，皆戴此冠。冠之形制，历代大同小异。古制高九寸，正竖立，顶少倾斜，乃直下，以铁为卷梁，前有展筒，冠前如山形。［90］金附蝉：即金蝉，侍中、常侍所冠武弁。［91］浑木：全用木头。［92］粉黛：妇女化妆用品，以粉傅面，以黛描眉。［93］墨妆：妆饰用物及服装皆用黑色。［94］兴造：指搞土木建筑。［95］不节：没有节制。［96］仗卫：仪仗侍卫。［97］楚挞：拷打。［98］度：限度。［99］内职：宫廷中由妇女担任的职务。［100］御：女官，侍从的近臣。［101］累息：屏住呼吸，不敢出气。比喻极为恐惧。［102］逮：至。［103］戊子：二月二十七日。［104］辛卯：二月三十日。［105］石经：古代刻石的儒家经典。东汉灵帝时，蔡邕立石经于洛阳太学讲堂前。三国魏齐王芳正始年间又立古、篆、隶三种文字书写的“三体石经”，东魏末高澄将洛阳石经迁到邺城，北周末又回迁洛阳。［106］东京六府：指设在洛阳的六个官署。六府官包括天官冢宰、地官司徒、春官宗伯、夏官司马、秋官司寇、冬官司空。［107］庚申：三月二十九日。［108］擐（huàn）：穿，贯。［109］青门：长安城东三门，靠北第一门。门青色，故称青门。［110］法驾：皇帝的车驾，也称法车。［111］壬戌朔：周历四月一日，陈历则四月二日。［112］天元帝后：即朱满月（547—586），宣帝皇后，宣帝死，出家为尼。传见《周书》卷九、《北史》卷十四。［113］寒微：出身贫寒低贱。［114］乙巳：周历四月壬戌朔，无“乙巳”。按《周书·宣帝纪》乙己作“己巳”；《北史》同。据此，“乙”当为“己”之误。己巳，四月八日。［115］壬午：四月二十一日。［116］五月：据章校，“月”下应补“辛亥”二字。辛亥，五月二十一日。［117］襄国郡：郡名。治所襄国县，在今河北邢台市。［118］武当、安富：均郡名。武当郡治所武当县，在今湖北丹江口市均县镇西北。安富郡，胡注富当作“福”。治所安福县，在今湖北十堰市郧阳区东南。［119］上党郡：郡名。治所壶关县，在今山西长治市北。［120］新野郡：郡名。治所新野县，在今河南新野县。［121］汝南公庆：即宇文神庆，历仕北周、隋，封汝南郡公。传附《周书·宇文神举传》、《隋书》卷五十、《北史》卷五十七。［122］深根固本：使根基深固而不可动摇。［123］羽翮（hé）：羽翼。翮，羽茎。［124］修长城：此指修复北齐时所筑长城。齐筑长城事见《资治通鉴》第一百六十六卷《梁纪二十二》敬帝太平元年。［125］庚寅：七月一日。［126］辛卯：七月二日。［127］大货：大的货币。货，钱币。［128］六铢钱：货币名。以每枚钱重六铢而得名。铢（zhū），古衡制单位。一两（古代一斤为十六两）的二十四分之一为一铢。［129］丙申：七月七日。［130］正阳宫皇后：周静帝皇后。［131］己酉：七月二十日。［132］壬子：七月二十三日。［133］元氏：名乐尚。先为贵妃，后立为天右皇后。传见《周书》卷九、《北史》卷十四。［134］陈氏：名月仪。先为德妃，后立为天左皇后。传见《周书》卷九、《北史》卷十四。［135］山提：即陈山提，原为尔朱兆苍头，后封淅阳郡公，官至大将军。传附《周书·陈皇后传》《北史·韩宝业传》。［136］庚申：八月一日。［137］丁卯：八月八日。［138］阅武：检阅军队。［139］楼舰：即楼船，两面置重板，列战格，故谓之楼舰。［140］瓜步江：江名。即瓜步一段的长江，在今江苏南京市六合区东南。［141］振旅：整顿部队。［142］壬申：八月十三日。［143］甲戌：八月十五日。［144］戊寅：八月十九日。［145］南康王方泰：即陈方泰，南康愍王昙朗之子，袭父爵，传附《陈书·南康愍王昙朗传》《南史·南康愍王昙朗传》。［146］秩满：任官期满。［147］驱录：驱赶、逮捕。［148］人仗：人和兵杖。仗，通“杖”。［149］禁司：掌禁防奸诈为非作歹者。［150］削爵土：谓削掉封爵与土地。［151］壬午：八月二十三日。［152］乙卯：九月二十七日。［153］酆：古地名。在今陕西西安市鄠邑区东。［154］郧公孝：据章校，“孝”上应补“韦”字。［155］郕（chéng）：古诸侯国名。故址在今山东宁阳县。［156］薛舒：传附《北史·薛橙传》。［157］壬戌：十月四日。［158］配醮：在大醮祭祀时配享。［159］天尊：道家对所奉神仙的尊称。佛教亦称佛为天尊。［160］南面坐：坐北面南，古代帝王传统坐法。［161］纵观：任意观看。［162］甲戌：十月十六日。［163］辛卯：十一月四日。［164］黄城：郡名。治所黄冈县，在今湖北武汉市新洲区。［165］广陵：郡名。东魏侨置。治所宋安县，在今河南息县。［166］甲午：十一月七日。［167］肥口：地名。即肥水入淮水之处，在今安徽寿县北。［168］乙未：十一月八日。［169］温汤：温泉洗浴处。在今陕西西安市临潼区骊山西北。［170］戊戌：十一月十一日。［171］上流：此当指淮水上流。［172］中领军：武官名。掌禁卫。［173］左卫将军：武官名。与右卫将军同掌禁卫。［174］丰州：州名，治所侯官县，在今福建福州市。［175］阳平郡：郡名。治所安宜县，在今江苏宝应县西南。［176］壬寅：十一月十五日。［177］癸卯：十一月十六日。［178］丙午：十一月十九日。［179］仁威将军：将军号。无职事。［180］东关：城名，故址在今安徽无为市北。［181］焦湖：湖名。即巢湖，故址在今安徽巢湖市境内。［182］武毅将军：将军号。梁置，无职事。［183］历阳：郡名。治所历阳县，在今安徽和县。［184］戊申：十一月二十一日。［185］辛亥：十一月二十四日。［186］霍州：州名。治所霍山县，在今安徽霍山县。［187］癸丑：十一月二十六日。［188］丁巳：十一月三十日。［189］永通万国钱：北周货币名。以一当千（或作十），与五行大布钱、五铢钱三品并用。［190］戊午：十二月一日。［191］甲子：十二月七日。［192］外命妇：五命以上官之妻。因夫或子而得封号的妇女，都称外命妇。［193］乞寒：古代杂戏名。又叫“乞寒胡”“泼寒胡”。本康国之俗，鼓舞乞寒，以水交泼为乐，其戏传入中国。［194］乙丑：十二月八日。［195］北兖：州名。南朝齐侨置。治所淮阴县，在今江苏淮安市淮阴区西南。［196］晋州：州名。梁置豫州于同安郡，后改曰晋州，北齐改为江州，陈称晋州。治所怀宁县，在今安徽潜山市。［197］盱眙：郡名。治所盱眙县，在今江苏盱眙县东北。［198］山阳：郡名。治所山阳县，在今江苏淮安市。［199］阳平：郡名。治所高平县。在今江苏盱眙县西北。［200］马头：郡名。治所马头县，在今安徽怀远县南淮河南岸马头城。［201］沛：郡名。治所萧县，在今安徽萧县西北。［202］北谯：郡名。梁侨置。治所全椒县，在今安徽全椒县。［203］南梁：郡名。治所睢阳县，在今安徽寿县。［204］谯：州名。治所涡阳县，在今安徽蒙城县。［205］北徐州：侨州名。治所钟离县，在今安徽凤阳县东北。［206］驿马：驿站的马，供载人或传邮之用。［207］驲（rì）：古代驿传，以车称传，即驿车；以马称驲，即驿马。［208］方驾：并驾。［209］顿仆：挫伤倒地，跌倒。［210］癸酉：十二月十六日。［211］平北将军：将军号，无职事。［212］沈恪（510—583）：字子恭，吴兴武康（今浙江德清县）人，历仕梁、陈，官至扩军将军。传见《陈书》卷十二、《南史》卷六十七。［213］电威将军：将军号，无职事。［214］栅口：地名。即栅江口。栅江入长江之口，故址在今安徽无为市东南。［215］信州：州名。治所鱼复县，在今重庆市奉节县东白帝城。［216］白下：县名。县治白下城，在今江苏南京市北。［217］戊寅：十二月二十一日。［218］武：武州，州名。治所武陵县，在今湖南常德市。［219］己卯：十二月二十二日。［220］贞毅将军：将军号。无职事。［221］周法尚（554—612）：字德迈，汝南安城（今河南原阳县）人。历仕陈、北周与隋，官至云州刺史，封归义县公。传见《隋书》卷六十五、《北史》卷七十六。［222］不相能：不和睦。［223］定州：州名。治所麻城县，在今湖北麻城市东北。［224］以为：据章校，“为”下应补“开府”二字。［225］顺州：州名。治所顺义县，在今湖北随州市北。［226］樊猛：仕陈，官至侍中、护军将军，封逍遥郡公。后降隋。传附《陈书·樊毅传》《南史·樊毅传》。［227］部曲督：部曲中的头目。部曲，古代军队的编制单位。又，豪门的私人军队亦称部曲。［228］韩朗：《隋书·周法尚传》作“韩明”，《北史》作“韩朗”。其中必有一误，未知孰是。［229］阳：假装。［230］江曲：地名。胡注即江水之曲。不详。从周法尚任顺州（治今湖北随州市）来看，江曲当在今湖北武汉市附近。

【点评】

宗法传子制的弊端。北周武帝宇文邕是一位英武有为之君、文武双全的杰出政治家。他深知太子不才，不是一个守成之君，但其余诸子尚幼，在家天下传子宗法制下，找不到一个好的接班人。其弟齐王宇文宪，智勇谋略为当世之杰，在传子制下，他非但不能接班，反而因功高震主遭忌被杀。北周随着北周武帝的英年早逝，迅速地从顶峰跌落下来，江山终为他人所有。封建传子制带来政治的大起大落，改朝换代不可避免，北齐灭亡，皆因继体之君累世荒淫。宗法传子制的弊端，在本卷的朝代变易中体现得尤为明显，揭示了极为深刻的教训。

卷一七四　陈纪八

陈宣帝太建十二年（580年）

【上章困敦（庚子，580年），凡一年】

【大事提要】

本卷记述公元580年南北朝史事，凡一年，时当陈朝宣帝太建十二年，北周静帝大象元年。本卷集中载述北周一年间发生的政局大变动，周宣帝英年辞世，嗣君周静帝孤弱，大行皇帝还未下葬，外戚权臣杨坚就轻而易举地发动了宫廷政变，夺取了辅孤大权，随后又迅速地平定了尉迟迥等人的叛乱，奠定了禅代的基础。

高宗宣皇帝下之上

太建十二年（庚子，580年）

春，正月，癸巳[1]，周天元祠太庙[2]。

戊戌[3]，以左卫将军任忠为南豫州刺史，督缘江军防事。

乙卯[4]，周税入市[5]者人一钱。

二月，丁巳[6]，周天元幸露门学[7]，释奠[8]。

戊午[9]，突厥入贡于周，且迎千金公主。

乙丑[10]，周天元改制为天制[11]，敕[12]为天敕。壬午[13]，尊天元皇太后为天元上皇太后，天皇太后为天元圣皇太后。癸未[14]，诏杨后与三后[15]皆称太皇后，司马后[16]直称皇后。

行军总管杞公亮，天元之从祖兄[17]也。其子西阳公温妻尉迟氏，蜀公迥之孙，有美色，以宗妇[18]入朝，天元饮之酒[19]，逼而淫之。亮闻之，惧；三月，军还[20]，至豫州；密谋袭韦孝宽，并其众，推诸父[21]为主，鼓行而西。亮国官[22]茹宽[23]知其谋，先告孝宽，孝宽潜设备。亮夜将数百骑袭孝宽营，不克而走。戊子[24]，孝宽追斩之，温亦坐诛。天元即召其妻入宫，拜长贵妃。辛卯[25]，立亮弟永昌公椿[26]为杞公。

周天元如同州，增候正[27]、前驱、式道候[28]为三百六十重，自应门[29]至于赤岸泽[30]，数十里间，幡旗相蔽，音乐俱作，又令虎贲[31]持钑[32]马上，称警跸[33]。乙未[34]，改同州宫为成天宫。庚子[35]，还长安。诏天台侍卫之官，皆著[36]五色及红、紫、绿衣，以杂色为缘，名曰“品色衣”，有大事，与公服[37]间服之。壬寅[38]，诏内外命妇[39]皆执笏，其拜宗庙及天台，皆俯伏如男子。

天元将立五皇后，以问小宗伯狄道辛彦之[40]。对曰：“皇后与天子敌体[41]，不宜有五。”太学博士[42]西城何妥[43]曰：“昔帝喾四妃，虞舜二妃[44]。先代之数，何常之有！”帝大悦，免彦之官。甲辰[45]，诏曰：“坤仪[46]比德，土数惟五[47]，四太皇后外，可增置天中太皇后一人。”于是以陈氏[48]为天中太皇后，尉迟妃[49]为天左太皇后。又造下帐[50]五，使五皇后各居其一，实宗庙祭器于前，自读祝版[51]而祭之。又以五辂[52]载妇人，自帅左右步从。又好倒悬鸡及碎瓦于车上，观其号呼以为乐。

夏，四月，癸亥[53]，尚书左仆射陆缮卒。

己巳[54]，周天元祠太庙；己卯[55]，大雩[56]，壬午[57]，幸仲山[58]祈雨；甲申[59]，还宫，令京城士女于衢巷[60]作乐迎候。

五月，癸巳[61]，以尚书右仆射晋安王伯恭为仆射。

周杨后性柔婉[62]，不妒忌[63]，四皇后及嫔、御等，咸爱而仰之[64]。天元昏暴滋甚，喜怒乖度[65]，尝谴后，欲加之罪。后进止详闲[66]，辞色不挠[67]，天元大怒，遂赐后死，逼令引诀[68]，后母独孤氏诣阁陈谢[69]，叩头流血，然后得免。

后父大前疑坚，位望隆重[70]，天元忌之，尝因忿谓后曰：“必族灭尔[71]家！”因召坚，谓左右曰：“色动[72]，即杀之。”坚至，神色自若[73]，乃止。内史上大夫郑译，与坚少同学，奇坚相表[74]，倾心相结。坚既为帝所忌，情不自安，尝在永巷[75]，私[76]于译曰：“久愿出藩[77]，公所悉也，愿少留意！”译曰：“以公德望，天下归心，欲求多福，岂敢忘也！谨即言之。”

天元将遣译入寇[78]，译请元帅。天元曰：“卿意如何？”对曰：“若定江东[79]，自非懿戚[80]重臣，无以镇抚，可令随公[81]行，且为寿阳总管以督军事。”天元从之。己丑[82]，以坚为扬州[83]总管，使译发兵会寿阳。将行，会坚暴[84]有足疾，不果行。

甲午[85]夜，天元备法驾，幸天兴宫；乙未[86]，不豫而还。小御正博陵刘昉[87]，素以狡谄得幸于天元，与御正中大夫颜之仪并见亲信。天元召昉、之仪入卧内，欲属以后事，天元喑[88]，不复能言。昉见静帝幼冲[89]，以杨坚后父，有重名，遂与领内史郑译、御饰大夫[90]柳裘[91]、内史大夫杜陵韦謩[92]、御正下士朝那皇甫绩[93]谋引坚辅政，坚固辞，不敢当；昉曰："公若为，速为之；不为，昉自为也。”坚乃从之，称受诏居中[94]侍疾。裘，惔之孙也。

是日，帝殂。秘不发丧。昉、译矫诏[95]以坚总知中外兵马事。颜之仪知非帝旨，拒而不从。昉等草诏署讫[96]，逼之仪连署[97]，之仪厉声曰："主上升遐[98]，嗣子冲幼，阿衡[99]之任，宜在宗英[100]。方今赵王最长，以亲以德，合膺[101]重寄。公等备受朝恩，当思尽忠报国，奈何一旦欲以神器假人[102]！之仪有死而已，不能诬罔[103]先帝。”昉等知不可屈，乃代之仪署而行之。诸卫[104]既受敕，并受坚节度。

坚恐诸王在外生变，以千金公主将适[105]突厥为辞，征赵、陈、越、代、滕五王入朝。坚索符玺[106]，颜之仪正色[107]曰："此天子之物，自有主者，宰相何故索之！”坚大怒，命引出，将杀之；以其民望，出为西边[108]郡守。

丁未[109]，发丧。静帝入居天台，罢正阳宫。大赦，停洛阳宫作[110]。庚戌[111]，尊阿史那太后为太皇太后，李太后为太帝太后[112]，杨后为皇太后，朱后为帝太后，其陈后、元后、尉迟后并为尼。以汉王赞为上柱国、右大丞相，尊以虚名，实无所综理[113]。以杨坚为假[114]黄钺[115]、左大丞相，秦王贽为上柱国。百官总己以听于左丞相[116]。

坚初受顾命[117]，使邗国公杨惠[118]谓御正下大夫李德林曰："朝廷赐令总文武事，经国[119]任重。今欲与公共事，必不得辞。”德林曰："愿以死奉公。”坚大喜。始，刘昉、郑译议以坚为大冢宰[120]，译自摄大司马，昉又求小冢宰。坚私问德林曰："欲何以见处[121]？”德林曰："宜作大丞相、假黄钺、都督中外诸军事，不尔，无以压[122]众心。”及发丧，即依此行之。以正阳宫为丞相府。

时众情未壹[123]，坚引司武上士[124]卢贲[125]置左右。将之东宫[126]，百官皆不知所从。坚潜令贲部伍仗卫[127]，因召公卿，谓曰：“欲求富贵者宜相随。”往往偶语，欲有去就[128]，贲严兵而至，众莫敢动。出崇阳门[129]，至东宫，门者拒不纳，贲谕之，不去；瞋目[130]叱之，门者遂却，坚入。贲遂典[131]丞相府宿卫。贲，辩之弟子也。以郑译为丞相府长史[132]，刘昉为司马，李德林为府属[133]，二人由是怨德林。

内史下大夫勃海高颎[134]明敏有器局[135]，习兵事，多计略，坚欲引之入府，遣杨惠谕意。颎承旨，欣然曰：“愿受驱驰[136]。纵令公事不成，颎亦不辞灭族。”乃以为相府司录[137]。

时汉王赞居禁中[138]，每与静帝同帐而坐。刘昉饰美妓进赞，赞甚悦之。昉因说[139]赞曰：“大王，先帝[140]之弟，时望所归。孺子[141]幼冲，岂堪大事！今先帝初崩，人情尚扰[142]。王且归第，待事宁后，入为天子，此万全计也。”赞年少，性识[143]庸下[144]，以为信然[145]，遂从之。

坚革宣帝苛酷之政，更为宽大，删略旧律，作《刑书要制》[146]，奏而行之；躬履[147]节俭，中外悦之。

坚夜召太史中大夫[148]庾季才[149]，问曰：“吾以庸虚[150]，受兹顾命。天时人事，卿以为何如？”季才曰：“天道[151]精微，难可意察。窃以人事卜之，符兆[152]已定。季才纵言不可，公岂复得为箕、颍之事[153]乎！”坚默然久之，曰：“诚如君言。”独孤夫人[154]亦谓坚曰：“大事已然，骑虎之势[155]，必不得下，勉之！”

坚以相州总管尉迟迥位望素重，恐有异图，使迥子魏安公惇[156]奉诏书召之会葬。壬子[157]，以上柱国韦孝宽为相州总管；又以小司徒[158]叱列长乂[159]为相州刺史，先令赴邺；孝宽续进。

陈王纯时镇齐州，坚使门正上士[160]崔彭[161]征之。彭以两骑往止传舍[162]，遣人召纯。纯至，彭请屏[163]左右，密有所道[164]，遂执而锁之，因大言[165]曰：“陈王有罪，诏征入朝，左右不得辄动[166]！”其从者愕然[167]而去。彭，楷之孙也。

六月，五王皆至长安。

庚申[168]，周复行佛、道二教，旧沙门、道士精志[169]者，简[170]令入道。

（以上为第一段，写北周宣帝宇文赟生活荒诞，寿命不永，又好杀戮，朝野离心；他死后，权臣杨坚轻而易举地发动了宫廷政变。）

【注释】

［1］癸巳：正月六日。［2］周天元祠太庙：史言周宣帝虽传位其子，自己仍主祭祀。［3］戊戌：正月十二日。［4］乙卯：正月二十九日。［5］市：市场。［6］丁巳：二月一日。［7］露门学：古学校名。以在京师露门（外朝门）左右塾而得名。周武帝立露门学，置生七十二人。［8］释奠：古代仲春（二月）、仲秋（八月）上丁日设荐馔以祭祀先圣、先师。［9］戊午：二月二日。［10］乙丑：二月九日。［11］制：大赏罚、大除授、赦宥、虑囚、慰劳用制。［12］敕：废置州县、增减官吏、除免官爵、实行百官奏请皆用敕。［13］壬午：二月二十六日。［14］癸未：二月二十七日。［15］三后：指朱后、元后与陈后。［16］司马后：即静帝皇后。［17］从祖兄：同曾祖而不同祖父的兄弟。［18］宗妇：同姓大夫之妻。［19］饮之酒：给西阳公宇文温妻酒喝。［20］军还：此前杞公亮随韦孝宽攻略淮南，现撤军。［21］诸父：谓赵王宇文招兄弟。［22］国官：官名。协助国公处理政事。［23］茹（rú）宽：人名。茹，姓氏。北朝柔然族有普六茹氏，魏孝文帝时改姓为茹氏。［24］戊子：三月二日。［25］辛卯：三月六日。［26］永昌公椿：即宇文椿（？—581），官至大司农。传附《周书·邵惠公颢传》《北史·邵惠公颢传》。［27］候正：官名。主候望。［28］式道候：官名。掌皇帝车驾出行时在前清道。［29］应门：五门之一。古传天子有五门，自内而外，为路门、应门、皋门、雉门、库门。［30］赤岸泽：地名。在长安北、同州南。即今陕西渭南市华州区境内。［31］虎贲：勇猛之士。［32］钑（sà）：兵器名。短小的矛。［33］警跸（bì）：古代帝王出入称警跸。左右侍卫为警，止人清道为跸。［34］乙未：三月十日。［35］庚子：三月十五日。［36］著（zhuó）：穿着。“着”的本字。［37］公服：北周之制，诸命秩（即品级）之服称公服，其余常服称私服。［38］壬寅：三月十七日。［39］内外命妇：指内命妇和外命妇。内命妇如皇帝的妃、嫔、世妇、女御等。外命妇则指五品以上官之妻。［40］辛彦之（？—591）：历仕北周、隋，官至礼部尚书，封任城郡公。著有《坟典》《六官》《礼要》《五经异同》等书。传见《隋书》卷七十五、《北史》卷八十二。［41］敌体：指地位相等，无上下尊卑之分。［42］太学博士：官名。在太学中教授经学。［43］何妥：字栖凤，西城（治今陕西安康市）人。历仕后梁、北周、隋，官至龙州刺史。著《周易讲疏》十三卷等书。传见《隋书》卷七十五、《北史》卷八十二。［44］帝喾、虞舜：传说中的上古帝王名。［45］甲辰：三月十九日。［46］坤仪：大地。［47］土数惟五：大地上的五种物质元素水、火、木、金、土，土

排第五。［48］陈氏：陈山提之女。［49］尉迟妃：即宇文温妻。［50］下帐：山陵中便房所用。此所说下帐，指周天元所居为上帐，五皇后所居为下帐。［51］祝版：古代祭祀用以书写祝文之板。［52］五辂（lù）：古代帝王使用的五种车子。谓玄辂、夏篆、夏缦、墨车、栈车。［53］癸亥：四月八日。［54］己巳：四月十四日。［55］己卯：四月二十四日。［56］大雩（yú）：求雨的祭名。［57］壬午：四月二十七日。［58］仲山：山名。即九嵕山之东仲山。在今陕西礼泉县北。［59］甲申：四月二十九日。［60］衢巷：大街小巷。衢，四通八达的道路称衢。［61］癸巳：五月九日。［62］柔婉：温柔而和顺。［63］妒（dù）忌：见人有善而忌恨。［64］仰之：敬仰她。［65］乖度：失常。［66］详闲：安详娴静。［67］不挠：不曲。［68］引诀：谓自裁，自杀。诀，别，也作"决"。［69］陈谢：上言谢罪。［70］隆重：贵盛。［71］尔：你。［72］色动：神态异常。［73］自若：若无其事的样子。［74］相表：相貌。［75］永巷：宫中长巷。［76］私：私下。因身事奉周，不敢公开谈论，故曰私。［77］出藩：谓出任外藩，到地方任职。［78］入寇：即攻略江南陈朝。［79］江东：自汉至隋、唐，习称自安徽芜湖以下的长江下游地区为江东。陈朝位于此，故江东指陈朝。［80］懿戚：皇帝的亲族与外戚。［81］随公：指杨坚。杨坚袭父爵随国公。［82］己丑：五月四日。己丑当在癸巳（五月九日）前，干支错乱。［83］扬州：此为北周所侨置。治所寿阳县，在今安徽寿县。［84］暴：突然。［85］甲午：五月十日。［86］乙未：五月十一日。［87］刘昉：博陵望都（今河北望都县）人。历仕北周、隋，官至上大将军，封黄国公。传见《隋书》卷三十八、《北史》卷七十四。［88］喑（yīn）：哑。［89］幼冲：幼小。［90］御饰大夫：官名。周置御饰大夫，掌御饰。［91］柳裘：字茂和，河东解（今山西运城市解州镇）人。历仕北周、隋，官至内史大夫。传见《隋书》卷三十八、《北史》卷七十四。［92］韦謩：传附《隋书·皇甫绩传》《北史·韦师传》。［93］皇甫绩（？—592）：字功名。历仕北周、隋，官至都官尚书。传见《隋书》卷三十八、《北史》卷七十四。［94］中：禁中。［95］矫诏：诈称皇帝之诏书。［96］署讫：在诏书上签完名。［97］连署：谓联名签字。［98］升遐：升天。古代谓帝王之死为升遐。［99］阿衡：商相伊尹辅太甲，称阿衡。引申为辅导帝王、主持国政。阿，依；衡，平。［100］宗英：谓宗室中才能过人者。英，才能过人。［101］合膺：合当，应该。膺，当，受。［102］以神器假人：把皇位送给人。神器，帝位。假人，给人。假，授，给。［103］诬罔：以不实之词欺骗人。诬，欺骗；罔，迷惑。［104］诸卫：周自左右宫伯，至左右羽林、游击，皆诸卫官。［105］适：女子出嫁。［106］符玺：符，谓兵符。玺，谓天子六玺。［107］正色：表情端庄严肃。［108］西边：按《周书》卷四十《颜之仪传》西边作"西疆"，《北史》本传同，据此，"边"应改作"疆"。西疆，郡名。治所合川县，在今甘肃迭部县西。［109］丁未：五月二十三日。［110］作：修建，营造。［111］庚戌：五月二十六日。［112］太帝太后：皇帝祖母。犹言太皇太后。［113］综理：总揽。［114］假：给予。［115］黄钺：以黄金为饰之钺，天子所用。后世遂作为帝王仪仗。有时也给予重臣，以示威重。钺（yuè），古兵器，其状如斧。［116］百官总己以听于左丞相：百官各尽其职，听命于左丞相。总己，各统己职。听，听命，接受指挥。［117］顾命：帝王临终之命称顾命。顾命始于西周成王。［118］杨惠（542—612）：即杨雄，初名惠，后改为雄。历仕北周、隋，官至右卫大将军，参与朝政，封观王。传见《隋书》卷四十三、《北史》卷六十八。［119］经国：治理国家。［120］大冢宰：周官名。六官之长，掌邦治，以建邦之六典，佐皇帝治邦国。［121］何以见处：现在如何处理。［122］压：以权威或暴力使人屈服。［123］众情未壹：此指周之朝臣未尽归心于杨坚。壹，统一。［124］司武上士：官名。司马的别称，专管兵事。［125］卢赍：字子徵，涿郡范阳（今河北涿州市）人。历仕北周、隋，官至太常卿。传见《隋书》卷三十八、《北史》卷三十。［126］东宫：即正阳宫。正阳宫本东宫所改名。［127］仗卫：执杖而宿卫之兵。［128］欲有去就：众官犹豫，或去或留。［129］崇阳门：周宫城之东门。［130］瞋（chēn）目：怒目相视。［131］典：主典。［132］丞相府长史：官名。掌相府政务。［133］府属：丞相府幕僚。［134］高颎：（？—607）：名敏，字昭玄，渤海蓨县（今河北景县）人。历仕北周、隋，官至尚书左仆射，入隋掌朝政二十多年。传见《隋书》卷四十一、《北史》卷七十二。［135］器局：才识及度量。［136］驱驰：驱逐奔驰。引申为尽力效命之意。［137］司录：官名。相府属僚，总录一府之事。［138］禁中：皇帝宫中称禁中，言门户有禁，非侍卫及通籍之臣，不得入内。［139］因说（shuì）：乘机劝说。［140］先帝：指周宣帝。［141］孺子：谓静帝。［142］扰：混乱。［143］性识：思想意识。［144］庸下：平庸低下。［145］信然：诚然，确实如此。［146］《刑书要制》：刑法名。原为周武帝所制，周宣帝即位后废，所制《刑经圣制》，比前制更严。杨坚辅政复用前制。［147］躬履：亲自实行。［148］太史中大夫：官名。属春官，掌天文历法。［149］庾季才（516—603）：隋朝天文学家。字叔奕，新野（今河南新野县）人。历仕后梁、北周与隋，官至太史中大夫。著《灵台秘苑》一百二十卷、《垂象志》一百四十二卷、《地形志》八十七卷。传见《梁书》卷五十一、《隋书》卷七十八、《北史》卷八十九。［150］庸虚：庸，言身无所能；虚，言胸中无所有。谦辞。［151］天道：指天象。［152］符兆：征兆。符，谶言；兆，龟坼之文，给人事以先兆。［153］箕、颍之事：相传尧让天下与许由，许由逃到箕山，后耕田于颍水而不问世事。［154］独孤夫人（553—602）：河南洛阳（今河南洛阳市）人，隋文帝皇后。传见《隋书》卷三十六、《北史》卷十四。［155］骑虎之势：骑虎难下，下必为虎所噬。［156］魏安公惇：即尉迟惇（？—580），仕北周，官至军正下大夫，封魏安郡公。传附《北史·尉迟迥传》。［157］壬子：五月二十八日。［158］小司徒：官名。《周礼》地官之属，为大司徒的副职。［159］叱列长乂：历仕北周、隋，官至上柱国，封新宁王。传附《北史·叱列平传》。［160］门正上士：官名。掌门关启闭之节及出入门者。［161］崔彭（542—604）：字子彭，博陵安平（今河北安平县）人。官至左领军大将军。传见《隋书》卷五十四、《北史》卷三十二。［162］传舍：古时供来往行人休止住宿的处所。［163］屏：拦挡。［164］道：言，说话。［165］大言：高声说话。［166］辄动：乱动。辄，擅自。［167］愕（è）然：惊讶的样子。［168］庚申：六月六日。［169］精志：精诚专志。［170］简：选择，分别。

周尉迟迥知丞相坚将不利于帝室，谋举兵讨之。韦孝宽至朝歌[1]，迥遣其大都督贺兰贵赍书[2]候韦孝宽。孝宽留贵与语以审之[3]，疑其有变，遂称疾徐行；又使人至相州求医药，密以伺之。孝宽兄子艺[4]，为魏郡[5]守，迥遣艺迎孝宽，孝宽问迥所为，艺党于迥，不以实对[6]。孝宽怒，将斩之，艺惧，悉以迥谋语孝宽。孝宽携艺西走，每至亭驿[7]，尽驱其传马[8]而去，谓驿司[9]曰："蜀公[10]将至，宜速具[11]酒食。"迥寻遣仪同大将军梁子康将数百骑追孝宽，追者至驿，辄逢盛馔[12]，又无马，遂迟留不进。孝宽与艺由是得免。

坚又令候正破六韩[13]裒诣迥谕旨[14]，密与总管府长史晋昶等书，令为之备。迥闻之，杀昶及裒，集文武[15]士民，登城北楼，令之曰："杨坚藉后父之势，挟幼主以作威福，不臣之迹，暴于行路[16]。吾与国舅甥[17]，任兼将相；先帝处吾于此[18]，本欲寄以安危。今欲与卿等纠合[19]义勇，以匡国庇民，何如？"众咸从命。迥乃自称大总管，承制置官司[20]。时赵王招入朝，留少子在国[21]，迥奉以号令[22]。

甲子[23]，坚发关中兵，以韦孝宽为行军元帅，郕公梁士彦、乐安公元谐[24]、化政公宇文忻、濮阳公武川宇文述[25]、武乡公崔弘度[26]、清河公杨素、陇西公李询[27]等皆为行军总管，以讨迥。弘度，楷之孙；询，穆之兄子也。

初，宣帝使计部中大夫[28]杨尚希[29]抚慰山东，至相州，闻宣帝殂，与尉迟迥发丧。尚希出，谓左右曰："蜀公哭不哀而视不安，将有他计。吾不去，惧及于难。"遂夜从捷径而遁。迟明[30]，迥觉，追之不及，遂归长安。坚遣尚希督宗兵[31]三千人镇潼关。

雍州牧[32]毕剌王[33]贤，与五王谋杀坚，事泄，坚杀贤，并其三子，掩五王之谋不问。以秦王贽为大冢宰，杞公椿为大司徒。

庚子[34]，以柱国梁睿为益州[35]总管。睿，御之子也。

周遣汝南公神庆、司卫上士[36]长孙晟[37]送千金公主于突厥。晟，幼之曾孙[38]也。

又遣建威侯贺若谊[39]赂佗钵可汗，且说之以求高绍义。佗钵伪与绍义猎于南境[40]，使谊执之。谊，敦之弟也。秋，七月，甲申[41]，绍义至长安，徙之蜀[42]；久之，病死于蜀。

周青州总管尉迟勤，迥之弟子也。初得迥书，表送之，寻亦从迥。迥所统相、卫、黎、洺、贝、赵、冀、瀛、沧[43]，勤所统青、齐、胶、光、莒[44]等州皆从之，众数十万。荥州[45]刺史邵公胄[46]，申州[47]刺史李惠，东楚州[48]刺史费也利进[49]，潼州[50]刺史曹孝远，各据本州，徐州总管司录席毗罗[51]据兖州，前东平郡[52]守毕义绪据兰陵[53]，皆应迥；怀县永桥镇将纥豆陵[54]惠以城降迥。迥使其所署大将军石逊攻建州[55]，建州刺史宇文弁以州降之。又遣西道行台韩长业攻拔潞州[56]，执刺史赵威，署城人郭子胜为刺史。纥豆陵惠袭陷巨鹿[57]，遂围恒州[58]。上大将军宇文威攻汴州[59]，莒州刺史乌丸尼等帅青、齐之众围沂州[60]，大将军檀让攻拔曹、亳[61]二州，屯兵梁郡[62]。席毗罗众号八万，军于蕃城[63]，攻陷昌虑、下邑[64]。李惠自申州攻永州[65]，拔之。

迥遣使招大左辅、并州刺史李穆，穆锁其使，封上其书。穆子士荣，以穆所居天下精兵处[66]，阴劝穆从迥，穆深拒之。坚使内史大夫柳裘诣穆，为陈利害，又使穆子左侍上士[67]浑[68]往布腹心。穆使浑奉尉斗[69]于坚，曰："愿执威柄以尉安天下[70]。"又以十三镮金带[71]遗坚。十三镮金带者，天子之服也。坚大悦，遣浑诣韦孝宽述穆意。穆兄子崇[72]，为怀州[73]刺史，初欲应迥；后知穆附坚，慨然太息[74]曰："合家富贵者数十人，值[75]国有难，竟不能扶倾继绝[76]，复何面目处天地间乎！"不得已亦附于坚。迥子谊[77]，为朔州刺史，穆执送长安；又遣兵讨郭子胜，擒之。

迥招徐州总管源雄[78]，东郡[79]守于仲文[80]，皆不从。雄，贺之曾孙；仲文，谨之孙也。迥遣宇文胄[81]自石济[82]，宇文威自白马[83]济河，二道攻仲文，仲文弃郡走还长安，迥杀其妻子。迥遣檀让徇地[84]河南，丞相坚以仲文为河南道行军总管，使诣洛阳发兵讨让，命杨素讨宇文胄。

丁未[85]，周以丞相坚都督中外诸军事。

郧州[86]总管司马消难亦举兵应迥，己酉[87]，周以柱国王谊为行军元帅，以讨消难。

广州[88]刺史于颉[89]，仲文之兄也，与总管赵文表[90]不协，诈得心疾，诱文表，手杀之，因唱言文表与尉迟迥通谋。坚以迥未平，因劳勉之，即拜吴州[91]总管。

赵僭王[92]招谋杀坚，邀坚过其第，坚赍酒殽就之。招引入寝室，招子员、贯及妃弟鲁封等皆在左右，佩刀而立，又藏刃于帷席之间，伏壮士于室后。坚左右皆不得从，唯从祖弟开府[93]大将军弘[94]、大将军元胄[95]坐于户侧。胄，顺之孙也。弘、胄皆有勇力，为坚腹心。酒酣，招以佩刀刺瓜连啖坚，欲因而刺之。元胄进曰："相府有事，不可久留。"招诃之曰："我与丞相言，汝何为者！"叱之使却。胄瞋目愤气，扣刀[96]入卫。招赐之酒，曰："吾岂有不善之意邪！卿何猜警[97]如是？"招伪吐[98]，将入后阁，胄恐其为变，扶令上坐，如此再三。招伪称喉干，命胄就厨取饮，胄不动。会滕王逌后至，坚降阶迎之。胄耳语[99]曰："事势大异，可速去！"坚曰："彼无兵马，何能为！"胄曰："兵马皆彼物，彼若先发，大事去矣。胄不辞死，恐死无益。"坚复入坐。胄闻室后有被[100]甲声，遽请曰："相府事殷[101]，公何得如此！"因扶坚下床趋去。招将追之，胄以身蔽户[102]，招不得出；坚及门，胄自后至。招恨不时发，弹指[103]出血。壬子[104]，坚诬招与越野王盛[105]谋反，皆杀之，及其诸子。赏赐元胄，不可胜计。

周室诸王数欲伺隙[106]杀坚，坚都督临泾李圆通[107]常保护之，由是得免。

癸丑[108]，周主封其弟衎为叶王[109]，术为郢王。

周豫、荆、襄三州蛮反，攻破郡县。

周韦孝宽军至永桥城[110]，诸将请先攻之，孝宽曰："城小而固，若攻而不拔，损我兵威。今破其大军，此何能为！"于是引军壁于武陟[111]。尉迟迥遣其子魏安公惇[112]帅众十万入武德[113]，军于沁东[114]。会沁水涨，孝宽与迥隔水相持不进。

孝宽长史李询密启丞相坚云："梁士彦、宇文忻、崔弘度并受尉迟迥饷[115]金，军中慅慅[116]，人情大异。"坚深以为忧，与内史上大夫郑译谋代此三人者，李德林曰："公与诸将，皆国家贵臣，未相服从，今正以挟令[117]之威控御之耳。前所遣者，疑其乖异[118]，后所遣者，又安知其能尽腹心邪！又，取金之事，虚实难明，今一旦代之，或惧罪逃逸，若加縻絷[119]，则自郧公[120]以下，莫不惊疑。且临敌易将，此燕、赵之所以败[121]也。如愚所见，但遣公一腹心，明于智略，素为诸将所信服者，速至军所，使观其情伪。纵有异意，必不敢动，动亦能制之矣。"坚大悟，曰："公不发此言，几败[122]大事。"乃命少内史[123]崔仲方[124]往监诸军，为之节度。仲方，猷之子也，辞以父在山东。又命刘昉、郑译，昉辞以未尝为将，译辞以母老。坚不悦。府司录高颎请行，坚喜，遣之。颎受命亟发，遣人辞母而已。自是坚措置[125]军事，皆与李德林谋之，时军书日以百数，德林口授数人，文意百端，不加治点[126]。

司马消难以郧、随、温、应、土、顺、沔、儇、岳[127]九州及鲁山[128]等八镇来降，遣其子[129]为质以求援。八月，己未[130]，诏以消难为大都督、总督九州八镇诸军事、司空，赐爵随公。庚申[131]，诏镇西将军樊毅进督沔、汉诸军[132]事，南豫州刺史任忠帅众趣历阳，超武将军[133]陈慧纪[134]为前军都督，趣南兖州。

周益州总管[135]王谦[136]亦不附丞相坚，起巴、蜀[137]之兵以攻始州[138]。梁睿至汉川[139]，不得进，坚即以睿为行军元帅以讨谦。

戊辰[140]，诏以司马消难为大都督水陆诸军事。庚午[141]，通直散骑常侍淳于陵克临江郡[142]。

梁世宗[143]使中书舍人柳庄[144]奉书入周。丞相坚执庄手曰："孤昔开府，从役江陵，深蒙梁主殊眷[145]。今主幼时艰，猥蒙顾托。梁主奕叶[146]委诚朝廷，当相与共保岁寒[147]。"时诸将竞劝梁主举兵，与尉迟迥连谋，以为进可以尽节[148]周氏，退可以席卷山南[149]。梁主疑未决。会庄至，具道坚语，且曰："昔袁绍[150]、刘表[151]、王凌[152]、诸葛诞[153]，皆一时雄杰，据要地，拥强兵，然功业莫就，祸不旋踵[154]者，良由魏、晋挟天子，保京都，仗大顺以为名故也。今尉迟迥虽曰旧将，昏耄[155]已甚。司马消难、王谦，常人之下者，非有匡合[156]之才。周朝将相，多为身计，竞效节[157]于杨氏。以臣料之，迥等终当覆灭，随公必移周祚[158]。未若保境息民[159]以观其变。”梁主深然之，众议遂止。

高颎至军，为桥于沁水。尉迟惇于上流纵火筏[160]，颎豫为土狗[161]以御之。惇布陈二十余里，麾兵少却，欲待孝宽军半渡[162]而击之；孝宽因其却[163]，鸣鼓齐进。军既渡，颎命焚桥，以绝士卒反顾[164]之心。惇兵大败，单骑走。孝宽乘胜进，追至邺。

庚午[165]，迥与惇及惇弟西都公祐，悉将其卒十三万陈于城南，迥别统万人，皆绿巾、锦袄，号“黄龙兵”。迥弟勤[166]帅众五万，自青州赴迥，以三千骑先至。迥素习军旅，老犹被甲临陈。其麾下皆关中人，为之力战，孝宽等军不利而却。邺中士民观战者数万人，行军总管宇文忻曰：“事急矣！吾当以诡道[167]破之。”乃先射观者，观者皆走，转相腾藉[168]，声如雷霆。忻乃传呼曰：“贼败矣！”众复振，因其扰而乘之。迥军大败，走保邺城。孝宽纵兵围之，李询及思安伯代人贺娄子干[169]先登。

崔弘度妹，先适迥子为妻，及邺城破，迥窘迫升楼，弘度直上龙尾[170]追之。迥弯弓，将射弘度，弘度脱兜鍪[171]，谓迥曰：“颇相识不[172]？今日各图国事，不得顾私。以亲戚之情，谨遏乱兵，不许侵辱。事势如此，早为身计，何所待也？”迥掷弓于地，骂左丞相[173]极口[174]而自杀。弘度顾其弟弘升[175]曰：“汝可取迥头。”弘升斩之。军士在小城中者，孝宽尽坑之[176]。勤、惇、祐东走青州，未至，开府仪同大将军郭衍[177]追获之。丞相坚以勤初有诚款[178]，特不之罪。李惠先自缚归罪，坚复其官爵。

迥末年衰耄[179]，及起兵，以小御正崔达拏[180]为长史。达拏，暹之子也，文士，无筹略，举措多失，凡六十八日而败。

于仲文军至蓼堤[181]，去梁郡七里。檀让拥众数万，仲文以羸师[182]挑战而伪北[183]，让不设备；仲文还击，大破之，生获五千余人，斩首七百级。进攻梁郡[184]，迥守将刘子宽弃城走。仲文进击曹州，获迥所署刺史李仲康。檀让以余众屯成武[185]，仲文袭击，破之，遂拔成武。迥将席毗罗，众十万，屯沛县[186]，将攻徐州。其妻子在金乡[187]，仲文遣人诈为毗罗使者，谓金乡城主徐善净曰：“檀让明日午时至金乡，宣蜀公令，赏赐将士。”金乡人皆喜。仲文简精兵，伪建迥旗帜，倍道而进。善净望见，以为檀让，出迎谒。仲文执之，遂取金乡。诸将多劝屠其城，仲文曰：“此城乃毗罗起兵之所，当宽其妻子，其兵自归。如即屠之，彼望绝矣。”众皆称善。于是毗罗恃众来薄官军，仲文设伏击之，毗罗众大溃，争投洙水[188]死，水为之不流。获檀让，槛送[189]京师[190]，斩毗罗，传首[191]。

韦孝宽分兵讨关东叛者，悉平之。坚徙相州于安阳[192]，毁邺城及邑居[193]。分相州，置毛州[194]、魏州[195]。

梁主[196]闻迥败，谓柳庄曰：“若从众人之言，社稷已不守矣！”

丞相坚之初得政也，待黄公刘昉、沛公郑译甚厚，赏赐不可胜计，委以心膂[197]，朝野倾属[198]，称为“黄、沛”。二人皆恃功骄恣，溺于财利，不亲职务。及辞监军，坚始疏之，恩礼渐薄。高颎自军所还，宠遇日隆。时王谦、司马消难未平，坚忧之，忘寝与食。而昉逸游纵酒，相府事多遗落。坚乃以高颎代昉为司马；不忍废译，阴敕[199]官属不得白事于译。译犹坐听事[200]，无所关预[201]，惶惧顿首，求解职；坚犹以恩礼慰勉之。

癸酉[202]，智武将军[203]鲁广达克周之郭默城[204]。丙子[205]，淳于陵克祐州城[206]。

周以汉王赞为太师，申公李穆为太傅，宋王实[207]为大前疑，秦王贽为大右弼，燕公于寔为大左辅。寔，仲文之父也。

乙卯[208]，周大赦。

周王谊帅四总管至郧州，司马消难拥其众以鲁山、甑山[209]二镇来降。

初，消难遣上开府仪同大将军段珣将兵围顺州，顺州刺史周法尚不能拒，弃城走，消难虏其母弟[210]而南。樊毅救消难，不及，周亳州总管元景山[211]击之，毅掠居民而去。景山与南徐州[212]刺史宇文弼追之，与毅战于漳口[213]，一日三战三捷。毅退保甑山镇，城邑为消难所据者，景山皆复取之。

郧州巴蛮[214]多叛，共推渠帅[215]兰雒州为主，以附消难。王谊遣诸将分讨之，旬月[216]皆平。陈纪[217]、萧摩诃攻广陵，周吴州总管于顗击破之。沙州氐帅杨永安聚众应王谦，大将军乐宁公达奚儒[218]讨之。杨素破宇文胄于石济[219]，斩之。

周以神武公窦毅[220]为大司马，齐公于智为大司空；九月，以小宗伯竟陵公杨惠为大宗伯。

丁亥[221]，周将王延贵帅众援历阳；任忠击破之，生擒延贵。

壬辰[222]，周废皇后司马氏为庶人。庚戌[223]，以随世子勇[224]为洛州总管、东京小冢宰，总统旧齐之地[225]。壬子[226]，以左丞相坚为大丞相，罢左、右丞相之官。

冬，十月，甲寅[227]，日有食之。

周丞相坚杀陈惑王纯[228]及其子。

周梁睿将步骑二十万讨王谦，谦分命诸将据险拒守，睿奋击，屡破之，蜀人大骇。谦遣其将达奚惎[229]、高阿那肱、乙弗虔等帅众十万攻利州[230]，堰江水[231]以灌之。城中战士不过二千，总管昌黎豆卢勣[232]，昼夜拒守，凡四旬，时出奇兵击惎等，破之；会梁睿至，惎等遁去。睿自剑阁[233]入，进逼成都。谦令达奚惎、乙弗虔城守，亲帅精兵五万，背城结陈。睿击之，谦战败，将入城，惎、虔以城降。谦将麾下三十骑走新都[234]，新都令王宝执之。戊寅[235]，睿斩谦及高阿那肱，剑南[236]平。

十一月，甲辰[237]，周达奚儒[238]破杨永安[239]，沙州[240]平。

丁未[241]，周郧襄公[242]韦孝宽卒。孝宽久在边境，屡抗强敌；所经略布置，人初莫之解，见其成事，方乃惊服。虽在军中，笃意[243]文史；敦睦[244]宗族，所得俸禄，不入私室。人以此称之。

十二月，庚辰[245]，河东康简王叔献卒。

癸亥[246]，周诏诸改姓者[247]，宜悉复旧。

甲子[248]，周以大丞相坚为相国，总百揆[249]；去都督中外、大冢宰之号，进爵为王[250]，以安陆等二十郡为随国，赞拜[251]不名[252]，备九锡之礼[253]；坚受王爵、十郡而已。

辛未[254]，杀代奰王达[255]、滕闻王逌[256]及其子。

壬申[257]，以小冢宰元孝规为大司徒。

是岁，周境内有州二百一十一，郡五百八。

（以上为第二段，写杨坚明察善断，迅速扑灭尉迟迥的护周叛乱，并将皇室诸王诛杀殆尽，进爵随王，加九锡，奠定了禅代的基础。）

【注释】

［1］朝歌：地名。殷都城。故址在今河南淇县。［2］贺兰贵赍书：贺兰贵带着书信。贺兰，复姓，其先与北魏拓跋氏同时。赍（jī）书，拿着书信。赍，带着。［3］审之：仔细地观察，认真地研究此事。［4］艺：即韦艺（538—595），字世文，历仕北周、隋，官至营州总管，封魏兴郡公。传附《隋书·韦世康传》《北史·韦世康传》。［5］魏郡：郡名。与相州同治邺城，在今河北临漳县西。［6］实对：据实回答。［7］亭驿：亭，邮亭，即置驿站之所。［8］传马：即驿马。［9］驿司：官名。掌驿站之吏。［10］蜀公：尉迟迥封蜀公，故称之。［11］具：备办。［12］盛馔：丰盛的饮食。馔（zhuàn），饮食，食品。［13］破六韩：又作"破落韩"，三字姓。［14］谕旨：谕，告，晓。旨，意向。指扬坚把自己的意向告诉尉迟迥。［15］文武：谓总管府及州郡文武官属。［16］暴于行路：谓杨坚篡国之心已暴露，路人皆知。暴，显露。［17］与国舅甥：尉迟迥是宇文泰的外甥，故言与国为舅甥之亲。［18］处吾于此：把我安置在相州。［19］纠合：集结。纠，绳三股合一为纠。［20］承制置官司：总管署置官司，而隔于权臣，未得禀报天子，故假称承制。［21］国：封国。赵王宇文招封于襄国，属相州总管府。［22］奉以号令：尉迟迥尊赵王招少子为主，借以发号施令。［23］甲子：六月十日。［24］元谐：历仕北周、隋，官至宁州刺史，封乐安郡公。传见《隋书》卷四十、《北史》卷七十三。［25］宇文述（？—616）：字伯通，代郡武川（今内蒙武川县西）人，历仕北周、隋，官至左翊卫大将军，封许国公。传见《隋书》卷六十一、《北史》卷七十九。［26］崔弘度：历仕北周、隋，官至检校太府卿。传见《隋书》卷七十四、《北史》卷三十二、《周书》卷三十五。［27］李询：字孝询。历仕北周、隋，官至隰州总管。传附《隋书·李穆传》《北史·李贤传》。［28］计部中大夫：官名。北周置计部，主计会之簿书，同《周官》之司书。［29］杨尚希（534—590）：弘农（今河南灵宝市）人。历仕北周、隋，官至蒲州刺史。传见《隋书》卷四十六、《北史》卷七十五。［30］迟明：待天亮。［31］宗兵：同一宗族人组成的军队。因杨氏自东汉至北魏为弘农名门大族，弘农又为军事要冲，故杨氏有宗兵。［32］雍州牧：官名。雍州的最高行政长官。北周制，雍州置牧，其余州置刺史。雍州治长安，在今陕西西安市西北。［33］剌（lā）王：恶谥号。《谥法》云：愎狠遂过为剌，暴慢无亲也为剌。［34］庚子：六月乙卯朔，无庚子。按《周书·静帝纪》作"庚辰"，《北史》同。据此"子"应改作"辰"。庚辰，六月二十六日。［35］益州：州名。治所成都县，在今四川成都市。［36］司卫上士：官名。掌侍卫。［37］长孙晟（shèng）（552—609）：字季晟，历仕北周、隋，官至上开府仪同三司。传附《隋书·长孙览传》《北史·长孙道生传》。［38］晟，幼之曾孙：按

《隋书·长孙晟传》及《新唐书·宰相世系表》，晟为长孙稚之五世孙，非曾孙。稚，字幼卿，若书稚之字，则“幼”下阙“卿”字。［39］贺若谊：历仕北周、隋，传见《隋书》卷三十九、《周书》卷二十八、《北史》卷六十八。［40］南境：突厥南部边境与周土相接。［41］甲申：七月一日。［42］蜀：地区名。指今四川地区。［43］相、卫、黎、洺、贝、赵、冀、瀛、沧：皆州名。所辖地在今河北境内。［44］青、齐、胶、光、莒：皆州名。所辖地在今山东境内。［45］荥州：州名。治所成皋，在今河南荥阳市西北汜水镇。［46］邵公胄：即宇文胄（？—580），周宗室，袭爵邵公。传附《周书·邵惠公颢传》《北史·周宗室传》。［47］申州：州名。治所平阳县，在今河南信阳市。［48］东楚州：州名。治所宿豫县，在今江苏宿迁市东南。［49］费也利进：费也，复姓，即费也头族人。［50］潼州：州名。治所取虑城，在今安徽灵璧县东北潼郡村。［51］席毗罗：席姓，其先姓藉，避项羽讳，改姓席氏。［52］东平郡：郡名。治所奉城，在今河南范县东南旧城。［53］兰陵：郡名。治所承县，在今山东枣庄市东南。［54］怀县：县名。县治在今河南武陟县西南。永桥镇：地名。在今河南武陟县西。纥豆陵：三字姓。［55］建州：州名。治所车箱城，在今山西绛县东南。［56］潞州：州名。治所上党县，在今山西长治市北古驿。［57］巨鹿：郡名。治所巨鹿县，在今河北平乡县西南。［58］恒州：州名。治所真定县，在今河北正定县南。［59］汴州：州名。治所浚义县，在今河南开封市西北。［60］沂州：州名。治所即丘县，在今山东临沂市西。［61］曹、亳：两州名。曹州，治所左城县，在今山东曹县西北。亳州，治所谯县，在今安徽亳州市。［62］梁郡：郡名。治所睢阳县，在今河南商丘市南。［63］蕃城：城名。蕃郡治所，在今山东滕县。［64］昌虑、下邑：皆县名。昌虑县，县治在今山东滕州市东南。下邑县，县治在今河南夏邑县。［65］永州：州名。治所城阳县，故址在今河南信阳市北。［66］精兵处：并州为河东重镇，用武之地，士健马多，故称天下精兵处。［67］左侍上士：官名。诸卫官之一，侍卫皇帝。［68］浑：即李浑（？—615），字金才，李穆第十子，历仕北周、隋，官至右骁卫将军，封郕国公。传附《隋书·李穆传》《北史·李贤传》。［69］尉斗：即熨斗。［70］尉（yù）安天下：言如熨斗熨平衣服一样平安天下。［71］十三镮金带：天子所服用，言李穆欲拥戴杨坚为天子。［72］崇：即李崇（536—583），字永隆，历仕北周、隋，官至幽州总管，封广宗县公。传附《隋书·李穆传》《北史·李贤传》。［73］怀州：州名。治所野王县，在今河南沁阳市。［74］太息：出声长叹。［75］值：遇到。［76］继绝：复兴灭亡的国家。此指捍卫北周政权。［77］谊：即尉迟谊，传附《北史·尉迟迥传》。［78］源雄：字世略。历仕北周、隋，官至徐州总管。传见《隋书》卷三十九、《北史》卷二十八。［79］东郡：郡名。治所滑台，在今河南滑县东。［80］于仲文（545—612）：字次武，历仕北周、隋，官至右翊卫大将军。撰《汉书刊繁》三十卷、《略览》三十卷。传见《隋书》卷六十、《周书》卷十五、《北史》卷二十三。［81］宇文胄（？—580）：传附《周书·邵惠公颢传》《北史·宗室传》。［82］石济：津名。一名棘津、南津。故址在今河南滑县西南黄河上。［83］白马：津名。故址在今河南滑县东北。［84］徇（xùn）地：攻城略地。［85］丁未：六月二十四日。［86］郧州：地名。《隋书·地理志》失载。

据钱大昕《通鉴注辨正》，疑郧州治所在安陆县，即今湖北安陆市西北。［87］己酉：六月二十六日。［88］广州：州名。按《隋书·于顗传》时为东广州刺史，"广"上逸"东"字。北齐以南兖州改名，治所广陵，在今江苏扬州市西北。［89］于顗（yǐ）：传附《隋书·于仲文传》《周书·于谨传》《北史·于栗磾传》。［90］赵文表（？—580）：仕北周，官至吴州总管。传见《周书》卷三十三、《北史》卷六十九。［91］吴州：州名。治所广陵县，在今江苏扬州市西北。［92］赵僭王：即赵王宇文招，僭是杨坚因他谋害自己而后加的恶谥号。［93］开府：据章校，"府"下应补"仪同"二字。［94］大将军弘：即杨弘（？—607），隋宗室，封河间王。传见《隋书》卷四十三、《北史》卷七十一。［95］元胄：历仕北周、隋，官至右卫大将军。传见《隋书》卷四十、《北史》卷七十三。［96］扣刀：拔刀微出鞘。［97］猜警：言因猜疑而戒备。猜，疑。警，戒备。［98］伪吐：假装要呕吐。吐，呕吐。［99］耳语：附耳而语。［100］被：穿着。通"披"。［101］殷：众多。［102］蔽户：遮掩着门。［103］弹指：弹击手指，表示愤怒、后悔。［104］壬子：六月二十九日。［105］越野王盛：即越王宇文盛。野是杨坚忌恨他，杀死他后给他的恶谥号。［106］伺隙：寻找时机。［107］李圆通（？—606）：京兆泾阳（今陕西泾阳县）人。历仕北周、隋，官至兵部尚书，封万安县公。传见《隋书》卷六十四、《北史》卷七十五。［108］癸丑：六月三十日。［109］衍为叶王：静帝曾名"衍"，其弟不应与其同名。当从《周本纪》作"衎"（kàn）。《北史》纪传、《册府元龟》卷二六五"叶王"作"莱王"。［110］永桥城：地名。故址在今河南武陟县西。［111］武陟：地名。故址在今河南武陟县南。［112］魏安公惇（？—580）：即尉迟惇，传附《北史·尉迟迥传》。［113］武德：郡名。治所安昌县，在今河南沁阳市东南。［114］沁东：沁水东岸。沁水，河名。发源于今山西沁源县北，南流经过今河南沁阳市流入黄河。［115］饷（xiǎng）：馈送。［116］慅（sāo）慅：忧愁不安。［117］挟令：谓挟天子以令诸将。［118］乖异：不一致，背离。［119］縻（mí）絷（zhí）：束缚，羁縻。縻，牛鼻绳；絷，拴缚马足。［120］郧（yún）公：指韦孝宽。韦孝宽封郧国公。［121］此燕、赵之所以败：战国时，燕惠王听信谗言，用骑劫代替名将乐毅，结果兵败于齐将田单。赵惠文王听信闲言，用赵括代替老将廉颇，败于秦将白起。此言临敌易将之祸。［122］几败：几乎败坏。［123］少内史：官名。掌管宫中府藏。［124］崔仲方：字不齐，博陵安平（今河北安平县）人。历仕北周、隋，官至礼部尚书。传见《隋书》卷六十、《周书》卷三十五、《北史》卷三十二。［125］措置：处理。［126］不加治点：不加涂改。治，修改；点，涂点。［127］郧、随、温、应、土、顺、沔、儇、岳：皆州名。郧州，治所在今湖北安陆市。随州，治所随县，在今湖北随州市。温州，治所京山县，在今湖北京山市。应州，治所应山县，在今湖北广水市。土州，治所土山县，在今湖北随州市东北。顺州，治所顺义县，在今湖北随州市北。沔州，治所沔阳县，在今湖北仙桃市西南沔城。儇（当作澴）州，治所吉阳县，在今湖北广水市北。岳州，治所孝昌县，在今湖北孝感市北。［128］鲁山：镇名。在今湖北武汉市汉阳区东北，临江，齐梁以来为重镇。［129］其子：据章校："子"下应补"永"字。［130］己未：八月六日。［131］庚申：八月七日。［132］沔、汉渚军：

即沔水、汉水流域的军队。［133］超武将军：将军号。无职事。［134］陈慧纪（？—589）：陈宗室，传见《陈书》卷十五、《南史》卷六十五。［135］益州总管：益州总管府治成都，在今四川成都市。［136］王谦（？—580）：字来力万。仕北周，官至上柱国、益州总管。传见《周书》卷二十一、《北史》卷六十。［137］巴、蜀：此谓巴郡、蜀郡一带。［138］始州：州名。西魏以安州改名。治所普安县，在今四川剑阁县。［139］汉川：即汉中郡。隋避讳，改称汉川。治所南郑县，在今陕西汉中市。［140］戊辰：八月十五日。［141］庚午：八月十七日。［142］临江郡：郡名。治所临江县，在今重庆市忠县。［143］梁世宗（542—585）：名岿。后梁第二代皇帝，在位二十四年。传见《周书》卷四十八、《隋书》卷七十九、《北史》卷九十三。［144］柳庄：陈高宗柳皇后从祖弟，传附《陈书·高宗柳皇后传》《南史·柳元景传》。［145］殊眷（juàn）：特别器重。［146］奕叶：累世。奕，累。［147］岁寒：原意为岁寒众木皆落叶而松柏却不凋。语出《论语》："岁寒然后知松柏之后凋也。"后人多以比喻在逆境艰困中能保持节操。［148］尽节：尽心竭力，保全节操。［149］山南：终南山、华山之南，指今汉水流域。［150］袁绍：汉末人，为曹操击败，病卒。事见《资治通鉴》卷六十三《汉纪五十五》、卷六十四《汉纪五十六》献帝建安四年至七年。［151］刘表：汉末人，曹操进击刘表，表病死。事见《资治通鉴》卷六十五《汉纪五十七》献帝建安十二、十三年。［152］王凌：魏太尉，因反对司马懿废立，失败后饮药而死。事见《资治通鉴》卷七十五《魏纪七》邵陵厉公嘉平二、三年。［153］诸葛诞：魏征东大将军，因反对司马昭废立，被杀。事见《资治通鉴》卷七十七《魏纪九》高贵乡公甘露二、三年。［154］旋踵：转足之间。形容迅速。［155］昏耄（mào）：老而昏乱。［156］匡合：管仲相齐桓公，九合诸侯，一匡天下。省作匡合。［157］效节：犹效忠。［158］祚（zuò）：皇位。［159］保境息民：即保卫边境，让人民休养生息。［160］火筏：缚木作筏，筏上堆柴放火。［161］土狗：堆土于水中，前尖后宽，前高后低，其状如坐狗，分居上流以阻止火筏。［162］军半渡：军队一半渡过河。［163］因其却：乘其退却之机。却，退后。［164］反顾：后顾。［165］庚午：八月十七日。此庚午与前重见。按前"庚午"事取自《陈书·宣帝纪》，此"庚午"出于《周书·静帝纪》，陈历与周历八月同朔，故同为十七日。［166］迥弟勤：即尉迟勤，官至青州总管，传附《周书·尉迟纲传》《北史·尉迟纲传》。按《周书》尉迟勤传，尉迟勤乃尉迟迥之从子，《北史》同。据此，"弟"应改为"从子"。［167］诡道：诡诈之道。言不用正常的兵法。［168］腾藉：奔跑而相互践踏。藉，踏，蹂躏。［169］贺娄子干（535—594）：字万寿，代（今山西代县）人。历仕北周、隋，官至工部尚书，封巨鹿郡公。传见《隋书》卷五十三、《北史》卷七十三。［170］龙尾：上城要筑一斜坡道，其道下接地，若龙垂尾，故称龙尾。［171］兜鍪（móu）：武士的头盔，战时以御兵刃。形似鍪。鍪，锅边下翻之锅。［172］不：同"否"。［173］左丞相：杨坚时为左丞相。［174］极口：尽力。［175］弘升：即崔弘升。字上客。历仕北周、隋，官至郑州刺史。传附《隋书·崔弘度传》《北史·崔弘度传》。［176］坑之：将在小城中的士兵活埋。［177］郭衍（？—611）：字彦文，太原介休（今山西介休市）人。历仕北周、隋，官至左武卫大将军。传见《隋书》卷六十一、《北史》卷七十四。［178］诚款：忠诚。指起初将尉迟迥的书信表送一事。［179］衰耄：人五十岁始衰，精力消耗。八十、九十称耄。［180］崔达拏（？—580）：传附《北齐书·崔暹传》《北史·崔暹传》。［181］蓼（liáo）堤：堤名。汉梁孝王所筑。故址在今河南南部，西北起自杞县境，东南抵今商丘市境。［182］羸（léi）师：疲弱的军队。羸，瘦弱，疲病。［183］伪北：假装失败。北，败北。［184］梁郡：郡名。治所睢阳，在今河南商丘市南。［185］成武：城名。即成武县城，永昌郡治所，县治在今山东成武县。［186］沛县：县名。县治在今江苏沛县。［187］金乡：县名。县治在今山东嘉祥县南。［188］洙（zhū）水：河名。本源出今山东新泰市东北，自泗水县北与泗水合流西下，至曲阜北又与泗水分流，洙水在北，泗水在南。［189］槛送：谓以槛车押送。［190］京师：谓长安。［191］传首：将席毗罗首级传送长安。［192］安阳：城名。相州治所，故址在今河南安阳市。［193］邑居：住房。［194］毛州：州名。治所馆陶县，在今河北馆陶县。［195］魏州：州名。治所贵乡县，在今河北大名县。［196］梁主：即后梁世宗。［197］心膂（lǚ）：比喻亲信应做骨干的人。膂，脊骨。据章校，“膂”下应补“言无不从”四字。［198］朝野倾属：内外归属。［199］阴敕：暗中告诫。［200］听事：丞相府长史听事。听，通“厅”。［201］关预：涉及，参与。关，要会之处称关，又有联络之意。预，参与，干预。［202］癸酉：八月二十日。［203］智武将军：将军号，无职掌。［204］郭默城：城名。故址在今安徽寿县西。［205］丙子：八月二十三日。［206］祐州城：城名。钱大昕《通鉴注辨正》云当在临江郡（治今重庆市忠县）附近。［207］宋王实：周明帝第三子，封宋王。传见《周书》卷十三、《北史》卷五十八。［208］乙卯：八月甲寅朔，无乙卯。按《周书·静帝纪》作“己卯”，《北史》同。据此，“乙”应改作“已”字。己卯：八月二十六日。［209］甑（zèng）山：镇名。治所甑山县，故址在今湖北汉川市东南。［210］母弟：同母弟。［211］元景山：字珤岳，河南洛阳（今河南洛阳市）人。历仕北周、隋，官至上柱国。传见《隋书》卷三十九、《北史》卷十八。［212］南徐州：按《隋书·宇文弼传》，时为南司州刺史，与元景山共追樊毅。又《隋书·地理志》：安陆郡吉阳县，梁置义阳郡，西魏改南司州。其地邻近澴、顺诸州。“南徐”当作“南司”。［213］漳口：地名。故址在今湖北应城市境。［214］巴蛮：晋、宋以来称为山蛮，南朝诸史称为荆、雍州蛮。因其先出于巴种，故谓之巴蛮。［215］渠帅：大帅。渠，大。［216］旬月：满一月。［217］陈纪：《陈书·宣帝纪》“陈纪”作“陈慧纪”，应改。陈慧纪，陈武帝之从孙，传见《陈书》卷十五、《南史》卷六十五。［218］乐宁公达奚儒：《隋书·达奚长儒传》“宁”作“安”，《北史》传同。据此当改作“乐安公”。又“儒”上逸“长”字，当补。达奚长儒，字富仁，历仕北周、隋，官至兰州总管。传见《隋书》卷五十三、《北史》卷七十三。［219］石济：地名。地近黄河，有渡口。故址在今河南卫辉市东。［220］窦毅：即前纥豆陵毅。窦氏曾为纥豆陵氏，孝文帝时复为窦氏。［221］丁亥：九月五日。［222］壬辰：九月十日。［223］庚戌：九月二十八日。［224］随世子勇：即杨勇（？—604），隋文帝长子。先立为太子，后废，并被幽禁，隋炀帝时赐死，追封为房陵王。传见《隋书》卷四十五、《北史》卷七十一。［225］旧齐之地：原北齐境内。自函谷关以东，黄河、汾河以北，皆旧齐之地。［226］壬子：九月三十日。［227］甲寅：十月二日。［228］陈惑王纯：即周陈王宇文纯。五王之一。惑是丞相杨坚所加的恶谥号。［229］达奚惎（jì）（？—580）：传附《周书·达奚武传》《北史·达奚武传》。［230］利州：州名。治所兴安县，在今四川广元市。［231］堰江水：谓在江中筑堰，以提高水位。江，即嘉陵江，从利州城西流过。［232］豆卢勣（jì）（536—590）：字定东，昌黎徒河（今辽宁锦州市）人。本姓慕容，后归北魏，北人谓归义为豆卢，遂以豆卢为氏。历仕北周、隋，官至夏州总管，袭爵楚国公。传见《隋书》卷三十九、《北史》卷六十八。［233］剑阁：即剑门关。在今四川剑阁县东北。其地势险要，为古代戍守要地。［234］新都：县名。县治在今四川成都市新都区西。［235］戊寅：十月二十六日。［236］剑南：泛指在剑阁以南的地区。［237］甲辰：十一月二十二日。［238］达奚儒：应改作达奚长儒，"儒"上脱一"长"字，《隋书》《北史》本传可征。见前注218。［239］杨永安：氐族帅。事见《周书·异域传上》《北史·氐传》。［240］沙州：州名。据胡注，沙氐为杨永安所居之地，就置沙州以授渠首。因此，沙州与利、龙等州，当在今四川北部。［241］丁未：十一月二十五日。［242］郧襄公：郧公为爵号。襄为谥号。《谥法》：辟地有德曰襄，又甲胄有劳也曰襄。［243］笃意：专心致意。［244］敦睦：和睦。［245］庚辰：十二月二十九日。按《陈书》《南史》俱同，疑干支错前，或为"丙辰""庚申"之误。［246］癸亥：十二月十二日。［247］改姓者：宇文泰以诸将补九十九姓，事见《资治通鉴》卷一百六十五《梁纪二十一》元帝永圣三年。［248］甲子：十二月十三日。［249］总百揆（kuí）：总管庶政、百官。［250］进爵为王：即杨坚由随国公进爵为随国王。［251］赞拜：臣子朝见君王，司仪宣读行礼的仪式。［252］不名：指司仪不呼朝见之臣的名字，以示礼尊。［253］九锡之礼：古代帝王尊礼大臣所给的九种器物。如大辂、戎辂，玄牡二驷，衮冕之服，轩悬之乐，六佾之舞，虎贲三百人，鈇钺各一，彤弓、彤矢等物。［254］辛未：十二月二十日。［255］代奰（bì）王达：即代王宇文达。奰是给代王的恶谥。《谥法》：不醉而怒曰奰。［256］滕闻王逌（yōu）：即滕王宇文逌。闻是给滕王的恶谥。《谥法》：色取行违曰闻。［257］壬申：十二月二十一日。

【点评】

隋文帝夺孤儿寡母之权。北周之末，隋国公杨坚以外戚辅孤之重，从孤儿寡妇手中夺取政权，如暴风骤雨般突发，大行皇帝还未下葬就发动了宫廷政变，一年之间政权易手，禅代之速旷古未有。南北朝时期，无论北朝还是南朝，军队干政，武力夺取，禅代为饰，天命频繁转移，人情习以为常是其外因。而周宣帝性情乖张，暴虐不仁，朝野失望，导致北周从鼎盛急剧衰落是内因。周宣帝又自剪枝辅，诛齐王宇文宪，为权臣杨坚篡政作嫁衣。周宣帝的猜忌与无行，煽起了权臣的野心，留下了极为深刻的历史教训。

卷一七五　陈纪九

陈宣帝太建十三年至陈长城公至德元年（581—583 年）

【起重光赤奋若（辛丑，581 年），尽昭阳单阏（癸卯，583 年），凡三年】

【大事提要】

本卷记述公元 581 年至公元 583 年南北朝史事，凡三年，时当陈朝宣帝太建十三年至十四年、后主至德元年，北朝周隋交替，北周静帝大定元年，隋文帝开皇元年、二年、三年。隋朝初建，隋文帝任贤、纳谏，约法省刑，颁布刑律，对内励精图治，对外坚决抗击突厥，北朝出现了新气象，隋朝欣欣向荣。南朝陈宣帝辞世，陈叔陵狂愚，发动政变未遂，暴露了陈朝的腐朽。于是隋文帝有灭陈之志，北方名将贺若弼出镇广陵，韩擒虎出镇庐江，南北统一的曙光初现。

高宗宣皇帝下之下

太建十三年（辛丑，581 年）

春，正月，壬午[1]，以晋安王伯恭为尚书左仆射，吏部尚书袁宪为右仆射。宪，枢之弟也。

周改元大定[2]。

二月，甲寅[3]，隋王始受相国、百揆、九锡[4]，建台置官[5]。丙辰[6]，诏进王妃独孤氏[7]为王后，世子勇为太子。

开府仪同大将军庾季才，劝隋王宜以今月甲子应天受命[8]。太傅李穆、开府仪同大将军卢贲亦劝之。于是周主下诏，逊[9]居别宫。甲子[10]，命兼太傅杞公椿奉册，大宗伯赵煚奉皇帝玺绂[11]，禅位于隋。隋主冠远游冠[12]；受册、玺，改服纱帽[13]、黄袍；入御临光殿，服衮冕，如元会之仪[14]。大赦，改元开皇。命有司奉册祀于南郊。遣少冢宰元孝矩[15]代太子勇镇洛阳。孝矩名矩，以字行，天赐之孙[16]也；女为太子妃。

少内史崔仲方劝隋主除周六官[17]，依汉、魏之旧，从之。置三师、三公及尚书、门下、内史、秘书、内侍五省[18]，御史[19]、都水[20]二台，太常等十一寺[21]，左右卫等十二府[22]，以分司统职。又置上柱国至都督十一等勋官[23]，以酬勤劳；特进至朝散大夫七等散官[24]，以加文武官之有德声者。改侍中为纳言[25]。以相国司马高颎为尚书左仆射，兼纳言，相国司录京兆虞庆则[26]为内史监[27]，兼吏部尚书，相国内郎[28]李德林为内史令[29]。

乙丑[30]，追尊皇考[31]为武元皇帝，庙号太祖；皇妣[32]吕氏为元明皇后。丙寅[33]，修庙社[34]。立王后独孤[35]为皇后，王太子勇为皇太子。丁卯[36]，以太尉[37]赵煚为尚书右仆射。己巳[38]，封周静帝为介公。周氏诸王皆降爵为公。

初，刘、郑[39]矫诏以隋主辅政，杨后[40]虽不预谋，然以嗣子幼冲[41]，恐权在他族，闻之，甚喜。后知其父有异图[42]，意颇不平，形于言色[43]，及禅位，愤惋[44]逾甚。隋主内甚愧之，改封乐平公主，久之，欲夺其志[45]；公主誓不许，乃止。

隋主与周载下大夫[46]北平荣建绪[47]有旧，隋主将受禅，建绪为息州[48]刺史；将之官[49]，隋主谓曰："且踌躇[50]，当共取富贵。"建绪正色曰："明公此旨，非仆所闻。"及即位，来朝，帝谓之曰："卿亦悔不？"建绪稽首曰："臣位非徐广[51]，情类杨彪[52]。"帝怒曰："朕虽不晓书语，亦知卿此言不逊！"

上柱国窦毅之女，闻隋受禅，自投堂下，抚膺[53]太息[54]曰："恨我不为男子，救舅氏之患！"毅及襄阳公主[55]掩其口曰："汝勿妄言，灭吾族！"毅由是奇之。及长，以适唐公李渊[56]。渊，昞之子也。

虞庆则劝隋主尽灭宇文氏，高颎、杨惠亦依违[57]从之，李德林固争，以为不可，隋主作色[58]曰："君书生，不足与议此！"于是周太祖孙谯公乾恽、冀公绚，闵帝子纪公湜，明帝子酆公贞、宋公实，高祖子汉公赞、秦公贽、曹公允、道公充、蔡公兑、荆公元，宣帝子莱公衍[59]、郢公术皆死。德林由此品位不进。

乙亥[60]，上耕藉田。

隋主封其弟邵公慧[61]为滕王，安公爽为卫王，子雁门公广[62]为晋王，俊[63]为秦王，秀[64]为越王，谅[65]为汉王。

隋主赐李穆诏曰："公既旧德，且又父党[66]。敬惠来旨，义无有违。即以今月十三日恭膺[67]天命。"俄而穆入朝，帝以穆为太师，赞拜不名；子孙虽在襁褓，悉拜仪同，一门执象笏[68]者百余人，贵盛无比。又以上柱国窦炽为太傅，幽州总管于翼为太尉。李穆上表乞骸骨[69]，诏曰："吕尚[70]以期颐[71]佐周，张苍[72]以华皓[73]相汉，高才命世[74]，不拘常礼。"仍以穆年耆[75]，敕蠲朝集，有大事，就第询访。

美阳公苏威[76]，绰之子也，少有令名，周晋公护强以女妻之。威见护专权，恐祸及己，屏居山寺，以讽读[77]为娱。周高祖闻其贤，除车骑大将军、仪同三司，又除稍伯下大夫[78]，皆辞疾不拜；宣帝就除开府仪同大将军。隋主为丞相，高颎荐之，隋主召见，与语，大悦；居月余，闻将受禅，遁归田里。颎请追之，隋主曰："此不欲预吾事耳，置之。"及受禅，征拜太子少保，追封其父为邳公，以威袭爵。

丁丑[79]，隋以晋王广为并州总管，三月，戊子[80]，以上开府仪同三司贺若弼[81]为吴州[82]总管，镇广陵；和州[83]刺史河南韩擒虎[84]为庐州[85]总管，镇庐江。隋主有并吞江南之志，问将帅于高颎，颎荐弼与擒虎，故置于南边，使潜为经略。

戊戌[86]，以太子少保苏威兼纳言、度支尚书[87]。

初，苏绰在西魏，以国用不足，制征税法颇重，既而叹曰："今所为者，譬如张弓[88]，非平世法也。后之君子，谁能弛之！"威闻其言，每以为己任。至是，奏减赋役，务从轻简，隋主悉从之，渐见亲重，与高颎参掌朝政。帝尝怒一人，将杀之；威入阁进谏，帝不纳，将自出斩之，威当帝前不去；帝避之而出，威又遮止[89]。帝拂衣而入，良久，乃召威谢曰："公能若是，吾无忧矣。"赐马二匹，钱十余万，寻复兼大理卿[90]、京兆尹[91]、御史大夫[92]，本官悉如故。

治书侍御史[93]安定梁毗，以威兼领五职[94]，安繁恋剧[95]，无举贤自代之心，抗表劾威，帝曰："苏威朝夕孜孜[96]，志存远大，何遽迫之！”因谓朝臣曰：“苏威不值[97]我，无以措[98]其言；我不得苏威，何以行其道。杨素才辩无双，至于斟酌古今，助我宣化[99]，非威之匹[100]也。威若逢乱世，南山四皓[101]，岂易屈哉！”威尝言于帝曰：“臣先人每戒臣云：‘唯读《孝经》[102]一卷，足以立身治国，何用多为！’”帝深然之。

高颎深避权势，上表逊位[103]，让于苏威，帝欲成其美[104]，听解仆射。数日，帝曰：“苏威高蹈[105]前朝，颎能推举。吾闻进贤受上赏，宁可使之去官！”命颎复位。颎、威同心协赞[106]，政刑大小，帝无不与之谋议，然后行之。故革命[107]数年，天下称平。

太子左庶子[108]卢贲，以颎、威执政，心甚不平，时柱国刘昉亦被疏忌[109]。贲因讽昉及上柱国[110]元谐[111]、李询、华州[112]刺史张宾[113]等谋黜颎、威，五人相与辅政。又以晋王广有宠于帝，私谓太子曰：“贲欲数谒殿下，恐为上所谴，愿察区区之心[114]。”谋泄，帝穷治其事，昉等委罪于宾、贲。公卿奏二人当死，帝以故旧，不忍诛，并除名[115]为民。

庚子[116]，隋诏前代品爵[117]，皆依旧不降。

丁未[118]，梁主遣其弟太宰[119]岩入贺于隋。

夏，四月，辛巳[120]，隋大赦。戊戌[121]，悉放太常[122]散乐[123]为民，仍禁杂戏。

散骑常侍[124]韦鼎[125]、兼通直散骑常侍[126]王瑳[127]聘于周。辛丑[128]，至长安，隋已受禅，隋主致之介国[129]。

隋主召汾州刺史韦冲[130]为兼散骑常侍。时发稽胡筑长城，汾州胡千余人，在涂亡叛。帝召冲问计，对曰：“夷狄[131]之性，易为反覆，皆由牧宰[132]不称[133]之所致。臣请以理绥静[134]，可不劳兵而定。”帝然之，命冲绥怀叛者，月余皆至，并赴长城之役。冲，夐之子也。

五月，戊午[135]，隋封邗公雄[136]为广平王，永康公弘为河间王。雄，高祖之族子也。

隋主潜害[137]周静帝而为之举哀，葬于恭陵；以其族人洛[138]为嗣。

（以上为第一段，写隋文帝受禅，以及一系列人事安排，建立和巩固了隋朝。）

【注释】

[1]壬午：正月一日。［2]改元大定：周改大象二年为大定元年。［3]甲寅：二月四日。[4]九锡：据章校，“锡”下应补“之命”二字。［5]建台置官：谓建立官署，设置百官。台，官署。［6]丙辰：二月六日。［7]独孤氏（553—602）：河南洛阳（今河南洛阳市）人，独孤信之女。后为隋文帝皇后。事见《隋书·后妃传》《北史·后妃传下》。［8]应天受命：谓适应天意，接受天命，指登天子位。［9]逊：退位。［10]甲子：二月十四日。［11]皇帝玺绂（fú）：周制，皇帝八玺有神玺、传国玺。神玺，明受之于天；传国玺，明受之于运。另有六玺：一皇帝行玺，封命诸侯及三公时用；二皇帝之玺，与诸侯与三公书时用；三皇帝信玺，调兵遣将时用；四天子行玺，封命蕃国之君时用；五天子之玺，与蕃国之君书时用；六天子信玺，征蕃国之兵时用。［12]远游冠：冠名。制如通天冠。［13]纱帽：一名高顶帽。冠名。古代君主或官员所戴的一种帽子，以纱制成，故名。［14]元会之仪：元旦大朝会时，文物充庭，百官依次而坐，再拜。上公一人，诣西阶，解剑升阶贺，降阶，带剑复位而拜。群官在位者又再拜，搢笏三称万岁。[15]元孝矩：河南洛阳人。历仕北周、隋，官至泾州刺史。传见《隋书》卷五十。［16]天赐之孙：按《魏书·汝阴王天赐传》第五子修义；又《隋书·元孝矩传》：孝矩祖为修义，则孝矩乃是天赐之曾孙。此处“孙”上脱一“曾”字。［17]周六官：周定六官事详见《资治通鉴》卷一百六十六《梁纪二十二》敬帝绍泰元年。［18]五省：朝廷总枢要的五个部门，即尚书、门下、内史、秘书、内侍五省。尚书省置令、左右仆射各一人，总吏部、礼部、兵部、都官、度支、工部六曹事。门下省置纳言、给事黄门侍郎、散骑常侍、侍郎、通直、员外、谏议大夫等官。内史省即中书省，避武元皇帝杨忠讳，改称内史。置监、令、侍郎、舍人等官。秘书省置监、丞、郎等官，领著作、太史二曹。内侍省皆宦官，置监、少监、内侍等官。［19]御史（台）：置大夫、治书侍御史、侍御史、殿内侍御史、监察御史等官。［20]都水（台）：置使者及丞、参军、河堤谒者等官。［21]太常等十一寺：包括太常、光禄、卫尉、宗正、太仆、大理、鸿胪、司农、太府九寺，与御史、都水二台合为十一寺。［22]左右卫等十二府：包括左右卫，左右武卫，左右武候，左右领左右，左右监门，左右领军，各置大将军、将军、长史、司马、录事等官。［23]十一等勋官：隋沿北周之制，置上柱国、柱国、上大将军、大将军、上开府仪同三司、开府仪同三司、上仪同三司、仪同三司、大都督、帅都督、都督，总十一等勋官，授给有功者，但无职事。［24]七等散官：包括特进、左右光禄大夫、金紫光禄大夫、银青光禄大夫、朝议大夫、朝散大夫凡七等。散官，无职务者为散官，但表明本官的品秩。［25]纳言：即侍中，因避杨坚父讳而改。［26]虞庆则（？—597）：本姓鱼，京兆栎阳（今陕西西安市临潼区东北）人。历仕北周、隋，官至尚书右仆射。传见《隋书》卷四十、《北史》卷七十三。［27]内史监：官名。内史省长官。总掌机要，辅弼天子，实为宰相。［28]内郎：官名，即从事中郎，避杨坚父讳改为内郎。掌相国府诸曹。［29]内史令：官名。职掌与内史监略同。［30]乙丑：二月十五日。［31]皇考：对亡父的尊称。此指杨忠。[32]皇妣（bǐ）：对亡母的尊称。［33]丙寅：二月十六日。［34]庙社：宗庙。［35]独孤：

据章校，“孤”下应补“氏”字。［36］丁卯：二月十七日。［37］太尉：据章校，“尉”下应补“大将军”三字。《隋书·赵煚传》正作“太尉大将军”。［38］己巳：二月十九日。［39］刘、郑：指刘昉、郑译。［40］杨后：即周宣帝皇后，名丽华，杨坚之女。［41］幼冲：年纪小。［42］异图：不良意图，指杨坚有篡位意图。［43］形于言色：不满情绪表现在说话与脸色上。［44］愤惋：悲愤惋惜。［45］夺其志：迫使其改变本志。意为改嫁。［46］载下大夫：“载”下逸“师”字。载师下大夫，官名。《周礼》地官之属，掌管土地之法，如园廛、郊甸、漆林之类。［47］荣建绪：传附《隋书·荣毗传》《北史·荣毗传》。［48］息州：州名。北周改东豫州置。治所广陵城，在今河南息县。［49］之官：赴任。［50］踌躇：驻足，止步。［51］徐广：东晋秘书监，晋恭帝禅位于宋王刘裕，他悲感流涕。［52］杨彪：东汉人，官至三公。曹丕篡汉，欲以他为太尉，他却不以为荣，乃止。［53］抚膺：拍胸。抚与“拊”同，拍。膺，胸。［54］太息：愤然长叹。［55］襄阳公主：宇文泰之女，下嫁窦毅。［56］唐公李渊（566—635）：周唐国公李昞之子，袭爵，仕隋为太原留守，后起兵建唐，是为唐高祖。事见新、旧《唐书·高祖本纪》。［57］依违：心里以为不可，却不敢明言其事。［58］作色：脸上变色。［59］莱公衎：《殿本考证》以周静帝曾名衍，兄弟不应同名，当从本纪作“衎”。［60］乙亥：二月二十五日。［61］邵公慧：传附《周书·杨忠传》。［62］雁门公广：即杨广（569—618），杨坚次子，先封晋王，后夺宗立为太子，即位，是为隋炀帝。事见《隋书·炀帝纪》《北史·炀帝纪》。［63］俊：即杨俊（571—600），隋文帝第三子。封为秦王。传见《隋书》卷四十五、《北史》卷七十一。［64］秀：即杨秀（？—618），隋文帝第四子。封为越王。传见《隋书》卷四十五、《北史》卷七十一。［65］谅：即杨谅（？—604），一名杰。隋文帝第五子。封汉王。传见《隋书》卷四十五、《北史》卷七十一。［66］父党：谓李穆与杨坚父杨忠共事周王室，皆为有功之臣。［67］膺：受，当。［68］象笏：以象牙所制的笏。自西魏以来，五品以上官用象笏。［69］乞骸骨：谓人臣致身以事君主，身非己有，求闲者自言乞骸骨。［70］吕尚：姜姓，吕氏，名尚。辅佐周武王灭商，封于齐。传见《史记》卷三十二。［71］期颐：称百岁之人。［72］张苍：西汉丞相，辅佐汉文帝。以病免相，百余岁乃卒。事见《史记》卷九十二、《汉书》卷四十二。［73］华皓：白首。［74］命世：著名于当世。后称治世之才为命世。［75］年耆：年老。六十岁称耆。［76］苏威（534—621）：字无畏，京兆武功（今陕西武功县西北）人。历仕北周、隋与唐，官至尚书右仆射。参与制定律、令、格、式。传见《周书》卷二十三、《隋书》卷四十一、《北史》卷六十三。［77］讽读：诵读。［78］稍伯下大夫：周官名。［79］丁丑：二月二十七日。［80］戊子：三月八日。［81］贺若弼（544—607）：字辅伯，河南洛阳（今河南洛阳市）人。历仕北周、隋，官至右武候大将军，封宋国公。传见《隋书》卷五十二、《北史》卷六十八、《周书》卷二十八。［82］吴州：州名。治所吴县，在今江苏苏州市。［83］和州：州名。治所历阳县，在今安徽和县。［84］韩擒虎（538—592）：字子通，河南东垣（今河南新安县东）人。历仕北周、隋，官至庐州总管。传见《隋书》卷五十二、《北史》卷六十八。［85］庐州：州名。治所庐江，在今安徽庐江县。［86］戊戌：三月十八日。

［87］度支尚书：官名。掌管度支、户部、金部、仓部。［88］张弓：把弓弦拉得很紧。［89］遮止：拦截阻止。［90］大理卿：官名。大理寺长官，掌刑狱。［91］京兆尹：官名。京兆府长官，掌制京师。［92］御史大夫：官名。御史台长官，掌监察、执法。［93］治书侍御史：官名。掌御史台簿领。［94］五职：指苏威兼领纳言、度支尚书、大理卿、京兆尹、御史大夫。［95］安繁恋剧：贪心于繁剧的职务。剧，繁重。［96］孜孜：勤奋不怠。［97］值：相遇。［98］措：施行。［99］宣化：传布德化。［100］匹：对手，匹偶。［101］南山四皓：四皓指东园公、绮里季、夏黄公、角里先生，遭秦末之乱，隐居商山，须眉皓白，故称四皓。商山在长安南，故称南山。因在北周时，苏威曾隐避多年，故隋文帝这样说。［102］《孝经》：书名。宣扬封建孝道和孝治思想的书。有今文和古文两种。今文本郑玄注，分十八章；古文本孔安国注，分二十二章。［103］逊位：退位。［104］成其美：成全其让贤之美。［105］高蹈：谓其隐避不仕。蹈，践，履。［106］协赞：协同赞助。［107］革命：实施变革以应天命。古代认为帝王受命于天，因称朝代更替为革命。［108］太子左庶子：官名。东宫官，与右庶子分统门下、典书二坊事。［109］疏忌：被疏远而受猜疑。［110］上柱国：勋官名。十一等勋官中的最高等。［111］元谐：历仕北周、隋，官至宁州刺史。传见《隋书》卷四十、《北史》卷七十三。［112］华州：州名。治所郑县，在今陕西渭南市华州区。［113］张宾：道士。传见《隋书·艺术传》《北史·艺术传》上。［114］区区之心：爱慕、思念之心。［115］除名：谓除去官籍。［116］庚子：三月二十日。［117］品爵：谓官品爵位。［118］丁未：三月二十七日。［119］太宰：官名。六卿之首，也称冢宰。辅佐天子以治理国家。［120］辛巳：四月二日。［121］戊戌：四月十九日。［122］太常：官署名。掌礼乐郊庙社稷事宜。［123］散乐：指民间歌舞，因不在官乐之内，故称散。［124］散骑常侍：官名。掌禁令，纠违失。［125］韦鼎（514—592）：仕陈为秘书监，陈亡归隋，官至光州刺史。传见《隋书》卷七十八、《北史》卷五十八。［126］通直散骑常侍：官名。因员外散骑常侍与散骑常侍通员直，故有此名。掌禁令，纠违失。［127］王瑳：传见《南史·恩幸传》。［128］辛丑：四月二十二日。［129］介国：周静帝之封国。古国名。故地在今山东胶州市西南。［130］韦冲（550—605）：字世冲，历仕北周、隋，官至民部尚书。传附《隋书·韦世康传》《北史·韦孝宽传》。［131］夷狄：泛指少数民族。古代习称北方地区少数民族为狄，东方地区的为夷。［132］牧宰：牧守县宰，泛指州、县地方官。［133］不称：不相称，不胜任。［134］绥静：安定平服。也作“绥靖”。［135］戊午：五月十日。［136］邗公雄：即邗公惠，后改名雄。隋文帝时封安德王，隋炀帝又进封观王。据胡三省注与章校，“邗”应改作“邘”字。［137］潜害：暗中杀害。［138］洛：即宇文洛，字永洛，虞国公宇文仲之孙，宇文兴之子。袭爵虞国公。周静帝死，嗣为介国公。传附《周书·虞国公仲传》《北史·周宗室传》。

六月，癸未[1]，隋诏郊庙[2]冕服[3]必依《礼经》[4]。其朝会之服、旗帜、牺牲[5]皆尚赤，戎服以黄[6]，常服通用杂色。秋，七月，乙卯[7]，隋主始服黄，百僚毕贺。于是百官常服，同于庶人，皆著黄袍；隋主朝服亦如之，唯以十三环带为异。

八月，壬午[8]，隋废东京官[9]。

吐谷浑寇凉州[10]，隋主遣行军元帅乐安公元谐等步骑数万击之。谐击破吐谷浑于丰利山[11]，又败其太子可博汗于青海[12]，俘斩万计。吐谷浑震骇，其王侯三十人各帅所部来降。吐谷浑可汗夸吕[13]帅亲兵远遁。隋主以其高宁王移兹裒为河南王，使统降众。以元谐为宁州[14]刺史，留行军总管贺娄子干镇凉州。

九月，庚午[15]，将军周罗睺攻隋故墅[16]，拔之。萧摩诃攻江北。

隋奉车都尉[17]于宣敏[18]奉使巴、蜀还，奏称："蜀土沃饶，人物殷阜[19]，周德之衰，遂成戎首[20]。宜树建藩屏[21]，封殖[22]子孙。"隋主善之。辛未[23]，以越王秀为益州总管，改封蜀王。宣敏，谨之孙也。

隋[24]以上柱国长孙览、元景山并为行军元帅，发兵入寇；命尚书左仆射高颎节度诸军。

初，周、齐所铸钱凡四等，及民间私钱，名品甚众[25]，轻重不等。隋主患之，更铸五铢钱，背、面、肉、好[26]皆有周郭[27]，每一千重四斤二两。悉禁古钱及私钱。置样于关[28]；不如样者，没官销毁之。自是钱币始壹[29]，民间便之。

隋郑译以上柱国归第，赏赐丰厚。译自以被疏，呼道士醮章[30]祈福，为婢所告，以为巫蛊[31]，译又与母别居，为宪司[32]所劾，由是除名。隋主下诏曰："译若留之于世，在人为不道之臣；戮之于朝，入地为不孝之鬼。有累幽显[33]，无所置之。宜赐以《孝经》，令其熟读。"仍遣与母共居。

初，周法比于齐律，烦而不要，隋主命高颎、郑译及上柱国杨素、率更令[34]裴政[35]等更加修定。政练习[36]典故[37]，达于从政[38]，乃采魏、晋旧律，下至齐、梁，沿革[39]重轻，取其折衷[40]。时同修者十余人，凡有疑滞[41]，皆取决于政。于是去前世枭[42]、镮[43]及鞭[44]法，自非谋叛以上，无收族[45]之罪。始制死刑二，绞[46]、斩；流刑[47]三，自二千里至三千里；徒刑[48]五，自一年至三年；杖刑[49]五，自六十至百。笞刑[50]五，自十至五十。又制议、请、减、赎、官[51]当之科[52]以优士大夫。除前世讯囚酷法[53]，考掠[54]不得过二百；枷[55]杖大小，咸有程式。民有枉屈[56]，县不为理者，听以次经郡及州；若仍不为理，听诣阙[57]伸诉。

冬，十月，戊子[58]，始行新律。诏曰："夫绞以致毙，斩则殊形[59]，除恶之体，于斯已极。枭首、轘身，义无所取，不益惩肃之理，徒表安忍[60]之怀。鞭之为用，残剥肤体，彻骨[61]侵肌，酷均脔切[62]。虽云往古之式[63]，事乖[64]仁者之刑。枭、轘及鞭，并令去之。贵带砺[65]之书，不当徒罚；广轩冕[66]之荫[67]，旁及诸亲。流役六年，改为五载；刑徒五岁，变从三祀[68]。其余以轻代重，化死为生，条目甚多，备于简策[69]。杂格[70]、严科，并宜除削。"自是法制遂定，后世多遵用之。

隋主尝怒一郎[71]，于殿前笞之。谏议大夫[72]刘行本[73]进曰："此人素清[74]，其过又小，愿少宽之。"帝不顾。行本于是正当帝前曰："陛下不以臣不肖[75]，置臣左右，臣言若是，陛下安得不听；若非，当致之于理[76]。"因置笏于地而退。帝敛容[77]谢之[78]，遂原所笞者。行本，璠之兄子也。

独孤皇后，家世贵盛[79]而能谦恭，雅好[80]读书，言事多与隋主意合，帝甚宠惮[81]之，宫中称为"二圣"。帝每临朝，后辄与帝方辇[82]而进，至阁[83]乃止。使宦官伺帝，政有所失，随即匡谏[84]。候帝退朝，同反燕寝[85]。有司奏称："《周礼》[86]百官之妻，命于王后，请依古制。"后曰："妇人与政[87]，或从此为渐[88]，不可开其源也。"大都督崔长仁，后之中外兄弟[89]也，犯法当斩，帝以后故，欲免其罪。后曰："国家之事，焉可顾私！"长仁竟坐死[90]。后性俭约，帝尝合止利[91]药，须胡粉[92]一两。宫内不用，求之，竟不得。又欲赐柱国刘嵩妻织成衣领，宫内亦无之。

然帝惩[93]周氏之失，不以权任假借[94]外戚，后兄弟不过将军、刺史。帝外家[95]吕氏，济南[96]人，素微贱[97]，齐亡以来，帝求访，不知所在。及即位，始求得舅子吕永吉[98]，追赠外祖双周为太尉，封齐郡公，以永吉袭爵。永吉从父道贵[99]，性尤顽骏[100]，言词鄙陋，帝厚加供给，而不许接对朝士。拜上仪同三司，出为济南太守；后郡废，终于家。

壬辰[101]，隋主如岐州[102]。

岐州刺史安定梁彦光[103]，有惠政，隋主下诏褒美，赐束帛[104]及御伞[105]，以厉[106]天下之吏；久之，徙相州刺史。岐俗质厚[107]，彦光以静镇之，奏课[108]连为天下最。及居相，部如岐州法。邺自齐亡，衣冠士人[109]多迁入关，唯工商乐户[110]移实州郭[111]，风俗险诐[112]，好兴谣讼，目彦光为“著帽饧[113]”。帝闻之，免彦光官。岁余，拜赵州[114]刺史。彦光自请复为相州，帝许之。豪猾[115]闻彦光再来，皆嗤[116]之。彦光至，发擿奸伏[117]，有若神明，豪猾潜窜，阖境大治。于是招致名儒，每乡立学，亲临策试[118]，褒勤黜怠[119]。及举秀才[120]，祖道[121]于郊，以财物资之。于是风化[122]大变，吏民感悦，无复讼者。

时又有相州刺史陈留樊叔略[123]，有异政，帝以玺书褒美，班示天下，征拜司农[124]。

新丰[125]令房恭懿[126]，政为三辅[127]之最，帝赐以粟帛。雍州诸县令朝谒，帝见恭懿，必呼至榻前，咨以治民之术。累迁德州[128]司马。帝谓诸州朝集使[129]曰：“房恭懿志存体国[130]，爱养我民，此乃上天宗庙之所祐。朕若置而不赏，上天宗庙必当责我。卿等宜师范之。”因擢为海州刺史。由是州县吏多称职，百姓富庶。

十一月，丁卯[131]，隋遣兼散骑侍郎[132]郑㧑来聘。

十二月，庚子[133]，隋主还长安，复郑译官爵。

广州[134]刺史马靖，得岭表[135]人心，兵甲精练，数有战功。朝廷疑之，遣吏部侍郎[136]萧引[137]观靖举措，讽令送质[138]，外托收督赕物[139]，引至番禺[140]。靖即遣子弟入质。

是岁，隋主诏境内之民任听出家，仍令计口出钱，营造经像。于是时俗随风而靡[141]，民间佛书，多于《六经》[142]数十百倍。

突厥佗钵可汗病且卒[143]，谓其子庵逻[144]曰：“吾兄不立其子，委位于我。我死，汝曹当避大逻便[145]。”及卒，国人将立大逻便。以其母贱，众不服；庵逻实贵[146]，突厥素重之。摄图[147]最后至，谓国人曰：

"若立庵逻者，我当帅兄弟事之。若立大逻便，我必守境，利刃长矛以相待。"摄图长，且雄勇，国人莫敢拒，竟立庵逻为嗣。大逻便不得立，心不服庵逻，每遣人詈辱[148]之。庵逻不能制，因以国让摄图。国中相与议曰："四可汗[149]子，摄图最贤。"共迎立之，号沙钵略可汗，居都斤山[150]。庵逻降居独洛水[151]，称第二可汗。大逻便乃谓沙钵略曰："我与尔俱可汗子，各承父后。尔今极尊[152]，我独无位，何也？"沙钵略患之，以为阿波可汗，还领所部。又沙钵略从父玷厥[153]，居西面，号达头可汗。诸可汗各统部众，分居四面。沙钵略勇而得众，北方皆畏附之。

隋主既立，待突厥礼薄，突厥大怨。千金公主伤其宗祀覆灭[154]，日夜言于沙钵略，请为周室复仇。沙钵略谓其臣曰："我，周之亲也。今隋主自立而不能制，复何面目见可贺敦[155]乎！"乃与故齐营州刺史高宝宁合兵为寇。隋主患之，敕缘边[156]修保障[157]，峻长城[158]，命上柱国武威阴寿[159]镇幽州，京兆尹虞庆则镇并州，屯兵数万以备之。

初，奉车都尉[160]长孙晟送千金公主入突厥，突厥可汗爱其善射，留之竟岁[161]，命诸子弟贵人与之亲友，冀[162]得其射法。沙钵略弟处罗侯[163]，号突利设，尤得众心，为沙钵略所忌，密托心腹阴与晟盟。晟与之游猎，因察山川形势，部众强弱，靡[164]不知之。

及突厥入寇，晟上书曰："今诸夏[165]虽安，戎虏[166]尚梗[167]，兴师致讨，未是其时[168]，弃于度外，又相侵扰，故宜密运筹策[169]，有以攘之[170]。玷厥之于摄图，兵强而位下，外名相属，内隙已彰[171]；鼓动其情，必将自战[172]。又，处罗侯者，摄图之弟，奸多势弱[173]，曲取众心，国人爱之，因为摄图所忌，其心殊[174]不自安，迹示弥缝[175]，实怀疑惧。又，阿波[176]首鼠[177]，介[178]在其间，颇畏摄图，受其牵率[179]，唯强是与，未有定心。今宜远交而近攻，离强而合弱。通使[180]玷厥，说合阿波，则摄图迴兵，自防右地[181]。又引处罗，遣连[182]奚[183]、霫[184]，则摄图分众，还备左方[185]。首尾猜嫌，腹心离阻[186]，十数年后，乘衅[187]讨之，必可一举而空其国[188]矣。"帝省表[189]，大悦，因召与语。晟复口陈[190]形势，手画山川，写其虚实，皆如指掌[191]，帝深嗟异[192]，皆纳用之。遣太仆[193]元晖[194]出伊吾[195]

道，诣达头，赐以狼头纛[196]。达头使来，引居沙钵略使上。以晟为车骑将军[197]，出黄龙[198]道，赍币赐奚、霫、契丹，遣为乡导[199]，得至处罗侯所，深布心腹，诱之内附。反间既行，果相猜贰[200]。

始兴王叔陵，太子之次弟也，与太子异母，母曰彭贵人。叔陵为江州刺史，性苛刻狡险。新安王伯固，以善谐谑[201]，有宠于上及太子；叔陵疾之，阴求其过失，欲中之以法[202]。叔陵入为扬州刺史，事务多关涉[203]省阁[204]，执事[205]承意顺旨[206]，即讽上进用之；微致违忤[207]，必抵[208]以大罪，重者至殊死[209]。伯固惮之，乃谄求其意。叔陵好发古冢[210]，伯固好射雉[211]，常相从郊野，大相款狎[212]，因密图不轨。伯固为侍中，每得密语[213]，必告叔陵。

（以上为第二段，重点写隋文帝杨坚初即位，在开皇元年约法省刑，纳谏治国，赢得民心的情形。）

【注释】

［1］癸未：六月五日。［2］郊庙：指郊祀与庙制。［3］冕服：古代统治者的礼服。举行吉礼时都用冕服。［4］《礼经》：书名。所指不同，一指《仪礼》，周公所制礼经，《汉书·艺文志》称之《礼古经》；二指《周礼》，《汉书·艺文志》称之《周官经》。［5］牺牲：古代供祭祀用的纯色全体牲畜。［6］以黄：据章校，“黄”下应补“在外”二字。［7］乙卯：七月八日。［8］壬午：八月五日。［9］东京官：指北周灭北齐后，由相州迁于东京（洛阳）的六府官。［10］凉州：州名。治所姑臧县，在今甘肃武威市。［11］丰利山：山名。故址在今青海湖东。［12］青海：湖名。即今青海湖，在青海西宁市西。［13］夸吕（？—591）：吐谷浑可汗，在位近百年。事见《梁书》《魏书》《周书》《隋书》《南史》《北史》中的《吐谷浑传》。［14］宁州：州名。治所安定县，在今甘肃宁县。［15］庚午：九月二十四日。［16］故墅：按《隋书·高祖本纪》作“胡墅”。《北史》同。据此当改。胡墅，地名。在今江苏南京市长江北岸，与江南石头城相对。［17］奉车都尉：官名。掌御乘舆马。［18］于宣敏：字仲达。历仕北周、隋，官至奉车都尉。传附《隋书·于义传》《北史·于栗磾传》。［19］殷阜：富实。［20］戎首：战争的主谋，发动战争的人。此指王谦起兵。［21］藩屏：藩篱屏障。［22］封殖：培植。封，厚；殖，长。［23］辛未：九月二十五日。［24］隋：据章校，“隋”上应补“壬申”二字。壬申，九月二十六日。［25］名品甚众：指钱的名称和种类甚多。隋初，既用齐、周官制钱，又有民间私钱，混杂使用。［26］背、面、肉、好：背，钱的背面。面，钱的正面，标明重量，如五铢。肉，钱体称肉。好，钱孔称好。［27］周郭：外圆内方之间，称周郭。［28］关：指各关卡。［29］始壹：才统一。［30］醮章：相传道士有消灾度厄之法，依照阴阳五行术数，推人寿命，书写如章表仪式，并具备钱币，烧香诵

读，说是上奏天帝，请求除厄，谓为上章。夜中于星辰之下，摆设酒果、钱币等物，祭祀天皇、五星，书写上章，恭敬上奏，名为醮。［31］巫蛊（gǔ）：古代迷信，谓巫师使用邪术加祸于人为巫蛊。蛊，毒虫。［32］宪司：指御史台官。［33］幽显：指阳世与阴间。［34］率更令：官名。即太子率更令，掌伎乐漏刻。［35］裴政：字德表，河东闻喜（今山西闻喜县）人。历仕北周、隋，官至襄州总管。传见《隋书》卷六十六、《北史》卷七十七。［36］练习：熟悉。［37］典故：常例、典制及掌故。［38］从政：执政。［39］沿革：累世循用而不变为沿，其中有变更者为革。［40］折衷：即折中，调和二者，取其中正，无所偏颇。［41］疑滞：疑难而不通晓。［42］枭（xiāo）：古代死刑之一，杀人而悬其头于木杆上示众。［43］轘（huàn）：车裂人的酷刑。［44］鞭：古代的一种刑罚。鞭用皮革制成（一说竹制），其长短大小都有定制。［45］收族：拘捕同亲族人，古代连坐法，一人犯罪，株连家族。［46］绞：古代死刑之一，勒颈断气而死。［47］流刑：将犯人流放荒僻之地服劳役的一种刑罚。根据罪行轻重而流放远近不同。［48］徒刑：判处有期苦刑。［49］杖刑：用木棍击打犯人臀或腿部的一种刑罚。［50］笞刑：用竹板或荆条打犯人背或臀部的一种刑罚。［51］议、请、减、赎、官：议，《周礼》有八议之法。凡帝王亲故、贤能、功臣等八议之人犯死罪，皆先奏请，议定其罪。请，凡在八议之科的则可请而减罪。减，七品以上官犯罪皆例减一等。赎，九品以上官犯罪则可交纳一定数量的铜以减罪。如笞刑，交铜一斤，可免打十板；徒刑一年交铜二十斤可免刑。官，官职抵罪。［52］科：法律条款。［53］讯囚酷法：指在审讯犯人时所使用的刑罚。［54］考掠：拷打。泛指刑讯。考，通“拷”。掠，笞打。［55］枷：古代套在犯人颈上的木制刑具。［56］枉屈：冤屈。［57］诣阙：赴皇帝的殿廷。阙（què），宫阙，皇帝所居之处。［58］戊子：十月十二日。［59］殊形：身体变异，指身首分离。［60］安忍：安心于残忍之事。［61］彻骨：深透入骨。［62］脔（luán）切：切成块状的鱼肉。此指碎割。［63］式：法式，法令。［64］乖：违背。［65］带砺：汉高祖分封功臣时发誓说：“使黄河如带，泰山若砺，国以永存，爰及苗裔。”意思说即使黄河狭窄如衣带，泰山小如砺石，国犹永存。后因以“带砺”比喻功臣爵禄。［66］轩冕：卿大夫的轩车和冕服。此指官位爵禄。［67］荫：古代子孙因先世有功勋而推恩得赐官爵称荫。［68］三祀：三年。祀，年。［69］简策：古代以竹片为简，数简串连为策。此指成文的法令。［70］格：法令的一种，官吏处事的规则。［71］郎：郎官。［72］谏议大夫：官名。掌论议、规谏。［73］刘行本：沛（今江苏沛县）人。历仕北周、隋，官至黄门侍郎。传见《隋书》卷六十二、《北史》卷七十。［74］素清：一向清廉、公正。［75］不肖：不才，不正派。［76］于理：据章校，“理”下应补“岂得轻臣而不顾也”八字。［77］敛容：脸色变得严肃。［78］谢之：向刘行本道歉。［79］贵盛：尊贵。独孤皇后父独孤信仕西魏及北周，列于元功。姊为周明帝皇后，女儿又为周宣帝后。［80］雅好：平素爱好。雅，平常。［81］宠惮：宠爱而惧怕。［82］方辇：两辇并排。辇（niǎn），车，一般尊称天子的车为辇。［83］阁：宫殿小门。［84］匡谏：劝谏而纠正过失。［85］同反燕寝：一同回到寝宫。反，通“返”。燕寝，周制，王有六寝，一是正寝，其余五寝在后，通称宴寝。燕，通

“宴”。［86］《周礼》：书名。原名《周官》，也称《周官经》。西汉末列为经而属于礼，故有《周礼》之名。［87］与政：参与朝政。［88］渐：渐进，逐渐。［89］中外兄弟：中表亲兄弟。中指舅父子女，为内兄弟；外指姑母子女，为外兄弟。［90］坐死：判为死罪。坐，判罪。［91］止利：止泄。泄泻不止称利。［92］胡粉：铅粉，一名铅华。是一种化妆品.。［93］惩：惩戒，以周氏的失败作为教训。［94］假借：借助。［95］外家：外祖父家。［96］济南：郡名。治所历城县，在今山东济南市。［97］微贱：卑贱。［98］吕永吉：隋文帝舅父之子，传见《隋书·外戚传》《北史·外戚传》。［99］道贵：即吕道贵，吕永吉从父。传见《隋书·外戚传》《北史·外戚传》。［100］顽騃（aí）：愚昧，呆傻。［101］壬辰：十月十六日。［102］岐州：州名。治所雍县，在今陕西宝鸡市凤翔区东南义坞堡。［103］梁彦光（534—593）：字修芝，安定乌氏（今甘肃泾川县东）人。历仕北周、隋，官至相州刺史。传见《隋书》卷七十三、《北史》卷八十六。［104］束帛：五匹帛捆在一起，称束帛。［105］伞：用以遮光避雨的用具，古代习称盖，形状类今日的雨伞。［106］厉：激励，鼓励。［107］质厚：质朴忠厚。［108］奏课：每年上奏朝廷的本州户口及所缴赋税等。［109］衣冠士人：指士大夫。［110］乐户：古时犯罪的妇女或犯人的妻女没入官府，充当官妓，名隶乐籍，户称乐户。［111］郭：外城称郭。同“廓”。［112］险诐（bì）：邪谄不正。［113］著帽饧（xíng）：谓彦光软弱如团饧，不过戴个帽子而已。饧，糖饴，软而甜。［114］赵州：州名。治所大陆县，在今河北隆尧县东。［115］豪猾：豪强不守法度。［116］嗤：讥笑。［117］发擿奸伏：举发暗藏的奸人。发擿，揭露，揭发检举。奸伏，潜伏的奸邪隐恶之人。［118］策试：古代举士选官，出题答问，叫做对策。这种考试方法叫策试。［119］褒勤黜怠：褒扬勤勉之人，斥退怠惰之人。［120］秀才：才能优秀的人。隋朝时每年由各州推举，到中央参加考试。［121］祖道：古人在出行前祭祀路神称祖道。后饯行也称祖道。［122］风化：风俗，教化。［123］樊叔略（536—594）：陈留（今河南开封市）人。历仕北周、隋，官至司农卿。传见《隋书》卷七十三、《北史》卷八十六。［124］司农：本传作“司农卿”，官名。掌管钱粮。［125］新丰：县名。县治在今陕西西安市临潼区新丰镇东南。［126］房恭懿：字慎言，河南洛阳（今河南洛阳市）人。历仕北周、隋，官至海州刺史。传见《隋书》卷七十三、《北史》卷七十五。［127］三辅：即西汉时于京畿之地所设京兆尹、左冯翊、右扶风的合称，相当于今陕西关中地区。［128］德州：州名。治所平原县，在今山东平原县西南。［129］朝集使：每年元会，各州派使者赴京朝集，称为朝集使。［130］体国：《周礼·天官·序官》之“体国经野”的省说。体，划分；国，都城。经，丈量；野，田野。划分都城为若干区域，由“国人”居住。丈量田野为方块耕地，使“野人”居住。意即治理国家。［131］丁卯：十一月二十二日。［132］散骑侍郎：官名。侍从皇帝，掌讽议、献纳。［133］庚子：十二月二十五日。［134］广州：州名。治所番禺县，在今广东广州市。［135］岭表：即岭南。指五岭以南之地。相当于今广东、广西等地。［136］吏部侍郎：官名。吏部副长官，协助尚书，主管选举官吏。［137］萧引：字叔休，历仕梁、陈，官至吏部侍郎。传见《陈书》卷二十一、《南史》卷十八。［138］送质：送子弟入质。

［139］赕（dǎn）物：蛮夷输送中央的货物称赕。［140］番禺：城名。广州治所，故址在今广东广州市。［141］靡：倒下。［142］《六经》：儒家的六部经典著作，包括《诗经》《尚书》《周礼》《乐经》《周易》《春秋》。［143］且卒：将要死。［144］庵（ān）逻：突厥佗钵可汗之子，称第二可汗。事见《隋书·突厥传》《北史·突厥传》。［145］大逻便：突厥木杆可汗之子。后为阿波可汗。事见《隋书·突厥传》《北史·突厥传》。［146］实贵：按《隋书·突厥传》作"母贵"，"实"当作"母"。［147］摄图：突厥逸可汗之子。后为沙钵略可汗。事见《隋书·突厥传》《北史·突厥传》。［148］詈（lì）辱：骂而侮辱别人。［149］四可汗：谓逸可汗及木杆可汗、褥但可汗、佗钵可汗。［150］都斤山：地名。或名于都斤山、都督军山、乞督军山、尉都楗山、乌德鞬山、乌德健山、乌都鞬山、乌罗德健山。即今蒙古国境内的杭爱山。［151］独洛水：又作独洛河，即今蒙古国境内图拉河。［152］极尊：犹如至尊，指突厥可汗之位。［153］玷厥：木杆可汗兄弟，号达头可汗。事见《隋书·突厥传》《北史·突厥传》。［154］宗祀覆灭：国破家亡。［155］可贺敦：突厥的君长称可汗，其妻称可贺敦。［156］缘边：沿着边疆一带。［157］保障：保护障蔽。［158］峻长城：把长城加高。［159］阴寿：历仕北周、隋，官至幽州总管，封赵国公。传见《隋书》卷三十九、《北史》卷七十三。［160］奉车都尉：官名。掌御乘车马。［161］竟岁：终年。竟，终，尽。［162］冀：希望。［163］处罗侯：摄图之弟，后立为叶护可汗。事见《隋书·突厥传》《北史·突厥传》。［164］靡：无。［165］诸夏：指华夏各族。［166］戎虏：泛指西北方的少数民族。此指突厥。［167］梗：病，灾祸。［168］未是其时：不是时机。［169］运筹策：运用谋划、策略。［170］攘（rǎng）之：驱逐突厥入侵者。攘，排斥。［171］内隙已彰：内部嫌隙已经明显。隙，间隙。彰，显明。［172］自战：谓突厥内部相互残杀。［173］奸多势弱：其心多奸巧，而势力较弱。［174］殊：极，特别。［175］迹示弥缝：在行动上表示弥补缝合。［176］阿波：指阿波可汗大逻便。［177］首鼠：首鼠两端。［178］介：处于二者之间。［179］牵率：牵引。也作"牵帅"。［180］通使：派遣使者，沟通联系。［181］右地：指突厥西部地区。［182］遣连：派人去联络。［183］奚：少数民族名。本名库莫奚，东部胡的一支，生活在松漠（今河北、辽宁、内蒙交界之处）之间。［184］霫（xí）：少数民族名。匈奴族中的一支，居潢水北。［185］左方：指突厥东部地区。［186］腹心离阻：内部分裂。［187］衅：缝隙，裂痕。［188］空其国：灭其国。空，罄尽。［189］省表：看了表章。［190］口陈：口述。［191］指掌：指之于掌。比喻事理浅近明白。［192］嗟（jiē）异：慨叹称奇。［193］太仆：官名。掌皇帝舆马和马政。［194］元晖：字叔平。历仕北周、隋，官至兵部尚书。传见《隋书》卷四十六、《北史》卷十五。［195］伊吾：地名。在今新疆哈密市。［196］狼头纛（dào）：绣有狼头的旗。相传突厥为狼种（疑其图腾为狼），子孙做君长，牙门挂狼头纛，示不忘本。纛，军队中的大旗。［197］车骑将军：将军号。无职事。［198］黄龙：地名。黄龙即合龙，故址在今辽宁朝阳市。［199］乡导：带路的。乡，通"向"。［200］猜贰：猜忌。［201］谐谑（xuè）：诙谐逗趣，犹如现在说的开玩笑。［202］中之以法：以法制裁。中（zhòng），着，击中。［203］关涉：

联系。［204］省阁：谓中书、尚书二省。［205］执事：各部门的专职人员，百官。［206］承意顺旨：迎合顺从别人的意旨。［207］违忤（wǔ）：违背，违反。［208］抵（dǐ）：抵偿，当。［209］殊死：身首异处为殊死。［210］发古冢（zhǒng）：发掘古坟墓。［211］雉（zhì）：野鸡。［212］款狎：亲近，亲密。［213］密语：谓省中机密。

十四年（壬寅，582年）

春，正月，己酉[1]，上不豫，太子与始兴王叔陵、长沙王叔坚并入侍疾[2]。叔陵阴有异志[3]，命典药吏[4]曰："切药刀甚钝，可砺[5]之！"甲寅[6]，上殂。仓猝[7]之际，叔陵命左右于外取剑。左右弗悟，取朝服木剑[8]以进，叔陵怒。叔坚在侧，闻之，疑有变，伺其所为。乙卯[9]，小敛[10]。太子哀哭俯伏[11]。叔陵抽剉药刀[12]斫太子，中项[13]，太子闷绝[14]于地；母柳皇后[15]走来救之，又斫后数下。乳媪[16]吴氏自后掣其肘，太子乃得起；叔陵持太子衣，太子自奋[17]得免。叔坚手扼[18]叔陵，夺去其刀，仍牵就柱，以其褶袖[19]缚之。时吴媪已扶太子避贼，叔坚求太子所在，欲受生杀之命[20]。叔陵多力，奋袖[21]得脱，突走[22]出云龙门，驰车还东府[23]，召左右断青溪[24]道，赦东城[25]囚以充战士，散金帛赏赐；又遣人往新林[26]追所部兵；仍自被甲，著白布帽，登城西门招募百姓；又召诸王将帅，莫有至者，唯新安王伯固单马赴之，助叔陵指挥。叔陵兵可千人，欲据城自守。

时众军并缘江防守，台内[27]空虚。叔坚白柳后，使太子舍人[28]河内司马申[29]，以太子命召右卫将军萧摩诃入见受敕，帅马步数百趣东府，屯城西门。叔陵惶恐，遣记室[30]韦谅[31]送其鼓吹[32]与摩诃，谓曰："事捷，必以公为台辅[33]。"摩诃绐报[34]之曰："须王心膂节将自来，方敢从命。"叔陵遣其所亲戴温、谭骐驎诣摩诃，摩诃执以送台[35]，斩其首，徇东城。

叔陵自知不济[36]，入内，沉其妃张氏及宠妾七人于井，帅步骑数百自小航[37]渡，欲趣新林，乘舟奔隋。行至白杨路，为台军所邀[38]。伯固见兵至，旋[39]避入巷，叔陵驰骑拔刃追之，伯固复还，叔陵部下多弃甲溃去。摩诃马容[40]陈智深[41]迎刺叔陵僵仆，陈仲华就斩其首，伯固为乱兵所杀，自寅至巳[42]乃定。叔陵诸子并赐死，伯固诸子宥为庶人。韦谅及前衡阳[43]内史彭暠[44]、咨议参军[45]兼记室郑信[46]、典签[47]俞公喜并伏诛。暠，叔陵舅也。信、谅有宠于叔陵，常参谋议。谅，粲之子也。

丁巳[48]，太子即皇帝位，大赦。

（以上为第三段，写陈宣帝病逝，陈朝发生未遂政变，陈后主即位。）

【注释】

[1]己酉：正月五日。[2]侍疾：侍奉病人。[3]异志：有叛变的意图。[4]典药吏：官名。掌管医药。[5]砺：磨刀。[6]甲寅：正月十日。[7]仓猝：匆忙的样子。[8]朝服木剑：朝服的木剑，作为仪饰之用，故用木制。[9]乙卯：正月十一日。[10]小敛：给死者穿衣为小敛。[11]俯伏：面朝下，身体前倾。[12]剉药刀：即切药刀。[13]中项：砍中脖子。[14]闷绝：昏倒。[15]柳皇后：名敬言，陈宣帝皇后。传见《陈书》卷七、《南史》卷十二。[16]乳媪：乳母。今称为奶妈。[17]自奋：自己猛然用力。[18]扼：掐住，捉住。[19]褶袖：宽袖。褶，上衣。多用布做成。[20]生杀之命：指生杀的意旨。[21]奋袖：挥动袖子，尽力挣扎。[22]突走：谓冲撞奔走。[23]东府：指扬州刺史的治所，在今江苏南京市东。[24]青溪：渠名。三国时吴国在建业城（今江苏南京市）东凿东渠，称为青溪。六朝时为首都漕运要道。[25]东城：即东府城。[26]新林：地名。即今江苏南京市西南善桥镇。[27]台内：禁城内。南朝谓朝廷禁省为台，故禁城称台城。[28]太子舍人：官名。掌文记（写表启）。[29]司马申（？—586）：字季和，历仕梁、陈，官至右卫将军。传见《陈书》卷二十九、《南史》卷七十七。[30]记室：官名。掌章表、书记、文檄。[31]韦谅：事附《陈书·始兴王叔陵传》《南史·韦睿传》。[32]鼓吹：乐名。本为军中之乐，将军以上官配以鼓吹。[33]台辅：辅相，宰臣。[34]绐（dài）报：用欺骗的语言回答。[35]送台：送往台城。[36]不济：不能成功。[37]小航：渡口正对建业城朱雀门的称大航，正对东府门的称小航。[38]为台军所邀：遭到官军的截击。邀，拦截。[39]旋：转身，很快。[40]马容：行军时的前驱者。[41]陈智深：传附《陈书·萧摩诃传》《南史·萧摩诃传》。[42]自寅至巳：从早三时至十一时。寅，指清晨三至五时；巳，指九至十一时。[43]衡阳：郡名。治所衡山县，在今湖南衡阳县。[44]彭暠（？—582）：叔陵之舅，传附《陈书·始兴王叔陵传》。[45]咨议参军：官名。王府中官，咨询谋议军事。[46]郑信（？—582）：事附《陈书·始兴王叔陵传》。[47]典签：官名。南朝诸王任刺史的，朝廷设长史、典签作为佐属官，往往与长史掌握大权。[48]丁巳：正月十三日。

辛酉[1]，隋置河北道行台于并州[2]，以晋王广为尚书令；置西南道行台于益州[3]，以蜀王秀为尚书令。隋主惩周氏孤弱而亡，故使二子分莅[4]方面[5]。以二王年少，盛选贞良[6]有才望者为之僚佐[7]，以灵州[8]刺史王韶为并省右仆射[9]，鸿胪卿[10]赵郡李雄[11]为兵部尚书，左武卫将军朔方李彻[12]总晋王府军事，兵部尚书元岩[13]为益州总管府长史。王韶、李雄、元岩俱有骨鲠[14]名，李彻前朝旧将，故用之。

初，李雄家世以学业自通，雄独习骑射。其兄子旦让之曰："非士大夫之素业也。"雄曰："自古圣贤，文武不备而能成其功业者鲜矣。雄虽不敏，颇观前志，但不守章句[15]耳。既文且武，兄何病[16]焉！"及将如并省，帝谓雄曰："吾儿更事[17]未多，以卿兼文武才，吾无北顾[18]之忧矣。"

二王欲为奢侈非法，韶、岩辄不奉教[19]，或自锁[20]，或排[21]阎切谏[22]。二王甚惮之，每事咨而后行，不敢违法度。帝闻而赏之。

又以秦王俊为河南道行台尚书令、洛州[23]刺史，领[24]关东兵。

癸亥[25]，以长沙王叔坚为骠骑将军[26]、开府仪同三司、扬州刺史；萧摩诃为车骑将军[27]、南徐州刺史，封绥远公，始兴王[28]家金帛累巨万，悉以赐之。以司马申为中书通事舍人[29]。

乙丑[30]，尊皇后为皇太后。时帝病创[31]，卧承香殿，不能听政[32]。太后居柏梁殿，百司众务，皆决于太后，帝创愈，乃归政焉。

丁卯[33]，封皇弟叔重为始兴王，奉昭烈王[34]祀。

隋元景山出汉口[35]，遣上开府仪同三司邓孝儒将卒四千攻甑山[36]。镇将军陆纶以舟师救之，为孝儒所败；涢口[37]、甑山、沌阳[38]守将皆弃城走。戊辰[39]，遣使请和于隋，归其胡墅。

己巳[40]，立妃沈氏[41]为皇后，辛未[42]，立皇弟叔俨为寻阳王，叔慎为岳阳王，叔达为义阳王[43]，叔熊[44]为巴山王，叔虞[45]为武昌王。

隋高颎奏，礼不伐丧[46]；二月，己丑[47]，隋主诏颎等班师。

三月，己巳[48]，以尚书左仆射晋安王伯恭为湘州刺史，永阳王伯智[49]为尚书仆射。

夏，四月，庚寅[50]，隋大将军韩僧寿[51]破突厥于鸡头山[52]，上柱国李充[53]破突厥于河北山[54]。

丙申[55]，立皇子永康公胤[56]为太子。胤，孙姬之子，沈后养以为子。

五月，己未[57]，高宝宁引突厥寇隋平州[58]，突厥悉发五可汗[59]控弦[60]之士四十万入长城。

壬戌[61]，隋任穆公于翼卒。

甲子[62]，隋更命传国玺曰“受命玺[63]”。

六月，甲申[64]，隋遣使来吊。

乙酉[65]，隋上柱国李光[66]败突厥于马邑。突厥又寇兰州[67]，凉州总管贺娄子干败之于可洛峐[68]。

隋主嫌长安城制度狭小，又宫内多妖异。纳言苏威劝帝迁都，帝以初受命，难之；夜，与威及高颎共议。明旦，通直散骑庾季才奏曰：“臣仰观乾象[69]，俯察图记[70]，必有迁都之事。且汉营此城，将八百岁，水皆咸卤[71]，不甚宜人。愿陛下协[72]天人之心，为迁徙之计。”帝愕然，谓颎、威曰：“是何神也！”太师李穆亦上表请迁都。帝省表曰：“天道[73]聪明[74]，已有征应[75]；太师人望[76]，复抗[77]此请；无不可矣。”丙申[78]，诏高颎等创造新都于龙首山[79]。以太子左庶子宇文恺有巧思，领营新都副监[80]。恺，忻之弟也。

秋，七月，辛未[81]，大赦。

九月，丙午[82]，设无导[83]大会于太极殿，舍身及乘舆[84]御服。大赦。

丙午[85]，以长沙王叔坚为司空，将军、刺史如故。

冬，十月，癸酉[86]，隋太子勇屯兵咸阳[87]以备突厥。

十二月，丙子[88]，隋命新都曰大兴城。

乙酉[89]，隋遣沁源公虞庆则屯弘化[90]以备突厥。

行军总管达奚长儒将兵二千，与突厥沙钵略可汗遇于周槃[91]，沙钵略有众十余万，军中大惧。长儒神色慷慨[92]，且战且行，为虏所冲[93]，散而复聚，四面抗拒。转斗三日，昼夜凡十四战，五兵咸尽[94]，士卒以拳殴之，手皆骨见[95]，杀伤万计。虏气[96]稍夺[97]，于是解去[98]。长儒身被五疮[99]，通中[100]者二；其战士死者[101]什八九。诏以长儒为上柱国，余勋回授一子。

时柱国冯昱[102]屯乙弗泊[103]，兰州总管叱列长叉守临洮[104]，上柱国李崇屯幽州，皆为突厥所败。于是突厥纵兵自木硖[105]、石门[106]两道入寇，武威[107]、天水[108]、金成、上郡[109]、弘化、延安[110]，六畜咸尽。

沙钵略更欲南入，达头不从，引兵而去。长孙晟又说沙钵略之子染干[112]诈告沙钵略曰："铁勒[112]等反，欲袭其牙[113]。"沙钵略惧，回兵出塞。

隋主既立，待遇梁主，恩礼弥厚。是岁，纳梁主女为晋王妃，又欲以其子玚尚兰陵公主[114]。由是罢江陵总管[115]，梁主始得专制其国。

（以上为第四段，写隋朝、陈朝、突厥、后梁等四国的战和关系，隋朝与突厥的争战是主线。隋朝初建，为了全力抵御突厥，暂停南伐，高颎借口义不伐丧，撤军北还。）

【注释】

[1]辛酉：正月十七日。[2]并州：州名。治所晋阳县，在今山西太原市西南。[3]益州：州名。治所成都县，在今四川成都市。[4]分莅：分别到各地治理政事。莅，临。[5]方面：一个方面，东西南北中之一方。[6]贞良：正直而有操守的人。[7]僚佐：诸王府幕僚，佐诸王治理政事。[8]灵州：州名。治所富平县，在今宁夏灵武市西南。[9]王韶：字子相，历仕北周、隋，官至行台右仆射。传见《隋书》卷六十二、《北史》卷七十五。并省：即河北道行台并州尚书省的简称。[10]鸿胪卿：官名。掌外蕃朝见、吉凶吊祭。[11]李雄：字毗卢，赵郡高邑（今河北高邑县）人，历仕北周、隋，官至鸿胪卿。传见《隋书》卷四十六。[12]李彻：字广达，历仕北周、隋，官至扬州总管司马。传见《隋书》卷五十四、《北史》卷六十六。[13]元岩（？—593）：字君山，历仕北周、隋，官至兵部尚书。传见《隋书》卷六十二、《北史》卷七十五。[14]骨鲠：比喻正直。也作"骨梗"。[15]章句：分析古书的章节句读。[16]病：忧虑，为难。[17]更事：经历世事。[18]北顾：北面。并州位于隋都长安以北。[19]不奉教：不遵从二王的教令。[20]自锁：自我捆绑，以规谏二王。[21]排闼：推开门。排，推开。[22]切谏：直言极谏，切，极力。[23]洛州：州名。治所洛阳，在今河南洛阳市。[24]领：统管。古代以兼任较低的职务称领。[25]癸亥：正月十九日。[26]骠骑将军：将军名号。无职事。[27]车骑将军：将军名号。无职事。[28]始兴王：据章校，"王"下应补"叔陵"二字。[29]中书通事舍人：官名。掌诏命及呈奏案章。[30]乙丑：正月二十一日。[31]病创：指被始兴王叔陵砍伤。创，创伤。[32]听政：谓处理政事。[33]丁卯：正月二十三日。[34]昭烈王：即陈武帝兄道谭，仕梁，死于侯景之乱，谥昭烈，后陈武帝又改封为始兴郡王。事

见《陈书》卷二十八、《南史》卷六十五。［35］汉口：地名。即汉水入长江之口。在今湖北武汉市。［36］甑山：地名。在今湖北汉川市东南汉江南岸。［37］涢口：地名。即涢水入汉水之口。［38］沌（zhuàn）阳：地名。在今湖北武汉市汉阳区。［39］戊辰：正月二十四日。［40］己巳：正月二十五日。［41］沈氏：陈后主皇后，名婺华。传见《陈书》卷七、《南史》卷十二。［42］辛未：正月二十七日。［43］叔俨、叔慎、叔达：分别为陈宣帝第十五、十六、十七子。传俱见《陈书》卷二十八、《南史》卷六十五。［44］叔熊：陈宣帝第十八子。《陈书》本传"熊"作"雄"，《南史》同。当改作"雄"。［45］叔虞：宣帝第十九子。传见《陈书》卷二十八、《南史》卷六十五。［46］礼不伐丧：《周礼》规定，不讨伐正办理丧事的国家。此时陈正为宣帝办理丧事。［47］己丑：二月十五日。［48］己巳：三月二十五日。［49］永阳王伯智：陈文帝第十二子。传见《陈书》卷二十八、《南史》卷六十五。［50］庚寅：四月十七日。［51］韩僧寿（548—612）：字玄庆，韩擒虎弟。历仕北周、隋，官至蔚州刺史。传附《隋书·韩擒虎传》《北史·韩擒虎传》。［52］鸡头山：一名笄头山、崆峒山、薄洛山。在今宁夏隆德县东。［53］李充：传附《隋书·刘方传》。［54］河北山：山名。即今内蒙古狼山与阴山的合称。［55］丙申：四月二十三日。［56］永康公胤：字承业，陈后主长子。先立为太子，后废为吴兴王。传见《陈书》卷二十八、《南史》卷六十五。［57］己未：五月十六日。［58］平州：州名。治所肥如县，在今河北卢龙县北。［59］五可汗：沙钵略可汗，第二可汗，达头可汗，阿波可汗，贪汗可汗。共五可汗。［60］控弦：拉弓。引申称士兵。［61］壬戌：五月十九日。［62］甲子：五月二十一日。［63］受命玺：皇帝的印章。因玺上有"受命于天"四字，隋乃改为受命玺。［64］甲申：六月十二日。［65］乙酉：六月十三日。［66］李光：按《隋书·高祖本纪上》"光"作"充"。《北史》同。据此，应改作"充"。［67］兰州：州名。治所子城县，在今甘肃兰州市。［68］可洛赅：地名。确址不详，疑在今甘肃境内。［69］乾象：乾卦象天，故称天象为乾象。［70］图记：地理志。［71］咸卤（lǔ）：味咸涩。［72］协：和合，服从。［73］天道：自然的规律。古人认为天道是支配人类命运的天神意志。［74］聪明：明智，聪察。［75］征应：证验和应和。［76］人望：众人所仰望。［77］抗：此为"抗表"的省说。上奏请求皇上重新考虑先前下达的旨意称抗表。［78］丙申：六月二十四日。［79］龙首山：山名。在今陕西西安市北部。《三秦记》载：龙首山长六十里，首入渭水，尾达樊川，头高二十丈，尾部渐低下，可六七丈，色赤。旧时传说有黑龙从南山出来到渭水饮水，其行道便成山，因名龙首山。［80］副监：是监领营造新都的副职。［81］辛未：七月二十九日。［82］丙午：九月五日。［83］㝵（ài）：佛书用字，同"碍"。今译为"遮"。［84］舆：皇帝乘坐的车子。［85］丙午：与前"丙午"重复。按《陈书·后主本纪》"午"作"寅"。《南史》同。据此，"午"当改作"寅"。丙寅，九月二十五日。［86］癸酉：十月三日。［87］咸阳：地名。故址在今陕西咸阳市东北汉长陵。［88］丙子：十二月七日。［89］乙酉：十二月十六日。［90］弘化：郡名。治所合水县，在今甘肃庆阳市北。［91］周槃（pán）：地名。故址在今甘肃庆阳市境。［92］慷慨：意气风发，情绪激昂。［93］冲：突击。［94］五兵咸尽：五种兵器全都用光。五兵，习惯指矛、戟、弓、剑、戈五种兵器。[95]骨见（xiàn）：皮肉绽开，露出骨头。[96]虏气：突厥军的气势。[97]稍夺：渐渐丧失。[98]解去：解围而去。[99]疮：创伤。[100]通中：贯通，穿透身体。[101]死者：据章校，"死"下应补"伤"字。[102]冯昱：传附《隋书·刘方传》《北史·刘方传》。[103]乙弗泊：湖泊名。故址在今青海海东市乐都区西。[104]临洮：县名。县治在今甘肃岷县。[105]木硖：关名。故址在今宁夏固原市西南。[106]石门：关名。亦在固原市西南。[107]武威：郡名。治所姑臧县，在今甘肃武威市。[108]天水：郡名。治所上邽县，在今甘肃天水市。据章校，"水"下应补"安定"二字。[109]上郡：郡名。治所洛文县，在今陕西富县。[110]延安：郡名。治所肤施县，在今陕西延安市城东延河东岸。[111]染干：沙钵略之子，后为突利可汗。事见《隋书·突厥传》《北史·突厥传》。[112]铁勒：少数民族名。本匈奴族苗裔，生活在今西起中俄交界处，东至俄蒙之间的广大地区。[113]牙：指突厥沙钵略可汗牙帐。[114]兰陵公主：隋文帝第五女，字阿五。传见《隋书·列女传》《北史·列女传》。[115]罢江陵总管：西魏迁后梁主萧詧于江陵，设置助防，称"防主"，后遂置总管，今又罢免。

长城公[1]上

至德元年（癸卯，583年）

春，正月，庚子[2]，隋将入新都，大赦。

壬寅[3]，大赦，改元[4]。

初，上病创，不能视事，政无大小，皆决于长沙王叔坚，权倾朝廷。叔坚颇骄纵，上由是忌之。都官尚书[5]山阴孔范[6]，中书舍人施文庆[7]，皆恶叔坚而有宠于上，日夕求其短，构[8]之于上。上乃即叔坚骠骑将军本号，用三司之仪，出为江州[9]刺史。以祠部尚书[10]江总[11]为吏部尚书。

癸卯[12]，立皇子深[13]为始安王。

二月，己巳朔[14]，日有食之。

癸酉[15]，遣兼散骑常侍贺彻等聘于隋。

突厥寇隋北边。

癸巳[16]，葬孝宣皇帝于显宁陵，庙号高宗。

右卫将军兼中书通事舍人司马申既掌机密，颇作威福，多所谮毁[17]。能候人主颜色[18]，有忤己者，必以微言谮之[19]；附己者，因机[20]进之。是以朝廷内外，皆从风[21]而靡。

上欲用侍中、吏部尚书毛喜为仆射，申恶喜强直[22]，言于上曰："喜，臣之妻兄，高宗时称陛下有酒德[23]，请逐去宫臣[24]，陛下宁忘之邪？"上乃止。

上创愈，置酒于后殿以自庆[25]，引吏部尚书江总以下展乐[26]赋诗。既醉而命毛喜。于时山陵初毕[27]，喜见之，不怿；欲谏，则上已醉。喜升阶，阳为心疾[28]，仆[29]于阶下，移出省中。上醒，谓江总曰："我悔召毛喜，彼实无疾，但欲阻我欢宴，非我所为[30]耳。"乃与司马申谋曰："此人负气[31]，吾欲乞鄱阳兄弟[32]，听其报仇[33]，可乎？"对曰："彼终不为官[34]用，愿如圣旨。"中书通事舍人北地傅縡[35]争之曰："不然。若许报仇，欲置先皇何地？"上曰："当乞一小郡，勿令见人事耳。"乃以喜为永嘉[36]内史。

三月，丙辰[37]，隋迁于新都。

初令民二十一成丁[38]，减役者每岁十二番[39]为二十日役，减调绢一匹为二丈。周末榷[40]酒坊、盐池、盐井，至是皆罢之。

秘书监牛弘上表，以"典籍屡经丧乱[41]，率多散逸[42]。周氏聚书，仅盈万卷。平齐所得，除其重杂[43]，裁[44]益五千。兴集之期，属膺圣世[45]。为国之本，莫此为先。岂可使之流落私家，不归王府[46]！必须勒之以天威[47]，引之以微利，则异典[48]必臻[49]，观阁[50]斯积[51]。"隋主从之。丁巳[52]，诏购求遗书于天下，每献书一卷，赉[53]缣[54]一匹。

夏，四月，庚午[55]，吐谷浑寇隋临洮。洮州[56]刺史皮子信出战，败死[57]；汶州[58]总管梁远击走之。又寇廓州[59]，州兵击走之。

壬申[60]，隋以尚书右仆射赵煚兼内史令。

突厥数[61]为隋寇。隋主下诏曰："往者周、齐抗衡，分割诸夏[62]，突厥之虏，俱通二国。周人东虑[63]，恐齐好之深，齐氏西虞[64]，惧周交之厚；谓虏意轻重，国遂安危[65]，盖并有大敌之忧，思减一边之防也。朕以为厚敛兆庶[66]，多惠豺狼[67]，未尝感恩，资而为贼[68]。节之以礼，不为虚费，省徭薄赋[69]，国用有余。因[70]入贼之物，加赐将士；息道路之民[71]，务为耕织；清边制胜，成策[72]在心。凶丑[73]愚暗[74]，未知深旨，将大定之日，比战国之时；乘昔世之骄，结今时之恨；近者尽其巢窟[75]，俱犯北边，盖上天所忿，驱就齐斧[76]。诸将今行，义兼含育[77]，有降者纳[78]，有违者死[79]，使其不敢南望，永服威刑。何用侍子[80]之朝，宁劳渭桥之拜[81]！”

于是命卫王爽等为行军元帅，分八道出塞击之。爽督总管李充等四将出朔州道[82]，己卯[83]，与沙钵略可汗遇于白道[84]。李充言于爽曰：“突厥狃[85]于骤胜，必轻我而无备，以精兵袭之，可破也。”诸将多以为疑，唯长史李彻赞成之，遂与充帅精骑五千掩击[86]突厥，大破之。沙钵略弃所服金甲，潜草中而遁。其军中无食，粉骨为粮，加以疾疫，死者甚众。

幽州总管阴寿帅步骑十万[87]出卢龙塞[88]，击高宝宁。宝宁求救于突厥，突厥方御隋师，不能救。庚辰[89]，宝宁弃城奔碛北[90]，和龙诸县悉平。寿设重赏以购宝宁，又遣人离其腹心；宝宁奔契丹，为其麾下所杀。

己丑[91]，郢州[92]城主[93]张子讥遣使请降于隋，隋主以和好，不纳[94]。

辛卯[95]，隋主遣兼散骑常侍薛舒[96]、兼散骑常侍王劭[97]来聘。劭，松年之子也。

癸巳[98]，隋主大雩。

甲子[99]，突厥遣使入见于隋。

隋改度支尚书为民部[100]，都官尚书为刑部[101]。命左仆射判[102]吏、礼、兵三部事，右仆射判民、刑、工[103]三部事。废光禄[104]、卫尉[105]、鸿胪寺[106]及都水台[107]。

五月，癸卯[108]，隋行军总管李晃破突厥于摩那度口[109]。

乙巳[110]，梁太子琮[111]入朝于隋，贺迁都。

辛酉[112]，隋主祀方泽[113]。

隋秦州总管窦荣定[114]帅九总管步骑三万出凉州，与突厥阿波可汗相拒于高越原[115]，阿波屡败。荣定，炽之兄子也。

前上大将军京兆史万岁[116]，坐事配敦煌[117]为戍卒，诣荣定军门，请自效，荣定素闻其名，见而大悦。壬戌[118]，将战，荣定遣人谓突厥曰:“士卒何罪而杀之！但当各遣一壮士决胜负耳。”突厥许诺，因遣一骑挑战。荣定遣万岁出应之，万岁驰斩其首而还。突厥大惊，不敢复战，遂请盟，引军而去。

长孙晟时在荣定军中为偏将[119]，使谓阿波曰，“摄图每来，战皆大胜。阿波才入，遽即奔败，此乃突厥之耻也。且摄图之与阿波，兵势本敌[120]。今摄图日胜[121]，为众所崇[122]，阿波不利，为国生辱[123]。摄图必当以罪归阿波，成其宿计[124]，灭北牙[125]矣。愿自量度[126]，能御之乎？”阿波使至，晟又谓之曰:“今达头与隋连和，而摄图不能制，可汗何不依附天子，连结达头，相合为强，此万全计也，岂若丧兵负罪，归就摄图，受其戮辱[127]邪！”阿波然之，遣使随晟入朝。

沙钵略素忌阿波骁悍[128]；自白道败归，又闻阿波贰[129]于隋，因先归，袭击北牙，大破之，杀阿波之母。阿波还，无所归[130]，西奔达头。达头大怒，遣阿波帅兵而东，其部落归之者将十万骑，遂与沙钵略相攻，屡破之，复得故地，兵势益强。贪汗可汗[131]素睦于阿波，沙钵略夺其众而废之，贪汗亡奔达头。沙钵略从弟地勤察，别统部落，与沙钵略有隙，复以众叛归阿波。连兵不已，各遣使诣长安请和求援。隋主皆不许。

六月，庚辰[132]，隋行军总管梁远破吐谷浑于尔汗山[133]。

突厥寇幽州，隋幽州总管广宗壮公李崇帅步骑三千拒之。转战十余日，师人[134]多死，遂保砂城[135]。突厥围之，城荒颓[136]，不可守御，晓夕[137]力战，又无所食，每夜出掠虏营，得六畜以继军粮，突厥畏之，厚为其备，每夜中结陈[138]以待之。崇军苦饥，出辄遇敌，死亡略尽，及明，奔还城者尚百许人[139]，然多重伤，不堪更战[140]。突厥意欲降之，遣使谓崇曰:“若来降者，封为特勒[141]。”崇知不免，令其士卒曰:“崇丧师徒[142]，罪当万死。今日效命[143]，以谢国家。汝[144]俟[145]吾死，且可降贼，便散走，努力还乡。若见至尊[146]，道崇此意。”乃挺刃[147]突陈，复杀二人，突厥乱射，杀之。秋，七月[148]，以豫州刺史代人周摇[149]为幽州总管。命李崇子敏[150]袭爵。

敏娶乐平公主之女娥英，诏假一品羽仪[151]，礼如尚帝女。既而将侍宴，公主谓敏曰:“我以四海与至尊，唯一婿，当为尔求柱国；若余官，汝慎勿谢[152]。”及进见，帝授以仪同及开府，皆不谢。帝曰：“公主有大功于我，我何得于其婿而惜官乎！今授汝柱国。”敏乃拜而蹈舞[153]。

八月，丁卯朔[154]，日有食之。

长沙王叔坚未之江州，复留为司空，实夺之权。

壬午[155]，隋遣尚书左仆射高颎出宁州[156]道，内史监虞庆则出原州[157]道，以击突厥。

九月，癸丑[158]，隋大赦。

冬，十月，甲戌[159]，隋废河南道行台省，以秦王俊为秦州[160]总管，陇右[161]诸州尽隶焉。

丁酉[162]，立皇弟叔平为湘东王，叔敖为临贺王，叔宣为阳山王，叔穆为西阳王[163]。

戊戌[164]，侍中建昌侯徐陵卒。

癸丑[165]，立皇弟叔俭为安南王，叔澄为南郡王，叔兴为沅陵王，叔韶为岳山王，叔纯为新兴王[166]。

十一月[167]，遣散骑常侍周坟、通直散骑常侍袁彦聘于隋。帝闻隋主状貌异人，使彦画像而归。帝见，大骇曰：“吾不欲见此人。”亟[168]命屏之[169]。

隋既班律令，苏威屡欲更易事条[170]，内史令李德林曰：“修律令时，公何不言？今始颁行，且宜专守，自非大为民害，不可数更。”

河南道行台兵部尚书杨尚希[171]曰：“窃见当今郡县，倍多[172]于古。或地五百里，数县并置；或户不满千，二郡分领。具僚[173]已众，资费日多；吏卒增倍，租调岁减；民少官多，十羊九牧[174]。今存要去闲[175]，并小为大，国家则不亏粟帛，选举则易得贤良。”苏威亦请废郡。帝从之。甲午[176]，悉罢诸郡为州。

十二月，乙卯[177]，隋遣兼散骑常侍曹令则、通直散骑常侍魏澹[178]来聘[179]。澹，收之族也。

丙辰[180]，司空长沙王叔坚免。叔坚既失恩，心不自安，乃为厌媚[181]，醮日月[182]以求福。或上书告其事，帝召叔坚，囚于西省，将杀之，令近侍宣敕数之。叔坚对曰：“臣之本心，非有他故，但欲求亲媚耳。

臣既犯天宪[183]，罪当万死。臣死之日，必见叔陵，愿宣明诏，责之于九泉[184]之下。”帝乃赦之，免官而已。

隋以上柱国窦荣定为右武卫大将军。荣定妻，隋主姊安成公主也。隋主欲以荣定为三公，辞曰：“卫、霍、梁、邓[185]，若少自贬损[186]，不至覆宗[187]。”帝乃止。

帝以李穆功大，诏曰：“法备小人，不防君子。太师申公，自今虽有罪，但非谋逆[188]，纵有百死，终不推问[189]。”

礼部尚书牛弘请立明堂，帝以时事草创[190]，不许。

帝览刑部奏，断狱[191]数犹至万，以为律尚严密，故人多陷罪[192]。又敕苏威、牛弘等更定[193]新律，除死罪八十一条，流罪一百五十四条，徒杖等千余条，唯定留五百条，凡十二卷[194]。自是刑网简要，疏而不失[195]。仍置律博士弟子员[196]。

隋主以长安仓廪[197]尚虚，是岁，诏西自蒲、陕[198]，东至卫、汴[199]，水次[200]十三州[201]，募丁运米。又于卫州置黎阳仓[202]，陕州置常平仓[203]，华州置广通仓[204]，转相灌输[205]。漕[206]关东及汾、晋之粟以给长安。

时刺史多任武将，类不称职[207]。治书侍御史柳彧[208]上表曰：“昔汉光武[209]与二十八将[210]，披荆棘，定天下，及功成之后，无所任职。伏见诏书，以上柱国和千子为杞州[211]刺史。千子前任赵州，百姓歌之曰：‘老禾不早杀[212]，余种秽良田。’千子，弓马武用，是其所长；治民莅众[213]，非其所解[214]。如谓优老尚年[215]，自可厚赐金帛；若令刺举[216]，所损殊大。”帝善之。千子竟免。

彧见上勤于听受，百僚奏请，多有烦碎，上疏谏曰：“臣闻上古圣帝，莫过唐、虞[217]，不为丛脞[218]，是谓钦明[219]。舜任五臣[220]，尧咨四岳[221]，垂拱无为[222]，天下以治。所谓劳于求贤，逸于任使。比见陛下留心治道，无惮疲劳，亦由群官惧罪，不能自决，取判天旨[223]，闻奏过多。乃至营造细小之事，出给轻微之物，一日之内，酬答百司[224]。至乃日旰[225]忘食，夜分[226]未寝，动以文簿忧劳圣躬[227]。伏愿察臣至言[228]，少减烦务，若经国[229]大事，非臣下裁断者，伏愿详决，自余细务，责成所司[230]；则圣体尽无疆之寿，臣下蒙覆育[231]之赐。”上览而嘉之，因曰：“柳彧直士[232]，国之宝也。”

彧以近世风俗，每正月十五夜，然灯游戏[233]，奏请禁之，曰：“窃见京邑[234]，爰及[235]外州，每以正月望夜[236]，充街塞陌[237]，聚戏朋游[238]，鸣鼓聒天[239]，燎炬[240]照地，竭赀[241]破产，竞此一时。尽室并孥[242]，无问贵贱，男女混杂，缁素[243]不分。秽行[244]因此而成，盗贼由斯而起，因循弊风，曾无先觉[245]。无益于化，实损于民，请颁天下，并即禁断。”诏从之。

（以上为第五段，写南朝陈后主昏庸，任用亲信小人，贤才遭忌，恰与北朝隋文帝亲贤远佞，形成鲜明对比。隋文帝纳谏、识才，对外打击突厥，对内约法省刑，励精图治，号称圣明。）

【注释】

[1]长城公：陈朝末代皇帝陈叔宝，宣帝嫡长子。字元秀，小字黄奴。史称后主。长城公是他死后隋文帝所追封爵号。 [2]庚子：正月一日。 [3]壬寅：正月三日。 [4]改元：由太建十五年改为至德元年。 [5]都官尚书：官名。后改为刑部尚书，掌刑法。 [6]孔范：字法言。仕陈，官至都官尚书。传见《南史》卷七十七。 [7]施文庆（？—589）：陈朝权奸，传附《陈书·任忠传》《南史·恩幸传》。 [8]拘：设法造成犯罪事实。 [9]江州：州名。治所湓口城，在今江西九江市。 [10]祠部尚书：官名。掌宗庙祭祀之礼。 [11]江总（519—594）：字总持，济阳考城（今河南民权县东北）人，历仕梁、陈，官至尚书令。传见《陈书》卷二十七、《南史》卷三十六。 [12]癸卯：正月四日。 [13]皇子深：陈后主第四子，传见《陈书》卷二十八、《南史》卷六十五。 [14]己巳朔：二月一日。 [15]癸酉：二月五日。 [16]癸巳：二月二十五日。 [17]谮（zèn）毁：诬陷诋毁。 [18]候人主颜色：看君主脸色行事。 [19]微言谮之：指司马申向皇帝打小报告，陷害违忤自己的大臣。微言，打小报告。 [20]因机：乘机。 [21]从风：即跟风。比喻跟随得迅速。 [22]强直：固执而正直。 [23]酒德：周公曾告诫成王说：“无若殷王受之迷乱，酗于酒德哉！”意思说不要像纣王心迷政乱，以酗酒为德。 [24]宫臣：指太子东宫臣僚。 [25]自庆：为自己创伤愈合而高兴。 [26]展乐：陈设乐舞。 [27]山陵初毕：谓料理宣帝葬事刚刚完毕。 [28]阳为心疾：假装心脏病发作。阳，表面上。 [29]仆：跌倒。 [30]非我所为：言毛喜以后主所为为非。 [31]负气：谓恃其意气，不肯屈服于人。 [32]鄱阳兄弟：鄱阳王陈伯山，陈文帝第三子。鄱阳兄弟指陈文帝诸子。 [33]听其报仇：因宣帝篡位时，杀刘师知、到仲举父子皆由毛喜谋划，故让鄱阳兄弟杀毛喜以报仇。 [34]官：陈朝臣子多称其君为官。 [35]傅縡：字宜事。仕陈，官至秘书监。传见《陈书》卷三十、《南史》卷六十九。

[36]永嘉：郡名。治所永宁县，在今浙江温州市。[37]丙辰：三月十八日。[38]二十一成丁：即二十一岁成为丁壮劳力。古代规定成丁后即向国家纳税服役。[39]十二番：每年十二番，则服役三十六日。番，古代农民要轮番向国家服役。每月三日，称为一番。[40]榷（què）：专利，专卖。北周末，官府置酒坊收利，盐池、盐井皆禁百姓采用。[41]丧乱：死丧祸乱。多指战乱。[42]散逸：散失。[43]重（chóng）杂：重复杂芜。[44]裁：与“才”同。[45]属膺圣世：降临在太平盛世。属，托付。膺，受，当。[46]王府：官府，国家。[47]天威：天帝的威严。后也指帝王的威严。[48]异典：珍贵的典籍。[49]臻：至，来到。[50]观阁：藏书之所。汉代有东观、石渠阁等藏书之所。[51]斯积：堆满。斯，皆，尽。[52]丁巳：三月十九日。[53]赉（lài）：赐予。[54]缣（jiān）：双丝织的微带黄色的细绢。[55]庚午：四月三日。[56]洮州：州名。治所美相县，故址在今甘肃临潭县西南。[57]败死：谓兵败而死。[58]汶州：州名。治所广阳县，在今四川茂县西北。[59]廓州：州名。治所浇河城，在今青海贵德县。[60]壬申：四月五日。[61]数：屡次，多次。[62]诸夏：古代汉族自称为夏，如诸夏、华夏等。[63]东虑：齐国在东，故周担心齐人侵为东虑。[64]西虞：周国在西，故齐对周的戒备为西虞。虞，忧虑，戒备。[65]虏意轻重，国遂安危：突厥的意向，决定了周与齐国的安危，虏，指突厥。[66]厚敛兆庶：向老百姓增加赋税。兆庶，即兆民，万民。[67]豺狼：此指突厥族。[68]贼：盗贼。此指突厥攻掠边民。[69]省徭薄赋：减省徭役，少征赋税。[70]因：用。[71]息道路之民：使人民休养生息。[72]成策：已定的策略。[73]凶丑：此指突厥。[74]愚暗：愚昧。[75]尽其巢窟：谓倾国而来。[76]齐斧：用于征伐之斧。凡出师必斋戒、入祖庙受斧，故曰齐斧。齐（zī），通“资”。[77]含育：上天含生之德。此指安抚。[78]有降者纳：有来降的突厥人应当接纳。[79]有违者死：敢于抗拒官军的突厥，坚决消灭。[80]侍子：古代诸侯或属国的王遣子入侍皇帝，称侍子。[81]渭桥之拜：汉宣帝时，匈奴呼韩邪单于率众降汉，宣帝登渭桥，单于及诸少数族君长、王侯迎拜于渭桥下，呼喊万岁。渭桥，渭水之上的桥，故址在陕西咸阳市东北。[82]朔州道：地名。自马邑出塞。马邑在今山西朔州市。[83]己卯：四月十二日。[84]白道：地名，在今内蒙古呼和浩特市西北。是河套东北地区通往阴山以北的交通要道。[85]狃（niǔ）：习惯。[86]掩击：乘人不备，突然袭击。[87]步骑十万：据章校，“十”应改作“数”字。[88]卢龙塞：关塞名。故址在今河北喜峰口附近。古有塞道，是河北平原通往东北的交通要道。[89]庚辰：四月十三日。[90]碛（qì）北：地区名。大漠以北，指今蒙古国东部一带。[91]己丑：四月二十二日。[92]郢（yǐng）州：州名。治所江夏县，在今湖北武汉市武昌区。[93]城主：一城之主。[94]不纳：没有接受郢州城主的投降。纳，受。[95]辛卯：四月二十三日。[96]薛舒：传附《北史·薛憕传》。[97]王劭：字君懋，太原晋阳（今山西太原市西南）人。历仕北齐、北周与隋，隋炀帝时官至秘书少监。前后任史官二十多年，著有《齐志》《齐书》《隋书》等。传见《隋书》卷六十九、《北史》卷三十五。[98]癸巳：四月二十六日。[99]甲子：四月己巳朔，无甲子。《隋书·高祖纪》“甲子”。作“甲午”，《北史》

作“甲申”。按“子”“午”形近，作“甲午”是。甲午，四月二十七日。［100］民部：此当作民部尚书，官名。职掌同度支尚书。［101］刑部：此亦当作刑部尚书，官名。掌刑法。［102］判：古代官制，以高官兼任低职称判。［103］工：即工部，官署名。尚书省六部之一，掌百工之事。［104］光禄（寺）：官署名。掌宫殿门户。［105］卫尉（寺）：掌门卫屯兵。［106］鸿胪寺：掌宾客礼仪。［107］都水台：官署名。掌山泽、水利。［108］癸卯：五月六日。［109］摩那度口：地名。地址不详。《隋书》卷一“度”作“渡”。［110］乙巳：五月八日。［111］梁太子琮：即萧琮，萧岿之子，字仁远。梁国废后，封梁公，官至内史令。传附《周书·萧岿传》《隋书·萧岿传》《北史·萧岿传》。［112］辛酉：五月二十四日。［113］祀方泽：夏至日祭地之处。掘地为方池，贮水而祭，故称方泽。［114］窦荣定（530—586）：扶风平陵（今陕西咸阳市西北）人。历仕北周、隋，官至左武卫大将军。传见《周书》卷三十、《隋书》卷三十九、《北史》卷六十一。［115］高越原：地名。故址在今内蒙古阿拉善右旗和甘肃民勤县西北一带。［116］史万岁（？—600）：京兆杜陵（今陕西西安市东南）人，历仕北周、隋，官至河州刺史。传见《隋书》卷五十三、《北史》卷七十三。［117］敦煌：郡名。治所敦煌县，故址在今甘肃敦煌市西。［118］壬戌：五月二十五日。［119］偏将：非主力军之将，即偏裨。［120］本敌：本来势均力敌。［121］日胜：一天天取胜。［122］崇：尊敬，崇拜。［123］生辱：造成了耻辱。［124］宿计：一向就有的计谋。［125］北牙：指阿波可汗。阿波可汗建牙帐在摄图之北。［126］量度：审察，测定。［127］戮辱：刑辱。［128］骁悍：勇捷而凶悍。［129］贰：两属。此指阿波可汗既依附于突厥沙钵略可汗，又依附于隋朝。［130］无所归：回去后无地方落脚。［131］贪汗可汗：隋时突厥可汗之一。事见《隋书·突厥传》《北史·突厥传》。［132］庚辰：六月十四日。［133］尔汗山：地名。故址今在何处，不详。［134］师人：兵士。［135］砂城：地名。故址在今河北怀来县。［136］荒颓：荒废坍塌。［137］晓夕：早晚。［138］结陈：排成阵列。陈，同“阵”。［139］百许人：一百多人。［140］不堪更战：不能再战。［141］特勒：突厥族对可汗子弟的称呼。按：特勒，钱大昕《十驾斋养新录》六《特勤当从石刻》，近时在蒙古发现唐人契苾明碑、阙特勤碑，碑文及碑额皆作“特勤”。据此，“特勒”应改从“特勤”为是。［142］师徒：兵士。［143］效命：舍命报效。［144］汝：你。［145］俟：等待。［146］至尊：极其尊贵。指天子。［147］挺刃：拔刀。［148］七月：据章校，“月”下应补“辛丑”二字。［149］周摇：字世安。初以普乃氏为姓，后改为周氏。历仕北周、隋，官至幽州总管。传见《隋书》卷五十五、《北史》卷七十三。［150］子敏：即李崇之子李敏（579—615），字树生。仕隋，官至将作监。传附《隋书·李穆传》《北史·李贤传》。［151］一品羽仪：仪仗队规制同一品官。［152］谢：谢恩。［153］蹈舞：臣下朝贺时对皇帝表示敬意的一种仪节。［154］丁卯朔：八月一日。［155］壬午：八月十六日。［156］宁州：州名。治所安定县，在今甘肃宁县。［157］原州：州名。治所高平县，在今宁夏固原市。［158］癸丑：九月十八日。［159］甲戌：十月九日。［160］秦州：州名。治所上邽县，在今甘肃天水市。［161］陇右：旧指陇山以西至黄河以东之地。［162］丁酉：十月丙寅朔，无丁酉。

按《南史·陈后主纪》作“十一月，丁酉”，是。丁酉，十一月三日。丁酉前应补“十一月”三字。［163］叔平、叔敖、叔宣、叔穆：叔平，陈宣帝第二十子；叔敖，宣帝第二十一子；叔宣，宣帝第二十二子；叔穆，宣帝第二十三子。传俱见《陈书》卷二十八、《南史》卷六十五。［164］戊戌：十一月四日。［165］癸丑：十一月十九日。［166］叔俭、叔澄、叔兴、叔韶、叔纯：叔俭，陈宣帝第二十四子；叔澄，宣帝第二十五子；叔兴，宣帝第二十六子；叔韶，宣帝第二十七子；叔纯，宣帝第二十八子。传俱见《陈书》卷二十八、《南史》卷六十五。［167］十一月：“十一月”三字当上移至“丁酉”之前。［168］亟：赶快，急速。［169］屏之：除去隋主画像。［170］更易事条：更改其中某些条款。［171］杨尚希（534—590）：历仕北周、隋，官至蒲州刺史。传见《隋书》卷四十六、《北史》卷七十五。［172］倍多：数量多。倍，多。［173］具僚：配备应有的僚佐。此指官僚。［174］十羊九牧：羊比喻民，牧比喻官。意思是民少官多，赋敛剥削较重。［175］存要去闲：谓精减官员。闲，因官多民少，致使无事可做。［176］甲午：《隋书》本纪同，《北史》同。然十一月丙申朔，无甲午，疑“甲午”前脱“十二月”三字。甲午，十二月二十九日。［177］乙卯：十二月乙丑朔，无乙卯。按《隋书·高祖纪》作“闰十二月，乙卯”，盖“十”前脱一“闰”字，当补。乙卯，闰十二月二十二日。［178］魏澹：字彦深，钜鹿下曲阳（今河北晋州市西）人。历仕北齐、北周与隋，官至行台礼部侍郎。曾撰《后魏书》九十二卷，以纠正魏收所著《魏书》中的谬误。传见《隋书》卷五十八、《北齐书》卷二十三、《北史》卷五十六。［179］来聘：来到我梁朝访问。即出使。［180］丙辰：闰十二月二十三日。［181］厌媚：用迷信的方法，祈祷鬼神或诅咒。媚，通“魅”。［182］醮日月：设坛祭祀日月。［183］天宪：朝廷的法令。［184］九泉：地下深处。指人死后埋葬的地方。［185］卫、霍、梁、邓：卫、霍两姓为西汉外戚，卫氏被诛于武帝末年，霍氏被诛于宣帝时；梁、邓两姓为东汉外戚，因专权，桓帝诛灭梁氏，安帝废弃邓氏。［186］贬损：抑制，压低。［187］覆宗：覆灭宗族。［188］谋逆：阴谋反叛朝廷。［189］推问：指犯罪后推究审问。［190］草创：凡事初设均称草创。［191］断狱：审理和判断案件。［192］陷罪：本不致于犯罪，因刑法严密而陷于罪。［193］更定：修改审定。［194］凡十二卷：一名例，二卫禁，三职制，四户婚，五厩库，六擅兴，七贼盗，八斗讼，九诈伪，十杂律，十一捕亡，十二断狱，计为十二卷。［195］疏而不失：刑法宽大，犯法的仍得以治罪。［196］律博士：法律博士。弟子员：学生，从律博士学习法律。［197］仓廪：储藏米谷的仓库。［198］蒲、陕：皆州名。蒲州，治所蒲坂县，在今山西永济市西南。陕州，治所陕县，在今河南三门峡市西。［199］卫、汴：皆州名。卫州，治所汲县，在今河南卫辉市。汴州，治所浚仪县，在今河南开封市。［200］水次：水边。［201］十三州：指华、陕、谷、洛、管、汴、汾、晋、蒲、绛、怀、卫、相，凡十三州。［202］黎阳仓：仓名。故址在今河南浚县西南。［203］常平仓：仓名。故址在今河南灵宝市北。［204］广通仓：仓名。又名永丰仓。故址在今陕西华阴市东北、渭河入黄河口处。［205］灌输：灌注输送。［206］漕：水运称漕。［207］类不称（chèn）职：大都不胜任。类，大抵，一般。［208］柳彧：字幼文，河东解（今山西运城市解州镇）人。历仕北周、隋，官至仪同三司，加员外散骑常侍。传见《隋书》卷六十二、《北史》卷七十七。［209］汉光武：即光武帝刘秀，东汉开国皇帝，公元25年至公元57年在位。［210］二十八将：中兴二十八将，俱东汉开国功臣。［211］杞州：州名。治所雍丘县，在今河南杞县。［212］杀：收割。［213］治民莅众：治理百姓。莅（lì），临视。［214］解：晓得，明白。［215］优老尚年：优待老年人。［216］刺举：汉置刺史，掌刺举郡县吏。刺举原有侦察检举之意。［217］唐，虞：即唐尧、虞舜，传说中的上古圣王。［218］丛脞（cuǒ）：烦琐，细碎。［219］钦明：钦，敬。《书·尧典》："钦明文思安安"。［220］舜任五臣：舜任用五臣而天下大治。五臣指禹、稷、契、皋陶、伯益。［221］四岳：相传为唐尧臣子羲和的四个儿子，分掌四岳之诸侯。［222］垂拱：垂衣拱手。形容无为而治。［223］取判天旨：取决于皇帝旨意。判，决。［224］酬答百司：应对众多有关部门。［225］日旰（gàn）：日已晚。［226］夜分：半夜。［227］圣躬：圣体，指皇帝的身体。［228］至言：至理之言。［229］经国：治国。［230］所司：事情所属的部门。［231］覆育：天地的庇护化育。［232］直士：正直之士。［233］然灯：点燃灯笼。然，通"燃"，点燃。游戏：指正月十五闹元宵之游戏。［234］京邑：京城。［235］爰及：于，及。爰为语首助语，无实意。［236］望夜：每月十五日夜。月旦以日月合，谓之朔，十五日以日月相望，称为望。［237］充街塞陌：塞满了大街小巷。陌，街道。［238］朋游：朋友旧交。［239］聒（guō）天：声音震天。聒，声音嘈杂。［240］燎炬：火把，火炬。［241］赀：同"资"。［242］孥（nú）：此指奴婢。［243］缁（zī）素：僧徒、百姓。缁，僧徒所穿衣服；素，指俗众。［244］秽行：鄙贱、不正经的行为。［245］先觉：预先认识检察。

【点评】

高颎南征，义不伐丧。隋文帝派高颎南伐，恰值陈宣帝去世，陈朝请和，高颎以义不伐丧班师。王夫之认为这一事件暴露了陈朝之愚，隋朝之智，隋灭陈，契机已现。因为当时，隋朝初建，内部人心未固，而外部突厥和北齐残余高宝宁联兵大举入塞，隋军急欲停止南征而全力防北。陈朝没有抓住这一时机，君臣固守，以待隋军疲惫而退，反而主动求和，示人以弱，使急欲脱身之军，获得义不伐丧之名，振旅而回。"一智一愚，一兴一亡，于此决矣。"（《读通鉴论》卷十九）王夫之所论智愚之见，一决于形势，隋强陈弱，弱者求和，于理固当；二决于陈朝政局不稳，陈宣帝死，陈叔陵发难伤及太子，"内不靖而未遑外御"，这才是根本。俗话说"家内不和邻里欺"，古今皆然，这是历史的深刻教训。

卷一七六　陈纪十

陈长城公至德二年至祯明二年（584—588年）

【起阏逢执徐（甲辰，584年），尽著雍涒滩（戊申，588年），凡五年】

【大事提要】

本卷载述公元584年至公元588年南北朝史事，凡五年，时当陈后主至德二年至祯明二年，隋文帝开皇四年至八年。五年之间，南北朝形势发生巨大变化。北朝隋文帝代周，建立新朝，带来新气象。隋文帝治国，对内约法省刑，颁布新历新律，休养生息，筑长城于农闲，二旬即止，国力大增。对外恩威并施，使突厥臣服，招徕吐谷浑内附。隋朝欣欣向荣，全力备战南伐而外示友好。南朝陈后主君臣奢靡，君子退，小人进，国势日非而狂傲骄矜，纳后梁之降，犯大国之忌，既不设防，又触犯天威，陈朝灭亡已成必然之势。北强南弱，统一大势不可逆转，于是隋朝大举南伐。

长城公下

至德二年（甲辰，584年）

春，正月，甲子[1]，日有食之。

己巳[2]，隋主享太庙；辛未[3]，祀南郊。

壬申[4]，梁主入朝于隋，服通天冠、绛纱袍，北面[5]受郊劳[6]。及入见于大兴殿[7]，隋主服通天冠、绛纱袍，梁主服远游冠、朝服，君臣并拜。赐缣万匹，珍玩称是[8]。

隋前华州刺史张宾、仪同三司刘晖等造《甲子元历》[9]成，奏之。壬辰[10]，诏颁新历。

癸巳[11]，大赦。

二月，乙巳[12]，隋主饯[13]梁主于灞上[14]。

突厥苏尼部男女万余口降隋。

庚戌[15]，隋主如陇州[16]。

突厥达头可汗请降于隋。

夏，四月，庚子[17]，隋以吏部尚书虞庆则为右仆射。

隋上大将军贺娄子干发五州兵[18]击吐谷浑，杀男女万余口，二旬而还。

帝以陇西[19]频被寇掠，而俗不设村坞[20]，命子干勒民[21]为堡，仍营田[22]积谷。子干上书曰："陇右、河西[23]，土旷民稀，边境未宁，不可广佃[24]。比见屯田之所，获少费多，虚役人功[25]，卒逢践暴；屯田疏远者请皆废省。但陇右之人以畜牧为事，若更屯聚[26]，弥不自安。但使镇戍[27]连接，烽堠[28]相望，民虽散居，必谓无虑。"帝从之。

以子干晓习[29]边事，丁巳[30]，以为榆关[31]总管。

五月，以吏部尚书江总为仆射[32]。

隋主以渭水[33]多沙，深浅不常，漕者[34]苦之，六月，壬子[35]，诏太子左庶子宇文恺帅水工凿渠，引渭水，自大兴城[36]东至潼关三百余里，名曰广通渠。漕运通利，关内赖之。

秋，七月，丙寅[37]，遣兼散骑常侍谢泉等聘于隋。

八月，壬寅[38]，隋邓恭公窦炽卒。

乙卯[39]，将军夏侯苗请降于隋，隋主以通和[40]，不纳。

九月，甲戌[41]，隋主以关中饥，行如洛阳。

隋主不喜词华[42]，诏天下公私文翰[43]并宜实录。泗州刺史司马幼之[44]文表华艳[45]，付所司[46]治罪。治书侍御史赵郡李谔[47]亦以当时属文[48]，体尚[49]轻薄[50]，上书曰："魏之三祖[51]，崇尚文词，忽君人[52]之大道[53]，好雕虫之小艺[54]。下之从上，遂成风俗。江左[55]、齐、梁，其弊弥甚：竞一韵之奇，争一字之巧；连篇累牍[56]，不出月露之形，积案[57]盈箱，唯是风云之状。世俗以此相高，朝廷据兹[58]擢士。禄利[59]之路既开，爱尚[60]之情愈笃[61]。于是闾里童昏[62]，贵游[63]总丱[64]，未窥六甲[65]，先制五言，至如羲皇[66]、舜、禹之典[67]，伊、傅[68]、周、孔[69]之说，不复关心，何尝入耳。以傲诞为清虚[70]，以缘情[71]为勋绩，指儒素[72]为古拙，用词赋为君子。故文笔日繁，其政日乱，良由弃大圣之轨模[73]，构无用以为用也。今朝廷虽有是诏[74]，如闻外州远县，仍踵[75]弊风：躬仁孝之行[76]者，摈落[77]私门，不加收齿[78]；工轻薄之艺者，选充吏职，举送天朝[79]。盖由刺史、县令未遵风教[80]。请普加采察[81]，送台[82]推劾[83]。"又上言："士大夫矜伐[84]干进[85]，无复廉耻，乞明加罪黜[86]，以惩风轨[87]。"诏以谔前后所奏颁示四方。

突厥沙钵略可汗数为隋所败，乃请和亲[88]。千金公主自请改姓杨氏[89]，为隋主女。隋主遣开府仪同三司徐平和使于沙钵略，更封千金公主为大义公主[90]。晋王广请因衅乘之[91]，隋主不许。

沙钵略遣使致书曰："从天生大突厥天下贤圣天子伊利居卢设莫何沙钵略可汗[92]致书大隋皇帝：皇帝，妇父，乃是翁比[93]。此[94]为女夫，乃是儿例[95]。两境虽殊，情义如一。自今子子孙孙，乃至万世，亲好不绝。上天为证，终不违负！此国[96]羊马，皆皇帝之畜。彼[97]之缯彩，皆此国之物。"

帝复书曰："大隋天子贻[98]书大突厥沙钵略可汗：得书，知大有善意。既为沙钵略妇翁[99]，今日视沙钵略与儿子不异。时遣大臣往彼省[100]女，复省沙钵略也。"于是遣尚书右仆射虞庆则使[101]于沙钵略，车骑将军长孙晟副之[102]。

沙钵略陈兵列其珍宝，坐见庆则，称病不能起，且曰："我诸父以来，不向人拜。"庆则责而谕之。千金公主私谓庆则曰："可汗豺狼性；过与争[103]，将啮[104]人。"长孙晟谓沙钵略曰："突厥与隋俱大国天子，可汗不起，安敢违意。但可贺敦[105]为帝女，则可汗是大隋女婿，奈何不敬妇翁！"沙钵略笑谓其达官[106]曰："须拜妇翁！"乃起拜顿颡[107]，跪受玺书，以戴于首。既而大惭[108]，与群下相聚恸哭[109]。庆则又遣称臣，沙钵略谓左右曰："何谓臣？"左右曰："隋言臣，犹此云奴耳。"沙钵略曰："得为大隋天子奴，虞仆射之力也。"赠庆则马千匹，并以从妹[110]妻之[111]。

（以上为第一段，写隋文帝提倡质朴文风，惩治浮华，和好突厥，安定边境。）

【注释】

[1]甲子：正月一日。[2]己巳：正月六日。[3]辛未：正月八日。[4]壬申：正月九日。[5]北面：古代君主见臣，尊长见卑幼，面南而坐，而臣子则面朝北，故以北面指向人称臣。[6]郊劳：到郊外迎接慰劳。[7]大兴殿：宫殿名。是隋新都正殿。[8]称是：是说珍玩价值与万匹缣相称。[9]《甲子元历》：张宾等人依南朝刘宋何承天所撰历法稍加增删而成，以上元甲子己巳以来，至开皇四年岁在甲辰积算起。详见《隋书·律历志中》。[10]壬辰：正月二十九日。[11]癸巳：按《陈书·后主纪》云："癸巳，大赦天下。"癸巳前脱"二月"两字，《资治通鉴》沿其误。癸巳当是二月一。[12]乙巳：二月十三日。[13]饯（jiàn）：以酒食送行。[14]灞（bà）上：地名。故址在今陕西西安市东。[15]庚戌：二月十八日。[16]陇州：州名。治所汧源县，在今陕西陇县。[17]庚子：四月八日。[18]发五州兵：当时调动河西五州兵，指凉州、甘州、瓜州、鄯州、廓州。[19]陇西：郡名。治所襄武县，在今甘肃陇西县东南。[20]村坞：建有壁垒土堡之类的村庄。坞，土堡，小城。[21]勒民：强制人民。[22]营田：屯田。[23]河西：北朝时泛指今山西吕梁山以西黄河西岸的地区。[24]广佃（tián）：大量地耕作。[25]虚役人功：白白浪费人力。[26]屯聚：把散居游牧的人聚集起来。[27]镇戍：戍守。[28]烽堠（hòu）：即烽火台。堠，古代瞭望敌情的土堡。[29]晓习：通晓，熟习。[30]丁巳：四月二十六日。[31]榆关：关名。一作渝关，又名临榆关。故址在今内蒙古准格尔旗黄河东岸托克托县、和林格尔县一带。[32]仆射：官名。即尚书仆射，尚书省副长官，辅佐皇帝治理朝政，实际上的宰相。一般设左、右仆射，不说左、右，即设仆射一人，总揽尚书省事。[33]渭水：即今渭河。黄河主要支流之一。发源于今甘肃渭源县西北，流经陕西省境，至潼关，入黄河。[34]漕者：即漕运者，指在河上运输的人。[35]壬子：六月二十二日。[36]大兴城：即隋新都城。故址在今陕西西安市。[37]丙寅：七月六日。[38]壬寅：八月十三日。[39]乙卯：八月二十六日。[40]通知：互通友好。[41]甲戌：九月十五日。[42]词华：诗文的文采。[43]公私文翰：指公文和私人信札。[44]司马幼之：仕隋，卒于眉州刺史。传附《北齐书·司马子如传》《北史·司马子如传》。[45]华艳：文辞华丽。[46]所司：主管部门或主管官史。[47]李谔：历仕北齐、北周与隋，卒官通州刺史。传见《隋书》卷六十六、《北史》卷七十七。[48]属文：写作。谓连缀字句而成文章。[49]尚：推崇，崇尚。[50]轻薄：轻浮浅薄。[51]魏之三祖：指曹魏太祖武皇帝曹操、高祖文皇帝曹丕和烈祖明皇帝曹叡三人。[52]君人：指皇帝或国君。[53]大道：大道理，也指常理正道。[54]雕虫之小艺：指作辞赋爱雕章琢句，也比喻小技、末道。雕，刻符；虫，虫书。西汉儿童学习秦书八体，虫书、刻符为其中两体，纤巧难工。[55]江左：长江下游以东地区。古人叙地理以东为左，故江东称江左。此指东晋王朝。[56]连篇累牍：形容文词冗长。牍，古代写字的木简。[57]积案：堆满刀案。[58]兹：代词。同"此"。[59]禄利：指官职之利。[60]爱尚：爱好崇尚。[61]笃：真诚，纯一。[62]童昏：言儿童年幼无知。[63]贵游：指王公子弟。游，无官职。[64]总丱（guán）：也称"总角"，

古代儿童把头发束成两角的样子。［65］六甲：古代八岁入小学，学六甲五方书计之事。六甲是用天干地支相配计算时日，其中有甲子、甲戌、甲申、甲午、甲辰、甲寅，称六甲。［66］羲皇：即伏羲氏。传说中太古时的圣人。［67］典：记载法则、典章制度的重要典籍。［68］伊、傅：伊尹、傅说。两人均商朝贤臣。伊尹，商朝开国大臣，又佐太丁、外丙、中壬、太甲四任国君。傅说（yuè），商王武丁任以为相，使殷中兴。［69］周、孔：周公旦、孔子两位先贤。［70］傲诞：骄傲虚妄。清虚：清静虚无。［71］缘情：抒发感情。［72］儒素：儒者的品德操行。［73］轨模：犹法式，楷模。［74］是诏：此诏。指禁浮华之诏。［75］踵：追逐，跟随。［76］躬仁孝之行：身体力行仁孝。［77］摈落：排斥。［78］收齿：录用。［79］天朝：朝廷。［80］风教：风俗，教化。［81］采察：理会，察看。［82］台：指御史台。［83］推劾：追究其罪状。［84］矜伐：居功自夸。矜，自大，自夸。［85］干进：谋求进身为官。［86］罪黜：以罪罢免。黜，贬，废免。［87］风轨：风纪轨范。［88］和亲：和睦相亲。一般多为与敌议和，结为姻亲。［89］改姓杨氏：千金公主本周宗室女，姓宇文，曾请沙钵略为其复仇，因突厥内外交困，故请改姓杨氏以和亲。［90］大义公主：千金公主释前仇以言和，大义灭亲，故改封大义公主。［91］因衅乘之：乘突厥内部分裂、屡战失利之机以出兵。［92］伊利居卢设莫何沙钵略可汗：这是沙钵略可汗的另一称号。据章校："居"应改作"俱"。［93］翁比：与父亲相同。［94］此：这，沙钵略自称。［95］儿例：例同儿子，儿辈。［96］此国：指突厥国。［97］彼：隋朝。［98］贻（yí）：赠送。［99］妇翁：妻父。［100］省（xǐng）：看望。［101］使：出使。［102］副之：作为虞庆则的副手。［103］过与争：过分地与沙钵略争执。［104］啮（niè）：咬，啃。［105］可贺敦：突厥可汗之妻称可贺敦。［106］达官：显要之官。突厥子弟特勒，大臣叶护、屈律啜、阿波、俟利发、吐屯、俟斤、阎洪达、颉利发、达干皆是达官。［107］顿颡：屈膝下拜，以额触地。颡，额。［108］大惭：十分羞愧。［109］恸哭：痛哭。［110］从妹：同一祖父的妹妹。［111］妻之：嫁与他为妻。

冬，十一月，壬戌[1]，隋主遣兼散骑常侍薛道衡等来聘，戒道衡"当识朕意，勿以言辞相折[2]。"

是岁，上于光昭殿前起临春、结绮、望仙三阁，各高数十丈，连延[3]数十间，其牕、牖、壁带、县楣、栏、槛[4]皆以沈、檀[5]为之，饰以金玉[6]，间以珠翠[7]，外施珠帘，内有宝床、宝帐，其服玩瑰丽[8]，近古所未有。每微风暂至[9]，香闻数里。其下积石为山[10]，引水为池，杂植奇花异卉。

上自居临春阁，张贵妃[11]居结绮阁，龚、孔二贵嫔[12]居望仙阁，并复道[13]交相往来。又有王、李二美人[14]，张、薛二淑媛，袁昭仪、何婕妤、江修容[15]，并有宠，迭游[16]其上。以宫人有文学者袁大捨等为女学士。仆射江总虽为宰辅，不亲政务，日与都官尚书孔范、散骑常侍王瑳[17]等文士十余人，侍上游宴后庭，无复尊卑之序[18]，谓之“狎客[19]”。上每饮酒，使诸妃、嫔及女学士与狎客共赋诗，互相赠答，采其尤艳丽者，被以新声[20]，选宫女千余人习而歌之，分部迭进[21]。其曲有《玉树后庭花》[22]、《临春乐》[23]等，大略皆美诸妃嫔之容色。君臣酣歌[24]，自夕达旦[25]，以此为常。

张贵妃名丽华，本兵家女，为龚贵嫔侍儿，上见而悦之，得幸，生太子深。贵妃发长七尺，其光可鉴[26]，性敏慧[27]，有神彩，进止详华[28]，每瞻视眄睐[29]，光采溢目[30]，照映左右。善候人主颜色，引荐诸宫女；后宫咸德之[31]，竞言其善。又有厌魅之术，常置淫祀[32]于宫中，聚女巫[33]鼓舞。上怠于政事，百司启奏，并因宦者蔡脱儿、李善度进请；上倚隐囊[34]，置张贵妃于膝上，共决之[35]。李、蔡所不能记者，贵妃并为条疏[36]，无所遗脱。因参访外事[37]，人间有一言一事，贵妃必先知白之；由是益加宠异[38]，冠绝[39]后庭。宦官近习[40]，内外连结，援引宗戚[41]，纵横不法，卖官鬻狱，货赂公行[42]；赏罚之命，不出于外[43]。大臣有不从者，因而谮之。于是孔、张之权熏灼[44]四方，大臣执政皆从风谄附。

孔范与孔贵嫔结为兄妹；上恶闻过失，每有恶事，孔范必曲为文饰[45]，称扬[46]赞美，由是宠遇优渥[47]，言听计从。群臣有谏者，辄以罪斥之[48]。中书舍人施文庆[49]，颇涉书史[50]，尝事上于东宫，聪敏强记，明闲[51]吏职，心算口占[52]，应时条理，由是大被亲幸。又荐所善吴兴沈客卿[53]、阳惠朗、徐哲、暨慧景等，云有吏能，上皆擢用之；以客卿为中书舍人。客卿有口辩[54]，颇知朝廷典故[55]，兼掌金帛局[56]。旧制：军人、士人并无关市之税[57]。上盛修宫室，穷极耳目[58]，府库空虚，有所兴造，恒苦不给[59]。客卿奏请不问士庶并责[60]关市之征，而又增重其旧。于是以阳惠朗为太市令[61]，暨慧景为尚书金、仓都令史[62]，二人家本小吏，考校[63]簿领[64]，纤毫不差；然皆不达大体，督责[65]苛碎[66]，聚敛[67]无厌，士民嗟怨[68]。客卿总督之，每岁所入，过于常格[69]数十倍。上大悦，益以施文庆为知人，尤见亲重[70]，小大众事，无不委任；转相汲引[71]，珥貂蝉者[72]五十人。

孔范自谓文武才能，举朝莫及，从容白上曰："外间诸将，起自行伍[73]，匹夫[74]敌耳。深见远虑[75]，岂其所知！"上以问施文庆，文庆畏范，亦以为然；司马申复赞之[76]。自是将帅微有过失，即夺其兵，分配[77]文吏；夺任忠部曲以配范及蔡徵[78]。由是文武解体[79]，以至覆灭。

（以上为第二段，写陈朝后主亲信群小，主荒政谬，与隋文帝的励精治国形成鲜明对比。）

【注释】

[1]壬戌：十一月四日。[2]相折：顶撞、伤害对方。[3]连延：连续的样子。[4]牕、牖、壁带、县楣、栏、槛：牕（chuāng），窗户。牖（yǒu），也是窗户。壁带，墙壁中露出像带一样的横木。县（xuán）楣，横木，用于连接两柱，又称挂楣。栏，安装在房檐下台阶两侧的称栏。槛，安装在窗户之间的称槛。栏、槛皆供人手扶用。[5]沈、檀：皆香木。[6]饰以金玉：用金或玉装饰。[7]间以珠翠：中间用珠翠。[8]瑰丽：珍奇，华丽。[9]暂至：一时而来，此为微风一吹之意。[10]积石为山：堆积石头，做成假山。[11]张贵妃（？—589）：名丽华，陈后主贵妃。传见《陈书》卷七、《南史》卷十二。[12]贵嫔：女官名。与贵妃、贵姬称为三夫人。[13]复道：楼阁间上下有重通道，而架空者称复道。俗称天桥。[14]美人：女官名。位于妃嫔之下。[15]淑媛、昭仪、婕妤、修容：女官名。各为九嫔之一，位在后妃之下。[16]迭游：轮流地游玩。[17]王瑳（cuō）：人名，仕陈，官至散骑常侍，传见《南史·恩幸传》。[18]尊卑之序：贵贱之别。序，秩序。[19]狎（xiá）客：指亲昵接近常共嬉游饮宴之人。[20]被以新声：为诗词谱上新曲。[21]分部迭进：分批上进宫里。[22]《玉树后庭花》：乐府吴声歌曲。陈后主与幸臣制其歌词，歌词艳丽，男女唱和，其音悲哀。[23]《临春乐》：言临春阁之乐，以阁命名。[24]酣歌：尽兴高歌。[25]自夕达旦：从天黑到天亮。[26]其光可鉴：其光亮可以照见人。[27]敏慧：聪慧伶俐。[28]详华：据章校，"详"应改作"闲"。按"详华"系本《陈书·后妃传》总论，原作"进止闲暇"，章校正以"详"为"闲"，但"华"字仍误。[29]眄（miǎn）睐：顾盼。斜看称眄，旁视称睐。[30]溢目：目不胜视。[31]德之：感激她。[32]淫祀：滥设的祠庙。[33]女巫：古代以舞接神，司占卜祈祷的女官。[34]隐囊：犹如靠枕。把细而柔软的东西装在口袋里，放在座旁，坐倦了则侧身曲腿依靠它。[35]共决之：指后主与张贵妃共同批答百官的奏请。[36]条疏：条理。[37]外事：指宫廷以外的事。[38]宠异：宠爱优待，不同于众人。[39]冠绝：远远超过。[40]近习：指皇帝亲幸的人。[41]宗戚：同宗的

亲属。［42］货赂公行：公开以财货贿赂人。［43］不出于外：言赏罚之命不由中书，而出于宫掖。［44］熏灼：比喻气焰逼人。［45］曲为文饰：委婉地文过饰非，掩盖错误。［46］称扬：宣扬。称，声言，说。［47］优渥（wò）：本指雨水充足，后来泛指丰厚优裕。［48］以罪斥之：加以罪名，贬斥而去。［49］施文庆（？—589）：仕陈，官至中书舍人。传附《陈书·任忠传》《南史·恩幸传》。［50］书史：典籍。［51］明闲：通晓熟习。［52］口占：不用起草而随口成文。［53］沈客卿（？—589）：仕陈，官至中书舍人。传附《陈书·任忠传》《南史·恩幸传》。［54］口辩：能言善辩。［55］典故：常例、典制和掌故。［56］金帛局：官署名。陈制，中书舍人分掌中书二十一局事。金帛局盖掌钱物。［57］关市之税：进入关、市所交之税。［58］穷极耳目：极尽所见所闻。［59］恒苦不给：常常苦于供给不足。不给，不足。［60］责：求，索取。［61］太市令：官名。隶属太府卿，掌征收关市税。［62］金、仓都令史：官名。金部、仓部都令史掌库藏金宝货物、度量衡和仓廪之事。［63］考校（jiào）：考查。［64］簿领：登记的文簿。［65］督责：督察责罚。［66］苛碎：严峻繁琐。［67］聚敛：搜刮财货。［68］嗟怨：慨叹怨恨。［69］常格：平时法令所规定的。格，律令的一种，官吏处事的规则。［70］尤见亲重：特别被亲近重视。见，助动词，表示被动。［71］转相汲引：互相提拔。汲引，用绳桶提取水，比喻引荐、提拔。［72］珥（ěr）貂蝉者：泛指贵近之臣。珥，耳饰。貂，貂尾，汉中常侍、侍中之冠插貂尾。蝉，头上的一种装饰品。［73］行（háng）伍：古代军队编制，五人为伍，二十五人为行，故以“行伍”作为军队代称。［74］匹夫：独夫，带有轻蔑的意思。［75］深见远虑：见识深远，考虑周密。［76］赞之：帮助施文庆。［77］配：配给。［78］蔡徵：字希祥。历仕梁、陈，官至吏部尚书。传见《陈书》卷二十九、《南史》卷六十八。［79］解体：比喻人心离叛。

三年（乙巳，585年）

春，正月，戊午朔[1]，日有食之。

隋主命礼部尚书牛弘修五礼[2]，勒[3]成百卷；戊辰[4]，诏行新礼。

三月，戊午[5]，隋以尚书左仆射高颎为左领军大将军[6]。

丰州[7]刺史章大宝[8]，昭达之子也，在州贪纵，朝廷以太仆卿李晕代之。晕将至，辛酉[9]，大宝袭杀晕，举兵反。

隋大司徒郢公王谊与隋主有旧，其子尚帝女兰陵公主。帝待之恩礼稍薄，谊颇怨望。或告谊自言名应图谶[10]，相表[11]当王；公卿奏谊大逆不道。壬寅[12]，赐谊死。

戊申[13]，隋主还长安。

章大宝遣其将杨通攻建安[14]，不克。台军[15]将至，大宝众溃，逃入山，为追兵所擒，夷三族[16]。

隋度支尚书长孙平[17]奏“令民间每秋家出粟麦一石以下，贫富为差，储之当社[18]，委社司[19]检校[20]，以备凶年[21]，名曰‘义仓’”，隋主从之。五月，甲申[22]，初诏郡、县置义仓。时民间多妄称老、小[23]以免赋役，山东承北齐之弊政，户口租调[24]，奸伪尤多。隋主命州县大索貌阅[25]，户口不实者，里正、党长[26]远配[27]；大功[28]以下，皆令析籍[29]，以防容隐[30]。于是计帐[31]得新附一百六十四万余口。高熲[32]请为输籍法[33]，遍下诸州，帝从之，自是奸无所容矣。

诸州调物，每岁河南自潼关，河北自蒲坂[34]，输长安者相属于路，昼夜不绝者数月。

梁主岿，谥曰孝明皇帝，庙号世宗。世宗孝慈俭约，境内安之。太子琮[35]嗣位。

初，突厥阿波可汗既与沙钵略有隙[36]，阿波浸[37]强；东距都斤，西越金山[38]，龟兹[39]、铁勒[40]、伊吾[41]及西域[42]诸胡悉附之，号西突厥[43]。隋主亦遣上大将军元契使于阿波以抚之。

秋，七月，庚申[44]，遣散骑常侍王话等聘于隋。

突厥沙钵略既为达头所困，又畏契丹，遣使告急于隋，请将部落度漠南，寄居白道川[45]。隋主许之，命晋王广以兵援之，给以衣食，赐之车服[46]鼓吹[47]。沙钵略因西击阿波，破之。而阿拔国[48]乘虚掠其妻子，官军为击阿拔，败之，所获悉与沙钵略。

沙钵略大喜，乃立约，以碛[49]为界，因上表曰：“天无二日，土无二王，大隋皇帝真皇帝也，岂敢阻兵[50]恃险，偷窃名号！今感慕淳风[51]，归心有道[52]，屈膝稽颡，永为藩附。”遣其子库合真入朝。

八月，丙戌[53]，库合真至长安。隋主下诏曰：“沙钵略往[54]虽与和，犹是二国；今作君臣，便成一体。”因命肃告[55]郊庙[56]，普颁远近，凡赐沙钵略诏，不称其名。宴库合真于内殿，引见皇后，赏劳甚厚。沙钵略大悦，自是岁时[57]贡献不绝。

九月，将军湛文彻侵隋和州[58]，隋仪同三司费宝首击擒之。

丙子[59]，隋使李若[60]等来聘。

冬，十月，壬辰[61]，隋以上柱国杨素为信州[62]总管。

初，北地傅縡以庶子[63]事上于东宫，及即位，迁秘书监、右卫将军兼中书通事舍人，负才[64]使气，人多怨之。施文庆、沈客卿共谮縡受高丽[65]使金，上收縡下狱。

縡于狱中上书曰："夫君人[66]者，恭事上帝，子爱下民[67]，省嗜欲，远谄佞[68]，未明求衣[69]，日旰忘食，是以泽被区宇[70]，庆[71]流子孙。陛下顷来[72]酒色过度，不虔[73]郊庙大神，专媚淫昏之鬼[74]，小人在侧，宦竖弄权，恶忠直若仇雠[75]，视生民如草芥，后宫曳绮绣，厩[76]马余菽[77]粟，百姓流离，殭[78]尸蔽野，货贿公行，帑藏[79]损耗，神怒民怨，众叛亲离，臣恐东南王气[80]自斯[81]而尽。"

书奏，上大怒。顷之，意稍解[82]，遣使谓縡曰："我欲赦卿，卿能改过不[83]？"对曰："臣心如面[84]，臣面可改，则臣心可改。"上益怒，令宦者李善庆穷治[85]其事，遂赐死狱中。

上每当郊祀，常称疾[86]不行，故縡言及之。

是岁，梁大将军戚昕以舟师[87]袭公安[88]，不克而还。

隋主征梁主叔父太尉吴王岑入朝，拜大将军，封怀义公，因留不遣；复置江陵总管以监之。

梁大将军许世武密以城召荆州刺史宜黄侯慧纪；谋泄，梁主杀之。慧纪，高祖之从孙[89]也。

隋主使司农少卿[90]崔仲方发丁[91]三万，于朔方[92]、灵武[93]筑长城，东距河，西至绥州[94]，绵历[95]七百里，以遏胡寇。

（以上为第三段，写隋文帝普查户口，外和突厥，国势日盛；而陈朝后主沉湎酒色，排斥忠良，国势日衰。）

【注释】

[1]戊午朔：正月一日。[2]五礼：指吉礼、凶礼、军礼、宾礼、嘉礼。[3]勒：治，整理。[4]戊辰：正月十一日。[5]戊午：三月二日。[6]左领军大将军：武官名。设有领军府，与右领军将军并掌禁卫官。[7]丰州：州名。治所侯官，在今福建福州市。[8]章大宝：章昭达之子，袭封邵陵郡公，官至丰州刺史。传附《陈书·章昭达传》《南史·章昭达传》。[9]辛酉：三月五日。[10]图谶（chèn）：是一种预言，它借用神灵名义，向人们预告吉凶祸福、治

乱兴衰。因为往往附有图，故称图谶。［11］相表：观察其外貌。［12］壬寅：三月丁巳朔，无壬寅。按《隋书·高祖本纪》，壬寅在四月，《北史》同。盖壬寅前脱“四月”二字。据此当补。壬寅，四月十六日。［13］戊申：四月二十二日。［14］建安：郡名。治所建安县，在今福建建瓯市南。［15］台军：官军。［16］夷三族：夷灭三族。三族，说法不一，一说指父族、母族与妻族；二说指父昆弟、己昆弟和子昆弟；三说指父、子、孙三族。［17］长孙平：字处均。历仕北周、隋，官至工部尚书。传见《隋书》卷四十六、《北史·长孙道生传》。［18］社：古代地方基层行政单位，一般以二十五家为社。［19］社司：社的主持人。［20］检校：代管。［21］凶年：指灾荒之年。［22］甲申：五月二十九日。［23］老、小：隋承周制，男女三岁以下为黄，十岁以下为小，六十岁者为老。老、小俱免赋役。［24］租调：指地租与户调。地租收粟，户调征绢（或布）。［25］大索貌阅：普查人口。大索，普遍检查。貌阅，检视貌相以验正老小，看是否属实。［26］里正、党长：俱地方基层组织负责人。隋制：每五家为保，保有长；五保为闾，四闾为族，皆有正。畿外置里正，同闾正。党长，同族正。［27］远配：发配远方，以服劳役。［28］大功：丧服五服之一，其服用熟麻布制成，服期九月。［29］析籍：分家另居。［30］容隐：隐瞒包庇。［31］计帐：犹计簿，全国的户籍册。［32］高颎：据章校，“颎”下应补“又有民间课输无定簿，难以推校”十三字。［33］输籍法：由政府先划定国家编户的等级，各县再按中央的规定确定每一户纳税等级的高下，然后照此纳税。［34］蒲坂：地名。河东郡治所，故址在今山西永济市西南蒲州镇。［35］太子琮：即萧琮，后梁明帝之子，嗣位二年国废。在位二年。是后梁第三任皇帝。传见《隋书》卷七十九、《北史》卷九十三。［36］有隙：据章校，“隙”下应补“分而为二”四字。［37］浸：渐进，逐渐。［38］金山：山名。即今阿尔泰山，位于新疆西北部。［39］龟（qīu）兹：西域城国。位于天山南麓。［40］铁勒：匈奴之后裔，建国于今新疆西北部。［41］伊吾：地名。故址在今新疆哈密市。［42］西域：地区名。狭义指今玉门关和阳关以西、葱岭以东的新疆地区，广义则包括中亚乃至更远的地方。［43］号西突厥：据岑仲勉考证，西突厥是室点密之后，于时其子达头可汗方在位，阿波则是木杆可汗之子大罗便，属东突厥。详见《通鉴隋唐纪比事质疑》。［44］庚申：七月六日。［45］白道川：地名。故址在今内蒙呼和浩特市北。［46］车服：车舆和章服。［47］鼓吹：本为军中之乐，出自北方民族，具有一定地位的官将才得以具备鼓吹。［48］阿拔国：国名。不详，大概是突厥中的一部。［49］碛（qì）：地名。故址在今内蒙苏尼特右旗西。［50］阻兵：拥兵。阻，恃，依仗。［51］淳风：敦厚朴实的风俗。［52］有道：指政治清明。［53］丙戌：八月二日。［54］往：过去，曾。［55］肃告：敬告。肃，恭敬。［56］郊庙：古代天子祭天地和祖先的宗庙。［57］岁时：岁，指年；时，指春夏秋冬四时。［58］和州：州名。治所历阳县，在今安徽和县。［59］丙子：九月二十三日。［60］李若：历仕北齐、北周、隋，官至仪同三司。传附《北史·李崇传》。［61］壬辰：十月九日。［62］信州：州名。治所鱼复县，在今重庆奉节县东白帝城。［63］庶子：官名。为东宫官，掌门下、典书二坊事。［64］负才：仗恃才能。负，仗恃。［65］高丽：国名，此指高句丽。当时朝鲜半岛有高句丽、百济、新罗三国鼎立，高句丽居其北，与隋相邻。［66］君人：指皇帝或国君。［67］子爱下民：爱护平民像爱护自己的儿子一样。子爱，爱之如子。下民，指平民百姓。［68］远谄佞：远离奸佞的人。远，远离，疏远。谄佞，惯于献媚的奸佞之人。［69］未明求衣：指天未亮则穿衣起床。形容勤奋。［70］泽被区宇：恩泽普施天下。泽，恩泽、恩惠。被，及。区宇，疆土境域，此指全国，全天下。区，指疆域；宇，指上下四方。［71］庆：幸福。［72］顷来：近来。［73］不虔（qián）：不尊敬。虔，恭敬。［74］专媚淫昏之鬼：谓宠张贵妃，使女巫在宫中鼓舞、淫祀等。［75］仇雠：仇敌。［76］厩：马棚。［77］菽：豆类。［78］殭（jiāng）：死。同“僵”。［79］帑（tǎng）藏：国库。帑，库，此指库藏的金帛。［80］王气：旧指象征帝王运数的祥瑞之气。［81］自斯：从此。［82］稍解：稍微缓解。［83］不：同“否”。［84］面：颜面，脸。［85］穷治：彻底处理、整治。穷，终极。［86］称疾：本无疾病，却声称有疾病。称，声言，说。［87］舟师：指水军。［88］公安：县名。县治在今湖北公安县西北。［89］从孙：兄弟的孙子。从，同一宗族次于至亲者叫从。［90］司农少卿：官名。为司农寺副官，与司农卿共掌仓市薪米、园池果实。［91］丁：壮丁。隋以男子十八岁（后改为二十一岁）为丁，六十岁为老。［92］朔方：郡名。治所岩绿县，在今陕西靖边县东北白城子。［93］灵武：郡名。治所灵武县，在今宁夏灵武市西南。［94］绥州：州名。治所上县，在今陕西绥德县。［95］绵历：绵延。

四年（丙午，586年）

梁改元广运[1]。

甲子[2]，党项羌[3]请降于隋。

庚午[4]，隋颁历于突厥。

二月，隋始令刺史上佐[5]每岁暮[6]更入朝，上考课[7]。

丁亥[8]，隋复令崔仲方发丁十五万，于朔方以东，缘边险要，筑数十城。

丙申[9]，立皇弟叔谟为巴东王，叔显为临江王，叔坦为新会王，叔隆[10]为新宁王。

庚子[11]，隋大赦。

三月，己未[12]，洛阳男子高德上书，请隋主为太上皇，传位皇太子。帝曰：“朕承天命，抚育苍生[13]，日旰孜孜[14]，犹恐不逮。岂效近代帝王，传位于子，自求逸乐者哉！”

夏，四月，己亥[15]，遣周磻等聘于隋。

五月，丁巳[16]，立皇子庄[17]为会稽王。

秋，八月，隋遣散骑常侍裴豪等来聘。

戊申[18]，隋申明公[19]李穆卒，葬以殊礼。

闰月，丁卯[20]，隋太子勇镇洛阳。

隋上柱国郕公梁士彦讨尉迟迥，所当必破，代迥为相州刺史；隋主忌之，召还长安。上柱国杞公宇文忻与隋主少相厚[21]，善用兵，有威名；隋主亦忌之，以谴[22]去官，以[23]柱国舒公刘昉皆被疏远，闲居无事，颇怀怨望，数相往来，阴谋不轨。

忻欲使士彦于蒲州起兵，己为内应，士彦之甥裴通预其谋而告之。帝隐其事，以士彦为晋州[24]刺史，欲观其意；士彦忻然[25]，谓昉等曰："天也！"又请仪同三司薛摩儿为长史[26]，帝亦许之。后与公卿朝谒[27]，帝令左右执士彦、忻、昉于行间[28]，诘[29]之，初犹不伏[30]；捕薛摩儿适至，命之庭对[31]，摩儿具论始末[32]，士彦失色，顾谓摩儿曰："汝杀我！"丙子[33]，士彦、忻、昉皆伏诛，叔侄、兄弟免死除名。

九月，辛巳[34]，隋主素服[35]临射[36]殿，命百官射三家资物以为诫。

冬，十月，己酉[37]，隋以兵部尚书杨尚希为礼部尚书。隋主每旦临朝，日昃不倦，尚希谏曰："周文王[38]以忧勤损寿，武王[39]以安乐延年。愿陛下举大纲[40]，责成宰辅。繁碎之务，非人主所宜亲也。"帝善之而不能从。

癸丑[41]，隋置山南道行台[42]于襄州[43]；以秦王俊为尚书令。俊妃崔氏生男，隋主喜，颁赐群官。

直秘书内省[44]博陵李文博[45]，家素贫，人往贺之，文博曰："赏罚之设，功过所存。今王妃生男，于群官何事，乃妄受赏也！"闻者愧之。

癸亥[46]，以尚书仆射江总为尚书令，吏部尚书谢伷为仆射。

十一月，己卯[47]，大赦。

吐谷浑可汗夸吕[48]在位百年，屡因喜怒废杀太子。后太子惧，谋执夸吕而降；请兵于隋边吏[49]，秦州总管河间王弘[50]请以兵应之，隋主不许。

太子谋泄，为夸吕所杀，复立其少子嵬王诃为太子。迭州[51]刺史杜粲请因其衅而讨之，隋主又不许。

是岁，嵬王诃复惧诛，谋帅部落万五千户降隋，遣使诣阙[52]，请兵迎之。隋主曰："浑贼[53]风俗，特异人伦[54]，父既不慈，子复不孝。朕以德训人，何有成其恶逆[55]乎！"乃谓使者曰："父有过失，子当谏争[56]，岂可潜谋[57]非法，受不孝之名！溥天[58]之下皆朕臣妾[59]，各为善事，即称朕心。嵬王既欲归朕，唯教嵬王为臣子之法，不可远遣兵马，助为恶事！"嵬王诃乃止。

（以上为第四段，写隋文帝以仁德慈孝治理国家，和睦周边，不贪小利，布教四方。）

【注释】

[1]改元广运：后梁改天保二十五年为广运元年。 [2]甲子：正月十三日。按《隋书·高祖本纪》"甲子"前有"春，正月"三字；《北史》同。应补。前又书梁改元事，"春，正月"三字当补于"梁"字前。 [3]党项羌：少数民族国。为三苗之后裔，生活在今甘肃境内。 [4]庚午：正月十九日。 [5]上佐：官名。佐刺史以治理州行政与军事。 [6]岁暮：年终。 [7]考课：考查官吏政绩称为考课。 [8]丁亥：二月六日。 [9]丙申：二月十五日。 [10]叔谟、叔显、叔坦、叔隆：分别为陈宣帝第二十九子、陈宣帝第三十子、陈宣帝第三十一子、陈宣帝第三十二子。传均见《陈书》卷二十八、《南史》卷六十五。 [11]庚子：二月十九日。 [12]己未：三月八日。[13]苍生：指百姓，众民。[14]孜孜：勤勉不倦的样子。[15]己亥：四月十九日。[16]丁巳：五月七日。 [17]皇子庄：陈后主第八子。传见《陈书》卷二十八、《南史》卷六十五。[18]戊申：八月三十日。 [19]申明公：李穆生前封爵为申国公，死后谥号为明，因李穆生前能知机保身，故谥曰明。 [20]丁卯：闰八月十九日。 [21]少相厚：小时候友情深厚。 [22]谴：官吏谪降称谴。[23]以：据章校，"以"应作"与"。按"以"作"与"是，作"以"语意欠通顺。[24]晋州：州名。治所平阳县，在今山西临汾市。 [25]忻然：欣喜得意的样子。忻通"欣"。 [26]长史：官名。刺史僚佐，掌兵马。 [27]朝谒（yè）：朝见。谒，晋见。 [28]行（háng）间：指百官队列中。 [29]诘：责问，审讯。 [30]不伏：不伏罪。 [31]庭对：在殿庭当面对质。 [32]始末：始终。 [33]丙子：闰八月二十八日。 [34]辛巳：九月四日。 [35]隋主素服：梁士彦、宇文忻、刘昉等三人虽以叛国罪被诛，但三人均为隋文帝旧臣，又有拥戴之功，故隋文帝穿素服致哀。 [36]射：猜赌。此句指隋文帝没收梁士彦等三家的财产，用猜赌形式分赐百官，并借以为鉴戒。 [37]己酉：十月二日。 [38]周文王：姓姬名昌。殷时西方诸侯，曾极力准备灭殷。[39]武王：即周武王，文王之子，名发，起兵伐纣，建立周王朝。[40]大纲：重要纲领，要点。

[41]癸丑：十月六日。［42］行台：在地方代表朝廷行使尚书省职权的机构称行台。［43］襄州：州名。治所襄阳县，在今湖北襄阳市。［44］直秘书内省：官名。掌典校秘书省内外阁之藏书。[45]李文博：仕隋，官至校书郎。传见《隋书》卷五十八、《北史》卷八十三。［46］癸亥：十月十六日。［47］己卯：十一月三日。［48］夸吕：吐谷浑首领伏连筹之子，即位后始称可汗。按“夸吕”诸史记载不同，《隋书·吐谷浑传》作“吕夸”，《梁书·河南王传》又作“呵罗真”。盖夸吕（或吕夸）是其称号，呵罗真是其名。夸吕与吕夸疑有一误。［49］边吏：边疆的官将。［50］河间王弘：即隋文帝从祖弟杨弘（？—607），官至蒲州刺史，封河间王。传见《隋书》卷四十三、《北史》卷七十一。［51］迭州：州名。治所迭川县，在今甘肃迭部县境。［52］诣阙：赴皇帝的殿廷。阙，皇帝的住所。［53］浑贼：对吐谷浑的蔑称。［54］特异人伦：谓吐谷浑没有正常的人伦关系，与中原不同。［55］成：助成，成全。恶逆：叛逆，反叛。［56］谏争：直言规劝，止人过失。争同“诤”。［57］潜谋：暗中密谋。［58］溥天：普天。溥（pǔ），普遍。［59］臣妾：本指奴隶，男为臣，女为妾。此指臣子。

祯明元年（丁未，587年）

春，正月，戊寅[1]，大赦，改元[2]。

癸巳[3]，隋主享太庙。

乙未[4]，隋制诸州岁贡士[5]三人。

二月，丁巳[6]，隋主朝日于东郊[7]。

遣兼散骑常侍王亨等聘于隋。

隋发丁男十万余人修长城，二旬而罢。

夏，四月，于扬州[8]开山阳渎[9]以通运。

突厥沙钵略可汗遣其子入贡于隋，因请猎于恒、代[10]之间，隋主许之，仍遣人赐以酒食。沙钵略帅部落再拜受赐。

沙钵略寻卒，隋为之废朝[11]三日，遣太常吊祭。

初，沙钵略以其子雍虞闾懦弱，遗令立其弟叶护[12]处罗侯[13]。雍虞闾遣使迎处罗侯，将立之，处罗侯曰：“我突厥自木杆可汗以来，多以弟代兄，以庶夺嫡[14]，失先祖之法，不相敬畏。汝当嗣位，我不惮拜汝。”雍虞闾曰：“叔与我父，共根连体[15]。我，枝叶也，岂可使根本反从枝叶，叔父屈于卑幼乎！且亡父之命，何可废也！愿叔勿疑！”遣使相让者五六，处罗侯竟立，是为莫何可汗。以雍虞闾为叶护。遣使上表言状[16]。

隋使车骑将军长孙晟持节[17]拜之[18]，赐以鼓吹、幡旗[19]。莫何勇而有谋，以隋所赐旗鼓西击阿波；阿波之众以为得隋兵助之，多望风降附。遂生擒阿波，上书请其死生之命[20]。

隋主下其议[21]，乐安公元谐请就彼枭首；武阳公李充请生取入朝，显戮[22]以示百姓。隋主谓长孙晟："于卿何如？"晟对曰："若突厥背诞[23]，须齐之以刑[24]。今其昆弟自相夷灭[25]，阿波之恶非负国家[26]。因其困穷，取而为戮，恐非招远[27]之道。不如两存之。"左仆射高颎曰："骨肉相残，教之蠹[28]也，宜存养[29]以示宽大。"隋主从之。

甲戌[30]，隋遣兼散骑常侍杨同等来聘。

五月，乙亥朔[31]，日有食之。

秋，七月，己丑[32]，隋卫昭王爽[33]卒。

八月，隋主征梁主入朝。梁主帅其群臣二百余人发江陵；庚申[34]，至长安。

隋主以梁主在外，遣武乡公崔弘度将兵戍江陵。军至都州[35]，梁主叔父太傅安平王岩[36]、弟荆州刺史义兴王瓛[37]等恐弘度袭之，乙丑[38]，遣都官尚书沈君公[39]诣荆州刺史宜黄侯慧纪请降。九月，庚寅[40]，慧纪引兵至江陵城下。辛卯[41]，岩等驱文、武、男、女十万口来奔。

隋主闻之，废梁国[42]；遣尚书左仆射高颎安集遗民；梁中宗、世宗[43]各给守冢[44]十户；拜梁主琮上柱国，赐爵莒公。

甲午[45]，大赦。

冬，十月，隋主如同州；癸亥[46]，如蒲州。

十一月，丙子[47]，以萧岩为开府仪同三司、东扬州[48]刺史，萧瓛为吴州刺史。

丁亥[49]，以豫章王叔英[50]兼司徒。

甲午[51]，隋主如冯翊[52]，亲祠故社[53]；戊戌[54]，还长安。

是行也，内史令李德林以疾不从，隋主自同州敕书追之[55]，与议伐陈之计。及还，帝马上举鞭南指曰："待平陈之日，以七宝[56]装严公，使自山[57]以东无及公者。”

初，隋主受禅以来，与陈邻好甚笃，每获陈谍，皆给衣马礼遣之，而高宗[58]犹不禁侵掠。故太建[59]之末，隋师入寇；会高宗殂，隋主即命班师[60]，遣使赴吊，书称姓名[61]顿首。帝答之益骄，书末云：“想彼统内[62]如宜，此宇宙清泰[63]。”隋主不悦，以示朝臣，上柱国杨素以为主辱臣死[64]，再拜请罪。

隋主问取陈之策于高颎，对曰：“江北地寒，田收差[65]晚；江南水田早熟。量[66]彼收获之际，微征士马[67]，声言掩袭[68]，彼必屯兵守御，足得废其农时[69]。彼既聚兵，我便解甲[70]。再三若此，彼以为常；后更集兵，彼必不信。犹豫之顷，我乃济师[71]；登陆而战，兵气益倍[72]。又，江南土薄，舍多茅竹，所有储积皆非地窖。若密遣行人因风纵火，待彼修立[73]，复更烧之，不出数年，自可财力俱尽。”隋主用其策，陈人始困。

于是杨素、贺若弼及光州[74]刺史高劢[75]、虢州[76]刺史崔仲方等争献平江南之策。仲方上书曰：“今唯须武昌[77]以下，蕲、和、滁、方、吴、海[78]等州，更帖[79]精兵，密营度计[80]；益、信、襄、荆、基、郢[81]等州，速造舟楫[82]，多张形势[83]，为水战之具。蜀[84]、汉二江是其上流，水路冲要[85]，必争之所。贼虽流头[86]、荆门[87]、延洲[88]、公安[89]、巴陵[90]、隐矶[91]、夏首[92]、蕲口[93]、湓城[94]置船，然终聚汉口[95]、峡口[96]，以水战大决[97]。若贼必以上流有军，令精兵赴援者，下流诸将即须择便横渡；如拥众自卫，上江诸军[98]鼓行以前。彼虽恃九江[99]、五湖[100]之险，非德无以为固；徒有三吴[101]、百越[102]之兵，非恩不能自立矣。”隋主以仲方为基州刺史。

及受萧岩等降，隋主益忿，谓高颎曰：“我为民父母，岂可限一衣带水[103]不拯之乎！”命大作战船。人请密之[104]，隋主曰：“吾将显行天诛，何密之有！”使投其柿[105]于江，曰：“若彼惧而能改，吾复何求！”

杨素在永安[106]，造大舰，名曰“五牙”。上起楼五层，高百余尺；左右前后置六拍竿[107]，并高五十尺，容战士八百人；次曰“黄龙”，置兵百人。自余平乘、舴艋[108]各有等差。

晋州刺史皇甫绩[109]将之官，稽首言陈有三可灭。帝问其状，曰："大吞小，一也。以有道伐无道，二也。纳叛臣萧岩，于我有词，三也。陛下若命将出师，臣愿展丝发[110]之效！"隋主劳而遣之。

时江南妖异特众，临平湖[111]草久塞，忽然自开。帝恶之[112]，乃自卖于佛寺为奴以厌[113]之。又于建康[114]造大皇寺，起七级浮图[115]；未毕，火从中起而焚之。

吴兴章华[116]，好学，善属文，朝臣以华素无伐阅[117]，竞排诋之，除太市令[118]。华郁郁不得志，上书极谏，略曰："昔高祖[119]南平百越，北诛逆虏[120]，世祖[121]东定吴会[122]，西破王琳[123]，高宗克复淮南，辟地千里，三祖之功勤[124]亦至矣。陛下即位，于今五年，不思先帝之艰难，不知天命之可畏；溺于嬖宠，惑于酒色；祠七庙[125]而不出，拜三妃[126]而临轩[127]；老臣宿将[128]弃之草莽[129]，谄佞谗邪升之朝廷。今疆埸[130]日蹙[131]，隋军压境，陛下如不改弦易张[132]，臣见麋鹿复游于姑苏[133]矣！"帝大怒，即日斩之。

（以上为第五段，写隋文帝吞并后梁，筹谋平陈；而陈朝后主仍然醉生梦死，不思更张，不听劝谏，灭亡指日可待。）

【注释】

[1]戊寅：正月三日。 [2]改元：陈改至德五年为祯明元年。 [3]癸巳：正月十六日。[4]乙未：正月十八日。 [5]贡士：地方向中央举荐人才称乡贡，经乡贡考试合格者称贡士。[6]丁巳：二月十二日。 [7]朝日于东郊：隋开皇初年，于都城长安东春明门外设坛，每年在春分朝日祀天。 [8]扬州：州名。治所广陵，在今江苏扬州市西北。 [9]山阳渎：古运河名。因北起山阳县境而有此名。它北起山阳县（今江苏淮安市），南至广陵郡（今扬州市西北），沟通了长江与淮河两大水系，方便了水路运输。 [10]恒、代：地名。北魏起初以平城（故址在今山西大同市）为都，建为代都，设置司州及代都尹，后迁都洛阳，改司州为恒州，故称此地为恒、代。[11]废朝：停止朝见，以表示对沙钵略死之哀悼。 [12]叶护：突厥官名。百官中的显要官职。[13]处罗侯：沙钵略之弟，继沙钵立为可汗，史称叶护可汀，事见《隋书》卷八十四、《北史》卷九十九。 [14]夺嫡：以庶子夺取嫡子的地位。封建时代，凡以庶子嗣位而废嫡子，都称夺嫡。[15]共根连体：谓同父母所生。 [16]言状：说明情况。状，情状。 [17]持节：古代使臣出使，必持节以作凭证。节，符节。 [18]拜之：拜处罗侯为可汗。 [19]幡旗：旗帜。 [20]请其死生之命：莫何不敢专杀阿波而向隋廷请命。 [21]下其议：隋文帝将莫何请命之事下到百官

中议论如何处理。［22］显戮：明正典刑，处决示众。［23］背诞：违命放纵，不受节制而妄为。［24］齐之以刑：谓用刑法整治。齐，整治。［25］夷灭：消灭。［26］非负国家：指阿波兄弟自相残杀，并未辜负隋朝。负，辜负。［27］招远：招引远方国家或民族。［28］蠹：败坏，损坏，蛀蚀。［29］存养：保全，抚养。［30］甲戌：二月三十日。［31］乙亥朔：五月一日。［32］己丑：七月十六日。［33］卫昭王爽：即杨爽（563—587），隋文帝异母弟，小字明达，封卫王。传见《周书》卷十九、《隋书》卷四十四、《北史》卷七十一。［34］庚申：八月十八日。［35］都州：隋无都州。按《隋书·萧琮传》作"鄀州"，《北史》同。据此"都州"当是"鄀州"之讹。鄀（ruò）州，州名。治所在今湖北荆门市西北。［36］安平王岩：即萧岩，后梁宣帝萧詧第五子，官至太傅。后降陈。传附《周书·萧詧传》《北史·僭伪附庸传》。［37］义兴王瓛：后梁明帝萧岿第三子。后降陈。传附《周书·萧詧传》《隋书·萧岿传》《北史·僭伪附庸传》。［38］乙丑：八月二十三日。［39］沈君公（？—589）：陈后主沈皇后叔父。传附《陈书·后主沈皇后传》《周书·萧詧传》《南史·沈君理传》。［40］庚寅：九月十八日。［41］辛卯：九月十九日。［42］废梁国：后梁自中宗即位，历三帝，三十三年。［43］梁中宗、世宗：中宗是后梁开国皇帝宣帝萧詧庙号，世宗是后梁第二代皇帝明帝萧岿庙号。［44］守冢：守护坟墓的人。［45］甲午：九月二十二日。［46］癸亥：十月二十二日。［47］丙子：十一月五日。［48］东扬州：侨州名。治所山阴县，在今浙江绍兴市。［49］丁亥：十一月十六日。［50］豫章王叔英：陈宣帝第三子，字子烈。传见《陈书》卷二十八、《南史》卷六十五。［51］甲午：十一月二十三日。［52］冯翊：郡名。治所高陆县，在今陕西西安市高陵区。［53］祠故社：隋文帝生于冯翊，故去祭祀社庙。［54］戊戌：十一月二十七日。［55］追之：指召回李德林。［56］七宝：用多种宝物装饰的器物，泛称七宝。［57］山：此指太行山。［58］高宗：陈宣帝庙号。［59］太建：陈宣帝年号，公元569年至公元582年。［60］班师：指军队出征回来。此指中途撤军。［61］书称姓名：信函中称自己姓名，不称隋帝，以示谦逊。［62］统内：统辖之内。［63］清泰：清明安然。［64］主辱臣死：君主受到侮辱，是臣子的死罪。［65］差：比较，略微。［66］量：衡量，估计。［67］士马：兵马。［68］掩袭：乘人不备，突然袭击。［69］农时：指春耕、夏耘、秋收，农事之三时。此指秋收时。［70］解甲：脱下战衣，引申为罢军休兵。［71］济师：谓举兵渡江。［72］兵气益倍：谓士气倍增。因隋兵登岸，后有大江，兵士无反顾之心，败则必死，故意气倍增。［73］修立：修葺完好。［74］光州：州名。梁置。治所光城县，在今河南光山县。［75］高劢（mài）：字敬德，河北蓨（今河北景县）人。历仕北齐、北周、隋，官至洮州刺史。传见《北齐书》卷十三、《隋书》卷五十五、《北史》卷五十一。［76］虢州：州名。隋置。治所卢氏县，在今河南卢氏县。［77］武昌：郡名。治所武昌县，在今湖北鄂州市鄂城区。［78］蕲、和、滁、方、吴、海：皆州名。当今武汉以东沿长江北岸地区，跨湖北、安徽、江苏三省。［79］帖：同"贴"，增加。［80］密营度计：暗中经营筹划。［81］益、信、襄、荆、基、郢：皆州名。长江上游沿江地区，跨四川、湖北两省。［82］楫（jí）：船桨。短的称楫，长的称棹。［83］形势：军事阵势。

［84］蜀：江名。胡注：蜀江出三峡，过南郡（今湖北荆州市）。据此，蜀江当指长江流经四川东部及湖北西部的一段。［85］冲要：在军事或交通等方面有重要作用的地方。［86］流头：地名。即流头滩，在今湖北宜昌市城区与秭归县之间的长江中。［87］荆门：山名。在今湖北宜都市西北长江两岸。［88］延洲：洲名。在今湖北宜都市附近长江中。［89］公安：县名。在今湖北公安县东北。［90］巴陵：郡名，治所巴陵县，在今湖南岳阳市。［91］隐矶（jī）：地名。故址在今湖南岳阳市东北。［92］夏首：地名。即夏口，以夏水入江而得名。故址在今湖北武汉市。［93］蕲口：地名。以蕲水入江而得名。故址在今湖北蕲春县西南长江北岸蕲州镇。［94］湓城：地名。江州治所。在今江西九江市。以上九处皆沿长江要害之地。［95］汉口：即夏口。以汉水入江而得名。在今湖北武汉市。［96］峡口：即西陵峡口。故址在今湖北宜昌市西。［97］大决：重大决定。此指决战。［98］上江诸军：谓蜀江、汉江顺流东下之军。［99］九江：长江水系的九条河，各说不一。［100］五湖：说法不一。有以太湖及附近四湖为五湖。［101］三吴：地区名。说法不一。一般指吴兴、吴郡、会稽为三吴。［102］百越：古代越族生活在东南沿海一带，江浙闽粤之地，皆为越族所居，故称百越。［103］一衣带水：像一条衣带那么宽的河流，形容极其狭窄。此指长江。［104］密之：谓暗中造战船，不张扬出去。［105］柿（fèi）：砍下的木片。［106］永安：郡名。治所鱼复县，在今重庆市奉节县东白帝城故址。［107］拍竿：战舰上用以拍击敌船的装置。［108］平乘、舴（zé）艋（měng）：俱船名。小船。［109］皇甫续：据章校，"续"应改作"绩"。按皇甫绩，《隋书》《北史》俱有传，且与事合。据此，"续"乃"绩"字之误。［110］丝发：蚕丝和头发。比喻细微。［111］临平湖：湖名。故址在今浙江杭州市临平区南。［112］恶之：厌恶临平湖草塞自开一事。［113］厌（yā）：用卖身为奴以积善积德的方法来抵制与压服将来可能出现的灾殃。［114］建康：地名。即陈都城，在今江苏南京市。［115］七级浮图：七层佛塔。浮图，塔。［116］章华（？—587）：仕陈，官至太市令。传附《陈书·傅縡传》《南史·傅縡传》。［117］伐阅：功劳和阅历。积累功劳称伐，经历称阅。［118］太市令：官名。掌市场税收。［119］高祖：陈朝开国皇帝陈霸先。公元557年至公元559年在位。［120］逆虏：指侯景。［121］世祖：陈朝第二代皇帝陈蒨。公元560年至公元566年在位。［122］东定吴会：指击杀杜龛、张彪事。［123］西破王琳：王琳本梁将帅，梁亡，立永嘉王梁庄于荆州，被陈文帝击败，投降北齐。［124］功勤：功劳，勤劳。［125］七庙：古代天子七庙，三昭、三穆（左右排列顺序）与太祖之庙，共七庙。［126］三妃：指龚、孔、张妃三人。［127］临轩：殿前堂陛之间，近檐处两边有槛栏，如车之轩（车前横木），故皇帝至殿前称临轩。此指后主不去祀祖庙，却亲自册拜三妃。［128］宿将：老将。［129］草莽：草野。莽，泛指荒野。［130］疆埸（yì）：国界。［131］日蹙：一天比一天紧迫。［132］改弦易张：调整乐器之弦，使声音和谐。比喻改变法度和做法。［133］麋鹿复游于姑苏：春秋时伍子胥规谏吴王灭越，而吴王不听，说："臣见麋鹿游于姑苏矣。"吴国终于为越所灭。此警告陈后主国将灭亡。姑苏，地名。春秋时吴国都城，即今江苏苏州市。

二年（戊申，588年）

春，正月，辛巳[1]，立皇子恮[2]为东阳王，恬[3]为钱塘王。

遣散骑常侍袁雅等聘于隋；又遣散骑常侍九江周罗睺[4]将兵屯峡口，侵隋峡州[5]。

三月，甲戌[6]，隋遣兼散骑常侍程尚贤等来聘。

戊寅[7]，隋主下诏曰："陈叔宝据手掌之地[8]，恣溪壑[9]之欲，劫夺阎闾[10]，资产俱竭，驱逼内外，劳役弗已[11]；穷奢极侈，俾[12]昼作夜；斩直言之客，灭无罪之家；欺天造恶，祭鬼求恩；盛粉黛[13]而执干戈[14]，曳罗绮而呼警跸；自古昏乱，罕或能比。君子潜逃，小人得志。天灾地孽[15]，物怪人妖。衣冠[16]钳口[17]，道路以目[18]。重以背德违言，摇荡疆埸；昼伏夜游，鼠窃狗盗[19]。天之所覆[20]，无非朕臣[21]，每关听览，有怀伤恻[22]。可出师授律，应机[23]诛殄[24]；在斯一举，永清吴越[25]。"又送玺书[26]暴帝二十恶；仍散写诏书三十万纸[27]，遍谕江外[28]。

太子胤[29]，性聪敏，好文学，然颇有过失；詹事袁宪[30]切谏，不听。时沈后[31]无宠，而近侍左右数于东宫往来，太子亦数使人至后所，帝疑其怨望，甚恶之。张、孔二贵妃日夜构成后及太子之短，孔范之徒又于外助之。帝欲立张贵妃子始安王深[32]为嗣，尝从容[33]言之。吏部尚书蔡徵顺旨称赞，袁宪厉色[34]折[35]之曰："皇太子国家储副[36]，亿兆[37]宅心[38]，卿是何人，轻言废立！"帝卒从徵议。夏，五月，庚子[39]，废太子胤为吴兴王，立扬州刺史始安王深为太子。徵，景历之子也。深亦聪惠，有志操[40]，容止[41]俨然[42]，虽左右近侍未尝见其喜愠[43]。帝闻袁宪尝谏胤，即用宪为尚书仆射。

帝遇沈后素薄，张贵妃专后宫之政，后澹然[44]，未尝有所忌怨[45]，身居俭约，衣服无锦绣之饰，唯寻阅经史[46]及释典[47]为事，数上书谏争。帝欲废之而立张贵妃，会国亡，不果。

冬，十月，己亥[48]，立皇子蕃为吴郡王。

己未[49]，隋置淮南行省[50]于寿春[51]，以晋王广为尚书令。

帝遣兼散骑常侍王琬、兼通直散骑常侍许善心[52]聘于隋，隋人留于客馆。琬等屡请还，不听。

甲子[53]，隋以出师，有事于太庙[54]，命晋王广、秦王俊、清河公杨素皆为行军元帅。广出六合[55]，俊出襄阳，素出永安，荆州刺史刘仁恩[56]出江陵，蕲州刺史王世积[57]出蕲春[58]，庐州总管韩擒虎出庐江[59]，吴州总管贺若弼出广陵，青州[60]总管弘农燕荣出东海[61]，凡总管九十，兵五十一万八千，皆受晋王节度。东接沧海，西拒巴、蜀[62]，旌旗舟楫[63]，横亘[64]数千里。以左仆射高颎为晋王元帅长史[65]，右仆射王韶为司马，军中事皆取决焉；区处[66]支度[67]，无所凝滞[68]。

十一月，丁卯[69]，隋主亲饯将士；乙亥[70]，至定城[71]，陈师誓众。

丙子[72]，立皇弟叔荣为新昌王，叔匡为太原王[73]。

隋主如河东[74]；十二月，庚子[75]，还长安。

突厥莫何可汗西击邻国[76]，中流矢[77]而卒。国人立雍虞闾[78]，号颉伽施多那都蓝可汗。

隋军临江，高颎谓行台吏部郎中薛道衡曰："今兹[79]大举，江东必可克乎？"道衡曰："克之。尝闻郭璞[80]有言：'江东分王[81]三百年，复与中国[82]合，'今此数将周[83]，一也。主上恭俭勤劳，叔宝荒淫骄侈，二也。国之安危在所委任，彼以江总为相，唯事诗酒，拔[84]小人施文庆，委以政事，萧摩诃、任蛮奴[85]为大将，皆一夫之用[86]耳，三也。我有道而大，彼无德而小，量其甲士不过十万，西自巫峡[87]，东至沧海，分之则势悬而力弱，聚之则守此而失彼，四也。席卷[88]之势，事在不疑。"颎忻然曰："得君言成败之理，令人豁然[89]。本以才学相期，不意[90]筹略乃尔[91]。"

秦王俊督诸军屯汉口，为上流节度。诏以散骑常侍周罗睺都督巴峡缘江诸军事以拒之。

杨素引舟师下三峡[92]，军至流头滩。将军戚昕以青龙百余艘[93]，守狼尾滩[94]，地势险峭[95]，隋人患之[96]。素曰："胜负大计，在此一举。若昼日下船，彼见我虚实，滩流迅激，制不由人，则吾失其便；不如以夜掩之。”素亲帅黄龙数千艘，衔枚[97]而下，遣开府仪同三司王长袭引步卒自南岸击昕别栅，大将军刘仁恩[98]帅甲骑自北岸趣白沙[99]，迟明[100]而至，击之；昕败走，悉俘其众，劳而遣之，秋毫不犯[101]。

素帅水军东下，舟舻被江[102]，旌甲[103]曜日。素坐平乘大船，容貌雄伟，陈人望之，皆惧，曰：“清河公[104]即江神也！”江滨镇戍[105]闻隋军将至，相继奏闻；施文庆、沈客卿并抑而不言[106]。

初，上以萧岩、萧瓛，梁之宗室，拥众来奔，心忌之，故远散其众[107]，以岩为东扬州刺史，瓛为吴州刺史；使领军任忠出守吴兴郡[108]，以襟带[109]二州。使南平王嶷[110]镇江州，永嘉王彦[111]镇南徐州。寻召二王赴明年元会[112]，命缘江诸防船舰悉从二王还都，为威势以示梁人之来者。由是江中无一斗船，上流诸州兵皆阻杨素军，不得至。

湘州[113]刺史晋熙王叔文[114]，在职既久，大得人和，上以其据有上流，阴忌之；自度[115]素与群臣少恩，恐不为用[116]，无可任者，乃擢施文庆为都督、湘州刺史，配以精兵二千，欲令西上；仍征叔文还朝。文庆深喜其事，然惧出外之后，执事[117]者持己短长[118]，因进其党沈客卿以自代。

未发间，二人共掌机密。护军将军樊毅[119]言于仆射袁宪曰：“京口[120]、采石[121]俱是要地，各须锐兵五千，并出金翅[122]二百，缘江上下，以为防备。”宪及骠骑将军萧摩诃皆以为然，乃与文武群臣共议，请如毅策。施文庆恐无兵从己，废其述职[123]，而客卿又利文庆之任[124]，己得专权，俱言于朝：“必有论议，不假面陈[125]；但作文启[126]，即为通奏。”宪等以为然，二人赍启入。白帝曰：“此是常事，边城将帅足以当之。若出人船，必恐惊扰。”

及隋军临江，间谍骤至[127]，宪等殷勤奏请[128]，至于再三。文庆曰：“元会将逼[129]，南郊之日[130]，太子多从；今若出兵，事便废阙[131]。”帝曰：“今且出兵，若北边无事，因以水军从郊，何为不可！”又曰：“如此则声闻邻境，便谓国弱。”后又以货动江总[132]，总内为之游说[133]，帝重违其意[134]，而迫群官之请，乃令付外[135]详议。总又抑宪等，由是议久不决。

帝从容谓侍臣曰："王气在此。齐兵三来[136]，周师再来[137]，无不摧败。彼何为者邪！"都官尚书孔范曰："长江天堑[138]，古以为限隔南北[139]，今日虏军岂能飞渡邪！边将欲作功劳，妄言事急。臣每患官卑，虏若渡江，臣定作太尉公[140]矣。"或妄言北军马死，范曰："此是我马[141]，何为而死！"帝笑以为然，故不为深备，奏伎[142]、纵酒、赋诗不辍。

是岁[143]，吐谷浑裨王[144]拓跋木弥请以千余家降隋。隋主曰："普天之下，皆是朕臣，朕之抚育，俱存仁孝。浑贼惛狂[145]，妻子怀怖[146]，并思归化[147]，自救危亡。然叛夫背父[148]，不可收纳。又其本意正自避死，今若违拒，又复不仁。若更有音信，但宜慰抚，任其自拔，不须出兵应接。其妹夫及甥[149]欲来，亦任其意，不劳劝诱也。"

河南王移兹裒卒，隋主令其弟树归袭统其众。

（以上为第六段，写隋文帝大举伐陈，而陈朝君臣们仍浑然不寤，亡国之君，大抵如是。）

【注释】

[1]辛巳：正月十一日。 [2]皇子佺（quán）：陈后主第九子。传见《陈书》卷二十八、《北史》卷六十五。 [3]恬：陈后主第十一子，传见《陈书》卷二十八、《南史》卷六十五。 [4]周罗睺（hóu）：字公布。历仕陈、隋。官至右武候大将军，传见《隋书》卷六十五、《北史》卷七十六。 [5]峡州：州名。治所夷陵县，在今湖北宜昌市东南。 [6]甲戌：三月五日。 [7]戊寅：三月九日。 [8]手掌之地：言陈朝疆域如同手掌那么大。 [9]壑：水沟，山谷。 [10]阎闾：阎，里中门；闾，里门。此泛指民间。 [11]弗已：不止。弗，不。 [12]俾：使。 [13]盛粉黛：贪求美色。粉黛，妇女化妆品。粉以傅面，黛以画眉。借喻美女。 [14]干戈：兵器。干，盾牌。戈，长矛。此指代战争。 [15]地孽：人间的灾祸。孽，灾害，妖祸。 [16]衣冠：指士大夫。 [17]钳口：闭口不说话。 [18]道路以目：周厉王暴虐，令人监督止谤，道路以目。形容国人慑于暴政，敢怒而不敢言。 [19]鼠窃狗盗：比喻小窃小盗。 [20]覆：遮盖，掩蔽。 [21]朕臣：我的臣民。朕，皇帝的自称。 [22]伤恻：伤痛。 [23]应（yìng）机：适应时机。 [24]诛殄（tiǎn）：杀绝。殄，断绝，灭绝。 [25]吴越：古代的吴国、越国，在今江浙一带。此指陈朝统治的江南之地。 [26]玺书：古代用印章封记的文书。 [27]纸：量词。一张称作一纸。 [28]江外：江南。中原人称江南为江外。 [29]太子胤：陈后主长子，后废为吴兴王。传见《陈书》卷二十八、《南史》卷六十五。 [30]袁宪（529—598）：字德章，历仕梁、陈、隋三朝，官至尚书

右仆射。传见《陈书》卷二十四、《南史》卷二十六。［31］沈后：陈后主皇后。传见《陈书》卷七、《南史》卷十二。［32］始安王深：陈后主第四子，封始安王，后立为太子。传见《陈书》卷二十八、《南史》卷六十五。［33］从容：安逸舒缓，不慌不忙。［34］厉色：严厉的面色。［35］折：挫折，反对。［36］储副：君主之副，即皇太子，被视为君位的继承者。［37］亿兆：此言人极多。［38］宅心：归心。［39］五月，庚子：五月己巳朔，无庚子。按《陈书·后主纪》庚子在六月；《南史》同。据此，"五月"当改作"六月"。庚子，六月三日。［40］志操：志向操守。［41］容止：形貌举动。［42］俨然：形容矜持庄重。俨，庄重。［43］喜愠：高兴与恼怒。愠，恼怒。［44］澹（dàn）然：恬静，安定无事的样子。［45］忌怨：嫉妒，怨恨。［46］经史：经书和史籍。［47］释典：佛经。［48］己亥：十月三日。［49］己未：十月二十三日。［50］行省：即行台，是设在地方行使尚书省职权的机构。［51］寿春：县名。县治在今安徽寿县。［52］许善心（558—618）：字务本，高阳北新城（今河北高阳县）人。历仕陈、隋，官至礼部侍郎。曾撰《梁史》七十卷。已佚失。传见《隋书》卷五十八、《北史》卷八十三、《陈书》卷三十四。［53］甲子：十月二十八日。［54］有事于太庙：古代帝王出征前，先往太庙祭告祖宗。［55］六合：县名，隋以尉氏县改名，县治在今江苏南京市六合区。［56］刘仁恩：仕隋，官至刑部尚书。传附《隋书·张奭传》《北史·张奭传》。［57］王世积：阐熙新国（今陕西靖边县西）人。历仕北周、隋，官至凉州总管。传见《隋书》卷四十、《北史》卷六十八、《周书》卷二十九。［58］蕲春：县名。蕲州治所，故址在今湖北蕲春县东北。［59］庐江：县名。庐州治所，在今安徽庐江县。［60］青州：州名。治所益都县，在今山东青州市。［61］东海：郡名。治所安流，在今江苏连云港市东南。［62］巴、蜀：地区名。泛指今四川及重庆市一带。［63］舟楫：船和桨。［64］亘（gèn）：连接。［65］长史：官名。掌军事。［66］区处：分别处置、安排。［67］支度：计算，支出。［68］凝滞：拘泥，粘滞。形容办事不畅。［69］丁卯：十一月二日。［70］乙亥：十一月十日。［71］定城：地名。故址在今陕西华阴市东。［72］丙子：十一月十一日。［73］叔荣、叔匡：陈叔荣，陈宣帝第三十三子，封新昌王。陈叔匡，陈宣帝第三十四子，封太原王。传见《陈书》卷二十八、《南史》卷六十五。［74］河东：郡名。治所蒲坂县，在今山西永济市西南蒲州镇。［75］庚子：十二月五日。［76］邻国：据岑仲勉《通鉴隋唐纪比事质疑》，邻国系指波斯。［77］流矢：飞矢，乱箭。［78］雍虞闾：突厥人，继莫何之后立为可汗，号颉伽施多那都蓝可汗。事见《隋书·突厥传》。［79］兹：同"此"。［80］郭璞：字景纯，河东闻喜人。晋术士。传见《晋书》卷七十二。［81］分王：分立称王。［82］中国：古代指中原地区。［83］周：合，相符。［84］拔：擢用，提拔。［85］任蛮奴：即任忠，小名蛮奴。历仕梁、陈，后降隋。终官开府仪同三司。传见《陈书》卷三十、《南史》卷六十七。［86］一夫之用：匹夫之勇。一夫，一人。［87］巫峡：地名。在今重庆市巫山县东、湖北巴东县西之间的长江两岸。［88］席卷：有如卷席，谓全部占领。［89］豁然：觉悟、开朗的样子。［90］不意：不料，没有想到。［91］乃尔：犹言如此。［92］三峡：峡名。在重庆市奉节县至湖北宜昌市之间的长江两岸。［93］青龙百余艘：青龙，船名。盖与黄龙相似，能载百余人的较大战舰。百余艘，据章校，“艘”下应补“兵数千人”四字。［94］狼尾滩：地名。故址在今湖北宜都市境长江中。［95］险峭：险而峻峭。峭，陡直。［96］患之：因地势险峻而忧虑。［97］衔枚：枚如筷子，横衔口中，以禁喧哗。古代夜间行军多用此法。［98］刘仁恩：仕隋，官至刑部尚书、上大将军。传见《隋书》卷四十六、《北史》卷七十五。［99］白沙：地名。陈将戚昕驻地，大致在狼尾滩附近。［100］迟明：将近黎明。迟，未。［101］秋毫不犯：不取民一点一滴。形容军纪严明。秋毫，鸟兽秋天新生的细羽毛。［102］舟舻：船。被江：覆盖江面。［103］旌甲：旌旗和盔甲。［104］清河公：杨素封为清河公。［105］镇戍：戍守。［106］抑而不言：扣压而不上奏。［107］远散其众：将其部众远远疏散。［108］吴兴郡：郡名。治所乌程县，在今浙江湖州市吴兴区南下菰城。［109］襟带：如襟如带，比喻地势险要。此指牵制。［110］南平王嶷：陈后主第二子陈嶷，封南平王。传见《陈书》卷二十八、《南史》卷六十五。［111］永嘉王彦：陈后主第三子，封永嘉王。传见《陈书》卷二十八、《南史》卷六十五。［112］元会：皇帝元旦朝见群臣叫元会，也叫正会。［113］湘州：州名。治所临湘县，在今湖南长沙市。［114］晋熙王叔文：陈宣帝第十二子，封晋熙王。后降隋。传见《陈书》卷二十八、《南史》卷六十五。［115］自度：自己估计。［116］为用：为自己尽力。［117］执事者：执行政事的人。犹言百官。［118］短长：是非，优劣。［119］樊毅（？—589）：字智烈，南阳湖阳（今河南唐河县西南湖阳镇）人。历仕梁、陈，官至护军将军，荆州刺史。传见《陈书》卷三十、《南史》卷六十七。［120］京口：镇名。南徐州治所，在今江苏镇江市。［121］采石：镇名。在今安徽当涂县北采石矶。京口、采石皆沿江重地。［122］金翅：船名。［123］述职：诸侯朝见天子称为述职。此以出守藩方为述职。［124］之任：赴任就职。之，往。任，职。［125］不假面陈：不须面见陈主陈述事情。［126］文启：成文的表启。［127］骤至：屡次来到。骤，屡次，多次。［128］殷勤奏请：情意恳切地将此事奏请陈后主。殷勤，情意恳切的样子。［129］逼：逼近，临近。［130］南郊之日：陈承梁制，以间岁正月上辛日祀天地于南、北二郊。按例，来年正月当行此礼。［131］废阙：因出兵御隋而无法祭祀天地，故此礼废而有所缺失。［132］货动江总：即行使贿赂，使江总出面相助。［133］游说：四处活动，劝说别人服从自己的观点或做法。［134］重违其意：难以违背江总的意见。重，难。［135］付外：交付外廷百官。［136］齐兵三来：北齐曾三次出兵南下，一次是梁敬帝绍泰元年（555）徐嗣徽、任约率齐兵袭建康，占据石头。太平元年（556）齐军再次攻破采石，逼近建康。世祖天嘉元年（560），齐将刘伯球等助王琳下芜湖。皆失败。［137］周师再来：天嘉元年周将独孤整等攻入湘州，临海王光大元年（567）宇文直等助华皎作战。皆败。［138］天堑：天然的壕坑。堑，壕沟。［139］古以为限隔南北：典出三国。魏文帝伐吴，见江涛汹涌，叹气说：“固天所以限南北也。”［140］太尉公：官名。即太尉。晋宋以来，习称三公为太尉公、司徒公、司空公。［141］此是我马：谓北方军马若过江不能北还，必归我所有。此是孔范说大话。［142］奏伎：演奏女乐。伎，女乐。［143］是岁：这一年。是，此，这。［144］裨（pí）王：吐谷浑的小王之称。如同裨将。

［145］惛（hūn）狂：昏暗而狷狂。惛，神智不清。［146］怀怖：心里怀有恐惧之情。［147］归化：归顺，服从。［148］叛夫背父：背叛了丈夫和父亲。［149］妹夫及甥：史书不书主名。按文意当指拓跋木弥之妹夫与外甥。

【点评】

隋朝灭陈。本卷平行记载隋、陈史事，隋朝君明臣贤，精心治国，以图统一；陈朝主昏臣佞，荒淫误国，末世景象，二者形成鲜明对照。隋文帝治国察纳雅言，善政多多。贺娄子干熟悉边事，被任命为榆关总管；李谔上书历数轻薄文风之弊，隋文帝禁浮华；沙钵略上书请内附，隋文帝宽待平戎；群臣建言平陈，隋文帝择善而从。陈后主荒淫放纵，大臣不言，小臣切谏，傅縡、章华，枉送性命。大军压境，君臣还大言相欺，陈朝不亡，天理不容。

卷一七七 隋[1]纪一

隋文帝开皇九年至十一年（589—591年）

起屠维作噩（己酉，589年），尽重光大渊献（辛亥，591年），凡三年】

【大事提要】

本卷载述公元589年至公元591年隋朝统一全国初始三年史事，时当隋文帝开皇九年至十一年。本卷着重记述开皇九年隋灭陈的过程。隋灭陈，以大吞小，隋文帝为英武之主，陈后主是昏庸信谗的亡国之主，以英武对昏庸，故隋灭陈如摧枯拉朽，陈旬月即亡。

高祖文皇帝[2]上之上

开皇九年[3]（己酉，589年）

春，正月，乙丑朔[4]，陈主朝会群臣，大雾四塞，入人鼻，皆辛酸，陈主昏睡，至晡时[5]乃寤。

是日，贺若弼自广陵引兵济江。先是弼以老马多买陈船而匿之，买弊船五六十艘，置于渎[6]内。陈人觇之，以为内国[7]无船。弼又请缘江防人每交代之际，必集广陵，于是大列旗帜，营幕被野，陈人以为隋兵大至，急发兵为备，既知防人交代[8]，其众复散；后以为常，不复设备。又使兵缘江时猎[9]，人马喧噪[10]。故弼之济江，陈人不觉。韩擒虎将五百人自横江[11]宵济采石[12]，守者皆醉，遂克之。晋王广帅大军屯六合镇[13]桃叶山[14]。

丙寅[15]，采石戍主徐子建驰启告变；丁卯[16]，召公卿入议军旅[17]。戊辰[18]，陈主下诏曰："犬羊[19]陵纵，侵窃郊畿[20]，蜂虿[21]有毒，宜时扫定。朕当亲御六师[22]，廓清[23]八表[24]，内外并可戒严。"

以骠骑将军萧摩诃、护军将军樊毅、中领军鲁广达并为都督，司空司马消难、湘州刺史施文庆并为大监军[25]，遣南豫州刺史樊猛[26]帅舟师出白下[27]，散骑常侍皋文奏将兵镇南豫州。重立赏格[28]，僧、尼、道士，尽令执役[29]。

庚午[30]，贺若弼攻拔京口，执南徐州刺史黄恪。弼军令严肃，秋毫不犯，有军士于民间酤酒[31]者，弼立斩之。所俘获六千余人，弼皆释之，给粮劳遣[32]，付以敕书，令分道宣谕[33]。于是所至风靡。

樊猛在建康[34]，其子巡摄行[35]南豫州事。辛未[36]，韩擒虎进攻姑孰[37]，半日，拔之，执巡及其家口。皋文奏败还。江南父老素闻擒虎威信，来谒军门者昼夜不绝。

鲁广达之子世真[38]在新蔡[39]，与其弟世雄及所部降于擒虎，遣使致书招广达。广达时屯建康，自劾[40]，诣廷尉[41]请罪；陈主慰劳之，加赐黄金，遣还营。樊猛与左卫将军蒋元逊将青龙八十艘于白下游弈[42]，以御六合兵[43]，陈主以猛妻子在隋军，惧有异志，欲使镇东大将军任忠代之，令萧摩诃徐谕[44]猛，猛不悦，陈主重伤其意[45]而止。

于是贺若弼自北道[46]，韩擒虎自南道[47]并进，缘江诸戍，望风尽走；弼分兵断曲阿之冲[48]而入。陈主命司徒豫章王叔英屯朝堂，萧摩诃屯乐游苑，樊毅屯耆阇寺，鲁广达屯白土冈[49]，忠武将军孔范屯宝田寺，己卯[50]，任忠自吴兴[51]入赴，仍屯朱雀门[52]。

辛未[53]，贺若弼进据钟山[54]，顿白土冈之东。晋王广遣总管杜彦[55]与韩擒虎合军，步骑二万屯于新林。蕲州总管王世积以舟师出九江，破陈将纪瑱于蕲口，陈人大骇，降者相继。晋王广上状[56]，帝大悦，宴赐群臣。

时建康甲士尚十余万人，陈主素怯懦，不达[57]军士[58]，唯日夜啼泣，台内处分[59]，一以委施文庆。文庆既知诸将疾己，恐其有功，乃奏曰："此辈怏怏，素不伏官，迫此事机，那可专信！"由是诸将凡有启请，率皆不行。

贺若弼之攻京口也，萧摩诃请将兵逆战[60]，陈主不许。及弼至钟山，摩诃又曰："弼悬军深入，垒堑[61]未坚，出兵掩袭，可以必克。"又不许。陈主召摩诃、任忠于内殿议军事，忠曰："兵法：客[62]贵速战，主[63]贵持重。今国家足兵足食，宜固守台城，缘淮立栅，北军[64]虽来，勿与交战；分兵断江路，无令彼信得通。给臣精兵一万，金翅[65]三百艘，下江径掩六合；彼大军必谓其渡江将士已被俘获，自然挫气[66]。淮南土人[67]与臣旧相知悉，今闻臣往，必皆景从[68]。臣复扬声[69]欲往徐州，断彼归路，则诸军不击自去。待春水既涨，上江[70]周罗睺等众军必沿流赴援。此良策也。"陈主不能从。明日，欻然[71]曰："兵久不决，令人腹烦[72]，可呼萧郎[73]一出击之。"任忠叩头苦请勿战。孔范又奏："请作一决，当为官勒石燕然[74]。"陈主从之，谓摩诃曰："公可为我一决！"摩诃曰："从来行陈[75]，为国为身；今日之事，兼为妻子。"陈主多出金帛赋[76]诸军以充赏。甲申[77]，使鲁广达陈于白土冈，居诸军之南，任忠次之，樊毅、孔范又次之，萧摩诃军最在北。诸军南北亘[78]二十里，首尾进退不相知。

贺若弼将轻骑登山，望见众军，因驰下，与所部七总管杨牙、员明[79]等甲士凡八千，勒陈[80]以待之。陈主通[81]于萧摩诃之妻，故摩诃初无战意；唯鲁广达以其徒力战，与弼相当。隋师退走者数四，弼麾下死者二百七十三人，弼纵烟[82]以自隐，窘而复振。陈兵得人头，皆走献陈主求赏，弼知其骄惰，更引兵趣孔范；范兵暂交即走，陈诸军顾之[83]，骑卒乱溃，不可复止，死者五千人。员明擒萧摩诃，送于弼，弼命牵斩之，摩诃颜色自若，弼乃释而礼之。

任忠驰入台，见陈主言败状，曰："官[84]好住，臣无所用力矣！"陈主与之金两縢[85]，使募人出战，忠曰："陛下唯当具舟楫，就上流众军[86]，臣以死奉卫[87]。"陈主信之，敕忠出部分，令宫人装束以待之，怪其久不至。时韩擒虎自新林进军，忠已帅数骑迎降于石子冈[88]。领军蔡徵守朱雀航[89]，闻擒虎将至，众惧而溃。忠引擒虎军直入朱雀门，陈人欲战，忠挥之曰："老夫尚降，诸军[90]何事！"众皆散走。于是城内文武百司[91]皆遁，唯尚书仆射袁宪在殿中，尚书令江总等数人居省中。陈主谓袁宪曰："我从来接遇[92]卿不胜余人，今日但以追愧[93]。非唯朕无德，亦是江东衣冠道尽[94]。"

陈主遑遽[95]，将避匿，宪正色曰："北兵之入，必无所犯。大事如此，陛下去欲安之！臣愿陛下正衣冠，御正殿，依梁武帝见侯景故事[96]。"陈主不从，下榻驰去，曰："锋刃之下，未可交当[97]，吾自有计！"从宫人十余出后堂景阳殿，将自投于井，宪苦谏不从；后阁舍人[98]夏侯公韵以身蔽井，陈主与争，久之，乃得入。既而军人窥井，呼之，不应，欲下石，乃闻叫声；以绳引之，惊其太重，及出，乃与张贵妃、孔贵嫔同束而上。沈后居处如常。太子深[99]年十五，闭阁而坐，舍人孔伯鱼侍侧，军士叩阁而入，深安坐，劳之曰："戎旅在途，不至劳也！"军士咸致敬焉。时陈人宗室王侯在建康者百余人，陈主恐其为变，皆召入，令屯朝堂，使豫章王叔英总督之，又阴为之备，及台城失守，相帅出降。

贺若弼乘胜至乐游苑，鲁广达犹督余兵苦战不息，所杀获数百人，会日暮，乃解甲，面台[100]再拜恸哭，谓众曰："我身不能救国，负罪深矣！"士卒皆流涕歔欷，遂就擒。诸门卫皆走，弼夜烧北掖门入，闻韩擒虎已得陈叔宝，呼视之，叔宝惶惧，流汗股栗，向弼再拜。弼谓之曰："小国之君当大国之卿[101]，拜乃礼也。入朝不失作归命侯[102]，无劳恐惧。"既而耻功在韩擒虎后，与擒虎相诟[103]，挺刃而出；欲令蔡徵为叔宝作降笺，命乘骡车归己，事不果。弼置叔宝于德教殿，以兵卫守。

高颎先入建康，颎子德弘为晋王广记室[104]，广使德弘驰诣颎所，令留张丽华[105]，颎曰："昔太公蒙面以斩妲己[106]，今岂可留丽华！"乃斩之于青溪。德弘还报，广变色曰："昔人云，'无德不报'，我必有以报高公[107]矣！"由是恨颎。

丙戌[108]，晋王广入建康，以施文庆受委[109]不忠，曲为谄佞以蔽耳目[110]，沈客卿重赋厚敛以悦其上[111]，与太市令阳慧朗、刑法监[112]徐析、尚书都令史暨慧皆为民害，斩于石阙下，以谢三吴。使高颎与元帅府记室裴矩[113]收图籍，封府库，资财一无所取，天下皆称广，以为贤。矩，让之之弟子也。

广以贺若弼先期[114]决战，违军令，收以属吏[115]。上驿召之，诏广曰："平定江表[116]，弼与韩擒虎之力也。"赐物万段；又赐弼与擒虎诏，美其功。

开府仪同三司王颁，僧辩之子，夜，发陈高祖陵[117]，焚骨取灰，投水而饮之。既而自缚，归罪于晋王广；广以闻，上命赦之。诏陈高祖、世祖、高宗陵，总给五户分守之[118]。

上遣使以陈亡告许善心，善心衰服号哭于西阶[119]之下，藉草[120]东向坐三日，敕书唁焉[121]。明日，有诏就馆[122]，拜通直散骑常侍，赐衣一袭[123]。善心哭尽哀，入房改服[124]，复出，北面立，垂泣[125]，再拜受诏，明日乃朝，伏泣于殿下，悲不能兴[126]。上顾左右曰："我平陈国，唯获此人。既能怀其旧君，即我之诚臣也。"敕以本官直[127]门下省。

陈水军都督周罗睺与郢州刺史荀法尚守江夏，秦王俊督三十总管水陆十余万屯汉口[128]，不得进，相持逾月。陈荆州刺史陈慧纪[129]遣南康内史吕忠肃屯岐亭[130]，据巫峡[131]，于北岸凿岩，缀铁锁三条，横截上流以遏隋船，忠肃竭其私财以充军用。杨素、刘仁恩[132]奋兵击之，四十余战，忠肃守险力争，隋兵死者五千余人，陈人尽取其鼻以求功赏。既而隋师屡捷，获陈之士卒，三纵之。忠肃弃栅而遁，素徐去其锁；忠肃复据荆门之延洲，素遣巴蜑[133]千人，乘五牙[134]四艘，以拍竿碎其十余舰，遂大破之，俘甲士二千余人，忠肃仅以身免。陈信州刺史顾觉屯安蜀城[135]，弃城走。陈慧纪屯公安，悉烧其储蓄，引兵东下，于是巴陵[136]以东无复城守者。陈慧纪帅将士三万人，楼船[137]千余艘，沿江而下，欲入援建康，为秦王俊所拒，不得前。是时，陈晋熙王叔文罢湘州[138]，还，至巴州，慧纪推叔文为盟主[139]。而叔文已帅巴州刺史毕宝等致书请降于俊，俊遣使迎劳之。会建康平，晋王广命陈叔宝手书招上江诸将，使樊毅诣周罗睺，陈慧纪子正业诣慧纪谕指[140]。时诸城皆解甲，罗睺乃与诸将大临[141]三日，放兵散，然后诣俊降，陈慧纪亦降，上江皆平。杨素下至汉口，与俊会。王世积在蕲口，闻陈已亡[142]，告谕江南诸郡，于是江州司马黄偲[143]弃城走，豫章诸郡太守皆诣世积降。

癸巳[144]，诏遣使者巡抚[145]陈州郡。二月，乙未[146]，废淮南行台省[147]。

（以上为第一段，写隋文帝灭陈，破金陵，消灭陈朝主力军队的战斗过程。）

【注释】

［1］隋：隋朝国号。初杨忠以功封随国公，子坚袭爵受周禅，遂以随为国号。因恶随字带之，之训为走，故去之为隋。［2］高祖文皇帝：隋朝开国皇帝杨坚，公元581年至公元604年在位。［3］开皇九年：隋文帝于陈宣帝太建十三年（581）受周禅，至此年平陈，统一天下。《资治通鉴》纪事，才以开皇系年。［4］乙丑朔：正月一日。［5］晡时：古人进餐习惯，吃第二顿饭是在晡时。它指每天下午三时至五时。［6］渎（dú）：沟渠，水道。［7］内国：即中国。隋避杨忠讳，改中作内。［8］交代：换防。［9］时猎：经常打猎。时，时常。［10］喧噪：大声喧闹。［11］横江：津渡名。即横江浦，在今安徽和县东南长江北岸。［12］采石：地名。即采石矶，在今安徽当涂县北采石矶。［13］六合镇：地名。在今江苏南京市六合区。［14］桃叶山：地名。在今江苏南京市六合区南。［15］丙寅：正月二日。［16］丁卯：正月三日。［17］军旅：军事，战争。［18］戊辰：正月四日。［19］犬羊：是陈后主对隋军的蔑称。［20］郊畿：指陈都城地区。古代称距都城百里为郊，天子所领辖之地为畿。［21］蜂虿（chài）：蜂与蝎。毒虫的泛称。［22］六师：即六军。周制，天子有六军。后作为军队的统称。［23］廓清：肃清，澄清。［24］八表：八方之外，指极远的地方。［25］大监军：官名。掌监察军事。［26］樊猛：陈朝人，官至南豫州刺史。后降隋。传附《陈书·樊毅传》《南史·樊毅传》。［27］白下：地名。在今江苏南京市北。［28］赏格：悬赏所定的等级、标准。［29］执役：服役。［30］庚午：正月六日。［31］酤酒：买酒。酤，买。［32］劳遣：安慰而遣送。［33］宣谕：宣传，告诉。谕同“喻”。［34］建康：陈朝都城，在今江苏南京市。［35］摄行：代理。此指樊巡代替其父处理南豫州军政之事。［36］辛未：正月七日。［37］姑孰：南豫州治所。在今安徽当涂县境。［38］世真：鲁广达长子，事附《陈书·鲁广达传》《南史·鲁广达传》。［39］新蔡：郡名。治所苞信县，在今河南息县东北包信镇。［40］自劾：自己弹劾自己的罪行。［41］廷尉：官名。古代九卿之一。掌刑法。［42］游弈：来回巡逻。［43］六合兵：指隋军。此时晋王杨广率大军驻扎于六合镇桃叶山。［44］徐谕：慢慢地告诉。［45］重伤其意：难以伤害樊猛的心意。重，难的意思。［46］北道：指从京口进军。京口在建康偏北，故称北道。［47］南道：指从姑孰进军。姑孰在建康偏南，故称南道。［48］断曲阿之冲：曲阿，本指云阳，秦朝时，传说此地有天子气，凿北冈以败其势，截直使阿曲，因名曲阿县。在今江苏丹阳市。贺若弼为阻止三吴之兵援救建康，故分兵断其要冲。［49］白土冈：地名。在今江苏南京市东。［50］己卯：正月十五日。［51］吴兴：郡名。治所乌程县，在今浙江湖州市吴兴区南下菰城。［52］朱雀门：城门名。一名大航门，建康城南面城门。［53］辛未：前已有辛未，此恐误。按《陈书》卷八《后主纪》作“辛巳，贺若弼进据钟山。”《南史》同。据此，“未”当改为“巳”。辛巳，正月十七日。［54］钟山：山名。即紫金山。在今江苏南京市东。［55］杜彦（542—601）：云中（今内蒙古和林格尔县西北土城子）人。官至云州总管。传

见《隋书》卷五十五、《北史》卷七十三。［56］上状：把伐陈的进军情状上奏隋文帝。状，文体的一种，向上级陈述事实的文书。［57］达：通达，通晓。［58］军士：据章校，“士”应改作“事”字。［59］台内处分：朝廷政事处置。台，晋、宋时称朝廷禁省为台。［60］逆战：迎战，迎击敌军。［61］垒堑：军营的围墙和护营的壕沟。［62］客：指进攻的一方。［63］主：指被进攻的一方。［64］北军：指隋军。隋军自北方而来，故称北军。［65］金翅：战舰名。［66］挫气：挫伤锐气。［67］土人：土著人，当地人。［68］景（yǐng）从：紧相追随，如影随形。景，“影”本字。［69］扬声：声言，公开宣称。［70］上江：长江上游。［71］欻（xū）然：忽然，迅疾的样子。［72］腹烦：心中烦恼。腹，心中。［73］萧郎：指萧摩诃。［74］勒石燕然：东汉窦宪曾出击匈奴，取得胜利，在燕然山立碑，以记其功。勒石，刻文于石。燕然，山名。今蒙古国杭爱山。［75］行陈：军队行列。此指出军打仗。行陈也作“行阵”。［76］赋：给予，分给。［77］甲申：正月二十日。［78］亘（gèn）：连绵。［79］员明：隋将。官至开府。事附《隋书·贺若弼传》。员（yùn），姓。［80］勒陈：统兵列阵。陈同“阵”。［81］通：私通，通奸。［82］纵烟：放火生烟。［83］顾之：看见孔范军队败走。［84］官：对陈后主的称呼。［85］縢：用绳子捆扎起来的物品。［86］就上流众军：谓乘船到长江上游周罗睺等的军队中去。［87］奉卫：侍卫。奉，对陈后主的敬词。［88］石子冈：地名。在今江苏南京市西南。［89］朱雀航：东晋、南朝时建康正南朱雀门外的古浮桥。以船舶连接而成。战时有警，则撤航为备。故址在今江苏南京市镇淮桥东。航，舟船相连称航。［90］军：或作“君”。［91］百司：百官。［92］接遇：对待。［93］追愧：回忆往事，表示惭愧。［94］江东衣冠道尽：指陈朝运数已尽。衣冠，指士大夫。［95］遑遽：惶恐不安。［96］依梁武帝见侯景故事：太清三年（549），侯景之乱，乱军已攻入台城，梁武帝安坐殿上不动，侯景入殿，梁武帝又神色不变。详见《资治通鉴》卷一百六十二《梁纪十八》武帝太清三年。［97］交当：抵挡。当同“挡”。［98］后阁舍人：官名。殿中舍人，主守后阁。［99］太子深：即陈后主第四子陈深。先封始安王，后立为太子。传见《陈书》卷二十八、《南史》卷六十五。［100］面台：面向台城。［101］小国之君当大国之卿：谓小国的君主与大国之卿的地位相当。［102］归命侯：爵位名。三国末，晋武帝灭东吴，吴主孙皓投降，封为归命侯。归命，归顺之意。［103］相诟：互相对骂。［104］记室：官名。即记室参军，掌章表书记文檄。［105］张丽华：即陈后主的张贵妃。［106］太公蒙面以斩妲（dá）己：妲己是有苏氏美女，商纣王宠妃。周武王灭商，被杀。太公，即姜尚，周初政治家。［107］以报高公：高颎违背了晋王旨意，杀死了张贵妃，晋王广因此怀恨在心，发誓要报复他。高公，指高颎。［108］丙戌：正月二十二日。［109］受委：接受委任。［110］以蔽耳目：指遮蔽君主耳目，使君主不能了解下情。［111］以悦其上：以取悦、讨好其主子。［112］刑法监：官名。掌管刑法。［113］裴矩（548—627）：本名裴世矩，唐人因避李世民讳而省。字弘大，河东闻喜（今山西闻喜县）人。历仕北齐、北周、隋与唐，官至太子詹事，兼检校侍中。著《开业平陈记》十二卷。传见《隋书》卷六十七、《北史》卷三十八、《新唐书》卷一百、《旧唐书》卷六十三。［114］先期：谓决战日期提前，没按规定日期行事。［115］收以属吏：谓将贺若弼收押，交给主管官吏处理。［116］江表：指长江以南地区。从中原看，地在长江之外，故称江表。［117］发陈高祖陵：挖掘陈高祖的坟墓。高祖，指武帝陈霸先。曾杀王颁之父僧辩，故颁为父报仇。［118］分守之：由五户分别守护陈高祖、世祖、高宗三陵。［119］西阶：宾客所处之阶。［120］藉草：丧礼。因陈亡，故许善心行丧礼，表示痛悼。［121］敕书唁（yàn）焉：发敕书对许善心表示安慰。唁，慰问遇有丧事的人。［122］就馆：回到客馆。去年许善心聘隋，被留于客馆。［123］袭：衣服一套称袭。［124］改服：谓脱下丧服，换上赐服。［125］垂泣：无声而出涕。［126］兴：起来。［127］直：当值，值勤。［128］汉口：地名。汉水入长江之口，又称夏口、沔口。在今湖北武汉市。［129］陈慧纪：字元方。陈高祖之从孙。官至荆州刺史。传见《陈书》卷十五、《南史》卷六十五。［130］岐亭：地名。故址在今湖北宜昌市西北长江西陵峡口。［131］巫峡：按杨素水军于去年冬已过夷陵狼尾滩，在巫峡东。当从《隋书·杨素传》，巫峡作"江峡"。［132］刘仁恩：仕隋，官至刑部尚书。传附《隋书·张煚传》《北史·张煚传》。［133］巴蜑（dàn）：古代南方民族之一。居今湖北巴东县一带，习水性。［134］五牙：大舰名。上起楼五层，容纳战士 800 人。［135］安蜀城：地名。故址在今湖北宜昌市西北长江西陵峡口。［136］巴陵：巴州治所。在今湖南岳阳市。［137］楼船：有叠层的大船，多作为战船。［138］湘州：州名。治所新化县，在今湖北大悟县东北。［139］盟主：同盟的领袖。晋熙王叔文是陈后主之弟，陈慧纪欲联合陈宗室及陈将抗隋，故推叔文为领袖。［140］谕指：告知旨意。指，通"旨"。［141］大临：哭吊。因陈朝灭亡而痛哭哀悼。［142］已亡：据章校，"亡"下有"移书"二字。［143］黄偲：人名。陈朝江州司马。偲（cāi），又读 sī。［144］癸巳：正月二十九日。［145］巡抚：巡视，安抚。［146］乙未：二月一日。［147］废淮南行台省：祯明二年（588）十月，隋文帝为消灭陈朝，于寿春置淮南行省，以晋王杨广为尚书令。今陈已亡，故废。

苏威奏请五百家置乡正[1]，使治民，简辞讼[2]。李德林以为："本废乡官[3]判事[4]，为其里闾[5]亲识，剖断[6]不平，今令乡正专治五百家，恐为害更甚。且要荒[7]小县，有不至五百家者，岂可使两县共管一乡！"帝不听。丙申[8]，制："五百家为乡，置乡正一人；百家为里，置里长[9]一人。"

陈吴州刺史萧瓛能得物情[10]，陈亡，吴人推瓛为主，右卫大将军武川宇文述[11]帅行军总管元契、张默言等讨之。落丛公燕荣[12]以舟师自东海至，陈永新侯陈君范自晋陵[13]奔瓛，并军拒述。述军且至，瓛立栅于晋陵城东，留兵拒述，遣其将王褒守吴州，自义兴[14]入太湖[15]，欲掩[16]述后。述进破其栅，回兵击瓛，大破之；又遣兵别道袭吴州，王褒衣道士服弃城走。瓛以余众保包山[17]，燕荣击破之。瓛将左右数人匿民家，为人所执。述进至奉公埭[18]，陈东扬州[19]刺史萧岩[20]以会稽降，与瓛皆送长安；斩之。

杨素之下荆门也，遣别将庞晖将兵略地，南至湘州，城中将士，莫有固志[21]。刺史岳阳王叔慎[22]，年十八，置酒会文武僚吏[23]。酒酣[24]，叔慎叹曰："君臣之义，尽于此乎！"长史谢基伏而流涕。湘州助防[25]遂兴侯正理在坐，乃起曰："主辱臣死。诸君独非陈国之臣乎！今天下有难，实致命之秋也；纵其无成，犹见臣节，青门之外，有死不能[26]！今日之机，不可犹豫，后应者斩！"众咸许诺。乃刑牲结盟[27]，仍遣人诈奉降书于庞晖。晖信之，克期[28]入城，叔慎伏甲待之，晖至，执之以徇[29]，并其众皆斩之。叔慎坐于射堂[30]，招合士众，数日之中，得五千人。衡阳[31]太守樊通、武州[32]刺史邬居业皆请举兵助之。隋所除湘州刺史薛胄[33]将兵适至，与行军总管刘仁恩共击之；叔慎遣其将陈正理与樊通拒战，兵败。胄乘胜入城，禽[34]叔慎，仁恩破邬居业于横桥[35]，亦擒之，俱送秦王俊，斩于汉口。

岭南未有所附[36]，数郡共奉高凉郡太夫人冼氏[37]为主，号圣母，保境拒守。诏遣柱国韦洸[38]等安抚岭外，陈豫章太守徐璒据南康[39]拒之，洸等不得进。晋王广遣陈叔宝遗夫人书，谕以国亡，使之归隋。夫人集首领数千人，尽日恸哭，遣其孙冯魂[40]帅众迎洸。洸击斩徐璒，入，至广州，说谕[41]岭南诸州皆定；表冯魂为仪同三司[42]，册冼氏为宋康郡夫人。洸，夐之子也。

衡州司马任瓌劝都督王勇[43]据岭南，求陈氏子孙，立以为帝；勇不能用，以所部来降，瓌弃官去。瓌，忠之弟子也。

于是陈国皆平[44]，得州三十，郡一百，县四百。诏建康城邑宫室，并平荡耕垦，更于石头置蒋州[45]。

晋王广班师，留王韶镇石头城，委以后事。三月，己巳[46]，陈叔宝与其王公百司发建康，诣长安，大小在路，五百里累累不绝[47]。帝命权分长安士民宅以俟之[48]，内外修整，遣使迎劳；陈人至者如归。夏，四月，辛亥[49]，帝幸骊山，亲劳旋师[50]。乙巳[51]，诸军凯入[52]，献俘于太庙，陈叔宝及诸王侯将相并乘舆服御[53]、天文图籍[54]等以次行列，仍以铁骑围之，从晋王广、秦王俊入，列于殿庭。拜广为太尉，赐辂车[55]、乘马、衮冕之服、玄圭[56]、白璧[57]。丙辰[58]，帝坐广阳门[59]观，引陈叔宝于前，及太子、诸王二十八人，司空司马消难以下至尚书郎[60]凡二百余人，帝使纳言宣诏劳之；次使内史令宣诏，责以君臣不能相辅，乃至灭亡。叔宝及其群臣并愧惧[61]伏地，屏息[62]不能对。既而宥之。

初，武元帝[63]迎司马消难，与消难结为兄弟，情好甚笃，帝每以叔父礼事之。及平陈，消难至，特免死，配为乐户[64]，二旬而免，犹以旧恩引见；寻卒于家。

庚戌[65]，帝御广阳门宴将士，自门外夹道列布帛之积，达于南郭[66]，班赐各有差[67]，凡用三百余万段。故陈之境内，给复[68]十年，余州免其年租赋。

乐安公元谐进曰："陛下威德远被，臣前请以突厥可汗为候正[69]，陈叔宝为令史[70]，今可用臣言矣。"帝曰："朕平陈国，本以除逆，非欲夸诞[71]。公之所奏，殊非朕心。突厥不知山川[72]，何能警候；叔宝昏醉[73]，宁堪驱使[74]！"谐默然而退。

辛酉[75]，进杨素爵为越公，以其子玄感[76]为仪同三司，玄奖[77]为清河郡公，赐物万段，粟万石。命贺若弼登御坐[78]，赐物八千段，加位上柱国，进爵宋公。仍各加赐金宝及陈叔宝妹为妾。

贺若弼、韩擒虎争功于帝前。弼曰："臣在蒋山[79]死战，破其锐卒，擒其骁将，震扬威武，遂平陈国；韩擒虎略不交陈[80]，岂臣之比！"擒虎曰："本奉明旨，令臣与弼同时合势以取伪都[81]，弼乃敢先期，逢贼遂战，致令将士伤死甚多。臣以轻骑五百，兵不血刃[82]，直取金陵[83]，降任蛮奴[84]，执陈叔宝，据其府库，倾其巢穴。弼至夕方扣[85]北掖门，臣启[86]关而纳之，斯乃救罪不暇[87]，安得与臣相比！"帝曰："二将俱为上勋[88]。"于是进擒虎位上柱国，赐物八千段。有司劾擒虎放纵士卒，淫污[89]陈宫；坐[90]此不加爵邑。

加高颎上柱国，进爵齐公，赐物九千段。帝劳之曰："公伐陈后，人言公反，朕已斩之。君臣道合[91]，非青蝇所能间也[92]。”帝从容命颎与贺若弼论平陈事，颎曰：“贺若弼先献十策[93]，后于蒋山苦战破贼。臣文吏耳，焉敢与大将论功！”帝大笑，嘉其有让[94]。

帝之伐陈也，使高颎问方略于上仪同三司[95]李德林，以授晋王广；至是，帝赏其功，授柱国，封郡公[96]，赏物三千段。已宣敕讫，或说高颎曰：“今归功于李德林，诸将必当愤惋[97]，且后世观公有若虚行[98]。”颎入言之，乃止。

以秦王俊为扬州总管四十四州诸军事，镇广陵。晋王广还并州。

晋王广之戮陈五佞[99]也，未知都官尚书[100]孔范、散骑常侍王瑳、王仪、御史中丞沈瓘之罪，故得免；及至长安，事并露，乙未[101]，帝暴其过恶，投之边裔，以谢吴、越之人。瑳刻薄贪鄙，忌害才能；仪倾巧[102]侧媚[103]，献二女以求亲昵；瓘险惨[104]苛酷，发言邪谄，故同罪焉。

帝给赐陈叔宝甚厚，数得引见，班同三品[105]；每预宴，恐致伤心，为不奏吴音[106]。后监守者奏言：“叔宝云，‘既无秩位[107]，每预朝集[108]，愿得一官号。’”帝曰：“叔宝全无心肝！”监者又言：“叔宝常醉，罕有醒时。”帝问：“饮酒几何？”对曰：“与其子弟日饮一石[109]。”帝大惊，使节[110]其酒，既而曰：“任其性；不尔[111]，何以过日！”帝以陈氏子弟既多，恐其在京城为非，乃分置边州[112]，给田业使为生，岁时[113]赐衣服以安全之。

诏以陈尚书令江总为上开府仪同三司，仆射袁宪、骠骑[114]萧摩诃、领军任忠皆为开府仪同三司，吏部尚书吴兴姚察为秘书丞。上嘉袁宪雅操[115]，下诏，以为江表称首[116]，授昌州[117]刺史。闻陈散骑常侍袁元友数直言于陈叔宝，擢拜主爵侍郎[118]。谓群臣曰：“平陈之初，我悔不杀任蛮奴。受人荣禄[119]，兼当重寄[120]，不能横尸[121]徇国[122]，乃云无所用力，与弘演纳肝[123]何其[124]远也！”

帝见周罗睺，慰谕之，许以富贵。罗睺垂泣对曰：“臣荷[125]陈氏厚遇，本朝沦亡，无节可纪。得免于死，陛下之赐也，何富贵之敢望！”贺若弼谓罗睺曰：“闻公郢、汉捉兵[126]，即知扬州可得。王师利涉[127]，果如所量。”罗睺曰：“若得与公周旋[128]，胜负未可知。”顷之，拜上仪同三司。先是[129]，陈将羊翔来降，伐陈之役，使为乡导[130]，位至上开府仪同三司，班在罗睺上。韩擒虎于朝堂戏之曰：“不知机变[131]，乃立在羊翔之下，能无愧乎！”罗睺曰：“昔在江南，久承令问[132]，谓公天下节士[133]；今日所言，殊非所望。”擒虎有愧色。

帝之责陈君臣也，陈叔文独欣然[134]有得色[135]。既而复上表自陈[136]：“昔在巴州，已先送款[137]，乞知此情，望异常例！”帝虽嫌其不忠，而欲怀柔[138]江表，乃授叔文开府仪同三司，拜宜州刺史。

初，陈散骑常侍韦鼎聘于周，遇帝而异之，谓帝曰：“公当大贵，贵则天下一家[139]，岁一周天[140]，老夫当委质[141]于公。”及至德[142]之初，鼎为太府卿[143]，尽卖田宅，大匠卿[144]毛彪问其故，鼎曰：“江东王气[145]，尽于此矣！吾与尔当葬长安。”及陈平，上召鼎为上仪同三司。鼎，叡之孙也。

壬戌[146]，诏曰：“今率土大同[147]，含生[148]遂性；太平之法，方可流行。凡我臣民，澡身浴德[149]，家家自修，人人克念[150]。兵可立威，不可不戢；刑可助化[151]，不可专行。禁卫九重[152]之余，镇守四方之外，戎旅[153]军器，皆宜停罢。世路既夷[154]，群方无事，武力之子[155]，俱可学经；民间甲仗[156]，悉皆除毁。颁告天下，咸悉此意。”

贺若弼撰其所画策[157]上之，谓为《御授平陈七策》[158]。帝弗省[159]，曰：“公欲发扬我名，我不求名；公宜自载家传[160]。”弼位望隆重，兄弟并封郡公，为刺史、列将[161]，家之珍玩，不可胜计，婢妾曳罗绮[162]者数百，时人荣之。其后突厥来朝，上谓之曰：“汝闻江南有陈国天子乎？”对曰：“闻之。”上命左右引突厥诣韩擒虎前曰：“此是执得陈国天子者。”擒虎厉色顾之，突厥惶恐，不敢仰视。

（以上为第二段，写隋文帝平定陈朝全境，以及巩固统一的措施，妥善安置陈朝君臣，封赏立功将士。隋文帝并提贺若弼、韩擒虎两员大将，用心公允，避免了纷争。）

【注释】

［1］乡正：官名。掌一乡之政教禁令。［2］使治民，简辞讼：此处字句有误。按《隋书·李德林传》云："威又奏置五百家乡正，即令理民间辞讼。"据此"简"当作"间"。此句应作"使治民间辞讼"。辞讼，争讼，诉讼。［3］乡官：治理一乡事务的官吏。［4］判事：审理案件。［5］里闾：里巷，乡里。［6］剖断：辨明是非而加以判处。［7］要荒：泛指边远地方。［8］丙申：二月二日。［9］里长：古代的乡职，谓一里之长。［10］物情：众望，人心归向。［11］宇文述（?—616）：字伯通，代郡武川（今内蒙古武川县西南）人。历仕北周、隋，官至左卫大将军，加开府仪同三司，封许国公。传见《隋书》卷六十一、《北史》卷七十九。［12］燕荣：历仕北周、隋，官至幽州总管。传见《隋书》卷七十四、《北史》卷八十七。［13］晋陵：郡名。治所晋陵县，在今江苏常州市。［14］义兴：郡名。治所阳羡县，在今江苏宜兴市。［15］太湖：湖名。在今江苏苏州市吴中区西南，跨江苏、浙江二省。［16］掩：乘其不备而袭击对方。［17］包山：地名。又名洞庭山，在太湖中，四面环水。［18］奉公埭（dài）：地名。故址在今浙江杭州市萧山区西。［19］东扬州：侨州名。治所山阴县，在今浙江绍兴市。［20］萧岩（？—589）：后梁萧詧第五子，降陈，封东扬州刺史。传附《周书·萧詧传》。［21］固志：固守城池的意志。据章校，"志"下应补"刻日请降"四字。［22］岳阳王叔慎（572—589）：陈宣帝第十四子陈叔慎，字子敬，封岳阳王。传见《陈书》卷二十八、《南史》卷六十五。［23］僚吏：执役服侍的人，即官吏。［24］酒酣：形容酒兴正浓。［25］助防：官名。城防为正职，助防为副职，协助城防保卫城池。［26］青门之外，有死不能：意谓陈国臣民宁死也不效法秦时召平，种瓜青门之外，作新朝隋的顺民。青门，即汉长安城东青门，秦时人召平，封东陵侯，秦亡为民，种瓜于青门外。［27］刑牲结盟：杀牲口取血，以结成同盟。［28］克期：约定日期。同"尅期"。［29］徇：宣示众人，即示众。［30］射堂：行射礼的处所。［31］衡阳：郡名。治所湘西县，在今湖南株洲市西南。［32］武州：州名。治所武陵县，在今湖南常德市。［33］薛胄：字绍玄，河东汾阳（今山西万荣县西南）人，历仕北周、隋，官至刑部尚书。传见《隋书》卷五十五、《北史》卷三十六。［34］禽：同"擒"。捉住。［35］横桥：桥名。故址在今陕西咸阳市东北。［36］附：归附，服从。［37］高凉郡太夫人洗（xiǎn）氏：高凉（今广东阳江市西）人，世为岭南少数民族领袖。隋文帝封她为谯国夫人。传见《隋书》卷八十、《北史》卷九十一。［38］韦洸（guāng）：字世穆。历仕北周、隋，官至广州总管。传见《隋书》卷四十七、《北史》卷六十四。［39］南康：郡名。治所赣县，在今江西赣州市西南。［40］冯魂：冯融之孙，其祖母为洗夫人。［41］说谕：劝说告谕。［42］仪同三司：官名。隋文帝以为文散官，无职掌。［43］王勇（？—589）：仕陈，官至东衡州刺史，总督衡、广、交、桂、武等二十四州诸军事。后降隋。传附《陈书·南康愍王昙朗传》《南史·南康愍王昙朗传》。［44］陈国皆平：自陈武帝于公元557年受梁禅建立陈朝，至此而亡，凡历五主，三十三年。［45］蒋州：州名。治所石头城，在今江苏南京市石头山后。［46］己巳：三月六日。［47］累累不绝：连绵不断。累累，接连成串。［48］俟之：等待陈叔宝与其王公百

官。［49］辛亥：《隋书》卷二《高祖纪》上“辛亥”作“己亥”，《北史》同。当改。己亥，四月六日。［50］旋师：回军。旋，返还，归来。师，军队。［51］乙巳：四月十二日。［52］凯入：高奏凯乐而入。［53］乘舆：皇帝、诸侯乘坐的车子。服御：衣服车马之类。［54］天文：此指历法。图籍：地图与户籍。［55］辂（lù）车：大车。［56］玄圭（guī）：黑色的玉，古代帝王举行典礼所用的一种玉器。［57］白璧：古代以白璧为重要宝器。［58］丙辰：四月二十三日。［59］广阳门：长安宫城正南门。后改称承天门。［60］尚书郎：官名。宫廷的近侍。［61］愧惧：羞愧而又害怕。［62］屏息：抑制呼吸不敢出声，形容恭谨畏惧的神态。［63］武元帝：即隋文帝之父杨忠，谥武元帝。［64］乐户：古代犯罪的妇女或犯人的妻女没入官府，充当官妓，从事吹弹歌唱，供统治者取乐，名隶乐籍，户称乐户。［65］庚戌：四月十七日。按四月甲午朔，庚戌当在“丙辰”（四月二十三日）之前。此处干支错乱。又，据章校，“庚”上应补“鲁广达追伤本朝沦覆，得疾不疗，愤慨而卒”十七字。［66］郭：外城。［67］班赐：颁赐。各有差：多少各有差别。［68］复：免除赋税或徭役。［69］候正：官名。掌斥候警戒。［70］令史：官名。官位次于郎，掌文书。［71］夸诞：夸大，虚妄。［72］山川：山河。指地理情况。［73］昏醉：迷乱，糊涂，犹如人喝醉了酒一样。［74］宁堪驱使：岂能役使。宁，副词，岂，难道。驱使，役使。［75］辛酉：四月二十八日。［76］玄感（？—613）：杨素长子。官至礼部尚书，袭爵楚国公。后叛乱，被杀。传见《隋书》卷七十、《北史》卷四十一。［77］玄奖（？—613）：杨素之子。官至义阳太守，封清河郡公。事附《隋书·杨玄感传》《北史·杨玄感传》。［78］御坐：皇帝的座位。［79］蒋山：地名。今江苏南京市中山门外钟山。［80］交陈：两兵交战。陈，同“阵”。［81］伪都：陈都城建康。隋以本朝为正统，故称陈都为伪都。［82］兵不血刃：不经激战就取得胜利。兵，兵器。血刃，血染刀口，指杀人。［83］金陵：地名。今江苏南京市。［84］任蛮奴：任忠字蛮奴，隋讳忠字，故称其字。［85］方扣：才敲。指贺若弼军至夕才到宫门。［86］启：开。［87］不暇：忙不过来，没时间。［88］上勋：上等功勋。［89］淫污：奸淫。［90］坐：因。［91］道合：指思想一致。［92］青蝇：语出《诗经·小雅·青蝇》，常用以比喻进谗言的佞人。间（jiàn）：离间。［93］献十策：《资治通鉴》不载十策内容，按《隋书》本传亦不详。［94］嘉：称赞。有让：能谦让。［95］上仪同三司：官名。位在仪同三司上，文散官，无职事。［96］郡公：爵名。九等爵位中的第四等。［97］愤惋：悲愤惋惜。［98］虚行：白走一趟。［99］陈五佞：指陈朝的施文庆、沈客卿、阳慧朗、徐析、暨慧景五个佞人。［100］都官尚书：官名。南北朝有都官尚书，隋改为刑部尚书，掌刑法。［101］乙未：按孔范等投之边裔事，《隋书》卷二《高祖纪》系于“己未”下。《资治通鉴》作乙未，当误。己未，四月二十六日。［102］倾巧：狡诈，看风行事。［103］侧媚：以不正当的手段讨好别人。［104］险惨：邪恶而狠毒。［105］班同三品：指安排陈后主上朝时列位相当于三品官的职位。班，秩位，官位。三品，自晋以后，官分九品，三品为第三等。［106］吴音：指吴语。江南三吴地区之语音。［107］秩位：官职的品级。［108］朝集：朝会。［109］石：容量单位。十斗为石。［110］节：控制，节制。［111］不尔：

不这样。［112］分置边州：分别安置在边远的州地。［113］岁时：岁，一年；时，指春、夏、秋、冬四季。［114］骠骑：将军名号。骠骑将军的省略语。位在三公之下。［115］雅操：高尚的操行。［116］称首：称为第一。［117］昌州：州名。治所枣阳县，在今湖北枣阳市。［118］主爵侍郎：官名。隶属吏部尚书，掌选举。［119］荣禄：官职和俸禄。［120］重寄：重托，重任。［121］横尸：尸首横陈，自杀之意。［122］徇国：为国献身。［123］弘演纳肝：弘演，春秋时为卫大夫。翟人攻卫，杀卫懿公，尽食其肉，舍其肝。弘演见后大哭，因自杀，把卫懿公肝纳入自己腹内。详见《吕氏春秋·忠廉》等书。［124］何其：多么。［125］荷：承受。［126］捉兵：掌管军队。捉，把，持。［127］利涉：顺利渡河。此指隋军顺利渡过长江，攻下建康。［128］周旋：追逐，交战。［129］先是：此前，在这以前。［130］乡导：带路的人。［131］机变：随机应变。［132］令问：好名声。令，善，美好。［133］节士：有节操之人。节，气节，操守。［134］欣然：喜悦的样子。［135］得色：得意的脸色。［136］自陈：自述。［137］送款：递送诚意，指向隋投诚。［138］怀柔：招徕安抚。［139］天下一家：谓天下统一，消灭南北对峙的局面。［140］岁一周天：岁，指岁星，即木星。约十二年运行一周天。［141］委质：委，托付，引申为致送之意。质，通“贽”。旧时初次求见人时所送的礼物。委质就是古代臣下向君主献礼，表示献身的意思。［142］至德：年号。公元583年，陈长城公（后主）即位，改元至德。［143］太府卿：官名。太府长官，掌库藏财物。［144］大匠卿：官名。即将作大匠，掌皇族宫庙建筑。［145］王气：古代指象征帝王运数的祥瑞之气。［146］壬戌：四月二十九日。［147］率土大同：全国统一。率土，谓境域以内，指全国、全境。大同，谓太平盛世，指统一。［148］含生：指一切生物。［149］澡身浴德：身受恩德的意思。［150］克念：约束自己的欲望。［151］助化：有助于教化。［152］九重：谓天子所居之处。古称天有九重。［153］戎旅：指军队。［154］世路既夷：指世界太平。夷，平。［155］武力之子：意指武人或武人之子。［156］甲仗：盔甲器械。［157］画策：计划，谋划。［158］《御授平陈七策》：按《隋书》本传及《高颎传》皆作“十策”，《资治通鉴》本卷前此亦作“十策”，疑“七”为“十”字之误。［159］弗省：不看。［160］家传：子孙叙述其父祖事迹的传记。［161］列将：位在将军之列。［162］罗绮：经纬组织显椒眼纹的称为罗，素地织起花的丝织物称作绮。

左卫将军庞晃[1]等短高颎于上，上怒，皆黜[2]之，亲礼逾[3]密。因谓颎曰：“独孤公[4]，犹镜也，每被磨莹[5]，皎然[6]益明。”初，颎父宾[7]为独孤信僚佐，赐姓独孤氏，故上常呼为独孤而不名。

乐安公元谐，性豪侠[8]，有气调[9]，少与上同学，甚相爱，及即位，累历显仕[10]。谐好排诋[11]，不能取媚左右。与上柱国王谊善，谊诛，上稍疏忌[12]之。或告谐与从父弟上开府仪同三司滂、临泽侯田鸾、上仪同三司祈[13]绪等谋反，下有司按验[14]，奏“谐谋令祈绪勒[15]党项兵断[16]巴、蜀。又，谐尝与滂同谒上，谐私谓滂曰：‘我是主人[17]，殿上者贼[18]也。’因令滂望气[19]，滂曰：‘彼云似蹲狗走鹿[20]，不如我辈有福德云。’”上大怒，谐、滂、鸾、绪并伏诛。

闰月[21]，己卯[22]，以吏部尚书苏威为右仆射。六月，乙丑[23]，以荆州总管杨素为纳言。

朝野皆称封禅，秋，七月，丙午[24]，诏曰：“岂可命一将军除一小国，遐迩[25]注意，便谓太平。以薄德而封名山，用虚言而干上帝，非朕攸[26]闻。而今而后，言及封禅，宜即禁绝！”

左卫大将军广平王雄，贵宠特盛，与高颎、虞庆则、苏威称为四贵。雄宽容下士[27]，朝野倾属[28]，上恶其得众，阴忌之，不欲其典[29]兵马；八月，壬戌[30]，以雄为司空，实夺之权。雄既无职务，乃杜门不通[31]宾客。

帝践阼[32]之初，柱国沛公郑译请修正雅乐[33]，诏太常卿牛弘、国子祭酒辛彦之[34]、博士[35]何妥[36]等议之，积年不决。译言：“古乐[37]十二律[38]，旋相为宫[39]，各用七声，世莫能通。”译因龟兹人苏祇婆[40]善琵琶，始得其法，推演[41]为十二均[42]、八十四调[43]，以校太乐[44]所奏，例皆乖越[45]。译又于七音[46]之外更立一声，谓之应声[47]，作书宣示朝廷。与邳公[48]世子苏夔[49]议累黍定律[50]。

时人以音律久无通者，非译、夔一朝可定。帝素不悦学[51]，而牛弘不精音律，何妥自耻宿儒[52]反不逮[53]译等，常欲沮坏其事，乃立议，非十二律旋相为宫[54]及七调，竞为异议，各立朋党；或欲令各造乐，待成，择其善者而从之。妥恐乐成善恶易见，乃请帝张乐[55]试之，先白帝云：“黄钟[56]象人君之德。”及奏黄钟之调，帝曰：“滔滔和雅[57]，甚与我心会[58]。”妥因奏止用黄钟一宫，不假余律。帝悦，从之。

时又有乐工万宝常[59]，妙达钟律[60]。译等为黄钟调成，奏之，帝召问宝常，宝常曰：“此亡国之音也。”帝不悦。宝常请以水尺[61]为律，以调乐器，上从之。宝常造诸乐器，其声率下[62]郑译调二律，损益[63]乐器，不可胜纪[64]。其声雅淡，不为时人所好，太常善声者多排毁之。

苏夔尤忌宝常，夔父威方用事，凡言乐者皆附之而短宝常，宝常乐竟为威所抑，寝不行[65]。

及平陈，获宋、齐旧乐器，并江左乐工，帝令廷奏[66]之，叹曰：“此华夏[67]正声[68]也。”乃调五音为五夏[69]、二舞[70]、登歌[71]、房内十四调[72]，宾祭用之。仍诏太常置清商署[73]以掌之。

时天下既壹[74]，异代[75]器物，皆集乐府。牛弘奏：“中国旧音多在江左，前克荆州[76]得梁乐，今平蒋州[77]又得陈乐，史传相承以为合古[78]，请加修缉[79]以备雅乐。其后魏之乐及后周所用，杂有边裔之声，皆不可用，请悉停之。”冬，十二月[80]，诏弘与许善心、姚察及通直郎虞世基参定雅乐。世基，荔之子也。

己巳[81]，以黄州[82]总管周法尚为永州[83]总管，安集岭南，给黄州兵三千五百人为帐内[84]，陈桂州[85]刺史钱季卿等皆诣法尚降。定州[86]刺史吕子廓，据山洞，不受命，法尚击斩之。

以驾部侍郎[87]狄道辛公义[88]为岷州[89]刺史。岷州俗畏疫，一人病疫，合家避之，病者多死。公义命皆舆置[90]己之听事[91]，暑月，病人或至数百，听廊皆满，公义设榻，昼夜处其间，以秩禄[92]具[93]医药，身自省问[94]。病者既愈，乃召其亲戚谕之曰：“死生有命，岂能相染[95]！若相染者，吾死久矣。”皆惭谢而去。其后人有病者，争就使君[96]，其家亲戚固留养之，始相慈爱，风俗遂变。后迁牟州[97]刺史，下车，先至狱中露坐[98]，亲自验问[99]。十余日间，决遣[100]咸尽，方还听事受领新讼。事皆立决[101]；若有未尽，必须禁[102]者，公义即宿听事[103]，终不还阁。或谏曰：“公事有程[104]，使君何自苦[105]！”公义曰：“刺史无德，不能使民无讼，岂可禁人在狱而安寝于家乎！”罪人闻之，咸自款服[106]。后有讼者，乡闾父老遽晓之[107]曰：“此小事，何忍勤劳使君！”讼者多两让[108]而止。

（以上为第三段，写隋文帝平陈后，开始转向文治，制礼作乐，注意地方官的选举，任用贤吏。）

【注释】

［1］庞晃（532—601）：字元显，榆林（今内蒙古准格尔旗东北）人，历仕北周、隋，官至原州总管，封比阳公。传见《隋书》卷五十、《北史》卷七十五。［2］黜：贬，废免。［3］逾：通“愈”。更加。［4］独孤公：指高颎。因其父高宾曾被赐姓独孤氏。［5］磨莹：磨治。［6］皎（jiǎo）然：白而亮的样子。［7］颎父宾：高颎父高宾，北齐人，后背齐归周，官至都州刺史。事附《隋书·高颎传》《北史·高颎传》。［8］豪侠：强横任侠。［9］气调：气概风度。［10］累历显仕：屡次担任显官。显仕，显要的官职。［11］排诋：排斥诋毁别人。［12］稍疏忌：渐渐疏远而猜忌。［13］祈：据章校“祈”作“祁”。《隋书》卷四十《高颎传》同。据此，当改作“祁”字。［14］按验：审查，查验。［15］勒：率领。［16］断：阻断。指欲阻断巴、蜀二地与隋朝的联系。［17］主人：人主，人君。［18］殿上者贼：指坐在殿廷上的隋文帝是贼。［19］望气：古代觇候之法，望云气附会人事，预言吉凶。［20］彼云似蹲狗走鹿：彼云，指隋文帝的云气。蹲狗走鹿，指云气如蹲着的狗，跑着的鹿，没有福德的样子。［21］闰月：闰四月。［22］己卯：闰四月十七日。［23］乙丑：六月四日。［24］丙午：七月十日。［25］遐迩：远近。［26］攸：所。［27］下士：谦恭对待贤士。［28］倾属：深得民心，尽心于杨雄。［29］典：主典，统领。［30］壬戌：八月二日。［31］通：交通，交接。［32］践阼：即位，登基。［33］雅乐：用于郊庙朝会的正乐。［34］辛彦之（？—591）：陇西狄道（今甘肃临洮县）人。历仕北周、隋，官至礼部尚书。传见《隋书》卷七十五、《北史》卷八十二。［35］博士：即太常博士。官名。掌宗庙礼仪诸事。［36］何妥：字栖凤，西域（今新疆和田县境）人。历仕北周、隋，官至国子祭酒。著《周易讲疏》十三卷、《孝经义疏》三卷等。传见《隋书》卷七十五、《北史》卷八十二。［37］古乐：古代帝王祭祀、朝会所奏音乐，亦称雅乐。［38］十二律：即古乐的十二调。其中阳律六，阴律六。［39］宫：五音之一。宫、商、角、徵、羽为五音，也叫五声。［40］苏祇婆：龟兹人，从突厥皇后入北周，善弹琵琶，精通音律，曾帮助隋修正雅乐。事见《隋书·音乐志》中。［41］推演：推求演变。［42］均：古乐器中的调律器。［43］调：指乐律。［44］太乐：官名。太常寺属官，掌奏乐的乐人。［45］乖越：错过，不相称。［46］七音：古乐理以宫、商、角、徵、羽、变宫、变徵为七音。也称七声。［47］应声：指郑译在传统七音之外创作的一种新音叫应声。《隋书·音乐志中》：“（郑译）又以编悬有八，因作八音之乐。七音之外，更立一声，谓之应声。”［48］邳公：指苏威。苏威曾封邳国公，故称为邳公。［49］苏夔：字伯尼。官至鸿胪少卿。传附《隋书·苏威传》《北史·苏威传》。［50］累黍定律：古代以黍粒为计量基准，累黍是以一定方式排列黍粒，为分、寸、尺等，来计算音律管的长度。［51］悦学：喜欢读书学习。［52］宿儒：知名博学的读书人。［53］不逮：不及，比不上。［54］旋相为宫：古代谐音之法。以十二律与七声相配而成众调。［55］张乐：奏乐。［56］黄钟：古乐十二律之一，声调最为洪大响亮。［57］和雅：谐和而高雅。［58］心会：心合，想法一致。［59］万宝常：隋代音乐家。北齐时，因父罪被配为乐户，因妙精音律。隋开皇中奉诏造诸乐器，其声雅淡，不为时人所喜。撰《乐谱》六十四卷。

贫病而死，临终时将《乐谱》焚烧几尽。传见《隋书》卷七十八、《北史》卷九十。［60］妙达钟律：精通钟乐。［61］水尺：调整五音律吕的仪器。［62］率下：一般降低。［63］损益：增减，改动。［64］胜纪：多得不能全记下来。胜，尽，全。［65］寝不行：停止而不使用。［66］廷奏：在朝廷上演奏。［67］华夏：初指我国中原地区，后来包举我国全部领土而言。［68］正声：纯正的乐声。［69］五夏：指昭夏、皇夏、諴夏、需夏、肆夏。［70］二舞：文、武二舞。［71］登歌：升堂上而歌，匏竹在下，贵人之歌声。［72］房内十四调：隋文帝未称帝前，弹琵琶作了《地厚天高》二首歌，托言夫妻之义，故称房内曲。十四调用北周故事，悬钟、磬法七正七倍，合为十四调。［73］清商署：官署名。隶属太常寺，掌乐器。［74］既壹：已经统一。［75］异代：不同朝代。指隋以前各代。［76］克荆州：指灭后梁。因后梁以荆州为都，故称克荆州。［77］平蒋州：指灭陈。隋已毁建康城邑宫室，开垦耕种，并于石头城置蒋州，以治其地。故称平蒋州。［78］合古：当时多以南朝为正统，承继华夏之音乐，故称陈乐与古乐相合。［79］修缉：修定整理。［80］十二月：据章校，“月”下有“甲子”二字，《隋书》卷二《高祖纪》下同，据此当补。甲子，十二月五日。［81］己巳：十二月十一日。［82］黄州：州名。治所南安县，在今湖北武汉市新洲区。［83］永州：州名。治所零陵县，在今湖南永州市零陵区。［84］帐内：帐中，亲信兵。［85］桂州：州名。治所始安县，在今广西桂林市。［86］定州：州名。治所信安县，在今湖北麻城市东北。［87］驾部侍郎：官名。属兵部，掌舆辇、传乘、邮驿、厩牧之事。［88］辛公义：陇西狄道（今甘肃临洮县）人。历仕北周、隋，官至司隶大夫。传见《隋书》卷七十三、《北史》卷八十六。［89］岷州：州名。治所溢乐县，在今甘肃岷县。［90］舆置：用车拉来安置。［91］听事：谓刺史办公的场所。听同“厅”。［92］秩禄：俸禄。［93］具：备办。［94］省（xǐng）问：探望，照顾。［95］染：传染。［96］使君：人们对州郡长官的尊称。［97］牟州：州名。治所掖县，在今山东莱州市。［98］露坐：坐在室外露天里。［99］验问：审问验证。［100］决遣：结案发遣。［101］立决：立时裁决无遗。［102］禁：囚禁。［103］即宿听事：就住宿在办事厅里。听同“厅”。［104］程：指办事程序。［105］自苦：自讨苦吃。［106］款服：诚服。款，诚。［107］乡闾：即乡里。遽晓之：立刻告诉讼者。［108］两让：双方谦让。

十年（庚戌，590年）

春，正月，乙未[1]，以皇孙昭[2]为河南王，楷为华阳王。昭，广之子也。

二月[3]，上幸晋阳，命高颎居守[4]。夏，四月，辛酉[5]，至自晋阳。

成安文子[6]李德林，恃其才望，论议好胜，同列多疾之；由是以佐命[7]元功[8]，十年不徙级[9]。德林数与苏威异议，高颎常助威，奏德林狠戾[10]，上多从威议。上赐德林庄店，使自择之，德林请逆人[11]高阿那肱卫国县[12]市店，上许之。及幸晋阳，店人诉称高氏强夺民田，于内造店赁[13]之。苏威因奏德林诬罔[14]，妄奏自入[15]，司农卿[16]李圆通[17]等复助之曰："此店收利如食千户[18]，请计日追赃。"上自是益恶之。虞庆则等奉使关东巡省[19]，还，皆奏称"乡正专理辞讼，党与爱憎[20]，公行货贿[21]，不便于民。"上令废之。德林曰："兹事臣本以为不可，然置来始尔，复即停废，政令不一，朝成暮毁[22]，深非帝王设法之义。臣望陛下自今群臣于律令辄欲改张[23]，即以军法从事；不然者，纷纭未已。"上遂发怒，大诟[24]云："尔欲以我为王莽[25]邪！"先是，德林称父为太尉咨议[26]以取赠官，给事黄门侍郎[27]猗氏陈茂[28]等密奏："德林父终于校书[29]，妄称咨议。"上甚衔之[30]。至是，上因数之曰："公为内史，典朕机密，比不可豫[31]计议者，以公不弘[32]耳，宁自知乎！又罔冒取店，妄加父官，朕实忿之，而未能发，今当以一州相遣耳。"因出为湖州[33]刺史。德林拜谢曰："臣不敢复望内史令，请但预散参[34]。"上不许，迁怀州刺史而卒。

李圆通，本上微时[35]家奴，有器干[36]，及为隋公，以圆通及陈茂为参佐[37]，由是信任之。梁国之废也，上以梁太府卿柳庄[38]为给事黄门侍郎。庄有识度[39]，博学，善辞令，明习典故[40]，雅达[41]政事，上及高颎[42]皆重之。与陈茂同僚，不能降意[43]，茂谮之于上，上稍疏之，出为饶州[44]刺史。

上性猜忌[45]，不悦学，既任智[46]以获大位，因以文法[47]自矜，明察临下，恒令左右觇视[48]内外，有过失则加以重罪。又患令史赃污[49]，私使人以钱帛遗之，得犯立斩。每于殿庭棰人，一日之中，或至数四；尝怒问事[50]挥楚不甚[51]，即命斩之。尚书左仆射高颎、治书侍御史柳彧等谏，以为"朝堂非杀人之所，殿廷非决罚之地。"上不纳。颎等乃尽诣朝堂请罪，上顾谓领左右都督[52]田元曰："吾杖重乎？"元曰："重。"帝问其状[53]，元举手曰："陛下杖大如指，捶人三十者，比[54]常杖[55]数百，故多死。"上不怿[56]，乃令殿内去杖，欲有决罚，各付所由[57]。后楚州[58]行参军[59]李君才上言："上宠高颎过甚。"上大怒，命杖之，而殿内无杖，遂以马鞭捶杀之，自是殿内复置杖。未几[60]，怒甚，又于殿廷杀人；兵部侍郎[61]冯基固谏[62]，上不从，竟于殿廷杀之。上亦寻悔，宣慰[63]冯基，而怒群臣之不谏者。

五月，乙未[64]，诏曰："魏末丧乱，军人权置[65]坊府[66]，南征北伐，居处无定，家无完堵[67]，地罕包桑[68]，朕甚愍[69]之。凡是军人，可悉属州县，垦田、籍帐[70]，一与民同。军府统领，宜依旧式[71]。罢山东、河南及北方缘边之地新置军府。"

六月，辛酉[72]，制民年五十免役收庸[73]。

秋，七月，癸卯[74]，以纳言杨素为内史令。

冬，十一月，辛丑[75]，上祀南郊[76]。

江表自东晋已来，刑法疏缓，世族[77]陵驾寒门[78]；平陈之后，牧民者[79]尽更变之。苏威复作《五教》[80]，使民无长幼悉诵之，士民嗟怨[81]。民间复讹言[82]隋欲徙之入关，远近惊骇。于是婺州[83]汪文进、越州[84]高智慧、苏州[85]沈玄桧皆举兵反，自称天子，署置百官。乐安[86]蔡道人、蒋山李棱[87]、饶州吴世华、温州[88]沈孝彻、泉州[89]王国庆、杭州杨宝英、交州[90]李春等皆自称大都督，攻陷州县。陈之故境，大抵皆反，大者有众数万，小者数千，共相影响，执县令，或抽其肠，或脔[91]其肉食之，曰："更能使侬[92]诵《五教》邪！"诏以杨素为行军总管以讨之。

素将济江，使始兴麦铁杖[93]戴束藁[94]，夜，浮渡江觇贼[95]，还而复往，为贼所擒，遣兵仗三十人防之。铁杖取贼刀，乱斩防者，杀之皆尽，割其鼻，怀之以归；素大奇之，奏授仪同三司。

素帅舟师自杨子津[96]入，击贼帅朱莫问于京口，破之。进击晋陵[97]贼帅顾世兴、无锡[98]贼帅叶略，皆平之。沈玄桧败走，素追擒之。高智慧据浙江[99]东岸为营，周亘[100]百余里，船舰被江；素击之。子总管[101]南阳来护儿[102]言于素曰："吴人[103]轻锐，利在舟楫，必死之贼，难与争锋，公宜严陈以待之，勿与接刃[104]。请假奇兵数千潜渡江，掩破其壁[105]，使退无所归，进不得战，此韩信破赵[106]之策也。"素从之。护儿以轻舸[107]数百直登江岸，袭破其营，因纵火，烟焰涨天。

贼顾火而惧，素因纵兵奋击，大破之，贼遂溃。智慧逃入海，素蹑之[108]至海曲，召行军记室[109]封德彝[110]计事，德彝坠水，人救，获免，易衣见素，竟不自言。素后知之，问其故，曰："私事也，所以不白。"素嗟异之。德彝名伦，以字行，隆之之孙也。汪文进以蔡道人为司空，守乐安，素进讨，悉平之。

素遣总管史万岁[111]帅众二千，自婺州别道逾岭越海，攻破溪洞，不可胜数。前后七百余战，转斗千余里，寂无声问[112]者十旬，远近皆以万岁为没[113]。万岁置书竹筒中，浮之于水，汲者得之，言于素。素上其事，上嗟叹，赐万岁家钱十万。

素又破沈孝彻于温州，步道向天台[114]，指临海[115]，逐捕遗逸[116]，前后百余战，高智慧走保闽、越[117]。上以素久劳于外，令驰传入朝。素以余贼未殄[118]，恐为后患，复请行，遂乘传[119]至会稽。王国庆自以海路艰阻，非北人[120]所习，不设备；素泛海[121]奄至，国庆惶遽弃州走。余党散入海岛，或守溪洞，素分遣诸将，水陆追捕。密令人说国庆，使斩送智慧以自赎[122]；国庆乃执送智慧，斩于泉州，余党悉降。江南大定。

素班师，上遣左领军将军独孤陀[123]至浚仪[124]迎劳；比到京师，问者[125]日至。拜素子玄奖为仪同三司，赏赐甚厚。陀，信之子也。

杨素用兵多权略[126]，驭众[127]严整，每将临敌，辄求人过失而斩之，多者百余人，少不下十数，流血盈前[128]，言笑自若[129]。及其对陈，先令一二百人赴敌，陷陈则已，如不能陷而还者，无问多少，悉[130]斩之；又令二三百人复进，还如向法[131]。将士股慄，有必死之心，由是战无不胜，称为名将。素时贵幸，言无不从，其从素行者，微功必录[132]，至他将虽有大功，多为文吏所谴却[133]，故素虽残忍，士亦以此愿从焉。

以并州总管晋王广为扬州总管，镇江都[134]，复以秦王俊为并州总管。

番禺[135]夷王仲宣反，岭南首领多应之，引兵围广州[136]。韦洸中流矢卒，诏以其副慕容三藏[137]检校广州道行军事[138]。又诏给事郎[139]裴矩巡抚岭南，矩至南康，得兵数千人。仲宣遣别将周师举围东衡州[140]，矩与大将军鹿愿击斩之，进至南海[141]。

高凉冼夫人遣其孙冯暄将兵救广州，暄与贼将陈佛智素善[142]，逗留不进；夫人知之，大怒，遣使执暄，系州狱[143]，更遣孙盎[144]出讨佛智，斩之。进会鹿愿于南海，与慕容三藏合击仲宣，仲宣众溃，广州获全。冼氏亲被甲，乘介马[145]，张锦繖[146]，引彀骑[147]卫，从裴矩巡抚二十余州。苍梧[148]首领陈坦等皆来谒见，矩承制[149]署为刺史、县令，使还统其部落，岭表遂定。

矩复命，上谓高颎、杨素曰："韦洸将二万兵不能早度岭[150]，朕每患其兵少。裴矩以三千弊卒[151]径至南海，有臣若此，朕亦何忧！"以矩为民部侍郎[152]。拜冯盎高州[153]刺史，追赠冯宝广州总管、谯国公。册冼氏为谯国夫人，开谯国夫人幕府，置长史以下官属，官给印章，听发部落六州兵马，若有机急[154]，便宜行事[155]。仍敕以夫人诚效之故，特赦暄逗留之罪，拜罗州[156]刺史。皇后赐夫人[157]首饰及宴服[158]一袭，夫人并盛于金箧[159]，并梁、陈赐物，各藏一库，每岁时大会，陈之于庭，以示子孙，曰："我事三代主，惟用一忠顺之心，今赐物具存，此其报也；汝曹皆念之，尽赤心于天子！"

番州[160]总管赵讷贪虐[161]，诸俚、獠[162]多亡叛。夫人遣长史张融上封事[163]，论安抚之宜，并言讷罪，不可以招怀远人。上遣推[164]讷，得其赃贿，竟致于法；委夫人招慰亡叛。夫人亲载诏书，自称使者，历十余州，宣述[165]上意，谕诸俚、獠，所至皆降。上嘉之，赐夫人临振县[166]为汤沐邑[167]，赠冯仆[168]崖州[169]总管、平原公。

（以上为第四段，写开皇十年，隋朝平定江南反叛，安抚岭南地区，以及杨素用兵的情形。）

【注释】

[1]乙未：正月七日。[2]皇孙昭（？—606）：隋炀帝长子，先封为河南王，隋炀帝即位后立为太子。传见《隋书》卷五十九、《北史》卷七十一。[3]二月：据章校"月"下应补"庚申"二字。庚申，二月二日。[4]居守：留守。[5]辛酉：四月四日。[6]成安文子：成安，县名。文，李德林谥号。子，爵号。[7]佐命：古代帝王建立王朝，自谓承天受命，故称辅佐之臣为佐

命。［8］元功：一等功。［9］徙级：升级，迁升。［10］狠戾：狂暴。［11］逆人：反叛之人。逆，叛逆。［12］卫国县：县名。县治在今山东济南市章丘区西南。［13］赁（lìn）：佣工，租借。［14］诬罔：以不实之词欺骗人。［15］妄奏自入：指李德林奏报不实，强占卫国县平民市店，妄称为叛逆人之产。妄奏，欺君罔上之奏。自入，占为己有。［16］司农卿：官名。古代九卿之一，主管钱粮。［17］李圆通（？—606）：京兆泾阳（今陕西泾阳县）人。历仕北周、隋，官至兵部尚书。传见《隋书》卷六十四、《北史》卷七十五。［18］收利如食千户：指市店收的利息如同食封千户的租赋一样多。［19］巡省：巡视。［20］党与爱憎：指乡正在处理狱讼时袒护同党和以自己的爱憎行事。［21］货贿：以财货贿赂人。［22］朝成暮毁：早晨做成的，到了晚上又毁，如朝令夕改。［23］改张：改动，改弦更张。［24］大诟（gòu）：大声辱骂。［25］王莽：西汉末外戚王莽篡汉，以频频变更法令而亡，隋文帝以为李德林拿王莽来比况自己。［26］太尉咨议：官名。指太尉咨议参军，李德林妄称父亲任此职。［27］给事黄门侍郎：官名。侍卫之官，掌侍从左右，给事中使，内外联络。隋炀帝改称黄门侍郎。［28］陈茂：河东猗氏（今山西临猗县南）人。历仕北周、隋与唐，官至梁州总管。传见《隋书》卷六十四、《北史》卷七十五。［29］校书：官名。即校书郎，掌校雠典籍。［30］衔之：衔恨李德林。［31］豫：通“与”，参与。［32］弘：光大。［33］湖州：州名。治所乌程县，在今浙江湖州市。［34］散参：谓散官无职务，而预朝参。［35］微时：未显达之时。［36］器干：才干，本领。［37］参佐：僚属，部下。［38］柳庄：字思敬，河东解（今山西临猗县）人。历仕后梁与隋，官至给事黄门侍郎。传见《隋书》卷六十六、《北史》卷七十、《周书》卷四十二。［39］识度：见识与度量。［40］明习典故：熟习典章制度。［41］雅达：非常通晓。雅，极，甚。［42］高颎：据章校，“颎”下应补“苏威”二字。［43］降意：抑制心意，屈居人下。［44］饶州：州名。治所鄱阳县，在今江西鄱阳县。［45］性猜忌：性好猜疑妒忌。［46］任智：凭借智慧、计谋。［47］文法：法制，法令条文。［48］觇（chān）视：窥视，侦察。［49］赃污：贪污受贿。［50］问事：执行杖法的人。［51］挥楚不甚：杖打得不厉害，不重。楚，木名，即牡荆，枝干坚劲，可以作杖。［52］领左右都督：官名。北齐有领左、右府，将军之下置正、副都督，隋因齐制。掌侍卫。［53］状：情状。［54］比：等于。［55］常杖：一般官府所用的杖。［56］怿：欢喜，快乐。［57］所由：主管官吏。犹言有关官吏。［58］楚州：州名。治所山阳县，在今江苏淮安市。［59］行参军：官名。即行参军事。州府僚佐，掌参与军事。［60］未见：时过不久。［61］兵部侍郎：官名。兵部副长官。掌天下军卫、武官选授的政令等。［62］固谏：坚持劝说。固，一定，坚持。［63］宣慰：安抚。［64］乙未：五月九日。［65］权置：临时设置。［66］坊府：西魏兵制有六坊，也称六府。［67］完堵：完整的墙。“家无完堵”形容家里破敝不堪。堵，土墙。［68］包桑：包桑树根，须经多时。比喻民安其居。“家无完堵，地罕包桑”是民不安居的意思。［69］愍：哀怜，忧伤。［70］籍帐：管理户籍与赋税交纳。［71］旧式：过去的法令规定。式，法式。［72］辛酉：六月五日。［73］免役收庸：指农民到五十岁时，即可以庸代役。隋制：每天纳绢三尺可代役一日。［74］癸卯：七月十八日。［75］辛丑：十一月十七日。［76］南郊：隋于长安城南太阳门外道西设坛，坛高七尺，广四丈。［77］世族：又称士族，几世连做高官的家族，在东晋、南朝均享有经济与政治特权。［78］寒门：又称庶族。父祖官位不显，是地主阶级中的下层。［79］牧民者：官吏。牧民，治民。［80］《五教》：五种封建伦理道德，即父义、母慈、兄友、弟恭、子孝。［81］嗟（juē）怨：慨叹又怨恨。［82］讹（é）言：谣言，谣传。［83］婺（wù）州：州名。治所金华县，在今浙江金华市。［84］越州：州名。治所会稽县，在今浙江绍兴市。［85］苏州：州名。治所吴县，在今江苏苏州市。［86］乐安：郡名。治所千乘县，在今山东广饶县北。［87］李悛：据章校，"悛"应改作"棱"。［88］温州：州名。治所永嘉县，在今浙江温州市。［89］泉州：州名。治所原丰县，在今福建福州市。［90］交州：州名。治所交趾县，在今越南河内市。［91］脔：碎割。［92］侬：你。江南方言。［93］麦铁杖（？—612）：始兴（今广东韶关市东南莲花岭下）人。官至右屯卫大将军。传见《隋书》卷六十七、《北史》卷七十八。［94］藁（gǎo）：禾柴。［95］觇贼：侦察敌情。［96］杨子津：又称扬子桥。渡口名。故址在今江苏扬州市南。［97］晋陵：县名。县治在今江苏常州市。［98］无锡：县名。县治在今江苏无锡市。［99］浙江：水名。又名之江，因为多曲折，故称浙江。上游有二源，北为新安江，南为兰溪，二水合于建德县东南，东北流至桐庐县为桐江，至富阳县为富春江，至旧钱塘县境为钱塘江。［100］周亘（gèn）：周围连绵。［101］子总管：领兵的裨将，隶属总管。［102］来护儿（？—616）：隋代著名将领。官至左翊卫大将军，封荣国公。传见《隋书》卷六十四、《北史》卷七十五。［103］吴人：泛指今江浙一带人。［104］接刃：交战。［105］壁：壁垒，栅寨。［106］韩信破赵：韩信派轻骑诱赵军出壁垒，然后用伏兵攻入赵壁，使赵军退无归路，遂降。事详《资治通鉴》卷十《汉纪二》高帝三年。［107］轻舸（gě）：即轻船。舸，大船。［108］蹑之：紧随在高智慧军后边。［109］行军记室：官名。外出作战时掌管文书、羽檄。［110］封德彝（568—627）：名伦，字德彝，观州蓨（今河北景县）人。历仕隋、唐，官至尚书右仆射。事附《隋书·卫玄传》《旧唐书》卷六十三、《新唐新》卷一百。［111］史万岁（？—600）：京兆杜陵（今陕西西安市长安区杜陵乡）人。历仕北周、隋，官至河州刺史。传见《隋书》卷五十三、《北史》卷七十三。［112］寂无声问：杳无音讯。声问，音讯，消息。［113］为没：已战死。［114］天台：山名。在今浙江天台县北。［115］临海：县名。县治在今浙江临海市。［116］遗逸：逃亡四散的。［117］闽、越：皆州名。闽州，治所侯官县，在今福建福州市。越州，治所会稽县，在今浙江绍兴市。［118］未殄（tiǎn）：没有被消灭。殄，灭绝，消灭。［119］乘传：乘用驿站的车。［120］北人：指隋军。［121］泛海：渡海。泛，漂浮。［122］自赎：自我立功以赎罪。赎，赎罪。［123］独孤陀：字黎邪。历仕北周、隋。官至上大将军、延州刺史。传见《隋书》卷七十九、《北史》卷六十一。［124］浚仪：县名。县治在今河南开封市。［125］问者：慰劳，慰问的人。［126］权略：权变的谋略。［127］驭众：统领众军。驭，驾驭，整治。［128］盈前：面前满是。［129］自若：自如，和平常一样。［130］悉：全部。［131］向法：过去的方法。［132］微功必录：小的战功也都加以记载。录，记载，采取。［133］谴却：降低或推辞不受。谓不能计功行赏。［134］江都：地名。扬州总管府治所，在今江苏扬州市。［135］番禺：县名。广州旧治所，隋徙治南海县，番禺遂变为县。县治在今广东广州市。［136］广州：州名。治所南海县，在今广东广州市。［137］慕容三藏（？—611）：历仕北齐、北周与隋，官至和州刺史。传见《隋书》卷六十五、《北史》卷五十三。［138］检校广州道行军事：谓在广州道代理行使军事权力。检校，未得实授的加官，或兼领某官为检校，即代理任职。广州道，是朝廷派出去的设在广州的统治机关。［139］给事郎：官名。隶属吏部，掌省读奏案。［140］东衡州：侨州名。治所曲江县，在今广东韶关市南武水西。［141］南海：郡名。治所番禺县，在今广东广州市。［142］素善：一向很要好。［143］州狱：州府所辖监狱。［144］盎（àng）：即冯盎，高凉洗夫人之孙，官至高州刺史。事附《隋书·谯国夫人传》《北史·谯国夫人传》。［145］介马：披甲的战马。介，披甲。［146］张锦繖（sǎn）：打着锦伞。繖，"伞"本字。［147］彀（gòu）骑：持弓弩的骑兵。彀，张满弓弩。［148］苍梧：郡名。封州治所，在今广西梧州市。［149］承制：秉承皇帝旨意，以皇帝名义权宜行事。［150］岭：五岭山脉简称岭。［151］弊卒：战斗力不强的士卒，与"精兵"相对。弊，破旧不堪。［152］民部侍郎：官名。民部副长官，协助民部尚书掌国家财政。民部唐改为户部。［153］高州：州名。治所高凉县，在今广东阳江市西。［154］机急：谓紧急时机。机，时机，机会。［155］便宜行事：不待上奏，自行决断处置。便宜，因利乘便，方便行事。［156］罗州：州名。治所石龙县，在今广东化州市。［157］夫人：古代妇女的封号。隋时皇帝之妃亦称夫人。［158］宴服：宴饮聚会时所穿衣服。［159］箧（qiè）：箱子之类的器具。大的称箱，小的称箧。［160］番州：州名。治所南海县，在今广东广州市。［161］贪虐：贪婪暴虐。［162］俚、獠：古代生活在五岭以南的少数民族。［163］封事：密封的章奏。古代百官上书机密事，为防泄露，用皂囊封缄呈奏，故称封事。［164］推：推问查证。［165］宣述：宣布述说。［166］临振县：县名。县治在今海南三亚市东北。［167］汤沐邑：天子赐给诸侯的封邑。邑内收入供诸侯汤沐之用。又称朝宿邑，意思是备朝见时食宿之处。［168］冯仆：洗夫人之子，官至石龙太守。事附《隋书·谯国夫人传》《北史·谯国夫人传》。［169］崖州：州名。治所义伦县，在今海南省儋州市西北。

十一年（辛亥，591年）

春，正月[1]，皇太子妃元氏薨。

二月，戊午[2]，吐谷浑遣使入贡。吐谷浑可汗夸吕闻陈亡，大惧，遁逃保险[3]，不敢为寇。夸吕卒，子世伏[4]立，使其兄子无素奉表称藩[5]，并献方物，请以女备[6]后庭。上谓无素曰："若依来请，他国闻之，必当相效，何以拒之！朕情存安养，各令遂性，岂可聚敛[7]子女以实后宫乎！”竟不许。

平乡[8]令刘旷[9]有异政[10]，以义理晓谕，讼者皆引咎[11]而去，狱中草满，庭可张罗[12]；迁临颍[13]令。高颎荐旷清名善政为天下第一，上召见，劳勉之，谓侍臣曰：“若不殊奖[14]，何以为劝[15]！”丙子[16]，优诏擢[17]为莒州[18]刺史。

辛巳晦[19]，日有食之。

初，帝微时，与滕穆王瓒[20]不协。帝为周相，以瓒为大宗伯，瓒恐为家祸，阴欲图帝[21]，帝隐之[22]。瓒妃，周高祖妹顺阳公主也，与独孤后素不平，阴为咒诅[23]；帝命出之[24]，瓒不可。秋，八月[25]，瓒从帝幸栗园[26]，暴薨[27]，时人疑其遇鸩。乙亥[28]，帝至自栗园[29]。

沛达公郑译卒。

（以上为第五段，写开皇十一年，隋文帝安抚吐谷浑，因猜忌而暗除杨瓒的事件。）

【注释】

[1]正月：据章校，“月”下应补“丙午”二字。丙午，正月二十三日。 [2]戊午：二月六日。 [3]保险：据守险要。 [4]世伏：吐谷浑主，在位一年，国乱被杀。事见《隋书·吐谷浑传》《北史·吐谷浑传》。 [5]称藩：称臣。藩，藩国，封建王朝的属国。 [6]备：充。 [7]聚敛：聚集。 [8]平乡：县名。县治在今河北平乡县西南。 [9]刘旷：籍贯不详。官至莒州刺史。传见《隋书》卷七十三、《北史》卷八十六。 [10]异政：特异的政绩。 [11]引咎：承认过失。 [12]张罗：支起罗网捕雀。形容政治清明，狱中无有罪犯，监狱荒芜。 [13]临颍：县名。县治在今河南临颍县西北。 [14]殊奖：特别奖励。 [15]劝：劝勉。 [16]丙子：二月二十四日。 [17]擢：提拔，选拔。 [18]莒州：州名。治所团城，在今山东沂水县。 [19]辛巳晦：辛巳，二月二十九日。晦，每月最后一日称晦。 [20]滕穆王瓒：即杨瓒（550—591），字恒生，隋文帝弟，封为滕王。传见《隋书》卷四十四、《北史》卷七十一。 [21]图帝：谋害隋文帝。 [22]隐之：隋文帝知滕王欲谋害自己事，但隐而不揭发。 [23]咒诅：咒骂。诅，请神加给某人祸殃称诅。 [24]出之：弃逐。 [25]八月：据章校，“八月”后应补“壬申”二字。壬申，八月二十三日。 [26]栗园：地名。故址在今陕西西安市南。 [27]暴薨：突然死亡。薨，古代王侯之死习称薨。 [28]乙亥：八月二十六日。 [29]至自栗园：谓自栗园还长安宫室。

【点评】

隋文帝对历史的贡献。本卷评说兴衰两帝王，即兴业之主隋文帝与亡国之主陈后主。在中国历史上，隋文帝是可以与秦始皇、宋太祖、元世祖等并称的杰出皇帝。隋文帝有四大历史功绩。一是结束了自东汉以后长达360余年的分裂局面，实现了中华民族发展史上的第二次大统一，其功可以与秦始皇并提。二是完善封建王朝的国家政治制度，隋文帝创立的三省六部制和机构精简，对后世影响很大。三是实施均田制，促进了社会经济的发展。四是开放思想，完善科举制度，促进文化发展。隋文帝还推行民族融合政策，直接影响唐代的开疆拓土。本卷着重载述隋文帝的统一战争，优抚陈朝的亡国之君与遗民，一碗水端平对待功臣，迅速地使统一王朝全境安定下来，显示了一个兴业之主的睿智与博大胸怀。陈后主是一个亡国之君，平庸、昏聩，但不残暴，是一个与君子处则为君子，与小人处则为小人的中庸之才。陈亡，诸王及公卿大臣竞相投降，只有尚书仆射袁宪守在后主身旁，后主愧对袁宪，自省无德无行，由此可见陈后主尚有知耻之心，还不是大恶之君。

卷一七八 隋纪二

隋文帝开皇十二年至十九年（592—599 年）

【起玄黓困敦（壬子，592 年），尽屠维协洽（己未，599 年），凡八年】

【大事提要】

本卷载述公元 592 年至公元 599 年史事，凡八年，时当隋文帝开皇十二年至十九年，是隋文帝统治的中期。此时期，隋朝国力发展，府库充盈。对外，安定四夷，大破北方突厥。对内，隋文帝制礼作乐，完善明堂制度，制定新历法、雅乐，废公廨钱而设置职分田，努力安定民生，尚能纳谏称明主。另一方面，隋文帝日益滋长猜忌心，借故兴大狱，诛功臣；又兴建仁寿宫，穷极奢侈，开始从节俭步入奢侈。

高祖文皇帝上之下

开皇十二年（壬子，592 年）

春，二月，己巳[1]，以蜀王秀为内史令兼右领军大将军。

国子博士[2]何妥与尚书右仆射邳公苏威争议事，积不相能[3]。威子夔为太子通事舍人[4]，少敏辩，有盛名，士大夫多附之。及议乐，夔与妥各有所持；诏百僚署[5]其所同，百僚以威故，同夔者什八九。妥恚[6]曰："吾席间函丈[7]四十余年，反为昨暮儿[8]之所屈邪！"遂奏："威与礼部尚书[9]卢恺、吏部侍郎薛道衡、尚书右丞[10]王弘、考功侍郎[11]李同和等共为朋党。省中呼弘为世子，同和为叔，言二人如威之子弟也。"复言威以曲道[12]任其从父弟彻、肃罔冒[13]为官等数事。上命蜀王秀、上柱国虞庆则等杂按[14]之，事颇有状[15]。上大怒。秋，七月，乙巳[16]，威坐免官爵，以开府仪同三司就第[17]；卢恺除名，知名之士坐威得罪者百余人。

初，周室[18]以来，选无清浊[19]；及恺摄吏部，与薛道衡甄别士流[20]，故涉朋党之谤，以至得罪。未几，上曰："苏威德行者，但为人所误耳！"命之通籍[21]。威好立条章，每岁责民间五品[22]不逊，或答云，"管内[23]无五品之家。"其不相应领，类多如此。又为余粮簿，欲使有无相赡[24]；民部侍郎郎茂[25]以为烦迂不急，皆奏罢之。茂，基之子也，尝为卫国[26]令，有民张元预兄弟不睦，丞、尉请加严刑，茂曰："元预兄弟本相憎疾，又坐得罪，弥益[27]其忿，非化民[28]之意也。"乃徐谕之以义。元预等各感悔，顿首请罪，遂相亲睦，称为友悌[29]。

己巳[30]，上享太庙。

壬申晦[31]，日有食之。

帝以天下用律者多踳驳[32]，罪同论异[33]，八月，甲戌[34]，制："诸州死罪，不得辄决[35]，悉移大理[36]按覆[37]，事尽，然后上省奏裁。"

冬，十月，壬午[38]，上享太庙。十一月，辛亥[39]，祀南郊。

己未，新义公韩擒虎卒。

十二月，乙酉[40]，以内史令杨素为尚书右仆射，与高颎专掌朝政。素性疏辩[41]，高下在心[42]，朝臣之内，颇推[43]高颎，敬牛弘，厚接[44]薛道衡，视苏威蔑如[45]也，自余朝贵，多被陵轹[46]。其才艺风调[47]优于颎；至于推诚体国[48]，处物平当[49]，有宰相识度[50]，不如颎远矣。

右领军大将军贺若弼，自谓功名出朝臣之右[51]，每以宰相自许[52]。既而杨素为仆射，弼仍为将军，甚不平，形于言色[53]，由是坐免官，怨望愈甚。久之，上下弼狱，谓之曰："我以高颎、杨素为宰相，汝每昌言[54]曰：'此二人惟堪啖饭[55]耳。'是何意也？"弼曰："颎，臣之故人；素，臣舅子。臣并知其为人，诚有此语。"公卿奏弼怨望，罪当死。上曰："臣下守法不移，公可自求活理。"弼曰："臣恃至尊威灵[56]，将八千兵渡江，擒陈叔宝，窃以此望活。"上曰："此已格外重赏，何用追论！"弼曰："臣已蒙格外重赏，今还格外望活。"既而上低回[57]数日，惜其功，特令除名。岁余，复其爵位，上亦忌之，不复任使[58]，然每宴赐，遇之甚厚。

有司[59]上言："府藏皆满，无所[60]容，积于廊庑[61]。"帝曰："朕既薄赋于民，又大经[62]赐用，何得尔也[63]?”对曰：“入者[64]常多于出，略计每年赐用，至数百万段，曾无减损。”于是更辟[65]左藏院[66]以受之。诏曰：“宁积于人，无藏府库。河北、河东今年田租三分减一[67]，兵减半功[68]，调[69]全免。”时天下户口岁增，京辅[70]及三河[71]地少而人众，衣食不给[72]，帝乃发使四出，均天下之田，其狭乡每丁才至二十亩，老少又少焉[73]。

（以上为第一段，着重写隋文帝的三大重臣苏威、杨素、贺若弼与公卿大臣的微妙关系，以及在开皇十二年之际的升沉。）

【注释】

[1]己巳：按二月丁丑朔，无己巳。己巳疑为“乙巳”之误。乙巳：二月二十九日。[2]国子博士：官名。于国子学掌经学教授。[3]积不相能：谓争执不下。积，多。[4]太子通事舍人：官名。掌宣传令旨，内外启奏。[5]署：签名。[6]恚（huì）：发怒，怨恨。[7]席间函丈：谓在席上从师就学。函丈，席方三尺三寸三分，称为函丈。后来多用于弟子对老师的敬称。[8]昨暮儿：初生的婴儿，极言其幼稚。[9]礼部尚书：官名。掌礼部、祠部、主客、膳部四曹，主管礼仪、祭享、贡举等。[10]尚书右丞：官名。掌尚书省兵部、刑部、工部等十二司。[11]考功侍郎：官名。属吏部，掌考察内外百官及功臣家传、碑、颂、诔、谥等事。[12]曲道：不正直，与直道相对。[13]罔冒：欺骗，冒称。[14]杂按：推问审查。杂，共，俱。[15]有状：有情状，有犯罪事实。[16]乙巳：七月一日。[17]就第：谓罢官归家。[18]周室：指北周王朝。[19]选无清浊：谓选官不分清官与浊官。清浊，在南北朝时，高门士族士人任清官，寒门庶族子弟任浊官。[20]甄（zhēn）别士流：谓区别士庶。[21]通籍：谓通籍殿中，可以参与朝请活动。[22]五品：即五常。一家之内，尊卑之差，即父、母、兄、弟、子。[23]管内：即州、县所辖区内。[24]有无相赡（shàn）：有无互相周济。赡，供给，供养。[25]郎茂（541—611）：字蔚之，恒山新市（今湖北京山市东北）人。历仕北齐、北周、隋，官至尚书左丞。传见《隋书》卷六十六、《北史》卷五十五。[26]卫国：县名。县治在今山东济南市章丘区西南。[27]弥益：越发，更加。[28]化民：教化人民。[29]友悌：友爱兄弟。悌，敬爱兄长。[30]己巳：七月二十五日。[31]壬申晦：七月二十九日。[32]踳（chuǎn）驳（bó）：杂乱。踳，乖违。[33]罪同论异：犯同样的罪，但论罪都不同。[34]甲戌：八月一日。[35]辄决：专决。辄，独，专擅。[36]大理：官署名。即大理寺。掌管刑法。[37]按覆：审理复核。[38]壬午：十月十日。[39]辛亥：十一月九日。[40]乙酉：十二月十四日。[41]疏辩：性情粗犷，口才好。[42]高下在心：谓不照法则办事，随心任意。[43]颇推：很尊崇。[44]厚接：谓倾心相交。[45]蔑如：没有什么了不起，轻视之意。[46]陵轹：同“凌

轹”，欺压。轹，车轮辗过。［47］风调：风度，韵致。［48］体国：指治理国家。［49］平当：公平允当。［50］识度：见识度量。［51］右：古代以右为尊上。［52］自许：自己称许自己。许，赞同，承认。［53］形于言色：在言谈和表情上表现出来。［54］昌言：放声高言，大言。［55］啖（dàn）饭：吃饭，白吃饭。啖，吃。［56］威灵：声威与神灵。［57］低回：徘徊，犹豫。低，降意。回，回心转意。［58］任使：差遣，使用。［59］有司：官司，指主管部门。古代设官分职，事各有专司，故称有司。［60］无所：没地方。所，处所。［61］廊庑：堂前廊屋。廊，堂下周屋。庑，堂下周围的走廊，廊屋。［62］大经：大量。［63］何得尔也：怎能如此呢？尔，如此，这样。［64］入者：指每年收入府库的赋税。［65］更辟：再开设，增加。［66］左藏院：府库名。隋原有左藏、黄藏令等府库，至此又开设左藏院。［67］三分减一：即减收三分之一的田租。［68］兵减半功：隋寓兵于农，按人受田，计亩收租，如今也减少一半。［69］调：指户调，每户每年调绢一匹，绵三两。［70］京辅：地区名，指关中地区。［71］三河：河东、河南、河内三郡为三河，大致包括今山西南部地区和河南北部、中部地区。［72］不给：不足，不够用。［73］焉：于此。

十三年（癸丑，593 年）

春，正月，壬子［1］，上祀感生帝［2］。

壬戌［3］，行幸岐州。

二月，丙午［4］，诏营仁寿宫［5］于岐州之北，使杨素监之［6］。素奏前莱州［7］刺史宇文恺检校［8］将作大匠，记室封德彝为土木监［9］。于是夷山堙［10］谷以立宫殿，崇台累榭［11］，宛转相属［12］。役使严急，丁夫多死，疲顿［13］颠仆，推填坑坎［14］，覆以土石，因而筑为平地。死者以万数。

丁亥［15］，上至自岐州。

己卯［16］，立皇孙暕为豫章王。暕，广之子也。

丁酉［17］，制：“私家不得藏纬候［18］、图谶［19］。”

秋，七月，戊辰晦［20］，日有食之。

是岁，上命礼部尚书牛弘等议明堂［21］制度。宇文恺献明堂木样，上命有司规度安业里［22］地，将立之；而诸儒异议，久之不决，乃罢之。

上之灭陈也，以陈叔宝屏风赐突厥大义公主［23］。公主以其宗国［24］之覆，心常不平，书屏风，为诗叙陈亡以自寄［25］；上闻而恶之，礼赐渐薄。彭公刘昶先尚周公主，流人［26］杨钦亡入突厥，诈言昶欲与其妻作乱攻隋，遣钦密告大义公主，发兵扰边。都蓝可汗信之，乃不修职贡[27]，颇为边患。上遣车骑将军长孙晟使于突厥，微观[28]察之。公主见晟，言辞不逊，又遣所私[29]胡人安遂迦与杨钦计议，扇惑[30]都蓝。晟至京师，具以状闻。上遣晟往索钦；都蓝不与，曰："检校[31]客内无此色人[32]。"晟乃赂其达官，知钦所在，夜，掩获[33]之，以示都蓝，因发[34]公主私事，国人大以为耻。都蓝执安遂迦等，并以付晟。上大喜，加授开府仪同三司，仍遣入突厥废公主。内史侍郎[35]裴矩请说都蓝使杀公主。

时处罗侯之子染干，号突利可汗，居北方，遣使求婚，上使裴矩谓之曰："当杀大义公主，乃许婚。"突利复谮之于都蓝，都蓝因发怒，杀公主，更表请婚，朝议[36]将许之。长孙晟曰："臣观雍虞闾[37]反复无信，直以与玷厥[38]有隙，所以欲依倚[39]国家，虽与为婚，终当叛去。今若得尚公主，承藉威灵，玷厥、染干必受其征发[40]。强而更反，后恐难图。且染干者，处罗侯之子，素有诚款[41]，于今两代；前乞通婚，不如许之，招令南徙[42]，兵少力弱，易可抚驯[43]，使敌[44]雍虞闾以为边捍。"上曰："善。"复遣晟慰谕染干，许尚公主。

牛弘使协律郎[45]范阳祖孝孙[46]等参定雅乐，从陈阳山[47]太守毛爽[48]受京房[49]律法，布管飞灰，顺月皆验。又每律生五音，十二律为六十音，因而六之，为三百六十音，分直一岁之日以配七音，而旋相为宫之法[50]，由是著名。弘等乃奏请复用旋宫法，上犹记何妥之言，注弘奏下，不听作旋宫，但用黄钟一宫。于是弘等复为奏，附顺[51]上意，其前代金石[52]并销毁之，以息异议。弘等又作武舞[53]，以象隋之功德；郊庙[54]飨[55]用一调[56]，迎气用五调[57]。旧工稍尽，其余声律，皆不复通。

（以上为第二段，写隋文帝招抚突厥，牛弘主持完成隋代雅乐的制定。由于新律只用黄钟作宫音，其他宫音的传统古乐从此失传。）

【注释】

[1]壬子：正月十一日。 [2]感生帝：隋以火德王，以赤帝赤熛怒为感生帝。即隋文帝是赤帝下凡而生。 [3]壬戌：正月二十一日。 [4]丙午：二月辛未朔，无丙午。按《隋书》卷二《高

祖纪》下“丙午”作“丙子”，《北史》同，此误。丙子，二月六日。［5］仁寿宫：宫名。故址在今陕西麟游县西。［6］监之：指监修仁寿宫。［7］莱州：州名。治所掖县，在今山东莱州市。［8］检校：隋制，未实授的加官，或暂领其职务者，称为检校官。［9］土木监：官名。掌土木建筑事，因营建仁寿宫而临时设置的官员，不是常设之官。［10］堙（yīn）：填，堵。［11］崇台累榭（xiè）：台榭高耸重叠。台，高而上平的建筑物。榭，台上盖的高屋。［12］宛转：辗转，曲折。相属：互相连接在一起。［13］疲顿：劳苦困顿。［14］推填坑坎：谓把伤病跌倒的劳工推填到坑洼之处。［15］丁亥：二月十七日。按二月辛未朔，丁亥不应记在己卯（九日）前，史文当有讹误或颠倒。［16］己卯：二月九日。［17］丁酉：二月二十七日。［18］纬候：纬是汉代神学迷信附会儒家经义的书，以经义附会人事吉凶废兴。候是古代占卜吉凶。［19］图谶（chèn）：图是河图。谶是假借神灵的一种预言。［20］戊辰晦：七月三十日。［21］明堂：古代帝王宣明政教的地方。凡朝会、祭祀、庆赏、选士、养老、教学等大典，均在此处举行。后来宫室逐渐完备，另在都城近郊东南修建明堂，以保存古制。［22］安业里：地名。在今陕西西安市区南部。［23］大义公主（？—593）：早年称千金公主，北周赵王宇文招之女。事见《隋书》卷八十四、《北史》卷九十九《突厥传》。［24］宗国：指北周。［25］自寄：寄托自己的情思。［26］流人：因有罪而被流放的人。［27］不修职贡：谓不尽职守与贡纳。［28］微观：暗地观察。［29］所私：指与大义公主私通的人。［30］扇惑：扇动蛊惑。［31］检校：查核。［32］无此色人：没有这个人。此色，此种。色，种类。［33］掩获：乘其不备而将其抓获。［34］发：检举，告发。［35］内史侍郎：官名。内史省（即中书省）副长官，专掌诏制草稿。［36］朝议：又称廷议。即在朝廷中商议国家大事。［37］雍虞闾：即突厥颉伽施多那都蓝可汗，简称都蓝。［38］玷（diān）厥：即突厥达头可汗。［39］依倚：凭借，依靠。［40］征发：调遣。一般指上级征集、动用下级的人力和物力。［41］诚款：恳挚，忠诚。［42］徙（xǐ）：迁移，移动。［43］抚驯：安抚而控制。［44］敌：抵御。［45］协律郎：官名。属太常寺，掌和六律六吕，辨四季之气，监试音调。［46］祖孝孙：幽州范阳（今河北涿州市）人。隋唐音乐家。曾撰《大唐雅乐》。事见《隋书》卷十六《律历志》上，传见《旧唐书》卷七十九。［47］阳山：郡名。治所含洭县，在今广东英德市西北。［48］毛爽：隋朝音乐家，曾仕陈朝为阳山太守。参与议定律吕，著有《律谱》。事见《隋书》卷十六《律历志》上。［49］京房：西汉人，今文《易》学京氏学的创始人。本姓李，好音律，推律自定为京氏。传见《汉书》卷七十五。［50］旋相为宫之法：秦汉以前谱音之法。以十二律与七声相配而成众调。［51］附顺：迎合顺从。［52］金石：指钟磬类乐器。［53］武舞：是武士身披盔甲，手执兵器跳的一种舞蹈。［54］郊庙：指郊祀和庙祭。［55］飨（xiǎng）：合祭。祫祭先王。［56］一调：即止用黄钟一宫。［57］迎气用五调：即春用角，夏用徵，中央用宫，秋用商，冬用羽。气，季节。

十四年（甲寅，594年）

春，三月，乐成。夏，四月，乙丑[1]，诏行新乐，且曰："民间音乐，流僻[2]日久，弃其旧体，竞造繁声，宜加禁约[3]，务存其本。"万宝常听太常所奏乐，泫然[4]泣曰："乐声淫厉[5]而哀，天下不久将尽！"时四海全盛[6]，闻者皆谓[7]不然；大业之末，其言卒验[8]。宝常贫而无子，久之，竟饿死。且死，悉取其书烧之，曰："用此何为！"

先是，台[9]、省[10]、府[11]、寺[12]及诸州皆置公廨钱[13]，收息取给[14]。工部尚书[15]苏孝慈[16]以为"官司[17]出举兴生，烦扰百姓，败损风俗，请皆禁止，给地以营农[18]。"上从之。六月，丁卯[19]，始诏"公卿以下皆给职田[20]，毋得治生[21]，与民争利。"

秋，七月，乙未[22]，以邳公苏威为纳言。

初，张宾历既行，广平刘孝孙[23]、冀州秀才刘焯[24]并言其失。宾方有宠于上，刘晖[25]附会之，共短孝孙，斥罢之。后宾卒，孝孙为掖县[26]丞，委官[27]入京，上其事，诏留直太史[28]，累年不调，乃抱其书，使弟子舆榇[29]来诣阙下，伏而恸哭；执法拘而奏之。帝异焉，以问国子祭酒[30]何妥，妥言其善。乃遣与宾历比校短长[31]。直太史勃海张胄玄[32]与孝孙共短宾历，异论锋起[33]，久之不定。上令参问日食事，杨素等奏："太史[34]凡奏日食二十有五，率皆无验，胄玄所刻[35]，前后妙中[36]，孝孙所刻，验亦过半。"于是上引孝孙、胄玄等亲自劳徕[37]。孝孙请先斩刘晖，乃可定历，帝不怿，又罢之。孝孙寻卒。

关中大旱，民饥，上遣左右视民食，得豆屑杂糠以献。上流涕以示群臣，深自咎责[38]，为之不御酒肉，殆将一期[39]。八月，辛未[40]，上帅民就食[41]于洛阳，敕斥候不得辄有驱逼。男女参厕[42]于仗卫之间，遇扶老携幼者，辄引马避之，慰勉而去；至艰险之处，见负担者，令左右扶助之。

冬，闰十月，甲寅[43]，诏以齐、梁、陈宗祀[44]废绝，命高仁英、萧琮、陈叔宝以时修[45]祭，所须器物[46]，有司给之。陈叔宝从帝登邙山，侍饮，赋诗曰："日月光天德，山河壮帝居；太平无以报[47]，愿上东封[48]书。"并表请封禅。帝优诏答之。他日，复侍宴，及出，帝目之曰：

"此败岂不由酒！以作诗之功，何如思安时事[49]！当贺若弼渡京口，彼人密启告急，叔宝饮酒，遂不之省。高颎至日，犹见启在床下，未开封。此诚[50]可笑，盖天亡之也。昔苻氏[51]征伐所得国，皆荣贵[52]其主，苟欲求名，不知违天命；与之官，乃违天也。"

齐州[53]刺史卢贲坐民饥闭民粜[54]，除名。帝后复欲授以一州[55]，贲对诏失旨[56]，又有怨言，帝大怒，遂不用。皇太子为言："此辈[57]并有佐命功，虽性行轻险[58]，诚不可弃。"帝曰："我抑屈[59]之，全[60]其命也。微[61]刘昉、郑译、卢贲、柳裘、皇甫绩等，则我不至此。然此等皆反覆子也，当周宣帝时，以无赖得幸[62]。及帝大渐[63]，颜之仪等请以赵王辅政，此辈行诈[64]，顾命于我。我将为政，又欲乱之，故昉谋大逆[65]，译为巫蛊。如贲之例，皆不满志[66]，任之[67]则不逊，置之[68]则怨望，自为难信，非我弃之。众人见此，谓我薄于功臣，斯不然矣。"贲遂废，卒于家。

晋王广帅百官抗表[69]，固请封禅。帝令牛弘创定仪注[70]，既成，帝视之，曰："兹事体[71]大，朕何德以堪之！但当东巡，因致祭泰山耳。"十二月，乙未[72]，车驾东巡。

上好机祥[73]小数[74]，上仪同三司萧吉[75]上书曰："甲寅、乙卯，天地之合[76]也。今兹甲寅之年，以辛酉朔旦冬至，来年乙卯，以甲子夏至。冬至阳始，郊天之日，即至尊本命；夏至阴始，祀地之辰，即皇后本命。至尊德并乾[77]之覆育[78]，皇后仁同地之载养[79]，所以二仪元气[80]并会本辰。"上大悦，赐物五百段。吉，懿之孙也。员外散骑侍郎[81]王劭言上有龙颜[82]戴干[83]之表，指示群臣。上悦，拜著作郎[84]。劭前后上表言上受命符瑞[85]甚众，又采民间歌谣，引图书谶纬，捃摭佛经[86]，回易[87]文字，曲加诬饰[88]，撰《皇隋灵感志》三十卷奏之，上令宣示天下。劭集诸州朝集[89]，使盥手[90]焚香[91]而读之，曲折其声[92]，有如歌咏，经涉[93]旬朔[94]，遍而后罢。上益喜，前后赏赐优洽[95]。

（以上为第三段，写隋文帝的双重性格，一方面同情平民大众，为灾民减膳；另一方面，隋文帝又好大喜功，定历法、制乐律、议封禅，牛弘等大臣顺风承旨，滋长了隋文帝的骄矜。）

【注释】

［1］乙丑：四月一日。［2］流僻：流传的邪弊。僻，邪。［3］禁约：限制，禁止。［4］泫（xuàn）然：流泪的样子。［5］淫厉：淫即淫声，古称郑卫之音等俗乐为淫声，后来以淫声指浮靡不正派的乐调乐曲。厉，凄厉。［6］四海全盛：全国正处于繁盛时期。［7］谓：认为。［8］卒验：终于得到验证。卒，终于，最后。［9］台：中央官署。此时隋设有御史、都水、谒者三台。［10］省：中央官署，隋设有尚书、门下、内史、秘书、内侍五省。［11］府：中央直属的地方官署，隋有京兆、河南府。［12］寺：中央低于省一级的官署，此时设太常、光禄、卫尉、宗正、太仆、大理、鸿胪、司农、太府等九寺。［13］公廨钱：各级官府的办公费用。［14］收息取给：收取利息以供使用。［15］工部尚书：据章校，“书”下应补“扶风”二字。［16］苏孝慈：扶风（今陕西宝鸡市凤翔区）人。历仕北周、隋，官至兵部尚书。传见《隋书》卷四十六、《北史》卷七十五。［17］官司：指百官。［18］营农：经营农业，种地收获。［19］丁卯：六月四日。［20］职田：又称职分田，此制始于北周，按官品的高低给田，多少不等。［21］治生：谋生计，经商取利。［22］乙未：七月三日。［23］刘孝孙：广平（今河北鸡泽县东南）人。通晓历法，官至掖县丞。事见《隋书》卷十七《律历志》中。［24］刘焯（zhuō）（544—610）：字士元，信都昌亭（今河北衡水市冀州区）人。官至太学博士，与王劭同修国史，兼参议律历。著有《稽极》十卷、《历书》十卷、《五经述议》等。传见《隋书》卷七十五、《北史》卷八十二。［25］刘晖：官至仪同、太史令，参议律历。事见《隋书》卷十七《律历志》中。［26］掖县：县名。县治在今山东莱州市。［27］委官：弃官不做。［28］留直太史：以他官入太史曹，当值太史。［29］舆榇（chèn）：载棺前往，表示必死的决心。［30］国子祭酒：官名。掌国子学之政。［31］短长：优劣。［32］张胄玄：勃海蓨（今河北景县）人。官至员外散骑侍郎，兼太史令，参议律历，改定新历。传见《隋书》卷七十八、《北史》卷八十九。［33］锋起：锋，亦作“蜂”，众多之意。［34］太史：官名。即太史令，掌天文历法。［35］刻：刻定，测定日食的刻度。［36］妙中：恰好相符。［37］劳徕：劝勉。亦作“劳来”。［38］咎责：引咎自责。［39］殆将一期：差不多一整年。殆，几乎。期（jī），一整年。［40］辛未：八月九日。［41］就食：移至粮多之处，就地取得食物。［42］参厕：参杂。［43］甲寅：闰十月二十三日。［44］宗祀：庙祭。祭祀祖宗。［45］以时：按季节。修：整治。［46］器物：指祭祀所用器皿供物。［47］报：回答。［48］东封：指到泰山封禅。因泰山位于长安东，故称东封。［49］时事：当时的政事。指陈叔宝灭亡前事。［50］诚：实在。［51］苻氏：指前秦帝苻坚。他在位时，曾一度统一了北方地区。传见《晋书》卷一百十三、《魏书》卷九十五。［52］荣贵：谓以官爵尊宠之。［53］齐州：州名。治所历城县，在今山东济南市。［54］闭民粜（tiào）：禁止老百姓出卖粮食。粜，卖出谷物。［55］授以一州：即授任某一州刺史的官职。［56］失旨：不符合皇帝的旨意。［57］此

辈：这些人。包括卢贲、刘昉、郑译等人。［58］轻险：轻佻邪恶。［59］抑屈：压抑，摧折。［60］全：保全。［61］微：没有。［62］得幸：受到宠幸。［63］大渐：皇帝病危。渐，加剧之意。［64］行诈：使用欺骗的手法。［65］大逆：封建时代，凡干犯君主及谋毁陵庙、宫阙者，皆为大逆罪。［66］不满志：其意志得不到满足。［67］任之：指任用他们做官。［68］置之：搁置起来。指不用他们做官。［69］抗表：上表直言。［70］仪注：礼节制度。此指封禅时的礼仪制度。［71］事体：事之体统，事情。［72］乙未：十二月五日。［73］机祥：吉凶。［74］小数：术数。泛指阴阳卜筮、鬼神仙道之类。［75］萧吉：字文休。梁宗室后裔。历仕后梁、北周、隋，官至太府少卿。精通阴阳术，著有《金海》三十卷、《葬经》六卷、《乐谱》二十卷。传见《隋书》卷七十八、《北史》卷八十九。［76］天地之合：谓天干地支之和。［77］乾：《易》乾象天、象君、象阳。［78］覆育：指天的庇护化育。［79］载养：人们生活在大地，承受大地的养育。［80］二仪元气：指天地未分前混一之气。二仪，指天地。［81］员外散骑侍郎：官名。侍从皇帝左右，掌规谏。［82］龙颜：谓眉骨圆起，后称皇帝的颜貌为龙颜。［83］干：盾牌。［84］著作郎：官名。隋著作郎掌秘书省太史、著作二曹的历法、修史等。［85］符瑞：吉祥的征兆。［86］捃（jùn）摭（zhí）：拾取。佛经：佛教的经书。［87］回易：改换。［88］诬饰：捏造，粉饰。［89］朝集：官名。各州每年朝集京师者。又称朝集使。［90］盥（guàn）手：洗手。［91］焚香：据章校，“香”下应补“闭目”二字。［92］曲折其声：使读书的声调委婉动听。［93］经涉：经过。［94］旬朔：十天或一月。旬，十天。朔，农历每月一日。［95］优洽：优厚而普遍。

十五年（乙卯，595年）

春，正月，壬戌［1］，车驾顿［2］齐州。庚午［3］，为坛于泰山，柴燎祀天，以岁旱谢愆咎［4］，礼如南郊；又亲祀青帝［5］坛。赦天下。

二月，丙辰［6］，收天下兵器，敢私造者坐之［7］；关中、缘边［8］不在其例。

三月，己未［9］，至自东巡。

仁寿宫成。丁亥［10］，上幸仁寿宫。时天暑，役夫死者相次［11］于道，杨素悉焚除之，上闻之，不悦。及至，见制度［12］壮丽，大怒曰：“杨素殚民力为离宫［13］，为吾结怨天下。”素闻之，惶恐，虑获谴［14］，以告封德彝，曰：“公勿忧，俟［15］皇后至，必有恩诏［16］。”明日，上果［17］召素入对，独孤后劳之曰：“公知吾夫妇老，无以自娱，盛饰［18］此宫，岂非忠孝！”赐钱百万，锦绢三千段。素负贵恃才，多所陵侮［19］，唯赏重德彝，每引之与论宰相职务，终日忘倦，因抚其床曰：“封郎必须据吾此坐。"屡荐于帝，帝擢为内史舍人[20]。

夏，四月，己丑朔[21]，赦天下。

六月，戊子[22]，诏凿底柱[23]。

庚寅[24]，相州刺史豆卢通[25]贡绫文布，命焚之于朝堂。

秋，七月，纳言苏威坐从祠泰山不敬，免，俄而复位。上谓群臣曰："世人言苏威诈清[26]，家累金玉，此妄言[27]也。然其性狠戾，不切世要[28]，求名太甚，从己则悦，违之必怒，此其大病耳。"

戊寅[29]，上至自仁寿宫。

冬，十月，戊子[30]，以吏部尚书韦世康为荆州总管。世康，洸之弟也，和静谦恕[31]，在吏部十余年，时称廉平[32]。常有止足之志[33]，谓子弟曰："禄岂须多，防满则退；年不待暮[34]，有疾便辞。"因恳乞骸骨[35]。帝不许，使镇荆州。时天下惟有四总管，并、扬、益、荆，以晋、秦、蜀三王及世康为之，当时以为荣。

十一月，辛酉[36]，上幸温汤[37]。

十二月，戊子[38]，敕："盗边粮[39]一升已上，皆斩，仍籍没其家[40]。"

己丑[41]，诏文武官以四考受代[42]。

汴州[43]刺史令狐熙来朝，考绩为天下之最[44]，赐帛三百匹，颁告天下。熙，整之子也。

（以上为第四段，着重记述隋文帝对四位大臣的嘉奖。杨素监造仁寿宫穷极奢侈，讨好皇上；苏威严厉；韦世康廉洁谦让；令狐熙在地方政绩第一。）

【注释】

［1］壬戌：正月三日。［2］顿：停留，止息。［3］庚午：正月十一日。［4］愆咎：过错。［5］青帝：天帝名。东方之神。［6］丙辰：二月二十七日。［7］坐之：对私造兵器者判罪。［8］缘边：边疆一带。［9］己未：三月一日。［10］丁亥：三月二十九日。［11］相次：排列。［12］制度：规模。［13］离宫：古代帝王于正宫之外，别造宫室，以便随时游处，称为离宫。［14］获谴：受到谴责。［15］俟（sì）：等到，待。［16］恩诏：皇帝降恩臣子的诏书。恩，恩赐。［17］果：果然。［18］盛饰：极力装饰。［19］陵侮：欺凌侮辱。陵同"凌"。［20］内史舍人：官名。掌起草诏制。后改为中书舍人。［21］己丑朔：四月一日。［22］戊子：

六月一日。［23］底柱：即砥柱，地名。位于黄河三门峡。相传大禹治水，山陵挡住水路，故凿开以通河水。河水分流，包山而过，山现于水中，若柱一样，遂称砥柱。［24］庚寅：六月三日。［25］豆卢通（539—597）：一名会。历仕北周、隋，官至相州刺史，封南陈郡公。传附《隋书·豆卢勣传》《北史·豆卢勣传》。［26］诈清：假装清正。［27］妄言：胡说，不合实际。［28］不切世要：不符合当时的需要。切，合，靠近。［29］戊寅：七月二十二日。［30］戊子：十月三日。［31］谦恕：谦逊而宽容。［32］廉平：廉洁而公平合理。［33］止足之志：即志在知止知足，不贪求名利。［34］年不待暮：年岁不能等到暮年。［35］乞骸骨：同"乞骸"。古代官吏因年老请求退职，常称乞骸骨。言使骸骨得以归葬故乡。［36］辛酉：十一月七日。［37］温汤：即温泉，在今陕西西安市临潼区骊山。因为其泉水温热，故称温汤。汤，即热水。［38］戊子：十二月四日。［39］边粮：指运送给边防军的粮食。［40］籍没其家：指将盗边粮者家中财产没入官府。［41］己丑：十二月五日。［42］四考受代：即任官期满四年才能迁转。考，一年为一考，考查官吏的政绩。［43］汴州：州名。治所浚仪县，在今河南开封市。［44］考绩：考核官吏的政绩。最：功多曰最。

十六年（丙辰，596年）

春，正月，丁亥[1]，以皇孙裕为平原王，筠为安成王，嶷为安平王，恪为襄城王，该为高阳王，韶为建安王，煚为颍川王，皆勇之子也。

夏，六月，甲午[2]，初制工商不得仕进[3]。

秋，八月，丙戌[4]，诏："决[5]死罪者，三奏然后行刑。"

冬，十月，己丑[6]，上幸长春宫[7]，十一月，壬子[8]，还长安。

党项寇会州[9]，诏发陇西兵讨降之。

帝以光化公主[10]妻吐谷浑可汗世伏[11]；世伏上表请称公主为天后，上不许。

（以上为第五段，记述开皇十六年有两项重大政令，一是隋文帝首次用政令方式重申自秦汉以来的重农抑商传统政策，不允许工商之民做官；二是对处决死囚的重视，要经三次奏报才可执行。）

【注释】

［1］丁亥：正月甲寅朔，无丁亥。《资治通鉴》本《隋书·高祖纪》误。按《北史》卷十一《隋本纪》上第十一作"春二月丁亥"。疑作"二月丁亥"为是。丁亥，二月四日。［2］甲午：六月十三日。［3］工商不得仕进：从事手工业生产与商业活动的人不许入仕做官。这是封建时代一贯的重农抑商政策。仕进，进身为官。［4］丙戌：八月六日。［5］决：判决，判定。［6］己丑：十

月十日。［7］长春宫：离宫名。故址在今陕西大荔县朝邑镇西北。［8］壬子：十一月三日。［9］会州：州名。治所广阳县，在今四川茂县北。［10］光化公主：隋宗室女。［11］世伏：吐谷浑国主，公元 591 年至公元 597 年在位。事见《隋书》卷八十三、《北史》卷九十六。

十七年（丁巳，597 年）

春，二月，癸未[1]，太平公史万岁击南宁羌[2]，平之。初，梁睿之克王谦也，西南夷、獠[3]莫不归附，唯南宁州酋帅爨震恃远不服。睿上疏，以为："南宁州，汉世牂柯[4]之地，户口殷众[5]，金宝富饶。梁南宁州刺史徐文盛[6]为湘东王[7]征赴荆州，属东夏[8]尚阻，未遑远略[9]，土民爨瓒遂窃据一方，国家遥授刺史，其子震相承至今。而震臣礼多亏[10]，贡赋不入，乞因平蜀之众，略定南宁[11]。"其后南宁夷爨玩来降，拜昆州刺史，既而复叛。乃以左领军将军史万岁为行军总管，帅众击之，入自蜻蛉川[12]，至于南中[13]。夷人前后屯据要害，万岁皆击破之；过诸葛亮纪功碑[14]，渡西洱河[15]，入渠滥川[16]，行千余里，破其三十余部，虏获男女二万余口。诸夷大惧，遣使请降，献明珠径寸[17]，于是勒石[18]颂美隋德。万岁请将爨玩入朝，诏许之。爨玩阴有贰心，不欲诣阙，赂万岁以金宝，万岁于是舍玩而还。

庚寅[19]，上幸仁寿宫。

桂州俚[20]帅李光仕作乱，帝遣上柱国王世积与前桂州总管周法尚讨之，法尚发岭南[21]兵，世积发岭北[22]兵，俱会尹州[23]。世积所部遇瘴[24]，不能进，顿于衡州，法尚独讨之。光仕战败，帅劲兵[25]走保白石洞[26]。法尚大获家口[27]，其党有来降者，辄以妻子还之，居旬日，降者数千人；光仕众溃而走，追斩之。

帝又遣员外散骑侍郎何稠[28]募兵讨光仕，稠谕降其党莫崇等，承制署首领为州县官。稠，妥之兄子也。

上以岭南夷、越[29]数反，以汴州刺史令狐熙为桂州总管十七州诸军事，许以便宜从事，刺史以下官得承制补授。熙至部，大弘[30]恩信，其溪洞渠帅[31]更相谓曰："前时总管皆以兵威相胁，今者乃以手教[32]相谕，我辈其可违乎！"于是相帅归附。先是州县生梗[33]，长吏[34]多不得之官[35]，寄政[36]于总管府，熙悉遣之，为建城邑[37]，开设学校，华、夷感化焉。俚帅宁猛力，在陈世已据南海[38]，隋因而抚之，拜安州[39]刺史，猛力恃险骄倨[40]，未尝参谒[41]，熙谕以恩信，猛力感之，诣府请谒，不敢为非。熙奏改安州为钦州。

帝以所在属官[42]不敬惮[43]其上，事难克举[44]，三月，丙辰[45]，诏"诸司论属官罪，有律轻情重[46]者，听于律外[47]斟酌决杖[48]。"于是上下相驱，迭行[49]捶楚[50]，以残暴为干能，以守法为懦弱。

帝以盗贼繁多，命盗一钱[51]以上皆弃市，或三人共盗一瓜，事发即死。于是行旅皆晏起早宿[52]，天下懔懔[53]，有数人劫执事而谓之曰："吾岂求财者邪！但为枉人[54]来耳。而为我奏至尊：自古以来，体国立法[55]，未有盗一钱而死者也。而不为我以闻[56]，吾更来，而属[57]无类矣！"帝闻之，为停此法。

帝尝乘怒，欲以六月杖杀人[58]，大理少卿[59]河东赵绰[60]固争曰："季夏之月，天地成长庶类[61]，不可以此时诛杀。"帝报曰："六月虽曰生长，此时必有雷霆；我则天[62]而行，有何不可！"遂杀之。

大理掌固[63]来旷上言大理官司[64]太宽，帝以旷为忠直，遣每旦于五品行中[65]参见。旷又告少卿赵绰滥免徒囚，帝使信臣[66]推验[67]，初无阿曲[68]，帝怒，命斩之。绰固争，以为旷不合死，帝拂衣入阁。绰矫言[69]，"臣更不理旷，自有他事，未及奏闻。"帝命引入阁，绰再拜请曰："臣有死罪三，臣为大理少卿，不能制御[70]掌固，使旷触挂[71]天刑[72]，一也。囚不合死，而臣不能死争，二也。臣本无他事，而妄言求入，三也。"帝解颜。会独孤后在坐，命赐绰二金杯酒，并杯赐之。旷因免死，徙广州。

萧摩诃子世略在江南作乱，摩诃当从坐[73]，上曰："世略年未二十，亦何能为，以其名将之子，为人所逼耳。"因赦摩诃。绰固谏不可，上不能夺[74]，欲绰去而赦之，因命绰退食[75]。绰曰："臣奏狱[76]未决，不敢退。"上曰："大理其为朕特赦摩诃也！"因命左右释之。

刑部侍郎辛亶尝衣绯裈[77]，俗云利官[78]；上以为厌蛊[79]，将斩之。绰曰："法不当死，臣不敢奉诏[80]。"上怒甚，曰："卿惜辛亶而不自惜也！”命引绰斩之。绰曰：“陛下宁杀臣，不可杀辛亶。”至朝堂，解衣当斩，上使人谓绰曰：“竟何如[81]？”对曰：“执法一心，不敢惜死。”上拂衣而入，良久，乃释之。明日谢绰[82]，劳勉之，赐物三百段。

时上禁行恶钱[83]，有二人在市，以恶钱易好者，武候[84]执以闻，上令悉斩之，绰进谏曰：“此人所坐当杖[85]，杀之非法。”上曰：“不关卿事[86]。”绰曰：“陛下不以臣愚暗[87]，置在法司[88]，欲妄杀人，岂得不关臣事！”上曰：“撼大木[89]，不动者当退。”对曰：“臣望感天心[90]，何论动木。”上复曰：“啜羹[91]者热则置之，天子之威，欲相挫[92]邪！”绰拜而益前，诃之[93]，不肯退，上遂入。治书侍御史柳彧复上奏切谏，上乃止。

上以绰有诚直之心，每引入阁中，或遇上与皇后同榻[94]，即呼绰坐，评论得失，前后赏赐万计。与大理卿薛胄同时，俱名平恕[95]；然胄断狱以情[96]而绰守法[97]，俱为称职。胄，端之子也。

帝晚节用法益峻[98]，御史[99]于元日不劾[100]武官衣剑之不齐[101]者，帝曰：“尔为御史，纵舍自由。”命杀之；谏议大夫毛思祖谏，又杀之。将作寺丞[102]以课麦䴬迟晚，武库令[103]以署庭荒芜，左右出使，或授牧宰[104]马鞭、鹦鹉，帝察知，并亲临斩之。

帝既喜怒不恒，不复依准科律[105]。信任杨素，素复任情[106]不平，与鸿胪少卿[107]陈延有隙，尝经蕃客馆[108]，庭中有马屎，又众仆于毡上樗蒲，以白帝。帝大怒，主客令[109]及樗蒲者皆杖杀之，棰陈延几死。

帝遣亲卫大都督[110]长安屈突通[111]往陇西检覆群牧，得隐匿马二万余匹，帝大怒，将斩太仆卿[112]慕容悉达及诸监官千五百人。通谏曰：“人命至重，陛下奈何以畜产之故杀千有余人！臣敢以死请！”帝瞋目[113]叱之，通又顿首曰：“臣一身分死，就陛下丐[114]千余人命。”帝感寤[115]，曰：“朕之不明，以至于此！赖有卿忠言耳。”于是悉达等皆减死论，擢通为左武候将军[116]。

上柱国[117]刘昶与帝有旧，帝甚亲之；其子居士，任侠不遵法度，数有罪，上以昶故，每原之[118]。居士转[119]骄恣，取公卿子弟雄健[120]者，辄将至家，以车轮括其颈而棒之，殆死[121]能不屈者，称为壮士，释而与交[122]。党与[123]三百人，殴击路人[124]，多所侵夺，至于公卿妃主[125]，莫敢与校[126]。或告居士谋为不轨，帝怒，斩之，公卿子弟坐居士除名者甚众。

杨素、牛弘等复荐张胄玄历术[127]。上令杨素与术数人[128]立议六十一事，皆旧法久难通者，令刘晖等与胄玄等辩析。晖杜口[129]一无所答，胄玄通者五十四，上乃拜胄玄员外散骑侍郎兼太史令，赐物千段，令参定新术[130]。至是，胄玄历成。夏，四月，戊寅[131]，诏颁新历；前造历者刘晖四人并除名。

秋七月，桂州人李世贤反，上议讨之。诸将数人请行[132]，上不许，顾右武候大将军虞庆则曰："位居宰相[133]，爵乃上公[134]，国家有贼，遂无行意，何也？"庆则拜谢，恐惧，乃以庆则为桂州道行军总管，讨平之。

秦王俊，幼仁恕[135]，喜佛教，尝请为沙门[136]，不许。及为并州总管，渐好奢侈，违越制度[137]，盛治宫室。俊好内[138]，其妃崔氏，弘度之妹也，性妒[139]，于瓜中进毒，由是得疾，征还京师。上以其奢纵[140]，丁亥[141]，免俊官，以王就第。崔妃以毒王，废绝[142]，赐死于家。左武卫将军[143]刘昇谏曰："秦王非有他过，但费官物，营廨舍[144]而已，臣谓可容。"上曰："法不可违。"杨素谏曰，"秦王之过，不应至此，愿陛下详之[145]！"上曰："我是五儿之父[146]，非兆民之父？若如公意，何不别制天子儿律！以周公之为人，尚诛管、蔡[147]，我诚不及周公远矣，安能亏法乎！"卒不许。

戊戌[148]，突厥突利可汗来逆女，上舍之太常，教习六礼[149]，妻以宗女安义公主。上欲离间都蓝，故特厚其礼，遣太常卿[150]牛弘、纳言苏威、民部尚书斛律孝卿相继为使。

突利本居北方，既尚主，长孙晟说其帅众南徙，居度斤旧镇[151]，锡赉优厚。都蓝怒曰："我，大可汗也，反不如染干！"于是朝贡遂绝，亟来抄掠边鄙。突利伺知动静，辄遣奏闻，由是边鄙每先有备。

九月，甲申[152]，上至自仁寿宫。

何稠之自岭南还也，宁猛力请随稠入朝，稠见其疾笃，遣还钦州，与之约曰："八九月间，可诣京师相见。"使还，奏状，上意不怿。冬，十月，猛力病卒。上谓稠曰："汝前不将猛力来，今竟死矣！"稠曰："猛力与臣约，假令身死，当遣子入侍[153]。越人性直，其子必来。"猛力临终，果戒[154]其子长真曰："我与大使[155]约，不可失信，汝葬我毕，宜即登路。"长真嗣为刺史，如言入朝。上大悦曰："何稠著信[156]蛮夷，乃至于此！"

鲁公虞庆则之讨李世贤也，以妇弟[157]赵什住为随府长史[158]。什住通于庆则爱妾，恐事泄，乃宣言庆则不欲此行，上闻之，礼赐甚薄。庆则还，至潭州[159]临桂岭[160]，观眺山川形势，曰："此诚险固，加以足粮，若守得其人，攻不可拔。"使什住驰诣京师奏事，观上颜色[161]，什住因告庆则谋反，下有司按验。十二月，壬子[162]，庆则坐死[163]，拜什住为柱国。

高丽王汤[164]闻陈亡，大惧，治兵积谷，为拒守之策。是岁，上赐汤玺书[165]，责以"虽称藩附[166]，诚节未尽"。且曰："彼之一方，虽地狭人少，今若黜王[167]，不可虚置，终须更选官属，就彼安抚。王若洒心易行[168]，率由宪章[169]，即是朕之良臣，何劳别遣才彦[170]！王谓辽水[171]之广，何如长江？高丽之人，多少陈国？朕若不存含育[172]，责王前愆，命一将军，何待多力！殷勤[173]晓示，许王自新耳。"汤得书，惶恐，将奉表陈谢[174]。会病卒，子元嗣立，上使使拜元为上开府仪同三司，袭爵辽东公。元奉表谢恩，因请封王，上许之。

吐谷浑大乱，国人杀世伏，立其弟伏允[175]为主，遣使陈废立之事，并谢专命[176]之罪，且请依俗尚主；上从之。自是朝贡岁至。

（以上为第六段，记述隋文帝开皇十六年，成功地抚夷安边；隋文帝晚年用法苛酷尚能纳谏。这一年，隋文帝平定了岭南的叛乱，安抚西边的吐谷浑、东边的高丽，羁縻北方突厥，用人得当，都取得了成功。隋文帝晚年用法苛酷，大理寺少卿赵绰执法公平，与屈突通等人冒死谏争，避免一些大案、冤案的发生，缓解了矛盾，隋朝政治稳定。）

【注释】

[1]癸未：二月六日。[2]南宁羌：指生活在南宁一带的羌族人。南宁：州名。治所味县，

在今云南曲靖市西。［3］西南夷、獠：指生活在今四川南部和云南一带的少数民族。［4］牂柯：郡名。西汉武帝时设置，治所且兰，在今贵州凯里市西北。［5］殷众：众多。［6］徐文盛（？—548）：梁秦州刺史。传见《梁书》卷四十六、《南史》卷六十四。［7］湘东王：即梁元帝萧绎，传见《梁书》卷五、《南史》卷八。［8］东夏：指中国的东部。古代称中国为夏。［9］未遑：没有时间，来不及。远略：经略远方。［10］臣礼多亏：没有尽到臣子的礼节。亏，少，不足。［11］南宁：据章校，"宁"下应补"帝以天下初定，未之许"九字。［12］蜻蛉川：地名。汉蜻蛉县境，在今云南大姚县、姚安县境。［13］南中：相当于今四川南部及云南贵州地区。［14］诸葛亮纪功碑：纪念诸葛亮平南中之功，故址在今云南保山市境。［15］西洱河：河名。一名叶榆泽，即今云南西部洱海。［16］渠滥川：城名。在今云南大理市东。［17］径寸：谓明珠直径为一寸。［18］勒石：于石碑上刻文字，以记功德。［19］庚寅：二月十三日。［20］桂州俚：指生活在桂州（治今广西桂林市）一带的俚族人。［21］岭南：泛指五岭以南地区。［22］岭北：泛指五岭以北的地区。［23］尹州：州名。治所郁林县，在今广西贵港市东南郁江南岸。［24］瘴（zhàng）：指瘴气。古代指我国南部和西南部地区山林间湿热蒸发致人疾病之气。［25］劲兵：精锐的兵士。［26］白石洞：地名。故址在今广西桂平市南。［27］家口：指李光仕兵士家属。［28］何稠：字桂林。历仕后梁、北周、隋、唐，官至将作少匠。传见《隋书》卷六十八、《北史》卷九十。［29］岭南夷、越：指生活在今福建、广东、广西一带的夷、越等少数民族。［30］大弘：尽量扩大、弘扬。［31］渠帅：魁首。渠，大。［32］手教：即手书。［33］生梗：十分阻塞。［34］长吏：指州县一级官长。［35］之官：上任就职。［36］寄政：把治理州县事委托给总管府。［37］城邑：城市。邑，小城称邑。［38］南海：郡名。治所番禺县，在今广东广州市西。［39］安州：州名。治所宋寿县，在今广西钦州市东北。［40］倨：傲慢。［41］参谒：古代指下级见上级或进见受尊敬的人。［42］所在属官：所有下属官吏。所在，到处。［43］敬惮：尊敬而惧怕。［44］克举：成功，成事。克，能够。［45］丙辰：三月九日。［46］律轻情重：指从法律的条文上说，并未犯重法，但从情理上看，却是严重的。［47］律外：法律以外。指不必完全依法行事。［48］决杖：罚以杖刑。［49］迭行：指主管上级一级压一级，轮番压迫下级。迭，轮流，更替。［50］捶楚：用杖或板打。指杖刑。［51］一钱：古代钱的单位，指一文钱。［52］晏起早宿：起得晚，睡得早。晏，晚。［53］懔懔：畏惧的样子。［54］枉人：受冤枉的人。［55］体国立法：治理国家，制定法律。［56］以闻：指把此事上奏给皇帝。［57］而属：即汝辈，你们。［58］六月杖杀人：古代行刑，一般规定在秋季。［59］大理少卿：官名。大理寺副长官。掌刑法。［60］赵绰：河东（治今山西永济市西南）人。历仕北周、隋，官至大理少卿。传见《隋书》卷六十二、《北史》卷七十七。［61］成长庶类：指各种生物都在成长时期。庶类，众多的物类。［62］则天：以天为法。则，法则。［63］掌固：官名。掌看守仓库及陈设等。［64］官司：讼事，断狱案。［65］五品行（háng）中：在五品官行列中。［66］信臣：诚恳而信用的臣子。［67］推验：推究检验。［68］阿曲：指不以法行事，徇私、曲从等。

[69]矫言：假称，假装。[70]制御：制服。御，驾驭。[71]触挂：触犯。[72]天刑：刑法。对隋文帝所制刑法的尊称。[73]从坐：古代以参与犯罪或受牵连而判罪称从坐。同案犯人主谋者为首，随从者也称从坐。[74]夺：迫使人改变本意。[75]退食：退朝就餐。[76]奏狱：指奏请萧摩诃当从坐的事。[77]绯裈（kūn）：绯色有裆的内裤。绯，红色。[78]利官：谓有利于官职的迁转。[79]厌蛊：古代迷信，能以诅咒害人称厌，能以邪术害人称蛊。[80]奉诏：谓奉行处斩辛亶的诏命。[81]竟何如：究竟怎样。[82]谢绰：向赵绰认错道歉。[83]恶钱：古代私自铸造的钱，质料低劣而又分量较轻的钱称为恶钱。[84]武候：武官名。隶属左右武候将军，掌昼夜巡察、执捕奸盗。[85]所坐当杖：指所犯的罪行，应当处以杖刑。[86]不关卿事：指此事与赵绰无关。因赵绰时任大理少卿，故称他为卿。[87]愚暗：愚蠢而昏暗。[88]法司：指掌司法刑狱的官署。[89]撼大木：摇动大树。[90]感天心：指赵绰欲以自己的言行来感动隋文帝，使他回心转意。[91]啜羹：喝羹汤。啜，饮，吃。羹，一种调和五味的汤。[92]相挫：指打击天子的威望。挫，打击。[93]诃（hē）之：大声呵叱赵绰。诃，怒斥，大声呵叱。诃，同“呵”。[94]同榻：同坐一个榻上。榻，狭长而低的坐卧用具。[95]平恕：公平而能宽容人。恕，宽容。[96]断狱以情：审定狱讼根据情理。[97]守法：遵守法律条文，以法断案。[98]益峻：更加严酷。[99]御史：官名。掌纠察。[100]于元日不劾：不检举弹劾在元日朝会上有过错的官员。元日，正月一日。[101]衣剑之不齐：指穿衣、佩剑不规范。[102]将作寺丞：官名。掌治土木工程、宫室营建。隋初承北齐制，置将作寺，后改为将作监。课麦䅌（juān）：收麦秆。课，纳课，税收。䅌，麦秸。[103]武库令：官名。属卫尉寺，掌管武器府库。[104]牧宰：州官称牧，县官称宰。牧宰，泛指州县长官。[105]依准科律：依照法律办事。科律，法令，条律。[106]任情：任性，随意所为。[107]鸿胪少卿：官名。鸿胪寺副长官，掌典客、司仪二署。[108]蕃客馆：外国或外族来宾所居住的客馆。当时习称外国或外族为蕃。[109]主客令：官名。鸿胪寺典客署之长，掌蕃客辞见、迎送、宴会等。[110]亲卫大都督：武官名。掌宿卫之事。[111]屈突通（557—628）：雍州长安（今陕西西安市）人。历仕隋、唐，官至刑部尚书。传见《旧唐书》卷五十九、《新唐书》卷八十九。[112]太仆卿：官名。太仆寺长官，掌厩马及畜牧。[113]瞋（chēn）目：张目，瞪大眼睛。[114]丐（gài）：乞求。[115]感寤：有所感而觉醒。寤，觉，睡醒。[116]左武候将军：武官名。掌帝出入时侍卫，并掌京城昼夜巡逻，追捕盗贼。[117]上柱国：据章校，“国”下应补“彭公”二字。[118]每原之：每次都原宥刘居士的罪过。[119]转：变得，反而。[120]雄健：勇武健壮。[121]殆死：将近死亡。殆，近，几乎。[122]与交：与他交为好友。[123]党与：同党的人。[124]路人：在路上行走的人。[125]妃主：王妃与公主。[126]与校：跟他计较。校，较量，计较。[127]历术：历法。[128]术数人：又称术士。惯用阴阳五行相生相克的数理，来推断人事的吉凶，如占候、卜筮、星命等。[129]杜口：闭口不言。[130]新术：新的历法。[131]戊寅：四月二日。[132]请行：请求让自己率兵前去平定李世贤反叛。[133]位居宰相：虞庆则

曾任尚书右仆射，宰相之职。［134］爵乃上公：时虞庆则授上柱国，封鲁国公。上公，公爵的尊称，言位在诸爵之上。［135］仁恕：善良，宽容。［136］沙门：僧徒。也称“桑门”。梵语室罗摩拏的音译。释为勤息、勤修善法、止息恶行之义。［137］违越制度：违背和超过了有关制度的规定。［138］好内：喜欢女色。内，女色，宫人。［139］性妒：生性妒嫉。［140］奢纵：奢侈放纵。［141］丁亥：七月十三日。［142］废绝：废掉王妃身份，断绝夫妻关系。［143］左武卫将军：武官名。掌理禁卫。左武卫，隋十二卫之一。［144］廨（xiè）舍：官吏办事及居住的处所。［145］详之：审慎地处理此事。详，审慎，审察。［146］五儿之父：隋文帝有五个儿子，依次是太子杨勇、晋王杨广、秦王杨俊、蜀王杨秀、汉王杨谅。［147］诛管、蔡：管、蔡即周武王弟管叔、蔡叔。周武王灭商，封管、蔡为诸侯，以监视商纣王子武庚。武王死，子成王年幼，周公摄政，管、蔡同武庚叛乱，为周公所杀。详见《史记》卷三十三《鲁周公世家》。［148］戊戌：七月二十四日。［149］六礼：古代婚制六礼包括纳采、问名、纳吉、纳征、请期、亲迎。［150］太常卿：官名。太常寺长官，掌陵庙、礼乐、天文、仪制等。［151］度斤旧镇：即都斤山。［152］甲申：九月十一日。［153］遣子入侍：派遣子弟入京师侍卫。［154］戒：命令，告诫。［155］大使：指何稠。这年二月，何稠以员外散骑侍郎的身份出讨李光仕，岭南夷、越族把他视为隋朝的使臣。［156］著信：树立信用。著，标举。［157］妇弟：妻子的弟弟，俗称内弟。［158］随府长史：官名。行军总管府的临时官员，掌军政。［159］潭州：州名。治所长沙县，在今湖南长沙市。［160］临桂岭：地名。在今湖南长沙市附近。［161］观上颜色：观察皇帝对此事的态度、反应。颜色，脸色。［162］壬子：十二月十日。［163］坐死：判为死刑。［164］高丽王汤（？—597）：高句丽昭烈帝六世孙，北周武帝封为辽东王，隋文帝改封高丽王。事见《隋书》卷八十一、《北史》卷九十四。［165］玺书：古代天子用印章封记的文书。［166］藩附：指向隋称臣，附属于隋。［167］黜王：废掉汤的王号。［168］洒心易行：表示悔改。洒心，洗心。易，改变。［169］率由宪章：谓遵循成规旧事之意。［170］才彦：才德杰出的人。［171］辽水：水名。即今辽河，有东西两源，东辽河源出今吉林辽源市境，西辽河上游西拉木伦河源出内蒙古克什克腾旗境。两河在辽宁昌图县汇合后称辽河。［172］含育：包容养育。［173］殷勤：指亲切的情意。［174］奉表陈谢：上表陈述缘由，表示道歉。［175］伏允（？—635）：吐谷浑国主。详见《隋书》卷八十三、《北史》卷九十六、《旧唐书》卷一百九十八、《新唐书》卷二百二十一上。［176］专命：指事先未经隋朝批准而就国主之位。

十八年（戊午，598年）

春，二月，甲辰[1]，上幸仁寿宫。

高丽王元帅靺鞨[2]之众万余寇辽西[3]，营州[4]总管韦冲[5]击走之。上闻而大怒，乙巳[6]，以汉王谅、王世积并为行军元帅，将水陆三十万伐高丽，以尚书左仆射高颎为汉王长史，周罗睺为水军总管。

延州刺史独孤陀[7]有婢曰徐阿尼，事猫鬼，能使之杀人，云每杀人，则死家财物潜移[8]于畜猫鬼家。会独孤后及杨素妻郑氏俱有疾，医皆曰："猫鬼疾也。"上以陀，后之异母[9]弟，陀妻，杨素异母妹，由是意陀所为，令高颎等杂治[10]之，具得其实。上怒，令以犊车[11]载陀夫妻，将赐死[12]，独孤后三日不食，为之请命[13]曰："陀若蠹政害民[14]者，妾[15]不敢言；今坐为妾身，敢请其命。"陀弟司勋侍郎[16]整[17]诣阙求哀，于是免陀死，除名为民，以其妻杨氏为尼。先是，有人讼其母为猫鬼所杀者，上以为妖妄，怒而遣之。至是，诏诛被讼行猫鬼家。夏，四月，辛亥[18]，诏："畜猫鬼、蛊毒[19]、厌媚野道之家，并投于四裔[20]。"

六月，丙寅[21]，下诏黜高丽王元官爵。汉王谅军出临渝关[22]，值水潦[23]，馈运不继[24]，军中乏食，复遇疾疫。周罗睺自东莱[25]泛海趣平壤城[26]，亦遭风，船多飘没。秋，九月，己丑[27]，师还，死者什八九。高丽王元亦惶惧遣使谢罪，上表称"辽东[28]粪土臣元"，上于是罢兵，待之如初。

百济王昌遣使奉表，请为军导[29]，帝下诏谕以"高丽服罪，朕已赦之，不可致伐。"厚其使而遣之。高丽颇知其事，以兵侵掠其境。

辛卯[30]，上至自仁寿宫。

冬，十一月，癸未[31]，上祀南郊。

十二月，自京师至仁寿宫，置行宫[32]十有二所。

南宁夷爨玩复反。蜀王秀奏"史万岁受赂纵贼，致生边患。"上责万岁，万岁诋谰[33]；上怒，命斩之。高颎及左卫大将军[34]元旻[35]等固请曰："万岁雄略过人，将士乐为致力[36]，虽古名将，未能过也。"上意少解，于是除名为民。

（以上为第七段，写隋文帝惩治妖术，远征高丽失利。）

【注释】

[1]甲辰：二月三日。 [2]靺（mò）鞨（hé）：古代民族名。在高丽之北。商周时称肃慎，

汉魏时称挹娄，北朝时称勿吉，隋朝改为靺鞨。其活动区域在长白山与黑龙江流域。［3］辽西：郡名。治所柳城，在今辽宁朝阳市。［4］营州：州名。治所柳城，在今辽宁朝阳市。［5］韦冲（540—605）：历仕北周、隋，官至民部尚书，封义丰县侯。传附《隋书·韦世康传》《北史·韦孝宽传》。［6］乙巳：二月四日。［7］独孤陀（？—598）：字黎邪。历仕北周、隋，官至延州刺史。传见《隋书》卷七十九、《北史》卷六十一。［8］潜移：慢慢地转移。［9］异母：同父不同母。［10］杂治：共同治办。杂，俱，共。［11］牸车：牛车。官品低下者所乘。牸，小牛，牛子。［12］将赐死：据章校，"死"下应补"于家"二字。［13］为之请命：替独孤陀祈求保全他的生命。［14］蠹（dù）政害民：败坏政治，残害人民。蠹，一种蛀虫，能败坏各种物品。［15］妾：古代妇女自称的谦词。［16］司勋侍郎：官名。属于吏部，掌校定勋绩，论官赏勋等。［17］整：独孤整，官至幽州刺史，传附《隋书·独孤陀传》《北史·独孤陀传》。［18］辛亥：四月十一日。［19］蛊毒：毒害。［20］四裔：四方极远的地方。［21］丙寅：六月二十七日。［22］临渝关：关名。故址在今河北秦皇岛市抚宁区榆关镇。［23］水潦：指雨后的大水。［24］馈运不继：运送的粮草接济不上。馈，供给。［25］东莱：郡名。治所掖县，在今山东莱州市。［26］平壤城：地名。当时高丽国都城，即今朝鲜平壤市。［27］己丑：九月二十一日。［28］辽东：辽水以东地区，大致包括今辽宁东南部辽河以东的地区。［29］军导：军事上的向导。［30］辛卯：九月二十三日。［31］癸未：十一月十六日。［32］行宫：京城的宫室以外，供帝王出行时居住的宫殿称行宫。［33］诋谰（lán）：抵赖。诋，拒绝谈所隐讳的事。谰，狂言，抵赖。［34］左卫大将军：武官名。掌禁卫营兵。［35］元旻（？—590）：官至左卫大将军，封五原公。其事散见《隋书》与《北史》诸传。［36］致力：尽力。致，尽，极。

十九年（己未，599年）

春，正月，癸酉[1]，赦天下。

二月，甲寅[2]，上幸仁寿宫。

突厥突利可汗因长孙晟奏言都蓝可汗作攻具[3]，欲攻大同城[4]。诏以汉王谅为元帅，尚书左仆射高颎出朔州道[5]，右仆射杨素出灵州道，上柱国燕荣[6]出幽州道以击都蓝，皆取汉王节度；然汉王竟不临戎[7]。

都蓝闻之，与达头可汗结盟，合兵掩袭突利，大战长城下，突利大败。都蓝尽杀其兄弟子侄，遂渡河入蔚州[8]。突利部落散亡，夜，与长孙晟以五骑南走，比旦[9]，行百余里，收得数百骑。突利与其下谋曰："今兵败入朝，一降人耳，大隋天子岂礼[10]我乎！玷厥[11]虽来，本无冤隙[12]，若往投之[13]，必相存济[14]。"晟知之，密遣使者入伏远镇[15]，令速举烽[16]。突利见四烽俱发，以问晟，晟绐之曰："城高地迥[17]，必遥见贼来。我国家法，若贼少，举二烽；来多，举三烽；大逼[18]，举四烽。彼见贼多而又近耳。"突利大惧，谓其众曰："追兵已逼，且可投城。"既入镇，晟留其达官执室领其众，自将突利驰驿入朝。夏，四月，丁酉[19]，突利至长安。帝大喜，以晟为左勋卫骠骑将军[20]，持节[21]护突厥[22]。

上令突利与都蓝使者因头特勒相辩诘[23]，突利辞直，上乃厚待之。都蓝弟郁[24]速六弃其妻子，与突利归朝，上嘉之，使突利多遗之珍宝以慰其心。

高颎使上柱国赵仲卿[25]将兵三千为前锋，至族蠡山[26]，与突厥遇，交战七日，大破之；追奔至乞伏泊[27]，复破之，虏千余口，杂畜万计。突厥复大举而至，仲卿为方陈，四面拒战，凡五日。会高颎大兵至，合击之，突厥败走，追度白道，逾秦山[28]七百余里而还。杨素军与达头遇。先是诸将与突厥战，虑其骑兵奔突[29]，皆以戎车步骑相参[30]，设鹿角[31]为方陈，骑在其内。素曰："此乃自固之道[32]，未足以取胜也。"于是悉除旧法，令诸军为骑陈[33]。达头闻之，大喜曰："天赐我也！"下马仰天[34]而拜，帅骑兵十余万直前。上仪同三司周罗睺曰："贼陈未整，请击之。"帅精骑逆战，素以大兵继之，突厥大败，达头被重创[35]而遁，杀伤不可胜计，其众号哭而去。

六月，丁酉[36]，以豫章王暕为内史令。

宜阳公王世积为凉州[37]总管，其亲信安定皇甫孝谐有罪，吏捕之，亡抵[38]世积，世积不纳[39]。孝谐配防[40]桂州，因上变[41]，称"世积尝令道人相其贵不[42]，道人答曰：'公当为国主[43]，又将之[44]凉州。'其所亲谓世积曰：'河西[45]天下精兵处，可图大事[46]。'世积曰：'凉州土旷人希[47]，非用武之国。'"世积坐诛[48]，拜孝谐上大将军。

独孤后性妒忌，后宫莫敢进御[49]。尉迟迥女孙[50]，有美色，先没宫中，上于仁寿宫见而悦之，因得幸[51]。后伺上听朝[52]，阴杀之，上由是大怒，单骑[53]从苑中出，不由径路[54]，入山谷间二十余里。高颎、杨素等追及上，扣马苦谏。上太息[55]曰："吾贵为天子，不得自由！"

高颎曰："陛下岂以一妇人而轻天下！"上意少解，驻马良久，中夜[56]方还宫。后俟上于阁内，及至，后流涕拜谢，颎、素等和解之，因置酒极欢。先是后以高颎父之家客[57]，甚见亲礼[58]，至是，闻颎谓己为一妇人，遂衔之。

时太子勇失爱于上，潜有废立之志，从容谓颎曰："有神告晋王妃，言王必有天下，若之何[59]？"颎长跪[60]曰："长幼有序[61]，其可废乎[62]！"独孤后知颎不可夺，阴欲去之[63]。

会上令选东宫卫士以入上台[64]，颎奏称："若尽取强者，恐东宫宿卫太劣。"上作色[65]曰："我有时出入，宿卫须得勇毅。太子毓德春宫[66]，左右何须壮士！此极弊法。如我意者，恒于交番[67]之日，分向东宫，上下团伍[68]不别，岂非佳事！我熟见[69]前代，公不须仍踵旧风[70]。"颎子表仁[71]，娶太子女，故上以此言防之。

颎夫人卒，独孤后言于上曰："高仆射老矣，而丧夫人，陛下何能不为之娶！"上以后言告颎。颎流涕谢曰："臣今已老，退朝，唯斋居[72]读佛经而已，虽陛下垂哀[73]之深！至于纳室[74]，非臣所愿。"上乃止。既而颎爱妾生男，上闻之，极喜，后甚不悦。上问其故，后曰："陛下尚复信高颎邪？始，陛下欲为颎娶，颎心存爱妾，面欺[75]陛下。今其诈已见[76]，安得信之！"上由是疏[77]颎。

伐辽之役，颎固谏，不从，及师[78]无功，后言于上曰："颎初不欲行，陛下强遣之，妾固知其无功矣！"又，上以汉王年少，专委军事于颎，颎以任寄隆重[79]，每怀至公[80]，无自疑[81]之意，谅所言多不用。谅甚衔之，及还，泣言于后曰："儿幸免高颎所杀。"上闻之，弥不平。

及击突厥，出白道[82]，进图入碛[83]，遣使请兵，近臣缘此[84]言颎欲反。上未有所答，颎已破突厥而还。及王世积诛，推核[85]之际，有宫禁中事，云于颎处得之，上大惊。有司又奏"颎及左右卫大将军元旻、元胄，并与世积交通[86]，受其名马之赠。"旻、胄坐免官。上柱国贺若弼、吴州总管宇文弢[87]、刑部尚书薛胄、民部尚书斛律孝卿、兵部尚书柳述[88]等明颎无罪，上愈怒，皆以属吏，自是朝臣无敢言者。秋，八月，癸卯[89]，颎坐免上柱国、左仆射，以齐公[90]就第。

未几，上幸秦王俊第，召颎侍宴。颎歔欷悲不自胜，独孤后亦对之泣[91]。上谓颎曰："朕不负公，公自负[92]也。"因谓侍臣曰："我于高颎，胜于儿子，虽或不见，常似目前；自其解落[93]，瞑然忘之[94]，如本无高颎。人臣不可以身要君[95]，自云第一也。"顷之，颎国令[96]上颎阴事[97]，称其子表仁谓颎曰："司马仲达[98]初托疾不朝，遂有天下，公今遇此[99]，焉知非福！"于是上大怒，囚颎于内史省而鞫之[100]。宪司[101]复奏沙门真觉尝谓颎云："明年国有大丧[102]。"尼令晖复云："十七、十八年，皇帝有大厄[103]，十九年不可过。"上闻而益怒，顾谓群臣曰："帝王岂可力求！孔子以大圣[104]之才，犹不得天下。颎与子言，自比晋帝[105]，此何心乎！"有司请斩之。上曰："去年杀虞庆则，今兹斩王世积，如更诛颎，天下其谓我何！"于是除名为民。

颎初为仆射，其母戒之曰："汝富贵已极，但有一斫头[106]耳，尔其慎之[107]！"颎由是常恐祸变[108]。至是，颎欢然[109]无恨色。先是国子祭酒元善[110]言于上曰："杨素粗疏，苏威怯懦，元胄、元旻正似鸭[111]耳。可以付社稷[112]者，唯独高颎。"上初然之[113]。及颎得罪，上深责之，善忧惧而卒。

九月[114]，以太常卿牛弘为吏部尚书。弘选举先德行而后文才，务在审慎，虽致停缓，其所进用，并多称职。吏部侍郎高孝基[115]鉴赏机晤，清慎[116]绝伦[117]，然爽俊[118]有余，迹[119]似轻薄，时宰[120]多以此疑之；唯弘深识其真，推心任委。隋之选举得人，于斯为最，时论[121]弥服弘识度之远。

冬，十月，甲午[122]，以突厥突利可汗为意利珍豆启民可汗，华言"意智健[123]"也。突厥归启民者男女万余口，上命长孙晟将五万人于朔州，筑大利城[124]以处之。时安义公主已卒，复使晟持节送宗女义成公主以妻之[125]。

晟奏："染干部落，归者益众，虽在长城之内，犹被雍虞闾抄掠，不得宁居。请徙五原[126]，以河为固，于夏、胜[127]两州之间，东西至河，南北四百里，掘为横堑[128]，令处其内，使得任情[129]畜牧。"上从之。

又令上柱国赵仲卿屯兵二万为启民防达头，代州[130]总管韩洪[131]

等将步骑一万镇恒安[132]。达头骑十万来寇，韩洪军大败，仲卿自乐宁镇[133]邀击，斩首千余级。

帝遣越公杨素出灵州，行军总管韩僧寿[134]出庆州[135]。太平公史万岁出燕州[136]，大将军武威姚辩[137]出河州[138]，以击都蓝。师未出塞，十二月，乙未[139]，都蓝为部下所杀，达头自立为步迦可汗，其国大乱。长孙晟言于上曰："今官军临境，战数有功，虏内自携离[140]，其主被杀，乘此招抚，可以尽降。请遣染干部下分道招慰。"上从之。降者甚众。

（以上为第八段，写开皇十九年，隋文帝用兵大破突厥，保持对外英武的形象，而内政多疑偏信，杀大臣王世积，罢斥高颎，渐露专制君主晚年昏聩的迹象。）

【注释】

[1]癸酉：正月七日。[2]甲寅：二月十九日。[3]攻具：攻城的装置、工具。[4]大同城：地名。故址在今内蒙古乌拉特前旗东北。[5]朔州道：谓从朔州出击突厥。朔州治所马邑县，在今山西朔州市。道，指外出作战的进军路线。[6]燕荣（？—603）：字贵公，华阴弘农（今河南灵宝市东北）人。历仕北周、隋，官至幽州总管。传见《隋书》卷七十四、《北史》卷八十七。[7]临戎：亲临战场，对阵。[8]蔚州：州名。治所灵丘县，在今山西灵丘县。[9]比旦：到了天亮时。比，及。[10]礼：谓以礼相待。[11]玷厥：即达头可汗之名。[12]冤隙：怨恨，仇恨。冤，怨仇。[13]投之：投奔达头可汗部。[14]存济：安顿，保全。[15]伏远镇：地名。故址不详。[16]举烽：点燃烽火，向内地报警。烽，也作"熢"，古代边防报警的烟火。[17]迥：远。[18]大逼：敌军众多且逼近城池。逼，近。[19]丁酉：四月二日。[20]左勋卫骠骑将军：武官名。掌宫廷侍卫。[21]持节：古代使臣出使，必持节以做凭证。节，符节。[22]护突厥：谓总领突厥事务。[23]相辩诘：相互辩论，以弄清是非。诘，责问。[24]都蓝弟郁：据章校，"郁"应改为"都"字。[25]赵仲卿（542—605）：天水陇西（今甘肃陇西县东南）人。历仕北周、隋，官至检校司农卿，判兵部、工部二曹尚书事。传见《隋书》卷七十四、《北史》传六十九。[26]族蠡（lǐ）山：山名。今在何处不详。[27]乞伏泊：湖名。即今内蒙古察哈尔右翼前旗东北黄旗海。[28]秦山：山名。即今内蒙古中部大青山。[29]奔突：奔驰冲突。[30]相参：互相混合。[31]鹿角：古时阵地营寨前的一种防御工事。把带枝的树木削尖，半埋入地下，以阻止敌人进入。[32]自固之道：坚固阵地的方法。固，牢固。[33]骑陈：用骑兵组成阵势。[34]仰天：抬起头，脸朝天。[35]重创：重伤。创，创伤。[36]丁酉：六月三日。[37]凉州：州名。治所姑臧县，在今甘肃武威市。[38]亡抵：逃亡到。亡，逃跑。抵，到达。[39]不纳：不接受。[40]配防：配隶军队，去充当防守。[41]上变：向朝廷密告谋反叛乱之事。[42]相其贵不：给世积相面，看其能否富贵。不，同"否"。[43]国主：一国之

君主。［44］之：往。［45］河西：泛指黄河以西的甘肃地区。又称河右。［46］大事：重大的事情。指发动政变，夺取皇位。［47］土旷人希：土地辽阔，人烟稀少。旷，辽阔，广大。希，稀少，通“稀”。［48］坐诛：被判为死刑。［49］进御：指向皇帝进用美女。［50］女孙：孙女。［51］得幸：得到皇帝的宠遇。封建时代称皇帝亲临为幸。［52］听朝：帝王主持朝会以处理政事。听，治理。［53］单骑：谓隋文帝独自乘马，没有从骑。［54］径路：道路。［55］太息：出声长叹。［56］中夜：半夜。［57］后以高颎父之家客：高颎父宾，为皇后父独孤信参佐，独孤信被杀后，皇后以宾为独孤信的部下，多往来其家，故称家客。［58］亲礼：亲近而尊敬。［59］若之何：怎么办。若，奈，怎样。［60］长跪：直身而跪。古代人席地而坐，坐时两膝据地以臀部着脚跟。跪时则伸直腰、腿，以表示庄重。［61］长幼有序：按宗法制，立太子要按照先长后幼的顺序。［62］其可废乎：据章校，“乎”下应补“上默然而止”五字。［63］去之：指除去高颎。去，去掉，除去。［64］上台：宫禁。［65］作色：脸上变色。［66］太子毓（yù）德春宫：太子在东宫静心修养。毓，生长，养育，此指修养、培养。春宫，即东宫，太子所居之处。［67］交番：番卫交接、轮换。［68］团伍：当时禁卫的军事组织，三百人为团，五人为伍。［69］熟见：熟悉，明了。［70］仍踵旧风：仍然因袭旧的习惯。踵，跟随，因袭。［71］表仁：即高表仁，高颎第三子，封渤海郡公。传附《隋书·高颎传》。［72］斋居：清心寡欲而居。［73］垂哀：怜爱。垂，俯，下。［74］纳室：娶妻。室，妻。［75］面欺：当面欺骗。［76］已见（xiàn）：已经明显。见，显露，“现”的本字。［77］疏：疏远，不亲近。［78］师：出军，出师。［79］任寄隆重：受托的责任重大。任寄，任用委托。隆重，重要。［80］每怀至公：每处理一事，即为公着想。至，极，甚。［81］自疑：不自信，自我疑虑。［82］白道：地名。故址在今内蒙古呼和浩特市西北。［83］进图入碛（qì）：进一步合计欲深入大漠。碛，沙漠。［84］缘此：因此。缘，凭借。［85］推核：推究查问。核，审察。［86］交通：交结往来。［87］宇文弼（546—607）：字公辅，河南洛阳（今河南洛阳市）人。历仕北周、隋，官至礼部尚书。传见《隋书》卷五十六、《北史》卷七十五。弼（bì），古“弼”字。［88］柳述：字业隆。官至兵部尚书。传附《隋书·柳机传》《北史·柳虬传》。［89］癸卯：八月十日。［90］齐公：高颎曾封为齐国公。［91］对之泣：面对着高颎哭泣。［92］自负：自恃，自以为了不起。［93］解落：谓解官落职。［94］瞑然忘之：闭上眼睛，什么也看不到，被忘记了。［95］要（yāo）君：要挟君主。［96］国令：官名。王国、公国皆有令，掌封国的政事。［97］阴事：秘密的事。［98］司马仲达：曹魏重臣、丞相司马懿，字仲达，是西晋篡夺曹魏的奠基人，事详《资治通鉴》卷七十五《魏纪》邵陵厉公嘉平元年。［99］公今遇此：指高颎被罢官归家之事。［100］鞫（jū）之：审查高颎。鞫，审讯，查问。［101］宪司：法司。魏、晋以来御史的别称。［102］大丧：指帝王、皇后及其嫡长子的丧礼。［103］大厄：大的危难。厄，危难，灾难。［104］大圣：至圣，指道德高尚完备的人。［105］晋帝：指司马懿。曹魏丞相，其孙司马炎代魏称帝，建立晋朝，追谥为宣帝。［106］斫（zhuó）头：杀头。斫，用刀砍。［107］尔其慎之：你还是要谨慎从事。尔，你。

[108]祸变：发生灾祸。[109]欢然：欢喜的样子。[110]元善（540—599）：河南洛阳（今河南洛阳市）人。官至国子祭酒。传见《隋书》卷七十五、《北史》卷十六。[111]似鸭：鸭子常浮在水上，随波上下。以此比喻元胄等人随波逐流，以保全自己。[112]付社稷：谓交付国家大事。社稷，国家政权的象征。[113]初然之：起初以为是这样。[114]九月：据章校，"月"下应补"乙丑"二字。乙丑，九月三日。[115]高孝基：官至吏部侍郎，事附《隋书·牛弘传》《北史·牛弘传》。[116]清慎：廉洁而慎重。[117]绝伦：无与伦比。伦，同类，同辈。[118]爽俊：爽朗而有才智。[119]迹：踪迹，行动。[120]时宰：当时的执政官。[121]时论：当时的舆论。[122]甲午：十月二日。[123]意智健：意智犹言智慧，健是雄健之意。[124]大利城：城名。故址在今内蒙古和林格尔县东北。[125]以妻之：把义成公主嫁给启民可汗为妻子。妻，以女嫁人。[126]五原：郡名。治所九原县，在今内蒙古包头市西北。[127]夏、胜：两州名。夏州，治所岩绿县，在今陕西靖边县东北白城子。胜州，治所榆林县，在今内蒙古准格尔旗东北黄河南岸十二连城。[128]横堑（qiàn）：横沟。堑，壕沟。[129]任情：任意，随便。[130]代州：州名。治所雁门县，在今山西代县。[131]韩洪（548—610）：字叔明，韩擒虎三弟。官至陇西太守。传附《隋书·韩擒虎传》《北史·韩雄传》。[132]恒安：镇名。故址在今山西大同市东北古城。[133]乐宁镇：镇名。故址不详。[134]韩僧寿（547—612）：字玄庆，韩擒虎二弟。官至蔚州刺史，封新蔡郡公。传附《隋书·韩擒虎传》《北史·韩雄传》。[135]庆州：州名。治所合水县，在今甘肃庆阳县。[136]燕州：州名。治所怀戎县，在今河北涿鹿县西南。[137]姚辩（？—611）：武威（今甘肃武威市）人。官至右光禄大夫、左屯卫大将军，事散见《隋书》本纪。[138]河州：州名。治所枹罕县，在今甘肃临夏市西南。[139]乙未：十二月四日。[140]虏内：指突厥内部。当时中原人习称突厥为虏。携离：背叛。

【点评】

隋文帝晚年昏聩。本卷所载隋文帝治国已成开皇之治的盛世局面，国力大增，府库充实，四夷平定。但同时隋文帝开始从励精图治变得喜怒无常、猜疑御下，不遗余力芟夷有功大臣，初露专制帝王晚年昏聩之迹。功臣史万岁、王世积、虞庆则，受奸人诬告，隋文帝不加细察就斧钺相加，王世积、虞庆则成了冤鬼。隋文帝倚为腹心的开国元勋贺若弼、高颎、李德林均受猜疑，贺若弼下狱差点处死，高颎被免官为民，李德林贬处一州。而阴狠毒辣之杨素，阿谀顺意，独受信任。杨素监造仁寿宫，穷极奢侈，工期紧迫，民夫死以万计，不仅未受责罚，而且获得重赏，只因独孤皇后的私情袒护，隋文帝的是非就模糊了。独孤皇后误国，隋文帝听之信之，为隋朝速亡设下伏笔。

卷一七九　隋纪三

隋文帝开皇二十年至仁寿三年（600—603 年）

【起上章涒滩（庚申，600 年），尽昭阳大渊献（癸亥，603 年），凡四年】

【大事提要】

本卷载述公元 600 年至公元 603 年史事，凡四年，时当隋文帝开皇二十年至仁寿三年。此时期是隋文帝执政从开明到昏暴的一个转折时期，最大的政治事件是废太子杨勇，更立太子杨广。太子杨勇并无大过，近声色，亲嬖幸，只是小过，不如杨广之甚。杨勇任性率直，友爱兄弟，不施报复，闻过有悔改之意，不被废黜，隋朝不会短祚灭亡。而杨勇之被废黜，完全是一场人为制造的大冤案，本卷做了详尽的记载。

高祖文皇帝中

开皇二十年（庚申，600 年）

春，二月，熙州[1]人李英林反。三月，辛卯[2]，以扬州总管司马[3]河内张衡[4]为行军总管，帅步骑五万讨平之。

贺若弼复坐事下狱，上数[5]之曰："公有三太猛：嫉妒心太猛，自是[6]、非人[7]心太猛，无上心太猛。"既而释之。他日，上谓侍臣曰："弼将伐陈，谓高颎曰：'陈叔宝可平也。不作高鸟尽、良弓藏[8]邪？'颎云：'必不然。'及平陈，遽索[9]内史，又索仆射。我语颎曰：'功臣正宜授勋官[10]，不可预朝政[11]。'弼后语颎：'皇太子于己，出口入耳[12]，无所不尽。公终久何必不得弼力，何脉脉[13]邪！'意图广陵，又图荆州，皆作乱之地[14]，意终不改也。"

夏，四月，壬戌[15]，突厥达头可汗犯塞[16]，诏命晋王广、杨素出灵武道，汉王谅、史万岁出马邑道以击之。

长孙晟帅降人[17]为秦州行军总管，受晋王节度[18]。晟以突厥饮泉，易可行毒[19]，因取诸药毒水上流，突厥人畜饮之多死，于是大惊曰："天雨恶水[20]，其亡我乎！"因夜遁。晟追之，斩首千余级。

史万岁出塞，至大斤山[21]，与虏相遇。达头遣使问："隋将为谁？"候骑报："史万岁也。"突厥复问："得非敦煌戍卒[22]乎？"候骑曰："是也。"达头惧而引去。万岁驰追百余里，纵击[23]，大破之，斩数千级；逐北[24]，入碛[25]数百里，虏远遁而还。诏遣长孙晟复还大利城，安抚新附。

达头复遣其弟子俟利伐从碛东攻启民，上又发兵助启民守要路；俟利伐退走入碛。启民上表陈谢曰："大隋圣人可汗[26]怜养百姓，如天无不覆，地无不载[27]。染干如枯木更叶，枯骨更肉[28]，千世万世，常为大隋典羊马[29]也。"帝又遣赵仲卿为启民筑金河、定襄[30]二城。

秦孝王俊久疾未能起，遣使奉表陈谢。上谓其使者曰："我戮力[31]创兹大业，作训垂范[32]，庶[33]臣下守之，汝为吾子而欲败之，不知何以责汝！"俊惭怖[34]，疾遂笃，乃复拜俊上柱国；六月丁丑[35]，俊薨。上哭之，数声而止；俊所为侈丽之物，悉命焚之。王府僚佐[36]请立碑[37]，上曰："欲求名，一卷史书足矣，何用碑为！若子孙不能保家[38]，徒与人作镇石[39]耳。"俊子浩[40]，崔妃所生也；庶子曰湛。群臣希旨，奏："汉之栗姬子荣[41]、郭后子强[42]皆随母废，今秦王二子，母皆有罪，不合承嗣。"上从之，以秦国官为丧主[43]。

初，上使太子勇参决军国政事，时有损益；上皆纳之。勇性宽厚，率意任情，无矫饰[44]之行。上性节俭，勇尝文饰[45]蜀铠[46]，上见而不悦，戒之曰："自古帝王未有好奢侈而能久长者。汝为储后[47]，当以俭约为先，乃能奉承宗庙[48]。吾昔日衣服，各留一物，时复观之以自警戒。恐汝以今日皇太子之心忘昔时之事，故赐汝以我旧所带刀一枚，并菹酱[49]一合，汝昔作上士[50]时常所食也。若存记[51]前事，应知我心。"后遇冬至，百官皆诣勇，勇张乐[52]受贺。上知之，问朝臣曰："近闻至日[53]内外百官相帅朝东宫，此何礼也？"太常少卿辛亶对曰："于东宫，乃贺也，不得言朝。"上曰："贺者正可三数十人，随情各去，何乃[54]有司征召，一时普集[55]！太子法服[56]设乐以待之，可乎？”因下诏曰：“礼有等差，君臣不杂[57]。皇太子虽居上嗣[58]，义兼臣子，而诸方岳牧[59]正冬朝贺，任土作贡[60]，别上东宫；事非典则[61]，宜悉停断。”自是恩宠始衰，渐生猜阻[62]。

勇多内宠[63]，昭训云氏[64]尤幸。其妃元氏无宠，遇心疾，二日而薨，独孤后意有他故，甚责望[65]勇。自是云昭训专内政，生长宁王俨[66]，平原王裕，安成王筠；高良娣[67]生安平王嶷，襄城王恪；王良媛[68]生高阳王该，建安王韶；成姬生颍川王煚；后宫生孝实，孝范。后弥不平，颇遣人伺察，求勇过恶。

晋王广弥[69]自矫饰，唯与萧妃居处，后庭有子皆不育[70]，后由是数称[71]广贤。大臣用事者，广皆倾心与交[72]。上及后每遣左右至广所，无贵贱，广必与萧妃迎门接引，为设美馔[73]，申[74]以厚礼；婢仆[75]往来者，无不称其仁孝。上与后尝幸其第，广悉屏匿[76]美姬于别室，唯留老丑者，衣以缦彩[77]，给事[78]左右；屏帐[79]改用缣素；故绝乐器之弦，不令拂去尘埃。上见之，以为不好声色，还宫，以语[80]侍臣，意甚喜，侍臣皆称庆[81]，由是爱之特异诸子。

上密令善相者[82]来和[83]遍视诸子，对曰：“晋王眉上双骨隆起，贵不可言。”上又问上仪同三司韦鼎：“我诸儿谁得嗣位[84]？”对曰：“至尊、皇后所最爱者当与之，非臣敢预知也。”上笑曰：“卿不肯显言[85]邪！”

晋王广美姿仪[86]，性敏慧，沈深严重[87]，好学，善属文[88]；敬接朝士，礼极卑屈[89]；由是声名籍甚[90]，冠于诸王。

广为扬州总管，入朝，将还镇，入宫辞后，伏地流涕，后亦泫然泣下。广曰：“臣性识[91]愚下，常守平生昆弟[92]之意，不知何罪失爱东宫[93]，恒蓄盛怒，欲加屠陷[94]。每恐谗谮[95]生于投杼[96]，鸩毒遇于杯勺，是以勤忧积念，惧履[97]危亡。”后忿然曰：“睍地伐[98]渐不可耐，我为之娶元氏女，竟不以夫妇礼待之，专宠阿云，使有如许豚犬[99]。前新妇遇毒而夭[100]，我亦不能穷治[101]，何故复于汝发如此意！我在尚尔[102]，我死后，当鱼肉[103]汝乎！每思东宫竟无正嫡[104]，至尊千秋万岁之后[105]，遣汝等兄弟向阿云儿前再拜问讯，此是几许[106]苦痛邪！”

广又拜，呜咽[107]不能止，后亦悲不自胜[108]。自是后决意欲废勇立广矣。

广与安州[109]总管宇文述素善，欲述近己，奏为寿州[110]刺史。广尤亲任总管司马张衡，衡为广画[111]夺宗[112]之策。广问计于述，述曰："皇太子失爱已久，令德[113]不闻于天下。大王仁孝著称，才能盖世[114]，数经将领[115]，频有大功；主上之与内宫[116]，咸所钟爱[117]，四海之望，实归大王。然废立者国家大事，处人父子骨肉[118]之间，诚未易谋也。然能移主上意者，唯杨素耳，素所与谋者唯其弟约[119]。述雅知[120]约，请朝京师，与约相见，共图之。"广大悦，多赍金宝，资述入关[121]。

约时为大理少卿，素凡有所为，皆先筹[122]于约而后行之。述请约，盛陈[123]器玩，与之酣畅[124]，因而共博[125]，每阳[126]不胜，所赍金宝尽输之约。约所得既多，稍以谢述，述因曰："此晋王之赐，令述与公为欢乐耳。"约大惊曰："何为尔[127]？"述因通广意，说之曰："夫守正履道[128]，固人臣之常致；反经[129]合义，亦达者[130]之令图[131]。自古贤人君子，莫不与时消息[132]以避祸患。公之兄弟，功名盖世，当涂用事[133]有年矣，朝臣为足下家所屈辱者，可胜数哉！又，储后以所欲不行，每切齿于执政；公虽自结于人主，而欲危公者[134]固亦多矣！主上一旦弃群臣[135]，公亦何以取庇[136]！今皇太子失爱于皇后，主上素有废黜[137]之心，此公所知也。今若请立晋王，在贤兄之口耳。诚能因此时建大功，王必永铭骨髓，斯则去累卵之危[138]，成太山[139]之安也。"约然之[140]，因以白素。素闻之，大喜，抚掌[141]曰："吾之智思殊不[142]及此，赖汝启予[143]。"约知其计行，复谓素曰："今皇后之言，上无不用，宜因机会早自结托[144]，则长保荣禄，传祚[145]子孙。兄若迟疑，一旦有变，令太子用事，恐祸至无日[146]矣！"素从之。

后数日，素入侍宴，微称"晋王孝悌恭俭[147]，有类至尊。"用此揣[148]后意。后泣曰："公言是也！吾儿大孝爱，每闻至尊及我遣内使[149]到，必迎于境首[150]；言及违离[151]，未尝不泣。又其新妇亦大可怜，我使婢去，常与之同寝共食。岂若睍地伐与阿云对坐，终日酣宴[152]，昵近[153]小人，疑阻[154]骨肉！我所以益怜阿䴙[155]者，常恐其潜杀[156]之。”素既知后意，因盛言太子不才。后遂遗素金，使赞上废立。

勇颇知其谋，忧惧，计无所出，使新丰人王辅贤造诸厌胜[157]；又于后园作庶人[158]村，室屋卑陋[159]，勇时于中寝息，布衣草褥，冀以当之。上知勇不自安，在仁寿宫，使杨素观勇所为。素至东宫，偃息[160]未入，勇束带[161]待之，素故久不进以激怒勇；勇衔[162]之，形于言色[163]。素还言：“勇怨望，恐有他变，愿深防察[164]！”上闻素谮毁，甚疑之。后又遣人伺觇[165]东宫，纤介[166]事皆闻奏，因加诬饰[167]以成其罪。

上遂疏忌[168]勇，乃于玄武门[169]达至德门[170]量置候人[171]，以伺动静，皆随事奏闻。又，东宫宿卫之人，侍官[172]以上，名籍悉令属诸卫府[173]，有勇健者咸屏去之。出左卫率[174]苏孝慈[175]为淅州[176]刺史，勇愈不悦。太史令袁充[177]言于上曰：“臣观天文，皇太子当废。”上曰：“玄象[178]久见，群臣不敢言耳。”充，君正之子也。

晋王广又令督王府军事[179]姑臧段达[180]私赂东宫幸臣姬威，令伺太子动静，密告杨素；于是内外喧谤[181]，过失日闻。段达因胁姬威曰：“东宫过失，主上皆知之矣。已奉密诏，定当废立；君能告之，则大富贵！”威许诺，即上书告之。

秋，九月，壬子[182]，上至自仁寿宫。翌日[183]，御大兴殿[184]，谓侍臣曰：“我新还京师，应开怀欢乐；不知何意翻邑然[185]愁苦！”吏部尚书牛弘对曰：“臣等不称职，故至尊忧劳。”上既数闻谮毁，疑朝臣悉知之，故于众中发问，冀闻太子之过。弘对既失旨[186]，上因作色[187]，谓东宫官属曰：“仁寿宫此去不远，而令我每还京师，严备仗卫[188]，如入敌国。我为下利[189]，不解衣卧。昨夜欲近厕，故在后房恐有警急，还移就前殿，岂非尔辈[190]欲坏我家国邪！”于是执太子左庶子[191]唐令则[192]等数人付所司讯鞫[193]；命杨素陈东宫事状以告近臣。

素乃显言之曰：“臣奉敕向京[194]，令皇太子检校[195]刘居士[196]余党。太子奉诏，作色奋厉[197]，骨肉飞腾[198]，语臣云：‘居士党尽伏法，遣我何处穷讨！尔作右仆射，委寄不轻，自检校之，何关我事！’又云：

'昔大事[199]不遂[200]，我先被诛，今作天子，竟乃令我不如诸弟，一事以上，不得自遂[201]！'因长叹回视云：'我大觉[202]身妨。'"上曰："此儿不堪承嗣久矣，皇后恒劝我废之。我以布衣[203]时所生，地复居长[204]，望其渐改，隐忍至今。勇尝指皇后侍儿谓人曰：'是皆我物。'此言几许异事[205]！其妇初亡，我深疑其遇毒，尝责之，勇即怼[206]曰：'会杀[207]元孝矩[208]。'此欲害我而迁怒[209]耳。长宁[210]初生，朕与皇后共抱养之，自怀彼此，连遣来索。且云定兴女，在外私合[211]而生，想此由来，何必是其体胤[212]！昔晋太子[213]取屠家女，其儿即好屠割。今傥非类，便乱宗祏[214]。我虽德惭尧、舜，终不以万姓[215]付不肖[216]子！我恒畏其加害，如防大敌；今欲废之以安天下！"

左卫大将军五原公元旻谏曰："废立大事，诏旨若行，后悔无及。谗言罔极[217]，惟陛下察之。"上不应，命姬威悉陈[218]太子罪恶。威对曰："太子由来与臣语，唯意在骄奢，且云：'若有谏者，正当斩之，不杀百许人[219]，自然永息。'营起台殿，四时[220]不辍。前苏孝慈解左卫率，太子奋髯扬肘[221]曰：'大丈夫会当[222]有一日，终不忘之，决当快意。'又宫内所须[223]，尚书多执法不与，辄怒曰：'仆射以下，吾会戮一二人，使知慢[224]我之祸。'每云：'至尊恶我多侧庶[225]，高纬、陈叔宝岂孽子[226]乎！'尝令师姥[227]卜吉凶[228]，语臣云：'至尊忌在十八年，此期促矣。'"上泫然曰："谁非父母生，乃至于此！朕近览《齐书》[229]，见高欢纵其儿子，不胜忿愤，安可效尤[230]邪！"于是禁勇及诸子，部分[231]收其党与。杨素舞文[232]巧诋，锻炼[233]以成其狱。

居数日，有司承素意，奏元旻常曲事于勇，情存附托[234]，在仁寿宫，勇使所亲裴弘以书与旻，题云"勿令人见"。上曰："朕在仁寿宫，有纤介事，东宫必知，疾于驿马[235]，怪之甚久，岂非此徒邪！"遣武士执旻于仗[236]。右卫大将军元胄时当下直[237]，不去，因奏曰："臣向不下直者，为防元旻耳。"上以旻及裴弘付狱。

先是，勇见老枯槐，问："此堪何用？"或对曰："古槐尤宜取火。"时卫士皆佩火燧[238]，勇命工造数千枚，欲以分赐左右；至是，获于库。又药藏局[239]贮艾数斛[240]，索得之，大以为怪，以问姬威，威曰："太子此意别有所在，至尊在仁寿宫，太子常饲马千匹，云：‘径往守城门[241]，自然饿死。’”素以威言诘勇，勇不服，曰：“窃闻公家马数万匹，勇忝备[242]太子，马千匹，乃是反乎！”素又发东宫服玩[243]，似加雕饰[244]者，悉陈之于庭，以示文武群臣，为太子之罪。上及皇后迭遣使[245]责问勇，勇不服。

冬，十月，乙丑[246]，上使人召勇，勇见使者惊曰：“得无[247]杀我邪？”上戎服陈兵，御武德殿[248]，集百官立于东面，诸亲[249]立于西面，引勇及诸子列于殿庭，命内史侍郎[250]薛道衡宣诏，废勇及其男、女为王、公主者[251]。勇再拜言曰：“臣当伏尸[252]都市[253]，为将来鉴戒；幸蒙哀怜，得全性命！”言毕，泣下流襟，既而舞蹈而去，左右莫不闵默[254]。长宁王俨上表乞宿卫，辞情哀切；上览之闵然[255]。杨素进曰：“伏望[256]圣心同于螫手[257]，不宜复留意[258]。”

己巳[259]，诏：“元旻、唐令则及太子家令[260]邹文腾、左卫率司马[261]夏侯福、典膳[262]监元淹、前吏部侍郎萧子宝、前主玺下士[263]何竦并处斩，妻妾子孙皆没官。车骑将军榆林阎毗[264]、东郡公崔君绰[265]、游骑尉[266]沈福宝、瀛州术士章仇太翼[267]，特免死，各杖一百，身及妻子、资财、田宅皆没官。副将作大匠[268]高龙叉、率更令[269]晋文建、通直散骑侍郎[270]元衡皆处尽[271]。于是集群官于广阳门[272]外，宣诏戮之。乃移勇于内史省，给五品料食[273]。赐杨素物三千段，元胄、杨约并千段，赏鞫勇之功也。

文林郎[274]杨孝政上书谏曰：“皇太子为小人所误，宜加训诲，不宜废黜。”上怒，挞其胸。

（以上为第一段，写隋文帝开皇二十年废黜太子杨勇的过程。）

【注释】

[1]熙州：州名。治所怀宁县，在今安徽潜山市。[2]辛卯：三月二日。[3]总管司马：官名。掌总管府军事。[4]张衡（？—612）：字建平，河内（今河南沁阳市）人。历仕北周、隋，官至御史大夫。传见《隋书》卷五十六、《北史》卷七十四。[5]数：责备，数落。[6]自是：自以为是。[7]非人：责难、诋毁别人。[8]高鸟尽、良弓藏：春秋时越国人范蠡对大夫种说的话。用以比喻诛杀功臣，见《史记·越王勾践世家》。[9]遽索：马上要求。索，索取，要求。

[10]勋官：官职的一种。无具体职掌，是授予有功之臣的一种荣誉职衔。［11］预朝政：参与朝廷政事。［12］出口入耳：语出《左传》一书，指两人之间私下相传，没有第三者知道。［13］脉脉：相视的样子。［14］作乱之地：谋反、叛乱的要地。荆州、扬州自古就是长江中下游的军事要冲。［15］壬戌：四月四日。［16］犯塞：指侵犯隋朝边塞。［17］降人：指突厥原突利可汗部下。［18］节度：节制调度。［19］行毒：指在突厥士卒饮用的泉水中下毒药。［20］天雨恶水：雨，降落。恶水，有毒的水，指已下过毒药的泉水。［21］大斤山：山名。即位于今内蒙古黄河东北部的大青山。［22］敦煌戍卒：即史万岁。史万岁原为上大将军，在至德元年（583）因事被发配为敦煌戍卒，曾威镇突厥。［23］纵击：肆意击杀敌人。纵，发，放。［24］逐北：追杀败逃的敌军。北，败北，失败者。［25］碛（qì）：沙漠，不生草木的沙石地。［26］大隋圣人可汗：是突厥对隋朝皇帝的尊敬称呼。可汗，突厥之主的称呼。［27］天无不覆，地无不载：比喻恩德大如天地。［28］枯木更叶，枯骨更肉：干枯的树木又长出树叶，干枯的骨头又长出肉来。比喻隋朝使染干可汗死而复生。［29］典羊马：主典羊马。指染干可汗永远臣服于隋朝，为其效力尽忠。［30］金河、定襄：两城名。金河，故址在今内蒙古托克托县境。定襄，故址在今山西大同市。［31］勠（lù）力：并力，勉力。［32］作训：制定法则。训，教诲，法则。垂范：留下规范。［33］庶：副词，表示希望。［34］惭怖：惭愧而恐惧。［35］丁丑：六月二十日。［36］王府僚佐：秦王府的幕僚，主要包括师、友、文学、长史、司马、咨议参军、掾、属、主簿、录事、功曹等。［37］碑：埋葬时所立，臣子追述君父之功，书写于碑上。［38］保家：指守住祖宗开创的帝业。［39］镇石：压物之石。［40］俊子浩（？—618）：秦孝王杨俊嫡子，炀帝立为秦王，曾被宇文化及立为帝。传附《隋书·秦孝王传》《北史·秦孝王传》。［41］栗姬子荣：栗姬为汉景帝妃，荣为其子，曾立为太子，后栗姬被杀，荣也被废。［42］郭后子强：郭后为光武帝皇后，因失宠被废，其子强也被废。［43］丧主：主持丧事的人。［44］矫饰：故意做作，以掩盖其真实情况。［45］文饰：修饰，装饰。［46］蜀铠：蜀人制作的铠甲，做工精巧。［47］储后：储君。后，君主。［48］奉承宗庙：指能保守帝王之业。［49］菹（zū）酱：酸菜酱。菹，腌的菜。［50］上士：官名。周有上士、中士、下士之分。上士为六卿一类的官。杨勇在北周时曾做过上士。［51］存记：关注，留心。［52］张乐：陈设乐舞。张，陈设，打开。［53］至日：指冬至日。［54］何乃：何必，为什么。［55］普集：全部集合。［56］太子法服：法服是礼法所规定的标准服装。《隋书》卷十二《礼仪志》七载：皇太子法服为衮冕，下垂白珠九旒，红组缨，犀牛角簪笄，青纩琉耳，绀衣，纁裳，去日月星辰为九章。［57］君臣不杂：指君主与臣子在礼法上各有等级，不能混淆。［58］上嗣：古代君主的嫡长子。［59］岳牧：相传尧舜时有四岳、十二州牧分管政务和方国诸侯，合称岳牧。后用为封疆大吏的泛称。［60］任土作贡：根据土地生产情况制定贡赋。［61］典则：典制，法则。［62］猜阻：猜疑。［63］内宠：姬妾。［64］昭训云氏：昭训，东宫女官名。云氏，名阿云，云定兴之女，太子杨勇昭训。事见《隋书》卷四十五、《北史》卷七十一。［65］责望：责难抱怨。［66］长宁王俨（？—607）：杨

勇长子，封长宁王。传附《隋书·文四子传》《北史·文帝四王传》。［67］良娣：东宫女官名。［68］良媛：东宫女官名。［69］弥：据章校："弥"上应补"知之"二字。［70］有子皆不育：指后宫人怀孕后墮胎不让生育。［71］数称：一再称赞，夸奖。数，屡次，数次。［72］倾心与交：一心与其相交结。［73］美馔：美味的食品。馔，食物。［74］申：一再，重复。［75］婢（bì）仆：女奴，女仆人。［76］屏匿（nì）：隐退，隐藏。匿，藏。［77］缦（màn）彩：无花纹图案的丝织物。［78］给事：供职，供人役使。［79］屏帐：屏风和帷幕。［80］以语：把见到的情况告诉侍臣。［81］称庆：道贺。庆，庆贺。［82］相者：观察人的形貌以占测其命运的人。［83］来和：字弘顺，京兆长安（今陕西西安市）人，善相术，著《相经》四十卷。官至开府。传见《隋书》卷七十八、《北史》卷八十九。［84］嗣位：继承皇位。［85］显言：明白地说出来。［86］姿仪：形貌仪表。［87］严重：处事认真，严肃、庄重。［88］属文：写文章。属，撰写。［89］卑屈：谦虚恭敬。［90］声名籍甚：名声甚盛。［91］性识：思想意识。［92］昆弟：兄弟。引申为友好亲爱。［93］东宫：指太子杨勇。［94］屠陷：宰杀与陷害。［95］谗谮：说别人的坏话，以陷害别人。［96］投杼（zhù）：战国时有与曾参同名的人杀了人，有人告诉曾母说曾参杀人，曾母不信，依然织布，至第三人来告时，曾母误信为真，遂投杼逾墙而走。比喻传闻可以动摇原来的信心。杼，织布梭，两头尖。［97］惧履：恐怕走上。履，踏，踩。［98］睍（xiàn）地伐：杨勇的小字。［99］豚（tún）犬：三国时曹操曾说："生子当如孙仲谋（权），刘景升（表）儿子若豚犬耳！"豚犬乃轻贱之词，后常用以谦称自己的儿子。［100］夭：少壮而死。［101］穷治：追究到底。［102］尚尔：尚且如此。［103］鱼肉：如鱼肉任人宰割。比喻被欺凌屠戮。［104］正嫡：嫡子。［105］千秋万岁之后：婉言帝王之死。［106］几许：副词。多么。［107］呜咽：悲泣的声音。［108］悲不自胜：悲痛得忍受不了。胜，经得起。［109］安州：州名。治所安陆县，在今湖北安陆市。［110］寿州：州名。治所寿春县，在今安徽寿县。［111］画：筹划，谋划。［112］夺宗：古代宗法，宗子为诸侯，即失去宗子的权力，称夺宗。后来泛称争夺继承之权为夺宗。［113］令德：美德。［114］盖世：谓压倒当世。［115］数经将领：谓屡次率兵外出征战。数，屡次。［116］内宫：即中宫，指皇后。隋讳中，故称内。［117］钟爱：极其喜爱。［118］父子骨肉：父子之情如同骨肉，比喻至亲。［119］其弟约：即杨素弟杨约，字惠伯，官至内史令，封修武县公。传附《隋书·杨素传》《北史·杨敷传》。［120］雅知：平时知道。［121］入关：进入关中，赴京师。［122］筹：谋划。［123］盛陈：陈列很多。［124］酣畅：饮酒时的畅快之情。［125］博：即六博，古代的一种游戏，用十二棋，六棋白，六棋黑，以较胜负。［126］阳：同"佯"，假装。［127］何为尔：为什么这样做。［128］守正履道：遵守正道。［129］反经：违反常道。［130］达者：通达事理的人。［131］令图：好的谋略。［132］与时消息：谓随时代的变化而变化。消息，一消一长，互为变化。［133］当涂用事：谓执掌大政。当涂与当路同。［134］危公者：危害杨约的人。公，指杨约。［135］弃群臣：指君主丢弃群臣而死去。［136］取庇：得到庇护。［137］废黜：废除。黜，废免，摈弃。［138］累卵之危：堆累起来的蛋，极易倾倒打碎，比喻非常危险。［139］太山：即泰山，比喻地位安如泰山，不能动摇。［140］然之：以为这样正确。［141］抚掌：拍手，表示高兴的样子。［142］殊不：一点也不。［143］启予：启发了我。予，我。［144］结托：结交依托。［145］传祚（zuò）：把福禄传给后代。祚，福。［146］无日：无时日。犹言不久，随时。［147］孝悌恭俭：孝悌，孝顺父母，尊敬兄长。恭俭，谦恭，有礼貌。［148］揣：揣度，试探。［149］内使：中使，宫廷里派出的使者。隋讳中，故称内。［150］境首：边境上。［151］违离：离开。［152］酣宴：饮宴。［153］昵近：亲近。［154］疑阻：猜疑。［155］阿麽：杨广小字阿麽。［156］潜杀：暗中杀害。［157］厌（yā）胜：古代迷信，以为能以诅咒制胜。［158］庶人：泛指无官爵的平民、百姓。［159］卑陋：低矮而简陋。［160］偃（yǎn）息：安卧不动。［161］束带：整饰衣帽，束紧衣带，表示恭敬。［162］衔：衔恨，怨望。［163］言色：言谈和脸色。［164］防察：防备和观察其变化。［165］伺觇（chān）：侦察窥视。［166］纤介：细微。介也作“芥”。［167］诬饰：诬陷粉饰。［168］疏忌：疏远而猜忌。［169］玄武门：隋大兴宫城正北门。［170］至德门：在宫城东北角。［171］候人：道路上迎送宾客的官吏。此为侦察太子情况的人。［172］侍官：侍卫之官。东宫侍官包括直阁、直寝、直斋、直后、备身、直长等官，由东宫率府统辖，略同十二卫府。［173］名籍悉令属诸卫府：指东宫侍卫，隶属于国家卫府掌管，太子无指挥权。名籍，东宫侍官的名册。诸卫府，指十二卫府。［174］左卫率：官名。掌东宫门卫卫士。［175］苏孝慈（？—601）：扶风（在今陕西宝鸡市凤翔区）人。历仕北周、隋，官至兵部尚书。传见《隋书》卷四十六、《北史》卷七十五。［176］淅州：州名。治所修阳县，在今河南西峡县北。［177］袁充（544—618）：字德符，陈郡阳夏（今河南周口市淮阳区）人。历仕陈、隋，官至秘书令。传见《隋书》卷六十九、《北史》卷七十四。［178］玄象：天象。日月星辰，在天成象，故称玄象。［179］督王府军事：官名。掌亲王府军事。［180］段达（？—621）：武威姑臧（今甘肃武威市）人。官至开府仪同三司，兼纳言。传见《隋书》卷八十五、《北史》卷七十九。［181］喧谤：大声诽谤。喧，大声而嘈杂。［182］壬子：九月二十六日。［183］翌（yì）日：第二天。［184］大兴殿：新都大兴城的正殿。［185］邑（yì）然：忧郁的样子。邑，忧郁，通“悒”。［186］失旨：不符合皇帝旨意。［187］作色：脸上变色，指生气。［188］仗卫：仪仗侍卫。［189］下利：泄利，拉肚子。［190］尔辈：你们。指东宫官属。［191］太子左庶子：官名。与右庶子分掌东宫门下坊、典书坊事。［192］唐令则（？—604）：历仕北周、隋，官至太子左庶子。传附《周书·唐瑾传》《北史·唐永传》。［193］所司：主管部门或主管官吏。讯鞫（jū）：审讯。鞫，审讯犯人，通“鞠”。［194］向京：杨素自仁寿宫奉敕去长安。［195］检校：检查，清理。［196］刘居士：上柱国刘昶之子，骄横不法，于开皇十七年（597）被处死。［197］作色奋厉：脸色变得愤怒严厉。奋，愤怒。［198］骨肉飞腾：雄健踊跃的样子。此指愤怒异常。［199］昔大事：指夺取北周政权事。［200］不遂：不成。遂，成功。［201］自遂：自我顺心如意。遂，顺，如意。［202］大觉：大梦醒觉。［203］布衣：百姓，未做官之时。［204］地复居长：兄弟排行又居长位。［205］异事：怪事。［206］怼（duì）：怨恨。［207］会杀：应当杀死。会，应当。［208］元孝矩：太子元妃之父。传见《隋书》卷五十。［209］迁怒：把愤怒转移给他人。［210］长宁：杨勇长子俨，后封长宁王。［211］在外私合：即野合，指不合礼仪的婚配。［212］体胤（yìn）：亲生子女。胤，后代。［213］晋太子：晋惠帝之子，娶屠家女，其儿好屠割，所称斤两，轻重不差。事见卷《资治通鉴》八十三《晋纪五》惠帝元康九年。［214］宗祏（shí）：宗庙中藏神主的石室。祏，宗庙中藏神主的石匣。［215］万姓：百姓，意指国家政权。［216］不肖：不才，不正派。［217］罔极：无穷尽。罔，副词，毋，不。［218］悉陈：尽量详细陈述。［219］不杀百许人，自然永息：此句文理不通。按《隋书·文四子传》“杀”上脱一“过”字，《北史》同。据此应补。［220］四时：四季。时，季。［221］奋髯扬肘：震怒的样子。髯（rán），胡须。［222］会当：应当，当须。［223］须：通“需”，求，索取。［224］慢：怠慢。［225］侧庶：妾生的儿子。［226］孽（niè）子：庶子。非正妻所生之子。［227］师姥：巫婆。［228］卜吉凶：以占卜的形式，预测吉凶。卜，古人用火灼龟甲取兆，以预测吉凶。［229］《齐书》：书名。此时李百药《齐书》未出，可能是崔子发所撰《齐纪》，记北齐史事。［230］效尤：明知有错误而仿效。尤，罪过，过失。［231］部分：处分，部署。［232］舞文：玩弄法令条文以行奸诈。［233］锻炼：罗织罪名。［234］附托：依附。［235］驿马：驿站的马。供载人或传邮之用。［236］仗：左卫仗。因元旻时为左卫大将军，在左卫仗值班。［237］下直：值班已毕而退，即下班。［238］火燧：取火的木头。燧，古时取火的工具。［239］药藏局：官署名。属东宫门下坊，掌保管药物。［240］斛（hú）：量器名。也为容量单位。古代以十斗为一斛。南宋末年改为五斗一斛，两斛为一石。［241］径往守城门：意即守住城门，阻止隋文帝回京城。径往，直接去。［242］忝（tiǎn）备：惭愧地聊以充数。忝，羞愧。备，谦词，聊以充数。［243］服玩：服用与玩赏的用品。［244］雕饰：刻镂雕琢，加以装饰。雕，刻镂，雕琢。［245］迭遣使：三番五次派遣使者。迭，更替，轮流。［246］乙丑：十月九日。［247］得无：能不。［248］武德殿：殿名。在延恩殿西。［249］诸亲：谓皇族宗亲。［250］内史侍郎：官名。即中书侍郎，掌侍从、制敕、册命、敷奏文表等。［251］公主者：据章校，“者”下应补“并为庶人”四字。［252］伏尸：倒在地上的尸体。［253］都市：城市。此指都城长安。［254］闵（mǐn）默：哀怜而不敢出声。闵，怜恤，哀伤。［255］闵然：哀伤的样子。［256］伏望：希望，请求。伏，身体前倾，面向下。［257］圣心同于螫手：蝮蛇螫手，壮士断腕。比喻为保全大局，忍痛牺牲局部。［258］留意：留心。［259］己巳：十月十三日。［260］太子家令：官名。东宫官，掌刑法、食膳、仓库、物品、奴婢等。［261］左卫率司马：官名。东宫官，左卫率属吏，掌军事。［262］典膳：官名。东宫门下坊典膳局长官，掌膳食。［263］主玺下士：官名。北周官，掌印玺。［264］阎毗（pí）：榆林盛乐（今内蒙古托克托县）人。历仕北周、隋，官至殿内少监。传见《隋书》卷六十八、《北史》卷六十一。［265］崔君绰：清河东武城（今河北清河县东北）人，历仕北周、隋，嗣爵东郡公。传附《周书·崔彦穆传》《北史·崔彦穆传》。［266］游骑尉：官名。掌流动突袭的骑兵。［267］章仇太翼：字协昭。隋炀帝赐姓卢，故又名卢太翼，河间（今河北河间市）人。传见《隋书》卷七十八、《北史》卷八十九。［268］副将作大匠：官名。将作监副长官。掌城廓宫室建筑。［269］率更令：官名。掌东宫伎乐、漏刻。［270］通直散骑侍郎：官名。东宫官，掌文书奏事。［271］处尽：处置其罪，使自尽。［272］广阳门：长安宫城南面五门，正南为广阳门，唐神龙元年（705）改为承天门。［273］五品料食：按五品官料食的标准供给杨勇。［274］文林郎：官名。文散官，取北齐征文学之士以充文林馆之义。

初，云昭训父定兴，出入东宫无节[1]，数进奇服异器以求悦媚[2]；左庶子裴政[3]屡谏，勇不听。政谓定兴曰："公所为不合法度。又，元妃暴薨，道路籍籍[4]，此于太子，非令名[5]也。公宜自引退[6]，不然，将及祸。"定兴以告勇，勇益疏政，由是出为襄州总管。唐令则为勇所昵狎[7]，每令以弦歌教内人[8]，右庶子[9]刘行本[10]责之曰："庶子当辅太子以正道，何有取媚于房帷[11]之间哉！"令则甚惭而不能改。时沛国刘臻[12]、平原明克让[13]、魏郡陆爽[14]，并以文学为勇所亲；行本怒其不能调护，每谓三人曰："卿等正解读书[15]耳！"夏侯福尝于閤内与勇戏，福大笑，声闻于外。行本闻之，待其出，数之曰："殿下宽容，赐汝颜色[16]。汝何物小人，敢为亵慢[17]！"因付执法者治之。数日，勇为福致请，乃释之。勇尝得良马，欲令行本乘而观之，行本正色曰："至尊置臣于庶子，欲令辅导殿下，非为殿下作弄臣[18]也。"勇惭而止。及勇败，二人已卒，上叹曰："向使[19]裴政、刘行本在，勇不至此。"

勇尝宴宫臣[20]，唐令则自弹琵琶，歌《妩媚娘》[21]。洗马[22]李纲[23]起白勇曰："令则身为宫卿[24]，职当调护[25]；乃于广坐[26]自比倡优，进淫声，秽[27]视听。事若上闻，令则罪在不测[28]，岂不为殿下之累邪！臣请速治其罪！"勇曰："我欲为乐耳，君勿多事。"纲遂趋出。及勇废，上召东宫官属切责[29]之，皆惶惧无敢对者。纲独曰："废立大事，今文武大臣皆知其不可而莫肯发言，臣何敢畏死，不一为陛下别白[30]言之乎！太子性本中人[31]，可与为善，可与为恶。向使[32]陛下择正人辅之，足以嗣守[33]鸿基[34]。今乃以唐令则为左庶子，邹文腾为家令，二人唯知以弦歌鹰犬娱悦[35]太子，安得[36]不至于是邪！此乃陛下之过，非太子之罪也。"因伏地流涕呜咽。上惨然[37]良久曰："李纲责[38]

我，非为[39]无理，然[40]徒[41]知其一，未知其二；我择汝为宫臣，而勇不亲任，虽更得正人，何益哉！”对曰：“臣所以不被亲任[42]者，良由奸人[43]在侧故也。陛下但斩令则、文腾，更选贤才以辅太子，安知臣之终见疏弃也。自古[44]废立冢嫡[45]，鲜[46]不倾危[47]，愿陛下深留圣思[48]，无贻[49]后悔。”上不悦，罢朝，左右皆为之股栗。会尚书右丞[50]缺，有司请人，上指纲曰：“此佳右丞也！”即用之。

太平公史万岁还自大斤山，杨素害其功[51]，言于上曰：“突厥本降，初不为寇[52]，来塞上畜牧耳。”遂寝之。万岁数抗表陈状[53]，上未之悟[54]。上废太子，方穷[55]东宫党与。上问万岁所在，万岁实在朝堂，杨素曰：“万岁谒东宫矣！”以激怒上。上谓为信然[56]。令召万岁。时所将[57]将士在朝堂称冤者数百人，万岁谓之曰：“吾今日为汝极言[58]于上，事当决矣。”既见上，言“将士有功，为朝廷所抑！”词气愤厉[59]。上大怒，令左右摞[60]杀之。既而[61]追之[62]，不及，因下诏陈其罪状，天下共冤惜之。

十一月，戊子[63]，立晋王广为皇太子。天下地震，太子请降章服[64]，宫官不称臣。十二月，戊午[65]，诏从之。以宇文述为左卫率。始，太子之谋夺宗也，洪州[66]总管郭衍[67]预焉，由是征衍为左监门率[68]。

帝囚故太子勇于东宫，付太子广掌之。勇自以废非其罪，频请见上申冤，而广遏[69]之不得闻。勇于是升树大叫，声闻帝所，冀得引见。杨素因言勇情志昏乱[70]，为癫鬼[71]所著[72]，不可复收。帝以为然，卒不得见。

（以上为第二段，写废立太子前前后后的错综关系。杨勇蒙冤，却也咎由自取。杨广与杨素阴谋夺嫡成功，又继续扩大冤案，因而史万岁遭冤杀，隋朝的清平政治开始走下坡。）

【注释】

[1]无节：没有节制，很随便。[2]悦媚：取悦献媚。[3]裴政：字德表，河东闻喜（今山西闻喜县）人，历仕梁、北周、隋，官至左庶子，传见《隋书》卷六十六、《北史》卷七十七。[4]籍籍：语声喧哗，指议论纷纷。[5]令名：美名。[6]引退：谓辞职。[7]昵狎（xiá）：

亲昵。狎，亲近而不庄重。［8］内人：妻妾。此指宫中女伎艺人。［9］右庶子：官名。东宫官，掌门下典书坊。［10］刘行本：沛(今江苏沛县)人。历仕后梁、北周与隋，官至左庶子。传见《隋书》卷六十二、《北史》卷七十。［11］房帷：又作“帷房”。指妇女居住的内室。［12］刘臻(527—598)：字宣挚，沛国相（今安徽淮北市）人。传见《隋书》卷七十六、《北史》卷八十三。［13］明克让：字弘道，平原鬲（今山东德州市陵城区）人。历仕后梁、北周与隋，官至率更令，封历城县侯。著《孝经》一卷、《古今帝代记》一卷等书。传见《隋书》卷五十八、《北史》卷八十三。［14］陆爽（539—591)：字开明，魏郡临漳（今河北临漳县西南）人。传见《隋书》卷五十八、《北史》卷二十八。［15］正解读书：谓只能读书，即读死书，什么都不会做。［16］赐汝颜色：赏给你脸面。［17］亵（xiè）慢：轻慢，不庄重。［18］弄臣：为帝王亲近狎玩之臣。［19］向使：假使。［20］宫臣：东宫里的官吏。［21］《妩媚娘》：乐曲名。［22］洗马：官名。东宫官。隶司经局，掌侍奉及经史图籍。［23］李纲（547—631)：字文纪，观州蓨（今河北景县）人。历仕北周、隋与唐三代，官至太子少师。传见《旧唐书》卷六十二、《新唐书》卷九十九。［24］宫卿：东宫左、右庶子称为宫卿。［25］调护：调理保护，即辅导。［26］广坐：众人会聚的场所。［27］秽（huì）：污浊，丑陋。［28］罪在不测：罪名难以预料。指有危险之意。［29］切责：严词谴责。［30］别白：分辨明白。［31］中人：平常人。［32］向使：假使，假如。［33］嗣守：继承和守住。［34］鸿基：帝王事业。鸿，大，通“洪”。［35］娱悦：欢娱以取悦。［36］安得：怎能，怎么能。［37］惨然：悲痛、凄惨的样子。［38］责：诘问，批评。［39］非为：不是。［40］然：转折词。但是。［41］徒：副词。只，仅。［42］亲任：亲近而信任。［43］奸人：邪恶不正之人。［44］自古：据章校，“古”下应补“国家”二字。［45］冢嫡：嫡长子。冢，大。［46］鲜：少。［47］倾危：倾侧欲倒的样子。［48］圣思：臣下称皇帝的思考。［49］贻（yí)：留下，遗留。［50］尚书右丞：官名。与左丞分掌尚书省诸司纠察驳议。［51］害其功：妒忌史万岁的功劳。［52］为寇：侵犯边塞。［53］陈状：陈述其功状况。［54］未之悟：因受杨素欺骗而未明白其情状。［55］穷：穷究，追查到底。［56］谓为信然：以为是这样。信然，诚然，确实。［57］所将：所率领的。［58］极言：极力主张，尽情说出。［59］词气：言辞和语气。愤厉：愤怒而严厉。［60］搏(bó)杀：击杀。搏，掷击。［61］既而：过后，事后。［62］追之：追改成命，免其死刑。［63］戊子：十一月三日。［64］请降章服：古代认为地震是上天对天子的谴告，故太子请下章服，以表示自责。［65］戊午：十二月三日。［66］洪州：州名。治所南昌县，在今江西南昌市。［67］郭衍（？—611)：字彦文，太原介休（今山西介休市）人。历仕北周、隋，官至左武卫大将军。传见《隋书》卷六十一、《北史》卷七十四。［68］左监门率：官名。东宫设左、右监门率，掌监门卫。［69］遏：阻止。［70］情志昏乱：精神错乱。［71］癫鬼：得狂病而死者称癫鬼。［72］著：附着。

初，帝之克陈也，天下皆以为将太平，监察御史房彦谦[1]私谓所亲曰："主上忌刻[2]而苛酷，太子卑弱，诸王擅权[3]，天下虽安，方忧危乱。"其子玄龄[4]亦密言于彦谦曰："主上本无功德，以诈取天下，诸子皆骄奢不仁，必自相诛夷[5]，今虽承平[6]，其亡可翘足待[7]。"彦谦，法寿之玄孙[8]也。

玄龄与杜杲之兄孙如晦[9]皆预选，吏部侍郎高孝基名知人，见玄龄，叹曰："仆阅人多矣，未见如此郎者，异日必为伟器[10]，恨不见其大成[11]耳。"见如晦，谓曰："君有应变[12]之才，必任栋梁之重。"俱以子孙托之。

帝晚年深信佛道鬼神，辛巳[13]，始诏"有毁佛及天尊、岳、镇、海、渎神像[14]者，以不道论；沙门毁佛像，道士毁天尊像者，以恶逆论[15]。"

是岁，征同州刺史蔡王智积[16]入朝。智积，帝之弟子也，性修谨[17]，门无私谒[18]，自奉[19]简素[20]，帝甚怜之。智积有五男，止教读《论语》[21]，不令交通宾客。或问其故，智积曰："卿非知我者！"其意盖恐诸子有才能以致祸也。

齐州行参军[22]章武王伽[23]送流囚李参等七十余人诣京师，行至荥阳，哀其辛苦，悉呼谓曰："卿辈自犯国刑[24]，身婴缧绁[25]，固其职也；重劳援卒[26]，岂不愧心哉！"参等辞谢。伽乃悉脱其枷锁，停援卒，与约曰："某日当至京师，如致前却[27]，吾当为汝受死。"遂舍之而去。流人感悦[28]，如期而至，一无离叛。上闻而惊异，召见与语[29]，称善久之。于是悉召流人，令携负妻子俱入，赐宴于殿庭而赦之。因下诏曰："凡在有生[30]，含灵[31]禀性[32]，咸知善恶，并识是非。若临以至诚，明加劝导，则俗必从化[33]，人皆迁善[34]。往以海内[35]乱离，德教废绝，吏无慈爱之心，民怀奸诈之意。朕思遵圣法，以德化民，而伽深识朕意，诚心宣导[36]，参等感寤[37]，自赴宪司[38]：明是率土[39]之人，非为难教。若使官尽王伽之俦[40]，民皆李参之辈，刑厝[41]不用，其何远哉！"乃擢伽为雍[42]令。

太史令袁充表称："隋兴已后，昼日渐长，开皇元年，冬至之景长一丈二尺七寸二分；自尔[43]渐短，至十七年，短于旧三寸七分。日去极[44]近则景短而日长，去极远则景长而日短；行内道[45]则去极近，行外道则去极远。谨按《元命包》[46]曰：'日月出内道，璇玑[47]得其常。'《京房别对》[48]曰：'太平，日行上道；升平[49]，行次道；霸代[50]，行下道。'伏惟大隋启运[51]，上感乾元[52]，景短日长，振古希有[53]。"上临朝，谓百官曰："景长之庆，天之祐[54]也。今太子新立，当须改元，宜取日长之意以为年号。"是后百工作役，并加程课[55]，以日长故也。丁匠苦之。

（以上为第三段，写有识之士预感到隋朝盛世已潜伏危机。隋文帝嘉奖王伽释囚事件，表明隋文帝尚未糊涂昏聩；而太史令袁充的上奏，让隋文帝又被阿谀的言词弄昏了头。）

【注释】

[1]房彦谦：字孝冲，清河（今河北清河县西北）人。历仕北周、隋，官至监察御史。传见《隋书》卷六十六、《北史》卷三十九。 [2]忌刻：同"忌克"。忌人之能，而欲居人之上。 [3]诸王擅权：指秦、晋、蜀三王分别占据各方。 [4]玄龄：即房玄龄（579—648）。字乔。历仕隋、唐，官至尚书左仆射，封梁国公。唐代名相。传见《旧唐书》卷六十六、《新唐书》卷九十六。 [5]诛夷：杀戮。夷，削平。 [6]承平：太平，治平相承，指太平已久。 [7]翘（qiáo）足待：即翘足可待。一举足的短时间内即可到来。言极短的时间。 [8]玄孙：曾孙之子。即本身以下第五世。[9]如晦：即杜如晦（585—630）。字克明，京兆杜陵（今陕西西安市长安区杜陵乡）人。历仕隋，唐，官至尚书右仆射，封蔡国公。唐代名相。传见《旧唐书》卷六十六、《新唐书》卷九十六。[10]伟器：大器，指能担当大事的人。 [11]大成：指学问、事业等大有成就。 [12]应变：应对事变。 [13]辛巳：十二月二十六日。 [14]佛及天尊、岳、镇、海、渎神像：均民间信仰的各种神像。佛，指佛教寺庙中的神像。天尊，道家对所奉最高神仙的尊称。《道经》载，它生于太元之先，禀受自然之气，其体常存不灭。岳，指五岳之神，东岳泰山，西岳华山，南岳衡山，北岳恒山，中岳嵩山。镇，指山神。一方的主山称镇。如扬州其山镇为会稽山、荆州其山镇为衡山、豫州其山镇为华山、青州其山镇为沂山等，并就山立祠。海，指海神。东海于会稽县界、南海于南海镇南，并近海立祠。渎（dú），指河神。四渎，指长江、黄河、淮河、济河。 [15]以恶逆论：以犯恶逆之罪论处。恶逆，古代刑律十恶大罪之一，指殴打及谋杀祖父母、父母，杀死叔伯父母、姑、兄、姊、外祖父母、夫、夫祖父母、父母。 [16]蔡王智积（？—616）：隋文帝弟杨整之子，封蔡王。传见《隋书》卷四十四、《北史》卷七十一。 [17]修谨：谨慎。 [18]私谒：以私事谒见请托。 [19]自奉：对自己供奉。 [20]简素：简约朴素。 [21]《论语》：书名。四书之

一。是孔子弟子及后学关于孔子言行思想的记录。共二十篇。据章校，“语”下应补“孝经”二字。［22］行参军：官名。位在诸曹参军之下，参谋军事。［23］王伽：河间章武（今河北黄骅市西北）人。官至雍县令。传见《隋书》卷七十三、《北史》卷八十六。［24］国刑：国法。［25］身婴缧（léi）绁（xiè）：身上捆绑着绳索。婴，系，戴。缧绁，拘系犯人的绳索。［26］重劳援卒：深深连累押送的狱卒。重劳，更劳。援卒，押送之兵士。援，执，持。［27］前却：或前或却，不能如期到达。却，后退。［28］流人：被判处流刑的罪犯。感悦：感动，心悦诚服。［29］与语：与王伽谈话。［30］有生：有生命者。一般指人。［31］含灵：旧时称人为万物之灵，故称人为含灵。［32］秉性：旧称天所赋予人的品性资质。［33］从化：顺从归化。［34］迁善：改恶从善。［35］海内：国内。［36］宣导：疏通，引导。［37］感寤：有所感而觉悟。寤，通“悟”，醒悟。［38］宪司：司法机关。魏晋以来多是御史的别称。［39］率土：谓境域以内。［40］俦（chóu）：同辈，伴侣。［41］刑厝（cuò）：刑法搁置而不用。厝，安置，通“措”。［42］雍：县名。县治在今陕西宝鸡市凤翔区。［43］自尔：从此。［44］极：顶点，最高限度。指北极。［45］内道：地球围绕太阳运行的路线，天文学称为黄道。［46］《元命包》：书名。纬书中有《春秋元命包》。［47］璇玑（jī）：古代以玉作装饰的天体观测仪器。璇，美玉。［48］《京房别对》：书名。京房为西汉元帝时人，精通五行灾异说，曾以灾异之变对答元帝。详见《汉书》卷七十五。［49］升平：太平。［50］霸代：称霸时代。代，世。［51］启运：创业，开创帝业。［52］乾元：天。［53］振古希有：自古少有。振，自。［54］祐：指神明的佑助，也作“佑”。［55］程课：工作量。

仁寿元年（辛酉，601年）

春，正月，乙酉朔[1]，赦天下，改元[2]。

以尚书右仆射杨素为左仆射，纳言苏威为右仆射。

丁酉[3]，徙河南王昭[4]为晋王。

突厥步迦可汗犯塞，败代州[5]总管韩弘[6]于恒安[7]。

以晋王昭为内史令。

二月，乙卯朔[8]，日有食之。

夏，五月，己丑[9]，突厥男女九万口来降。

六月，乙卯[10]，遣十六使巡省[11]风俗。

乙丑[12]，诏以天下学校生徒[13]多而不精，唯简留国子学[14]生七十人，太学[15]、四门[16]及州县学[17]并废。殿内将军[18]河间刘炫[19]上表切谏；不听。秋，七月[20]，改国子学为太学。

初，帝受周禅，恐民心未服，故多称符瑞以耀之，其伪造而献者，不可胜计。冬，十一月，己丑[21]，有事于南郊，如封禅礼，版文[22]备述[23]前后符瑞以报谢云。

山獠[24]作乱，以卫尉少卿[25]洛阳卫文昇[26]为资州[27]刺史镇抚之。文昇名玄，以字行。初到官，獠方攻大牢镇[28]，文昇单骑造[29]其营，谓曰："我是刺史，衔天子诏[30]，安养汝等，勿惊惧也！"群獠莫敢动。于是说以利害，渠帅[31]感悦，解兵而去，前后归附者十余万口。帝大悦，赐缣二千匹。壬辰[32]，以文昇为遂州[33]总管。

潮、成[34]等五州獠反，高州酋长冯盎驰诣京师，请讨之。帝敕杨素与盎论贼形势，素叹曰："不意[35]蛮夷中有如是[36]人！"即遣盎发江、岭[37]兵击之。事平，除盎汉阳[38]太守[39]。

诏以杨素为云州道[40]行军元帅，长孙晟为受降使者[41]，挟[42]启民可汗北击步迦[43]。

（以上为第四段，写隋文帝仁寿元年裁减学校，边患再起。）

【注释】

[1]乙酉朔：正月一日。朔，一日。 [2]改元：由开皇二十一年改为仁寿元年。 [3]丁酉：正月十三日。 [4]河南王昭：即隋炀帝长子杨昭（？—606），曾被立为皇太子。传见《隋书》卷五十九、《北史》卷七十一。 [5]代州：州名。治所雁门县，在今山西代县。 [6]韩弘（548—610）：字叔明，官至陇西太守。传附《隋书·韩擒虎传》《北史·韩雄传》。按《隋书》本传"弘"作"洪"，《北史》同。此避宋讳改。 [7]恒安：镇名。故址在今山西大同市东北。 [8]乙卯朔：二月一日。 [9]己丑：五月七日。 [10]乙卯：六月三日。 [11]巡省：巡视，视察。 [12]乙丑：六月十三日。 [13]生徒：学生。 [14]国子学：古代教育管理机关和最高学府。 [15]太学：古学校名，即国学。仅次于国子学的较高的学府。 [16]四门：指四门学，于京城四门设立的学校，故称四门学。 [17]州县学：在州、县所设立的地方学校。 [18]殿内将军：武官名。即殿中将军，隋避讳所改。属左、右卫，掌禁卫。 [19]刘炫：字光伯，河间景城（今河北沧州市西景城）人。历仕北周、隋，官至殿中将军。著《论语述议》十卷、《春秋攻昧》十卷、《尚书述议》二十卷等。传见《隋书》卷七十五、《北史》卷八十二。 [20]七月：据章校，"七月"下应补"戊戌"二字。戊戌，七月十七日。 [21]己丑：十一月九日。 [22]版文：著文。版，牍，即用以写字的简。 [23]备述：详细叙述。 [24]山獠：生活在今四川南充市西南的少数民族。[25]卫尉少卿：官名。卫尉寺副长官，监门卫，掌宫门屯兵。 [26]卫文昇（541—617）：名玄，字文昇，河南洛阳（今河南洛阳市）人。历仕北周、隋，官至刑部尚书。传见《隋书》卷六十三、

《北史》卷七十六。[27]资州：州名。治所盘石县，在今四川资中县北。[28]大牢镇：地名。故址在今四川荣县。[29]造：到，去。指登门访问。[30]衔天子诏：奉行天子诏命。衔，领受。[31]渠帅：首领。渠，大。[32]壬辰：十一月十二日。[33]遂州：州名。治所方义县，在今四川遂宁市。[34]潮、成：两州名。潮州，治所海阳县，在今广东潮州市潮安区。成州，治所梁信县，在今广东肇庆市封开县东南。[35]不意：没想到。[36]如是：如此。是，此。[37]江、岭：江指江南，岭指岭南。[38]汉阳：郡名。治所上禄县，在今甘肃礼县南。[39]太守：官名。郡中长官，掌管一郡政事。按冯盎不当出任在今甘肃的职务，疑是遥领的虚衔。[40]云州道：云州，州名。治所大利县，在今内蒙古和林格尔县西北。道，是一种行军路线，对外作战时，大抵按行军方位、作战地点命名，长官为某某道行军总管或元帅。[41]受降使者：使者名。掌管接受对方投降事宜。[42]挟（xié）：挟持。[43]步迦（jiā）：即步迦可汗，突厥都蓝可汗死，达头可汗自立为步迦可汗。

二年（壬戌，602 年）

春，三月，己亥[1]，上幸仁寿宫。

突厥思力俟斤[2]等南渡河[3]，掠启民男女六千口、杂畜二十余万而去。杨素帅诸军追击，转战六十余里，大破之，突厥北走。素复进追，夜，及之[4]，恐其越逸[5]，令其骑稍后，亲引两骑并降突厥二人与虏并行，虏不之觉；候[6]其顿舍[7]未定，趣[8]后骑掩击，大破之，悉得人畜以归启民；自是突厥远遁[9]，碛南无复寇抄[10]。素以功进子玄感爵柱国，赐玄纵爵淮南公。

兵部尚书柳述[11]，庆之孙也，尚兰陵公主[12]，怙宠使气[13]，自杨素之属[14]皆下之。帝问符玺直长[15]万年韦云起[16]："外间有不便事，可言之。"述时侍侧，云起奏曰："柳述骄豪[17]，未尝经事，兵机要重，非其所堪，徒以主婿[18]，遂居要职。臣恐物议[19]以为陛下'官不择贤，专私所爱'，斯亦不便之大者。"帝甚然[20]其言，顾谓述曰："云起之言，汝药石[21]也，可师友之。"秋，七月，丙戌[22]，诏内外官各举所知。柳述举云起，除通事舍人[23]。

益州总管蜀王秀，容貌瑰伟[24]，有胆气[25]，好武艺。帝每谓独孤后曰："秀必以恶终[26]，我在当无虑，至兄弟，必反矣。"大将军刘哙之讨西爨[27]也，帝令上开府仪同三司杨武通[28]将兵继进。秀以嬖人万智光为武通行军司马[29]。帝以秀任非其人[30]，谴责之，因谓群臣曰："坏我法者，子孙也。譬如猛虎，物不能害，反为毛间虫[31]所损食[32]耳。"遂分秀所统。

自长史元岩卒后，秀渐奢僭[33]，造浑天仪[34]，多捕山獠[35]充宦者，车马被服，拟于乘舆[36]。

及太子勇以谗废[37]，晋王广为太子，秀意甚不平。太子恐秀终为后患，阴令杨素求其罪而谮之。上遂征秀[38]，秀犹豫，欲谢病不行[39]。总管司马源师[40]谏，秀作色曰："此自我家事，何预卿也！"师垂涕对曰："师忝参[41]府幕[42]，敢不尽忠！圣上有敕追王[43]，以淹[44]时月，今乃迁延[45]未去。百姓不识王心，傥生异议，内外疑骇，发雷霆[46]之诏，降一介[47]之使，王何以自明？愿王熟计之！"朝廷恐秀生变，戊子[48]，以原州总管独孤楷[49]为益州总管，驰传[50]代之。楷至，秀犹未肯行；楷讽谕[51]久之，乃就路。楷察秀有悔色，因勒兵[52]为备；秀行四十余里，将还袭楷，觇知有备，乃止。

八月，甲子[53]，皇后独孤氏崩。太子对上及宫人哀恸绝气[54]，若不胜丧者；其处私室，饮食言笑如平常。又，每朝令进二溢[55]米，而私令取肥肉脯鲊[56]，置竹筒中，以蜡闭口[57]，衣襆[58]裹而纳之。

著作郎[59]王劭上言："佛说：'人应生天上及生无量寿国之时，天佛放大光明，以香花妓乐[60]来迎。'伏惟大行皇后[61]福善祯符，备诸秘记[62]，皆云是妙善菩萨[63]。臣谨按八月二十二日，仁寿宫内再雨金银花[64]；二十三日，大宝殿[65]后夜有神光；二十四日卯时[66]，永安宫[67]北有自然种种音乐，震满虚空；至夜五更[68]，奄然[69]如寐，遂即升遐[70]，与经文所说，事皆符验。"上览之悲喜。

九月，丙戌[71]，上至自仁寿宫。

冬，十月，癸丑[72]，以工部尚书杨达[73]为纳言。达，雄之弟也。

闰月，甲申[74]，诏杨素、苏威与吏部尚书牛弘等修定五礼[75]。

上令上仪同三司萧吉[76]为皇后择葬地，得吉处[77]，云："卜年二千，卜世二百。"上曰："吉凶由人，不在于地。高纬[78]葬父，岂不卜乎！俄而国亡。正如我家墓田，若云不吉，朕不当为天子；若云不凶，我弟不当战没[79]。”然竟从吉言。吉退，告族人萧平仲曰：“皇太子遣宇文左率[80]深谢余云：‘公前称我当为太子，竟有其验，终不忘也。今卜山陵[81]，务令我早立。我立之后，当以富贵相报。’吾语之云：‘后四载，太子御天下[82]。’若太子得政，隋其亡乎！吾前绐云‘卜年二千’者，三十字也；‘卜世二百’者，取世二传也。汝其识[83]之！”

壬寅[84]，葬文献皇后[85]于太陵。诏以“杨素经营葬事，勤求吉地，论素此心，事极诚孝，岂与夫平戎定寇[86]比其功业！可别封[87]一子义康公，邑[88]万户。”并赐田三十顷，绢万段，米万石，金珠绫锦称是。

蜀王秀至长安，上见之，不与语；明日，使使[89]切让[90]之。秀谢罪，太子诸王流涕庭谢[91]。上曰：“顷者秦王糜费[92]财物，我以父道[93]训之。今秀蠹害生民，当以君道[94]绳之[95]。”于是付执法者。开府仪同三司庆整谏曰：“庶人勇[96]既废，秦王已薨，陛下见子[97]无多，何至如是！蜀王性甚耿介[98]，今被重责，恐不自全。”上大怒，欲断其舌，因谓群臣曰：“当斩秀于市[99]以谢百姓。”乃令杨素等推治[100]之。

太子阴作偶人[101]，缚[102]手钉心，枷锁杻械[103]，书上及汉王姓名，仍云“请西岳[104]慈父圣母[105]收杨坚、杨谅神魂，如此形状[106]，勿令散荡[107]。”密埋之华山下，杨素发之；又云秀妄述图谶，称京师妖异，造蜀地征祥[108]；并作檄文[109]，云“指期问罪”，置秀集[110]中，俱以闻奏。上曰：“天下宁有是邪！”十二月，癸巳[111]，废秀为庶人，幽之[112]内侍省[113]，不听与妻子相见，唯獠婢二人驱使[114]，连坐[115]者百余人。秀上表摧[116]谢曰：“伏愿慈恩，赐垂矜愍[117]，残息[118]未尽之间，希与瓜子[119]相见；请赐一穴，令骸骨有所。”瓜子，其爱子也。上因下诏数其十罪，且曰：“我不知杨坚、杨谅是汝何亲？”后乃听与其子同处。

初，杨素尝以少谴[120]敕送南台[121]，命治书侍御史[122]柳彧治之。素恃贵，坐彧床。彧从外来[123]，于阶下端笏整容[124]谓素曰：“奉敕治公之罪！”素遽下。彧据案而坐，立素于庭，辨诘事状[125]。素由是衔之。蜀王秀尝从彧求李文博[126]所撰《治道集》，彧与之；秀遗彧奴婢十口。及秀得罪，素奏彧以内臣交通诸侯[127]，除名为民，配戍[128]怀远镇[129]。

帝使司农卿[130]赵仲卿往益州穷按秀事，秀之宾客经过之处，仲卿必深文致法[131]，州县长吏坐者太半[132]。上以为能，赏赐甚厚。

久之，贝州[133]长史裴肃[134]遣使上书，称："高颎以天挺[135]良才，元勋[136]佐命，为众所疾，以至废弃；愿陛下录其大功，忘其小过。又二庶人[137]得罪已久，宁无革心[138]！愿陛下弘[139]君父之慈，顾天性[140]之义，各封小国，观其所为：若能迁善，渐更增益[141]；如或不悛[142]，贬削[143]非晚。今者自新之路永绝，愧悔之心莫见，岂不哀哉！"书奏，上谓杨素曰："裴肃忧我家事，此亦至诚[144]也。"于是征肃入朝。太子闻之，谓左庶子张衡曰："使勇自新，欲何为也？"衡曰："观肃之意，欲令如吴太伯、汉东海王[145]耳。"肃至，上面谕以勇不可复收之意而罢遣之。肃，侠之子也。

杨素弟约及从父文思[146]、文纪[147]、族父忌[148]并为尚书、列卿[149]，诸子无汗马之劳，位至柱国、刺史；广营资产，自京师及诸方都会[150]处，邸店[151]、碾硙[152]、便利田宅，不可胜数；家僮千数，后庭妓妾曳绮罗者以千数；第宅华侈，制拟宫禁[153]；亲故吏[154]布列清显[155]。既废一太子及一王，威权愈盛。朝臣有违忤[156]者，或至诛夷；有附会及亲戚，虽无才用，必加进擢[157]；朝廷靡然[158]，莫不畏附。敢与素抗而不桡[159]者，独柳彧及尚书右丞李纲、大理卿梁毗[160]而已。

始，毗为西宁州[161]刺史，凡十一年，蛮夷酋长皆以金多者为豪隽[162]，递相[163]攻夺，略无宁岁，毗患之。后因诸酋长相帅[164]以金遗毗，毗置金坐侧，对之恸哭，而谓之曰："此物饥不可食，寒不可衣，汝等以此相灭，不可胜数，今将此来，欲杀我邪！"一无所纳[165]。于是蛮夷感悟，遂不相攻击。上闻而善之，征为大理卿，处法平允[166]。

毗见杨素专权，恐为国患[167]，乃上封事[168]曰："臣闻臣无有作威作福，其害于而家，凶于而国。窃见左仆射越国公素，幸遇[169]愈重，权势日隆，搢绅[170]之徒，属其视听[171]。忤旨者严霜夏零[172]，阿旨[173]者甘雨冬澍[174]；荣枯由其唇吻[175]，废兴候其指麾；所私皆非忠谠[176]，所进咸是亲戚，子弟布列，兼州连县[177]。天下无事，容息[178]异图；四海有虞[179]，必为祸始。夫奸臣擅命[180]，有渐[181]而来，王莽[182]资之于积年，桓玄[183]基之于易世[184]，而卒殄汉祀[185]，终倾晋祚[186]。陛下若以素为阿衡[187]，臣恐其心未必伊尹也。伏愿揆鉴[188]古今，量为处置，俾洪基永固，率土幸甚！”书奏，上大怒，收毗系狱[189]，亲诘之。毗极言“素擅宠弄权[190]，将领之处，杀戮无道[191]。又太子、蜀王罪废之日，百僚无不震竦[192]，唯素扬眉奋肘[193]，喜见容色，利国家有事以为身幸[194]。”上无以屈，乃释之。

其后上亦寖疏忌素，乃下敕曰：“仆射国之宰辅[195]，不可躬亲细务[196]，但三五日一向省，评论大事。”外示优崇[197]，实夺之权也。素由是终仁寿之末，不复通判[198]省事。出杨约为伊州[199]刺史。

素既被疏，吏部尚书柳述益用事，摄兵部尚书，参掌机密[200]，素由是恶之。

太子问于贺若弼曰：“杨素、韩擒虎、史万岁皆称良将，其优劣何如？”弼曰：“杨素猛将，非谋将[201]；韩擒虎斗将，非领将[202]；史万岁骑将[203]，非大将[204]。”太子曰：“然则大将谁也？”弼拜曰：“唯殿下所择！”弼意自许[205]也。

交州[206]俚[207]帅李佛子作乱，据越王故城[208]，遣其兄子大权据龙编城[209]，其别帅李普鼎据乌延城[210]。杨素荐瓜州[211]刺史长安刘方[212]，有将帅之略，诏以方为交州道行军总管，统二十七营而进。方军令严肃，有犯必斩；然仁爱士卒，有疾病者亲临抚养，士卒亦以此怀之。至都隆岭[213]，遇贼，击破之。进军临佛子营，先谕以祸福。佛子惧，请降，送之长安。

（以上为第五段，写仁寿二年的政事变故。独孤皇后去世，蜀王杨秀被废，奸臣杨素被疏远。）

【注释】

［1］己亥：三月二十一日。［2］思力俟斤：即阿勿思力俟斤可汗。当时突厥内部分为多部，此为各部可汗之一。［3］河：指黄河。［4］及之：指杨素军追上了突厥兵。［5］越逸：四散逃亡。逸，逃散。［6］候：等到，待。［7］顿舍：安顿休息。顿，止息，停止。［8］趣：催促。

［9］遁（dùn）：逃走。［10］寇抄：抄掠。［11］柳述：字隆业。官至兵部尚书。传附《隋书·柳机传》《北史·柳则传》。［12］兰陵公主：字阿五，隋文帝第五女。传见《隋书》卷四十八、《北史》卷九十一。［13］怙（hù）宠：恃宠而骄横。怙，依靠，倚仗。使气：意气用事。［14］属：类、辈。［15］符玺直长：官名。门下省符玺局官员，掌符玺。［16］韦云起（？—626）：雍州万年（今陕西西安市南）人，历仕隋、唐，官至司农卿。传见《旧唐书》卷七十五、《新唐书》卷一百三。［17］骄豪：骄横。豪，强横。［18］徒以主婿：只因为是公主的丈夫。徒以，仅因为。主婿，公主的丈夫。［19］物议：众人的议论。［20］甚然：很以为然。［21］药石：药物总称。比喻规诫。［22］丙戌：七月十日。［23］通事舍人：官名。隋属内史省，掌呈奏案章。［24］瑰（guī）伟：相貌魁异。［25］胆气：胆量和勇气。［26］恶终：犹言不得好死。［27］西爨（cuàn）：史称"南宁夷"，生活在今云南曲靖市一带。其首领爨玩曾多次起兵反隋。［28］杨武通：弘农华阴（今陕西华阴市）人，官至左武卫大将军。传附《隋书·刘方传》《北史·刘方传》。［29］行军司马：武官名。掌军政，权任很重。［30］任非其人：用人不当。［31］毛间虫：指藏在毛里的寄生虫。［32］损食：伤害蚕食。损，损害，伤害。［33］奢僭（jiàn）：过分奢侈。僭，越分。［34］浑天仪：古代观测天体位置的仪器，类似今天的天球仪。［35］山獠：指生活在山区里的仡佬族。獠是古代对少数民族仡佬族的侮辱性称呼。［36］乘（shèng）舆：指皇帝所乘坐的车子。［37］谗废：因被别人说坏话而被废掉太子身份。［38］征秀：征召蜀王杨秀还京。［39］谢病不行：托辞有病不应征召。［40］源师：字践言，河南洛阳（今河南洛阳市）人。历仕北周、隋，官至刑部侍郎。传见《北齐书》卷四十三、《隋书》卷六十六、《北史》卷二十八。［41］忝参：愧为。忝，有愧于。［42］府幕：王府幕僚。［43］追王：追令王入京。［44］淹：久留，滞留。［45］迁延：拖延。［46］雷霆：比喻严厉的意思。［47］一介：一人。［48］戊子：三月十日。［49］独孤楷：字修则，本籍不详。本姓李，赐姓独孤氏。历仕北周、隋，官至益州总管，封汝阳郡公。传见《隋书》卷五十五、《北史》卷七十三。［50］驰传：驾驿站车马急行。［51］讽谕：用委婉的话进行劝说。［52］勒兵：治兵，统率军队。［53］甲子：八月十九日。［54］哀恸（tòng）绝气：悲哀得死去活来。恸，极其悲痛。［55］溢：古代计量单位。二十两（古一斤为十六两）为一溢。同"镒"。［56］脯鲊（zhǎ）：干肉称脯，经过加工制成的鱼肉称鲊。［57］闭口：封住竹筒口。［58］襆（fú）：包袱，巾帕。［59］著作郎：官名。属秘书省，专掌编修史书。［60］妓乐：歌舞奏乐。妓，歌舞女艺人。［61］大行皇后：指未安葬的独孤皇后。大行，古代臣下讳言帝王死亡，用大行（一去不返）做比喻。［62］秘记：指谶纬之类的书籍。［63］菩萨：言能普济众生。菩，普。萨，济。［64］金银花：忍冬花的别称，药草。藤生，冬天不凋谢。［65］大宝殿：寝殿，在仁寿宫中。［66］卯时：指早晨五至七时。［67］永安宫：隋永安宫在今重庆市奉节县城中。［68］五更：天将亮时。［69］奄然：忽然。［70］升遐：升天。指帝王之死。此指独孤皇后之死。［71］丙戌：九月十一日。［72］癸丑：十月九日。［73］杨达（551—612）：字士达。历仕北周、隋，官至纳言。传附《隋书·观德王雄传》《北史·杨绍传》。［74］甲申：闰十月

十日。［75］五礼：指吉礼、凶礼、军礼、宾礼、嘉礼。［76］萧吉（？—614）：字文休，梁武帝兄长沙宣武王懿之孙，官至上仪同三司。精通阴阳算术，著《金海》三十卷、《葬经》六卷、《乐谱》二十卷等。传见《隋书》卷七十八、《北史》卷八十九。［77］吉处：吉祥的葬地。［78］高纬：北齐后主，公元565年至公元576年在位。事见《北齐书》卷八、《北史》卷八。［79］我弟不当战没：隋文帝弟杨整从周武帝伐齐，战死并州（治今山西太原市）。［80］宇文左率：即宇文述，时为左卫率。［81］山陵：帝王陵墓。［82］御天下：君临天下。御，统治，驾驭。［83］识：记。［84］壬寅：闰十月二十八日。［85］文献皇后：即独孤皇后，谥曰文献。［86］平戎定寇：平定戎狄寇贼。［87］别封：另封。［88］邑：食邑。指享受编户上缴的租税。［89］使使：派遣使者。前"使"为动词。后"使"为名词。［90］切让：严厉责备。让，责备。［91］庭谢：到朝廷谢罪。庭，朝廷，通"廷"。［92］縻费：浪费。縻，浪费，通"靡"。［93］父道：父亲治家的法则。［94］君道：君主治国的法则。［95］绳之：绳之以法，即以法制裁。［96］庶人勇：即废太子杨勇。［97］见（xiàn）子：现有的儿子。见，同"现"。［98］耿介：正直，守志不趋时。介，耿直。［99］斩秀于市：在闹市刑场行刑，即公开处死刑。市，市场。长安有东、西两市。［100］推治：审查治罪。推，推究。［101］偶人：用土木制成的人像。［102］缚：捆绑。［103］杻（chǒu）械：手铐脚镣。杻，刑具名。［104］西岳：五岳之一，即华山。在今陕西华阴市南。［105］圣母：据章校，"母"下应补"神兵"二字。［106］如此形状：即如缚手钉心、戴着刑具的偶人那样。［107］散荡：散开。［108］征祥：吉祥的预兆。征，与"祯"同。［109］檄（xí）文：古代用于申讨的文书。［110］集：文集。［111］癸巳：十二月二十日。［112］幽之：把他幽闭。［113］内侍省：官署名。中央官署，管领内侍、内常侍等官。［114］驱使：使唤。［115］连坐：谓受株连而被判罪。［116］摧：伤痛。［117］垂矜愍：降下怜惜之心。垂，降下。［118］残息：仅存的喘息。临近死亡。［119］瓜子：《隋书》卷四十五《文四子传》瓜作"爪"，《北史》同。［120］少谴：小罪。谴，罪过。［121］南台：即御史台。朝堂在北，台省皆在南，故尚书省称南省，御史台称南台。［122］治书侍御史：官名。唐以后称御史中丞，掌纠察百官过失。［123］外来：据章校，"来"下应补"见之"二字。［124］整容：整理衣帽，态度端庄认真。［125］辨诘事状：审问罪状。辨诘，分辨追问。事状，罪状。［126］李文博：博陵（今河北定州市）人。仕隋，官至校书郎。好读书，著《治道集》十卷。传见《隋书》卷五十八、《北史》卷八十三。［127］彧以内臣交通诸侯：柳彧身为朝中大臣与诸侯王交通，违反禁令。中国古代历代专制帝王均禁止大臣与诸侯王交通，犯此为大逆罪。内臣，宫廷内的臣僚。诸侯，杨秀时封为蜀王，镇定一方，故称为诸侯。［128］配戍：因罪被流放边疆戍守。［129］怀远镇：地名。故址在今辽宁沈阳市辽中区境。［130］司农卿：官名。司农寺长官，掌农林仓廪。［131］深文致法：援用法律条文，苛细周纳，以治人罪。［132］坐者太半：获罪的人超过半数。［133］贝州：州名。治所清河县，在今河北清河县东北。［134］裴肃：字神封，河东闻喜（今山西闻喜县）人。历仕北周、隋，官至贝州长史。传见《周书》卷三十五、《隋书》卷六十二、《北史》卷三十八。

［135］天挺：犹言天生。挺，拔。［136］元勋：首功。［137］二庶人：指被废为庶人的原太子杨勇和蜀王杨秀。［138］革心：谓洗心改过。［139］弘：光大，弘扬。通“宏”。［140］天性：天然的品质或特性。［141］增益：增加。［142］悛（quān）：悔改。［143］贬削：贬职和削去爵位。贬，降职。［144］至诚：极为忠诚。至，极，大。［145］汉东海王：光武帝之子刘强，郭皇后所生。先立为太子，后因郭后被废，心里不安，遂辞去太子位，备位藩国。光武帝以其无罪，又去就有礼，故封为东海王。事见《后汉书》卷四十二《光武十王列传》。［146］文思：字温才，杨素从叔。历仕北周、隋，官至纳言。传附《隋书·杨素传》《北史·杨敷传》。［147］文纪：字温范。历仕北周、隋，官至荆州总管。传附《隋书·杨素传》《北史·杨敷传》。［148］忌：《隋书》卷四十六作“异”，《北史》同。疑误。异，即杨异，字文殊。历仕北周、隋，官至刑部尚书。传见《隋书》卷四十六、《北史》卷四十一。［149］列卿：指在九卿之列。［150］都会：大城市。［151］邸（dǐ）店：古代兼具堆栈、商店、客舍性质的市肆。［152］碾硙（wèi）：利用水力，使水磨的机械装置自然转动，可以作灌溉及粮食加工之用。硙，石磨。碾，石碾。［153］制拟宫禁：制度比拟皇宫。宫禁，皇帝居住的地方，宫中禁卫森严，臣下不得任意出入，故称宫禁。［154］亲故吏：按《隋书》卷四十八《杨素传》作“亲戚故吏”，此脱“戚”字。［155］清显：政事清简而重要的官。［156］违忤（wǔ）：背犯，违反。［157］进擢（zhuó）：进用和提拔。擢，提升。［158］靡然：趋附的样子。靡，披靡。［159］桡（náo）：同“挠”，屈从。［160］梁毗（？—610）：字景和，安定乌氏（今甘肃泾川县东北）人。历仕北周、隋，官至刑部尚书。［161］西宁州：州名。治所越巂县，在今四川西昌市。［162］豪隽（jùn）：豪杰。隽，才智出众，通“俊”。［163］递相：互相。递，交替。［164］帅：同“率”。［165］纳：收受。［166］处法平允：执法公平而允当。［167］国患：国家的大患。［168］上封事：向皇帝呈密封的奏章。［169］幸遇：得到皇帝的宠遇。［170］搢绅：士大夫。搢绅原指把笏插于带间，后代指士大夫。搢，插。绅，衣带。［171］视听：耳目。［172］零：凋落。［173］阿旨：迎合旨意。［174］澍：通“注”，灌。［175］唇吻：言辞，说话。［176］忠谠（dǎng）：忠诚正直。［177］兼州连县：很多州县。指杨素子弟在地方上权势很大。兼，加倍。［178］容息：宽容姑息。［179］虞：忧虑。［180］擅命：擅自发号施令，不受节制。［181］有渐：逐渐，渐进。［182］王莽：西汉末年外戚，逐渐专权擅命，最后代汉而称帝。详见《汉书》卷九十九。［183］桓玄：东晋后期权臣，曾举兵作乱，被杀。详见《晋书》卷九十九、《魏书》卷九十七。［184］易世：即易代，不止一代之意。［185］汉祀：指西汉政权。祀，祭祀。［186］晋祚：东晋政权。祚，皇位。［187］阿衡：商代之官名。伊尹曾为阿衡。［188］揆鉴：鉴戒。揆，测度。［189］系狱：囚禁于牢狱。系，拘囚。［190］擅宠弄权：凭借皇帝宠信而专擅权柄。擅宠，特受宠信。弄权，玩弄权势。［191］无道：残暴，无德政。［192］震竦（sǒng）：震惊。竦，惧怕。［193］扬眉奋肘：洋洋得意的样子。［194］身幸：本人的幸运。［195］宰辅：皇帝的辅政大臣，一般指宰相或三公。［196］躬亲：亲身去做。躬，亲自。细务：琐事。［197］优崇：优待尊崇。［198］通判：全面管理。通，全

部。判，治理。［199］伊州：州名。治所伏流县，在今河南嵩县东北。［200］参掌机密：参与国家机密大事，职掌同宰相。［201］谋将：指有谋略的将领。［202］领将：统率全军的将领。［203］骑将：骑兵将领。［204］大将：此指智勇双全、可独当一面的高级将领。［205］自许：自以为胜任。［206］交州：州名。治所交趾县，在今越南河内市。［207］俚：古代对黎族的称呼。［208］越王故城：地名。大概是秦、汉间骆越之王所筑。故址不详。［209］龙编城：即龙编县城。故址在今越南北宁仙游县。［210］乌延城：地名。故址不详。［211］瓜州：州名。治所敦煌县，在今甘肃敦煌市西。［212］刘方（？—605）：京兆长安（今陕西西安市）人。历仕北周、隋，官至瓜州刺史。传见《隋书》卷五十三、《北史》卷七十三。［213］都隆岭：地名。故址不详。

三年（癸亥，603 年）

秋，八月，壬申[1]，赐幽州总管燕荣[2]死。荣性严酷，鞭挞[3]左右，动至千数。尝见道次[4]丛荆[5]，以为堪作杖，命取之，辄以试人。人或自陈[6]无罪，荣曰："后有罪，当免汝。"既而有犯，将杖之，人曰："前日被杖，使君[7]许以有罪宥[8]之。"荣曰："无罪尚尔，况有罪邪！"杖之自若。

观州[9]长史元弘嗣[10]迁幽州长史，惧为荣所辱，固辞。上敕荣曰："弘嗣杖十已上罪，皆须奏闻。"荣忿曰："竖子何敢玩[11]我！"于是遣弘嗣监纳仓粟，飏[12]得一糠一秕[13]，皆罚之。每笞虽不满十，然一日之中，或至三数。如是历年，怨隙[14]日构[15]。荣遂收弘嗣付狱，禁绝其粮，弘嗣抽絮杂水咽之。其妻诣阙称冤，上遣使按验[16]，奏荣暴虐，赃秽[17]狼籍；征还，赐死。元弘嗣代荣为政，酷又甚之。

九月，壬戌[18]，置常平官[19]。

是岁，龙门王通[20]诣阙献《太平十二策》，上不能用，罢归。通遂教授于河、汾之间[21]，弟子自远至者甚众，累征不起[22]。杨素甚重之，劝之仕，通曰："通有先人之弊庐足以蔽风雨，薄田[23]足以具饘粥[24]，读书谈道足以自乐。愿明公正身以治天下，时和岁丰[25]，通也受赐多矣，不愿仕也。"或谮通于素曰："彼实慢公，公何敬焉？"素以问通，通曰："使[26]公可慢，则仆[27]得矣，不可慢，则仆失矣：得失在仆，公何预焉！"素待之如初。

弟子贾琼问息谤[28]，通曰："无辩。"问止怨，曰："不争。"通尝称：

“无赦[29]之国，其刑必平；重敛之国，其财必削[30]。”又曰：“闻谤而怒者，谗之囮[31]也；见誉而喜者，佞[32]之媒也：绝囮去媒，谗佞远矣。”大业[33]末，卒于家，门人谥曰文中子[34]。

突厥步迦可汗所部大乱，铁勒仆骨[35]等十余部，皆叛步迦降于启民。步迦众溃，西奔吐谷浑；长孙晟送启民置碛口[36]，启民于是尽有步迦之众。

（以上为第六段，仁寿三年无大事，略记二三事：隋文帝惩治暴吏，杨素礼遇王通，西突厥众溃。隋文帝赐令暴吏幽州刺史燕荣自裁，但继任者暴虐更甚。由于隋文帝晚年为政暴虐，上行下效，虽然惩治了个别暴吏，但无济于风气的改变。）

【注释】

[1]壬申：八月三日。[2]燕荣（？—603）：字贵公，华阴弘农（今河南灵宝市）人。历仕北周、隋，官至幽州总管。传见《隋书》卷七十四、《北史》卷八十七。[3]鞭挞：鞭打。挞，打。[4]道次：道路附近，沿途。[5]丛荆：灌木荆丛。[6]自陈：自己诉说。陈，说，述说。[7]使君：汉以后对州郡长官的尊称。[8]宥（yòu）：赦免。[9]观州：州名。治所东光县，在今河北东光县。[10]元弘嗣（565—613）：河南洛阳（今河南洛阳市）人，官至木工监。传见《隋书》卷七十四、《北史》卷八十七。[11]竖子：对人的鄙称，犹言“小子”。玩：玩弄。[12]飏（yáng）：扬起。[13]粃（bǐ）：中空或不饱满的谷粒。同“秕”。[14]怨隙：怨恨。隙，嫌隙。[15]日构：一天一天结怨。[16]按验：审查，查验。[17]赃秽：贪污、受贿的丑恶事情。[18]壬戌：九月二十三日。[19]常平官：官名。掌义仓事。义仓于开皇初年设立，为赈济灾荒之用。[20]王通（584—618）：字仲淹，绛州龙门（今山西河津市西北）人。官至蜀郡司户书佐，后辞官以讲学为业，并有著述。卒后门人私谥曰文中子。传附《旧唐书·王勃传》。[21]河、汾之间：黄河、汾河之间的地区。大致在今山西新绛县一带。[22]累征不起：朝廷屡次征调他任官，却辞不就职。[23]薄田：土质瘠薄的土地。[24]饘（zhān）粥：稠粥。饘，同“馆”。[25]时和岁丰：风雨调和，年成丰收。据章校，“时”上应补一“使”字，“岁”应改作“年”字。[26]使：假使。[27]仆：仆人。此是王通的谦称。[28]息谤：使诽谤之言止息。[29]无赦：不实行大赦。[30]削：减少。[31]囮（é）：鸟媒。原意是指用经过训练的鸟引诱他鸟前来，伺机捕捉。引申为媒介，引诱。[32]佞（nìng）：奸巧谄谀，花言巧语。[33]大业：隋炀帝年号，公元605—617年。[34]文中子：王通死，弟子共议谥号。取《易经》“黄裳元吉，文在中也”之语，请谥曰“文中子”。[35]仆骨：突厥中的一部，生活在独洛河（即今图拉河，在蒙古国乌兰巴托市以西）流域。[36]碛（qì）口：地名。在今内蒙古苏尼特右旗西、中蒙交界处。

【点评】

隋文帝更立太子被弑。本卷史事的最大事件是隋文帝废黜太子杨勇，更立太子杨广。杨勇沉溺于声色，亲爱群小，铺张浪费，不是一个理想的继位人。杨广有平陈之功，又矫饰伪善投父母之好，处心积虑地夺取太子之位，结交权臣，施恩下人，杨勇的悲剧在情理之中。杨广心狠手辣，不论怎么伪装，难免露出马脚。他伪造谎言陷害兄长，制造伪证嫁祸弟弟杨秀，而杨勇从不言杨广之过，一个宽厚，一个狠毒，可以说对比鲜明。独孤皇后偏听偏爱，与一个妒悍之妇的性情相合。而隋文帝却迷惑不悟，殊难理解。大概隋文帝因运用诈术取天下，心性本来就不正，在悍妇、权臣、群小的重围中迷失方向，也许就是正常的吧！隋文帝晚年暴虐、拒谏、刚愎，惧失天下，违心废黜蜀王杨秀，担心身后他造反，亦不忍之人矣。之后，杨广弑父弑君，隋文帝得了现世报，亦如杨勇之失太子位，也是咎由自取啊！

卷一八〇　隋纪四

隋文帝仁寿四年至隋炀帝大业三年（604—607年）

【起阏逢困敦（甲子，604年），尽强圉单阏（丁卯，607年），凡四年】

【大事提要】

本卷载述公元604年至公元607年史事，凡四年，时当隋文帝仁寿四年至隋炀帝大业三年。这是隋朝多事和盛衰转折的一个时期。重大史事有：隋炀帝弑君弑父得以继位；平定汉王杨谅的叛乱，国家遭受一次浩劫，平叛后遭杀戮和流放者达二十万人；隋炀帝建东宫、修运河、筑长城、巡游江都、耀兵北疆、通西域，加之赏赐无节，都耗费了隋朝大量资财。由于当时天下承平，无内忧外患，尚能支撑。

高祖文皇帝下

仁寿四年（甲子，604年）

春，正月，丙午[1]，赦天下。

帝将避暑于仁寿宫，术士章仇太翼固谏；不听。太翼曰："是行恐銮舆[2]不返！"帝大怒，系之长安狱，期[3]还而斩之。甲子[4]，幸仁寿宫。乙丑[5]，诏赏赐支度[6]，事无巨细[7]，并付皇太子。夏，四月，乙卯[8]，帝不豫[9]。六月庚申[10]，赦天下。秋，七月，甲辰[11]，上疾甚，卧与百僚辞诀[12]，并握手歔欷，命太子赦章仇太翼。丁未[13]，崩于大宝殿。

高祖性严重[14]，令行禁止。每[15]旦听朝，日昃[16]忘倦。虽啬[17]于财，至于赏赐有功，即无所爱[18]；将士战没，必加优赏[19]，仍遣使者劳问[20]其家。爱养百姓，劝课[21]农桑[22]，轻徭薄赋[23]。其自奉养[24]，务[25]为俭素[26]，乘舆御物[27]，故弊[28]者随宜补用；自非享宴[29]，所食不过一肉；后宫皆服浣濯[30]之衣。天下化之，开皇、仁寿之间，丈夫率衣绢布，不服绫绮，装带不过铜铁骨角，无金玉之饰。故衣食滋殖[31]，仓库盈溢。受禅之初，民户不满四百万，末年，逾[32]八百九十万，独冀州[33]已一百万户。然猜忌苛察[34]，信受[35]谗言，功臣故旧[36]，无始终保全者；乃至子弟，皆如仇敌，此其所短也。

初，文献皇后既崩，宣华夫人陈氏[37]、容华夫人蔡氏[38]皆有宠。陈氏，陈高宗之女；蔡氏，丹杨人也。上寝疾于仁寿宫，尚书左仆射杨素、兵部尚书柳述、黄门侍郎元岩[39]皆入阁侍疾，召皇太子入居大宝殿。太子虑上有不讳[40]，须预防拟[41]，手自为书，封出问素；素条录[42]事状以报太子。宫人误送上所[43]，上览而大恚[44]。陈夫人平旦出更衣，为太子所逼[45]，拒之，得免，归于上所；上怪其神色有异[46]，问其故。夫人泫然曰："太子无礼！"上恚，抵[47]床曰："畜生[48]何足付大事！独孤误我[49]！"乃呼柳述、元岩曰："召我儿！"述等将呼太子，上曰："勇也。"述、岩出阁为敕书。杨素闻之，以白太子，矫诏执述、岩，系大理狱[50]；追东宫兵士帖[51]上台宿卫，门禁出入，并取[52]宇文述、郭衍[53]节度；令右庶子张衡入寝殿侍疾，尽遣后宫出就别室；俄而上崩。故中外颇有异论[54]。陈夫人与后宫闻变[55]，相顾战栗失色。晡后[56]，太子遣使者赍小金合，帖纸于际[57]，亲署封字，以赐夫人。夫人见之，惶惧，以为鸩毒[58]，不敢发。使者促之，乃发，合中有同心结[59]数枚，宫人咸悦，相谓曰："得免死矣！"陈氏恚而却坐，不肯致谢；诸宫人共逼之，乃拜使者。其夜，太子蒸[60]焉。

（以上为第一段，写隋文帝暴崩于仁寿宫，太子杨广弑父弑君，蒸淫陈夫人。）

【注释】

[1]丙午：正月九日。[2]銮舆：又称銮驾，指天子的车驾。[3]期：决定。[4]甲子：正月二十七日。[5]乙丑：正月二十八日。[6]支度：财政支出。[7]巨细：大小。[8]乙卯：四月丙寅朔，无乙卯。当是己卯之误。己卯，四月十四日。[9]不豫：天子有病称不豫。[10]庚申：六月乙丑朔，无庚申。按《北史·帝纪》作"庚午"，是。庚午，六月六日。[11]甲辰：七月十日。[12]辞诀：告别。诀，别。[13]丁未：七月十三日。[14]严重：谨严持重。[15]每：据章校，"每"上应补"勤于政事"四字。[16]日昃（zè）：太阳偏西。[17]啬（sè）：悭吝。[18]爱：舍不得，爱惜。[19]优赏：优厚的奖赏。优，丰厚。[20]劳问：慰问。问，问候。[21]劝课：劝勉考查。课，凡定有程式而试验考核，均称课。[22]农桑：农耕与蚕

桑。指耕织。［23］轻徭薄赋：减轻劳役，收较少量的赋税。徭，劳役。赋，田地税。［24］奉养：进奉供养。［25］务：必须。［26］俭素：节约朴素。［27］御物：御用之物。指天子用品。［28］故弊：破旧。故，陈旧。［29］享宴：宴会。享，宴会。［30］浣（huàn）濯（zhuó）：洗去污垢。［31］滋殖：增加。［32］逾：超越。［33］冀州：州名。治所信都县，在今河北衡水市冀州区。隋冀州包括信都、清河、辽西等三十一郡，兼有以前幽、并、营三州之地，故其户数最多。［34］苛察：苛刻烦琐之意。［35］信受：听信。［36］故旧：故交，老友。［37］宣华夫人陈氏：陈宣帝之女，陈灭，选入宫为嫔，封为宣华夫人。传见《隋书》卷三十八、《北史》卷十四。［38］容华夫人蔡氏：丹阳（今江苏南京市）人，陈灭，选入宫，封为贵人，后加号容华夫人。传见《隋书》卷三十八、《北史》卷十四。［39］元岩：河南洛阳（今河南洛阳市）人，官至黄门侍郎，封龙涸县公。传附《隋书·华阳王楷妃传》《北史·华阳王楷妃传》。［40］不讳：死的婉词。意为人死不可避免，无可忌讳。［41］防拟：犹言防备。拟，揣度，估量。［42］条录：逐条记载。［43］上所：天子所居之处。［44］大恚（huì）：十分恼怒。恚，发怒。［45］逼：胁迫。此指意图奸污。［46］神色有异：脸色与平常不一样。［47］抵：触。［48］畜生：骂人的话。言其无识无礼，如同牛马猪狗一样。［49］独孤误我：独孤皇后坏了我的大事。独孤，指独孤皇后。误我，毁坏了我的大事；指废立太子之事。［50］大理狱：大理寺所属监狱。［51］帖：裨，补。［52］取：受。［53］郭衍（？—611）：字彦文，自称太原介休（今山西介休市）人。历仕北周、隋，官至左武卫大将军。传见《隋书》卷六十一、《北史》卷七十四。［54］颇有异论：谓不得善终。《大业略记》《通历》等书记载了太子弑文帝之事。［55］闻变：听说有变故，指文帝被弑事。［56］晡（bū）后：即下午三至五时。［57］际：指金盒缝口。［58］鸩（zhèn）毒：毒酒。鸩，传说中一种有毒的鸟，其羽毛有剧毒，放在酒里，饮后立即死亡。［59］同心结：用锦带制成的菱形连环回文结，表示恩爱之意。［60］烝：下淫上称烝。

乙卯[1]，发丧，太子即皇帝位。会伊州刺史杨约来朝，太子遣约入长安，易留守者[2]，矫称高祖[3]之诏，赐故太子勇死，缢杀之；然后陈兵集众，发高祖凶问[4]。炀帝闻之，曰："令兄[5]之弟，果堪大任[6]。"追封勇为房陵王，不为置嗣[7]。八月，丁卯[8]，梓宫[9]至自仁寿宫；丙子[10]，殡[11]于大兴前殿[12]。柳述、元岩并除名，述徙龙川[13]，岩徙南海[14]。帝令兰陵公主与述离绝，欲改嫁之；公主以死自誓，不复朝谒[15]，上表请与述同徙，帝大怒。公主忧愤而卒，临终，上表请葬于柳氏，帝愈怒，竟不哭，葬送甚薄。

太史令袁充奏言："皇帝即位，与尧受命[16]年合。"讽百官表贺[17]。

礼部侍郎许善心议，以为“国哀[18]甫尔，不宜称贺。”左卫大将军宇文述素恶[19]善心，讽御史劾之；左迁[20]给事郎[21]，降品二等。

汉王谅有宠于高祖，为并州总管，自山[22]以东，至于沧海[23]，南距[24]黄河，五十二州皆隶焉；特许以便宜从事，不拘[25]律令。谅自以所居天下精兵处，见太子勇以谗废，居常怏怏[26]，及蜀王秀得罪，尤不自安，阴蓄异图。言于高祖，以“突厥方强，宜修武备[27]。”于是大发工役，缮治[28]器械，招集亡命[29]，左右私人殆将[30]数万。突厥尝寇边，高祖使谅御之，为突厥所败；其所领将帅坐除解者[31]八十余人，皆配防岭表[32]。谅以其宿旧[33]，奏请留之，高祖怒曰：“尔为藩王[34]，惟当敬依朝命，何得私论宿旧，废国家宪法[35]邪！嗟乎[36]小子[37]，尔一旦无我，或欲妄动，彼取尔如笼内鸡雏耳，何用腹心为！”

王頍[38]者，僧辩之子，倜傥[39]好奇略，为谅咨议参军，萧摩诃，陈氏旧将，二人俱不得志，每郁郁[40]思乱，皆为谅所亲善，赞成其阴谋。

会荧惑[41]守东井[42]，仪曹[43]邺人傅奕[44]晓星历，谅问之曰：“是何祥也？”对曰：“天上东井，黄道[45]所经，荧惑过之，乃其常理，若入地上井，则可怪耳。”谅不悦。

及高祖崩，炀帝遣车骑将军屈突通[46]以高祖玺书征之。先是，高祖与谅密约：“若玺书召汝，敕字傍别加一点，又与玉麟符[47]合者，当就征。”及发书无验[48]，谅知有变。诘通，通占对[49]不屈，乃遣归长安。谅遂发兵反。

总管司马安定皇甫诞[50]切谏，谅不纳，诞流涕曰：“窃料大王兵资非京师之敌；加以君臣位定[51]，逆顺势殊[52]，士马虽精，难以取胜。一旦陷身叛逆，结于刑书[53]，虽欲为布衣，不可得也。”谅怒，囚之。

岚州[54]刺史乔钟葵将赴谅，其司马京兆陶模[55]拒之曰：“汉王所图不轨，公荷[56]国厚恩，当竭诚效命，岂得身为厉阶[57]乎！”钟葵失色曰：“司马反邪！”临之以兵[58]，辞气[59]不挠，钟葵义[60]而释之。军吏曰：“若不斩模，无以压众心[61]。”乃囚之。于是从谅反者凡十九州。

王頍说谅曰：“王所部将吏，家属尽在关西[62]，若用此等，则宜长驱[63]深入，直据京都，所谓疾雷不及掩耳[64]，若但欲割据旧齐之地[65]，宜任东人[66]。”谅不能决，乃兼用二策，唱言[67]杨素反，将诛之。

总管府兵曹[68]闻喜裴文安说谅曰："井陉[69]以西，在王掌握之内，山东[70]士马，亦为我有，宜悉发之；分遣羸兵[71]屯守要害，仍命随方略地[72]，帅其精锐，直入蒲津[73]。文安请为前锋，王以大军继后，风行雷击[74]，顿于霸上[75]。咸阳[76]以东，可指麾[77]而定。京师震扰，兵不暇集[78]，上下相疑，群情离骇[79]；我陈兵号令[80]，谁敢不从！旬日[81]之间，事可定矣。”谅大悦，于是遣所署大将军余公理出太谷[82]，趣河阳[83]，大将军綦良出滏口[84]，趣黎阳，大将军刘建出井陉，略燕、赵[85]，柱国乔钟葵出雁门[86]，署[87]文安为柱国，与柱国纥单[88]贵、王聃[89]等直指京师。

帝以右武卫将军[90]洛阳丘和[91]为蒲州刺史，镇蒲津。谅选精锐数百骑戴羃䍦[92]，诈称谅宫人还长安，门司[93]弗觉[94]，径入蒲州，城中豪杰亦有应之者；丘和觉其变，逾城，逃归长安。蒲州长史勃海高义明、司马北平荣毗[95]皆为反者所执。裴文安等未至蒲津百余里，谅忽改图[96]，令纥单贵断河桥[97]，守蒲州，而召文安还。文安至，谓谅曰："兵机[98]诡速[99]，本欲出其不意。王既不行，文安又返，使彼计成，大事去矣。”谅不对。以王聃为蒲州刺史，裴文安为晋州[100]刺史，薛粹为绛州[101]刺史，梁菩萨为潞州[102]刺史，韦道正为韩州[103]刺史，张伯英为泽州[104]刺史。代州总管天水李景[105]发兵拒谅，谅遣其将刘暠袭景；景击斩之。谅复遣乔钟葵帅劲勇[106]三万攻之，景战士不过数千，加以城池不固，为钟葵所攻，崩毁相继，景且战且筑，士卒皆殊死[107]斗，钟葵屡败。司马冯孝慈[108]、司法[109]吕玉并骁勇善战，仪同三司侯莫陈乂[110]多谋画，工[111]拒守之术，景知三人可用，推诚[112]任之，己无所关预[113]，唯在阁持重[114]，时抚循[115]而已。

杨素将轻骑五千袭王聃、纥单贵于蒲州，夜，至河际，收商贾[116]船，得数百艘，船内多置草，践之无声，遂衔枚而济[117]，迟明[118]，击之；纥单贵败走，聃惧，以城降。有诏征素还。初，素将行，计日[119]

破贼，皆如所量[120]，于是以素为并州道行军总管、河北道安抚大使[121]，帅众数万以讨谅。

谅之初起兵也，妃兄豆卢毓[122]为府主簿[123]，苦谏，不从，私谓其弟懿曰："吾匹马归朝，自得免祸，此乃身计[124]，非为国也，不若且伪从之，徐伺其便[125]。"毓，勣之子也。毓兄显州[126]刺史贤[127]言于帝曰："臣弟毓素怀志节[128]，必不从乱，但逼凶威，不能自遂，臣请从军，与毓为表里[129]，谅不足图也。"帝许之。贤密遣家人赍敕书至毓所，与之计议。

谅出城，将往介州[130]，令毓与总管属[131]朱涛留守。毓谓涛曰："汉王构逆[132]，败不旋踵[133]，吾属岂可坐受夷灭，孤负[134]国家邪！当与卿出兵拒之。"涛惊曰："王以大事相付，何得有是语！"因拂衣而去，毓追斩之。出皇甫诞于狱，与之协计，及开府仪同三司宿勤武[135]等闭城拒谅。部分[136]未定，有人告谅，谅袭击之。毓见谅至，绐其众曰："此贼军也！"谅攻城南门，稽胡[137]守南城[138]，不识谅，射之；矢[139]下如雨，谅移攻西门，守兵识谅，即开门纳之，毓、诞皆死。

綦良攻慈州[140]刺史上官政，不克，引兵攻行相州事[141]薛胄，又不克，遂自滏口攻黎州，塞白马津[142]。余公理自太行[143]下河内[144]，帝以右卫将军史祥[145]为行军总管，军[146]于河阴[147]。祥谓军吏曰："余公理轻[148]而无谋，恃众[149]而骄，不足破也。"公理屯河阳，祥具舟南岸，公理聚兵当之。祥简精锐于下流潜济，公理闻之，引兵拒之，战于须水[150]。公理未成列[151]，祥击之，公理大败。祥东趣黎阳，綦良军不战而溃。祥，宁之子也。

帝将发幽州兵，疑幽州总管窦抗[152]有贰心，问可使取抗者于杨素，素荐前江州[153]刺史勃海李子雄[154]，授上大将军，拜广州刺史[155]。又以左领军将军[156]长孙晟为相州刺史，发山东兵，与李子雄共经略之。晟辞以男行布[157]在谅所部，帝曰："公体国之深，终不以儿害义，朕今相委，公其勿辞。"李子雄驰至幽州，止传舍[158]，召募得千余人。抗来诣子雄，子雄伏甲擒之。抗，荣定之子也。

子雄遂发幽州兵步骑三万，自井陉西击谅。时刘建围戍将京兆张祥于井陉，子雄破建于抱犊山[159]下，建遁去。李景被围月余，诏朔州刺史代人杨义臣[160]救之。义臣帅马步二万，夜出西陉[161]，乔钟葵悉众拒之。义臣自以兵少，悉取军中牛驴，得数千头，复令兵数百人，人持一鼓潜驱之，匿于涧谷间。晡后，义臣复与钟葵战，兵初合[162]，命驱牛驴者疾进，一时鸣鼓，尘埃涨天[163]，钟葵军不知，以为伏兵发，因而奔溃[164]；义臣纵击，大破之。晋、绛、吕[165]三州皆为谅城守[166]，杨素各以二千人縻[167]之而去。谅遣其将赵子开拥众十余万，栅绝径路[168]，屯据高壁[169]，布陈五十里。素令诸将以兵临之，自引奇兵潜入霍山[170]，缘崖谷而进。素营于谷口，自坐营外，使军司[171]入营简[172]留三百人守营，军士惮北兵[173]之强，不欲出战，多愿守营，因尔致迟。素责所由，军司具对，素即召所留三百人出营，悉斩之；更令简留，人皆无愿留者。素乃引军驰进，出北军之北，直指其营，鸣鼓纵火；北军不知所为，自相蹂践，杀伤数万。谅所署介州刺史梁修罗屯介休[174]，闻素至，弃城走。

谅闻赵子开败，大惧，自将众且十万，拒素于蒿泽[175]。会大雨，谅欲引军还，王頍谏曰："杨素悬军[176]深入，士马疲弊，王以锐卒自将击之，其势必克。今望敌而退，示人以怯，沮[177]战士之心，益西军[178]之气，愿王勿还。"谅不从，退守清源[179]。

王頍谓其子曰："气候[180]殊不佳，兵必败，汝可随我。"杨素进击谅，大破之，擒萧摩诃。谅退保晋阳，素进兵围之，谅穷蹙[181]，请降，余党悉平。帝遣杨约赍手诏[182]劳素。王頍将奔突厥，至山中，径路断绝，知必不免，谓其子曰："吾之计数不减杨素[183]，但坐言不见从[184]，遂至于此，不能坐受擒获，以成竖子名，吾死之后，汝慎勿过亲故。"于是自杀，瘗[185]之石窟[186]中。其子数日不得食，遂过其故人，竟为所擒；并获頍尸，枭[187]于晋阳。

群臣奏汉王谅当死，帝不许，除名为民，绝其属籍[188]，竟以幽死。谅所部吏民坐谅死徙者二十余万家。初，高祖与独孤后甚相爱重，誓无异生之子[189]，尝谓群臣曰："前世天子，溺[190]于嬖幸，嫡庶[191]分争，遂有废立，或至亡国；朕旁无姬侍[192]，五子同母，可谓真兄弟也，岂有此忧邪！”帝又惩周室诸王微弱[193]，故使诸子分据大镇，专制方面[194]，权侔帝室。及其晚节[195]，父子兄弟迭相[196]猜忌，五子皆不以寿终[197]。

臣光曰：“昔辛伯[198]谂[199]周桓公[200]曰：‘内宠[201]并后，外宠[202]贰政[203]，嬖子[204]配嫡[205]，大都[206]偶国[207]，乱之本也。’人主诚能慎此四者，乱何自生哉！隋高祖徒知嫡庶之多争，孤弱之易摇，曾不知势钧[208]位逼，虽同产[209]至亲，不能无相倾夺。考诸辛伯之言，得其一而失其三乎！

冬，十月，己卯[210]，葬文皇帝[211]于太陵，庙号高祖，与文献皇后同坟异穴。

诏除妇人及奴婢、部曲[212]之课，男子二十二成丁[213]。

章仇太翼言于帝曰：“陛下木命[214]，雍州为破木之冲[215]，不可久居。又谶云：‘修治洛阳还晋家。’”帝深以为然。十一月，乙未[216]，幸洛阳，留晋王昭守长安。杨素以功拜其子万石、仁行、侄玄挺为仪同三司，赉物五万段，绮罗千匹，谅妓妾二十人。

丙申[217]，发丁男数十万掘堑，自龙门东接长平[218]、汲郡[219]，抵临清关[220]，渡河至浚仪[221]、襄城[222]，达于上洛[223]，以置关防。

壬子[224]，陈叔宝卒；赠大将军、长城县[225]公，谥曰炀[226]。

癸丑[227]，下诏于伊洛[228]建东京[229]，仍曰：“宫室之制，本以便生，今所营构，务从俭约。”

蜀王秀之得罪也，右卫大将军元胄坐与交通除名，久不得调。时慈州刺史上官政坐事徙岭南，将军丘和以蒲州失守除名，胄与和有旧，酒酣，谓和曰：“上官政，壮士也，今徙岭表，得无大事乎！”因自拊[230]腹曰：“若是公者，不徒然[231]矣。”和奏之，胄竟坐死。于是征政为骁卫将军[232]，以和为代州刺史。

（以上为第二段，写隋炀帝讨平汉王杨谅的反叛。）

【注释】

[1]乙卯：七月二十一日。[2]易留守者：替换监视废太子杨勇的人。[3]高祖：隋文帝庙号。[4]凶问：死讯。凶，不吉利，死。[5]令兄：对别人之兄的敬称。此指杨素。

[6]大任：重任。[7]置嗣：设立后嗣。[8]丁卯：八月三日。[9]梓宫：天子的棺材，梓木所制。[10]丙子：八月十二日。[11]殡：停柩。[12]大兴前殿：即大兴宫正殿。[13]龙川：郡名。治所归善县，在今广东惠州市惠阳区东北。[14]南海：郡名，治所番禺县，在今广东广州市。[15]朝谒：朝见。谒，晋见。[16]受命：即帝位。古代帝王托神权以巩固统治，自称受命于天。[17]表贺：上表庆贺。[18]国哀：帝王之死，举国哀悼，称国哀。[19]素恶（wù）：一向憎恶。[20]左迁：降职。古代以右为尊，以左为卑，故降职称左迁。[21]给事郎：官名。掌顾问应对。[22]山：指太行山。[23]沧海：大海，此指渤海与黄海。[24]距：去。[25]不拘：不拘泥，不受约束。[26]怏怏（yàng）：不服气，不乐意。[27]武备：军备。[28]缮治：修整，整治。[29]亡命：指逃亡的人。[30]殆将：将近。[31]除解者：罢官的人。除，除名。解，解官。[32]岭表：指五岭以外之地。即岭南。[33]宿旧：旧好。[34]藩王：古代皇帝诸子分封外地为王，以藩屏王室，故称藩王。[35]宪法：法律。[36]嗟（jiē）乎：叹词。[37]小子：尊者命卑者之辞。[38]王頍（kuǐ）（551—604）：字景文。历仕后梁、北周、隋，官至王府咨议参军。著《五经大义》三十卷。已佚。传见《隋书》卷七十六、《北史》卷八十四。[39]倜傥：洒脱，不拘束。[40]郁郁：忧闷。[41]荧惑：火星别名。因隐现不定，令人迷惑，故称荧惑。[42]东井：星名。即井宿。[43]仪曹：官名。王府属官。掌礼仪。[44]傅奕（555—639）：相州邺（今河南安阳市）人。精通天文历数，历仕隋、唐，官至太史令。传见《旧唐书》卷七十九、《新唐书》卷一百四。[45]黄道：地球上的人看太阳于一年之内在恒星之间所走的路径，即地球的公转轨道平面和天球相交的大圆。[46]屈突通（557—628）：雍州长安（今陕西西安市）人。历仕隋、唐，官至工部尚书，封蒋国公。传见《旧唐书》卷五十九、《新唐书》卷八十九。[47]玉麟符：符是过去皇帝调兵遣将的凭证，因状似玉麒麟，故称玉麟符。隋以文帝三子分镇并、扬、益三州，管辖甚广，特颁玉麟符。[48]无验：得不到验证。[49]占对：应口对答。[50]皇甫诞（？—604）：字玄虑（洪颐煊《诸史考异》：皇甫诞碑作“字玄宪”），安定乌氏（今甘肃泾川县东北）人。传见《隋书》卷七十一、《北史》卷七十。[51]君臣位定：即太子已即位为国君，汉王杨谅身居臣位。[52]逆顺势殊：谋反为逆，保卫皇权为顺，二者情势不同。[53]绌（guà）于刑书：明白地记载于刑书。绌，绊住。刑书，刑法的条文。[54]岚（lán）州：州名。治所宜芳县，在今山西岚县北之岚城。[55]陶模：《北史·皇甫璠传》本作“陶世模”，《隋书》避唐太宗讳改。京兆（今陕西西安市）人。传见《隋书》卷七十一、《北史》卷七十。[56]荷：承受。[57]厉阶：祸端。厉，恶。阶，上下的台阶。[58]临之以兵：把兵器高举在上方，欲砍杀的样子。兵，指刀剑等兵器。[59]辞气：言词声调。[60]义：善。称道他的临危不惧。[61]压众心：压服众人之心。[62]关西：此关西指蒲津关以西，即今陕西大荔县朝邑镇以西。[63]长驱：迅速地去向很远的目的地。[64]疾雷不及掩耳：事发神速，使人不及预防。[65]旧齐之地：旧齐指北齐，南至黄河，北尽燕、代，皆是北齐之地。[66]东人：即关东人，关东指函谷关以东，包括今山西、河北、河南、山东等地。[67]唱言：

即倡言，首先陈述意见。唱，通“倡”。［68］兵曹：官名，即兵曹参军。掌管军防的烽火、驿马传送、门禁、田猎、仪仗等事。［69］井陉（xíng）：山名。太行山的支脉，有要隘名井陉口。在今河北井陉县西北。［70］山东：泛指太行山以东的地区。［71］羸（léi）兵：疲弱的兵士。羸，瘦弱，疲病。［72］略地：攻取土地。略，取。［73］蒲津：关名。在今陕西大荔县朝邑镇东北。［74］风行雷击：形容行动迅速，气势壮盛。［75］顿于霸上：兵临霸上。顿，停留，止息。霸上，地名，在今陕西西安市东。［76］咸阳：地名。故址在今陕西咸阳市东北。［77］指麾：同“指挥”。本指手的动作，引申为发令调遣。［78］兵不暇集：没有空暇调集军队。［79］群情离骇：人心离散而又惧怕。［80］号令：发号施令。［81］旬日：十天。一旬为十天。［82］太谷：县名。县治在今山西晋中市太谷区。［83］趣河阳：指向河阳。河阳，县名，县治在今河南孟州市南。［84］滏（fú）口：古隘道名。太行八陉之一。在今河北磁县西北石鼓山。［85］略燕、赵：攻取燕、赵旧地，大致包括今河北、辽宁部分地区。［86］雁门：郡名。治所雁门县，在今山西代县。［87］署：旧时指代理，暂任或试充官职。［88］纥单：北方少数民族复姓。［89］王聃（dān）：又称王聃子。原为柱国。从汉王杨谅叛乱。事迹散见《隋书》卷四十五、卷四十八各传。［90］右武卫将军：武官名。与左武卫将军共领外军宿卫。［91］丘和（552—637）：河南洛阳（今河南洛阳市）人。历仕北周、隋与唐，官至左武候大将军，封谭国公。传见《旧唐书》卷五十九、《新唐书》卷九十。［92］羃（mì）䍦：面纱。古时妇女障面之巾。［93］门司：官名。蒲州掌城门的人。［94］弗觉：没有发现。弗，不，没有。［95］荣毗：字子谌，北平无终（今天津市蓟州区）人。历仕北周、隋，官至治书侍御史。传见《隋书》卷六十六、《北史》卷七十七。［96］改图：改变原来的策略、谋划。［97］河桥：指蒲津之桥。［98］兵机：用兵的机宜。［99］诡速：欺诈与神速。［100］晋州：州名。治所白马城，在今山西临汾市。［101］绛州：州名。治所龙头城，在今山西闻喜县东北。［102］潞州：州名。治所上党县，在今山西长治市。［103］韩州：州名。治所襄垣县，在今山西襄垣县。［104］泽州：州名。治所丹川县，在今山西晋城市东北。［105］李景（？—617）：字道兴，天水休官（今甘肃天水市）人。历仕北周、隋，官至右武卫大将军，封滑国公。传见《隋书》卷六十五、《北史》卷七十六。［106］劲勇：强劲勇猛的士卒。［107］殊死：拼死，决死。［108］冯孝慈（？—613）：官至右候卫将军。事散见《隋书》卷四、卷六十四、卷六十五等。［109］司法：官名。即法曹参军。掌刑法狱讼事。［110］侯莫陈乂：人名。侯莫陈，北方少数民族的复姓。［111］工：擅长。［112］推诚：以诚意相待。［113］关预：参与，干涉。［114］持重：慎重，稳重固守。［115］抚循：安抚。［116］商贾：经商的人。行曰商，坐曰贾。［117］衔枚：枚形状如筷子，横衔口中，以禁喧哗。济：渡水。［118］迟明：黎明。［119］计日：计算日期。［120］量：估量。［121］安抚大使：官名。帝王特派出的临时使节，主管安顿官民。［122］豆卢毓（577—604）：字道生，昌黎徒河（今辽宁锦州市）人。官至仪同三司。传附《隋书·豆卢勣传》《北史·豆卢宁传》。［123］府主簿：官名。掌管王府文记簿书。［124］身计：为了自身安危之计。［125］徐伺其便：慢慢观察，伺机下手。［126］显州：州名。治所比阳县，在今河南泌阳县。［127］贤：即豆卢贤。官至显州刺史，大理少卿。传附《隋书·豆卢勣传》《北史·豆卢宁传》。［128］志节：志尚节操。［129］表里：内外相应。［130］介州：州名。治所隰城县，在今山西汾阳市。［131］总管属：总管府僚佐，位在掾下。［132］构逆：图谋反叛。构，图谋。［133］旋踵：转足之间，形容迅速。［134］孤负：亏负。孤，同“辜”。［135］宿勤武：人名。宿勤，北方少数民族复姓。［136］部分：处分，部署。［137］稽胡：即步落稽，少数民族，散居在今山西介休市、吕梁市离石区一带。［138］南城：即城南门一带。［139］矢：箭。以竹为箭，以木为矢。［140］慈州：州名。治所滏阳县，在今河北磁县。［141］行相州事：治理相州事。行，官阶高而所理职低称行。相州，州名。治所安阳县，在今河南安阳市。［142］白马津：古代黄河一著名渡口。故址在今河南滑县东北。［143］太行：关名。又称天井关、楚雄关、平阳关。在山西晋城市太行山上。［144］河内：郡名。治所河内县，在今河南沁阳市。［145］史祥：字世休，朔方（今内蒙古杭锦旗）人。历仕北周、隋，官至左骁卫大将军。传见《隋书》卷六十三、《北史》卷六十一。［146］军：驻扎。［147］河阴：县名。县治在今河南孟县南。［148］轻：轻佻，不稳重。［149］恃众：依仗人多。［150］须水：胡注以须水镇在河南荥阳市，而双方战于河北，非须水。《通典》卷一百五十三作“惧水”，“须”字误，当从改。［151］成列：摆成队列，阵势。［152］窦抗（？—621）：字道生，扶风平陵（今陕西咸阳市西北）人。历仕隋、唐，官至左武候大将军，领左右千牛备身大将军。传见《隋书》卷三十九、《北史》卷六十一、《旧唐书》卷六十一、《新唐书》卷九十五。［153］江州：州名。治所湓口城，在今江西九江市。［154］李子雄（？—613）：《北史》称“李雄”。渤海蓨（今河北景县）人。历仕北周、隋，官至右武候大将军，后从杨玄感作乱。传见《隋书》卷七十、《北史》卷七十四。［155］拜广州刺史：号拜广州刺史，却赴幽州，未到广州赴任。［156］左领军将军：武官名。掌十二军籍帐、差役、诉讼之事。［157］行布（？—604）：长孙晟长子，官至库真。传附《隋书·长孙晟传》《北史·长孙道生传》。［158］传舍：古时供来往行人休息住宿的处所。［159］抱犊山：山名。故址在今河北石家庄市鹿泉区境内。［160］杨义臣：代（今山西代县）人，本姓尉迟氏，隋文帝赐姓杨氏。历仕北周、隋，官至礼部尚书。传见《隋书》卷六十三、《北史》卷七十三。［161］西陉：关名。故址在今山西代县西北。［162］初合：双方兵刚一交战。［163］涨天：冲天。涨，弥漫，充满。［164］奔溃：奔跑溃散而去。［165］吕：州名。治所霍邑县，在今山西霍州市。［166］城守：据城防守。［167］縻：本指牛鼻绳，引申为束缚，牵制。［168］栅绝径路：设置木栅，以断绝道路。［169］高壁：岭名。故址在今山西灵石县南。［170］霍山：山名。也称霍太山或太岳山。在今山西霍州市东北。［171］军司：官名。为监军之职。［172］简：选择。［173］北兵：即汉王杨谅军。杨谅镇守太原，在长安之北，故称北军。［174］介休：县名。县治在今山西介休市。［175］蒿泽：湖泊名。在今山西平遥县、祁县境内。［176］悬军：孤军。［177］沮（jǔ）：败坏。［178］西军：杨素军从长安来，故称之为西军。［179］清源：县名。以县西清源水为名。县治在今山西清徐县。［180］气候：气象。意指交战形势。［181］穷蹙（cù）：走投无路。蹙，皱缩。

［182］手诏：帝王亲自写的诏书。也称“手敕”。［183］吾之计数不减杨素：我的谋略不比杨素差。计数，计谋。不减，不少。［184］不见从：不被采纳。从，听从，采纳。［185］瘗（yì）：埋葬。［186］石窟：山中石洞穴。［187］枭：将首级挂在树木上。［188］属籍：家族的名册。［189］异生之子：指除独孤皇后外，不与其他妃嫔生子。［190］溺（nì）：溺爱。［191］嫡庶：正妻生子称嫡，妾生子称庶。［192］姬侍：侍妾。［193］惩周室诸王微弱：借鉴北周之亡，因皇室诸侯王弱少。惩，鉴戒。指鉴于前事而知戒。周室诸王微弱，指北周诸王封国小。［194］专制：独断独行。方面：谓居一方将帅之任。［195］晚节：晚年。［196］迭相：互相。迭，更替，轮流。［197］寿终：自然死亡。［198］辛伯：春秋时人。周桓王大夫。事见《史记》卷四。［199］谂（shěn）：规谏，告知。［200］周桓公：当是周公黑肩，事见《左传》桓公十八年、闵公二年及《史记》卷四。［201］内宠：帝王所宠爱的人，指妃嫔。［202］外宠：宠臣。［203］贰政：政谓正卿，执宰相之权者二人。［204］孽子：宠爱的儿子。［205］配嫡：与嫡子相匹敌。［206］大都：大的都会。［207］偶国：与国都相等。偶，同辈。［208］势钧：势力相均衡。钧，通“均”。［209］同产：同母兄弟。［210］己卯：十月十六日。［211］文皇帝：文为隋高祖谥号。［212］部曲：豪门大族的私人军队。［213］成丁：成为丁壮劳力，开始向国家纳税、服徭役。［214］木命：古代术士把人生之年和木金水火土五行相结合，以推测人运气的好坏。［215］破木之冲：章仇太翼称，隋炀帝本旺（运气）在卯，在东方，而雍州在西，称为破木之冲，不吉利。［216］乙未：十一月三日。［217］丙申：十一月四日。［218］长平：郡名。治所玄氏县，在今山西高平市。［219］汲郡：郡名。治所卫县，在今河南淇县东。［220］临清关：关名。故址在今河南新乡市东北。［221］浚仪：县名。县治在今河南开封市。［222］襄城：县名。县治在今河南襄城县。［223］上洛：郡名。治所上洛县，在今陕西商洛市商州区。［224］壬子：十一月二十日。［225］长城县：县名。县治在今浙江长兴县。［226］谥曰炀：帝王、贵族、大臣等死后，依其生前事迹给予的称号叫谥。炀，《谥法》：好内怠政称炀。［227］癸丑：十一月二十一日。［228］伊洛：伊水和洛水。二河于今河南洛阳市偃师区汇合。［229］东京：洛阳城，在长安东，故称东京，在今河南洛阳市。［230］拊（fǔ）：拍，轻击。［231］徒然：枉然，空。［232］骁卫将军：武官名。掌管宿卫。

炀皇帝[1]上之上

大业元年（乙丑，605年）

春，正月，壬辰朔[2]，赦天下，改元[3]。

立妃萧氏为皇后。

废诸州总管府。

丙辰[4]，立晋王昭为皇太子。

高祖之末，群臣有言林邑[5]多奇宝者。时天下无事，刘方新平交州，乃授方驩州[6]道行军总管，经略林邑。方遣钦州[7]刺史宁长真等以步骑万余出越裳[8]，方亲帅大将军张愻等以舟师出比景[9]，是月，军至海口[10]。

二月，戊辰[11]，敕有司大陈金宝、器物、锦彩、车马，引杨素及诸将讨汉王谅有功者立于前，使奇章公牛弘宣诏，称扬功伐[12]，赐赉各有差。素等再拜舞蹈而出。己卯[13]，以素为尚书令[14]。

诏天下公除，惟帝服浅色黄衫、铁装带。

三月，丁未[15]，诏杨素与纳言杨达、将作大匠宇文恺营建东京，每月役丁二百万人，徙洛州[16]郭内居民及诸州富商大贾数万户以实之。废二崤道[17]，开葼册道[18]。

戊申[19]，诏曰："听采舆颂[20]，谋及庶民[21]，故能审刑政[22]之得失；今将巡历淮、海[23]，观省风俗。"

敕宇文恺与内史舍人封德彝等营显仁宫[24]，南接皂涧[25]，北跨洛滨[26]。发大江[27]之南、五岭[28]以北奇材异石，输之洛阳；又求海内嘉木异草，珍禽奇兽，以实园苑。辛亥[29]，命尚书右丞皇甫议发河南、淮北[30]诸郡民，前后百余万，开通济渠[31]。自西苑引谷、洛水[32]达于河；复自板渚[33]引河历荥泽[34]入汴[35]；又自大梁[36]之东引汴水入泗，达于淮；又发淮南民十余万开邗沟[37]，自山阳[38]至杨子[39]入江。渠广四十步，渠旁皆筑御道[40]，树以柳；自长安至江都[41]，置离宫四十余所。庚申[42]，遣黄门侍郎王弘等往江南造龙舟[43]及杂船数万艘。东京官吏督役严急，役丁死者什四五，所司以车载死丁，东至城皋[44]，北至河阳，相望于道。又作天经宫[45]于东京，四时[46]祭高祖。

林邑王梵志[47]遣兵守险，刘方击走之。师渡阇黎江，林邑兵乘巨象，四面而至。方战不利，乃多掘小坑，草覆其上，以兵挑之，既战，伪北[48]；林邑逐之，象多陷地颠踬[49]，转相惊骇，军遂乱。方以弩[50]射象，象却走，蹂[51]其陈，因以锐师[52]继之，林邑大败，俘馘[53]万计。方引兵追之，屡战皆捷，过马援铜柱[54]南，八日至其国都。夏，四月，梵志弃城走入海。方入城，获其庙主[55]十八，皆铸金为之；刻石纪功而还。士卒肿足，死者什四五[56]，方亦得疾，卒于道。

初，尚书右丞李纲数以异议忤杨素及苏威，素荐纲于高祖，以为方行军司马[57]。方承素意，屈辱之，几死。军还，久不得调[58]，威复遣纲诣南海应接林邑，久而不召。纲自归奏事，威劾奏纲擅离[59]所职，下吏按问[60]；会赦，免官，屏居[61]于鄠[62]。

五月，筑西苑，周二百里；其内为海，周十余里；为蓬莱、方丈、瀛洲[63]诸山，高出水百余尺，台观殿阁，罗络[64]山上，向背[65]如神。北有龙鳞渠[66]，萦纡[67]注海内。缘渠作十六院，门皆临渠，每院以四品夫人[68]主之，堂殿楼观，穷极华丽。宫树秋冬凋落，则翦彩[69]为华叶，缀于枝条，色渝[70]则易以新者，常如阳春[71]。沼内[72]亦翦彩为荷芰菱芡[73]，乘舆游幸，则去冰而布之。十六院竞以殽羞[74]精丽相高，求市恩宠。上好以月夜从宫女数千骑游西苑，作《清夜游曲》，于马上奏之。

帝待诸王恩薄，多所猜忌；滕王纶[75]、卫王集[76]内自忧惧，呼术者问吉凶及章醮求福。或告[77]其怨望咒诅[78]，有司奏请诛之；秋，七月，丙午[79]，诏除名为民，徙边郡。纶，瓒之子；集，爽之子也。

八月，壬寅[80]，上行幸江都，发显仁宫，王弘遣龙舟奉迎。乙巳[81]，上御小朱航，自漕渠[82]出洛口[83]，御龙舟。龙舟四重[84]，高四十五尺，长二百丈[85]。上重有正殿、内殿、东西朝堂，中二重有百二十房，皆饰以金玉，下重内侍[86]处之。皇后乘翔螭[87]舟，制度差小，而装饰无异。别有浮景九艘，三重，皆水殿也。又有漾彩、朱鸟、苍螭、白虎、玄武、飞羽、青凫[88]、陵波、五楼、道场[89]、玄坛[90]、板艙[91]、黄篾[92]等数千艘，后宫、诸王、公主、百官、僧、尼、道士、蕃客[93]乘之，及载内外百司供奉之物，共用挽船[94]士八万余人，其挽漾彩以上者九千余人，谓之殿脚[95]，皆以锦彩为袍。又有平乘、青龙、艨艟、艚䑼[96]、八棹[97]、艇舸[98]等数千艘，并十二卫[99]兵乘之，并载兵器帐幕，兵士自引，不给夫。舳舻[100]相接二百余里，照耀川陆，骑兵翊[101]两岸而行，旌旗蔽野。所过州县，五百里内皆令献食，多者一州至百轝[102]，极水陆珍奇；后宫厌饫[103]，将发[104]之际，多弃埋之。

契丹寇营州[105]，诏通事谒者[106]韦云起[107]护突厥兵讨之，启民可汗发骑二万，受其处分。云起分为二十营，四道俱引，营相去一里，不得交杂，闻鼓声而行，闻角声[108]而止，自非公使[109]，勿得走[110]马，三令五申[111]，击鼓而发。有纥干[112]犯约，斩之，持首以徇。于是突厥将帅入谒，皆膝行[113]股栗，莫敢仰视。契丹本事突厥，情无猜忌。云起既入其境，使突厥诈云向柳城[114]与高丽交易[115]，敢漏泄事实者斩。契丹不为备，去其营五十里，驰进袭之，尽获其男女四万口，杀其男子，以女子及畜产之半赐突厥，余皆收之以归。帝大喜，集百官曰："云起用突厥平契丹，才兼文武，朕今自举[116]之。"擢为治书侍御史。

初，西突厥[117]阿波可汗为叶护可汗所虏，国人立鞅素特勒之子，是为泥利可汗。泥利卒，子达漫立，号处罗可汗。其母向氏，本中国人，更嫁[118]泥利之弟婆实特勒。开皇末，婆实与向氏入朝，遇达头之乱，遂留长安，舍[119]于鸿胪寺[120]。处罗多居乌孙[121]故地，抚御[122]失道，国人多叛，复为铁勒[123]所困。铁勒者，匈奴之遗种，族类最多，有仆骨、同罗、契苾、薛延陀等部，其酋长皆号俟斤。族姓虽殊，通谓之铁勒，大抵与突厥同俗，以寇抄[124]为生，无大君长，分属东、西两突厥。是岁，处罗引兵击铁勒诸部，厚税[125]其物，又猜忌薛延陀[126]，恐其为变，集其酋长数百人，尽杀之。于是铁勒皆叛，立俟利发俟斤契苾歌楞为莫何可汗，又立薛延陀俟斤字也咥为小可汗，与处罗战，屡破之。莫何勇毅绝伦[127]，甚得众心，为邻国所惮[128]，伊吾[129]、高昌[130]、焉耆[131]皆附之。

（以上为第三段，写隋炀帝大业元年，执政伊始就穷奢极欲，建东都、修运河、下江南。征役数百万，毫不顾惜民力。）

【注释】

[1]炀皇帝：隋朝第二代皇帝杨广，隋文帝第二子。一名英，小字阿麼。公元605年至公元617年在位。[2]壬辰朔：正月一日。[3]改元：由仁寿五年改为大业元年。[4]丙辰：正月二十五日。[5]林邑：国名。后又称"占城"。故国在今越南南部。[6]驩（huān）州：州名。治所九德县，在今越南义安省荣市。[7]钦州：州名。治所钦江县，在今广西钦州市北。

[8]越裳：县名。县治在今越南中部。［9］比景：郡名。治所比景县，在今越南中部。［10］海口：林邑出海之口。［11］戊辰：二月七日。［12］称扬功伐：颂扬功业。指颂扬隋炀帝平定汉王杨谅的叛乱。称扬，颂扬，歌颂。伐，积累的功劳称伐。［13］己卯：二月十八日。［14］尚书令：官名。尚书省最高长官，辅佐皇帝处理全国政事。宰相之职。［15］丁未：三月十七日。［16］洛州：州名。治所洛阳县，在今河南洛阳市东北。［17］二崤道：路名。在今河南洛宁县西北。《元和郡县志》卷五《河南府》载："崤山分东西二崤，自东崤至西崤三十五里，东崤长坂数里，……车不得方轨；西崤全是石坂二十里。"［18］葼（zōng）册道：道路名。故址不详。［19］戊申：三月十八日。［20］舆颂：众人的议论。［21］谋及庶民：与庶民谋议。［22］刑政：刑罚与政令。［23］淮、海：淮指淮河流域，海指东海沿海一带。［24］显仁宫：宫名。在今河南宜阳县东南。［25］皂涧：河名。在今河南宜阳县西南。［26］洛滨：洛水之滨。［27］大江：即今长江。［28］五岭：山名。说法不一。有称大庾、骑田、都庞、萌渚、越城为五岭；有称大庾、始安、临贺、桂阳、揭阳为五岭。［29］辛亥：三月二十一日。［30］河南、淮北：指黄河以南、淮河以北地区。［31］通济渠：隋大运河中的一段。从洛阳东板渚（今汜水镇）至今江苏盱眙县，沟通了黄河与淮水。［32］谷、洛水：河名。谷水，发源于今河南渑池县，东经新安县至洛阳市，与洛水汇合。洛水源于陕西洛南县西北，东入河南，经卢氏、洛宁、宜阳、洛阳等县市，至偃师区纳伊河后，至巩义市的洛口村附近入黄河。［33］板渚：即板城渚口，古为黄河中段重要渡口。古址在今河南荥阳市汜水镇东北。［34］荥泽：古泽名。故址在今河南荥阳市境。［35］汴：即汴水，河名。隋之后汴水指通济渠开后的东段水流。经河南的郑州、开封、商丘，流经江苏，合泗水入淮河。［36］大梁：地名。战国时魏国都。故址在今河南开封市。［37］邗（hán）沟：春秋时吴国所开故渠道。从今江苏扬州市西北至淮安市北入淮河的运河，大业元年重开。［38］山阳：郡名。治所山阳县，在今江苏淮安市。［39］杨子：县名。县治在今江苏扬州市南。［40］御道：皇帝专用道路。［41］江都：郡名。治所江阳县，在今江苏扬州市。［42］庚申：三月三十日。［43］龙舟：帝王所乘，因船身制成龙形，刻有龙纹，故称龙舟。［44］城皋：郡名。治所成皋县，在今河南荥阳市西北。［45］天经宫：宫名。因《孝经》说："夫孝，天之经也。"故取名天经宫。［46］四时：谓春、夏、秋、冬四季。时，季。［47］梵志：林邑国王。事见《隋书》卷八十二、《北史》卷九十五《林邑传》。［48］伪北：假装败北。北，败。［49］颠踬（zhì）：倾跌。踬，跌倒。［50］弩（nǔ）：用机械发射的大弓，也叫窝弓，力强可以射远。［51］蹂（róu）：践踏。［52］锐师：精锐部队。［53］俘馘（guó）：俘，被活捉的敌人；馘，从敌尸上割下的左耳，指被杀死的敌人。［54］马援铜柱：在林邑南二千余里，有西屠夷国，汉马援树立两铜柱，以表示边界。马援，东汉开国功臣之一，封新息侯。传见《后汉书》卷二十四。［55］庙主：庙中祭祀的神主。［56］什四五：十分之四五。［57］行军司马：官名。在行军作战中掌军政，权任很重。［58］调：迁转，升迁。［59］擅离：擅自离开。［60］下吏按问：交法官审讯。［61］屏居：隐居。［62］鄠：县名。县治在今陕西西安市鄠邑区。［63］蓬莱、方丈、

瀛州：传说都是仙人所居的山。［64］罗络：分布排列，连在一起。［65］向背：正面与背面。［66］龙鳞渠：渠名。在今河南洛阳市西北。［67］萦（yíng）纡（yū）：回旋曲折。［68］四品夫人：命妇品级视同百官。［69］翦彩：剪裁彩帛或彩纸。翦，同“剪”。［70］色渝：颜色变了。渝，变更。［71］阳春：温暖的春天。［72］沼（zhǎo）内：池内。沼，水池。［73］荷芰（jì）菱芡（qiàn）：形同荷花的菱角和芡实。芰，菱角。芡，水生植物，又名鸡头。［74］殽羞：美味的菜肴和食物。殽，同“肴”。羞，美味的食物。［75］滕王纶：滕穆王杨瓒之子。先封邵国公，后袭封滕王。传附《隋书·滕穆王瓒传》《北史·滕穆王瓒传》。［76］卫王集：卫昭王杨爽之子。初封遂安王，袭封卫王。传附《隋书·卫昭王爽传》《北史·卫昭王爽传》。［77］或告：有人告发。［78］咒诅：咒骂。诅，祝诅。［79］丙午：七月十八日。［80］壬寅：八月十五日。［81］乙巳：八月十八日。［82］漕渠：可作漕运用的渠道。［83］洛口：洛水入黄河之口。在今河南巩义市东北。［84］重（chóng）：层。［85］二百丈：据章校，“丈”应改作“尺”。［86］内侍：在皇帝宫廷听使唤的人。［87］螭（chī）：传说中无角的龙。［88］凫（fú）：野鸭。［89］道场：佛、道二教诵经礼拜、成道修道的地方。［90］玄坛：道教的斋坛。［91］艜（tǎ）：大船。［92］黄篾（miè）：船名。［93］蕃客：外族或外国来客。［94］挽船：用人力拉船前进。［95］殿脚：龙舟、漾彩，帝后所乘，如同宫殿，故称挽船士为殿脚。［96］平乘、青龙、艨艟、艚艔：均战船。［97］八棹：棹本是划船用具，形状似桨。此指船。［98］艇舸：轻便小船。［99］十二卫：官署名。包括左右翊卫、左右骁卫、左右武卫、左右屯卫、左右御卫、左右候卫。［100］舳（zhú）舻（lú）：泛指船队。舳，船尾。舻，船头。［101］翊（yì）：护卫。［102］轝（yú）：车。［103］厌饫（yù）：饮食饱足。饫，饱。［104］将发：即将出发。［105］营州：州名。治所柳城县，在今辽宁朝阳市。［106］通事谒者：官名。隋炀帝即位后改内史省通事舍人为通事谒者，职掌同通事舍人。［107］韦云起（？—626）：雍州万年（今陕西西安市）人。历仕隋、唐，官至益州行台兵部尚书。传见《旧唐书》卷七十五、《新唐书》卷一百三。［108］角声：角号声。［109］公使：公事使者。［110］走：跑。［111］三令五申：再三告诫。申，述说。［112］纥（hé）干：突厥小官。［113］膝行：匍匐前行。表示畏服。［114］柳城：柳城县治，在今辽宁朝阳市。［115］交易：交换货物。指物物交换。［116］自举：亲自举荐。［117］西突厥：太建四年（572），突厥木杆可汗死，其子大逻便与新立沙钵略可汗有矛盾，突厥分裂，大逻便居西，称为西突厥。［118］更嫁：改嫁。［119］舍：居住。［120］鸿胪寺：中央官署名。掌与周边少数民族国家、与外国的外交来往。［121］乌孙：汉西域城郭国名。少数民族建立的国家。先居于甘肃敦煌、祁连之间，被匈奴所逼而西迁，驱逐大月氏，建立乌孙国。参见《汉书》卷六十一、卷九十一下。［122］抚御：安抚而控御。［123］铁勒：古代北方民族名。匈奴族后裔中的一支，南北朝时曾为突厥兼并。其部主要有仆骨、同罗、薛延陀等。［124］寇抄：攻劫掠夺。［125］厚税：多征收赋税。［126］薛延陀：部族名。铁勒中的一部。初与薛族杂居，后并延陀部，因称薛延陀。后又成为突厥的附庸。［127］绝伦：无与伦比。［128］惮（dàn）：惧怕。［129］伊吾：西域城郭国名。

故址在今新疆哈密市。［130］高昌：西域城郭国名。故址在今新疆吐鲁番市。［131］焉耆（qí）：西域城郭国名。故址在今新疆焉耆回族自治县。

二年（丙寅，606年）

春，正月，辛酉[1]，东京成，进将作大匠宇文恺位开府仪同三司。

丁卯[2]，遣十使并省[3]州县。

二月，丙戌[4]，诏吏部尚书牛弘等议定舆服、仪卫制度[5]。以开府仪同三司何稠为太府少卿，使之营造，送江都。稠智思[6]精巧，博览图籍[7]，参会[8]古今，多所损益；衮冕[9]画日、月、星、辰，皮弁[10]用漆纱为之。又作黄麾[11]三万六千人仗，及辂辇[12]车舆，皇后卤簿[13]，百官仪服[14]，务为华盛，以称上意。课州县送羽毛，民求捕之，网罗被[15]水陆，禽兽有堪氅毦[16]之用者，殆无遗类。乌程[17]有高树，逾百尺，旁无附枝，上有鹤巢，民欲取之，不可上，乃伐其根；鹤恐杀其子，自拔氅毛[18]投于地，时人或称以为瑞，曰："天子造羽仪[19]，鸟兽自献羽毛。"所役工十万余人，用金银钱帛钜亿[20]计。帝每出游幸，羽仪填街溢路[21]，亘二十余里。三月，庚午[22]，上发江都，夏，四月，庚戌[23]，自伊阙[24]陈法驾，备千乘万骑入东京。辛亥[25]，御端门[26]，大赦，免天下今年租赋。制五品已上文官乘车，在朝弁服，佩玉；武官马加珂[27]，戴帻[28]，服袴褶[29]。文物[30]之盛，近世莫及也。

六月，壬子[31]，以杨素为司徒；进封豫章王暕为齐王。

秋，七月，庚申[32]，制百官不得计考[33]增级，必有德行、功能灼然[34]显著者进擢之。帝颇惜名位，群臣当进职者，多令兼假[35]而已；虽有阙员[36]，留而不补。时牛弘为吏部尚书，不得专行其职，别敕纳言苏威、左翊卫大将军[37]宇文述、左骁卫大将军张瑾、内史侍郎虞世基[38]、御史大夫裴蕴[39]、黄门侍郎裴矩参掌选事，时人谓之"选曹[40]七贵"。虽七人同在坐，然与夺[41]之笔，虞世基独专之，受纳贿赂，多者超越等伦[42]，无者注色[43]而已。蕴，邃之从曾孙也。

元德太子昭自长安来朝，数月，将还，欲乞少留；帝不许。拜请无数，体素肥，因致劳疾，甲戌[44]，薨。帝哭之，数声而止，寻奏声仗[45]，无异平日。

楚景武公[46]杨素，虽有大功，特为帝所猜忌，外示殊礼[47]，内情甚薄。太史言隋分野[48]有大丧，乃徙素为楚公，意言楚与隋同分[49]，欲以厌之。素寝疾，帝每令名医诊候[50]，赐以上药，然密问医者，恒恐[51]不死。素亦自知名位已极，不肯饵药[52]，亦不将慎，谓其弟约曰："我岂须更活邪！"乙亥[53]，素薨，赠太尉公[54]、弘农等十郡太守，葬送甚盛。

八月，辛卯[55]，封皇孙倓[56]为燕王，侗[57]为越王，侑[58]为代王，皆昭之子也。

九月，乙丑[59]，立秦孝王[60]子浩为秦王。

帝以高祖末年，法令峻刻[61]，冬，十月，诏改修律令。

置洛口仓[62]于巩[63]东南原[64]上，筑仓城，周回二十余里，穿三千窖，窖容八千石以还，置监官并镇兵千人。十二月，置回洛仓[65]于洛阳北七里，仓城周回十里，穿三百窖。

初，齐温公[66]之世，有鱼龙[67]、山车[68]等戏，谓之散乐[69]，周宣帝时，郑译奏征之。高祖受禅，命牛弘定乐，非正声[70]清商[71]及九部四舞[72]之色，悉放遣之。帝以启民可汗将入朝，欲以富乐[73]夸之。太常少卿裴蕴希旨，奏括[74]天下周、齐、梁、陈乐家子弟皆为乐户；其六品以下至庶人，有善音乐者，皆直[75]太常。帝从之。于是四方散乐，大集东京，阅之于芳华苑[76]积翠池侧。有舍利兽先来跳跃，激水满衢，鼋鼍[77]、龟鳌、水人、虫鱼，偏覆于地。又有鲸鱼喷雾翳[78]日，倏忽化成黄龙，长七八丈。又二人戴竿，上有舞者，歘然[79]腾过，左右易处[80]。又有神鳌负山，幻人[81]吐火，千变万化。伎人皆衣锦绣缯彩，舞者鸣环佩[82]，缀花毦[83]；课京兆[84]、河南[85]制其衣，两京锦彩为之空竭。帝多制艳篇[86]，令乐正[87]白明达造新声播之，音极哀怨。帝甚悦，谓明达曰："齐氏偏隅[88]，乐工曹妙达[89]犹封王；我今天下大同，方且贵汝，宜自修谨！"

（以上为第四段，写大业二年隋炀帝制仪仗，创艳乐，穷奢极侈，歌舞升平，以及权臣杨素之死。）

【注释】

[1]辛酉：正月六日。[2]丁卯：正月十二日。[3]并省：裁减。[4]丙戌：二月一日。[5]舆服、仪卫制度：舆服，即车服，车乘衣冠章服的总称。古代的车服制度，表明了个人的等级。仪卫，仪仗与卫士的统称。不同地位的人，仪卫形式也不相同，也表明个人的地位。[6]智思：智谋心计。[7]图籍：图画与书籍。[8]参会：综合，调合。[9]衮（gǔn）冕（miǎn）：衮衣和冠冕。古代帝王及士大夫的礼服和礼帽。[10]皮弁（biàn）：古冠名。用白鹿皮制作。[11]黄麾：皇帝仪仗所用的黄色旌旗。[12]辂（lù）辇（niǎn）：辂，大车，天子所用的车子。辇，原是人拉的车，自汉以来也为天子所乘用。[13]卤（lǔ）簿：天子驾出时扈从的仪仗队。自汉以后，后妃、太子、大臣也给卤簿。[14]仪服：礼服。[15]被：及。[16]氅（chǎng）毦（ěr）：羽毛装饰。[17]乌程：县名。县治在今浙江湖州市。[18]氅毛：羽毛。[19]羽仪：仪仗中以羽毛装饰的旌旗之类。[20]钜亿：指极大的数目。钜，大，通“巨”。[21]填街溢路：充满了街道。[22]庚午：三月十六日。[23]庚戌：四月二十六日。[24]伊阙：县名。县治在今河南洛阳市南，即春秋周阙塞。[25]辛亥：四月二十七日。[26]端门：东京皇城南面三门，中间称端门。[27]珂（kē）：马笼头上的装饰品。[28]帻（zé）：包头巾。[29]袴褶：服装名。上服褶而下服袴，其外不再穿裘裳，故称袴褶。[30]文物：旧指礼乐典章制度。[31]壬子：六月二十九日。[32]庚申：七月八日。[33]计考：累计考核。考，考查，古代对官员政绩大小进行定期考查，然后迁转。[34]灼（zhuó）然：明显的样子。[35]兼假：兼任或假摄，即代理。[36]阙员：官员中有缺额。阙，同“缺”。[37]左翊卫大将军：武官名。即左卫大将军，隋炀帝所改。掌禁卫。[38]虞世基（？—617）：字茂世，会稽余姚（今浙江余姚市）人。历仕陈、隋，官至内史侍郎，专典机密。传见《隋书》卷六十七、《北史》卷八十三。[39]裴蕴（？—617）：河东闻喜（今山西闻喜县）人。历仕陈、隋，官至御史大夫。传见《隋书》卷六十七、《北史》卷七十四。[40]选曹：官署名。主铨选官吏事。[41]与夺：给予或剥夺。[42]等伦：同辈。[43]注色：填写入仕的履历。履历，古称脚色，省称色。[44]甲戌：七月二十二日。[45]声伎：古代宫廷及贵族官僚家中的歌舞伎。[46]楚景武公：楚公为杨素封爵。景武为杨素谥号。[47]殊礼：特殊的礼遇。[48]分野：古天文学说，把十二星辰的位置与地上州、国的位置相对应，如以鹑火（星次名，南方七宿中部）对应周，鹑尾（星次名，指翼、轸二宿）对应楚。就天文说，称分星；就地面说，称分野。古人迷信，通常以天象的变异来比附州国的吉凶。[49]同分：谓分野相同。[50]诊候：看病。[51]恒恐：常常担心。[52]饵药：服药。饵，吃。[53]乙亥：七月二十三日。[54]太尉公：太尉为三公之一，故称太尉公。[55]辛卯：八月九日。[56]皇孙倓（602—617）：字仁安，元德太子长子，封燕王。传附《隋书·元德太子传》《北史·元德太子传》。[57]侗（？—619）：元德太子次子，封越王。隋炀帝死，曾被立为帝。传附《隋书·元德太子传》《北史·元德太子传》。[58]侑（605—619）：元德太子第三子，封代王。曾被唐高祖李渊拥立为傀儡皇帝。传见《隋书》卷五、《北史》卷十二。[59]乙丑：九月十四

日。［60］秦孝王：秦王杨俊谥号为“孝”。［61］峻刻：严厉而苛刻。［62］洛口仓：粮仓名。隋著名粮仓之一，容粮八千万石。因在洛水入黄河之口，故称洛口仓。［63］巩：县名。县治在今河南巩义市东。［64］原：宽阔平坦之地。［65］回洛仓：粮仓名。隋著名粮仓之一，故址在今河南洛阳市隋唐洛阳城遗址北。［66］齐温公：北齐后主高纬降周后，周封为温公。［67］鱼龙：杂戏名。据张衡《西京赋》载：鱼龙戏称为舍利之兽，先于庭尽头游戏，然后入殿前激水、化成比目鱼，跳跃漱水，作雾障日，最后化成黄龙八丈，出水遨游于庭，炫耀日光。［68］山车：杂戏名。车上设立棚阁，用缯彩加以装饰，做成山林之状。［69］散乐：古代乐舞名。包括俳优歌舞杂戏，因不在官乐之内，故称散乐。［70］正声：纯正的乐声。此指郑译所定之乐。［71］清商：隋平陈，设清商署，管宋齐旧乐，即清乐。［72］九部四舞：九部，指规定的清乐、西凉、龟兹、天竺、康国、疏勒、安国、高丽、礼毕九部乐。四舞，指鞞、铎、巾、拂四舞。［73］富乐（lè）：富足而欢乐。［74］括：搜求。［75］直：当值，做事。［76］芳华苑：据《唐两京城坊考》卷五载：“唐之东都苑，隋之会通苑，又曰上林苑，武德初改为芳华苑”。因在宫城之西，故多称西苑。［77］鼋（yuán）鼍（tuó）：鼋，一种大鳖。鼍，一名鼍龙，又名猪婆龙，或称扬子鳄。［78］翳：遮蔽。［79］欻（xū）然：忽然。［80］易处：变换处所。［81］幻人：能作幻术的人，如同今天的魔术师。［82］鸣环佩：环佩随着舞蹈发出响声。环佩，也作“环珮”，衣服上的佩玉。［83］花毦（ěr）：鲜花。毦，花草。［84］京兆：郡名。隋京兆郡统大兴、长安等关中中部二十二县。［85］河南：郡名。隋河南郡统河南、洛阳等十八县。即东京洛阳地区。［86］艳篇：文词华丽的诗篇。［87］乐正：官名。即清商署乐师。［88］偏隅：一隅之地。［89］曹妙达：曹僧奴之子，善弹琵琶，齐后主为他开府封王。传附《北史·恩幸传》。

三年（丁卯，607年）

春，正月，朔旦[1]，大陈文物。时突厥启民可汗入朝，见而慕之，请袭冠带[2]，帝不许。明日，又率其属上表固请，帝大悦，谓牛弘等曰：“今衣冠[3]大备，致单于[4]解辫[5]，卿等功也！”各赐帛甚厚。

三月，辛亥[6]，帝还长安。

癸丑[7]，帝使羽骑尉[8]朱宽入海求访异俗，至流求国[9]而还。

初，云定兴、阎毗坐媚事[10]太子勇，与妻子皆没官为奴婢。上即位，多所营造，闻其有巧思[11]，召之，使典其事，以毗为朝请郎[12]。时宇文述用事，定兴以明珠络帐赂述，并以奇服新声求媚于述；述大喜，兄事之[13]。上将有事四夷[14]，大作兵器，述荐定兴可使监造，上从之。述谓定兴曰：“兄所作器仗，并合上心，而不得官者，为长宁兄弟[15]犹未死耳。"定兴曰："此无用物，何不劝上杀之。"述因奏："房陵[16]诸子年并成立，今欲兴兵诛讨，若使之从驾，则守掌为难；若留于一处，又恐不可。进退无用，请早处分。"帝然之，乃鸩杀长宁王俨，分徙其七弟于岭表，仍遣间使[17]于路尽杀之。襄城王恪之妃柳氏自杀以从恪。

夏，四月，庚辰[18]，下诏欲安辑河北，巡省赵、魏[19]。

牛弘等造新律成，凡十八篇，谓之《大业律》[20]；甲申[21]，始颁行之。民久厌严刻，喜于宽政[22]。其后征役繁兴，民不堪命，有司临时迫胁以求济事[23]，不复用律令矣。旅骑尉[24]刘炫预修律令，弘尝从容问炫曰："《周礼》士多而府史少[25]，今令史[26]百倍于前，减则不济，其故何也？"炫曰："古人委任[27]责成[28]，岁终考其殿最[29]，案[30]不重校，文[31]不繁悉[32]，府史之任，掌要目而已。今之文簿[33]，恒虑覆治，若锻炼不密，则万里追证百年旧案。故谚云：'老吏抱案死[34]。'事繁政弊，职此之由也。"弘曰："魏、齐之时，令史从容而已，今则不遑[35]宁处，何故？"炫曰："往者州唯置纲纪[36]，郡置守、丞，县置令而已。其余具僚[37]则长官自辟，受诏赴任，每州不过数十。今则不然，大小之官，悉由吏部，纤介[38]之迹，皆属考功[39]。省官不如省事，官事不省而望从容，其可得乎！"弘善其言而不能用。

壬辰[40]，改州为郡；改度量权衡[41]，并依古式。改上柱国以下官为大夫[42]；置殿内省[43]，与尚书、门下、内史、秘书为五省；增谒者[44]、司隶台[45]，与御史为三台；分太府寺[46]置少府监[47]，与长秋[48]、国子、将作、都水[49]为五监，又增改左、右翊卫等为十六府[50]；废伯、子、男爵，唯留王、公、侯三等。

丙寅[51]，车驾北巡；己亥[52]，顿赤岸泽[53]。五月，丁巳[54]，突厥启民可汗遣其子拓特勒来朝。戊午[55]，发河北十余郡丁男凿太行山[56]，达于并州，以通驰道。丙寅[57]，启民遣其兄子毗黎伽特勒来朝。辛未[58]，启民遣使请自入塞奉迎舆驾[59]，上不许。

初，高祖受禅，唯立四亲庙[60]，同殿异室而已，帝即位，命有司议七庙之制[61]。礼部侍郎摄太常少卿许善心等奏请为太祖、高祖各立一殿，准周文、武二祧[62]，与始祖而三，余并分室而祭，从迭毁之法。至是，有司请如前议，于东京建宗庙。帝谓秘书监柳謇[63]曰："今始祖及二祧已具，后世子孙处朕何所？"六月，丁亥[64]，诏为高祖建别庙，仍修月祭礼。既而方事巡幸，竟不果[65]立。

帝过雁门，雁门太守丘和[66]献食甚精，至马邑[67]，马邑太守杨廓独无所献，帝不悦。以和为博陵[68]太守，仍使廓至博陵观和为式[69]。由是所至献食，竞为丰侈。

戊子[70]，车驾顿榆林郡[71]。帝欲出塞耀兵[72]，径突厥中，指于涿郡[73]，恐启民惊惧，先遣武卫将军长孙晟谕旨。启民奉诏，因召所部诸国奚、霫[74]、室韦等酋长数十人咸集。晟见牙帐[75]中草秽[76]，欲令启民亲除之，示诸部落，以明威重，乃指帐前草曰："此根大香。"启民遽嗅之，曰："殊不香也。"晟曰："天子行幸所在[77]，诸侯躬自洒扫，耕除[78]御路，以表至敬之心；今牙内芜秽[79]，谓是留香草耳！"启民乃悟曰："奴之罪也！奴之骨肉皆天子所赐，得效筋力，岂敢有辞。特以边人[80]不知法耳，赖将军教之；将军之惠，奴之幸也。"遂拔所佩刀，自芟[81]庭草。其贵人及诸部争效之。于是发榆林北境，至其牙[82]，东达于蓟[83]，长三千里，广[84]百步，举国就役，开为御道。帝闻晟策，益嘉之。

丁酉[85]，启民及义成公主来朝行宫。己亥[86]，吐谷浑、高昌[87]并遣使入贡。

甲辰[88]，上御北楼观渔于河，以宴百僚。定襄[89]太守周法尚朝于行宫，太府卿[90]元寿[91]言于帝曰："汉武[92]出关，旌旗千里。今御营之外，请分为二十四军，日别遣一军发，相去三十里，旗帜相望，钲鼓[93]相闻，首尾相属，千里不绝，此亦出师之盛者也。"法尚曰："不然，兵亘千里，动间山川，猝有不虞[94]，四分五裂；腹心有事，首尾未知，道路阻长，难以相救，虽有故事，乃取败之道也。"帝不怿，曰："卿意如何？"法尚曰："结为方陈，四面外拒[95]，六宫及百官家属并在其内；若有变起[96]，所当之面，即令抗拒，内引奇兵，出外奋击，车为壁垒[97]，重设钩陈[98]，此与据城[99]，理亦何异！若战而捷，抽骑追奔，万一不捷，屯营自守，臣谓此万全之策也。"帝曰："善！"因拜法尚左武卫将军[100]。

启民可汗复上表，以为“先帝[101]可汗怜臣，赐臣安义公主，种种[102]无乏。臣兄弟嫉妒，共欲杀臣。臣当是时，走无所适[103]，仰视唯天，俯视唯地，奉身委命[104]，依归先帝。先帝怜臣且死，养而生之，以臣为大可汗，还抚突厥之民。至尊今御天下，还如先帝养生臣及突厥之民，种种无乏。臣荷戴[105]圣恩，言不能尽。臣今非昔日突厥可汗，乃是至尊臣民，愿率部落变改衣服，一如华夏[106]。”帝以为不可。秋，七月，辛亥[107]，赐启民玺书，谕以“碛北未静，犹须征战，但存心恭顺，何必变服？”

帝欲夸示突厥，令宇文恺为大帐，其下可坐数千人；甲寅[108]，帝于城东御大帐，备仪卫[109]，宴启民及其部落，作散乐。诸胡骇悦[110]，争献牛羊驼马数千万头。帝赐启民帛二千[111]万段，其下各有差。又赐启民路车[112]乘马，鼓吹幡旗[113]，赞拜[114]不名[115]，位在诸侯王上。

又诏发丁男百余万筑长城，西拒榆林，东至紫河[116]。尚书左仆射苏威谏，上不听，筑之二旬而毕。帝之征散乐也，太常卿高颎谏，不听。颎退，谓太常丞[117]李懿曰：“周天元[118]以好乐而亡，殷鉴[119]不远，安可复尔！”颎又以帝遇启民过厚，谓太府卿何稠曰：“此虏颇知中国虚实，山川险易[120]，恐为后患。”又谓观王雄[121]曰：“近来朝廷殊无纲纪。”礼部尚书宇文弢私谓颎曰：“天元之侈，以今方[122]之，不亦甚乎？”又言：“长城之役，幸非急务。”光禄大夫[123]贺若弼亦私议宴可汗太侈。并为人所奏。帝以为诽谤朝政，丙子[124]，高颎、宇文弢、贺若弼皆坐诛[125]，颎诸子徙边，弼妻子没官为奴婢。事连苏威，亦坐免官。颎有文武大略，明达世务[126]，自蒙寄任[127]，竭诚尽节，进引贞良[128]，以天下为己任；苏威、杨素、贺若弼、韩擒虎皆颎所推荐，自余立功立事者不可胜数；当朝执政将二十年，朝野推服[129]，物无异议，海内富庶，颎之力也。及死，天下莫不伤之。先是，萧琮以皇后故，甚见亲重，为内史令，改封梁公，宗族缌麻[130]以上，皆随才擢用，诸萧昆弟，布列朝廷。琮性澹雅[131]，不以职务为意，身虽羁旅[132]，见北间[133]豪贵，无所降下。与贺若弼善，弼既诛，又有童谣曰：“萧萧亦复起[134]。”

帝由是忌之，遂废于家，未几而卒。

八月，壬午[135]，车驾发榆林，历云中，溯[136]金河[137]。时天下承平，百物丰实，甲士五十余万，马十万匹，旌旗辎重[138]，千里不绝。令宇文恺等造观风行殿[139]，上容侍卫者数百人，离合为之，下施轮轴，倏忽推移。又作行城，周二千步，以板为干[140]，衣之以布，饰以丹青[141]，楼橹[142]悉备。胡人惊以为神，每望御营，十里之外，屈膝稽颡，无敢乘马。启民奉庐帐[143]以俟车驾；乙酉[144]，帝幸其帐，启民奉觞[145]上寿，跪伏恭甚，王侯以下袒割[146]于帐前，莫敢仰视。帝大悦，赋诗曰："呼韩[147]顿颡至，屠耆[148]接踵来；何如汉天子，空上单于台[149]！"皇后亦幸义成公主帐。帝赐启民及公主金瓮各一，并衣服被褥锦彩，特勒以下，受赐各有差。帝还，启民从入塞，己丑[150]，遣归国。

癸巳[151]，入楼烦关[152]；壬寅[153]，至太原，诏营晋阳宫。帝谓御史大夫张衡曰："朕欲过公宅，可为朕作主人。"衡乃先驰至河内[154]，具牛酒。帝上太行，开直道九十里，九月，己未[155]，至济源[156]，幸衡宅。帝悦其山泉，留宴三日，赐赉甚厚。衡复献食，帝令颁赐公卿，下至卫士，无不霑洽[157]。己巳[158]，至东都。

壬申[159]，以齐王暕为河南尹[160]；癸酉[161]，以民部尚书杨文思为纳言。

冬，十月，敕河南[162]诸郡送一艺户[163]陪东都三千余家，置十二坊[164]于洛水南以处之。

西域诸胡多至张掖[165]交市[166]，帝使吏部侍郎裴矩掌之。矩知帝好远略，商胡至者，矩诱访诸国山川风俗，王及庶人仪形服饰，撰《西域图记》[167]三卷，合四十四国，入朝奏之。仍别造地图，穷其要害，从西倾[168]以去，纵横[169]所亘，将二万里，发自敦煌[170]，至于西海[171]，凡为三道，北道从伊吾[172]，中道从高昌[173]，南道从鄯善[174]，总凑[175]敦煌。且云："以国家威德，将士骁雄，泛濛汜[176]而越昆仑[177]，易如反掌。但突厥、吐浑分领羌、胡之国[178]，为其壅遏[179]，故朝贡不通。今并因商人密送诚款[180]，引领翘首[181]，愿为臣妾。若服而抚之，务存安辑，皇华[182]遣使，弗动兵车，诸蕃既从，浑、厥[183]可灭，混壹[184]戎、夏，其在兹乎！”帝大悦，赐帛五百段，日[185]引矩至御坐，亲问西域事。矩盛言“胡中多诸珍宝，吐谷浑易可并吞。”帝于是慨然[186]慕秦皇、汉武之功[187]，甘心将通西域；四夷经略，咸以委之。以矩为黄门侍郎，复使至张掖，引致诸胡，啖[188]之以利，劝令入朝。自是西域胡往来相继，所经郡县，疲于送迎，糜费[189]以万万计，卒令中国疲弊以至于亡，皆矩之唱导[190]也。

铁勒[191]寇边，帝遣将军冯孝慈出敦煌击之，不利。铁勒寻遣使谢罪，请降；帝使裴矩慰抚之。

（以上为第五段，写隋炀帝大业三年，巡视北疆，观兵突厥；筑长城，诛大臣，刚愎拒谏；通商西域，奢靡夸富，对外赏赐无节，将导致隋朝府库衰竭。）

【注释】

[1]朔旦：正月一日早晨。旦，早晨。 [2]袭冠带：穿汉人官服。袭，穿衣。冠带，帽子和衣带，指汉人官服。 [3]衣冠：原指士大夫的穿戴，此指文明礼教。 [4]单（chán）于：对突厥等少数民族首领的称呼。 [5]解辫：解开辫，穿汉人衣冠。 [6]辛亥：三月二日。 [7]癸丑：三月四日。 [8]羽骑尉：武官名。八尉之一。掌羽林军骑兵。 [9]流求国：国名。隋代称今台湾为流求国。 [10]媚事：巴结，逢迎。 [11]巧思：高妙的构思。 [12]朝请郎：官名。为文散官，无职掌。古代诸侯朝见天子，春季朝见称朝，秋季朝见称请。 [13]兄事之：像对待兄长那样对待云定兴。 [14]有事四夷：指兵伐四夷。有事，用兵打仗。四夷，指隋周边的少数民族或国家。 [15]长宁兄弟：指废太子杨勇子长宁王杨俨弟兄们。 [16]房陵：废太子杨勇被炀帝杀死，追封为房陵王。 [17]间（jiàn）使：负有伺隙行事使命的使者。 [18]庚辰：四月二日。 [19]赵、魏：指战国时赵、魏旧地。赵大致包括今河北南部、山西北部，魏大致包括今河南大部、山东西南部等地。 [20]《大业律》：因牛弘等所造新律于隋炀帝大业年间颁行，故取名为《大业律》。 [21]甲申：四月六日。 [22]宽政：谓政刑宽松。 [23]迫胁：威迫。济事：成事。 [24]旅骑尉：武官名。开皇六年设八尉，此是其一，掌羽林军。 [25]士多而府史少：士、府、史，均官名。士是各部门长官下面分管事务的长官。据《周礼》各官所属有上士、中士、下士，人数甚多；府、史，是低于士官的吏员，公派给士官承办具体的文牍案卷，人数比士官少。[26]令史：官名。隋前令史有品秩，可补升为郎。隋朝令史没有品秩，成为三省六部的低级官员。[27]委任：付托，信任。 [28]责成：督责完成任务。 [29]殿最：政绩优劣。殿，后；最，前。[30]案：官府处理公事的文书、成例及狱讼判定结论叫案。 [31]文：行文。 [32]繁悉：繁琐详尽。 [33]文簿：公文案卷。 [34]老吏抱案死：形容文簿繁多。 [35]不遑（huáng）：来不及、不得。遑，闲暇。 [36]纲纪：指主持政务的地方长吏、司马等职官。 [37]具僚：指一般

官吏。[38]纤介：细小。[39]考功：官名。即考功侍郎，掌考察内外文武官员的政绩与功过。[40]壬辰：四月十四日。[41]度量权衡：度指长度，如丈尺等；量指容量，如石斗等；权衡指重量，如斤两等。权，秤锤。[42]改上柱国以下官为大夫：过去上柱国下至都督凡十一等，今改为光禄、左·右光禄、金紫光禄、银青光禄、正议、通议、朝请、朝散九大夫。[43]殿内省：中央官署名。掌宫廷供奉。[44]谒者：即谒者台。中央官署名。掌受诏出使劳问、安抚、持节审理冤案而申奏朝廷。[45]司隶台：中央官署名。掌管巡察事宜。[46]太府寺：官署名。掌管左右藏、黄藏等府库。[47]少府监：官署名。掌尚方、司织、司染、铠甲、弓弩等部门。[48]长秋：官署名。由内侍省所改。[49]都水：官署名。掌管水利。[50]十六府：原为十二卫，现增改左右卫为左右翊卫，左右备身为左右骁卫，左右武卫不变，改领军为左右屯卫，增加左右御卫，改左右武候为左右候卫，共十二卫。改左右府为左右备身府，左右监门不变，计十六府。[51]丙寅：四月己卯朔，无丙寅。按《隋书》卷三《炀帝纪》作“丙申”；《北史》同。据此应改。丙申，四月十八日。[52]己亥：四月二十一日。[53]赤岸泽：湖名。故址在今陕西渭南市华州区北。[54]丁巳：五月九日。[55]戊午：五月十日。[56]太行山：山名。绵延山西、河北、河南三省界的大山脉。[57]丙寅：五月十八日。[58]辛未：五月二十三日。[59]舆驾：皇帝车驾。[60]四亲庙：一是皇高祖太原府君庙，二是皇曾祖康王庙，三是皇祖献王庙，四是皇考太祖武元皇帝庙。[61]七庙之制：历代帝王为进行宗法统治，设七庙供奉七代祖先。《礼记·王制》载：“天子七庙，三昭三穆（左右顺序），与太祖之庙而七。”[62]文、武二祧（tiāo）：周文王、武王二庙。祧，祭远祖、始祖之庙。[63]柳䛒（biàn）：字顾言，本河东（今山西永济市西南）人。历仕陈、隋，官至秘书监。著《晋王北伐记》十五卷。传见《隋书》卷五十八、《北史》卷八十三。[64]丁亥：六月十日。[65]果：此为实现之意。[66]丘和（552—637）：河南洛阳（今河南洛阳市）人。历仕北周、隋与唐，官至稷州刺史。传见《旧唐书》卷五十九、《新唐书》卷九十。[67]马邑：郡名。治所善阳县，在今山西朔州市。[68]博陵：郡名。治所鲜虞县，在今河北定州市。[69]式：榜样，规格。[70]戊子：六月十一日。[71]榆林郡：郡名。治所榆林县，在今内蒙古准格尔旗东北。[72]耀兵：炫耀武力。[73]涿郡：郡名。治所蓟县，在今北京市西南。[74]霫（xí）：古代部族名。匈奴别支，居住潢水北。[75]牙帐：突厥可汗所居帐幕。[76]草秽：指野草荒芜，遍地是野草。[77]行幸所在：天子所居之处。[78]耕除：铲除。[79]芜秽：杂乱，杂草丛生。[80]边人：边远之人。[81]芟（shān）：除草。[82]牙：牙旗的简称，指突厥启民可汗居所。[83]蓟：县名。涿郡治所，在今北京市西南。[84]广：宽。[85]丁酉：六月二十日。[86]己亥：六月二十二日。[87]高昌：古代城郭国名。北朝时柔然以阚伯周为高昌王，建立高昌国，治高昌郡，故址在今新疆吐鲁番市东高昌故城。[88]甲辰：六月二十七日。[89]定襄：郡名。治所大利县，在今内蒙古和林格尔县西北。[90]太府卿：官名。太府寺长官，掌左、右藏及黄藏等府库。[91]元寿（548—610）：字长寿，河南洛阳（今河南洛阳市）人。历仕北周、隋，官至内史令。传见《隋书》卷六十三、《北史》卷七十五。

[92]汉武：即西汉武帝刘彻，传见《史记》卷十二、《汉书》卷六。［93］钲（zhēng）鼓：古代军中乐器名。鸣钲作为鼓的节奏。［94］猝有不虞：突然有不测。猝，突然。虞，意料。［95］外拒：对外防守。拒，抵御。［96］变起：发生事变。［97］壁垒：军营的围墙。此指用车作为防守的工事。［98］钩陈：军阵弯曲如钩，像天上的钩陈星。钩陈，星名。在紫微垣内，最近北极，天文家多用以测极，称为极星。［99］据城：据守城防。［100］左武卫将军：武官名。掌管宿卫。［101］先帝：指隋文帝。［102］种种：件件，事事。［103］走无所适：没有藏身的处所。适，往，去。［104］委命：寄托性命。［105］荷戴：蒙受。［106］华夏：华夏初指我国中原地区，后来包举我国全部领土而言。［107］辛亥：七月四日。［108］甲寅：七月七日。［109］仪卫：仪仗与卫士的统称。文的称仪，武的称卫。［110］骇悦：又诧异又喜悦。［111］二千：据章校，“千”应改作“十”字。［112］路车：古代天子及诸侯贵族所乘的车，即辂车。［113］幡旗：旗帜。［114］赞拜：臣子朝见君王，司仪宣读行礼的仪式。［115］不名：不直呼其名，以示宠优。［116］紫河：河名。即今内蒙古乌兰察布市南黄河支流浑河。［117］太常丞：官名。掌行礼及祭祀，总署曹事，检举庙中非法之事。［118］周天元：即周宣帝，传位后，自称天元皇帝，故称周天元。［119］殷鉴：指殷商亡国的教训。［120］险易：险要与平坦。易，平坦。［121］观王雄：杨雄由安德郡王改封观王。［122］方：比拟。［123］光禄大夫：官名。文散官，不治事。［124］丙子：七月二十九日。［125］坐诛：获罪被杀。坐，获罪。［126］世务：时务。［127］寄任：委任。寄，委托，托付。［128］贞良：正直忠良之士。贞，言行一致。［129］推服：推许佩服。［130］缌麻：丧服名。是五服中最轻的服制，服期三月。高祖父母、曾伯叔祖父母、族伯叔父母、外祖父母、岳父母、中表兄弟、婿、外孙等都属缌麻之亲。［131］澹（dàn）雅：清高典雅。澹，恬静，安定。［132］羁（jī）旅：寄居作客。因萧琮原为后梁人，故归隋后称寄居。［133］北间：后梁在南，故称隋地为北间。［134］萧萧亦复起：意指后梁萧氏再起。［135］壬午：八月六日。［136］溯：逆水而上。［137］金河：河名。古代黄河支流。故址在今内蒙古托克托县以北。［138］辎（zī）重：行军携载的物资。［139］行殿：能移动的宫殿。［140］干：栏杆。［141］丹青：泛指绘画。丹指丹砂，青指石青（即蓝铜矿），两种可制颜料的矿石。［142］楼橹：古时军中用以瞭望敌军的高台。［143］庐帐：帐幕做的房子，帐篷。［144］乙酉：八月九日。［145］奉觞：举杯。［146］袒割：脱去上衣，露着臂膀切割肉。［147］呼韩：即呼韩邪单于，归降西汉。［148］屠耆：即屠耆单于，西汉时匈奴握衍朐鞮单于从兄。初封日逐王，后为呼韩邪所杀。［149］单于台：地名。故址在今山西大同市。［150］己丑：八月十三日。［151］癸巳：八月十七日。［152］楼烦关：关名。故址在今山西宁武县东北阳方口镇。［153］壬寅：八月二十六日。［154］河内：郡名。治所野王县，在今河南沁阳市。［155］己未：九月十三日。［156］济源：县名。县治在今河南济源市。［157］霑（zhān）洽：指受其恩泽。霑，润泽，亦作“沾”。洽，沾润。［158］己巳：九月二十三日。［159］壬申：九月二十六日。［160］河南尹：官名。河南郡最高长官，管一郡政刑。洛阳在隋初称洛州，隋炀帝初年改为河南郡，置尹。

［161］癸酉：九月二十七日。［162］河南：据章校，“南”字应改作“北”字。［163］艺户：擅长伎艺的家庭称艺户。［164］坊：城市中街市里巷的通称。［165］张掖：郡名。治所张掖县，在今甘肃张掖市。［166］交市：互市，互相进行市场交易。［167］《西域图记》：书名。记载西域四十四国风俗及山川险易、君长姓族、物产、服章等。［168］西倾：山名。在今甘肃碌曲县南。［169］纵横：南北称纵，东西称横。［170］敦煌：郡名。治所敦煌县，在今甘肃敦煌市西。［171］西海：地名。在条支国以西。即波斯湾。一说为地中海。［172］伊吾：郡名。治所伊吾县，在今新疆哈密市。［173］高昌：地名。故址在今新疆吐鲁番市东。［174］鄯善：郡名。治所鄯善城，在今新疆若羌县。［175］凑：会合，聚集。［176］泛濛汜：渡过濛汜河。泛，浮起，渡过。濛汜，河名，不详在今何处。［177］昆仑：山名。在新疆与西藏之间，西接帕米尔高原，东延入青海境内。［178］吐浑：即吐谷浑。羌、胡之国：泛指西域一带的部族城郭国。［179］壅遏：阻塞。［180］诚款：恳挚，忠诚。［181］翘首：抬头而望，形容盼望殷切。［182］皇华：《诗经·小雅》有《皇皇者华》，小序谓为君遣使臣之作。后来遂用为使人或出使的典故。［183］浑、厥：指吐谷浑、突厥。［184］混壹：统一。壹，同“一”。［185］日：每天。［186］慨然：感慨的样子。［187］秦皇、汉武之功：指秦始皇、汉武帝开拓疆域的功绩。［188］啖（dàn）：以利诱人。［189］縻费：浪费。［190］唱导：倡导。唱，同“倡”。［191］铁勒：古代北方民族名。部族很多。隋时生活在今新疆乌鲁木齐市西南一带。

【点评】

高颎、贺若弼之死。王夫之在《读通鉴论》中评论高颎、贺若弼之死，非常中肯。隋炀帝弑父弑君，屠戮兄弟，子死不哀，骄淫无度，是一个狼心狗肺、不可理喻的残忍之人，满朝文武都心知肚明，所以杨素病重不治，只求速死免祸。高颎、贺若弼盛年时叱咤风云，为一世之人杰。高颎料敌如神，眼睛能看千里之远，机敏透彻；贺若弼看不起杨素、韩擒虎，自诩为大将。可是两人在残暴之君隋炀帝面前，看不清形势，摆不正位置，侧身在奸佞之臣李懿、何稠之间混日子，他们议论隋炀帝的小过，不敢触及大恶。隋炀帝征求杂戏，对启民可汗赏赐无度，将国家存亡置之不顾。高、贺二人对隋炀帝的骄奢淫逸有所议论，即遭到杀身之祸。高颎、贺若弼死得冤，也死得不值。他们昔日的睿智与铮铮硬骨，丝毫不存。原因是，年老体衰，智术已尽，富贵已极，子孙拖累，血气不存，既不能奋起蹈仁，又不能引退避祸，最终落得身首异处的下场，真是可悲！

卷一八一　隋纪五

隋炀帝大业四年至八年（608—612 年）

【起著雍执徐（戊辰，608 年），尽玄默涒滩（壬申，612 年），凡五年】

【大事提要】

本卷载述公元 608 年至公元 612 年史事，凡五年，时当隋炀帝大业四年至大业八年。此时期隋炀帝的统治用四个字概括，就是“外征内作”。大业四年招抚西突厥，兵伐伊吾，南通赤土；大业五年亲征吐谷浑；大业七年、八年举国动员，兵伐高丽，只有大业六年无战事。又大兴土木，扩建东都，营建洛阳宫、江都宫、汾阳宫，可以说隋炀帝无年不生事。老子说：治大国如烹小鲜。只有十余年的开皇年间的承平积蓄，怎能支撑如此荒唐的折腾！

炀皇帝上之下

大业四年（戊辰，608 年）

春，正月，乙巳[1]，诏发河北[2]诸军百余万穿永济渠[3]，引沁水[4]南达于河，北通涿郡。丁男不供[5]，始役妇人。

壬申[6]，以太府卿元寿为内史令。

裴矩闻西突厥处罗可汗思其母，请遣使招怀之。二月，己卯[7]，帝遣司朝谒者[8]崔君肃[9]赍诏书慰谕之。处罗见君肃甚倨[10]，受诏不肯起，君肃谓之曰：“突厥本一国，中分为二，每岁交兵，积数十岁而莫能相灭者，明知其势敌[11]耳。然启民举其部落百万之众，卑躬[12]折节[13]，入臣天子者，其故何也？正以切恨[14]可汗，不能独制，欲借兵于大国，共灭可汗耳。群臣咸欲从启民之请，天子既许之，师出有日[15]矣。顾可汗母向夫人惧西国[16]之灭，旦夕守阙[17]，哭泣哀祈[18]，匍匐[19]谢罪，请发使召可汗，令入内属[20]。天子怜之，故复遣使至此。今可汗乃倨慢如此，则向夫人为诳天子，必伏尸[21]都市，传首虏庭[22]。

发大隋之兵，资东国[23]之众，左提右挈以击可汗，亡无日矣！奈何爱两拜之礼[24]，绝慈母之命，惜一语称臣，使社稷为墟[25]乎！”处罗矍然[26]而起，流涕再拜，跪受诏书，因遣使者随君肃贡汗血马[27]。

三月，壬戌[28]，倭王[29]多利思比孤[30]入贡[31]，遗帝书曰：“日出处[32]天子致书日没处[33]天子无恙。”帝览之，不悦，谓鸿胪卿曰：“蛮夷书无礼者，勿复以闻。”

乙丑[34]，车驾幸五原[35]，因出塞巡长城。行宫设六合板城[36]，载以枪车[37]。每顿舍[38]，则外其辕以为外围，内布铁菱[39]；次施弩床[40]，皆插钢锥，外向；上施旋机弩[41]，以绳连机，人来触绳，则弩机[42]旋转，向所触而发。其外又以矰[43]周围，施铃柱、槌磬[44]以知所警。

帝募能通绝域[45]者，屯田主事[46]常骏等请使赤土[47]，帝大悦，丙寅[48]，命骏赍物五千段，以赐其王。赤土者，南海中远国也。

帝无日不治宫室，两京[49]及江都，苑囿[50]亭殿虽多，久而益厌，每游幸，左右顾瞩[51]，无可意者，不知所适[52]。乃备责天下山川之图，躬自历览[53]，以求胜地[54]可置宫苑者。夏，四月，诏于汾州之北汾水之源，营汾阳宫[55]。

初，元德太子薨，河南尹齐王暕次[56]当为嗣，元德吏兵二万余人，悉隶于暕，帝为之妙选僚属[57]，以光禄少卿[58]柳謇之[59]为齐王长史，且戒之曰：“齐王德业修备，富贵自钟卿门[60]，若有不善，罪亦相及。”謇之，庆之从子也。暕宠遇日隆，百官趋谒[61]，阗咽[62]道路。暕以是骄恣，昵近小人，所为多不法。遣左右乔令则、库狄[63]仲锜、陈智伟求声色。令则等因此放纵，访人家有美女，辄矫暕命呼之，载入暕第，淫而遣之。仲锜、智伟诣陇西[64]，挝[65]炙诸胡，责其名马，得数匹以进暕；暕令还主，仲锜等诈言王赐，取归其家，暕不知也。乐平公主[66]尝奏帝，言柳氏女美，帝未有所答。久之，主复以柳氏进暕，暕纳之。其后，帝问主：“柳氏女安在？”主曰：“在齐王所。”帝不悦。暕从帝幸汾阳宫，大猎，诏暕以千骑入围，暕大获麋鹿[67]以献；而帝未有得也，乃怒从官，皆言为暕左右所遏，兽不得前。帝于是发怒，求暕罪失。时制[68]：县令无故不得出境；有伊阙[69]令皇甫诩，得幸于暕，违禁，携之至汾阳宫。御史韦德裕希旨[70]劾奏暕，帝令甲士千余人大索暕第，因穷治[71]其事。暕妃韦氏早卒，暕与妃姊元氏妇通[72]，产一女。暕召相工[73]令偏视后庭，相工指妃姊曰："此产子者当为皇后。"暕以元德太子有三子[74]，恐不得立，阴挟左道[75]为厌胜，至是皆发。帝大怒，斩令则等数人，赐妃姊死，暕府僚皆斥之边远[76]。柳謇之坐不能匡正[77]，除名。时赵王杲[78]尚幼，帝谓侍臣曰："朕唯有暕一子，不然者，当肆[79]诸市朝[80]以明国宪[81]。"暕自是恩宠日衰，虽为京尹[82]，不复关预时政。帝恒令虎贲郎将[83]一人监其府事，暕有微失，虎贲辄奏之。帝亦常虑暕生变，所给左右，皆以老弱，备员[84]而已。太史令庾质[85]，季才之子也，其子为齐王属[86]，帝谓质曰："汝不能一心事我，乃使儿事齐王，何向背[87]如此！"对曰："臣事陛下，子事齐王，实是一心，不敢有二。"帝犹怒，出为合水[88]令。

乙卯[89]，诏以突厥启民可汗遵奉朝化[90]，思改戎俗，宜于万寿戍[91]置城造屋，其帷帐床褥以上，务从优厚。

秋，七月，辛巳[92]，发丁男二十余万筑长城，自榆谷[93]而东。

裴矩说铁勒，使击吐谷浑，大破之。吐谷浑可汗伏允东走，入西平[94]境内，遣使请降求救；帝遣安德王雄出浇河[95]，许公[96]宇文述出西平迎之。述至临羌城[97]，吐谷浑畏述兵盛，不敢降，帅众西遁；述引兵追之，拔曼头[98]、赤水[99]二城，斩三千余级，获其王公以下二百人，虏男女四千口而还。伏允南奔雪山[100]，其故地皆空，东西四千里，南北二千里，皆为隋有，置州、县[101]、镇、戍，天下轻罪徙居之。

八月，辛酉[102]，上亲祠恒岳[103]，赦天下。河北道[104]郡守毕集，裴矩所致西域十余国皆来助祭[105]。

九月，辛未[106]，征天下鹰师[107]悉集东京。至者万余人。

冬，十月，乙卯[108]，颁新式[109]。

常骏等至赤土境，赤土王利富多塞遣使以三十舶[110]迎之，进金锁以缆[111]骏船，凡泛海百余日，入境月余，乃至其都[112]。其王居处器用，穷极珍丽，待使者礼亦厚，遣其子那邪迦随骏入贡。

帝以右翊卫将军河东薛世雄[113]为玉门道[114]行军大将，与突厥启民可汗连兵击伊吾，师[115]出玉门，启民不至。世雄孤军度碛，伊吾初谓隋军不能至，皆不设备[116]；闻世雄军已度碛，大惧，请降。世雄乃于汉故伊吾城[117]东筑城，留银青光禄大夫[118]王威以甲卒千余人戍之而还。

（以上为第一段，写隋炀帝大业四年向外扩张，招抚西突厥，兵伐伊吾，通使南海赤土国。齐王骄恣失宠。）

【注释】

[1]乙巳：正月一日。[2]河北：黄河以北，大致包括今河北及山东、辽宁部分地区。[3]永济渠：隋大运河之一段。引沁水南通于黄河，北到涿郡（今北京市），沟通了沁水、黄河与海河水系。[4]沁水：河名。黄河支流。发源于山西沁源县东北的羊头山，南流经安泽县，经河南武陟县入黄河。[5]不供：供应不足。[6]壬申：正月二十八日。[7]己卯：二月六日。[8]司朝谒者：官名。谒者台副长官。掌朝觐及奉诏出使。[9]崔君肃：历仕北周、隋，官至司朝谒者。传附《周书·崔彦穆传》《北史·崔彦穆传》。[10]倨：傲慢。[11]势敌：双方力量不相上下，势均力敌。[12]卑躬：低身。表示恭敬。[13]折节：屈己下人，降低本人的身份。[14]切恨：十分怨恨。[15]有日：谓有明确日期。[16]西国：指西突厥。[17]阙：宫门曰阙。[18]哀祈：苦苦祈求。祈，求的意思。[19]匍匐：伏地而行。[20]内属：内附。[21]伏尸：倒在地上的尸体。[22]虏庭：即东突厥启民可汗庭。[23]东国：指东突厥。[24]两拜之礼：指拜受天子诏书的仪礼。[25]社稷为墟：社稷变成废墟。意指西突厥亡国。[26]矍（jué）然：惊惶的样子。[27]汗血马：古代一种骏马。据说汗从前髆出，如血，号一日千里。[28]壬戌：三月十九日。[29]倭（wō）王：日本国王。古时称日本人为倭。[30]多利思比孤：日本国王。姓阿每，字多利思比孤。事见《隋书·倭国传》《北史·倭国传》。[31]入贡：据章校，“入”上应补“遣使”二字。[32]日出处：因日本在东，故称日出处。[33]日没处：指隋朝。因隋在日本西，故称日没处。[34]乙丑：三月二十二日。[35]五原：郡名。治所九原县，在今内蒙古五原县西南。[36]六合板城：木城。城方圆一百二十步，高四丈二尺。六合是指用方一尺的六个立方体，外面一方有板。称为一板。垒六为城，高三丈六尺，上面加上女墙，板高六尺，开南北二门。城四角立敌楼两个，门观门楼皆涂上颜色。木城里还造有六合殿，千人帐等。[37]枪车：一种装有发射弩机关的车子。[38]顿舍：停顿住宿。[39]铁菱：又称铁蒺藜，散布路上，防敌人通过。[40]弩床：发射弩机的座。[41]旋机弩：装有旋转机械的弩。[42]弩机：弩的部件，青铜制成，装置在弩的木臂后部。[43]矰（zēng）：古代系有生丝以射鸟的箭。[44]槌（chuí）磐（pán）：一种用敲击以报警的装置。槌，敲打，通“捶”。[45]绝域：极远的地域。[46]屯田主事：官名。属工部尚书屯田曹，掌屯田曹事。[47]赤土：国名。即赤土国，扶南族的一支，在南海中。[48]丙寅：三月二十三日。[49]两京：指长安与

洛阳。［50］苑囿：蓄养禽兽的圈地。［51］顾瞩：看，望。［52］适：往。［53］历览：一一观看。历，经过，依次。［54］胜地：名胜的地方。［55］汾阳宫：宫名。修建于汾水之源燕京山上的天池周围。故址在今山西宁武县西南。［56］次：依次，按照兄弟长幼次序。［57］僚属：所属官吏。［58］光禄少卿：官名。光禄寺副长官。除掌宫殿掖庭门户外，兼掌诸膳食、帐幕。［59］柳謇之：字公正。历仕北周、隋，官至黄门侍郎。传见《隋书》卷四十七、《北史》卷六十四。［60］自钟卿门：自然都集你家。钟，聚。卿，指柳謇之。［61］趋谒：前往进见。［62］阗咽：挤满。阗，盛，满。咽，塞。［63］库狄：复姓。［64］陇西：郡名。治所狄道县，在今甘肃临洮县。［65］挝（zhuā）：敲打，击。［66］乐平公主（561—609）：名丽华，隋文帝长女，周宣帝皇后。隋文帝代周后，改封乐平公主。传见《周书》卷九、《北史》卷十四。［67］麋（mí）鹿：鹿的一种。雄的有角，角像鹿，尾像驴，蹄像牛，颈像骆驼。也叫四不像。［68］时制：当时规定。制，制令。［69］伊阙：县名。县治在今河南洛阳市南。［70］希旨：迎合皇帝的旨意。希，迎合。［71］穷治：追究到底。［72］通：私通，通奸。［73］相工：观察人的形貌以占测其命运的人。［74］三子：指杨倓、杨侗、杨侗三人。［75］左道：邪门旁道。古代多指斥未经官府认可的巫蛊、方术等。［76］斥之边远：贬斥到边远的地方。［77］匡正：扶正。［78］赵王杲（606—617）：齐王杨暕之子。封赵王。传附《隋书·齐王暕传》《北史·齐王暕传》。［79］肆：执行死刑后陈尸示众。［80］市朝：市，交易买卖的场所；朝，官府治事的场所。［81］国宪：国家的法制刑律。［82］京尹：即河南尹，因东京在河南郡管辖下，故又称京尹。［83］虎贲（bēn）郎将：武官名。十二卫将军之副职，掌宿卫。［84］备员：凑数。谓虚其位，聊以充数。［85］庾质：字行修，新野（今河南新野县）人。历仕北周、隋，官至太史令。传附《隋书·庾季才传》《北史·庾季才传》。［86］齐王属：即齐王府官吏。［87］向背：支持和反对。［88］合水：县名。县治在今甘肃庆阳市。［89］乙卯：四月十三日。［90］朝化：隋朝的教化。［91］万寿戍：军镇名。故址在今内蒙古托克托县北。［92］辛巳：七月十日。［93］榆谷：地名。故址在今青海尖扎、贵德二县之间黄河以南。［94］西平：郡名。治所湟水县，在今青海海东市乐都区。［95］浇河：郡名。治所河津县，在今青海贵德县。［96］许公：时宇文述封许国公。故简称许公。［97］临羌城：临羌县城。县治在今青海湟源县东南。［98］曼头：城名。故址在今青海共和县西南。［99］赤水：城名。河源郡治所，在今青海兴海县东南黄河西岸。［100］雪山：此雪山指蜀西山之西雪山，即今青海阿尼玛卿山。［101］置州、县：据章校，“州”应作“郡”字。在此地新设鄯善、且末、西海、河源四郡与显武、济远、肃宁、伏戎、宣德、威定、远化、赤水等县。［102］辛酉：八月二十一日。［103］恒岳：北岳恒山。［104］河北道：指太行山以东、黄河以北地区。这里的道是指一种行政区划，与行军道不同。早在两汉时期，即出现了道这一行政区划，唐朝也先后将全国因山川形势之便分为十道和十五道。而隋道如何区划，语焉不详，难以考述。［105］助祭：古代祭祀，分主祭与助祭。帝王主祭，诸侯只能助祭。［106］辛未：九月一日。［107］鹰师：善于调养训练鹰隼的人。［108］乙卯：十月十六日。［109］新式：去年四月改度量权衡，并依古式，现在颁行天下。［110］舶（bó）：大船，海船。［111］缆：系船。［112］其都：指赤土国都城僧祇城。［113］薛世雄（552—614）：字世英，河东汾阴（今山西万荣县西南）人。历仕北周、隋，官至左御卫大将军，领涿郡留守。传见《隋书》卷六十五、《北史》卷七十六。［114］玉门道：指从玉门进军的路线。玉门，县名。县治在今甘肃玉门市西北赤金镇稍东。［115］师：军队，指隋军。［116］设备：设兵防备。［117］汉故伊吾城：西汉伊吾旧城。故址在今新疆哈密市西。［118］银青光禄大夫：官名。文散官，无职掌。

五年（己巳，609年）

春，正月，丙子[1]，改东京为东都。

突厥启民可汗来朝，礼赐益厚。

癸未[2]，诏天下均田[3]。

戊子[4]，上自东都西还。

己丑[5]，制民间铁叉、搭钩[6]、䂎刃[7]之类皆禁之。

二月，戊申[8]，车驾至西京。

三月，己巳[9]，西巡河右[10]；乙亥[11]，幸扶风[12]旧宅。夏，四月，癸亥[13]，出临津关[14]，渡黄河，至西平[15]，陈兵讲武[16]，将击吐谷浑。五月，乙亥[17]，上大猎于拔延山[18]，长围亘二十里。庚辰[19]，入长宁谷[20]，度星岭[21]；丙戌[22]，至浩亹川[23]。以桥未成，斩都水使者[24]黄亘[25]及督役者九人，数日，桥成，乃行。

吐谷浑可汗伏允帅众保覆袁川[26]，帝分命内史元寿南屯金山[27]，兵部尚书段文振[28]北屯雪山[29]，太仆卿杨义臣东屯琵琶峡[30]，将军张寿西屯泥岭[31]，四面围之。伏允以数十骑遁出，遣其名王诈称伏允，保车我真山[32]。壬辰[33]，诏右屯卫大将军[34]张定和[35]往捕之。定和轻其众少，不被甲，挺身登山，吐谷浑伏兵射杀之；其亚将[36]柳武建击吐谷浑，破之。甲午[37]，吐谷浑仙头王穷蹙[38]，帅男女十余万口来降。六月，丁酉[39]，遣左光禄大夫梁默[40]等追讨伏允，兵败，为伏允所杀。卫尉卿刘权[41]出伊吾道，击吐谷浑，至青海[42]，虏获千余口，乘胜追奔，至伏俟城[43]。

辛丑[44]，帝谓给事郎蔡徵[45]曰："自古天子有巡狩[46]之礼；而江东诸帝多傅脂粉，坐深宫，不与百姓相见，此何理也？"对曰："此其所以不能长世。”丙午[47]，至张掖。帝之将西巡也，命裴矩说高昌王麴伯雅及伊吾吐屯设[48]，啖以厚利，召使入朝。壬子[49]，帝至燕支山[50]，伯雅、吐屯设等及西域二十七国谒于道左，皆令佩金玉，被[51]锦罽[52]，焚香奏乐，歌舞喧噪。帝复令武威、张掖士女盛饰纵观，衣服车马不鲜者，郡县督课[53]之。骑乘嗔咽，周亘[54]数十里，以示中国之盛。吐屯设献西域数千里之地，上大悦。癸丑[55]，置西海[56]、河源[57]、鄯善[58]、且末[59]等郡，谪[60]天下罪人为戍卒以守之。命刘权[61]镇河源郡积石镇[62]，大开屯田，扞御[63]吐谷浑，以通西域之路。

是时天下凡有郡一百九十，县一千二百五十五，户八百九十万有奇。东西九千三百里，南北万四千八百一十五里。隋氏之盛，极于此矣。

帝谓裴矩有绥怀[64]之略，进位银青光禄大夫。自西京诸县及西北诸郡，皆转输塞外，每岁钜亿万计；经途险远及遇寇抄[65]，人畜死亡不达[66]者，郡县皆征破其家[67]。由是百姓失业，西方先困矣。

初，吐谷浑伏允使其子顺来朝，帝留顺不遣[68]。伏允败走，无以自资[69]，帅数千骑客于党项[70]。帝立顺为可汗，送至玉门，令统其余众；以其大宝王尼洛周为辅。至西平，其部下杀洛周，顺不果入而还。

丙辰[71]，上御观风殿[72]，大备文物，引高昌王麴伯雅及伊吾吐屯设升殿宴饮，其余蛮夷使者陪阶庭者二十余国，奏九部乐[73]及鱼龙戏以娱之，赐赉有差。戊午[74]，赦天下。

吐谷浑有青海，俗传置牝马[75]于其上，得龙种[76]。秋，七月[77]，置马牧于青海，纵牝马二千匹于川谷以求龙种，无效而止。

车驾东还，经大斗拔谷[78]，山路隘险[79]，鱼贯[80]而出，风雪晦冥[81]，文武饥馁[82]沾湿，夜久不逮[83]前营，士卒冻死者太半，马驴什八九，后宫妃、主或狼狈相失，与军士杂宿山间。九月，乙未[84]，车驾入西京。冬，十一月，丙子[85]，复幸东都。

民部侍郎裴蕴以民间版籍[86]，脱漏户口及诈注[87]老小尚多，奏令貌阅[88]，若一人不实，则官司[89]解职。又许民纠[90]得一丁者，令被纠之家代输[91]赋役。是岁，诸郡计帐[92]进丁二十[93]万三千，新附口六十四万一千五百。帝临朝览状[94]，谓百官曰：“前代无贤才，致此罔冒[95]；今户口皆实，全由裴蕴。”由是渐见亲委[96]，未几，擢授御史大夫，与裴矩、虞世基参掌机密。蕴善候伺[97]人主微意，所欲罪者，则曲法[98]锻[99]成其罪；所欲宥者，则附从轻典[100]，因而释之。是后大小之狱，皆以付蕴，刑部、大理莫敢与争，必禀承[101]进止[102]，然后决断。蕴有机辩[103]，言若悬河[104]，或重或轻，皆由其口，剖析[105]明敏[106]，时人不能致诘。

突厥启民可汗卒，上为之废朝[107]三日，立其子咄吉[108]，是为始毕可汗；表请尚公主，诏从其俗。

初，内史侍郎薛道衡以才学有盛名，久当枢要[109]，高祖末，出为襄州总管；帝即位，自番州[110]刺史召之，欲用为秘书监。道衡既至，上《高祖文皇帝颂》[111]，帝览之，不悦，顾谓苏威曰：“道衡致美[112]先朝，此《鱼藻》[113]之义也。”拜司隶大夫[114]，将置之罪。司隶刺史[115]房彦谦劝道衡杜绝宾客，卑辞[116]下气[117]，道衡不能用。会议新令，久不决，道衡谓朝士曰：“向使[118]高颎不死，令决[119]当久行[120]。”有人奏之，帝怒曰：“汝忆[121]高颎邪！”付执法者推之[122]。裴蕴奏：“道衡负才恃旧[123]，有无君之心，推恶于国，妄造祸端。论其罪名，似如隐昧[124]；原[125]其情意，深为悖逆[126]。”帝曰：“然。我少时与之行役[127]，轻我童稚[128]，与高颎、贺若弼等外擅威权；及我即位，怀不自安[129]，赖天下无事，未得反耳。公论其逆，妙体[130]本心。”道衡自以所坐非大过，促宪司[131]早断，冀奏日帝必赦之，敕[132]家人具馔[133]，以备宾客来候[134]者。及奏，帝令自尽，道衡殊不意[135]，未能引决[136]。宪司重奏，缢而杀之，妻子徙[137]且末。天下冤之。

帝大阅军实[138]，称器甲之美，宇文述因进言：“此皆云定兴之功。”帝即擢定兴为太府丞[139]。

（以上为第二段，写大业五年，隋炀帝无事亲征吐谷浑，枉杀大臣薛道衡。）

【注释】

[1]丙子：正月八日。 [2]癸未：正月十五日。 [3]均田：早在隋文帝开皇年间已颁行均田令，此次是重申均田法令。 [4]戊子：正月二十日。 [5]己丑：正月二十一日。 [6]搭钩：一种柄上装有铁钩，能钩挂东西的工具。 [7]穳（zuǎn）刃：小矛之类的兵器。 [8]戊

申：二月二十一日。［9］己巳：三月二日。［10］河右：即河西。泛指今青海、甘肃二省黄河以西的河西走廊一带。［11］乙亥：三月八日。［12］扶风：郡名。治所雍县，在今陕西宝鸡市凤翔区南。［13］癸亥：四月二十七日。［14］临津关：关名。故址在今青海循化撒拉族自治县东。［15］西平：郡名。治所湟水县，在今青海海东市乐都区。［16］讲武：讲习武事，军事演习。［17］乙亥：五月九日。［18］拔延山：山名。在今青海化隆回族自治县西北。［19］庚辰：五月十四日。［20］长宁谷：山谷名。故址今青海西宁市北。［21］星岭：山岭名。在今青海大通县附近。［22］丙戌：五月二十日。［23］浩亹川：河名。也称阁门河，即今大通河。源出祁连山脉东段托来南山与大通山之间，东南流经甘肃、青海边境，在民和县入湟水。浩音“诰”，亹音“门”。［24］都水使者：官名。由都水监所改。管舟楫、河渠二署。［25］黄亘（？—609）：官至朝散大夫。传附《隋书·何稠传》《北史·何稠传》。［26］覆袁川：河名。在今青海省青海湖东北。［27］金山：山名。在今青海西宁市西北。［28］段文振（？—612）：北海期原（今山东青州市）人。历仕北周、隋，官至兵部尚书。传见《隋书》卷六十、《北史》卷七十六。［29］雪山：山名。即今冷龙岭，在青海祁连县东北，青海与甘肃交界之处。［30］琵琶峡：峡谷名。位于浩亹川与长宁川水之间，在今青海门源回族自治县西南。［31］泥岭：即今大通山。在今青海祁连县西南。［32］车我真山：山名。在今青海祁连县东南。［33］壬辰：五月二十六日。［34］右屯卫大将军：武官名。十二卫大将军之一，掌羽林军。［35］张定和（？—609）：字处谧，京兆万年人。官至左屯卫大将军。传见《隋书》卷六十四、《北史》卷七十八。［36］亚将：副将。［37］甲午：五月二十八日。［38］穷蹙：紧迫，走投无路。［39］丁酉：六月二日。［40］梁默（？—609）：历仕北周、隋，官至大将军。传附《隋书·梁士彦传》《北史·梁士彦传》《周书·梁士彦传》。［41］刘权：据章校，“刘”上应补“彭城”二字。［42］青海：即今青海湖，在今青海海晏县西、刚察县南。［43］伏俟城：城名。吐谷浑都城，在今青海湖西。［44］辛丑：六月六日。［45］蔡徵：历仕陈、隋，官至礼部侍郎。事散见《隋书》《北史》各传。［46］巡狩：同“巡守”，天子出巡。［47］丙午：六月十一日。［48］吐屯设：突厥设置守伊吾的官员。［49］壬子：六月十七日。［50］燕支山：山名。在今甘肃永昌县与民乐县之间。［51］被：同“披”。［52］罽（jì）：一种毛织品。［53］督课：督责考核。［54］周亘：周围连绵。［55］癸丑：六月十八日。［56］西海：郡名。治所伏俟城，在今青海湖西。［57］河源：郡名。治所赤水城，在今青海省兴海县东南。［58］鄯善：郡名。治所古楼兰城，在今新疆若羌县。［59］且末：郡名。治所古且末城，在今新疆且末县。［60］谪：因罪流放或贬官。［61］刘权：字世略。历仕齐、北周与隋，官至司农卿。传见《隋书》卷六十三、《北史》卷七十六。［62］积石镇：镇名。故址在今青海省兴海县一带。［63］扞御：抵御。［64］绥怀：安抚关切。［65］寇抄：攻劫掠夺。［66］不达：运输达不到目的地。［67］征破其家：征收繁重，以致其家破产。［68］不遣：不放回。［69］自资：自己解决生活资用。［70］党项：羌族的一支。三苗的后裔。其部族有宕昌、白狼等，生活于今青海南部、四川北部、西藏的东北部一带。［71］丙辰：六月二十一日。［72］观风殿：

即观风行殿。［73］九部乐：包括清乐、龟兹、西凉、天竺、康国、疏勒、安国、高丽、礼毕等九部乐。［74］戊午：六月二十三日。［75］牝（pìn）马：雌性马。俗称母马。［76］龙种：指优良品种的马。相传青海湖中有小山，冬天把牝马放养在山上，则得“龙种”马，能日行千里。［77］七月：据章校，“月”下应补“丁卯”二字。丁卯，七月二日。［78］大斗拔谷：山谷名。故址在今甘肃民乐县南，甘肃与青海二省交界的地方。［79］隘险：狭窄又险峻。［80］鱼贯：指连续而进，如鱼群相接。［81］晦冥：昏暗。冥，暗。［82］馁（něi）：饥饿。［83］逮：及，到。［84］乙未：九月乙丑朔，无乙未。据章校，“乙”应改作“癸”字。癸未，九月十九日。［85］丙子：十一月十三日。［86］版籍：户口册。［87］诈注：注册不实。诈，欺，伪。［88］貌阅：看其外貌，以检查其和户口册所注年龄是否相符。［89］官司：百官。后泛称官府为官司。此指官府。［90］纠：检举。［91］输：缴纳。［92］计帐：计簿。由国家根据各地户籍情况编制而成。［93］二十：据章校，“十”下应补“四”字。［94］览状：观看计帐的情状。［95］罔冒：弄虚作假，以伪乱真。［96］亲委：宠爱信任。［97］候伺：侦察。［98］曲法：曲解法律，使法律符合自己的心意。曲，弯曲。［99］锻：编织。［100］轻典：指从宽从简的法令。［101］禀承：承受，听命。［102］进止：进退，去留。［103］机辩：智巧善辩。机，机巧，灵巧。［104］悬河：比喻论辩不绝或文辞流畅奔放。［105］剖析：辨别，分析。［106］明敏：清楚而敏捷。［107］废朝：停止朝会。废，废除，停止。［108］咄吉（？—619）：又叫咄吉世。启民可汗卒后，即位为突厥始毕可汗。事见《隋书》卷八十四、《北史》卷九十九、《旧唐书》卷一百九十四上、《新唐书》卷二百一十五上。［109］枢要：中心。指中央政权中机要的部门或官职。［110］番（pān）州：州名。原为广州，仁寿元年改。治所在今广东广州市。［111］《高祖文皇帝颂》：颂扬隋文帝的文章。颂，是古代的一种文章体裁。［112］致美：极力美化。致，尽，极。［113］《鱼藻》：《诗经·小雅》篇名。小序曰：“《鱼藻》，刺幽王也。言万物失其性，王居镐京，将不能以自乐，故君子思古之武王焉。”隋炀帝以为薛道衡颂扬高祖，意在讽刺他本人，所以很不高兴。［114］司隶大夫：官名。司隶台（隋炀帝改雍州牧为司隶台）长官。掌诸巡察。［115］司隶刺史：官名。隶属司隶台，掌巡察京畿以外诸郡。［116］卑辞：恭恭敬敬的话。［117］下气：态度恭顺。［118］向使：假使。［119］令决：法令确定。［120］久行：早已颁布执行。［121］忆：想念。［122］推之：追究薛道衡的罪行。［123］恃旧：凭借是隋文帝时的旧臣。［124］隐昧：不明显。［125］原：本来，推其根源。［126］悖（bèi）逆：违乱忤逆。悖，违反，乱逆。［127］行役：谓军旅之事。此指南伐陈朝之事。［128］童稚：幼小。稚，小儿。［129］怀不自安：心里自我不安。怀，胸前，引申为心意。［130］体：领悟，体察。［131］宪司：司法部门。魏晋以来为御史的别称。［132］敕：告诫。［133］具馔（zhuàn）：准备酒食。馔，食品。［134］候：探望，问候。［135］殊不意：一点也没想到。［136］引决：也作“引诀”，自裁，自杀。［137］徙：迁，移。此是遣送、流放之意。［138］军实：指器械、粮饷及作战俘获的军事物资。［139］太府丞：官名。属太府寺，掌管寺事，如左右藏帐。

六年（庚午，610 年）

春，正月，癸亥朔[1]，未明三刻[2]，有盗数十人，素冠[3]练衣[4]，焚香持华[5]，自称弥勒佛[6]，入自建国门[7]，监门者皆稽首[8]。既而夺卫士仗，将为乱；齐王暕遇而斩之。于是都下[9]大索[10]，连坐者千余家。

帝以诸蕃酋长毕集[11]洛阳，丁丑[12]，于端门街[13]盛陈百戏，戏场周围五千步，执丝竹[14]者万八千人，声闻数十里，自昏至旦，灯火光烛天地；终月而罢，所费巨万。自是[15]岁以为常[16]。

诸蕃请入丰都[17]市交易，帝许之。先命整饰店肆[18]，檐宇[19]如一，盛设帷帐，珍货充积，人物华盛，卖菜者亦藉[20]以龙须席[21]。胡客[22]或过酒食店，悉令邀延[23]就坐，醉饱而散，不取其直[24]，绐之[25]曰："中国丰饶，酒食例[26]不取直。"胡客皆惊叹。其黠[27]者颇觉之，见以缯帛缠树，曰："中国亦有贫者，衣不盖形[28]，何如以此物与之，缠树何为？"市人惭不能答。

帝称裴矩之能，谓群臣曰："裴矩大识[29]朕意，凡所陈奏，皆朕之成算[30]，未发之顷，矩辄以闻；自非奉国[31]尽心，孰[32]能若是！"是时矩与右翊卫大将军宇文述、内史侍郎虞世基、御史大夫裴蕴、光禄大夫郭衍皆以谄谀[33]有宠。述善于供奉，容止[34]便辟[35]，侍卫者咸取则[36]焉。郭衍尝劝帝五日一视朝[37]，曰："无效高祖，空自勤苦[38]。"帝益以为忠，曰："唯有郭衍心与朕同。"

帝临朝凝重[39]，发言降诏，辞义[40]可观；而内存声色，其在两都及巡游，常以僧、尼、道士、女官[41]自随，谓之四道场。梁公萧钜[42]，琮之弟子；千牛左右[43]宇文皛[44]，庆之孙也；皆有宠于帝。帝每日于苑中林亭间盛陈酒馔[45]，敕燕王倓与钜、皛及高祖嫔御[46]为一席，僧、尼、道士、女官为一席，帝与诸宠姬为一席，略相连接，罢朝即从之宴饮，更相劝侑[47]，酒酣殽乱[48]，靡所不至，以是为常。杨氏妇女之美者，往往进御[49]。皛出入宫掖[50]，不限门禁，至于妃嫔、公主皆有丑声，帝亦不之罪[51]也。

帝复遣朱宽招抚流求，流求不从，帝遣虎贲郎将[52]庐江陈稜[53]、朝请大夫[54]同安张镇周发东阳[55]兵万余人，自义安[56]泛海击之。行月余，至其国，以镇周为先锋。流求王渴剌兜遣兵逆战[57]；屡破之，遂至其都[58]。渴剌兜自将出战，又败，退入栅；稜等乘胜攻拔[59]之，斩渴剌兜，虏其民万余口而还。二月，乙巳[60]，稜等献流求俘，颁赐百官，进稜位右光禄大夫[61]，镇周金紫光禄大夫[62]。

乙卯[63]，诏以"近世茅土[64]妄假，名实相乖[65]，自今唯有功勋乃得赐封，仍令子孙承袭。"于是旧赐五等爵[66]，非有功者皆除之。

庚申[67]，以所征周、齐、梁、陈散乐悉配太常，皆置博士弟子以相传授，乐工至三万余人。

三月，癸亥[68]，帝幸江都宫。

初，帝欲大营汾阳宫[69]，令御史大夫张衡具图[70]奏之。衡乘间[71]进谏曰："比年[72]劳役繁多，百姓疲弊，伏愿留神，稍加抑损[73]。"帝意甚不平，后目衡谓侍臣曰："张衡自谓由其计画[74]，令我有天下也。"乃录[75]齐王暕携皇甫诩从驾及前幸涿郡祠恒岳时父老谒见者衣冠多不整，谴衡以宪司不能举正[76]，出为榆林太守。久之，衡督役筑楼烦城[77]，因帝巡幸，得谒帝。帝恶衡不损瘦[78]，以为不念咎[79]，谓衡曰："公甚肥泽[80]，宜且还郡。"复遣之榆林。未几，敕衡督役江都宫。礼部尚书杨玄感使至江都，衡谓玄感曰："薛道衡真为枉死。"玄感奏之；江都郡丞王世充[81]又奏衡频减顿具[82]。帝于是发怒，锁诣江都市，将斩之，久乃得释，除名为民，放还田里。以王世充领江都宫监。

世充本西域胡人，姓支氏，父收，幼从其母嫁王氏，因冒其姓。世充性谲诈[83]，有口辩[84]，颇涉[85]书传，好兵法，习[86]律令。帝数幸江都，世充能伺候颜色[87]为阿谀，雕饰池台，奏献珍物，由是有宠。

夏，六月，甲寅[88]，制江都太守秩[89]同京尹[90]。

冬，十二月，己未[91]，文安宪侯[92]牛弘卒。弘宽厚恭[93]俭，学术精博，隋室旧臣，始终信任，悔吝[94]不及者，唯弘一人而已。弟弼，好酒而酗[95]，尝因醉射杀弘驾车牛。弘来还宅，其妻迎谓之曰："叔射杀牛。"弘无所怪问，直答云："作脯[96]。"坐定，其妻又曰："叔忽射杀牛，大是异事！”弘曰：“已知之矣。”颜色自若，读书不辍。

敕穿江南河[97]，自京口[98]至余杭[99]，八百余里，广十余丈，使可通龙舟，并置驿宫[100]、草顿[101]，欲东巡会稽[102]。

上以百官从驾皆服袴褶[103]，于军旅间不便，是岁，始诏“从驾涉远者，文武官皆戎衣[104]，五品以上，通著紫袍，六品以下，兼用绯[105]绿，胥史[106]以青，庶人以白，屠商[107]以皂[108]，士卒以黄。”

帝之幸启民帐也，高丽使者在启民所，启民不敢隐，与之见帝。黄门侍郎裴矩说帝曰：“高丽本箕子[109]所封之地，汉、晋皆为郡县；今乃不臣[110]，别为异域。先帝欲征之久矣，但杨谅不肖，师出[111]无功。当陛下之时，安可不取，使冠带[112]之境，遂为蛮貊[113]之乡乎！今其使者亲见启民举国从化，可因其恐惧，胁[114]使入朝。”帝从之。敕牛弘宣旨曰：“朕以启民诚心奉国，故亲至其帐。明年当往涿郡，尔还日语[115]高丽王：勿[116]自疑惧，存育[117]之礼，当如启民。苟或不朝，将帅启民往巡彼土[118]。”高丽王元惧，藩礼[119]颇阙[120]，帝将讨之；课天下富人买武马[121]，匹至十万钱；简阅[122]器仗，务令精新，或有滥恶，则使者立斩。

（以上为第三段，写隋炀帝大业六年起，大办岁首灯节，厚敛以奉胡人，夸饰国威，耗费民脂。继续大兴土木，营建汾阳宫，扩建江都宫，二下江都，荒淫无度。）

【注释】

[1]癸亥朔：正月一日。[2]刻：计时的单位。古代以铜漏计时，一昼夜分为一百刻，至清代始用时钟，以十五分为一刻，四刻为一小时。[3]素冠：白帽子。[4]练衣：白色的衣服。练，白。[5]华：同“花”。[6]弥勒佛：佛名。弥勒是姓，为慈氏。字阿逸多，意为无胜。[7]建国门：东京洛阳皇城正南有三门，正南为建国门，唐称端门。[8]稽首：古代所行的跪拜礼，叩头额触地。[9]都下：京城。[10]大索：广泛搜索。[11]毕集：全都会集。毕，全部。[12]丁丑：正月十五日。[13]端门街：即洛阳皇城端门外的大街。[14]丝竹：指弦乐器和管乐器。[15]自是：从此。是，这。[16]岁以为常：每年都是这样。常，常事。[17]丰都：东都有三市，东市称丰都。[18]店肆：商店。肆，商店、客栈、旅馆等。[19]檐宇：屋檐。[20]藉：坐卧其上。[21]龙须席：一种用龙须草编织的席子。[22]胡客：外族或外国客人。胡，古代对北方或西北方少数民族或外国人的习称。[23]邀延：邀请。延，延请。[24]其直：酒饭钱。[25]绐之：欺骗胡客。绐，欺骗。[26]例：一概。[27]黠（xiá）：聪

慧，机敏。［28］衣不盖形：衣服遮蔽不住身体。形容穷困。形，形体。［29］大识：特别能认识、领会。［30］成算：预定的计划。［31］奉国：以国家为重。［32］孰：疑问代词。谁。［33］谄谀：奉承，谄媚，用不实之词奉承人。［34］容止：形貌举动。［35］便辟：逢迎谄媚的样子。［36］取则：取法，仿效。［37］视朝：天子临朝听政。［38］空自勤苦：白白地自我劳苦。［39］凝重：庄重，端庄。［40］辞义：言谈举止。义，礼仪，容止。［41］女官：即女道士。［42］萧钜（？—617）：小名藏。传附《隋书·萧岿传》《北史·萧岿传》。［43］千牛左右：武官名。掌供御弓箭。［44］宇文皛（xiǎo）（？—617）：字婆罗门。传附《隋书·宇文庆传》《北史·宇文庆传》。［45］盛陈酒馔：大摆宴席。［46］嫔御：古代帝王的侍妾、宫女。［47］劝侑（yòu）：劝说，鼓励。侑，劝人吃喝。［48］酒酣殽乱：酒兴很浓，杯盘杂乱。殽，同“肴”。［49］进御：进宫侍奉皇帝。［50］宫掖：宫内的旁舍，是妃嫔居住的地方，因称皇宫为宫掖。掖，掖庭。［51］不之罪：不罪之，不加治罪的意思。［52］虎贲郎将：武官名。掌虎贲宿卫。［53］陈稜（？—617）：字长威，庐江襄安（今安徽巢湖市）人。官至右御卫将军。传见《隋书》卷六十四、《北史》卷七十八。［54］朝请大夫：官名。文散官，无职掌。［55］东阳：郡名。治所东阳县，在今浙江金华市。［56］义安：郡名。治所海阳县，在今广东潮州市潮安区。［57］逆战：迎战。［58］其都：即流求王所居之地，叫婆罗檀洞，外有沟堑木栅三重，流水环绕，有荆棘为藩屏。［59］攻拔：攻克。［60］乙巳：二月十三日。［61］右光禄大夫：官名。文散官，无职掌。［62］金紫光禄大夫：官名。文散宫，金章紫绶，无职掌。［63］乙卯：二月二十三日。［64］茅土：谓受封为王侯。古代帝王社祭之坛以五色土建成，以茅包上，称为茅土，给受封者在封国内立社。［65］相乖：互相背离，不一致。［66］五等爵：一般指公、侯、伯、子、男五个爵位等级。［67］庚申：二月二十八日。［68］癸亥：三月二日。［69］汾阳宫：宫名。故址在今山西宁武县西南管涔山上。［70］具图：绘制汾阳宫图样。具，备办。［71］乘间：趁空。间，间隙。［72］比年：近年。［73］抑损：控制并减少。［74］计画：指张衡入宫侍疾，弑隋文帝之事。［75］录：收集。［76］举正：纠正。［77］楼烦城：即楼烦郡城。当时隋炀帝在此建造汾阳宫，故筑城。在今山西静乐县。［78］损瘦：减瘦。损，减少。［79］念咎：思考自己的罪过。咎，罪过。［80］肥泽：肌肉丰润。泽，光润。［81］王世充（？—621）：字行满，本姓支，西域胡人。其父死，幼随母嫁王氏，遂姓王。仕隋为将军，宇文化及弑炀帝后，拥越王杨侗为帝。后杀杨侗而伪称帝，国号郑。传见《隋书》卷八十五、《北史》卷七十九、《旧唐书》卷五十四、《新唐书》卷八十五。［82］顿具：筑宫的大型用具。［83］谲（jué）诈：欺诈，诈骗。［84］口辩：能言善辩。［85］涉：涉及。此指阅读。［86］习：通晓，熟悉。［87］伺候颜色：察言观色，看人脸色行事。［88］甲寅：六月二十四日。［89］秩：官吏的职位或品级。［90］京尹：官名。京兆尹的省称，掌管京都政刑。［91］己未：十二月三日。［92］文安宪侯：牛弘爵位为奇章郡公，卒后赠文安县侯，谥曰宪，这里记其赠官与谥号。［93］恭：肃敬，有礼貌。［94］悔吝：悔恨。吝，恨惜。［95］酗（xù）：醉酒耍酒疯。同“酗”。［96］作脯：制作肉干。脯，干肉。［97］江南河：隋代大运河中的一段。［98］京口：地名。即今江苏镇江市。［99］余杭：郡名。治所钱塘县，在今浙江杭州市。［100］驿宫：沿途供皇帝临时住宿的宫馆。［101］草顿：简单的住所。［102］会（kuài）稽：郡名。治所会稽县，在今浙江绍兴市。［103］袴褶：服装名。上服褶而下缚袴，其外不再穿裘裳，故称为袴褶。袴，套裤。褶，上衣。［104］戎衣：军服。［105］绯（fēi）：红色。［106］胥史：官府中办理文书的小吏。［107］屠商：宰杀牲畜和经商的人。［108］皂：黑色。［109］箕子：商朝人。纣王的父辈，封国于箕（据说封地在今朝鲜半岛），故称为箕子。纣王暴虐，箕子规谏而不听，遂披发装疯为奴，被纣王囚禁。周武王灭商后获释，归镐京。事见《史记》卷三。［110］不臣：不向隋朝称臣。［111］师出：出军。［112］冠带：帽子和腰带。本指服制，引申为文明之称。［113］蛮貊（mò）：泛指少数民族。此处引申为不开化之意。［114］胁：胁迫，逼迫。［115］语：告诉。［116］勿：据章校，"勿"上应补"宜早来朝"四字。［117］存育：保全，养育。存，抚养，保全。［118］往巡彼土：去你国土上巡视。即加兵于高丽的意思。彼，指高丽。［119］藩礼：藩国向臣服国应尽的礼节。［120］阙：同"缺"。［121］武马：战马。［122］简阅：挑选检查。

七年（辛未，611 年）

春，正月，壬寅[1]，真定襄侯[2]郭衍卒。

二月，己未[3]，上升钓台[4]，临杨子津[5]，大宴百僚。乙亥[6]，帝自江都行幸涿郡，御龙舟，渡河入永济渠，仍敕选部[7]、门下、内史、御史四司之官于船前选补，其受选者三千余人，或徒步随船三千余里，不得处分[8]，冻馁疲顿[9]，因而致死者什一二。

壬午[10]，下诏讨高丽。敕幽州总管[11]元弘嗣[12]往东莱[13]海口造船三百艘，官吏督役，昼夜立水中，略[14]不敢息，自腰以下皆生蛆，死者什三四。

夏，四月，庚午[15]，车驾至涿郡之临朔宫[16]，文武从官九品以上，并令给宅安置。

先是，诏总征天下兵，无问远近，俱会于涿[17]。又发江淮以南水手一万人，弩手三万人，岭南排镩手[18]三万人，于是四远[19]奔赴如流。五月，敕河南、淮南、江南造戎车[20]五万乘送高阳[21]，供载衣甲幔幕[22]，令兵士自挽之，发河南、北民夫以供军须[23]。秋，七月，发江、淮以南民夫及船运黎阳[24]及洛口诸仓米至涿郡，舳舻相次[25]千余里，载兵甲及攻取之具，往还在道常数十万人，填咽于道，昼夜不绝，死者相枕[26]，臭秽盈路，天下骚动。

山东、河南大水，漂没[27]三十余郡。冬，十月，乙卯[28]，底柱崩，偃[29]河逆流数十里。

初，帝西巡，遣侍御史韦节召西突厥处罗可汗，令与车驾会大斗拔谷，国人[30]不从，处罗谢使者[31]，辞以他故。帝大怒，无如之何[32]。会其酋长射匮遣使来求婚，裴矩因奏曰："处罗不朝，恃强大耳。臣请以计弱之[33]，分裂其国，即易制也。射匮者，都六之子，达头之孙，世为可汗，君临[34]西面，今闻其失职，附属处罗，故遣使来以结援[35]耳，愿厚礼其使，拜为大可汗，则突厥势分，两从我[36]矣。"帝曰："公言是也。"因遣矩朝夕至馆，微讽谕[37]之。帝于仁风殿召其使者，言处罗不顺之状，称射匮向善，吾将立为大可汗，令发兵诛处罗，然后为婚[38]。帝取桃竹[39]白羽箭一枚以赐射匮，因谓之曰："此事宜速，使疾如箭也。"使者返，路径[40]处罗，处罗爱箭，将留之，使者谲而得免。射匮闻而大喜，兴兵袭处罗；处罗大败，弃妻子，将数千骑东走，缘道[41]被劫，寓[42]于高昌，东保时罗漫山[43]。高昌王麹伯雅上状[44]。帝遣裴矩与向氏亲要左右驰至玉门关[45]晋昌城[46]，晓谕[47]处罗使入朝。十二月，己未[48]，处罗来朝于临朔宫，帝大悦，接以殊礼[49]。帝与处罗宴，处罗稽首，谢入见之晚。帝以温言[50]慰劳之，备设天下珍膳[51]，盛陈女乐，罗绮丝竹，眩[52]曜耳目，然处罗终有怏怏之色。

帝自去岁谋讨高丽，诏山东置府[53]，令养马以供军役。又发民夫运米，积于泸河、怀远[54]二镇，车牛往者皆不返，士卒死亡过半，耕稼失时[55]，田畴[56]多荒。加之饥馑，谷价踊贵[57]，东北边尤甚，斗米直数百钱。所运米或粗恶[58]，令民籴[59]而偿之。又发鹿车[60]夫六十余万，二人共推米三石，道途险远，不足充糇粮[61]，至镇，无可输[62]，皆惧罪亡命。重以官吏贪残[63]，因缘[64]侵渔[65]，百姓困穷，财力俱竭，安居则不胜冻馁，死期交急，剽掠则犹得延生[66]，于是始相聚为群盗。

邹平民王薄[67]拥众据长白山[68]，剽掠齐、济[69]之郊，自称知世郎，言事可知矣；又作《无向辽东浪死[70]歌》以相感劝，避征役者多往归之。

平原[71]东有豆子䴚[72]，负海带河[73]，地形深阻[74]，自高齐[75]以来，群盗多匿其中。有刘霸道者，家于其旁，累世仕宦[76]，赀产富厚。霸道喜游侠，食客常数百人，及群盗起，远近多往依之，有众十余万，号“阿舅贼”。

漳南人窦建德[77]，少尚气侠，胆力过人，为乡党所归附。会募人征高丽，建德以勇敢选为二百人长[78]。同县孙安祖亦以骁勇选为征士[79]，安祖辞以家为水所漂[80]，妻子馁死，县令怒笞之。安祖刺杀令，亡抵[81]建德，建德匿之。官司逐捕[82]，踪迹至建德家，建德谓安祖曰：“文皇帝时，天下殷盛[83]，发百万之众以伐高丽，尚为所败。今水潦[84]为灾，百姓困穷，加之往岁西征[85]，行者不归，疮痍[86]未复；主上不恤[87]，乃更发兵亲击高丽，天下必大乱。丈夫[88]不死，当立大功，岂可但为亡虏[89]邪！”乃集无赖少年，得数百人，使安祖将之，入高鸡泊[90]中为群盗，安祖自号将军。时鄃人张金称[91]聚众河曲[92]，蓨人高士达聚众于清河[93]境内为盗。郡县疑建德与贼[94]通，悉收其家属，杀之。建德帅麾下二百人亡归士达，士达自称东海公，以建德为司兵[95]。顷之，孙安祖为张金称所杀，其众尽归建德，兵至万余人。建德能倾身接物[96]，与士卒均劳逸，由是人争附之，为之致死[97]。

自是所在群盗蜂起，不可胜数，徒众多者至万余人，攻陷城邑[98]。甲子[99]，敕都尉[100]、鹰扬[101]与郡县相知追捕，随获斩决[102]；然莫能禁止。

（以上为第四段，写隋炀帝大业七年，横征暴敛，征兵征役，讨伐高丽，全国骚动，加上山东、河南广大地区遭受水灾，人民走头无路，聚众起义。山东王薄首倡，河北窦建德、高士达等人相继。很快，山东河北呈燎原之势。）

【注释】

[1]壬寅：正月十六日。[2]真定襄侯：郭衍生前爵位为真定县侯，谥曰襄。[3]己未：二月三日。[4]钓台：古迹名。也称钓鱼台。古钓台遗址不一，此钓台是汉淮阴侯韩信垂钓处，故址在今江苏淮安市北。[5]杨子津：古津渡名。在今江苏扬州市邗江区，有扬子桥，自古为江滨津要处。[6]乙亥：二月十九日。[7]选部：官署名。吏部的代称。[8]处分：处理。即

将受选者任职。［9］疲顿：劳苦困顿。［10］壬午：二月二十六日。［11］幽州总管：大业初已废诸州总管府，这是前任官名。［12］元弘嗣（565—613）：河南洛阳人。官至黄门侍郎。传见《隋书》卷七十四、《北史》卷八十七。［13］东莱：郡名。治所掖县，在今山东莱州市。［14］略：稍微。［15］庚午：四月十五日。［16］临朔宫：行宫名。故址在今北京市。［17］涿：即涿郡。［18］排䂎（cuān）手：投掷小矛之类武器的能手。䂎，如同飞镖。［19］四远：四方边远之地。［20］戎车：兵车。［21］高阳：县名。县治在今河北高阳县东。［22］幔幕：帐幕，帐篷。［23］军须：同"军需"。指军用的物资。［24］黎阳：仓名。开皇三年（583）置。故址在今河南浚县西南。［25］次：按次序排列。［26］死者相枕：死尸一个压一个。枕，以头枕物。［27］漂没：淹没。［28］乙卯：十月三日。［29］偃：同"堰"。筑土以堵水。此指因砥柱崩塌而堵住了河水。［30］国人：西突厥国内的贵族大臣。［31］谢使者：向使者道歉。谢，认错，道歉。［32］无如之何：没法把他怎么样，无可奈何。［33］弱之：削弱它。之，指西突厥。［34］君临：以君主的身份来治理。临，统管，治理。［35］结援：结交以求援助。［36］两从我：谓射匮、处罗皆依从隋朝。［37］讽谕：用委婉的话进行劝说。［38］为婚：成婚。［39］桃竹：竹的一种。又名桃枝竹、桃丝竹。可做箭杆。［40］路径：路经。径，走过，通"经"。［41］缘道：沿途。缘，围绕，沿着。［42］寓：寄居。［43］时罗漫山：山名。天山支脉，在今新疆乌鲁木齐市与哈密市之间。［44］上状：上言其状。即将处罗逃亡高昌的情况上报隋廷。［45］玉门关：古关名。故址在今甘肃玉门市西北。［46］晋昌城：城名。故址在今甘肃瓜州县东南锁阳城。［47］晓谕：明白开导。谕，同"喻"。［48］己未：十二月八日。［49］殊礼：特殊的礼遇。殊，特出，出众。［50］温言：温和的言辞。［51］珍膳：珍贵的食物。膳，食物。［52］昡：光彩夺目。［53］府：库府，用以贮藏军用物资。［54］泸河、怀远：两镇名。泸河镇，故址在今辽宁义县境。怀远镇与泸河镇相邻，故址在今义县东北，朝阳县东。［55］耕稼失时：耽误了农时。［56］田畴（chóu）：耕熟的田地。畴，已耕作的土地。［57］踊贵：物价上涨。［58］粗恶：谓米粗糙，质量恶劣。［59］籴（dí）：买粮。［60］鹿车：小车。用人力推挽。［61］糇（hóu）粮：道上食用的干粮。［62］输：缴纳。［63］贪残：贪婪而残忍。［64］因缘：借着机会。［65］侵渔：侵夺吞没。［66］剽（piāo）掠：击杀，抢劫。剽，抢劫。延生：延长生命。［67］王薄：邹平（今山东邹平市北）人，首举义旗，拉开了隋末农民战争的序幕。事散见《隋书》卷六十五、六十七、七十一等。［68］长白山：山名。在今山东济南市章丘区。［69］齐、济：两郡名。齐郡，治所历城县，在今山东济南市。济，即济北郡。治所卢县，在今山东聊城市茌平区西南。［70］浪死：犹言白白送死。浪，轻率，徒然。［71］平原：郡名。治所安德县，在今山东德州市陵城区。［72］豆子䴚（gǎng）：地名。故址在今山东商河县、惠民县一带。䴚，盐泽。［73］负海带河：谓其地理位置依海傍黄河。［74］深阻：形容路途阻隔。［75］高齐：即北齐。因北齐皇室姓高，故称高齐。［76］累世仕宦：代代做官。［77］窦建德（573—621）：贝州漳南（今河北故城县东北）人。隋末农民起义军领袖。传见《旧唐书》卷五十四、《新唐书》卷八十五。［78］长：小头目。［79］征士：应募出征高丽的兵士。［80］漂：淹没。［81］亡抵：逃亡到。［82］逐捕：追捕。［83］殷盛：富强。［84］水潦：雨多成灾。［85］西征：指西征吐谷浑事。［86］疮痍：创伤。［87］恤：顾惜，救济。［88］丈夫：成年男子的通称。［89］亡虏：逃亡的罪人。［90］高鸡泊：湖泊名。广袤数百里，芦苇丛生，可以躲避。故址在今河北故城县西南。［91］张金称（？—616）：鄃县（今山东夏津县）人，隋末农民起义领袖之一。事散见《隋书》卷四、卷六十三、卷六十七等。［92］河曲：地名。清河之曲。故址在今河北清河县境。［93］清河：郡名。治所清河县，在今河北清河县西北。［94］贼：与上文中的"盗"都是旧史家对农民起义军的诬称。［95］司兵：官名。掌军事。［96］倾身接物：待人接物谦虚。倾，斜，倒。［97］致死：尽以死力。致，极，尽。［98］城邑：城镇。邑，城市。［99］甲子：十二月十三日。［100］都尉：武官名。隋置奉车、驸马都尉，掌禁卫。［101］鹰扬：武官名。即鹰扬郎将，由骠骑将军所改。武散官，无职掌。［102］随获斩决：抓获后随时斩决。决，绝，完毕。

八年（壬申，612年）

春，正月，帝分西突厥处罗可汗之众为三，使其弟阙度设[1]将羸弱万余口，居于会宁[2]，又使特勒[3]大奈别将余众居于楼烦[4]，命处罗将五百骑常从车驾[5]巡幸，赐号曷婆[6]那可汗，赏赐甚厚。

初，嵩高[7]道士潘诞自言三百岁，为帝合炼金丹。帝为之作嵩阳观[8]，华屋[9]数百间，以童男童女各一百二十人充给使，位视三品；常役数千人，所费巨万。云金丹应用石胆、石髓[10]，发石工凿嵩高大石深百尺者数十处。凡六年，丹不成。帝诘之，诞对以"无石胆、石髓，若得童男女胆髓各三斛[11]六斗，可以代之。"帝怒，锁[12]诣涿郡，斩之。且死，语人曰："此乃天子无福，值我兵解[13]时至，我应生梵摩天[14]"云。

四方兵皆集涿郡，帝征合水令庾质，问曰："高丽之众不能当我一郡，今朕以此众伐之，卿以为克不[15]？"对曰："伐之可克。然臣窃有愚见，不愿陛下亲行[16]。"帝作色曰："朕今总兵至此，岂可未见贼而先自退邪？"对曰："战而未克，惧损威灵[17]。若车驾留此，命猛将劲卒，指授方略[18]，倍道兼行[19]，出其不意，克之必矣。事机[20]在速，缓则无功。"帝不悦，曰："汝既惮行，自可留此。"右尚方署[21]监事[22]耿询[23]上书切谏，帝大怒，命左右斩之，何稠苦救，得免。

壬午[24]，诏左十二军出镂方、长岑、溟海、盖马、建安、南苏、辽东、玄菟、扶余、朝鲜、沃沮、乐浪[25]等道，右十二军出黏蝉、含资、浑弥、临屯、候城、提奚、蹋顿、肃慎、碣石、东暆、带方、襄平[26]等道，骆驿引途[27]，总集平壤[28]，凡一百一十三万三千八百人，号二百万，其馈运者倍之[29]。宜社[30]于南桑乾水[31]上，类上帝[32]于临朔宫南，祭马祖[33]于蓟城[34]北。帝亲授节度：每军大将、亚将[35]各一人；骑兵四十队，队百人，十队为团，步卒八十队，分为四团，团各有偏将一人；其铠胄、缨拂、旗幡[36]，每团异色；受降使者[37]一人，承诏[38]慰抚，不受大将节制；其辎重散兵[39]等亦为四团，使步卒挟之[40]而行；进止立营，皆有次叙仪法[41]。癸未[42]，第一军发；日遣[43]一军，相去四十里，连营渐进；终四十日，发乃尽[44]，首尾相继，鼓角相闻，旌旗亘九百六十里。御营内合十二卫、三台[45]、五省[46]、九寺[47]，分隶内、外、前、后、左、右六军，次后发，又亘八十里。近古出师之盛，未之有也。

甲辰[48]，内史令元寿薨。

二月，壬戌[49]，观德王雄[50]薨。

北平襄侯段文振[51]为兵部尚书，上表，以为帝“宠待突厥太厚，处之塞内，资以兵食，戎狄之性，无亲而贪，异日[52]必为国患，宜以时谕遣，令出塞外，然后明设烽候[53]，缘边镇防，务令严重，此万岁之长策也。”兵曹郎[54]斛斯政[55]，椿之孙也，以器干[56]明悟，为帝所宠任，使专掌兵事。文振知政险薄[57]，不可委以机要，屡言于帝，帝不从。及征高丽，以文振为左候卫大将军，出南苏道。文振于道中疾笃，上表曰：“窃见辽东小丑[58]，未服严刑，远降六师[59]，亲劳万乘[60]。但夷狄多诈，深须防拟[61]，口陈降款[62]，毋宜遽受。水潦方降，不可淹迟[63]。唯愿严勒诸军，星驰[64]速发，水陆俱前，出其不意，则平壤孤城，势可拔也。若倾其本根[65]，余城自克；如不时[66]定，脱[67]遇秋霖[68]，深为艰阻，兵粮既竭，强敌在前，靺鞨出后，迟疑不决，非上策也。”三月，辛卯[69]，文振卒，帝甚惜之。

癸巳[70]，上始御师，进至辽水[71]。众军总会，临水为大陈，高丽兵阻水[72]拒守，隋兵不得济。左屯卫大将军麦铁杖[73]谓人曰："丈夫性命自有所在，岂能然艾灸頞[74]，瓜蒂歕鼻，治黄不差[75]，而卧死儿女手中乎！"乃自请为前锋，谓其三子曰："吾荷国恩[76]，今为死日！我得良杀[77]，汝当富贵。"帝命工部尚书宇文恺造浮桥三道于辽水西岸，既成，引桥趣[78]东岸，桥短不及岸丈余。高丽兵大至，隋兵骁勇者争赴水接战，高丽兵乘高击之，隋兵不得登岸，死者甚众。麦铁杖跃登岸，与虎贲郎将钱士雄、孟叉等皆战死。乃敛兵，引桥复就西岸。诏赠铁杖宿公，使其子孟才袭爵，次子仲才、季才并拜正议大夫[79]。更命少府监何稠接桥，二日而成，诸军相次继进，大战于东岸，高丽兵大败，死者万计。诸军乘胜进围辽东城[80]，即汉之襄平城也。车驾渡辽，引曷萨那可汗及高昌王伯雅观战处以慑惮[81]之，因下诏赦天下。命刑部尚书卫文昇、尚书右丞[82]刘士龙[83]抚辽左之民，给复[84]十年，建置郡县，以相统摄[85]。

夏，五月，壬午[86]，纳言杨达薨。

诸将之东下也，帝亲戒之曰："今者吊民伐罪[87]，非为功名。诸将或不识朕意，欲轻兵掩袭，孤军独斗，立一身之名[88]以邀勋赏[89]，非大军行法[90]。公等进军，当分为三道，有所攻击，必三道相知，毋得轻军独进，以致失亡。又，凡军事进止，皆须奏闻待报，毋得专擅。"辽东[91]数出战不利，乃婴城固守，帝命诸军攻之。又敕诸将，高丽若降，即宜抚纳，不得纵兵[92]。辽东城将陷，城中人辄言请降；诸将奉旨不敢赴机[93]，先令驰奏，比[94]报至，城中守御亦备，随出拒战。如此再三，帝终不寤[95]。既而城久不下，六月，己未[96]，帝幸辽东城南，观其城池形势，因召诸将诘责之曰："公等自以官高，又恃家世[97]，欲以暗懦[98]待我邪！在都之日，公等皆不愿我来，恐见病败[99]耳。我今来此，正欲观公等所为，斩公辈耳！公今畏死，莫肯尽力，谓我不能杀公邪！"诸将咸战惧[100]失色。帝因留城西数里，御六合城[101]。高丽诸城各坚守不下。右翊卫大将军来护儿帅江、淮水军，舳舻数百里，浮海[102]先进，入自浿水[103]，去平壤六十里，与高丽相遇，进击，大破之。护儿欲乘胜趣其城，副总管周法尚止之，请俟[104]诸军至俱进。护儿不听，简精甲[105]四万，直造[106]城下。高丽伏兵于罗郭[107]内空寺中，出兵与护儿战而伪败，护儿逐之入城，纵兵俘掠[108]，无复部伍[109]。伏兵发，护儿大败，仅而获免，士卒还者不过数千人。高丽追至船所，周法尚整陈[110]待之，高丽乃退。护儿引兵还屯海浦[111]，不敢复留应接诸军。

左翊卫大将军宇文述出扶余道，右翊卫大将军于仲文出乐浪道，左骁卫大将军荆元恒出辽东道，右翊卫将军薛世雄[112]出沃沮道，左屯卫将军辛世雄出玄菟道，右御卫将军张瑾出襄平道，右武候将军赵孝才[113]出碣石道，涿郡太守检校左武卫将军崔弘昇[114]出遂城[115]道，检校右御卫虎贲郎将卫文昇出增地[116]道，皆会于鸭绿水[117]西。述等兵自泸河、怀远二镇，人马皆给百日粮，又给排甲[118]、枪矟并衣资、戎具、火幕[119]，人别三石[120]已上，重莫能胜致。下令军中："士卒有遗弃米粟者斩！"军士皆于幕下掘坑埋之，才行及中路[121]，粮已将尽。

高丽遣大臣乙支文德[122]诣其营诈降，实欲观虚实。于仲文先奉密旨："若遇高元及文德来者，必擒之。"仲文将执之，尚书右丞刘士龙为慰抚使[123]，固止之。仲文遂听[124]文德还，既而悔之，遣人绐文德曰："更欲有言，可复来。"文德不顾，济鸭绿水而去。仲文与述等既失文德，内不自安，述以粮尽，欲还。仲文议以精锐追文德，可以有功，述固止，仲文怒曰："将军仗十万之众，不能破小贼，何颜[125]以见帝！且仲文此行，固知无功，何则？古之良将能成功者，军中之事，决在一人，今人各有心，何以胜敌！"时帝以仲文有计画[126]，令诸军咨禀[127]节度[128]，故有此言。由是述等不得已而从之，与诸将渡水追文德。文德见述军士有饥色[129]，故欲疲之[130]，每战辄走。述一日之中，七战皆捷，既恃骤胜[131]，又逼群议[132]，于是遂进，东济萨水[133]，去平壤城三十里，因山为营。文德复遣使诈降，请于述曰："若旋师者，当奉高元朝行在所[134]。"述见士卒疲弊，不可复战，又平壤城险固，度[135]难猝拔[136]，遂因其诈而还。述等为方陈而行，高丽四面钞击，述等且战且行[137]。秋，七月，壬寅[138]，至萨水，军半济[139]，高丽自后击其后军，右屯卫将军辛世雄战死。于是诸军俱溃，不可禁止，将士奔还，一日一夜至鸭绿水，行四百五十里。将军天水王仁恭[140]为殿[141]，击高丽，却之。来护儿闻述等败，亦引还。唯卫文昇一军独全。

初，九军度辽，凡三十万五千，及还至辽东城，唯二千七百人，资储[142]器械巨万计，失亡荡尽。帝大怒，锁系述等。癸卯[143]，引还。

初，百济王璋[144]遣使请讨高丽，帝使之觇[145]高丽动静，璋内与高丽潜通。隋军将出，璋使其臣国智牟来请师期[146]，帝大悦，厚加赏赐，遣尚书起部郎[147]席律诣百济，告以期会[148]。及隋军渡辽，百济亦严兵[149]境上，声言助隋，实持两端。

是行也，唯于辽水西拔高丽武厉逻[150]，置辽东郡[151]及通定镇[152]而已。八月，敕运黎阳、洛阳、洛口、太原等仓谷向望海顿[153]，使民部尚书[154]樊子盖[155]留守涿郡。九月，庚寅[156]，车驾至东都。

冬，十月，甲寅[157]，工部尚书宇文恺卒。

十一月，己卯[158]，以宗女为华容公主，嫁高昌。

宇文述素有宠于帝，且其子士及[159]尚帝女南阳公主[160]，故帝不忍诛。甲申[161]，与于仲文等皆除名为民，斩刘士龙以谢天下。萨水之败，高丽追围薛世雄于白石山[162]，世雄奋击，破之，由是独得免官。以卫文昇为金紫光禄大夫。诸将皆委罪[163]于于仲文，帝既释诸将，独系仲文。仲文忧恚[164]，发病困笃[165]，乃出之[166]，卒于家。

是岁，大旱，疫[167]，山东尤甚。

张衡既放废[168]，帝每令亲人觇衡所为。帝还自辽东，衡妾告衡怨望，谤讪[169]朝政，诏赐尽[170]于家。衡临死大言："我为人作何等事，而望久活！"监刑者塞耳，促令杀之。

（以上为第五段，写隋炀帝大业八年御驾亲征高丽，详细载述了这一战役高丽以弱胜强的全过程，发人深思。）

【注释】

[1]阙度设：突厥官名。主管军队的称"设"。 [2]会宁：郡名。治所鸣沙县，在今甘肃敦煌市。 [3]特勒：突厥官名。可汗子弟为特勒。据突厥文《阙特勤碑》，"特勒"应为"特勤"。[4]楼烦：郡名。治所静乐县，在今山西静乐县。 [5]车驾：马驾的车。又作帝王的代称。[6]曷婆：据章校，"婆"应改作"娑"字。 [7]嵩（sōng）高：山名。即嵩山。在今河南登封市

西北。[8]嵩阳观：道观名。当在嵩高山上。观，道教的庙宇。[9]华屋：金碧辉煌的房屋。华，光辉，光彩。[10]石胆、石髓：石胆，石脂类，可入药。石髓，石钟乳，可以入药。[11]斛（hú）：古代容量名。十斗为一斛。[12]锁：拘系。[13]兵解：古代学仙的人谓脱去凡骨登仙为尸解，故其徒弟称死为解化。潘诞称被兵器所杀为兵解。[14]梵摩天：又称梵天。佛经有梵众天，为梵民所居；梵辅天，为梵佐所居；大梵天，为梵王所居，统称为梵天。[15]克不：能否攻克。不，同“否”。[16]亲行：亲自出征。[17]威灵：尊严的神灵。[18]方略：计谋策略。[19]兼行：加倍赶路。[20]事机：事情的机会，时机。[21]右尚方署：官署名。隶少府监，掌造军器。[22]监事：官名。监管作工。[23]耿询（？—618）：字敦信，丹阳（今江苏南京市）人。历仕陈、隋，官至太史丞。传见《隋书》卷七十八、《北史》卷八十九。[24]壬午：正月二日。[25]镂方、长岑、溟海、盖马、建安、南苏、辽东、玄菟（tú）、扶余、朝鲜、沃沮（jū）、乐浪：以上地名多用汉时郡县旧名。镂方、长岑、朝鲜属乐浪郡（治今朝鲜平壤市南）。盖马，属玄菟郡（治今辽宁抚顺市东）。辽东，汉郡名，治今辽宁辽阳市。溟海，即汉乐浪郡海冥县。建安、南苏、扶余，皆高丽国城守之处。沃沮，古地名。在今朝鲜咸镜南道境内。[26]黏蝉、含资、浑弥、临屯、候城、提奚、蹋顿、肃慎、碣石、东暆（yí）、带方、襄平：以上地名也多是汉时郡县、国旧名。黏蝉、含资、浑弥、提奚、东暆、带方等县，属乐浪郡。候城、襄平属辽东郡。临屯，汉郡名，治今朝鲜江原道。蹋顿，即汉末辽西乌丸蹋顿所居。肃慎，古国名，其地在今黑龙江省松花江流域。碣石，在今朝鲜平壤市西南。[27]引途：上路。[28]平壤：地名。高丽国都城，在今朝鲜平壤市。[29]馈（kuì）运者倍之：指运送军事供给的人数与出征兵士相比又加倍。[30]宜社：即祭太社之礼。[31]桑乾水：河名。由源子河与恢河在山西朔州市附近汇合而成，东入河北及北京市郊外，流入大清河（即永定河）。[32]类上帝：祭祀名。即祭天之礼。[33]马祖：星宿名。指天驷（房星）。[34]蓟城：即蓟县城，涿郡治所蓟县，在今北京市。[35]亚将：副将。[36]铠胄、缨拂、旗幡：铠胄，盔甲和头盔。缨拂，头盔的缨穗。旗幡，旗帜。[37]受降使者：官名。掌管接受与处理敌方投降事宜。[38]承诏：指直接受皇帝指使，受诏命。[39]散兵：古代非正式编制而在军中服役的兵士。[40]挟之：夹持。之，指辎重、散兵。[41]仪法：法度。[42]癸未：正月三日。[43]日遣：每天派出。[44]发乃尽：指军队才出发完毕。[45]三台：官署名。包括御史、谒者与司隶三台。[46]五省：官署名。包括尚书省、门下省、内史省、秘书省和殿内省。[47]九寺：官署名。包括太常、光禄、卫尉、宗正、太仆、大理、鸿胪、司农、太府等九寺。[48]甲辰：正月二十四日。[49]壬戌：二月十二日。[50]观德王雄：杨雄封为观王，德为谥号。[51]段文振（？—612）：北海期原（今山东青州市）人。历仕北周、隋，官至兵部尚书。赠北平侯，谥曰襄。传见《隋书》卷六十、《北史》卷七十六。[52]异日：他日。[53]烽候：即烽火台。古代边防用烽燧报警的土堡哨所。[54]兵曹郎：官名。即兵部侍郎。隋炀帝改尚书诸曹侍郎为郎。[55]斛斯政（？—613）：河南人。官至兵部侍郎。传见《隋书》卷七十、《北史》卷四十九。[56]器干：办事才能。

［57］险薄：邪恶轻薄。［58］辽东小丑：对高丽国的蔑称。［59］六师：即六军。军队的统称。［60］万乘：周制，天子地方千里，出兵万乘。后以万乘称天子。［61］防拟：提防。拟，揣度。［62］降款：降服，服罪。款，服顺，服罪。［63］淹迟：迟缓。淹，久留，停滞。［64］星驰：如流星飞驰。形容迅速。［65］本根：草本的根茎，比喻事物的根基。［66］不时：不及时。［67］脱：副词。倘若，或许。［68］秋霖：秋天的霖雨。霖，连绵大雨。［69］辛卯：三月十二日。［70］癸巳：三月十四日。［71］辽水：水名，即今辽河。从今辽宁昌图县折西南，流至盘山湾入海。［72］阻水：依靠辽水。阻，恃，依仗。［73］麦铁杖（？—612）：始兴（今广东韶关市东南）人。历仕陈、隋，官至左屯卫大将军。赠宿国公，谥曰武烈。传见《隋书》卷六十四、《北史》卷七十八。［74］频（è）：鼻梁。［75］治黄：治黄热病。此病热则头痛，故燃艾灸鼻梁。热则上壅塞鼻，瓜蒂味苦寒，故喷鼻以治鼻塞。差：病愈。［76］荷国恩：承受国家恩惠。荷，承受。［77］良杀：好死。［78］趣：同"趋"。趋赴，趋向。［79］正议大夫：官名。文散官，取秦大夫掌议论之义，无职掌。［80］辽东城：即辽东郡城。在今辽宁辽阳市。［81］慑惮：使其畏惧。［82］尚书右丞：官名。与尚书左丞分掌尚书诸司纠驳。［83］刘士龙（？—612）：弘农（今河南灵宝市）人。官至尚书右丞。事散见《隋书》卷四、卷六十、卷六十六、卷七十四等。［84］给复：免除赋税徭役。［85］统摄：管理。［86］壬午：五月四日。［87］吊民伐罪：抚慰人民，讨伐有罪。吊，慰问。［88］立一身之名：求取各自的名声。［89］勋赏：功劳奖赏。勋，大功劳。［90］非大军行法：不是这次大军征行之法。［91］辽东：指据守辽东的高丽。［92］纵兵：放纵兵士任意杀伤。［93］赴机：谓乘机而入。赴，趋往，投入。［94］比：等到，及。［95］寤：醒悟，理解。［96］己未：六月十一日。［97］家世：家阀和世系。即家庭出身。［98］暗懦：昏暗而懦弱。［99］病败：因失败而受耻辱。病，耻辱。［100］战惧：恐惧，发抖。战，通"颤"。［101］六合城：略如大业三年所造行城，城周围八里，城及女墙高七八丈。［102］浮海：渡海。浮，在水上泛行。［103］浿（pèi）水：河名。在朝鲜境内。即今清川江。［104］俟（sì）：等待。［105］简精甲：挑选精锐的甲士。简，挑选，选拔。精甲，精锐的甲士。甲，穿盔甲的兵士。［106］直造：一直到达。造，到，去。［107］罗郭：外城。罗，即罗城，古代为加强防守，在城墙外加建的凸出的城圈。［108］俘掠：俘虏敌兵与抢掠财物。［109］部伍：部曲行伍，战斗队列。［110］整陈：整顿军队，摆成阵列。陈，同"阵"。［111］海浦：通海之口。浦，河流注入江海的地方。［112］薛世雄（552—614）：字世英，本河东汾阴（今山西万荣县西南）人。历仕北周、隋，官至右翊卫将军。传见《隋书》卷六十五、《北史》卷七十六。［113］赵孝才（547—619）：名才，字孝才，张掖酒泉（今甘肃张掖市）人。历仕北周、隋，官至右候卫大将军。传见《隋书》卷六十五、《北史》卷七十八。［114］崔弘昇（553—612）：字上客，传附《隋书·崔弘度传》《北史·崔辩传》。［115］遂城：县名。县治在今河北保定市徐水区西北遂城。［116］增地：地名。在今朝鲜清川江入海处。［117］鸭绿水：水名。古名马訾水，一名益州江。其水色绿如鸭头，故名鸭绿江。源出长白山，经吉林集安市至辽宁东港市入黄

海。[118]排甲：即盾牌。[119]火幕：取暖的帐幕。[120]石：重量单位。一百二十斤为一石。[121]中路：行程的一半，半道。[122]乙支文德：人名，高丽大臣。乙支，高丽复姓。[123]慰抚使：朝廷临时差遣的官职，到某地行安抚之职。[124]听：听任，允许。[125]何颜：有什么脸面。颜，脸色。[126]计画：计虑，谋划。[127]咨禀：有事要商量禀告。咨，商量，征询。[128]节度：部署，节制调度。[129]饥色：饥饿的脸色。[130]疲之：使其疲惫。之，指宇文述军士。[131]骤胜：屡次胜利。骤，屡次，频频。[132]逼群议：受大家议论的逼迫。[133]萨水：水名。在今朝鲜境内。[134]行在所：即行在，指封建帝王所在的地方。[135]度（duó）：估计，揣度。[136]猝（cù）拔：突然攻克。猝，突然。拔，攻克。[137]且战且行：一边战斗，一边撤走。且，表示两件事同时进行。[138]壬寅：七月二十四日。[139]半济：渡过一半。[140]王仁恭（558—617）：字元实，天水上邽（今甘肃天水市）人。官至马邑太守。传见《隋书》卷六十五、《北史》卷七十八。[141]为殿：为后军。断后。[142]资储：物资储备。[143]癸卯：七月二十五日。[144]百济王璋：继余昌王之后立为高丽王。事见《隋书·百济传》《北史·百济传》。[145]觇（chān）：窥视，侦察。[146]师期：发兵日期。[147]尚书起部郎：官名。属工部尚书，即工部郎中。掌工程建筑。[148]告以期会：告诉以起兵之期与会师日期。[149]严兵：整顿军队。严，整肃。[150]武厉逻：高丽于辽水之西设置的警戒观察哨所。[151]辽东郡：郡名。治所通定镇，在今辽宁沈阳市新民市东北。[152]通定镇：镇名。故址在今辽宁沈阳市新民市东北。[153]望海顿：地名。故址在今辽宁锦州市南。[154]尚书：据章校，“尚书”下应补“庐江”二字。[155]樊子盖（545—616）：字华宗，庐江（今安徽合肥市西）人。历仕北周、隋，官至民部尚书，封济公。传见《隋书》卷六十三、《北史》卷七十六。[156]庚寅：九月十三日。[157]甲寅：十月八日。[158]己卯：十一月三日。[159]士及：（？—642）：即宇文士及。雍州长安（今陕西西安市）人。历仕隋、唐，官至中书令。传见《旧唐书》卷六十三、《新唐书》卷一百。[160]南阳公主：传见《隋书》卷八十、《北史》卷九十一。[161]甲申：十一月八日。[162]白石山：山名。在今朝鲜境内。[163]委罪：把罪责推诿给别人。[164]忧恚：忧虑而怨恨。[165]困笃：病重垂危。[166]出之：从监狱中放出。[167]疫：瘟疫，流行性传染病的通称。[168]放废：谓罢免官职，放还乡里。[169]谤讪：毁谤，讥刺。[170]赐尽：命其自杀。

【点评】

高丽以弱胜强的历史教训。本卷所载史事，最发人深思的是隋炀帝兵伐高丽之役。高丽以小敌大，以弱胜强；反之，隋朝以大欺小，以强凌弱而惨败，各自给予历史的借鉴意义，值得认真总结。首先高丽是一个小国，举国之众不如隋朝一个大郡，而高丽何以能抗衡大国呢？不仅昏暴之主隋炀帝兵败辽东，而且隋文帝攻之于前不克，唐太宗征之于后亦丧师。王夫之认为，陈朝的灭亡，给高丽君臣敲了警钟，因而上下一心，团结民众，选将练兵，积蓄粮草，修治器械，严阵以待大国来犯，所以不可攻克。一个小国有敌国外患之忧，就足可以抗衡大国。三国时，蜀汉灭亡，孙皓不知警惧；南北朝时，北齐高纬灭亡，陈朝陈叔宝不知警惧；五代时后蜀孟昶灭亡，南唐李煜不知警惧。他们等到兵临城下，不知所措，只有委身投降的份。可以说，有敌国外患而知警惧，从而奋起有为，才能自强，方能御辱。像谯周畏敌而不战，宋高宗畏金人而称臣，知惧而不奋起，还不如不知惧。知惧而发奋自强，高丽人在此役中做出了榜样。其次，作为一个超级大国的隋朝，出动百余万大军征伐一个弹丸小国，出兵之盛，旷古未闻，结果大败而归，出人意表，启人深思。隋军征伐，用牛刀杀鸡，百万大军，行动迟缓，敌方早做好准备，此其一。隋炀帝亲征，又刚愎自用，还要亲自指挥，不知阵前变化，众将无所适从，连连丧失战机，此其二。兵马未动，粮草先行。隋军后勤辎重粮秣，基地在涿郡，距离辽东仍然遥远，进军平壤，兵士自负粮秣辎重，实际上没有后勤支持，兵愈多，其败愈速，此其三。可以说这是一次残虐之主发动的一次必败的战争，教训是极为深刻的。

卷一八二　隋纪六

隋炀帝大业九年至十一年（613—615 年）

【起昭阳作噩（癸酉，613 年），尽旃蒙大渊献（乙亥，615 年），凡三年】

【大事提要】

本卷载述公元 613 年至公元 615 年史事，凡三年，时当隋炀帝大业九年至十一年。三年中，隋炀帝又两征高丽，平定杨玄感之乱，在雁门受困于突厥，民变四起，遍布全国。隋炀帝四面楚歌，仍执迷不悟，因隋军还貌似强大，隋炀帝之令，尚能行于朝野。但农民起义的烈火，却是越烧越旺，隋军征讨，胜利越多，杀戮越重，民变愈炽，正如老子所说："民不畏死，奈何以死惧之。"

炀皇帝中

大业九年（癸酉，613 年）

春，正月，丁丑[1]，诏征天下兵集涿郡。始募民为骁果[2]，修辽东古城[3]以贮军粮。

灵武[4]贼帅白瑜娑劫掠牧马，北连突厥，陇右多被其患，谓之"奴贼"。

戊戌[5]，赦天下。

己亥[6]，命刑部尚书卫文昇等辅代王侑留守西京。

二月，壬午[7]，诏："宇文述以兵粮不继，遂陷王师[8]；乃军吏[9]失于支料[10]，非述之罪，宜复其官爵。"寻又加开府仪同三司。

帝谓侍臣曰："高丽小虏，侮慢[11]上国[12]，今拔海移山[13]，犹望克果[14]，况此虏乎！"乃复议伐高丽。左光禄大夫[15]郭荣[16]谏曰："戎狄失礼，臣下之事；千钧[17]之弩，不为鼷鼠[18]发机[19]，奈何亲辱[20]万乘以敌小寇乎！"帝不听。

三月，丙子[21]，济阴孟海公[22]起为盗，保据周桥[23]，众至数万，见人称引书史，辄杀之。

丁丑[24]，发丁男十万城大兴[25]。

戊寅[26]，帝幸辽东，命民部尚书[27]樊子盖等辅越王侗留守东都。

时所在[28]盗起：齐郡王薄、孟让、北海[29]郭方预、清河张金称、平原郝孝德、河间[30]格谦、勃海[31]孙宣雅各聚众攻剽[32]，多者十余万，少者数万人，山东苦之。天下承平日久，人不习战，郡县吏每与贼战，望风沮败[33]。唯齐郡丞閺乡张须陀[34]得士众心，勇决善战。将郡兵击王薄于泰山下，薄恃其骤胜，不设备；须陀掩击，大破之。薄收余兵北渡河；须陀追击于临邑[35]，又破之。薄北连孙宣雅、郝孝德等十余万攻章丘[36]，须陀帅步骑二万击之，贼众大败。贼帅裴长才等众二万掩至[37]城下，大掠，须陀未暇集兵，帅五骑与战，贼竞赴[38]之，围百余重，身中数创[39]，勇气弥厉[40]。会城中兵至，贼稍退却，须陀督众击之，长才等败走。庚子[41]，郭方预等合军攻陷北海，大掠而去。须陀谓官属曰："贼恃其强，谓我不能救，吾今速行，破之必矣。"乃简精兵倍道进击，大破之，斩数万级，前后获贼辎重不可胜计。

历城罗士信[42]，年十四，从须陀击贼于潍水[43]上。贼始布陈，士信驰至陈前，刺杀数人，斩一人首，掷空中，以稍盛之，揭[44]以略陈；贼徒愕眙[45]，莫敢近。须陀因引兵奋击，贼众大溃。士信逐北[46]，每杀一人，劓[47]其鼻怀之，还，以验[48]杀贼之数，须陀叹赏，引置左右。每战，须陀先登，士信为副。帝遣使慰谕，并画须陀、士信战陈之状而观之。

夏，四月，庚午[49]，车驾渡辽。壬申[50]，遣宇文述与上大将军杨义臣趣平壤。

左光禄大夫王仁恭出扶余道。仁恭进军至新城[51]，高丽兵数万拒战，仁恭帅劲骑[52]一千击破之，高丽婴城固守。帝命诸将攻辽东，听以便宜从事。飞楼[53]、橦[54]、云梯[55]、地道四面俱进，昼夜不息，而高丽应变拒之，二十余日不拔，主客[56]死者甚众。冲梯[57]竿长十五丈，骁果吴兴沈光[58]升其端，临城与高丽战，短兵接，杀十数人，高丽竞击之而坠；未及地，适[59]遇竿有垂絙[60]，光接而复上。帝望见，壮之，即拜朝散大夫，恒置左右。

（以上为第一段，写大业九年隋炀帝第二次亲征高丽。沉重苛严的征兵征徭，扰动天下，即将进一步激发起全国农民大起义。隋军在河北、山东讨伐，虽然屡次获胜，但无法扑灭农民起义。）

【注释】

[1]丁丑：正月二日。[2]骁（xiāo）果：勇猛敢死之士。[3]辽东古城：城名。隋大业八年置辽东郡，治所通定镇，故址在今辽宁新民市东北。[4]灵武：郡名。治所回乐县，在今宁夏灵武市西南。[5]戊戌：正月二十三日。[6]己亥：正月二十四日。[7]壬午：二月乙巳朔，无壬午。壬午疑为“壬子”之误。壬子，二月八日。[8]陷王师：使王师遭受失败。陷，没入，沉落。王师，指帝王的军队。[9]军吏：在军队中供职的人员。[10]支料：支度料理。[11]侮慢：侮辱轻慢。[12]上国：诸侯称帝室为上国。此是隋炀帝以隋朝大国而自居。[13]拔海移山：艰难，费力。[14]克果：能达到目的。克，能。果，决定，结局。[15]左光禄大夫：官名。文散官，无职事。[16]郭荣（547—614）：自称太原（今山西太原市）人。历仕北周、隋，官至右候卫大将军。传见《隋书》卷五十、《北史》卷七十五。[17]钧：古代重量单位名。三十斤为一钧。[18]鼷（xī）鼠：小老鼠。[19]发机：发动弩机。[20]辱：抑屈，枉。[21]丙子：三月二日。[22]孟海公：济阴（治今山东曹县西北）人，隋末农民起义领袖。事散见《隋书》相关各传。[23]周桥：地名。故址在今山东曹县西北。[24]丁丑：三月三日。[25]城大兴：修筑大兴城。城，筑城。大兴，即西京长安。[26]戊寅：三月四日。[27]民部尚书：官名。隋炀帝改户部尚书为民部尚书。[28]所在：到处，处处。[29]北海：郡名。治所益都县，在今山东青州市。[30]河间：郡名。治所河间县，在今河北河间市。[31]勃海：郡名。治所饶安县，在今河北盐山县西南。[32]攻剽：攻劫掠夺，抢劫。[33]望风沮败：远远望见敌人便溃败。沮，败坏，毁坏。[34]张须陀（563—614）：弘农阌（wén）乡县（今河南灵宝市）人。官至荥阳通守。传见《隋书》卷七十一、《北史》卷八十五。[35]临邑：县名。县治在今山东济南市北。[36]章丘：县名。县治在今山东济南市章丘区西北。[37]掩至：乘其不备突然而至。[38]竞赴：争先恐后地奔去。[39]创：创伤。[40]弥厉：更加振奋。[41]庚子：三月二十六日。[42]罗士信（603—622）：齐州历城（今山东济南市）人。历仕隋、唐，官至绛州总管，封剡国公。传见《旧唐书》卷一百八十七上、《新唐书》卷一百九十一。[43]潍水：水名。在今山东潍坊市东，源于诸城市，北流经昌邑市，北入莱州湾。[44]揭：高举。[45]愕眙（chì）：惊视。眙，直看。[46]逐北：追击败逃的敌兵。北，败北，败逃。[47]劓（yì）：割除，割下。[48]验：查对，核查。[49]庚午：四月二十七日。[50]壬申：四月二十九日。[51]新城：地名。故址在今辽宁抚顺市北。[52]劲骑：精壮的骑兵。[53]飞

楼：古代攻城的战具。［54］橦（chōng）：通“幢”。古代攻陷敌阵的冲车。［55］云梯：古代攻城的战具。以大木做床，下设六轮，上立二梯，各长二丈余，中施转轴，用人力推进，可以爬越城墙，或窥视城中。［56］主客：高丽兵守城，称主；隋兵攻城，称客。［57］冲梯：冲是古代用来冲撞城墙的战车。冲梯是冲车上的梯子。［58］沈光（590—617）：字总持，吴兴（今浙江湖州市吴兴区南）人。官至折冲郎将。传见《隋书》卷六十四、《北史》卷七十八。［59］适：恰巧。［60］垂絙（gèng）：下垂的绳索。絙，大绳，粗绳。

礼部尚书杨玄感，骁勇，便骑射[1]，好读书，喜宾客，海内知名之士多与之游。与蒲山公李密[2]善，密，弼之曾孙也，少有才略，志气雄远，轻财好士，为左亲侍[3]。帝见之，谓宇文述曰：“向者左仗[4]下黑色小儿，瞻视异常，勿令宿卫！”述乃讽密使称病自免，密遂屏人事，专务读书。尝乘黄牛读《汉书》[5]，杨素遇而异之，因召至家，与语，大悦，谓其子玄感等曰：“李密识度如此，汝等不及也！”由是玄感与为深交。时或侮之，密曰：“人言当指实，宁可面谀！若决机两陈之间，喑呜[6]咄嗟[7]，使敌人震慑，密不如公；驱策[8]天下贤俊，各申[9]其用，公不如密：岂可以阶级[10]稍崇而轻天下士大夫邪！”玄感笑而服之。

素恃功骄倨[11]，朝宴[12]之际，或失臣礼，帝心衔而不言，素亦觉之。及素薨，帝谓近臣曰：“使素不死，终当夷族[13]。”玄感颇知之，且自以累世贵显[14]，在朝文武多父之故吏[15]，见朝政日紊[16]，而帝多猜忌，内不自安，乃与诸弟潜谋[17]作乱。帝方事[18]征伐，玄感自言：“世荷国恩，愿为将领。”帝喜曰：“将门必有将，相门必有相，固[19]不虚也。”由是宠遇日隆[20]，颇预朝政。

帝伐高丽，命玄感于黎阳督运[21]，遂与虎贲郎将王仲伯、汲郡[22]赞治[23]赵怀义等谋，故[24]逗留漕运，不时[25]进发，欲令渡辽诸军乏食；帝遣使者促之，玄感扬言水路多盗，不可前后而发。玄感弟虎贲郎将玄纵，鹰扬郎将万石[26]，并从幸辽东，玄感潜遣人召之，二人皆亡还。万石至高阳[27]，为监事[28]许华所执，斩于涿郡。

时右骁卫大将军来护儿以舟师自东莱将入海趣平壤，玄感遣家奴伪为使者从东方来，诈称护儿反。六月，乙巳[29]，玄感入黎阳，闭城，大索男夫[30]，取帆布[31]为牟[32]、甲，署官属，皆准开皇之旧[33]。移书傍郡，以讨护儿为名，各令发兵会于仓所[34]。郡县官有干用[35]者，玄感皆以运粮追集之，以赵怀义为卫州刺史，东光[36]尉元务本为黎州刺史，河内郡[37]主簿[38]唐祎为怀州刺史。

治书侍御史[39]游元[40]，督运在黎阳，玄感谓曰："独夫[41]肆虐，陷身绝域[42]，此天亡之时也。我今亲帅义兵以诛无道，卿意如何？"元正色[43]曰："尊公荷国宠灵[44]，近古无比，公之弟兄，青紫[45]交映，当谓竭诚尽节，上答鸿恩[46]。岂意坟土未干，亲图反噬[47]！仆有死而已，不敢闻命[48]！"玄感怒而囚之，屡胁以兵[49]，不能屈，乃杀之。元，明根之孙也。

玄感选运夫少壮者得五千余人，丹阳[50]、宣城[51]篙梢[52]三千余人，刑三牲[53]誓众，且谕之曰："主上无道，不以百姓为念，天下骚扰[54]，死辽东者以万计。今与君等起兵以救兆民[55]之弊，何如？"众皆踊跃称万岁[56]。乃勒兵部分。唐祎自玄感所逃归河内。

先是玄感阴遣家僮至长安，召李密及弟玄挺赴黎阳。及举兵，密适至[57]，玄感大喜，以为谋主[58]，谓密曰："子[59]常以济物为己任，今其时矣！计将安出？"密曰："天子出征，远在辽外，去幽州犹隔千里。南有巨海，北有强胡[60]，中间一道，理极艰危。公拥兵出其不意，长驱入蓟，据临渝[61]之险，扼[62]其咽喉。归路既绝，高丽闻之，必蹑[63]其后，不过旬月，资粮皆尽，其众不降则溃，可不战而擒，此上计也。"玄感曰："更言其次。"密曰："关中四塞[64]，天府[65]之国，虽有卫文昇，不足为意。今帅众鼓行而西，经城[66]勿攻，直取长安，收其豪杰，抚其士民[67]，据险而守之。天子虽还，失其根本，可徐图[68]也。"玄感曰："更言其次。"密曰："简精锐；昼夜倍道，袭取东都，以号令四方。但恐唐祎告之，先已固守。若引兵攻之，百日不克，天下之兵四面而至，非仆[69]所知也。"玄感曰："不然，今百官家口并在东都，若先取之，足以动其心。且经城不拔，何以示威！公之下计，乃上策也。"遂引兵向洛阳，遣杨玄挺将骁勇千人为前锋，先取河内。唐祎据城拒守，玄挺无所获。

祎又使人告东都越王侗与樊子盖等勒兵为备，修武[70]民相帅守临清关[71]。玄感不得度[72]，乃于汲郡南渡河，从之者如市[73]。使弟积善将兵三千自偃师[74]南缘洛水西入，玄挺自白司马坂[75]逾邙山[76]南入，玄感将三千余人随其后，相去十里许，自称大军。其兵皆执单刀柳盾[77]，无弓矢甲胄。东都遣河南[78]令达奚善意[79]将精兵五千人拒积善，将作监、河南赞治裴弘策将八千人拒玄挺。善意渡洛南，营于汉王寺[80]；明日，积善兵至，不战自溃，铠仗皆为积善所取。弘策出至白司马坂，一战，败走，弃铠仗[81]者太半，玄挺亦不追。弘策退三四里，收散兵，复结陈以待之；玄挺徐至，坐息良久，忽起击之，弘策又败，如是五战。丙辰[82]，玄挺直抵太阳门[83]，弘策将十余骑驰入宫城，自余无一人返者，皆归于玄感。

玄感屯上春门[84]，每誓众曰："我身为上柱国[85]，家累[86]钜万金，至于富贵，无所求也。今不顾灭族者，但为天下解倒悬之急[87]耳！"众皆悦。父老争献牛酒，子弟诣军门请自效[88]者，日以千数。

（以上为第二段，写杨玄感顺应民心思变，起兵反隋。杨玄感野心勃勃，急于称帝，不听李密上计，即置隋炀帝于死地，而妄想侥幸取胜，采用下策，向西进兵东都，响应者从之如云。）

【注释】

［1］便骑射：熟悉骑马射箭。便，熟悉。［2］李密（582—618）：字玄邃，一字法主，本辽东襄平（今辽宁辽阳市）人。袭爵蒲山公。先从杨玄感起兵，后又加入翟让领导的起义军，被称为魏公，后又降唐，拜光禄大夫。因谋反被杀。传见《隋书》卷七十、《北史》卷六十、《旧唐书》卷五十三、《新唐书》卷八十四。［3］左亲侍：官名。隶属左翊卫，侍卫之官。［4］左仗：仪仗队之左。凡朝会仪卫分为五仗，此其一。［5］《汉书》：书名。东汉班固著。记西汉一代二百三十年史事。［6］喑呜：吞声悲咽。［7］咄嗟（duó jué）：怒吼呵叱。咄，呵叱。［8］驱策：驱使，鞭策。［9］申：施展。通"伸"。［10］阶级：官阶。［11］骄倨：骄傲，傲慢。［12］朝宴：朝会与饮宴。［13］夷族：消灭家族。夷，削平。［14］贵显：高贵，显赫。［15］故吏：旧吏。［16］日紊：日渐紊乱。［17］潜谋：暗中谋划。潜，暗中。［18］方事：正从事。方，正在。［19］固：固然，本来。［20］日隆：一天比一天厚重。［21］督运：掌督管运送军事物资。［22］汲郡：郡名。治所卫县，在今河南淇县东。［23］赞治：官名，隋炀帝改州为郡，置郡太守；罢长史、司马，置赞务一人为副长官。《隋书》作赞务，即赞治，因《隋书》成书于唐，避高宗讳，

故改“治”为“务”。［24］故：故意，有意。［25］不时：不按时，不及时。［26］万石（？—613）：人名。官至鹰扬郎将。传附《北史·杨敷传》。［27］高阳：县名。县治在今河北高阳县东。［28］监事：官名。掌库、仓署事。［29］乙巳：六月三日。［30］索男夫：搜索男丁以为兵士。［31］帆布：船上做帆的布。［32］牟（móu）：通“鍪”，兜鍪，即战士戴的头盔。［33］准开皇之旧：以文帝开皇初旧官制为准。［34］仓所：指黎阳仓所在地。［35］干用：有办事的才干。［36］东光：县名。县治在今河北东光县东。［37］河内郡：郡名。郡治野王县，在今河南沁阳市。［38］主簿：官名。掌文书簿记。［39］治书侍御史：官名。属御史台，掌管律令。［40］游元（？—613）：字楚客，广平任县（今河北邢台市任泽区东）人。官至朝请大夫，兼治书侍御史。传见《隋书》卷七十一、《北史》卷八十五。［41］独夫：众叛亲离的统治者。犹言一夫。此指隋炀帝。［42］绝域：极远的地域。［43］正色：古代以纯色为正色，形容表情端庄严肃。［44］宠灵：如恩宠，宠异。［45］青紫：汉制，丞相、太尉金印紫绶，御史大夫银印青绶，三府崇贵，后称贵官。［46］鸿恩：大恩。多指皇恩。鸿，通“洪”。［47］反噬（shì）：反咬一口。比喻受人恩惠反加陷害，或犯罪者诬指检举者。噬，咬。［48］闻命：听命，服从命令。［49］胁以兵：以杀头相威胁。兵，兵器。［50］丹阳：郡名。治所石头城，在今江苏南京市。［51］宣城：郡名。治所宛陵县，在今安徽宣城市。［52］篙（gāo）梢：熟练的驾船人。篙，指撑篙的人；梢，指掌舵的人。［53］刑三牲：宰杀猪、牛、羊。刑，杀。三牲，指牛、羊、猪。［54］骚扰：扰乱，政局动乱不安。［55］兆民：指万民，极言数量之多。兆，数名。古代下数以十万为亿，十亿为兆；中数以万万为亿，万亿为兆；上数以亿亿为兆。［56］称万岁：叫好，称赞。万岁，原为古代饮酒上寿时的祝词，上下通用。［57］适至：正好来到。适，恰巧，正好。［58］谋主：主谋的人。［59］子：您。古时对男子的尊称，也是通称。［60］强胡：指靺鞨、契丹等少数民族。［61］临渝：即临榆。关名。故址在今河北秦皇岛市抚宁区。［62］扼：掐住，引申为据守。［63］蹑（niè）：紧随在后。［64］四塞：四面险要。旧说关中东有函谷关，南有武关，西有散关，北有萧关。故称关中为四塞之地。［65］天府：天，尊称。府，藏物之所。后泛指朝廷的仓库。天府在这里是物产丰富的意思。［66］经城：指西取长安沿途所经过的城市。［67］士民：士子和庶民。［68］徐图：慢慢地计议。徐，缓慢。［69］仆：本指供役使的人。此是自身谦称。［70］修武：县名。县治在今河南修武县。［71］临清关：关名。故址在今河南新乡市东北。［72］度：过。通“渡”。［73］如市：如集市上的人一样拥挤。［74］偃师：县名。县治在今河南洛阳市偃师区。［75］白司马坂：即白马山。故址在今河南洛阳市北邙山北麓。［76］邙山：在今洛阳市北。［77］柳盾：用柳树条编制的盾。盾即盾牌。［78］河南：县名。县治在今河南洛阳市。［79］达奚善意：人名。达奚为复姓，善意为名。［80］汉王寺：古寺名。故址在今河南洛阳市偃师区。［81］铠仗：铠甲与兵器。铠，古代战士用以护身的铁甲。［82］丙辰：六月十四日。［83］太阳门：《隋书·地理志》载，东都东面三门，有建阳门，无太阳门，疑误。［84］上春门：城门名。东京外郭城东面三门，最北的称上春门，唐改上东门。［85］上柱国：官名。勋官，用于酬功劳。又为武散官，无职事。［86］累：堆积，积聚。［87］倒悬之急：比喻处境极困苦危急。倒悬，头向下，脚向上地被倒挂。［88］自效：自我尽力效劳。

内史舍人韦福嗣[1]，洸之兄子也，从军出拒玄感，为玄感所获；玄感厚礼之，使与其党胡师耽共掌文翰[2]。玄感令福嗣为书遗樊子盖，数[3]帝罪恶，云："今欲废昏立明，愿勿拘小礼，自贻[4]伊戚[5]。"樊子盖新自外藩[6]入为京官，东都旧官多慢之，至于部分军事，未甚承禀。裴弘策与子盖同班[7]，前出讨贼失利，子盖更使出战，不肯行，子盖命引出斩之以徇。国子祭酒河东杨汪[8]，小有不恭，子盖又将斩之；汪顿首流血，乃得免。于是将吏震肃，无敢仰视，令行禁止。玄感尽锐攻城，子盖随方拒守，玄感不能克。然达官子弟应募从军者，闻弘策死，皆不敢入城。韩擒虎子世咢[9]、观王雄子恭道、虞世基子柔、来护儿子渊、裴蕴子爽、大理卿郑善果[10]子俨、周罗睺子仲等四十余人皆降于玄感，玄感悉以亲重要任委之。善果，译之兄子也。

玄感收兵得五万余人，分五千守慈硐道[11]，五千守伊阙道[12]，遣韩世咢将三千人围荥阳[13]，顾觉将五千人取虎牢[14]。虎牢降，以觉为郑州刺史，镇虎牢。

代王侑使刑部尚书卫文昇帅兵四万救东都，文昇至华阴[15]，掘杨素冢，焚其骸骨，示士卒以必死，遂鼓行出崤、渑[16]，直趋东都城北。玄感逆拒[17]之；文昇且战且行，屯于金谷[18]。

辽东城久不拔，帝遣[19]造布囊百余万口，满贮土，欲积为鱼梁大道[20]，阔三十步，高与城齐，使战士登而攻之，又作八轮楼车[21]，高出于城，夹鱼梁道，欲俯射城内，指期[22]将攻，城内危蹙[23]。会杨玄感反书至，帝大惧，引纳言苏威入帐中，谓曰："此儿聪明，得无为患[24]？"威曰："夫识是非，审[25]成败，乃谓之聪明，玄感粗疏[26]，必无所虑。但恐因此寖成[27]乱阶[28]耳。"帝又闻达官子弟皆在玄感所，益忧之。兵部侍郎斛斯政素与玄感善，玄感之反，政与之通谋，玄纵兄弟亡归，政潜遣之。帝将穷治玄纵等党与，政内不自安，戊辰[29]，亡奔高丽。庚午[30]，夜二更[31]，帝密召诸将，使引军还，军资、器械[32]、攻具[33]，积如丘山，营垒、帐幕，按堵[34]不动，皆弃之而去。众心恟惧[35]，无复部分，诸道分散。高丽即时觉之[36]，然不敢出，但于城内鼓噪。至来日午时，方渐出外，四远[37]觇侦[38]，犹疑隋军诈之。经二日，乃出数千兵追蹑[39]，畏隋兵之众，不敢逼，常相去八九十里；将至辽水，知御营[40]毕渡，乃敢逼后军。时后军犹数万人，高丽随而抄击[41]，最后羸弱数千人为所杀略[42]。

初，帝再征高丽，复问太史令庾质曰："今段[43]何如？"对曰："臣实愚迷[44]，犹执[45]前见，陛下若亲动万乘，劳费实多。"帝怒曰："我自行犹不克，直遣人去，安得有功！"及还，谓质曰："卿前不欲我行，当为此耳。玄感其有成乎？"质曰："玄感地势[46]虽隆，素非人望[47]，因百姓之劳，冀幸[48]成功。今天下一家[49]，未易可动。"

帝遣虎贲郎将陈稜[50]攻元务本于黎阳，又遣左翊卫大将军宇文述、右候卫将军屈突通乘传发兵以讨玄感。来护儿至东莱，闻玄感围东都，召诸将议旋军[51]救之。诸将咸以无敕，不宜擅还[52]，固执不从，护儿厉声曰："洛阳被围，心腹之疾；高丽逆命[53]，犹疥癣[54]耳。公家之事，知无不为，专擅[55]在吾，不关诸人，有沮议[56]者，军法从事！"即日回军。令子弘、整[57]驰驿奏闻。帝时还至涿郡，已敕护儿救东都，见弘、整，甚悦，赐护儿玺书曰："公旋师之时，是朕敕公之日，君臣意合，远同符契[58]。"

先是，右武候大将军李子雄坐事除名，令从军自效，从来护儿在东莱，帝疑之，诏锁子雄送行在所。子雄杀使者，逃奔玄感。卫文昇以步骑二万渡瀍水[59]，与玄感战，玄感屡破之。玄感每战，身先士卒，所向摧陷[60]，又善抚悦[61]其下，皆乐为致死，由是每战多捷，众益盛，至十万人。文昇众寡不敌，死伤太半且尽，乃更进屯邙山之阳[62]，与玄感决战，一日十余合。会杨玄挺中流矢[63]死，玄感军乃稍却。

秋，七月，癸未[64]，余杭民刘元进起兵以应玄感。元进手长尺余[65]，臂垂过膝[66]，自以相表非常，阴有异志。会帝再发三吴[67]兵征高丽，三吴兵皆相谓曰："往岁天下全盛，吾辈父兄征高丽者犹太半不返；今已罢弊[68]，复为此行，吾属[69]无遗类矣！"由是多亡命。郡县捕之急，闻元进举兵，亡命者云集，旬月[70]间，众至数万。

始，杨玄感至东都，自谓天下响应[71]。得韦福嗣，委以心膂[72]，不复专任李密。福嗣每画策[73]，皆持两端[74]；密揣[75]知其意，谓玄感曰："福嗣元[76]非同盟，实怀观望；明公初起大事而奸人在侧，听其是非[77]，必为所误，请斩之！"玄感曰："何至于此！"密退，谓所亲曰："楚公[78]好反而不欲胜，吾属今为虏矣！"

李子雄劝玄感速称尊号[79]，玄感以问密，密曰："昔陈胜[80]自欲称王，张耳[81]谏而被外；魏武[82]将求九锡[83]，荀彧[84]止而见诛。今者密欲正言，还恐追踪二子[85]；阿谀顺意，又非密之本图。何者？兵起以来，虽复频捷，至于郡县，未有从者，东都守御尚强，天下救兵益至，公当挺身力战，早定关中，乃亟欲自尊[86]，何示人不广也！"玄感笑而止。

屈突通引兵屯河阳，宇文述继之，玄感问计于李子雄，子雄曰："通晓习兵事，若一得渡河，则胜负难决，不如分兵拒之。通不能济，则樊、卫[87]失援。"玄感然之，将拒通；樊子盖知其谋，数击其营，玄感不得往。通济河，军于破陵[88]。玄感分为两军，西抗文昇。东拒通。子盖复出兵大战，玄感军屡败，与其党谋之，李子雄曰："东都援军益至[89]，我军数败，不可久留，不如直入关中，开永丰仓[90]以振贫乏[91]，三辅[92]可指麾而定。据有府库[93]，东面而争天下，亦霸王之业也。"李密曰："弘化[94]留守元弘嗣握强兵在陇右，可声言其反，遣使迎公，因此入关，可以绐众。"

会华阴诸杨[95]请为乡导[96]，壬辰[97]，玄感解东都围，引兵西趣潼关[98]，宣言："我已破东都、取关西[99]矣！"宇文述等诸军蹑之。至弘农宫[100]，父老遮[101]说玄感曰："宫城空虚，又多积粟，攻之易下。"玄感以为然。弘农[102]太守蔡王智积[103]谓官属曰："玄感闻大军将至，欲西图关中，若成其计，则难克也；当以计縻之[104]，使不得进，不出一旬，可以成擒。"及玄感军至城下，智积登陴[105]詈[106]之，玄感怒，留攻之。李密谏曰："公今诈众西入，军事贵速，况乃追兵将至，安可稽留[107]！若前不得据关[108]，退无所守，大众一散，何以自全！"玄感不从，遂攻之，烧其城门，智积于内益火，玄感兵不得入。三日不拔，乃引而西。至阌乡[109]，宇文述、卫文昇、来护儿、屈突通等军追及于皇天原[110]。玄感上槃豆[111]，布陈亘五十里，且战且行，玄感一日三败。八月，壬寅[112]，玄感陈于董杜原[113]，诸军击之，玄感大败，独与十余骑奔上洛[114]。追骑至，玄感叱之，皆反走[115]。至葭芦戍[116]，独与弟积善徒步走，自度不免，谓积善曰："我不能受人戮辱[117]，汝可杀我！"积善抽刀斫杀之，因自刺，不死，为追兵所执，与玄感首俱送行在所。磔[118]玄感尸于东都市，三日，复脔[119]而焚之[120]。玄感弟玄奖为义阳[121]太守，将赴玄感，为郡丞周旋玉所杀；仁行为朝请大夫，伏诛于长安。

玄感之围东都也，梁郡[122]民韩相国举兵应之，玄感以为河南道[123]元帅，旬月间众十余万，攻剽郡县；至襄城[124]，闻玄感败，众稍散，为吏所获，传首东都。

帝以元弘嗣，斛斯政之亲也，留守弘化郡，遣卫尉少卿李渊[125]驰往执之，因代为留守，关右[126]十三郡[127]兵皆受征发。渊御众宽简，人多附之。帝以渊相表[128]奇异，又名应图谶，忌之。未几，征诣行在所，渊遇疾未谒，其甥[129]王氏在后宫，帝问曰："汝舅来何迟[130]？"王氏以疾对，帝曰："可得死否？"渊闻之，惧，因纵酒纳赂以自晦[131]。

（以上为第三段，写杨玄感志大才疏，刚愎自用，屯兵于东都坚城之下，又屡误战机，用人不专，西进入关不速，很快兵败身亡。）

【注释】

［1］韦福嗣（？—613）：隋荆州总管韦世康次子，官至内史舍人。传附《隋书·韦世康传》《北史·韦孝宽传》。［2］文翰：指信札、公文书等。［3］数：责备，述说。［4］贻（yí）：遗留。［5］伊戚：忧患，悲哀。［6］外藩：地方州郡。［7］同班：同为赞治次留守立班，故称同班。［8］杨汪（？—621）：字元度，本弘农华阴（今陕西华阴市）人，曾祖时迁居河东。历仕北周、隋，官至吏部尚书。传见《隋书》卷五十六、《北史》卷七十四。［9］世咢：韩擒虎之子，袭父爵为上柱国。传附《隋书·韩擒虎传》《北史·韩擒虎传》。［10］郑善果（？—629）：郑州荥泽（今河南郑州市西北）人。历仕隋、唐，官至礼部尚书。传见《北史》卷九十一、《旧唐书》卷六十二、《新唐书》卷一百。［11］慈硐道：地名。故址在今河南宜阳县。［12］伊阙道：地名。故址在今河

南伊川县西南。［13］荥阳：县名。县治在今河南荥阳市。［14］虎牢：镇名。故址在今河南荥阳市汜水镇。［15］华阴：县名。县治在今陕西华阴市。［16］崤（xiáo）、渑（miǎn）：崤，崤谷，即函谷。故址在今河南灵宝市南，是秦的东关。东自崤山，西至潼津，深险如函，通名函谷。渑，即渑池。县名。县治在今河南渑池县东。［17］逆拒：抗拒。［18］金谷：谷名，故址在今河南洛阳市西北。［19］遣：命令。［20］鱼梁大道：筑道如同鱼梁的样子，中间高，两边低。［21］八轮楼车：楼车下装有八个轮子。楼车，古代战车，上设望楼，可以瞭望敌人。［22］指期：规定日期。［23］危蹙：危急，紧迫。［24］得无为患：能不能造成祸患。［25］审：仔细观察、研究。［26］粗疏：粗鲁而不缜密。［27］寖成：逐渐变成。［28］乱阶：动乱的台阶。指成为发生祸乱的开端和途径。［29］戊辰：六月二十六日。［30］庚午：六月二十八日。［31］二更：古代把一夜分为甲、乙、丙、丁、戊五段。二更约为夜间十点至十一点钟。［32］器械：用具的总称。［33］攻具：攻城的器具，如云梯、楼车等。［34］按堵：同“安堵”。安居，安定。［35］恟惧：震动恐惧。恟，忧恐。［36］觉之：发现了隋军的撤退行动。［37］四远：四方边远之地。［38］觇侦：侦察。［39］追蹑：追赶，尾随。蹑，紧紧跟随在后面。［40］御营：隋炀帝所在的军营。［41］抄击：从两侧袭击。抄，指斜行而出其前。［42］杀略：屠杀和劫夺。［43］今段：自今以后一段事。指隋炀帝再征高丽一事。［44］愚迷：愚昧而迷惑。［45］执：持，坚持。［46］地势：地位，权势。［47］人望：声望。众人所仰望。［48］冀幸：希望侥幸。［49］一家：一个家庭。比喻天下统一。［50］陈稜：字长威，庐江襄安（今安徽巢湖市）人。官至右御卫将军。传见《隋书》卷六十四、《北史》卷七十八。［51］旋军：回军。旋，返还，归来。［52］擅还：擅自回军。［53］逆命：违抗朝廷命令。［54］疥癣：疥疮与癣疮，皆为皮肤病。比喻为小患。［55］专擅：专断擅命。［56］沮议：阻止回军的动议。沮，阻止，败坏。［57］弘、整：来护儿之子来弘、来整。来弘（？—617），官至果毅郎将、金紫光禄大夫。来整（？—617），官至武贲郎将、右光禄大夫。事附《隋书·来护儿传》《北史·来护儿传》。［58］符契：符命。指来护儿回军行动与君主符命一致。符，古代朝廷用以传达命令、调兵遣将的凭证。契，投合，符合。［59］瀍（chán）水：水名。即瀍河。源出于河南洛阳市西北，南流经洛阳城东，入于洛水。［60］摧陷：摧垮敌人，攻陷敌阵。［61］抚悦：安抚部下，取悦人心。［62］邙山之阳：邙山的南面。阳，山的南面称阳。［63］流矢：无目标而飞来的乱箭。［64］癸未：七月十一日。［65］手长尺余：指从手指顶端至手腕横纹处的长度。［66］臂垂过膝：是说双臂垂下则其手过膝。［67］三吴：地名。说法不同：一是称吴兴、吴郡、会稽为三吴。二是称吴郡、吴兴、丹阳为三吴。三是称苏州、润州、湖州为三吴。［68］罢弊：疲困。罢，通“疲”，疲劳。［69］吾属：我们。属，辈，类。［70］旬月：一整月。旬，十天。［71］响应：据章校，“应”下应补“功在朝夕”四字。［72］心膂（lǚ）：膂，脊骨。心和膂都是人体重要部分，因以比喻亲信和作为骨干的人。［73］画策：计划，谋划。［74］持两端：动摇不定，怀有二心。［75］揣：忖度，推测。［76］元：通“原”，原来，本来。［77］是非：纠纷，争执。［78］楚公：指杨玄感。玄感袭父爵楚国公，故称他为楚公。［79］尊号：指称皇帝之号。［80］陈胜：秦末农民起义领袖，自立为王。传见《史记》卷四十八、《汉书》卷三十一。［81］张耳：秦末农民起义军将领，后与陈胜分裂。［82］魏武：即魏武帝曹操，三国魏国的奠基者。谥号武。传见《三国志》卷一。［83］九锡：传说古代帝王尊礼大臣所给的九种器物。一般指衣服、车马、弓矢、斧钺、虎贲、秬鬯、乐则、朱户、纳陛等。［84］荀彧：曹操谋臣，因反对曹操进爵为魏公，饮药自杀。［85］追踪二子：走张耳、荀彧的老路。［86］自尊：指称尊号。［87］樊、卫：樊指樊子盖，时为东都留守；卫指卫文昇。［88］破陵：地名。故址在今河南洛阳市孟津区东。［89］益至：来的越来越多。益，更，愈加。［90］永丰仓：隋著名粮仓名。故址在今陕西华阴市东北渭河口上。［91］振贫乏：救济贫困的人。振，救济，通"赈"。［92］三辅：此指汉三辅之地，包括长安在内的近畿之地扶风、冯翊、京兆等地。［93］府库：仓库。［94］弘化：郡名。治所合水县，在今甘肃庆阳市。［95］华阴诸杨：指在华阴县故乡杨玄感的宗党。［96］乡导：即向导。带路人。乡，通"向"，方向。［97］壬辰：七月二十日。［98］潼关：关名。地处今陕西、山西、河南三省的要冲，历代皆为军事重地。故址在今陕西潼关县境。［99］关西：地区名。指潼关以西的关中之地。［100］弘农宫：行宫名。故址在今河南灵宝市境内。［101］遮：拦住。［102］弘农：郡名。治所弘农县，在今河南灵宝市。［103］蔡王智积（？—616）：隋文帝弟杨整之子，袭父爵为蔡王。传见《隋书》卷四十四、《北史》卷七十一。［104］縻（mí）之：牵制杨玄感军，使其不得离开弘农郡。縻，牛鼻绳，此为牵制意。［105］陴（pí）：城上女墙，上有孔穴，可以窥外。［106］詈（lì）：骂，责备。［107］稽留：停留。稽，停，留止。［108］据关：据守关口。关，此指潼关。［109］阌（wén）乡：县名。县治在今河南灵宝市西。阌，原作"闅"，据《隋书》卷七十、《北史》卷四十一改。［110］皇天原：地名。故址在今河南灵宝市西北。［111］槃（pán）豆：地名。故址也在今河南灵宝市西。［112］壬寅：八月一日。［113］董杜原：地名。故址在今陕西潼关县东。［114］上洛：郡名。治所上洛县，在今陕西商洛市商州区。［115］反走：反身回跑。走，跑。［116］葭（jiā）芦戍：戍名。故址在今河南卢氏县西。［117］戮辱：刑辱。戮，杀，惩罚。［118］磔（zhé）：碎尸。［119］脔（luán）：碎割。［120］焚之：指把尸体焚烧。［121］义阳：郡名。治所义阳县，在今河南信阳市。［122］梁郡：郡名。治所宋城县，在今河南商丘市。［123］河南道：地区名。即隋河南地区。包括今河南、山东大部和安徽、江苏的部分地区。［124］襄城：郡名。治所襄城县，在今河南襄城县。［125］李渊（566—635）：陇西狄道（今甘肃临洮县）人。袭封唐国公，仕隋，为太原留守，后起兵灭隋，创立唐朝，成为开国皇帝。庙号高祖，传见《旧唐书》卷一、《新唐书》卷一。［126］关右：关西，函谷关以西。［127］十三郡：包括天水、陇西、金城、枹罕、临洮、汉阳、灵武、朔方、平凉、弘化、延安、雕阴、上郡等。［128］相表：外貌。［129］甥：外甥女。［130］何迟：多么迟缓。何，副词。多么。［131］自晦：自己装作昏昧。晦，昏暗不明。

癸卯[1]，吴郡[2]朱燮、晋陵[3]管崇聚众寇掠江左。燮本还俗[4]道人，涉猎经史，颇知兵法，形容[5]眇小[6]，为昆山县[7]博士[8]，与数十学生起兵，民苦役者赴之如归。崇长大，美姿容，志气倜傥，隐居常熟[9]，自言有王者相[10]，故群盗相与奉之。时帝在涿郡，命虎牙郎将[11]赵六儿将兵万人屯扬子[12]，分为五营以备南贼[13]，崇遣其将陆颢渡江，夜，袭六儿；破其两营，收其器械军资而去，众益盛，至十万。

辛酉[14]，司农卿[15]云阳赵元淑[16]坐杨玄感党伏诛。帝使大理卿郑善果、御史大夫裴蕴、刑部侍郎骨仪[17]、与留守樊子盖推玄感党与。仪，本天竺[18]胡人也。帝谓蕴曰："玄感一呼而从者十万，益知天下人不欲多，多即相聚为盗耳。不尽加诛，无以惩后。"子盖性既残酷，蕴复受此旨，由是峻法治之，所杀三万余人，皆籍没其家，枉死[19]者太半，流徙[20]者六千余人。玄感之围东都也，开仓赈给百姓。凡受米者，皆坑之于都城之南。玄感所善文士会稽虞绰[21]、琅邪王胄[22]俱坐徙边，绰、胄亡命，捕得，诛之。

帝善属文[23]，不欲人出其右[24]。薛道衡死，帝曰："更[25]能作'空梁落燕泥'否！"王胄死，帝诵其佳句曰："'庭草无人随意绿，'复能作此语邪！"帝自负才学[26]，每骄天下之士，尝谓侍臣曰："天下皆谓朕承藉绪余[27]而有四海，设[28]令朕与士大夫[29]高选，亦当为天子矣。"

帝从容谓秘书郎[30]虞世南[31]曰："我性不喜人谏，若位望通显[32]而谏以求名，弥所不耐。至于卑贱之士，虽少宽假[33]，然卒不置之地上。汝其知之！"世南，世基之弟也。

帝使裴矩安集[34]陇右，因之会宁，存问[35]曷萨那可汗部落，遣阙度设寇掠吐谷浑以自富，还而奏状[36]，帝大赏之。

九月，己卯[37]，东海[38]民彭孝才起为盗，有众数万。

甲午[39]，车驾至上谷[40]，以供费[41]不给[42]，免太守虞荷等官。闰月，己巳[43]，幸博陵[44]。

冬，十月，丁丑[45]，贼帅吕明星围东郡[46]，虎贲郎将费青奴击破之。

刘元进帅其众将渡江，会杨玄感败，朱燮、管崇共迎元进，推以为主，据吴郡，称天子，燮、崇俱为尚书仆射，署置百官，毗陵、东阳、会稽、建安[47]豪杰多执长吏[48]以应之。帝遣左屯卫大将军代人吐万绪[49]、光禄大夫下邽鱼俱罗[50]将兵讨之。

十一月，己酉[51]，右候卫将军冯孝慈讨张金称于清河，孝慈败死。

杨玄感之西也，韦福嗣亡诣东都归首[52]，是时如其比者[53]皆不问。樊子盖收玄感文簿[54]，得其书草[55]，封以呈帝；帝命执送行在。李密亡命[56]，为人所获，亦送东都。樊子盖锁送福嗣、密及杨积善、王仲伯等十余人诣高阳，密与王仲伯等窃谋亡去，悉使出其所赍金以示使者曰："吾等死日，此金并留付公，幸用相瘗[57]，其余即皆报德。"使者利其金，许诺，防禁渐弛。密请通市[58]酒食，每宴饮，喧哗竟夕[59]，使者不以为意，行至魏郡[60]石梁驿[61]，饮[62]防守者皆醉，穿墙而逸[63]。密呼韦福嗣同去，福嗣曰："我无罪，天子不过一面[64]责我耳。"至高阳，帝以书草示福嗣，收付大理[65]。宇文述奏："凶逆[66]之徒，臣下所当同疾，若不为重法，无以肃将来。"帝曰："听公所为。"十二月，甲申[67]，述就野外，缚诸应刑者于格[68]上，以车轮括[69]其颈，使文武九品以上皆持兵[70]斫射，乱发矢如猬毛[71]，支体糜碎[72]，犹在车轮中。积善、福嗣仍加车裂，皆焚而扬之。积善自言手杀玄感，冀得免死。帝曰："然则枭类[73]耳！"因更其姓曰枭氏。

唐县[74]人宋子贤，善幻术[75]，能变佛形，自称弥勒出世，远近信惑，遂谋因无遮大会[76]举兵袭乘舆；事泄，伏诛，并诛党与千余家。

扶风[77]桑门[78]向海明亦自称弥勒出世，人有归心者，辄获吉梦，由是三辅人翕然[79]奉之，因举兵反，众至数万。丁亥[80]，海明自称皇帝，改元白乌。诏太仆卿杨义臣击破之。

帝召卫文昇、樊子盖诣行在；慰劳之，赏赐极厚，遣还所任[81]。

刘元进攻丹阳[82]，吐万绪济江击破之，元进解围去，绪进屯曲阿[83]。元进结栅拒绪，相持百余日；绪击之，贼众大溃，死者以万数。元进挺身[84]夜遁，保其垒。朱燮、管崇等屯毗陵，连营百余里，绪乘胜进击，复破之。贼退保黄山[85]，绪围之，元进、燮仅以身免，于陈[86]斩崇及其将卒五千余人，收其子女三万余口，进解会稽[87]围。鱼俱罗与绪偕行[88]，战无不捷，然百姓从乱者如归市[89]，贼败而复聚，其势益盛。

元进退据建安，帝令绪进讨，绪以士卒疲弊，请息甲[90]待来春；帝不悦。俱罗亦以贼非岁月[91]可平，诸子在洛京[92]，潜遣家仆迎之；帝怒。有司希旨，奏绪怯懦，俱罗败衄[93]，俱罗坐斩，征绪诣行在，绪忧愤，道卒。

帝更遣江都[94]丞王世充发淮南[95]兵数万人讨元进。世充渡江，频战皆捷，元进、燮败死于吴[96]，其余众或降或散。世充召先降者于通玄寺[97]瑞像[98]前焚香为誓，约降者不杀。散者始欲入海为盗，闻之，旬月之间，归首略尽，世充悉坑之于黄亭涧[99]，死者三万余人。由是余党复相聚为盗，官军不能讨，以至隋亡。帝以世充有将帅才，益加宠任。

是岁，诏为盗者籍没其家。时群盗所在皆满，郡县官因之各专威福，生杀任情矣。

章丘杜伏威[100]与临济辅公祏[101]为刎颈交[102]，俱亡命为群盗。伏威年十六，每出则居前[103]，入则殿后[104]，由是其徒推以为帅。下邳苗海潮亦聚众为盗，伏威使公祏谓之曰："今我与君同苦隋政[105]，各举大义[106]，力分势弱，常恐被擒，若合为一，则足以敌隋矣。君能为主，吾当敬从。自揆[107]不堪，宜来听命；不则一战以决雌雄[108]。"海潮惧，即帅其众降之。伏威转掠淮南，自称将军，江都留守遣校尉[109]宋颢讨之，伏威与战，阳为不胜，引颢众入葭苇[110]中，因从上风纵火，颢众皆烧死。海陵[111]贼帅赵破陈以伏威兵少，轻之[112]，召与并力[113]，伏威使公祏严兵[114]居外，自与左右十人赍牛酒入谒，于座杀破陈，并其众。

（以上为第四段，写隋炀帝平定杨玄感之乱，并未警悟诫惧，而是变本加厉地施行暴政，信用群小，赏罚颠倒。民不堪命，江淮地区民众暴动，成为大起义的中心。）

【注释】

[1]癸卯：八月二日。[2]吴郡：郡名。治所吴县，在今江苏苏州市。[3]晋陵：郡名。治所晋陵县，在今江苏常州市。[4]还俗：出家为僧道后，又再回家为俗人，称还俗。[5]形容：容貌，体形。[6]眇小：细小，低微。[7]昆山县：县名。县治在今江苏苏州市。[8]博士：县博士不见于《隋志》，大概位在曹佐、市令以下。[9]常熟：县名。县治在今江苏常熟市。

[10]王者相：帝王的相貌。［11］虎牙郎将：武官名。虎贲郎将之副官，掌禁卫。［12］扬子：地名。故址在今江苏仪征市东南。［13］南贼：指在江南一带活动的刘元进、朱燮、管崇等义军。［14］辛酉：八月二十日。［15］司农卿：官名。司农寺长官，掌仓市薪米、园池果实等。［16］赵元淑（？—613）：博陵（今河北定州市）人。寓居云阳（今陕西泾阳县西北）。历仕北周、隋，官至司农卿。传见《隋书》卷七十、《北史》卷四十一。［17］骨仪（？—617）：京兆长安（今陕西西安市）人。官至刑部侍郎。传附《隋书·阴寿传》《北史·阴寿传》。［18］天竺：古国名。即今印度。［19］枉死：受冤枉而死的。枉，冤屈。［20］流徙：流放。［21］虞绰（561—614）：字士裕，会稽余姚（今浙江余姚市）人。历仕陈、隋，官至著作佐郎。传见《隋书》卷七十六、《北史》卷八十三。［22］王胄（558—613）：字承基，琅邪临沂（今山东临沂市）人。历仕陈、隋，官至朝散大夫。传见《隋书》卷七十六、《北史》卷八十三。［23］属文：写作。属，撰写。［24］右：上。古人常以右为尊。［25］更：还，再。［26］才学：才能与学问。［27］承藉绪余：指承继帝王之业。承藉，凭借。藉，借。绪余，余业、遗业。指帝王绪业之余。［28］设：假使，假若。［29］士大夫：古代指居官有职位的人。［30］秘书郎：官名。隶秘书省，掌校写经籍图书。［31］虞世南（558—638）：字伯施，越州余姚（今浙江余姚市）人。历仕陈、隋与唐三代，官至银青光禄大夫、弘文馆学士。有文集三十卷。传见《旧唐书》卷七十二、《新唐书》卷一百二。［32］通显：谓官位高，名声大。［33］宽假：宽贷，宽容。假，大，宽容。［34］安集：安抚、聚集。［35］存问：慰问，问候。［36］奏状：把情况上奏朝廷。状，状况，情状。［37］己卯：九月八日。［38］东海：郡名。治所朐山县，在今江苏连云港市西南海州区。［39］甲午：九月二十三日。［40］上谷：郡名。治所易县，在今河北易县。［41］供费：供应的费用。［42］不给：不足。给，丰足。［43］己巳：闰九月二十八日。［44］博陵：郡名。治所鲜虞县，在今河北定州市。［45］丁丑：十月七日。［46］东郡：郡名。治所瑕丘，在今山东济宁市兖州区。［47］毗陵、东阳、会稽、建安：皆郡名。毗陵郡，治所晋陵县，在今江苏常州市。东阳郡，治所金华县，在今浙江金华市。建安郡，治所闽县，在今福建福州市。［48］长吏：县令、长、丞等皆称长吏，泛指地方官中地位较高的人。［49］吐万绪（？—613）：字长绪，代郡（治今山西朔州市）鲜卑人。历仕北周、隋，官至左屯卫大将军。传见《隋书》卷六十五、《北史》卷七十八。［50］鱼俱罗：冯翊下邽（今陕西渭南市北）人。官至车骑将军。传见《隋书》卷六十四、《北史》卷七十八。［51］己酉：十一月九日。［52］归首：投案自首。［53］如其比者：与韦福嗣相同的。比，比拟，类似。［54］文簿：公文案卷。［55］书草：指给樊子盖书信的草稿。［56］亡命：逃亡在外。［57］瘗（yì）：埋葬。［58］通市：通商。此指以金买物。［59］竟夕：终夜。竟，穷，终。夕，夜。［60］魏郡：郡名。治所安阳县，在今河南安阳市。［61］石梁驿：驿站名。故址在今河南安阳市。［62］饮：使人饮酒。［63］逸：逃亡。［64］一面：一次会面。［65］大理：官署名。即大理寺，掌刑法狱案。［66］凶逆：凶恶的反叛者。凶，恶。［67］甲申：十二月十五日。［68］格：支架。［69］括：结扎，捆束。［70］持兵：手拿兵器。兵，兵

器。［71］猬毛：刺猬毛。形容箭矢之多。［72］糜碎：又烂又碎。糜，烂。［73］枭类：枭鸟之类。枭，鸟名，猫头鹰。古时传说枭食其母，故以枭比喻恶人。［74］唐县：县名。县治在今河北唐县西。［75］幻术：幻化的法术、魔术。幻，假而似真，虚而不实。［76］无遮大会：佛教举行的一种以布施为中心的法会，梵语般闍于瑟。华言解免。每五年举行一次，故也称般遮大会或五年大会。［77］扶风：郡名。治所雍县，在今陕西宝鸡市凤翔区。［78］桑门：僧。梵语。即“沙门”的不同译法。［79］翕（xī）然：聚合，趋附的样子。翕，合，聚。［80］丁亥：十二月十八日。［81］遣还所任：命他们各返回留守任所。［82］丹阳：据胡注，此丹阳不是《隋志》丹阳郡，而是润州管下丹阳县，本曲阿，县治在今江苏丹阳市。［83］曲阿：丹阳县治，在今江苏丹阳市。［84］挺身：引身，脱身。［85］黄山：山名。一名笔架山，在今江苏苏州市西南。［86］陈：同“阵”。［87］会稽：郡名。治所山阴县，在今浙江绍兴市。［88］偕（xié）行：相伴出发。偕，共同，一起。［89］归市：拥向集市。形容人多而踊跃。［90］息甲：解除盔甲。停战之意。［91］岁月：年月，时序，此指短期内。［92］洛京：指洛阳。洛阳为隋东都，故称为洛京。［93］败衄（nǜ）：战败。衄，挫折，失败。［94］江都：郡名。治所江阳，在今江苏扬州市。［95］淮南：泛指淮河以南地区，大致为今江苏、安徽两省长江以北、淮河以南的地方。［96］吴：指吴县。吴郡治所。在今江苏苏州市。［97］通玄寺：寺名。故址在今河南洛阳市内。［98］瑞像：指佛像。［99］黄亭涧：山涧名。故址在今河南巩义市西南。［100］杜伏威（？—622）：齐州章丘（今山东济南市章丘区西北）人。起义后，占有江东、淮南之地。后降唐，官至太子太保，兼行台尚书令。传见《旧唐书》卷五十六、《新唐书》卷九十二。［101］辅公祏：（？—622）：齐州临济（今山东济南市章丘区西北）人。与杜伏威起义，后降唐，又反，被杀。传见《旧唐书》卷五十六、《新唐书》卷八十七。［102］刎颈交：指友谊深挚，可以同生死共患难的朋友。［103］出则居前：每出战则冲锋在前。［104］入则殿后：每回营则在最后断敌。殿，行军的尾部，容易受敌人袭击。［105］苦隋政：为隋政所苦。［106］举大义：指起义兵反隋。［107］自揆（kuí）：自己揣度。揆，测度，度量。［108］决雌雄：决定胜负。［109］校尉：武官名。隋炀帝设置鹰扬府郎将，每府置越骑校尉二人，掌骑兵；步兵校尉二人，掌步兵。［110］葭（jiā）苇：芦苇。［111］海陵：县名。县治在今江苏泰州市。［112］轻之：轻视杜伏威。［113］并力：联合，合力。［114］严兵：严密布置军队。

十年（甲戌，614年）

春，二月，辛未[1]，诏百僚议伐高丽，数日，无敢言者。戊子[2]，诏复征天下兵，百道俱进。

丁酉[3]，扶风贼帅唐弼立李弘芝为天子，有众十万，自称唐王。

三月，壬子[4]，帝行幸涿郡，士卒在道，亡者相继。癸亥[5]，至临渝宫[6]，祃祭[7]黄帝[8]，斩叛军者以衅鼓[9]，亡者亦不止。

夏，四月，榆林[10]太守成纪董纯[11]与彭城贼帅张大虎战于昌虑[12]，大破之。斩首万余级。

甲午[13]，车驾至北平[14]。

五月，庚申[15]，延安[16]贼帅刘迦论自称皇王，建元[17]大世，有众十万，与稽胡相表里为寇。诏以左骁卫大将军屈突通为关内讨捕大使[18]，发兵击之，战于上郡[19]，斩迦论并将卒[20]万余级，虏男女数万口而还。

秋，七月，癸丑[21]，车驾次怀远镇。时天下已乱，所征兵多失期[22]不至，高丽亦困弊。来护儿至毕奢城[23]，高丽举兵逆战，护儿击破之，将趣平壤，高丽王元惧，甲子[24]，遣使乞降，囚送斛斯政。帝大悦，遣使持节召护儿还。护儿集众曰："大军三出，未能平贼，此还不可复来，劳而无功，吾窃耻[25]之。今高丽实困，以此众击之，不日[26]可克，吾欲进兵径围平壤，取高元，献捷而归，不亦善乎！"答表请行，不肯奉诏[27]。长史崔君肃固争，护儿不可，曰："贼势破矣，独以相任，自足办之。吾在阃外[28]，事当专决，宁得高元还而获谴[29]，舍此成功，所不能矣！"君肃告众曰："若从元帅违拒[30]诏书，必当闻奏，皆应获罪。"诸将惧，俱请还，乃始奉诏。

八月，己巳[31]，帝自怀远镇班师。邯郸[32]贼帅杨公卿帅其党八千人，抄[33]驾后第八队，得飞黄上厩[34]马四十二匹而去。冬，十月，丁卯[35]，上至东都；己丑[36]，还西京。以高丽使者及斛斯政告太庙；仍征高丽王元入朝，元竟不至。敕将帅严装[37]，更图后举[38]，竟不果行。

初，开皇之末，国家殷盛[39]，朝野皆以高丽为意[40]，刘炫独以为不可，作《抚夷论》[41]以刺之，至是，其言始验。

十一月，丙申[42]，杀斛斯政于金光门[43]外，如杨积善之法，仍烹[44]其肉，使百官啖[45]之，佞者或啖之至饱，收其余骨，焚而扬之。

乙巳[46]，有事[47]于南郊，上不斋于次[48]。诘朝[49]，备法驾[50]，至即行礼。是日，大风。上独献[51]上帝，三公分献五帝[52]。礼毕，御马疾驱而归。

乙卯[53]，离石胡[54]刘苗王反，自称天子，众至数万；将军潘长文讨之，不克。

汲郡[55]贼帅王德仁拥众数万，保林虑山[56]为盗。

帝将如东都，太史令庾质谏曰："比岁[57]伐辽，民实劳弊[58]，陛下宜镇抚关内，使百姓尽力农桑，三五年间，四海稍丰实，然后巡省[59]，于事为宜。"帝不悦。质辞疾不从，帝怒，下质狱，竟死狱中。十二月，壬申[60]，帝如东都，赦天下；戊子[61]，入东都。

东海贼帅彭孝才转掠沂水[62]，彭城[63]留守董纯讨擒之。纯战虽屡捷，而盗贼日滋[64]，或谮纯怯懦；帝怒，锁纯诣东都，诛之。

孟让自长白山寇掠诸郡，至盱眙[65]，众十余万，据都梁宫[66]，阻淮为固[67]。江都丞王世充将兵拒之，为五栅以塞险要，羸形[68]示弱。让笑曰："世充文法小吏[69]，安能将兵！吾今生缚取[70]，鼓行入江都耳！"时民皆结堡自固，野无所掠，贼众渐馁，乃少留兵，围五栅，分人于南方抄掠；世充伺其懈，纵兵出击，大破之，让以数十骑遁去，斩首万余级。

齐郡贼帅左孝友众十万屯蹲狗山[71]，郡丞张须陀列营逼之，孝友窘迫[72]出降。须陀威振东夏[73]，以功迁齐郡通守[74]，领河南道十二郡黜陟讨捕大使[75]。涿郡贼帅卢明月众十余万军祝阿[76]，须陀将万人邀之。相持十余日，粮尽，将退，谓将士曰："贼见吾退，必悉众来追，若以千人袭据[77]其营，可有大利。此诚危事，谁能往者？"众莫对，唯罗士信及历城秦叔宝[78]请行。于是须陀委[79]栅而遁，使二人分将千兵伏葭苇中，明月悉众追之。士信、叔宝驰至其栅，栅门闭，二人超升其楼，各杀数人，营中大乱；二人斩关以纳外兵[80]，因纵火焚其三十余栅，烟焰涨天。明月奔还，须陀回军奋击，大破之，明月以数百骑遁去，所俘斩[81]无算[82]。叔宝名琼，以字行[83]。

（以上为第五段，写大业十年，隋军在全国各地镇压起义军，各路隋军多次打胜仗，但造反的人却越来越多，在全国形成了燎原之势。）

【注释】

[1]辛未：二月三日。［2]戊子：二月二十日。［3]丁酉：二月二十九日。［4]壬子：三月十四日。［5]癸亥：三月二十五日。［6]临渝宫：行宫名。故址在今河北卢龙县。［7]祃（mà）祭：古代行军在所停留处祭神称祃祭。［8]黄帝：古代传说中的五帝之一。他曾于阪泉打败炎帝，又于涿鹿之野杀死蚩尤，从而平定天下，诸侯尊他为天子。隋炀帝祃祭黄帝是为了求福。［9]衅鼓：杀人用血涂鼓。衅，血祭称衅。杀牲后，以牲血涂于器物的缝隙也称衅。［10]榆林：郡名。治所榆林县，在今内蒙古准格尔旗东北。［11]董纯（？—614）：字德厚，陇西成纪（今甘肃静宁县西南）人。官至榆林太守。传见《隋书》卷六十五、《北史》卷七十八。［12]昌虑：县名。县治在今山东滕州市东南。［13]甲午：三月二十七日。［14]北平：郡名，治所新昌县，在今河北卢龙县。［15]庚申：五月二十三日。［16]延安：郡名。治所肤施县，在今陕西延安市东。［17]建元：年号。［18]讨捕大使：官名。隋炀帝临时特派的去镇压各地反叛的使节。［19]上郡：郡名。治所洛交县，在今陕西富县。［20]并将卒：收编将士。［21]癸丑：七月十七日。［22]失期：超过预定的日期。［23]毕奢城：城名。即卑沙城，在今辽宁大连市东北。［24]甲子：七月二十八日。［25]窃耻：私下认为是耻辱。窃，自谦之词，指自己，私下。［26]不日：不久，不几天。［27]奉诏：奉行诏令。［28]阃（kǔn）外：指统兵在外。阃，指郭门，国门。引申指统兵在外的将帅。［29]获谴：受到治罪。谴，罪过。［30]违拒：违背抗拒。［31]己巳：八月四日。［32]邯郸：县名。县治在今河北邯郸市。［33]抄：掠夺，抢劫。［34]飞黄上厩（jiù）：饲养御马的场所。隋尚乘局置左、右六闲，其一是左、右飞黄闲。厩，马棚。［35]丁卯：十月三日。［36]己丑：十月二十五日。［37]严装：整齐装束。也作“严妆”。［38]后举：指以后再兴兵讨伐高丽的举动。［39]殷盛：富足强盛。殷，富裕。［40]以高丽为意：以讨伐高丽为自己的愿望。意，愿望，意图。［41]《抚夷论》：文章名。其意以为高丽不可伐，用以讽劝人们。［42]丙申：十一月二日。［43]金光门：城门名。即大兴城西三门之中的中门。［44]烹：古代用鼎镬煮人的酷刑。［45]啖：吃。［46]乙巳：十一月十一日。［47]有事：指祭祀。［48]次：泛指所在之处。［49]诘朝：明旦，明朝。［50]法驾：皇帝的车驾。也称法车。隋炀帝改开皇制度，法驾由六乘改为十二乘。［51]献：献祭。［52]五帝：相传古代有五帝，说法不一。《史记·五帝本纪》所载为黄帝、颛顼、帝喾、尧、舜。［53]乙卯：十一月二十一日。［54]离石胡：离石，郡名。治所离石县，在今山西吕梁市离石区。离石胡即指居住在离石郡一带的胡人。［55]汲郡：郡名。治所卫县，在今河南淇县东。［56]林虑山：山名。一名隆虑山。故址在今河南林州市西。［57]比岁：每年，连年。比，紧靠，密列。［58]劳弊：劳累疲敝。［59]巡省（xǐng）：巡视。巡，察看。省，察看。［60]壬申：十二月九日。［61]戊子：十二月二十五日。［62]沂水：水名。今称沂河，源出今山东沂源县鲁山，南流经临沂市入江苏境。［63]彭城：郡名。治所彭城县，在今江苏徐州市。［64]日滋：一天比一天增多。滋，增长。［65]盱眙：县名。县治在今江苏盱眙县东北。［66]都梁宫：行宫名。

故址在今江苏盱眙县。［67］阻淮为固：以淮水相阻隔而为固。［68］羸形：虚弱。［69］文法小吏：只懂得法令条文的小官。文法，法制，法令条文。［70］生缚取：活捉。［71］蹲狗山：山名。以形似蹲坐的狗而得名。故址在今山东济南市附近。［72］窘迫：困迫，无路可走。［73］东夏：中国的东部。夏，中国的古称。［74］通守：官名。隋炀帝改州为郡，郡置太守，又各加置通守一人，位在太守下，佐助太守，治理郡事。［75］黜陟讨捕大使：官名。天子临时差遣，掌督察官吏与讨伐反叛。黜，降职。陟，升迁。［76］军祝阿：扎营祝阿。祝阿，县名。县治在今山东禹城市西南。［77］袭据：袭破而占据。［78］秦叔宝（？—638）：名琼，齐州历城（今山东济南市）人。先仕隋，后加入李密领导的起义军，最终归唐，官至左武卫大将军，封翼国公。传见《旧唐书》卷六十八、《新唐书》卷八十九。［79］委：丢弃。［80］斩关：杀死营门守兵。外兵：栅寨外的兵，即隋兵。［81］俘斩：俘虏与斩首。［82］无算：无从计算，不可胜数。算，数，计数。［83］以字行：古人有名有字，以字代名，称以字行。

十一年（乙亥，615年）

春，正月，增秘书省官百二十员[1]，并以学士[2]补之。帝好读书著述[3]，自为扬州总管，置王府学士至百人，常令修撰[4]，以至为帝，前后近二十载，修撰未尝暂停；自经术[5]、文章、兵、农、地理、医、卜、释、道乃至蒱博[6]、鹰狗，皆为新书，无不精洽[7]，共成三十一部，万七千余卷。初，西京嘉则殿有书三十七万卷，帝命秘书监柳顾言[8]等诠次[9]，除其复重猥杂[10]，得正御本[11]三万七千余卷，纳于东都修文殿。又写五十副本，简为三品[12]，分置西京、东都宫·省·官府，其正[13]书皆装翦华净，宝轴[14]锦褾[15]。于观文殿前为书室十四间，窗户床褥厨幔，咸极珍丽，每三间开方户，垂锦幔。上有二飞仙，户外地中施机发[16]。帝幸书室，有宫人执香炉[17]，前行践机[18]，则飞仙下，收幔而上，户扉[19]及厨扉皆自启，帝出，则垂闭复故。

帝以户口逃亡，盗贼繁多，二月，庚午[20]，诏民悉城居[21]，田随近给。郡县驿亭[22]村坞[23]皆筑城。

上谷[24]贼帅王须拔自称漫天王，国号燕；贼帅魏刀儿自称历山飞：众各十余万，北连突厥，南寇燕、赵。

初，高祖梦洪水没都城，意恶之，故迁都大兴。申明公李穆薨，孙筠袭爵。叔父浑忿其吝啬[25]，使兄子善衡贼杀[26]之，而证其从父弟瞿昙，使之偿死。浑谓其妻兄左卫率宇文述曰："若得绍封[27]，当岁奉[28]国赋[29]之半。"述为之言于太子，奏高祖，以浑为穆嗣。二岁之后，不复以国赋与述，述大恨之。帝即位，浑累官至右骁卫大将军，改封郕公，帝以其门族强盛，忌之。会有方士[30]安伽陁言"李氏当为天子"，劝帝尽诛海内凡[31]李姓者。浑从子将作监敏，小名洪儿，帝疑其名应谶[32]，常面告之，冀其引决[33]。敏大惧，数与浑及善衡屏人私语；述谮之于帝，仍遣虎贲郎将河东裴仁基[34]表告浑反。帝收浑等家，遣尚书左丞元文都[35]、御史大夫裴蕴杂治之，按问数日，不得反状，以实奏闻。帝更遣述穷治之，述诱教敏妻宇文氏为表[36]，诬告浑谋因度辽，与其家子弟为将领者共袭取御营，立敏为天子。述持入，奏之，帝泣曰："吾宗社[37]几倾[38]，赖公获全耳。"三月，丁酉[39]，杀浑、敏、善衡及宗族三十二人，自三从[40]以上皆徙边徼[41]。后数月，敏妻亦鸩死。

有二孔雀自西苑飞集宝城[42]朝堂前，亲卫校尉[43]高德儒等十余人见之，奏以为鸾[44]，时孔雀已飞去，无可得验，于是百僚称贺。诏以德儒诚心冥会[45]，肇见[46]嘉祥，擢拜朝散大夫，赐物百段，余人皆赐束帛；仍于其地造仪鸾殿。

己酉[47]，帝行幸太原；夏，四月，幸汾阳宫避暑。宫城迫隘[48]，百官士卒布散山谷间，结草为营而居之。

以卫尉少卿李渊为山西[49]、河东抚慰大使[50]，承制[51]黜陟选补郡县文武官，仍发河东[52]兵讨捕群盗。渊行至龙门[53]，击贼帅毋端儿，破之。

秋，八月，乙丑[54]，帝巡北塞[55]。

初，裴矩以突厥始毕可汗部众渐盛，献策分其势，欲以宗女[56]嫁其弟叱吉设，拜为南面可汗；叱吉不敢受，始毕闻而渐怨。突厥之臣史蜀胡悉多谋略，为始毕所宠任，矩诈与为互市，诱至马邑[57]下，杀之。遣使诏始毕曰："史蜀胡悉叛可汗来降，我已相[58]为斩之。"始毕知其状[59]，由是不朝。

戊辰[60]，始毕帅骑数十万谋袭乘舆，义成公主先遣使者告变[61]。壬申[62]，车驾驰入雁门[63]，齐王暕以后军保崞县[64]。癸酉[65]，突厥围雁门，上下惶怖[66]，撤[67]民屋为守御之具，城中兵民十五万口，食仅可支二旬，雁门四十一城，突厥克其三十九，唯雁门、崞不下。突厥急攻雁门，矢及御前[68]；上大惧，抱赵王杲而泣，目尽肿。

左卫大将军宇文述劝帝简精锐数千骑溃围[69]而出，纳言苏威曰："城守[70]则我有余力，轻骑[71]乃彼之所长，陛下万乘之主，岂宜轻动！"民部尚书樊子盖曰："陛下乘危徼幸[72]，一朝狼狈[73]，悔之何及！不若据坚城以挫其锐，坐征四方兵使入援。陛下亲抚循士卒，谕以不复征辽，厚为勋格[74]，必人人自奋，何忧不济！"内史侍郎萧瑀[75]以为："突厥之俗，可贺敦预知军谋；且义成公主以帝女嫁外夷，必恃大国之援。若使一介[76]告之，借使[77]无益，庸[78]有何损。又，将士之意，恐陛下既免突厥之患，还事高丽，若发明诏，谕以赦高丽、专讨突厥，则众心皆安，人自为战矣。"瑀，皇后之弟也。虞世基亦劝帝重为赏格[79]，下诏停辽东之役。帝从之。

帝亲巡将士，谓之曰："努力击贼，苟能保全。凡在行陈，勿忧富贵，必不使有司弄刀笔[80]破汝勋劳。"乃下令："守城有功者，无官直除[81]六品，赐物百段；有官以次[82]增益。"使者慰劳，相望于道[83]，于是众皆踊跃[84]，昼夜拒战，死伤甚众。

甲申[85]，诏天下募兵。守令[86]竞来赴难，李渊之子世民[87]，年十六，应募隶屯卫将军[88]云定兴，说定兴多赍旗鼓为疑兵，曰："始毕敢举兵围天子，必谓我仓猝[89]不能赴援故也。宜昼则引旌旗数十里不绝，夜则钲鼓[90]相应，虏必谓救兵大至，望风遁去。不然，彼众我寡，若悉军来战，必不能支。"定兴从之。

帝遣间使求救于义成公主，公主遣使告始毕云："北边有急。"东都及诸郡援兵亦至忻口[91]；九月，甲辰[92]，始毕解围去。帝使人出侦[93]，山谷皆空，无胡马，乃遣二千骑追蹑，至马邑，得突厥老弱二千余人而还。

丁未[94]，车驾还至太原。苏威言于帝曰："今盗贼不息，士马疲弊，愿陛下亟[95]还西京，深根固本[96]，为社稷计。"帝初然之。宇文述曰："从官妻子多在东都，宜便道[97]向洛阳，自潼关而入。"帝从之。

冬，十月，壬戌[98]，帝至东都，顾眄[99]街衢[100]，谓侍臣曰："犹大有人在。"意谓向日[101]平杨玄感，杀人尚少故也。苏威追论勋格太重，宜加斟酌[102]，樊子盖固请，以为不宜失信，帝曰："公欲收物情[103]邪！"子盖惧，不敢对。帝性吝官赏[104]，初平杨玄感，应授勋[105]者多，乃更置戎秩[106]：建节尉[107]为正六品，次奋武、宣惠、绥德、怀仁、秉义、奉诚、立信[108]等尉，递降[109]一阶。将士守雁门者万七千人，得勋者才千五百人，皆准平玄感勋，一战得第一勋者进一阶，其先无戎秩者止得立信尉，三战得第一勋者至秉义尉，其在行陈而无勋者四战进一阶，亦无赐。会仍议伐高丽，由是将士无不愤怨。

初，萧瑀以外戚有才行，尝事帝于东宫[110]，累迁至内史侍郎，委以机务。瑀性刚鲠[111]，数言事忤旨，帝渐疏之。及雁门围解，帝谓群臣曰："突厥狂悖[112]，势何能为！少时未散，萧瑀遽相恐动，情不可恕！"出为河池郡[113]守，即日遣之。候卫将军[114]杨子崇[115]从帝在汾阳宫，知突厥必为寇，屡请早还京师[116]，帝怒曰："子崇怯懦，惊动众心，不可居爪牙之官[117]。"出为离石郡守。子崇，高祖之族弟也。

杨玄感之乱，龙舟水殿皆为所焚，诏江都更造，凡数千艘，制度仍大于旧者。

壬申[118]，卢明月帅众十万寇陈、汝[119]。

东海李子通[120]，有勇力，先依长白山贼帅左才相，群盗皆残忍，而子通独宽仁[121]，由是人多归之，未半岁，有众万人。才相忌之，子通引去，渡淮，与杜伏威合。伏威选军中壮士养为假子，凡三十余人，济阴王雄诞[122]、临济阚稜[123]为之冠。既而李子通谋杀伏威，遣兵袭之。伏威被重创坠马，雄诞负之逃葭苇中，收散兵复振。将军来整击伏威，破之；其将西门君仪之妻王氏，勇而多力，负伏威以逃，雄诞帅壮士十余人卫之，与隋兵力战，由是得免。来整又击李子通，破之，子通帅其余众奔海陵，复收兵得二万人，自称将军。

城父朱粲[124]始为县佐史[125]，从军，遂亡命聚众为盗，谓之"可达寒贼"，自称迦楼罗王，众至十余万，引兵转掠荆、沔[126]及山南[127]郡县，所过噍类[128]无遗。

十二月，庚寅[129]，诏民部尚书樊子盖发关中兵数万击绛[130]贼敬盘陀等。子盖不分臧否[131]，自汾水之北，村坞尽焚之，贼有降者皆坑之；百姓怨愤，益相聚为盗。诏以李渊代之。有降者，渊引置左右，由是贼众多降，前后数万人，余党散入他郡。

（以上为第六段，写大业十一年，隋炀帝因猜忌杀逐李浑，巡幸北疆，受困雁门，差一点被突厥人抓获。隋炀帝脱险后，仍执迷不悟，虐政不改，西部地区，西京山南郡县，也遍地民变。）

【注释】

[1]增秘书省官百二十员：隋炀帝改官制，于秘书省增少监一人，减校书郎为十人，加置佐郎四人，又置儒林郎十人，文林郎二十人，增加校书郎员四十人，加置楷书郎员二十人，共一百一十七人。[2]学士：学者，文人。[3]著述：撰写文章。[4]修撰：编纂。[5]经术：即儒家经学。[6]蒲（pú）博：古代的博戏叫樗蒲，如同后世的掷色子。今通称为赌博。[7]精洽：精深而广博。洽，周遍，广博。[8]柳顾言：名䛒，字顾言。历仕后梁与隋。官至秘书监。传见《隋书》卷五十八、《北史》卷八十三。[9]诠次：选择和编次。[10]猥杂：杂滥，繁琐。[11]正御本：供皇帝观看的本子。[12]三品：三等。[13]正：据章校，“正”下应补“御”字。[14]轴：书画卷轴。[15]褾（biǎo）：书轴、画轴正面四边裱的丝织物；也指裱褙。同“裱”。[16]机发：安装机关，能自动开闭。[17]香炉：焚香炉。用金属或陶瓷做成，以陈设、熏衣、供佛、祀神等用。[18]践机：踩动机关。[19]户扉：门扇。[20]庚午：二月七日。[21]城居：谓筑城而居。[22]驿亭：古代驿传有亭，为行人休息之所，称为驿亭。[23]村坞：村庄。坞，周围高而中间低的地方。[24]上谷：郡名。治所易县，在今河北易县。[25]吝啬（sè）：小气。啬，悭吝。[26]贼杀：杀害。[27]绍封：继承李穆的封爵。绍，承继。[28]岁奉：每年进献。奉，给与。[29]国赋：本指国家的税收。李穆食封户上缴的赋税。[30]方士：方术之士。指古代求仙、炼丹，自言能长生不死的人。[31]凡：凡是，只要是。[32]应谶：与“李氏当为天子”的谶语相应。因高祖文帝曾梦洪水淹没都城，洪水即以为“洪儿”李敏。[33]引决：自裁，自杀。[34]裴仁基（？—619）：字德本，河东（今山西永济市西南）人。仕隋至光禄大夫，后归顺李密义军，又为王世充俘获。传见《隋书》卷七十、《北史》卷三十八。[35]元文都（？—618）：河南洛阳（今河南洛阳市）人。历仕北周、隋，官至左骁卫大将军，封鲁国公。传见《隋书》卷七十一、《北史》卷十七。[36]为表：写上表。[37]宗社：宗庙和社稷。古代作为国家的代称。[38]几倾：几乎倾覆。[39]丁酉：三月五日。[40]三从：指同高祖以来的宗亲。[41]边徼（jiào）：边疆。徼，边界。[42]宝城：即东都洛阳皇城。又说在洛城罗郭之内，自为一城。[43]亲卫校尉：武官名。掌亲卫。亲卫是亲、勋、武三卫之一。[44]鸾：凤凰之类的神鸟。[45]冥会：默契，暗中相合。冥，暗昧。[46]肇见：首先

发现。肇，开始，最早。嘉祥，祥瑞。［47］己酉：三月十七日。［48］迫隘：狭隘。［49］山西：太行山以西。［50］抚慰大使：官名。天子临时差遣，掌安抚慰恤之事。［51］承制：秉承皇帝旨意。［52］河东：郡名。治所蒲坂县，在今山西永济市西南。［53］龙门：县名。县治在今山西河津市西。［54］乙丑：八月五日。［55］北塞：北部边塞。［56］宗女：皇帝同宗族的女儿。［57］马邑：郡名。治所善阳县，在今山西朔州市。［58］相：辅助，帮助。［59］状：状况，内情。［60］戊辰：八月八日。［61］告变：预告非常事变。［62］壬申：八月十二日。［63］雁门：郡名。治所雁门县，在今山西代县。［64］崞（guō）县：县名。县治在今山西原平市北。［65］癸酉：八月十三日。［66］惶怖：恐惧。［67］撤：撤除，拆掉。［68］矢及御前：箭矢已射到隋炀帝跟前。御前，天子跟前。［69］溃围：突围。溃，水冲破堤防而出。［70］城守：城市守备。指守城。［71］轻骑：轻装的骑兵。［72］徼幸：求利不止，意外获得成功或免于不幸。同“侥幸”。［73］狼狈：比喻为难，窘迫。［74］勋格：作战立功受勋赏的等级。［75］萧瑀（574—647）：字时文。后梁明帝萧岿之子。历仕隋、唐，官至尚书左仆射，封宋国公。传见《北史》卷九十三、《旧唐书》卷六十三、《新唐书》卷一百一。［76］一介：一人。［77］借使：假使。借，假设之词，假使。［78］庸：副词。岂，难道。［79］赏格：悬赏所定的等差、标准。［80］刀笔：指主办文案的官吏。［81］直除：直接任命。除，拜官授职。［82］以次：按照官秩次序。［83］相望于道：使者络绎不绝，形容使者频繁出动。［84］踊跃：欢欣奋起的样子。［85］甲申：八月二十四日。［86］守令：郡守县令。泛指地方官。［87］世民（577—649）：即唐太宗李世民。唐高祖第二子，唐朝第二代皇帝。传见《旧唐书》卷二、卷三，《新唐书》卷二。［88］屯卫将军：武官名。十二卫之一，掌禁卫。［89］仓猝：匆促。猝，突然。也作“仓卒”。［90］钲（zhēng）鼓：古代军中所用乐器名。敲钲以作为鼓节。［91］忻口：地名。故址在今山西忻州市北。［92］甲辰：九月十五日。［93］出侦：出去侦察情况。［94］丁未：九月十八日。［95］亟：赶快，急速。［96］深根固本：隋以西京为根本，还西京以加强防守。［97］便道：方便、有利的道路。［98］壬戌：十月三日。［99］顾眄（miǎn）：视，回头看。顾，回头看。眄，斜看。［100］街衢（qú）：街道。衢，四通八达的道路。［101］向日：往日，旧时。［102］斟酌：考虑，酌情。斟，筛酒不满叫斟，深叫酌。［103］物情：人情、民心。［104］吝官赏：吝惜官职和奖赏。［105］授勋：指授任勋官。［106］戎秩：指武官秩禄。［107］建节尉：戎秩官名。无职事。［108］奋武、宣惠、绥德、怀仁、秉义、奉诚、立信：皆戎秩官名。无职事。［109］递降：顺次降低。递，交替，顺次。［110］事帝于东宫：指炀帝做太子时，萧瑀即在东宫事奉。［111］刚鲠（gěng）：刚直。鲠，鱼骨。吃鱼时骨留在咽喉也称鲠。［112］狂悖：狂妄背理，猖獗。悖，违犯，逆乱。［113］河池郡：郡名。治所梁泉县，在今陕西凤县东北凤州镇。［114］候卫将军：武官名。掌侍从警卫。［115］杨子崇（？—617）：隋文帝族弟。官至候卫将军。传见《隋书》卷四十三、《北史》卷七十一。［116］京师：据章校，“师”下应补“帝不纳，及解围”六字。［117］爪牙之官：捍卫王室的武官。［118］壬申：十月十三日。［119］陈、汝：皆州名。

陈州，治所宛丘县，在今河南周口市淮阳区。汝州，治所承休县，在今河南汝州市。［120］李子通（？—622）：东海丞（今江苏连云港市）人。早年参加隋末农民起义，后降唐。传见《旧唐书》卷五十六、《新唐书》卷八十七。［121］宽仁：宽大仁厚。［122］王雄诞（？—622）：曹州济阴（今山东曹县西北）人。先参加隋末农民起义，后归唐，官至歙州总管。传见《旧唐书》卷五十六、《新唐书》卷九十二。［123］阚稜（？—622）：齐州临济（今山东济南市章丘区西北）人。传见《旧唐书》卷五十六、《新唐书》卷九十二。［124］朱粲（？—621）：亳州城父（今安徽亳州市东南城父镇）人。早年仕隋，后占山称王，又降王世充，封龙骧大将军。传见《旧唐书》卷五十六、《新唐书》卷八十七。［125］县佐史：官名。在县府中参谋议。［126］荆、沔：皆州名。荆州，治所江陵县，在今湖北江陵县。沔州，治所沔阳县，在今湖北仙桃市西南。［127］山南：指长安南山之南。［128］噍（jiào）类：活人。噍，口嚼，吃东西。［129］庚寅：十二月己未朔，无庚寅。张校，"寅"作"辰"，按《隋书》《北史》皆同。当改。庚辰，十二月二十二日。［130］绛：郡名。治所正平县，在今山西新绛县。［131］臧否（pǐ）：善恶，得失。臧，善；否，恶。

【点评】

本卷评析以下两事。

一、隋炀帝两征高丽，无功而返。隋炀帝两征高丽，无功而返，从表面上看，一是因为杨玄感兵变；二是因为农民起义，干扰了隋军的后方，导致功败垂成。根本原因是高丽国虽小而军民固守，隋朝虽强大而内政已坏，分崩离析，有识者都认为高丽不可伐。强大未必就能战胜弱小，这是本卷带给读者的深思问题之一。

二、杨玄感、李密起事无成。杨玄感、李密以公侯之裔，累世为重臣，门生故吏占朝右之半，金钱衣币富可敌国，因此，攘臂一呼，一月之间从者十万，但兵起两月而亡，如同暴风骤雨，来势凶猛，去也匆匆。再看民变首领，王薄、张金称起于淄、济，窦建德、刘元进、朱燮、管崇、杜伏威、刘苗生、王德仁、孟让、魏刀儿、李子通等，攘臂相仍，隋军征讨，屡战屡胜，不但不能根除，而且造反者越来越多，独夫杨广，最终败亡。两相对照，又是强者败，弱者胜，这是本卷带给读者的深思问题之二。王夫之认为，杨玄感虽强，但因为树大招风，遭到隋朝全力讨伐，因而易败；民变虽然蜂起，却未受独夫重视，所以群帅虽败，可以藏身，有机会东山再起，终于亡隋。此是表因。杨玄感出身贵族，力量虽大，却不能与皇室对抗，总体力量仍是弱小。民变首领，起身草莽，根植于民。民为国之本，本固邦宁，本不固，国何以存。隋炀帝为政暴虐，乃一独夫，即使有国，又岂能与民本相抗？这才是隋炀帝国破家亡的根本原因。

卷一八三　隋纪七

隋炀帝大业十二年至隋恭帝义宁元年（616—617 年）

【起柔兆困敦（丙子，616 年），尽强圉赤奋若（丁丑，617 年）五月，凡一年有奇】

【大事提要】

本卷载述公元 616 年至公元 617 年五月史事，凡一年半，时当隋炀帝大业十二年至恭皇帝义宁元年上半年。大业十二年是隋末农民起义的第六年，全国黄河南北、江淮地区全面爆发大起义，隋炀帝却在权奸包围下昏暴自恣。这年，隋炀帝又违众强行巡幸江都，连杀几位劝谏的大臣，倒行逆施，不可救药。大业十三年李密兵围东都，李渊谋反，隋朝根基动摇。十一月李渊攻克长安，立傀儡皇帝恭皇帝，史称义宁元年。恭皇帝杨侑，十三岁，隋炀帝之孙，元德太子杨昭之子。

炀皇帝下

大业十二年（丙子，616 年）

春，正月，朝集使[1]不至者二十余郡，始议分遣使者十二道发兵讨捕盗贼。

诏毗陵通守路道德集十郡兵数万人，于郡东南起宫苑[2]，周围十二里，内为十六离宫[3]，大抵仿东都西苑之制，而奇丽过之。又欲筑宫于会稽，会乱，不果成。

三月，上巳[4]，帝与群臣饮于西苑水上，命学士杜宝[5]撰《水饰图经》[6]，采古水事七十二，使朝散大夫黄衮[7]以木为之，间以妓航、酒船，人物自动如生，钟磬筝瑟，能成音曲。

己丑[8]，张金称陷平恩[9]，一朝杀男女万余口；又陷武安[10]、巨鹿[11]、清河诸县。金称比诸贼尤残暴，所过民无孑遗[12]。

夏，四月，丁巳[13]，大业殿西院火，帝以为盗起，惊走，入西苑，匿草间，火定乃还。帝自八年以后，每夜眠恒惊悸[14]，云有贼，令数妇人摇抚，乃得眠。

癸亥[15]，历山飞别将甄翟儿众十万寇太原，将军潘长文败死[16]。

五月，丙戌朔[17]，日有食之，既。

壬午[18]，帝于景华宫[19]征求萤火[20]，得数斛，夜出游山，放之，光遍岩谷。

帝问侍臣盗贼，左翊卫大将军宇文述曰："渐少。"帝曰："比从来少几何[21]？"对曰："不能什一[22]。"纳言苏威引身隐柱[23]，帝呼前问之，对曰："臣非所司，不委[24]多少，但患渐近。"帝曰："何谓也？"威曰："他日贼据长白山，今近在汜水[25]。且往日租赋丁役，今皆何在！岂非其人皆化为盗乎！比见奏贼皆不以实[26]，遂使失于支计[27]，不时翦除。又昔在雁门，许罢征辽，今复征发，贼何由息！"帝不悦而罢。寻属五月五日，百僚多馈珍玩，威独献《尚书》[28]。或谮之曰："《尚书》有《五子之歌》[29]，威意甚不逊。"帝益怒。顷之[30]，帝问威以伐高丽事，威欲帝知天下多盗，对曰："今兹[31]之役，愿不发兵，但赦群盗，自可得数十万，遣之东征。彼喜于免罪，争务立功，高丽可灭。"帝不怿。威出，御史大夫裴蕴奏曰："此大不逊！天下何处有许多贼！"帝曰："老革[32]多奸，以贼胁我！欲批其口[33]，且复隐忍[34]。"蕴知帝意，遣河南[35]白衣[36]张行本奏："威昔在高阳典选，滥授[37]人官，畏怯突厥，请还京师。"帝令按验[38]，狱成，下诏数威罪状，除名为民。后月余，复有奏威与突厥阴图不轨者，事下裴蕴推之[39]，缊处[40]威死。威无以自明，但摧谢[41]而已。帝悯而释之，曰："未忍即杀。"并其子孙三世皆除名。

秋，七月，壬戌[42]，济景公樊子盖卒。

江都新作龙舟成，送东都；宇文述劝幸江都[43]，右候卫大将军酒泉赵才[44]谏曰："今百姓疲劳，府藏空竭[45]，盗贼蜂起，禁令不行，愿陛下还京师，安兆庶[46]。"帝大怒，以才属吏[47]，旬日，意解，乃出之。朝臣皆不欲行，帝意甚坚，无敢谏者。建节尉任宗上书极谏，即日于朝堂杖杀之。甲子[48]，帝幸江都，命越王侗与光禄大夫段达[49]、太府卿元文都、检校民部尚书韦津[50]、右武卫将军皇甫无逸[51]、右司郎[52]卢楚[53]等总留后事。津，孝宽之子也。帝以诗留别宫人曰："我梦江都好，征辽亦偶然。"奉信郎[54]崔民象以盗贼充斥，于建国门[55]上表谏，帝大怒，先解其颐，然后斩之。

戊辰[56]，冯翊孙华举兵为盗。虞世基以盗贼充斥，请发兵屯洛口仓，帝曰："卿是书生，定犹恇怯[57]。"戊辰[58]，车驾至巩[59]。敕有司移箕山、公路[60]二府于仓内，仍令筑城以备不虞[61]。至汜水，奉信郎王爱仁复上表请还西京，帝斩之而行。至梁郡[62]，郡人邀[63]车驾上书曰："陛下若遂幸江都，天下非陛下之有！"又斩之。是时李子通据海陵，左才相掠淮北，杜伏威屯六合[64]，众各数万；帝遣光禄大夫陈稜将宿卫精兵八千讨之，往往克捷。

八月，乙巳[65]，贼帅赵万海众数十万，自恒山[66]寇高阳。

冬，十月，己丑[67]，许恭公宇文述卒。初，述子化及、智及[68]皆无赖。化及事帝于东宫，帝宠昵[69]之，及即位，以为太仆少卿。帝幸榆林，化及、智及冒禁与突厥交市，帝怒，将斩之，已解衣辫发，既而释之，赐述为奴。智及弟士及，以尚主之故，常轻智及，惟化及与之亲昵。述卒，帝复以化及为右屯卫将军，智及为将作少监。

（以上为第一段，写隋炀帝不听忠言以安抚天下，而是在民变蜂起、烈火燎原背景下巡幸江都，有识者知其不返。）

【注释】

[1]朝集使：官名。各郡派往京城参加元旦大朝会谒见皇帝的使者。 [2]宫苑：宫殿和苑囿。苑，古代养禽兽的园林。 [3]离宫：古代帝王于正式宫殿之外，别筑宫室，以便随时游处，谓之离宫，意思是说与正式宫殿分离。 [4]上巳：农历每月上旬的巳日。三月上巳，为古代节日。汉以前，上巳必取巳日，但不必三月三日；自魏以后，一般习用三月三日，但不定为巳日。 [5]杜宝：官至著作郎，参与修撰《隋书》，因见其中记述隋炀帝事迹有缺漏，遂著《大业杂记》，加以弥补。 [6]《水饰图经》：书名。内容不详。 [7]黄衮：官至散骑侍郎。传附《隋书·何稠传》《北史·何稠传》。 [8]己丑：三月三日。 [9]平恩：县名。县治在今河北曲周县东南。 [10]武安：县名。县治在今河北武安市。 [11]巨鹿：县名。县治在今河北巨鹿县西北。 [12]孑遗：残存，剩余。孑，单独。遗，余。 [13]丁巳：四月一日。 [14]惊悸：因惊恐而心跳加剧。悸，惊惧，心跳。 [15]癸亥：四月七日。 [16]败死：在战斗中失败而死。 [17]丙戌朔：五月一日。

[18]壬午：五月丙戌朔，无壬午。据张敦仁校，壬午作“甲午”。甲午，五月九日。［19］景华宫：宫名。位于东都西苑之内。［20］萤火：虫名。即萤火虫，夜间能发出微弱亮光。［21］几何：多少。［22］什一：十分之一。［23］引身隐柱：把身体隐藏在柱后。［24］不委：不详细，不确实。委，确实。［25］汜（sì）水：县名。县治在今荥阳市西北汜水镇。［26］以实：据实。［27］支计：收支会计之事。［28］《尚书》：书名。也称《书》或《书经》。我国最早的历史文献汇编。是商、周两代统治者的讲话记录及东周战国时期根据远古材料加工编成的虞、夏史事记载。［29］《五子之歌》：《尚书·夏书》篇名。《书·序》说，太康失国，昆弟五人会于洛汭，作五子之歌。后人用作臣子劝诫之辞。［30］顷之：不久。［31］兹：代词，此，这个。［32］老革：皮肤枯瘁之形。形容年老。［33］批其口：打他的嘴巴。批，手击。［34］隐忍：克制和忍耐。［35］河南：郡名。治所洛阳县，在今河南洛阳市。［36］白衣：即布衣，古代未仕者穿布衣。［37］滥授：不当授。滥，过度，失实。［38］按验：审查，查验。［39］推之：推究追查苏威的罪行。［40］处：判定，处理。［41］摧谢：痛心谢罪。摧，伤痛。谢，道歉，认错。［42］壬戌：七月八日。［43］江都：据章校，“都”下应补“帝从之”三字。［44］赵才（546—618）：张掖酒泉（今甘肃酒泉市东南）人。历仕北周、隋，官至右候卫大将军。传见《隋书》卷六十五、《北史》卷七十八。［45］府藏：库府贮备。空竭：空虚。竭，穷尽。［46］兆庶：指百姓。［47］属吏：交给所属的官吏，以治其罪。［48］甲子：七月十日。［49］段达（？—621）：武威姑臧（今甘肃武威市）人。官至左骁卫大将军。传见《隋书》卷八十五、《北史》卷七十九。［50］韦津：历仕隋、唐，官至检校民部尚书。传附《隋书·韦世康传》《北史·韦孝宽传》《旧唐书·韦安石传》《新唐书·韦安石传》。［51］皇甫无逸：字仁俭，安定乌氏（今宁夏固原市东南）人。历仕隋、唐，官至民部尚书。传见《旧唐书》卷六十二、《新唐书》卷九十一、《隋书》卷七十一、《北史》卷七十。［52］右司郎：官名。隶尚书都司，掌都省之职。［53］卢楚（？—618）：涿郡范阳（今河北定兴县西南）人。官至尚书左丞。传见《隋书》卷七十一、《北史》卷八十五。［54］奉信郎：官名。隶属谒者台，掌出使慰抚。［55］建国门：城门名。东都洛阳罗城门，正南门即建国门。［56］戊辰：七月十四日。［57］恇（kuāng）怯：懦弱，胆小。恇，恐惧。［58］戊辰：此“戊辰”重出。［59］巩：县名。县治在今河南巩义市东。［60］箕山、公路：二府名。按《隋书·地理志》不载，《新唐书》卷三十八载河南有巩洛府等三十九，不载此府名，疑移于仓城内，遂合并为巩洛府。［61］不虞：没有意料到的事。虞，意料，料度。［62］梁郡：郡名。治所陈县，在今河南周口市淮阳区。［63］邀：阻截，拦住。［64］六合：县名。县治在今江苏南京市六合区。［65］乙巳：八月二十一日。［66］恒山：郡名。治所真定县，在今河北正定县南。［67］己丑：十月六日。［68］化及、智及（?—618）：宇文述之子宇文化及和宇文智及。宇文化及，官至奉屯卫将军。后杀隋炀帝。传见《隋书》卷八十五、《北史》卷七十九。宇文智及（？—618），官至将作少监。传附《隋书·宇文化及传》《北史·宇文化及传》。［69］宠昵：宠爱亲近。

李密之亡也，往依郝孝德，孝德不礼之；又入王薄，薄亦不之奇[1]也。密困乏，至削树皮而食之，匿于淮阳村舍，变姓名，聚徒教授[2]。郡县疑而捕之，密亡去，抵其妹夫雍丘[3]令丘君明。君明不敢舍[4]，转寄密于游侠[5]王秀才家，秀才以女妻之。君明从侄怀义告其事，帝令怀义自赍敕书与梁郡通守杨汪[6]相知收捕。汪遣兵围秀才宅，适值[7]密出外，由是获免，君明、秀才皆死。

韦城翟让[8]为东都[9]法曹[10]，坐事当斩。狱吏黄君汉奇其骁勇，夜中潜谓让曰："翟法司，天时人事，抑[11]亦可知，岂能守死狱中乎！"让惊喜[12]曰："让，圈牢[13]之豕，死生唯黄曹主[14]所命。"君汉即破械出之。让再拜曰："让蒙再生之恩则幸矣，奈黄曹主何！"因泣下。君汉怒曰："本以公为大丈夫，可救生民之命，故不顾其死以奉脱[15]，奈何反效儿女子涕泣相谢乎！君但努力自免，勿忧吾也！"让遂亡命于瓦岗[16]为群盗，同郡单雄信[17]，骁健，善用马槊，聚少年往从之。离狐徐世勣[18]家于卫南[19]，年十七，有勇略，说让曰："东郡[20]于公与勣皆为乡里，人多相识，不宜侵掠。荥阳[21]、梁郡，汴水所经，剽行舟，掠商旅，足以自资。"让然之，引众入二郡界，掠公私船，资用丰给，附者益众，聚徒至万余人。

时又有外黄王当仁、济阳王伯当[22]、韦城周文举、雍丘李公逸[23]等皆拥众为盗。李密自雍州[24]亡命，往来诸帅间，说以取天下之策，始皆不信。久之，稍[25]以为然，相谓曰："斯人公卿子弟，志气若是。今人人皆云杨氏[26]将灭，李氏将兴。吾闻王者不死，斯人再三获济[27]，岂非其人乎！"由是渐敬密。

密察诸帅唯翟让最强，乃因[28]王伯当以见让，为让画策[29]，往说诸小盗，皆下之[30]。让悦，稍亲近密，与之计事，密因说让曰："刘、项[31]皆起布衣为帝王。今主昏于上，民怨于下，锐兵尽于辽东，和亲绝于突厥，方乃巡游扬、越[32]，委弃东都，此亦刘、项奋起之会[33]也。以足下雄才大略，士马精锐，席卷二京，诛灭暴虐，隋氏不足亡也！"让谢曰："吾侪[34]群盗，旦夕偷生草间[35]，君之言者，非吾所及也。"会[36]有李玄英者，自东都逃来，经历诸贼，求访李密，云"斯人当代隋家[37]。”人问其故，玄英言：“比来民间谣歌[38]有《桃李章》曰：‘桃李子，皇后[39]绕扬州，宛转花园里。勿浪语[40]，谁道许！’‘桃李子’，谓逃亡者李氏之子也；皇与后，皆君也；‘宛转花园里’，谓天子在扬州无还日，将转于沟壑[41]也；‘莫浪语，谁道许’者，密也。”既与密遇，遂委身事之。前宋城[42]尉齐郡房玄藻，自负其才，恨不为时用，预于杨玄感之谋，变姓名亡命，遇密于梁、宋之间[43]，遂与之俱游汉、沔[44]，遍入诸贼，说其豪杰；还日，从者数百人，仍为游客[45]，处于让营。让见密为豪杰所归，欲从其计，犹豫未决。

有贾雄者，晓阴阳[46]占候[47]，为让军师[48]，言无不用。密深结于雄，使之托术数[49]以说让；雄许诺，怀之未发。会让召雄，告以密所言，问其可否，对曰：“吉不可言。”又曰：“公自立恐未必成，若立斯人，事无不济。”让曰：“如卿言，蒲山公[50]当自立，何来从我？”对曰：“事有相因。所以来者，将军姓翟，翟者，泽也，蒲[51]非泽不生，故须将军也。”让然之，与密情好日笃[52]。

密因说让曰：“今四海糜沸[53]，不得耕耘，公士众虽多，食无仓廪[54]，唯资野掠[55]，常苦不给[56]。若旷日持久[57]，加以大敌临之，必涣然[58]离散。未若先取荥阳，休兵馆谷[59]，待士马肥充[60]，然后与人争利。”让从之，于是破金堤关[61]，攻荥阳诸县，多下之。

荥阳太守郇王庆[62]，弘之子也，不能讨，帝徙张须陁为荥阳通守以讨之。庚戌[63]，须陁引兵击让，让向数为须陁所败，闻其来，大惧，将避之。密曰：“须陁勇而无谋，兵又骤胜，既骄且狠，可一战擒也。公但列陈以待，密保为公破之。”让不得已，勒兵将战，密分兵千余人伏于大海寺[64]北林间。须陁素轻让，方陈而前，让与战，不利，须陁乘之，逐北十余里；密发伏掩之[65]，须陁兵败。密与让及徐世勣、王伯当合军围之，须陁溃围[66]出，左右不能尽出，须陁跃马[67]复入救之，来往数四，遂战死。所部兵昼夜号哭，数日不止，河南郡县为之丧气。鹰扬郎将河东贾务本为须陁之副，亦被伤，帅余众五千余人奔梁郡，务本寻卒。诏以光禄大夫裴仁基为河南讨捕大使，代领其众，徙镇虎牢[68]。

让乃令密建牙[69]，别统所部，号蒲山公营。密部分[70]严整，凡号令士卒，虽盛夏，皆如背负霜雪[71]。躬[72]服俭素，所得金宝，悉颁赐麾下，由是人为之用。麾下士卒多为让士卒所陵辱[73]，以威约[74]有素，不敢报[75]也。让谓密曰："今资粮粗足[76]，意欲还向瓦岗，公若不往，唯公所适[77]，让从此别矣。"让帅辎重东引，密亦西行至康城[78]，说下数城，大获资储[79]。让寻悔，复引兵从密。

（以上为第二段，写瓦岗军兴起，翟让、李密计败张须陁，从此，北方地区，农民起义军占据了主导地位。）

【注释】

[1]不之奇：即不奇之，不以为李密有特殊才能。奇，特异，稀罕。 [2]教授：传授学业。[3]雍丘：县名。县治在今河南杞县。 [4]舍：留住，住宿。 [5]游侠：敢于反抗、救人急难的人。 [6]杨汪（？—621）：字元度，弘农华阴（今陕西华阴市）人。官至大理卿。传见《隋书》卷五十八、《北史》卷七十四。 [7]适值：恰巧遇上。适，恰好。值，相遇。 [8]翟让（？—617），韦城（今山东东明县西北）人。曾领导隋末农民大起义，成为主力之一。后被李密所杀。事散见《隋书》卷七十、七十一等。 [9]东都：据胡注和严衍《通鉴补略》，"都"应改作"郡"字。[10]法曹：官名。掌司法。 [11]抑：连词，表示转折，相当于"则""然"。 [12]惊喜：据章校，"喜"下应补"叩头"二字。 [13]圈牢：饲养家畜的地方。牢，养牲畜的栏圈。 [14]黄曹主：黄君汉大概是狱吏中的主持人，故称为曹主。 [15]奉脱：开脱，解脱。奉，对别人的敬称。[16]瓦岗：地名。在今河南滑县东。翟让以瓦岗寨为起义军根据地。 [17]单雄信（？—621）：曹州（治今山东曹县西北）人。农民起义军骁将。传见《旧唐书》卷五十三、《新唐书》卷八十四。[18]徐世勣（592—667）：曹州离狐（今山东菏泽市西北）人。唐朝赐姓李氏，因避讳太宗，单名勣。先参加农民起义，后降唐，官至尚书左仆射、司空。传见《旧唐书》卷六十七、《新唐书》卷九十三。 [19]卫南：县名。县治在今河南滑县东。 [20]东郡：郡名。治所滑台，在今河南滑县东。[21]荥阳：郡名。治所成皋县，在今河南荥阳市西北。[22]王伯当（？—618）：济阴（治今山东曹县西北）人。农民起义军骁将之一。事散见《隋书》卷七十等。 [23]李公逸：汴梁雍丘（今河南杞县）人。传见《旧唐书》卷一百八十七上、《新唐书》卷一百九十一。 [24]雍州：据章校，"州"应改作"邱"。 [25]稍：逐渐。 [26]杨氏：指隋杨氏王朝。 [27]获济：得到救助。济，救助，接济。 [28]因：依靠。 [29]画策：计划，谋划。策，计策。 [30]下之：降服，归顺。 [31]刘、项：刘指刘邦，项指项羽，于秦末起义，刘邦建立汉朝称帝，项羽也称楚王。[32]扬、越：指扬州一带和越州一带，即今浙江绍兴市一带。因隋炀帝改州为郡，故扬、越指古地名。 [33]会：时机，机会。 [34]吾侪（chái）：我辈。侪，辈，类。 [35]草间：野间。草，草野，野间。 [36]会：恰巧，适逢。 [37]隋家：隋王朝。 [38]谣歌：即歌谣。古代以曲和

乐伴奏者称歌，随口唱者称谣。［39］皇后：君主。皇，大。后，君。［40］浪语：随便乱说。浪，轻率。［41］沟壑：溪谷，山沟。壑，山谷，坑地。［42］宋城：县名。县治在今河南商丘市西南。［43］梁、宋之间：指梁郡宋城县一带。梁郡，治所宋城县，在今河南商丘市西南。［44］汉、沔：指汉水与沔水流域。沔水，一名沮水，源出今陕西略阳县，东南流至勉县，西南入汉水。为汉水的上游。［45］游客：从事游说活动的人。［46］阴阳：古代以阴阳解释万物化生，凡天地、日月、昼夜、男女以至腑脏、气血等皆属阴阳。［47］占候：古代视天象变化以测吉凶。［48］军师：官名。主出谋划策。师，师事之意。［49］术教：用阴阳五行相生相克的数理，来推断人事吉凶，如占候、卜筮、星命等。［50］蒲山公：指李密。李密袭爵蒲山公。［51］蒲：草名。生长在沼泽江河水里。［52］情好日笃：情谊一天比一天深厚。日，日渐。笃，笃厚，真诚。［53］糜沸：言如锅里煮的粥一样沸腾。比喻动乱纷扰。糜，粥。［54］仓廪：储藏米谷的仓库。廪，粮仓。［55］野掠：在民间掠夺。［56］不给：供给不足。［57］旷日持久：空废时日，相持长久。旷，荒废。［58］涣然：流散的样子。［59］馆谷：居其馆，食其谷。［60］肥充：肥壮而繁多。充，满，繁多。［61］金堤关：关名。在今河南荥阳市东北。［62］郇王庆：河间王杨弘之子，袭爵为郇王。后降唐，官至宜州刺史。传附《隋书·河间王弘传》《北史·河间王弘传》。［63］庚戌：十月二十七日。［64］大海寺：寺名。故址在今河南荥阳市北。［65］发伏掩之：出动伏兵，突然袭击张须陀。［66］溃围：冲破包围。［67］跃马：策马驰骋腾跃。［68］虎牢：即虎牢关。县治在今河南荥阳市汜水镇。它北临黄河，绝岸峻壁，自古为戍守要地。［69］建牙：牙，军前大旗。古代出兵，在军前树立大旗称牙，后来也称兴兵建幕府或武将出镇为建牙。此指让李密建立幕府。［70］部分：处分，部署。［71］如背负霜雪：形容李密军威整肃，士兵威服，背冒冷汗。［72］躬：亲自，自身。［73］陵辱：侵侮。陵，同“凌”，侵犯，欺侮。［74］威约：约束森严。约，约束，制约。［75］报：回答，报复。［76］粗足：稍微充足。粗，粗略。［77］所适：所往，去什么地方。适，往，去。［78］康城：地名。故址在今河南禹州市西北。［79］资储：储备，积蓄。

鄱阳[1]贼帅操师乞自称元兴王，建元始兴，攻陷豫章郡[2]，以其乡人林士弘[3]为大将军。诏治书侍御史刘子翊[4]将兵讨之。师乞中流矢死，士弘代统其众，与子翊战于彭蠡湖[5]，子翊败死。士弘兵大振，至十余万人。十二月，壬辰[6]，士弘自称皇帝，国号楚，建元太平；遂取九江、临川、南康、宜春[7]等郡，豪杰争杀隋守令，以郡县应之。其地北自九江，南及番禺[8]，皆为所有。

诏以右骁卫将军唐公李渊为太原[9]留守，以虎贲郎将[10]王威、虎牙郎将[11]高君雅为之副，将兵讨甄翟儿，与翟儿遇于雀鼠谷[12]。渊众才数千，贼围渊数匝[13]，李世民将精兵救之，拔渊于万众之中，会步兵至，合击，大破之。

帝疏薄骨肉[14]，蔡王智积每不自安，及病，不呼医，临终，谓所亲曰："吾今日始知得保首领[15]没于地矣！"

张金称、郝孝德、孙宣雅、高士达、杨公卿等寇掠河北，屠陷郡县；隋将帅败亡者相继，唯虎贲中郎将[16]蒲城王辩[17]、清河郡丞华阴杨善会[18]数有功，善会前后与贼七百余战，未尝负败[19]。帝遣太仆卿杨义臣讨张金称。金称营于平恩[20]东北，义臣引兵直抵临清[21]之西，据永济渠为营，去金称营四十里，深沟高垒，不与战。金称日引兵至义臣营西，义臣勒兵擐甲[22]，约与之战，既而不出。日暮，金称还营，明旦[23]，复来；如是月余，义臣竟不出。金称以为怯，屡逼其营詈辱[24]之，义臣乃谓金称曰："汝明旦来，我当必战。"金称易[25]之，不复设备。义臣简精骑二千，夜自馆陶[26]济河[27]，伺金称离营，即入击其累重[28]。金称闻之，引兵还，义臣从后击之，金称大败，与左右逃于清河之东。月余，杨善会讨擒之。吏立木于市，悬其头，张[29]其手足，令仇家割食之；未死间，歌讴[30]不辍。诏以善会为清河通守。

涿郡通守郭绚[31]将兵万余人讨高士达。士达自以才略不及窦建德，乃进建德为军司马[32]，悉以兵授之。建德请士达守辎重，自简精兵七千人拒绚，诈为与士达有隙而叛，遣人请降于绚，愿为前驱，击士达以自效[33]。绚信之，引兵随建德至长河[34]，不复设备。建德袭之，杀虏数千人，斩绚首，献士达，张金称余众皆归建德。杨义臣乘胜至平原[35]，欲入高鸡泊讨之。建德谓士达曰："历观隋将，善用兵者无如义臣，今灭张金称而来，其锋[36]不可当[37]。请引兵避之，使其欲战不得，坐费[38]岁月，将士疲倦，然后乘间击之，乃可破也。不然，恐非公之敌。"士达不从，留建德守营，自帅精兵逆击义臣，战小胜，因纵酒高宴，建德闻之曰："东海公[39]未能破敌，遽自矜大[40]，祸至不久矣。"后五日，义臣大破士达，于陈斩之，乘胜逐北，趣其营，营中守兵皆溃。建德与百余骑亡去，至饶阳[41]，乘其无备，攻陷之，收兵，得三千余人。义臣既杀士达，以为建德不足忧，引去。建德还平原，收士达散兵，收葬死者，为士达发丧，军复大振[42]，自称将军。先是，群盗得隋官及士族[43]子弟，皆杀之，独建德善遇[44]之；由是隋官稍以城降之，声势日盛，胜兵[45]至十余万人。

内史侍郎虞世基以帝恶闻[46]贼盗，诸将及郡县有告败求救者，世基皆抑损[47]表状[48]，不以实闻，但云："鼠窃狗盗[49]，郡县捕逐，行当殄尽[50]，愿陛下勿以介怀[51]！"帝良以为然，或杖其使者，以为妄言，由是盗贼遍海内，陷没郡县，帝皆弗之知也[52]。杨义臣破降河北贼数十万，列状[53]上闻，帝叹曰："我初不闻贼顿[54]如此，义臣降贼何多也！"世基对曰："小窃虽多，未足为虑，义臣克之，拥兵不少，久在阃外[55]，此最非宜。"帝曰："卿言是也。"遽追义臣，放散其兵，贼由是复盛。

治书侍御史韦云起劾奏："世基及御史大夫裴蕴职典[56]枢要[57]，维持内外，四方告变，不为奏闻。贼数实多，裁减言少，陛下既闻贼少，发兵不多，众寡悬殊[58]，往皆不克，故使官军失利，贼党日滋。请付有司结正[59]其罪。"大理卿郑善果奏："云起诋訾[60]名臣，所言不实，非毁[61]朝政，妄作威权[62]。"由是左迁云起为大理司直[63]。

帝至江都，江、淮郡官谒见者，专问礼饷丰薄[64]，丰则超迁丞、守[65]，薄则率从停解[66]。江都郡丞王世充献铜镜屏风，迁通守；历阳郡[67]丞赵元楷[68]献异味[69]，迁江都郡丞。由是郡县竞务刻剥[70]，以充贡献。民外为盗贼所掠，内为郡县所赋，生计无遗；加之饥馑[71]无食，民始采树皮叶，或捣藁为末，或煮土而食之，诸物皆尽，乃自相食[72]；而官食犹充牣[73]，吏皆畏法，莫敢振救[74]。王世充密为帝简阅[75]江淮民间美女献之，由是益有宠。

河间贼帅格谦拥众十余万，据豆子䴚，自称燕王，帝命王世充将兵讨斩之。谦将勃海高开道[76]收其余众，寇掠燕地[77]，军势复振。

初，帝谋伐高丽，器械资储，皆积于涿郡；涿郡人物殷阜[78]，屯兵数万。又，临朔宫多珍宝，诸贼竞来侵掠；留守官虎贲郎将赵什住等不能拒，唯虎贲郎将云阳罗艺[79]独出战，前后破贼甚众，威名日重，什住等阴忌之。艺将作乱，先宣言以激其众曰："吾辈讨贼数有功，城中仓库山积，制[80]在留守之官，而莫肯散施[81]以济贫乏，将何以劝将士！"众皆愤怨。军还，郡丞出城候艺，艺因执之，陈兵而入。什住等惧，皆来听命，乃发库物以赐战士，开仓廪以赈贫乏，境内咸服；杀不同己者勃海太守唐祎等数人，威振燕地，柳城、怀远并归之。艺黜[82]柳城[83]太守杨林甫，改郡为营州，以襄平太守邓暠为总管，艺自称幽州总管。

突厥数寇北边。诏晋阳留守[84]李渊帅太原道兵与马邑太守王仁恭[85]击之。时突厥方强，两军众不满五千，仁恭患之。渊选善骑射者二千人，使之饮食舍止[86]一如突厥，或与突厥遇，则伺便[87]击之，前后屡捷，突厥颇惮之。

（以上为第三段，写河北、江淮起义军如火如茶，而隋炀帝在江都信用权奸，花天酒地，充耳不闻。隋炀帝甚至猜忌功臣，斥逐杨义臣，自毁长城。而罗艺造反，预示隋朝官吏基础动摇，隋炀帝的末日不远了。）

【注释】

[1]鄱阳：郡名。治所鄱阳县，在今江西鄱阳县北。 [2]豫章郡：郡名。治所南昌县，在今江西南昌市。 [3]林士弘（？—622）：饶州鄱阳（今江西鄱阳县北）人。传见《旧唐书》卷五十六、《新唐书》卷八十七。 [4]刘子翊（548—622）：彭城丛亭（今江苏徐州市）人。官至治书侍御史。传见《隋书》卷七十一、《北史》卷八十五。 [5]彭蠡湖：湖名。即今鄱阳湖，在今江西九江市与鄱阳县之间。 [6]壬辰：十二月十日。 [7]九江、临川、南康、宜春：皆郡名。九江郡，治所湓口城，在今江西九江市。临川郡，治所临汝县，在今江西抚州市临川区西北。南康郡，治所赣县，在今江西赣州市。宜春郡，治所宜春县，在今江西宜春市。 [8]番禺：地名。南海郡治所，在今广东广州市。 [9]太原：郡名。治所太原县，在今山西太原市西南。 [10]虎贲郎将：武官名。十二卫将军之副官，掌禁卫。 [11]虎牙郎将：武官名。虎贲郎将之副官，掌禁卫。 [12]雀鼠谷：山谷名。故址在今山西灵石县。 [13]数匝（zā）：围了好几周。匝，环绕一周叫一匝。 [14]骨肉：比喻至亲。父母对于子女，子女对于父母，都称为骨肉之亲。 [15]保首领：指保全头颈。领，颈项。 [16]虎贲中郎将：按《隋书·百官志》无中郎将。《隋书·王辩传》作"虎贲郎将"，《北史》本传同。"中"字衍，当删。 [17]王辩（562—617）：字警略，冯翊蒲城（今陕西蒲城县）人。传见《隋书》卷六十四、《北史》卷七十八。 [18]杨善会：字敬仁，弘农华阴（今陕西华阴市）人。官至清河通守。传见《隋书》卷七十一、《北史》卷八十五。 [19]负败：失败。负，败。 [20]平恩：县名。县治在今河北曲周县东南。 [21]临清：县名。县治在今河北临西县。 [22]擐甲：穿戴盔甲。擐，贯，穿。 [23]明旦：明天早晨。旦，天明，早

晨。［24］詈（lì）辱：辱骂。詈，骂，责怪。［25］易：轻视，小瞧。［26］馆陶：县名。县治在今河北馆陶县。［27］河：指清河。［28］累重：指家属与资产。累，家室。［29］张：伸展，张开。［30］歌讴：同“讴歌”。讴，也作“呕”，歌唱，吟诵。［31］郭绚（xuàn）（？—613）：河东安邑（今山西运城市东北）人。官至涿郡通守，兼领留守。传见《隋书》卷十三、《北史》卷八十六。［32］军司马：官名。掌军事、用兵作战。［33］自效：自我立功，以表示自己的真诚。效，功效，效验。［34］长河：县名。县治在今山东德州市东。［35］平原：郡名。治所安德县，在今山东德州市陵城区。［36］锋：锋芒。比喻军队的锐气。［37］当：抵挡，抵敌。［38］坐费：自然耗费。坐，副词，无故，自然而然。［39］东海公：指高士达。高士达自号东海公。［40］矜大：骄傲自大。［41］饶阳：县名。县治在今河北饶阳县。［42］大振：十分振作。振，奋起。［43］士族：又称“世族”或“势族”。是东汉以后在地主阶级内部逐渐形成的世家大族，世代为官，经学传世。在政治、经济等方面享有特权。到了隋朝，士族已处于衰落阶段。［44］善遇：礼遇，善待。［45］胜兵：足以克敌制胜的军队。［46］恶（wù）闻：厌恶听到。［47］抑损：限制，减少。［48］表状：给朝廷的上疏奏表。表，臣子给君主上言的文表，多用于陈述衷情。状，文体的一种，向上级陈述事实的文书。［49］鼠窃狗盗：也作“鼠窃狗偷”。指小窃小盗。［50］殄（tiǎn）尽：消灭光。殄，断绝，灭绝。［51］介怀：同“介意”。指放在心上。［52］弗之知：不知道这些事。弗，不。［53］列状：条列情状。［54］顿：顿时，即时。［55］阃（kǔn）外：指统兵在外。阃，门槛，指郭门或国门。［56］典：掌管，主持。［57］枢要：中心。指中央政权中机要部门或官职。［58］悬殊：差别很大。悬，遥远。［59］结正：结案判定。［60］诋訾（zǐ）：诬蔑，诋毁。訾，诋毁。［61］非毁：诋毁，讥讽。非，讥讽。［62］威权：威势和权力。［63］大理司直：官名。隶属大理卿，不署曹事，只复理御史劾奏的事。［64］礼饷：奉献给天子的礼物。丰薄：丰厚和微薄。［65］超迁丞、守：破格提拔为郡丞、太守（或通守）。［66］率：一概。停解：停职或罢免官职。解，罢任。［67］历阳郡：郡名。治所历阳县，在今安徽和县。［68］赵元楷：天水西（今甘肃天水市西南）人。官至江都郡丞，兼领江都宫使。传附《隋书·赵芬传》《北史·赵芬传》。［69］异味：异常的美味。［70］刻剥：侵夺，侵害。［71］饥馑（jǐn）：无谷吃叫饥，无菜吃叫馑。［72］自相食：指人吃人。［73］充牣（rèn）：充满。牣，盈满，塞。［74］振救：救济。振，救助，通“赈”。［75］简阅：考察，挑选。［76］高开道（？—620）：沧州阳信（今山东阳信县东南）人。曾参加隋末农民大起义，自称燕王。传见《旧唐书》卷五十五、《新唐书》卷八十六。［77］燕地：战国时燕国旧境，包括今北京市及河北中部地区、辽宁西部。［78］殷阜：富实。阜，肥大，多。［79］罗艺（？—627）：字子延，本襄阳人，寓居京兆云阳（今陕西泾阳县西北），历仕隋、唐，官至左翊卫大将军。传见《旧唐书》卷五十六、《新唐书》卷九十二。［80］制：节制，控制，制止。［81］散施：发放。施，给予。［82］黜：废免。［83］柳城：县名。辽西郡治所，在今辽宁朝阳市。［84］晋阳留守：即太原留守。太原有晋阳宫，故也称晋阳留守。［85］王仁恭（558—617）：字元实，天水上邽（今甘肃天水市）人。

官至马邑太守。传见《隋书》卷六十五、《北史》卷七十八。[86]舍止：住宿，居留。[87]伺便：伺机，乘机。

恭皇帝上[1]

义宁元年（丁丑，617年）

春，正月，右御卫将军[2]陈稜讨杜伏威，伏威帅众拒之。稜闭壁[3]不战，伏威遗以妇人之服，谓之“陈姥[4]”。稜怒，出战，伏威奋击，大破之，稜仅以身免。伏威乘胜破高邮[5]，引兵据历阳，自称总管，以辅公祏为长史，分遣诸将徇[6]属县，所至辄下，江淮间小盗争附之。伏威常选敢死之士五千人，谓之“上募”，宠遇甚厚，有攻战，辄令上募先击之，战罢阅视，有伤在背者即杀之，以其退而被击故也。所获资财，皆以赏军。士有战死者，以妻、妾徇葬[7]。故人自为战[8]，所向无敌。

丙辰[9]，窦建德为坛于乐寿[10]，自称长乐王，置百官，改元丁丑[11]。

辛巳[12]，鲁郡[13]贼徐圆朗[14]攻陷东平，分兵略地，自琅邪[15]以西，北至东平[16]，尽有之，胜兵二万余人。

卢明月转掠河南，至于淮北，众号四十万，自称无上王；帝命江都通守王世充讨之。世充与战于南阳[17]，大破之，斩明月，余众皆散。

二月，壬午[18]，朔方[19]鹰扬郎将梁师都[20]杀郡丞唐世宗，据郡，自称大丞相，北连突厥。

马邑太守王仁恭，多受货赂[21]，不能振施。郡人刘武周[22]，骁勇喜任侠[23]，为鹰扬府校尉[24]，仁恭以其土豪，甚亲厚之，令帅亲兵屯阁[25]下。武周与仁恭侍儿[26]私通，恐事泄，谋作乱，先宣言曰：“今百姓饥馑，僵尸满道，王府君[27]闭仓不赈恤[28]，岂为民父母[29]之意乎！”众皆愤怒。武周称疾卧家，豪杰来候问，武周椎牛[30]纵酒，因大言曰：“壮士岂能坐待沟壑！今仓粟烂积[31]，谁能与我共取之？”豪杰皆许诺。己丑[32]，仁恭坐听事[33]，武周上谒，其党张万岁等随入，升阶，斩仁恭，持其首出徇，郡中无敢动者。于是开仓以赈饥民，驰檄[34]境内属城，皆下之，收兵得万余人。武周自称太守，遣使附于突厥。

李密说翟让曰："今东都空虚，兵不素练[35]；越王冲幼[36]，留守诸官政令不壹[37]，士民离心。段达、元文都，暗[38]而无谋，以仆料之，彼非将军之敌。若将军能用仆计，天下可指麾而定。"乃遣其党裴叔方觇东都虚实，留守官司觉之，始为守御之备，且驰表[39]告江都。密谓让曰："事势[40]如此，不可不发。兵法曰：'先则制于己，后则制于人[41]。'今百姓饥馑，洛口仓多积粟，去都百里有余，将军若亲帅大众，轻行[42]掩袭，彼远未能救，又先无豫备，取之如拾遗[43]耳。比[44]其闻知，吾已获之，发粟以赈穷乏，远近孰不归附！百万之众，一朝可集，枕威养锐[45]，以逸待劳[46]，纵[47]彼能来，吾有备矣。然后檄召[48]四方，引贤豪而资计策，选骁悍[49]而授兵柄[50]，除亡隋之社稷，布[51]将军之政令，岂不盛哉！"让曰："此英雄之略，非仆所堪[52]；惟君之命[53]，尽力从事，请君先发，仆为后殿。"庚寅[54]，密、让将精兵七千人出阳城[55]北，逾方山[56]，自罗口[57]袭兴洛仓，破之；开仓恣[58]民所取，老弱襁负[59]，道路相属[60]。

朝散大夫[61]时德叡以尉氏[62]应密，前宿城[63]令祖君彦[64]自昌平[65]往归之。君彦，珽之子也，博学强记，文辞赡敏[66]，著名海内，吏部侍郎薛道衡尝荐之于高祖，高祖曰："是歌杀[67]斛律明月人儿邪？朕不须此辈！"炀帝即位，尤疾其名，依常调[68]选东平书佐[69]，检校[70]宿城令。君彦自负其才，常郁郁思乱，密素闻其名，得之大喜，引为上客，军中书檄[71]，一以委之。

越王侗遣虎贲郎将刘长恭、光禄少卿房崱[72]帅步骑二万[73]五千讨密。时东都人皆以密为饥贼盗米，乌合[74]易破，争来应募，国子三馆[75]学士及贵胜亲戚皆来从军，器械修整[76]，衣服鲜华[77]，旌旗钲鼓甚盛。长恭等当其前，使河南讨捕大使裴仁基等将所部兵自汜水而入以掩其后，约十一日会于仓城[78]南，密、让具知其计。东都兵先至，士卒未朝食[79]，长恭等驱之渡洛水，陈于石子河[80]西，南北十余里。密、让选骁雄[81]，分为十队，令四队伏横岭下以待仁基，以六队陈于石子河东。长恭等见密兵少，轻之。让先接战，不利，密帅麾下横冲之。隋兵饥疲[82]，遂大败，长恭等解衣潜窜[83]得免，奔还东都，士卒死者什五六。越王侗释长恭等罪，慰抚之。密、让尽收其辎重器甲[84]，威声大振。

让于是推密为主，上密号为魏公；庚子[85]，设坛场[86]，即位，称元年，大赦。其文书行下[87]，称行军元帅府；其魏公府置三司[88]、六卫[89]，元帅府置长史以下官属。拜翟让为上柱国[90]、司徒、东郡公，亦置长史以下官，减元帅府之半；以单雄信为左武候大将军，徐世勣为右武候大将军，各领所部；房彦藻为元帅左长史，东郡邴元真为右长史，杨德方为左司马，郑德韬为右司马，祖君彦为记室，其余封拜各有差[91]。于是赵、魏[92]以南，江、淮以北，群盗莫不响应，孟让、郝孝德、王德仁及济阴房献伯、上谷王君廓[93]、长平李士才、淮阳魏六儿、李德谦、谯郡张迁、魏郡李文相、谯郡黑社、白社、济北张青特、上洛周比洮、胡驴贼等皆归密。密悉拜官爵，使各领其众，置百营簿以领之。道路降者不绝如流，众至数十万。乃命其护军[94]田茂广筑洛口城[95]，方四十里而居之，密遣房彦藻将兵东略地[96]，取安陆、汝南、淮安[97]、济阳[98]，河南郡县多陷于密。

雁门郡丞河东陈孝意[99]与虎贲郎将王智辩共讨刘武周，围其桑干镇[100]。壬寅[101]，武周与突厥合兵击智辩，杀之；孝意奔还雁门。三月，丁卯[102]，武周袭破楼烦郡，进取汾阳宫，获隋宫人，以赂突厥始毕可汗；始毕以马报之[103]，兵势益振，又攻陷定襄[104]。突厥立武周为定杨可汗[105]，遗以狼头纛[106]。武周即皇帝位，立妻沮氏为皇后，改元天兴。以卫士杨伏念为尚书左仆射，妹婿同县苑君璋为内史令。武周引兵围雁门，陈孝意悉力[107]拒守，乘间出击武周，屡破之；既而外无救援，遣间使诣江都，皆不报[108]。孝意誓以必死，旦夕向诏敕库[109]俯伏流涕，悲动左右。围城百余日，食尽，校尉张伦杀孝意以降。

梁师都略定雕阴[110]、弘化[111]、延安等郡，遂即皇帝位，国号梁，改元永隆。始毕遗以狼头纛，号为大度毗伽可汗。师都乃引突厥居河南[112]之地，攻破盐川郡[113]。

左翊卫[114]蒲城郭子和坐事徙榆林。会郡中大饥[115]，子和潜结敢死士十八人攻郡门，执郡丞王才，数[116]以不恤[117]百姓，斩之，开仓赈施[118]。自称永乐王，改元丑平。尊其父为太公，以其弟子政为尚书令，子端、子升为左右仆射。有二千余骑，南连梁师都，北附突厥，各遣子为质以自固。始毕以刘武周为定杨天子，梁师都为解事天子[119]，子和为平杨天子[120]；子和固辞不敢当，乃更以为屋利设。

汾阴薛举[121]，侨居[122]金城[123]，骁勇绝伦[124]，家赀钜万，交结豪杰，雄于西边，为金城府校尉[125]。时陇右盗起，金城令郝瑗募兵得数千人，使举将而讨之。夏，四月，癸未[126]，方授甲，置酒飨士[127]，举与其子仁果[128]及同党十三人，于座劫瑗发兵，囚郡县官，开仓赈施。自称西秦霸王，改元秦兴。以仁果为齐公，少子仁越为晋公，招集群盗，掠官牧马。贼帅宗罗睺帅众归之，以为义兴公。将军皇甫绾将兵一万屯枹罕[129]，举选精锐二千人袭之[130]。岷山[131]羌酋钟利俗拥众二万归之，举兵大振。更以仁果为齐王，领东道行军元帅，仁越为晋王，兼河州[132]刺史，罗睺为兴王，以副仁果；分兵略地，取西平[133]、浇河[134]二郡。未几，尽有陇西之地，众至十三万。

李密以孟让为总管、齐郡公，己丑[135]夜，让帅步骑二千入东都外郭[136]，烧掠丰都市[137]，比晓[138]而去。于是东京居民悉迁入宫城[139]，台省府寺[140]皆满。巩县[141]长柴孝和、监察御史郑颋以城降密，密以孝和为护军，颋为右长史。

裴仁基每破贼得军资，悉以赏士卒，监军御史[142]萧怀静不许，士卒怨之；怀静又屡求仁基长短劾奏之。仓城之战，仁基失期不至，闻刘长恭等败，惧不敢进，屯百花谷[143]，固垒[144]自守，又恐获罪于朝。李密知其狼狈[145]，使人说之，啖以厚利[146]。贾务本之子闰甫在军中，劝仁基降密，仁基曰："如萧御史何？"闰甫曰："萧君如栖[147]上鸡，若不知机变，在明公一刀耳。"仁基从之。遣闰甫诣密请降。密大喜，以闰甫为元帅府司兵参军[148]，兼直[149]记室事，使之复命，遗仁基书，慰纳之[150]，仁基还屯虎牢。萧怀静密表其事，仁基知之，遂杀怀静，帅其众以虎牢降密。密以仁基为上柱国、河东公；仁基子行俨[151]，骁勇善战，密亦以为上柱国、绛郡公。

密得秦叔宝及东阿程咬金[152]，皆用为骠骑[153]。选军中尤骁勇者八千人，分隶四骠骑以自卫，号曰内军，常曰："此八千人足当百万。"咬金后更名知节。罗士信、赵仁基皆帅众归密，密署为总管，使各统所部。

癸巳[154]，密遣裴仁基、孟让帅二万余人袭回洛[155]东仓，破之；遂烧天津桥[156]，纵兵大掠。东都出兵击之，仁基等败走，密自帅众屯回洛仓。东都兵尚二十余万人，乘城击柝[157]，昼夜不解甲。密攻偃师[158]、金墉[159]，皆不克；乙未[160]，还洛口。

东都城内乏粮，而布帛山积[161]，至以绢为汲绠[162]，然[163]布以爨[164]。越王侗使人运回洛仓米入城，遣兵五千屯丰都市，五千屯上春门[165]，五千屯北邙山，为九营，首尾相应，以备密。

丁酉[166]，房献伯陷汝阴[167]，淮阳太守赵陀举郡降密。

己亥[168]，密帅众三万复据回洛仓，大修营堑[169]以逼东都；段达等出兵七万拒之。辛丑[170]，战于仓北，隋兵败走。丁未[171]，密使其幕府移檄[172]郡县，数炀帝十罪，且曰："罄[173]南山之竹，书罪无穷；决[174]东海之波，流恶[175]难尽。"祖君彦之辞也。

越王侗遣太常丞元善达间行[176]贼中，诣江都奏称："李密有众百万，围逼东都，据洛口仓，城内无食。若陛下速还，乌合必散；不然者，东都决没[177]。"因歔欷呜咽，帝为之改容。虞世基进曰："越王年少，此辈诳之。若如所言，善达何缘[178]来至！"帝乃勃然[179]怒曰："善达小人，敢廷辱[180]我！"因使经贼中向东阳[181]催运[182]，善达遂为群盗所杀。是后人人杜口[183]，莫敢以贼闻[184]。

世基容貌沈审[185]，言多合意，特为帝所亲爱，朝臣无与为比；亲党凭之[186]，鬻官卖狱，贿赂公行，其门如市[187]。由是朝野共疾怨之。内史舍人封德彝[188]托附世基，以世基不闲[189]吏务，密为指画[190]，宣行诏命，谄顺帝意，群臣表疏忤旨者，皆屏而不奏。鞫狱[191]用法，多峻文深诋，论功行赏，则抑削就薄。故世基之宠日隆而隋政益坏，皆德彝所为也。

（以上为第四段，写魏公李密兵围东都。）

【注释】

［1］恭皇帝：隋朝第三代皇帝杨侑，元德太子杨昭之子，隋炀帝之孙。公元 617 年 11 月至 618 年 5 月在位。谥法，尊贤让善曰恭。［2］右御卫将军：武官名。隋十二卫将军之一，掌禁兵。［3］闭壁：关闭营垒门。［4］陈姥：陈老太婆。陈稜闭垒不敢出战，怯如老太婆，故用此语以羞辱他。姥，老太太，通“姆”。［5］高邮：县名。县治在今江苏高邮市西北。［6］徇（xùn）：夺取。［7］徇葬：用人或物陪葬。徇，通“殉”，用人从葬。［8］人自为战：人人主动奋战。［9］丙辰：正月五日。［10］乐寿：县名。县治在今河北献县。［11］改元丁丑：义宁元年（617）即丁丑年，窦建德以干支表示年号。［12］辛巳：正月三十日。［13］鲁郡：郡名。治所瑕丘县，在今山东济宁市兖州区。［14］徐圆朗：兖州人，先参加隋末农民起义，后归唐，官至兖州总管。传见《旧唐书》卷五十五、《新唐书》卷八十六。［15］琅邪：郡名。治所临沂县，在今山东临沂市。［16］东平：郡名。治所郓城县，在今山东郓城县东南。［17］南阳：郡名。治所穰县，在今河南邓州市。［18］壬午：二月一日。［19］朔方：郡名。治所岩绿县，在今陕西靖边县东北。［20］梁师都（?—628）：夏州朔方（今陕西靖边县东北）人。仕隋为鹰扬郎将，后归唐，又叛。传见《旧唐书》卷五十六、《新唐书》卷八十七。［21］货赂：以财货贿赂人。［22］刘武周（?—620）：河间景城（今河北沧州市西景城）人。仕隋为鹰扬府校尉。后叛。传见《旧唐书》卷五十五、《新唐书》卷八十六。［23］任侠：抱打不平，侠气仗义。［24］鹰扬府校尉：武官名。掌鹰扬府兵。鹰扬府，官署名。十二卫下属官署，由骠骑将军府所改。［25］阁（gé）：大门旁的小门。［26］侍儿：侍女。［27］王府君：指王仁恭。府君，尊称太守为府君。［28］赈恤（xù）：救济。恤，忧念，救济。［29］为民父母：古代称郡县地方官为父母官。［30］椎（chuí）牛：杀牛。椎，捶击的工具，此为动词，用椎打击。［31］烂积：仓谷长期堆积，以至腐烂变质。［32］己丑：二月八日。［33］坐听事：坐在厅里处理政事。［34］驰檄：迅速传檄。檄，文书。古代官方文书用木简，长一尺二寸，多作征召、晓谕、申讨等用。若有急事，则插上羽毛，称为羽檄。后泛称这类官方文书为檄。［35］素练：平时训练。素，平素，往常。［36］冲幼：年幼。冲，幼小在位称为冲。［37］政令不壹：政令不统一。壹，一致，统一，通“一”。［38］暗：昏昧。［39］驰表：迅速上表。［40］事势：事情的趋势。［41］先则制于己，后则制于人：意思是先发制人，后发则为人所制。［42］轻行：轻装行进。［43］拾遗：拾取他人遗失的东西为己有。遗，丢失，遗失。［44］比：及，等到。［45］枕威养锐：坐枕威风，养精蓄锐。［46］以逸待劳：指作战时养精蓄锐，待敌人疲乏后相机出击。［47］纵：即使。［48］檄召：用文书征召。［49］骁悍：勇猛之士。骁，勇捷。悍，勇敢。［50］兵柄：兵权。柄，器物的把，比喻权力。［51］布：发布，行使。［52］堪：能承当或忍受。［53］惟君之命：绝对服从你的命令。［54］庚寅：二月九日。［55］阳城：县名。县治在今河南登封市东南。［56］方山：山名。故址在今河南登封市北。［57］罗口：地名。故址在今河南巩义市南。［58］恣（zì）：任意，放纵。［59］襁负：用襁褓背负。襁，背负小儿的背带。［60］属：接连，跟随。［61］朝散大夫：官名。

文散官，无职事。［62］尉氏：县名。县治在今河南尉氏县。［63］宿城：县名。县治在今山东东平县东。［64］祖君彦（？—618）：范阳（今北京市）人。北齐尚书仆射祖珽之子。仕隋，官至检校宿城令。后加入李密义军。传见《北齐书》卷三十九、《隋书》卷七十六、《北史》卷四十七、《新唐书》卷八十四。［65］昌平：县名。县治在今北京市昌平区东南。［66］赡敏：丰富而敏捷。赡，充足，丰富。［67］歌杀：谓编歌谣而杀害。歌杀斛律光事详见《资治通鉴》卷一百七十一《陈纪五》宣帝太建四年。［68］常调：正常的迁转。［69］书佐：官名。州郡皆有书佐，主办文书。［70］检校：未得实授的加官称为检校。［71］军中书檄：泛指军中的文书。［72］房崱（zè）：人名。［73］二万：据张校，"二"当作"三"。［74］乌合：仓猝集合之众，如乌鸦忽聚忽散。［75］三馆：隋朝以国子、太学、四门为三馆。［76］修整：装饰很整齐。［77］鲜华：鲜艳而华丽。［78］仓城：指兴洛仓城。［79］朝食：吃早饭。［80］石子河：水名。故址在今河南巩义市。［81］骁雄：勇猛善战的军队。［82］饥疲：又饥饿又疲惫。［83］解衣潜窜：脱掉武官服，穿上便服，偷偷逃跑。［84］器甲：指器械衣甲。［85］庚子：二月十九日。［86］坛场：在平坦的土地上，用土筑的高台。古代以坛为祭天神及远祖之所。遇大事如朝会、盟誓、封拜都立坛以表示郑重。［87］文书行下：指对部下所颁发的文书。［88］三司：即三公。东汉改大司马为太尉，与司徒、司空并称三公，亦称三司。［89］六卫：隋唐武职有十六卫，六卫所指不详。［90］上柱国：官名。隋置上柱国、柱国，以赏有功勋之人，并为散官，不理事。而李密所拜上柱国则与此不同，既赏功勋，又开府置僚佐，当是理事的武官。［91］差：等差，差别。［92］赵、魏：地区名。指战国时期赵国、魏国旧地，大致包括今山西、河北、河南东部、山东南部与安徽西北部。［93］王君廓（？—628）：并州石艾（今山西平定县南）人。先参加隋末农民义军，后归唐，官至左领军大将军。传附《旧唐书·庐江王瑗传》《新唐书》卷九十二。［94］护军：武官名。隋诸卫各置护军，以作为将军之副将。［95］洛口城：城名。洛水入黄河之口，故址在今河南巩义市东南。［96］略地：攻略土地。略，掠夺，占领。［97］安陆、汝南、淮安：皆郡名。安陆郡，治所安陆县，在今湖北安陆市。汝南郡，治所汝阳县，在今河南汝南县。淮安郡，治所比阳县，在今河南泌阳县。［98］济阳：县名。县治在今河南兰考县东北埛阳镇。［99］陈孝意（？—617）：河东（今山西永济市西南）人。官至雁门郡丞。传见《隋书》卷七十一、《北史》卷八十五。［100］桑干镇：镇名。故址在今山西朔州市东南。［101］壬寅：二月二十一日。［102］丁卯：三月十七日。［103］报之：回报刘武周。报，报答。［104］定襄：郡名。治所大利县，在今内蒙古和林格尔县西北。［105］定杨可汗：据《大唐创业起居注》，刘武周攻占楼烦郡，自称天子，国号定杨。故始毕可汗立他为定杨可汗。定杨就是灭隋的意思。［106］狼头纛（dào）：绣有狼头的大旗。相传突厥为狼的后裔（即图腾是狼），牙门建狼头纛，以表示承袭狼的机智狠猛和不忘本。［107］悉力：全力。悉，尽。［108］不报：接人书信，或皇帝对臣下奏疏，置之而不答复。［109］诏敕库：存放诏敕的屋舍。［110］雕阴：郡名。治所上县，在今陕西绥德县。［111］弘化：郡名。治所合水县，在今甘肃庆阳市。［112］河南：指河套以南地区。［113］盐川郡：郡名。

治所五原县，在今陕西定边县。［114］左翊卫：官署名。隋十二卫府之一。［115］大饥：大荒年。饥，五谷不熟，荒年。［116］数：数落，责备。［117］恤（xù）：救济，顾惜。［118］赈施：以财物救济。赈，救济。施，给予。［119］解事天子：精明干练者称为解事，解事天子亦略取此意。［120］平杨天子：平杨为定杨之意。胡注释为“言将使之定扬州”。似以平定杨隋政权为宜。［121］薛举（？—618）：河东汾阴（今山西万荣县西南）人。仕隋为金城府校尉，后叛，自称西秦霸王。传见《旧唐书》卷五十五、《新唐书》卷八十六。［122］侨居：寓居。［123］金城：郡名。治所金城县，在今甘肃兰州市。［124］绝伦：无与伦比。［125］金城府校尉：武官名。掌管金城郡军事的长官。［126］癸未：四月三日。［127］飨（xiǎng）士：犒赏兵士。［128］仁果（？—618）：薛举长子。传附《旧唐书·薛举传》《新唐书·薛举传》。［129］枹（fú）罕：郡名。治所枹罕县，在今甘肃临夏市西南。［130］袭之：据章校，“之”下应补“遂克枹罕”四字。［131］岷山：山名。故址在今甘肃岷县。［132］河州：即枹罕郡。枹罕原为河州，隋炀帝改河州为枹罕郡。［133］西平：郡名。治所湟水县，在今青海海东市乐都区。［134］浇河：郡名。治所河津县，在今青海黄河南岸贵德县。［135］己丑：四月九日。［136］外郭：罗郭，即外城。［137］丰都市：隋东都三市，此为东市。唐以其在洛水南，故叫南市。其内东西南北两坊之地，有一百二十行，三千余店肆。［138］比晓：到天将亮时。［139］宫城：又称紫微城，是皇帝与臣下议事和寝宫所在地，位于郭城西北隅，皇城以北。［140］台省府寺：官署名。皆中央官署。［141］巩县：县名。县治在今河南巩义市东北。［142］监军御史：官名。以御史监军，故称监军御史。掌监军事。［143］百花谷：山谷名。故址在今河南巩义市东南。［144］固垒：加固堡垒。［145］狼狈：进退两难，为难窘迫。［146］啖（dàn）以厚利：用厚利来引诱。啖，以利诱人。［147］栖（qī）：栖息的地方，此指鸡窝。［148］司兵参军：武官名。掌参谋军事。［149］直：值班，值勤。此指兼作记室事。［150］慰纳之：指李密接纳了裴仁基的投降，并以书信安慰他。［151］行俨（？—619）：裴仁基子裴行俨。河东（今山西永济市西南）人。先降李密，后降王世充，封为左辅大将军。传附《北史·裴仁基传》。［152］程咬金（？—665）：后改名知节，济州东阿（今山东东阿县西南）人。先参加了李密义军，后降王世充，又归唐。官至左卫大将军。传见《旧唐书》卷六十八、《新唐书》卷九十。［153］骠骑：武官名。此用开皇官制，隋炀帝改为鹰扬郎将。［154］癸巳：四月十三日。［155］回洛：地名。故址在今河南洛阳市孟津区东。隋在此曾建回洛仓。［156］天津桥：桥名。位于东都城内洛水之上。因洛水横贯东都，有河汉之象，故名其桥为天津桥。［157］柝（tuò）：巡夜时所敲的木梆。［158］偃师：县名。县治在今河南洛阳市偃师区东南。［159］金墉：城名。故址在今河南洛阳市东北。［160］乙未：四月十五日。［161］山积：堆积如山，形容数量很多。［162］汲绠（gěng）：汲水的绳。绠，汲水器上的绳索。［163］然：同“燃”，燃烧。［164］爨（cuàn）：炊，做饭。［165］上春门：隋东都洛阳外郭城东面三门，北面的称上春门，唐改称上东门。［166］丁酉：四月十七日。［167］汝阴：郡名。治所汝阴县，在今安徽阜阳市。［168］己亥：四月十九日。［169］营堑：军营及周围的沟池。

[170]辛丑：四月二十一日。[171]丁未：四月二十七日。[172]移檄：传送檄书。移，传送。[173]罄（qìng）：器中空。引申为尽、完。[174]决：导引水流。[175]流恶：冲刷罪恶。流，用水冲洗。[176]间行：抄小路，走捷径。指行动隐秘。[177]决没：肯定失陷。决，绝，完毕。[178]何缘：凭借什么。缘，凭借，因。[179]勃然：发怒变色。[180]廷辱：在朝廷上当面侮辱人。[181]东阳：郡名。治所金华县，在今浙江金华市。[182]催运：催促运输粮草。[183]杜口：闭口不说话。[184]以贼闻：把义军的情况上报朝廷。[185]沈审：深沉而慎重。沈与沉同。审，周密，慎重。[186]凭之：凭借隋炀帝对虞世基的亲爱。[187]其门如市：比喻去他家的人众多。[188]封德彝（568—627）：名伦，字德彝，观州蓨县（今河北景县）人。历仕隋、唐，官至尚书左仆射，封赵国公。传见《旧唐书》卷六十三、《新唐书》卷一百。[189]不闲：不熟悉。闲，同“娴”，熟练。[190]指画：指点规划。[191]鞫狱：审讯囚犯。鞫，审讯，查问。

初，唐公李渊娶于神武肃公窦毅，生四男，建成、世民、玄霸、元吉[1]，一女，适太子千牛备身临汾柴绍[2]。

世民聪明勇决，识量过人，见隋室方乱，阴有安天下之志，倾身[3]下士[4]，散财结客，咸得其欢心。世民娶右骁卫将军长孙晟之女；右勋卫[5]长孙顺德[6]，晟之族弟也，与右勋侍[7]池阳刘弘基[8]皆避辽东之役，亡命在晋阳依渊，与世民善。左亲卫[9]窦琮[10]，炽之孙也，亦亡命在太原，素与世民有隙，每以自疑；世民加意待之，出入卧内，琮意乃安。

晋阳宫监[11]猗氏裴寂[12]，晋阳[13]令武功刘文静[14]，相与同宿，见城上烽火，寂叹曰：“贫贱如此，复逢乱离，将何以自存！”文静笑曰：“时事可知，吾二人相得，何忧贫贱！”文静见李世民而异之，深自结纳，谓寂曰：“此非常人，豁达类汉高[15]，神武同魏祖[16]，年虽少，命世才[17]也。”寂初未然之。

文静坐与李密连昏[18]，系太原狱，世民就省之。文静曰：“天下大乱，非高、光[19]之才，不能定也。”世民曰：“安知其无，但人不识耳。我来相省，非儿女子之情[20]，欲与君议大事也。计将安出？”文静曰：“今主上南巡江、淮，李密围逼东都，群盗殆以万数。当此之际，有真主[21]驱驾而用之，取天下如反掌[22]耳。太原百姓皆避盗入城，文静为令[23]数年，知其豪杰，一旦收拾，可得十万人，尊公所将之兵复且数万,一言出口，谁敢不从！以此乘虚入关，号令天下，不过半年，帝业成矣。”世民笑曰:“君言正合吾意。”乃阴部署宾客，渊不之知也。世民恐渊不从，犹豫久之，不敢言。

渊与裴寂有旧，每相与宴语，或连日夜。文静欲因寂关说[24]，乃引寂与世民交。世民出私钱数百万，使龙山[25]令高斌廉与寂博，稍以输之，寂大喜，由是日从世民游，情款益狎[26]。世民乃以其谋告之，寂许诺。

会突厥寇马邑，渊遣高君雅将兵与马邑太守王仁恭并力拒之；仁恭、君雅战不利[27]，渊恐并获罪，甚忧之。世民乘间屏人说渊曰:“今主上无道，百姓困穷，晋阳城外皆为战场；大人若守小节，下有寇盗，上有严刑，危亡无日[28]。不若顺民心，兴义兵；转祸为福，此天授之时也。”渊大惊曰:“汝安得为此言，吾今执汝以告县官[29]！”因取纸笔，欲为表。世民徐曰[30]:“世民观天时[31]人事如此，故敢发言；必欲执告，不敢辞死！”渊曰:“吾岂忍告汝，汝慎勿出口！”明日，世民复说渊曰:“今盗贼日繁[32]，遍于天下，大人受诏讨贼，贼可尽乎！要之[33]，终不免罪。且世人皆传李氏当应图谶[34]，故李金才无罪，一朝族灭。大人设能[35]尽贼，则功高不赏，身益危矣！唯昨日之言，可以救祸，此万全之策也，愿大人勿疑。”渊乃叹曰:“吾一夕思汝言，亦大有理。今日破家亡躯[36]亦由汝，化家为国[37]亦由汝矣！”

先是，裴寂私以晋阳宫人侍渊，渊从寂饮，酒酣，寂从容言曰:“二郎[38]阴养士马，欲举大事，正为寂以宫人侍公，恐事觉并诛，为此急计耳。众情已协[39]，公意如何？”渊曰:“吾儿诚有此谋，事已如此，当复奈何，正须从之耳。”

帝[40]以渊与王仁恭不能御寇，遣使者执诣[41]江都，渊大惧，世民与寂等复说渊曰:“今主昏[42]国乱，尽忠无益。偏裨[43]失律[44]，而罪及明公[45]。事已迫矣，宜早定计。且晋阳士马精强，宫监蓄积[46]巨万，以兹举事，何患无成！代王幼冲，关中豪杰并起，未知所附，公若鼓行[47]而西[48]，抚而有之，如探囊中之物[49]耳。奈何受单使[50]之囚，坐取夷灭[51]乎！”渊然之，密部勒[52]，将发；会帝继遣使者驰驿赦渊及仁恭，使复旧任．渊谋亦缓。

渊之为河东讨捕使也，请大理司直[53]夏侯端[54]为副。端，详之孙也，善占候及相人[55]，谓渊曰："今玉床[56]摇动，帝座[57]不安，参墟得岁[58]，必有真人[59]起于其分，非公而谁乎！主上猜忍，尤忌诸李，金才既死，公不思变通，必为之次矣。”渊心然之。及留守晋阳，鹰扬府司马[60]太原许世绪[61]说渊曰："公姓在图箓，名应歌谣；握五郡[62]之兵，当四战之地[63]，举事则帝业可成，端居[64]则亡不旋踵；唯公图之。”行军司铠[65]文水武士彟[66]、前太子[67]左勋卫唐宪[68]、宪弟俭[69]皆劝渊举兵。俭说渊曰："明公北招戎狄，南收豪杰，以取天下，此汤、武之举[70]也。”渊曰："汤、武非所敢拟[71]，在私则图存，在公则拯乱[72]，卿姑[73]自重，吾将思之。”宪，邕之孙也。时建成、元吉尚在河东，故渊迁延未发。

刘文静谓裴寂曰："先发制人，后发制于人[74]。何不早劝唐公举兵，而推迁[75]不已！且公为宫监，而以宫人侍客，公死可尔，何误唐公也！”寂甚惧，屡趣[76]渊起兵。渊乃使文静诈为敕书，发太原、西河[77]、雁门、马邑民年二十已上五十已下悉为兵，期岁暮[78]集涿郡，击高丽，由是人情恟恟[79]，思乱者益众。

及刘武周据汾阳宫，世民言于渊曰："大人为留守，而盗贼窃据离宫，不早建大计[80]，祸今至矣！”渊乃集将佐谓之曰："武周据汾阳宫，吾辈不能制，罪当族灭，若之何？”王威等皆惧，再拜请计。渊曰："朝廷用兵，动止[81]皆禀节度。今贼在数百里内，江都在三千里外，加以道路险要，复有他贼据之；以婴城胶柱[82]之兵，当巨猾[83]豕突[84]之势，必不全矣。进退维谷，何为而可？”威等皆曰："公地[85]兼亲贤[86]，同国休戚[87]，若俟奏报，岂及事机；要在平贼，专之可也。”渊阳若[88]不得已而从之者，曰："然则[89]先当集兵。”乃命世民与刘文静、长孙顺德、刘弘基等各募兵，远近赴集，旬日间近万人，仍密遣使召建成、元吉于河东，柴绍于长安。

王威、高君雅见兵大集，疑渊有异志，谓武士彟曰："顺德、弘基皆背征[90]三侍[91]，所犯当死，安得将兵[92]！”欲收按[93]之。士獲曰：“二人皆唐公客，若尔，必大致纷纭。”威等乃止。留守司兵[94]田德平欲劝威等按募人之状[95]，士獲曰：“讨捕之兵，悉隶唐公，威、君雅但寄坐[96]耳，彼何能为！”德平亦止。

晋阳乡长[97]刘世龙[98]密告渊云：“威、君雅欲因晋祠[99]祈雨，为不利。”五月，癸亥[100]夜，渊使世民伏兵于晋阳宫城之外。甲子[101]旦，渊与威、君雅共坐视事，使刘文静引开阳府[102]司马胙城刘政会[103]入立庭中，称有密状。渊目威等取状视之，政会不与，曰：“所告乃副留守事，唯唐公得视之。”渊阳惊曰：“岂有是邪！”视其状，乃云：“威、君雅潜引突厥入寇。”君雅攘袂[104]大诟曰：“此乃反者欲杀我耳。”时世民已布兵塞衢路，文静因与刘弘基、长孙顺德等共执威、君雅系狱。丙寅[105]，突厥数万众寇晋阳，轻骑入外郭北门，出其东门。渊命裴寂等勒兵为备，而悉开诸城门，突厥不能测，莫敢进。众以为威、君雅实召之也，渊于是斩威、君雅以徇。渊部将王康达将千余人出战，皆死，城中恟惧[106]。渊夜遣军潜出城，旦则张旗[107]鸣鼓自他道来，如援军者；突厥终疑之，留城外二日，大掠而去。

炀帝命监门将军[108]泾阳庞玉、虎贲郎将霍世举将关内兵援东都。柴孝和说李密曰：“秦地[109]山川之固，秦、汉所凭以成王业者也。今不若使翟司徒[110]守洛口，裴柱国[111]守回洛，明公自简精锐西袭长安。既克京邑[112]，业固兵强，然后东向以平河、洛[113]，传檄而天下定矣。方今隋失其鹿[114]，豪杰竞逐，不早为之，必有先我者，悔无及矣！”密曰：“此诚上策，吾亦思之久矣。但昏主[115]尚存，从兵[116]犹众，我所部皆山东人，见洛阳未下，谁肯从我西入！诸将出于群盗，留之各竞雌雄，如此，则大业隳矣。”孝和曰：“然则大军既未可西上，仆请间行观衅[117]。”密许之。孝和与数十骑至陕县[118]，山贼归之者万余人。时密兵锋甚锐，每入苑[119]，与隋兵连战。会密为流矢所中，尚卧营中，丁丑[120]，越王侗使段达与庞玉等夜出兵，陈于回洛仓西北。密与裴仁基出战，达等大破之，杀伤太半[121]，密乃弃回洛，奔洛口。庞玉、霍世举军[122]于偃师，柴孝和之众闻密退，各散去。孝和轻骑归密，杨德方、郑德韬皆死。密以郑颋为左司马，荥阳郑乾象为右司马。

李建成、李元吉弃其弟智云[123]于河东而去，吏执智云送长安，杀之。建成、元吉遇柴绍于道，与之偕行[124]。

（以上为第五段，写唐公李渊在其次子李世民推动下策划反隋的过程。）

【注释】

[1]建成、世民、玄霸、元吉：李渊与窦氏所生的四个儿子。建成（588—626），唐高祖李渊长子，先封为太子，玄武门之变时被杀。玄霸，李渊第三子，早卒。元吉（503—626），李渊第四子，封齐王，玄武门之变时，与李建成同时被杀。此三人传见《旧唐书》卷六十四、《新唐书》卷七十九。 [2]柴绍（?—638）：字嗣昌，晋州临汾（今山西临汾市）人。历仕隋、唐，官至左卫大将军。传见《旧唐书》卷五十八、《新唐书》卷九十。 [3]倾身：侧身，对人谦虚之意。 [4]下士：谦恭对待贤士。 [5]右勋卫：武官名。掌宿卫。 [6]长孙顺德：历仕隋、唐，官至左骁卫大将军。传见《旧唐书》卷五十八、《新唐书》卷一百五。 [7]右勋侍：武官名。隋炀帝改右勋卫为右勋侍，亦掌宿卫。 [8]刘弘基（582—650）：雍州池阳（今陕西三原县北）人。历仕隋、唐，官至辅国大将军，封夔国公。传见《旧唐书》卷五十八、《新唐书》卷九十。 [9]左亲卫：武官名。开皇时置亲、勋、武三卫，此是其一。掌宿卫。 [10]窦琮（？—622）：历仕隋、唐，官至右领军大将军。传附《旧唐书·窦威传》《新唐书·窦威传》。 [11]晋阳宫监：官名。隋离宫皆置宫监，总领宫事。 [12]裴寂（570—629）：字玄真，蒲州桑泉（今山西临猗县）人。历仕隋、唐，官至尚书左仆射。唐开国功臣。传见《旧唐书》卷五十七、《新唐书》卷八十八。 [13]晋阳：县名。县治在今山西太原市西南。 [14]刘文静（568—619）：字肇仁，自称彭城人，世居京兆武功（今陕西武功县西北）。历仕隋、唐，官至纳言，封鲁国公。唐开国功臣之一。传见《旧唐书》卷五十七、《新唐书》卷八十八。 [15]汉高：即汉高帝刘邦。 [16]魏祖：即魏武帝曹操。 [17]命世才：著名于一世的杰出人才。 [18]连昏：联姻。昏，通“婚”。 [19]高、光：高，指汉高帝刘邦；光，指光武帝刘秀。二人为两汉开国皇帝。 [20]儿女子之情：即儿女情，指男女恋爱或亲人之间的感情。 [21]真主：封建社会所谓的真命天子。 [22]反掌：同“反手”。比喻事情轻而易举。 [23]为令：指做晋阳县令。 [24]关说（shuì）：请人代为游说，从中劝说。关，通。 [25]龙山：胡注说，当时没有龙山县，疑高斌廉在开皇中曾为龙山县令。但赵绍祖《通鉴注商》引温大雅《大唐创业起居注》作“辽山”。据此，“龙山”当改作“辽山”。辽山在今山西太原市附近。 [26]情款益狎：情谊越来越诚挚融洽。 [27]仁恭、君雅战不利：按王仁恭于同年二月为刘武周所杀。此为追述往年李渊起兵由来之事。 [28]无日：无时日，即时间不久，随时。 [29]县官：朝廷。也专指皇帝。 [30]徐曰：不紧不慢地说。 [31]天时：自然运行的时序。 [32]日繁：一天比一天多。 [33]要之：如果这样，若是这样下去。 [34]应图谶：指应“李氏当为天子”的谶言。 [35]设能：如果能。设，假设。 [36]亡躯：指被杀身死。 [37]化家为国：把家变为国。意

指夺得天下。［38］二郎：李世民为李渊第二子，故称世民为二郎。［39］众情已协：大家想法一致。协，相同，相合。［40］帝：此指隋炀帝。［41］执诣：拘捕并送到。［42］主昏：君主昏暗。［43］偏裨：偏将与裨将。将佐的通称。［44］失律：行军无纪律。假借为行军作战失利之称。［45］明公：对李渊的尊称。明，英明。［46］蓄积：积蓄。［47］鼓行：古代行军，击鼓则进，鸣金则止，因称行进为鼓行。［48］而西：指向关中长安进发。［49］探囊中之物：伸手到袋中取东西，比喻极容易办到的事。囊，口袋。［50］单使：一个使者。［51］夷灭：除灭，消灭。［52］部勒：部署约束。［53］大理司直：官名。隶属大理卿，不署曹事，只管复查御史所检劾之事。［54］夏侯端（？—627）：寿州寿春（今安徽寿县）人。历仕隋、唐，官至秘书监。传见《旧唐书》卷一百八十七上、《新唐书》卷一百九十一。［55］相人：通过观察人的形貌以占测其命运。［56］玉床：天上星座名。据《晋书·天文志》载，紫宫门内有六星，称天床（即玉床）。［57］帝座：星座名。在天市垣内，候星西。今属武仙座。［58］参墟得岁：参墟，参为晋星，故以晋阳为参墟。得岁，称岁星移居参星之位为得岁。［59］真人：谓帝王。［60］鹰扬府司马：武官名。在鹰扬府掌军事。［61］许世绪：并州（今山西太原市西南）人。历仕隋、唐，官至蔡州刺史。传见《旧唐书》卷五十七、《新唐书》卷八十八。［62］五郡：指太原、雁门、马邑、楼烦、西河等五郡。［63］四战之地：四面平坦，无险可守，容易受攻击之地。［64］端居：平居。［65］行军司铠：官名。掌衣甲兵器。［66］武士彟：并州文水（今山西文水县东）人。官至工部尚书，封应国公。传见《旧唐书》卷五十八、《新唐书》卷二百六。［67］前太子：指隋文帝长子杨勇。［68］唐宪：历仕隋、唐，官至金紫光禄大夫。传附《新唐书·唐俭传》。［69］宪弟俭：据《新唐书·唐俭传》作“俭弟宪”。疑此有误。唐俭（579—656），字茂约，并州晋阳（今山西太原市西南）人。官至民部尚书。传见《旧唐书》卷五十八、《新唐书》卷八十九。［70］汤、武之举：指商汤灭夏桀、周武王灭商纣王的举动。［71］拟：即拟主，自比于君主。［72］拯乱：治乱。拯，援救，整治。［73］姑：姑且，暂且。［74］后发制于人：后发者为人所制。发，行动。［75］推迁：推故迁延。［76］趣：催促，从速。［77］西河：郡名。治所隰城县，在今山西汾阳市。［78］期岁暮：以年终为期。岁暮，一年将尽时。［79］人情恟恟：人心惶惶。恟恟，纷扰不安的样子。［80］大计：重大的谋划。此指起兵灭隋。［81］动止：行动举止。此指军事行动。［82］胶柱：鼓瑟的人要转动弦柱，以调节音量的高低，如胶其柱，则音量无法调节。比喻拘泥而不知变通。［83］巨猾：大恶人。［84］豕突：豕受惊骇则奔突难制，因用以比喻人的横冲直撞，流窜侵扰。豕，俗名为猪。［85］地：门地，同“门第”。［86］亲贤：与隋炀帝有亲戚关系，人品又贤良。［87］休戚：喜乐与忧虑。休，喜庆。戚，难过。［88］阳若：表面上好像。［89］然则：既然如此，那么。［90］背征：违背征兵令，即逃避兵役，指避辽东之役而亡命。［91］三侍：隋炀帝改制，把开皇时的亲、勋、武三卫改为亲、勋、武三侍，三侍也皆分左、右。［92］将兵：统领军队。［93］收按：收捕而推案其罪。［94］留守司兵：武官名。留守僚佐，参谋军事。［95］按募人之状：审查所募之人的具体情况。［96］寄坐：是说王威等无实权，不过寄身在留守座间。［97］乡长：地方基层官。开皇初，在地方置保长、党长，乡长也是此类地方官，维护地方治安与征收赋税。［98］刘世龙：曾改名义节。并州晋阳（今山西太原市西南）人。历仕隋、唐，官至鸿胪卿。传见《旧唐书》卷五十七、《新唐书》卷八十八。［99］晋祠：祠名。即晋阳晋王祠，故址在今山西太原市西南悬瓮山下。［100］癸亥：五月十四日。［101］甲子：五月十五日。［102］开阳府：府名。按《新唐书·地理志三》，太原郡有府十八个，此其一。开阳，《新唐书》作"闻阳"。［103］刘政会（？—635）：滑州胙城（今河南延津县东北）人。历仕隋、唐，官至刑部尚书，封邢国公。传见《旧唐书》卷五十八、《新唐书》卷九十。［104］攘袂（mèi）：揎袖捋臂，奋起的样子。袂，古代称衣袖为袂。［105］丙寅：五月十七日。［106］恼惧：震动恐惧。［107］张旗：悬挂旗帜。［108］监门将军：武官名。隶属监门府，分左、右，掌宫殿门禁及守卫事。［109］秦地：指关中地区。习称陕西为秦。［110］翟司徒：翟让封为司徒，故称翟司徒。［111］裴柱国：裴仁基封为上柱国，故称他为裴柱国。［112］京邑：京都长安。邑，都城。［113］河、洛：黄河与洛水。此指交汇地域的东都洛阳。［114］隋失其鹿：《史记·淮阴侯列传》说，"秦失其鹿，天下共逐之。"后因称天下分裂为失其鹿。此指隋王朝已四分五裂。［115］昏主：昏暗的君主。此指隋炀帝。［116］从兵：随从的兵士。［117］观衅：看准空隙而欲有所图。衅，嫌隙。［118］陕县：县名。县治在今河南三门峡市西。［119］苑：即西苑，在洛阳宫城西。［120］丁丑：五月二十八日。［121］太半：过半。太，极大，通"大"。［122］军：驻扎。［123］智云（604—617）：本名稚诠。唐高祖李渊第五子。后追封为楚王。传见《旧唐书》卷六十四、《新唐书》卷七十九。［124］偕（xié）行：相伴出发。偕，共同，一起。

【点评】

李密、杨玄感私欲障目，兵败东都。魏公李密，号称智能之士，兼资文武，自诩平定天下，非己莫属。李密曾经劝说杨玄感解围东都，直接西进关中，东向以争天下，进可攻，退可守，对形势的判断，何其明朗。当他自统大军，却又一次屯兵东都坚城之下，相持不决，却不能采纳柴孝和西取关中的策谋，借口部众皆山东之人，不愿入关，识见又何其短浅！究其因，杨玄感、李密均过高地估计自己，过低地估计亡隋昏君仍有号召力，于是急于称帝，侥幸破东都以成其事，结果败不旋踵。只因私欲太重，一叶障目，不见泰山，实在可悲。

卷一八四　隋纪八

隋恭帝义宁元年（617 年）

【起强圉赤奋若（丁丑，617 年）六月，尽十二月，不满一年】

【大事提要】

本卷载述公元 617 年六月至十二月史事，不足一年，时当隋炀帝大业十三年之下半年，史又称恭皇帝义宁元年。这一时期，事繁变剧，述史头绪繁多，分为十四段。这是隋王朝崩溃前的垂死挣扎时期，全国烽烟遍地，战争最为激烈。东都是主战场，李密率领瓦岗军围困东都，隋王朝全力救援，隋军云集东都，四面空虚。于是河北、江淮，农民起义军窦建德、杜伏威等皆称王，西北梁师都、刘武周、薛举、李轨等形成边塞军阀割据。李渊乘间起兵，夺取了关中，拥立代王杨侑为恭皇帝，为隋唐禅代奠基。

恭皇帝下

义宁元年（丁丑，617 年）

六月，己卯[1]，李建成等至晋阳。

刘文静劝李渊与突厥相结，资[2]其士马以益兵势。渊从之，自为手启[3]，卑辞厚礼[4]，遗始毕可汗云："欲大举义兵[5]，远迎主上[6]，复与突厥和亲，如开皇之时。若能与我俱南，愿勿侵暴[7]百姓；若但和亲，坐受宝货[8]，亦唯可汗所择。"始毕得启，谓其大臣曰："隋主为人，我所知也，若迎以来，必害唐公而击我无疑矣。苟[9]唐公自为天子，我当不避盛暑[10]，以兵马助之。"即命以此意为复书。使者七日而返，将佐皆喜，请从突厥之言，渊不可。裴寂、刘文静皆曰："今义兵虽集而戎马[11]殊乏[12]，胡兵[13]非所须，而马不可失；若复稽回[14]，恐其有悔。"渊曰："诸君宜更思其次。"寂等乃请尊天子[15]为太上皇，立代王为帝，以安隋室；移檄郡县；改易旗帜，杂用绛白[16]，以示突厥。渊曰："此可谓'掩耳盗钟[17]'，然逼于时事，不得不尔[18]。"乃许之，遣使以此议告突厥。

西河郡不从渊命，甲申[19]，渊使建成、世民将兵击西河；命太原令太原[20]温大有[21]与之偕行，曰："吾儿年少，以卿参谋军事；事之成败，当以此行卜之[22]。"时军士新集，咸未阅习，建成、世民与之同甘苦，遇敌则以身先之。近道菜果，非买不食，军士有窃之者，辄求其主偿之，亦不诘窃者，军士及民皆感悦[23]。至西河城下，民有欲入城者，皆听其入。郡丞[24]高德儒闭城拒守，己丑[25]，攻拔之。执德儒至军门，世民数之曰："汝指野鸟为鸾，以欺人主，取高官，吾兴义兵，正为诛佞人[26]耳！"遂斩之。自余不戮一人，秋毫无犯[27]，各尉抚[28]使复业，远近闻之大悦。建成等引兵还晋阳，往返凡九日。渊喜曰："以此行兵，虽横行天下可也。"遂定入关之计。

渊开仓以赈贫民，应募者日益多。渊命为三军，分左右，通谓之义士。裴寂等上渊号为大将军，癸巳[29]，建大将军府；以寂为长史，刘文静为司马，唐俭及前长安尉温大雅[30]为记室，大雅仍与弟大有共掌机密，武士彟为铠曹[31]，刘政会及武城崔善为[32]、太原张道源[33]为户曹[34]，晋阳长[35]上邽姜謩[36]为司功参军，太谷长殷开山[37]为府掾[38]，长孙顺德、刘弘基、窦琮及鹰扬郎将高平王长谐、天水姜宝谊[39]、阳屯为左右统军[40]；自余文武，随才授任。又以世子建成为陇西公，左领军大都督，左三统军隶焉；世民为敦煌公，右领军大都督，右三统军隶焉；各置官属。以柴绍为右领军府长史；咨议[41]谯人刘赡领西河通守。道源名河，开山名峤，皆以字行。开山，不害之孙也。

李密复帅众向东都，丙申[42]，大战于平乐园[43]。密左骑、右步[44]，中列强弩，鸣千鼓以冲之，东都兵大败，密复取回洛仓。

突厥遣其柱国康鞘利等送马千匹诣李渊为互市[45]，许发兵送渊入关，多少随所欲。丁酉[46]，渊引见康鞘利等，受可汗书，礼容尽恭，赠遗康鞘利等甚厚。择其马之善者，止市[47]其半；义士[48]请以私钱市其余，渊曰："虏饶马[49]而贪利，其来将不已，恐汝不能市也。吾所以少取者，示贫，且不以为急故也，当为汝贳[50]之，不足为汝费。"

乙巳[51]，灵寿[52]贼帅郗士陵帅众数千降于渊，渊以为镇东将军、燕郡公，仍置镇东府，补僚属，以招抚山东郡县。

己巳[53]，康鞘利北还。渊命刘文静使于突厥以请兵，私谓文静曰："胡骑入中国，生民之大蠹[54]也。吾所以欲得之者，恐刘武周引之共为边患；又，胡马行牧，不费刍粟[55]，聊欲藉之以为声势耳。数百人之外，无所用之。"

秋，七月，炀帝遣江都通守王世充将江、淮劲卒，将军王隆帅邛黄蛮[56]，河北大使[57]太常少卿韦霁[58]、河南大使[59]虎牙郎将王辩等各帅所领同赴东都，相知讨李密。霁，世康之子也。

壬子[60]，李渊以子元吉为太原太守，留守晋阳宫，后事悉以委之。癸丑[61]，渊帅甲士三万发晋阳，立军门誓众[62]，并移檄郡县，谕以尊立代王之意；西突厥阿史那大奈[63]亦帅其众以从。甲寅[64]，遣通议大夫[65]张纶将兵徇稽胡。丙辰[66]，渊至西河，慰劳吏民，赈赡[67]穷乏；民年七十以上，皆除散官[68]，其余豪俊，随才授任，口询功能，手註官秩，一日除千余人；受官皆不取告身[69]，各分渊所书官名而去。渊入雀鼠谷；壬戌[70]，军贾胡堡[71]，去霍邑[72]五十余里。代王侑遣虎牙郎将宋老生帅精兵二万屯霍邑，左武候大将军屈突通[73]屯河东以拒渊。会积雨[74]，渊不得进，遣府佐沈叔安等将羸兵还太原，更运一月粮。乙丑[75]，张纶克离石[76]，杀太守杨子崇[77]。

刘文静至突厥，见始毕可汗，请兵，且与之约曰："若入长安，民众土地入唐公，金玉缯帛[78]归突厥。"始毕大喜，丙寅[79]，遣其大臣级失特勒先至渊军，告以兵已上道。

（以上为第一段，写李渊起兵，联结突厥，解除了后顾之忧，传檄郡县，大举南进。）

【注释】

[1]己卯：六月庚辰朔，无己卯。按此干支源于《大唐创业起居注》，当为五月三十日，误记于六月。 [2]资：凭借，依托。 [3]手启：亲笔写信。启，书信。 [4]卑辞厚礼：此时李渊为求助于突厥，向始毕可汗称臣。 [5]义兵：正义的军队。历代王朝把镇压农民起义的武装也称为义兵。 [6]主上：指隋炀帝。 [7]侵暴：侵略与糟蹋。暴，欺侮，糟蹋。 [8]宝货：珍贵

的物品。［9］苟：假若，如果。［10］盛暑：大热天，最炎热的天气。盛，旺盛。［11］戎马：战马，军马。［12］殊乏：特别缺乏。殊，极，甚。［13］胡兵：指突厥兵。［14］稽回：停留。稽，停，留止。［15］天子：此天子仍指隋炀帝。［16］杂用绛白：旗帜用绛色，掺杂白色。隋朝崇尚红色，今改用绛色并掺杂白色，以表示不完全是为了隋朝，消除突厥的疑虑。［17］掩耳盗钟：是说盗钟人因盗钟时怕耳朵听到钟声，于是捂上耳朵去偷。比喻自欺而不能欺骗别人。一般习称“掩耳盗铃”。掩，捂着。［18］不尔：不然，不这样。［19］甲申：六月五日。［20］太原：县名。县治在今山西太原市西南。［21］温大有（？—618）：字彦将，太原祁县（今山西祁县）人。历仕隋、唐，官至中书侍郎。传附《旧唐书·温大雅传》《新唐书·温大雅传》。［22］以此行卜之：把这次进攻西河郡的成败作为估量起兵的结果。卜，估量。［23］感悦：感动，心悦诚服。［24］郡丞：官名。佐助郡太守治理郡政。［25］己丑：六月十日。［26］佞人：善于花言巧语、阿谀奉承的人。［27］秋毫无犯：不取民一点一滴。常形容行军纪律严明。秋毫，鸟兽之毛，至秋更生，毛细而末端尖锐，称作秋毫。［28］尉抚：安抚。尉，同“慰”。［29］癸巳：六月十四日。［30］温大雅（？—628）：字彦弘，太原祁县（今山西祁县）人。历仕隋、唐，官至礼部尚书，封黎国公。著有《大唐创业起居注》三卷。传见《旧唐书》卷六十一、《新唐书》卷九十一。［31］铠曹：此为李渊开大将军府所置官署，掌兵甲。［32］崔善为：贝州武城（今山东武城县西北）人。历仕隋、唐，官至大理卿。传见《旧唐书》卷一百九十一、《新唐书》卷九十一。［33］张道源（？—624）：太原祁县（今山西祁县）人。仕唐，官至太仆卿。传见《旧唐书》卷一百八十七上、《新唐书》卷一百九十一。［34］户曹：也是李渊大将军官署，掌户口、财税与土地。［35］晋阳长：官名。晋阳县长，掌一县之行政。［36］姜謩（？—627）：秦州上邽（今甘肃天水市）人，历仕隋、唐，官至陇州刺史。传见《旧唐书》卷五十九、《新唐书》卷七十一。［37］殷开山（？—623）：名峤，字开山，雍州鄠县（今陕西西安市鄠邑区）人。历仕隋、唐，官至吏部侍郎，兼陕东道大行台吏部尚书。传见《旧唐书》卷五十八、《新唐书》卷九十。［38］府掾：官名，佐助大将军治事。［39］姜宝谊：秦州上邽（今甘肃天水市）人。传见《新唐书》卷八十八。［40］左右统军：李渊分为三军，各分左右。下文有左三统军、右三统军。［41］咨议：官名。此为大将军府咨议参军，咨询谋议军事。［42］丙申：六月十七日。［43］平乐园：地名。由平乐观所改。故址在今河南洛阳市东。［44］左骑、右步：左军为骑兵，右军为步兵。［45］互市：往来贸易。多指中国与周边少数民族物物交换。［46］丁酉：六月二十日。［47］止市：只买。止，只，仅。市，购买。［48］义士：一般指有节操的人。此指李渊的义兵。［49］虏饶马：指突厥游牧民族有很多的马。饶，富足，多。［50］贳（shì）：赊欠。［51］乙巳：六月二十六日。［52］灵寿：县名。县治在今河北灵寿县西北。［53］己巳：六月庚辰朔，无己巳。按《大唐创业起居注》卷三己巳作“乙巳”。这里取材于《起居注》，当以“乙巳”为是。乙巳，六月二十六日。［54］大蠹（dù）：大害。蠹，蛀虫。［55］刍（chú）粟：饲养牲口的草和料。刍，喂牲口的草。［56］邛黄蛮：中国古代西南地区的少数民族名。邛，指今四川邛崃市一带。［57］河北大使：官名。派往河北主持镇压农民义军的临时差遣。［58］韦霁：位至太常少卿，封安邑县伯。传附《隋书·韦世康传》《北史·韦孝宽传》。［59］河南大使：官名。派往河南主持镇压农民义军的临时差遣。［60］壬子：七月四日。［61］癸丑：七月五日。［62］誓众：出兵时告诫众将士。［63］阿史那大奈（？—638）：即史大奈。原突厥人，归隋，历仕隋、唐。官至左武卫大将军。传见《旧唐书·突厥传》、《新唐书》卷一百一十。［64］甲寅：七月六日。［65］通议大夫：官名。文散官，无职事。［66］丙辰：七月八日。［67］赈赡：用财物周济人。［68］散官：官职的一种。有官名而无职事的官，但有品秩和俸禄。隋朝开始定散官之制。［69］告身：委任官职的文凭。［70］壬戌：七月十四日。［71］贾胡堡：地名。故址在今山西灵石县西南。［72］霍邑：县名。县治在今山西霍州市。［73］屈突通：据章校，“通”下应补“将骁果数万”五字。［74］积雨：连续下雨。积，多。［75］乙丑：七月十七日。［76］离石：郡名。治所离石县，在今山西吕梁市离石区。［77］杨子崇（？—617）：隋文帝族弟。官至候卫将军。传见《隋书》卷四十三、《北史》卷七十一。［78］缯（zēng）帛：丝织物的总称，古代称为帛，汉代称为缯。［79］丙寅：七月十八日。

渊以书[1]招李密。密自恃兵强，欲为盟主[2]，使祖君彦复书曰：“与兄派流虽异[3]，根系本同[4]。自唯[5]虚薄，为四海英雄共推盟主。所望左提右挈[6]，戮力同心，执子婴[7]于咸阳，殪商辛[8]于牧野[9]，岂不盛哉！”且欲使渊以步骑数千自至河内[10]，面结盟约。渊得书，笑曰：“密妄自矜大[11]，非折简[12]可致。吾方有事关中，若遽绝之，乃是更生一敌；不如卑辞推奖[13]以骄其志，使为我塞成皋之道[14]，缀东都之兵，我得专意西征。俟关中平定，据险养威，徐观鹬蚌之势[15]以收渔人之功，未为晚也。”乃使温大雅复书曰：“吾虽庸劣[16]，幸承余绪，出为八使[17]，入典六屯[18]，颠而不扶[19]，通贤[20]所责。所以大会义兵，和亲北狄[21]，共匡天下，志在尊隋。天生烝民[22]，必有司牧[23]，当今为牧，非子而谁！老夫年逾知命[24]，愿不及此。欣戴[25]大弟[26]，攀鳞附翼[27]，唯弟早膺图箓，以宁兆民！宗盟之长，属籍[28]见容，复封于唐，斯荣足矣。殪商辛于牧野，所不忍言；执子婴于咸阳，未敢闻命。汾晋[29]左右，尚须安辑；盟津[30]之会，未暇卜期[31]。”密得书甚喜，以示将佐曰：“唐公见推，天下不足定矣！”自是信使[32]往来不绝。

雨久不止，渊军中粮乏；刘文静未返，或传突厥与刘武周乘虚袭晋阳；渊召将佐谋北还。裴寂等皆曰：“宋老生、屈突通连兵据险，未易猝下[33]。李密虽云连和，奸谋难测。突厥贪而无信，唯利是视[34]。武周，事胡者也。太原一方都会[35]，且义兵家属在焉，不如还救根本，更图后举。”李世民曰：“今禾菽被野[36]，何忧乏粮！老生轻躁[37]，一战可擒。李密顾恋[38]仓粟，未遑[39]远略[40]。武周与突厥外虽相附，内实相猜[41]。武周虽远利太原，岂可近忘马邑！本兴大义，奋不顾身以救苍生，当先入咸阳[42]，号令天下。今遇小敌，遽已班师，恐从义之徒一朝解体，还守太原一城之地为贼耳，何以自全！”李建成亦以为然。渊不听，促令引发[43]。世民将复入谏，会日暮[44]，渊已寝；世民不得入，号哭于外，声闻帐中。渊召问之，世民曰：“今兵以义动，进战则克，退还则散；众散于前，敌乘于后[45]，死亡无日，何得不悲！”渊乃悟曰：“军已发，奈何？”世民曰：“右军[46]严[47]而未发，左军虽去，计[48]亦未远，请自追之。”渊笑曰：“吾之成败皆在尔[49]，知复何言，唯尔所为。”世民乃与建成[50]夜追左军复还。丙子[51]，太原运粮亦至。

（以上为第二段，写李渊用计联结李密，仍畏首畏尾，李世民挺身而出，坚定了李渊的信心。）

【注释】

[1]书：书函，书信。[2]盟主：据章校，“主”下应补“己巳”二字。[3]派流虽异：李渊为李虎之孙，李密是李弼后裔，二人出身不同，即所谓异派。[4]根系本同：李弼的祖先，本辽东襄平人。李虎的祖先，本陇西成纪人。所谓根系，是说二人同为李姓。[5]自唯：胡三省注，“唯”当作“惟”，惟，思也。[6]左提右挈：相互扶持。[7]子婴：秦代最后一位君主。刘邦进攻咸阳，子婴出城投降。[8]殪商辛：杀死商辛。商辛，即商纣王。周武王伐纣，纣王兵败自焚而死。[9]牧野：地名。故址在今河南淇县南。[10]河内：郡名。治所野王县，在今河南沁阳市。[11]妄自矜大：狂妄自大。矜，骄傲。[12]折简：古人以竹简作书，简长二尺四寸，短者为其一半。折简，折半之简，言其轻薄、随便。[13]推奖：推崇鼓励。[14]塞成皋之道：成皋在今河南荥阳市汜水镇，地势险要，为东西交通和军事重镇。此句是指断绝在江都的隋炀帝信使。[15]鹬（yù）蚌之势：即鹬蚌相持之势。[16]庸劣：平凡低劣。[17]八使：汉顺帝曾派遣八使巡察地方。此泛指临时差遣的使节。李渊为河东讨捕使，故称为八使。[18]六屯：隋制为六军十二卫，掌宿卫。李渊曾为右骁卫将军，故称入典六屯。[19]颠而不扶：人跌倒而不去扶。颠，倒，仆。[20]通贤：犹言大贤。[21]北狄：此指突厥。[22]烝民：众民，百姓。[23]司牧：治理百姓的官吏。[24]年逾知命：《论语》：“五十而知天命”。此指年龄已超

过五十岁。［25］欣戴：乐于拥护。欣，喜悦。［26］大弟：对年轻同辈的亲近称呼。［27］攀鳞附翼：比喻依附帝王以立功业。［28］属籍：宗属之籍。李渊与李密同为李姓，故自称为同宗。［29］汾晋：地区名。指今山西太原周围地区。［30］盟津：地名。在今河南洛阳市孟津区南。周武王伐纣，曾在这里大会诸侯。［31］卜期：预测日期。古代迷信，常以占卜的方法预测吉凶，选定吉日。［32］信使：古称使者为信，也叫信使。［33］未易猝下：不能轻易一举攻下。猝，突然。［34］唯利是视：一心谋求利益。［35］一方：一方面。都会：大城市。［36］禾菽：粮食。禾，泛指谷类。菽，泛指豆类。被野：满地。被，盖着。［37］轻躁：轻佻急躁。［38］顾恋：眷念，留恋。［39］未遑：未及。遑，来得及。［40］远略：长远的打算。［41］相猜：相互猜忌。［42］咸阳：地名。原是秦朝都城，此用咸阳借喻隋都长安。［43］引发：领队出发。［44］日暮：日落时，傍晚。［45］乘于后：利用后退的机会进行袭击。乘，利用，趁机。［46］右军：古代作战分为三军，称中军、左军、右军。［47］严：指戎装严整，处于戒备状态。［48］计：计算，估计。［49］尔：你。［50］建成：据章校，“成”下应补“分道”二字。［51］丙子：七月二十八日。

武威[1]鹰扬府司马[2]李轨[3]，家富，好任侠；薛举作乱于金城，轨与同郡曹珍、关谨、梁硕、李赟、安修仁等谋曰：“薛举必来侵暴，郡官庸怯，势不能御，吾辈岂可束手并妻孥[4]为人所虏邪！不若相与并力拒之，保据河右[5]以待天下之变。”众皆以为然，欲推一人为主，各相让，莫肯当。曹珍曰：“久闻图谶李氏当王；今轨在谋中，乃天命也。”遂相与拜轨，奉以为主。丙辰[6]，轨令修仁集诸胡，轨结民间豪杰，共起兵，执虎贲郎将谢统师、郡丞韦士政。轨自称河西大凉王，置官属并拟开皇故事[7]。关谨等欲尽杀隋官，分其家赀，轨曰：“诸人既逼以为主，当禀[8]其号令。今兴义兵以救生民，乃杀人取货，此群盗耳，将何以济[9]！”于是以统师为太仆卿，士政为太府卿[10]。西突厥阙度设据会宁川[11]，自称阙可汗，请降于轨。

薛举自称秦帝[12]，立其妻鞠氏为皇后，子仁果为皇太子。遣仁果将兵围天水[13]，克之，举自金城徙都之[14]。仁果多力，善骑射，军中号万人敌[15]；然性贪而好杀。尝获庾信子立[16]，怒其不降，磔于火上[17]，稍割以啖军士。及克天水，悉召富人，倒悬之，以醋灌鼻，责[18]其金宝。举每戒之曰：“汝之才略足以办事，然苛虐[19]无恩，终当覆我国家。”

举遣晋王仁越将兵趋剑口[20]，至河池郡[21]，太守萧瑀拒却之。又遣其将常仲兴济河击李轨，与轨将李赟战于昌松[22]，仲兴举军败没。轨欲纵遣之，赟曰："力战获俘，复纵以资敌，将焉用之！不如尽坑之。"轨曰："天若祚[23]我，当擒其主，此属[24]终为我有；若其无成，留之何益！"乃纵之。未几，攻张掖、敦煌[25]、西平、枹罕，皆克之，尽有河西五郡之地。

（以上为第三段，写李轨、薛举乘乱分别割据河西、陇右之地。）

【注释】

[1]武威：郡名。治所姑臧县，在今甘肃武威市。[2]鹰扬府司马：官名。各郡置鹰扬府，有郎将、副郎将、长史、司马。司马掌军事。[3]李轨（？—619）：字处则，武威姑臧（今甘肃武威市）人。原仕隋，后叛，自称河西大凉王。为李渊所灭。传见《旧唐书》卷五十五、《新唐书》卷八十六。[4]妻孥（nú）：妻子儿女。[5]河右：即河西。指黄河以西的地区，相当于今宁夏回族自治区与甘肃一带。[6]丙辰：七月己酉朔，丙辰当是七月八日，不当在丙子之后，疑误。[7]拟：仿效，类似。开皇故事：隋文帝开皇年间的典章制度。故事，先例，旧日的典章制度。[8]禀：承受。[9]济：成事。[10]太府卿：官名。太府寺长官，掌左右库藏及尚方、司染、甄官等署。[11]会宁川：地名。故址在甘肃永登县东南。[12]秦帝：薛举原自称西秦霸王，改元秦兴，今称尊号，故称秦帝。[13]天水：郡名。治所上邽县，在今甘肃天水市西南。[14]徙都之：都城由金城郡迁往天水郡。徙，迁移。[15]万人敌：一人可敌万人，极言其勇武过人。[16]立：庾立（？—617），嗣父爵为义城县侯。传附《北史·庾信传》。[17]磔（zhé）于火上：剐成肉块，扔进火中。磔，剐。[18]责：求，索取。[19]苛虐：苛刻暴虐。[20]剑口：地名。即剑门关口。故址在今四川剑阁县东北剑门关。[21]河池郡：郡名。治所梁泉县，在今陕西凤县东北凤州镇。[22]昌松：县名。县治在今甘肃武威市东南。[23]祚：福，赐福。指赐以皇位。[24]此属：此辈，这些人。[25]敦煌：郡名。治所敦煌县，在今甘肃敦煌市西。

炀帝诏左御卫大将军涿郡留守薛世雄将燕地精兵三万讨李密，命王世充等诸将皆受世雄节度，所过盗贼，随便诛翦[1]。世雄行至河间，军于七里井[2]，窦建德士众惶惧，悉拔诸城南遁，声言还入豆子䴚。世雄以为畏己，不复设备[3]，建德谋还袭之。其处去世雄营百四十里，建德帅敢死士二百八十人先行，令余众续发[4]，建德与其士众约曰："夜至，则击其营；已明，则降之。”未至一里所，天欲明，建德惶惑议降；会天大雾，人咫尺[5]不相辨，建德喜曰：“天赞[6]我也！”遂突入其营击之，世雄士卒大乱，皆腾栅[7]走。世雄不能禁，与左右数十骑遁归[8]涿郡，惭恚[9]发病卒。建德遂围河间。

（以上为第四段，写隋炀帝身在江都，仍在遥控军事。涿郡薛世雄兵败，隋朝河北军事力量枯竭。）

【注释】

[1]诛翦：杀戮翦灭。翦，同“剪”。 [2]七里井：地名。故址在今河北河间市南。 [3]设备：设军备以制敌。 [4]续发：在先行部队之后出发。 [5]咫（zhǐ）尺：一咫为八寸。咫尺比喻距离很近。 [6]赞：助。 [7]腾栅：翻过木栅。腾，跳跃。 [8]遁归：逃回。遁，逃走。[9]惭恚（huì）：羞愧而怨恨。恚，发怒，怨恨。

八月，己卯[1]，雨霁[2]。庚辰[3]，李渊命军中曝[4]铠仗[5]行装。辛巳[6]旦，东南由山足细道[7]趣霍邑。渊恐宋老生不出，李建成、李世民曰：“老生勇而无谋，以轻骑挑之[8]，理无不出；脱[9]其固守，则诬以贰[10]于我。彼恐为左右所奏，安敢不出！”渊曰：“汝测之善，老生不能逆战贾胡[11]，吾知其无能为也！”渊与数百骑先至霍邑城东数里以待步兵，使建成、世民将数十骑至城下，举鞭指麾[12]，若将围城之状，且诟之。老生怒，引兵三万自东门、南门分道而出，渊使殷开山趣召后军。后军至，渊欲使军士先食而战，世民曰：“时不可失。”渊乃与建成陈于城东，世民陈于城南。渊、建成战小却[13]，世民与军头[14]临淄段志玄[15]自南原引兵驰下，冲老生陈，出其背，世民手杀数十人，两刀皆缺，流血满袖，洒之[16]复战。渊兵复振，因传呼曰：“已获老生矣！”老生兵大败，渊兵先趣其门，门闭，老生下马投堑[17]，刘弘基就斩之，僵尸[18]数里。日已暮，渊即命登城，时无攻具，将士肉薄[19]而登，遂克之。

渊赏霍邑之功，军吏疑奴应募者不得与良人[20]同，渊曰：“矢石[21]之间，不辨贵贱，论勋之际，何有等差，宜并从本勋授。”壬午[22]，渊引见霍邑吏民，劳赏如[23]西河，选其丁壮使从军；关中军士欲归者，并授五品散官[24]，遣归。或谏以官太滥，渊曰：“隋氏吝惜勋赏，此所以失人心也，奈何效之！且收众以官，不胜于用兵乎！”

丙戌[25]，渊入临汾郡[26]，慰抚如霍邑。庚寅[27]，宿鼓山[28]。绛郡[29]通守陈叔达[30]拒守；辛卯[31]，进攻，克之。叔达，陈高宗之子，有才学，渊礼而用之。

癸巳[32]，渊至龙门[33]，刘文静、康鞘利以突厥兵五百人、马二千匹来至。渊喜其来缓，谓文静曰：“吾西行及河，突厥始至，兵少马多，皆君将命之功也。”

汾阳[34]薛大鼎[35]说渊：“请勿攻河东，自龙门直济河，据永丰仓，传檄远近，关中可坐取也。”渊将从之。诸将请先攻河东，乃以大鼎为大将军府察非掾[36]。

河东县[37]户曹任瓌[38]说渊曰：“关中豪杰皆企踵[39]以待义兵。瓌在冯翊[40]积年[41]，知其豪杰，请往谕之，必从风而靡。义师自梁山[42]济河，指韩城[43]，逼郃阳[44]。萧造文吏，必当望尘请服。孙华之徒，皆当远迎，然后鼓行而进，直据永丰[45]，虽未得长安，关中固已定矣。”渊悦，以瓌为银青光禄大夫。

时关中群盗，孙华最强；丙申[46]，渊至汾阴，以书招之。己亥[47]，渊进军壶口[48]，河滨之民献舟者日以百数，仍置水军。壬寅[49]，孙华自郃阳轻骑渡河见渊。渊握手与坐，慰奖之，以华为左光禄大夫、武乡县[50]公，领冯翊太守，其徒有功者，委华以次授官，赏赐甚厚。使之先济[51]；继遣左右统军王长谐、刘弘基及左领军长史陈演寿、金紫光禄大夫史大奈将步骑六千自梁山济，营[52]于河西[53]以待大军。以任瓌为招慰大使，瓌说韩城，下之。渊谓长谐曰：“屈突通精兵不少，相去五十余里，不敢来战，足明其众不为之用。然通畏罪，不敢不出。若自济河击卿等，则我进攻河东，必不能守；若全军守城，则卿等绝其河梁[54]：前扼其喉，后拊[55]其背，彼不走必为擒矣。”

（以上为第五段，写李渊克霍邑，下临汾，渡龙门，进兵关中，一路势如破竹。）

【注释】

[1]己卯：八月一日。[2]霁（jì）：雨停。[3]庚辰：八月二日。[4]曝（pù）：日晒。曝，本作“暴”，后人加“日”旁。[5]铠仗：铠甲与兵器。[6]辛巳：八月三日。[7]细

道：小路。细，小。［8］挑之：挑战宋老生。［9］脱：如果，假如。［10］贰：有贰心，不忠实。［11］贾胡：指贾胡堡。李渊曾于此地驻军。［12］指麾：本指手的动作，引申为发令调遣。麾，指挥，招手，同“挥”。［13］小却：稍微退却。却，退。［14］军头：武官名，一军之长。［15］段志玄（？—642）：齐州临淄（今山东淄博市东北）人。官至右卫大将军，封樊国公。传见《旧唐书》卷六十八、《新唐书》卷八十九。［16］洒之：把衣袖的血抖落。［17］投堑：跳进护城河。堑，壕沟，护城河。［18］僵尸：倒毙的尸体。僵，仆倒，仰卧。［19］肉薄：即肉搏。两军相近，用短兵或徒手搏斗。［20］良人：平民，良家子。［21］矢石：箭与石。古代作战，发矢抛石以打击敌人。矢，箭。［22］壬午：八月四日。［23］如：比照。［24］五品散官：隋炀帝置散官九大夫，朝请大夫为正五品，朝散大夫为从五品。［25］丙戌：八月八日。［26］临汾郡：郡名。治所临汾县，在今山西临汾市南。［27］庚寅：八月十二日。［28］鼓山：地名。故址在今山西新绛县北。［29］绛郡：郡名。治所正平县，在今山西新绛县。［30］陈叔达（？—635）：字子聪，陈宣帝第十六子。历仕陈、隋、唐三代，官至侍中，封江国公。传见《旧唐书》卷六十一、《新唐书》卷一百。［31］辛卯：八月十三日。［32］癸巳：八月十五日。［33］龙门：县名。县治在今山西河津市。［34］汾阳：按旧、新《唐书·薛大鼎传》，“汾阳”皆作“汾阴”。据此，“阳”应改为“阴”字。汾阴，县名，县治在今山西万荣县西南。［35］薛大鼎（？—654）：蒲州汾阴（今山西万荣县西南）人。官至鸿胪少卿。传见《旧唐书》卷一百八十五上、《新唐书》卷一九七。［36］察非掾：官名。掌纠察。［37］河东县：县名。河东郡治所。县治在今山西永济市西南。［38］任瑰（？—629）：字玮，庐州合肥（今安徽合肥市）人。历仕陈、隋、唐三代，官至徐州总管，封管国公。传见《旧唐书》卷五十九、《新唐书》卷九十。［39］企踵：踮起脚跟。企，踮起脚。［40］冯翊：郡名。治所冯翊县，在今陕西大荔县。［41］积年：多年。［42］梁山：山名。故址在今陕西韩城市西北。［43］韩城：县名。县治在今陕西韩城市。［44］郃阳：县名。县治在今陕西合阳县。［45］永丰：即永丰仓。因位于广通渠旁，又称广通仓。在今陕西大荔县。［46］丙申：八月十八日。［47］己亥：八月二十一日。［48］壶口：山名。故址在今山西吉县西南黄河岸边。［49］壬寅：八月二十四日。［50］武乡县：县名。本为华阴县，西魏改称武乡县，隋炀帝又改为冯翊。县治在今陕西大荔县。［51］先济：先渡过黄河。济，渡。［52］营：安营扎寨。［53］河西：指黄河西岸。［54］河梁：河上桥梁。此指蒲津桥。［55］拊（fǔ）其背：从背后出击。后比喻控制要害之地。拊，拍，轻击。

骁果从炀帝在江都者多逃去，帝患之，以问裴矩，对曰：“人情非有匹偶[1]，难以久处，请听军士于此纳室[2]。”帝从之。九月，悉召江都境内寡妇、处女集宫下，恣将士所取；或先与奸者听自首，即以配之。

武阳郡[3]丞元宝藏以郡降李密，甲寅[4]，密以宝藏为上柱国、武阳公。宝藏使其客钜鹿魏徵[5]为启谢密，且请改武阳为魏州；又请帅所部西取魏郡[6]，南会诸将取黎阳仓。密喜，即以宝藏为魏州总管，召魏徵为元帅府文学参军[7]，掌记室[8]。徵少孤贫，好读书，有大志，落拓[9]不事生业[10]。始为道士，宝藏召典书记。密爱其文辞，故召之。

初，贵乡[11]长弘农魏德深[12]，为政清静，不严而治。辽东之役，征税百端[13]，使者旁午[14]，责成郡县，民不堪命，唯贵乡闾里不扰，有无相通[15]，不竭其力，所求皆给。元宝藏受诏捕贼，数调器械，动以军法从事。其邻城营造[16]，皆聚于听事，官吏递[17]相督责[18]，昼夜喧嚣，犹不能济。德深听随便修营，官府寂然[19]，恒若无事，唯戒吏以不须过胜余县，使百姓劳苦；然民各自竭心，常为诸县之最[20]，民爱之如父母。宝藏深害其能，遣将千兵赴东都。所领兵闻宝藏降密。思其亲戚，辄出都门，东向恸哭[21]而返；或劝之降密，皆泣曰："我与魏明府[22]同来，何忍弃去！"

河南、山东大水，饿殍[23]满野，炀帝诏开黎阳仓赈之，吏不时[24]给，死者日数万人。徐世勣言于李密曰："天下大乱，本为饥馑。今更得黎阳仓，大事济矣。"密遣世勣帅麾下五千人自原武[25]济河，会元宝藏、郝孝德、李文相及洹水[26]贼帅张升、清河贼帅赵君德共袭破黎阳仓，据之，开仓恣民就食[27]，浃旬[28]间，得胜兵二十余万。武安、永安、义阳、弋阳、齐郡[29]相继降密。窦建德、朱粲之徒亦遣使附密。密以粲为扬州总管、邓公[30]。泰山道士徐洪客献书于密，以为："大众久聚，恐米尽人散，师老[31]厌战，难可成功。"劝密"乘进取之机，因[32]士马之锐，沿流东指，直向江都，执取独夫[33]，号令天下。"密壮其言，以书招之，洪客竟不出，莫知所之[34]。

乙卯[35]，张纶徇龙泉、文成[36]等郡，皆下之，获文成太守郑元璹[37]。元璹，译之子也。

（以上为第六段，写隋炀帝日暮途穷仍困守江都。李密军夺取黎阳仓，河北群雄归服，势力达到了鼎盛。）

【注释】

［1］匹偶：对偶，婚配。匹，对。［2］纳室：娶妻。室，妻。［3］武阳郡：郡名，治所贵乡县，在今河北大名县东北。［4］甲寅：九月六日。［5］魏徵（579—642）：字玄成，巨鹿曲城（今河北巨鹿县西北）人。小时曾出家为道士，后参加农民义军，随李密归唐，官至侍中，封郑国公。极言直谏，为贞观名臣。曾主持《隋书》的编纂工作。传见《旧唐书》卷七十一、《新唐书》卷九十七。［6］魏郡：郡名。治所安阳县，在今河南安阳市。［7］文学参军：官名。掌侍奉，参议军事。［8］记室：官名。掌章表书记文檄。［9］落拓：穷困失意，景况零落。［10］生业：职业，产业。［11］贵乡：县名。武阳郡治所。县治在今河北大名县东北。［12］魏德深（?—617）：本巨鹿（今河北巨鹿县西北）人。家居弘农（今河南灵宝市），官至贵乡县长。传见《隋书》卷七十三、《北史》卷八十六。［13］百端：多种多样。指赋税繁多。［14］旁午：交错，纷繁。［15］有无相通：富有的和贫乏的互相周济。通，流通，交换。［16］营造：制作，建造。［17］递：交替，顺次更迭。［18］督责：督察责罚。［19］寂然：寂静无事。［20］最：军功居上者称最。［21］恸哭：痛哭。恸，极其悲痛。［22］魏明府：对魏德深的尊称。古代州县官习称府君，英明者称明府。［23］殍（piǎo）：饿死的人。［24］不时：不及时，不准时。［25］原武：县名。县治在今河南原阳县西南。［26］洹（huán）水：县名。县治在今河北魏县西南。［27］就食：前去用餐。［28］浃（jiā）旬：十天，一旬。浃，周匝。［29］武安、永安、义阳、弋阳、齐郡：皆郡名。武安治所永年县，在今河北邯郸市永年区东南。永安郡，治所新城县，在今河南光山县。义阳郡，治所义阳县，在今河南信阳市。弋（yì）阳郡，治所光城县，在今河南光山县。齐郡，治所历城县，在今山东济南市。［30］邓公：爵位名。是李密以朱粲做扬州总管，封为邓公。［31］师老：军队丧失了锐气。老，暮气，衰落。［32］因：凭借。［33］独夫：指隋炀帝。［34］所之：往何处去。之，往。［35］乙卯：九月七日。［36］龙泉、文成：两郡名。龙泉郡，治所隰川县，在今山西隰县。文成郡，治所吉昌县，在今山西吉县。［37］郑元琦（？—646）：历仕隋、唐，官至鸿胪卿。传附《隋书·郑译传》《北史·郑译传》《旧唐书·郑善果传》《新唐书·郑善果传》。

屈突通遣虎牙郎将桑显和将骁果数千人夜袭王长谐等营，长谐等战不利，孙华、史大奈以游骑[1]自后击显和，大破之。显和脱走[2]入城，仍自绝河梁。丙辰[3]，冯翊大守萧造降于李渊。造，修之子也。

戊午[4]，渊帅诸军围河东，屈突通婴城自守。

将佐复推[5]渊领太尉，增置官属，渊从之。时河东未下，三辅豪杰至者日以千数[6]。渊欲引兵西趣长安，犹豫未决。裴寂曰："屈突通拥大众[7]，凭坚城，吾舍之而去。若进攻长安不克，退为河东所踵[8]，腹背[9]受敌，此危道也。不若先克河东，然后西上。长安恃通为援，通败，长安必破矣。"李世民曰："不然。兵贵神速，吾席[10]累胜[11]之威，抚归顺之众，鼓行而西，长安之人望风震骇，智不及谋[12]，勇不及断[13]，取之若振槁叶[14]耳。若淹留[15]自弊于坚城之下，彼得成谋[16]修备[17]以待我，坐费日月，众心离沮[18]，则大事去矣。且关中蜂起之将，未有所属，不可不早招怀也。屈突通自守虏耳，不足为虑。"渊两从之，留诸将围河东，自引军而西。

朝邑[19]法曹武功靳孝谟，以蒲津[20]、中𫄨[21]二城降，华阴令李孝常[22]以永丰仓降，仍应接河西诸军。孝常，圆通之子也。京兆诸县亦多遣使请降。

（以上为第七段，写李渊分兵围河东，自己亲率大军直进关中。隋朝关中郡县望风请降。）

【注释】

[1]游骑：无固定防地，流动出击的骑兵。[2]脱走：逃脱而走。[3]丙辰：九月八日。[4]戊午：九月十日。[5]推：尊崇，拥戴。[6]日以千数：每天数以千计。[7]拥大众：拥有多数之人。[8]所蹑：追逐，跟随。[9]腹背：指前后。[10]席：凭借，倚仗。[11]累胜：接连打胜仗。[12]智不及谋：有智谋的人来不及谋划。形容动作神速。[13]勇不及断：勇武之士来不及阻断。[14]槁（gǎo）叶：枯木上的叶子。槁，干枯的树木。[15]淹留：滞留，停留不前。[16]成谋：考虑成熟的计谋。[17]修备：整治武备。修，整治。[18]离沮：人心离散而意气沮丧。[19]朝邑：县名。县治在今陕西大荔县东朝邑镇。[20]蒲津：城名。于蒲津所修之城，扼守津口。故址在今山西永济市。[21]中𫄨（dàn）：城名。在今山西永济市、陕西大荔县之间蒲津关下黄河中流沙洲上。[22]李孝常：先仕隋，后降唐，封义安王。传附《北史·李圆通传》。

王世充、韦霁、王辩及河内通守孟善谊、河阳郡尉[1]独孤武都[2]各帅所领会东都，唯王隆后期[3]不至。己未[4]，越王侗使虎贲郎将刘长恭等帅留守兵，庞玉等帅偃师兵，与世充等合十余万众，击李密于洛口，与密夹洛水相守。炀帝诏诸军皆受世充节度。

帝遣摄[5]江都郡丞冯慈明[6]向东都，为密所获，密素闻其名，延[7]坐劳问，礼意甚厚，因谓曰："隋祚已尽，公能与孤[8]立大功乎？"

慈明曰："公家历事先朝，荣禄兼备。不能善守门阀[9]，乃与玄感举兵，偶脱罔罗[10]，得有今日，唯图反噬，未谕高旨。莽、卓、敦、玄[11]非不强盛，一朝夷灭，罪及祖宗。仆死而后已，不敢闻命！"密怒，囚之。慈明说防人席务本，使亡走。奉表江都，及致书东都论贼形势，至雍丘[12]，为密将李公逸所获，密又义而释之；出至营门，翟让杀之。慈明，子琮之子也。

密之克洛口也，箕山府郎将张季珣[13]固守不下，密以其寡弱，遣人呼之。季珣骂密极口[14]，密怒，遣兵攻之，不能克。时密众数十万在其城下，季珣四面阻绝[15]，所领不过数百人，而执志弥固[16]，誓以必死。久之，粮尽水竭，士卒羸病[17]，季珣抚循[18]之，一无离叛，自三月至于是月，城遂陷。季珣见密不肯拜，曰："天子爪牙[19]，何容[20]拜贼！"密犹欲降之，诱谕[21]终不屈，乃杀之。季珣，祥之子也。

（以上为第八段，写隋朝地方官吏冯慈明、张季珣尽忠殉国。）

【注释】

[1]郡尉：隋制，旧有兵处，由州刺史统管。隋炀帝罢州置郡，另置都尉领兵。按《独孤武都传》，也作都尉。据此，"郡"应改为"都"字。 [2]独孤武都：官至河阳都尉。传附《北史·独孤信传》。 [3]后期：比指定的日期晚。 [4]己未：九月十一日。 [5]摄：代理。 [6]冯慈明（550—617）：字无佚，信都长乐（今河北衡水市冀州区）人。历仕北齐、北周与隋三代，官至尚书兵曹郎，摄江都郡丞。传见《隋书》卷七十一、《北史》卷五十五。 [7]延：引进，接待。[8]孤：古代帝王的谦称。意思是少德之人。 [9]门阀：家族的社会地位与声望，古代指名门贵族。 [10]罔罗：渔猎的工具。此指法网。 [11]莽、卓、敦、玄：古代的四大乱政权臣。莽，指王莽，西汉末皇戚，后篡汉称帝，被绿林军所杀。卓，指董卓，东汉末年豪强，后被吕布杀死。敦，指王敦，东晋初掌军权的人，后叛晋，兵败而死。玄，指桓玄，于东晋末年叛晋，兵败被杀。[12]雍丘：县名。县治在今河南杞县。 [13]张季珣（590—617）：京兆（今陕西西安市）人。传见《隋书》卷七十一、《北史》卷八十五。 [14]极口：极力地说。 [15]阻绝：受阻而隔绝。[16]执志弥固：保持意志，更为坚定。执，拿。弥，更，越。 [17]羸病：瘦弱而有病。羸，瘦弱，疲病。 [18]抚循：安抚。同"拊循"。 [19]爪牙：爪和牙。引申指武臣。 [20]容：容许，允许。 [21]诱谕：引诱、告喻。

庚申[1]，李渊帅诸军济河；甲子[2]，至朝邑，舍于长春宫[3]，关中士民归之者如市。丙寅[4]，渊遣世子建成、司马刘文静帅王长谐等诸军数万人屯永丰仓，守潼关以备东方兵，慰抚使窦轨[5]等受其节度；敦煌公世民帅刘弘基等诸军数万人徇渭北[6]，慰抚使殷开山等受其节度。轨，琮之兄也。

冠氏长于志宁[7]、安养尉颜师古[8]及世民妇兄长孙无忌[9]谒见渊于长春宫。师古名籀，以字行；志宁，宣敏之兄子；师古，之推之孙也；皆以文学知名，无忌仍有才略。渊皆礼而用之，以志宁为记室，师古为朝散大夫，无忌为渭北行军典签[10]。

屈突通闻渊西入，署鹰扬郎将汤阴尧君素[11]领河东通守，使守蒲坂[12]，自引兵数万趣长安，为刘文静所遏。将军刘纲戍潼关，屯都尉[13]南城[14]，通欲往依之，王长谐先引兵袭斩纲，据城以拒通，通退保北城。渊遣其将吕绍宗等攻河东，不能克。

柴绍之自长安赴太原也，谓其妻李氏[15]曰："尊公举兵，今偕行则不可，留此则及祸，奈何？"李氏曰："君弟[16]速行，我一妇人，易以潜匿[17]，当自为计。"绍遂行。李氏归鄠县别墅[18]，散家赀，聚徒众。渊从弟神通[19]在长安，亡入鄠县山中，与长安大侠[20]史万宝等起兵以应渊。西域商胡何潘仁入司竹园[21]为盗，有众数万，劫前尚书右丞李纲[22]为长史，李氏使其奴马三宝说潘仁与之就神通，合势攻鄠县，下之。神通众逾一万，自称关中道行军总管，以前乐城[23]长令狐德棻[24]为记室。德棻，熙之子也。李氏又使马三宝[25]说群盗李仲文、向善志、丘师利等，皆帅众从之。仲文，密之从父；师利，和之子也。西京留守屡遣兵讨潘仁等，皆为所败。李氏徇盩厔、武功、始平[26]，皆下之，众至七万。左亲卫段纶，文振之子也，娶渊女，亦聚徒于蓝田[27]，得万余人。及渊济河，神通、李氏、纶各遣使迎渊。渊以神通为光禄大夫[28]，子道彦[29]为朝请大夫，纶为金紫光禄大夫；使柴绍将数百骑并南山迎李氏。何潘仁、李仲文、向善志及关中群盗，皆请降于渊，渊一一以书慰劳授官，使各居其所，受敦煌公世民节度。

刑部尚书领京兆内史[30]卫文昇年老，闻渊兵向长安，忧惧成疾，不复预事，独左翊卫将军阴世师[31]、京兆郡丞骨仪[32]奉代王侑乘城拒守。

己巳[33]，渊如蒲津；庚午[34]，自临晋[35]济渭，至永丰劳军，开仓赈饥民。辛未[36]，还长春宫；壬申[37]，进屯冯翊[38]。世民所至，吏民及群盗归之如流，世民收其豪俊以备僚属，营于泾阳[39]，胜兵九万。李氏将精兵万余会世民于渭北，与柴绍各置幕府，号"娘子军[40]"。

先是，平凉[41]奴贼数万围扶风太守窦琎[42]，数月不下，贼中食尽。丘师利遣其弟行恭[43]帅五百人负米麦持牛酒诣奴贼营，奴帅长揖，行恭手斩之，谓其众曰："汝辈皆良人，何故事奴为主，使天下谓之奴贼！"众皆俯伏曰："愿改事公。"行恭即帅其众与师利共谒世民于渭北，世民以为光禄大夫。琎，琮之从子也。隰城[44]尉房玄龄[45]谒世民于军门，世民一见如旧识，署记室参军，引为谋主。玄龄亦自以为遇知己，罄竭[46]心力，知无不为。

渊命刘弘基、殷开山分兵西略扶风，有众六万，南渡渭水，屯长安故城[47]。城中出战，弘基逆击，破之。世民引兵趣司竹[48]，李仲文、何潘仁、向善志皆帅众从之，顿于阿城[49]，胜兵十三万，军令严整，秋毫不犯。乙亥[50]，世民自盩厔遣使白渊，请期日[51]赴长安。渊曰："屈突东行不能复西[52]，不足虞矣！"乃命建成选仓上精兵自新丰[53]趣长乐宫[54]，世民帅新附诸军北屯长安故城，至并听教[55]。延安、上郡、雕阴[56]皆请降于渊。丙子[57]，渊引军西行，所过离宫园苑皆罢之，出宫女还其亲属。冬，十月，辛巳[58]，渊至长安，营[59]于春明门[60]之西北，诸军皆集，合二十余万。渊命各依壁垒，毋得入村落侵暴。屡遣使至城下谕卫文昇等以欲尊隋之意，不报。辛卯[61]，命诸军进围城。甲午[62]，渊迁馆于安兴坊[63]。

（以上为第九段，写李渊成功地阻隔屈突通，用重兵围长安。）

【注释】

[1]庚申：九月十二日。 [2]甲子：九月十六日。 [3]长春宫：离宫名。故址在今陕西大荔县东朝邑镇。 [4]丙寅：九月十八日。 [5]窦轨（？—630）：字士则，扶风平陵（今陕西咸阳市西北）人。历仕隋、唐，官至右卫大将军。传附《旧唐书·窦威传》《新唐书·窦威传》。[6]渭北：泛指渭水以北地区。 [7]于志宁（588—665）：雍州高陵（今陕西西安市高陵区）人。历仕隋、唐，官至尚书左仆射、同中书门下三品，监修国史。封燕国公。有文集二十卷。传见《旧

唐书》卷七十八、《新唐书》卷一百四。［8］颜师古（581—645）：名籀，字师古。雍州万年（今陕西西安市）人。历仕隋、唐，官至秘书监、弘文馆学士。曾为《汉书》作注，有文集六十卷。传见《旧唐书》卷七十三、《新唐书》卷一百九十八。［9］长孙无忌（？—659）：字辅机，河南洛阳（今河南洛阳市）人。太宗长孙皇后之兄。官至尚书右仆射、太尉，封齐国公。唐初功臣。传见《旧唐书》卷六十五、《新唐书》卷一百五。［10］典签：官名。自亲王府至州郡皆有此官，以掌管文书。［11］尧君素（？—618）：魏郡汤阴（今河南汤阴县东）人。官至鹰扬郎将。传见《隋书》卷七十一、《北史》卷八十五。［12］蒲坂：古地名。河东郡治所，故址在今山西永济市西南。［13］都尉：官名，潼关有守兵，故隋设都尉以镇守。［14］南城：与下文中的"北城"当是扼守潼关的南、北二城。［15］李氏（？—623）：即唐高祖女平阳公主。曾聚众配合李渊起兵，所部号"娘子军"。传见《新唐书》卷八十三。［16］弟：与"第"同。只管，尽管。［17］潜匿：躲藏。［18］别墅：于本宅外另建的园林游息处所。也称别业、别馆。［19］神通（？—630）：唐高祖从父弟。官至开府仪同三司，封淮安王。传见《旧唐书》卷六十、《新唐书》卷七十八。［20］大侠：有名的见义勇为的侠客。［21］司竹园：地名。故址在今陕西周至县。［22］李纲（547—631）：字文纪，观州蓨县（今河北景县）人。历仕隋、唐，官至太子少师。传见《旧唐书》卷六十二、《新唐书》卷九十九。［23］乐城：县名。县治在今广东德庆县东。［24］令狐德棻（583—666）：宜州华原（今陕西铜川市耀州区）人。历仕隋、唐，官至太常卿、金紫光禄大夫。曾修撰《晋书》《五代史志》和《周书》等史书。传见《旧唐书》卷七十三、《新唐书》卷一百二。［25］马三宝：平阳公主家奴。事附《旧唐书·柴绍传》《新唐书·裴寂传》。［26］盩（zhōu）厔（zhì）、武功、始平：皆县名。盩厔县治在今陕西周至县。武功县治在今陕西武功县西。始平县治在今陕西兴平市东南。［27］蓝田：县名。县治在今陕西蓝田县。［28］光禄大夫：官名。隋代文散官，无职事。［29］道彦：李神通之子。官至凉州都督，封胶东公。传附《旧唐书·李神通传》《新唐书·李神通传》。［30］京兆内史：官名。隋炀帝改京兆、河南尹为内史。掌治都城。［31］阴世师（（565—617）：官至左翊卫将军。传附《隋书·阴寿传》《北史·阴寿传》。［32］骨仪（？—617）：京兆长安（今陕西西安市）人。官至京兆郡丞。传附《隋书·阴寿传》《北史·阴寿传》。［33］己巳：九月二十一日。［34］庚午：九月二十二日。［35］临晋：即朝邑县，古称临晋。［36］辛未：九月二十三日。［37］壬申：九月二十四日。［38］冯翊：县名。冯翊郡治所。县治在今陕西大荔县。［39］泾阳：县名。县治在今陕西泾阳县。［40］娘子军：因平阳公主李氏置幕府，故称娘子军。［41］平凉：郡名。治所平高县，在今宁夏固原市。［42］窦琎（？—633）：字之推。历仕隋、唐，官至秘书监，封邓国公。传附《旧唐书·窦威传》《新唐书·窦威传》。［43］行恭（586—665）：丘和之子。官至右武候大将军。传附《旧唐书·丘和传》《新唐书·丘和传》。［44］隰城：县名。县治在今山西汾阳市。［45］房玄龄（579—648）：字乔，齐州临淄（今山东淄博市临淄区）人。历仕隋、唐，官至尚书左仆射。监修国史，主撰《晋书》。封梁国公。为贞观名相。传见《旧唐书》卷六十六、《新唐书》卷九十六。［46］罄竭：竭尽，不遗余力。罄，空，尽。［47］长安故城：

城名。故址在今陕西西安市西北。［48］司竹：即司竹园，故址在今陕西周至县东。［49］阿城：即秦阿房宫城。故址在今陕西西安市西南。［50］乙亥：九月二十四日。［51］期日：约定的日数、日期。［52］屈突东行不能复西：即隋将屈突通，时欲西救长安，为刘文静所阻。［53］新丰：县名。县治在今陕西西安市临潼区东北。［54］长乐宫：故汉宫名。故址在今陕西西安市长安区西北。［55］至并听教：并至所预定之地听从教令。教，太子与王的命令称教。［56］雕阴：郡名。治所上县，在今陕西绥德县。［57］丙子：九月二十八日。［58］辛巳：十月四日。［59］营：安营，驻扎。［60］春明门：城门名。长安东面三门之中门。［61］辛卯：十月十四日。［62］甲午：十月十七日。［63］安兴坊：坊名。胡注说当在安兴门外。唐长安城东面三门之南门延兴门，隋时为安兴门。

巴陵[1]校尉[2]鄱阳董景珍、雷世猛、旅帅[3]郑文秀、许玄彻、万瓒、徐德基、郭华、沔阳张绣等谋据郡叛隋，推景珍为主。景珍曰：“吾素寒贱，不为众所服。罗川[4]令萧铣[5]，梁室[6]之后，宽仁大度，请奉之以从众望。”乃遣使报铣。铣喜从之，声言讨贼，召募得数千人。铣，岩之孙也。

会颍川[7]贼帅沈柳生寇罗川，铣与战不利，因谓其众曰：“今天下皆叛，隋政不行[8]，巴陵豪杰起兵，欲奉[9]吾为主。若从其请以号令江南，可以中兴梁祚[10]，以此召柳生，亦当从我矣。”众皆悦，听命，乃自称梁公，改隋服色旗帜皆如梁旧。柳生即帅众归之，以柳生为车骑大将军。起兵五日，远近归附者至数万人，遂帅众向巴陵。景珍遣徐德基帅郡中豪杰数百人出迎，未及见铣，柳生与其党谋曰：“我先奉梁公，勋居第一。今巴陵诸将，皆位高兵多，我若入城，返出其下。不如杀德基，质[11]其首领，独挟梁公进取郡城，则无出我右[12]者矣。”遂杀德基。入白铣，铣大惊曰：“今欲拨乱反正[13]，忽自相杀，吾不能为若[14]主矣。”因步出军门。柳生大惧，伏地请罪，铣责而赦之，陈兵入城，景珍言于铣曰：“徐德基建义[15]功臣，而柳生无故擅杀[16]之，此而不诛，何以为政！且柳生为盗日久，今虽从义，凶悖不移[17]，共处一城，势必为变。失今不取，后悔无及！”铣又从之。景珍收柳生，斩之，其徒皆溃去。丙申[18]，铣筑坛燔燎，自称梁王。改元鸣凤。

壬寅[19]，王世充夜渡洛水，营于黑石[20]，明日，分兵守营，自将精兵陈于洛北。李密闻之，引兵渡洛逆战，密兵大败，柴孝和溺死。密帅麾下精骑渡洛南，余众东走月城[21]，世充追围之。密自洛南策马[22]直趣黑石，营中惧，连举六烽，世充释月城之围，狼狈自救；密还与战，大破之，斩首三千余级。

（以上为第十段，写后梁宗室萧铣起兵于巴陵，自称梁王，以及隋将王世充救援东都，与李密交战情况。）

【注释】

[1]巴陵：郡名。治所巴陵县，在今湖南岳阳市。 [2]校尉：官名。由大都督所改，掌管军事。 [3]旅帅：官名。由帅都督所改。掌管军事。 [4]罗川：县名。县治在今湖南汨罗市北。 [5]萧铣（584—622）：后梁宣帝曾孙。仕隋为罗川令，后叛，称帝，为唐所灭。传见《旧唐书》卷五十六、《新唐书》卷八十七。 [6]梁室：指后梁宗室后裔。 [7]颍川：郡名。治所颍阴县，在今河南许昌市。 [8]不行：指隋朝政令不能推行。 [9]奉：辅助，拥戴。 [10]梁祚：后梁的福运。祚，福，福运。 [11]质：抵押，人质。 [12]我右：在我之上。右，上，古者以右为尊。 [13]拨乱反正：谓治理乱世，使之恢复正常安定。 [14]若：你，你们。 [15]建义：树立义旗。 [16]擅杀：任意、随便杀人。擅，独断专行。 [17]凶悖（bèi）不移：凶恶违乱的本性不改。悖，违反，逆乱。移，改变。 [18]丙申：十月十九日。 [19]壬寅：十月二十五日。 [20]黑石：地名。故址在今河南巩义市西南。 [21]月城：指临洛水修筑的偃月城，与仓城相呼应。 [22]策马：以鞭击马。策，马鞭。

甲辰[1]，李渊命诸军攻城，约“毋得犯七庙及代王、宗室，违者夷三族！”孙华中流矢卒。十一月，丙辰[2]，军头雷永吉先登，遂克长安。代王在东宫，左右奔散，唯侍读[3]姚思廉[4]侍侧。军士将登殿，思廉厉声诃[5]之曰：“唐公举义兵、匡帝室，卿等毋得无礼！”众皆愕然[6]，布立[7]庭下。渊迎王于东宫，迁居大兴殿后[8]，听思廉扶王至顺阳阁下，泣拜而去。思廉，察之子也。渊还，舍于长乐宫，与民约法十二条，悉除隋苛禁[9]。

渊之起兵也，留守官发其坟墓，毁其五庙[10]。至是，卫文昇已卒，戊午[11]，执阴世师、骨仪等，数以贪婪苛酷，且拒义师，俱斩之，死者十余人，余无所问。

马邑郡丞三原李靖[12]，素与渊有隙，渊入城[13]，将斩之。靖大呼曰："公兴义兵，欲平暴乱，乃以私怨杀壮士乎！"世民为之固请，乃舍之。世民因召置幕府[14]。靖少负志气，有文武才略，其舅韩擒虎每抚之曰："可与言将帅之略者，独此子耳！"

（以上为第十一段，写李渊破长安，护代王，释李靖。）

【注释】

[1]甲辰：十月二十七日。[2]丙辰：十一月九日。[3]侍读：官名。掌给帝王讲学。[4]姚思廉（？—637）：字简之，雍州万年（今陕西西安市）人。历仕隋、唐，官至散骑常侍。曾受诏与魏徵修史，撰成《梁书》五十卷、《陈书》三十卷。传见《旧唐书》卷七十三、《新唐书》卷一百二。[5]诃：怒斥，大声呵斥。同"呵"。[6]愕然：惊讶的样子。[7]布立：排列而立。布，陈列。[8]大兴殿后：大兴殿是隋宫正殿，因代王未即皇位，故居于殿后。[9]苛禁：苛刻的禁令。[10]五庙：隋制，诸公立五庙，即二昭二穆和太祖庙。李渊袭爵为唐公，故得以立五庙。[11]戊午：十一月十一日。[12]李靖（571—649）：本名药师，雍州三原（今陕西三原县东北）人。历仕隋、唐，官至兵部尚书、尚书右仆射，封卫国公。著有《李卫公兵法》一书。是唐代著名的军事家。传见《旧唐书》卷六十七、《新唐书》卷九十三。[13]入城：据章校，"城"下应补"收靖"二字。[14]幕府：将帅在外的营帐。军旅无固定的住所，以帐幕为府署，故称幕府。

王世充自洛北之败，坚壁[1]不出；越王侗遣使劳之[2]，世充惭惧，请战于密。丙辰[3]，世充与密夹石子河[4]而陈，密布陈南北十余里。翟让先与世充战，不利而退；世充逐之，王伯当、裴仁基从旁横断其后[5]，密勒中军击之，世充大败，西走。

翟让司马王儒信劝让自为大冢宰[6]，总领众务，以夺密权，让不从。让兄柱国荥阳公弘，粗愚[7]人也，谓让曰："天子汝当自为，奈何与人！汝不为者，我当为之！"让但[8]大笑，不以为意，密闻而恶之。总管崔世枢自鄢陵[9]初附于密，让囚之私府，责其货，世枢营求[10]未办，遽欲加刑。让召元帅府记室邢义期博，逡巡[11]未就，杖之八十。让谓左长史房彦藻曰："君前破汝南，大得宝货，独与魏公，全不与我！魏公我之所立，事未可知！"彦藻惧，以状告密，因与左司马郑颋共说密曰："让贪愎[12]不仁，有无君之心，宜早图之。"密曰："今安危未定，遽相诛杀，何以示远！"颋曰："毒蛇螫[13]手，壮士解腕[14]，所全者大故也。

彼先得志，悔无所及。”密乃从之，置酒召让。戊午[15]，让与兄弘及兄子司徒府长史摩侯同诣密，密与让、弘、裴仁基、郝孝德共坐，单雄信等皆立侍[16]，房彦藻、郑颋往来检校[17]。密曰：“今日与达官饮，不须多人，左右止留[18]给使[19]而已。”密左右皆引去，让左右犹在。彦藻白密曰：“今方为乐，天时甚寒，司徒左右，请给酒食。”密曰：“听司徒进止[20]。”让曰：“甚佳。”乃引[21]让左右尽出，独密下壮士蔡建德持刀立侍。食未进，密出良弓，与让习射，让方引满，建德自后斫之，踣[22]于床前，声若牛吼，并弘、摩侯、儒信皆杀之。徐世勣走出，门者斫之伤颈，王伯当遥诃止之。单雄信叩头请命，密释之。左右惊扰，莫知所为，密大言曰：“与君等同起义兵，本除暴乱。司徒专行暴虐，陵辱群僚，无复上下[23]；今所诛止其一家，诸君无预也。”命扶徐世勣置幕下，亲为傅疮[24]。让麾下欲散，密使单雄信前往宣慰[25]，密寻独骑[26]入其营，历[27]加抚谕[28]，令世勣、雄信、伯当分领其众，中外[29]遂定。让残忍，摩侯猜忌，儒信贪纵。故死之日，所部无哀之者；然密之将佐始有自疑之心矣。始，王世充知让与密必不久睦[30]，冀其相图[31]，得从而乘之。及闻让死，大失望，叹曰：“李密天资明决[32]，为龙为蛇，固不可测也！”

（以上为第十二段，写瓦岗军内讧，李密火并翟让，削弱凝聚力和战斗力。）

【注释】

[1]坚壁：坚守壁垒，不与敌方决战。壁，营垒，壁垒。［2］劳之：慰劳王世充。［3］丙辰：十一月九日。按前文已有丙辰、戊午，作者分别叙西京、东都事，使时间不相乱，故重出。[4]石子河：水名，即今河南巩义市东石河。为洛河支流。[5]横断其后：冲断王世充军的后队。[6]大冢宰：官名。在《周礼》为辅导天子之官。郑玄曾注释说：总领百官称为冢，列职于王则称为大。后世因以大冢宰为宰相之称。［7］粗愚：粗鲁而蠢笨。［8］但：只，仅仅。［9］鄢陵：县名。县治在今河南鄢陵县。［10］营求：经营财富。营，经营，谋划。［11］逡（qūn）巡：迟疑徘徊，欲行又止。逡，退让，退却。［12］贪愎（bì）：贪婪而执拗。愎，任性，执拗。[13]螫（shì）：毒物刺人。［14］壮士解腕：毒蛇咬手，勇士砍断自己的手腕，以防延及全身。比喻做事到要害关头，须下定决心，当机立断。［15］戊午：十一月十一日。因分别叙述东都与西京事，使不相乱，故重复出现。［16］立侍：站立侍卫。［17］检校：查核。［18］止留：据章校，“留”下应补“数人”二字。［19］给使：供差遣使唤的人。［20］进止：进退，去留。此

指命令，意旨。［21］引：退却，退避。［22］踣（bó）：僵仆，仆倒。［23］上下：指尊卑、贵贱等界限。［24］傅疮：在创伤上敷药。傅，布陈，分布，同“敷”。［25］宣慰：安抚慰劳。［26］独骑：单骑。即独自一人骑马，不带有随从侍卫。［27］历：依次，一一。［28］抚谕：安抚、晓谕。［29］中外：内外。指翟让营内外。中，内。［30］久睦：长期和睦相处。［31］相图：相互图谋杀害。［32］明决：果断。

壬戌[1]，李渊备法驾迎代王即皇帝位于天兴殿[2]，时年十三，大赦改元[3]，遥尊炀帝为太上皇。甲子[4]，渊自长乐宫入长安。以渊为假黄钺[5]、使持节、大都督内外诸军事、尚书令、大丞相，进封唐王。以武德殿为丞相府，改教称令，日于虔化门视事[6]。乙丑[7]，榆林、灵武、平凉、安定[8]诸郡皆遣使请命。丙寅[9]，诏军国机务，事无大小，文武设官，位无贵贱，宪章[10]赏罚，咸归相府；唯郊祀天地，四时[11]禘祫[12]奏闻。置丞相府官属，以裴寂为长史，刘文静为司马。何潘仁使李纲入见，渊留之，以为丞相府司录[13]，专掌选事。又以前考功郎中[14]窦威[15]为司录参军，使定礼仪。威，炽之子也。渊倾府库以赐勋人[16]，国用不足，右光禄大夫刘世龙献策，以为“今义师数万，并在京师，樵苏[17]贵而布帛贱，请伐六街[18]及苑中树为樵，以易布帛，可得数十万匹。”渊从之。己巳[19]，以李建成为唐世子[20]，李世民为京兆尹、秦公，李元吉为齐公。

（以上为第十三段，写李渊拥立隋恭帝，掩人耳目，大权独揽于丞相府。）

【注释】

［1］壬戌：十一月十五日。［2］天兴殿：大兴殿，隋宫正殿。《隋书·恭帝纪》作“上即皇帝位于大兴殿。”据此，“天”应改作“大”。［3］改元：将大业十三年改为义宁元年。［4］甲子：十一月十七日。［5］假黄钺：以黄金装饰的钺称为黄钺，天子所用。为尊崇李渊，也假以天子仪仗。假，借。钺，大斧。［6］虔化门：在大兴殿东。视事：处理政事。［7］乙丑：十一月十八日。［8］安定：郡名。治所安定县，在今甘肃泾川县北。［9］丙寅：十一月十九日。［10］宪章：典章制度。［11］四时：四季。［12］禘（dì）祫（xiá）：古代祭祀名。四季祭祀宗庙，夏祭称禘。又说三年一祭称祫，五年一祭称禘。［13］司录：官名。总录丞相府事。［14］考功郎中：官名。属吏部，掌考第及孝秀贡士。［15］窦威（？—618）字文蔚，扶风平陵（今陕西咸阳市西北）人。历仕隋、唐，官至内史令。传见《旧唐书》卷六十一、《新唐书》卷九十五。［16］勋人：有功之人。勋，大功劳。［17］樵苏：柴草。樵，柴。苏，草。［18］六街：长安城中左右有六条大街。

[19]己巳：十一月二十二日。 [20]世子：即帝王和诸侯的嫡长子，将来要嗣位。

河南诸郡尽附李密，唯荥阳太守郇王庆，梁郡太守杨汪尚为隋守。密以书招庆，为陈利害，且曰："王之家世，本住山东，本姓郭氏，乃非杨族。芝焚蕙叹[1]，事不同此。"初，庆祖父元孙早孤，随母郭氏养于舅族。及武元帝[2]从周文[3]起兵关中，元孙在邺，恐为高氏[4]所诛，冒姓郭氏，故密云然。庆得书惶恐，即以郡降密，复姓郭氏。

十二月，癸未[5]，追谥唐王渊大父襄公[6]为景王；考[7]仁公[8]为元王，夫人窦氏[9]为穆妃。

薛举遣其子仁果寇扶风，唐弼据汧源[10]拒之。举遣使招弼，弼乃杀李弘芝，请降于举，仁果乘其无备，袭破之，悉并其众。

弼以数百骑走诣扶风请降，扶风太守窦琎杀之。举势益张[11]，众号三十万，谋取长安；闻丞相渊已定长安，遂围扶风。渊使李世民将兵击之。又使姜謩、窦轨俱出散关[12]，安抚陇右；左光禄大夫李孝恭[13]招慰山南；府户曹[14]张道源[15]招慰山东。孝恭，渊之从父兄子也。

癸巳[16]，世民击薛仁果于扶风，大破之，追奔至垅坻[17]而还。薛举大惧，问其群臣曰："自古天子有降事乎？"黄门侍郎钱唐褚亮[18]曰："赵佗归汉[19]，刘禅仕晋[20]，近世萧琮，至今犹贵。转祸为福，自古有之。"卫尉卿郝瑗趋进曰："陛下失问！褚亮之言又何悖也！昔汉高祖屡经奔败[21]，蜀先主[22]亟亡妻子，卒成大业；陛下奈何以一战不利，遽为亡国之计乎！"举亦悔之曰："聊以此试君等耳。"乃厚赏瑗，引为谋主。

乙未[23]，平凉留守张隆，丁酉[24]，河池太守萧瑀及扶风汉阳郡[25]相继来降。以窦琎为工部尚书、燕国公，萧瑀为礼部尚书、宋国公。

姜謩、窦轨进至长道[26]，为薛举所败，引还。渊使通议大夫[27]醴泉刘世让[28]安集唐弼余党；与举相遇，战败，为举所虏。

李孝恭击破朱粲，诸将请尽杀其俘，孝恭曰："不可，自是以往，谁复肯降矣[29]！"于是自金川[30]出巴[31]、蜀[32]，檄书所至，降附者三十余州。

屈突通与刘文静相持月余，通复使桑显和夜袭其营，文静与左光禄大夫段志玄悉力苦战，显和败走，尽俘其众，通势益蹙。或说通降，通泣曰：“吾历事两主[33]，恩顾[34]甚厚。食人之禄[35]而违其难，吾不为也！”每自摩[36]其颈曰：“要当为国家受一刀！”劳勉[37]将士，未尝不流涕，人亦以此怀之。丞相渊遣其家僮[38]召之，通立斩之。及闻长安不守[39]，家属悉为渊所虏，乃留显和镇潼关，引兵东出，将趣洛阳。通适去，显和即以城降文静。文静遣窦琮等将轻骑与显和追之，及于稠桑[40]。通结陈自固，窦琮遣通子寿[41]往谕之，通骂曰：“此贼何来！昔与汝为父子，今与汝为仇雠[42]！”命左右射之。显和谓其众曰：“今京城已陷，汝辈皆关中人，去欲何之！”众皆释仗[43]而降。通知不免，下马东南向再拜号哭曰：“臣力屈至此，非敢负国，天地神祇[44]实知之！”军人执通送长安，渊以为兵部尚书，赐爵蒋公，兼秦公元帅府长史。

渊遣通至河东城下招谕尧君素，君素见通，歔欷不自胜[45]，通亦泣下沾衿[46]，因谓君素曰：“吾军已败，义旗所指，莫不响应，事势如此，卿宜早降。”君素曰：“公为国大臣，主上[47]委公以关中，代王付公以社稷，奈何负国生降[48]，乃更为人作说客[49]邪！公所乘马，即代王所赐也，公何面目乘之哉！”通曰：“吁[50]，君素，我力屈而来！”君素曰：“方今力犹未屈，何用多言！”通惭而退。

东都米斗三钱[51]，人饿死者什二三。

庚子[52]，王世充军士有亡降李密者，密问：“世充军中何所为？”军士曰：“比见益募兵，再飨将士，不知其故。”密谓裴仁基曰：“吾几落奴度中[53]，光禄[54]知之乎？吾久不出兵，世充刍粮将竭，求战不得，故募兵飨士，欲乘月晦[55]以袭仓城耳，宜速备之。”乃命平原公郝孝德、琅邪公王伯当、齐郡公孟让勒兵分屯仓城之侧以待之。其夕三鼓[56]，世充兵果至，伯当先遇之，与战，不利。世充兵即陵城，总管鲁儒拒却之，伯当更收兵击之，世充大败，斩其骁将费青奴，士卒战溺死者千余人。世充屡与密战，不胜，越王侗遣使劳之，世充诉以兵少，数战疲弊；侗以兵七万益之。

刘文静等引兵东略地[57]，取弘农郡[58]，遂定新安[59]以西。

甲辰[60]，李渊遣云阳令詹俊、武功县正[61]李仲衮徇[62]巴、蜀，下之。

乙巳[63]，方与[64]贼帅张善安袭陷庐江郡[65]，因渡江，归林士弘[66]于豫章[67]；士弘疑之，营于南塘[68]上。善安恨之，袭破士弘，焚其郛郭[69]而去，士弘徙居南康[70]。萧铣遣其将苏胡儿袭豫章，克之，士弘退保余干[71]。

（以上为第十四段，写河南、陇右、关中、巴蜀各地的战斗，主战场仍是争夺东都，李密与王世充对决，陷入胶着状态。）

【注释】

[1]芝焚蕙叹：比喻同类相感。芝，香草名。蕙，也是香草名。[2]武元帝：指杨忠，谥为武元皇帝。[3]周文：据章校，“文”下应补“帝”字。[4]高氏：北齐皇帝高氏。[5]癸未：十二月七日。[6]大父襄公：大父，祖父。襄公，即李虎，仕北魏、西魏，官至左仆射。北周时追封唐国公，谥曰襄。[7]考：父亲。[8]仁公：即李昞。北周安州总管、柱国大将军。谥曰仁。[9]窦氏：窦毅之女。上元元年（674），改上尊号为太穆顺圣皇后。传见《旧唐书》卷五十一、《新唐书》卷七十六。[10]汧源：县名。县治在今陕西陇县。[11]势益张：声势更加强大。张，大，强大。[12]散关：关名。关中四关中的西关。故址在今陕西宝鸡市西南。[13]李孝恭（591—640）：襄武王李琛之子。官至礼部尚书，封河间郡王。传见《旧唐书》卷六十、《新唐书》卷七十八。[14]府户曹：指丞相府户曹参军。[15]张道源（？—624）：并州祁县（今山西祁县）人。仕唐，官至大理卿。传见《旧唐书》卷一百八十七上、《新唐书》卷一百九十一。[16]癸巳：十二月十七日。[17]垅坻：地名。故址大约在今陕西陇县西陇山一带。[18]褚亮：字希明，杭州钱塘（今浙江杭州市西）人。历仕陈、隋、唐三代，官至通直散骑常侍，文学馆学士。传见《旧唐书》卷七十二、《新唐书》卷一百二。[19]赵佗归汉：赵佗本为秦南海龙川令，秦灭，自立为南越武王，后归汉，吕后当政时，叛汉自立为南越武帝，文帝时去帝号，向汉称臣。[20]刘禅仕晋：刘禅为三国蜀后主，魏灭蜀，降魏，封安乐公，后仕晋。[21]奔败：战败逃亡。[22]蜀先主：三国时刘备，于成都创建蜀国，称帝。[23]乙未：十二月十九日。[24]丁酉：十二月二十一日。[25]汉阳郡：郡名。治所上禄县，在今甘肃礼县。[26]长道：县名。县治在今甘肃礼县东北长道镇。[27]通议大夫：官名。隋文散官，无职事。[28]刘世让（？—623）：字元钦，雍州礼泉（今陕西礼泉县北）人。历仕隋、唐，官至广州总管。传见《旧唐书》卷六十九、《新唐书》卷九十四。[29]降矣：据章校，“矣”下应补“皆释之”三字。[30]金川：县名。县治在今陕西安康市。[31]巴：指巴州。治所化成县，在今四川巴中市。[32]蜀：指蜀郡。治所成都县，在今四川成都市。[33]两主：指隋文帝与隋炀帝。[34]恩顾：受皇帝的恩遇、宠爱。[35]禄：俸禄。[36]摩：摸，抚摩。[37]劳勉：慰劳，鼓励。勉，鼓励。[38]家僮：对男女奴仆的通称。[39]不守：失守。[40]稠桑：驿站名。故址在今河南灵宝市

北。［41］通子寿：即屈突通之子屈突寿。袭父爵。传附《旧唐书·屈突通传》《新唐书·屈突通传》。［42］仇雠（chóu）：仇人。雠，仇敌。［43］释仗：放下兵器。仗，兵仗。［44］神祇（qí）：天地之神。祇，地神。［45］不自胜：自己经受不起。胜，经得起，受得住。［46］沾衿（jīn）：浸湿衣襟。沾，浸湿。衿，同"襟"，衣襟。［47］主上：指隋炀帝。［48］生降：活着投降敌人。［49］说（shuì）客：游说的人。［50］吁：叹词。［51］米斗三钱：据章校，"钱"应改作"千"字；或"三"应改作"千"。因当时东都被长期围困，粮食奇缺而价贵，"三钱"误。作"千钱"或"三千"都通。［52］庚子：十二月二十四日。［53］几落奴度中：几乎陷入王世充的算计之中。几，几乎。奴，指王世充。度，忖度，揣度。［54］光禄：指裴仁基。仁基时任光禄大夫。［55］月晦：月色昏暗。晦，昏暗。［56］三鼓：三更。也称丙夜，即夜半。古代把一夜分为一鼓、二鼓、三鼓、四鼓、五鼓；也称一更、二更、三更、四更、五更。［57］略地：攻占地盘。略，攻略，掠夺。［58］弘农郡：郡名。治所弘农县，在今河南灵宝市。［59］新安：县名。县治在今河南新安县。［60］甲辰：十二月二十八日。［61］县正：官名。隋炀帝改县尉为县正，掌管一县治安，纠察奸宄。［62］徇：夺取。［63］乙巳：十二月二十九日。［64］方与：县名。县治在今山东鱼台县西。［65］庐江郡：郡名。治所合肥县，在今安徽合肥市西。［66］林士弘（？—622）：饶州鄱阳（今江西鄱阳县）人。曾于隋末起义中自称皇帝。传见《旧唐书》卷五十六、《新唐书》卷八十七。［67］豫章：郡名。治所南昌县，在今江西南昌市。［68］南塘：地名。属南昌县，在今江西南昌市南。［69］郛（fú）郭：外城。［70］南康：郡名。治所南康县，在今江西赣州市西南。［71］余干：县名。县治在今江西余干县。

【点评】

李密格局器识不及李渊。本卷有两件大事引人深思，都直接与李密关联。其一，李密火并翟让，时间、地点、手段都是错误的，表现了他的心胸偏狭，不是一个真命天子。当义军与隋军争夺东都进入关键时刻，李密发起内讧，且手段卑劣，大伤部属之心，沉重地打击了义军的凝聚力与战斗力，李密后来之败，固宜。其二，对待隋王朝，李密不以大义而以仇怨之心煽动民众，与自己贵族之身份不相宜，故冯慈明诛其心，曰："公家历事先朝，荣禄兼备。不能善守门阀"，而"唯图反噬"，李密无辞以应。李密军事并无绝对优势，而倡言"执子婴于咸阳，殪商辛于牧野"，不利争取社会上层。再看李渊起兵，乘虚入关中，取胜可十全，而仍战战兢兢，打出匡扶正义之旗，北联突厥，示好李密，兵围长安，口口声声"以安隋言"，颁示三军："犯七庙及代王宗室者，夷三族。"两相对照，李渊之宽仁豁达，非李密可比。乱世争雄，真命天子者，政治成熟者之谓也，李渊所作所为，确实是命世之才，凡夫俗子不能望其项背。

卷一八五 唐纪一

唐高祖武德元年（618 年）

【起著雍摄提格（戊寅，618 年）正月，尽七月，不满一年】

【大事提要】

本卷记述公元618年正月至七月史事，凡七个月，时当唐高祖武德元年。本卷详细记载了宇文化及背叛隋朝，弑杀隋炀帝的过程。这一事件，直接导致了隋朝的灭亡。三月十一日，隋炀帝被弑。五月十四日，李渊在长安即皇帝位，建立唐朝。五月二十四日，越王杨侗在东都即皇帝位，改元皇泰，史称杨侗为皇泰主。宇文化及北上，欲返东都。李密遭到夹击，皇泰主利用这一形势招安李密，册封李密为魏国公。李密率众阻击宇文化及，取得大胜，将入朝见皇泰主。此时，东都发生内讧，王世充诛杀元文都，专擅大权，阻挡李密入朝。形势一朝突变，隋朝彻底灭亡不可逆转。萧梁后裔萧铣乘势而起，割据了荆襄以及交州，在长江中游建起了一个政权，占有今两湖及两广地区。西北割据政权，如河西李轨、陇右薛举、朔方梁师都，加紧割据活动。薛举与唐室交战，取得一时胜利。

高祖神尧大圣光孝皇帝[1]上之上

武德元年（戊寅，618 年）

春，正月，丁未朔[2]，隋恭帝诏唐王剑履上殿[3]，赞拜不名[4]。

唐王既克长安[5]，以书谕诸郡县，于是东自商洛[6]，南尽巴、蜀[7]，郡县长吏及盗贼渠帅、氐、羌[8]酋长，争遣子弟入见请降，有司复书，日以百数。

王世充[9]既得东都[10]兵，进击李密[11]于洛北[12]，败之，遂屯巩[13]北。辛酉[14]，世充命诸军各造浮桥渡洛击密，桥先成者先进，前后不一。虎贲郎将[15]王辩[16]破密外栅[17]，密营中惊扰，将溃；世充不知，鸣角[18]收众，密因帅敢死士乘之，世充大败，争桥溺死者万余人。王辩死，世充仅自免[19]，洛北诸军皆溃。世充不敢入东都，北趣[20]河阳[21]，是夜，疾风寒雨，军士涉水沾湿，道路冻死者又以万数。世充独与数千人至河阳，自系狱请罪[22]，越王侗[23]遣使赦之，召还东都，赐金帛、美女以安其意。世充收合亡散，得万余人，屯含嘉城[24]，不敢复出。

密乘胜进据金墉城[25]，修其门堞、庐舍[26]而居之，钲鼓[27]之声，闻于东都；未几[28]，拥兵三十万，陈于北邙[29]，南逼上春门[30]。乙丑[31]，金紫光禄大夫[32]段达[33]、民部尚书[34]韦津[35]出兵拒之；达望见密兵盛，惧而先还，密纵兵乘[36]之，军遂溃，韦津死。于是偃师[37]、柏谷[38]及河阳都尉[39]独孤武都[40]、检校[41]河内[42]郡丞[43]柳燮[44]、职方郎[45]柳续[46]等，各举所部降于密。窦建德[47]、朱粲[48]、孟海公[49]、徐圆朗[50]等并遣使奉表劝进，密官属裴仁基[51]等亦上表请正位号[52]，密曰："东都未平，不可议此。"

戊辰[53]，唐王以世子建成[54]为左元帅[55]，秦公世民[56]为右元帅，督诸军十余万人救东都。

东都乏食，太府卿[57]元文都[58]等募守城不食公粮者进[59]散官[60]二品；于是商贾执象[61]而朝者，不可胜数。

（以上为第一段，写李密兵围东都，大败王世充。）

【注释】

[1]高祖神尧大圣光孝皇帝：唐代开国皇帝李渊（566—635）。字叔德。陇西成纪（今甘肃秦安县西北）人，一说陇西狄道（今甘肃临洮县）人，自云西凉太祖李暠七世孙。渊祖父虎自武川（今内蒙古武川县西南）徙家长安。公元618年至公元627年在位。 [2]丁未朔：一月一日。 [3]剑履上殿：据《隋书·礼仪志》，开皇十二年（592）始制朝会应登殿坐者，须解佩剑和脱履。恭帝优礼唐王，故诏其升殿时可以带剑着履。履（lǚ），鞋。 [4]赞拜不名：臣子朝拜君王时，则曰某官某。不名，不须称名。这亦是一种崇高的礼遇。 [5]唐王既克长安：据上卷，李渊于恭帝义宁元年（617）十一月九日攻克长安。至是，渊据京师已53日。克，攻下。长安，隋唐等朝代国都，在今陕西西安市。 [6]商洛：县名。武德二年（619）移治今陕西商洛市丹凤县商镇。 [7]巴、蜀：郡名。巴郡治所在今重庆市，蜀郡治所在今四川成都市。 [8]氐、羌：中国古代民族名。主要分布在今陕、甘、青、川一带。 [9]王世充（?—621）：隋末割据者。字行满。祖籍西域。传见《隋书》卷八十五、《旧唐书》卷五十四、《新唐书》卷八十五。 [10]东都：

洛阳（今河南洛阳市）。［11］李密（582—618）：隋末瓦岗起义军领袖。字玄邃，一字法主。传见《隋书》卷七十、《旧唐书》卷五十三、《新唐书》卷八十四。［12］洛北：洛水（今洛河）之北。［13］巩：县名。县治在今河南巩义市东巩县老城。［14］辛酉：正月十五日。［15］虎贲（bēn）郎将：武官名。掌宿卫事。［16］王辩（562—618）：传见《隋书》卷六十四。［17］栅（zhà）：栅栏。军营外部构筑的防御工事。［18］角：画角。以竹木或皮革制成，似今军号，故又称号角。并与鼓结合，曰鼓角。用以报时、警众，或发号施令。［19］仅自免：仅，才能够；自免，己身脱难。因王辩死战，王世充才得以脱逃。［20］趣：通"趋"，快步急行。［21］河阳：县名。县治在今河南孟州市南。［22］自系狱请罪：自缚入狱请求治罪。［23］越王侗（?—619）：隋炀帝孙。大业二年（606），封越王。炀帝死，即位于东都，改元皇泰，史称"皇泰主"。在位十一月，为王世充所弑，谥为恭皇帝。传见《隋书》卷五十九。［24］含嘉城：隋仓城名。遗址在今洛阳市区东北。［25］金墉城：城名，三国魏明帝时筑。今称故址为阿斗城。遗址在今洛阳市东北，位于汉、魏洛阳故城西北隅。［26］堞、庐舍：堞（dié），又称女墙，城上的矮墙；庐舍，房屋。［27］钲（zhēng）鼓：古代行军时用的钲和鼓两种乐器。后人言兵事，常以钲鼓并称。［28］未几：不久。［29］陈于北邙：陈，"阵"的本字。邙山东段，即北邙山，在今河南洛阳市北。［30］上春门：即隋洛阳城（今河南洛阳市）东城最北门。［31］乙丑：正月十九日。［32］金紫光禄大夫：官名。汉制光禄大夫带银印青绶，魏晋以后，有特加金印紫绶者，称金紫光禄大夫。始置掌顾问应对，后为加官或褒赠之官。［33］段达（?—621）：隋朝大臣。武威姑臧（今甘肃武威市）人。累官左骁卫大将军、开府仪同三司、纳言。在周袭爵襄垣县公，隋末封陈国公。后媚事王世充，唐平东都，达坐诛。传见《北史》卷七十九，《隋书》卷八十五。［34］民部尚书：官名，即户部尚书，尚书省六部长官之一。掌全国土地、户籍、赋税、财政收支等事。［35］韦津（?—618）：隋大臣。京兆杜陵（今陕西西安市长安区东北）人。事迹见《隋书》卷四十七。［36］乘：追逐。［37］偃师：县名。县治在今河南洛阳市偃师区东。［38］柏谷：古坞名，又名钩锁坞。在今河南洛阳市偃师区东南洛河南岸。［39］都尉：官名。地位略低于将军的武官。［40］独孤武都（?—618）：新旧唐书《窦琮传》作"独孤武"。隋室外戚。姑母为隋文帝皇后。武都潜谋投唐，事觉，为王世充杀害。传见《北史》卷六十一。［41］检校：代理官称。［42］河内：郡名。治所在今河南沁阳市。［43］郡丞：官名。郡守佐官，掌兵马。［44］柳燮：隋地方官。河东解县（今山西运城市西南解州镇）人。降李密后，复说密投唐。仕唐至都官郎中。［45］职方郎：官名。隶兵部，掌管地图与四方职贡。［46］柳续：隋官出身。河东解县人。降唐后，擢仪曹郎中。［47］窦建德（573—621）：隋末河北地区农民军领袖，清河漳南（今山东武城县东北）人。公元618年于乐寿建立国号为夏的地方政权。后为李世民所败，俘至长安被杀。传见《旧唐书》卷五十四、《新唐书》卷八十五。［48］朱粲（?—621）：隋末豫南地区农民军败类。传见《旧唐书》卷五十三、《新唐书》卷八十七。［49］孟海公（?—621）：隋末曹州农民军领袖。事迹见《旧唐书》卷五十四、《新唐书》卷八十五。［50］徐圆朗（?—623）：隋叛将。传见《旧唐书》卷五十五，《新唐书》卷八十六。［51］裴仁基（?—621）：隋叛将。传见《隋书》卷七十。［52］请正位号：劝请即位称帝。［53］戊辰：正月二十二日。［54］世子建成（589—649）：李渊嫡长子。时封太子。武德九年（626），于玄武门事变中被杀身亡。［55］元帅：唐代战时最高统帅，多以皇子、亲王充任。［56］秦公世民（599—649）：李渊次子。时封秦国公。后称帝，史称唐太宗，公元626年至公元649年在位。［57］太府卿：太府寺长官。掌京都四市及供官市易，以及国家财库左右藏。［58］元文都（？—620）：隋末大臣。传见《隋书》卷七十一。［59］进：加官，晋职。［60］散官：表示官员阶品但无职事的官号。［61］象：象牙制作的朝笏之略称。

二月，己卯[1]，唐王遣太常卿[2]郑元琏[3]将兵出商洛，徇[4]南阳[5]，左领军府[6]司马安陆马元规[7]徇[8]安陆[9]及荆、襄[10]。

李密遣房彦藻[11]、郑颋[12]等东出黎阳[13]，分道招慰州县。以梁郡[14]太守杨汪[15]为上柱国[16]、宋州总管[17]，又以手书与之曰："昔在雍丘[18]，曾相追捕，射钩斩袂[19]，不敢庶几[20]。"汪遣使往来通意，密亦羁縻[21]待之。彦藻以书招窦建德，使来见密。建德复书，卑辞厚礼，托以罗艺[22]南侵，请捍御北垂[23]。彦藻还，至卫州[24]，贼帅王德仁[25]邀杀之。德仁有众数万，据林虑山[26]，四出抄掠，为数州之患。

（以上为第二段，写唐王李渊出兵南阳，李密招抚东方未遂。）

【注释】

［1］己卯：二月四日。［2］太常卿：官名。太常寺长官。掌祭祀礼乐之事。［3］郑元琏（?—646）：唐初大臣。传见《旧唐书》卷六十二、《新唐书》卷一百。［4］徇：攻取。［5］南阳：郡名。隋炀帝改邓州为南阳郡，治所在今河南邓州市。［6］左领军府：禁军官署名。隋禁军置有左、右领军府，各掌十二军籍帐、差科、辞讼等事。不置将军，以长史、司马等综理军府事。［7］马元规（?—618）：唐初功臣，事迹见《旧唐书》卷一百八十七上、《新唐书》卷一百九十一《吕子臧传》。［8］徇：略地。［9］安陆：县名。县治在今湖北安陆市。［10］荆、襄：荆州（治所在今湖北荆州市）和襄阳郡（治所在今湖北襄阳市）的略称。［11］房彦藻（?—618）：隋末瓦岗军将领。事迹见《隋书》卷七十、《旧唐书》卷五十三、《新唐书》卷八十四《李密传》。［12］郑颋（？—621）：瓦岗军将领。事迹见两《唐书·李密传》、《新唐书》卷八十五《王世充传》等。［13］黎阳：县名。县治在今河南浚县东北。［14］梁郡：郡名。炀帝改宋州置。治所在今河南商丘市。［15］杨汪（?—621）：王世充亲信。事迹见《旧唐书》卷五十四、《新唐书》卷八十五《王世充传》。［16］上柱国：官名。隋置上柱国，柱国以酬功勋，皆为散官。［17］总管：官名。掌一州的军政。［18］雍丘：县名。县治在今河南杞县。［19］射钩斩袂（mèi）：春秋时，管仲曾射中齐桓

公衣带钩，但桓公不念旧恶，用以为相；晋寺人披曾斩断晋文公的衣袖，但文公不怨。袂，衣袖。[20]不敢庶几：不，不当；敢，自谦词；庶几，妄起邪意。李密表白自己决不加害于过去的仇人杨汪。 [21]羁縻：谓笼络使不生异心。 [22]罗艺（?—627）：隋末割据者。字子延。襄州襄阳（今湖北襄阳市）人。降唐后，封燕王，赐姓李。贞观初，因叛唐被诛。传见《旧唐书》卷五十六、《新唐书》卷九十二。 [23]北垂：北边。“垂”同“陲”，即边陲。 [24]卫州：郡名。治所在今河南淇县东。 [25]王德仁（?—621）：隋末农民军领袖。据林虑山（在今河南林州市西），活动于魏郡（治今河南安阳市西南）、上党郡（治今山西长治市）一带。后降唐复反，附王世充，兵败为李世民诛杀。 [26]林虑山：山名。又称隆虑山。在今河南林州市境内。

三月，己酉[1]，以齐公元吉[2]为镇北将军、太原道行军元帅[3]、都督十五郡[4]诸军事，听以便宜从事[5]。隋炀帝[6]至江都[7]，荒淫益甚，宫中为百余房，各盛供张[8]，实以美人，日令一房为主人。江都郡丞赵元楷[9]掌供酒馔，帝与萧后[10]及幸姬[11]历就宴饮，酒卮[12]不离口，从姬千余人亦常醉。然帝见天下危乱，意亦扰扰[13]不自安，退朝则幅巾[14]短衣，策杖[15]步游，遍历台馆，非夜不止，汲汲[16]顾景[17]，唯恐不足。

帝自晓占候卜相[18]，好为吴语[19]；常夜置酒，仰视天文[20]，谓萧后曰：“外间大有人图侬[21]，然侬不失为长城公[22]，卿[23]不失为沈后[24]，且共乐饮耳！”因引满[25]沈醉。又尝引镜自照，顾谓萧后曰：“好头颈，谁当斫[26]之！”，后惊问故，帝笑曰：“贵贱苦乐，更迭[27]为之，亦复何伤。”

帝见中原已乱，无心北归，欲都丹阳[28]，保据江东[29]，命群臣廷议之，内史侍郎[30]虞世基[31]等皆以为善，右候卫大将军[32]李才极陈不可，请车驾还长安，与世基忿争而出。门下录事[33]衡水李桐客曰：“江东卑湿，土地险狭，内奉万乘[34]，外给三军，民不堪命，亦恐终散乱耳。”御史[35]劾[36]桐客谤毁朝政。于是公卿皆阿意[37]言：“江东之民望幸[38]已久，陛下过江，抚而临之，此大禹[39]之事也。”乃命治丹阳宫，将徙都之。

时江都粮尽，从驾骁果[40]多关中[41]人，久客思乡里，见帝无西意，多谋叛归，郎将[42]窦贤遂帅所部西走，帝遣骑追斩之，而亡者犹不止，帝患之。虎贲郎将扶风司马德戡[43]素有宠于帝，帝使领骁果屯于东城，德戡与所善虎贲郎将元礼、直阁[44]裴虔通[45]谋曰："今骁果人人欲亡，我欲言之，恐先事受诛；不言，于后事发，亦不免族灭，奈何？又闻关内沦没，李孝常[46]以华阴叛，上囚其二弟，欲杀之。我辈家属皆在西，能无此虑乎！"二人皆惧，曰："然则计将安出？"德戡曰："骁果若亡，不若与之俱去。"二人皆曰："善！"因转相招引，内史舍人[47]元敏[48]、虎牙郎将赵行枢、鹰扬郎将孟秉、符玺郎[49]牛[50]方裕、直长[51]许弘仁[52]、薛世良、城门郎[53]唐奉义、医正[54]张恺、勋侍[55]杨士览等皆与之同谋，日夜相结约，于广座明论叛计，无所畏避。有宫人[56]白[57]萧后曰："外间人人欲反。"后曰："任汝奏之。"宫人言于帝，帝大怒，以为非所宜言，斩之。其后宫人复白后，后曰："天下事一朝至此，无可救者，何用言之，徒令帝忧耳！"自是无复言者。

赵行枢与将作少监[58]宇文智及[59]素厚，杨士览，智及之甥也，二人以谋告智及；智及大喜。德戡等期以三月望日[60]结党西遁，智及曰："主上虽无道，威令尚行，卿等亡[61]去，正如窦贤取死耳。今天实丧隋，英雄并起，同心叛者已数万人，因行大事，此帝王之业也。"德戡等然之[62]。行枢、薛世良请以智及兄右屯卫将军[63]许公化及[64]为主，结约既定，乃告化及。化及性驽怯[65]，闻之，变色流汗，既而从之。

德戡使许弘仁、张恺入备身府[66]，告所识者云："陛下闻骁果欲叛，多酝[67]毒酒，欲因享会[68]，尽鸩杀之，独与南人留此。"骁果皆惧，转相告语，反谋益急。乙卯[69]，德戡悉召骁果军吏，谕以所为，皆曰："唯将军命！"是日，风霾昼昏[70]。晡[71]后，德戡盗御厩[72]马，潜厉兵刃[73]。是夕，元礼、裴虔通直阁下，专主殿内；唐奉义主闭城门，与虔通相知[74]，诸门皆不下键[75]。至三更，德戡于东城集兵得数万人，举火与城外[76]相应。帝望见火，且闻外喧嚣，问何事。虔通对曰："草坊失火，外人共救之耳。"时内外隔绝，帝以为然。智及与孟秉于城外集千余人，劫候卫虎贲[77]冯普乐布兵分守衢巷[78]。燕王倓[79]觉有变，夜，穿芳林门[80]侧水窦[81]而入，至玄武门[82]，诡奏[83]曰："臣猝[84]中风，命悬俄顷[85]，请得面辞。"裴虔通等不以闻[86]，执[87]囚之。丙辰[88]，天未明，德戡授虔通兵，以代诸门卫士[89]。虔通自门将数百骑至成象殿，宿卫者[90]传呼有贼，虔通乃还，闭诸门，独开东门，驱殿内宿卫者令出，皆投仗[91]而走。右屯卫将军[92]独孤盛[93]谓虔通曰："何物兵势太异[94]！"虔通曰："事势已然，不预[95]将军事，将军慎毋动！"盛大骂曰："老贼，是何物语[96]！"不及被甲，与左右十余人拒战，为乱兵所杀。盛，楷[97]之弟也。千牛[98]独孤开远[99]帅殿内兵数百人诣玄览门，叩阁[100]请曰："兵仗尚全，犹堪破贼。陛下若出临战，人情自定；不然，祸今至矣。"竟无应者，军士稍[101]散。贼执开远，义而释之。先是，帝选骁健官奴[102]数百人置玄武门，谓之给使[103]，以备非常，待遇优厚，至以宫人赐之。司宫[104]魏氏为帝所信，化及等结之使为内应。是日，魏氏矫诏悉听给使出外，仓猝际制无一人在者。

德戡等引兵自玄武门入，帝闻乱，易服逃于西阁。虔通与元礼进兵排左阁[105]，魏氏启[106]之，遂入永巷[107]，问："陛下安在？"有美人[108]出，指之。校尉[109]令狐行达拔刀直进，帝映窗扉[110]谓行达曰："汝欲杀我邪？"对曰："臣不敢，但欲奉陛下西还耳。"因扶帝下阁。虔通，本帝为晋王时亲信左右也，帝见之，谓曰："卿非我故人[111]乎！何恨而反？"对曰："臣不敢反，但将士思归，欲奉陛下还京师耳。"帝曰："朕方欲归，正为上江[112]米船未至，今与汝归耳！"虔通因勒兵[113]守之。

至旦[114]，孟秉以甲骑[115]迎化及，化及战栗不能言，人有来谒[116]之者，但俯首据鞍[117]称罪过。化及至城门[118]，德戡迎谒，引入朝堂，号为丞相[119]。裴虔通谓帝曰："百官悉在朝堂，陛下须亲出慰劳。"进其从骑[120]，逼帝乘之；帝嫌其鞍勒弊[121]，更易新者，乃乘之。虔通执辔[122]挟刀出宫门，贼徒喜噪动地。化及扬言曰："何用持此物出，亟还与手[123]。"帝问："世基何在？"贼党马文举曰："已枭首[124]矣！"于是引帝还至寝殿[125]，虔通、德戡等拔白刃[126]侍立。帝叹曰："我何罪至此？"文举曰："陛下违弃宗庙[127]，巡游不息，外勤征讨，内极奢淫，使丁壮[128]尽于矢刃，女弱填于沟壑[129]，四民[130]丧业，盗贼蜂起；专任佞谀[131]，饰非拒谏[132]：何谓无罪！"帝曰："我实负百姓；至于尔辈[133]，荣禄兼极，何乃如是[134]！今日之事，孰[135]为首邪？”德戡曰：“溥[136]天同怨，何止一人！”化及又使封德彝[137]数帝罪，帝曰：“卿乃士人[138]，何为亦尔？”德彝赧然[139]而退。帝爱子赵王杲[140]，年十二，在帝侧，号恸不已[141]，虔通斩之，血溅御服。贼欲弑帝，帝曰：“天子死自有法，何得加以锋刃！取鸩酒[142]来！”文举等不许，使令狐行达顿帝令坐。帝自解练巾[143]授行达，缢[144]杀之。初，帝自知必及于难，常以罂[145]贮毒药自随，谓所幸诸姬曰：“若贼至，汝曹[146]当先饮之，然后我饮。”及乱，顾索药，左右皆逃散，竟不能得。萧后与宫人撤漆床板为小棺，与赵王杲同殡[147]于西院流珠堂。

帝每巡幸，常以蜀王秀[148]自随，囚于骁果营。化及弑帝，欲奉秀立之，众议不可，乃杀秀及其七男。又杀齐王暕[149]及其二子并燕王倓[150]，隋氏宗室、外戚，无少长皆死。唯秦王浩[151]素与智及往来，且以计全之。齐王暕素失爱于帝，恒相猜忌，帝闻乱，顾[152]萧后曰：“得非阿孩邪？”化及使人就第[153]诛暕，暕谓帝使收[154]之，曰：“诏使[155]且缓儿，儿不负国家！”贼曳[156]至街中，斩之，暕竟不知杀者为谁，父子至死不相明。又杀内史侍郎虞世基、御史大夫裴蕴[157]、左翊卫大将军[158]来护儿[159]、秘书监袁充[160]、右翊卫将军宇文协[161]、千牛宇文皛[162]、梁公萧钜[163]等及其子。钜，琮[164]之弟子也。

难将作，江阳长[165]张惠绍驰告裴蕴，与[166]惠绍谋矫诏[167]发郭下兵收化及等，扣门援帝。议定，遣报虞世基；世基疑告反者不实，抑而不许。须臾，难作，蕴叹曰：“谋及播郎[168]，竟误人事！”虞世基宗人[169]伋谓世基子符玺郎熙[170]曰：“事势已然，吾将济[171]卿南渡，同死何益！”熙曰：“弃父背君，求生何地！感尊之怀，自此决[172]矣！”世基弟世南[173]抱世基号泣请[174]代，化及不许。黄门侍郎[175]裴矩[176]知必将有乱，虽厮役[177]皆厚遇之，又建策为骁果娶妇[178]；及乱作，贼皆曰：“非裴黄门之罪。”既而化及至，矩迎拜马首，故得免。化及以苏威[179]不预朝政，亦免之。威名位素重，往参化及；化及集众而见之，曲加殊礼。百官悉诣朝堂贺，给事郎[180]许善心[181]独不至。许弘仁[182]驰告之曰：“天子已崩[183]，宇文将军摄政，阖朝文武咸集，天道人事[184]自有代终，何预于叔而低回[185]若此！”善心怒，不肯行。弘仁反走[186]上马，泣而去。化及遣人就家擒至朝堂，既而[187]释之。善心不舞蹈而出，化及怒曰：“此人大负气[188]！”复命擒还，杀之。其母范氏，年九十二，抚柩[189]不哭，曰：“能死国难，吾有子矣！”因卧不食，十余日而卒。唐王之入关也，张季珣[190]弟仲琰[191]为上洛令，帅吏民拒守，部下杀之以降。宇文化及之乱，仲琰弟琮为千牛左右[192]，化及杀之，兄弟三人皆死国难，时人愧之。

化及自称大丞相，总百揆[193]。以皇后令[194]立秦王浩为帝，居别宫，令发诏画敕书而已，仍以兵监守之。化及以弟智及为左仆射，士及[195]为内史令[196]，裴矩为右仆射。

乙卯[197]，徙秦公世民为赵公。

戊辰[198]，隋恭帝诏以十郡益唐国，仍以唐王为相国，总百揆，唐国置丞相以下官，又加九锡[199]。王谓僚属曰：“此谄谀者所为耳。孤[200]秉大政而自加宠锡，可乎！必若循魏、晋之迹[201]，彼皆繁文伪饰，欺天罔人；考其实不及五霸[202]，而求名欲过三王[203]，此孤常所非笑，窃亦耻之。”或曰：“历代所行，亦何可废！”王曰：“尧、舜、汤、武[204]，各因其时，取与异道，皆推其至诚以应天顺人[205]，未闻夏、商之末必效唐、虞之禅[206]也。若使少帝[207]有知[208]，必不肯为；若其无知，孤自尊而饰让[209]，平生素心[210]所不为也。”但改丞相为相国府，其九锡殊礼，皆归之有司[211]。

宇文化及以左武卫将军[212]陈棱[213]为江都太守，综领留事[214]。壬申[215]，令内外戒严，云欲还长安。皇后六宫[216]皆依旧式为御营，营前别立帐，化及视事[217]其中，仗卫部伍，皆拟乘舆[218]。夺江都人舟楫[219]，取彭城[220]水路西归。以折冲郎将[221]沈光[222]骁勇，使将给使营于禁内[223]。行至显福宫[224]，虎贲郎将麦孟才[225]、虎牙郎[226]钱杰与光谋曰：“吾侪[227]受先帝厚恩，今俯首事雠[228]，受其驱帅，何面目视息[229]世间哉！吾必欲杀之，死无所恨！”光泣曰：“是所望于将军也。”孟才乃纠合恩旧[230]，帅所将数千人，期以晨起将发时袭化及。语泄[231]，化及夜与腹心[232]走出营外，留人告司马德戡等，使讨之。光闻营内喧，知事觉，即袭化及营，空无所获，值内史侍郎元敏，数[233]而斩之。德戡引兵入围之，杀光，其麾下[234]数百人皆斗死，一无降者，孟才亦死。孟才，铁杖[235]之子也。

武康沈法兴[236]，世为郡著姓[237]，宗族数千家。法兴为吴兴[238]太守，闻宇文化及弑逆，举兵以讨化及为名，比至乌程[239]，得精卒六万，遂攻余杭[240]、毗陵[241]、丹阳[242]，皆下之；据江表[243]十余郡，自称江南道大总管，承制[244]置百官。

陈国公窦抗[245]，唐王之妃兄也，炀帝使行长城于灵武[246]；闻唐王定关中，癸酉[247]，帅灵武、盐川[248]等数郡来降。

（以上为第三段，详载隋宇文化及背叛、弑杀暴君隋炀帝的过程。）

【注释】

[1]己酉：三月四日。[2]齐公元吉（603—626）：李渊第四子。时封齐国公。玄武门之变中，为李世民所杀。传见《旧唐书》卷六十四、《新唐书》卷七十九。[3]太原道行军元帅：太原，郡名，治所在今山西太原市。道，行军路线。行军元帅，为战时某一方面军的最高统帅。[4]十五郡：太原等十五郡。[5]便宜从事：不必请示上司，斟酌事势所宜，自行裁夺处理。[6]隋炀帝（569—618）：隋二世皇帝杨广。公元604年至公元618年在位。传见《隋书》卷三、卷四。[7]江都：郡名。治所在今江苏扬州市。炀帝下江南以江都为行都。[8]供张：同“供帐”，即陈设帷帐等用物。[9]赵元楷：隋末唐初官僚。天水西县（今陕西勉县西老城东南）人。历事隋炀帝、唐高祖、唐太宗，皆以谄佞为人不齿。[10]萧后（?—648）：隋炀帝皇后，梁明帝萧岿女。传见《隋书》卷三十六。[11]幸姬：为君王所宠爱的姬妾。[12]卮（zhī）：杯酒。[13]扰扰：纷乱貌。[14]幅巾：谓不加冠，仅用绢一幅束发，古代男子的一种儒雅闲适的装束。[15]策杖：策，扶、拄；杖，拐杖。[16]汲汲：心情急切的样子。[17]顾景：观景。[18]占候卜相：占候，根据天象的变化来预测吉凶；卜相，以占卜和观相来预言祸福。[19]吴语：吴地（今江苏）方言。[20]天文：日月星辰等天体现象的通称。[21]侬：吴地方言自称曰“侬”。[22]长城公：即陈后主陈叔宝（553—604）。公元582年至公元589年在位。国破，为隋所俘，封长城公。[23]卿：古代君对臣，长辈对晚辈的称谓，朋友夫妇也以“卿”为爱称。[24]沈后：陈叔宝皇后沈氏。[25]引满：举饮满杯的酒。[26]斫（zhuó）：本意为大锄，引申为砍、斩、削。[27]更迭：交替，轮换。[28]丹阳：郡名。炀帝改蒋州为丹阳郡。治所在今江苏南京市。[29]江东：又称“江左”，地区名。长江在芜湖、南京间略呈南北流向，故古人习惯上称自此以下的长江南岸地区为江东。[30]内史侍郎：官名。内史省长官内史令之副。掌诏书草拟等事。[31]虞世基（?—618）：隋大臣。越州余姚（今浙江余姚市）人。传见《隋书》卷

六十七。［32］右候卫大将军：官名。隋十二卫大将军之一。掌天子车驾出入、巡察营禁、烽候道路等事。［33］门下录事：官名。门下省置有正八品录事六人。掌文簿等事。［34］万乘：本意指万辆车，后引申为万乘之尊，即帝位之称。［35］御史：官名。原为史官，汉以后专职纠察。［36］劾（hé）：举发他人罪状。［37］阿意：曲意迎合。［38］望幸：盼望天子驾临。［39］大禹：夏王朝的建立者，治水英雄。据《史记·夏本纪》："或言禹会诸侯江南"，死后葬会稽（今浙江杭州市余杭区）。［40］骁果：本意为骁勇果断，此指宿卫府兵或招募之武健。［41］关中：地区名。相当于今陕西中部。旧说在东函谷、西散关、南武关、北萧关等四关之中。［42］郎将：武官名。大业三年（607），隋炀帝广置四至五品的郎将，并分别以鹰扬、鹰击、虎贲、虎牙、备身、折冲、果毅、雄武、武勇等为名号，掌领府兵及宿卫侍从等事。［43］司马德戡（?—618）：隋叛将。传见《隋书》卷八十五。［44］直阁：官名。隋炀帝置，正五品。掌左右监门，定员各六人。［45］裴虔通：隋叛臣。传见《隋书》卷八十五。［46］李孝常（?—627）：京兆泾阳（今陕西泾阳县）人。李渊入关，其时李孝常为华阴令，以永丰仓降。后因谋反被诛。［47］内史舍人：官名，正五品。隶内史省，为撰拟诰敕之专官。内史省，原为中书省，隋改称内史省。［48］元敏（?—618）：洛阳人。事迹见《隋书》卷六十三《元寿传》。［49］符玺郎：官名。门下省符玺局长官。掌天子符玺印信。［50］牛：章校"牛"上有"李覆（复）"二字。［51］直长：官名。殿内省尚食等六局长官，奉御的副职，掌天子衣食住行之事。［52］许弘仁（?—619）：弑炀帝的主要参加者。［53］城门郎：官名。门下省城门局长官。掌京城、皇城、宫殿诸门开合、管钥出纳等事。［54］医正：殿内省尚药局属官。［55］勋侍：官名。原称"勋卫"，炀帝改称"勋侍"，为"三侍"（亲、勋、武）之一。［56］宫人：宫女。［57］白：禀告。［58］将作少监：官名。掌工程营建。［59］宇文智及（?—619）：隋叛臣。弑炀帝主谋。传见《隋书》卷八十五。［60］期以三月望日：以三月十五日为约期。望日，阴历十五日。［61］亡：逃亡。［62］然之：表示同意。［63］右屯卫将军：官名。大业三年（607）炀帝改左右领军为左右屯卫，置将军，领羽林兵，掌侍卫。［64］许公化及：宇文化及（?—619），隋叛臣，割据者。传见《隋书》卷八十五。［65］驽怯：驽，劣马；怯，懦弱胆小。谓才能劣下、性格怯懦。［66］备身府：官署名。大业三年（607），炀帝以诸卫大将军所领左右府为左右备身府，各置备身郎将一人。［67］酝：酿制。［68］享会：犒劳将士的宴会。享，祭祀，通"飨"。［69］乙卯：三月十日。［70］风霾（mái）昼昏：因风中挟带大量烟尘而造成的空气浑浊、天色昏黄现象。［71］晡（bū）：申时，黄昏。［72］御厩：帝王专用的马厩。［73］潜厉兵刃：偷偷地磨兵器。潜，暗中；厉，同"砺"，磨刀石；兵，兵器。［74］相知：彼此关照。［75］键：门闩，锁簧。［76］城外：指江都宫城外。［77］候卫虎贲：即左右候卫虎贲郎将。主昼夜巡查。［78］衢（qú）巷：四通八达的大道与胡同，大街小巷。［79］燕王倓（603—618）：炀帝长子杨昭之次子。传见《隋书》卷五十九。［80］芳林门：江都宫外城门。［81］水窦：水洞。［82］玄武门：江都宫城北门。［83］诡奏：编造假话奏报。［84］猝（cù）：突然。［85］俄顷：顷刻，一会儿。［86］不以闻：不给传报。［87］执：

捉拿，逮捕。［88］丙辰：三月十一日。［89］诸门卫士：守宫城诸门的宿卫府兵。［90］宿卫者：指守卫宫禁的将士。［91］投仗：丢弃兵械。［92］屯卫将军：官名。掌领羽林卫士。［93］独孤盛（?—618）：隋将领。传见《隋书》卷七十一。［94］何物兵势太异：何物，谓什么人。太异，极不寻常。［95］不预：无关，不牵涉。［96］何物语：什么话。［97］楷：指独孤楷，隋大臣。本姓李。传见《隋书》卷五十五。［98］千牛：官名。后魏始置，掌执千牛刀（即御刀），为君主贴身护卫。［99］独孤开远：文帝独孤皇后侄。事迹见《隋书》卷七十九《独孤罗传》。［100］叩阁：敲打侧门。［101］稍：渐渐。［102］骁健官奴：骁勇体健的官府奴隶。［103］给使：紧急时派用场。给，急。［104］司宫：官名。初由宦官任职，隋时则以宫中女官充。［105］排左阁：推西阁门。［106］启：开。［107］永巷：宫中深巷。此当指妃嫔住所。［108］美人：妃嫔的一种称号。隋唐时后宫美人为正四品，在贵妃、昭仪、婕妤之下。［109］校尉：官名。隋唐为武散官，位次将军。［110］窗扉：窗门。［111］故人：旧友。［112］上江：长江夏口（在今湖北武汉市）以上称上江。［113］勒兵：部署和统领军队。［114］旦：天亮。此指三月十一日之旦。［115］甲骑：披铠甲的骑士。［116］谒：进见。［117］据鞍：跨着马鞍。［118］城门：指宫城门。［119］丞相：官名。朝廷的最高行政官，协助天子处理国家政务。［120］从骑：随行坐骑。［121］鞍勒弊：马鞍和勒（带嚼口的马络头）破旧。［122］辔（pèi）：驾驭牲口的缰绳。［123］亟（jí）还与手：赶快下毒手。亟，急切。与手，毒手。［124］枭首：斩首高悬以示众。［125］寝殿：天子正殿、卧室。［126］白刃：利刃。［127］宗庙：帝王祭祀祖宗的处所，亦作王室代称。［128］丁壮：壮丁，壮年男子。［129］沟壑：溪谷，引申为野死之处。［130］四民：旧指士、农、工、商。［131］佞谀：善以巧言献媚的人。［132］饰非拒谏：文饰过错，拒绝批评意见。［133］尔辈：你们。［134］何乃如是：为什么这样。［135］孰：谁。［136］溥：通“普”。普遍。［137］封德彝（568—627）：名伦，字德彝，观州蓨县（今河北景县）人。降唐后，官至宰相。传见《旧唐书》卷六十三、《新唐书》卷一百。［138］士人：士大夫，读书人。［139］赧（hǎn）然：脸红，难为情的样子。［140］赵王杲（607—618）：小字季子，萧嫔所生。传见《隋书》卷五十九。［141］号恸不已：大声哭叫不止。［142］鸩酒：毒酒。［143］练巾：白绢巾带。［144］缢：吊死，勒死。［145］罂（yīng）：小口大腹状盛酒器。［146］汝曹：尔辈，你等。［147］殡：殓而未葬。［148］蜀王秀（?—618）：隋文帝杨坚第四子。传见《隋书》卷四十五。［149］齐王暕（585—618）：小字阿孩。炀帝第二子，萧后生。传见《隋书》卷五十九。［150］燕王倓（603—618）：炀帝长子杨昭之子。传见《隋书》卷五十九。［151］秦王浩（?—618）：文帝第三子杨俊之子。传见《隋书》卷四十五。［152］顾：视，回头看。［153］第：府第，大住宅。［154］收：逮捕，拘押。［155］诏使：持诏命的差遣官。［156］曳（yè）：拖，牵引。［157］裴蕴（?—618）：隋大臣。传见《隋书》卷六十七。［158］左翊卫大将军：炀帝改左右卫为左右翊卫，其长官翊卫大将军掌宫禁宿卫。［159］来护儿（?—618）：隋大将，封荣国公。传见《隋书》卷六十四。［160］袁充（544—618）：隋大臣。传见《隋书》卷六十九。［161］宇文协

（?—618）：隋将。河南洛阳人。事迹见《隋书》卷五十《宇文庆传》。［162］宇文皛（xiǎo）（?—618）：宇文协弟。事迹见《隋书》卷五十《宇文庆传》。［163］萧钜（?—618）：萧皇后侄。袭封梁国公。［164］琮：萧琮，后梁主。公元585年至公元587年在位。传见《隋书》卷七十九。［165］江阳长：江阳县（县治在今江苏扬州市）县长。县长，一县之行政长官。秦汉时，万户以上县置县令，万户以下县置县长。历代沿置。北齐、隋之县分九等，亦设县令、县长。唐以下无。［166］与：胡注，"与"上应有"蕴"字。［167］矫诏：假托君命，发布诏令。［168］播郎：虞世基小字。［169］宗人：同宗族的人。［170］熙：指虞熙（?—618）。虞世基次子。事迹见《隋书》卷六十七《虞世基传》。［171］济：帮助。［172］决：通"诀"。诀别。［173］世南：指虞世南（558—638）。唐初大臣，封永兴县公。太宗称其"德行""忠直""博学""文辞""书翰"为"五绝"。传见《旧唐书》卷七十二、《新唐书》卷一百零二。［174］请：章校，"请"下有"以身"二字。［175］黄门侍郎：官名。门下省长官侍中（或称纳言）之副，掌机要，备皇帝顾问。［176］裴矩（548—627）：历官北齐、隋、唐初，位尊禄厚。传见《隋书》卷六十七、《旧唐书》卷六十三、《新唐书》卷一百。［177］厮役：旧指服贱役的人。［178］妇：妻。［179］苏威（534—621）：隋大臣。传见《隋书》卷四十一。［180］给事郎：官名。门下省要员，侍从皇帝左右，掌献纳得失，驳正文书。［181］许善心（558—618）：隋大臣。传见《隋书》卷五十八。［182］许弘仁：许善心的侄儿。［183］崩：旧谓天子死。［184］天道人事：自然法则和人间事情。［185］低回：流连、盘桓，难以割舍。"回"通"徊"。［186］反走：倒退。［187］既而：不久。［188］负气：恃其意气，不肯屈居人下。［189］柩（jiù）：灵柩，已盛尸的棺材。［190］张季珣（590—617）：隋鹰击郎将。大业末，守洛口仓城，瓦岗军克城后，杀季珣。［191］张仲琰：隋上洛县（县治在今陕西商洛市）县令。为部下杀之降唐。其弟琮，被宇文化及杀害。季珣兄弟传及事迹见《隋书》卷七十一《张季珣传》。［192］千牛左右：官名。隋制，左右领左右府置有千牛左右十六人，掌执千牛刀宿卫。［193］百揆：尧舜时官名，总理国政之官。这里指各种政务。［194］令：皇后、太子之命谓之令。［195］宇文士及（?—642）：宇文化及弟，尚炀帝女南阳公主。传见《旧唐书》卷六十三、《新唐书》卷一百。并见《隋书》卷八十《南阳公主传》。［196］内史令：官名。内史省长官，职任为宰相，掌草拟诏敕等事。［197］乙卯：三月十日。［198］戊辰：三月二十三日。［199］九锡：古帝王赐给有大功或有权势的诸侯大臣的车马、衣服等九种物品。后世权臣篡位之前，辄加九锡。［200］孤：侯王自称。［201］魏、晋之迹：指曹魏代汉、司马晋代魏故事。［202］五霸：同"五伯"。一般指春秋时先后称霸的齐桓公、宋襄公、晋文公、秦穆公、楚庄王。一说指齐桓公、晋文公、楚庄王、吴王阖闾、越王勾践。［203］三王：夏禹、商汤、周文王。一说指夏禹、商汤和周代文王、武王。［204］尧、舜、汤、武：我国古代早期的四位贤明君王。尧，陶唐氏，名放勋。舜，姚姓，有虞氏，名重华。汤，商朝的建立者。武，周武王姬发，西周王朝的建立者。［205］应天顺人：顺应天命人心。［206］唐、虞之禅：唐尧禅让虞舜。［207］少帝：即隋恭帝。［208］知：见识。［209］饰让：伪装成礼让的样子。［210］素心：本心。

[211]有司：指主管官吏。因官吏各有专司，故称。[212]左武卫将军：官名。掌宫廷警卫等事。[213]陈棱（?—619）：隋将。传见《隋书》卷六十四。[214]综领留事：综理滞留未了事宜。[215]壬申：三月二十七日。[216]六宫：皇后寝宫有六，故曰六宫，统指皇后妃嫔及其住处。[217]视事：办公。[218]乘舆：本指天子车马，后用为皇帝代称。[219]舟楫；舟，船；楫，桨。泛指船只。[220]彭城：郡名。治所在今江苏徐州市。[221]折冲郎将：炀帝置。掌领骁果，属领左右府。[222]沈光（591—618）：传见《隋书》卷六十四。[223]使将给使营于禁内：让沈光带领由给使（官奴）组成的军营，以在禁内（即御营）执行警卫事务。[224]显福宫：炀帝置，在今江苏扬州市东北。[225]麦孟才（?—618）：隋大将麦铁杖嗣子。事迹见《隋书·麦铁杖传》。[226]虎牙郎："郎"下当脱"将"字。虎牙郎将为虎贲郎将之副。[227]侪（chái）：同辈。[228]俯首事雠：低头侍奉仇人。雠，同"仇"。[229]视息：生存。[230]恩旧：与之有旧恩者。[231]语泄：袭杀宇文化及之谋泄露。[232]腹心：亲信，心腹。[233]数：数说，列举罪状。[234]麾（huī）下：在主帅的旌麾之下，即部下。[235]铁杖：麦铁杖。隋大将。始兴（今广东始兴县）人。累战有功，封宿国公。传见《隋书》卷六十四。[236]沈法兴（?—620）：隋末割据者。武康（今浙江德清县千秋镇）人。传见《旧唐书》卷五十六、《新唐书》卷八十七。[237]著姓：土著大姓。[238]吴兴：郡名。治所在今浙江湖州市南。[239]比至乌程：等到达乌程。乌程，县名。县治在今浙江湖州市南下菰城。[240]余杭：郡名。余杭郡治所在今浙江杭州市。[241]毗陵：郡名。郡治在今江苏常州市。[242]丹阳：郡名。郡治在今江苏南京市江宁区。[243]江表：即江东地区。指长江以南地。以地在长江之外，故称。[244]承制：秉承君王制命。[245]窦抗（?—621）：隋末唐初大臣。李渊妻窦氏之从兄。袭爵陈国公。传见《旧唐书》卷六十一、《新唐书》卷九十五。并见《隋书·窦荣定传》。[246]灵武：郡名。治所在今宁夏灵武市西南。[247]癸酉：三月二十八日。[248]盐川：郡名，盐州改置。治所在今陕西定边县。

夏，四月，稽胡[1]寇富平[2]，将军王师仁击破之。又五万余人寇宜春[3]，相国府咨议参军[4]窦轨[5]将兵讨之，战于黄钦山[6]。稽胡乘高纵火，官军小却[7]；轨斩其部将十四人，拔队中小校代之，勒兵复战。轨自将数百骑居军后，令之曰："闻鼓声有不进者，自后斩之！"既而鼓之，将士争先赴敌，稽胡射之不能止，遂大破之，虏男女二万口。

世子建成等至东都，军于芳华苑[8]；东都闭门不出，遣人招谕，不应。李密出军争之，小战，各引去。城中多欲为内应者，赵公世民曰："吾新定关中，根本未固[9]，虽得东都，不能守也。"遂不受。戊寅[10]，引军还。世民曰："城中见吾退，必来追蹑。"乃设三伏[11]于三王陵[12]以待之，段达[13]果将万余人追之，遇伏而败。世民逐北[14]，抵其城下，斩四千余级。遂置新安、宜阳[15]二郡，使行军总管史万宝[16]、盛彦师[17]镇宜阳，吕绍宗[18]、任瑰[19]将兵镇新安而还。

初，五原[20]通守[21]栎阳张长逊[22]以中原大乱，举郡附突厥，突厥以为割利特勒[23]。郝瑗[24]说[25]薛举[26]，与梁师都[27]及突厥连兵以取长安，举从之。时启民可汗[28]之子咄苾[29]号莫贺咄设[30]，建牙[31]直五原之北，举遣使与莫贺咄设谋入寇；莫贺咄设许之。唐王使都水监[32]宇文歆[33]赂莫贺咄设，且为陈利害，止其出兵，又说莫贺咄设遣张长逊入朝，以五原之地归之中国，莫贺咄设并从之。己卯[34]，武都、宕渠[35]、五原等郡皆降，王即以长逊为五原太守。长逊又诈为诏书与莫贺咄设，示知其谋。莫贺咄设乃拒举、师都等，不纳其使。

戊戌[36]，世子建成等还长安。

东都号令不出四门，人无固志，朝议郎[37]段世弘等谋应西师[38]。会[39]西师已还，乃遣人招李密，期以己亥[40]夜纳之。事觉，越王命王世充讨诛之。密闻城中已定，乃还。

（以上为第四段，写唐王李渊遣世子李建成兵进东都，不胜而还。）

【注释】

[1]稽胡：民族名。又称山胡、步落稽。源于匈奴。南北朝时，分布于今山西、陕北山谷间。[2]富平：县名。县治在今陕西富平县东北。 [3]宜春：当为"宜君"误。宜君县治在今陕西宜君县西南。 [4]咨议参军：官名。为诸王、丞相、将军府幕僚，以备诸王等咨询计议。 [5]窦轨（?—630）：唐开国功臣。传见《旧唐书》卷六十一、《新唐书》卷九十五。 [6]黄钦山：又作黄嵚山。在今陕西铜川市西北。 [7]却：退，退却。 [8]芳华苑：即东都西苑。又名会通苑、东都苑、上林苑、神都苑。故址在今洛阳市涧西区西苑路。 [9]固：章校，"固"下有"悬军远来"四字。 [10]戊寅：四月四日。 [11]三伏：谓三面或三路埋伏。 [12]三王陵：周景王、悼王、定王（或言敬王）葬此得名。陵冢高大，气势壮观，俗称"三山"。在今洛阳市西南郊三山村附近。 [13]段达（?—621）：隋大臣。传见《隋书》卷八十八。 [14]逐北：追击败军。北，败军。 [15]新安、宜阳：郡名。新安郡治所在今河南新安县。宜阳郡治所在今河南宜阳县西。 [16]史万宝：唐开国功臣。封原国公。于隋末号称"长安大侠"，疑为昭武九姓胡居京师者。

李渊起兵，万宝率先响应。［17］盛彦师（?—623）：唐初大将。封葛国公。传见《旧唐书》卷六十九、《新唐书》卷九十四。［18］吕绍宗：郓州东平（今山东东平县东）人。官至右拾遗。事迹见《旧唐书》卷一百五十四《吕元膺传》。［19］任瑰（guī）（?—629）：唐开国功臣。封管国公。传见《旧唐书》卷五十七、《新唐书》卷九十。［20］五原：郡名。治所在内蒙古五原县西南黄河北岸。［21］通守：官名。炀帝置。佐理郡务，职位略低于太守。［22］张长逊（?—637）：唐初大将。封息国公。传见《旧唐书》卷五十七、《新唐书》卷八十八。［23］特勒：应为特勤。突厥语可汗子弟官衔曰"特勤"，或王子称号。［24］郝瑗：隋金城（今甘肃兰州市）令，后被薛举引为谋主。［25］说（shuì）：游说。［26］薛举（?—618）：隋末割据者。传见《旧唐书》卷五十五、《新唐书》卷八十六。［27］梁师都（?—628）：隋末割据者。传见《旧唐书》卷五十六、《新唐书》卷八十七。［28］启民可汗（?—609）：东突厥可汗。姓阿史那，名染干。降隋后被册为意利珍豆启民可汗。［29］咄苾（?—634）：启民少子，即后来的颉利可汗。［30］设：又译"察"或"杀"，突厥、回纥典兵者官衔。［31］建牙：武臣出镇称"建牙"。牙，牙旗，旗杆上饰以象牙，建于军门。［32］都水监：官名。掌川泽、渠堰等水利事务。［33］宇文歆：唐初大臣。事迹见《旧唐书》卷七十六、《新唐书》卷七十九《李元吉传》等。［34］己卯：四月五日。［35］武都、宕渠：郡名。武都郡治所在今甘肃陇南市武都区东南。宕渠郡治所在今四川渠县。［36］戊戌：四月二十四日。［37］朝议郎：隋置文散官名。［38］西师：指李建成等所统军旅。［39］会：适逢。［40］己亥：四月二十三日。

宇文化及拥众十余万，据有六宫，自奉养一如炀帝。每于帐中南面[1]坐，人有白事[2]者，嘿然[3]不对，下牙[4]，方取启状与唐奉义、牛方裕、薛世良、张恺等参决之[5]。以少主浩付尚书省[6]，令卫士十余人守之，遣令史[7]取其画敕[8]，百官不复朝参[9]。至彭城，水路不通，复夺民车牛得二千两[10]，并载宫人珍宝；其戈甲戎器，悉令军士负之，道远疲剧，军士始怨。司马德戡窃谓赵行枢曰："君大谬误我！当今拨乱，必藉英贤；化及庸暗[11]，群小[12]在侧，事将必败，若之何[13]？"行枢曰："在我等耳，废之何难！"初，化及既得政，赐司马德戡爵温国公，加光禄大夫[14]，以其专统骁果，心忌之。后数日，化及署[15]诸将分部士卒，以德戡为礼部尚书[16]，外示美迁，实夺其兵柄。德戡由是愤怨，所获赏赐，皆以赂智及；智及为之言，乃使之将后军万余人以从。于是德戡、行枢与诸将李本[17]、尹正卿[18]、宇文导师[19]等谋，以后军袭杀化及，更立德戡为主；遣人诣孟海公，结为外助，迁延未发，待海公报。

许弘仁、张恺知之，以告化及，化及遣宇文士及阳[20]为游猎，至后军，德戡不知事露，出营迎谒，因执之。化及让[21]之曰："与公[22]戮力[23]共定海内[24]，出于万死。今始事成，方愿共守富贵，公又何反也？"德戡曰："本杀昏主，苦其淫虐；推立足下，而又甚之；逼于物情[25]，不得已也。"化及缢杀之，并杀其支党十余人。孟海公畏化及之强，帅众具牛酒迎[26]之。李密据巩洛[27]以拒化及，化及不得西，引兵向东郡[28]，东郡通守王轨[29]以城降之。

辛丑[30]，李密将井陉王君廓[31]帅众来降。君廓本群盗[32]，有众数千人，与贼帅[33]韦宝、邓豹合军虞乡[34]，唐王与李密俱遣使招之。宝、豹欲从唐王，君廓伪与之同，乘其无备，袭击，破之，夺其辎重[35]，奔李密；密不礼之，复来降，拜上柱国，假河内太守[36]。

（以上为第五段，写叛军宇文化及内部不稳，西还东都受阻。）

【注释】

[1]南面：帝王之位南向，故称居帝座者为"南面之尊"。 [2]白事：禀告事情。 [3]嘿然：嘿同"默"。不言貌。 [4]下牙：离开牙帐。 [5]方取启状与唐奉义……等参决之：启状，报告文书。唐奉义等均为宇文化及心腹左右。参决，共同审议决定。 [6]尚书省：中央最高行政机构。掌政令推行。 [7]令史：门下省属官名。 [8]敕：在敕书签字，表示同意照发。 [9]朝参：指臣下参拜天子。 [10]两：同"辆"。 [11]庸暗：平庸不明。 [12]群小：众小人。 [13]若之何：奈何，如何是好。 [14]光禄大夫：官名。隋正二品加官及褒赠之官。[15]署：部署或任命暂代官职。 [16]礼部尚书：官名。尚书省礼部长官，掌礼仪、祭享、贡举之政。 [17]李本：隋将。 [18]尹正卿：隋官。河间（今河北河间市）人。为时"俊才"，"名显于世"。 [19]宇文导师：隋将。李本、尹正卿、宇文导师等人事迹见《隋书》卷八十五《司马德戡传》。 [20]阳：通"佯"，假装。 [21]让：责备。 [22]公：对尊长或平辈敬称。 [23]戮力：努力，勉力。 [24]海内：四海之内，天下。 [25]逼于物情：迫于公众情绪。 [26]牛酒：牛和酒，用作赏赐、慰劳、馈赠的物品。 [27]巩洛：巩县（今河南巩义市东南）和洛口仓城（在巩义市境），或言洛水至巩义市入黄河，故称巩洛。 [28]东郡：郡名。治所在今河南滑县旧滑县城。 [29]王轨：隋官。京兆霸城（今陕西西安市东北）人。事迹见《隋书》卷五十四《王长述传》、卷八十五《宇文士及传》，《旧唐书》卷五十四，《新唐书》卷八十五《窦建德传》。 [30]辛丑：四月二十七日。 [31]王君廓：唐大将，彭国公。井陉（今河北井陉县西北）人。传见《旧唐书》卷六十、《新唐书》卷九十二。 [32]群盗：对农民军的侮称。 [33]贼帅：对农民军将领的侮称。

[34]虞乡：县名。县治在今山西运城市西南解州镇。［35］辎重：军用物资如器械、粮草、营帐、服装等的统称。［36］假河内太守：代理河内郡（治所在今河南沁阳市）长官。

萧铣[1]即皇帝位，置百官，准梁室故事。谥其从父琮为孝靖皇帝，祖岩[2]为河间忠烈王，父璿[3]为文宪王，封董景珍等功臣[4]七人皆为王。遣宋王杨道生击南郡[5]，下之，徙都江陵，修复园庙[6]。引岑文本[7]为中书侍郎，使典文翰[8]，委以机密。又使鲁王张绣徇岭南[9]，隋将张镇周[10]、王仁寿等拒之；既而闻炀帝遇弑，皆降于铣。钦州[11]刺史宁长真[12]亦以郁林[13]、始安[14]之地附于铣。汉阳[15]太守冯盎[16]以苍梧[17]、高凉[18]、珠崖[19]、番禺[20]之地附于林士弘[21]。铣、士弘各遣人招交趾[22]太守丘和[23]，和不从。铣遣宁长真帅岭南之兵自海道攻和，和欲出迎之，司法书佐高士廉[24]说和曰："长真兵数虽多，悬军远至，不能持久，城中胜兵足以当之，奈何望风受制于人！"和从之，以士廉为军司马[25]，将水陆诸军逆击[26]，破之，长真仅以身免，尽俘其众。既而有骁果自江都至，得炀帝凶问[27]，亦以郡附于铣。士廉，劢[28]之子也。

始安郡丞李袭志[29]，迁哲之孙也。隋末，散家财，募士得三千人，以保郡城；萧铣、林士弘、曹武彻[30]迭[31]来攻之，皆不克。闻炀帝遇弑，帅吏民临[32]三日。或说袭志曰："公中州[33]贵族，久临鄙郡[34]，华、夷悦服。今隋室无主，海内鼎沸，以公威惠，号令岭表，尉佗[35]之业可坐致也。"袭志怒曰："吾世继忠贞，今江都虽覆，宗社[36]尚存，尉佗狂僭[37]，何足慕也！"欲斩说者，众乃不敢言。坚守二年，外无声援，城陷，为铣所虏，铣以为工部尚书[38]，检校[39]桂州总管。于是东自九江[40]，西抵三峡[41]，南尽交趾，北距汉川[42]，铣皆有之，胜兵四十余万。

（以上为第六段，写萧铣割据长江中游地区，荆襄以南，达于岭南。）

【注释】

［1］萧铣（583—621）：隋末割据者。传见《旧唐书》卷五十六、《新唐书》卷八十七。［2］祖

岩：萧铣之祖岸岩，后梁安平王。开皇初降陈，陈亡，隋文帝诛之。［3］萧璿（xuán）：事迹不详。［4］董景珍等功臣：据两《唐书·萧铣传》，七“功臣”为董景珍、雷世猛、郑文秀、许玄彻、万瓒、张绣、杨道生。［5］南郡：郡名。治所在今湖北江陵县。［6］园庙：园陵寝庙，帝王陵庙及其陵旁庙寝。［7］岑文本（595—645）：降唐后官至中书令。传见《旧唐书》卷七十、《新唐书》卷一百零二。［8］典文翰：掌公文信札的撰写。［9］岭南：地区名。即岭表、岭外。泛指五岭以南。［10］张镇周：《隋书》为张镇州。隋朝请大夫。曾同陈稜率师至流求（今台湾）。事迹见《隋书》卷三《炀帝纪上》。［11］钦州：州名。治所在今广西钦州市东北钦江西北岸。［12］宁长真：隋末唐初南平僚族首领，世袭钦州刺史。事迹见《新唐书》卷二百二十二下。［13］郁林：郡名。治所在今广西贵港市东南郁江南岸。［14］始安：郡名。治所在今广西桂林市。［15］汉阳：郡名。治所在今甘肃礼县西南。［16］冯盎（?—646）：岭南越族首领。隋末唐初大将。传见《旧唐书》卷一百零九、《新唐书》卷一百一十。［17］苍梧：郡名。治所在今广东封开县南。［18］高凉：郡名。治所在今广东阳江市西。［19］珠崖：郡名。治所在今海南海口市琼山区东南。［20］番禺：县名。治所在今广州市。［21］林士弘（?—622）：隋末南方（今江西一带）农民军领袖。传见《旧唐书》卷五十六、《新唐书》卷八十七。［22］交趾：郡名。治所在今越南河内市。［23］丘和（522—627）：隋末唐初大臣。传见《旧唐书》卷五十九、《新唐书》卷九十。［24］司法书佐：官名。郡守佐吏，掌刑法。高士廉（576—647）：长孙皇后舅父，相太宗。传见《旧唐书》卷六十五、《新唐书》卷九十五。［25］军司马：官名。位次将军，掌综理军府事务，并参与军机大事。［26］逆击：迎击。［27］凶问：噩耗。［28］劢（mài）：即高劢，北齐清河王高岳之子。七岁袭爵，后历北周、隋，皆显官。传见《北史》卷五十一、《隋书》卷五十五。［29］李袭志：金州安康（今陕西安康市）人。祖迁哲，北周信州总管，封安康郡公。袭志久任桂州（今广西桂林市），凡二十八载。传见《旧唐书》卷五十九、《新唐书》卷九十一。［30］曹武彻：隋末桂阳（今湖南郴州市）农民军领袖。［31］迭：轮番，更迭。［32］临：哭吊死者。［33］中州：中原。［34］鄙郡：边远小郡。［35］尉陀（?—前137）：即南越王赵陀。以陀原为南海尉，故名。秦末，赵陀兼并桂林、南海、象三郡，建立南越国。［36］宗社：宗庙社稷。用以指国家。［37］狂僭：狂妄僭越，不守本分。［38］工部尚书：官名。尚书省工部长官。掌工程、工匠、屯田、水利、交通等政令。［39］检校：官名。本指代理官职，后演变为加衔。［40］九江：郡名。治所在今江西九江市。［41］三峡：地名。长江三峡简称。［42］汉川：汉水以南地。

炀帝凶问至长安，唐王哭之恸[1]，曰：“吾北面[2]事人，失道[3]不能救，敢[4]忘哀乎！”

五月，山南[5]抚慰使[6]马元规击朱粲于冠军[7]，破之。

王德仁既杀房彦藻，李密遣徐世勣[8]讨之。德仁兵败，甲寅[9]，与武安通守袁子干[10]皆来降，诏以德仁为邺郡[11]太守。

戊午[12]，隋恭帝禅位于唐，逊居代邸[13]。甲子[14]，唐王即皇帝位于太极殿[15]，遣刑部尚书[16]萧造[17]告天于南郊，大赦，改元[18]。罢郡，置州[19]，以太守为刺史。推五运[20]为土德，色尚黄[21]。

隋炀帝凶问至东都，戊辰[22]，留守[23]官奉越王即皇帝位，大赦，改元皇泰。是时于朝堂宣旨，以时钟金革[24]，公私皆即日大祥[25]。追谥[26]大行[27]曰明皇帝，庙号[28]世祖；追尊元德太子[29]曰成皇帝，庙号世宗。尊母刘良娣[30]为皇太后。以段达为纳言[31]、陈国公[32]，王世充为纳言、郑国公，元文都为内史令、鲁国公，皇甫无逸[33]为兵部尚书、杞国公；又以卢楚[34]为内史令，郭文懿[35]为内史侍郎[36]，赵长文[37]为黄门侍郎，共掌朝政。时人号“七贵”。皇泰主眉目如画，温厚仁爱，风格俨然[38]。

辛未[39]，突厥始毕可汗[40]遣骨咄禄特勒来，宴之于太极殿，奏九部乐[41]。时中国人避乱者多入突厥，突厥强盛，东自契丹[42]、室韦[43]，西尽吐谷浑[44]、高昌[45]诸国，皆臣之，控弦百余万。帝以初起资其兵马，前后饷遗，不可胜纪。突厥恃功骄倨，每遣使者至长安，多暴横，帝优容之。

壬申[46]，命裴寂、刘文静[47]等修定律令[48]。置国子、太学、四门生[49]，合三百余员，郡县学亦各置生员[50]。

六月，甲戌朔[51]，以赵公世民为尚书令[52]，黄台公瑗[53]为刑部侍郎[54]，相国府长史[55]裴寂为右仆射[56]、知政事[57]，司马[58]刘文静为纳言，司录[59]窦威[60]为内史令，李纲[61]为礼部尚书、参掌选事[62]，掾[63]殷开山[64]为吏部侍郎[65]，属赵慈景[66]为兵部侍郎，韦义节[67]为礼部侍郎，主簿陈叔达[68]、博陵崔民干[69]并为黄门侍郎，唐俭[70]为内史侍郎，录事参军裴晞[71]为尚书左丞[72]；以隋民部尚书萧瑀[73]为内史令，礼部尚书窦琎[74]为户部尚书，蒋公屈突通[75]为兵部尚书，长安令独孤怀恩[76]为工部尚书。瑗，上之从子；怀恩，舅子也。

上待裴寂特厚，群臣无与为比，赏赐服玩，不可胜纪；命尚书奉御[77]日以御膳赐寂，视朝必引与同坐，入阁则延之卧内；言无不从，称为裴监[78]而不名。委萧瑀以庶政[79]，事无大小，无不关掌。瑀亦孜孜尽力，绳违举过[80]，人皆惮之，毁之者众，终不自理。上尝有敕而内史不时[81]宣行，上责其迟，瑀对曰："大业之世，内史宣敕，或前后相违，有司不知所从，其易在前，其难在后；臣在省日久，备见[82]其事。今王业经始[83]，事系安危，远方有疑，恐失机会，故臣每受一敕必勘审[84]，使与前敕不违，始敢宣行，稽缓之愆[85]，实由于此。"上曰："卿用心如是，吾复何忧！"

初，帝遣马元规慰抚山南，南阳郡丞[86]河东吕子臧[87]独据郡不从；元规遣使数辈谕之，皆为子臧所杀。及炀帝遇弑，子臧发丧成礼，然后请降；拜邓州[88]刺史，封南[89]郡公。

废大业律令[90]，颁新格[91]。

上每视事，自称名，引贵臣同榻[92]而坐。刘文静谏曰："昔王导[93]有言'若太阳俯同[94]万物，使群生[95]何以仰照！'今贵贱失位[96]，非常久之道。"上曰："昔汉光武与严子陵共寝[97]，子陵加足于帝腹。今诸公皆名德旧齿[98]，平生亲友，宿昔[99]之欢，何可忘也。公勿以为嫌[100]！"

戊寅[101]，隋安阳令吕珉[102]以相州[103]来降，以为相州刺史。

己卯[104]，祔四亲庙主[105]。追尊皇高祖瀛州府君[106]曰宣简公；皇曾祖司空[107]曰懿王；皇祖景王曰景皇帝[108]，庙号太祖，祖妣[109]曰景烈皇后；皇考[110]元王曰元皇帝[111]，庙号世祖，妣[112]独孤氏曰元贞皇后；追谥[113]妃窦氏曰穆皇后。每岁祀昊天上帝[114]、皇地祇[115]、神州地祇[116]，以景帝配[117]，感生帝[118]、明堂[119]，以元帝配。庚辰[120]，立世子建成为皇太子，赵公世民为秦王，齐公元吉为齐王，宗室黄瓜公白驹[121]为平原王，蜀公孝基[122]为永安王，柱国道玄[123]为淮阳王，长平公叔良[124]为长平王，郑公神通[125]为永康王，安吉公神符[126]为襄邑王，柱国德良[127]为新兴王，上柱国博乂[128]为陇西王，上柱国奉慈[129]为勃海王。孝基、叔良、神符、德良，帝之从父弟；博乂、奉慈，弟子[130]；道玄，从父兄子也。

癸未[131]，薛举寇泾州[132]，以秦王世民为元帅，将八总管兵以拒之。

遣太仆卿[133]宇文明达招慰山东[134]，以永安王孝基为陕州[135]总管。时天下未定，凡边要之州，皆置总管府，以统数州之兵。

乙酉[136]，奉隋帝为酅[137]国公。诏曰："近世以来，时运迁革，前代亲族，莫不诛夷[138]。兴亡之效，岂伊人力[139]！其隋蔡王智积[140]等子孙，并付所司，量才选用。"

（以上为第七段，写李渊称帝，建立唐王朝，遣使四出招抚，关东多有降附，唐室一派兴旺气象。）

【注释】

[1]恸（tòng）：大哭，极度哀痛。 [2]北面：古代帝王面南坐，臣子朝见时面北，故谓称臣于人为"北面"或"北面事人"。 [3]失道：无路、道路阻隔，或无道、违背做人道德。[4]敢：不敢、岂敢的省词。[5]山南：地区名、道名。此山南当指伏牛山以南豫、鄂交界地区。[6]抚慰使：差遣官名。朝廷为安抚某处而临时遣派的官称之一。 [7]冠军：县名。县治在今河南邓州市西北。 [8]徐世勣（594—669）：即李世勣或李勣。投唐后历事唐初三帝，封英国公，兼将相之任。传见《旧唐书》卷六十七、《新唐书》卷九十三。 [9]甲寅：五月十日。 [10]袁子干：降唐后授洺州（今河北邯郸市永年区东南）总管，不久为窦建德所俘。 [11]邺郡：郡名。治所在今河南安阳市。 [12]戊午：五月十四日。 [13]逊居代邸：退居代王府邸。 [14]甲子：五月二十日。 [15]太极殿：隋大兴殿改名。西京宫城正殿，朔望视朝之所。 [16]刑部尚书：官名。尚书省刑部长官。掌刑法。 [17]萧造：唐初大臣。原隋冯翊太守，李渊入关，封造梁郡公。 [18]改元：改元武德。 [19]罢郡，置州：大业三年（607）改州为郡，至是复旧。[20]五运：谓水、火、木、金、土五种物质德性相生相克、终而复始的循环变化。隋为"火德"，"火生土"，故唐为"土德"。[21]色尚黄：以黄色为贵。[22]戊辰：五月二十四日。[23]留守：官名。自隋唐始置，天子离京时指定大臣留守京城，得便宜行事，称京城留守。陪京和行都亦常以地方行政官兼任留守。 [24]以时钟金革：以时当战乱。钟，当，值。金革，兵革。 [25]大祥：又称"除灵"，父母丧二周年祭礼。 [26]谥（shì）：封建时代在人死后按其生前事迹评定的以示褒贬的称号。 [27]大行：古代称初死的皇帝。此指炀帝。 [28]庙号：皇帝死后，于太庙立室奉祀，特立名号，如某祖某宗等，谓之庙号。 [29]元德太子（?—606）：名昭。炀帝长子，杨侗生父。传见《隋书》卷五十九。 [30]刘良娣：又称小刘良娣，元德太子妃，侗生母。[31]纳言：官名。门下省长官（宰相），掌"出纳王命"等事。 [32]国公：五等爵中最高一级。[33]皇甫无逸：隋末唐初大臣，唐封滑国公。传见《隋书》卷七十一、《旧唐书》卷六十二、《新唐

书》卷九十一。[34]卢楚(?—619):隋大臣,封涿郡公。传见《隋书》卷七十一。[35]郭文懿(?—619):隋末大臣。事迹见《隋书》卷八十五《段达传》等。[36]内史侍郎:官名。内史令佐官。[37]赵长文(?—619):隋末大臣。为王世充杀。[38]俨然:庄严貌。[39]辛未:五月二十七日。[40]始毕可汗(?—619):东突厥可汗。姓名为阿史那咄吉世。公元609年至公元619年在位。[41]九部乐:本隋乐九部,唐"因隋制,用九部之乐。"据《隋书·音乐志》:大业中,炀帝定《清乐》《西凉》《龟兹》《天竺》《康国》《疏勒》《安国》《高丽》《礼毕》,以为《九部》。[42]契丹:中国古代民族名。源于东胡。北魏以后游牧于今辽河上游一带。[43]室韦:中国古代民族名。北魏以后分布于今嫩江流域及黑龙江南北岸地区。[44]吐谷浑:中国古代民族名和政权名。本为鲜卑的一支,西晋末西迁今青海、甘肃后与羌人融合形成。其政权后被吐蕃所灭。[45]高昌:政权名。在今新疆吐鲁番。[46]壬申:五月二十八日。[47]裴寂(570—632)、刘文静(568—619):唐创业功臣,相高祖。传见《旧唐书》卷五十七、《新唐书》卷八十八。[48]律令:法令。[49]国子、太学、四门生:中国封建时代首都国立大学的贵族学生。国子生,由三品以上官子孙充;太学生,五品以上官子孙充;四门生,七品以上官子充。[50]生员:唐代国学及郡、县学有学生员额限制的规定,故称这些学校的学生为生员。以后又称秀才、诸生。[51]甲戌朔:六月一日。[52]尚书令:尚书省最高长官。掌全国政令推行。[53]瑗:即李瑗,李渊从父兄子,封黄台县公。传见《旧唐书》卷六十、《新唐书》卷七十八。[54]刑部侍郎:刑部尚书之副。[55]相国府长史:官名。丞相佐官,综理丞相府事。[56]右仆射(yè):官名。尚书省长官之一。职位低于尚书令,但亦为宰相。[57]知政事:主持政务。[58]司马:官名。兵部尚书代称。此指丞相佐官,与长史综理府事,并参预军机。[59]司录:官名。威为丞相府司录参军,掌朝章国典制定等事。[60]窦威(?—618):唐初大臣、外戚。传见《旧唐书》卷六十、《新唐书》卷九十五。[61]李纲(547—631):唐初大臣。传见《旧唐书》卷六十二、《新唐书》卷九十九。[62]参掌选事:主持科举选官。[63]掾(yuàn):属官通称。[64]殷开山(?—622):唐开国功臣。传见《旧唐书》卷五十八、《新唐书》卷九十。[65]吏部侍郎:吏部尚书之副。掌官员铨选。[66]赵慈景(?—618):李渊婿,尚长广公主。事迹见《新唐书》卷八十三《诸帝公主传》。[67]韦义节:唐初大臣。京兆杜陵(今陕西西安市东)人。封襄城郡公。[68]陈叔达(?—635):陈宣帝第十六子,入唐官至宰相。传见《旧唐书》卷六十一、《新唐书》卷一百。[69]崔民干:后避太宗讳,名干,字道贞。博陵(今河北蠡县)人,封博陵郡公。[70]唐俭(579—656):唐开国功臣,莒国公。传见《旧唐书》卷五十八、《新唐书》卷八十九。[71]裴晞(?—621):官至深州刺史,为州人所杀。[72]尚书左丞:尚书省都省长官之一,掌尚书省机关事务。[73]萧瑀(574—647):唐初大臣。传见《旧唐书》卷六十三、《新唐书》卷一百零一。[74]窦琎(?—633):唐初大臣,邓国公。传见《旧唐书》卷六十一、《新唐书》卷九十五。[75]屈突通(557—628):隋末唐初大臣。封蒋国公。屈突,复姓源出库莫奚族。传见《旧唐书》卷五十九、《新唐书》卷八十九。[76]独孤怀恩(585—620):隋唐外戚,后谋反被诛。传见《旧唐书》卷一百八十三、《新唐书》卷二百零六。［77］尚书奉御："尚书"当为"尚食"。殿中省尚食局长官，掌天子之常馔。［78］裴监：裴寂原为隋晋阳宫副监。［79］庶政：各种行政事务。［80］绳违举过：纠正错误，检举过失。［81］不时：拖延，不按时。［82］备见：完全看到。［83］王业经始：谓李唐王朝刚刚开始。［84］勘审：推究详查。［85］稽缓之愆（qiān）：稽缓，迟延；愆，过失。［86］郡丞：郡太守之副，掌兵马。［87］吕子臧（？—618）：蒲州河东（今山西永济市蒲州镇）人。降唐后封南阳郡公。传见《旧唐书》卷一百八十七、《新唐书》卷一百九十一。［88］邓州：州名。治所在今河南邓州市。［89］南：据《旧唐书·吕子臧传》，"南"下有"阳"字。［90］大业律令：大业三年（607）所颁法令。［91］格：律令格式的表现形式之一。格为百官办事规则的规定。［92］榻：床。［93］王导（276—339）：东晋大臣。传见《晋书》卷六十五。［94］俯同：低就混同。［95］群生：众生，泛指一切生物。［96］失位：错位，失去旧有地位。［97］昔汉光武与严子陵共寝：事见《后汉书·严光传》。［98］名德旧齿：名德，谓有名望德行。旧齿，谓长久相处。［99］宿昔：又作"夙昔"。从前，旧日。［100］嫌：疑，嫌疑。［101］戊寅：六月五日。［102］吕珉（？—619）：珉后为窦建德所杀。［103］相州：州名。治所在今河南安阳市。［104］己卯：六月六日。［105］袝（fù）四亲庙主：袝，新死者附祭于先祖；四亲，指高祖、曾祖、祖、父；庙主，太庙木主。［106］瀛州府君：指李渊的高祖李熙。［107］司空：指李渊的曾祖李天锡。［108］景皇帝：李渊祖父李虎。［109］祖妣：已故祖母之称。［110］考：亡父之称。［111］元皇帝：李渊之父李昞。［112］妣：亡母之称。［113］追谥：追加谥号。［114］昊（hào）天上帝：天帝。昊，天之泛称。［115］皇地祇：亦称"皇祇"，即地神。［116］神州地祇：神州（中国）地神。［117］配：祭祀时配享。［118］感生帝：迷信说法，帝王先祖皆感太微五帝（即赤、黄、白、黑、青五帝）之精气以生；赤熛怒由赤帝派生；含枢纽由黄帝派生；白招拒由白帝派生；叶光纪由黑帝派生；灵威仰由青帝派生。故赤熛怒等为感生帝。唐以土德王，祀含枢纽为感生帝。［119］明堂：天子宣明政教、举行祭祀等大典的地方。又，墓前祭台亦称明堂。［120］庚辰：六月七日。［121］白驹：李白驹，唐宗室。初封黄瓜县公。疑李白驹即李琼，琼封平原王。事迹见《旧唐书》卷六十四、《新唐书》卷七十上。［122］孝基（？—619）：李孝基，李渊从父弟。［123］道玄（604—622）：李道玄，李渊从父兄子。［124］叔良（？—621）：李叔良，李渊从父弟。［125］神通（？—630）：李神通，李渊从父弟。初封永康王，不久改封淮安王，官至左武卫大将军、开府仪同三司。［126］神符（579—651）：李神符，李神通弟。官至宗正卿、开府仪同三司。［127］德良（？—637）：李德良，李叔良弟。孝基、道玄、叔良、神通、神符、德良传见《旧唐书》卷六十、《新唐书》卷七十八。［128］博乂（？—671）：李博乂，李渊兄湛之子。［129］奉慈：李奉慈，李博乂弟。博乂、奉慈传见《旧唐书》卷六十、《新唐书》卷七十八。［130］弟子：弟字误，应为兄。［131］癸未：六月十日。［132］泾州：州名。治所在今甘肃泾川县北泾河北岸。［133］太仆卿：官名。即太仆寺卿。掌马政。［134］山东：地区名。崤山以东地区。［135］陕州：州名。治所在今河南三门峡市陕州区。［136］乙酉：六月十二日。[137]郿：音“西”。[138]莫不诛夷：没有不遭杀戮的。[139]岂伊人力：岂是人力所致。[140]智积（?—616）：杨智积，隋文帝侄。传见《隋书》卷四十四。

东都闻宇文化及西来，上下震惧。有盖琮[1]者，上疏[2]请说李密与之合势拒化及。元文都谓卢楚等曰：“今雠耻未雪而兵力不足，若赦密罪使击化及，两贼自斗，吾徐承其弊[3]。化及既破，密兵亦疲；又其将士利[4]吾官赏，易可离间，并密亦可擒也。”楚等皆以为然，即以琮为通直散骑常侍[5]，赍[6]敕书赐密。

丙申[7]，隋信都[8]郡丞东莱麹稜[9]来降，拜冀州刺史。

万年县[10]法曹[11]武城孙伏伽[12]上表[13]，以为：“隋以恶闻其过[14]亡天下。陛下龙飞晋阳[15]，远近响应，未期年[16]而登帝位，徒知得之之易，不知隋失之之不难也。臣谓宜易其覆辙[17]，务尽下情。凡人君言动，不可不慎。窃见[18]陛下今日即位而明日有献鹞雏[19]者，此乃少年之事，岂圣主所须哉！又，百戏散乐[20]，亡国淫声[21]。近太常[22]于民间借妇女裙襦[23]五百余袭[24]以充妓衣，拟五月五日玄武门游戏，此亦非所以为子孙法也。凡如此类，悉宜废罢。善恶之习，朝夕渐染，易以移人[25]。皇太子、诸王参僚左右，宜谨择其人；其有门风不能雍睦[26]，为人素无行义[27]，专好奢靡，以声色[28]游猎为事者，皆不可使之亲近也。自古及今，骨肉乖离[29]，以至败国亡家，未有不因左右离间而然也。愿陛下慎之。”上省表大悦，下诏褒称[30]，擢为治书侍御史[31]，赐帛[32]三百匹[33]，仍颁示远近。

辛丑[34]，内史令延安靖公窦威薨[35]。以将作大匠[36]窦抗兼纳言[37]，黄门侍郎陈叔达判纳言。

宇文化及留辎重于滑台[38]，以王轨为刑部尚书，使守之，引兵北趣黎阳[39]。李密将徐世勣据黎阳，畏其军锋，以兵西保仓城[40]。化及渡河，保黎阳，分兵围世勣。密帅步骑二万，壁于清淇[41]，与世勣以烽火相应，深沟高垒[42]，不与化及战。化及每攻仓城，密辄[43]引兵以掎[44]其后。密与化及隔水[45]而语，密数之曰：“卿本匈奴皂隶破野头[46]耳；父兄子弟，并受隋恩，富贵累世，举朝莫二。主上失德，不能死谏，反行弑逆，欲规[47]篡夺。不追诸葛瞻[48]之忠诚，乃为霍禹[49]之恶逆，天地所不容，将欲何之[50]！若速来归我，尚可得全后嗣。”化及默然，俯视良久，瞋目[51]大言曰：“与尔[52]论相杀事，何须作书语[53]邪！”密谓从者曰：“化及庸愚如此，忽欲图为帝王，吾当折杖驱之[54]耳！”化及盛修攻具[55]以逼仓城，世勣于城外掘深沟以固守，化及阻堑[56]，不得至城下。世勣于堑中为地道，出兵击之，化及大败，焚其攻具。

时密与东都相持日久，又东拒化及，常畏东都议[57]其后，见盖琮至，大喜，遂上表乞降，请讨灭化及以赎罪，送所获[58]雄武郎将[59]于洪建[60]，遣元帅府记室参军[61]李俭、上开府[62]徐师誉等入见。皇泰主命戮洪建于左掖门[63]外，如斛斯政之法[64]。元文都等以密降为诚实，盛饰宾馆于宣仁门[65]东。皇泰主引见俭等，以俭为司农卿[66]，师誉为尚书右丞，使具导从[67]，列铙吹[68]，还馆，玉帛酒馔，中使[69]相望。册拜密太尉[70]、尚书令、东南道大行台[71]行军元帅、魏国公，令先平化及，然后入朝辅政。以徐世勣为右武候大将军。仍下诏称密忠款[72]，且曰：“其用兵机略，一禀魏公节度[73]。”

元文都喜于和解，谓天下可定，于上东门[74]置酒作乐，自段达已下皆起舞。王世充作色谓起居侍郎[75]崔长文曰：“朝廷官爵，乃以与贼[76]，其志欲何为邪！”文都等亦疑世充欲以城应化及，由是有隙，然犹外相弥缝[77]，阳为亲善[78]。

秋，七月，皇泰主遣大理卿[79]张权、鸿胪卿[80]崔善福赐李密书曰：“今日以前，咸共刷荡[81]，使至以后，彼此通怀[82]。七政[83]之重，伫公匡弼[84]，九伐[85]之利，委公指挥。”权等既至，密北面拜受诏书。既无西虑，悉以精兵东击化及。密知化及军粮且尽，因伪与和；化及大喜，恣其兵食[86]，冀密馈之[87]。会密下有人获罪，亡抵化及，具言其情，化及大怒，其食又尽，乃渡永济渠[88]，与密战于童山[89]之下，自辰达酉[90]；密为流矢[91]所中，堕马闷绝[92]，左右奔散，追兵且至，唯秦叔宝独捍卫之，密由是获免。叔宝复收兵与之力战，化及乃退。化及入汲郡[93]求军粮，又遣使拷掠东郡吏民以责米粟。王轨等不堪其弊[94]，遣通事舍人[95]许敬宗[96]诣密请降；以[97]轨为滑州[98]总管，以敬宗为元帅府记室[99]，与魏徵[100]共掌文翰[101]。敬宗，善心之子也。房公苏威在东郡，随众降密，密以其隋氏大臣，虚心礼之。威见密，初不言[102]帝室艰危，唯再三舞蹈[103]，称“不图[104]今日复睹圣明！”时人鄙之[105]。化及闻王轨叛，大惧，自汲郡引兵欲取以北诸郡，其将陈智略[106]帅岭南骁果万余人，樊文超帅江淮排矟[107]，张童儿[108]帅江东骁果数千人，皆降于密。文超，子盖[109]之子也。化及犹有众二万，北趣魏县[110]；密知其无能为，西还巩洛，留徐世勣以备之。

（以上为第八段，写李密降隋皇泰主，大破宇文化及于河南。）

【注释】

[1]盖琮：事迹见《隋书》卷五十九《越王侗传》。 [2]疏：奏章。 [3]徐承其弊：慢慢利用其疲困。 [4]利：贪图。 [5]通直散骑常侍：官名。隶门下省。掌“部从朝直”，即陪从天子，侍奉规讽，并备顾问应对。 [6]赍（jī）：带。 [7]丙申：六月二十三日。 [8]信都：隋郡名。入唐时为冀州，治所在今河北衡水市冀州区。 [9]麴稜：事迹见《新唐书》卷八十五《窦建德传》。[10]万年县：县名。与长安县同治都城（今陕西西安市）中，辖都城东部。万，据章校“万”上有“丁酉”（六月二十四日）二字。 [11]法曹：官名。州县司法官。 [12]孙伏伽（?—658）：唐初大臣，封乐安县男。传见《旧唐书》卷七十五、《新唐书》卷一百零三。 [13]表：章奏的一种。[14]恶闻其过：讨厌有人批评他的过错。 [15]龙飞晋阳：龙飞，比喻天子即位。晋阳，县名，县治在今山西太原西南古城营西古城。 [16]期年：一整年。 [17]覆辙：犹言覆车，比喻失败的教训。 [18]窃见：个人认为。 [19]鹞雏：鹞鹰科，俗称鹞子；雏，幼禽。 [20]百戏散乐：古代乐舞杂技表演的总称。 [21]淫声：靡靡之音。 [22]太常：官署名。即太常寺。主持祭祀礼乐事。 [23]裙襦（rú）：裙子和短衣。 [24]袭：全套衣物。 [25]移人：变人品性和行为。[26]雍睦：和睦。 [27]行义：品行，道义。 [28]声色：乐舞女色。 [29]乖离：分离，不合。[30]褒称：嘉奖，称美。 [31]治书侍御史：官名。即后来的御史中丞。掌狱案审理、囚徒按复、御史奏弹等事。 [32]帛：泛指丝织物。 [33]匹：织物四丈为匹。 [34]辛丑：六月二十八日。 [35]薨（hōng）：唐代称二品以上官之死。 [36]将作大匠：官名。掌土木工程营建等事。[37]兼纳言：兼代纳言之职。兼，与下文判，均非正官之称。 [38]滑台：古城名。即今河南滑县东旧滑县。 [39]黎阳：县名。县治在今河南浚县东。 [40]仓城：即黎阳仓城。故址在今浚县西南。 [41]清淇：隋废县名。故县县治在今河南浚县西。[42]高垒：高筑坚固的营垒。[43]辄：犹“即”。 [44]掎：拖住，牵制。 [45]隔水：隔着淇水（今卫河支流）。 [46]匈奴皂隶破野头：据化及父宇文述本传（《隋书》卷六十一），“本姓破野头，役属于鲜卑俟豆归，遂从其主人姓为宇文氏。”匈奴皂隶，即匈奴族出身的从事贱役的人。 [47]规：效法。 [48]诸葛瞻

（227—263）：诸葛亮子。邓艾伐蜀，瞻与之战于绵竹（今属四川），兵败而死。［49］霍禹：西汉大臣。宣帝时因谋反被族诛。［50］将欲何之：想往哪里走？意谓走投无路。［51］瞋（chēn）目：瞪大眼睛，表示愤怒。［52］尔：你。［53］书语：书生话，字义上的争论。［54］折杖驱之：折，折辱，挫折侮辱；杖，用棍拷打；驱，驱使或驱逐。［55］攻具：攻城器械，如云梯之类。［56］阻堑：为堑（深沟）所阻。［57］议：图谋。［58］获：章校，"获"下有"凶党"二字。［59］雄武郎将：官名。掌统雄武府骁果。［60］于洪建：宇文化及亲信。据《隋书·李密传》："于洪建"作"于洪达"。［61］记室参军：官名。诸王府、元帅府属官。掌书记并预军事。［62］上开府：官名。全称为上开府仪同三司，隋从三品文散官。［63］左掖门：东都皇城南面三门之一。［64］如斛斯政之法：据《隋书·斛斯政传》，斛斯政就刑时，被缚于柱，公卿百僚并亲击射，脔割其肉，多有生食其肉者。食后之余烹煮，余骨焚而扬之。斛斯，复姓。源出高车斛斯（唐称斛薛）部。［65］宣仁门：东都东城东门。［66］司农卿：官名。司农寺长官。掌仓储、农林园苑、管理等事务。［67］导从：谓前导与后从之人。［68］铙（náo）吹：军乐，即铙歌——乐府《鼓吹曲》的一部。用于激励士气和宴享功臣。［69］中使：帝王宫廷中派出的使者，指宦官。［70］太尉：官名。隋唐时为加官，地位崇高，但无实权。［71］大行台：在大行政区代表中央的机构称行台，若任职的人权位特重，则称大行台。［72］忠款：忠诚。［73］禀：承受，接受。节度，指挥制约。［74］上东门：东都城东面三门之一。［75］起居侍郎：官名。皇泰帝始置。掌记录天子起居之事。［76］贼：对农民军的侮称。［77］外相弥缝：表面上在弥合破裂。［78］阳为亲善：佯装友好。［79］大理卿：官名。大理寺长官，中央最高法官。［80］鸿胪卿：官名。鸿胪寺长官。掌外事接待、少数民族事务及凶丧之仪。［81］咸共刷荡：全部洗雪，既往不咎。［82］通怀：畅开胸怀。［83］七政：日、月、五星（水、火、木、金、土）总称。［84］伫公匡弼：待公（谓李密）匡正辅佐。［85］九伐：惩罚九种罪恶的讨伐。［86］恣其兵食：任凭他的军士食用军粮。［87］冀密馈之：希望李密接济他军粮。冀，希望。馈，赠送。［88］永济渠：大业四年（608），炀帝调发军民百余万，引沁水南达黄河，北通涿郡，全长二千余里，是谓永济渠。［89］童山：山名。又名同山。在今河南浚县西南。［90］自辰达酉：从早晨到黄昏。辰，七时至九时。酉，十七时至十九时。［91］流矢：乱箭。［92］闷绝：昏死。医学名词叫做休克。［93］汲郡：郡名。治所在今河南淇县东。［94］弊：弊端。引申为祸害、骚扰。［95］通事舍人：官名。隶中书省，掌朝见引纳、承旨劳问等事。［96］许敬宗（592—672）：唐初大臣，相高宗。著述甚多，有文集八十卷。传见《旧唐书》卷八十二、《新唐书》卷二百一十三上。［97］以：章校，"以"上有"密"字。［98］滑州：州名。治所在今河南滑县东旧滑县。［99］记室：官名。诸王、三公、大将军、元帅府属官。亦用为秘书代称。［100］魏徵（580—643）：唐初杰出的政治家，相太宗。传见《旧唐书》卷七十一、《新唐书》卷九十七。［101］文翰：文章，公文信札。［102］初不言：从不说。初，从来，根本。［103］舞蹈：臣子朝拜天子时一种仪节。［104］不图：未曾料到。［105］时人鄙之：同时代的人瞧不起他。［106］陈智略：事迹见《隋书·王充传》。［107］排攒：

矛类兵器。此谓排矟手。［108］张童儿：《隋书·李密传》作“张童仁”。张童儿与陈智略等后来又降于王世充。［109］子盖：樊子盖，隋大将。传见《隋书》卷六十三。［110］魏县：县名。县治在今河北大名县西南。

乙巳[1]，宣州[2]刺史周超击朱粲，败之。

丁未[3]，梁师都寇灵州[4]，骠骑将军[5]蔺兴粲击破之。

突厥阙可汗[6]遣使内附。初，阙可汗附于李轨[7]；隋西戎使者[8]曹琼据甘州[9]诱之，乃更附琼，与之拒轨；为轨所败，窜于达斗拔谷[10]，与吐谷浑相表里[11]，至是内附[12]。寻为李轨所灭。

薛举进逼高墌[13]，游兵至于豳、岐[14]，秦王世民深沟高垒不与战。会世民得痁疾，委军事于长史[15]。纳言刘文静、司马殷开山，且戒之曰：“薛举悬军深入，食少兵疲，若来挑战，慎勿应也。俟[16]吾疾愈，为君等破之。”开山退，谓文静曰：“王虑公不能办，故有此言耳。且贼闻王有疾，必轻我，宜曜武以威之。”乃陈于高墌西南，恃众而不设备[17]。举潜师掩其后，壬子[18]，战于浅水原[19]，八总管[20]皆败，士卒死者什五六，大将军慕容罗睺[21]、李安远[22]、刘弘基[23]皆没[24]。世民引兵还长安，举遂拔高墌，收唐兵死者为京观[25]；文静等皆坐除名[26]。

乙卯[27]，榆林[28]贼帅郭子和[29]遣使来降，以为灵州总管。

（以上为第九段，写陕北割据者梁师都、河西割据者李轨、陇右割据者薛举的活动。）

【注释】

［1］乙巳：七月二日。［2］宣州：当为“宜州”。治所在今湖北宜昌市西北。［3］丁未：七月四日。［4］灵州：州名。治所在今宁夏灵武市西南。［5］骠骑将军：官名。李渊改鹰扬郎将为军头，不久，改军头为骠骑将军。掌领骠骑将军府。［6］阙可汗：即阙度设。西突厥处罗可汗弟。大业七年（611）随处罗内附，次年，炀帝将其部万余口安置于会宁郡（治今甘肃靖远县东北）。义宁元年（617），自称可汗。［7］李轨（?—619）：隋末割据者。传见《旧唐书》卷五十五、《新唐书》卷八十六。［8］西戎使者：官名。炀帝置。［9］甘州：州名。治所在今甘肃张掖市。［10］达斗拔谷：一作大斗拔谷、大斗谷。即今甘肃民乐县东南甘、青交界处扁都口隘路。［11］相表里：又称相为表里。谓相需而成。［12］附：据章校，“附”下有“上厚加抚慰”五字。［13］高墌：古城名。在今陕西长武县西北。［14］豳、岐：州名。豳州治所在今陕西彬

州市。岐州治所在今陕西宝鸡市凤翔区。［15］长史：官名。刘文静以纳言（宰相）充秦王（西讨元帅）行军长史。［16］俟：等待。［17］恃（shì）众而不设备：凭借人多而不构筑防御工事。［18］壬子：七月九日。［19］浅水原：高原名。在今陕西长武县境。［20］八总管：指西讨元帅李世民所统八位行军总管。［21］慕容罗睺：唐初大将。事迹见两《唐书·薛举传》。［22］李安远（?—633）：唐开国功臣，封广德郡公。传见《旧唐书》卷五十七、《新唐书》卷八十八。［23］刘弘基（582—650）：唐开国功臣，封夔国公。传见《旧唐书》卷五十八、《新唐书》卷九十。［24］没：战没，被俘。［25］京观：收敌尸积高为冢，以夸耀武功，谓京观。京，立绝高曰京。［26］坐除名：因罪除去官籍。［27］乙卯：七月十二日。［28］榆林：郡名。治所在今内蒙古准格尔旗东北十二连城。［29］郭子和（?—664）：农民军领袖出身，降唐后赐姓李，封夷国公。传见《旧唐书》卷五十六、《新唐书》卷九十二。

李密每战胜，必遣使告捷于皇泰主，隋人皆喜，王世充独谓其麾下曰："元文都辈，刀笔吏[1]耳，吾观其势，必为李密所擒。且吾军士屡与密战，没其父兄子弟，前后已多，一旦为之下，吾属无类[2]矣！"欲以激怒其众。文都闻之，大惧，与卢楚等谋因[3]世充入朝，伏甲[4]诛之。段达性庸懦，恐其事不就[5]，遣其婿张志以楚等谋告世充。戊午夜三鼓[6]，世充勒兵袭含嘉门[7]。元文都闻变，入奉皇泰主御乾阳殿[8]，陈兵自卫，命诸将闭门拒守。将军跋野纲[9]将兵出，遇世充，下马降之。将军费曜、田阇[10]战于门外，不利。文都自将宿卫兵欲出玄武门以袭其后，长秋监[11]段瑜称求门钥不获，稽留遂久。天且曙[12]，文都复欲引兵出太阳门[13]逆战，还至乾阳殿，世充已攻太阳门得入。皇甫无逸弃母及妻子，斫右掖门[14]，西奔长安。卢楚匿于太官署[15]，世充之党擒之，至兴教门[16]，见世充，世充令乱斩杀之；进攻紫微宫[17]门。皇泰主使人登紫微观[18]，问："称兵欲何为？"世充下马谢曰："元文都、卢楚等横见规图[19]，请杀文都，甘从刑典。"段达乃令将军黄桃树执送文都。文都顾谓皇泰主曰："臣今朝死，陛下夕及矣！"皇泰主恸哭遣之，出兴教门，乱斩如卢楚，并杀卢、元诸子。段达又以皇泰主命开门纳世充，世充悉遣人代宿卫者，然后入见皇泰主于乾阳殿。皇泰主谓世充曰："擅相诛杀，曾[20]不闻奏，岂为臣之道乎？公欲肆其强力，敢及我邪！"世充拜伏流涕谢曰："臣蒙先皇采拔，粉骨非报。文都等苞藏祸心，欲召李密以危社稷，疾臣违异[21]，深积猜嫌；臣迫于救死，不暇闻奏。若内怀不臧[22]，违负陛下，天地日月，实所照临，使臣阖门殄灭[23]，无复遗类。”词泪俱发。皇泰主以为诚，引令升殿，与语久之，因与俱入见皇太后[24]；世充被发为誓，称不敢有贰心[25]。乃以世充为左仆射、总督内外诸军事[26]。比及日中[27]，捕获赵长文、郭文懿，杀之。然后巡城，告谕以诛元、卢之意。世充自含嘉城移居尚书省，渐结党援，恣行威福。用兄世恽[28]为内史令，入居禁中[29]，子弟咸典兵马[30]，分政事为十头，悉以其党主之，势震内外，莫不趋附[31]，皇泰主拱手而已[32]。

李密将入朝，至温[33]，闻元文都等死，乃还金墉。东都大饥[34]，私钱滥恶[35]，太半杂以锡镮[36]，其细如线，米斛[37]直钱八九万。

初，李密尝受业于儒生徐文远[38]。文远为皇泰主国子祭酒[39]，自出樵采，为密军所执；密令文远南面坐，备弟子礼，北面拜之。文远曰：“老夫既荷厚礼，敢不[40]尽言！未审将军之志欲为伊、霍[41]以继绝[42]扶倾乎？则老夫虽迟暮[43]，犹愿尽力；若为莽、卓[44]，乘危邀利[45]，则无所用老夫矣！”密顿首[46]曰：“昨奉朝命，备位上公，冀竭庸虚，匡济国难，此密之本志也。”文远曰：“将军名臣之子[47]，失涂[48]至此，若能不远而复[49]，犹不失为忠义之臣！”及王世充杀元文都等，密复问计于文远。文远曰：“世充亦门人[50]也，其为人残忍褊隘[51]，既乘此势，必有异图，将军前计为不谐[52]矣。非破世充，不可入朝也。”密曰：“始谓先生儒者，不达时事[53]，今乃坐决大计，何其明也！”文远，孝嗣[54]之玄孙也。

（以上为第十段，写隋皇泰主小朝廷内讧，王世充杀元文都，阻断李密入朝，隋大势去矣。）

【注释】

[1]刀笔吏：简称“刀笔”，指办理文书的小吏。 [2]吾属无类：我辈无一幸免。 [3]因：因势，利用。 [4]伏甲：埋伏甲士。 [5]不就：不能成功。 [6]戊午夜三鼓：七月十五日三更。三鼓，即三更，指夜间十二时左右。 [7]含嘉门：含嘉仓城（城址在今洛阳市老城北）南门。 [8]乾阳殿：隋东都皇宫正殿。 [9]跋野纲：人名。跋野，复姓。跋野族出铁勒族拔野古部落。 [10]田阇：《隋书·王充传》作“田阇世”，当因避讳省“世”。 [11]长秋监：官署名。大业三年

（607）炀帝改内侍省为长秋监，置令一人，领掖庭等署。［12］曙：破晓的时候。［13］太阳门：东都宫城东门。［14］右掖门：东都皇城南面三门的右门。［15］太官署：在东都东城光禄寺。隶属光禄寺，掌膳食供设。［16］兴教门：东都宫城南面三门之左门。后改称明德门。［17］紫微宫：即东都皇城北宫城。隋曰紫微宫，唐太宗改名洛阳宫，武则天称其宫为太初宫。［18］紫微观：紫微宫门阙。［19］横见规图：暴露阴谋。横见，暴露。规图，谋求、目的。［20］曾：怎，怎么。［21］违异：违拗，离绝。［22］不臧：不善。［23］殄（tiǎn）灭：灭绝。［24］皇太后：杨侗生母刘良娣。［25］贰心：背叛之心。［26］总督内外诸军事：总领全国军务。内外，京城和地方。［27］比及日中：待到中午。［28］世恽：王世恽。事迹见《隋书》卷八十五《王充传》、《旧唐书》卷五十四、《新唐书》卷八十五《王世充传》。［29］禁中：宫内。［30］咸典兵马：皆掌管军队。［31］趋附：巴结逢迎。［32］拱手而已：谓大权旁落，只有敛手向人致敬的份。［33］温：县名。县治所在今河南温县。［34］大饥：严重饥荒。［35］私钱滥恶：私铸铜钱既多且质量低劣。［36］太半杂以锡镮：太半，多半。锡镮，以锡铅合金为之，用来滥充铜钱。“镮”同“环”，圜形之物。［37］斛：量器名。古代十斗为斛。［38］徐文远：隋末唐初大儒。撰有《左传音》等六十卷。传见《旧唐书》卷一百八十九上、《新唐书》卷一百九十八。［39］国子祭酒：国子监长官。掌儒学训导之政。［40］敢不：岂敢不，不敢不。［41］伊、霍：商初大臣伊尹和西汉大臣霍光。二人皆以辅佐王室著称。［42］继绝：“继绝世”之省称，恢复已断绝的飨祀。［43］迟暮：暮年，晚年。［44］莽、卓：篡夺西汉政权的王莽和专断东汉末朝政的董卓。［45］邀利：取利。［46］顿首：叩头。［47］名臣之子：李密父宽，自周及隋，位柱国、蒲山郡公，号为名将。［48］失涂：迷路，走错道路。“涂”通“途”。［49］复：回归。［50］门人：门生，弟子。［51］褊（biǎn）隘：心地狭隘。［52］不谐：不合。［53］不达时事：不通晓时势世事。［54］孝嗣：徐孝嗣，南齐宰相。传见《南齐书》卷四十四。

庚申[1]，诏隋氏离宫游幸之所并废之。

戊辰[2]，遣黄台公瑗安抚山南。

己巳[3]，以隋右武卫将军皇甫无逸为刑部尚书。

隋河间郡丞王琮[4]守郡城以拒群盗，窦建德攻之，岁余不下；闻炀帝凶问，帅吏士发丧，乘城者皆哭。建德遣使吊之，琮因使者请降，建德退舍[5]具馔以待之。琮言及隋亡，俯伏流涕，建德亦为之泣。诸将曰：“琮久拒我军，杀伤甚众，力尽乃降，请烹[6]之。”建德曰：“琮，忠臣也，吾方赏之以劝事君，奈何杀之！往在高鸡泊为盗，容可妄杀人；今欲安百姓，定天下，岂得害忠良乎！”乃徇军中曰：“先与王琮有怨敢妄动者，夷三族[7]！”以琮为瀛州[8]刺史。于是河北[9]郡县闻之，争附于建德。

先是，建德陷景城[10]，执户曹[11]河东张玄素[12]，将杀之，县民千余人号泣，请代其死，曰：“户曹清慎无比，大王杀之，何以劝善[13]！”建德乃释之，以为治书侍御史[14]，固辞；及江都败，复以为黄门侍郎[15]，玄素乃起。饶阳[16]令宋正本[17]，博学有才气，说建德以定河北之策，建德引为谋主。建德定都乐寿[18]，命所居曰金城宫，备置百官。

（以上为第十一段，写窦建德割据河北。）

【注释】

[1]庚申：七月十七日。[2]戊辰：七月二十五日。[3]己巳：七月二十六日。[4]王琮：事迹见《旧唐书》卷五十四《窦建德传》等。[5]退舍：后退三十里，或退归舍下。[6]烹（pēng）：酷刑之一。以鼎镬煮杀。[7]夷三族：酷刑之一。三族，父母、兄弟、妻子，或父、母、妻族。[8]瀛州：州名。治所在今河北河间市。[9]河北：地区名。泛指今河南、山东古黄河以北地区。[10]景城：县名。县治在今河北沧州市西。[11]户曹：官名。县掾之一，曹掌一县的户口籍帐等事。[12]张玄素（?—664）：唐初大臣。贞观中以谏诤闻名。传见《旧唐书》卷七十五、《新唐书》卷一百零三。[13]劝善：勉励人学好向善。[14]治书侍御史：官名。御史大夫之副。掌监察和部分司法事务。[15]黄门侍郎：官名。门下省长官侍中之副。掌机要，备顾问。[16]饶阳：县名。县治在今河北饶阳县东北。[17]宋正本（?—620）：降窦建德后拜纳言（宰相），后建德信谗言杀之。事迹见《旧唐书》卷五十四、《新唐书》卷八十五《窦建德传》。[18]乐寿：县名。县治在今河北献县。

【点评】

隋朝的灭亡。隋炀帝被他的叛逆者宇文化及送进了坟墓，隋朝灭亡了。隋朝是怎样灭亡的，这是本卷点评的最大问题。

在中国古代史上，有两个强盛的朝代：一是汉朝，二是唐朝。汉代大一统，由秦奠其基；唐代大一统，由隋奠其基。秦、隋两朝，都是二世而亡。隋唐之际与秦汉之际仿佛是一个历史周期的重演。唐代史家在总结隋亡唐兴的历史经验的时候，就把隋秦做了比较，并得出这样的结论：“其隋之得失存亡，大较与秦相类。始皇并吞六国，高祖统一九州，二世虐用威刑，炀帝肆行猜毒，皆祸起于群盗，而身殒于匹夫。原始要终，若合符契矣。”（《隋书》卷七十史论）

所谓“群盗”，是对农民大起义的蔑称。秦、隋两代，都是用武力削平长期分裂割据的纷乱之世，不仅武力强大，而且甚得民心。秦二世与隋炀帝，蒙故业，践丕基，自矜天命在躬，忽王业之艰难，不务仁道以恤众，外征内作，虐用其民，倏忽之间，天翻地覆，“率土分崩”，“子孙殄灭”，载舟之水，覆了水上之舟。为何历史有这样的重演，值得人们深思！

唐代史臣，还把隋朝的两代皇帝做了对比。隋文帝开皇之初，只据有北方，户三百零三万；炀帝继位的大业之初，隋混一戎夏，户八百九十万，号称盛强。前后相较，“度土地之广狭，料户口之众寡，算甲兵之多少，校仓廪之虚实”，真是不可同日而语。“高祖扫江南以清六合”，一战平陈；“炀帝事辽东而丧天下”，三征高句丽而折兵。论敌之实力，高句丽不强于陈国，而事势何以有如此不同的结果？唐代史臣的答卷认为：“所为之迹同，所用之心异也。”也就是说，隋文帝用兵，进行的是统一战争，故“十有余载，戎车屡动，民亦劳止，不为无事。然其动也，思以安之，其劳也，思以逸之。是以民致时雍，师无怨讟，诚在于爱利，故其兴也勃焉”。至于隋炀帝，穷兵黩武，则是另一回事。他“嗣承平之基，守已安之业，肆其淫放，虐用其民，视亿兆如草芥，顾群臣如寇仇，劳近以事远，求名而丧实。兵缠魏阙，阽危弗图，围解雁门，慢游不息。天夺之魄，人益其灾，群盗并兴，百殃俱起，自绝民神之望，故其亡也忽焉。”唐代史臣所总结的“高祖之所由兴，而炀帝之所以灭”的这些原因，在今天看来也是十分中肯的。这是因为以魏徵为首的撰修《隋书》的史臣亲身经历了隋唐之际的大变化，又亲身参与了兴唐的治理恢复实践，故所言皆中的。

秦亡于横征暴敛，戍徭无已。而隋炀帝的横征暴敛，方之秦朝，有过之而无不及。大业元年（605），隋炀帝即位伊始，就营建东都，开运河，两大工程同时并举。营建东都，务求宏大而督役严急，每月役丁二百万。死者什四五，有司以车载死丁，东至城皋，北至河阳，相望于道。炀帝开运河，第一期工程挖通济渠就征发河南民夫一百万；两千余里、宽四十余步的大运河，督期五个月完成。筑京师，修运河，对于巩固统一的中央集权和便利交通都是必需的。但如此不惜民力，用集权的主观意志盲目督期工程，那就是一场社会灾难。秦朝如是，隋朝亦如是，历代集权之主皆如是，这就不难理解隋唐之际的风云突变为重演秦汉之际的历史活剧的内在原因了。

如果说营建东都、修运河还有历史进步意义的话，那么隋炀帝三征高句丽，三游江都，发动更大的征役，可以说纯是专制肆虐了。炀帝三次畅游江都（今江苏扬州），每次数千艘的船队，舳舻相接，绵延二百余里，耗费不赀；他为了进攻高句丽，先限期在东莱（今山东莱州市）督造大船三百艘。民夫日夜劳作于水下，腰下腐烂生蛆，死者十之三四；后又调拨江淮船只，将洛东仓米经永济渠转运涿郡，数十万民夫日夜辗转于运粮路上；同时调发全国青壮年，集中于涿郡作为兵员。大业八年（612）进攻高句丽时，出兵一百一十三万多人，加上转运粮饷的民夫，近三四百万人。繁重的兵役、徭役和经济上的横征暴敛，永济渠沿岸居民，几乎找不到男丁，劳力缺乏，田园荒芜，再加上一场洪水，粮价上涨，百姓只有靠野菜树皮来艰难度日。齐郡邹平人王薄不堪隋朝统治者的残酷压迫，首义于长白山（位于今山东济南市章丘区），从此拉开了隋末农民大起义的序幕。紧接着全国各地到处响起了烽火之警，起义农民军达一百多支，参加者达数百万之多，“大则跨州连郡，称帝称王，小则千百为群，攻剽城邑”。就这样，隋朝土崩瓦解了！

秦二世死于贼臣赵高之手，隋炀帝死于叛臣宇文化及之手，两者也竟然相似。秦二世与隋炀帝临近末日，完全醉生梦死，已知大势已去，整日胆颤心惊，不允许任何人说叛乱，完全是地地道道的孤家寡人。隋炀帝一表人才，感慨他的好头颅不知谁来砍，他万万没有想到要他命的人，恰恰是他的心腹。因为心腹整日地伴君如伴虎，深知昏暴君主脾性，已被权力异化成了虎狼之性，全没了人性。昏暴之君的心腹因耳濡目染，同样被异化成了虎狼之性，也时时刻刻在觊觎孤家寡人的宝座，因此，昏暴之君豢养叛逆之臣也是必然的规律。隋炀帝走了秦二世的老路，得了同样的下场，也就是自然的了。

卷一八六　唐纪二

唐高祖武德元年（618 年）

【起著雍摄提格（戊寅，618 年）八月，尽十二月，不满一年】

【大事提要】

本卷记述公元 618 年八月至十二月史事，凡五个月，时当唐高祖武德元年。数月间，全国军阀混战发生大逆转，最强的势力李密因与强敌宇文化及和王世充连续作战，左右开弓而又轻敌，偃师之战遭到灭顶之灾，被迫降唐，寻又反唐而被诛戮。李密部众一部分降王世充，智能之士皆降唐，于是唐室势力大增。其间，李世民平定陇右，解了后顾之忧，坐观关东军阀混战而养精蓄锐，占有了全局的主动权。王世充虽然得胜却受重创。窦建德在河北得势，但偏于一隅，不足为唐室之忧。全国各地的割据者，只是苟安一时。李密失败后，逐鹿中原形势形成了唐王室、王世充、窦建德三足鼎立之势，而以唐王室最强。为了生存，王世充与窦建德合力抗唐已是必然之势。

高祖神尧大圣光孝皇帝上之中

武德元年（戊寅，618 年）

八月，薛举遣其子仁果[1]进围宁州[2]，刺史[3]胡演击却之。郝瑗言于举曰："今唐兵新破，关中骚动，宜乘胜直取长安。"举然之，会有疾而止。辛巳[4]，举卒[5]。太子仁果立，居于折墌城[6]，谥举曰武帝。

上欲与李轨共图秦、陇[7]，遣使潜诣凉州[8]，招抚之，与之书，谓之从弟[9]。轨大喜，遣其弟懋入贡。上以懋为大将军，命鸿胪少卿[10]张俟德[11]册拜轨为凉州总管，封凉王。

初，朝廷以安阳令吕珉[12]为相州[13]刺史，更以相州刺史王德仁[14]为岩州[15]刺史。德仁由是怨愤，甲申[16]，诱山东[17]大使[18]宇文明达入林虑山[19]而杀之，叛归王世充。

己丑[20]，以秦王世民为元帅[21]，击薛仁果。

丁酉[22]，临洮[23]等四郡来降。

隋江都太守陈稜求得炀帝之柩[24]，取宇文化及所留辇辂鼓吹[25]，粗备天子仪卫[26]，改葬于江都宫[27]西吴公台[28]下，其王公以下，皆列瘗[29]于帝茔[30]之侧。

宇文化及之发江都也，以杜伏威[31]为历阳太守；伏威不受，仍上表[32]于隋，皇泰主[33]拜伏威为东道大总管[34]，封楚王。

沈法兴[35]亦上表于皇泰主，自称大司马[36]、录尚书事[37]、天门公，承制置百官，以陈杲仁为司徒[38]，孙士汉为司空[39]，蒋元超为左仆射，殷芊为左丞，徐令言为右丞[40]，刘子翼为选部侍郎[41]，李百药[42]为府掾[43]。百药，德林之子也。

（以上为第一段，写江都太守陈稜安葬隋炀帝。唐高祖忙于安集背后陇右，没有大举东出，隋室仍有相当影响力，杜伏威、沈法兴等归服皇泰主。）

【注释】

[1]仁果：薛举长子。传见《旧唐书》卷五十五、《新唐书》卷八十六。 [2]宁州：州名。治所在今甘肃宁县。 [3]刺史：官名。秦代始置。原为朝廷派往各郡检举不法的官员。隋代以刺史为一州的行政长官。 [4]辛巳：八月九日。 [5]举卒：《旧唐书·高祖纪》武德元年文作："八月壬午，薛举死。"二书相差一日。 [6]折墌城：城名。西魏筑，在今甘肃泾川县东北。 [7]秦、陇：古泛指今陕西西部与甘肃东部。 [8]凉州：州名。治所在今甘肃武威市。 [9]从弟：堂弟。年纪小于自己的伯父或叔父的儿子。 [10]鸿胪少卿：官名。从四品下。佐鸿胪卿掌宾客及凶仪之事，常受册出使诸蕃。 [11]张俟德：唐初大臣。高祖武德初为鸿胪少卿。 [12]吕珉（?—619）：唐初地方官。原为安阳令，后任相州刺史，被窦建德所杀。事迹见《旧唐书》卷五十四《窦建德传》。 [13]相州：州名。治所在今河南安阳市。 [14]王德仁（?—621）：隋末群雄之一，起于邺（今河南北部），号太公。后降唐，除岩州刺史。不久又叛归王世充。武德四年被秦王李世民所杀。事迹见《新唐书》卷一《高祖纪》。 [15]岩州：州名。治所在今四川松潘县西北。 [16]甲申：八月十二日。 [17]山东：太行山以东地区。 [18]大使：官名。特派巡视各地的使节。 [19]林虑山：一名隆虑山。在今河南林州市西。 [20]己丑：八月十七日。 [21]元帅：武官名。全军的统帅、主将。上卿。 [22]丁酉：八月二十五日。 [23]临洮：郡名。治所在今甘肃临潭县。 [24]柩（jiù）：装着尸体的棺材。 [25]辇（niǎn）辂（lù）：辇车。辇，古时用人拉的车，指皇帝坐的车。辂，古代的一种大车。鼓吹：古代奏演鼓吹乐的乐队。 [26]仪卫：仪仗侍卫。 [27]江都宫：隋炀帝置，在今江苏扬州市西。 [28]吴公台：又名鸡台，在今江苏

扬州市西北。［29］瘗（yì）：埋葬品或尸体、随葬物。此处指坟墓。［30］茔（yíng）：墓地。［31］杜伏威（?—624）：隋末江淮地区农民起义领袖。齐州章丘（今属山东）人。传见《旧唐书》卷五十六、《新唐书》卷九十二。［32］上表：给皇帝送奏章。［33］皇泰主：指隋越王侗。皇泰为越王杨侗年号。［34］大总管：官名。地方军政长官。隋及唐初在各州设“总管”，边镇或大州设“大总管”。［35］沈法兴（?—620）：隋末割据者。湖州五康（今浙江德清县）人。传见《旧唐书》卷五十六、《新唐书》卷八十七。［36］大司马：官名。各朝所掌职务不同。秦汉时以大司马、大司徒、大司空并称“三公”，为共同负责的政务长官。隋唐仍有此官，但为虚衔。［37］录尚书事：官名。录是总领之意，录尚书事独揽大权，无所不总，位在三公上。隋以后废此职。［38］司徒：官名。初为主管教化的官。隋唐时作为大官之加官，仅是一种崇高的虚衔。［39］司空：官名。初为主管建筑工程、制造车服器械、监督手工业奴隶的官。隋唐时作为对大官之加官，仅是一种崇高的虚衔。［40］右丞：官名。按《旧唐书·沈法兴传》，左丞右丞，作尚书左丞、尚书右丞。又据《隋书·百官志》载：尚书左丞、尚书右丞，为从四品。其职是辅佐尚书令及左右仆射，分别管理尚书省事。［41］选部侍郎：官名。选部，即吏部。掌管全国官吏的任免、考课、升降、调动之事。长官为吏部尚书，副长官为侍郎。［42］李百药（565—648）：唐初史学家。字重规，安平（今属河北）人。唐时，历任中书舍人、散骑常侍。传见《旧唐书》卷七十二、《新唐书》卷一百零二。［43］府掾（yuàn）：府内属官。

九月，隋襄国[1]通守[2]陈君宾来降，拜邢州[3]刺史。君宾，伯山[4]之子也。

虞州[5]刺史韦义节攻隋河东[6]通守尧君素，久不下，军数不利；壬子[7]，以工部尚书独孤怀恩代之。

初，李密既杀翟让[8]，颇自骄矜，不恤士众；仓粟虽多，无府库钱帛，战士有功，无以为赏；又厚抚初附之人[9]，众心颇怨。徐世勣尝因宴会刺讥其短；密不怿[10]，使世勣出镇黎阳，虽名委任，实亦疏之。

密开洛口仓[11]散米，无防守典当者[12]，又无文券[13]，取之者随意多少；或离仓之后，力不能致，委弃衢路，自仓城[14]至郭门，米厚数寸，为车马所辚践[15]；群盗来就食者并家属近百万口，无瓮盎[16]，织荆筐淘米，洛水[17]两岸十里之间，望之皆如白沙。密喜，谓贾闰甫曰：“此可谓足食矣！”闰甫对曰：“国以民为本，民以食为天[18]。今民所以襁负如流而至[19]者，以所天在此故也。而有司曾无爱吝[20]，屑越[21]如此，窃恐一旦米尽民散，明公[22]孰[23]与成大业哉！”密谢之，即以闰甫判[24]司仓参军事[25]。

密以东都[26]兵数败微弱，而将相自相屠灭，谓旦夕[27]可平；王世充既专大权，厚赏将士，缮治器械，亦阴图取密。时隋军乏食，而密军少衣，世充请交易，密难之；长史邴元真等各求私利，劝密许之。先是，东都人归密者，日以百数[28]；既得食，降者益少，密悔而止。

密破宇文化及还，其劲卒[29]良马多死，士卒疲病。世充欲乘其弊击之，恐人心不一，乃诈称左军卫士张永通三梦周公[30]，令宣意[31]于世充，当勒兵相助[32]击贼；乃为周公立庙，每出兵，辄先祈祷。世充令巫宣言周公欲令仆射急讨李密，当有大功，不即[33]兵皆疫死。世充兵多楚人[34]，信妖言，皆请战。世充简练精锐得二万余人，马二千余匹。壬子[35]，出师击密，旗幡之上皆书永通字[36]，军容甚盛。癸丑[37]，至偃师，营于通济渠[38]南，作三桥于渠上。密留王伯当守金墉[39]，自引精兵出偃师，阻邙山[40]以待之。

密召诸将会议，裴仁基[41]曰："世充悉众而至，洛[42]下必虚，可分兵守其要路，令不得东[43]，简精兵三万，傍河西出以逼东都。世充还，我且按甲[44]，世充再出，我又逼之。如此，则我有余力，彼劳奔命，破之必矣。"密曰："公言大善。今东都兵有三不可当：兵仗精锐，一也；决计深入，二也；食尽求战，三也。我但乘城[45]固守，蓄力以待之；彼欲斗不得，求走无路，不过十日，世充之头可致麾下[46]。"陈智略、樊文超、单雄信皆曰："计世充战卒甚少，屡经摧破，悉已丧胆。《兵法》曰，'倍则战[47]'，况不啻[48]倍哉！且江、淮新附之士，望因此机展其勋效[49]，及其锋[50]而用之，可以得志。"于是诸将喧然[51]，欲战者什七八，密惑[52]于众议而从之。仁基苦争不能得，击地叹曰："公后必悔之。"魏徵言于长史郑颋曰："魏公虽骤胜[53]，而骁将锐卒多死，战士心怠[54]，此二者难以应敌。且世充乏食，志在死战，难与争锋，未若深沟高垒以拒之，不过旬月[55]，世充粮尽，必自退，追而击之，蔑[56]不胜矣。"颋曰："此老生之常谈耳。"徵曰："此乃奇策，何谓常谈！"拂衣而起。

程知节[57]将内马军[58]与密同营[59]在北邙山上，单雄信将外马军营于偃师城北。世充遣数百骑渡通济渠攻雄信营，密遣裴行俨与知节助之。行俨先驰赴敌，中流矢，坠于地；知节救之，杀数人，世充军披靡，乃抱行俨重骑[60]而还；为世充骑所逐，刺槊[61]洞过[62]，知节回身捩折[63]其槊，兼斩追者，与行俨俱免。会日暮，各敛兵还营。密骁将孙长乐等十余人皆被重创。

密新破宇文化及，有轻世充之心，不设壁垒[64]。世充夜遣二百余骑潜入北山[65]，伏谿谷[66]中，命军士皆秣马蓐食[67]。甲寅[68]旦[69]，将战，世充誓众曰："今日之战，非直[70]争胜负；死生之分，在此一举。若其捷也，富贵固所不论；若其不捷，必无一人获免。所争者死，非独为国，各宜勉之！"迟明[71]，引兵薄[72]密。密出兵应之，未及成列，世充纵兵击之。世充士卒皆江、淮剽勇，出入如飞。世充先索得一人貌类密者，缚而匿[73]之，战方酣[74]，使牵以过阵前，噪曰："已获李密矣！"士卒皆呼万岁。其伏兵发，乘高而下，驰压[75]密营，纵火焚其庐舍[76]。密众大溃，其将张童仁[77]、陈智略[78]皆降，密与万余人驰向洛口[79]。

世充夜围偃师；郑颋守偃师，其部下翻城纳世充[80]。初，世充家属在江都，随宇文化及至滑台，又随王轨[81]入李密，密留于偃师，欲以招世充。及偃师破，世充得其兄世伟、子玄应、虔恕、琼等，又获密将佐[82]裴仁基、郑颋、祖君彦等数十人。世充于是整兵向洛口，得邴元真[83]妻子、郑虔象[84]母及密诸将子弟，皆抚慰之，令潜[85]呼其父兄。

初，邴元真为县史，坐赃亡命[86]，从翟让于瓦岗[87]；让以其尝为吏，使掌书记。及密开幕府[88]，妙选时英[89]，让荐元真为长史；密不得已用之，行军谋画，未尝参预。密西拒世充，留元真守洛口仓。元真性贪鄙，宇文温[90]谓密曰："不杀元真，必为公患。"密不应。元真知之，阴谋叛密；杨庆[91]闻之，以告密，密固疑[92]焉。至是，密将入洛口城，元真已遣人潜引世充矣。密知而不发，因与众谋，待世充兵半济[93]洛水[94]，然后击之。世充军至，密候骑[95]不时觉[96]，比将[97]出战，世充军悉已济矣。单雄信[98]等又勒兵自据；密自度不能支，帅麾下轻骑奔虎牢[99]，元真遂以城降。

初，雄信骁捷，善用马槊，名冠诸军，军中号曰“飞将”。彦藻[100]以雄信轻于去就[101]，劝密除之；密爱其才，不忍也。及密失利，雄信遂以所部降世充。

密将如黎阳[102]，或曰：“杀翟让之际，徐世勣几死[103]，今失利而就之，安可保乎！”时王伯当[104]弃金墉保河阳，密自虎牢归之，引诸将共议。密欲南阻河[105]，北守太行[106]，东连黎阳，以图进取。诸将皆曰：“今兵新失利，众心危惧，若更停留，恐叛亡不日而尽。又人情不愿，难以成功。”密曰：“孤[107]所恃者众也，众既不愿，孤道穷矣。”欲自刎以谢众。伯当抱密号绝[108]，众皆悲泣，密复曰：“诸君幸不相弃，当共归关中[109]；密身虽无功，诸君必保富贵。”府掾[110]柳燮曰：“明公与唐公[111]同族，兼有畴昔[112]之好；虽不陪起兵，然阻东都，断隋归路。使唐公不战而据长安，此亦公之功也。”众咸[113]曰：“然。”密又谓王伯当曰：“将军[114]室家重大[115]，岂复与孤俱行哉！”伯当曰：“昔萧何[116]尽帅子弟以从汉王[117]，伯当恨不兄弟俱从，岂以公今日失利遂轻去就乎！纵身分原野[118]，亦所甘心！”左右莫不感激，从密入关者凡二万人。于是密之将帅、州县多降于隋。朱粲亦遣使降隋，皇泰主以粲为楚王。

（以上为第二段，写李密轻敌，为王世充所大破，困迫降唐。）

【注释】

[1]襄国：郡名。治所在今河北邢台市。 [2]通守：官名。隋炀帝时设置，管理一郡军民事务，职位略低于太守。 [3]邢州：郡名。治所在今河北邢台市。 [4]伯山：陈文帝之子。[5]虞州：州名。治所在今山西运城市东北。 [6]河东：郡名。治所在今永济市西南蒲州镇。[7]壬子：九月十日。 [8]翟让（?—617）：隋末瓦岗军领袖。东郡韦城（今河南滑县东南）人。李密投奔翟让后，曾为瓦岗军的发展作过重大贡献，并取得全军领导权，后因李密重用隋降官降将，又于义宁元年（617）十一月杀害翟让，致使部众离心。传见《旧唐书》卷五十三《新唐书》卷八十四。 [9]初附之人：刚刚归附的人。 [10]怿（yì）：喜悦。 [11]洛口仓：一名兴洛仓。隋大业二年（606）筑，在今河南巩义市东北。[12]无防守典当者：没有防守、掌管粮仓的负责人。[13]文券（quàn）：凭证，凭据。 [14]仓城：“城”与“郭”并称时，“城”指内城，“郭”指外城。这里“仓城”指洛口仓。 [15]躏（lìn）践：碾压，践踏。 [16]瓮盎：瓦器。 [17]洛水：一作雒水。即今河南洛河。 [18]民以食为天：天，比喻赖以生存的最重要的东西。强调粮食的重

要。［19］襁负如流而至：背着婴孩像流水般涌来。［20］爱吝：爱惜。［21］屑越：形容狼藉遍地。［22］明公：对于位尊者之敬称，此指李密。［23］孰：疑问代词，谁。［24］判：高位兼低职或京官带职出任地方官称为判。［25］司仓参军事：官名。掌管公廨、度量、庖厨、仓库、租赋征收、田园、市肆等事。［26］东都：隋大业五年（609）改东京洛阳为东都。［27］旦夕：比喻时间短。［28］日以百数：每天有上百人来降。［29］劲卒：强兵。［30］周公：周公旦，又称叔旦。西周初杰出的政治家。［31］宣意：告诉。［32］当勒兵相助：谓周公当率兵相助。［33］不即：不然的话。［34］楚人：楚在西周时都丹阳（今湖北秭归县东南）。此处的楚人，当指湖南人。［35］壬子：九月十日。［36］皆书永通字：以张永通宣周公之意，故旗幡书永通字，以表神助。［37］癸丑：九月十一日。［38］通济渠：隋大业元年（605）凿，唐改名广济渠。时习又通称其西段为漕渠和洛水，东段为汴水或汴渠。［39］金墉：城名。三国魏明帝时筑，在今河南洛阳市东北魏、晋洛阳故城西北隅。唐贞观后城废。［40］邙山：山名。在今河南洛阳市北。［41］裴仁基（?—619）：河东（今山西永济市西）人，字德本。隋朝大臣，后归李密。密败，为王世充所虏，署为礼部尚书。仁基谋归唐，被世充所杀。传见《隋书》卷七十。［42］洛：州名。唐初改河南郡置，治所在洛阳县（今河南洛阳市东北）。［43］令不得东：使其军队不能东进。［44］按甲：按兵不动。［45］乘城：凭借城池。［46］麾下：旗下。［47］倍则战：超过一倍的军力就可以攻战。［48］不啻（chì）：不只。［49］展其勋效：表现其功绩。［50］及其锋：趁这股锋锐。［51］喧然：哗然。［52］惑：迷惑。［53］骤胜：急速取胜。［54］心怠：内心厌怠。［55］旬月：十天以至一月。［56］蔑：无。［57］程知节（?—665）：即程咬金。唐初将领。济州东阿（今属山东）人。传见《旧唐书》卷六十八、《新唐书》卷九十。［58］内马军：据《旧唐书·程知节传》，时密于军中简勇士尤异者八千人，隶四骠骑，分为左右以自卫，号为“内军”。［59］同营：一起扎营。［60］重骑：二人共骑一马。［61］槊（shuò）：古代兵器，杆比较长的矛。［62］洞过：通过。［63］捩（liè）折：拗而折之。［64］壁垒：营垒。［65］北山：即北邙山。［66］豁谷：即溪谷。地面上向一定方向倾斜的低凹地。［67］秣（mò）马蓐（rù）食：秣马，喂马；蓐食，坐在草垫上吃饭。［68］甲寅：九月十二日。［69］旦：早晨。［70］直：只。［71］迟明：黎明。［72］薄：迫近。［73］匿：藏。［74］战方酣：战斗正激烈。［75］驰压：快马迫近。［76］庐舍：房舍。［77］张童仁（?—621）：原为宇文化及部将。后归李密。武德四年被李世民所杀。事迹见《旧唐书》卷五十三《李密传》、《新唐书》卷八十四《李密传》。［78］陈智略：原为宇文化及部将。化及败，归李密。后被李世民所擒。事迹见两《唐书·李密传》。［79］洛口：地名。在今河南巩义市东北。［80］翻城纳世充：倒转而以城迎纳王世充。［81］王轨（?—619）：原为宇文化及所署刑部尚书，留守东都。后降李密。武德二年被奴所杀。事迹见两《唐书·李密传》。［82］将佐：部将。武官的通称。［83］邴元真：原为隋县吏，后投奔翟让、李密。［84］郑虔象：李密部下。邴元真与郑虔象事迹均见两《唐书·李密传》。［85］潜：暗地。［86］坐赃亡命：因犯贪赃罪而出奔逃命。［87］瓦岗：瓦岗寨。在今河南滑县南。［88］幕府：古代将帅办公的地方。

[89]妙选时英：精选当时彦俊之士。 [90]宇文温：李密部将。 [91]杨庆：隋朝宗室，河间王杨弘之子，袭封郇王。降唐，为宜州刺史、郇国公。传见《隋书》卷四十三。 [92]固疑：本来就怀疑。 [93]半济：渡到河中间。 [94]洛水：即今河南洛河。 [95]候骑：守望、放哨的骑兵。[96]不时觉：未及时发觉。 [97]比将：及将。 [98]单雄信（?—621）：曹州（今山东曹县西北）人。李密将，后降王世充，为大将。东都平，斩于洛阳。事迹见《旧唐书》卷五十三、《新唐书》卷八十四《李密传》。 [99]虎牢：地名。在今河南荥阳市西北汜水镇西。 [100]彦藻：即李密部将房彦藻。是年二月彦藻死。此为追叙日前事。[101]去就：离去来就。轻于去就，指容易背叛。[102]将如黎阳：打算前往黎阳。黎阳，郡名。治所在今河南浚县东北。 [103]徐世勣几死：指义宁元年（617）十一月李密杀翟让时，徐世勣也差一点被杀。 [104]王伯当（?—618）：荥阳浚仪（今河南开封市）人。隋末为瓦岗军将领。事迹见两《唐书·李密传》。 [105]南阻河：南面以黄河为阻。 [106]太行：即今山西、河北、河南三省交界处的太行山。 [107]孤：我。王公自谦之称。 [108]号绝：因痛哭而昏过去。 [109]关中：地区名。相当于今陕西中部。旧说在东函谷关、南武关、西散关、北萧关等四关之中。 [110]府掾（yuàn）：府内属官。 [111]唐公：指袭封唐公的李渊。 [112]畴昔：从前。 [113]咸：都。 [114]将军：官名。高级军事长官。此为对王伯当之尊称。 [115]家室重大：家室庞大。 [116]萧何（?—前193）：西汉初大臣。沛（今江苏沛县）人。秦二世元年（前209）佐刘邦起义。楚汉相争，萧何悉率子弟诣刘邦，是高祖刘邦的得力谋臣。传见《汉书》卷三十九。 [117]汉王：指汉高帝刘邦。 [118]身分原野：分尸原野。

甲寅[1]，秦州[2]总管[3]窦轨击薛仁果，不利；骠骑将军刘感镇泾州，仁果围之。城中粮尽，感杀所乘马以分将士，感一无所啖[4]，唯煮马骨取汁和木屑食之。城垂陷[5]者数矣；会长平王叔良[6]将士至泾州，仁果乃扬言食尽，引兵南去；乙卯[7]，又遣高墌[8]人伪以城降。叔良遣感帅众赴之；己未[9]，至城下，扣[10]城中人曰："贼已去，可逾城入。"感命烧其门，城上下水灌之。感知其诈，遣步兵先还，自帅精兵为殿[11]。俄而城上举三烽[12]，仁果兵自南原[13]大下，战于百里细川[14]，唐军大败，感为仁果所擒。仁果复围泾州，令感语城中云："援军已败，不如早降。"感许之，至城下，大呼曰："逆贼饥馁[15]，亡在旦夕，秦王帅数十万众，四面俱集，城中勿忧，勉之！"仁果怒，执感，于城旁埋之至膝；驰骑射之[16]；至死，声色逾厉。叔良婴城[17]固守，仅能自全。感，丰生[18]之孙也。

庚申[19]，陇州[20]刺史陕人常达击薛仁果于宜禄川[21]，斩首千余级。

上遣从子[22]襄武公琛、太常卿[23]郑元琦以女妓遗始毕可汗[24]。壬戌[25]，始毕复遣骨咄禄特勒[26]来。

癸亥[27]，白马[28]道士傅仁均[29]造《戊寅历》[30]成，奏上，行之。

薛仁果屡攻常达[31]，不能克，乃遣其将仵士政以数百人诈降，达厚抚之。乙丑[32]，士政伺隙以其徒劫达，拥[33]城中二千人降于仁果。达见仁果，词色不屈，仁果壮而释之[34]。奴贼帅张贵谓达曰："汝识我乎？"达曰："汝逃死奴贼耳！"贵怒，欲杀之；人救之，得免。

辛未[35]，追谥隋太上皇为炀帝。

宇文化及至魏县[36]，张恺[37]等谋去之；事觉，化及杀之。腹心稍尽[38]，兵势日蹙[39]，兄弟更无他计，但相聚酣宴，奏女乐。化及醉，尤[40]智及[41]曰："我初不知，由汝为计，强来立我。今所向无成，士马日散，负弑君之名，天下所不容。今者灭族，岂不由汝乎！"持[42]其两子而泣。智及怒曰："事捷之日，初不赐尤，及其将败，乃欲归罪，何不杀我以降窦建德！"数相斗阋[43]，言无长幼；醒而复饮，以此为恒[44]。其众多亡，化及自知必败，叹曰："人生固当死，岂不[45]一日为帝乎！"于是鸩杀[46]秦王浩[47]，即皇帝位于魏县，国号许[48]，改元天寿，署置百官。

（以上为第三段，写唐高祖遣兵争陇右，宇文化及在穷途末路时称帝。）

【注释】

［1］甲寅：九月十二日。［2］秦州：州名。治所在今甘肃天水市。［3］总管：官名，督军之官。即地方军政长官。隋及唐初在各州设总管。边镇或大州设大总管。镇守一方者，谓之某州总管，出任征讨者，则称某道行军总管。［4］啖（dàn）：吃。［5］垂陷：将陷。［6］长平王叔良（?—621）：唐高祖从父弟。武德元年拜刑部侍郎，进爵为王。率军御薛举，遭伏击，败绩。武德四年在抵御突厥入侵时战死。传见《旧唐书》卷六十、《新唐书》卷七十八。［7］乙卯：九月十三日。［8］高墌：高墌城，在今陕西长武县西北。［9］己未：九月十七日。［10］扣：叩城门。［11］殿：行军走在最后的。［12］举三烽：烽为烽火，古代报警的火。举三烽，表示至为紧急。

[13]南原：城南高原之地。古代陕西境内地域多以原为名。[14]百里细川：百里，即今甘肃灵台县西南百里镇；细川，即今甘肃泾川县、灵台县一带平川。[15]饥馁：饥饿。[16]驰骑射之：骑着马来回飞驰对他射箭。[17]婴城：围城。[18]丰生：即刘丰（?—549）。字丰生，北齐将领。传见《北齐书》卷二十七。[19]庚申：九月十八日。[20]陇州：州名。治所在今陕西陇县。[21]宜禄川：在邠州与泾州之间。[22]从子：侄子，即从父的儿子。[23]太常卿：官名。为九卿之一，掌宗庙礼仪，兼掌选试博士。[24]始毕可汗（?—619）：东突厥可汗。名咄吉世。传见《旧唐书》卷一百九十四上、《新唐书》卷二百一十五上。[25]壬戌：九月二十日。[26]骨咄禄特勒（?—691）：一作骨笃禄。东突厥可汗。唐高宗、中宗时，屡扰并、岚、妫等州。传见《旧唐书》卷一百九十四上、《新唐书》卷二百一十五上。[27]癸亥：九月二十日。[28]白马：县名。县治在今河南滑县。[29]傅仁均：滑州白马（今河南滑县）人。唐初历法家。传见《旧唐书》卷七十九、《新唐书》卷二百零四。[30]《戊寅历》：唐朝建国，岁在戊寅，故以名历。[31]常达：陕州（今河南三门峡市陕州区）人。拜陇州刺史。传见《旧唐书》卷一百八十七、《新唐书》卷一百九十一。[32]乙丑：九月二十三日。[33]拥：裹胁。[34]壮而释之：称赞其勇敢而释放他。[35]辛未：九月二十九日。[36]魏县：县名。县治在今河北大名县西南。[37]张恺：隋朝官员。宇文化及弑炀帝的同党。后被化及所杀。事迹见《隋书》卷八十五《宇文化及传》。[38]腹心稍尽：心腹之人渐被除尽。[39]日蹙（cù）：日益紧迫。[40]尤：责怨，归咎。[41]智及：即宇文智及，宇文化及弟。传见《隋书》卷八十五。[42]持：扶着。[43]斗阋（xì）：争斗，争吵。[44]以此为恒：常常如此。[45]岂不：何不，难道不。[46]鸩（zhèn）杀：用毒酒杀。[47]秦王浩（?—618）：即杨浩，隋文帝第三子秦孝王杨俊之子。宇文化及弑炀帝，立浩为帝。浩后被宇文化及所杀。传见《隋书》卷四十五。[48]国号许：宇文化及袭封许公，因以为国号。

冬，十月，壬申朔[1]，日有食之。

戊寅[2]，宴突厥骨咄禄，引骨咄禄升御坐以宠之。

李密将至，上遣使迎劳，相望于道[3]。密大喜，谓其徒[4]曰："我拥众百万，一朝解甲[5]归唐，山东连城数百[6]，知我在此，遣使招之，亦当尽至；比于窦融[7]，功亦不细[8]，岂不以一台司[9]见处[10]乎！"己卯[11]，至长安，有司供待稍薄，所部兵累日[12]不得食，众心颇怨。既而以密为光禄卿[13]、上柱国[14]，赐爵邢国公[15]。密既不满望[16]，朝臣又多轻之，执政者或来求贿[17]，意甚不平；独上亲礼之，常呼为弟，以舅子[18]独孤氏妻之。

庚辰[19]，诏右翊卫大将军[20]淮安王神通为山东道安抚大使[21]，山东诸军并受节度；以黄门侍郎崔民干[22]为副。

邓州[23]刺史吕子臧[24]与抚慰使马元规[25]击朱粲，破之。子臧言于元规曰："粲新败，上下危惧，请并力击之，一举可灭。若复迁延[26]，其徒稍集，力强食尽，致死于我，为患方深。"元规不从。子臧请独以所部兵击之，元规不许。既而粲收集余众，兵复大振，自称楚帝于冠军[27]，改元昌达，进攻邓州。子臧抚膺[28]谓元规曰："老夫今坐公死矣[29]！"粲围南阳，会霖雨城坏[30]，所亲[31]劝子臧降。子臧曰："安有天子[32]方伯[33]降贼者乎！"帅麾下赴敌而死[34]。俄而城陷，元规亦死。

癸未[35]，王世充收李密美人珍宝及将卒十余万人还东都，陈于阙[36]下。乙酉[37]，皇泰主大赦。丙戌[38]，以世充为太尉、尚书令、内外诸军事[39]，仍使之开太尉府，备置官属，妙选人物。世充以裴仁基父子骁勇，深礼之。徐文远[40]复入东都，见世充，必先拜。或问曰："君倨[41]见李密而敬王公，何也？"文远曰："魏公，君子也，能容贤士；王公，小人也，能杀故人[42]，吾何敢不拜！"

李密总管李育德[43]以武陟[44]来降，拜陟州[45]刺史。育德，谔[46]之孙也。其余将佐刘德威[47]、贾闰甫[48]、高季辅[49]等，或以城邑，或帅众，相继来降。

初，北海[50]贼帅綦公顺[51]帅其徒三万攻郡城，已克其外郭[52]，进攻子城[53]；城中食尽，公顺自谓克在旦夕，不为备。明经刘兰成[54]纠合城中骁健百余人袭击之，城中见兵继之[55]，公顺大败，弃营走，郡城获全。于是郡官及望族分城中民为六军，各将之，兰成亦将一军。有宋书佐[56]者，离间诸军曰："兰成得众心，必为诸人不利，不如杀之。"众不忍杀，但夺其兵[57]以授宋书佐。兰成恐终及祸，亡奔公顺；公顺军中喜噪[58]，欲奉以为主，固辞，乃以为长史[59]，军事咸听焉。居五十余日，兰成简军中骁健者百五十人，往抄[60]北海。距城四十里，留十人，使多芟草[61]，分为百余积[62]；二十里，又留二十人，各执大旗；五六里，又留三十人，伏险要；兰成自将十人，夜，距城一里许潜伏；

余八十人分置便处[63]，约闻鼓声即抄取人畜亟[64]去，仍一时[65]焚积草。明晨，城中远望无烟尘，皆出樵牧[66]。日向中[67]，兰成以十人直抵城门，城上钲[68]鼓乱发；伏兵四出，抄掠杂畜十余头[69]及樵牧者而去。兰成度抄者已远，徐步而还。城中虽出兵，恐有伏兵，不敢急追；又见前有旌旗、烟火，遂不敢进而还。既而城中知兰成前者[70]众少，悔不穷追。居月余，兰成谋取郡城，更以二十人直抵城门。城中人竞出逐之，行未十里，公顺将大兵总至。郡兵奔驰还城，公顺进兵围之；兰成一言招谕[71]，城中人争出降。兰成抚存老幼，礼遇郡官，见宋书佐，亦礼之如旧，仍资送出境，内外安堵[72]。

时海陵[73]贼帅臧君相闻公顺据北海，帅其众五万来争之；公顺众少，闻之大惧。兰成为公顺画策曰："君相今去此尚远，必不为备，请将军倍道[74]袭击其营。"公顺从之，自将骁勇五千人，赍熟食[75]，倍道袭之。将至，兰成与敢死士二十人前行，距君相营五十里，见其抄者负担[76]向营，兰成亦与其徒负担蔬米、烧器[77]，诈为抄者，择空而行听察[78]，得其号[79]及主将姓名；至暮，与贼比肩而入，负担巡营，知其虚实，得其更号[80]。乃于空地燃火营食，至三鼓，忽于主将幕前交刀乱下，杀百余人，贼众惊扰；公顺兵亦至，急攻之，君相仅以身免，俘斩数千，收其资粮甲仗以还。由是公顺党众大盛[81]。及[82]李密据洛口，公顺以众附之，密败，亦来降。

隋末群盗起，冠军司兵[83]李袭誉[84]说[85]西京[86]留守[87]阴世师[88]遣兵据永丰仓[89]，发粟以赈贫乏，出库物赏战士，移檄[90]郡县，同心讨贼。世师不能用[91]。乃求募兵山南[92]，世师许之。上克长安，自汉中[93]召还，为太府少卿[94]；乙未[95]，附袭誉籍于宗正[96]。袭誉，袭志[97]之弟也。

（以上为第四段，写李密及其部众纷纷降唐，唐王朝力量大增。）

【注释】

[1]壬申朔：十月一日。[2]戊寅：十月七日。[3]相望于道：络绎于道途中。[4]其徒：指其士兵。[5]解甲：脱去铠甲而不事武职。[6]连城数百：每邑一城，故连城即连邑。[7]窦融（前16—62）：东汉初将领。字周公，扶风平陵（今陕西咸阳市西北）人。累世为河西官

吏。窦融以河西归汉光武帝。传见《汉书》卷一百。李密自比窦融。［8］细：小。［9］台司：唐代尚书省为中台，门下省为东台，中书省为西台，总称台省。台司即指这三省之长官令卿而言。［10］见处：见为助词，处即处置、安排。此指待遇。［11］己卯：十月八日。［12］累日：数日。［13］光禄卿：官名。专掌皇室祭品、膳食及招待酒宴之官。［14］上柱国：官名。唐宋以上柱国为武官勋级中的最高级，柱国次之。历代沿用。［15］国公：封爵名。古代五等爵中有公，位第一。隋之国公，位次郡王而在郡公之上。其后历代相沿。［16］不满望：未完全达到希望。［17］求贿：求索财货。［18］舅子：子，古代兼指男女而言。此处为舅父之女。［19］庚辰：十月九日。［20］翊卫大将军：官名。唐代十六卫皆领府兵，府兵分内府与外府。翊卫大将军为内府中最高将领。［21］安抚大使：官名。隋仁寿四年置安抚大使，由行军主帅兼任。唐前期派大臣巡视经战争或受灾地区，以安定社会秩序，称安抚大使或安抚使。［22］崔民干：又名崔干，唐初大臣。事迹见《旧唐书》卷六十五《高士廉传》。［23］邓州：州名。治所在今河南邓州市。［24］吕子臧（?—618）：蒲州（治今山西永济市西南蒲州镇）人。隋末官吏，后归唐，拜邓州刺史。传见《旧唐书》卷一百八十七、《新唐书》卷一百九十一。［25］马元规（?—618）：安陆（今湖北安陆市）人。隋末从李渊征战。武德元年与吕子臧共击朱粲，被朱粲所杀。传见《新唐书》卷一百九十一。［26］迁延：拖延。［27］冠军：县名。县治在今河南邓州市西北。［28］抚膺（yīng）：抚胸。［29］坐公死矣：因你而死定了。［30］会霖雨城坏：碰巧下大雨，城墙毁坏。［31］所亲：亲近的人。［32］天子：古代“君主”的称号。［33］方伯：古代对一方诸侯中的领袖的尊称。［34］赴敌而死：与敌人战斗到死。［35］癸未：十月十二日。［36］阙：宫门前两边供瞭望的楼，泛指帝王的住所。［37］乙酉：十月十四日。［38］丙戌：十月十五日。［39］内外诸军事：据章校，十二行本“内外诸军事”之上有“总督”二字。［40］徐文远：名旷，字文远。洛州偃师（今河南洛阳市偃师区）人。唐高祖授国子博士，封东莞县男。传见《旧唐书》卷一百八十九上、《新唐书》一百九十八。［41］倨：骄傲，傲慢。［42］故人：故旧，老朋友。［43］李育德：赵州（今河北赵县）人。隋末地方豪富。后降唐。拜陟州刺史。后被王世充所杀。传见《新唐书》卷一百九十一。［44］武陟（zhì）：县名。县治在今河南武陟县南。［45］陟州：州名。治所在今河南获嘉县。［46］谔（è）：即李谔，隋朝治书侍御史。传见《隋书》卷六十六。［47］刘德威（582—652）：隋末官吏，降唐后官至刑部尚书。传见《旧唐书》卷七十七、《新唐书》卷一百零六。［48］贾闰甫：李密部属，署为司仓。［49］高季辅（595—653）：蓨县（今河北景县）人。名冯，字季辅。随李密降唐，先后拜监察御史、中书舍人、吏部尚书、侍中。传见《旧唐书》卷七十八、《新唐书》卷一百零四。［50］北海：郡名。治所在今山东青州市。［51］綦（qí）公顺：隋末群雄之一，据青、莱起兵。后归李密。武德二年降唐。［52］郭：古代在城的外围加筑的一道城墙。［53］子城：即内城。［54］刘兰成：隋末北海郡城民。从綦公顺、李密。李密败，降于唐。［55］见兵继之：见，出现。派兵支援。［56］宋书佐：谓姓宋的书佐。书佐，官名。炀帝改郡诸曹参军为书佐。［57］夺其兵：去掉他的兵权。［58］喜噪：因欢喜而大声呼叫。

[59]长史：官名。历代执掌不同。此指负责军事之官。[60]抄：掠夺。[61]芟（shān）草：割草。[62]积：堆。[63]分置便处：分别布置在方便的地方。[64]亟：急迫地。[65]一时：同时。[66]樵牧：打柴放牧。[67]日向中：接近中午。[68]钲：古代行军时用的打击乐器，有柄，形状像钟，但比钟狭而长，用铜制成。[69]十余头：据章校，十二行本"十"作"千"，乙十一行本同，孔本同。[70]前者：前次。[71]招谕：招诱告喻。[72]安堵：安居。[73]海陵：县名。县治在今江苏泰州市。[74]倍道：昼夜兼程。[75]赍（jī）熟食：带着干粮。[76]负担：背着挑着。[77]烧器：锅釜之类。[78]择空而行听察：选择行列空疏的地方打听观察。[79]号：军号、暗号。[80]更号：持更信号。[81]大盛：大增。[82]及：等到。[83]冠军司兵：官名。即冠军府司兵。从六品。[84]李袭誉：唐初大臣。字茂实。狄道（今甘肃临洮县）人。传见《旧唐书》卷五十九、《新唐书》卷九十一。[85]说（shuì）：劝说，说服。[86]西京：隋炀帝建洛阳为东京，因称长安为西京。[87]留守：官名。古代帝王巡幸、出征时，以亲王或重臣镇守京师，处理政务，称京城留守。[88]阴世师（？—617）武威（今甘肃武威市）人。炀帝时左翊卫将军。与代王留守京师。城陷被杀。事迹见《旧唐书·高祖纪》。[89]永丰仓：隋大业初以广通仓改名，在今陕西华阴市东北渭河入黄河口处。[90]移檄：移，谓移其事于他司；檄，官文书之通称。移檄，即用公文通令。[91]世师不能用：阴世师没有采取李袭誉的建议。[92]山南：道名。山南道为唐初十道之一。[93]汉中：秦汉时郡名。隋改为梁州，又改为汉川郡。唐武德元年改为褒州。治所在今陕西汉中市。[94]太府少卿：官名。太府寺副长官，从四品，掌库藏财物。[95]乙未：十月二十四日。[96]附袭誉籍于宗正：李袭誉之先辈，亦出于陇西，与李唐祖先籍贯相同，故附之属籍表示亲重。正：官名。是王室亲族事务机关的长官。唐以其机构为宗正寺，掌天子族亲属籍。[97]李袭志：唐初大臣。李袭誉之兄。字重光。狄道（今甘肃临洮县）人。传见《旧唐书》卷五十九、《新唐书》卷九十一。

丙申[1]，朱粲寇淅州[2]，遣太常卿郑元璹[3]帅步骑一万击之。

是月，纳言窦抗[4]罢为左武候大将军[5]。

十一月，乙巳[6]，凉王李轨[7]即皇帝位，改元安乐。

戊申[8]，王轨以滑州来降。

薛仁果之为太子也，与诸将多有隙；及即位，众心猜惧。郝瑗[9]哭举得疾，遂不起，由是国势浸弱[10]。秦王世民至高墌，仁果使宗罗睺[11]将兵拒之；罗睺数挑战，世民坚壁不出。诸将咸请战，世民曰："我军新败，士气沮丧，贼恃胜而骄，有轻我心，宜闭垒以待之。彼骄我奋[12]，可一战而克也。"乃令军中曰："敢言战者斩！"相持六十余日，仁果粮尽，其将梁胡郎等帅所部来降。世民知仁果将士离心，命行军总管[13]梁实营于浅水原以诱之。罗睺大喜，尽锐[14]攻之，梁实守险不出；营中无水，人马不饮者数日。罗睺攻之甚急；世民度贼已疲，谓诸将曰："可以战矣！"迟明[15]，使右武候大将军庞玉陈于浅水原。罗睺并兵击之，玉战，几不能支，世民引大军自原北出其不意，罗睺引兵还战。世民帅骁骑数十先陷陈，唐兵表里[16]奋击，呼声动地，罗睺士卒大溃，斩首数千级[17]。世民帅二千余骑追之，窦轨叩马[18]苦谏曰："仁果犹据坚城，虽破罗睺，未可轻进，请且按兵[19]以观之。"世民曰："吾虑之久矣，破竹之势，不可失也，舅勿复言！"遂进。仁果陈于城下，世民据泾水[20]临之，仁果骁将浑干等数人临陈来降。仁果惧，引兵入城拒守。日向暮，大军继至，遂围之。夜半，守城者争自投下[21]。仁果计穷，己酉[22]，出降；得其精兵万余人，男女五万口。

诸将皆贺，因问曰："大王一战而胜，遽舍[23]步兵，又无攻具，轻骑直造[24]城下，众皆以为不克，而卒取之，何也？"世民曰："罗睺所将皆陇外[25]之人，将骁卒悍；吾特出其不意而破之，斩获不多。若缓之[26]，则皆入城，仁果抚而用之，未易克也；急之，则散归陇外，折墌虚弱，仁果破胆，不暇[27]为谋，此吾所以克也。"众皆悦服。世民所得降卒，悉使仁果兄弟及宗罗睺、翟长孙等将之，与之射猎，无所疑间[28]。贼畏威衔恩，皆愿效死。世民闻褚亮[29]名，求访，获之，礼遇甚厚，引为王府文学[30]。

上遣使谓世民曰："薛举父子多杀我士卒，必尽诛其党以谢冤魂。"李密谏曰："薛举虐杀无辜，此其所以亡也，陛下何怨焉！怀服之民[31]，不可不抚！"乃命戮其谋首，余皆赦之。

上使李密迎秦王世民于豳州，密自恃智略功名，见上犹有傲色；及见世民，不觉惊服，私谓殷开山曰："真英主也，不如是，何以定祸乱乎！"

诏以员外散骑常侍[32]姜謩[33]为秦州刺史，謩抚以恩信[34]，盗贼悉归首[35]，士民安之。

（以上为第五段，写李世民平定陇右，灭薛仁果。）

【注释】

[1]丙申：十月二十五日。［2］淅州：州名。治所在今河南淅川县西南。［3］郑元琫（?—646）：唐初大臣。郑州荥泽（今河南郑州市）人。字德芳。传见《旧唐书》卷六十二、《新唐书》卷一百。［4］窦抗（?—621）：唐初大臣。岐州（今陕西宝鸡市凤翔区）人。字道生。传见《旧唐书》卷六十一、《新唐书》卷九十五。［5］左武候大将军：官名。隋代左右武卫、左右武候各置大将军，为禁军高级武官。而《唐六典》及《旧唐书·职官志》，俱无此官，未审何故。［6］乙巳：十一月四日。［7］李轨（?—619）：隋末地方割据者。凉州姑臧（今甘肃武威市）人。字处则。传见《旧唐书》卷五十五、《新唐书》卷八十六。［8］戊申：十一月七日。［9］郝瑗：薛举部将。事迹见《旧唐书》卷五十五、《新唐书》卷八十六《薛举传》。［10］浸弱：渐弱。［11］宗罗睺（hóu）：薛举部将。事迹见《旧唐书·薛举传》。［12］奋：奋发。［13］行军总管：官名。督军之官。隋唐时在各州设总管。边镇或大州设大总管。镇守一方者，谓之某州总管，出任征讨者，则称某道行军总管。［14］尽锐：派出所有精兵。［15］迟明：黎明。［16］表里：内外。［17］级：首级。古代指战争中或用刑时斩下的人头。［18］叩马：拦马。［19］按兵：使军队暂不行动，等待时机。［20］泾水：水名。发源于甘肃，流入陕西。［21］投下：于城下投降。［22］己酉：十一月八日。［23］遽舍：竟然舍去。［24］造：至。［25］陇外：即陇西、陇右。［26］缓之：缓而不追。［27］不暇：没时间。［28］疑间：怀疑离间。［29］褚亮（560—647）：唐初学者。字希明。原籍阳翟（今河南禹州市），徙居钱塘（今浙江杭州市）。历陈、隋、唐三朝。贞观中，官至散骑常侍。传见《旧唐书》卷七十二、《新唐书》卷一〇二。［30］文学：官名。汉代于州郡及诸侯国置“文学”，略如后世的教官。隋唐亲王府有文学。［31］怀服之民：心存归服之民。［32］员外散骑常侍：官名。在皇帝左右规谏过失，以备顾问。［33］姜謩（mó）：上邽（今甘肃天水市）人。隋末为晋阳长，高祖引入司功参军。及平薛仁果，擢秦州刺史。传见《旧唐书》卷五十九，《新唐书》卷九十一。［34］恩信：恩德而有信用。［35］归首：归服自首。

徐世勣据李密旧境，未有所属。魏徵随密至长安，乃自请安集[1]山东，上以为秘书丞[2]，乘传[3]至黎阳，遗[4]徐世勣书，劝之早降。世勣遂决计西向，谓长史阳翟[5]郭孝恪[6]曰：“此民众土地，皆魏公[7]有也；吾若上表献之，是利主之败[8]，自为功以邀富贵也，吾实耻之。今宜籍[9]郡县户口士马之数以启[10]魏公，使自献之。”乃遣孝恪诣[11]长安，又运粮以饷淮安王神通。上闻世勣使者至，无表[12]，止有启与密，甚怪之。孝恪具言[13]世勣意，上乃叹曰：“徐世勣不背德[14]，不邀功，真纯臣也！”赐姓李。以孝恪为宋州[15]刺史，使与世勣经略虎牢以东，所得州县，委之选补[16]。

癸丑[17]，独孤怀恩攻尧君素[18]于蒲反[19]。行军总管赵慈景尚[20]帝女桂阳公主，为君素所擒，枭首[21]城外，以示无降意。

癸亥[22]，秦王世民至长安，斩薛仁果于市，赐常达帛三百段[23]。赠刘感[24]平原郡公[25]，谥忠壮。扑杀[26]仵士政于殿庭。以张贵尤淫暴，腰斩之。上享劳将士，因谓群臣曰："诸公共相翊戴[27]以成帝业，若天下承平[28]，可共保富贵。使王世充得志，公等岂有种[29]乎！"如[30]薛仁果君臣，岂可不以为前鉴也！"己巳[31]，以刘文静为户部尚书，领陕东[32]道行台左仆射；复殷开山爵位[33]。

李密骄贵日久，又自负[34]归国之功，朝廷待之不副本望[35]，郁郁不乐。尝遇大朝会，密为光禄卿，当进食[36]，深以为耻；退[37]，以告左武卫大将军[38]王伯当。伯当心亦怏怏，因谓密曰："天下事在公度内[39]耳。今东海公[40]在黎阳，襄阳公[41]在罗口[42]，河南兵马，屈指可计[43]，岂得久如此也！"密大喜，乃献策于上曰："臣虚蒙荣宠，安坐京师，曾无报效；山东之众皆臣故时麾下，请往收而抚之。凭藉国威，取王世充如拾地芥[44]耳！"上闻密故将士多不附世充，亦欲遣密往收之，群臣多谏曰："李密狡猾好反，今遣之，如投鱼于泉，放虎于山，必不反[45]矣！"上曰："帝王自有天命，非小子所能取[46]。借使[47]叛去，如以蒿箭射蒿中[48]耳！今使二贼交斗[49]，吾可以坐收其弊。"辛未[50]，遣密诣山东，收其余众之未下者[51]。密请与贾闰甫偕行，上许之，命密及闰甫同升御榻[52]，赐食，传饮卮[53]酒曰："吾三人同饮是酒以明同心，善建功名，以副朕意。丈夫一言许人，千金不易。有人确执[54]不欲弟行[55]，朕推赤心于弟，非他人所能间也。"密、闰甫再拜受命。上又以王伯当为密副而遣之。

（以上为第六段，写唐高祖在徐世勣降唐的情况下，遣李密东行招抚旧部，其实是故意纵虎归山，李密不安本分而中其圈套，无所作为是必然的。）

【注释】

[1]安集：安定集聚。 [2]秘书丞：官名。秘书省的副长官，从五品上，掌判省事。[3]乘传：乘驿车。 [4]遗（wèi）：赠送，给予。 [5]阳翟：县名。县治在今河南禹州市。[6]郭孝恪（?—648）：阳翟（今河南禹州市）人。秦王李世民用其谋平窦建德，迁上柱国。历

贝、赵、江、泾四州刺史。贞观中拜昆丘道副大总管。传见《旧唐书》卷八十三、《新唐书》卷一百十一。[7]魏公：李密建国，称魏公。[8]利主之败：以主人的失败当自己的利益。[9]宜籍：应编算。[10]启：古代文书的一种。唐时，凡下达上，其制有六：表、状、牋、启、辞、牒。[11]诣：到。[12]无表：无上天子的表疏。[13]具言：备言。[14]不背德：不背违有恩德之人。即不忘恩。[15]宋州：州名。治所在今河南商丘市。[16]委之选补：指委任选派官吏。[17]癸丑：十一月十二日。[18]尧君素（?—618）：汤阴（今河南汤阴县东）人。炀帝时累迁鹰击郎将。大业末署河东通守。传见《隋书》卷七十一。[19]蒲反：县名。本为蒲坂，西汉时一度改为蒲反，东汉复为蒲坂县。县治在今山西永济市西南蒲州镇。[20]尚：娶公主为妻曰尚。[21]枭（xiāo）首：旧时的刑罚，把人头砍下并悬挂起来示众。[22]癸亥：十一月二十二日。[23]帛三百段：唐制：凡赐十段，其率绢三匹，布三端，绵四屯。若杂彩十段，则丝布二匹，紬二匹，绫二匹，缦四匹。[24]刘感：凤泉（今陕西眉县东南）人。武德初以骠骑将军戍泾州。传见《旧唐书》卷一百八十七、《新唐书》卷一百九十一。[25]郡公：爵名。晋始定郡公制度，历代因之。唐代郡公为正二品。[26]扑杀：击杀。[27]翊（yì）戴：辅佐拥戴。[28]承平：太平。[29]种：种族。[30]如：像。[31]己巳：十一月二十八日。[32]陕东：指今河南三门峡市陕州区以东黄河下游地区。[33]复殷开山爵位：殷开山（?—619），名峤，字开山。鄠县（今陕西西安市鄠邑区）人。仕隋太谷长。唐高祖起兵，召补大将军掾。随太宗征讨薛举，因违背太宗告诫，兵败除名。后从平薛仁果，复其爵位。传见《旧唐书》卷五十八、《新唐书》卷九十。[34]自负：自恃。[35]不副本望：不符合本来的愿望。[36]当进食：依职掌当供给膳馐。[37]退：罢宴之后。[38]武卫大将军：官名。魏文帝置武卫将军以主禁旅。隋唐武卫为十六卫之一，分左、右，各置大将军一人、将军二人统领。[39]度内：计划之中。[40]东海公：李密封徐世勣为东海公。[41]襄阳公：胡注："襄阳公，未知为谁。按李密将张善相时为伊州刺史，据襄城，自襄城北出则罗口。盖李密封善相为襄城公，伯当指言之也。'襄阳公'，疑当作'襄城公'。"[42]罗口：即罗口城。在今河南巩义市西南。[43]屈指可计：弯着指头可以计算出。[44]拾地芥：地芥，指横在地上的草芥。拾地芥，谓俯而拾之，极易得到。[45]反：返。[46]非小子所能取：小子决不能取得帝王之位。小子，对人的贬称。[47]借使：假使。[48]以蒿箭射蒿中：蒿为贱而无用之物。剡蒿为箭，射之蒿中，言其无用而不足惜。[49]交斗：相斗。[50]辛未：十一月无此日。应为十二月一日。[51]未下者：没有投降王世充的人。[52]御榻：天子所用之榻。礼遇稍重，每引见，即升御榻。[53]卮（zhī）：古代一种盛酒器。[54]确执：坚持。[55]不欲弟行：不要吾弟前去。

有大鸟五[1]集于乐寿[2]，群鸟数万从之，经日乃去。窦建德以为己瑞，改元五凤。宗城[3]人有得玄圭[4]献于建德者，宋正本[5]及景城[6]丞[7]会稽[8]孔德绍[9]皆曰："此天所以赐大禹也，请改国号曰夏[10]。"建德从之，以正本为纳言，德绍为内史侍郎。

初，王须拔[11]掠幽州[12]，中流矢死，其将魏刀儿[13]代领其众，据深泽[14]，掠冀、定[15]之间，众至十万，自称魏帝。建德伪与连和，刀儿弛备[16]，建德袭击破之，遂围深泽；其徒执刀儿降，建德斩之，尽并其众。

易、定[17]等州皆降，唯冀州刺史麹稜[18]不下。稜婿崔履行[19]，暹[20]之孙也，自言有奇术，可使攻者自败，稜信之。履行命守城者皆坐，毋得妄斗，曰："贼虽登城，汝曹勿怖，吾将使贼自缚。"于是为坛，夜，设章醮[21]，然后自衣衰绖[22]，杖竹登北楼恸哭；又令妇女升屋四面振裙[23]。建德攻之急，稜将战，履行固止之。俄而城陷，履行哭犹未已。建德见稜曰："卿忠臣也！"厚礼之，以为内史令[24]。

十二月，壬申[25]，诏以秦王世民为太尉、使持节[26]、陕东道大行台[27]，其蒲州[28]、河北诸府[29]兵马并受节度。

癸酉[30]，西突厥曷娑那[31]可汗自宇文化及所来降。

隋将尧君素守河东，上遣吕绍宗、韦义节、独孤怀恩相继攻之，俱不下。时外围严急，君素为[32]木鹅，置表于颈[33]，具论事势，浮之于河；河阳守者得之，达于东都。皇泰主见而叹息，拜君素金紫光禄大夫。庞玉[34]、皇甫无逸[35]自东都来降，上悉遣诣城下，为陈利害，君素不从。又赐金券，许以不死。其妻又至城下，谓之曰："隋室已亡，君何自苦！"君素曰："天下名义[36]，非妇人所知！"引弓射之，应弦而倒。君素亦自知不济[37]，然志在守死，每言及国家，未尝不歔欷[38]。谓将士曰："吾昔事主上于藩邸[39]，大义不得不死。必若隋祚[40]永终，天命有属，自当断头以付诸君，听[41]君等持取[42]富贵。今城池甚固，仓储丰备，大事犹未可知，不可横生[43]心也！"君素性严明，善御[44]众，下莫敢叛。久之，仓粟尽，人相食；又获[45]外人，微知[46]江都倾覆。丙子[47]，君素左右薛宗、李楚客杀君素以降，传首长安。君素遣朝散大夫[48]解[49]人王行本[50]将精兵七百在他所[51]，闻之，赴救不及，因捕杀君素者党与[52]数百人，悉诛之，复乘城[53]拒守，独孤怀恩引兵围之。

丁酉[54]，隋襄平太守[55]邓暠[56]以柳城[57]、北平[58]二郡来降，以暠为营州[59]总管。

辛巳[60]，太常卿郑元璹击朱粲于商州[61]，破之。

初，宇文化及遣使招罗艺，艺曰："我隋臣也。"斩其使者，为炀帝发丧，临三日[62]。窦建德、高开道各遣使招之，艺曰："建德、开道，皆剧[63]贼耳！吾闻唐公已定关中，人望[64]归之。此真吾主也，吾将从之，敢沮议[65]者斩！"会张道源慰抚山东，艺遂奉表，与渔阳[66]、上谷[67]等诸郡皆来降。癸未[68]，诏以艺为幽州总管。薛万均，世雄[69]之子也，与弟万彻俱以勇略为艺所亲待，诏以万均为上柱国、永安郡公，万彻为车骑将军[70]、武安县公[71]。

窦建德既克冀州，兵威益盛，师众十万寇幽州。艺将逆战[72]，万均曰："彼众我寡，出战必败，不若使羸兵[73]背城阻水为陈[74]，彼必渡水击我。万均请以精骑百人伏于城旁，俟其半渡击之，蔑[75]不胜矣。"艺从之。建德果引兵渡水，万均邀击，大破之。建德竟不能至其城下，乃分兵掠霍堡[76]及雍奴[77]等县，艺复邀击，败之。凡相拒百余日，建德不能克，乃还乐寿[78]。

艺得隋通直谒者[79]温彦博[80]，以为司马。艺以幽州归国，彦博赞成之；诏以彦博为幽州总管府长史，未几，征为中书侍郎[81]。兄大雅，时为黄门侍郎，与彦博对居近密[82]，时人荣[83]之。

以西突厥曷娑那可汗为归义王[84]，曷娑那献大珠，上曰："珠诚至宝；然朕宝王赤心[85]，珠无所用。"竟还之。

乙酉[86]，车驾幸周氏陂[87]，过故墅[88]。

初，羌[89]豪旁企地[90]以所部附薛举，及薛仁果败，企地来降，留长安。企地不乐，帅其众数千叛，入南山[91]，出汉川[92]，所过杀掠。武候大将军庞玉击之，为企地所败。企地行至始州[93]，掠女子王氏，与俱醉卧野外；王氏拔其佩刀，斩首送梁州[94]，其众遂溃。诏赐王氏号为崇义夫人。

壬辰[95]，王世充帅众三万围谷州[96]，刺史任瑰拒却之。

（以上为第七段，写唐平定河东，窦建德得势于河北。）

【注释】

［1］大鸟五：五只大鸟。［2］乐寿：县名。县治在今河北献县西南。［3］宗城：县名。县治在今河北威县东。［4］玄圭：黑色的玉器。据说大禹治水，天赐之玄圭，终告成功。［5］宋正本（?—620）：窦建德部将。［6］景城：县名。县治在今河北沧州市西。［7］丞：官名。多作为辅佐官员的称号。隋唐时，县置令、丞。［8］会稽：郡名。治所在今浙江绍兴市。［9］孔德绍：隋朝著名文学之士，后从窦建德。宋正本、孔德绍事迹，均见两《唐书·窦建德传》。［10］改国号曰夏：窦建德初称长乐王。［11］王须拔：隋末河北义军首领。上谷（今河北易县）人。事迹见《旧唐书》卷五十四、《新唐书》卷八十五《窦建德传》。［12］幽州：州名。治所在今北京市。［13］魏刀儿（?—618）：隋末河北义军首领。事迹见两《唐书·窦建德传》。［14］深泽：县名。县治在今河北深泽县。［15］冀、定：州名。冀州，治所在今河北衡水市冀州区。定州，治所在今河北定州市。［16］弛备：放松守备。［17］易、定：皆州名。易州，治所在今河北易县。［18］麹稜（?—621）：唐初冀州刺史。后被刘黑闼所杀。事迹见《新唐书》卷八十五《窦建德传》。［19］崔履行：麹稜之婿，崔暹（xiān）之孙。［20］暹：指崔暹（?—559），字季伦。博陵安平（今河北安平县）人。北齐大臣，累迁至尚书右仆射。为官有盛名。传见《北齐书》卷三十。［21］设章醮：道家所作之法事。［22］自衣衰绖（dié）：自己穿上丧服。［23］振裙：将裙向空中振抖。［24］内史令：官名。隋初改中书省为内史省，中书令为内史令。内史令正三品，为事实上的宰相。［25］壬申：十二月二日。［26］使持节：魏晋以后，掌地方军政的官往往加使持节的称号，给以诛杀中级以下官吏之权。次一等的称持节，再次称假节。［27］大行台：东汉以后，朝廷政务由三公改归台阁（尚书），习惯上遂称朝廷为“台”。晋以后，朝官称台官，军称台军。在地方代表朝廷行尚书省事的机构称行台。由军事征伐而设置，若任职的人权位特重，则称大行台。唐初亦置行台。［28］蒲州：州名。治所在今山西永济市西南蒲州镇。［29］诸府：指诸总管府。［30］癸酉：十二月三日。［31］曷娑那：即处罗可汗。因从炀帝征高丽，赐号为曷娑那可汗。炀帝被杀，从宇文化及至河北。化及败，故从其所来，归长安，高祖封归义郡王。传见《旧唐书》一百九十四、《新唐书》卷二百一十五。［32］为：制作。［33］置表于颈：将表疏置于木鹅的脖子上。［34］庞玉：泾阳（今陕西泾阳县）人。初仕隋，后降于唐。累官至梁州总管。事迹见《旧唐书》卷二《太宗纪》。［35］皇甫无逸：安定（今甘肃泾川县）人。字仁俭。隋旧臣。入唐为御史大夫、益州大都督。传见《旧唐书》卷六十二、《新唐书》卷九十一。［36］天下名义：君臣之义。［37］不济：不成。［38］歔欷：哽咽，抽噎。［39］昔事主上于藩邸：据《隋书·尧君素传》，炀帝为晋王，君素以左右从。［40］祚：君主的福运。［41］听：听任。［42］持取：换取。［43］横生：乱生。［44］御：统帅，驾御。［45］获：俘虏。［46］微知：稍知。［47］丙子：十二月六日。［48］朝散大夫：官名。从五品。隋置，赐文武官员中德高望重者。唐因之。

[49]解：县名。县治在今山西运城市西南解州镇。［50]王行本：隋河东守将。尧君素死后，据蒲州拒守。武德三年（620）降唐。事迹见《旧唐书》卷一百八十三《独孤怀恩传》等。［51]在他所：驻扎他地。［52]捕杀君素者党与：逮捕杀害君素的同党。［53]乘城：凭城。［54]丁酉：据章校，十二行本“酉”作“丑”。丁丑为十二月七日。［55]太守：官名。为一郡之最高行政长官。［56]邓暠：隋襄平（今辽宁辽阳市）太守。武德元年（618）降唐，署为营州总管。事迹见《旧唐书》卷五十六《罗艺传》。［57]柳城：郡名。治所在今辽宁朝阳市。［58]北平：郡名。治所在今河北卢龙县。［59]营州：州名。治所在今辽宁朝阳市。［60]辛巳：十二月十一日。［61]商州：州名。治所在今陕西商洛市商州区。［62]临三日：哭三日。［63]剧：凶烈，厉害。［64]人望：众望。［65]沮议：阻止，反对。［66]渔阳：郡名。治所在今天津市蓟州区。［67]上谷：郡名。治所在今河北易县。［68]癸未：十二月十三日。［69]世雄：薛世雄（555—617)：隋将领。字世英，河东汾阴（今山西万荣县西）人。炀帝时，官至左御卫大将军、涿郡留守。其子万淑、万均、万彻、万备均为唐朝立下战功。四子传均见《旧唐书》卷六十九、《新唐书》卷九十四。［70]车骑将军：官名。为诸卫郎将之职，正五品。［71]县公：爵名。唐代县公为从二品。［72]逆战：迎战。［73]羸兵：弱兵。［74]背城阻水为陈：背后依城，面对河水摆阵。［75]蔑：无。［76]霍堡：当乱世时，霍氏宗党筑堡以自固，因以为名。［77]雍奴：县名。县治在今天津市武清区西北。［78]乐寿：县名。县治在今河北献县西南。［79]谒者：始置于春秋、战国，为国君掌管传达之事。南北朝时常引见臣下，传达使命。隋置通事谒者。唐为通事舍人。［80]温彦博（573—636)：唐初大臣。字大临，并州祁县（今山西祁县东南）人。官至中书令，封虞国公，进尚书右仆射。传见《旧唐书》卷六十一、《新唐书》卷九十一。［81]中书侍郎：官名。晋代始置，为中书省长官中书监、令之副职。唐初曾改称西台侍郎、凤阁侍郎。唐宋多以中书侍郎、同中书门下平章事为宰相之职衔。因中书令不轻易授人，故中书侍郎亦等于中书省的长官。［82]对居近密：黄门侍郎居门下省，谓之东省；中书侍郎居中书省，谓之西省，故曰对居近密。［83]荣：称赞。［84]归义王：《旧唐书·突厥传》下，归义王作归义郡王。按同书《职官志》一，王，正一品。［85]宝王赤心：以王的忠心为宝。［86]乙酉：十二月十五日。［87]周氏陂：地名。在今陕西咸阳市东北。［88]故墅：地名。在今陕西西安市高陵区西。皇上旧所居。武德六年（623）改名为龙跃宫。［89]羌：中国古代少数民族名。主要分布在今甘、青、川一带。［90]旁企地：人名。为羌族部众首领。旁为羌姓，读作“傍”。［91]南山：一名终南山、中南山、周南山。即今陕西秦岭山脉。［92]汉川：郡名。治所在今陕西汉中市。［93]始州：州名。治所在今四川剑阁县。［94]梁州：州名。唐改隋之汉川郡为梁州。治所在今陕西汉中市。［95]壬辰：十二月二十二日。［96]谷州：州名。治所在今河南新安县。

上使李密分其麾下之半留华州[1]，将其半出关[2]。长史张宝德预在行中[3]，恐密亡去，罪相及；上封事[4]，言其必叛。上意乃中变[5]，又恐密惊骇，乃降敕书劳来，令密留所部徐行，单骑入朝，更受节度。

密至稠桑[6]，得敕，谓贾闰甫曰："敕遣我去，无故复召我还，天子鄬云[7]，'有人确执不许'，此谮行矣[8]。吾今若还，无复生理[9]，不若破桃林县[10]，收其兵粮，北走渡河，比信达熊州[11]，吾已远矣。苟得至黎阳，大事必成。公意如何？"闰甫曰："主上待明公甚厚；况国家姓名，著在图谶[12]，天下终当一统。明公既已委质[13]，复生异图；任瓌、史万宝据熊、谷二州，此事朝举[14]，彼兵夕至，虽克桃林，兵岂暇集[15]，一称叛逆，谁复容人！为明公计，不若且应朝命，以明元无[16]异心，自然浸润[17]不行；更欲出就[18]山东，徐思其便[19]可也。"密怒曰："唐使吾与绛、灌[20]同列，何以堪之！且谶文之应，彼我所共[21]。今不杀我，听使东行，足明王者不死[22]；纵使唐遂定关中，山东终为我有。天与不取[23]，乃欲束手投人[24]！公，吾之心腹，何意如是[25]！若不同心，当斩而后行！"闰甫泣曰："明公虽云应谶，近察天人[26]，稍已相违。今海内分崩，人思自擅，强者为雄；明公奔亡甫尔[27]，谁相听受！且自翟让受戮之后，人皆谓明公弃恩忘本，今日谁肯复以所有之兵束手委公[28]乎！彼必虑公见夺，逆相拒抗，一朝失势，岂有容足之地哉！自非荷恩殊厚[29]者，讵[30]肯深言不讳乎！愿明公熟思之，但恐大福不再。苟明公有所措身[31]，闰甫亦何辞就戮[32]！"密大怒，挥刃欲击之；王伯当等固请，乃释之。闰甫奔熊州。伯当亦止密，以为未可；密不从。伯当乃曰："义士之志，不以存亡易心[33]。公必不听，伯当与公同死耳！然恐终无益也。"

密因执使者，斩之。庚子旦[34]，密给[35]桃林县官曰："奉诏暂还京师，家人请寄县舍。"乃简骁勇数十人，著妇人衣，戴羃䍦[36]，藏刀裙下，诈为妻妾，自帅之入县舍，须臾，变服突出，因据县城。驱掠徒众，直趣[37]南山，乘险而东，遣人驰告故将伊州[38]刺史襄城[39]张善相，令以兵应接。

右翊卫将军[40]史万宝镇熊州，谓行军总管盛彦师[41]曰："李密，骁贼[42]也，又辅以王伯当，今决策而叛，殆[43]不可当也。"彦师笑曰：

“请以数千之众邀[44]之，必枭其首。”万宝曰：“公以何策能尔？”彦师曰：“兵法尚诈，不可为公言之。”即帅众逾熊耳山[45]南，据要道，令弓弩夹路乘高，刀楯伏于溪谷[46]，令之曰：“俟[47]贼半渡，一时俱发。”或问曰：“闻李密欲向洛州[48]，而公入山，何也？”彦师曰：“密声言向洛，实欲出人不意，走襄城，就[49]张善相耳。若贼入谷口，我自后追之，山路险隘，无所施力，一夫殿后[50]，必不能制。今吾先得入谷，擒之必矣。”

李密既渡陕，以为余不足虑，遂拥众徐行，果逾山南出。彦师击之，密众首尾断绝，不得相救，遂斩密及伯当，俱传首长安。彦师以功赐爵[51]葛国公，仍领熊州。

李世勣在黎阳，上遣使以密首示之，告以反状。世勣北面拜伏号恸，表请收葬；诏归其尸[52]。世勣为之行服[53]，备君臣之礼。大具[54]仪卫，举军缟素，葬密于黎阳山[55]南。密素得士心，哭者多欧血[56]。

（以上为第八段，写李密叛唐，不得士众心，悲剧结局。）

【注释】

[1]华州：州名。治所在今陕西渭南市华州区。 [2]关：关名。此指潼关。 [3]预在行中：与军队同行。 [4]封事：古时臣下上书奏事，防有泄漏，以袋封缄，称为封事。上封事，即奏上密表。 [5]上意乃中变：皇上的心意才中途改变。 [6]稠桑：驿名。在今河南灵宝市北黄河南岸。 [7]曩云：以前说。 [8]此谮行矣：这表示已听到了诬陷的话。谮（zèn），说坏话诬陷别人。 [9]无复生理：没有再生存的理由。 [10]桃林县：县名。县治在今河南灵宝市北老城。 [11]比信达熊州：等到消息传到熊州。熊州，州名。治所在今河南宜阳县西。 [12]图谶（chèn）：方士、巫师编造的隐语或预言叫谶。他们宣扬，这些隐语或预言都是出自“天意”，必将应验。谶附有图，因此叫“图谶”。 [13]委质：本谓初次拜见尊长时送礼。引申为臣服、归顺。[14]朝举：早上反叛。 [15]兵岂暇集：哪里有时间聚集兵士？ [16]元无：本无。 [17]浸润：谮人之言，如水之浸润，渐以成之。 [18]出就：开拓。 [19]徐思其便：慢慢找适当的机会。 [20]绛、灌：指汉初大臣周勃、灌婴。周勃（？—前169），汉初大臣。沛县（今属江苏沛县）人。封绛侯。灌婴，睢阳（今河南商丘市南）人。与周勃共立文帝，任丞相。二人传分别见《汉书》卷四十、四十一。 [21]谶文之应，彼我所共：谶文说姓李的当为天子，而李密与唐室均为李姓。[22]王者不死：为王的，决不至中途死亡。 [23]天与不取：老天给予而不取。 [24]束手投人：束缚双手而投降于人。 [25]何意如是：何料竟如此议论。 [26]天人：天道人心。 [27]奔亡

甫尔：如此奔亡。［28］委公：委身于公。［29］荷恩殊厚：蒙受特殊恩惠。［30］讵：副词。表示反问，相当于现代汉语的“难道”，“哪里”。［31］有所措身：有安身之处。［32］就戮：被戮。［33］不以存亡易心：不以存亡之故而变易其心志。［34］庚子旦：十二月三十日早晨。［35］绐（dài）：哄骗，欺骗。［36］幂䍦（lí）：《旧唐书·舆服志》：“武德贞观之时，宫人骑马者，依齐隋旧制，多著幂䍦，虽发自戎夷，而全身障蔽，不欲途路窥之。王公之家亦同此制。”可知幂䍦为古代的一种头巾。用以遮盖头脸，不使人看到。［37］趣：趋向，奔赴。［38］伊州：州名。治所在今河南嵩县东北。［39］襄城：地名。一作新城。即今河南襄城县。［40］翊（yì）卫将军：官名。侍卫之官。隋始置，唐因之。［41］盛彦师（？—623）：宋州虞城（今河南虞城县）人。隋末为澄城长，归唐授行军总管。传见《旧唐书》卷六十九、《新唐书》卷九十四。［42］骁贼：骁勇的贼寇。［43］殆（dài）：副词。大概，恐怕。［44］邀：拦截。［45］熊耳山：山名。在河南卢氏县南。［46］令弓弩夹路乘高，刀楯伏于溪谷：让弓箭手守在路的两旁高地，持刀楯的埋伏在溪谷。楯（dùn），通“盾”，盾牌。［47］俟：等到。［48］洛州：州名。治所在今河南洛阳市东北。［49］就：从，靠近。［50］殿后：行军走在最后的。［51］爵：周代爵位有五等：公、侯、伯、子、男。三国以后，历代封爵制度不尽相同，但同姓封王却是一致的。异姓一般分公、侯、伯、子、男。［52］诏归其尸：诏命将李密的尸体归李世勣处理。［53］行服：着丧服。［54］大具：盛备。［55］黎阳山：即黎山。在今河南浚县东南。［56］欧血：吐血。

隋右武卫大将军李景守北平[1]，高开道围之，岁余不能克。辽西[2]太守邓暠将兵救之，景帅其众迁于柳城；后将还幽州，于道为盗所杀。开道遂取北平，进陷渔阳郡，有马数千匹，众且万，自称燕王，改元始兴，都渔阳。

怀戎[3]沙门[4]高昙晟因县令设斋[5]，士民大集，昙晟与僧五千人拥斋众而反，杀县令及镇将，自称大乘[6]皇帝，立尼静宣为邪输皇后，改元法轮[7]。遣使招开道，立为齐王。开道帅众五千人归之，居数月，袭杀昙晟，悉并其众。

有犯法不至死[8]者，上特命杀之。监察御史[9]李素立[10]谏曰：“三尺法[11]，王者所与天下共[12]也；法一动摇，人无所措手足。陛下甫创洪业[13]，奈何弃法！臣忝法司[14]，不敢奉诏。”上从之。自是特承恩遇，命所司授以七品清要官[15]；所司拟雍州[16]司户[17]，上曰：“此官要而不清。”又拟秘书郎[18]，上曰：“此官清而不要。”遂擢[19]授侍御史[20]。素立，义深[21]之曾孙也。

上以舞胡[22]安比奴为散骑侍郎[23]。礼部尚书李纲谏曰："古者乐工不与士齿[24]，虽贤如子野、师襄[25]，皆世不易其业[26]。唯齐末[27]封曹妙达为王，安马驹为开府[28]，有国家者以为殷鉴[29]。今天下新定，建义功臣[30]，行赏未遍，高才硕学，犹滞草莱[31]；而先擢舞胡为五品，使鸣玉曳组[32]，趋翔廊庙[33]，非所以规模[34]后世也。"上不从，曰："吾业已[35]授之，不可追也。"

陈岳[36]论曰：受命之主，发号出令，为子孙法[37]；一不中理[38]，则为厉阶[39]。今高祖曰"业已授之，不可追"，苟授之而是，则已；授之而非，胡[40]不可追欤[41]！君人之道[42]，不得不以"业已授之"为诫哉！

李轨吏部尚书[43]梁硕，有智略[44]，轨常倚之以为谋主。硕见诸胡浸盛[45]，阴[46]劝轨宜加防察[47]，由是与户部尚书安修仁有隙。轨子仲琰尝诣[48]硕，硕不为礼，乃与修仁共谮硕于轨，诬以谋反，轨鸩[49]硕，杀之。有胡巫谓轨曰："上帝当遣玉女自天而降。"轨信之，发民筑台以候玉女，劳费甚广。河右[50]饥，人相食，轨倾家财以赈之；不足，欲发仓粟，召群臣议之，曹珍等皆曰："国以民为本，岂可爱仓粟而坐视其死乎！"谢统师[51]等皆故隋官，心终不服，密与群胡为党，排轨故人，乃诟[52]珍曰："百姓饿者自是羸弱，勇壮之士终不至此。国家仓粟以备不虞[53]，岂可散之以饲羸弱！仆射苟悦[54]人情，不为国计，非忠臣也。"轨以为然，由是士民离怨。

（以上为第九段，写高开道割据幽州；唐高祖纳谏；李轨不恤民而衰败。）

【注释】

[1]北平：县名。县治在今河南方城县东南。 [2]辽西：郡名。治所在今辽宁朝阳市。 [3]怀戎：县名。县治在今河北涿鹿县西南桑干河南岸。 [4]沙门：佛教称谓。原为古印度反婆罗门教思潮各个派别出家者的通称，佛教盛行后专指佛教僧侣。 [5]斋：舍饭给僧人。 [6]大乘：一世纪左右形成的佛教派别，亦名大乘佛教。 [7]法轮：佛教名称。对佛法的喻称。 [8]不至死：不及死罪。 [9]监察御史：官名。唐代御史台分为三院，其中监察御史属察院，职掌"分察百僚，巡按郡县，纠视刑狱，肃整朝仪"（《唐六典》），品秩低而权限广。 [10]李素立：高邑（今属河

北）人，武德初擢监察御史，后擢侍御史，贞观中转扬州大都督府司马。后历绵州、蒲州刺史。传见《旧唐书》卷一八五上、《新唐书》卷一九七。［11］三尺法：指法律。古时把法律条文写在三尺长的竹简上，故称为“三尺法”，也简称“三尺”。［12］王者所与天下共：法律是君王与天下人共守的准则。［13］甫创洪业：刚刚创下大业。［14］臣忝（tiǎn）司法：臣忝为掌法之有司。忝，愧。［15］清要官：高贵显要的官。［16］雍州：州名。治所在今陕西西安市西北。［17］司户：官名。汉、魏以下有户曹掾，主管民户，为郡的佐吏。唐制，在府曰户曹参军，在州曰司户参军，在县曰司户。［18］秘书郎：官名。魏晋时置，属秘书省，掌管图书经籍的收藏管理事务。［19］擢：提拔。［20］侍御史：官名。掌推鞫、弹劾、举荐等。［21］义深：李义深（495—552），赵郡高邑（今河北柏乡县北）人。仕北齐，为梁州刺史。传见《北齐书》卷二十二。［22］舞胡：胡人中善歌舞者。［23］散骑侍郎：官名。魏晋时置，其后或置或省。唐武德初，置之作为加官。贞观初，改置为散骑常侍，为职事官，隶属门下省，作为加官。［24］不与士齿：不与士为伍。齿，并列、排列。［25］子野、师襄：子野，晋乐师旷的字。襄，鲁乐师。［26］世不易其业：子孙世袭为乐工。［27］齐末：指齐后主。［28］开府：原指成立府署，自选僚属。汉代仅三公、大将军、将军可以开府，魏晋以后开府的逐渐增多，因此有“开府仪同三司”（开府置官，援照三公成例的名号）。［29］有国家者以为殷鉴：统治者拿齐后主此举做殷鉴。殷鉴，《诗·大雅·荡》：“殷鉴不远，在夏后之世。”原谓殷人灭夏，殷的子孙应以夏的灭亡作为鉴戒。后泛称可作借鉴的往事。［30］建义功臣：指首建举义起兵的功臣。［31］高才硕学，犹滞草莱：有才能有学问的人，仍然闲置民间。草莱，野草荒地。［32］鸣玉：佩带玉印。鸣玉是说行走时佩玉相撞而鸣。曳组：拖着绶带。组即绶，一种彩色的丝带，用来系官印或勋章。［33］趋翔廊庙：出入朝廷。趋翔，趋行张拱如鸟之舒翼。［34］规模：规范。［35］业已：已经。［36］陈岳：唐末人。曾任江南西道观察使钟传的判官。著有《唐统纪》《折衷春秋》《大唐实录撰圣记》。［37］法：榜样。［38］中理：合理。［39］厉阶：祸端，祸患的来由。［40］胡：何。［41］欤：句末语气词，表示疑问或感叹。［42］君人之道：治理人民的方法。［43］吏部尚书：官名。隋唐尚书省下设六部，吏部为其首，主管全国官吏的任免、考课、升降、调动等事务。长官为吏部尚书。［44］智略：智慧谋略。［45］浸盛：渐盛。［46］阴：暗中。［47］防察：预防观察。［48］尝诣：曾去（看望）。［49］鸩（zhèn）：毒酒。此作动词用，指用毒酒毒杀。［50］河右：指河西诸郡。［51］谢统师：隋虎贲郎将，被李轨所俘，李轨以其为太仆卿。［52］诟：诋毁。［53］不虞：出乎意料的情况。［54］苟悦：苟且图悦。

【点评】

李密之死。李密是一位悲剧英雄。不过他的落幕太令人齿冷。

李密字玄邃，祖籍辽东襄平，后徙为京兆长安人，是关陇贵族世家。曾祖父李弼为北魏司徒，祖父李曜为北周太保、魏国公。父亲李宽，骁勇善战，号称名将，从北周到隋，位至上柱国、蒲山公。李密成长于这样一个贵族家庭，自幼长于谋略，才兼文武，志气雄远，素有以天下大事为己任的情怀。隋文帝时李密袭父爵为蒲山公，轻财好士，赈赡亲故，养客礼贤，交游甚广。炀帝大业初年，李密任左亲侍，在宫廷做侍卫，隋炀帝见了生畏，李密便称病辞官，闭门谢客，专心读书。有一天，李密在路上遇见了宰相杨素出行，杨素见李密骑在一头黄牛上，一边走一边在看书，好生奇怪，就把李密请到家中交谈，非常赏识李密的才干。杨素介绍自己的儿子杨玄感等与李密相见，并对儿子们说："我看李密的识度，你们远远不及。"于是杨玄感深结李密，两人成了刎颈之交。

大业九年（613），隋炀帝第二次征伐高句丽，杨玄感屯驻黎阳（今河南浚县）负责粮运，举兵反隋。李密赶到黎阳成为杨玄感的谋主，提出了上中下三策。上策建议杨玄感占据幽州，卡断隋炀帝退路，不过旬月，隋军粮草俱尽，必然溃散，隋炀帝将被活捉。中策是轻骑疾行，占据关中，居高以争天下，这是万全之策。下策是兵围东都，一旦得手，可号令天下。但若东都有备，久攻不下，勤王之军四面而来，就是死路一条。杨玄感选用了下策，很快败亡。李密遭通缉，屡经厄难，投身瓦岗寨，成为翟让的谋主，在李密的运筹下，瓦岗军屡败隋军，迅速壮大，到了大业十三年（617），瓦岗军一举攻占了兴洛仓（今河南巩义东），声势大振。兴洛仓是隋朝的最大粮仓，瓦岗军开仓放赈，饥民蜂拥而至，大批加入起义军，号称百万。此时瓦岗军是全国最大的反隋力量。李密声望日隆，翟让让贤，推举李密为瓦岗军首领，于是李密称魏公、行军元帅，建元永平，封翟让为司徒、东郡公，设官授职，建立政权，瓦岗军拥有大批的豪杰英雄，徐世勣、秦叔宝、程知节、王伯当、单雄信等，谋臣武将，知名当世。李密兵围东都，连战皆捷，瓦岗势力达于鼎盛。

在这大好形势下，瓦岗军却发生了内讧。翟让的部属有人不满李密，劝翟让夺回兵权，翟让没有同意。这却引起了李密的猜忌，又做出了不妥的策略，在大业十三年十一月设宴诛杀翟让，混乱中砍伤徐世勣，单雄信伏地求饶，才幸免于难。这场火并，使将士离心，大大削弱了瓦岗军的战斗力。武德元年（618）正月，李密大败东都王世充。王世充的七万军队只剩下了几千人。王世充召集残兵败将仅一万余人，退守东都含嘉城，不敢出战。李密乘胜攻占偃师，率领三十万大军进驻金墉城（今河南洛阳东），钲鼓之声，闻于东都。此时，"东至海岱，南至江淮，郡县莫不遣使归密"（《旧唐书·李密传》）。窦建德、朱粲、孟海公、徐圆朗、周法明等多股起义军表示拥戴李密称帝，李密的部属也劝进。而李密认为"东都未平，不可此议"，可谓明智。瓦岗军势力复振。

不久，宇文化及弑隋炀帝，率领十余万江都兵北上。如果李密让开大路，引宇文化及这股祸水到东都，或许是一上策。大业十三年，当瓦岗军久攻东都不下之时，柴孝和建言李密进兵关中为根据地，这样“业固兵强，然后东向以平河洛，传檄而天下定矣”。这是李密当年替杨玄感谋划的策略之一，这更是一条上策。李密均未采用。为了避免两线作战，李密接受皇泰主招安，放下义旗，降为隋臣，已是大为失计。随后拼了全力，打败宇文化及，瓦岗军丧失精兵良将，没有休整，又连续与王世充进行主力决战，是更大的失计。得胜而骄，骄兵必败，李密犯忌，遭了劫数，因当年火并翟让，伤了徐世勣而不敢去投奔，率众投唐，又是一大失误。由于李密投唐，他丧失了东山再起的资本，到了这时再回头谋反，只有死路一条。贤如李密，有如此之多的失误，他不是一个真龙天子，也就不奇怪了。

李密初到瓦岗，义军只有一万多人，不到半年就发展到十多万人，接着进兵东都。两年间，驰骋中原，叱咤风云，号称百万之众，大有夺取天下之势，其兴何其骤也。可是正当瓦岗连战皆捷，如日中天之时，却因偃师一战，全军覆没，顷刻瓦解，其败又何其速也。李密骤兴骤灭，如同一场暴风骤雨，比之楚汉相争时的项羽，大有类似。项羽灭秦，李密覆隋，扫荡旧世界，这是他们垂名千秋的业绩，也是他们被称为英雄的理由。两人骤兴骤灭，也大有类似，都是悲剧英雄。项羽之死，何其悲壮，生为人杰，死为鬼雄。李密之死，叛逆被诛，难免被钉在历史的耻辱柱上。李密最后落幕，显示出反复无常的小人嘴脸，着实可悲。这是两人最大的不同。

卷一八七　唐纪三

唐高祖武德二年（619 年）

【起屠维单阏（己卯，619 年）正月，尽十月，不满一年】

【大事提要】

本卷记述公元 619 年正月至十月史事，凡十个月，时当唐高祖武德二年。这一时期，唐高祖平定了河西，李轨败亡。晋北刘武周引突厥南下。朔方梁师都亦不时扰边，两股势力牵制了唐兵东出。王世充乘机篡逆称帝，部属不愿从逆者，西向降唐。罗士信、秦叔宝、程知节皆降唐为大将。窦建德在河北灭掉了宇文化及，势力达于极盛。江南杜伏威降唐。荆襄萧铣仍为南方最大割据势力。

高祖神尧大圣光孝皇帝上之下

武德二年（己卯，619 年）

春，正月，壬寅[1]，王世充悉取隋朝显官、名士为太尉府官属[2]，杜淹[3]、戴胄[4]皆预[5]焉。胄，安阳人也。隋将军王隆帅屯卫将军张镇周、都水少监[6]苏世长[7]等以山南兵始至东都[8]。王世充专总朝政，事无大小，悉关[9]太尉府；台省[10]监署，莫不阒[11]然。世充立三牌于府门外：一求文学才识，堪济时务[12]者；一求武勇智略，能摧锋陷敌者；一求身有冤滞，拥抑不申[13]者。于是上书陈事日有数百，世充悉引见，躬自省览[14]，殷勤慰谕，人人自喜，以为言听计从，然终无所施行。下至士卒厮养[15]，世充皆以甘言悦之，而实无恩施。

隋马军总管独孤武都为世充所亲任，其从弟[16]司隶大夫[17]机与虞部郎[18]杨恭慎、前勃海郡[19]主簿[20]孙师孝、步兵总管刘孝元、李俭、崔孝仁谋召唐兵，使孝仁说武都曰："王公徒为儿女之态以悦下愚[21]，而鄙隘贪忍[22]，不顾亲旧，岂能成大业哉！图谶之文，应归李氏，人皆知之。唐起晋阳，奄有[23]关内[24]，兵不留行[25]，英雄景附[26]，且坦怀待物[27]，举善责功[28]，不念旧恶[29]，据胜势以争天下，谁能敌之！吾属托身非所[30]，坐待夷灭[31]。今任管公[32]兵近在新安[33]，又吾之故人也，若遣间使[34]召之，使夜造[35]城下，吾曹[36]共为内应，开门纳之，事无不集[37]矣。”武都从之。事泄，王充皆杀之。恭慎，达之子也。

癸卯[38]，命秦王世民出镇长春宫[39]。

宇文化及攻魏州[40]总管元宝藏[41]，四旬不克。魏徵往说之，丁未[42]，宝藏举州[43]来降。

戊午[44]，淮安王神通击宇文化及于魏县，化及不能抗，东走聊城[45]。神通拔魏县，斩获二千余人，引兵追化及至聊城，围之。

甲子[46]，以陈叔达为纳言。

丙寅[47]，李密所置伊州刺史张善相来降。

朱粲有众二十万，剽掠汉、淮[48]之间，迁徙无常，每破州县，食其积粟未尽，复他适[49]，将去，悉焚其余资[50]；又不务稼穑，民馁[51]死者如积[52]。粲无可复掠，军中乏食，乃教士卒烹妇人、婴儿啖[53]之，曰:“肉之美者无过于人，但使[54]他国有人，何忧于馁！”隋著作佐郎[55]陆从典、通事舍人[56]颜愍楚，谪官[57]在南阳，粲初引为宾客，其后无食，阖家皆为所啖。愍楚，之推[58]之子也。又税[59]诸城堡细弱[60]以供军食，诸城堡相帅叛之。

淮安[61]土豪杨士林、田瓒[62]起兵攻粲，诸州皆应之。粲与战于淮源[63]，大败，帅余众数千奔菊潭[64]。士林家世蛮酋，隋末，士林为鹰扬府校尉[65]，杀郡官而据其郡。既逐朱粲，已巳[66]，帅汉东[67]四郡遣使诣信州[68]总管庐江王瑶请降，诏以为显州道[69]行台[70]。士林以瓒为长史。

初，王世充既杀元、卢[71]，虑人情未服，犹媚事皇泰主，礼甚谦敬。又请为刘太后假子[72]，尊号曰圣感皇太后。既而渐骄横，尝赐食于禁中，还家大吐，疑遇毒，自是不复朝谒[73]。皇泰主知其终不为臣，而力不能制，唯取内库彩物[74]大造幡花[75]；又出诸服玩[76]，令僧散施贫乏以求福。世充使其党张绩、董濬守章善、显福二门[77]，宫内杂物，毫厘不得出。是月，世充使人献印及剑。又言河水[78]清，欲以耀众[79]，为己符瑞[80]云。

（以上为第一段，写王世充加紧篡逆步法，以及宇文化及、朱粲拥众顽抗。）

【注释】

[1]壬寅：正月二日。[2]太尉府官属：以世充为太尉，因此，太尉府官属，即世充的僚属。[3]杜淹（?—628）：字执礼，杜如晦叔父。京兆杜陵（今陕西西安市长安区）人。高祖时，官至吏部尚书。传见《旧唐书》卷六十六、《新唐书》卷九十六。[4]戴胄（zhòu）（?—633）：字玄胤，安阳（今河南安阳市东南）人。太宗时为尚书左丞、检校吏部尚书。传见《旧唐书》卷七十、《新唐书》卷九十九。[5]预：参与。[6]都水少监：官名。都水监为官署名，主官称使者，少监为其副。职掌河渠、津梁、堤堰等事务。[7]苏世长：京兆武功（今陕西武功县）人。唐初拜谏议大夫。秦府开文学馆，引为学士。后出为巴州（今四川巴中市）刺史。传见《旧唐书》卷七十五、《新唐书》卷一百零三。[8]东都：隋大业五年（609）改东京洛阳为东都。[9]悉关：都要报告。[10]台省：汉代尚书台在宫禁之中，元帝时为避皇后父王禁之讳，改禁中为省中，故称台省。唐代一度称尚书省为中台，门下省为东台，中书省为西台，总称台省。[11]阒（qù）：寂静。[12]时务：当前的重大事情或客观形势。[13]拥抑不申：受压抑不能申诉。[14]躬自省览：亲自察看。[15]厮养：析薪为厮，炊烹为养。厮养指伙夫。[16]从弟：堂弟。[17]司隶大夫：官名。隋设司隶台，长官为司隶大夫，掌管诸巡察，正四品。[18]虞部郎：官名。隋初为虞部侍郎，属工部，炀帝改为虞部郎。唐于工部置虞部司，虞部郎中为其长官，从五品上，掌山泽、苑囿及草木、薪炭供顿等事。[19]勃海郡：郡名。治所在今河北沧州市东南。[20]主簿：官名。为中央和地方郡县官署主管文书簿籍和印鉴的官吏，乃掾吏之首。[21]徒为儿女之态以悦下愚：只用小恩小惠讨好地位低下之人。[22]鄙隘贪忍：卑鄙、狭隘、贪婪、残忍。[23]奄有：覆盖，包。[24]关内：秦、汉、隋、唐等王朝定都今西安市，通称古函谷关（今河南灵宝市东北）或今潼关以西王畿附近地区为关内，又称关中。[25]兵不留行：军队行进中毫无停留。此处指军队所到，没有不受欢迎的。[26]英雄景附：各路英雄景仰归附。[27]坦怀待物：坦诚待人。[28]举善责功：奖善求功。责，要求。[29]旧恶：过去的仇恨。[30]托身非所：投靠错了地方。[31]夷灭：诛灭。[32]任管公：任瑰以谷州刺史镇新安，封管国公。[33]新安：县名。治所在今河南新安县。[34]间使：非正式的使者。[35]造：至。[36]吾曹：我辈。[37]集：成功。[38]癸卯：正月三日。[39]长春宫：北周武帝置，在今陕西大荔县朝邑镇西北。[40]魏州：州名。治所在今河北大名县东北。[41]元宝藏：原隋武阳郡丞。大业末，举兵归李密。武德二年（619）因魏徵劝说而降唐。事迹见《旧唐书》卷七十一《魏徵传》。[42]丁未：正月七日。[43]举州：全州。举，全。[44]戊午：正月十八日。[45]聊城：县名。县治在今山东聊城市东北。[46]甲子：正月二十四日。[47]丙寅：正月二十六日。[48]汉、淮：指汉水、淮水。[49]他适：到其他地方。[50]余资：主要指余粮。[51]馁（něi）：饥饿。

[52]积：堆垛。［53］啖（dàn）：吃。［54］但使：只要。［55］著作佐郎：官名。唐代设著作郎，主管著作局，职掌撰拟文字。著作郎下有著作佐郎、校书郎、正字等属官。［56］通事舍人：官名。掌引见臣下，传达使命。［57］谪官：贬官。［58］之推：即颜之推（531—约595）。北朝北周文学家。字介。琅邪临沂（今属山东）人。官至黄门侍郎。著有《颜氏家训》传于世。传见《北齐书》卷四十五、《北史》卷八十三。［59］税：征纳。［60］细弱：羸弱的人。［61］淮安：郡名。治所在今河南泌阳县。［62］杨士林、田瓒：均为淮安郡土豪。［63］淮源：县名。县治在今河南信阳市西北。［64］菊潭：县名。县治在今河南内乡县北。［65］鹰扬府校尉：武官名。隋炀帝大业三年（607）改骠骑府为鹰扬府，其长官为鹰扬郎将，正五品。隶属于各卫，统领府兵。校尉在隋唐时为武散官。太宗贞观十年（636），正式确定军府名称，将隋之鹰扬府改为折冲府。唐折冲府以三百人为团，团有校尉。［66］己巳：正月二十九日。［67］汉东：郡名。治所在今湖北随州市。［68］信州：州名。治所在今重庆市奉节县东。［69］显州道：道名。治所在今河南泌阳县。［70］行台：东汉以后，朝廷政务由三公改归台阁（尚书），习惯上称朝廷为“台”。晋以后，朝官称台官，在地方代表朝廷行尚书省事的机构称行台。由军事征伐而设置，若任职的人权位特重，则称大行台。［71］元、卢：指元文都、卢楚。武德二年（619）被王世充所杀。［72］假子：义子。假子之风，隋唐时颇为流行。［73］朝谒：朝见上谒。［74］彩物：各种绫罗锦绢。［75］幡花：供佛的幢幡彩花。［76］服玩：装饰玩物。［77］章善、显福二门：东都宫城南面有三门，中为应天，左为兴教，右为光政。兴教门内有会昌门，它的北面是章善门；光政门内有广运门，北面是显福门。［78］河水：黄河。［79］耀众：夸耀于民。［80］为己符瑞：是自己的符应祥瑞。

上遣金紫光禄大夫武功[1]靳孝谟安集[2]边郡，为梁师都所获。孝谟骂之极口[3]，师都杀之。二月，诏追赐爵武昌县公，谥曰忠。

初定租、庸、调法[4]，每丁租二石，绢二匹，绵三两；自兹以外，不得横有[5]调敛。

丙戌[6]，诏：“诸宗姓[7]居官者在同列之上，未仕者免其徭役；每州置宗师[8]一人以摄总，别为团伍。”

张俟德至凉，李轨召其群臣廷议曰：“唐天子，吾之从兄[9]，今已正位京邑[10]。一姓不可自争天下，吾欲去帝号，受其封爵，可乎？”曹珍曰：“隋失其鹿，天下共逐之，称王称帝者，奚啻[11]一人！唐帝关中，凉帝河右[12]，固不相妨。且已为天子，奈何复自贬黜[13]！必欲以小事大，请依萧詧事魏故事[14]。”轨从之。戊戌[15]，轨遣其尚书左丞[16]邓晓入见，奉书称“皇从弟大凉皇帝臣轨”而不受官爵。帝怒，拘晓不遣，始议兴师讨之。

初，隋炀帝自征[17]吐谷浑[18]，吐谷浑可汗伏允以数千骑奔党项[19]，炀帝立其质子[20]顺为主，使统余众，不果[21]入而还。会中国丧乱，伏允复还收其故地。上受禅，顺自江都还长安，上遣使与伏允连和，使击李轨，许以顺还之。伏允喜，起兵击轨，数遣使入贡请顺，上遣之。

（以上为第二段，写唐高祖安集西北，始议兴师讨李轨。）

【注释】

［1］武功：县名。县治在今陕西武功县西北武功镇。［2］安集：安抚绥集。［3］极口：在言谈中极力称道或诋毁。［4］租、庸、调法：唐代中期以前向受田课丁（人丁）征派的田租、力庸、户调等三种赋役的合称。源于北魏到隋以均田制为基础的租、调、力役制度。武德二年（619）制定，名租庸调法。武德七年又作详明规定。每丁每年缴“租”粟二石；“调”随乡土所产缴纳，绢、绫、絁各二丈，布加五分之一，缴绫、绢、絁的加绵三两，缴布的加麻三斤；“庸”是代替力役的赋税。人丁每年有二十日力役，不服役的每日折纳绢三尺。因事加役十五日的免调，三十日的租、调都免。但连正役不得超过五十日。［5］横有：滥有。［6］丙戌：二月十六日。［7］宗姓：同祖的人。［8］宗师：官名。宗师本指受人尊重、堪为师表的人。王莽摄政，诏各郡国设置宗师，训导宗室子弟，为宗师定为官职的开始。［9］从兄：堂兄。［10］正位京邑：正式在京城即天子之位。［11］奚啻（chì）：何止。［12］河右：即河西。［13］贬黜：贬退。［14］萧詧（chá）事魏故事：魏恭帝初，宇文泰令柱国于谨伐江陵，萧詧以兵会之。及江陵平，泰立詧为梁主，居江陵东城。詧乃称皇帝于其国，唯上疏则称臣，奉正朔。［15］戊戌：二月二十八日。［16］尚书左丞：官名。唐代尚书省有左、右丞。尚书省左丞总辖吏、户、礼三部，右丞总辖兵、刑、工三部。［17］自征：亲征。［18］吐谷（yù）浑（hún）：亦作吐浑。我国古代西北部的一个民族。是鲜卑族的一支。［19］党项：我国古代民族名。羌人的一支。南北朝时，分布在今青海省东南部河曲和四川松潘县以西山谷地带。唐前期，大部分党项人迁徙到今甘肃、宁夏、陕北一带。［20］质子：以子为人质。［21］不果：没有结果。

闰月[1]，朱粲遣使请降，诏以粲为楚王，听自置官属，以便宜从事。

宇文化及以珍货[2]诱海曲[3]诸贼，贼帅王薄[4]帅众从之，与共守聊城。

窦建德谓其群下[5]曰：“吾为隋民，隋为吾君；今宇文化及弑逆，乃吾仇也，吾不可以不讨！”乃引兵趣聊城。

淮安王神通攻聊城，化及粮尽，请降，神通不许。安抚副使[6]崔世干[7]劝神通许之，神通曰：“军士暴露日久[8]，贼食尽计穷，克在旦暮，吾当攻取以示国威，且散其玉帛以劳将士，若受其降，将何以为军赏乎！”世干曰：“今建德方至，若化及未平，内外受敌，吾军必败。夫不攻而下之[9]，为功甚易，奈何贪其玉帛而不受乎！”神通怒，囚世干于军中。既而宇文士及自济北[10]馈之[11]，化及军稍振，遂复拒战[12]。神通督兵攻之，贝州[13]刺史赵君德[14]攀堞先登[15]，神通心害[16]其功，收兵不战，君德大诟[17]而下，遂不克。建德军且至，神通引兵退。

建德与化及连战，大破之，化及复保聊城。建德纵兵四面急攻，王薄开门纳之。建德入城，生擒[18]化及，先谒隋萧皇后，语皆称臣，素服哭炀帝尽哀；收传国玺[19]及卤簿[20]仪仗，抚存隋之百官，然后执逆党宇文智及、杨士览、元武达、许弘仁、孟景，集隋官[21]而斩之，枭首军门[22]之外。以槛车[23]载化及并二子承基、承趾至襄国[24]，斩之。化及且死，更无余言[25]，但云：“不负夏王[26]！”

建德每战胜克城，所得资财，悉以分将士，身无所取。又不啖肉，常食蔬，茹粟饭[27]；妻曹氏，不衣纨绮[28]，所役婢妾，才十许人。及破化及，得隋宫人千数，即时散遣之。以隋黄门侍郎裴矩[29]为左仆射，掌选事，兵部侍郎崔君肃[30]为侍中[31]，少府令[32]何稠[33]为工部尚书[34]，右司郎中[35]柳调[36]为左丞，虞世南[37]为黄门侍郎，欧阳询[38]为太常卿。询，纥之子也。自余[39]随才授职，委以政事。其不愿留，欲诣关中及东都者亦听之，仍给资粮，以兵援之[40]出境。隋骁果尚近万人，亦各纵遣，任其所之[41]。又与王世充结好，遣使奉表于隋皇泰主，皇泰主封为夏王。建德起于群盗，虽建国，未有文物法度[42]，裴矩为之定朝仪，制律令，建德甚悦，每从之咨访[43]典礼。

（以上为第三段，写实建德讨平宇文化及。）

【注释】

[1]闰月：闰二月。[2]珍货：珍宝财货。[3]海曲：县名。县治在今山东日照市西。[4]王薄：齐郡邹平（今山东邹平市北）人。隋末农民起义领袖。事迹见《隋书》卷七十一《张须陀

传》。［5］群下：僚属。［6］安抚副使：官名。隋仁寿四年（604）设安抚大使，由行军主帅兼任。唐代各州如有水旱灾害，就派遣巡察、安抚或存抚等使节巡视抚恤，倘由节度使兼任，另有副使。［7］崔世干：武德元年十月，遣李神通安抚山东，书崔民干为副。今书“崔世干”，当有一误。［8］暴露日久：暴露于风雨中很久。［9］不攻而下之：不攻打而能使其投降。［10］济北：郡名。治所在今山东聊城市茌平区西南。［11］馈之：馈送粮食。［12］拒战：抗战。［13］贝州：州名。治所在今河北清河县西北。［14］赵君德：隋末群雄之一，起于清河（今河北清河县），后归李密。随李密降唐，为贝州刺史。事迹见《旧唐书》卷五十三《李密传》、卷六十《淮安王神通传》。［15］攀堞先登：攀墙先行登城。［16］心害：嫉妒。［17］大诟：大骂。［18］生擒：活捉。［19］传国玺：秦以后封建帝王历代相传的玉玺。传为秦始皇所作。方圆四寸，上纽交五龙，正面刻李斯所写篆文：“受命于天，既寿永昌。”秦亡归汉。后代帝王争以得玺为符应。［20］卤簿：古代帝王出外时在其前后的仪仗队。自汉以后，后、妃、太子、王公、大臣皆有卤簿，各有定制，并非为天子所专有。［21］集隋官：在隋朝百官面前。［22］军门：领兵将帅的营门，亦即辕门。［23］槛车：古代运送囚犯的车。［24］襄国：郡名，治所在今河北邢台市。［25］余言：其他的话。［26］夏王：夏王为窦建德的称号。［27］茹粟饭：吃去壳带糠的米饭。［28］衣纨绮：穿带花纹的细绢制成的衣物。［29］裴矩（?—627）：字弘大。河东（今山西闻喜县）人。仕隋为吏部侍郎。唐初任殿中侍御史、民部尚书等。传见《旧唐书》卷六十三、《新唐书》卷一百。［30］崔君肃：郑州新郑（今河南新郑市）人。仕隋为兵部侍郎。后归窦建德，署为侍中。唐武德初为黄门侍郎、鸿胪卿。事迹见《旧唐书》卷五十四、《新唐书》卷八十五《窦建德传》。［31］侍中：官名。门下省长官，负责传达皇帝诏敕。［32］少府令：隋代少府监的长官，始称少府监，后改少府令。领尚方、织染等署。［33］何稠：字桂林。性聪敏，善营造。隋末为少府令。后归窦建德，署为工部尚书，建德败，归唐，授将作少匠。传见《隋书》卷六十八。［34］工部尚书：官名。正三品。工部职掌天下百工、屯田、山泽事宜。［35］右司郎中：官名。隋炀帝于尚书都司置左右司郎各一人，掌都省之职。品同诸曹郎，从五品。［36］柳调：河东解（今山西运城市西南）人。仕隋为秘书郎、侍御史、尚书左司郎等，后归窦建德，署为尚书左丞。传见《隋书》卷四十七。［37］虞世南（558—638）；唐初杰出书法家。字伯施。越州余姚（今浙江余姚市）人。官至秘书监。传见《旧唐书》卷七十二、《新唐书》卷一百零二。［38］欧阳询（557—641）：唐初杰出书法家。字信本。潭州临湘（今湖南长沙市）人。官至太子率更令。传见《旧唐书》卷一百八十九、《新唐书》卷一百九十八。欧阳纥见《资治通鉴全本新注》卷一百七十陈宣帝太建元年。［39］自余：其余。［40］援之：护送。［41］任其所之：任他们去往他地。［42］文物法度：典章制度、政策法令。［43］咨访：请教。

甲辰[1]，上考第[2]群臣，以李纲、孙伏伽为第一，因置酒高会[3]，谓裴寂等曰：“隋氏以主骄臣谄[4]亡天下，朕即位以来，每虚心求谏，然惟李纲差尽忠款[5]，孙伏伽可谓诚直，余人犹踵敝风[6]，俯眉[7]而已，岂朕所望哉！朕视卿如爱子，卿当视朕如慈父，有怀必尽[8]，勿自隐也！”因命舍君臣之敬[9]，极欢而罢。

遣前御史大夫段确使于朱粲。

初，上为隋殿内少监[10]，宇文士及为尚辇奉御[11]，上与之善。士及从化及至黎阳，上手诏召之，士及潜遣家僮间道诣长安，又因使者献金环[12]。化及至魏县，兵势日蹙[13]，士及劝之归唐，化及不从，内史令[14]封德彝说士及于济北征督军粮以观其变。化及称帝，立士及为蜀王。化及死，士及与德彝自济北来降。时士及妹为昭仪[15]，由是授上仪同[16]。上以封德彝隋室旧臣，而谄巧不忠，深诮[17]责之，罢遣就舍[18]。德彝以秘策干上[19]，上悦，寻拜内史舍人，俄迁侍郎。

甲寅[20]，隋夷陵[21]郡丞安陆许绍帅黔安[22]、武陵[23]、澧阳等诸郡来降。绍幼与帝同学；诏以绍为峡州[24]刺史，赐爵安陆公。

丙辰[25]，以徐世勣为黎州[26]总管。

丁巳[27]，骠骑将军张孝珉以劲卒百人袭王世充汜水城[29]，入其郛[29]，沈[30]米船百五十艘。

己未[31]，世充寇谷州。世充以秦叔宝[32]为龙骧大将军，程知节为将军，待之皆厚。然二人疾世充多诈，知节谓叔宝曰：“王公器度[33]浅狭而多妄语，好为咒[34]誓，此乃老巫妪[35]耳，岂拨乱[36]之主乎！”世充与唐兵战于九曲[37]，叔宝、知节皆将兵在陈[38]，与其徒[39]数十骑，西驰百许步，下马拜世充曰：“仆荷公殊礼[40]，深思报效；公性猜忌，喜信谗言，非仆托身之所，今不能仰事[41]，请从此辞。”遂跃马来降。世充不敢逼。上使事[42]秦王世民，世民素闻其名，厚礼之，以叔宝为马军总管，知节为左三统军[43]。时世充骁将又有骠骑武安[44]李君羡、征南将军[45]临邑[46]田留安，亦恶世充之为人，帅众来降。世民引君羡置左右，以留安为右四统军。

王世充囚李育德之兄厚德于获嘉[47]，厚德与其守将赵君颖逐殷州[48]刺史段大师，以城来降。以厚德为殷州刺史。

窦建德陷邢州，执总管陈君宾。

上遣殿内监[49]窦诞[50]、右卫将军宇文歆助并州[51]总管齐王元吉守晋阳。诞，抗[52]之子也，尚帝女襄阳公主。元吉性骄侈，奴客婢妾数百人，好使之被甲，戏为攻战，前后死伤甚众，元吉亦尝被伤。其乳母陈善意苦谏，元吉醉，怒，命壮士殴杀之。性好田猎，载罔罟[53]三十车，尝言："我宁三日不食，不能一日不猎。"常与诞游猎，蹂践人禾稼。又纵左右夺民物，当衢[54]射人，观其避箭。夜，开府门，宣淫他室[55]。百姓愤怨，歆屡谏不纳，乃表言其状。壬戌[56]，元吉坐免官。

癸亥[57]，陟州刺史李育德攻下王世充河内堡聚[58]三十一所。乙丑[59]，世充遣其兄子君廓侵陟州，李育德击走之，斩首千余级。李厚德归省亲疾[60]，使李育德守获嘉，世充并兵攻之；丁卯[61]，城陷，育德及弟三人皆战死。

己巳[62]，李公逸[63]以雍丘[64]来降，拜杞州[65]总管，以其族弟善行为杞州刺史。

隋吏部侍郎杨恭仁[66]，从宇文化及至河北；化及败，魏州总管元宝藏获之，己巳[67]，送长安。上与之有旧，拜黄门侍郎，寻以为凉州总管。恭仁素习边事，晓羌、胡情伪[68]，民夷悦服，自葱岭[69]已东，并入朝贡。

突厥始毕可汗将其众渡河至夏州[70]，梁师都发兵会之，以五百骑授刘武周[71]，欲自句注[72]入寇太原。会始毕卒，子什钵苾幼，未可立，立其弟俟利弗设为处罗可汗。处罗以什钵苾为尼步设[73]，使居东偏，直[74]幽州之北。先是，上遣右武候将军高静奉币使于突厥，至丰州[75]，闻始毕卒，敕纳于所在之库[76]。突厥闻之，怒，欲入寇；丰州总管张长逊遣高静以币出塞为朝廷致赙[77]，突厥乃还。

（以上为第四段，写王世充部属纷纷降唐。）

【注释】

[1]甲辰：闰二月四日。[2]考第：考核而评其等级。[3]高会：大会。[4]主骄臣谄：皇帝骄横，臣下谄媚。[5]差尽忠款：稍稍尽了忠心。[6]犹踵敝风：仍沿承坏风气。[7]俯眉：谓听话而不敢进谏。[8]有怀必尽：有意见要全说出来。[9]舍君臣之敬：去掉君臣间的敬礼。[10]殿内少监：官名。隋殿内省唐改为殿中省，掌诸供奉，领尚食、尚药、尚

衣、尚舍、尚乘、尚辇六局，有监一人，从三品，少监二人，从四品上，丞二人，从五品上。［11］尚辇奉御：官名。隋炀帝于殿内省置尚辇局，其主官为奉御，掌乘舆。［12］献金环：献金环的意思是表示要回长安。［13］蹙（cù）：紧迫。［14］内史令：官名。隋初改中书省为内史省，中书令为内史令。［15］昭仪：女官名。汉元帝时始置，位视丞相，爵比诸侯王，为妃嫔中的第一级。［16］上仪同：《旧唐书·百官志》："开府仪同三司，从第一品"。开府仪同三司即上仪同。［17］诮：责备，讥讽。［18］罢遣就舍：罢官遣回。［19］干上：求皇上。［20］甲寅：闰二月十四日。［21］夷陵：郡名。治所在今湖北宜昌市。［22］黔安：郡名。治所在今重庆市彭水县。［23］武陵：郡名。治所澧阳在今湖南澧县。［24］峡州：州名。治所在今湖北宜昌市。［25］丙辰：闰二月十六日。［26］黎州：州名。治所在今河南浚县东北。［27］丁巳：闰二月十七日。［28］汜水城：县名。县治在今河南荥阳市西北汜水镇。［29］郛：即"郭"。［30］沈：即"沉"。［31］己未：闰二月十九日。［32］秦叔宝（?—638）：名秦琼，字叔宝。齐州历城（今山东济南市）人。官至左武卫大将军，封翼国公。死后陪葬昭陵，改封胡国公。传见《旧唐书》卷六十八、《新唐书》卷八十九。［33］器度：度量。［34］咒：宗教迷信或巫术中的密语。［35］老巫妪：老巫婆。［36］拨乱：平乱。［37］九曲：城名。北齐时筑，在今河南宜阳县西北。［38］陈：同"阵"。［39］徒：兵士。［40］仆荷公殊礼：我承蒙您特殊礼遇。仆，自谦之词。［41］仰事：向上而事奉之，仰为谦恭语。［42］上使事：皇上使他们事奉。［43］统军：官名。唐北衙禁军有左右龙武军、左右神武军、左右神策军，号六军，各置统军一人，位次于大将军。左三统军即左龙武军、左神武军和左神策军的统军。［44］武安：郡名。治所在今河北邯郸市东南。［45］征南将军：官名。三国时，魏武官设置四征将军：征东、征西、征南、征北。其中征南将军统领荆豫二州，屯驻新野（今河南新野县）。［46］临邑：县名。县治在今山东济南市济阳区西南。［47］获嘉：县名。县治在今河南获嘉县。［48］殷州：州名。治所在今河南新乡市西南。［49］殿内监：官名。炀帝时，殿内省制监，掌诸供奉，正四品。［50］窦诞：窦静弟。从太宗征薛举，为元帅府司马。累迁太常卿。传见《旧唐书》卷六十一、《新唐书》卷九十五。［51］并州：州名。治所在今山西太原市西南。［52］抗：窦抗，窦诞之父，皇后之兄。［53］罔罟（gǔ）：罔、罟均为网。［54］衢（qú）：大路。［55］宣淫他室：好淫别人的家室。［56］壬戌：闰二月二十二日。［57］癸亥：闰二月二十三日。［58］河内堡聚：河内，郡名。治所在今河南沁阳市。堡，小城。聚，聚落。［59］乙丑：闰二月二十五日。［60］省亲疾：探视父母的病。［61］丁卯：闰二月二十七日。［62］己巳：闰二月二十九日。［63］李公逸：雍丘（今河南杞县）人。始附王世充，后归高祖，拜杞州总管，封阳夏郡公。传见《旧唐书》卷一百八十七、《新唐书》卷一百九十一。［64］雍丘：县名。县治在今河南杞县。［65］杞州：州名。治所在今河南杞县。［66］杨恭仁（?—639）：隋仁寿中为甘州刺史，归唐封观国公，为凉州总管。后迁洛州都督。传见《旧唐书》卷六十二、《新唐书》卷一百。［67］己巳：闰二月二十九日。［68］情伪：情况真伪。［69］葱岭：即今帕米尔高原与喀喇昆仑山脉的总称。［70］夏州：州名。治所在今陕西靖边县东北白城子。［71］刘武周（?—622）：隋末割据者。河间景城（今河北献县东北）人，迁马邑（今山西朔州市）。任马邑鹰扬府校尉。大业十三年（617）杀太守王仁恭，自称太守，遣使附突厥，受封为定扬可汗，自称皇帝，年号天兴。传见《旧唐书》卷五十五、《新唐书》卷八十六。［72］句注：山名。一名陉岭、西陉山。在今山西代县西北。［73］设：突厥、回纥典兵官衔。［74］直：当。［75］丰州：州名。治所在今内蒙古五原县西南黄河北岸。［76］敕纳于所在之库：诏命纳于当地的财库。［77］以币出塞为朝廷致赙（fù）：拿币出塞作为朝廷送去助丧的财物。赙，用财物帮助别人办理丧事。

三月，庚午[1]，梁师都寇灵州，长史杨则击走之。

壬申[2]，王世充寇谷州，刺史史万宝战不利。

庚辰[3]，隋北海[4]通守郑虔符、文登[5]令方惠整及东海[6]、齐郡[7]、东平[8]、任城[9]、平陆[10]、寿张[11]、须昌[12]贼帅王薄等并以其地来降。

王世充之寇新安也，外示攻取，实召文武之附己者议受禅[13]。李世英深以为不可，曰："四方所以奔驰归附东都者，以公能中兴隋室故也。今九州之地，未清其一[14]，遽正位号[15]；恐远人[16]皆思叛去矣！"世充曰："公言是也！"长史韦节、杨续等曰："隋氏数穷[17]，在理昭然。夫非常之事，固不可与常人议之。"太史令[18]乐德融曰："昔岁长星出[19]，乃除旧布新之征；今岁星[20]在角、亢[21]，亢，郑之分野[22]。若不亟[23]顺天道，恐王气衰息。"世充从之，外兵曹[24]参军戴胄言于世充曰："君臣犹父子也，休戚[25]同之。明公莫若竭忠徇国，则家国俱安矣。"世充诡辞称善而遣之。世充议受九锡[26]，胄复固谏，世充怒，出为郑州[27]长史，使与兄子行本镇虎牢。乃使段达等言于皇泰主，请加世充九锡。皇泰主曰："郑公近平李密，已拜太尉，自是以来，未有殊绩，俟天下稍平，议之未晚。"段达曰："太尉欲之。"皇泰主熟视[28]达曰："任公！"辛巳[29]，达等以皇泰主之诏命世充为相国[30]，假黄钺[31]，总百揆[32]，进爵郑王，加九锡，郑国置丞相[33]以下官。

初，宇文化及以隋大理卿[34]郑善果[35]为民部尚书，从至聊城，为化及督战，中流矢。窦建德克聊城，王琮获善果，责之曰："公名臣之家[36]，隋室大臣，奈何为弑君之贼效命，苦战伤痍[37]至此乎！"善果大惭，欲自杀，宋正本驰往救止之；建德复不为礼，乃奔相州[38]，淮安王神通送之长安。庚午[39]，善果至，上优礼[40]之，拜左庶子[41]、检校[42]内史侍郎。

齐王元吉讽[43]并州父老诣阙留己；甲申[44]，复以元吉为并州总管。

戊子[45]，淮南[46]五州皆遣使来降。

辛卯[47]，刘武周寇并州。

壬辰[48]，营州[49]总管邓暠击高开道，败之。

甲午[50]，王世充遣其将高毗寇义州[51]。

东都道士桓法嗣献《孔子闭房记》于王世充，言相国当代隋为天子。世充大悦，以法嗣为谏议大夫[52]。世充又罗取杂鸟，书帛系颈[53]，自言符命而纵之。有得鸟来献者，亦拜官爵。于是段达以皇泰主命，加世充殊礼，世充奉表三让[54]。百官劝进，设位于都堂[55]。纳言苏威年老，不任朝谒[56]，世充以威隋氏重臣，欲以眩耀士民，每劝进，必冠威名[57]。及受殊礼之日，扶威置百官之上，然后南面正坐受之。

夏，四月，刘武周引突厥之众，军于黄蛇岭[58]，兵锋甚盛。齐王元吉使车骑将军张达以步卒尝寇[59]；达辞以兵少不可往，元吉强遣之，至则俱没。达忿恨，庚子[60]，引武周袭榆次[61]，陷之。

散骑常侍段确，性嗜酒，奉诏慰劳朱粲于菊潭。辛丑[62]，乘醉侮粲曰："闻卿好啖人，人作何味？"粲曰："啖醉人正如糟藏彘肉[63]。"确怒，骂曰："狂贼入朝，为一头奴[64]耳，复得啖人乎！"粲于座收确及从者数十人，悉烹之以啖左右。遂屠菊潭，奔王世充，世充以为龙骧[65]大将军。

王世充令长史韦节、杨续等及太常博士[66]衡水[67]孔颖达[68]，造禅代仪[69]，遣段达、云定兴等十余人入奏皇泰主曰："天命不常，郑王功德甚盛，愿陛下遵唐、虞之迹[70]！"皇泰主敛膝据案[71]，怒曰："天下，高祖之天下，若隋祚未亡，此言不应辄发[72]；必天命已改，何烦禅让！公等或祖祢[73]旧臣，或台鼎高位[74]，既有斯言，朕复何望！"颜色凛冽[75]，在廷者皆流汗。退朝，泣对太后。世充更使人谓之曰："今海内未宁，须立长君，俟四方安集，当复子明辟[76]，必如前誓[77]。"癸卯[78]，世充称[79]皇泰主命，禅位于郑，遣其兄世恽幽皇泰主于含凉殿，虽有三表陈让及敕书敦劝[80]，皇泰主皆不知也。遣诸将引兵入清宫城，又遣术人以桃汤苇火祓除[81]禁省。

隋将帅、郡县及贼帅前后继有降者，诏以王薄为齐州[82]总管，伏德为济州[83]总管，郑虔符为青州[84]总管，綦公顺为淮州[85]总管，王孝师为沧州[86]总管。

甲辰[87]，遣大理卿新乐[88]郎楚之安抚山东，秘书监夏侯端[89]安抚淮左。

乙巳[90]，王世充备法驾[91]入宫，即皇帝位；丙午[92]，大赦，改元开明[93]。

丁未[94]，隋御卫将军[95]陈稜以江都来降；以稜为扬州[96]总管。

戊申[97]，王世充立子玄应为太子，玄恕为汉王，余兄弟宗族十九人皆为王。奉皇泰主为潞国公。以苏威为太师[98]，段达为司徒，云定兴为太尉，张仅为司空[99]，杨续为纳言，韦节为内史[100]，王隆为左仆射，韦霁为右仆射，齐王世恽为尚书令，杨汪为吏部尚书，杜淹[101]为少吏部[102]，郑颋为御史大夫。世恽，世充之兄也。又以国子助教[103]吴人陆德明[104]为汉王师，令玄恕就其家行束脩礼[105]。德明耻之，服巴豆散[106]，卧称病，玄恕入跪床下，对之遗利[107]，竟不与语。德明名朗，以字行。

世充于阙[108]下及玄武门[109]等数处皆设榻，坐无常所，亲受章表；或轻骑历衢市，亦不清道[110]，民但避路而已。世充按辔[111]徐行，语之曰："昔时天子深居九重[112]，在下事情无由闻彻[113]。今世充非贪天位[114]，但欲救恤时危，正如一州刺史，亲览庶务，当与士庶共评朝政，尚恐门有禁限[115]，今于门外设坐听朝，宜各尽情。"又令西朝堂[116]纳冤抑，东朝堂[117]纳直谏。于是献策上书者日有数百，条流既烦[118]，省览难遍，数日后，不复更出。

（以上为第五段，写王世充篡逆称帝。）

【注释】

[1]庚午：三月一日。［2］壬申：三月三日。［3］庚辰：三月十一日。［4］北海：郡名。治所在今山东青州市。［5］文登：县名。县治在今山东威海市文登区。［6］东海：郡名。治所

在今江苏连云港市西南海州镇。［7］齐郡：郡名。治所在今山东济南市。［8］东平：郡名。治所在今山东郓城县东。［9］任城：县名。县治在今山东济宁市区。［10］平陆：县名。县治在今山东汶上县西北。［11］寿张：县名。县治在今山东梁山县西北。［12］须昌：县名。县治在今山东东平县西北。［13］禅：禅位。［14］未清其一：连一州也尚未肃清。［15］遽正位号：急于正位建号。［16］远人：远方的人。［17］数穷：历数已尽。［18］太史令：官名。专掌天文、历法。［19］岁长星出：岁长星出现。［20］岁星：我国古代指木星。因为木星每十二年在空中绕行一周，每天移动周天的十二分之一，古代以木星所在的位置作为纪年标准。［21］角、亢：星官名。又称角宿、亢宿，均为二十八宿之一。分别为青龙七宿的第一宿和第二宿。［22］郑之分野：郑之分野属兖州（治所在今山东济宁市兖州区）。［23］亟：赶紧。［24］外兵曹：官名。隋官无此制。王世充取魏、晋以来官制而置之。［25］休戚：甘苦。［26］九锡：旧时天子赐诸侯中有大功者衣物等凡九事，谓九锡。［27］郑州：州名。治所在今河南荥阳市西北汜水镇。［28］熟视：仔细端详甚久。［29］辛巳：三月十二日。［30］相国：官名，即宰相。唐以后多用作实际任宰相者的尊称。［31］假黄钺：黄钺，以黄金为饰的斧，古代为帝王所专用。帝王特赐给专主征伐的重臣，称为假黄钺。［32］总百揆：总理国家大政。［33］丞相：官名，即宰相。［34］大理卿：官名，掌刑法之事。［35］郑善果（?—629）：荥泽（今河南郑州市西北）人。仕隋历沂州刺史。入唐累迁检校大理卿。后历刑部尚书。传见《旧唐书》卷六十二、《新唐书》卷一百。［36］公名臣之家：郑善果父诚，讨尉迟回，以力战死，由是为隋名臣。［37］痍：创伤。［38］相州：州名。治所在今河南安阳市。［39］庚午：严注，“庚”改“壬”。壬午，三月十三日。［40］优礼：殊礼，高规格的礼仪。［41］左庶子：官名。唐时设左右春坊，属东宫。春坊官有庶子，正四品上。［42］检校：官名。唐代的检校官有两种含意，唐前期多为代理某官。唐后期多指地方使职带台省官衔者。这里应是代理的意思。［43］讽：用含蓄的话暗示。［44］甲申：三月十五日。［45］戊子：三月十九日。［46］淮南：道名。辖境相当今淮河以南，长江以北，东至海，西至今湖北广水、应城、汉川等市一带。［47］辛卯：三月二十二日。［48］壬辰：三月二十三日。［49］营州：州名。治所在今湖南道县西。［50］甲午：三月二十五日。［51］义州：州名。治所在今河南卫辉市西南。［52］谏议大夫：官名。隋唐隶属门下省，掌侍从规谏，凡四人。［53］书帛系颈：书字于帛，系于鸟颈之上。［54］三让：再三谦让。［55］都堂：唐之政事堂，为宰相理政事的地方。［56］不任朝谒：不能入朝拜见。［57］必冠威名：将苏威之名，列于最前。［58］黄蛇岭：地名。在今山西晋中市榆次区北。［59］尝寇：试敌。［60］庚子：四月二日。［61］榆次：县名。县治在今山西晋中市榆次区。［62］辛丑：四月三日。［63］糟藏彘（zhì）肉：酒糟猪肉。［64］一头奴：一个奴隶。［65］龙骧：军队的名号。［66］太常博士：官名。职掌礼仪，从七品。［67］衡水：县名。县治在今河北衡水市西。［68］孔颖达（574—648）：唐代著名经学家。字冲远，冀州衡水（今属河北）人。传见《旧唐书》卷七十三、《新唐书》卷一九八。［69］造禅代仪：造作禅代的仪式。［70］遵唐、虞之迹：指唐尧、虞舜让位的故事。

[71]敛膝据案：把腿弯起，把手按在案上。［72］辄发：随便发出。［73］祖祢（mí）：先祖。借指朝廷。祢，生称父，死称考，入庙称祢。［74］台鼎高位：官居宰辅高位。［75］凛冽：严厉。［76］复子明辟：恢复您的君位。［77］必如前誓：指去年（618）七月王世充对皇泰主披发而誓，所谓"不敢有贰心"的表白。［78］癸卯：四月五日。［79］称：诈称。［80］敦劝：笃劝。［81］祓（fú）除：扫除。此指祛邪去灾的仪式。［82］齐州：州名。治所在今山东济南市。［83］济州：州名。治所在今山东聊城市茌平区西南。［84］青州：州名。治所在今山东青州市。［85］淮州：州名。据胡注："淮"，当作"潍"。潍州，治所在今山东潍坊市西。［86］沧州：州名。治所在今河北沧州市东南。［87］甲辰：四月六日。［88］新乐：县名。县治在今河北新乐市东北。［89］夏侯端：寿春（今安徽寿县）人。仕隋为大理司直。唐高祖拜秘书监，出为梓州刺史。传见《旧唐书》卷一百八十七、《新唐书》卷一百九十一。［90］乙巳：四月七日。［91］法驾：天子的车驾。［92］丙午：四月八日。［93］开明：隋末王世充年号（619—621）。［94］丁未：四月九日。［95］御卫将军：将军名。左右御卫的首领称左右御卫将军，从三品。［96］扬州：州名。治所在今江苏扬州市。［97］戊申：四月十日。［98］太师：官名。西周始置，原为军队的最高统帅。春秋时成为辅弼国君的官。历代相沿以太师、太傅、太保为"三公"，多为大官加衔，表示恩宠，无实际职务。［99］司空：官名。西周始置，春秋战国沿置，掌管工程。汉成帝时改御史大夫为大司空，后去"大"字，称司空。魏为三公官，参议国事，隋唐沿用。［100］内史：官名。负责政务。炀帝时改内史为内书。［101］杜淹（?—628）：字执礼。隋文帝时累擢御史中丞。唐高祖时为吏部尚书。传见《旧唐书》卷六十六、《新唐书》卷九十六。［102］少吏部：即吏部侍郎。［103］国子助教：官名。晋武帝立国子学，置助教，掌佐博士分经教授。［104］陆德明（约550—630）：吴县（今江苏苏州市）人。名元朗。高祖时为国子博士。著有《经典释文》。传见《旧唐书》卷一百八十九、《新唐书》卷一百九十八。［105］束脩礼：弟子事师之礼。脩，干肉。十脩为束。古时初次拜见长辈必执贽以为礼，后人引为致送塾师的礼金。［106］巴豆散：一种有毒性的药，能使人拉痢。［107］遗利：即拉痢。利，通"痢"。［108］阙：宫门前两边供瞭望的楼，泛指帝王的住所。［109］玄武门：这里的玄武门指洛阳宫城北门。［110］清道：帝王或大官外出，清除道路，驱逐行人。［111］按辔（pèi）：拉着缰绳。［112］九重：古代传说天有九重。［113］彻：通达。［114］天位：天子的位子。［115］门有禁限：为门禁所阻。［116］西朝堂：唐代的中书省。［117］东朝堂：唐代的门下省。［118］条流既烦：条疏很烦杂。

窦建德闻王世充自立，乃绝之，始建天子旌旗，出警入跸[1]，下书称诏，追谥隋炀帝为闵帝。齐王暕之死也，有遗腹子[2]政道，建德立以为郧公，然犹依倚突厥以壮其兵势。隋义成公主遣使迎萧皇后及南阳公主，建德遣千余骑送之，又传宇文化及首以献义成公主。

丙辰[3]，刘武周围并州，齐王元吉拒却之[4]。戊午[5]，诏太常卿李仲文将兵救并州。

王世充将军丘怀义居门下内省，召越王君度、汉王玄恕、将军郭士衡杂妓妾饮博[6]，侍御史张蕴古[7]弹[8]之。世充大怒，令散手[9]执君度、玄恕，批其耳数十；又命引入东上阁[10]，杖之各数十。怀义、士衡不问。赏蕴古帛百段，迁太子舍人[11]。君度，世充之兄子也。

世充每听朝，殷勤诲谕[12]，言词重复，千端万绪[13]，侍卫之人不胜倦弊，百司奏事，疲于听受。御史大夫苏良谏曰："陛下语太多而无领要[14]，计云尔[15]即可，何烦许辞[16]也！"世充默然良久，亦不罪良，然性如是，终不能改也。

王世充数攻伊州，总管张善相[17]拒之；粮尽，援兵不至，癸亥[18]，城陷，善相骂世充极口而死。帝闻，叹曰："吾负善相，善相不负吾也！"赐其子襄城郡公。

五月，王世充陷义州，复寇西济州[19]。遣右骁卫大将军刘弘基[20]将兵救之。

李轨将安脩仁兄兴贵，仕长安，表请说轨，谕以祸福。上曰："轨阻兵恃险，连结吐谷浑、突厥[21]，吾兴兵击之，尚恐不克，岂口舌所能下乎！"兴贵曰："臣家在凉州，奕世豪望[22]，为民夷所附；弟脩仁为轨所信任，子弟在机近[23]者以十数。臣往说之，轨听臣固善；若其不听，图之肘腋[24]，易矣！"上乃遣之。

兴贵至武威[25]，轨以为左右卫大将军。兴贵乘间说轨曰："凉地不过千里，土薄民贫。今唐起太原，取函秦[26]，宰制[27]中原，战必胜，攻必取，此殆天启[28]，非人力也。不若举河西归之，则窦融[29]之功复见于今日矣！"轨曰："吾据山河之固，彼虽强大，若我何！汝自唐来，为唐游说耳。"兴贵谢曰："臣闻富贵不归故乡，如衣绣夜行，臣阖门受陛下荣禄，安肯附唐！但欲效[30]其愚虑，可否在陛下[31]耳。"于是退与脩仁阴结诸胡起兵击轨，轨出战而败，婴城自守。兴贵徇曰[32]："大唐遣我来诛李轨，敢助之者夷三族！"城中人争出就兴贵。轨计穷，与妻子登玉女台[33]，置酒为别。庚辰[34]，兴贵执之以闻，河西悉平。

邓晓在长安，舞蹈称庆，上曰："汝为人使臣，闻国亡，不戚[35]而喜，以求媚于朕，不忠于李轨，肯为朕用乎！"遂废之终身。

轨至长安，并其子弟皆伏诛。以安兴贵为右武候大将军、上柱国、凉国公，赐帛万段，安脩仁为左武候大将军、申国公。

隋末，离石[36]胡刘龙儿拥兵数万，自号刘王，以其子季真为太子；虎贲郎将[37]梁德击斩龙儿。至是，季真与弟六儿复举兵为乱，引刘武周之众攻陷石州[38]，杀刺史王俭。季真自称突利可汗[39]，以六儿为拓定王。六儿遣使请降，诏以为岚州[40]总管。

壬午[41]，以秦王世民为左武候大将军、使持节凉、甘[42]等九州[43]诸军事、凉州总管，其太尉、尚书令、雍州牧、陕东道行台[44]并如故。遣黄门侍郎杨恭仁[45]安抚河西。

丙戌[46]，刘武周陷平遥[47]。

癸巳[48]，梁州总管、山东道安抚副使陈政为麾下所杀，携其首奔王世充。政，茂[49]之子也。

王世充以礼部尚书裴仁基、左辅大将军裴行俨有威名，忌之。仁基父子知之，亦不自安，乃与尚书左丞宇文儒童、儒童弟尚食直长[50]温、散骑常侍[51]崔德本谋杀世充及其党，复尊立皇泰主；事泄，皆夷三族。齐王世恽言于世充曰："儒童等谋反，正为皇泰主尚在故也，不如早除之。"世充从之，遣兄子唐王仁则及家奴梁百年鸩皇泰主。皇泰主曰："更为请[52]太尉，以往者之言[53]，未应至此。"百年欲为启陈，世恽不许；又请与皇太后辞诀[54]，亦不许。乃布席[55]焚香礼佛[56]："愿自今已往，不复生帝王家！"饮药，不能绝，以帛缢杀之，谥曰恭皇帝。世充以其兄楚王世伟为太保[57]，齐王世恽为太傅，领尚书令。

（以上为第六段，写唐高祖平定河西，以及王世充弑皇泰主。）

【注释】

[1]出警入跸：警，警戒；跸，帝王出行时，开路清道，禁止通行。出警入跸是说出入禁止行人。 [2]遗腹子：父死时尚未降生的孩子。 [3]丙辰：四月十八日。 [4]拒却之：把他打退。 [5]戊午：四月二十日。 [6]杂妓妾饮博：与妓女婢妾一起饮酒博戏。 [7]张蕴古（?—631）：相州（今河南安阳市）人。敏书传，晓世务，唐初文坛名士。太宗即位，上《大宝箴》以讽

谏，擢大理丞。后坐事被诛。传见《旧唐书》卷一百九十上。［8］弹：弹劾。［9］散手：即散手仗，隋时衙内五卫之一。［10］东上阁：东都皇宫正殿曰乾阳殿，殿左曰东上阁，右曰西上阁，阁各有门。［11］太子舍人：官名。太子官属，掌管文书。［12］殷勤诲谕：教诲不厌其详。［13］千端万绪：头绪繁多。［14］领要：要领。［15］计云尔：指出计策应如何。［16］何烦许辞：何用讲许多无用的话。［17］张善相（?—619）：襄城（今河南襄城县）人。大业末据许州，后归唐授伊州总管。传见《新唐书》卷一百九十一。［18］癸亥：四月二十五日。［19］西济州：州名。治所在今河南济源市。［20］刘弘基（581—650）：池阳（今陕西泾阳县）人。从高祖举兵太原，引兵先济河，次长安，京师平，功第一。累封夔国公。传见《旧唐书》卷五十八、《新唐书》卷九十。［21］突厥：公元6世纪时游牧于中国北部金山（今阿尔泰山）一带的少数民族名。广义包括突厥、铁勒各部落，狭义专指突厥。隋开皇二年（582）分裂为东突厥和西突厥。［22］奕世豪望：累世为豪门望族。［23］机近：机要近密。［24］图之肘腋：肘腋，胳膊肘和夹肢窝。比喻极近的地方。［25］武威：郡名。治所在今甘肃武威市。［26］函秦：函谷关以西全秦之地。［27］宰制：控制。［28］天启：天意。［29］窦融（前16—62）：东汉初扶风平陵（今陕西咸阳市西北）人，字周公。累世为河西官吏。新莽末，降刘玄。刘玄败，他联合酒泉、敦煌等五郡，割据河西。后归刘秀，协助攻灭隗嚣，封安丰侯，任大司空。传见《后汉书》卷二十三《窦融传》。［30］效：报效。［31］可否在陛下：全由陛下决定。［32］徇曰：对众宣示说。［33］玉女台：李轨于上年筑玉女台。［34］庚辰：五月十三日。［35］戚：忧愁，悲哀。［36］离石：州名。治所在今山西吕梁市离石区。隋为离石郡，唐为石州。［37］虎贲郎将：武官名。汉置虎贲中郎将、虎贲郎、虎贲校尉等，主宿卫事，历代因之，至唐废。［38］石州：州名。治所在今山西吕梁市离石区。［39］突利可汗（602—631）：突厥酋长。名什钵苾。始毕可汗嫡子。武德时与太宗深相结。贞观时归附唐朝，授右卫大将军，封北平郡王。传见《旧唐书》卷一百九十四、《新唐书》卷二百一十五。［40］岚州：州名。治所在今山西岚县北之岚城。［41］壬午：五月十五日。［42］凉、甘：皆州名。凉州，治所姑臧，在今甘肃武威市。甘州，治所张掖，在今甘肃张掖市。［43］九州：凉、甘、瓜、鄯、肃、会、兰、河、廓，均为李轨所据之地。［44］行台：晋以后，在地方代表朝廷行尚书省事的机构称行台。［45］杨恭仁（?—639）：隋仁寿中为甘州刺史。归唐封观国公，为凉州总管。传见《旧唐书》卷六十二、《新唐书》卷一百。［46］丙戌：五月十九日。［47］平遥：县名。县治在今山西平遥县。［48］癸巳：五月二十六日。［49］茂：陈茂，河东猗氏（今山西临猗）人。传见《隋书》卷六十四。事隋文帝，典机密。［50］尚食直长：官名。隋制，尚食局属殿中省，有奉御、直长，掌膳馐之事。［51］散骑常侍：官名。在皇帝左右规谏过失，以备顾问。唐代分隶门下省和中书省。在门下省者称左散骑常侍，在中书省者称右散骑常侍。［52］更为请：替我请求。［53］以往者之言：指武德二年（619）王世充对皇泰主所许的诺言。据《旧唐书》卷五十四《王世充传》载，世充使人谓皇泰主曰："今海内未定，须得长君，待四方安集，复子明辟。必若前盟，义不违负。"［54］辞诀：诀别。［55］布席：把席子铺在地上。

[56]礼佛：向佛行礼。［57]太保：官名。周代三公之一，位次于太傅，与太师、太傅合称三公，共当宰相之任。隋唐仍沿此称，无实际职务，仅作为大臣的最高荣衔。

六月，庚子[1]，窦建德陷沧州。

初，易州贼帅宋金刚，有众万余，与魏刀儿连结。刀儿为窦建德所灭，金刚救之，战败，帅众四千西奔刘武周。武周闻其善用兵，得之，甚喜，号曰宋王，委以军事，中分家赀以遗之[2]。金刚亦深自结[3]，出其故妻[4]，纳武周之妹。因说武周图晋阳，南向争天下。武周以金刚为西南道大行台，使将兵三万寇并州。丁未[5]，武周进逼介州[6]，沙门道澄以佛幡缒[7]之入城，遂陷介州；诏左武卫大将军姜宝谊[8]、行军总管李仲文击之。武周将黄子英往来雀鼠谷[9]，数以轻兵挑战，兵才接，子英阳[10]不胜而走，如是再三，宝谊、仲文悉众逐之，伏兵发，唐兵大败，宝谊、仲文皆为所虏。既而俱逃归，上复使二人将兵击武周。

己酉[11]，突厥使来告始毕可汗之丧，上举哀于长乐门[12]，废朝三日[13]，诏百官就馆[14]吊其使者，又遣内史舍人郑德挺吊处罗可汗[15]，赙[16]帛三万段。

上以刘武周入寇为忧，右仆射裴寂请自行。癸亥[17]，以寂为晋州[18]道行军总管，讨武周，听以便宜从事。

秋，七月，初置十二军[19]，分关内诸府以隶焉，皆取天星为名，以车骑府[20]统之。每军将、副各一人，取威名素重者为之，督以耕战之务。由是士马精强，所向无敌。

海岱[21]贼帅徐圆朗以数州之地请降，拜兖州[22]总管，封鲁国公。

王世充遣其将罗士信[23]寇谷州，士信帅其众千余人来降。先是，士信从李密击世充，兵败，为世充所得，世充厚礼之，与同寝食。既而得邴元真等，待之如士信，士信耻之。士信有骏马，世充兄子赵王道询欲之，不与，世充夺之以赐道询；士信怒，故来降。上闻其来，甚喜，遣使迎劳，廪食其所部，以士信为陕州[24]道行军总管。世充左龙骧将军临泾[25]席辩与同列杨虔安、李君义皆帅所部来降。

丙子[26]，王世充遣其将郭士衡寇谷州，刺史任瑰大破之，俘斩且尽[27]。

甲申[28]，行军总管刘弘基遣其将种如愿袭王世充河阳城，毁其河桥而还。

乙酉[29]，西突厥统叶护可汗[30]、高昌王麴伯雅各遣使入贡。

初，西突厥曷娑那可汗[31]入朝于隋，隋人留之，国人立其叔父，号射匮可汗[32]。射匮者，达头可汗[33]之孙也，既立，拓地东至金山[34]，西至海，遂与北突厥为敌，建庭于龟兹[35]北三弥山。射匮卒，子统叶护立。统叶护勇而有谋，北并铁勒[36]，控弦[37]数十万，据乌孙[38]故地，又移庭于石国[39]北千泉；西域诸国皆臣之，叶护各遣吐屯[40]监之，督其征赋。

辛卯[41]，宋金刚寇浩州[42]，浃旬[43]而退。

八月，丁酉[44]，酅公薨，谥曰隋恭帝；无后，以族子行基嗣。

窦建德将兵十余万趣洺州[45]，淮安王神通帅诸军退保相州。己亥[46]，建德兵至洺州城下。

丙午[47]，将军秦武通军至洛阳，败王世充将葛彦璋。

丁未[48]，窦建德陷洺州，总管袁子干降之。

乙卯[49]，引兵趣相州，淮安王神通闻之，帅诸军就李世勣于黎阳。

梁师都与突厥合数千骑寇延州[50]，行军总管段德操兵少不敌，闭壁不战，伺师都稍怠，九月，丙寅[51]，遣副总管梁礼将兵击之。师都与礼战方酣，德操以轻骑多张[52]旗帜，掩击其后，师都军溃，逐北二百里，破其魏州，虏男女二千余口。德操，孝先之子也。

萧铣遣其将杨道生寇峡州[53]，刺史许绍[54]击破之。铣又遣其将陈普环帅舟师上峡，规取[55]巴、蜀。绍遣其子智仁及录事参军[56]李弘节等追至西陵[57]，大破之，擒普环。铣遣兵戍安蜀城[58]及荆门城[59]。

先是，上遣开府李靖[60]诣夔州[61]经略[62]萧铣。靖至峡州，阻铣兵，久不得进。上怒其迟留[63]，阴敕[64]许绍斩之；绍惜其才，为之奏请，获免。

己巳[65]，窦建德陷相州，杀刺史吕珉。

民部尚书鲁公刘文静，自以才略功勋在裴寂之右而位居其下，意甚不平。每廷议，寂有所是，文静必非之，数侵侮寂，由是有隙。文静与弟通直散骑常侍[66]文起饮，酒酣怨望[67]，拔刀击柱曰："会当斩裴寂首！"家数有妖，文起召巫于星下被发衔刀为厌胜[68]。文静有妾无宠，使其兄上变告之。上以文静属吏，遣裴寂、萧瑀问状，文静曰："建义之初，忝[69]为司马，计与长史位望略同。今寂为仆射，据甲第[70]；臣官赏不异众人，东西征讨，老母留京师，风雨无所庇[71]，实有觖望[72]之心，因醉怨言，不能自保。"上谓群臣曰："观文静此言，反明白矣。"李纲、萧瑀皆明其不反，秦王世民为之固请曰："昔在晋阳，文静先定非常之策[73]，始告寂知，及克京城，任遇悬隔[74]，令文静觖望则有之，非敢谋反。"裴寂言于上曰："文静才略实冠时人，性复粗险，今天下未定，留之必贻后患。"上素亲寂，低回久之，卒用寂言。辛未[75]，文静及文起坐死，籍没其家[76]。

（以上为第七段，写唐高祖冤杀刘文静，以及全国各地军阀混战。河北窦建德、东都王世充、荆襄萧铣、并州刘武周为最大的几个军阀。）

【注释】

[1]庚子：六月三日。[2]中分家赀以遗之：分一半家财送给他。[3]深自结：内心很感激。[4]出其故妻：休掉自己的妻子。[5]丁未：六月十日。[6]介州：州名。治所在今山西介休市。[7]以佛幡缒（zhuì）之：将佛幡悬坠。[8]姜宝谊（?—619）：上邽（今甘肃天水市）人。从高祖太原起兵，历右武卫大将军、永安县公。传见《新唐书》卷八十八。[9]雀鼠谷：河谷名。即今山西介休市西南、霍州市之北汾河河谷。[10]阳：佯。[11]己酉：六月十二日。[12]长乐门：长安宫城南面有三门：中曰承天，东曰长乐，西曰永安。[13]废朝三日：重臣死，废朝三日、五日或七日，以示哀悼。此制起于隋唐。废朝，亦作辍朝，即停止参朝，不理政事。[14]就馆：到其客馆。[15]处罗可汗：隋西突厥主，公元603年至公元611年为可汗。名达漫，号泥撅处罗可汗。从炀帝征高丽，赐号曷萨那可汗。传见《旧唐书》卷一百九十四、《新唐书》卷二百一十五。[16]赙（fù）：赠送财物助人办丧事。[17]癸亥：六月十六日。[18]晋州：州名。治所在今山西临汾市西南。[19]初置十二军：开始设置十二军。据《新唐书·兵志》：以万年道为参旗军，长安道为鼓旗军，富平道为玄戈军，礼泉道为井钺军，同州道为羽林军，华州道为骑官军，宁州道为折威军，岐州道为平道军，豳州道为招摇军，西麟州道为苑游军，泾州道为天纪军，宜州道为天节军。[20]车骑府：官署名。隋代府兵制，初定地方军府为骠骑府，有时也设立与骠骑府平行的车骑府。其长官为车骑将军。贞观十一年改称折冲府。[21]海岱：谓其所跨据之

地，东至瀛海，西距岱岳。［22］兖州：州名，治所在今山东济宁市兖州区。［23］罗士信（594—622）：齐州历城（今山东济南市）人，唐初名将。年十四，助张须陀破起义军于潍水上，后降高祖，拜陕州道行军总管。后以功授绛州总管。传见《旧唐书》卷一百八十七、《新唐书》卷一百九十一。［24］陕州：州名。治所在今河南三门峡市西陕州区。［25］临泾：县名。县治在今甘肃镇原县。［26］丙子：七月十日。［27］且尽：将尽。［28］甲申：七月十八日。［29］乙酉：七月十九日。［30］统叶护可汗（?—630）：西突厥可汗。传见《旧唐书》卷一百九十四下、《新唐书》卷二百一十五下。［31］曷娑那可汗：也称"曷萨那"。西突厥主。名达漫，号泥撅处罗可汗。传见《旧唐书》卷一百九十四、《新唐书》卷二百一十五。［32］射匮可汗（?—615）：西突厥达头可汗孙。传见《旧唐书》卷一百九十四。［33］达头可汗：西突厥可汗。又称步迦可汗。［34］金山：地名。在今青海西宁市西北。［35］龟兹：古西域国名。在今新疆库车市一带。［36］铁勒：古族名。汉称丁零。后音变为敕勒、铁勒等。因所用车轮高大，亦称高车。《隋书》记载铁勒各部分布于东至独洛河（今图拉河）以北、西至西海（今里海）的广大地区，分属东、西突厥。其漠北十五部，以薛延陀与回纥为最著。［37］控弦：谓能射之士。［38］乌孙：古族名。西汉时，分布在今伊犁河和伊塞克湖一带，从事游牧。汉武帝时张骞曾使乌孙。与汉关系密切。后属西域都护。南北朝时乌孙已西迁葱岭北。辽以后渐与邻族融合。［39］石国：古国名。故地在今乌兹别克斯坦共和国塔什干一带。见《北史》《隋书》《新唐书》各《西域列传》，国王姓石，唐时为昭武诸国之一，一度属唐管辖。［40］吐屯：官名。突厥御史之称。［41］辛卯：七月二十五日。［42］浩州：州名。治所在今山西汾阳市。［43］浃（jiā）旬：一旬。浃，遍及，满。［44］丁酉：八月一日。［45］洺州：州名。治所在今河北邯郸市永年区。［46］己亥：八月三日。［47］丙午：八月十日。［48］丁未：八月十一日。［49］乙卯：八月十九日。［50］延州：州名。治所在今陕西延安市城东延河东岸。［51］丙寅：九月一日。［52］张：张设。［53］峡州：州名。治所在今湖北宜昌市。［54］许绍：安陆（今湖北安陆市）人。字嗣宗，隋末任夷陵通守。后归唐，授陕州刺史。传见《旧唐书》卷五十九、《新唐书》卷九十。［55］规取：图取。［56］录事参军：官名。晋置录事参军，本为公府官，非州郡职。掌总录众曹文簿，举善弹恶。其后刺史领军而开府者亦置，职任甚为亲重，省称为录事。隋唐以录事参军为郡官，相当于汉时州郡主簿之职。［57］西陵：县名。县治在今湖北宜昌市东南。［58］安蜀城：北周筑，在今湖北宜昌市西北长江西陵峡口。［59］荆门城：在今湖北宜都市西北长江边。安蜀城与荆门城均为荆州西南要地。［60］李靖（571—649）：唐初军事家。本名药师，京兆三原（今陕西三原县东北）人。太宗时历任兵部尚书，兼检校中书令。传见《旧唐书》卷六十七、《新唐书》卷九十三。［61］夔州：州名。治所在今重庆市奉节县。［62］经略：筹划经营。［63］迟留：迟缓稽留。［64］阴敕：暗下敕书。［65］己巳：九月四日。［66］通直散骑常侍：官名。在皇帝左右规谏过失，以备顾问。往往预闻要政。隋代属门下省，唐代分隶门下省和中书省。［67］酒酣怨望：酒喝到畅快的时候发牢骚。［68］厌（yā）胜：古代方士的一种巫术，谓能以诅咒制服人或物。［69］忝（tiǎn）：自谦之词，犹辱。［70］据甲第：据有甲等第宅。［71］庇：庇蔽。［72］觖（jué）望：因不满意而怨恨。［73］文静先定非常之策：指隋恭帝义宁元年（617），刘文静与李世民密谋，乘隋末战乱，举兵反隋，夺取天下之事。［74］任遇悬隔：任职待遇悬殊。［75］辛未：九月六日。［76］籍没其家：登记、没收他所有家财。

沈法兴既克毗陵，谓江、淮之南指㧑[1]可定，自称梁王，都毗陵，改元延康，置百官。性残忍，专尚[2]威刑，将士小有过，即斩之，由是其下离怨。

时杜伏威据历阳[3]，陈稜据江都，李子通[4]据海陵，俱有窥江表之心[5]。法兴军数败；会子通围稜于江都，稜送质求救于法兴及伏威，法兴使其子纶将兵数万与伏威共救之。伏威军清流[6]，纶军扬子[7]，相去数十里。子通纳言毛文深献策，募江南人诈为纶兵，夜袭伏威营，伏威怒，复遣兵袭纶。由是二人相疑，莫敢先进。子通得尽锐[8]攻江都，克之，稜奔伏威。子通入江都，因纵击纶，大破之，伏威亦引去。子通即皇帝位，国号吴，改元明政。丹阳[9]贼帅乐伯通帅众万余降之，子通以为左仆射。

杜伏威请降；丁丑[10]，以伏威为淮南安抚大使、和州[11]总管。

裴寂至介休[12]，宋金刚据城拒之。寂军于度索原[13]，营中饮涧水，金刚绝之，士卒渴乏。寂欲移营就水，金刚纵兵击之，寂军遂溃，失亡略尽[14]；寂一日一夜驰至晋州。先是，刘武周屡遣兵攻西河[15]，浩州刺史刘赡拒之，李仲文引兵就之，与共守西河。及裴寂败，自晋州以北城镇俱没，唯西河独存。姜宝谊复为金刚所虏，谋逃归，金刚杀之。裴寂上表谢罪，上慰谕之，复使镇抚河东。

刘武周进逼并州，齐王元吉绐[16]其司马刘德威曰："卿以老弱守城，吾以强兵出战。"辛巳[17]，元吉夜出兵，携其妻妾弃州奔还长安。元吉始去，武周兵已至城下，晋阳土豪薛深以城纳武周。上闻之，大怒，谓礼部尚书李纲曰："元吉幼弱，未习时事，故遣窦诞、宇文歆辅之。晋阳强兵数万，食支[18]十年，兴王之基，一日弃之。闻宇文歆首画此策，我当斩之！"纲曰："王年少骄逸，窦诞曾无规谏，又掩覆之，使士民愤怨，今日之败，诞之罪也。歆谏，王不悛[19]，寻皆闻奏[20]，乃忠臣也，岂可杀哉！”明日，上召纲入，升御座曰：“我得公，遂无滥刑。元吉自为不善，非二人所能禁也。”并诞赦之。卫尉[21]少卿刘政会在太原，为武周所虏，政会密表论武周形势。

武周据太原，遣宋金刚攻晋州，拔之，虏右骁卫大将军刘弘基，弘基逃归。金刚进逼绛州[22]，陷龙门[23]。

西突厥曷娑那可汗与北突厥有怨；曷娑那在长安，北突厥遣使请杀之，上不许。群臣皆曰：“保一人而失一国，后必为患！”秦王世民曰：“人穷来归，我杀之不义。”上迟回[24]久之，不得已，丙戌[25]，引曷娑那于内殿宴饮，既而送中书省[26]，纵北突厥使者使杀之。

礼部尚书李纲领太子詹事[27]，太子建成始甚礼之。久之，太子渐昵近[28]小人，疾秦王世民功高，颇相猜忌；纲屡谏不听，乃乞骸骨[29]。上骂之曰：“卿为何潘仁长史，乃耻为朕尚书邪[30]！且方使卿辅导建成，而固求去，何也？”纲顿首曰：“潘仁，贼也，每欲妄杀人，臣谏之即止，为其长史，可以无愧。陛下创业明主，臣不才，所言如水投石[31]，言于太子亦然，臣何敢久污天台[32]、辱东朝[33]乎！”上曰：“知公直士，勉留辅吾儿。”戊子[34]，以纲为太子少保，尚书、詹事如故。纲复上书谏太子饮酒无节，及信谗慝[35]，疏骨肉；太子不怿[36]，而所为如故。纲郁郁不得志，是岁，固称老病辞职，诏解尚书，仍为少保。

淮安王神通使慰抚使张道源镇赵州[37]。庚寅[38]，窦建德陷赵州，执总管张志昂及道源。建德以二人及邢州刺史陈君宾不早下[39]，欲杀之，国子祭酒凌敬谏曰：“人臣各为其主用，彼坚守不下，乃忠臣也。今大王杀之，何以励群下[40]乎！”建德怒曰：“吾至城下，彼犹不降，力屈就擒，何可舍也！”敬曰：“今大王使大将高士兴拒罗艺于易水[41]，艺才至，兴即降，大王之意以为何如？”建德乃悟，即命释之。

乙未[42]，梁师都复寇延州[43]，段德操击破之，斩首二千余级，师都以百余骑遁去。德操以功拜柱国[44]，赐爵平原郡公。鄜州[45]刺史鄜城壮公梁礼战没。

冬，十月，己亥[46]，就加凉州总管杨恭仁纳言；赐幽州总管燕公罗艺姓李氏，封燕郡王。

辛丑[47]，李艺破窦建德于衡水[48]。

癸卯[49]，以左武候大将军庞玉为梁州总管。时集州獠[50]反，玉讨之，獠据险自守，军不得进，粮且尽。熟獠[51]与反者皆邻里亲党，争言贼不可击，请玉还。玉扬言："秋谷将熟，百姓毋得收刈[52]，一切供军，非平贼吾不返。"闻者大惧曰："大军不去，吾曹皆将馁死。"其中壮士乃入贼营，与所亲潜谋，斩其渠帅[53]而降，余党皆散，玉追讨，悉平之。

刘武周将宋金刚进攻浍州[54]，陷之，军势甚锐。裴寂性怯[55]，无将帅之略，唯发使骆驿[56]，趣[57]虞、泰[58]二州居民入城堡，焚其积聚。民惊扰愁怨，皆思为盗，夏县[59]民吕崇茂聚众自称魏王，以应武周，寂讨之，为所败。诏永安王孝基、独孤怀恩、陕州总管于筠、内史侍郎唐俭[60]等将兵讨之。

时王行本犹据蒲反[61]，未下，亦与武周相应，关中震骇。上出手敕[62]曰："贼势如此，难与争锋，宜弃大河以东，谨守关西[63]而已。"秦王世民上表曰："太原，王业所基，国之根本；河东富实，京邑[64]所资，若举而弃之，臣窃愤恨。愿假臣精兵三万，必冀平殄[65]武周，克复汾、晋。"上于是悉发关中兵以益世民所统，使击武周。乙卯[66]，幸华阴[67]，至长春宫[68]以送之。

（以上为第八段，写杜伏威降唐，裴寂讨刘武周不利。）

【注释】

[1]指㧑（huī）：指挥。 [2]专尚：专重。 [3]历阳：郡名。治所在今安徽和县。 [4]李子通（?—622）：隋末江淮地区农民起义领袖。东海承（今山东枣庄市）人。传见《旧唐书》卷五十六、《新唐书》卷八十七。 [5]窥江表之心：图谋江外之意。 [6]清流：县名。县治在今安徽滁州市。 [7]扬子：县名。县治在今江苏扬州市南扬子桥附近。 [8]尽锐：以全军精锐之卒。 [9]丹阳：郡名。治所在今江苏南京市。 [10]丁丑：九月十二日。 [11]和州：州名。治所在今安徽和县。 [12]介休：县名。县治在今山西介休市。 [13]度索原：地名。在今山西介休市东南介山下。 [14]失亡略尽：几乎全军覆没。 [15]西河：郡名。治所在今山西汾阳市。 [16]绐（dài）：欺哄。 [17]辛巳：九月十六日。 [18]食支：供给。此处是说培养十年。[19]悛（quān）：悔改。 [20]寻皆闻奏：马上就来上奏。 [21]卫尉：官名。秦始置，汉时为九卿之一，掌管宫门警卫。魏、晋、南北朝多沿置，北齐称卫尉寺，有卿、少卿各一人。隋时改

掌军器、仪仗、帐幕之事。唐因之。［22］绛州：州名。治所在今山西闻喜县东北。［23］龙门：县名。县治在今山西河津市东南。［24］迟回：踌躇。［25］丙戌：九月二十一日。［26］中书省：官署名。在唐代，中书省与门下、尚书三省同为中央行政中枢，由中书省决定政策，通过门下省，然后交尚书省执行。［27］太子詹事：官名。汉有詹事，掌皇后、太子家中之事。后代“詹事”多专为太子属官。唐置詹事府，有太子詹事、少詹事，统东宫三寺、十率府之政令。［28］昵近：亲近。［29］乃乞骸骨：旧称大臣辞职为乞骸骨。意思是使骸骨得归葬其乡土。［30］耻为朕尚书邪：以做朕的尚书为耻吗？［31］所言如水投石：胡注：“言以水投石，虽沾湿而不能受水。”意思是说，自己的话根本不起作用，一点不被采纳。［32］天台：即尚书省。［33］东朝：即东宫。［34］戊子：九月二十三日。［35］谗慝（tè）：邪恶，邪恶之人。［36］怿（yì）：喜悦。［37］赵州：州名。治所在今河北赵县。［38］庚寅：九月二十五日。［39］不早下：不早投降。［40］群下：群臣。［41］易水：水名。源出于今河北省易县境。［42］乙未：九月三十日。［43］延州：州名。治所在今陕西延安市城东延河东岸。［44］柱国：官名。战国时楚、赵等国设置，原为保卫国都之官。隋设上柱国及柱国，以酬功勋。唐以后为勋官的名称。［45］鄜州：州名。治所在今陕西富县。［46］己亥：十月四日。［47］辛丑：十月六日。［48］衡水：县名。县治在今河北衡水市西。［49］癸卯：十月八日。［50］集州獠（láo）：集州治所在今四川南江县。獠，是当地的少数民族。［51］熟獠：靠近唐边境者称为熟獠，远者为生獠。［52］刈（yì）：割。［53］渠帅：大帅。［54］浍州：州名。治所在今山西翼城县。［55］性怯：生性胆怯。［56］发使骆驿：派使者相继不绝。骆驿，同“络绎”。［57］趣：催促。［58］虞、泰：虞，州名。治所在今山西运城市东北安邑。泰，州名。治所在今山西河津市城东南。［59］夏县：县名。县治在今山西夏县西北禹王城。［60］唐俭（578—656）：晋阳（今山西太原市）人，字茂系。初为天策府长史，封莒国公。贞观初为民部尚书。传见《旧唐书》卷五十八、《新唐书》卷八十九。［61］蒲反：县名。秦为蒲坂县，西汉时一度改为蒲反县。县治在今山西永济市西南蒲州镇。［62］手敕：皇帝亲手所书之敕。［63］关西：秦、汉、唐等时代泛指故函谷关（今河南灵宝市东北）或今潼关以西地区。［64］京邑：京城，京师。［65］殄（tiǎn）：灭。［66］乙卯：十月二十日。［67］华阴：县名。治所在今陕西华阴市东南。［68］长春宫：北周武帝置，在今陕西大荔县朝邑镇西北。

窦建德引兵趣卫州。建德每行军，常为三道，辎重、细弱居中央，步骑夹左右，相去三里许。建德以千骑前行，过黎阳三十里，李世勣遣骑将丘孝刚将三百骑侦[1]之。孝刚骁勇，善马槊[2]，与建德遇，遂击之，建德败走；右方兵救之，击斩孝刚。建德怒，还攻黎阳，克之，虏淮安王神通，李世勣父盖、魏徵及帝妹同安公主。唯李世勣以数百骑走渡河，数日，以其父故，还诣[3]建德降；卫州闻黎阳陷，亦降。建德以李世勣为左骁卫将军，使守黎阳，常以其父盖自随为质。以魏徵为起居舍人[4]。滑州刺史王轨奴杀轨，携其首诣建德降。建德曰："奴杀主大逆，吾何为受之！"立命斩奴，返其首于滑州。吏民感悦，即日请降。于是其旁州县及徐圆朗等皆望风归附。己未[5]，建德还洺州，筑万春宫，徙都之。置淮安王神通于下博[6]，待以客礼。

行军总管罗士信帅勇士夜入洛阳外郭，纵火焚清化里而还。壬戌[7]，士信拔青城堡[8]。

王世充自将兵徇地[9]至滑台，临黎阳；尉氏[10]城主时德叡、汴州[11]刺史王要汉、亳州[12]刺史丁叔则遣使降之。以德叡为尉州刺史。要汉，伯当之兄也。

夏侯端至黎阳，李世勣发兵送之，自澶渊[13]济河，传檄[14]州县，东至于海，南至于淮，二十余州，皆遣使来降。行至谯州[15]，会汴、亳降于王世充，还路遂绝。端素得众心，所从二千人，虽粮尽不忍委去，端坐泽中，杀马以飨士，因歔欷谓曰："卿等乡里皆已从贼，特以[16]共事之情，未能见委[17]。我奉王命，不可从卿；卿有妻子，无宜效我。可斩吾首归贼，必获富贵。"众皆流涕曰："公于唐室非有亲属，直以忠义，志不图存。某等虽贱，心亦人也，宁肯[18]害公以求利乎！"端曰："卿不忍见杀，吾当自刎。"众抱持之，乃复同进[19]，潜行五日，馁死及为贼所击奔溃相失[20]者太半[21]，唯余五十二人同走，采豋豆[22]生食之。端持节未尝离身，屡遣从者散，自求生，众又不可。时河南之地皆入世充，唯杞州刺史李公逸为唐坚守，遣兵迎端，馆给之[23]。世充遣使召端，解衣遗[24]之，仍送除书[25]，以端为淮南郡公、尚书少吏部[26]。端对使者焚书毁衣，曰："夏侯端天子大使，岂受王世充官乎！汝欲吾往，唯可取吾首耳。"因解节旄怀之，置刃于竿，自山中西走，无复蹊径，冒践荆棘，昼夜兼行，得达宜阳[27]，从者坠崖溺水，为虎狼所食，又丧其半；其存者鬓发秃落，无复人状。端诣阙见上，但谢无功，初不自言艰苦，上复以为秘书监。

郎楚之[28]至山东，亦为窦建德所获，楚之不屈，竟得还。

王世充遣其从弟世辩以徐[29]、亳之兵攻雍丘，李公逸遣使求救，上以隔贼境，不能救。公逸乃留其属李善行守雍丘，身帅轻骑入朝，至襄城，为世充伊州刺史张殷所获，世充谓曰："卿越郑[30]臣唐，其说安在[31]？"公逸曰："我于天下，唯知有唐，不知有郑。"世充怒，斩之。善行亦没。上以公逸子为襄邑公。

甲子[32]，上祠华山[33]。

（以上为第九段，写夏侯端历尽艰辛还唐。）

【注释】

[1]侦：侦察。[2]马槊（shuò）：兵器。唐初诸将军于马上常用的马矛。矛长丈八曰槊。[3]诣：到……去。[4]起居舍人：官名。隋代于内史省（中书省）设起居舍人二员，唐又于门下省和中书省分别设起居郎和起居舍人分掌侍从皇帝、记录皇帝言行事。[5]己未：十月二十四日。[6]下博：县名。县治在今河北深州市东南。[7]壬戌：十月二十七日。[8]青城堡：胡注："盖因青城宫为堡。"青城宫在今河南洛阳市西北。[9]徇地：攻取土地。谓率军队巡行各地，使之降服。[10]尉氏：县名。县治在今河南尉氏县。[11]汴州：州名。治所在今河南开封市西北。[12]亳州：州名。治所在今安徽亳州市。[13]澶渊：县名。隋开皇十六年置澶渊县，县治在今河南濮阳县西。[14]檄：古代用来征召、声讨的文书。[15]谯州：州名。治所在今安徽宿州市西。[16]特以：但因。[17]未能见委：不能放弃（我）。[18]宁肯：岂肯，哪肯。[19]同进：一同进发。[20]相失：相散失。[21]太半：大半。[22]蟧（láo）豆：野豆。[23]馆给之：使居于客馆并供给其资粮。[24]遗（wèi）：给予，赠送。[25]除书：任命的文书，如今天的委任状。[26]尚书少吏部：《旧唐书·夏侯端传》作"吏部尚书"，此则为吏部侍郎，两书有异。[27]宜阳：县名。县治在今河南宜阳县西。[28]郎楚之：名颖，字楚之。定州新乐（今河北新乐市）人。隋大业中为尚书民曹郎。唐武德初为大理卿，参与撰定律令。受诏招谕山东，被窦建德所获，英勇不屈。贞观初卒，年八十。事迹见《旧唐书》卷一百八十九、《新唐书》卷一百九十九。[29]徐：徐州，治所在今江苏徐州市。[30]越郑：逾越郑国。[31]其说安在：道理何在。[32]甲子：十月二十九日。[33]华山：山名。五岳之一，在今陕西华阴市南。

【点评】

刘文静之死。刘文静是唐朝开国功臣，他的死，会带给我们什么样的启迪呢？刘文静，字肇仁，祖籍彭城（今江苏徐州市），后居京兆武功（今属陕西）。祖父刘懿，北周时历官石州（治今山西吕梁市离石区），其父刘韶，隋时战没，赠上仪同三司。刘文静十四岁出仕，因其父身死王事，袭仪同三司。史称刘文静"伟姿仪，有器干，倜傥多权略”。四十岁以后，为官晋阳令。

刘文静任晋阳令时，隋王朝已风雨飘摇，刘文静暗结豪杰，察观时变，与晋阳宫副监裴寂深交，时常谈论局势。刘文静对裴寂说：“天下乱离，时事可知，你我二人相得，何愁没有一试身手的机会。”显然，刘文静希望成为乱世英雄。

大业十三年（617），唐国公李渊被隋炀帝任命为太原留守。李渊认为这是“天下之授”，他对李世民说：“今我来斯，是为天与，与而不取，祸将斯及。”所以李渊一到太原就广积恩信，这被刘文静看在眼里。刘文静对裴寂说：“我看二郎（指李世民）其人，大度类于汉高，神武同于魏祖，其年虽少，必为匡世之才。”于是刘文静与李渊父子“深自结托”，并带动裴寂赞助李氏父子。李渊晋阳起兵，刘文静首功。其后，刘文静奉使北连突厥，随征关中，东据潼关，西平陇右，为李唐王朝建立了卓越的功勋。

刘文静首建非常之功，但其地位始终在裴寂之下，时间一久，两人产生了矛盾，每次朝议廷争“寂有所是，文静必非之”，而唐高祖始终亲信裴寂，刘文静于是牢骚满腹，免不了口出怨言。有一次，刘文静与其弟通直散骑常侍刘文起在一起饮酒，酒至半酣，刘文静拔刀击柱说：“必当斩裴寂首。”刘文静的一个爱妾失宠，便将此言告诉其兄，妾兄便以谋反罪诬告刘文静，唐高祖派裴寂与萧瑀审案。刘文静直言不讳地说：“起义之初，忝为司马，计与长史位望略同。今裴寂身居仆射，而臣赏不异众人，东征西讨，家口无托，故有觖望之心，酒后出了怨言。”朝臣李纲、萧瑀为刘文静辩护，秦王李世民也再三固请，认为刘文静“定非常之功”，只是口出怨言，而不是谋反。裴寂却说：“文静才略实冠时人，性复粗险，今天下未定，留之必贻后患。”刘文静教唆李渊反隋，成了李渊的心头之病，刘文静因功未封，本来就是唐高祖疏远的迹象。唐高祖心知刘文静蒙冤，也必杀之。武德二年（619）九月六日，刘文静兄弟被诛杀，其家被籍没。死时，刘文静时年五十二岁。

刘文静是李唐王朝建立的一位重要人物，是开国元勋，由于贪恋权位，争宠受谗被冤杀，实在可惜。专制帝王反复无常，谋反者深受猜忌，刘文静的下场既可悲，又令人深思。

卷一八八　唐纪四

唐高祖武德二年至四年（619—621 年）

【起屠维单阏（己卯，619 年）十一月，尽重光大荒落（辛巳，621 年）二月，凡一年有奇】

【大事提要】

本卷记述公元 619 年十一月至公元 621 年二月史事，凡一年零四个月，时当唐高祖武德二年到四年，仅一年有奇而跨三年。这一时期是唐王室秦王李世民建功最得意之时，先是平灭了北方劲敌刘武周，沉重打击了梁师都，随后率领大军东出，与王世充激战东都，唐军连战皆捷，河南郡县大多降唐。王世充告急于窦建德，为了生存，王、窦化敌为友，联手对抗唐军。李世勣脱离窦建德，重归唐室。萧铣政权在唐军打击、内部叛离的情况下日益削弱。李子通割据江东。

高祖神尧大圣光孝皇帝中之上

武德二年（己卯，619 年）

十一月，己卯[1]，刘武周寇浩州[2]。

秦王世民引兵自龙门乘冰坚渡河，屯柏壁[3]，与宋金刚相持。时河东[4]州县，俘掠之余，未有仓廪，人情恇[5]扰，聚入城堡，征敛无所得，军中乏食。世民发教[6]谕民，民闻世民为帅而来，莫不归附，自近及远，至者日多，然后渐收其粮食，军食以充。乃休兵秣[7]马，唯令偏裨[8]乘间抄掠，大军坚壁不战，由是贼势日衰。

世民尝自帅轻骑觇[9]敌，骑皆四散，世民独与一甲士登丘而寝。俄而贼兵四合，初不之觉，会有蛇逐鼠，触甲士之面，甲士惊寤[10]，遂白世民俱上马，驰百余步，为贼所及，世民以大羽箭射殪[11]其骁将，贼骑乃退。

李世勣欲归唐，恐祸及其父，谋于郭孝恪。孝恪曰：“吾新事窦氏，动则见疑，宜先立效[12]以取信，然后可图也。”世勣从之。袭王世充获嘉[13]，破之，多所俘获，以献建德，建德由是亲之。

初，漳南[14]人刘黑闼[15]，少骁勇狡狯[16]，与窦建德善，后为群盗，转事郝孝德、李密、王世充。世充以为骑将，每见世充所为，窃笑之。世充使黑闼守新乡[17]，李世勣击虏之，献于建德。建德署为将军，赐爵汉东公，常使将奇兵东西掩袭，或潜入敌境觇视虚实，黑闼往往乘间奋击，克获而还。

十二月，庚申[18]，上猎于华山。

于筠说永安王孝基[19]急攻吕崇茂[20]，独孤怀恩请先成攻具，然后进，孝基从之。崇茂求救于宋金刚，金刚遣其将善阳[21]尉迟敬德[22]、寻相[23]将兵奄至[24]夏县。孝基表里受敌，军遂大败，孝基、怀恩、筠、唐俭及行军总管刘世让皆为所虏。敬德名恭，以字行。

上征裴寂入朝，责其败军，下吏[25]，既而释之，宠待弥厚[26]。

尉迟敬德、寻相将还浍州[27]，秦王世民遣兵部尚书[28]殷开山[29]、总管秦叔宝等邀之于美良川[30]，大破之，斩首二千余级。顷之，敬德、寻相潜引精骑援王行本于蒲反，世民自将步骑三千从间道夜趋安邑[31]，邀击，大破之。敬德、相仅以身免，悉俘其众，复归柏壁。

诸将咸请与宋金刚战，世民曰：“金刚悬军深入，精兵猛将，咸聚于是，武周据太原，倚金刚为扞蔽[32]。军无蓄积，以虏掠为资，利在速战。我闭营养锐以挫其锋，分兵汾[33]、隰[34]，冲其心腹，彼粮尽计穷，自当遁走。当待此机，未宜速战。”

永安壮王孝基谋逃归，刘武周杀之。

李世勣复遣人说窦建德曰：“曹[35]、戴[36]二州，户口完实，孟海公窃有其地，与郑[37]人外合内离[38]；若以大军临之，指期[39]可取。既得海公，以临徐、兖，河南可不战而定也。”建德以为然，欲自将徇[40]河南，先遣其行台曹旦等将兵五万济河，世勣引兵三千会之。

（以上为第一段，写唐秦王李世民率众讨刘武周。）

【注释】

[1]己卯：十一月十四日。 [2]浩州：州名。唐武德元年以西河郡改置，治所在今山西汾阳市。 [3]柏壁：城名。在今山西新绛县西南柏壁村。 [4]河东：此河东泛指大河以东，非专指河东一郡。 [5]恇（kuāng）：害怕，惊慌。 [6]教：王的命令为教或教令。 [7]秣（mò）：喂牲口。 [8]偏裨：副将。 [9]觇（chān）：窥视。 [10]惊寤：惊醒。 [11]殪（yì）：杀死。[12]立效：立功效。 [13]获嘉：县名。县治在今河南获嘉县。 [14]漳南：县名。县治在今河北故城县东北。 [15]刘黑闼：隋末农民起义领袖。清河漳南（今河北故城县东北）人。传见《旧唐书》卷五十五、《新唐书》卷八十六。 [16]狡狯（kuài）：狡诈。 [17]新乡：县名。县治在今河南新乡市。 [18]庚申：十二月二十五日。 [19]孝基：即李孝基，唐高祖叔伯兄弟。武德元年（618）封永安王。传见《旧唐书》卷六十、《新唐书》卷七十八。 [20]吕崇茂：夏县（今山西夏县）人。武德二年（619）杀县令，举兵反，自称魏王。唐军攻之，崇茂求救于刘武周、宋金刚。事迹见《旧唐书》卷六十《宗室传》、卷一百八十三《独孤怀恩传》。 [21]善阳：县名。县治在今山西朔州市。 [22]尉迟敬德（585—658）：唐初大臣。名恭，字敬德，朔州善阳（今山西朔州市）人。传见《旧唐书》卷六十八、《新唐书》卷八十九。 [23]寻相：武将名。寻为其姓。 [24]奄至：突然到。[25]下吏：下之于吏，亦即命法司鞫讯之。[26]弥厚：益厚。 [27]浍州：州名。治所在今山西翼城县。 [28]兵部尚书：官名。兵部为尚书省六部之一，长官为兵部尚书。主管中央及地方武官的选用、考查，以及兵籍、军械、军令等事务。 [29]殷开山：鄠（hù）县（今陕西西安市鄠邑区北）人。名峤，以字行。高祖兵起，召补大将军府掾。从太宗征平薛仁果，讨王世充，有功，终吏部尚书。传见《旧唐书》卷五十八、《新唐书》卷九十。 [30]美良川：在今山西夏县北。 [31]安邑：县名。县治在今山西运城市东北。 [32]扞（hàn）蔽：防御遮蔽。扞，同“捍”。保卫，防御。 [33]汾：州名。治所在今山西汾阳市。 [34]隰：州名。治所在今山西隰县。[35]曹：州名。治所在今山东曹县西北。[36]戴：州名。治所在今山东成武县。[37]郑：王世充的国号。[38]外合内离：即貌合神离。[39]指期：可以指出期限，为期不远。[40]徇：经略。

三年（庚辰，620 年）

春，正月，将军秦武通攻王行本于蒲反。行本出战而败，粮尽援绝，欲突围走，无随之者。戊寅[1]，开门出降。辛巳[2]，上幸蒲州，斩行本。秦王世民轻骑谒上于蒲州。宋金刚围绛州。癸巳[3]，上还长安。

李世勣谋俟[4]窦建德至河南，掩袭其营，杀之，冀得其父并建德土地以归唐。会建德妻产[5]，久之不至。

曹旦，建德之妻兄也，在河南，多所侵扰[6]，诸贼羁属[7]者皆怨之。贼帅魏郡[8]李文相，号李商胡，聚五千余人，据孟津[9]中潬[10]；母霍氏，亦善骑射，自称霍总管。世勣结商胡为昆弟[11]，入拜商胡之母。母泣谓世勣曰："窦氏无道，如何事之[12]！"世勣曰："母无忧，不过一月，当杀之，相与归唐[13]耳！"世勣辞去，母谓商胡曰："东海公[14]许我共图此贼，事久变生，何必待其来，不如速决。"是夜，商胡召曹旦偏裨二十三人，饮之酒，尽杀之。旦别将高雅贤、阮君明尚在河北未济[15]，商胡以巨舟四艘济河北之兵三百人，至中流，悉杀之。有兽医游水得免，至南岸，告曹旦，旦严警为备。商胡既举事，始遣人告李世勣。世勣与曹旦连营[16]，郭孝恪劝世勣袭旦，世勣未决，闻旦已有备，遂与孝恪帅数十骑来奔。商胡复引精兵二千北袭阮君明，破之。高雅贤收众去，商胡追之，不及而还。

建德群臣请诛李盖，建德曰："世勣，唐臣，为我所虏，不忘本朝，乃忠臣也，其父何罪！"遂赦之。

甲午[17]，世勣、孝恪至长安。曹旦遂取济州，复还洺州。

二月，庚子[18]，上幸华阴。

刘武周遣兵寇潞州[19]，陷长子[20]、壶关[21]。潞州刺史郭子武不能御，上以将军河东王行敏助之。行敏与子武不叶[22]，或言子武将叛，行敏斩子武以徇。乙巳[23]，武周复遣兵寇潞州，行敏击破之。

壬子[24]，开州蛮[25]冉肇则陷通州[26]。

甲寅[27]，遣将军桑显和等攻吕崇茂于夏县。

初，工部尚书[28]独孤怀恩攻蒲反，久不下，失亡多，上数以敕书诮让[29]之，怀恩由是怨望。上尝戏谓怀恩曰："姑之子皆已为天子[30]，次应至舅之子乎[31]？"怀恩亦颇以此自负，或时扼腕[32]曰："我家岂女独贵乎[33]？"遂与麾下元君宝谋反。会怀恩、君宝与唐俭皆没[34]于尉迟敬德，君宝谓俭曰："独孤尚书近谋大事，若能早决，岂有此辱哉！"及秦王世民败敬德于美良川，怀恩逃归，上复使之将兵攻蒲反。君宝又谓俭曰："独孤尚书遂拔难得还[35]，复在蒲反，可谓王者不死[36]！"俭恐怀恩遂成其谋，乃说尉迟敬德，请使刘世让还与唐连和，敬德从之，遂以怀恩反状闻[37]。时王行本已降，怀恩入据其城，上方济河幸怀恩营，已登舟矣，世让适至。上大惊曰：“吾得免，岂非天也！”乃使召怀恩，怀恩未知事露，轻舟来至，即执以属吏，分捕党与。甲寅，诛怀恩及其党。

（以上为第二段，写李世勣设谋脱离窦建德回归唐室；独孤怀恩谋反被诛。）

【注释】

[1]戊寅：正月十四日。[2]辛巳：正月十七日。[3]癸巳：正月二十九日。[4]俟（sì）：等待。[5]产：生产。[6]侵扰：侵略骚扰。[7]羁属：羁縻附属。[8]魏郡：郡名。治所在今河南安阳市。[9]孟津：地名。在今河南洛阳市孟津区东北。为历代兵事要地。[10]中潬：城名。东魏所筑。在今河南孟州市西南黄河沙洲上。[11]昆弟：兄和弟的合称。也包括近房的和远房的堂兄弟。[12]如何事之：为何事奉他。[13]相与归唐：一起归附唐朝。[14]东海公：即李世勣。[15]未济：未渡河。[16]连营：营寨相连接。[17]甲午：正月三十日。[18]庚子：二月六日。[19]潞州：州名。治所在今山西长治市。[20]长子：县名。县治在今山西长子县。[21]壶关：县名。县治在今山西壶关县西。[22]不叶（xié）：不和洽。[23]乙巳：二月十一日。[24]壬子：二月十八日。[25]开州蛮：开州的少数民族。开州，州名。治所在今重庆开州区。蛮，我国古代对南方各族的泛称。旧时也用以泛指四方的少数民族。[26]通州：州名。治所在今四川达州市。[27]甲寅：二月二十日。[28]工部尚书：官名。工部为尚书省六部之一，长官为工部尚书。主管全国工程、工匠、屯田、水利、交通、营造等事务。[29]诮让：斥责。[30]姑之子皆已为天子：你姑姑的儿子都已是天子。（指隋炀帝和唐高祖本人）。隋炀帝与唐高祖之母为姊妹，皆独孤氏。[31]次应至舅之子乎：依次该轮到舅舅的儿子了吧（怀恩为独孤皇后弟弟的儿子）。[32]扼腕：用一手握另一手腕，表示惋惜等情绪。[33]我家岂女独贵乎：我们独孤氏家族难道只有女子显贵吗？周明帝后、隋文帝后及唐高祖之母皆独孤氏。[34]没：陷没。[35]拔难得还：于难中逃脱。[36]王者不死：谓天命使为王者，决不会中途而死。[37]闻：报告皇帝，使皇帝得知。

窦建德攻李商胡，杀之。建德洺州劝课农桑[1]，境内无盗，商旅野宿。

突厥处罗可汗迎杨政道[2]，立为隋王。中国士民在北者，处罗悉以配之，有众万人。置百官，皆依隋制，居于定襄[3]。

三月，乙丑[4]，刘武周遣其将张万岁寇浩州，李仲文击走之，俘斩数千人。

改纳言为侍中，内史令为中书令，给事郎为给事中[5]。

甲戌[6]，以内史侍郎封德彝[7]为中书令[8]。

王世充将帅、州县来降者，时月相继[9]。世充乃峻其法[10]，一人亡叛，举家无少长就戮，父子、兄弟、夫妇许相告而免之。又使五家为保，有举家亡者，四邻不觉[11]，皆坐诛。杀人益多而亡者益甚，至于樵采[12]之人，出入皆有限数；公私愁窘[13]，人不聊生[14]。又以宫城为大狱，意所忌者[15]，并其家属收系宫中；诸将出讨，亦质其家属[16]于宫中，禁止者常不减万口，馁死者日有数十。世充又以台省官为司、郑、管、原、伊、殷、梁、凑、嵩、谷、怀、德等十二州营田使[17]，丞、郎[18]得为此行者，喜若登仙。

（以上为第三段，写王世充倒行逆施，暴虐军民。）

【注释】

[1]劝课农桑：鼓励督导耕种蚕桑。 [2]杨政道：隋炀帝第二子齐王杨暕的遗腹子。与萧后同入突厥，处罗可汗立为隋王。突厥灭，归于唐，授员外散骑侍郎。传见《隋书》卷五十九。[3]定襄：郡名。治所在今内蒙古和林格尔县西北土城子。 [4]乙丑：三月二日。 [5]给事中：官名。隋、唐时属门下省。隋初称给事中为给事郎，侍从皇帝左右，掌献纳得失，驳正文书。唐高宗时一度改给事中为东台，旋复旧。其职掌，为封还驳正诏书之违失，纠正审理不当之刑狱，权势颇重。 [6]甲戌：三月十一日。 [7]封德彝（?—627）：观州蓨（今河北景县）人。名伦，以字显。初事隋，为杨素所赏识，妻以从妹，擢内史舍人。太宗时，累拜尚书右仆射。传见《旧唐书》卷六十三、《新唐书》卷一百。 [8]中书令：官名。中书省的长官。为宰相之一。 [9]时月相继：每季每月相继不绝。 [10]峻其法：从严执法。 [11]不觉：不觉察。 [12]樵采：打柴采薪。[13]愁窘：愁苦困窘。 [14]人不聊生：人们没有东西赖以生活。 [15]意所忌者：心有猜忌的。 [16]质其家属：以其家属为人质。 [17]以台省官为司、郑、管、原、伊、殷、梁、凑、嵩、谷、怀、德等十二州营田使：胡注："世充以洛州为司州，汜水为郑州，管城为管州，沁水为原州，襄城为伊州，获嘉为殷州，睢阳为梁州。凑州，阙；《九域志》：郑州古迹有凑水，当置凑州于此。嵩阳为嵩州，大谷为谷州，河内为怀州，武德为德州。"营田，谓经营屯田之一切事务。 [18]丞、郎：尚书左右丞及诸曹郎。

甲申[1]，行军副总管张纶败刘武周于浩州，俘斩千余人。

西河公张纶、真乡公李仲文引兵临石州[2]，刘季真[3]惧而诈降。乙酉[4]，以季真为石州总管，赐姓李氏，封彭山郡王。

蛮酋冉肇则寇信州，赵郡公孝恭[5]与战，不利。李靖将兵八百，袭击，斩之，俘五千余人；己丑[6]，复开、通二州。孝恭又击萧铣[7]东平[8]王阇提，斩之。

夏，四月，丙申[9]，上祠华山；壬寅[10]，还长安。

置益州道[11]行台，以益、利、会、鄜、泾、遂[12]六总管隶焉。

刘武周数攻浩州[13]，为李仲文所败。宋金刚军中食尽；丁未[14]，金刚北走[15]，秦王世民追之。

罗士信围慈涧[16]，王世充使太子玄应救之，士信刺玄应坠马，人救之，得免。

壬子[17]，以显州道行台杨士林为行台尚书令。

甲寅[18]，加秦王世民益州道行台尚书令。

秦王世民追及寻相于吕州[19]，大破之，乘胜逐北，一昼夜行二百余里，战数十合[20]。至高壁岭[21]，总管刘弘基执辔谏曰："大王破贼，逐北至此，功亦足矣，深入不已，不爱身乎[22]！且士卒饥疲，宜留壁[23]于此，俟兵粮毕集，然后复进，未晚也。"世民曰："金刚计穷而走，众心离沮；功难成而易败，机难得而易失，必乘此势取之。若更淹留[24]，使之计立备成，不可复攻矣。吾竭忠徇国，岂顾身乎！"遂策马而进，将士不敢复言饥。追及金刚于雀鼠谷，一日八战，皆破之，俘斩数万人。夜，宿于雀鼠谷西原，世民不食二日，不解甲三日矣，军中止有一羊，世民与将士分而食之。丙辰[25]，陕州总管于筠自金刚所逃来。世民引兵趣介休，金刚尚有众二万，出西门，背城[26]布陈[27]，南北七里。世民遣总管李世勣与战，小却[28]，为贼所乘，世民帅精骑击之，出其陈后，金刚大败，斩首三千级。金刚轻骑走，世民追之数十里，至张难堡[29]。浩州行军总管樊伯通、张德政据堡自守，世民免胄[30]示之，堡中喜噪且泣，左右告以王不食，献浊酒、脱粟饭[31]。

尉迟敬德收余众守介休，世民遣任城王道宗、宇文士及往谕之，敬德与寻相举介休及永安[32]降。世民得敬德，甚喜，以为右一府统军[33]，使将其旧众八千，与诸营相参。屈突通[34]虑其变，骤以为言[35]，世民不听。

刘武周闻金刚败，大惧，弃并州走突厥。金刚收其余众，欲复战，众莫肯从，亦与百余骑走突厥。

世民至晋阳，武周所署仆射杨伏念以城降。唐俭封府库以待世民，武周所得州县皆入于唐。

未几，金刚谋走上谷，突厥追获，腰斩之。岚州总管刘六儿从宋金刚在介休，秦王世民擒斩之。其兄季真，弃石州，奔刘武周将马邑[36]高满政，满政杀之。

武周之南寇也，其内史令苑君璋谏曰："唐主举一州[37]之众，直取长安，所向无敌，此乃天授，非人力也。晋阳以南，道路险隘，县[38]军深入，无继于后[39]，若进战不利，何以自还！不如北连突厥，南结唐朝，南面称孤，足为长策。"武周不听，留君璋守朔州[40]。及败，泣谓君璋曰："不用君言，以至于此。"久之，武周谋亡归马邑，事泄，突厥杀之。突厥又以君璋为大行台，统其余众，仍令郁射设督兵助镇。

庚申[41]，怀州[42]总管黄君汉击王世充太子玄应于西济州[43]，大破之；熊州[44]行军总管史万宝邀之于九曲[45]，又破之。

辛酉[46]，王世充陷邓州[47]。

上闻并州平，大悦。壬戌[48]，宴群臣，赐缯帛，使自入御府[49]尽力取之。复唐俭官爵，仍以为并州道安抚大使；所籍独孤怀恩田宅资财，悉以赐之。

世民留李仲文镇并州，刘武周数遣兵入寇，仲文辄击破之，下城堡百余所。诏仲文检校并州总管。

五月，窦建德遣高士兴击李艺于幽州，不克，退军笼火城[50]。艺袭击，大破之，斩首五千级。建德大将军王伏宝，勇略冠军中，诸将疾[51]之，言其谋反，建德杀之，伏宝曰："大王奈何听谗言，自斩左右手乎！"

初，尉迟敬德将兵助吕崇茂守夏县，上潜遣使赦崇茂罪，拜夏州刺史，使图[52]敬德，事泄，敬德杀之。敬德去，崇茂余党复据夏县拒守。秦王世民引军自晋州还攻夏县，壬午[53]，屠之[54]。

辛卯[55]，秦王世民至长安。

是月，突厥遣阿史那揭多献马千匹于王世充，且求婚，世充以宗女妻之，并与之互市。

（以上为第四段，写秦王李世民讨灭刘武周，突厥转而助王世充，继续扰边。）

【注释】

［1］甲申：三月二十一日。［2］石州：州名。治所在今山西吕梁市离石区。［3］刘季真：初附刘武周，自号太子王。迭为边害。张纶、李仲文讨之，季真降。诏以为石州总管。赐姓李。封彭山郡王。传见《旧唐书》卷五十六、《新唐书》卷八十七。［4］乙酉：三月二十日。［5］孝恭：李孝恭（591—640），高祖从父兄子，封河间王。贞观初为礼部尚书。传见《旧唐书》卷六十、《新唐书》卷七十八。［6］己丑：三月二十六日。［7］萧铣（583—621）：隋末割据者。隋炀帝以外戚擢为罗川令。大业十三年（617）于巴陵（今湖南岳阳市）自称梁王，次年称帝，迁都江陵（今湖北江陵县）。后兵败降唐，于长安被杀。传见《旧唐书》卷五十六、《新唐书》卷八十七。［8］东平：郡名。治所在今山东东平县东。［9］丙申：四月三日。［10］壬寅：四月九日。［11］益州道：道，唐始置，高于州的行政域。益州道共辖六州，道所在益州。［12］益、利、会、鄜、泾、遂：益州，州名。治所在今四川成都市。利州，州名。治所在今四川广元市。会州，州名。治所在今四川茂县西北。鄜州，治所在今陕西富县。泾州，治所在今甘肃泾川县北。遂州，州名。治所在今四川遂宁市。［13］浩州：唐置羁縻州，在今四川茂县。［14］丁未：四月十四日。［15］走：败逃。［16］慈涧：地名。在今河南新安县东。［17］壬子：四月十九日。［18］甲寅：四月二十一日。［19］吕州：州名。治所在今山西霍州市。［20］战数十合：数十次交锋。［21］高壁岭：又名韩壁岭。在今山西灵石县南。［22］不爱身乎：不爱性命吗？［23］留壁：留营。［24］淹留：长期逗留。［25］丙辰：四月二十三日。［26］背城：城在背后。［27］陈：同“阵”。［28］小却：稍退。［29］张难堡：在今山西平遥县西南。张难，盖人姓名，筑堡自守，因以名之。［30］免胄（zhòu）：脱去帽子。胄，古代打仗时所戴保护头部的帽子。［31］脱粟饭：粟仅脱去壳糠，饭很粗粝。［32］永安：县名。县治在今山西孝义市。［33］右一府统军：秦王府统军右面第一队。［34］屈突通（557—628）：长安（今陕西西安市西）人。仕隋，累迁左骁卫大将军。高祖时，授兵部尚书。从秦王平王世充，论功第一，拜右仆射。贞观初进左光禄大夫。传见《旧唐书》卷五十九、《新唐书》卷八十九。［35］骤以为言：很快把顾虑说出来。［36］马邑：郡名。治所在今山西朔州市。［37］举一州：以一州。［38］县：通“悬”。［39］无继于后：后继无援。［40］朔州：州名。治所在今山西朔州市。［41］庚申：四月二十七日。［42］怀州：州名。治所在今河南沁阳市。［43］西济州：州名。治所在今河南济源市。［44］熊州：州名。治所在今河南宜阳县西。［45］九曲：地名。在今河南宜阳县西北。［46］辛酉：四月二十八日。［47］邓州：州名。治所在今河南邓州市。［48］壬戌：四月二十九日。［49］御府：宫廷中掌管府藏宝货的机构。唐代御府盖属内侍省内府局。长官为内府令。凡遇朝会，皇帝赐予五品以上官绢彩及金银器物，皆内御府供给。［50］笼火城：城名。在今北京市大兴区西北。［51］疾：嫉妒。

[52]图：图谋。 [53]壬午：五月二十日。 [54]屠：屠杀。 [55]辛卯：五月二十九日。

六月，壬辰[1]，诏以和州总管、东南道行台尚书令楚王杜伏威为使持节、总管江·淮以南诸军事、扬州刺史、东南道行台尚书令、淮南道安抚使，进封吴王，赐姓李氏。以辅公祏[2]为行台左仆射，封舒国公。

丙午[3]，立皇子元景为赵王，元昌为鲁王，元亨为酆王。

显州[4]行台尚书令楚公杨士林，虽受唐官爵，而北结王世充，南通萧铣，诏庐江王瑗[5]与安抚使李弘敏讨之。兵未行，长史田瓒为士林所忌，甲寅[6]，瓒杀士林，降于世充，世充以瓒为显州总管。

秦王世民之讨刘武周也，突厥处罗可汗遣其弟步利设帅二千骑助唐。武周既败，是月，处罗至晋阳，总管李仲文不能制；又留伦特勒，使将数百人，云助仲文镇守，自石岭[7]以北，皆留兵戍之而去。

上议击王世充，世充闻之，选诸州镇骁勇皆集洛阳，置四镇将军，募人分守四城[8]。秋，七月，壬戌[9]，诏秦王世民督诸军击世充。陕东道行台屈突通二子在洛阳，上谓通曰："今欲使卿东征，如卿二子何？"通曰："臣昔为俘囚，分当就死[10]，陛下释缚，加以恩礼。当是之时，臣心口相誓，期以更生[11]余年为陛下尽节[12]，但恐不获死所耳。今得备先驱，二儿何足顾乎！"上叹曰："徇义之士，一至[13]此乎！"

癸亥[14]，突厥遣使潜诣[15]王世充，潞州总管李袭誉邀击，败之，虏牛羊万计。

骠骑大将军可朱浑定远[16]告"并州总管李仲文与突厥通谋，欲俟洛阳兵交，引胡骑直入长安。"甲戌[17]，命皇太子镇蒲反以备之，又遣礼部尚书唐俭安抚并州，暂废并州总管府，征仲文入朝。

壬午[18]，秦王世民至新安；王世充遣魏王弘烈镇襄阳[19]，荆王行本镇虎牢，宋王泰镇怀州，齐王世恽检校南城，楚王世伟守宝城，太子玄应守东城，汉王玄恕守含嘉城，鲁王道徇守曜仪城[20]，世充自将战兵，左辅大将军杨公卿帅左龙骧二十八府骑兵，右游击大将军[21]郭善才帅内军[22]二十八府步兵，左游击大将军跋野纲帅外军[23]二十八府步兵，总三万人，以备唐。弘烈、行本，世伟之子；泰，世充之兄子也。

梁师都引突厥、稽胡兵入寇，行军总管段德操击破之，斩首千余级。

罗士信将前军围慈涧，世充自将兵三万救之。己丑[24]，秦王将轻骑前觇[25]世充，猝与之遇，众寡不敌，道路险厄[26]，为世充所围。世民左右驰射，获其左建威将军燕琪，世充乃退。世民还营，尘埃覆面，军不复识[27]，欲拒之，世民免胄自言，乃得入。旦日[28]，帅步骑五万进军慈涧；世充拔慈涧之戍，归于洛阳。世民遣行军总管史万宝自宜阳南据龙门[29]，将军刘德威[30]自太行东围河内[31]，上谷公王君廓自洛口断其饷道[32]，怀州总管黄君汉自河阴[33]攻回洛城；大军屯于北邙，连营以逼之。世充洧州[34]长史繁水[35]张公谨[36]与刺史崔枢以州城来降。

八月，丁酉[37]，南宁[38]西爨[39]蛮遣使入贡。初，隋末蛮酋爨玩反，诛，诸子没为官奴，弃其地。帝即位，以玩子弘达[40]为昆州[41]刺史，令持其父尸归葬；益州刺史段纶[42]因遣使招谕其部落，皆来降。

己亥[43]，窦建德共州[44]县令唐纲[45]杀刺史，以州来降。

邓州土豪执王世充所署刺史来降。

癸卯[46]，梁师都[47]石堡[48]留守张举[49]帅千余人来降。

甲辰[50]，黄君汉[51]遣校尉张夜叉以舟师袭回洛城[52]，克之，获其将达奚善定，断河阳南桥[53]而还，降其堡聚[54]二十余。世充使太子玄应[55]帅杨公卿等攻回洛，不克，乃筑月城[56]于其西，留兵戍之。

世充陈于青城宫[57]，秦王世民亦置陈当之。世充隔水谓世民曰："隋室倾覆，唐帝关中，郑帝河南，世充未尝西侵，王忽举兵东来，何也？"世民使宇文士及应之曰："四海皆仰皇风[58]，唯公独阻声教[59]，为此而来！"世充曰："相与息兵讲好，不亦善乎！"又应之曰："奉诏取东都，不令讲好也。"至暮，各引兵还。

上遣使与窦建德连和，建德遣同安长公主[60]随使者俱还。

乙卯[61]，刘德威袭怀州，入其外郭，下其堡聚。

九月，庚午[62]，梁师都将刘旻[63]以华池[64]来降，以为林州[65]总管。

癸酉[66]，王世充显州总管田瓒[67]以所部二十五州来降；自是襄阳声问[68]与世充绝。

史万宝进军甘泉宫[69]。丁丑[70]，秦王世民遣右武卫将军王君廓[71]攻轘辕[72]，拔之。王世充遣其将魏隐等击君廓，君廓伪遁，设伏，大破之，遂东徇地，至管城[73]而还。先是，王世充将郭士衡[74]、许罗汉[75]掠唐境，君廓以策击却之，诏劳之曰："卿以十三人破贼一万，自古以少制众，未之有也。"

世充尉州刺史时德叡[76]帅所部杞、夏、陈、随、许、颍、尉七州[77]来降。秦王世民以便宜命州县官并依世充所署，无所变易，改尉州为南汴州[78]，于是河南郡县相继来降。

（以上为第五段，写秦王李世民帅大军东出讨王世充，王世充所属河南郡县纷纷归降。）

【注释】

[1]壬辰：六月一日。[2]辅公祏（shí）：隋末江淮地区农民起义领袖。齐郡临济（今山东济南市章丘区西北）人。隋末从杜伏威起义。伏威称总管，他任长史。传见《旧唐书》卷五十六、《新唐书》卷八十七。[3]丙午：六月十五日。[4]显州：州治在今山西孝义市西。[5]瑗：即李瑗，高祖从父兄子。字德圭，封庐江王。累迁山南东道行台右仆射。后坐罪被诛。传见《旧唐书》卷六十、《新唐书》卷七十八。[6]甲寅：六月二十三日。[7]石岭：石岭关，即今山西阳曲县东北关城。[8]四城：指洛阳四城。[9]壬戌：七月一日。[10]分当就死：本该被杀戮。[11]更生：再生。[12]尽节：尽自己的节操。[13]一至：竟至。[14]癸亥：七月二日。[15]潜诣：暗通。[16]可朱浑定远：可朱浑为三字姓，定远为名。[17]甲戌：七月十三日。[18]壬午：七月二十一日。[19]襄阳：郡名。治所在今湖北襄阳市。[20]南城、宝城、东城、含嘉城、曜仪城：据《唐六典》卷七及胡注，东都洛阳皇城在都城之西北隅。皇城又称宝城。以皇城为准，盖南城在皇城之南；东城在皇城之东；曜仪城在东城之东；含嘉城，即含嘉仓城。[21]游击大将军：官名。汉代设游击将军，统兵专征，职权颇重。唐代为武散官。[22]内军：隋府兵制二十八府之内军。[23]外军：二十八府外军。[24]己丑：七月二十八日。[25]觇（chān）：窥视，观察。[26]险厄：险阻困厄。[27]军不复识：军士都不认识（他）。[28]旦日：明日。[29]龙门：在今河南洛阳市南。[30]刘德威（582—652）：隋末官吏，后归李密。随李密降唐，授左武候将军，封滕县公，后改彭城县公。贞观中官至刑部尚书。传见《旧唐书》卷七十七、《新唐书》卷一百零六。[31]河内：县名。县治在今河南沁阳市。[32]饷道：运粮饷之道。[33]河阴：县名。县治在今河南洛阳市东北。[34]洧州：州名。治所在今河南鄢陵县西北。[35]繁水：县名。县治在今河南南乐县西北。[36]张公谨（?—632）：字弘慎。繁水人。贞观初为代州都督，后改襄州都督。传见《旧唐书》卷六十八、《新唐书》卷八十九。[37]丁

酉：八月七日。［38］南宁：州名。治所在今云南曲靖市西。［39］西爨（cuàn）：中国古代地域名与民族名。系魏晋南北朝时，由今云南东部地区统治集团爨氏大姓演变而成。晋宋至隋唐时，爨氏分为东西二部，均在云南东部，大抵以今曲靖市至建水县一带为界。［40］弘达：南宁西爨蛮酋长爨玩之子。隋代没为奴。入唐，高祖以其为昆州刺史。事迹见《新唐书》卷二百二十二《南蛮传》。［41］昆州：州名。治所在今云南昆明市西郊马街附近。［42］段纶：隋兵部尚书段文振之子。唐初为工部尚书、杞国公，尚高祖女高密公主。［43］己亥：八月九日。［44］共州：州名。治所在今河南辉县。［45］唐纲：据胡注：唐纲当是共城县令。共城县即今河南辉县。［46］癸卯：八月十三日。［47］梁师都（？—628）：隋末地方割据者。夏州朔方（今陕西榆林市西）人。传见《旧唐书》卷五十六、《新唐书》卷八十七。［48］石堡：在今陕西靖边县东。［49］张举：曾为梁师都大将。其事迹见两《唐书·梁师都传》。［50］甲辰：八月十四日。［51］黄君汉：原为隋官吏，后归唐，任行军总管。事迹见《旧唐书》卷六十七《李靖传》。［52］回洛城：在今河南洛阳市孟津区东。［53］河阳南桥：一名河桥。在今河南孟州市西南。是大河南北的交通要津。［54］堡聚：城堡聚落。［55］太子玄应：王玄应（？—621），王世充子。世充称帝，立为太子。武德四年（621）王世充败，归唐。玄应谋叛，被杀。事迹见《旧唐书》卷五十四《王世充传》。［56］月城：因城如月牙形而得名。［57］青城宫：宫殿名。在东都洛阳城西禁苑之中。［58］皇风：指唐天子而言。［59］声教：声威与教化。［60］同安长公主：高祖同母妹。黎阳之破，没于窦建德。传见《新唐书》卷八十三。［61］乙卯：八月二十五日。［62］庚午：九月十日。［63］刘旻（mín）：曾为梁师都大将。后降唐，授夏州长史。事迹见《旧唐书》卷五十六《梁师都传》。［64］华池：县名。县治在今甘肃华池县东南。［65］林州：州名。治所在今甘肃华池县东南。［66］癸酉：九月十三日。［67］田瓒：淮安郡（治今河南泌阳）人。原为朱粲部将。后叛附于王世充，署为显州总管。武德三年（620）降唐。事迹见《新唐书》卷八十五《王世充传》。［68］声问：音信。［69］史万宝：唐初将领。历任右翊卫将军、行军总管，封原国公。事迹见《旧唐书》卷六十《宗室传》。甘泉宫：又名林光宫、云阳宫。秦置。在今陕西淳化县西北甘泉山上。按，史万宝由新安进军洛阳，不应至甘泉宫。胡三省认为史万宝应至河南宜阳县之显仁宫，史误为甘泉宫。［70］丁丑：九月十七日。［71］王君廓：并州石艾（今山西平定县南）人。隋末，初随李密。后率众归唐，历迁右武卫将军，累封彭国公。从战有功。庐江王李瑗反，君廓执之，以功授幽州都督。传见《旧唐书》卷六十、《新唐书》卷九十二。［72］轘辕：关名。在今河南洛阳市东南轘辕山上。［73］管城：县名。县治在今河南郑州市。［74］郭士衡（？—621）：隋末地方割据者王世充的部将。武德四年（621），世充败，被杀。事迹见《旧唐书》卷五十四《王世充传》。［75］许罗汉：王世充部将。［76］时德叡：隋末群雄之一，起兵尉氏（今河南尉氏县）。归王世充，署为尉州刺史。武德三年（620）八月降唐。事迹见《新唐书》卷一《高祖纪》。［77］杞、夏、陈、随、许、颍、尉七州：据胡注，王世充盖置杞州于雍丘（今河南杞县），夏州于阳夏（今河南太康县），陈州于宛丘（今河南周口市淮阳区）；随州无所考，意洧州（今河南鄢陵县西北）之误；许州于长社（今河南长葛市东北），颍州于汝阴（今安徽阜阳市），尉州于尉氏（今河南尉氏县）。[78]南汴州：州名。治所在今河南尉氏县。

刘武周降将寻相[1]等多叛去。诸将疑尉迟敬德[2]，囚之军中，行台左仆射屈突通、尚书殷开山言于世民曰："敬德骁勇绝伦[3]，今既囚之，心必怨望，留之恐为后患，不如遂杀之。"世民曰："不然，敬德若叛，岂在寻相之后邪！"遽命释之，引入卧内[4]，赐之金，曰："丈夫意气相期[5]，勿以小嫌[6]介意，吾终不信谗言以害忠良，公宜体[7]之。必欲去者，以此金相资，表一时共事之情也。"辛巳[8]，世民以五百骑行战地[9]，登魏宣武陵[10]。王世充帅步骑万余猝至，围之，单雄信[11]引槊[12]直趋世民，敬德跃马大呼，横刺雄信坠马，世充兵稍却，敬德翼[13]世民出围。世民、敬德更帅骑兵还战，出入世充陈，往反无所碍[14]。屈突通引大兵继至，世充兵大败，仅以身免；擒其冠军[15]大将军陈智略，斩首千余级，获排矟兵[16]六千。世民谓敬德曰："公何相报之速[17]也！"赐敬德金银一箧，自是宠遇日隆。

敬德善避矟，每单骑入敌陈中，敌丛矟刺之，终莫能伤，又能夺敌矟返刺之。齐王元吉以善马矟自负，闻敬德之能，请各去刃相与校胜负，敬德曰："敬德谨当去之，王勿去也。"既而元吉刺之，终不能中。秦王世民问敬德曰："夺矟与避矟，孰难？"敬德曰："夺矟难。"乃命敬德夺元吉矟。元吉操矟跃马，志在刺之，敬德须臾三夺其矟；元吉虽面相叹异[18]，内甚耻之。

叛胡陷岚州[19]。

初，王世充以邴元真为滑州行台仆射。濮州[20]刺史杜才干，李密故将也，恨元真叛密，诈以其众降之。元真恃其官势，自往招慰，才干出迎，延入就坐[21]，执而数之[22]曰："汝本庸才[23]，魏公置汝元僚[24]，不建毫发之功，乃构滔天之祸，今来送死，是汝之分[25]！"遂斩之，遣人赍其首至黎阳祭密墓。壬午[26]，以濮州来降。

突厥莫贺咄设寇凉州，总管杨恭仁击之，为所败，掠男女数千人而去。

丙戌[27]，以田瓒为显州总管，赐爵蔡国公。

冬，十月，甲午[28]，王世充大将军张镇周来降。

甲辰[29]，行军总管罗士信袭王世充硖石堡[30]，拔之。士信又围千金堡[31]，堡中人骂之。士信夜遣百余人抱婴儿数十至堡下，使儿啼呼，诈云"从东都来归罗总管"。既而相谓曰："此千金堡也，吾属误矣。"即去。堡中以为士信已去，来者洛阳亡人[32]，出兵追之。士信伏兵于道，伺其门开，突入，屠之。

（以上为第六段，写唐军连战皆捷，紧逼东都。秦王李世民不听谗言，保护了尉迟敬德，立效得报。）

【注释】

[1]寻相：武将名。寻为其姓。初为刘武周部将。武德三年（620）降唐，不久复叛。事迹见《旧唐书》卷六十八《尉迟敬德传》。[2]疑尉迟敬德：怀疑尉迟敬德叛逃。[3]绝伦：独一无二，没有可以相比的。[4]卧内：寝室之内。[5]意气相期：以意气互相期勉。[6]小嫌：小嫌疑。[7]体：体会，知道。[8]辛巳：九月二十一日。[9]行战地：巡视战地。[10]魏宣武陵：北魏景陵。在洛阳北邙山。魏世宗，谥宣武帝。[11]单雄信（?—621）：济阴（今山东曹县西北）人。李密将。后降王世充，为大将。传见《旧唐书》卷五十三，《新唐书》卷八十四。[12]引槊：持槊。[13]翼：帮助，辅佐。[14]无所碍：没有阻碍。[15]冠军：将军名号。唐置冠军大将军，为武散官。[16]排矟（shuò）兵：谓整排执矟的兵士。矟同"槊"。[17]公何相报之速：您对我的报答来得真快呀。"相"为语助，无意。[18]面相叹异：表面称赞。[19]岚州：州名。治所在今山西岚县北。[20]濮州：州名。治所在今山东鄄城县北旧城集。[21]延入就坐：请他入座。[22]执而数之：逮捕并责备他。[23]庸才：平庸之才。[24]魏公置汝元僚：谓李密以你为长史。[25]是汝之分：是你分所当然，命该如此。[26]壬午：九月二十二日。[27]丙戌：九月二十六日。[28]甲午：十月五日。[29]甲辰：十月十五日。[30]硖石堡：在今河南洛阳市孟津区西。[31]千金堡：在今河南洛阳市东北。[32]亡人：逃亡的人。

窦建德之围幽州[1]也，李艺[2]告急于高开道[3]，开道帅二千骑救之，建德兵引去[4]，开道因艺[5]遣使来降。戊申[6]，以开道为蔚州[7]总管，赐姓李氏，封北平郡王。开道有矢镞在颊，召医出之，医曰："镞深，不可出。"开道怒，斩之。别召一医，曰："出之恐痛。"又斩之。更召一医，医曰："可出。"乃凿骨，置楔其间，骨裂寸余，竟出其镞；开道奏妓进膳不辍[8]。

窦建德帅众二十万复攻幽州。建德兵已攀堞[9]，薛万均、万彻[10]帅敢死士百人从地道出其背，掩击[11]之，建德兵溃走，斩首千余级。李艺兵乘胜薄[12]其营，建德陈于营中，填堑[13]而出，奋击，大破之，建德逐北，至其城下，攻之不克而还。

李密之败也，杨庆归洛阳，复姓杨氏。及王世充称帝，庆复姓郭氏，世充以为管州[14]总管，妻以兄女。秦王世民逼洛阳，庆潜遣人请降，世民遣总管李世勣将兵往据其城。庆欲与其妻偕来，妻曰："主上使妾侍巾栉[15]者，欲结君之心也。今君既辜付托[16]，徇利求全[17]，妾将如君何！若至长安，则君家一婢耳，君何用为！愿送至洛阳，君之惠也[18]。"庆不许。庆出，妻谓侍者曰："若唐遂胜郑，则吾家必灭；郑若胜唐，则吾夫必死。人生至此，何用生为[19]！"遂自杀。庚戌[20]，庆来降，复姓杨氏，拜上柱国、郇[21]国公。

时世充太子玄应镇虎牢，军于荥、汴之间[22]，闻之，引兵趣管城，李世勣击却之。使郭孝恪为书说荥州[23]刺史魏陆，陆密请降。玄应遣大将军张志就陆[24]征兵，丙辰[25]，陆擒志等四将，举州来降。阳城[26]令王雄帅诸堡来降，秦王世民使李世勣引兵应之，以雄为嵩州[27]刺史，嵩南之路始通。魏陆使张志诈为玄应书，停其东道之兵，令其将张慈宝且还汴州，又密告汴州刺史王要汉使图慈宝，要汉斩慈宝以降。玄应闻诸州皆叛，大惧，奔还洛阳。诏以要汉为汴州总管，赐爵郳[28]国公。

王弘烈[29]据襄阳，上令金州[30]总管府[31]司马泾阳[32]李大亮[33]安抚樊、邓[34]以图之。十一月，庚申[35]，大亮攻樊城镇[36]，拔之，斩其将国大安，下其城栅[37]十四。

萧铣性褊狭[38]，多猜忌。诸将恃功恣横，好专诛杀，铣患之，乃宣言罢兵营农，实欲夺诸将之权。大司马董景珍弟为将军，怨望，谋作乱；事泄，伏诛。景珍时镇长沙[39]，铣下诏赦之，召还江陵[40]。景珍惧，甲子[41]，以长沙来降，诏峡州刺史许绍出兵应之。

云州[42]总管郭子和[43]，先与突厥、梁师都相连结，既而袭师都宁朔城[44]，克之。又诇[45]得突厥衅隙[46]，遣使以闻，为突厥候骑[47]所获。处罗可汗[48]大怒，囚其弟子升。子和自以孤危[49]，请帅其民南徙，诏以延州故城处之。

张举、刘旻之降[50]也，梁师都大惧，遣其尚书陆季览[51]说突厥处罗可汗曰："比者中原丧乱，分为数国，势均力弱，故皆北面归附突厥。今定杨可汗[52]既亡，天下将悉为唐有。师都不辞灰灭[53]，亦恐次及[54]可汗，不若及其未定，南取中原，如魏道武[55]所为，师都请为乡导。"处罗从之，谋使莫贺咄设[56]入自原州[57]，泥步设与师都入自延州[58]，突利可汗与奚、霫、契丹、靺鞨[59]入自幽州，会窦建德之师自滏口[60]西入，会于晋、绛[61]。莫贺咄者，处罗之弟咄苾也；突利者，始毕之子什钵苾也。

处罗又欲取并州[62]以居杨政道[63]，其群臣多谏，处罗曰："我父失国，赖隋得立，此恩不可忘。"将出师而卒。义成公主[64]以其子奥射设丑弱[65]，废之，更立莫贺咄设，号颉利可汗。乙酉[66]，颉利遣使告处罗之丧，上礼之如始毕之丧[67]。

戊子[68]，安抚大使李大亮取王世充沮、华二州[69]。

是月，窦建德济河击孟海公[70]。

初，王世充侵建德黎阳，建德袭破殷州[71]以报之。自是二国交恶，信使[72]不通。及唐兵逼洛阳，世充遣使求救于建德。建德中书侍郎刘彬说建德曰："天下大乱，唐得关西[73]，郑得河南，夏得河北，共成鼎足之势。今唐举兵临郑，自秋涉[74]冬，唐兵日增，郑地日蹙[75]，唐强郑弱，势必不支，郑亡，则夏不能独立矣。不如解仇除忿，发兵救之，夏击其外，郑攻其内，破唐必矣。唐师既退，徐观其变，若郑可取则取之，并二国之兵，乘唐师之老[76]，天下可取也！"建德从之，遣使诣世充，许以赴援。又遣其礼部侍郎[77]李大师[78]等诣唐，请罢洛阳之兵，秦王世民留之，不答。

十二月，辛卯[79]，王世充许、亳[80]等十一州皆请降。

壬辰[81]，燕郡王李艺[82]又击窦建德军于笼火城，破之。

辛丑[83]，王世充随州[84]总管徐毅举州降。

癸卯[85]，峡州刺史许绍[86]攻萧铣荆门镇[87]，拔之。绍所部与梁、郑邻接[88]，二境得绍士卒，皆杀之，绍得二境士卒，皆资给遣之。敌人愧感[89]，不复侵掠，境内以安。

萧铣遣其齐王张绣[90]攻长沙，董景珍[91]谓绣曰："'前年醢彭越，往年杀韩信'[92]，卿不见之乎，何为相攻！"绣不应，进兵围之，景珍欲溃围走，为麾下所杀；铣以绣为尚书令。绣恃功骄横，铣又杀之。由是功臣诸将皆有离心，兵势益弱。

王世充遣其兄子代王琬、长孙安世诣窦建德报聘[93]，且乞师[94]。

突厥伦特勒在并州，大为[95]民患，并州总管刘世让[96]设策擒之。上闻之，甚喜。张道源[97]从窦建德在河南，密遣人诣长安，请出兵攻洺州以震山东。丙午[98]，诏世让为行军总管，使将兵出土门[99]，趣洺州。

己酉[100]，瓜州[101]刺史贺拔行威[102]执骠骑将军达奚暠[103]，举兵反。

（以上为第七段，写王世充与窦建德化敌为友，联合对抗唐军。）

【注释】

［1］窦建德之围幽州：是年五月，建德兵攻幽州。［2］李艺（?—627）：李艺即罗艺。唐初将领。字子延，襄州襄阳（今湖北襄阳市）人。隋大业中，以军功官至虎贲郎将。武德元年，以地归唐，赐姓李，封燕郡王。累建战功。后率兵反唐，兵败为部下所杀。传见《旧唐书》卷五十六、《新唐书》卷九十二。［3］高开道（?—624）：隋末河北义军首领。沧州阳信（今山东阳信县南）人。传见《旧唐书》卷五十五、《新唐书》卷八十六。［4］兵引去：率兵离去。［5］因艺：凭借李艺（的关系）。［6］戊申：十月十九日。［7］蔚州：州名。治所在今山西灵丘县。［8］奏妓进膳不辍：召来妓女奏歌且进食不停。［9］堞（dié）：城墙上矮墙。［10］薛万均、万彻：两兄弟，均为唐初将军。咸阳（今陕西咸阳市）人。隋大将薛世雄之子。万均与万彻在唐初战争中屡立战功。万均官至左屯卫大将军，累封潞国公而卒。万彻官右卫将军。高宗初期因参与谋反被杀。传见《旧唐书》卷六十九、《新唐书》卷九十四。［11］掩击：袭击。［12］薄：迫，近。［13］填堑：填塞营外的沟堑。［14］管州：州名。治所在今河南郑州市。［15］侍巾栉：侍候盥沐。《旧唐书·列女杨庆妻王氏传》作："郑国以妾奉箕帚。"奉箕帚谓洒扫。二者皆为妇女侍夫所为之事。［16］辜付托：辜负托付。［17］徇利求全：因利寻求安全。［18］君之惠也：算是你的恩惠。［19］何用生为：活着有何用。［20］庚戌：十月二十一日。［21］郇：音"旬"。［22］荣、汴之间：胡注："荣"当作"荥"。言军于荥泽、汴水之间。荥泽，在今河南郑州市西北。［23］荣州：当作荥州。章校：十二行本正作"荥"。荥州，州名。治所在今河南荥阳市西北汜水镇。［24］就

陆：至魏陆处。［25］丙辰：十月二十七日。［26］阳城：县名。县治在今河南登封市东南告城镇。［27］嵩州：州名。治所在今河南登封市东南告城镇。［28］郳：音“兒”。［29］王弘烈：王世充兄世伟之子。世充称帝，封弘烈为魏王。世充败后，归唐。事迹见《旧唐书》卷七十五《苏世长传》。［30］金州：州名。治所在今陕西安康市。［31］总管府：官署名。北周始于地方州治设总管府，掌数州之军政。隋初因之，大业中废。唐初复置，后改为都督府。［32］泾阳：县名。县治在今陕西泾阳县。［33］李大亮（586—644）：泾阳（今陕西泾阳县）人。太宗时累官剑南道巡省大使。以讨吐谷浑功，拜右卫大将军兼右卫率、工部尚书。传见《旧唐书》卷六十二、《新唐书》卷九十九。［34］樊、邓：樊城、邓城县。樊城，即今湖北襄阳市；邓城县，县名。县治在今河南邓州市。［35］庚申：十一月一日。［36］樊城镇：在今湖北襄阳市北。［37］栅（zhà）：以木所为之营寨。［38］褊（biǎn）狭：气量狭小。［39］长沙：县名。县治在今湖南长沙市。［40］江陵：县名。县治在今湖北江陵县。［41］甲子：十一月五日。［42］云州：州名。治所在今山西大同市。［43］郭子和：即李子和。同州蒲城（今属陕西）人。隋大业十三年（617）在当地起兵，称永乐王，年号正平。武德元年降唐，历任郡守、总管、都督等职，赐姓李，封夷国公。传见《旧唐书》卷五十六、《新唐书》卷九十二。［44］宁朔城：宁朔城盖在宁朔县。宁朔县，县治在今陕西靖边县东。［45］诇（xiòng）：刺探。［46］衅隙：间隙。［47］候骑：放哨的骑兵。［48］处罗可汗：西突厥可汗。公元603年至公元611年为汗。泥利可汗子。大业七年（611）率部降隋，后从炀帝至江都。唐初，回长安，唐高祖封他为归义郡王。［49］孤危：孤单危险。［50］张举、刘旻之降：是年八月，张举降。九月，刘旻降。［51］陆季览：梁师都部将，署为尚书。曾受命勾结和怂恿突厥南侵。事迹见《旧唐书》卷五十六、《梁师都传》。［52］定杨可汗：刘武周附于突厥，突厥始毕可汗立他为定杨可汗。［53］不辞灰灭：不怕牺牲。［54］次及：依次而殃及。［55］魏道武：指北魏的建立者魏道武帝，即拓跋珪（371—409）。魏道武所为，指率兵南侵，到中原称帝建国。［56］莫贺咄设：即颉利可汗（？—634）。公元620年至公元630年为汗。传见《旧唐书》卷一百九十四、《新唐书》卷二百一十五。［57］原州：州名，治所在今宁夏固原市。［58］延州：州名。治所在今陕西延安市城东。［59］奚（xī）、霫（xí）、契丹、靺（mò）鞨（hé）：均为中国古代民族名。奚在南北朝时称库莫奚，分布在饶乐水（今西拉木伦河）流域，营游牧生活。霫，在隋唐时居潢水（今西拉木伦河）以北，以射猎为生，风俗与契丹略同。契丹源于东胡，北魏以来，在今辽河上游一带游牧。靺鞨北魏时称勿吉，隋唐时称靺鞨，分布在松花江、牡丹江流域及黑龙江中下游，东至日本海。［60］滏口：滏水之口。“太行八陉”之一。在今河北磁县西北鼓山。［61］晋、绛：皆州名。晋州治所在今山西临汾市。绛州治所在今山西绛县。［62］并州：州名。治所在太原（今山西太原市西南）。［63］杨政道：隋炀帝之孙，窦建德封为郧公，其时居于定襄。［64］义成公主（？—630）：隋朝宗室女。开皇十九年（599），突厥颉利可汗南奔入隋，隋文帝封他为启民可汗，以义成公主嫁启民。启民死后，又连嫁启民可汗子始毕可汗、处罗可汗、颉利可汗。贞观四年（630），唐李靖灭突厥，被杀。事迹见《旧唐书》卷一百九十四《突厥传》。［65］丑弱：丑陋孱弱。［66］乙酉：十一月二十六日。［67］礼之如始毕之丧：其葬礼和上年四月始毕可汗死后一样。［68］戊子：十一月二十九日。［69］沮、华二州：沮州，治所在今湖北南漳县。华州，治所在今湖北宜城市。［70］孟海公（？—621）：隋末农民起义领袖。济阴（今山东曹县西北）人。事迹见《旧唐书》卷五十三、《新唐书》卷八十四《李密传》。［71］殷州：州名。治所在今河南新乡市西南。［72］信使：古称使者为"信"或"使"，合言之为信使。［73］关西：关中及其以西之地。［74］涉：历。［75］蹙（cù）：缩削。［76］老：衰竭，疲怠。［77］礼部侍郎：官名。礼部为尚书省六部之一。长官为礼部尚书，副长官为礼部侍郎。主管典章法度、典礼、祭祀、学校、科举、接待宾客等事务。［78］李大师：字君威。相州（今河南安阳市）人。先从窦建德，署为礼部侍郎。后归唐。事迹见《新唐书》卷八十五《窦建德传》、卷一百二《李延寿传》。［79］辛卯：十二月三日。［80］许、亳：均为州名。许州治所在今河南许昌市。亳州治所在今安徽亳州市。［81］壬辰：十二月四日。［82］李艺：即罗艺。唐高祖赐姓李，以示恩宠。［83］辛丑：十二月十三日。［84］随州：州名。治所在今湖北随州市。［85］癸卯：十二月十五日。［86］许绍：安陆（今湖北安陆市）人。字嗣宗。隋末为夷陵（今湖北宜昌市西北）通守。后归唐，授陕州刺史。传见《旧唐书》卷五十九、《新唐书》卷九十。［87］荆门镇：镇名。在今湖北荆门市。［88］与梁、郑邻接：峡州北境接郑之襄州，东境接梁之荆门。［89］愧感：又羞愧又感激。［90］张绣：沔州（今湖北武汉市）人。隋末地方割据者萧铣的部属。萧铣称帝，拜张绣为尚书令。因专恣被杀。事迹见《旧唐书》卷五十六《萧铣传》。［91］董景珍：隋末地方割据者萧铣的部属。萧铣称帝，封董景珍为晋王。后因谋叛被杀。［92］"前年醢彭越，往年杀韩信"：彭越、韩信均为汉初诸侯王，后为刘邦、吕后所杀。董景珍引汉高祖杀功臣事，以劝诫张绣。事迹见《旧唐书》卷五十六《萧铣传》。醢（hǎi），剁成肉酱。［93］报聘：他国来聘，遣使酬答。［94］乞师：请求派军队支援。［95］大为：甚为，深为。［96］刘世让：字元钦。雍州醴泉（今陕西礼泉县）人。原为隋官吏。入唐，拜通议大夫。历安定道行军总管、并州总管等。刘世让忧国忘身，屡次立功，后因突厥施反间计被杀。传见《旧唐书》卷六十九、《新唐书》卷九十四。［97］张道源（？—624）：并州祁（今山西祁县）人。名河，以字显。少以孝义著称。唐初遣道源抚慰山东，各地争来款附。累封范阳郡公，后拜大理卿、太仆卿、相州都督等。传见《旧唐书》卷一百八十七、《新唐书》卷一百九十一。［98］丙午：十二月十八日。［99］土门：即井陉口。在今河北石家庄市鹿泉区西南。［100］己酉：十二月二十一日。［101］瓜州：州名。治所在今甘肃敦煌市西。［102］贺拔行威（？—622）：瓜州少数民族首领。唐初署为瓜州刺史。武德三年（620）拥兵叛乱，被凉州总管杨恭仁击败，部众执之降唐。事迹见《旧唐书》卷六十二《杨恭仁传》。［103］达奚暠：少数民族人。唐初署为骠骑将军，驻守瓜州。

是岁，李子通渡江攻沈法兴，取京口［1］。法兴遣其仆射蒋元超［2］拒之，战于庱亭[3]，元超败死，法兴弃毗陵，奔吴郡[4]。于是丹阳、毗陵等郡皆降于子通。子通以法兴府掾[5]李百药为内史侍郎、国子祭酒。

杜伏威遣行台左仆射辅公祏。将卒数千攻子通，以将军阚稜、王雄诞为之副。公祏渡江攻丹阳，克之，进屯溧水[6]，子通帅众数万拒之。公祏简精甲[7]千人，执长刀为前锋，又使千人踵其后，曰："有退者即斩之。"自帅余众，复居其后。子通为方陈而前[8]，公祏前锋千人殊死战，公祏复张左右翼以击之，子通败走，公祏逐之，反为所败，还，闭壁不出。王雄诞曰："子通无壁垒，又狃于初胜[9]，乘其无备，击之可破也。"公祏不从。雄诞以其私属[10]数百人夜出击之，因风纵火，子通大败，降其卒数千人。子通食尽，弃江都，保京口，江西之地尽入于伏威，伏威徙居丹阳。

子通复东走太湖[11]，收合亡散，得二万人，袭沈法兴于吴郡，大破之。法兴帅左右数百人弃城走，吴郡贼帅闻人[12]遂安遣其将叶孝辩迎之，法兴中途而悔，欲杀孝辩，更向会稽[13]。孝辩觉之，法兴窘迫，赴江溺死。子通军势复振，徙都余杭[14]，尽收法兴之地，北自太湖，南至岭[15]，东包会稽，西距宣城[16]，皆有之。

广、新二州[17]贼帅高法澄、沈宝彻杀隋官，据州，附于林士弘[18]，汉阳太守冯盎[19]击破之。既而宝彻兄子智臣复聚兵于新州，盎引兵击之。贼始合，盎免胄大呼曰："尔识我乎？"贼多弃仗肉袒而拜[20]，遂溃，擒宝彻、智臣等，岭外[21]遂定。

窦建德行台尚书令恒山[22]胡大恩请降。

（以上为第八段，写李子通割据江东。）

【注释】

[1]京口：为长江下游军事重镇，即今江苏镇江市。 [2]蒋元超：隋末江南割据者沈法兴部属。事迹见《新唐书》卷八十七《沈法兴传》。 [3]庱（chěng）亭：在今江苏丹阳市东。 [4]吴郡：郡名。治所在今江苏苏州市。 [5]府掾（yuàn）：府内属官。掾为古代属官的通称。 [6]溧水：县名。县治在今江苏南京市溧水区。 [7]简精甲：选精兵。 [8]为方陈而前：排方阵进兵。陈，同"阵"。 [9]狃（niǔ）：因袭，拘泥。 [10]私属：指私属亲兵不在大军名籍者。 [11]太湖：湖名，在今江苏南部。 [12]闻人：复姓。 [13]会稽：郡名。治所在今浙江绍兴市。 [14]余

杭：郡名。治所在今浙江杭州市。［15］岭：五岭，我国江西、湖南南部一带山脉，泛称五岭。［16］宣城：郡名。治所在今安徽宣城市。［17］广、新二州：广州，治所在今广州市。新州，治所在今广东新兴县。［18］林士弘（?—622）：隋末江西农民起义领袖。鄱阳（治今江西鄱阳县）人。传见《旧唐书》卷五十六、《新唐书》卷八十七。［19］冯盎（?—646）：高州良德（今广东高州市东北）人。字明远，隋末任左武卫大将军。隋亡，奔还岭表。贞观中累平洞寇，封越国公。传见《旧唐书》卷一百零九、《新唐书》卷一百一十。［20］肉袒而拜：脱去上衣而拜，以示伏罪。［21］岭外：五岭以南，今福建、广东一带。［22］恒山：在今河北曲阳县西北，与山西接壤处。

四年（辛巳，621）

春，正月，癸酉[1]，以大恩为代州[2]总管，封定襄郡王，赐姓李氏。代州石岭之北，自刘武周之乱，寇盗充斥，大恩徙镇雁门[3]，讨击，悉平之。

稽胡[4]酋帅[5]刘仚[6]成部落数万，为边寇；辛巳[7]，诏太子建成统诸军讨之。

王世充梁州总管程嘉会以所部来降。

杜伏威遣其将陈正通、徐绍宗帅精兵二千，来会[8]秦王世民击王世充，甲申[9]，攻梁，克之。

丙戌[10]，黔州[11]刺史田世康攻萧铣五州、四镇，皆克之。

秦王世民选精锐千余骑，皆皂衣玄甲[12]，分为左右队，使秦叔宝、程知节、尉迟敬德、翟长孙分将之。每战，世民亲被[13]玄甲帅之为前锋，乘机进击，所向无不摧破，敌人畏之。行台仆射屈突通、赞皇公[14]窦轨引兵按行营屯[15]，猝与王世充遇，战不利。秦王世民帅玄甲[16]救之，世充大败，获其骑将葛彦璋，俘斩六千余人。世充遁[17]归。

李靖说[18]赵郡王孝恭以取萧铣十策[19]，孝恭上之[20]。二月，辛卯[21]，改信州为夔州[22]，以孝恭为总管，使大造舟舰，习水战[23]。以孝恭未更军旅[24]，以靖为行军总管，兼孝恭长史，委以军事。靖说孝恭悉召巴、蜀酋长子弟，量才授任[25]，置之左右，外示引擢[26]，实以为质。

王世充太子玄应将兵数千人，自虎牢运粮入洛阳，秦王世民遣将军李君羡[27]邀击，大破之，玄应仅以身免。

世民使宇文士及奏请进围东都，上谓士及曰："归语尔王[28]：今取洛阳，止于息兵，克城之日，乘舆法物[29]，图籍器械，非私家所须者，委汝收之[30]；其余子女玉帛，并以分赐将士。"

辛丑[31]，世民移军青城宫[32]，壁垒未立，王世充帅众二万自方诸门[33]出，凭故马坊垣堑[34]，临谷水[35]以拒唐兵，诸将皆惧。世民以精骑陈于北邙，登魏宣武陵以望之，谓左右曰："贼势窘[36]矣，悉众而出，徼幸[37]一战，今日破之，后不敢复出矣！"命屈突通帅步卒五千渡水击之，戒通曰："兵交则纵烟。"烟作[38]，世民引骑南下，身先士卒，与通合势力战。世民欲知世充陈厚薄[39]，与精骑数十冲之，直出其背，众皆披靡[40]，杀伤甚众。既而限以长堤[41]，与诸骑相失，将军丘行恭独从世民，世充数骑追及之，世民马中流矢而毙。行恭回骑射追者，发无不中，追者不敢前。乃下马以授世民[42]，行恭于马前步执长刀[43]，距跃大呼[44]，斩数人，突陈而出，得入大军。世充亦帅众殊死战，散而复合者数四，自辰[45]至午[46]，世充兵始退。世民纵兵乘之，直抵城下，俘斩七千人，遂围之。骠骑将军段志玄[47]与世充兵力战，深入，马倒，为世充兵所擒，两骑夹持其髻[48]，将渡洛水，志玄踊身而奋[49]，二人俱坠马，志玄驰归，追者数百骑，不敢逼[50]。

初，骠骑将军王怀文为唐军斥候[51]，为世充所获，世充欲慰悦[52]之，引置左右。壬寅[53]，世充出右掖门[54]，临洛水为陈，怀文忽引槊刺世充，世充衷甲[55]，槊折不能入，左右猝出不意，皆愕眙[56]不知所为。怀文走趣[57]唐军，至写口[58]，追获，杀之。世充归，解去衷甲，袒示[59]群臣曰："怀文以槊刺我，卒[60]不能伤，岂非天所命乎[61]！"

先是御史大夫郑颋不乐仕世充[62]，多称疾不预事[63]，至是谓世充曰："臣闻佛有金刚不坏身[64]，陛下真是[65]也。臣实多幸[66]，得生佛世[67]，愿弃官削发为沙门[68]，服勤精进[69]，以资[70]陛下之神武。"世充曰："国之大臣，声望[71]素重，一旦入道[72]，将骇物听[73]。俟兵革休息[74]，当从公志。"颋固请，不许。退谓其妻曰："吾束发从官[75]，志慕名节[76]，不幸遭遇乱世，流离至此，侧身[77]猜忌之朝，累足[78]危亡之地，智力浅薄，无以自全，人生会[79]有死，早晚何殊[80]，姑从吾所好，死亦无憾。”遂削发被僧服。世充闻之，大怒曰：“尔以我为必败，欲苟免邪[81]？不诛之，何以制众！”遂斩颋于市。颋言笑自若，观者壮之[82]。

诏赠王怀文上柱国、朔州刺史。

并州安抚使唐俭密奏：“真乡公李仲文[83]与妖僧志觉[84]有谋反语，又娶陶氏之女以应桃李之谣[85]。谄事可汗[86]，甚得其意，可汗许立为南面可汗[87]；及在并州，赃贿狼籍[88]。”上命裴寂、陈叔达、萧瑀杂鞫[89]之。乙巳[90]，仲文伏诛。

庚戌[91]，王泰弃河阳走[92]，其将赵夐等以城来降。别将单雄信、裴孝达与总管王君廓相持于洛口，秦王世民帅步骑五千援之，至轘辕，雄信等遁去，君廓追败之。

壬子[93]，延州总管段德操击刘仚成，破之，斩首千余级。

乙卯[94]，王世充怀州刺史陆善宗以城降。

秦王世民围洛阳宫城，城中守御甚严，大炮飞石重五十斤，掷二百步，八弓弩箭如车辐[95]，镞[96]如巨斧，射五百步。世民四面攻之，昼夜不息，旬余不克。城中欲翻城者凡十三辈[97]，皆不果发[98]而死。唐将士皆疲弊思归，总管刘弘基等请班师[99]，世民曰：“今大举而来，当一劳永逸[100]。东方诸州已望风款服[101]，唯洛阳孤城，势不能久，功在垂成[102]，奈何弃之而去！”乃下令军中曰：“洛阳未破，师必不还，敢言班师者斩！”众乃不敢复言。上闻之，亦密敕世民使还[103]，世民表称洛阳必可克，又遣参谋[104]军事封德彝入朝面论[105]形势。德彝言于上曰：“世充得地虽多，率皆羁属[106]，号令所行，唯洛阳一城而已，智尽力穷，克在朝夕。今若旋师[107]，贼势复振，更相连结，后必难图！”上乃从之。世民遗世充书，谕以祸福[108]；世充不报[109]。

戊午[110]，王世充郑州司兵[111]沈悦遣使诣左武候大将军李世勣请降。左卫将军王君廓夜引兵袭虎牢，悦为内应，遂拔之，获其荆王行本及长史戴胄。悦，君理[112]之孙也。

窦建德克周桥[113]，虏孟海公。

（以上为第九段，写王世充作困兽之斗，秦王李世民劝降王世充，未果。）

【注释】

[1]癸酉：正月十五日。[2]代州：州名。治所在今山西代县。[3]雁门：隋唐代州皆治雁门，治所在今山西代县。[4]稽胡：步落稽之简称，为胡之一种。[5]酋帅：此称由酋长、渠帅凝合而成。[6]仚（xiān）：同“仙”。[7]辛巳：正月二十三日。[8]会：联合。[9]甲申：正月二十六日。[10]丙戌：正月二十八日。[11]黔州：州名。治所在今重庆市彭水县。[12]皂衣玄甲：皂、玄皆为黑色。即穿黑衣黑甲。[13]被：同“披”。[14]赞皇公：爵位。窦轨封赞皇县公。[15]引兵按行营屯：率兵按例巡行营地。[16]帅玄甲：率领玄甲兵。[17]遁：悄悄地溜走。[18]说：游说。[19]十策：十条计策。[20]上之：上奏给皇帝。[21]辛卯：二月三日。[22]夔（kuí）州：州名。治所在今重庆市奉节县东。[23]习水战：操习水战技术。[24]未更军旅：不懂军事。[25]授任：授以官职。[26]引擢（zhuó）：提拔。[27]李君羡：洺州武安（今河北邯郸市永年区）人。初为王世充骠骑。后归唐，太宗引为左右，从讨刘武周、王世充有功。累迁华州刺史，封武连郡公。后坐罪被杀。传见《旧唐书》卷六十九、《新唐书》卷九十四。[28]归语尔王：回去报告你们的王。[29]乘舆法物：车马大驾、卤簿仪式。[30]委汝收之：委任你负责收封。[31]辛丑：二月十三日。[32]青城宫：在洛阳城西禁苑之中。[33]方诸门：东都城西连禁苑，方诸门盖自都城出而至禁苑之门。[34]凭故马坊垣堑：依凭旧马坊的墙堑。[35]谷水：水名。流经河南三门峡市陕州区、渑池县，至洛阳西南入洛水。[36]窘：困窘。[37]徼幸：侥幸。[38]烟作：浓烟升起。[39]欲知世充陈厚薄：要知道世充的阵容（兵力）有多少。陈同“阵”。[40]披靡：溃散。[41]限以长堤：为长堤所阻隔。[42]下马以授世民：下马以己马授与世民。[43]步执长刀：步行而执长刀。[44]距跃大呼：跳跃着大喊。[45]辰：旧式计时法，指上午七点到九点钟的时间。[46]午：指中午十一点至下午一点。[47]段志玄（579—642）：临淄（今山东淄博市东北）人。从太宗有战功，累迁右骁卫大将军，封褒国公。传见《旧唐书》卷六十八、《新唐书》卷八十九。[48]髻（jì）：在头顶或脑后盘成各种形状的头发。[49]踊身而奋：身躯一挺而奋力抗拒。[50]逼：逼进。[51]斥候：侦察（敌情）。也指侦察敌情的士兵。[52]慰悦：使之高兴。[53]壬寅：二月十四日。[54]右掖门：东都城南面三门，中曰端门，左曰左掖门，右曰右掖门。[55]衷甲：内着铠甲。[56]愕眙（chì）：惊愕地相顾而视。[57]走趣：奔往。趣，趋向，奔赴。[58]写口：地名。据胡注，因洛阳城中水流至此处，突然倾泻而得名。写，倾注、倾泻。此义后来写作“泻”。[59]袒示：光身展示。[60]卒：副词，终于。[61]岂非天所命乎：这不是天命吗？所，使如此。[62]不乐仕世充：不愿出任王世充的官。[63]不预事：不参与政事。[64]金刚不坏身：指佛身。喻佛身如金刚不坏。[65]真是：当真是金刚身。[66]多幸：甚为幸运。[67]得生佛世：能生在佛的世界。[68]削发为沙门：削发，断发。沙门，一作桑门，

译作勤息、止息。即勤修众善止息诸恶之义。为出家修佛道的通称。［69］服勤精进：努力服务。［70］资：资助。［71］声望：声誉威望。［72］入道：皈依佛门。［73］将骇物听：将引起让人们惊慌害怕的议论。［74］兵革休息：战争停止。［75］束发从官：谓从成童时起就做官。束发，古代男孩成童时束发为髻，因以为成童的代称。［76］名节：名誉节操。［77］侧身：置身于。［78］累足：即重足。两足相叠，不敢正立。［79］会：必然，一定。［80］早晚何殊：早死晚死有什么不一样。［81］欲苟免邪：想要免去灾祸吗？［82］观者壮之：观看的人称赞他的勇壮。［83］真乡公李仲文（?—621）：唐初将领。拜太常少卿、行军总管，封真乡县公。事迹见《旧唐书》卷五十五、《新唐书》卷八十六《刘武周传》。［84］志觉：唐初太原尼。《新唐书》卷三十六载："武德四年（621），太原尼志觉死，十日而苏。"［85］桃李之谣：盖指"桃李不言，下自成蹊"的谚语。比喻实至名归，尚事实不尚虚声。仲文姓李，娶陶氏。陶与桃谐音。故以应"桃李之谣"。［86］可汗：古代柔然、突厥、回纥、蒙古等少数民族最高统治者的称号。［87］南面可汗：因位置在南，故称南面可汗。［88］赃贿狼籍：赃货很多。赃贿，贪污受贿的物品；狼籍，杂乱不堪。［89］杂鞫（jū）：共同审问。［90］乙巳：二月十七日。［91］庚戌：二月二十二日。［92］王泰弃河阳走：去年七月，世充使泰守河阳。［93］壬子：二月二十四日。［94］乙卯：二月二十七日。［95］八弓弩箭如车辐：八张弓箭围连一起，如车的辐辏一样。车辐，车轮中连接车毂和轮圈的一条条直棍儿。［96］镞（zú）：箭头。［97］辈：放在数字后面，表示同类的人或物的多数。［98］果发：举动成功。［99］班师：调回出去打仗的军队。也指出征的军队胜利归来。［100］一劳永逸：一举平之，而求永远安逸。［101］款服：纳诚降服。［102］垂成：将近成功。［103］使还：使其还师。［104］参谋：官名。唐代节度使的幕僚有参谋之职，掌参议谋划。又，唐代天下兵马元帅之幕僚有行军参谋。胡注："参谋之职，盖始于此"。［105］面论：当面奏论。［106］羁属：羁縻附属。［107］旋师：还师。［108］谕以祸福：告诉其利害。此处为劝其投降。［109］不报：不回信。［110］戊午：二月三十日。［111］司兵：官名。唐制，主管军防、门禁、田猎、驿传、仪仗等事。在府称兵曹参军，在州称司兵参军，在县称司兵。［112］君理：沈君理仕陈为仆射。［113］周桥：在今山东菏泽市定陶区。隋大业九年（613）孟海公起义于此。

【点评】

隋末西北割据军阀的灭亡。本卷点评几个西北割据者的覆灭，着重评说刘武周。

隋炀帝大业十三年（617），全国农民大起义如火如荼，隋朝的一些地方官僚镇将，看到隋朝大势已去，也纷纷起兵割据称雄。西北地区，太原留守李渊，朔方鹰扬郎将梁师都、马邑鹰扬府校尉刘武周、金城府校尉薛举、武威鹰扬府司马李轨应时而起。李渊起兵，一路顺利进入关中，攻克长安，抢得先机，建立了唐朝。梁师都割据雕阴、弘化、延安等郡，占有今陕北、陇东地区。刘武周拥兵马邑，占有山西北部。薛举割据金城，占有陇右。李轨据有河西。梁师都和刘武周都勾结突厥，侵扰北方，成为唐室大患。刘武周、梁师都、薛举、李轨四个割据者中，以刘武周势力最大，一度占有今山西全境，直接威胁唐王室的安全。唐军要大举东出，逐鹿中原，必须消除背后之忧。扫荡这几个割据政权，是唐初发展优先考虑的问题。

刘武周，隋河间景城（治今河北沧州市）人。刘武周随父迁居马邑（治今山西朔州市）。刘武周为人骁悍，擅长骑马射箭，他应征入伍打辽东，有战功，任建节校尉，回到马邑任鹰扬校尉。大业十三年，刘武周杀马邑太守王仁恭，走上割据之路，前后六年，是北方沿边最大的一支割据势力。

刘武周起兵马邑，随后攻占雁门、楼烦、定襄，以及隋炀帝行宫汾阳宫。刘武周奉送汾阳宫美女珍宝给突厥始毕可汗，突厥回赠以马匹，并授以“定杨可汗”的封号。于是刘武周自称皇帝，年号天兴。不久，割据上谷的宋金刚被窦建德打败，宋金刚率残部投靠刘武周，刘武周的势力大增。

唐武德二年（619）四月，刘武周引突厥之众，以宋金刚为前锋，大举南犯，连克榆次、石州、浩州、介州，又打败唐军晋州道行军总管裴寂，占领晋州（治今山西临汾市），齐王李元吉弃并州（治今山西太原市）逃回长安。此时夏县人吕崇茂杀其县令响应刘武周，隋河东守将王行本也配合刘武周。山西全境告急，关中大震。李渊计划放弃太原河东诸地。刘武周成了唐朝统一的一大障碍。

秦王李世民认为“太原，王业所基，国之根本，河东富实，京邑所资”，决计大举讨伐刘武周。是年十一月，李世民率领精兵三万，从龙门乘坚水渡过黄河，屯于柏壁与宋金刚对峙。武德三年（620）四月，宋金刚“军中粮尽”而退逃，李世民乘势猛追，在雀鼠谷（今山西灵石县一带），一日八战，大败宋金刚，又穷追宋金刚到介州，杀得宋金刚片甲不留，落荒逃走，率领一百余骑逃入突厥。此时唐军又收复了蒲州（治今山西永济市），刘武周全线败退，也率领五百余残兵逃依突厥，后被突厥所杀。至此，盛极一时的刘武周被覆灭。薛举、李轨先于刘武周被唐军讨灭。最后只有一个梁师都在突厥保护下暂时存在，已无碍大局。一年以后，李世民率领唐军大举东出，扫荡中原，统一华夏提上了议事日程。